Nicolas Binctin
Professeur agrégé des facultés de droit
Université de Poitiers

DROIT DE LA PROPRIÉTÉ INTELLECTUELLE

DROIT D'AUTEUR, BREVET, DROITS VOISINS, MARQUE, DESSINS ET MODÈLES

3e éditon

LGDJ
lextenso éditions

Du même auteur

Le capital intellectuel, Litec, coll. Bibliothèque de Droit de l'entreprise, t. 75, 2007.

70, rue du Gouverneur Général Éboué
92131 Issy-les-Moulineaux Cedex
ISBN 978-2-275-03928-2
ISSN 0990-3909

Avant-propos de la 1re édition

La genèse de ce manuel est le fruit d'un double mouvement.

Le premier tient à l'environnement éditorial ; je remercie Christophe Caron d'avoir proposé à l'éditeur de me confier ce projet. Ce soutien initial fut naturellement essentiel, cette confiance manifestée aida à me lancer dans ce travail. Ma reconnaissance va à M. Bernard Audit qui a proposé de faire évoluer l'organisation de la collection pour accueillir le projet éditorial que je lui soumettais. Au lieu de rédiger un ouvrage de propriété industrielle, j'avançais l'idée d'un ouvrage présentant de façon synthétique la propriété intellectuelle.

Le second, plus ancien, trouve ses racines dans la période de thèse, la construction de la notion de bien intellectuel et la recherche d'une articulation entre le droit commun et le droit spécial des biens. Les heures de discussion furent très nombreuses pour explorer cette matière. L'accompagnement constant et stimulant de Louis d'Avout a permis de retenir ce plan et de proposer une présentation de la propriété intellectuelle sous la forme qui suit et qui est, il me semble, originale. L'ouvrage est marqué par les échanges qui pavent la vie universitaire ; nombreux sont ceux qui, explicitement ou implicitement, ont fourni des éléments de réflexion, les étudiants à l'occasion de leur mémoire, les praticiens ou les stagiaires. Les discussions de la salle O de la Bibliothèque nationale, tout comme les encouragements des habitués du « Rez-de-jardin », ont permis l'accomplissement de cette première édition. « *Le discours juridique est le produit d'un temps, le résultat d'une écoute, d'une réflexion et d'une action* »[1]

S'inscrivant dans la collection *Manuel*, l'ouvrage a pour ambition de proposer une présentation synthétique de la propriété intellectuelle, relevant les débats doctrinaux (en espérant ne pas avoir trahi la pensée des auteurs cités) et indiquant les solutions pratiques. L'approche de la matière tend à être à la fois juridique et judiciaire pour permettre un éclairage complet. Elle cherche aussi à mettre en avant des questions pratiques du quotidien. Afin de permettre une exploitation efficace du contenu, et conscient d'une présentation unitaire qui peut sembler déroutante, il est adjoint un index alphabétique en fin de volume aussi détaillé que possible.

Cette première édition est à la fois porteuse d'une analyse de la propriété intellectuelle mais aussi des faiblesses inhérentes à un travail qui a vocation à mûrir. L'intention est que le plan constitue un apport théorique à l'analyse de la matière et que les développements de fond soient directs et classiques. La

---

1. P. Le Cannu, *Droit des sociétés*, 1re éd., Montchrestien, 2002, p. VII.

maturation est indéniablement nécessaire ; elle est, par chance, encouragée par M. Bernard Audit qui fut particulièrement rassurant à ce titre, et par l'éditeur tout disposé à suivre ce mouvement. Si le lecteur le désire, il est invité à apporter sa critique au présent ouvrage (une adresse mail est dédiée à cet usage : manuelproprieteintellectuelle@gmail.com), elle nourrira les développements futurs.

Nicolas Binctin
Août 2010

Avant-propos de la 2e édition

Une deuxième édition, et non seconde j'espère, est construite avec des interrogations différentes de la première. Les encouragements reçus pour la proposition de présentation et d'analyse de la propriété intellectuelle qui structure ce manuel confortent les choix faits. Je tiens à remercier très vivement tous leurs auteurs.

Cette deuxième édition tente de répondre aux conseils et remarques qui me furent très généreusement adressés par Monsieur Catala. Avec une grande bonté et une profonde bienveillance, Monsieur Catala avait pris le temps de parcourir ce premier travail, de le mettre en perspective de mes autres travaux et de me proposer quelques enrichissements. Ainsi, sans faire de ce manuel un manuel de droit du commerce électronique, les développements présentant le statut juridique des noms de domaine ont été, sur ses indications, enrichis, tout comme ceux relatifs à la confiance dans l'économie numérique. Malheureusement, je ne pourrai pas adresser cette nouvelle édition en hommage à son inspirateur. Elle ne peut que lui rendre hommage.

Les imperfections de naissance étaient nombreuses et la première phase de croissance porte certainement encore les marques d'une maturation nécessaire. La vie de la propriété intellectuelle en à peine deux années fut particulièrement intense. La contrainte technique d'une mise à jour du droit positif, nécessaire pour la vie du manuel, et les corrections qualitatives impératives ont limité l'intégration de nouveaux champs d'études dans la partie « droit commun » de la propriété intellectuelle, le renforcement de la démonstration de la nature des biens intellectuels et l'appréhension historique comme comparée de la matière. Autant de réflexions et d'éléments d'analyse qui pourront prendre forme à l'avenir.

Nicolas Binctin
Paris, juillet 2012

Avant-propos de la 3e édition

Cette troisième édition permet d'inscrire l'ouvrage dans une pérennité et une ouverture. Il commence à trouver sa place malgré une réception par les institutions académiques parfois difficile. On sait d'ores et déjà que l'avenir imposera une nouvelle édition, la réforme du contrat d'édition est annoncée par voie d'ordonnance, le paquet Marques sera adopté dans les mois à venir, le brevet européen à effet unitaire et la Juridiction unifiée des brevets doivent encore finaliser leur organisation pour prendre leur envol.

La dynamique de la propriété intellectuelle ne faiblit pas, tout comme sa contestation dans le corps social ainsi que chez des spécialistes. Sortir la propriété intellectuelle du droit de la propriété pour en faire un simple outil d'aménagement d'un rapport concurrentiel, une limite à la liberté du commerce et de l'industrie, constitue un risque majeur pour la matière. Le refus de voir dans la propriété un outil d'équilibre des rapports sociaux est perturbant, caricatural, ce refus se faisant sans proposition d'un autre modèle social de partage des richesses. La situation est d'autant plus étrange que l'on trouve des acteurs du marché qui, à la fois, contestent la propriété intellectuelle tout en se fondant strictement sur des actifs intellectuels (marques, droits d'auteur, brevets, bases de données). Le mouvement est d'autant plus surprenant que la propriété intellectuelle connaît une consécration forte sous bien des cieux. Le Nord, qui a construit la matière, en doute aujourd'hui et le Sud, qui l'a subi durant de longues années, s'en empare avec dynamisme et ambition. Serait-ce ce renversement qui conduirait à déconstruire la propriété intellectuelle ?

Au-delà de la mise à jour normative, cette troisième édition poursuit le travail d'analyse du droit commun de la propriété intellectuelle. Le domaine public, l'action en contrefaçon, la notion d'ordre public, le droit des contrats, le droit des sûretés demeurent lus sous cet angle. Cette approche a conduit à intégrer un nouveau chapitre consacré au traitement du droit de la propriété intellectuelle au prisme du droit des entreprises en difficulté, travail qui fut finalisé notamment grâce aux lumières de Pascal Rubellin que je remercie infiniment.

Nicolas Binctin
Paris, juillet 2014

Sommaire

Sommaire

Liste des principales abréviations

Ann.	Annales de la propriété industrielle, artistique et littéraire
Bull. civ.	Bulletin des arrêts des chambres civiles de la Cour de cassation
Bull. crim.	Bulletin des arrêts de la chambre criminelle de la Cour de cassation
Bull. Joly	Bulletin Joly Sociétés
BRDA	Bulletin rapide de droit des affaires
C. civ.	Code civil
C. com.	Code du commerce
C. propr. intell.	Code de la propriété intellectuelle
Cah. dr. de l'entrep.	Cahier de droit de l'entreprise
CCE	Communication, commerce électronique
Cons. conc.	Conseil de la Concurrence (devenu Autorité de la Concurrence)
Cons. const.	Conseil constitutionnel
CCC	Contrats, concurrence, consommation
CJCE	Cour de justice des Communautés européennes (devenues CJUE depuis le 1er décembre 2009)
Clunet	Journal de droit international
D.	Dalloz (recueil)
D. Aff.	Dalloz Affaires
Defr.	Répertoire du notariat Defrénois
Droit soc.	Droit des sociétés
Droit et patr.	Droit et patrimoine
Gaz. Pal.	Gazette du Palais
J. Soc.	Journal des sociétés
JCP E	Semaine juridique, édition entreprise
JCP G	Semaine juridique, édition générale
JOCE	Journal officiel des Communautés européennes
JOUE	Journal officiel de l'Union européenne
J.-Cl.	Juris-Classeur
LPA	Les Petites Affiches
PIBD	Propriété industrielle – Bulletin documentaire
Prop. Indust.	Propriété industrielle
Prop. Intell.	Propriétés intellectuelles
Rec.	Recueil de la Cour de Justice des Communautés européennes
RDC	Revue des contrats
Rép. civ.	Répertoire de droit civil Dalloz
RDPI	Revue de droit de la propriété intellectuelle
Rev. aff. eur.	Revue des affaires européennes

Rev. crit DIP	Revue critique de droit international privé
Rev. soc.	Revue des sociétés
RIDA	Revue internationale de droit d'auteur
RIPIA	Revue internationale de propriété industrielle et artistique
RJDA	Revue de jurisprudence de droit des affaires
RLDA	Revue Lamy droit des affaires
RLDC	Revue Lamy droit civil
RLDI	Revue Lamy droit de l'immatériel
Rev. dr. banc. et fin.	Revue de droit bancaire et financier
Rev. dr. fisc.	Revue de droit fiscal
Rev. fr. de gestion	Revue française de gestion
RFC	Revue française de comptabilité
RTD civ.	Revue trimestrielle de droit civil
RTD com.	Revue trimestrielle de droit commercial
RTD eur.	Revue trimestrielle de droit européen

Bibliographie indicative

ALLEAUME (C.), *Propriété intellectuelle*, Montchrestien, coll. Cours, 2008.

AZÉMA (J.), *Droit de la propriété industrielle*, 7e éd., Dalloz, 2009.

AZÉMA (J.) et GALLOUX (J.-C.), *Droit de la propriété industrielle*, 7e éd., Dalloz, 2012.

BERNAULT (C.) et CLAVIER (J.-P.), *Dictionnaire de droit de la propriété intellectuelle*, Ellipses, 2008.

BLANC-JOUVAN (G.), *Droit de la propriété intellectuelle*, Vuibert, 2011.

BONET (G.), « Propriétés intellectuelles », *RTD eur*. 1981.97.

BONNARD (H.), *La contrefaçon de marques*, Litec, 2008.

BRUGUIÈRE (J.-M.), *Droit de la propriété intellectuelle*, 2e éd., Ellipses, 2011.

BRUGUIÈRE (J.-M.) et VIVANT (M.), *Droit d'auteur*, 2e éd., Dalloz, 2013.

BURST, *Breveté et Licencié, Leurs rapports juridiques dans le contrat de licence*, Litec, 1970.

CARON (C.), *Droit d'auteur et droits voisins*, 3e éd., LexisNexis, 2013.

DABIN, « Les droits intellectuels comme catégorie juridique », *Rev. crit.* 1939, p. 413.

DESBOIS, *Le droit d'auteur en France*, 3e éd., Dalloz, 1978.

FRANÇON, *Cours de propriété littéraire, artistique et industrielle*, Cours du droit – Litec, 1999.

GAUMONT-PRAT (H.), *Droit de la propriété industrielle*, 3e éd., LexisNexis, 2013.

GAUTIER (P.-Y.), *Propriété littéraire et artistique*, 8e éd., PUF, 2013.

GREFFE (X.), *Arts et artistes au miroir de l'économie*, Unesco Economica, 2002.

– *Économie de la propriété artistique, Economica, 2005.*

– *L'artiste entreprise*, Dalloz, 2012.

HUARD, *Traité de propriété intellectuelle*, Marchal et Billard, Paris, 1903, t. I et II.

LUCAS (A. et H.-J.) et A. LUCAS-SCHLOETTER, *Traité de la propriété littéraire et artistique*, 4e éd., Litec, 2012.

LYON-CAEN (G.) et LAVIGNE (P.), *Traité théorique et pratique de droit du cinéma français et comparé*, LGDJ, 1957.

MARINO (L.), *Droit de la propriété intellectuelle*, PUF, 2012.

MATHÉLY, *Le nouveau droit français des brevets d'invention*, JNA, 1991.

– *Le nouveau droit français des marques,* JNA, 1994.

MOUSSERON, *Le droit des brevets d'invention*, LGDJ, 1961, coll. Bibl. de droit privé, t. 23.

– *Traité des brevets, Litec, 1984.*

PASSA (J.), *Traité de droit de la propriété industrielle*, t. 1, 2e éd., LGDJ, 2009.

– *Traité de droit de la propriété industrielle*, t. 2, 1re éd., LGDJ, 2013.

PFISTER (L.), « L'auteur, propriétaire de son œuvre ? La formation du droit d'auteur du XVIe siècle à la loi de 1957 », thèse dactyl. Strasbourg, 1999.

– *La propriété littéraire est-elle une propriété ? Controverses sur la nature du droit d'auteur au XIXe siècle », Rev. d'histoire du droit,* t. 122, 2004, p. 103.

PIERRE (J.-L.), *La fiscalité de la recherche, de la propriété industrielle et des logiciels*, 4e éd., EFE, 2005.

POLLAUD-DULIAN (F.), *Droit de la propriété industrielle,* Economica, 2011.

– *Le droit d'auteur,* Economica, 2005.

POUILLET, *Traité des brevets d'inventions*, 6e éd., Lib. Gal. de jurisprudence, 1915, par Taillefer et Claro.

— *Traité théorique et pratique de la propriété littéraire et artistique et du droit de représentation*, 3e éd., Marchal et Godde, 1908, par Maillard et Claro.

RENOUARD, *Du droit industriel dans ses rapports avec les principes du droit civil sur les personnes et sur les choses*, Guillaumin, Paris, 1860.

ROUBIER, « Droits intellectuels ou droit de clientèle », *RTD civ.* 1935.251.

– Licences et Exclusivités », *Annales de droit com.* 1936.289.

– *Le droit de la propriété industrielle,* t. 1, Sirey, 1952.

– *Le droit de la propriété industrielle,* t. 2, Sirey, 1954.

SAVATIER, *Le droit de l'art et des lettres – Les travaux des muses dans les balances de la justice*, LGDJ, 1953.

SCHMIDT-SZALEWSKI (J.), *Droit de la propriété industrielle*, 7e éd., Dalloz, 2009.

SCHMIDT-SZALEWSKI (J.) et PIERRE (J.-L.), *Droit de la propriété industrielle*, 4e éd., Litec, 2007.

SIRINELLI (P.), *Propriété littéraire et artistique*, 3e éd., Dalloz, 2009, coll. Memento.

TAFFOREAU (P.), *Droit de la propriété intellectuelle*, 3e éd., Gualino, 2012.

TIROLE (J.) et consorts, *Propriété intellectuelle*, rapport au Conseil d'analyse économique, La Documentation française, 2003.

VIVANT (M.), *Les grands arrêts de la propriété intellectuelle*, Dalloz, 2003.

Revues spécialisées

Les Cahiers de la propriété intellectuelle.

Communication commerce électronique (CCE).

Légipresse.

Propriété industrielle (Prop. industr.).

Propriété Industrielle, Bulletin documentaire (PIBD).

Propriété intellectuelle (Prop. intell.).

Revue internationale de droit d'auteur (RIDA).

Revue Lamy de droit de l'immatériel (RLDI).

Revue de droit de la propriété intellectuelle (RDPI).

Introduction

1. La construction de ce manuel de droit de la propriété intellectuelle s'inscrit dans une analyse particulière de la matière. Il est usuel, et les manuels de référence sont tous construits de la sorte, de présenter le sujet suivant un schisme établi dès la période révolutionnaire, en distinguant, d'une part, la propriété littéraire et artistique et, d'autre part, la propriété industrielle[1]. Quelques auteurs rompent avec cette approche[2], M. Vicente propose une approche unitaire en DIP dans son ouvrage intitulé *La propriété intellectuelle en droit international privé*[3] ; Mme Buydens envisage une approche historique et philosophique de la propriété intellectuelle[4] qui fait largement écho à l'approche ici retenue d'une lecture unitaire de la propriété intellectuelle. Les auteurs anglo-saxons, économistes comme juristes, ont pris l'habitude d'une présentation unitaire de la matière[5]. Cette distinction apparaît fondamentale et immuable, confirmée par les principales conventions internationales régissant la propriété intellectuelle du XIXe siècle[6]. Les justifications à cette opposition se sont par la suite multipliées, parfois par des constructions à rebours, se fondant sur le caractère spécial de telle ou telle création, l'enjeu social présenté par telle autre, l'impact économique d'une troisième. L'analyse est conduite pour justifier cette séparation, parfois allant jusqu'à grossir le trait. Une approche convergente est très rarement envisagée. Les signes de la pertinence d'une telle approche se multiplient pourtant : la convention de Stockholm de 1967 instituant l'Organisation mondiale de la propriété intellectuelle (OMPI) marque la volonté de régir de façon commune les matières habituellement séparées. La codification de 1992 unifiant dans un même ensemble les textes disparates du droit de la propriété intellectuelle. Ce Code de la propriété intellectuelle (C. propr. intell.) fut la

---

1. Voir *supra* p. 15, Bibliographie indicative.

2. C. Alleaume, *Propriété intellectuelle*, Montchrestien, 2008, coll. Cours ; J.-M. Bruguière, *Droit de la propriété intellectuelle*, 2e éd., Ellipses, 2011 ; L. Marino, *Droit de la propriété intellectuelle*, PUF, 2013. Plus ancien, Roubier, « Unité et synthèse des droits de propriété industrielle », *Mélanges Plaisant*, Sirey, 1960, p. 161.

3. D. M. Vicente, *La propriété intellectuelle en droit international privé*, Martinus Nijhoff Publishers, 2009, coll. ADI-Poche.

4. M. Buydens, *La propriété intellectuelle – Évolution historique et philosophique*, Bruylant, 2012.

5. Notamment, W. Cornish et D. Llewelyn, *Intellectual Property*, 6e éd., Thomson, 2007 ; L. Bently et B. Sherman, *Intellectual Property Law*, 3e éd., Oxford University Press, 2009 ; G. Tritton, *Intellectual Property in Europe*, 3e éd., Sweet & Maxwell, Londres, 2008.

6. Pour une présentation historique de la construction du droit de la propriété intellectuelle en Europe, voir E. Bouchet-Le Mappian, *Propriété intellectuelle et droit comparé, en droits anglais, allemand et français*, thèse Nantes, 1er déc. 2009, dactyl., 1re partie.

première œuvre de la commission de codification installée en 1989 et constitue en France le point phare de cette convergence. L'Accord sur les aspects des droits de propriété intellectuelle qui touchent au commerce (ADPIC), annexe de l'Accord de Marrakech instituant l'Organisation mondiale du commerce (OMC) de 1994, reprend, en raison des enjeux économiques attachés à la propriété intellectuelle, cette vision unitaire de la matière. Enfin, le Traité de Lisbonne[7], en son article 84, intègre un nouvel article 97 *bis* au TFUE qui dispose que « *dans le cadre de l'établissement ou du fonctionnement du marché intérieur, le Parlement européen et le Conseil, statuant conformément à la procédure législative ordinaire, établissent les mesures relatives à la création de titres européens pour assurer une protection uniforme des droits de propriété intellectuelle dans l'Union, et à la mise en place de régimes d'autorisation, de coordination et de contrôle centralisés au niveau de l'Union* ». Une approche unifiée de la propriété est là encore encouragée[8], tout comme dans la jurisprudence de la Cour de justice (CJ) qui vise aussi souvent que possible non pas un régime de propriété intellectuelle déterminé, mais la propriété intellectuelle dans son ensemble. Dans tous les cas, il n'y a pas une confusion des régimes, mais un rapprochement dans un cadre commun. Ce mouvement est confirmé par les autorités de l'Union qui confient à l'Office de l'harmonisation dans le marché intérieur (OHMI), devenu l'Agence de l'Union européenne pour les marques et les dessins et modèles (ci-après l'Agence) dont le champ d'activité est limité aux marques et aux dessins et modèles, des missions complémentaires liées au respect des droits de propriété intellectuelle, au sein d'un Observatoire européen des atteintes aux droits de propriété intellectuelle[9].

2. L'acte créatif est au cœur de la propriété intellectuelle[10], l'enjeu est celui du droit de propriété appliqué à l'économie du savoir[11], comme la propriété corporelle fut l'enjeu des luttes politiques et sociales des deux siècles précédents à propos de la maîtrise de l'outil de production. La propriété est la traduction juridique d'un modèle social, d'un modèle économique et politique, d'une mise en perspective de droits fondamentaux. Les débats portant sur la légitimité de la propriété ont une essence similaire quel que soit l'objet approprié, un immeuble, une invention, un fonds de commerce, une valeur mobilière, ou une œuvre d'art. Lorsqu'un auteur écrit que « *la propriété intellectuelle, c'est*

7. Voir Scordamaglia, « Les dispositions relatives à la propriété intellectuelle dans le Traité de Lisbonne », *Prop. Indust.* 2010, alerte 28.

8. N. Binctin, « Pour un Code communautaire de la propriété intellectuelle », *Droits de propriété intellectuelle – Liber amicorum G. Bonet*, Litec, 2010, coll. IRPI, t. 36, p. 51 ; C. Castets-Renard, « La réforme du droit d'auteur en Europe : vers un code européen ? », *D.* 2012, p. 955 ; C. Geiger, « Pour un véritable droit européen de la propriété intellectuelle », *Cahiers de droit de l'entreprise* 2012, n° 1, p. 25 ; T. Azzi, « Le projet de code européen du droit d'auteur : une étrange idée », *D.* 2012, p. 1193.

9. Règlement 386/2012, 19 avr. 2012, confiant à l'Office de l'harmonisation dans le marché intérieur (marques, dessins et modèles) des tâches liées au respect des droits de propriété intellectuelle, notamment la réunion de représentants des secteurs public et privé au sein d'un Observatoire européen des atteintes aux droits de propriété intellectuelle, *JOUE* 16 mai 2012, L. 129/1.

10. J.-C. Galloux, « Qu'est-ce que la propriété intellectuelle ? », *Droits de propriété intellectuelle – Liber amicorum G. Bonet*, Litec, 2010, coll. IRPI, t. 36, p. 199.

11. M. Lévy et J.-P. Jouyet, *L'économie de l'immatériel – La croissance de demain*, Rapport de la commission sur l'économie de l'immatériel, nov. 2006, La Documentation française, 2007.

le vol »[12], il paraphrase Proudhon en omettant l'évolution sociale et politique qui a suivi les écrits de cet auteur. La légitimité de la propriété, sa fonction sociale, sa place dans l'organisation de la société contemporaine n'est pas une question spécifique ou propre à la propriété intellectuelle, il n'y a pas lieu de la traiter de façon autonome. Le XXe siècle compte nombre d'exemples de pays où l'appropriation privative de tout ou partie des biens, quelle que soit leur nature, était impossible. Ce modèle, philosophiquement intéressant, fut un échec non seulement économique, mais surtout social, humain et idéologique.

Le vocabulaire joue un rôle essentiel, les auteurs, le législateur, les juges emploient de façon très variable des termes connotés pour évoquer la propriété intellectuelle. On parle de récompense pour le créateur, d'encouragement à la création, de droit d'interdire, de monopole d'exploitation, autant d'expressions qui tendent à éloigner la propriété intellectuelle de ce qu'elle est, un régime spécial de droit des biens, pour lui faire porter les habits de ce qu'elle n'est pas, un régime d'occupation du domaine public, une appropriation contre l'intérêt général, voire une spoliation. Personne ne décrit la propriété immobilière comme un monopole d'exploitation sur un terrain, il doit en être de même pour les biens appropriés par la propriété intellectuelle, à moins de confondre les prérogatives attachées à la propriété avec la propriété elle-même. Aucune spécificité pour la propriété intellectuelle au regard de la propriété en général.

Le mouvement d'isolement de chaque branche de la propriété intellectuelle et celui d'isolement de la propriété intellectuelle du droit des biens vont à contre-courant de la place de la propriété et du droit des biens[13]. La jurisprudence du Conseil constitutionnel ne laisse pour sa part aucun doute sur la qualification de propriété, l'application de l'article 17 de la Déclaration de 1789 à la propriété intellectuelle, consacrant de la plus belle manière son ancrage dans le droit des biens[14]. On ne crée pas pour obtenir un titre de propriété, et la théorie de la propriété récompense[15] ne trouve appui sur aucun fondement sociologiquement sérieux et probant. Quelle que soit la nature de la création, il ne s'agit jamais de créer un droit de propriété, mais un bien sur lequel une propriété s'exercera.

3. Du point du vue de l'utilisateur comme du créateur, il y a une parfaite indifférence face à la nature du droit de propriété exercé sur les biens. Une personne ne crée pas pour obtenir un droit d'auteur ou un brevet, elle crée parce qu'ontologiquement l'acte créatif concourt à sa réalisation, qu'il s'agisse de la mise au point d'un programme informatique, d'une chanson, d'un tableau, d'un design, d'un rouage mécanique ou de toute autre création. Le phénomène intellectuel est unique, autonome et identique pour l'ensemble des créations et des créateurs. Il n'y a pas moins d'attachement à l'une ou l'autre de ces créations de

12. D. Cohen, « La propriété intellectuelle, c'est le vol », *Le Monde*, 7 avr. 2001 ; dans le même sens, J. Smiers, « La propriété intellectuelle, c'est le vol ! », *Le Monde Diplomatique*, sept. 2001.

13. Voir notamment, Proposition de l'Association Henri Capitant pour une réforme du droit des biens, sous la direction de H. Périnet-Marquet, Litec, 2009.

14. J.-M. Bruguière et F. Dumont, « La question prioritaire de constitutionnalité dans le droit de la propriété intellectuelle », *CCE* 2010, Étude 10, n° 11 et s.

15. Mousseron, *Traité des brevets*, Litec, 1984, n° 49 et s. ; J. Schmidt-Szalewski et J.-L. Pierre, *Droit de la propriété intellectuelle*, 4e éd., 2007, n° 6 et s.

la part de leur créateur, même si le régime de propriété ne traduit pas ce phénomène. Opposer les créateurs en fonction des régimes d'appropriation serait ajouter un déterminisme artificiel. Les créations sont présentées comme opposées entre elles, en raison des conditions d'acquisition des droits de propriété, de la durée des régimes d'appropriation ou encore des milieux socioprofessionnels intéressés par chacune d'elles. Un brevet est, le plus souvent, le fruit d'un travail technique d'ingénieurs et de chercheurs, une marque est au cœur de la stratégie marketing d'une société, fruit d'une démarche opportuniste[16] ; quant à la création artistique, elle est écartelée entre une idée romantique de la création et une vision mercantile du marché du divertissement[17]. Ces oppositions factuelles, l'éloignement entre un ingénieur et un service marketing, entre un scénario et une création végétale, masquent le lien profond unissant ces créations et l'existence d'une catégorie particulière de biens, les biens intellectuels. L'attachement du créateur à son bien intellectuel est indépendant du régime d'appropriation, l'effort intellectuel créatif étant similaire pour tous les biens.

La création est un mode d'acquisition de la propriété, malgré le silence des articles 711 et 712 du Code civil. Carbonnier affirmait en ce sens que le talent exceptionnel – le don du créateur – est une source d'acquisition de la propriété[18]. Les réformes annoncées du droit des biens n'intègrent pas cette carence, ce qui est regrettable[19] ; ce serait un moyen d'ancrer fermement la propriété intellectuelle au droit des biens. Le mouvement d'isolement est d'autant plus contre-productif qu'il n'est corrélé ni par la pratique ni par les textes. Le droit est systémique, ce qui emporte une intégration nécessaire de la propriété intellectuelle dans ce système. Les différents régimes de propriété, sous réserve de quelques exceptions, ne se rejettent pas et ne s'opposent pas. Si certaines créations ont une vocation à être appropriées par tel ou tel régime, une grande majorité est appropriée ou peut l'être par plusieurs titres de propriété intellectuelle[20].

4. L'analyse du droit peut partir de la norme et isoler celle-ci de son objet d'application et son environnement factuel, elle s'envisage aussi en partant, non pas de celle-ci mais de l'objet auquel elle s'applique. Aborder la qualification d'un bien au travers de son régime d'appropriation revient à ignorer la nature de l'objet approprié[21]. Le droit distingue traditionnellement la nature et le régime, quel que soit le bien. Force est de constater que les créations intellectuelles ne sont, elles, désignées qu'en considération de leur régime. « *Cette diversité est certainement un trompe-l'œil* »[22]. Cette appréhension marginalise certaines créations intellectuelles, notamment le savoir-faire, qui ne bénéficient pas d'un régime propre au sein du Code de la propriété intellectuelle, et voile l'unité de

16. En ce sens, F. Pollaud-Dulian, *Le droit d'auteur*, Economica, 2005, n° 39, p. 32.
17. Voir Th. Paris, *Le droit d'auteur : l'idéologie et le système*, PUF, 2002, p. 54 et s.
18. Carbonnier, *Flexible droit*, 10e éd., LGDJ, 2001, p. 355.
19. *Propositions de l'Association Henri Capitant pour une réforme du droit des biens*, sous la direction d'H. Périnet-Marquet, Litec, 2009.
20. Cf. *infra* n° 897 et et s.
21. En ce sens, Chavanne et Burst, *Droit de la propriété industrielle*, 5e éd., Dalloz, 1998, n° 270.
22. C. Caron, « Du droit des biens en tant que droit commun de la propriété intellectuelle », *JCP* G 2004, I 162 p. 1623, n° 1.

ces biens. L'appréhension des créations intellectuelles en considération des régimes juridiques d'appropriation occulte des points d'unité essentiels : l'ensemble de ces créations ont, d'une part, une origine – l'intellect – et un aspect physique – immatériel – identiques leur conférant une même nature, et, d'autre part, des modalités d'exploitation similaires caractérisées notamment par la possibilité d'une multitude de concessions accordées sur un même bien.

Dès 1935, Roubier propose une première approche unitaire des biens intellectuels[23] – des droits dans ses écrits – en retenant leur fonction économique[24] et non leur identité de nature. Cette analyse, pressentant avec clairvoyance la place des biens intellectuels dans l'économie, retient que les droits intellectuels ne sont qu'une position juridique et patrimoniale du créateur par rapport à sa clientèle dont la loi récompense la conquête par l'octroi d'une rémunération. Il exclut, à l'issue de son analyse de la théorie de Kohler[25], l'idée selon laquelle l'objet des droits des propriétés intellectuelles serait un bien immatériel – un bien intellectuel – et affirme que l'objet d'appropriation ne peut être qu'un monopole, un droit exclusif d'exploitation[26]. Un monopole est une conséquence du régime d'appropriation et non son objet ; dire que l'objet de la propriété intellectuelle est un monopole, revient à soutenir que la conséquence de l'appropriation – le monopole, l'exclusivité – est l'objet de cette appropriation[27]. Le créateur n'invente pas un monopole, il crée une chose sur laquelle un monopole – *i. e.* un droit de propriété – lui est accordé ; de même qu'on ne peut confondre un immeuble et le droit de propriété sur celui-ci. L'unité économique des biens intellectuels[28] est essentielle, Roubier était un visionnaire ; il est néanmoins nécessaire de la dépasser pour rechercher l'unité de ces biens en raison de leur nature. Il est proposé d'aborder le droit de la propriété intellectuelle non plus au regard des régimes mais au regard des créations.

A La notion de bien intellectuel

5. Définir, c'est déterminer par une formule précise l'ensemble des caractères qui appartiennent à un concept. La définition[29] s'efforce de regrouper en une formule générale et abstraite les caractères spécifiques de la notion considérée, mais elle peut prendre aussi la voie d'une énumération illustrative du concept. L'approche des biens intellectuels prendra ces deux voies afin d'être aussi complète que possible. La classification des biens suit des divisions traditionnelles

23. Roubier, « Droits intellectuels ou droit de clientèle », *RTD civ.* 1935.252.

24. Dans le même sens, M. Rotondi, « Droit de marque, de brevet et d'auteur dans le droit de la concurrence de la CEE », *Mélanges Bastian*, Litec, 1972, t. 2, p. 329.

25. Voir sur cette théorie : Bonnet, *Étude de la législation allemande des brevets d'invention*, thèse Paris, 1902, p. 9 ; Pouillet, *Traité des brevets d'inventions*, 6e éd., Lib. Gal. de jurisprudence, 1915, Taillefer et Claro n° 7 et note 2, p. 12 ; Roubier, *Le droit de la propriété industrielle*, t. 1, Sirey, 1952, n° 22, p. 100 et s.

26. Roubier, *Traité*, *op. cit.*, t. 1, n° 22, p. 102-103.

27. Pour une critique de cette théorie, F. Pollaud-Dulian, *Le droit d'auteur*, *op. cit.*, n° 52, p. 41.

28. Cf. M. Lévy et J.-P. Jouyet, Rapport, *op. cit.*, p. 14.

29. Voir l'avertissement de Javolenus « *Omnis definitio in jure civili periculosa est* » recueilli au Digeste fr. 202 *De regulis juris antiqui*, 50, 17. Sur ce texte : S. Maranca, « Le "*regulae juris*" et la "*definitio in jure civili*", *Les sources du droit – Mélanges Geny*, Sirey, 1934, tome II, p. 91 et s., n° 1.

tenant à leurs caractéristiques physiques, selon qu'ils sont meubles ou immeubles ; les meubles sont eux-mêmes subdivisés en meubles corporels et meubles incorporels. Ces derniers connaissent depuis quelques décennies un développement sensible sans pour autant qu'il soit possible de retenir, à la lettre, la proposition de Savatier pour lequel « *il n'est, au stade de notre civilisation juridique, d'autres biens que des droits. Tout droit, même sur une chose concrète, étant incorporel, il n'existe donc que des biens incorporels* »[30]. Cette affirmation fait écho à la critique relative à la confusion entre la nature et le régime juridique des biens. Un bien est une chose appréhendée juridiquement, mais cette chose considérée comme un bien conserve ses caractères physiques, dont sa corporalité. Les meubles incorporels forment un ensemble hétéroclite, le droit des biens devient « *immatériel et virtuel* »[31], « *la notion de biens paraît se dissoudre : ce n'est plus la chose corporelle dont le propriétaire est maître, elle se ramène à des prérogatives déterminées reliées par une idée – tout en concernant un objet qui peut lui-même résulter d'une idée* »[32]. On dégage parmi ces biens incorporels des catégories plus précises, révélant davantage leur diversité, tels les valeurs mobilières ou les universalités. Les biens intellectuels[33] constituent un autre sous-ensemble cohérent des biens immatériels répondant à des caractéristiques communes qui les individualisent. Après une énumération adoptant une approche empirique de la notion, il sera proposé une définition du bien intellectuel sous la forme d'une synthèse théorique.

1. Approche empirique des biens intellectuels

6. Les biens incorporels sont couramment définis comme les droits ne portant pas sur des corps et ne s'exerçant pas sur un débiteur déterminé[34], c'est-à-dire par leur exclusion des autres catégories juridiques, celles des biens corporels et des obligations. Les objets de la propriété intellectuelle sont présentés comme des créations de la loi[35], sans contenu tangible, des incorporels absolus. Les biens intellectuels ne seraient pas des choses immatérielles mais des droits d'appropriation, d'où la conclusion que l'objet de la propriété incorporelle est ce droit lui-même.

7. Cette approche usuelle des biens intellectuels nie la réalité d'une œuvre, d'une invention, d'un signe distinctif ou d'un dessin qui ont toujours une existence tangible, répondant à la perception des sens, en l'absence même de toute

30. Savatier, « Essai d'une présentation nouvelle des biens incorporels », *RTD civ.* 1958.331.

31. A. Piédelièvre, « Le matériel et l'immatériel – Essai d'approche de la notion de bien », *Mélanges Juglart*, LGDJ – Montchrestien – Éd. Techniques, 1986, p. 55 et s.

32. Batiffol, « Problèmes contemporains de la notion de biens », *Arch. phil. droit – Les biens et les choses*, Sirey, 1979, t. 24, p. 8 et s., spéc. p. 13.

33. L'expression de bien intellectuel est notamment utilisée par Mousseron, *Le droit des brevets d'invention*, thèse, LGDJ, 1961, coll. Bibl. de droit privé, t. 23, n° 242 ; Renouard, *Du droit industriel dans ses rapports avec les principes du droit civil sur les personnes et sur les choses*, Guillaumin, Paris, 1860, p. 211.

34. Cette analyse est critiquée par Planiol selon lequel « les Romains ont abouti à cette analyse parce qu'ils ont confondu le droit de propriété avec la chose sur laquelle elle porte », *Traité de droit civil*, LGDJ, 1950, t. 1, n° 2583.

35. Carbonnier, *Droit civil – Les biens*, t. 3, 19e éd., PUF, 2000, « *Leur existence vient du droit, et ce sont eux-mêmes des droits, des droits subjectifs* », n° 50, p. 91.

intervention du législateur. Le bien intellectuel existe sans la loi, comme tout bien matériel. Il est consubstantiel à la nature humaine[36], « *un don de soi* »[37]. L'inventeur ou l'auteur n'a pas besoin de la loi pour créer[38]. La création se matérialise ou non sur un support physique, mais elle a une existence certaine et est parfaitement perceptible hors toute intervention du législateur. Une musique ou un texte s'écoute ou se lit, une invention produit un effet, un signe retient l'attention d'un consommateur. Le choix d'un signe et sa mise en relation avec un produit ou un service sont des actes totalement indifférents à la loi. La création intellectuelle n'est pas attachée à son support, sous réserve des arts plastiques ; son existence physique est indéniable hors de toute qualification juridique. La consistance des biens intellectuels conduit à refuser l'idée qu'ils ne sont que des droits. La catégorie composée des biens immatériels n'accueille pas que des droits, mais aussi des choses incorporelles qui, tels les biens intellectuels, appellent une appropriation.

Le droit comparé invite aussi à distinguer le bien de son régime. L'article 60 du Code civil grec désigne la propriété intellectuelle comme constituée par les droits exclusifs sur les productions de l'intellect[39]. Le Code civil du Québec mentionne de nouveaux biens, dont les biens intellectuels appropriés par les propriétés intellectuelles ou le secret commercial[40]. La loi brésilienne qualifie de bien le logiciel, le savoir-faire, les signes distinctifs, les noms de domaines, les sites Internet ou encore les bases de données[41]. Deux éléments confortent cette proposition : l'incorporation des biens intellectuels et la possibilité d'exercer un pouvoir de fait, une possession, sur ces biens.

8. L'incorporation[42] des biens intellectuels permet, en premier lieu, d'affirmer leur existence hors d'un régime de droit. Une chose est un « *objet matériel considéré sous le rapport du Droit ou comme objet de droits* » et un bien est « *toute chose matérielle susceptible d'appropriation* »[43]. On oppose les biens corporels, sur lesquels un pouvoir peut être exercé sans intervention de la loi, par une simple appréhension physique, aux biens incorporels, sans réalité matérielle, pour lesquels seule une intervention légale permet une emprise. L'immatérialité interdirait l'accession à la qualité de bien avant une qualification légale. Une telle analyse ne peut être admise qu'en présence d'un bien imperceptible aux sens : une universalité, tel un fonds de commerce, ou des valeurs mobilières (matérialisées dans un premier temps par le législateur sous forme de titres-papier puis dématérialisées). Suivant le

36. Déclaration universelle des droits de l'homme de 1789, art. 27 ; M. Vivant, « Le droit d'auteur, un droit de l'homme ? », *RIDA* oct. 1997, n° 167, p. 61. Voir aussi la Charte des droits fondamentaux de l'Union européenne, art. 17, et le commentaire de C. Caron, *CCE* 2001, comm. 55.

37. C. Carreau, « Droit d'auteur et esprit de l'œuvre », *RIDA*, n° 201, juill. 2004, p. 3, n° 1.

38. En ce sens, J.-M. Mousseron, J. Reynard et T. Revet, « La propriété comme modèle », *Mélanges Colomer*, Litec, 1993, n° 13 et 14 ; A. Pelissier, *Possession et meubles incorporels*, thèse, Dalloz, 2001, n° 244 et note n° 458 ; Th. Revet, *La force du travail – étude juridique*, thèse, Litec, 1992, n° 434, p. 493.

39. G. Koumantos, « Reflections on the Concept of Intellectual Property », *Intellectual Property & Information Law, Essays in Honour of Herman Cohen Jehoram*, Kluver, 1998, p. 39.

40. Art. 909, Code civil du Québec.

41. C. E. Froes, « Les nouveaux biens – Rapport brésilien », *Travaux de l'Association Capitant – La propriété*, t. LIII, Société de législation comparée, 2006, p. 229.

42. *Le Robert*, *op. cit.*, V° Incorporation, 3e sens, XVIIe siècle, Pascal.

43. *Vocabulaire juridique, op. cit.*, V° Chose et Bien.

propos de Gaïus « *il y a des choses corporelles et des choses incorporelles* (...). *Les choses incorporelles sont celles qui ne tombent point sous les sens, comme sont celles qui consistent dans un droit.* »[44] Les choses sont des biens ayant une réalité physique ; cette définition s'applique même aux biens incorporels, mais en ne limitant pas l'existence d'un bien à sa seule perception par le sens du toucher. On ne doit pas se restreindre à cet unique vecteur de perception pour admettre la dimension physique d'un bien. Dès lors que l'existence d'une chose est perçue par l'un des cinq sens[45], on admet son existence physique.

Les biens intellectuels sont toujours directement ou indirectement perceptibles par l'un de nos sens. Les compositions musicales[46] – « *métaphores de l'âme* »[47]– sont perceptibles par tout un chacun indépendamment de toute intervention légale. La matérialité de la musique, des compositions – créations artistiques –, est indéniable. Elle constitue une chose perçue par l'ouïe. Il en va de même pour les créations techniques, l'effet technique d'une invention est le témoignage de la réalité de celle-ci, le même constat est possible pour un logiciel, un signe distinctif (pour ce dernier cela est même consubstantiel). La réalité matérielle de ces créations perçues uniquement par un sens autre que le toucher ne peut faire de doute ; leur support n'est qu'un outil constituant une preuve de l'existence du bien[48]. Le même constat est possible pour les créations perceptibles par l'odorat[49]. La reconnaissance d'une création n'est pas liée à sa fixation sur un support, la seule concrétisation de celle-ci dans une forme perceptible aux sens suffit[50]. « *À sa façon, l'œuvre de l'esprit a pour ainsi dire un "corps", si l'on admet à ce rang sa forme d'expression* »[51].

Les biens intellectuels sont des biens corporels (ou physiques) perceptibles directement ou indirectement par l'un des sens[52] indépendamment de toute intervention légale. Ces biens sont incorporels car ils n'activent pas le sens du toucher – hors de leur incorporation à un support[53]. Cette approche empirique

---

44. Hulot, *Les cinquante livres du Digeste et des Pandectes de l'Empereur Justinien*, Paris, 1803, t. 1er, p. 79 ; cf. C. Caron, « Du droit des biens en tant que droit commun de la propriété intellectuelle », *JCP* G 2004, I 162, p. 1623, n° 3.

45. Le goût, l'odorat, l'ouïe, le toucher et la vue. Il y a ici une opposition à Descartes qui écrivait : « *pour bien concevoir les choses immatérielles ou métaphysiques, il faut éloigner son esprit des sens* », *Méditations métaphysiques, Réponses aux secondes objections*, PUF, 1986, p. 155.

46. Sur la musique, voir B. Edelman, note sous Cass. civ. 1re, 1er juill.1970, *D.* 1970, j. 734 ; F. Jongen, « Glenn, Nikolaus et la Cour de cassation : libres réflexions sur la musique et le droit », *Mélanges Pardon*, Bruylant, Bruxelles, 1996, p. 347, spéc. 350.

47. Expression relevée dans *Le Cri de la chouette*, film hommage à I. Xenakis, de Chris Marker.

48. Cf. L. Breucker, *Les rapports de l'œuvre et de son support en droit d'auteur*, thèse dactyl., Montpellier, 2002, spéc. n° 202 et et s. Pour les œuvres perceptibles par le goût ou l'odorat, voir *infra* n° 53 et s.

49. Cf., *infra* n° 53 et s., le statut de la fragrance en droit d'auteur.

50. En ce sens, A. et H.-J. Lucas, A. Lucas-Schloetter, *Traité de la propriété littéraire et artistique*, 4e éd., LexisNexis, 2012, n° 58 et s. ; F. Dessemontet, *Le droit d'auteur*, CEDIDAC, Lausanne, 1999, n° 55 et 92 et s. ; L. Breuker, « Le support de création et le support de commercialisation de l'œuvre », *CCE* 2003, chron. 2, p. 13.

51. C. Carreau, « Droit d'auteur et esprit de l'œuvre », *RIDA*, n° 201, juill. 2004, p. 3, n° 9.

52. *Contra*, P.-Y. Gautier, *Propriété littéraire et artistique*, 8e éd., PUF, 2012, n° 15, « *ce sont des valeurs juridiques, sans réalité physique, puisant leur existence dans la loi* ».

53. Voir le Code civil du Québec, art. 906 : « *Sont réputées meubles corporels les ondes ou l'énergie maîtrisées par l'être humain et mises à son service, quel que soit le caractère mobilier ou immobilier de leur source* ».

du caractère physique des biens intellectuels démontre leur existence hors du droit. La Cour de cassation a fait sienne cette approche par les sens des biens intellectuels, en 2013, en retenant la formule « *le droit d'auteur protège les créations dans leur forme sensible* »[54], tout en apportant une condition qualitative à cette perception sensorielle : « *autant que celle-ci est identifiable avec une précision suffisante pour permettre sa communication* ». Elle a malheureusement considéré qu'une fragrance de parfum ne répond pas à ce critère[55].

9. Le second argument qui soutient la réalité des biens intellectuels est la possibilité d'exercer sur eux un pouvoir de fait[56]. Les biens intellectuels peuvent être protégés par les mêmes actions que les biens corporels, au civil comme au pénal. Le droit canadien propose par exemple une action en reconnaissance d'un droit (art. 912 du Code civil du Québec) et une action en revendication (art. 953). En droit français, la question de la possession s'impose. Cette dernière est le constat juridique d'une situation de fait qui assure au possesseur une emprise sur un objet indépendamment de toute appropriation. En droit commun, cet aspect matériel de l'appropriation se prolonge dans les fonctions probatoires et acquisitives de la possession. L'article 2255 C. civ. définit la possession comme « *la détention ou la jouissance d'une chose ou d'un droit* », elle peut concerner des biens intellectuels mais son exercice pratique est moins évident et plus équivoque[57]. La possession est fondée sur le cumul de deux éléments, le *corpus*[58] et l'*animus*[59]. Un bien intellectuel ne peut être objet d'une possession que si celui qui s'en prétend possesseur détient ces deux éléments. Le *corpus* de la possession consiste dans des actes matériels accomplis par le possesseur sur la chose. Ces actes matériels sont notamment, au sens de l'article 2255 C. civ., des actes de détention – la chose doit être soumise à la puissance du possesseur – et des actes de possession – c'est-à-dire l'utilisation économique de la chose. Ces deux types d'actes peuvent être accomplis sur un bien intellectuel, d'où l'existence du *corpus*. L'*animus* est indépendant de l'objet de la possession, cet élément relève du comportement du possesseur, il ne peut y avoir de rapport possessoire sans volonté[60].

Une invention, objet d'un brevet, existe avant toute délivrance de ce titre de propriété[61] par un office habilité. La meilleure preuve en est certainement

54. Cass. com., 10 déc. 2013, n° 11-19872 ; *D.* 2014, p. 8 ; *JCP* G 2014, chron. 364 p. 560, obs. C. Caron ; *CCE* 2014, comm. 13, note C. Caron.

55. Sur le contentieux de la fragrance de parfum en droit d'auteur, voir *infra* n° 53 et s.

56. Cf., Passy, « De la propriété intellectuelle », *Études sur la propriété intellectuelle*, Guillaumin, Paris, 1859, p. 20 et s. ; C. Caron, « Du droit des biens », art., *op. cit.*, spéc. n° 4 et 5.

57. Travaux de l'Association Capitant, *La propriété*, t. LIII, Société de législation comparée 2003, J.-L. Bergel, « Les nouveaux biens, Rapport Général », p. 203.

58. *Corpus* : ensemble des actes matériels d'utilisation exercés sur la chose.

59. *Animus* : volonté de se comporter en propriétaire.

60. Cf. Jhering, *Études complémentaires de l'esprit du droit romain – Du rôle de la volonté dans la possession*, voir t. III, 2e éd., A. Marescq aîné, Paris, 1891, p. 17 et s.

61. J. Azéma et J.-C. Galloux, *Droit de la propriété industrielle*, 7e éd., Dalloz, 2012, n° 204 et s. ; Casalonga, *Traité technique et pratique des brevets d'invention*, LGDJ, 1949, t. 1, n° 5, p. 14 ; P. Level, « Les rapports du droit et de la formalité en matière de propriété industrielle », *RTD com.* 1961.241, spéc. p. 260 et s. ; *contra*, Mathély, *Le nouveau droit français des brevets d'invention*, Librairie JNA, 1991, p. 315.

l'influence de la divulgation[62] antérieurement au dépôt d'une demande de brevet : celle-ci n'annihile pas la création, elle interdit simplement son appropriation. Lors du dépôt, le brevet n'existe pas, seul le pouvoir de fait de la possession sur l'invention fonde la naissance du droit de propriété, à l'image de l'article 2276 du Code civil[63]. Le choix du dépôt est une manifestation du rapport de puissance entre la chose et le possesseur, élément caractéristique du *corpus*. Il en va de même en droit des marques, en droit des dessins et modèles, ou tout autre régime de propriété intellectuelle.

L'exploitation du bien est possible en l'absence de dépôt ; l'utilisation économique de la chose est parfaitement envisageable et témoigne de l'existence du *corpus*. « *L'obtention du titre n'est donc pas l'événement conférant à l'invention sa nature objective* »[64]. Le droit de possession personnelle antérieure[65] impose, de la même façon, l'existence d'un bien indépendamment du dépôt[66]. Le droit de possession personnelle antérieure ne fait que reconnaître le *corpus* de la chose et lui accorder une protection spécifique. Pour en rester au droit des brevets, le Code de la propriété intellectuelle mentionne explicitement la distinction chose et propriété en évoquant « *l'invention objet du brevet* »[67] : le législateur appréhende, comme la jurisprudence[68], le bien intellectuel et le régime qui lui est appliqué de façon autonome. Roubier retient une analyse similaire lorsqu'il indique que le dépôt, et donc le brevet, n'est qu'une forme d'accès à un régime juridique particulier[69]. L'invention constitue un *corpus* sur lequel le créateur peut se comporter en possesseur.

Ces analyses s'appliquent par analogie à l'ensemble des biens intellectuels. Suivant une construction identique, le droit des marques aménage des effets à la possession. Un signe non déposé, utilisé à titre de marque, bénéficie d'un régime de protection spécifique[70], le fondement de cette appropriation se trouve dans la notoriété[71] qui n'est qu'une manifestation d'un pouvoir de fait : la possession par usage[72] sur un *corpus*, le signe. Pour les créations artistiques,

62. Art. L. 611-13 C. Prop. Intell. En ce sens, Mousseron, Reynard et Revet, *op. cit.*, n° 19.

63. Voir L. Brüning-Petit, « L'exception du droit fondé sur une utilisation antérieure en droit allemand : un modèle pour le droit communautaire des brevets ? », *Prop. Indust.* juill. 2003, chron. 12, p. 10 et s. ; J. Azéma et J.-C. Galloux, *op. cit.*, n° 506 et 1071.

64. A. Robin, thèse, *op. cit.*, n° 71 p. 68.

65. Art. L. 613-7, al. 2 C. Prop. Intell.

66. Voir *infra* n° 469, 588.

67. Art. L. 611-1 C. Prop. Intell. Suivant la même construction, lire l'art. L. 111-1 C. Prop. Intell.

68. Cass. com., 18 déc. 1973, *Bull. civ.* IV n° 368 ; *D.* 1974, IR. 57 ; *RTD com.* 1974.81 obs. Chavanne et Azéma.

69. Roubier, « Droits intellectuels ou droits de clientèle », *RTD civ.* 1935.252, spéc. p. 292 et 299. Dans le même sens, J. Foyer et M. Vivant, *Le droit des brevets*, PUF, 1992, p. 414 et 432 ; Mousseron, *Traité*, *op. cit.*, n° 52.

70. Notamment aux art. L. 711-4 et L. 713-5 C. Prop. Intell. ; A. Singh, « L'exploitation effective du droit antérieur comme condition d'application de l'article L. 711-4 du Code de la propriété intellectuelle », *Prop. Indust.* 2003, chron. 4 ; Convention d'Union de Paris du 20 mars 1883 sur la protection de la propriété industrielle, art. 6 *bis*.

71. Cf. G. Bonet, « La protection des marques notoires dans le Code de la propriété intellectuelle », *Écrits en hommage à J. Foyer*, PUF, 1997, p. 189 ; M.-E. Laporte-Legeais, « Clair-obscur sur la marque renommée : dix ans d'application de la loi du 4 janvier 1991 », *JCP* E 2001, p. 1514 ; F. Pollaud-Dulian, *Propriété industrielle*, *op. cit.*, n° 1302.

72. En ce sens J. Passa, *Traité de droit de la propriété industrielle*, t. 1, 2e éd., LGDJ, 2009, n° 132 et s. ; F. Pollaud-Dulian, *Propriété industrielle*, *op. cit.*, n° 1477 et 1478.

l'absence de décalage temporel[73] entre l'acte de création et l'attribution des droits de propriété sur la création accorde à la possession un faible intérêt. Le créateur détient seul l'œuvre[74], il a un pouvoir de fait et de droit sur son *corpus*[75]. Le droit d'auteur accorde toutes ses prérogatives à l'auteur dès que le processus créatif est engagé. Il n'en reste pas moins que, dans l'hypothèse où un dépôt serait nécessaire pour l'attribution d'un titre de propriété, une analogie avec les créations techniques s'imposerait. M. Caron ajoute que « *la présomption de titularité de droit d'auteur, qui bénéficie à une personne morale accomplissant des actes de possession sur l'œuvre, est purement et simplement une action possessoire qui permet de défendre très efficacement l'atteinte à la possession sans prise en considération du pouvoir de droit* »[76]. Cette solution a aussi été appliquée par la Cour de cassation aux droits voisins[77].

On identifie par ces éléments une catégorie de biens, fruit d'une activité intellectuelle, perceptible par l'un des sens, et objet de possession. L'origine des biens intellectuels est toujours identique : l'Homme. Quelle que soit la création, il en est la seule source, un « *bien construit et non inné* »[78]. La création s'oppose à la découverte, cette dernière, fruit du constat d'un phénomène naturel et non une création – entendue en son sens strict d'« *action de faire connaître un objet, un phénomène caché ou ignoré mais préexistant* »[79] – ne constitue pas un bien intellectuel. L'absence d'activité intellectuelle créative[80] interdit cette qualification. La Cour suprême des États-Unis semble suivre une approche similaire pour définir le champ de brevetabilité du vivant, imposant un acte créatif intellectuel engendrant un élément ne pouvant exister à l'état de nature[81].

10. En droit international, plusieurs éléments plaident en faveur de cette unité et renforcent la distinction entre les biens intellectuels et leurs régimes. Le principe de territorialité des propriétés intellectuelles impose qu'un même bien soit soumis à un régime différent dans chaque pays. Il en va ainsi pour tous les meubles suivant les dispositions du droit international privé ; mais, à la différence des biens corporels, un bien intellectuel peut être présent dans plusieurs pays en même temps. Si l'on ne retient pas l'existence d'un bien indépendamment des droits, il ne peut y avoir une protection autonome par pays. Les

73. Art. L. 111-1 al. 1 C. Prop. Intell. C. Caron, *Droit d'auteur et droits voisins*, 3e éd., LexisNexis, 2013, n° 113.

74. Le régime de divulgation, *infra* n° 129 et s.

75. *Contra*, P.-Y. Gautier, *op. cit.*, n° 15.

76. C. Caron, « Du droit des biens », art. *op. cit.*, n° 4 et réf. note 13. *Contra*, F. Pollaud-Dulian, *Le droit d'auteur*, *op. cit.*, n° 531.

77. Cass. civ. 1re, 14 nov. 2012, *Bull. civ.* I, n° 242 ; cf. *infra* n° 205.

78. A. Robin, thèse, *op. cit.*, n° 69.

79. Le Robert, V° *Découverte*, n° 2, sens retenu par la jurisprudence pour l'application de l'article L. 611-10 C. Prop. Intell. ; cf. F. Pollaud-Dulian, *Propriété industrielle*, *op. cit.*, n° 166 ; M. Franceschi, *Droit et marchandisation de la connaissance sur les gènes humains*, CNRS Éditions, 2004, p. 140 et s.

80. Voir Pouillet, *Traité théorique et pratique des brevets d'invention et des secrets de fabrique*, 6e éd., Marchal et Billard, 1915 par Taillefer et Claro, n° 6.

81. USSC, 13 juin 2013, *Association for molecular pathology et alii v. Myriad Genetics et alii*, 569 US 2013 ; F. Pollaud-Dulian, « L'adieu au brevet et le retour à la Nature des séquences d'ADN : l'arrêt Myriad Genetics de la Cour suprême des États-Unis », *D.* 2013, p. 2594 ; J.-C. Galloux, *D.* 2013, p. 1888 ; *Gaz. Pal.* 31 oct. 2013, n° 304, p. 21, note L. Marino.

propriétés intellectuelles auraient pour objet de reconnaître des droits accordés dans d'autres pays, et d'organiser le régime juridique d'accueil d'un droit étranger dans son propre ordre juridique, or elles vont au-delà de cette mission, notamment par l'application de l'ordre public local[82]. Le principe de territorialité n'est pas assimilable à une règle de conflit de lois. On ne peut non plus retenir qu'il y a un bien différent dans chaque pays. Cette proposition est nécessairement exclue pour les créations industrielles dont l'accès à la propriété impose une nouveauté absolue[83] : la nouveauté n'existe que dans le pays du premier dépôt, pour les autres, la création n'est plus nouvelle, il n'est plus possible de prétendre obtenir la délivrance d'un titre. L'esprit même des systèmes de priorité[84] et d'assimilation[85] écarte nécessairement cette hypothèse. Ils ont pour fonction de permettre une appropriation dans un pays autre que le premier pays de dépôt ou de divulgation. L'exercice de la priorité n'a pas pour effet de reconnaître un nouveau bien mais d'écarter l'obligation de nouveauté absolue et la concurrence d'un dépôt local afin d'obtenir une appropriation de la création dans chaque pays désiré. La création est unique, elle est appropriée de façon autonome dans chaque système légal.

Toute création qui procède de l'Homme, de son imagination, est incorporelle mais n'en est pas moins un bien[86], un bien intellectuel.

2. Synthèse théorique

11. La synthèse théorique propose et justifie une définition du bien intellectuel qui englobe les constats effectués afin de recouvrir cette notion dans toute sa diversité[87].

12. Un bien intellectuel est une chose issue de l'imagination humaine dans l'exercice d'une activité créative susceptible d'appropriation indépendamment de tout support[88].

---

82. Voir Cass. civ. 1re, 28 mai 1991, aff. *Huston*, *JCP* G 1991, II 21731, note Françon ; *JCP* E 1991, II 220, note J. Ginsburg et P. Sirinelli ; *Rev. crit. DIP* 1991, p. 752 note P.-Y. Gautier ; *D.* 1993, j. 197, note J. Raynard.

83. Art. L. 611-11, L. 623-1 et L. 623-5 C. Prop. Intell.

84. Voir art. L. 612-7 C. Prop. Intell.

85. Cf. Convention de Berne, art. 5-1° et 2° ; Convention de Genève art. II ; Accords ADPIC, art. 3. En ce sens, TGI Paris, 23 nov. 1988 ; « Huston », *Rev. crit. DIP*, 1989.372, note P.-Y. Gautier.

86. En ce sens, Batiffol, « Problèmes contemporains de la notion de biens », *Arch. phil. droit, Les biens et les choses*, Sirey, 1979, t. 24, p. 9, spéc. p. 10, *in fine*.

87. C. Goldfinger, *L'utile et le futile, L'économie de l'immatériel*, O. Jacob, 1994, p. 12, retient l'expression de « *caractère protéiforme des immatériels* ».

88. Voir P.-Y. Gautier, « Le contrat bouleversé : l'imprévisibilité en droit des propriétés artistiques », *D.* 1990, chron. XXIV, p. 130, n° 1 ; Le Grand, *Étude économique de la propriété industrielle. Fondement et fonctions économiques de cette « propriété »*, thèse, Sirey, 1937, propose en introduction cette définition : « *Les œuvres intellectuelles résultent du travail de la pensée ; elles représentent des richesses les plus diverses qui, sous leur aspect immatériel, sont l'objet d'échanges, de cession, de vente* » ; A. Pélissier, thèse, *op. cit.*, n° 267 ; L. Pfister, *L'auteur, propriétaire de son œuvre ? La formation du droit d'auteur du XVIe siècle à la loi de 1957*, thèse dactyl. Strasbourg, 1999, p. 545 et s. ; Planiol, *Traité élémentaire de droit civil*, t. 1, 2e éd., Pichon, 1901, n° 1216 ; M. Vivant, *Juge et loi du brevet*, thèse, Litec, 1977, n° 239 à 275 ; L. d'Avout, *Les solutions théoriques du conflit de lois en droit des biens*, thèse, Economica, 2006, n° 65 à 75.

Cette définition appréhende un bien intellectuel dans son état premier[89], comme un objet de droit[90], avant toute application d'un régime d'appropriation. Ce n'est pas une conception unitaire des propriétés intellectuelles[91], mais une vision unitaire des biens sur lesquels portent différents régimes de propriété.

13. Un bien intellectuel est une « *chose* »[92]. Un bien est une chose appréhendée par le biais d'une classification juridique[93]. Comme toute chose, même impalpable, le bien intellectuel est perceptible par l'un des sens humains, ce qui suffit à admettre son existence matérielle[94]. En ce sens, M. Passa affirme que « *l'objet du droit de propriété industrielle est la chose incorporelle – invention, apparence d'un produit, signe distinctif de produits ou services déterminés – sur laquelle il porte* »[95]. Étant une chose, un bien intellectuel n'est pas simplement un droit, il lui préexiste et lui est parfaitement indépendant. Le droit de la propriété intellectuelle ne peut que constater l'existence de la chose, une fois celle-ci créée. La création n'est pas dépendante de la propriété intellectuelle, et l'influence de cette dernière sur la créativité est très relative et limitée.

14. C'est une chose « *issue de l'imagination humaine* »[96]. Cet élément affirme la source exclusive des biens intellectuels, l'Homme. La formulation s'émancipe de toute idée de création mécanique ou automatique : une machine ne crée pas, elle exécute, avec plus ou moins d'autonomie, une série d'ordres et de règles définis par l'Homme. En présence d'une création réalisée par le truchement d'un matériel informatique, l'ordinateur gère des données suivant un processus qui lui est imposé par ses concepteurs et programmeurs. Seul l'Homme[97] dispose de la liberté d'esprit et de jugement nécessaire à la création d'un bien intellectuel. On s'inscrit à la suite de Lakanal lors de son rapport à l'Assemblée pour le vote de la loi des 19 et 24 juillet 1793 qui portait

---

89. Pour une approche unitaire des propriétés intellectuelles constituant une forme particulière d'information, P. Catala, « Ébauche d'une théorie juridique de l'information », *D.* 1984, chron. p. 975, même auteur « La "propriété" de l'information », *Mélanges Raynaud*, Dalloz, 1985, spéc. n° 4.

90. Cf. Dabin, « Les droits intellectuels comme catégorie juridique », *Rev. crit.* 1939, p. 413 et s., spéc. 427, 435 et 437 et s.

91. Sur cette approche, J. Passa, *Traité*, *op. cit.*, n° 9 et 26 ; J. Raynard, « Propriétés incorporelles : un pluriel bien singulier », *Mélanges Burst*, Litec, 1997, p. 527.

92. Dictionnaire Le Robert I, éd. Le Robert 1990 ; V° Chose. La notion de chose immatérielle est présentée par F. Zénati, *La nature juridique de la propriété ; contribution à la théorie du droit subjectif*, thèse Lyon III, 1981, n° 254. Carbonnier, *Les biens*, *op. cit.*, « *choses et biens* », n° 46 p. 83 ; G. Loiseau, « Pour un droit des choses », *D.* 2006, chron. p. 3015.

93. Cf. R. Libchaber, *Encycl. Dalloz.*, V° Biens, spéc. n° 4 et s.

94. L'article L. 111-3 C. Prop. Intell. distingue les droits sur le bien intellectuel des droits sur son support ; cf. Savatier, *Essai d'une présentation nouvelle des biens incorporels*, *op. cit.*, n° 43 ; Vareilles-Sommières, « La définition et la notion juridique de la propriété », *RTD civ.* 1905.443, n° 7 ; F. Zénati et Th. Revet, *op. cit.*, n° 6.

95. J. Passa, Traité, *op. cit.*, n° 12.

96. P.-Y. Gautier, *op. cit.*, au n° 14, et n° 38 ; l'art. L. 111-1 C. Prop. Intell. parle lui aussi d'« œuvre de l'esprit » ; F. Pollaud-Dulian, *Le droit d'auteur*, *op. cit.*, n° 251 ; Roubier, *Le droit de la propriété industrielle*, t. 2, Sirey, 1954, n° 167, p. 204 évoque « l'œuvre spirituelle » de l'inventeur ; M. Lévy et J.-P. Jouyet, Rapport, *op. cit.*, p. 53 évoquent l'imaginaire du créateur.

97. Dabin, « Les droits intellectuels comme catégorie juridique », *Rev. crit.* 1939, p. 413, spéc. p. 423, n° 10 : « *Tout vient de l'homme, en définitive, de son génie ou de son industrie, de son travail et par conséquent de sa personne* ». *Idem.*, C. Caron, *Droit d'auteur*, *op. cit.*, n° 46 ; Ph. Malaurie, « La Convention européenne des droits de l'Homme et le droit civil français », *JCP* G 2002, I 143, n° 2.

appropriation « *des productions du génie* ». Roubier relève cette origine commune, en retenant que c'est « *par un effet de l'esprit de l'inventeur ou de l'artiste que le droit apparaît ; il naît à la suite d'un acte créateur* »[98]. M. Revet propose, dans le même sens, une conception unitaire des biens intellectuels en raison de leur origine humaine : la force de travail[99]. Ces biens[100] sont, pour cet auteur, les produits de la seule mise en œuvre de la force de travail. Suivant l'expression de Savatier, « *la muse n'a de baisers que pour les hommes en chair et en os* »[101]. L'exécution[102] d'une œuvre, l'action de l'artiste interprète, est incluse dans cette notion d'imagination humaine. L'interprétation consiste à donner un sens à quelque chose, en tirer une signification[103], c'est apporter une contribution spécifique, fruit d'un travail intellectuel. L'artiste a une part de liberté dans son exécution, même si celle-ci n'est pas systématique. « *L'œuvre seconde, que constitue le spectacle, est bien différente de l'œuvre première que présentait la pièce à jouer* [...] *l'art théâtral est éphémère par nature* »[104].

15. Le bien intellectuel est le fruit de « *l'exercice d'une activité créatrice* »[105] : les idées, de libre parcours[106], ne constituent pas des biens intellectuels. Les idées ne proviennent pas nécessairement d'une activité créatrice volontaire, sont fortuites et insuffisamment formalisées pour pouvoir constituer un bien. La frontière entre idée et bien intellectuel reste ténue[107]. Quel est le seuil au-delà duquel une idée devient une création ? Dès lors que l'idée est individualisée, réalisée et décrite, elle peut bénéficier de la qualification de bien intellectuel. Cette appréciation, proche de l'esprit de l'article L. 111-2 du Code de la propriété intellectuelle, manque d'efficience et de clarté[108]. M. Gautier revendique pour l'identification d'une œuvre un « *effort d'innovation* [...]

98. Roubier, *Traité*, *op. cit.*, t. 1, n° 21, p. 97.

99. Th. Revet, thèse, *op. cit.*, n° 434.

100. L'auteur inclut dans ces biens : l'œuvre de l'esprit, l'invention brevetable, les dessins et modèles, les signes distinctifs, le savoir-faire, l'information et la clientèle civile. Dans le même sens, Catala, « La transformation du patrimoine dans le droit civil moderne », *RTD civ.* 1966.185, n° 22.

101. Savatier, *Le droit de l'art et des lettres – Les travaux des muses dans les balances de la justice*, LGDJ, 1953, n° 146.

102. Voir *infra* n° 191.

103. Voir Le Robert, *op. cit.*, V° Interprétation. Cf. les spectacles vivants où l'on parle de la création d'un rôle.

104. Savatier, *Les muses*, *op. cit.*, n° 189.

105. Planiol présente les propriétés incorporelles en relevant que leur caractère commun est « *d'être étroitement lié à l'activité ou à la faculté créatrice de l'homme* », *Traité de droit civil*, LGDJ, 1950, t. 1, n° 347 ; C. Caron, *Droit d'auteur*, *op. cit.*, n° 54 et s. ; V.-L. Benabou, « Pourquoi une œuvre de l'esprit est immatérielle », *RLDI*, n° 1, janv. 2005, étude p. 53.

106. C. Caron, Droit d'auteur, *op. cit.*, n° 67 et s. ; I. Cherpillod, *L'objet du droit d'auteur*, CEDIDAC, Lausanne, 1985, n° 36 et s., n° 90, p. 59 et n° 127. p. 77 ; Desbois, *Le droit d'auteur en France*, 3e éd., Dalloz, 1978, p. 18 et s. ; P.-Y. Gautier, *op. cit.*, n° 38 et s. ; F. Pollaud-Dulian, *Propriété industrielle*, *op. cit.*, n° 988, même auteur, *Le droit d'auteur*, *op. cit.*, n° 106 et 107 ; L. Pfister, « Les particuliers peuvent-ils au gré de leur volonté créer des droits réels ? », *RDC* 2013/4, p. 1261.

107. Par exemple, A. Lucas, *Prop. Intell.*, n° 3, avr. 2002, chron. « Droit d'auteur et droits voisins », n° 1, p. 45 ; TGI Paris, 14 juin 2002, *CCE* 2002, comm. 113, note C. Caron, au sujet d'une méthode boursière.

108. Notamment : Desbois, *op. cit.*, n° 8 et s., n° 17 et s. ; B. Edelman, « Création et banalité », *D.* 1983, chron. XIII, p. 73 ; P.-Y. Gautier, *op. cit.*, n° 40 et s. ; Pouillet, *Traité théorique et pratique de la propriété littéraire et artistique et du droit de représentation*, 3e éd., Marchal et Godde, 1908, par Maillard et Claro, n° 14 et 20.

conduisant à une production intellectuelle »[109], après avoir retenu que l'originalité constitue la valeur économique de l'œuvre et que toute idée ayant une valeur économique devrait être protégée[110].

Le champ lexical employé permet une approche globale de l'acte créatif conduisant à la création d'un bien intellectuel : originalité, activité inventive, distinctivité, caractère propre. Autant de conditions qui n'imposent qu'une seule chose, l'acte créatif de l'Homme, sans quoi elles ne peuvent jamais être remplies. La formule de Bry[111], applicable à tout créateur, dégage un seuil : « *la composition, l'expression de la pensée, la façon de comprendre l'idée, de lui donner une forme, un ton, une couleur, voilà ce qui constitue le propre de l'auteur* ». Il ne fait pas de doute que le choix d'un signe à titre de marque relève de cette « activité créatrice »[112], à défaut de quoi le signe ne serait pas distinctif.

Un autre point est abordé par cet élément de la définition : l'intention créative[113]. Les régimes de propriété intellectuelle n'invoquent pas dans les conditions d'appropriation la nécessité d'une conscience ou d'une intention créative pour permettre l'appropriation d'un bien intellectuel. On identifie des traces de cette notion dans les critères d'appropriation et la jurisprudence. Le hasard n'est pas un frein à la création, mais il est impératif que l'Homme parvienne à identifier qu'il a créé pour ensuite pouvoir se comporter en possesseur et revendiquer la propriété de son bien. La conscience ou l'intention se concrétise lors de l'appropriation plus qu'au moment de la création.

16. Un bien intellectuel est « *susceptible d'appropriation* »[114]. Le bien intellectuel est, au sens du Code civil, une chose appropriable. Ce caractère constitue le lien entre les biens intellectuels et les propriétés intellectuelles. Inappropriables, les biens intellectuels seraient hors du commerce juridique, de simples choses, probablement sans valeur vénale. La possibilité d'une appropriation est l'une des caractéristiques distinguant les biens des autres choses[115]. Le régime de propriété assure les conditions d'emprise de l'Homme sur ces derniers. Aucune appropriation n'est imposée tant pour l'existence du bien que pour son utilisation par les opérateurs économiques. Le recours à la propriété est un choix d'opportunité, tout comme le choix du ou des régimes de propriété intellectuelle revendiqués.

17. L'« *indépendance par rapport à tout support* » est le dernier élément de cette définition, il n'en est pas moins l'un des plus significatifs[116]. L'autonomie

109. P.-Y. Gautier, *op. cit.*, n° 45.

110. P.-Y. Gautier, *op. cit.*, n° 45 et n° 52. *Contra*, F. Pollaud-Dulian, *Le droit d'auteur*, *op. cit.*, n° 45, p. 36.

111. Bry, *Traité de la propriété industrielle, littéraire et artistique*, 3e éd., Sirey, 1914, p. 556.

112. Voir *infra* n° 702, 762 et s.

113. Cf. *infra* n° 38.

114. Cf. Planiol, *op. cit.* n° 2581. Voir R. Libchaber, *Encycl. Dalloz.*, V° Biens, spéc. n° 11 et s. et n° 39 et s. ; F. Pollaud-Dulian, « Droit moral et droit de la personnalité », *JCP* G 1994 I 3780 ; Mousseron, Raynard et Revet, *op. cit.*, particulièrement n° 9 et note 11.

115. Carbonnier, *Les biens*, *op. cit.*, p. 93 et n° 46 : « *Toutes les choses ne sont pas des biens. C'est qu'il faut une possibilité d'appropriation pour faire un bien d'une chose.* »

116. *Contra*, Ph. Gaudrat, « La protection du logiciel par la propriété littéraire et artistique », *RIDA* n° 128, avr. 1986, p. 181, spéc. p. 193. À ce sujet : V.-L. Benabou, « Pourquoi une œuvre de l'esprit est immatérielle », *op. cit.* ; F. Pollaud-Dulian, *Le droit d'auteur*, *op. cit.*, n° 243 ; L. Breucker, *Les rapports de l'œuvre et de son support en droit d'auteur*, thèse dactyl., Montpellier, 2002.

par rapport à tout support est, *a priori,* caractéristique de l'ensemble des biens incorporels, comme consubstantielle à leur immatérialité. L'observation des valeurs mobilières ou des fonds de commerce modère cette affirmation. Une valeur mobilière, meuble dématérialisé[117], peut certainement être identifiée hors d'un compte de valeurs mobilières, mais son individualisation, sa circulation, et sa conservation, ne peuvent se réaliser que dans ce cadre. Elle est intimement liée à ce « support-contenant » particulier[118] – le compte – où elle est inscrite[119]. Le bien intellectuel ne connaît pas une telle contrainte, son existence, sa conservation ou son transfert ne sont tributaires d'aucun support particulier. Le bien intellectuel constitue l'empreinte de la création. Il est déterminé dès qu'il est exprimé, concrétisé par son créateur. Il peut ensuite être l'objet de multiples modifications de support, être consommé ; il est toujours intact. La création est la matrice[120] des innombrables copies exploitées. Savatier exprime cette idée lorsqu'il distingue « *du bien corporel que constitue, par exemple, le livre, le buste ou le disque, la création littéraire ou artistique dont ce bien corporel porte l'empreinte* »[121]. Cette matérialisation n'est qu'un mode de transmission. Le support se dématérialise et se rapproche de la nature du bien qu'il véhicule, au risque d'une nouvelle confusion : le fichier numérique n'est pas le bien intellectuel qu'il contient, il en est le support incorporel[122]. Tout bien intellectuel est reproductible à l'infini sans jamais perdre sa nature initiale. Cette autonomie absolue distingue le bien intellectuel des autres biens. Le bien ne se détériore pas par l'effet du temps ou d'une utilisation intensive, il ne disparaît pas avec la destruction du support.

B Les biens intellectuels et les propriétés intellectuelles

18. Les biens intellectuels sont des biens dans le commerce, appropriables, au sens de l'article 1128 du Code civil. Le droit à la propriété privée est un principe à valeur constitutionnelle[123], le législateur se réservant la faculté de lui apporter les limitations qu'il estime nécessaires à la conduite de sa politique[124]. Le droit de propriété sur un bien intellectuel n'a d'autre origine que

117. Art. 94-II de la loi de finances du 30 déc. 1980 et déc. n° 83-363, *JO* 2 mai 1983. Voir D. Martin, « De la nature corporelle des valeurs mobilières (et autres droits scripturaux) », *D.* 1996, chron. 47.

118. Voir R. Libchaber, « Le portefeuille de valeurs mobilières : bien unique ou pluralité de biens ? », *Defr.* 1997, art. 36 464, 1re partie, p. 65, spéc. n° 9 et s. sur les conséquences de ce rapport.

119. En ce sens, art. L. 211-1 et L. 211-4 C. mon. fin.

120. Sur l'idée de matrice, Savatier, « Essai d'une présentation nouvelle des biens incorporels », *RTD civ.* 1958.331 n° 43 ; Ph. Gaudrat, « Les démêlés intemporels d'un couple à succès : le créateur et l'investisseur », *RIDA,* n° 190, oct. 2001, p. 71 et s. spéc. p. 133 ; F. Pollaud-Dulian, *Le droit d'auteur, op. cit.*, n° 354, au sujet des films ; L. Breuker, « Le support de création et le support de commercialisation », *CCE* 2003, chron. 2.

121. Savatier, *Le droit comptable au service de l'homme*, Dalloz, 1969, n° 21, p. 37.

122. Voir CJUE, 3 juill. 2012, aff. C-128/11, *UsedSoft Vs. Oracle, D.* 2012. 2142, obs. J. Daleau ; *D.* 2012, note A. Mendoza-Caminade ; *D.* 2012, p. 2101, point de vue J. Huet ; *D.* 2012, p. 2343, obs. J. Larrieu, C. Le Stanc et P. Tréfigny ; *RTD com.* 2012. 542, obs. F. Pollaud-Dulian ; *RIDA*, juill. 2012, obs. P. Sirinelli ; *Europe* 2012, comm. 345, obs. L. Idot ; *RTD. eur.* 2012. 847, obs. E. Treppoz ; *CCE* 2012, comm. 106, note C. Caron.

123. Cons. const., 16 janv. 1982 : notamment, *D.* 1983, j. 169, note L. Hamon ; *JCP* G 1982, II 19788, note Nguyen Quoc Vinh et Frank ; *Gaz. Pal.* 1982, 1, 67, note Dupichot et Piedelièvre.

124. Cf. Cons. const., 29 juill. 1998, *JORF* 31 juill. 1998 p. 11710 ; *JCP* G 1998, Act. Législation p. 1472 ; *JCP* G 1998, I 171, n° 2, obs. Périnet-Marquet ; *D.* 1999, j. 269, note W. Sabete.

légale, comme pour tout autre bien. L'appropriation n'est possible que parce qu'un ordre juridique l'autorise.

Il a été affirmé que la nature des biens intellectuels interdit une appropriation durable au profit d'une seule personne[125]. L'efficacité des propriétés intellectuelles tend à démontrer le contraire, notamment grâce aux moyens de défense des biens par le biais des actions en contrefaçon. L'appropriation durable par une seule personne est la conséquence première des pouvoirs du possesseur : tant qu'il conserve le secret de sa création, il peut en jouir seul, pour une durée illimitée. Les caractéristiques des biens intellectuels permettent le recours à un ou à des régimes d'appropriation particuliers mais n'excluent pas, par nature, une telle réservation privative : à l'unité des biens intellectuels, le législateur impose une pluralité de régimes d'appropriation – les régimes de propriété intellectuelle. « *Au-delà du noyau dur de la propriété, de ce qui en reste le fonds commun, il faut admettre qu'il existe désormais des droits spéciaux de propriété et que la propriété immobilière telle que l'a conçue le Code civil n'est finalement, quelle que soit son importance et sa richesse conceptuelle, qu'un régime spécial de propriété, parmi d'autres* »[126].

19. Les régimes d'appropriation sont peu unifiés[127], même si une part croissante de ceux-ci s'harmonise[128]. Droit d'auteur, droit des marques, droit des brevets, le Code de la propriété intellectuelle propose une série de régimes juridiques susceptibles de s'appliquer à des biens de même nature. Cette situation n'est pas unique en droit des biens, d'autres exemples de biens ayant la même nature mais relevant de régimes juridiques différents existent[129]. Deux illustrations peuvent être retenues. La première est simplement l'opposition entre les biens du domaine public et ceux du domaine privé. Il s'agit toujours des mêmes biens, mais l'article 537 du Code civil distingue très nettement deux régimes juridiques[130] : des biens de nature identique juridiquement traités différemment en raison des qualités de leur propriétaire. La seconde, propre aux meubles corporels, est tout aussi évocateur : parmi les meubles corporels par nature, le législateur en isole une partie à laquelle il impose des règles de cession et de saisie particulières. L'article 531 C. civ. indique que les bateaux ou navires sont soumis à un régime spécifique ; on ajoute les automobiles, ou les aéronefs. Ces biens, meubles par nature, ont un régime juridique différent de celui des autres meubles par nature ; ils sont soumis à une immatriculation administrative qui a des effets sur leur localisation[131]. Leur régime juridique est proche de celui des

125. Cf. Roubier, *Traité*, *op. cit.*, t. 1, n° 22, p. 102.

126. J.-L. Bergel, Rapport général, *op. cit.*, p. 220.

127. Cf. « Propriétés intellectuelles : unité ou diversité. À la recherche d'un droit commun des propriétés intellectuelles », Grenoble, nov. 2003, *JCP* E 2004, *Cahier de droit de l'entreprise*, suppl. n° 4, 14 oct. 2004.

128. Cf. *infra* Partie II.

129. En ce sens, R. Libchaber, *Encycl. Dalloz.*, V° Biens, n° 128 et s. *Contra*, F. Pollaud-Dulian, *Le droit d'auteur*, *op. cit.*, n° 48 et s.

130. Sur cette opposition, Baudry-Lacantinerie et Chaveau, *Traité théorique et pratique de droit civil – Des biens*, Lib. de la société du Recueil général des lois et des arrêts, 1896, n° 171 et s.

131. Pour les automobiles, Carbonnier, *Les biens*, *op. cit.*, n° 226 p. 355 ; pour les bateaux, *Rép. civ. Dalloz*, V° Navigation fluviale, n° 16 et s. ; pour les navires, *Rép. civ. Dalloz,* V° Navire, n° 13 et s. ; F. Derrida, « La dématérialisation du droit de rétention », *Mélanges Voirin*, LGDJ, 1967, p. 177. Sur les effets de l'immatriculation sur la nature des biens : R. Libchaber, *Encycl. Dalloz.*, V° Biens, n° 169.

immeubles en ce qui concerne leur transfert de propriété ou leur régime de sûretés, mais ils n'en demeurent pas moins des meubles. Les différences de régime juridique ne modifient pas leur nature mobilière[132]. Le régime de propriété est un système de répartition des biens dont l'objectif est d'écarter la possibilité d'une jouissance concurrente d'un tiers.

La multiplicité de ces régimes n'est pourtant pas un argument s'opposant à l'unité des meubles corporels. Il en est de même pour les biens intellectuels ; la diversité des propriétés intellectuelles n'interdit pas l'unité des biens intellectuels. En toute hypothèse, un régime de propriété ne détermine pas les caractéristiques des biens mais leurs conditions d'appropriation et de transmission. S'il n'y a pas de contradiction entre une unité des objets et une pluralité des régimes, il est impératif de déterminer les critères de rattachement d'un bien à l'un ou l'autre des régimes.

20. Un critère peut être mis en avant pour déterminer le régime juridique applicable à un bien : le pragmatisme. C'est, par exemple, le critère retenu par le Code civil pour justifier les différents régimes juridiques des meubles corporels. L'article 531 C. civ. énonce que les règles particulières appliquées aux biens énumérés sont justifiées « *à cause de leur importance* ». Or, il n'y a pas de critère plus subjectif que celui de l'*importance* d'un bien. Un bien est important parce qu'il représente un intérêt économique et social majeur[133]. De fait, le régime juridique applicable à un meuble, corporel ou non, est arrêté par son usage et ses caractéristiques physiques ou économiques. C'est la logique mise en œuvre pour le régime des meubles corporels immatriculés : l'aéronef se déplace de pays en pays et ne doit pas être « apatride », l'immatriculation détermine son régime juridique et fiscal. La dématérialisation des valeurs mobilières, comme leur régime de transmission, sont motivés par une recherche de sécurité juridique des transactions destinée à rassurer les opérateurs économiques afin d'accroître leurs échanges sur les marchés financiers et améliorer le financement des entreprises, tout en permettant un contrôle fiscal et judiciaire plus efficace[134]. Le cas des biens intellectuels n'est guère différent : leur vocation détermine le régime applicable, comme elle influence son contenu.

Les régimes juridiques de ces biens prennent en compte leurs spécificités physiques – l'indépendance par rapport à tout support et ses conséquences – pour en optimiser l'exploitation et la valeur économique[135]. Il ne s'agit, *in fine*, que de prendre en compte leur importance. Le régime de propriété ne modifie ni le bien ni sa nature, simplement son exploitation. Les modes d'appropriation, la durée de la propriété ou encore les conditions de transfert et de publicité, sont autant d'éléments déterminés en fonction de l'exploitation attendue compte tenu de la vocation et de « l'importance » de ces biens.

---

132. Cf. F. Terré, *L'influence de la volonté individuelle sur les qualifications*, thèse, LGDJ, 1957, coll. Bibl. de droit privé, t. II, n° 572 et s. et note 23 p. 459 ; même auteur, « Retour sur la qualification », *Mélanges Buffet*, Petites Affiches, 2004, p. 419, n° 5, p. 427, n° 3, p. 431.

133. En ce sens, Baudry-Lacantinerie, *Précis de droit civil*, 9e éd., Lib. du Recueil gal. des lois et des arrêts, 1905, t. 1, n° 1266, p. 692 ; P.-Y. Gautier, « Faut-il repenser la propriété intellectuelle », *RIPIA* n° 205, 2001, p. 87.

134. M. Germain, « Sociologie de la dématérialisation », *Arch. phil. droit,* n° 42, Sirey, 1997, p. 105 et s. ; B. Warusfel, « La propriété intellectuelle comme politique publique », *Mélanges J. Schmidt-Szalewski*, LexisNexis, 2014, coll. CEIPI, t. 61, p. 391.

135. Cf. le dépôt en droit des brevets, en droit des dessins et modèles et celui des œuvres cinématographiques.

21. « *Chacune des propriétés intellectuelles connues est née d'un besoin social propre et d'un état particulier de développement* »[136]. Une création technologique a une fonction majeure dans le progrès social et le bien-être[137], ce progrès doit profiter à une large part de la population. Le législateur a néanmoins établi un titre de propriété sur ces créations à défaut de quoi la recherche ne serait pas attractive non pas pour les créateurs mais pour leur partenaire financier. L'appropriation par la voie des brevets impose en contrepartie, d'une part, une divulgation de la technologie, d'autre part, une limitation de la propriété à une durée de vingt ans, et implique, enfin, des hypothèses de concessions forcées ou de déchéance[138]. Une création artistique est soumise à une autre approche du progrès social, elle remplit une fonction de ciment de civilisations[139]. Son appropriation est plus simple[140] et plus étendue dans le temps, mais là encore, passé un délai, le bien est à disposition de chacun, constituant le patrimoine culturel commun[141]. Une création distinctive a principalement une fonction mercantile[142], et son appropriation n'est guère un frein au développement économique et social. Le droit des marques garantit la jouissance du signe à son propriétaire pendant toute la durée de l'exploitation tout en limitant strictement son champ d'appropriation et en imposant une obligation d'exploitation[143]. En prenant une place considérable de l'appréciation du droit des marques, le consommateur fournit à cette dernière la fonction sociale qui lui est souvent déniée, en particulier dans sa fonction de garantie.

Ces considérations, simples mais suffisantes, composent la trame déterminant l'importance d'un bien et le régime juridique qui lui est appliqué en conséquence[144]. Les critères ne sont pas sans se recouper ; une certaine liberté est laissée à celui qui revendique un titre sur son bien intellectuel. La pluralité des propriétés intellectuelles est motivée par des vocations économique et sociale reconnues, *a priori*, par le législateur[145] aux biens intellectuels. Le

136. J. Foyer et M. Vivant, *op. cit.*, p. 10.

137. Cf. Pouillet, Brevet, *op. cit.*, Introduction ; Renouard, *Du droit industriel dans ses rapports avec les principes du droit civil, op. cit.*, p. 406 et s. ; J. Azéma et J.-C. Galloux, *op. cit.*, n° 187.

138. Art. s L. 611-2, L. 613-11 et L. 613-22 C. Prop. Intell. Pour l'impact de l'ordre public sur le régime d'exploitation des brevets, voir Ch. Geiger, « Les droits fondamentaux, garanties de la cohérence du droit de la propriété intellectuelle », *JCP* G 2004, I 150 p. 1313 ; M. Sabatier, *L'exploitation des brevets d'invention et l'intérêt général d'ordre économique*, thèse, Litec, 1976, coll. CEIPI ; Tirole et consorts, *Propriété intellectuelle*, rapport au Conseil d'analyse économique, La Documentation française, 2003.

139. En ce sens, C. Caron, *Abus de droit et droit d'auteur*, thèse, Litec, 1998, coll. IRPI, n° 270 et s. ; voir aussi, Y. Gaubiac, « Droit d'auteur et intérêt général », *Prop. Intell.* 2010, p. 814

140. Voir L. Pfister, thèse, *op. cit.*, p. 534 et s.

141. Cf. Plaisant, « La durée du droit pécuniaire de l'auteur et son évolution », *Mélanges Françon*, Dalloz, 1995, p. 351 ; L. Pfister, thèse, *op. cit.*, p. 681 et s.

142. Cf. J.-N. Kapferer, *Les marques – Capital de l'entreprise*, 4e éd., Les Éditions de l'Organisation, 2007 ; et le point de vue polémique de N. Klein, *No Logo – La tyrannie des marques*, Babel, 2002, p. 29 et s.

143. Art. L. 712-1 C. Prop. Intell. ; A. Bouvel, *Principe de spécialité et des signes distinctifs*, Litec, 2004, coll. IRPI, n° 24, sur le lien entre cette liberté et le droit des marques.

144. Voir R. P. Merges, *Justifying Intellectual Property*, Harvard University Press, 2011.

145. C. Pourquier, *Propriété et perpétuité – Essai sur la durée du droit de propriété*, thèse, PUAM, 2000, n° 13 indique justement que « *Rien n'est moins neutre que le choix du régime d'appropriation des biens. La répartition des biens a toujours constitué un enjeu politique* ». Pour de nombreux biens intellectuels, le législateur accorde au créateur un triple choix d'appropriation : le secret, un titre de propriété intellectuelle ou le domaine public.

créateur[146] et le juge peuvent par la suite opportunément retenir l'un de ces régimes en fonction de la destination de la création[147].

Enfin, en raison de l'origine des biens intellectuels – l'imagination humaine –, le législateur constate un lien spécifique entre certains créateurs et leurs créations. Ces dernières peuvent être plus une expression de la personnalité du créateur qu'un simple bien d'exploitation[148], mais cette relation personnelle ne doit pas exclure les biens intellectuels du champ du droit des biens[149]. Le droit moral, attribut particulier de certains créateurs sur le fruit de leur travail, ne modifie pas la nature du bien intellectuel et constitue une forme particulière de servitude sur ces biens, le droit moral constitue un élément du droit de propriété et non un régime autonome[150]. Si on le retrouve en droit d'auteur, il est aussi présent par le droit à la qualité de créateur en droit des brevets et en droit des dessins et modèles, ou à la qualité d'interprète en droits voisins.

22. Le passage d'une production romantique[151] à une production plus industrielle de biens intellectuels a modifié l'environnement créatif en faisant intervenir de nouveaux acteurs, financiers, revendiquant des droits sur les biens intellectuels. Les régimes de propriété intellectuelle les accueillent au risque de déformer leur fondement. Les liens naturels entre les biens intellectuels et leurs régimes d'appropriation – droits des créateurs ou des interprètes – se trouvent perturbés par ces droits financiers qui ne suivent pas la logique originelle de l'acte créatif. Leur développement est un indice flagrant de la relation entre les biens intellectuels et le monde économique[152]. L'intrusion de ce dernier et l'accroissement des investissements dans la production de biens intellectuels ont imposé au législateur de prendre des dispositions spécifiques au bénéfice de ces investisseurs afin que leurs positions soient renforcées, suivant la démarche pragmatique précédemment décrite. C'est l'importance économique de l'audiovisuel et des bases de données qui justifie cette dévolution de droits sur les biens intellectuels sans acte créatif afin d'assurer une pérennité des investissements effectués dans ces secteurs[153].

146. Cf. art. L. 613-24 C. Prop. Intell. ; cf. J. Schmidt-Szalewski et J.-L. Pierre, *op. cit.*, n° 6.

147. Cf. F. Terré, thèse, *op. cit.*, spéc. n° 39 et s. ; C. Bernault, « La protection des formes fonctionnelles par le droit de la propriété intellectuelle : le critère de la forme séparable de la fonction », *D.* 2003, chron. p. 957, spéc. la conclusion, p. 962 ; N. Binctin, « Le cumul d'appropriations : du parfum au logiciel », *CCE* 2006, Étude 36 ; X. Buffet-Delmas d'Autane et A. Doat, « La protection des plantes : entre brevet et certificat d'obtention végétale », *Prop. Indust.* 2004, Étude 8.

148. Roubier, « Unité et synthèse des droits de propriété industrielle », *Mélanges Plaisant,* Sirey, 1960, p. 161 et s., notamment p. 162-163 « *L'exploitation ou entreprise* ».

149. En ce sens, C. Caron et H. Lécuyer, *Le droit des biens*, Dalloz, 2002, p. 44.

150. Voir en ce sens, J. Raynard, *Droit d'auteur et conflits de lois – Essai sur la nature juridique du droit d'auteur*, Litec, 1990.

151. Expression employée par Th. Paris, *Le droit d'auteur : l'idéologie et le système*, PUF, 2002, p. 29 et s. Sur cette notion et cette évolution, Fl.-M. Piriou, *Personne morale et droit d'auteur en France et aux États-Unis*, thèse dactyl., Paris II, 2001, n° 193 et s. ; Savatier, *Les muses, op. cit.*, n° 5 ; J.-Ph. Bouard, « L'évolution des droits reconnus à l'auteur et à son éditeur : vers un déplacement du centre de gravité de l'édition », *CCE* 2004, chron. 9 ; B. Humblot, « De l'indépendance du créateur en droit d'auteur », *RIDA*, n° 199, janv. 2004, p. 3.

152. Cf. Ch. Hugon, *Le régime juridique de l'œuvre audiovisuelle*, thèse, Litec, 1993, coll. Bibl. de droit de l'entreprise, n° 337.

153. Savatier, *Les muses*, *op. cit.*, n° 3.

Des droits voisins financiers viennent s'adjoindre aux droits sur des biens intellectuels soumis au régime du droit d'auteur. Si on ne peut les confondre, ils sont néanmoins interdépendants, obéissent à une même économie, et suivent un régime juridique similaire. La propriété intellectuelle impose des droits sur les biens intellectuels qui ne bénéficient pas aux créateurs, et permet dans certains cas l'appropriation de biens qui ne sont pas des biens intellectuels. Par exemple, l'enregistrement de sons naturels ne permet pas de bénéficier d'un droit d'auteur, faute d'originalité, mais engendre un droit de propriété pour le producteur en contrepartie de son investissement. Dans le même sens, une découverte est la mise en évidence d'un bien préexistant dans la nature, non créé par l'Homme. Elle ne constitue pas un bien intellectuel, et se trouve exclue du champ d'application des propriétés intellectuelles.

L'unité des biens intellectuels et leurs rapports spécifiques au droit de la propriété conduisent à proposer un exposé de la matière tendant à tirer des éléments d'unité de celle-ci. Le manuel avance une présentation générale de la propriété intellectuelle en deux parties. La première partie est consacrée aux éléments spécifiques des régimes de propriété intellectuelle et précise les conditions d'appropriation et le contenu de chacun des droits de propriété intellectuelle. La seconde partie développe les éléments communs de la propriété intellectuelle, en particulier les conditions de défense des droits de propriété.

Première partie
Les éléments spécifiques des régimes de propriété intellectuelle

23. Les conditions d'exercice des différents régimes de propriété intellectuelle ne sont pas réductibles les unes aux autres, bien que l'on puisse déceler des convergences. La première partie est consacrée à l'exposé systématique de ces conditions.

Il n'y a aucune hiérarchie entre les différents régimes de propriété intellectuelle, aucun n'est plus fort, plus efficace ou meilleur qu'un autre. La présentation des régimes se fait sans aucune considération d'une hiérarchie, le plan adopté est tout simplement celui du Code de la propriété intellectuelle.

Chapitre 1
Le droit d'auteur

24. Le droit d'auteur, attaché habituellement à la propriété littéraire et artistique, est un régime de propriété sur la forme des biens intellectuels[1]. Le champ d'application de cette matière est croissant depuis son avènement moderne au XVIIIe siècle[2]. Des créations artistiques par nature, il s'étend sous l'effet des innovations technologiques (la photographie, la radio, le cinéma, la télévision, Internet) et des nouvelles formes de créations (les logiciels, les jeux vidéo, l'art conceptuel...). D'un droit du beau et des beaux-arts, le droit d'auteur est devenu un droit partiellement déconnecté de cette origine pour prendre une dimension plus ambitieuse et devenir le droit de propriété sur la forme des choses créées.

25. Le droit d'auteur présente une particularité en droit des biens : des attributs moraux ou intellectuels sont attribués à la personne bénéficiant de la première dévolution du droit de propriété, créant un lien assimilable à un lien personnel intégré au lien réel existant entre un bien et son créateur. Ces attributs moraux ou intellectuels, désignés droit moral, influencent l'analyse de la matière. Le droit moral fut longtemps le fondement d'une opposition entre le système du *copyright* et le système continental du droit d'auteur. Cette opposition n'est plus guère fondée aujourd'hui : le droit moral existe aux États-Unis comme au Canada, ces pays sont membres de la Convention de Berne, et les différences qui demeurent sont des différences relevant plus d'un écart de régime que d'une opposition frontale. L'adhésion des États-Unis à la Convention de Berne a eu pour effet de gommer les quelques distinctions existant entre ces deux systèmes : le dépôt n'est plus une formalité nécessaire, l'auteur est titulaire des droits sur son œuvre dès sa création (art. 201 a) *US Copyright Act*), la durée d'appropriation est même, voire dans un certain nombre de cas, sensiblement plus longue qu'en Europe (voir les dispositions du *Millenium Act*[3]). Le droit moral relève le lien particulier établi entre un créateur et son œuvre, lien indéfectible quel que soit le devenir de l'œuvre, et qui impose au propriétaire de l'œuvre certains comportements. Il n'en demeure pas moins que le droit d'auteur reste une branche du droit des biens et ne relève ni du droit des personnes ni d'un droit mixte[4]. Le droit moral est un élément du droit de propriété, il bénéficie notamment des moyens de protection de la propriété. C'est

1. Voir L. Pfister, « La propriété littéraire est-elle une propriété ? Controverses sur la nature du droit d'auteur au XIXe siècle », *RIDA* 2005, p. 117.
2. Voir L. Pfister, « Histoire du droit d'auteur », *Juris-Cl. PLA*, fasc. 1110.
3. *The Digital Millenium Copyright Act*, 1998, http://www.copyright.gov/legislation/dmca.pdf
4. Sur les différentes thèses avancées en France, A. Boisson, *La licence de droit d'auteur*, Lexis-Nexis, 2013, Bibl. de droit de l'entreprise t. 86, n° 14 et s. ; *infra* n° 126, 138.

une composante de celui-ci et non un élément autonome et parallèle[5]. Un arrêt de la Cour de cassation[6] apporte une contribution majeure à l'analyse de la nature du droit d'auteur. La Cour de cassation retient, avec raison, une approche moniste du droit d'auteur, faisant des prérogatives diverses qui le composent des éléments d'un seul et même droit de propriété. Dès lors l'attribution du droit de propriété emporte l'attribution de l'ensemble des prérogatives juridiques attachées à ce droit de propriété. Sous le visa de l'article L. 113-5 C. propr. intell., la Cour déclare que « *la personne physique ou morale à l'initiative d'une œuvre collective est investie des droits de l'auteur sur cette œuvre et, notamment, des prérogatives du droit moral* ». La Cour distingue nettement les conditions de dévolution du droit de propriété et le contenu de ce dernier, affirmant ainsi l'unité du droit d'auteur. Il en découle qu'une personne morale est apte à jouir d'un droit moral sur une œuvre. Le droit moral n'est pas le propre des personnes physiques mais un élément du droit de propriété. Cette solution est sans surprise au regard du mouvement ancien d'assimilation des personnes morales aux personnes physiques d'un point de vue juridique. La personne morale est dotée d'une personnalité juridique assimilable à celle des personnes physiques, elle doit à ce titre pouvoir jouir des mêmes prérogatives juridiques. Appliquée au droit moral, cette assimilation s'applique sans difficulté. Le droit moral est constitué de quatre éléments pouvant être exercés aussi bien par une personne morale qu'une personne physique. Le droit d'auteur n'est pas un droit de la personnalité attaché à la personne de l'auteur mais un régime spécial de droit des biens dont jouit toute autre personne désignée par la loi, dès la création, sur des biens intellectuels originaux. Une personne morale comme une personne physique peut donc bénéficier de tous les atours du droit d'auteur dès lors qu'elle est bénéficiaire *ab initio* du droit d'auteur.

L'étude du droit d'auteur s'organise selon un schéma classique. En premier lieu, on identifiera les biens intellectuels pouvant faire l'objet d'une appropriation par ce biais, puis on reviendra sur la situation des créateurs et enfin, on présentera le contenu de ce droit de propriété.

Section 1
Les biens intellectuels appropriés par le droit d'auteur

26. Parmi les choses répondant à la définition du bien intellectuel, certaines peuvent prétendre à une appropriation par le droit d'auteur. Il faut revenir sur le critère d'appropriation, avant d'écarter les éléments indifférents à la mise en œuvre du droit d'auteur.

5. Voir, N. Binctin, « Le droit moral en France », *Les Cahiers de la propriété intellectuelle*, Éd. Y. Blais, 2013, Montréal – Canada, vol. 25, p. 303.

6. Cass. civ. 1re, 22 mars 2012, *PIBD* 2012, n° 962, III-364 ; *D.* 2012, p. 1246, A. Latil, « Droits moraux et œuvres collectives : une clarification opportune » ; *D.* 2012, p. 2842, obs. P. Sirinelli ; *Rev. soc.* 2012, note N. Binctin ; *CCE* 2012, comm. 61, obs. C. Caron ; *D.* 2013, p. 1924, obs. J. Lapousterle ; *RTD civ.* 2012.338, obs. Th. Revet ; *RTD com.* 2012.321, obs. F. Pollaud-Dulian.

§1. Le critère d'appropriation : l'originalité

27. Quel bien intellectuel peut être approprié par le droit d'auteur ? La définition des critères d'appropriation passe par la mise en avant d'exclusions et d'éléments positifs : le droit d'auteur approprie les formes des biens intellectuels et non les idées. Les formes sont appropriées si elles sont originales, aucun autre élément n'entre en compte, aucune formalité n'est nécessaire pour être titulaire d'un droit d'auteur. En effet, suivant les dispositions de l'article L. 111-1 C. propr. intell., du seul fait de l'acte créatif, la forme du bien, originale, est appropriée par le biais du droit d'auteur. Cette automaticité est l'une des forces du droit d'auteur, parfois perçue comme un droit caché dont le propriétaire n'a pas conscience et peut compliquer sa mise en œuvre internationale[7]. Avant de décrire le critère de l'originalité, précisons l'exclusion des idées.

A L'exclusion des idées

28. La propriété intellectuelle en général, et le droit d'auteur en particulier, permettent une appropriation du produit d'un travail intellectuel créatif. Le bien intellectuel est le fruit d'une volonté matérialisée par le créateur. L'économie postmoderne de services et de loisirs dans laquelle on évolue consomme un nombre incalculable de biens intellectuels. Un État est fort s'il a une forte capacité créatrice, l'encouragement à la création passe par une liberté de création. Il ne faut pas qu'une personne puisse s'approprier un genre, en excluant de la sorte tout autre créateur. Ainsi, on ne peut pas imaginer une personne titulaire d'un droit d'auteur sur le genre « roman policier ». Le corollaire de ce principe directeur de la propriété intellectuelle se traduit en droit d'auteur par une exclusion majeure du champ d'application de ce régime : les idées[8].

Les idées, à la suite de Renouard au milieu du XIXe siècle, sont de libre parcours. Dans son traité, il relève que « *ce sont les idées qui gouvernent le monde ; c'est par elles que l'humanité s'améliore, que le sort des individus s'agrandit, que l'empire de l'intelligence s'étend sur les forces de la nature* »[9]. Ce principe fut largement diffusé lors de la première réforme du droit d'auteur. Ce fut un point d'équilibre entre les partisans et les opposants au régime de propriété des formes proposé par le droit d'auteur. Cet axiome n'est cependant pas encore totalement admis ; sa mise en œuvre n'est pas des plus simples. Ce principe de l'exclusion des idées du champ du droit d'auteur est encore discuté ponctuellement. Dans les années 1970, l'avocat général Lindon soutenait au nom de l'équité que le droit d'auteur protège les idées, en particulier les idées artistiques fournies à un tiers en vue de la réalisation d'une œuvre. Il s'agirait d'une protection de l'inspirateur de la création. La jurisprudence a été

7. Cf. Y. Gaubiac, « La convention de Berne et l'absence de formalité », *CCE* 2010, Étude 15.
8. Sur la différence entre une idée et une œuvre : CA Paris, 7 janv. 2011, *D.* 2011, 2164, obs. P. Sirinelli.
9. Renouard, *Traité des droits d'auteurs dans la littérature, les sciences et les beaux-arts*, éd. 1838, vol. 1, p. 460.

confrontée à ce critère ; il a toutefois été retenu que réunir des jeunes gens dans une maison et les filmer était une idée écartée de toute appropriation par le droit d'auteur[10] ! Toute généralité ne peut pas être appropriée par le droit d'auteur, cette limite est essentielle à la fois pour la liberté de création et pour l'acceptation et la performance de la propriété, on la retrouve à l'article 9 des accords ADPIC. Cette consécration internationale en fait un principe quasi universel du droit de la propriété intellectuelle.

29. Pour autant, l'exclusion des idées du droit d'auteur n'emporte pas exclusion de toute protection par le droit contre des agissements fautifs. Si une idée n'est pas l'objet d'un droit d'auteur, l'utilisation frauduleuse d'une idée peut engager la responsabilité civile de l'auteur de cette fraude. On constate des exemples de parasitisme ou de concurrence déloyale par de tels agissements[11], le responsable devra alors réparer le dommage causé. Le droit d'auteur ne s'applique pas aux idées mais aux créations formalisées de façon consciente, c'est-à-dire la forme donnée par une personne à une idée pour l'individualiser et se l'approprier.

B L'originalité

30. La condition permettant l'appropriation d'un bien intellectuel par le droit d'auteur est celle de l'originalité : la forme du bien doit être originale afin que le droit de propriété naisse.

31. L'originalité est un concept fuyant, délicat à manier et qui laisse place à de riches échanges doctrinaux. L'un des points classiques de discussion réside dans l'opposition faite entre originalité et nouveauté. Ce débat semble contre-productif et peu opératoire, car la nouveauté n'est jamais un critère isolé du droit de la propriété intellectuelle. Il a été avancé que l'originalité renvoyait à une appréciation subjective, alors que la nouveauté porte sur des éléments objectifs. L'originalité, si elle s'assimile en partie à la nouveauté, intègre aussi une part subjective à cette notion : Le Robert propose comme synonyme d'originalité la fantaisie, la hardiesse, l'individualité et la nouveauté. Cette combinaison de notions pour définir l'originalité renvoie au droit des brevets qui ne se contente pas de la nouveauté mais impose cumulativement la nouveauté et l'activité inventive. Cette combinaison – activité inventive et nouveauté – a une portée similaire à ce que recouvre la notion d'originalité. L'œuvre doit être originale, et pour cela, elle doit être nouvelle, ne pas se retrouver telle quelle dans l'art antérieur. Elle remplira ce critère si elle porte l'empreinte de la personnalité de son auteur. Dès 1965, la Cour de cassation constate l'originalité d'une œuvre en retenant la formule suivante : « *l'œuvre est nouvelle et se distingue du domaine public antérieur* »[12]. MM. Gautier et Caron avancent que nouveauté

10. Cass. civ. 1re, 16 janv. 2013, n° 12-13027, *CCE* 2013, comm. 40, note C. Caron.
11. Pour une synthèse, C. Caron, « L'articulation de l'action en contrefaçon et de l'action en concurrence déloyale ou parasitisme », *JCP* G 2010, prat. 235, p. 442. Voir Cass. com., 6 mai 2014, n° 13-10127, à propos d'une idée de documentaire.
12. Cass. com., 23 mars 1965 ; *Gaz. Pal.* 1965.2, 81.

et originalité sont synonymes[13]. La nouveauté est un élément constitutif de l'originalité, elle en permet la démonstration mais ne suffit pas, il est nécessaire que le bien intellectuel soit, en outre, porteur de l'empreinte de la personnalité de l'auteur, à défaut de quoi, l'œuvre nouvelle peut être banale[14].

32. Ce critère de l'originalité n'est pas un critère spécifiquement français. La Convention de Berne dans son article 2.3 fait du critère de l'originalité le critère d'appropriation des œuvres. En raison du rayonnement exceptionnel de cette convention, l'originalité devient le critère quasi universel du droit d'auteur. Ce mouvement est renforcé par le renvoi dans la Convention de Stockholm et dans les accords ADPIC à la Convention de Berne[15]. Le droit de l'UE fait, lui aussi, sien ce critère de l'originalité, notamment dans le cadre de la Directive relative à la protection des programmes d'ordinateur du 14 mai 1991[16], dont l'article 1er dispose qu'un programme d'ordinateur « *est protégé s'il est original* ».

Malgré cette omniprésence de la notion, elle ne fait l'objet ni d'une définition légale ni d'une définition conventionnelle. Et si la doctrine a cherché à la circonscrire, la définition et l'appréciation de l'originalité sont l'œuvre principalement de la jurisprudence. Il est déroutant de constater que l'unique critère permettant la revendication d'un droit de propriété soit aussi peu encadré par la loi. Loin d'être un critère restrictif, l'originalité apparaît comme un outil d'ouverture du droit d'auteur, voire un outil de dévoiement. Le critère de l'originalité ne serait plus alors un filtre sélectif mais un faux nez consumant à petit feu la légitimité du droit d'auteur.

33. L'originalité peut s'entendre par au moins deux acceptions : qui émane directement de l'auteur, est l'origine et la source première des reproductions ou qui ne paraît dévier de rien d'antérieur, ne ressemble à rien d'autre, est unique, hors du commun. La définition de l'originalité répond à un certain sens commun, mais la mise en œuvre de ce critère est plus complexe. Pour identifier l'originalité d'une création, on recherche l'empreinte de la personnalité du créateur. Cet élément est un indice de l'originalité, il s'agit d'une notion relative, renvoyant à une étude au cas par cas. Une œuvre peut être originale même si elle s'inspire d'une œuvre antérieure, ou d'une idée commune. Ainsi, le Code de la propriété intellectuelle dispose à l'article L. 112-3 que « *les auteurs de traductions, d'adaptations, transformations ou arrangements des œuvres de l'esprit jouissent de la protection instituée par le présent Code, sans préjudice aux droits de l'auteur de l'œuvre originale* ». L'appréciation de l'originalité varie d'une œuvre à l'autre. Pour un roman, on appréciera la situation, la chronologie, les personnages, ou la combinaison de l'ensemble, le choix du vocabulaire... Il en ira de même pour une musique : il s'agit toujours de l'articulation de sept notes, mais avec une mélodie, un rythme ou une harmonie

13. P.-Y. Gautier, *op. cit.*, n° 35 ; C. Caron, *op. cit*, n° 85.
14. Voir Cass. civ. 1re, 22 janv. 2014, n° 11-24273.
15. Pour une approche en droit comparé, W. Maxwell, K. Bolger et T. Zeggane, « Un regard transatlantique sur les "scènes à faire" et autres banalités en droit d'auteur », *Prop. Intell.* n° 30, janv. 2009, p. 31.
16. Directive CE, n° 91/250 du 14 mai 1991, concernant la protection juridique des programmes d'ordinateur.

particulière à chaque fois. L'originalité sera appréciée par la constitution d'un faisceau d'indices démontrant que le bien intellectuel est le fruit de l'arbitraire de son ou de ses créateurs. Apports personnels, apports intellectuels sont des éléments parfois retenus par le juge pour constater l'originalité.

34. Le critère décisif est celui du choix arbitraire de l'auteur : la forme du bien ne s'impose pas par la nature du bien mais en raison de choix discrétionnaires, subjectifs, de l'auteur. Ce critère du choix arbitraire, repris aussi en droit des marques pour apprécier la distinctivité[17] ou en droit des dessins et modèles[18], marque le rôle essentiel de l'être humain dans la création de biens intellectuels. La Cour de cassation avance, par exemple à propos de sites Internet, « *qu'en statuant ainsi sans justifier en quoi le choix de combiner ensemble ces différents éléments selon une certaine présentation serait dépourvu d'originalité, la cour d'appel a privé sa décision de base légale* » au regard de l'article L. 112-1 C. propr. intell.[19]. Le propre du choix arbitraire est qu'il est l'empreinte de la personnalité de celui qui le réalise, il exprime par là les arcanes de sa personnalité[20] ; on présume que face à une situation identique, chacun fait un choix différent pour représenter ou exprimer cette situation, en raison de l'unicité de l'Homme. Il est nécessaire que ces choix puissent être réalisés même en présence de contraintes fortes encadrant la création[21].

35. L'approche franco-française de l'originalité doit aussi laisser place au mouvement d'harmonisation du droit d'auteur engagé au sein de l'UE, principalement par la CJ. Selon la Directive relative aux programmes informatiques, il y a originalité lorsque le logiciel est « *la création intellectuelle propre à son auteur* ». Cette formule est reprise par les directives successives qui abordent le droit d'auteur. Ainsi, une photographie de portrait est susceptible d'être appropriée par le droit d'auteur, si elle est une création intellectuelle de l'auteur reflétant la personnalité de ce dernier et se manifestant par les choix libres et créatifs de celui-ci lors de la réalisation de cette photographie[22]. L'essentiel de l'originalité repose sur les choix arbitraires de l'auteur dans la création de la forme pour laquelle il revendique un droit d'auteur[23]. À propos d'une base de données, pour l'application du droit d'auteur, la CJ[24] retient que le droit d'auteur s'exerce

17. Cf. *infra* n° 762 et s.
18. Cf. *infra* n° 306.
19. Cass. civ. 1re, 12 mai 2011, n° 10-17852.
20. En ce sens, Cass. civ. 1re, 17 oct. 2012, n° 11-21641.
21. Cass. civ. 1re, 12 janv. 2012, n° 10-24696, à propos de l'originalité de documents d'information financière.
22. CJUE, 1er déc. 2011, aff. C-145/10, *Panier/Axel Springer*, *CCE* 2012, comm. 26, obs. C. Caron ; *Prop. Intell.* 2012, n° 1, p. 30, obs. A. Lucas ; *D.* 2011, p. 2930, obs. J. Daleau, *D.* 2012, p. 471, note N. Martial-Braz ; *D.* 2012, p. 1228, spéc. 1235, obs. F. Jault-Seseke ; *D.* 2012, p. 2836, obs. P. Sirinelli ; *RTD com.* 2012. 109, obs. F. Pollaud-Dulian.
23. Voir CJCE, 16 juill. 2009, aff. C-5/08, *Infopaq*, *RTD com.* 2009. 715, obs. F. Pollaud-Dulian ; *D.* 2011, p. 2165, obs. P. Sirinelli ; *CCE* 2009, comm. 97, obs. C. Caron ; *Rev. aff. eur.* 2010. 361, note L. Marino ; *JCP* G 2009, 272, note L. Marino ; *Prop. Intell.* 2009. 378, obs. V.-L. Benabou ; *RTD eur.* 2010.944, obs. E. Treppoz ; voir aussi Cass. com., 15 juin 2010 ; *CCE* 2010, comm. 120, obs. C. Caron ; *Prop. Intell.*, janv. 2011. 83, obs. J.-M. Bruguière.
24. CJUE, 1er mars 2012, aff. C-604/10, *Football Dataco Ltd Vs. Yahoo ! UK Ltd*, *D.* 2012, p. 735 ; *CCE* 2012, comm. 47, obs. C. Caron ; *D.* 2012, p. 2836, obs. P. Sirinelli ; *Prop. Indust.* 2012, comm.

si le choix ou la disposition des données qu'elle contient constitue une expression originale de la liberté créatrice de son auteur, ce qu'il appartient à la juridiction nationale de vérifier. Elle ajoute que les efforts intellectuels et le savoir-faire consacrés à la création desdites données ne sont pas pertinents pour déterminer l'éligibilité de ladite base à la protection par ce droit, qu'il est indifférent, à cette fin, que le choix ou la disposition de ces données comporte ou non un ajout significatif à celles-ci, et que le travail et le savoir-faire significatifs requis pour la constitution de cette base ne sauraient, comme tels, justifier une telle protection s'ils n'expriment aucune originalité dans le choix ou la disposition des données que celle-ci contient.

36. On peut appréhender la notion d'originalité en lui opposant un contraire : la banalité. Un bien intellectuel est approprié par le droit d'auteur s'il est original, il est exclu de ce régime de propriété s'il est banal. La banalité est le caractère d'une chose commune, quotidienne, sans apport créatif, sans nouveauté par rapport à l'offre antérieure, sans pour autant former une contrefaçon d'une œuvre antérieure. Une forme de verre à eau, des boutons de costume, le graphisme d'un vêtement peuvent être écartés du droit d'auteur car sans originalité[25]. Dans un arrêt du 13 novembre 2008, la Cour de cassation a proposé une application nette de ce critère : « *après avoir constaté, dans l'exercice de son pouvoir souverain d'appréciation, que les photographies réalisées par le salarié étaient banales, sans caractère créatif particulier ni marque personnelle, la cour d'appel, répondant aux conclusions prétendument délaissées, a estimé qu'il s'agissait de simples prestations techniques dénuées de toute originalité et donc impropres à permettre à l'intéressé de prétendre à la protection du droit d'auteur* »[26]. Cette formule rappelle avec force que la réalisation d'une image n'emporte pas automatiquement l'attribution d'un droit d'auteur et impose avec rigueur le critère de l'originalité. Dans le même esprit, à propos d'un cours de droit pénal, la Cour de cassation a écarté l'originalité de celui-ci en affirmant que « *le cours oral de M. X..., qui s'est inspiré d'ouvrages antérieurs de droit pénal et qui reprend, outre des textes de loi et des références de jurisprudence, un cheminement classique ainsi que des expressions couramment utilisées pour permettre aux étudiants d'intégrer des notions de droit pénal nécessaires dans le cadre de leur préparation aux examens et concours, ne constitue pas, en l'espèce, une œuvre originale* »[27]. Il ne faut pas confondre la banalité et les idées. La banalité s'apprécie alors que la potentielle œuvre est définitivement matérialisée et identifiée. Au contraire, l'idée intervient en amont de l'acte créatif.

75, J. Larrieu. En droit interne, pour l'appropriation d'une base de données par le droit d'auteur, Cass. civ. 1re, 13 mai 2014, n° 12-27691 et 13-14834.

25. Cass. civ. 1re, 20 mars 2014, n° 12-18518 : « *l'ajout de semelles à picots qui s'inscrivait dans une tendance de la mode était insuffisant pour témoigner de l'empreinte de la personnalité de son auteur et que le modèle revendiqué n'était dès lors pas éligible à la protection conférée par le droit d'auteur* ».

26. Cass. soc., 13 nov. 2008, n° 06-45491 ; dans le même sens, Cass. civ. 1re, 11 juin 2009, n° 08-15749 ; *CCE* 2010, chron. 7, n° 8, obs. E. Dreyer.

27. Cass. crim., 18 oct. 2011, *CCE* 2012, comm. 28, obs. C. Caron.

Il faut aussi distinguer l'originalité de l'acte technique de production de l'œuvre. La Cour de cassation[28] a ainsi écarté le droit d'auteur pour les moyens techniques utilisés pour la production de lithographie. Ce procédé de dessin par report sur plaque de zinc exige la présence du technicien, avec éventuellement celle de l'auteur si celui-ci veut suivre les différentes étapes permettant la réalisation de la lithographie. Le passage du dessin effectué par l'artiste sur papier report, par transfert, sur la plaque de zinc et son impression, constitue un travail purement technique qui met en jeu le savoir-faire et l'habileté de l'imprimeur, dont dépend la qualité de la lithographie. Dès lors, même si elle conserve la trace de l'œuvre, la plaque de zinc, simple moyen technique utilisé pour permettre la production des lithographies qui sont seules des œuvres originales, ne peut être elle-même qualifiée d'œuvre de l'esprit. Dès lors, l'offre de vente des matrices par un galeriste ne porte atteinte au droit d'auteur, notamment ni au droit de divulgation ni à l'intégrité de l'œuvre, non plus qu'à sa destination.

37. Quant à la date d'appréciation de l'originalité, il faut se situer au jour de la création du bien intellectuel pour effectuer cette opération. L'outil probatoire prend tout son sens. L'opération peut être délicate si la contestation de l'originalité intervient longtemps après la création du bien ; le juge devra mentalement se replacer dans l'ambiance et l'esprit de l'époque. Ce travail s'est présenté notamment pour apprécier l'originalité d'un logiciel[29]. La loi retient une approche favorable à l'auteur pour déterminer la date de création. L'article L. 111-2 C. propr. intell. dispose que « *l'œuvre est réputée créée, indépendamment de toute divulgation publique, du seul fait de la réalisation, même inachevée, de la conception de l'auteur* ». Il n'y a pas une analyse de la complétude de l'œuvre pour apprécier la date de sa création, mais simplement la recherche du moment où sa forme est perceptible, peu importe que celle-ci soit définitive. Cette fiction juridique, « *l'œuvre est réputée créée* », confère une efficacité au droit d'auteur tout en assurant une articulation nécessaire entre la naissance du droit d'auteur et la liberté majeure de l'auteur de modifier comme il l'entend son œuvre après sa divulgation.

38. Si l'originalité semble l'unique critère légal permettant de revendiquer un droit d'auteur sur la forme d'un bien intellectuel, un second critère semble jouer un rôle : l'intention créative. La définition du bien intellectuel s'inscrit dans l'idée que la création est un acte volontaire. Le droit d'auteur ne mentionne pas cet élément, mais il est possible de se demander si l'originalité s'apprécie uniquement à la lumière de la forme ou s'il faut aussi prendre en considération la démarche intellectuelle du créateur. Des prémisses existent, le débat se focalise en particulier sur l'appropriation par le droit d'auteur des œuvres conceptuelles[30].

---

28. Cass. civ. 1re, 1er déc. 2011, *D.* 2011, p. 2995 ; *Prop. Intell.* 2012, n° 1, p. 27, obs. A. Lucas ; *RTD civ.* 2012.131, obs. Th. Revet ; *RTD com.* 2012.110, obs. F. Pollaud-Dulian ; *CCE* 2012, comm. 62, obs. C. Caron ; *D.* 2012, p. 2836, obs. P. Sirinelli.

29. CA Versailles, 9 oct. 2003, RG n° 01/07525, aff. *Microsoft vs Softimage*.

30. Cass. civ. 1re, 13 nov. 2008, *Bull. civ.* I n° 258 ; *CCE* 2009, comm. 1, note C. Caron ; *BICC* n° 698 du 15 mars 2009, n° 396 ; *D.* 2009, p. 263, note B. Edelman ; E. Treppoz « *La nouvelle Ève* au "paradis" du droit d'auteur, suite et fin ! », *D.* 2009, p. 226 ; *JCP* G 2008, II-10204, note G. Loiseau ; *RTD com.* 2009. 121 et 140, obs. F. Pollaud-Dulian. Voir N. Walravens, « De l'art conceptuel comme création et sa protection par le droit d'auteur », *RIDA*, avr. 2009. p. 5.

C L'unité de l'art

39. La théorie de l'unité de l'art s'appuie sur l'article L. 112-1 C. propr. intell. qui avance que les dispositions du Code de la propriété intellectuelle « *protègent les droits d'auteur sur toutes les œuvres de l'esprit, quels que soient le genre, la forme d'expression, le mérite ou la destination* ». La loi ne permet pas aux juges de se fonder sur la forme d'expression choisie par l'auteur, ni sur la valeur artistique ou sur la destination commerciale de son œuvre pour lui refuser le bénéfice de la protection accordée par l'article L. 111-1 à toutes les œuvres artistiques[31]. Il faut reprendre successivement les éléments de l'article L. 112-1 C. propr. intell.

1. Le genre

40. Le genre est un élément générique non appropriable, et n'est pas un élément de discrimination entre les œuvres. Quel que soit le genre du bien intellectuel, si sa forme est originale, l'attribution d'un droit d'auteur est possible. Le genre doit se comprendre comme la catégorie d'expression à laquelle une création appartient : une œuvre publicitaire, une œuvre architecturale, ou même une œuvre pornographique.

2. La forme d'expression

41. Il n'y a pas de discrimination suivant la forme d'expression. On peut écrire, peindre, chanter, mais aussi mimer, danser, sculpter, programmer, photographier, filmer, faire une performance, mettre en scène, créer une odeur[32], etc.

Aucune condition d'incorporation dans un support, aucun support ne sont nécessaires pour la reconnaissance d'une création et le bénéfice d'un droit d'auteur. Il y a une indifférence au média utilisé pour communiquer l'œuvre au public, il suffit qu'elle soit extériorisée. Le législateur retient des dispositions spécifiques pour les œuvres perceptibles par l'ouïe ou par la vue[33], dispositions qui n'ont qu'une fonction probatoire[34]. La réalité de ces œuvres perçues uniquement par un sens autre que le toucher ne peut faire de doute ; leur support n'est qu'un outil constituant une preuve de l'existence d'une œuvre[35]. Toutefois, la Cour de cassation a retenu qu'il fallait que l'œuvre soit identifiable avec une précision suffisante pour permettre sa communication[36], ce qui pourrait écarter du droit d'auteur certaines formes d'expression ne répondant pas à cette identification précise. La Cour a notamment écarté à ce titre les fragrances.

---

31. Cass. crim., 13 févr. 1969, *D.* 1969, j. 323.
32. Voir *infra* n° 53.
33. Art. L. 112-2 4° C. Prop. Intell.
34. C. Caron, *Droit d'auteur*, *op. cit.*, n° 62 ; Desbois, *op. cit.*, n° 164 *bis* ; P.-Y. Gautier, *op. cit.*, n° 53. Rapp. de l'obligation d'identification pour le savoir-faire, *infra* n° 614 et s.
35. Sur ce sujet, L. Breucker, *Les rapports de l'œuvre et de son support en droit d'auteur*, thèse dactyl., Montpellier, 2002, spéc. n° 202 et s.
36. Cass. com., 10 déc. 2013, *op. cit.*

3. Le mérite de l'œuvre

42. Le droit d'auteur n'est pas conditionné au caractère artistique ou culturel d'une œuvre. Un almanach, un bottin de téléphone, un journal, des couverts, un presse-agrumes, un décapsuleur, une base de données[37], peuvent être appropriés par le droit d'auteur aussi bien qu'une symphonie[38]. Seule la forme du bien est prise en considération. Ainsi, le droit d'auteur s'applique à des créations dont l'exploitation serait prohibée en raison d'une atteinte à l'ordre public ou aux bonnes mœurs. Le juge n'a pas plus à rechercher la beauté de la forme, son caractère plaisant ou agréable, son haut degré de spiritualité, sa vocation culturelle ou artistique. L'indifférence au mérite explique que l'on ne distingue pas entre les produits de grande consommation et la création élitiste, entre la publicité, le dépliant et Proust. Dans le même sens, la vulgarité d'une création ne sera pas prise en compte pour déterminer sa protection par le droit d'auteur. Une affaire illustre parfaitement ce critère : l'affaire *Brancusi*. Le sculpteur souhaitait présenter aux États-Unis une œuvre faite dans une masse de cuivre. Les douanes de New York décidèrent que l'importation de cette œuvre devait être soumise au droit de douane pour importation de matières premières et non au régime douanier des œuvres d'art, écartant toute démarche artistique. Le juge rejeta cette qualification fiscale et constata la présence d'une création[39].

4. La destination de l'œuvre

43. Pouvant être confondu avec le critère précédent, le critère de la destination de l'œuvre invite à écarter toute discrimination suivant l'usage fait de la création : qu'elle soit destinée à une simple contemplation ou à un usage industriel, si le bien intellectuel a une forme originale, il sera approprié de la même façon par le droit d'auteur. Cette approche a largement ouvert le cumul entre droit d'auteur et droit des dessins et modèles sur les créations[40]. Ainsi, le logiciel est couvert par un droit d'auteur comme les œuvres de Picasso. Cette indifférence quant à la destination de l'œuvre trouve surtout à s'appliquer pour les œuvres d'arts appliqués : dessin d'un tissu, modèle de cendrier. Cette formule est assez caractéristique de la pratique française du droit d'auteur qui privilégie l'unité de l'art, le choix et le cumul de titres[41], ce qui n'est pas sans soulever quelques difficultés[42]. La CJ a ainsi retenir qu'il était possible qu'une photographie judiciaire puisse relever du droit d'auteur, en précisant que « *la photographie de portrait en cause présente la qualité d'une œuvre, la protection de celle-ci n'est pas inférieure à celle dont bénéficie toute autre œuvre, y compris photographique* »[43].

---

37. CJUE, 1er mars 2012, aff. C-604/10, *Football Dataco*, préc.
38. Voir C. Bernault, « L'originalité dans les œuvres des arts appliqués », *CCE* 2010, Étude 18.
39. B. Edelman, *L'adieu aux arts – 1926 : L'affaire Brancusi*, Aubier, 2001.
40. Voir *infra* n° 897 et s.
41. Voir l'approche en droit des dessins et modèles, *infra* n° 287 et s., 899.
42. CJCE, 30 juin 2005, aff. C-28/04, *Todd's*.
43. CJUE, 1er déc. 2011, aff. C-145/10, *Panier/Axel Springer*, préc.

D L'absence de formalité

44. Dernier point caractéristique du droit d'auteur, que l'on retrouve aussi pour les droits voisins comme pour le modèle européen non enregistré[44], l'acquisition du droit de propriété sur le bien se fait sans formalité. Suivant les dispositions de l'article L. 111-1 C. propr. intell., l'auteur jouit de tous les droits sur son œuvre « *du seul fait de sa création* ». Aucune formalité, aucun dépôt ne concourt à la naissance du droit de propriété. Un dépôt ne peut avoir qu'une fonction probatoire ou administrative[45].

Dans ces dernières fonctions, les dépôts sont courants en droit d'auteur car ils sont essentiels pour pouvoir rapporter la preuve de la date de la création et du périmètre précis du bien intellectuel. En ce sens, le dépôt des œuvres audiovisuelles au Centre national du cinéma et de l'image animée comme des livres publiés à la Bibliothèque nationale sont des démarches administratives et probatoires sans influence sur l'attribution des droits d'auteur[46]. Les dépôts faits auprès des sociétés de gestion collective n'ont aucun effet sur l'appropriation des créations, mais permettent d'obtenir une date certaine.

La preuve de la création, de son contenu et la détermination d'une date certaine de la création sont essentielles pour pouvoir opposer aux tiers un droit d'auteur. L'originalité s'apprécie au regard de l'empreinte de la personnalité de l'auteur, mais l'appréciation du caractère arbitraire se fait par le juge, notamment, à la lumière de ce qui existe antérieurement. Pouvoir situer précisément dans le temps la naissance d'un bien intellectuel est un moyen de lutter contre la contrefaçon. Les modes probatoires valables sont très larges, il s'agit de prouver un fait, ce qui peut être accompli par tous moyens. Un recommandé à soi-même, un dépôt chez un huissier ou un notaire, un marquage par un tiers certificateur en ligne, autant de solutions qui auront la même force juridique et qui permettront de définir le contour du bien à une date incontestable.

§ 2. L'objet de l'appropriation : la forme

45. À la lumière des développements précédents, on peut établir une première synthèse du champ d'application du droit d'auteur : il permet l'appropriation de la forme des biens intellectuels, à condition que cette forme, l'expression extériorisée du bien, soit originale. L'appropriation de la forme permet de distinguer la fonction du droit d'auteur de celle du droit des marques ou du droit des brevets. Un même bien peut subir plusieurs régimes d'appropriation, mais

44. Cf. *infra* n° 339 et s.

45. Le dépôt auprès du *Copyright Office* aux États-Unis a les mêmes fonctions, auxquelles on peut ajouter un impact dans le calcul des dommages et intérêts en cas de contrefaçon.

46. Voir décret n° 2011-1904 du 19 déc. 2011 relatif au dépôt légal, *JORF* 21 déc. 2011, qui fixe les conditions de sélection des informations collectées sur internet par la Bibliothèque nationale de France (BNF) et l'Institut national de l'audiovisuel (INA) au titre du dépôt légal. Il précise les conditions de consultation, actualise les dispositions relatives au dépôt légal des services de communication audiovisuelle, dont l'INA est le dépositaire, et modifie le dépôt légal des documents cinématographiques auprès du Centre national du cinéma et de l'image animée (CNC).

chacun dispose d'un champ d'application propre, les propriétés ne se confondant pas[47].

L'appropriation de la forme autorise l'utilisation libre de tout autre élément d'une création ne renvoyant pas à la forme, en corollaire des exclusions jusqu'à présent évoquées. En particulier, la fonction d'un bien intellectuel n'est pas appropriée par le droit d'auteur. L'exemple le plus simple réside dans le cas des logiciels : le droit d'auteur confère une propriété sur l'écriture du code source, forme d'écriture, mais n'emporte aucune appropriation de la fonction du logiciel. Dès lors, plusieurs programmeurs peuvent chacun écrire un logiciel original mais remplissant toujours la même fonction – de traitement de texte par exemple –, il n'y a de conflits du point de vue du droit d'auteur.

46. Il faut entendre le terme « forme » dans un sens large : la forme est la manière dont la création est exprimée, extériorisée. La forme d'un logiciel se trouve dans les lignes de code source, la forme d'une œuvre musicale se trouve dans sa sonorité, la forme d'un mime dans la gestuelle, la forme d'une fragrance dans l'odeur, etc. Cette notion d'appropriation de la forme permet d'exclure ce qui ne rentre pas dans le champ du droit d'auteur. On distingue ainsi ce régime de celui des brevets par une telle exclusion : le brevet permet l'appropriation d'une fonction, d'un produit, d'un procédé, le droit d'auteur approprie la forme de ceux-ci. L'un est indifférent à la forme du bien intellectuel, l'autre est indifférent à la fonction remplie par le bien intellectuel.

La forme n'est pas un élément secondaire d'une création. Elle peut être l'unique élément de distinction des choses : il en va ainsi pour la littérature ou la musique où les éléments utilisés pour créer sont en nombre limité : les lettres, les notes. Elle peut contenir tout l'avantage concurrentiel d'un bien.

Le Code de propriété intellectuelle ne définit pas la notion d'œuvre, pas plus qu'il ne fige la forme du bien appropriable. Toutefois, dans une logique interprétative, le législateur dégage les principales formes de biens intellectuels appropriés par le droit d'auteur : la liste n'est pas limitative, l'article L. 112-2 C. propr. intell. exploite la technique du « notamment ». Les énonciations présentées sont précédées de cette formule marquant le caractère non limitatif de la liste, celle-ci ayant uniquement une fonction illustrative. L'article L. 112-2 ne procède pas par une énumération de genre mais par un exposé de support : « *sont considérés notamment comme œuvres de l'esprit* [...] *les livres, brochures et autres écrits littéraires, artistiques et scientifiques ; les conférences* [...] ». Une classification plus générique est possible en abordant successivement les œuvres littéraires, puis les œuvres musicales, les œuvres artistiques, les logiciels et les bases de données.

A Les œuvres littéraires

47. Les œuvres littéraires sont autant des œuvres orales qu'écrites, elles peuvent être des œuvres premières ou des œuvres dérivées, telles des traductions. Il n'est pas nécessaire de reprendre les genres littéraires les uns après les autres, d'une façon générale, les œuvres littéraires sont appropriées par le

47. Cf. *infra* n° 898 et s.

droit d'auteur dès lors qu'elles sont originales. Il faut évoquer le cas de la presse : les articles originaux sont des œuvres littéraires soumises au droit d'auteur. En revanche, les informations contenues dans les articles ne sont pas appropriées par le droit d'auteur[48]. L'article est un bien intellectuel mais pas l'information, chacun peut librement la recueillir. Cependant, par les bases de données, il existe des moyens d'appropriation de l'information. Si on exploite les informations recueillies par un tiers, ce dernier peut demander une rémunération[49].

48. Le titre des œuvres est envisagé dans la catégorie des œuvres littéraires[50]. Le titre n'est pas simplement celui d'un roman, mais aussi celui d'un film, d'un jeu vidéo ou d'une œuvre d'art. Le régime du titre est fixé par l'article L. 112-4 C. propr. intell. qui dispose que « *le titre d'une œuvre de l'esprit, dès lors qu'il présente un caractère original, est protégé comme l'œuvre elle-même* ». Le titre, traité comme une œuvre à part entière, se distingue éventuellement de l'œuvre qu'il identifie. Le Code de la propriété intellectuelle complète le régime du titre en proposant une formule originale : même après l'expiration des droits patrimoniaux, il écarte la possibilité pour un tiers d'utiliser le titre s'il y a un risque de confusion entre l'œuvre première identifiée originellement par le titre et l'œuvre nouvelle réutilisant le titre. Les tribunaux se sont montrés assez stricts pour l'appréciation de l'originalité d'un titre, l'appréciation se faisant au cas par cas. Ainsi, le titre contenant les mots « du rififi » a pu être jugé une fois original puis être considéré dans une seconde affaire comme banal[51].

Outre l'approche par le droit d'auteur, le titre est aussi susceptible d'une protection sur le fondement de la concurrence déloyale, c'est alors non plus l'originalité qui est appréciée par le juge mais le risque de confusion. Dans ces conditions, l'absence d'originalité du titre ne doit pas exclure une action contre un tiers sur le fondement de la responsabilité civile, l'originalité n'étant pas un élément déclencheur de celle-ci. La cour d'appel de Paris a, en ce sens, retenu que l'absence d'originalité du titre n'empêche pas que l'utilisation des mêmes termes pour désigner un ouvrage du même genre soit de nature à créer une confusion dans l'esprit du public[52]. Le titre est analysé dans sa fonction de signe distinctif et l'appréciation du risque de confusion pourra se faire à la lumière des pratiques du droit des marques en la matière[53]. La Cour de cassation, dans un arrêt du 17 janvier 2006[54], confirme la complémentarité des régimes, malheureusement d'une façon probablement erronée. Elle dispose que « *le terme Vogue ne constitue pas un titre original de magazine dès lors*

48. Sur le statut de l'information, N. Binctin, « Le statut juridique des informations non appropriées », *Legicom* 2013 n° 49, p. 29 ; *Légipresse* 2013, n° 302, p. 82.

49. Voir *infra*, n° 249 et s. le droit de producteur de base de données.

50. Pour une application et une articulation avec le droit des marques, Cass. civ. 1re, 26 sept. 2012, n° 10-15657.

51. CA Paris, 24 janv. 1970, *RTD com.* 1971.94 ; CA Paris, 3 févr. 1988, *RIDA* oct. 1988, p. 303 ; *D.* 1989, somm. 43, Colombet.

52. CA Paris, 11 juin 1980, *Ann. Prop. Ind.* 1981.168.

53. Cf. *infra* n° 738 et s.

54. Cass. com., 17 janv. 2006, n° 04-11224, inédit.

qu'évoquant le contenu de celui-ci [sic], *qu'il ne porterait pas l'empreinte de la personnalité de son auteur, peu important que le terme ait été considéré comme constituant une marque valable pour désigner divers produits et services* ». On souscrit à l'analyse de la Cour quant à l'autonomie des régimes, la détention d'un droit de marque sur un titre de magazine n'ayant pas pour effet de faire bénéficier le déposant d'un droit d'auteur. En revanche, constatant que la revue *Vogue* est une revue américaine publiée en France, il aurait été opportun de rechercher si le droit d'auteur américain accueille les titres et si le titre *Vogue*, créé en 1915, répond aux critères d'appropriation de ce régime. Dans l'hypothèse où le titre *Vogue* est approprié par un droit d'auteur aux États-Unis, l'application de la Convention de Berne impose de reconnaître ce droit sur le territoire français, ou de retenir que l'œuvre est dans le domaine public si le titre de propriété a atteint son terme.

49. On intègre dans les œuvres littéraires les œuvres orales tels les discours, les allocutions... Les discours politiques connaissent à la fois le régime des informations et celui des œuvres : la reprise immédiate des discours pour cause d'information se fait librement, sans intervention du droit d'auteur. En revanche, une fois le temps de l'information passé, l'auteur du discours jouit de tous ses droits de propriété. Cet aménagement spécifique est confirmé par l'article L. 122-5 3° C. propr. intell. Un régime similaire s'applique aux plaidoiries.

Les œuvres littéraires dérivées s'inspirent d'œuvres antérieures en y ajoutant un élément nouveau, fruit d'un nouvel effort intellectuel de création. L'article L. 112-3 C. propr. intell. prévoit explicitement l'appropriation de ces œuvres par le droit d'auteur. Ce type d'œuvre peut se fonder tant sur une œuvre du domaine public que celles encore soumises au droit d'auteur (dans ce cas, il faut une autorisation de l'auteur). On intègre dans cette catégorie les anthologies, les compilations, les recueils, et aussi les traductions et les adaptations. Il faut aussi, dans une approche de cumul de titres de propriété, maintenir dans cette catégorie les bases de données. Cette solution est confirmée par la CJ[55] à propos d'un calendrier de championnat sportif en interprétant l'article 3, § 1, de la directive n° 96/9/CE du 11 mars 1996, concernant la protection juridique des bases de données.

Enfin, il est des textes qui sont exclus du droit d'auteur, voués à la libre disposition et à la libre circulation. Il s'agit notamment des textes législatifs et réglementaires, des travaux préparatoires aux lois, et des décisions judiciaires, pour lesquelles on doute d'un espace pour l'expression d'une originalité. Il en va de même pour les brevets.

B Les œuvres musicales et théâtrales

50. L'article L. 112-2 C. propr. intell. évoque les œuvres musicales avec ou sans paroles. La propriété porte sur la mélodie, l'harmonie ou le rythme dès lors que ces éléments sont originaux. Un indicatif musical, un *jingle*, un opéra, etc., sont des œuvres musicales au sens du Code de la propriété intellectuelle.

55. CJ, 1er mars 2012, aff. C-604/10, *Football Dataco Ltd Vs. Yahoo ! UK Ltd*, préc.

Dans ce domaine, comme dans le domaine littéraire, les œuvres dérivées, adaptées sont aussi des œuvres musicales appropriables par le droit d'auteur. Les variations consistent à emprunter le thème d'une œuvre antérieure et à le combiner avec des éléments nouveaux. Un arrangement conduit à transcrire une œuvre pour un autre instrument. Les *samples*, les mixtes et autres œuvres dérivées sont soumis au droit d'auteur dans les conditions des œuvres dérivées. Ces nouvelles créations ne pourront être effectuées qu'en respect du droit de propriété existant sur les œuvres antérieures.

En ce qu'il y a une exécution, une médiation, les œuvres théâtrales se rapprochent des œuvres musicales. Le Code de la propriété intellectuelle désigne les œuvres dramatiques pour évoquer cette catégorie de créations, et cite aussi les œuvres dramatico-musicales, l'opéra, l'opéra-comique, les comédies musicales. On ajoute à cette catégorie les chorégraphies. Pour ces dernières, le code impose une condition de forme pour la preuve de la propriété : la fixation de la chorégraphie sur un support, c'est-à-dire sa description par l'auteur[56]. Il en va de même pour les numéros de cirque. Les juges ont retenu qu'une captation de spectacle peut être utilisée à titre de preuve, et répond à cette contrainte du droit d'auteur[57]. Ce formalisme n'a qu'une fonction probatoire pour compenser l'immatérialité parfaite de ces œuvres. La mise en scène est incluse dans cette catégorie, le Code de la propriété intellectuelle ne la vise pas explicitement, mais le principe illustratif de la liste laisse les juges libres. Une jurisprudence constante[58] reconnaît au metteur en scène la qualité d'auteur dès lors que son travail est original.

C Les œuvres artistiques

51. Ces œuvres sont celles qui se manifestent par la production d'une forme sensible à la vue : peinture, sculpture, décor, architecture, photographie[59], cinématographie, jeu vidéo[60], sites web[61]. L'article L. 112-2 accueille très largement

56. Cf. *supra* n° 41.

57. CA Paris, 17 déc. 2003, *D.* 2004, J. 1588, note Fleury ; *Prop. Intell.* 2004, n° 10, p. 537, note P. Sirinelli.

58. CA Paris, 27 sept. 1996, *RIDA* avr. 1997, p. 270, note A. Kéréver. En ce sens, P.-Y. Gautier, *op. cit.*, n° 76 ; M. Vivant et J.-M. Bruguière, *op. cit.*, n° 133 ; *contra*, Desbois, *op. cit.*, n° 184 et 186 *bis*. Voir notamment, *Mise en scène et droit d'auteur, Liberté de création scénique et respect de l'œuvre dramatique*, L'Entretemps, 2012.

59. À ce sujet, voir CJUE, 1er déc. 2011, aff. C-145/10, *Panier/Axel Springer*, préc.

60. Sur la qualification des jeux vidéo, Cass. civ. 1re, 25 juin 2009, *Bull. civ.* I, n° 140 ; *JCP* G 2009, 328, note E. Treppoz ; *D.* 2009. 1819, obs. J. Daleau ; *RTD com.* 2009. 710, obs. F. Pollaud-Dulian ; L. Marino, « Le jeu vidéo devient complexe ! », *RLDI* 2009/52, n° 1735, p. 88 ; *CCE* 2009, comm. 76, obs. C. Caron ; *RTD com.* 2010. 319, obs. P. Gaudrat ; *Prop. Intell.* 2009, n° 33, p. 366, note. J.-M. Bruguière : « *le jeu vidéo est une œuvre complexe qui ne saurait être réduite à sa seule dimension logicielle, quelle que soit l'importance de celle-ci, de sorte que chacune de ses composantes est soumise au régime qui lui est applicable en fonction de sa nature* ». Voir aussi, E. Treppoz, « La qualification logicielle d'un jeu vidéo : un modèle pour les œuvres multimédia », *LPA*, 18 nov. 1999, n° 230, p. 10 ; P. Sirinelli, « L'appréciation des sons et images d'un logiciel de jeu vidéo permettrait de déterminer l'originalité de l'ensemble », *D.* 2001, p. 2552 ; J. Ginsburg et P. Sirinelli, « Les difficultés rencontrées lors de l'élaboration d'une œuvre multimédia. – Analyse des droits français et américain », *JCP* G 1996, I 3904.

61. Voir CA Versailles, 12e ch., 2 juill. 2013, *Vente-Privée. com c/Club Privé*, sur renvoi après cassation, Cass. civ. 1re, 12 mai 2011, n° 10-17852.

dans ses descriptions ces œuvres : gravures, lithographies, œuvres graphiques, typographiques, illustrations, cartes géographiques. Il évoque aussi les œuvres d'arts appliqués, confirmant par là le principe de l'unité de l'art. Cet inventaire à la Prévert se poursuit, le code mentionne les créations de l'industrie saisonnière de l'habillement et de la parure, les plans, les croquis, les ouvrages plastiques relatifs à la géographie, à la topographie, et aux sciences. On constate clairement que le droit d'auteur est bien un régime attaché à l'appropriation de la forme des choses et non un régime lié à l'activité artistique et culturelle. Le caractère non limitatif et varié des mentions du Code de la propriété intellectuelle permet une interprétation extensive de ces dispositions pour assurer une large application du droit d'auteur. Cette vision extensive est à la source des difficultés pour articuler le droit d'auteur et le droit des dessins et modèles. Le choix alternatif ou cumulatif de l'opérateur économique entre le droit d'auteur et le dessin et modèle se fait principalement au regard des pratiques des pays dans lesquels il compte principalement exploiter ses biens intellectuels et en considération des critères propres du droit des dessins et modèles, plus rigoureux dans leur application que la seule originalité[62].

52. Parmi les œuvres artistiques, une catégorie soulève quelques difficultés : il s'agit des photographies illustratives, c'est-à-dire des clichés réalisés pour établir une représentation aussi fidèle et objective du sujet. Sont-elles originales ? La jurisprudence a hésité sur ce point, il semble aujourd'hui acquis que la photographie prise uniquement pour présenter fidèlement un objet, telle une alternative technique à une photocopie, sans activité originale, n'est pas l'objet d'un droit d'auteur[63]. C'est une juste analyse orthodoxe du critère de l'originalité. En revanche, l'ancienne dichotomie entre les photographies documentaires et les photographies artistiques a totalement disparu ; les deux peuvent être appropriées par le droit d'auteur.

Enfin, les modes contemporains de création engendrent des difficultés pour l'intégration des créations des plasticiens dans les champs classiques du droit d'auteur. L'identification de l'œuvre, la perception de l'originalité et le rattachement à une catégorie donnée sont parfois délicates. Le travail de performance où s'entrecroisent arts plastiques et œuvres audiovisuelles laisse émerger des incertitudes de classification[64], marquant un glissement des arts plastiques vers la chorégraphie.

D Les œuvres olfactives

53. Une fragrance est une odeur obtenue par la combinaison de plusieurs composants. L'appropriation d'une fragrance par le droit d'auteur est un terrain de débat en France, au sein de la doctrine comme entre les juges du fond et la Cour de cassation[65]. La cour d'appel de Paris, dans un arrêt du 25 janvier 2006,

62. Voir *infra* n° 293 et s.

63. Cass. soc., 13 nov. 2008, n° 06-45491 ; dans le même sens, Cass. civ. 1re, 11 juin 2009, n° 08-15749 ; *CCE* 2010, chron. 7, n° 8, obs. E. Dreyer.

64. Voir notamment, E. Treppoz, « Quelle protection juridique pour l'art contemporain ? », *RIDA* 2006, n° 209, p. 51.

65. Voir N. Binctin, « La diversité des créations : l'œuvre olfactive », *Mélanges J. Sainte-Rose*, Bruylant, 2012, p. 182.

retenait qu'« *à supposer même qu'un parfum remplisse les conditions de brevetabilité, en apportant une solution à un problème technique, la protection par le droit des brevets n'est pas exclusive d'une protection au titre du droit d'auteur* »[66]. En l'espèce, le contrefacteur avançait que la société *L'Oréal*, n'ayant pas déposé de brevet sur la composition de ses parfums, ne pouvait invoquer une contrefaçon. La défense envisageait la création sous son aspect chimique. Cette approche, légitime, n'est pas exclusive. Le parfum peut connaître plusieurs régimes de propriété, la revendication de l'un n'imposant pas d'exercer les autres.

M. Gautier relève que « *la protection des fragrances ou des plats, fruit d'une recherche en laboratoire et exprimée dans sa formule chimique, relève plutôt du droit des brevets* »[67]. Cet auteur ajoute que les parfumeurs conservent leur formule secrète et ne la transmettent qu'à des tiers de confiance ; ce comportement évoquant le savoir-faire, pour lequel le secret est une alternative au brevet. Dans le même sens, M. Pollaud-Dulian avance que « *la formule d'un parfum relève de la technique industrielle dans le secteur des cosmétiques* [...]. *Leur protection relève du droit des brevets et/ou de l'action en concurrence déloyale et non du droit d'auteur, car c'est le procédé ou le produit industriel que l'on cherche à protéger et non une forme extérieure arbitraire que l'on donnerait à un produit industriel* »[68].

54. Il ne fait pas de doute que la formule chimique d'un parfum ne peut pas être couverte par un droit d'auteur et relève du droit des brevets. Cependant, il ne fait pas plus de doute qu'un parfum n'est pas seulement une formule chimique, celle-ci offre une forme particulière d'expression pouvant être originale et appropriée par un droit d'auteur. Le créateur ne compose pas une formule chimique, mais une fragrance ; cette démarche impose une composition chimique. On constate l'unité de l'acte créatif, quel que soit le régime d'appropriation. Il n'y a pas de ségrégation à établir entre le nez et le chimiste. L'imagination humaine engendre la création d'un bien intellectuel, qui rend ensuite possible de déterminer les conditions de son appropriation.

Si la fragrance est la résultante d'une composition chimique nouvelle, issue d'une activité inventive, elle peut faire l'objet d'un brevet. Ce titre de propriété porte sur la composition chimique de l'odeur et non sur cette dernière[69]. Une odeur banale obtenue par un procédé nouveau peut faire l'objet d'un brevet mais est écartée du droit d'auteur, tout comme une odeur nouvelle obtenue grâce à une nouvelle application d'un procédé connu, voire une odeur nouvelle incluant le procédé de fabrication provenant d'une composition chimique nouvelle, suivant la théorie de l'ensemble inventif. Dans ce dernier cas, l'odeur serait appropriée par un brevet, uniquement pour les revendications de ce dernier. Elle serait aussi appropriable par le droit d'auteur si elle est originale.

La cour d'appel confirme l'indépendance des biens intellectuels par rapport à tout support en utilisant une formule limpide : « *la fixation d'une œuvre ne*

66. CA Paris, 25 janv. 2006, *CCE* 2006, comm. 39, obs. C. Caron.
67. P.-Y. Gautier, *op. cit.*, n° 52.
68. F. Pollaud-Dulian, *Le droit d'auteur*, *op. cit.*, n° 153 ; même auteur, *JCP* G 2006, II 10138.
69. Cf. *infra* n° 464.

constitue pas un critère exigé pour accéder à la protection dès lors que la forme est perceptible », ajoutant qu'« *un parfum est donc susceptible de constituer une œuvre de l'esprit protégeable au titre du Livre I du Code de la propriété intellectuelle* ». La fragrance est appréhendée non plus sous l'angle de sa composition chimique, mais suivant sa perception par les sens qui lui confère une forme originale. Un bien a une forme s'il est perceptible par l'un des sens. L'odorat compte parmi ceux-ci ; la fragrance a une forme. Il suffit d'appliquer les critères d'appropriation du droit d'auteur pour déterminer si la forme soumise aux magistrats est appropriée par un droit d'auteur[70]. En l'espèce, la cour retient que la démonstration de l'originalité peut se déduire de la combinaison inédite des essences traduisant l'apport créatif de l'auteur.

55. La Cour de cassation, par un arrêt du 13 juin 2006[71] confirmé par des arrêts du 1er juillet 2008[72] et du 22 janvier 2009[73] reprenant exactement la même formule, tend à remettre en cause cette analyse de l'acte créatif pour une fragrance, écartant celle-ci du droit d'auteur. La Cour affirme que « *la fragrance d'un parfum, qui procède de la simple mise en œuvre d'un savoir-faire, ne constitue pas la création d'une forme d'expression pouvant bénéficier de la protection des œuvres de l'esprit* ». L'approche retenue est contraire au régime du droit d'auteur qui ne s'intéresse pas à la méthode de production, mais à l'originalité du résultat final.

56. Le droit d'auteur est totalement indifférent aux techniques utilisées pour créer. Il en va du principe de l'unité de l'art rappelé à l'article L. 112-1 C. propr. intell. Ce point est d'autant plus important qu'il n'existe pas une création qui n'est pas le produit de la simple mise en œuvre d'un savoir-faire. Il en va ainsi de la peinture, de la photographie, du cinéma, de l'écriture, de la sculpture, etc. Personne n'imagine écarter du droit d'auteur l'ensemble des œuvres créées par des auteurs sous prétexte que ceux-ci ont étudié les techniques de leurs maîtres et les transposent pour leur propre activité créative. Cette référence est superflue et il serait bon qu'elle ne soit plus utilisée à propos de l'attribution de droits d'auteur sur une création, sinon elle dénature totalement le domaine d'appropriation du droit d'auteur, à savoir la forme de l'œuvre créée.

L'auteur ne crée pas « *une forme d'expression* », il exprime sa personnalité dans une forme particulière, forme appropriée par le droit d'auteur à cette condition ; c'est le critère de l'originalité. Une forme d'expression serait un genre dont l'appropriation est exclue du droit d'auteur (article L. 112-1 C. propr.

70. Notamment, Bassard, « La composition d'un parfum est-elle une œuvre de l'esprit au sens de la loi du 11 mars 1957 », *RIPIA* 1979, p. 461 ; E. Glemas, « La protection du parfum par le droit d'auteur », *RDPI* 1997, n° 82, p. 36 ; O. Laligant, « Des œuvres de l'esprit aux marches du droit d'auteur : les œuvres de l'esprit perceptibles par le goût, l'odorat ou le toucher », *RRJ* 1992, p. 101 ; Y. Gaubiac, « Fragrances et œuvres de l'esprit », *Droits de propriété intellectuelle – Liber amicorum G. Bonet*, Litec, 2010, coll. IRPI, t. 36, p. 217 ; N. Binctin, « Diversité : Les biens intellectuels et leurs appropriations », *op. cit.*

71. Cass. civ. 1re, 13 juin 2006, préc. N. Binctin, « Le cumul d'appropriation : du parfum au logiciel », *CCE* 2006, Étude 36 ; « Les biens intellectuels – Contribution à l'étude des choses », *CCE* 2006, Étude 14.

72. Cass. civ. 1re, 1er juill. 2008, *BICC* n° 691 du 15 nov. 2008 ; C. Caron, *CCE* n° 9, sept. 2009, n° 100 ; N. Binctin, « Une odeur de soufre ! », *JCP* G 2008, act. 690.

73. Cass. civ. 1re, 22 janv. 2009, n° 08-11404.

intell.). La loi n'impose aucune forme pour les œuvres, l'article L. 112-2 C. propr. intell. énonce simplement une liste indicative de formes d'œuvres. Donner une autre portée à cette liste procède d'une interprétation erronée de la norme. De la même façon, considérer que seules les œuvres perceptibles par l'ouïe ou la vue seraient susceptibles d'appropriation par le droit d'auteur constitue un ajout à la loi. Aucune disposition ne permet de conclure de la sorte.

57. La Cour de cassation est revenue sur cette question. Dans un arrêt du 10 décembre 2013[74], elle opère un revirement partiel de jurisprudence en écartant l'argument de la méthode de création pour refuser à la fragrance la possibilité d'être appropriée par un droit d'auteur. En revanche, elle maintient la solution de fond. En effet, la Cour de cassation avance que le « *droit d'auteur ne protège les créations dans leur forme sensible, qu'autant que celle-ci est identifiable avec une précision suffisante pour permettre sa communication ; que la fragance d'un parfum, qui, hors son procédé d'élaboration, lequel n'est pas lui-même une œuvre de l'esprit, ne revêt pas une forme présentant cette caractéristique, ne peut dès lors bénéficier de la protection par le doit d'auteur* ». En se déplaçant sur le terrain des formes perceptibles, la Cour adopte une démarche intéressante, mais en écartant la fragrance elle adopte une situation hémiplégique. Écarter l'odorat des sens est inexplicable. Quant à la précision de l'identification du bien, si cela constitue sans aucun doute un élément essentiel de la sécurité juridique et une condition de l'opposabilité *erga omnes* du droit de propriété, il n'est pas possible de retenir qu'une chose est perçue plus précisément si elle est appréhendée par la vue ou le toucher que si elle l'est par l'ouïe ou l'odorat. La solution de la Cour de cassation ne répond pas à l'enjeu de la question et l'on espère qu'une question préjudicielle sera posée à la CJ sur ce point. En effet, la solution française n'est pas partagée par les pays qui nous entourent et le fonctionnement du marché intérieur peut justifier une harmonisation.

E Le logiciel

58. Le logiciel est un programme d'instructions générales ou particulières, adressées à une machine, en vue du traitement d'une information donnée. Il est visé par l'article L. 112-2 C. propr. intell. depuis 1985. Le droit des brevets exclut explicitement le logiciel de son champ d'appropriation, si le brevet porte sur le logiciel en tant que tel. En revanche, si le brevet emporte appropriation d'un bien complexe incluant un logiciel, ce brevet sera valable[75]. Cette exclusion de principe est regrettable, il serait opportun de laisser aux créateurs le choix du ou des régimes d'appropriation de leurs biens intellectuels.

La mise en œuvre de ces dispositions soulève quelques débats, des auteurs ont pu retenir que l'intégration du logiciel dans le giron du droit d'auteur était une atteinte à la matière. Il n'en est rien, cette intégration prouve que le droit d'auteur n'est pas le droit de l'esthétique mais de la forme d'expression ; elle démontre tout autant la réelle adaptabilité de ce régime d'appropriation à

74. Cass. com., 10 déc. 2013, *op. cit.*
75. Cf. *infra* n° 444, 900.

l'évolution des biens intellectuels. L'appréciation de l'originalité s'effectue à deux stades : le code source et les interfaces homme-machine[76].

L'appréciation peut sembler complexe pour le code source ; en pratique, elle ne l'est pas plus que pour apprécier une composition musicale. Dans les deux cas, celui qui ne sait pas lire le langage dans lequel le créateur s'exprime, ne sera pas à même de déceler l'originalité du travail. En revanche, il est indéniable que les programmeurs ont chacun un style de travail, effectuent des choix formels de programmation, éléments porteurs de l'empreinte de leur personnalité[77]. Le droit d'auteur exerce enfin son emprise sur la présentation graphique de l'interface homme-machine.

La CJ a confirmé la portée précise du droit d'auteur appliqué au logiciel en retenant que la fonctionnalité d'un programme d'ordinateur et le langage de programmation ne peuvent être appropriés par le droit d'auteur[78]. En effet, ni la fonctionnalité d'un programme d'ordinateur ni le langage de programmation et le format de fichiers de données utilisés dans le cadre d'un programme d'ordinateur pour exploiter certaines de ses fonctions ne constituent une forme d'expression de ce programme et ne sont, à ce titre, appropriés par le droit d'auteur.

Dès lors, celui qui obtient une copie légale d'un programme d'ordinateur peut, sans l'autorisation du titulaire du droit d'auteur, observer, étudier ou tester le fonctionnement de ce programme afin de déterminer les idées et les principes qui sont à la base de n'importe quel élément dudit programme, lorsqu'elle effectue des opérations couvertes par cette licence ainsi que des opérations de chargement et de déroulement nécessaires à l'utilisation du programme d'ordinateur et à condition qu'elle ne porte pas atteinte au droit d'auteur sur ce programme[79]. En revanche, la reproduction, dans un programme d'ordinateur ou dans un manuel d'utilisation de ce programme, de certains éléments décrits dans le manuel d'utilisation d'un autre programme d'ordinateur protégé par le droit d'auteur est susceptible de constituer une violation du droit d'auteur sur ce dernier manuel si cette reproduction constitue l'expression de la création intellectuelle propre à l'auteur du manuel d'utilisation du programme d'ordinateur protégé par le droit d'auteur.

L'identification de l'objet approprié reste au cœur de l'analyse de l'application du droit d'auteur, en plein respect de la théorie de l'unité de l'art. Cette plurifigure de l'objet approprié rend parfois le droit d'auteur insaisissable, une rigueur

---

76. Pour l'interface et le droit d'auteur, CJUE 22 déc. 2010, n° C-393/09, *RTD com.* 2011. 333, obs. F. Pollaud-Dulian ; *CCE* 2011, comm. 42, obs. C. Caron ; *D.* 2011, chron. Droit du numérique, p. 2364, obs. C. Le Stanc : « *l'interface utilisateur graphique ne constitue pas une forme d'expression d'un programme d'ordinateur au sens de l'article 1er, § 2, de la directive n° 91/250 [...] et elle ne peut bénéficier de la protection par le droit d'auteur [...] en vertu de cette directive. Toutefois, une telle interface peut bénéficier de la protection par le droit d'auteur en tant qu'œuvre, en vertu de la directive n° 2001/29 [...], si cette interface constitue une création intellectuelle propre à son auteur* ». Voir aussi, J. Larrieu, « La protection de l'interface », *Prop. Indust.* 2011, comm. 37.

77. Ass. plén. 7 mars 1986, *RTD com.* 1986.399, obs. Françon ; *JCP* G 1986, II 20631, note Mousseron, Teussié et Vivant ; Cass. civ. 1re, 16 avr. 1991, *Bull. civ.* I, n° 139 ; *JCP* E 1992, I 141, n° 2, obs. M. Vivant et A. Lucas.

78. CJUE, 2 mai 2012, aff. C-406/10, *SAS Institute Inc c/World Programming Ltd* ; *Prop. Indust.* 2012, comm. 61, obs. N. Bouche ; *D.* 2012. 1186, et 2343, spéc. 2344, obs. C. Le Stanc et P. Tréfigny ; *RTD com.* 2012. 536, obs. F. Pollaud-Dulian ; *D.* 2012, p. 2836, obs. P. Sirinelli ; *Europe* 2012, comm. 284, obs. L. Idot ; *CCE* 2012, comm. 105, note C. Caron.

79. Voir *infra* n° 170 et s. sur les exceptions.

de l'analyse de l'originalité est le seul moyen de trouver une cohérence, sans chercher à distinguer selon les objets et tenter des faire émerger des droits d'auteur catégoriels.

Section 2
Les personnes titulaires des droits d'auteur

59. Le droit d'auteur est attribué, par principe, dès la création, au créateur du bien intellectuel. Cette règle générale n'est naturellement pas absolue, il faut envisager les nombreuses variantes.

§ 1. L'auteur isolé

60. Solution la plus simple et la plus naturelle, l'auteur[80] crée seul un bien intellectuel, il devient l'unique titulaire du droit de propriété sur ce dernier. Cette solution imparable avancée par l'article L. 111-1 C. propr. intell. est la plus communément partagée dans le monde. Aucune procédure n'est nécessaire, et l'attribution des droits d'auteur est immédiate et sans réserve. Cette règle simple, qu'il convient de préciser, doit être confrontée avec les autres engagements de l'auteur, en particulier ses engagements familiaux et ses engagements professionnels.

A L'auteur propriétaire

61. L'article L. 111-1 C. propr. intell. dispose que « *l'auteur d'une œuvre de l'esprit jouit de cette œuvre, du seul fait de sa création, d'un droit de propriété incorporelle exclusif et opposable à tous* ». L'auteur est propriétaire de son œuvre en raison de cette disposition dès l'instant de la création, n'a aucune démarche à accomplir, ni aucun délai à supporter. La création est le fait générateur du droit de propriété, elle devrait à ce titre être intégrée à l'article 712 du Code civil parmi les modes d'acquisition de la propriété, l'acte créatif est constitutif de droit.

Comme l'originalité, l'auteur n'est pas défini en tant que tel par le Code de la propriété intellectuelle. Il est nécessairement une personne physique, celle qui a produit l'effort créatif permettant la réalisation du bien intellectuel. Il est parfois nécessaire de distinguer l'auteur du façonnier : la personne qui coule une statue de bronze n'est pas l'auteur de la statue, il peut être simplement un artisan de la réalisation de l'œuvre. Il en va ainsi des nombreux intervenants qui agissent sous la direction de l'auteur.

80. Le droit d'auteur laisse peu de place à l'auteur en tant que tel, pour une approche sociologique récente, voir M. Guyon, « Diversité des carrières d'auteur de l'audiovisuel et du spectacle vivant – Les auteurs de la SACD, 1997-2008 », *Culture Chiffres*, n° 2011-2, http://www.culture.gouv.fr/deps

62. Se pose alors la question de l'identification de l'auteur : la signature d'une création n'est pas nécessaire pour que celle-ci soit la propriété de son créateur. La question se complique par l'usage de pseudonyme. L'article L. 113-1 C. propr. intell. énonce que le droit d'auteur appartient, jusqu'à preuve du contraire, à celui sous le nom duquel l'œuvre est diffusée. Il ne s'agit que d'une présomption simple pouvant être détruite par toute preuve contraire. Il est loisible à l'auteur de choisir un pseudonyme, sous réserve de l'atteinte qu'il pourrait porter aux droits d'un tiers, le pseudonyme ne doit pas nuire à autrui, créer un risque de confusion dans l'esprit du public. Quant à l'œuvre anonyme, l'auteur qui souhaite rester dans l'ombre désignera un tiers, mandataire – l'éditeur notamment – qui exercera pour lui le droit d'auteur. L'auteur est libre de révéler son identité à tout moment, même par testament[81]. Cette situation a uniquement un effet sur le calcul de la durée du droit d'auteur : ignorant l'identité de l'auteur, on ne peut prendre en compte la mort de ce dernier ; la durée de la propriété court alors à compter de la publication de l'œuvre (voir article L. 123-3 C. propr. intell.[82]).

B La famille de l'auteur

63. Le droit d'auteur est un régime spécial du droit des biens ; en créant, l'auteur enrichit son patrimoine de biens intellectuels, à l'origine de revenus et concomitamment de biens corporels, matérialisant l'œuvre. La situation familiale de l'auteur[83] peut avoir une influence sur l'attribution de la propriété des biens corporels, des biens intellectuels, et des revenus qu'ils génèrent[84]. Quelques affaires célèbres ont marqué le droit d'auteur et le droit des régimes matrimoniaux : l'affaire *Masson*[85], l'affaire *Lecoq*[86], l'affaire *Canal*[87], l'affaire *Bonnard*[88], et enfin l'affaire *Picabia*[89].

81. Y. Gendreau, « Le statut de l'auteur anonyme ou pseudonyme », *Droits de propriété intellectuelle – Liber amicorum G. Bonet*, Litec, 2010, coll. IRPI, t. 36, p. 267.

82. Cf. *infra* n° 181.

83. Pour une étude générale de la situation matrimoniale de l'auteur, N. Binctin, « Le régime matrimonial de l'auteur », *RIDA* n° 232, avr. 2012, p. 5 ; J.-M. Olivier, « Les interférences des règles du droit d'auteur avec les régimes matrimoniaux et les successions », éd. Cridon 1998, p. 27 ; même auteur, « La propriété littéraire et artistique et les régimes matrimoniaux », *Def.* 2001, p. 1098 ; F. Kauffman, *Les créations intellectuelles et les régimes matrimoniaux*, thèse Montpellier 2006. Voir aussi en droit comparé, pour l'ensemble du droit patrimonial de la famille, C. Declerck, « La propriété littéraire et artistique en droit patrimonial de la famille », *Auteurs & Média* 2011/3, p. 281.

84. La succession de l'auteur, *infra* n° 181 et s.

85. Cass. req., 16 août 1880, *S.* 1881, 1, p. 25, note Lyon-Caen.

86. CA Paris, 1er févr. 1900, *S.* 1900, 2, p. 121 note Saleilles ; Cass. civ., 25 juin 1902 : *DP* 1903, 1, p. 5, notes Colin et Lyon-Caen, et concl. Baudouin.

87. Cass. civ., 14 mai 1945, *D.* 1945, j. 285, note Desbois ; *S.* 1945, 1, p. 101, note Batiffol.

88. CA, 19 janv. 1953 : *D.* 1953, j. 405, note Desbois ; Cass. civ. I, 4 déc. 1956 : *JCP* G 1959, II, 11141, note Weill ; *RTD civ.* 1957.324, obs. Desbois et p. 390, obs. Nerson ; CA Orléans, 18 févr. 1959 : *D.* 1959, j. 440, note Desbois ; H. Mazeaud, « Le droit moral des artistes sur leurs œuvres et son incidence », *D.* 1959, chron. p. 133.

89. CA Paris, 24 mai 1969, *Gaz. Pal.* 1969, 2, p. 240 ; *RTD civ.* 1970.564, obs. Nerson ; Cass. civ. I, 4 juin 1971 : *D.* 1971, j. 585, concl. Lindon ; *JCP* G 1972, II, 17164, note J. Patarin ; *RTD civ.* 1972.121, obs. Nerson ; *RTD com.* 1972.90, obs. Desbois ; M. Contamine-Raynaud, « De l'existence

64. L'article L. 121-9 C. propr. intell., étrangement placé dans la section du Livre I du Code de la propriété intellectuelle consacrée au droit moral, dispose que « *sous tous les régimes matrimoniaux et à peine de nullité de toutes clauses contraires portées au contrat de mariage, le droit de divulguer l'œuvre, de fixer les conditions de son exploitation et d'en défendre l'intégrité reste propre à l'époux auteur ou à celui des époux à qui de tels droits ont été transmis. Ce droit ne peut être apporté en dot, ni acquis par la communauté ou par une société d'acquêts.* » Ces prérogatives, d'ordre public, sont attachées à l'auteur ; le lien matrimonial qui l'unit à une autre personne ne peut y porter atteinte. Ces éléments ne sont pas purement des éléments du droit moral de l'auteur ; les conditions d'exploitation d'une œuvre relèvent de l'exercice des droits patrimoniaux. Le bien intellectuel apparaît comme un bien propre, quel que soit le régime matrimonial. Le Code malheureusement ne reprend pas clairement la distinction entre droit moral et droit patrimonial. On peut retenir que le droit moral est personnel à l'auteur et qu'il n'intègre pas la communauté, et qu'il en va de même du droit patrimonial. Le bien intellectuel soumis au droit d'auteur est donc un propre de l'auteur. Cette solution s'appuie notamment sur les dispositions de l'article 1404 du Code civil qualifiant de propres les biens ayant un caractère personnel, et le pouvoir de l'auteur sur ses biens est conforme aux dispositions de l'article 1428 du Code civil. L'auteur est seul propriétaire du bien intellectuel qu'il crée. Ces dispositions sont applicables uniquement aux mariages contractés après l'entrée en vigueur de la loi du 11 mars 1957, c'est-à-dire pour les unions conclues à compter du 12 mars 1958. Cette solution s'applique aussi aux biens intellectuels appropriés par le droit d'auteur transmis à un époux, les biens intellectuels suivent un traitement similaire à celui des autres biens reçus par les époux dans le cadre de succession, suivant les dispositions de l'article 1405 du Code civil.

65. Toutefois, le Code de la propriété intellectuelle ajoute, toujours à l'article L. 121-9, que « *les produits pécuniaires provenant de l'exploitation d'une œuvre de l'esprit ou de la cession totale ou partielle du droit d'exploitation sont soumis au droit commun des régimes matrimoniaux, uniquement lorsqu'ils ont été acquis pendant le mariage ; il en est de même des économies réalisées de ces chefs* ». Ainsi, si la propriété revient à l'époux auteur, les fruits de la propriété générés par l'exploitation ou la cession du bien intellectuel entrent dans le giron de la communauté. Les prix et redevances perçus pendant le mariage sont communs et doivent être partagés à la dissolution de l'union. Les sommes perçues après la dissolution restent la propriété de l'époux auteur, cette solution retenue par la jurisprudence pourrait soulever quelques contestations car il convient de distinguer le paiement étalé dans le temps d'un prix à l'auteur dont la créance est définitivement née dès la conclusion de la cession, et le paiement d'une redevance dans le cadre d'un contrat à exécution successive. De l'article L. 121-9 C. propr. intell., la doctrine en dégage trois analyses. Une première prend en compte la date du fait générateur des produits pécuniaires[90], une

du droit moral des artistes mariés sous le régime de la communauté » *D.* 1971, chron. p. 37 ; Sarraute, « Que reste-t-il du droit moral de l'artiste ? », *Gaz. Pal.* 1971, 2, p. 542.

90. A. et H.-J. Lucas et A. Lucas-Schloetter, *op. cit.*, n° 159 ; Savatier, « Le sort dans la communauté des droits personnels à l'un des époux », *Defr.* 1960, art. 27867, n° 35.

deuxième retient la date d'exigibilité des produits pécuniaires[91], et une dernière limite l'application de ces dispositions aux produits pécuniaires perçus durant l'effectivité du lien matrimonial[92]. Cette triple possibilité est exposée par tous les manuels consacrés au droit d'auteur, elle reste pourtant incomplète dans son exposé. En effet, il n'est pas possible de confondre le statut juridique de toutes les recettes perçues par l'auteur, leur nature juridique devant avoir un impact sur leur qualification et leur appréhension dans le cadre du régime matrimoniale. En visant de façon générique « les redevances », la doctrine n'intègre pas les distinctions[93] que le législateur laisse pourtant ouvertes. Pendant le mariage, l'auteur acquiert très probablement des créances de redevances mais il peut aussi acquérir des créances de prix. La date est la même, mais l'impact de la distinction sur la mise en œuvre du régime matrimonial est fondamental. La doctrine, d'un seul homme, semble considérer que toutes sommes encaissées par l'auteur pendant la durée du mariage intègrent la communauté, le débat doctrinal ne portant que sur le sort des sommes encaissées après la dissolution du lien matrimonial. Si l'on pense juste de suivre la proposition de Savatier, il faut, en revanche, la mettre en œuvre à la lumière de la qualification juridique des recettes collectées par l'auteur pour ses biens intellectuels. Les auteurs, pour l'exploitation de leurs créations, concluent des contrats de nature diverse, tout en respectant le cadre des contraintes du Code de la propriété intellectuelle. Notamment, les auteurs peuvent, suivant les opportunités se présentant à eux, choisir entre des cessions et des concessions de leurs biens intellectuels. La nature de l'acte juridique impose une qualification spécifique à la contrepartie pécuniaire qui lui est attachée[94], qualification qui a un impact sur son appréhension dans le cadre du régime matrimonial. Le droit d'auteur en particulier, la propriété intellectuelle en général, n'appelle pas de dispositions dérogatoires sur ce terrain, la protection de l'auteur est assurée par les autres dispositions de la loi, il faut ensuite tirer les conséquences ordinaires des qualifications. Ce travail est d'autant plus nécessaire que le droit des régimes matrimoniaux porte, lui aussi, une analyse des revenus des époux pour les qualifier. La notion de revenus professionnels[95] couvre de manière générale tous les revenus du travail, qu'il s'agisse d'un salaire, d'un cachet, d'un honoraire, d'une solde etc., tout en les distinguant les revenus des propres et les créances de prix en remplacement des propres[96]. Ces deux grilles d'analyse ne se recoupent pas, elles sont guidées par des logiques différentes, d'une part, l'équilibre entre les intérêts des époux et l'intérêt de la famille et, d'autre part, la protection de l'auteur. Il est nécessaire, pour déterminer le sort de la contrepartie lors de la liquidation du régime matrimonial, de distinguer le prix de cession, la redevance de concession et le droit de suite.

91. P.-Y. Gautier, *op. cit.*, n° 381 note 1 ; J.-M. Olivier, *op. cit.*, n° 28 ; M. Vivant et J.-M. Bruguière, *op. cit.*, n° 332.
92. M. Crionnet, *op. cit.*, p. 241.
93. Par exemple, F. Pollaud-Dulian, J. Cl., *op. cit.*, n° 17 et 23 ; M. Vivant et J.-M. Bruguière, *op. cit.*, n° 334 ; C. Caron, *Droit d'auteur et droit voisin*, *op. cit.*, n° 216.
94. Voir *infra* n° 953, 975, 1003.
95. Cf. I. Dauriac, *Les régimes matrimoniaux et le PACS*, 2e éd., LGDJ, 2010, n° 105.
96. I. Dauriac, *op. cit.*, n° 390.

66. Si l'auteur est marié, les créances de prix devraient être traitées de la façon suivante :

— soit la créance de prix est acquise avant le mariage, la créance est un propre, et les paiements effectués durant le mariage doivent être tenus pour propres, en application de l'article 1406 al. 2 du Code civil. Si l'auteur divorce, les paiements postérieurs à la dissolution du lien matrimonial sont propres à l'auteur et n'ont pas à intégrer une indivision matrimoniale ;

— soit la créance de prix est acquise pendant le mariage, elle suit le droit commun des régimes matrimoniaux suivant les dispositions de l'article L. 121-9 al. 2 C. propr. intell. Dès lors, en application de l'article 1406 alinéa 2 du Code civil, la créance de prix née de l'aliénation d'un bien propre est un propre. Cette solution s'impose notamment à la lumière de l'analyse proposée par la Cour de cassation de cette disposition : « *si l'article 1406 du Code civil ne vise que les créances et indemnités, la subrogation réelle permet, d'une manière plus générale, lorsqu'un bien propre se trouve remplacé par un autre bien, d'attribuer à ce dernier le caractère de propre et qu'il est donc indifférent qu'au moment de l'opération, il n'ait pas été fait la déclaration prévue à l'article 1434 du Code civil* »[97]. Il s'en suit que les sommes versées au titre d'un contrat d'édition doivent être qualifiées de propres de l'auteur. Elles remplacent dans son patrimoine la quotité de droit d'auteur cédée à l'éditeur ;

— soit, enfin, en présence d'une créance de prix née postérieurement à la dissolution du lien matrimonial pour un bien intellectuel créé durant le mariage, la créance est aussi un propre et la communauté n'a aucun droit sur cette dernière.

Dans les deux premières hypothèses, pour que l'usage des sommes perçues permette de conserver la qualification de propre, il est nécessaire que l'auteur fasse une déclaration de remploi en application des dispositions des articles 1434 et suivants du Code civil. À défaut de remploi, le dispositif de l'article 1433 C. civ. s'applique et la communauté devra récompense, lors de sa liquidation, à l'époux auteur pour toutes les fois où elle a tiré profit des propres.

67. Pour ce qui est des redevances, il est nécessaire à nouveau d'appliquer les dispositions du droit des régimes matrimoniaux suivant les dispositions de l'alinéa 2 de l'article L. 121-9 C. propr. intell. pour déterminer si les sommes perçues par l'auteur sont propres ou communes. L'article 1403 C. civ. expose la solution applicable, une lecture littérale de critère devrait conduire à ne plus retenir la date de naissance de la créance mais la date de perception des redevances. En effet, l'article 1403 C. civ. dispose que « *la communauté n'a le droit qu'aux fruits perçus et non consommés* » des propres. Toutefois, il semble qu'une évolution récente de la Cour de cassation marque une évolution sur ce point et qu'elle applique pour définir les droits de la communauté non pas la date d'encaissement du paiement mais la date de naissance de cette dernière, notamment pour des indemnités de perte d'emploi. La Cour de cassation retient que les revenus bruts des biens propres tombent dans la communauté[98]. Dans

97. Cass. civ. 1re, 27 mai 2010, *Defr.* 2011, 378, obs. G. Champenois ; *JCP* G 2010, doct. 1220, n° 9, obs. P. Simler ; *Gaz. Pal.* 10 sept. 2010, p. 53, obs. Casey.
98. Cass. civ. 1re, 14 nov. 2007 ; *JCP* G 2008, I-144, obs. Tisserand-Martin.

ces conditions, soit on en reste à une solution littérale et il ne faut pas définir la qualité de propre ou commun au regard de la date de naissance de la créance mais au moment de sa perception, c'est-à-dire lorsqu'elle est éteinte par paiement ; soit on constate un alignement de la solution du Code civil sur la notion de créance acquise du Code de la propriété intellectuelle.

On distingue plusieurs situations :

— soit la créance de redevance est payée (au sens des articles 1235 et suivants du Code civil) avant la conclusion du lien matrimonial, et la somme perçue par l'auteur est un propre ;

— soit la créance de redevance est née avant le lien matrimonial mais payée pendant ce dernier, il s'agit alors d'un bien commun suivant la jurisprudence de la Cour de cassation[99]. La solution est naturellement la même si la créance est née et perçue durant le lien matrimonial ; soit, enfin, la créance de redevance est née pendant le lien matrimonial mais payée après la dissolution de ce dernier.

Un débat doctrinal trouve place dans le dernier cas. Il est nourri par un malheureux écart de vocabulaire entre le Code civil et le Code de la propriété intellectuelle. Pour le Code civil, sont communs les fruits perçus et non consommés. Pour le Code de la propriété intellectuelle, il faut que les fruits soient acquis pendant la durée du régime matrimonial pour être soumis aux dispositions de droit commun régissant la communauté. Une redevance est acquise au regard des conditions du contrat de licence ; en tout état de cause, la créance peut être née avant la dissolution du lien matrimonial et payée postérieurement à celle-ci. Pour ne retenir que le cas de la gestion collective, les sommes versées aux auteurs couvrent des usages passés et non à venir, donc le droit à redevance est né par l'usage du bien, le paiement s'effectue avec un décalage temporel. À la lecture des solutions légales, on peut penser que le Code de la propriété intellectuelle offre une solution plus avantageuse que le Code civil, l'acquisition de la créance se faisant à un moment différent de sa perception. En retenant une interprétation classique suivant laquelle le spécial déroge au général, la solution du Code de la propriété intellectuelle devrait être privilégiée. Ainsi, les créances de redevance nées pendant le lien matrimonial et perçues après le lien matrimonial intégreraient une indivision matrimoniale. Contrairement à ce qui est parfois avancé[100], il est peu probable qu'une telle solution engendre une communauté prolongée en cas de divorce où l'ex-conjoint pourrait revendiquer la moitié des redevances du conjoint auteur pendant de longue année, voire la vie durant.

68. Enfin, pour le droit de suite, s'il est inaliénable, il ne semble pas possible que le conjoint puisse le revendiquer. La solution de l'article L. 121-9 C. propr. intell. devient redondante ; le droit de suite est nécessairement un propre de l'auteur. Reste à déterminer le sort des sommes perçues par l'auteur au titre du droit de suite. Il s'agit de revenus ou des fruits de propres, il suffit d'appliquer le

99. Cass. civ. 1re, 5 janv. 1995, *Bull. civ.* I, n° 4 ; *D.* 1995, som. 328, obs. M. Grimaldi ; *JCP* G 1995, I-3869, n° 7, obs. P. Simler ; Cass. civ. 1re, 20 févr. 2007 ; *Bull. civ.* I, n° 67 ; *D.* 2007.1572, obs. M. Nicod ; Cass. civ. 1re, 14 nov. 2007, *Bull. civ.* I, n° 351.

100. Notamment, J.-M. Olivier, *op. cit.*, n° 28.

droit commun à leur égard. Suivant l'article 1403 du Code civil, ces revenus sont des communs.

Ces dispositions sont sans portée dès lors que l'auteur est lié par un régime de séparation de biens.

69. Reste la question complexe portant sur la propriété du support matériel des biens intellectuels : les feuillets de l'écrivain ou du compositeur, les toiles du peintre, les disques durs du programmeur. Si le Code de la propriété intellectuelle prend soin à l'article L. 111-3 de distinguer la propriété du bien intellectuel de celle du support corporel dudit bien, il ne poursuit pas cette dichotomie à l'article L. 121-9. Deux solutions seraient envisageables : soit dans le silence du texte, on en conclut qu'il ne faut pas distinguer et le régime du support est similaire au régime du bien intellectuel, constituant une sorte d'accessoire de celui-ci ; soit il faut donner une portée forte à l'article L. 111-3 et dès lors que l'article L. 121-9 C. propr. intell. n'envisage que le sort du bien intellectuel, on ne peut pas en déduire un régime pour le support, celui-ci tombant alors dans la communauté matrimoniale. Les auteurs sont partagés sur la solution à retenir, la jurisprudence est rare et ancienne. Il est proposé de distinguer selon que l'œuvre est divulguée ou non, ce qui ne semble pas un critère efficient notamment pour régler la dévolution de ces biens au décès de l'auteur.

70. Le Code de la propriété intellectuelle, reprenant la loi de 1957, propose des régimes spéciaux de droit des biens pour une catégorie particulière de bien, les biens intellectuels. En revanche, le Code de la propriété intellectuelle est globalement silencieux pour toute autre catégorie de bien, en particulier les meubles corporels intégrant ou servant de support à ces biens intellectuels. Une seule réserve majeure doit être formulée face à ce constat, réserve qui ne fait que le confirmer : l'article L. 111-3 C. propr. intell. qui consacre l'indépendance des régimes de propriété entre la propriété du meuble corporel et la propriété intellectuelle. Le propriétaire de l'un n'est pas nécessairement propriétaire de l'autre[101]. Cette solution soulève des profondes réticences chez les auteurs qui souvent militent pour la reconnaissance d'un statut spécial pour ces meubles particuliers. La question de la propriété des meubles doit être envisagée au-delà des seules œuvres d'art comme nous l'avons indiqué. La frontière entre un statut spécial et un statut commun des œuvres d'art est délicate à tracer, et il apparaît que la position ferme de la jurisprudence est certainement une voie de raison. En effet, il est souvent avancé que l'auteur d'une œuvre plastique serait désavantagé par rapport à l'auteur d'une autre catégorie d'œuvre, toutefois la présence de supports n'est pas réservée à cette seule catégorie de création, et il semble que l'évolution des moyens de reproduction et des pratiques d'accès aux œuvres d'art apporte au droit de reproduction et au droit de représentation (appliqué aux expositions) des plasticiens une portée renouvelée qui engendre un traitement économique de plus en plus similaire à celui connu par les autres auteurs. Les œuvres sont de plus en plus reproduites sur des supports numériques et exploités par ce biais.

101. Voir notamment E. Treppoz, « La détermination du propriétaire du support d'une œuvre », *CCE* 2006, Étude 17.

71. Dans ce contexte, sans revenir sur une présentation exhaustive de la jurisprudence et de la doctrine[102] sur le sort des supports physiques des biens intellectuels en présence d'un lien matrimonial, on retient un arrêt récent de la Cour de cassation[103] qui renouvelle avec force les solutions acquises lors des affaires *Bonnard* et *Picabia*. Par une formule claire et nette, la Cour écarte l'interprétation doctrinale[104] tendant à étendre la solution de l'article L. 121-9 C. propr. intell. aux biens corporels[105]. Cette démarche est faite avec raison, respectueuse de l'application stricte de l'indépendance des biens et des régimes de propriété. Cette solution est renforcée par l'analyse retenue par la Cour pour l'application du droit des successions entre le sort du droit d'auteur et le sort biens corporels. Elle écarte tout aussi nettement la proposition doctrinale[106] visant à distinguer selon que l'œuvre est divulguée ou non, avec tout autant de raison. En effet, la question de la divulgation est une question strictement du droit d'auteur et non une question relevant du droit des biens meubles corporels. En soumettant la qualification de propre ou de commun à une telle notion, dont l'application est par nature imprécise voire discrétionnaire, la Cour aurait créé un espace d'incertitude et d'insécurité juridique. Cela ne signifie en rien que l'époux qui recevrait lors de la liquidation de la communauté des œuvres non divulguées pourrait en disposer librement. Le pouvoir de l'auteur quant à la divulgation reste entier, même si le support appartient à autrui, sans qu'il y ait de conflit avec les éléments moraux du droit d'auteur[107]. Cette solution est donc consacrée par la jurisprudence : « *puisque le législateur ne soustrait expressément à la masse commune que le droit de propriété intellectuelle, on doit en déduire que l'œuvre d'art, en tant que meuble corporel, a vocation, conformément au droit commun, à tomber en communauté lorsqu'elle est créée pendant la durée du régime matrimonial* »[108]. La mise en œuvre de ces solutions lors de la dissolution du régime matrimonial emporte que tous les biens corporels acquis durant l'existence du lien matrimonial sont des biens communs, même si ces biens sont le support de biens intellectuels. Reste toutefois à envisager l'application des dispositions de l'article 1404 du Code civil dans les deux cas d'ouverture qu'il avance pour écarter la qualification de commun : i) les biens qui ont un caractère personnel et tous les droits exclusivement attachés à la personne, ii) les instruments de travail nécessaire à la profession de l'un des époux. Cette double catégorie de biens est dérogatoire au régime de la communauté, même si les biens en cause sont acquis à titre onéreux durant le lien matrimonial.

102. Cf. Françon, *Cours de propriété littéraire, artistique et industrielle*, Litec-Les Cours de droit 1999, p. 218 qui expose « *les thèses simples et les thèses complexes* ».

103. Cass. civ. 1re, 12 mai 2011, *Bull. civ.* I, n° 88 ; *CCE* 2011, comm. 82, C. Caron ; *D.* 2011.1413, note J. Marrocchella ; *Prop. Intell.* n° 40, juill. 2011, p. 287, note J.-M. Bruguière. Voir aussi, CA Paris, 3 févr. 2010, *RTD com.* 2011.108, obs. F. Pollaud-Dulian.

104. Desbois, *Le Droit d'auteur en France*, 3e éd., Dalloz, 1978, n° 227.

105. Pour un exposé des débats doctrinaux, F. Pollaud-Dulian, « Droit des auteurs – Régimes matrimoniaux et successions », *Juris-Cl. Propriété littéraire et artistique*, fasc. 1225, avr. 2009, n° 44 et s.

106. Voir notamment M. Vivant et J.-M. Bruguière, *op. cit.*, n° 337 et s. ; Th. Desurmont, *L'incidence des droits d'auteur sur la propriété corporelle des œuvres d'art en droit interne français*, thèse Paris II, 1974, n° 153.

107. Comp. H.-J. et A. Lucas et A. Lucas-Schloetter, Traité, *op. cit.*, n° 163 et 164.

108. H.-J. et A. Lucas et A. Lucas-Schloetter, Traité, *op. cit.*, n° 162.

C L'auteur salarié

72. L'article L. 111-1 alinéa 3 C. propr. intell. énonce expressément que le contrat de louage d'ouvrage ou de service n'emporte aucune dérogation à la jouissance du droit d'auteur. La qualité de salarié n'écarte pas l'application de la règle fondamentale d'attribution du droit d'auteur. L'employeur, pour qui le salarié créateur travaille, doit acquérir auprès de son employé des droits d'exploitation s'il souhaite utiliser le bien[109]. Le contrat de travail, comme le contrat de commande[110], n'emporte aucun transfert du droit de propriété du créateur. Cette solution, si naturelle soit-elle, ne se retrouve pas telle quelle à l'étranger[111]. Certains régimes organisent un transfert des droits d'auteur à l'employeur ou au donneur d'ordre du créateur. D'autres envisagent une attribution directe à une personne morale de la qualité d'auteur quand bien même, par nature, une personne morale ne peut être un créateur, empruntant alors les voies d'une fiction juridique. On souligne dès à présent que du point de vue procédural, seul le tribunal de grande instance est compétent pour ce contentieux, à l'exclusion du conseil des prud'hommes[112].

73. Toujours d'un point de vue technique, le régime juridique des créations de salariés est présenté comme un élément clé pour distinguer le régime dit de *copyright* de celui dit de droit d'auteur[113]. Par deux dispositions, le *US Copyright Act* encadre les créations de salariés (le droit japonais reprend une solution similaire). D'une part, l'article 101 c définit ce qu'est une œuvre créée dans le cadre d'un contrat de louage d'ouvrage ou de service (exécution du contrat de travail ou commande)[114], et d'autre part, l'article 201 b définit la titularité du droit d'auteur pour ces œuvres créées dans le cadre d'un contrat de louage d'ouvrage ou de service : l'employeur est considéré comme l'auteur, sauf dispositions contraires dans le contrat[115]. Cette fiction juridique, technique usuelle du droit, permet de répondre à un besoin pratique, les parties étant libres de s'en émanciper par contrat. Il n'est pas dans l'objet de ce manuel de conduire une réflexion en droit comparé, mais la solution apportée, loin d'être aussi

---

109. L. Drai, « La logique du droit du travail versus la logique de droit de la propriété intellectuelle », *Créations et inventions de salariés – Rompre avec les schémas reçus...*, Litec, 2010, coll. IRPI, t. 35, p. 109.

110. S. Denoix de Saint Marc, *Le contrat de commande en droit français*, Litec, 1999, coll. IRPI, t. 19, n° 410 et s.

111. Par exemple, V. Simonensko, « Les créations salariées en droit d'auteur russe : quel bénéfice et pour qui ? », *CCE* 2010, Étude 20.

112. CA Aix-en-Provence, 6 oct. 2011, *CCE* 2012, comm. 38, obs. C. Caron.

113. Voir Fl.-M. Piriou, *Personne morale et droit d'auteur en France et aux USA*, thèse, 2002.

114. Art. 101 : « *A "work made for hire" is (1) a work prepared by an employee within the scope of his or her employment ; or (2) a work specially ordered or commissioned for use as a contribution to a collective work, as a part of a motion picture or other audiovisual work, as a translation, as a supplementary work, as a compilation, as an instructional text, as a test, as answer material for a test, or as an atlas, if the parties expressly agree in a written instrument signed by them that the work shall be considered a work made for hire* ».

115. « *(b) Works Made for Hire. – In the case of a work made for hire, the employer or other person for whom the work was prepared is considered the author for purposes of this title, and, unless the parties have expressly agreed otherwise in a written instrument signed by them, owns all of the rights comprised in the copyright* ».

manichéenne que le soutient la légende (ou la rumeur), doit nourrir notre réflexion. Les auteurs salariés ne sont pas propriétaires des droits d'auteur mais connaissent un traitement pécuniaire bien supérieur à celui pratiqué en France, grâce à des mécanismes correcteurs tels le droit au crédit qui rétablit la paternité et les accords syndicaux pour les rémunérations[116]. La prise en compte des intérêts des auteurs par les conventions collectives est très efficace tant aux États-Unis qu'au Canada.

De nombreux États ayant un régime de droit d'auteur similaire à celui retenu en France adoptent des solutions radicalement différentes à la solution française, ce qui confère une sécurité juridique accrue. L'Espagne, la Grèce et la Pologne utilisent un mécanisme de présomption de cession au profit de l'employeur des prérogatives nécessaires à l'exploitation du bien intellectuel par ce dernier. L'Italie, la Suisse, ou encore la Suède, face au silence de leur législation nationale, ont recours au droit commun et acceptent des mécanismes de cession ou de concession tacites. L'Allemagne adopte une solution analogue. La solution française est particulièrement isolée[117].

74. Le régime juridique des créations de salariés protégées par le droit d'auteur est au cœur d'un débat idéologique et économique[118]. La première branche du débat pose, en fait, le problème de l'appropriation de la force de travail pour reprendre une notion largement développée par M. Revet dans sa thèse[119]. Il s'agit, à la suite de Renouard, de se demander si dans les rapports contractuels il n'est pas nécessaire de distinguer les conséquences matérielles des conséquences immatérielles de l'activité de l'homme. L'appropriation du travail par l'employeur est possible si son effet se détache de sa personne (produire un bien matériel, faire fonctionner une machine). En revanche, cette appropriation serait inenvisageable lorsque la production se confond avec la personne (les biens intellectuels). Cette dichotomie reste indéniablement ancrée dans la pensée commune. Toutefois, le passage d'une production romantique à une production industrielle[120] de biens intellectuels modifie le rapport entre les créateurs et les employeurs, et c'est la seconde branche du débat. Les actifs intellectuels constituent une ressource majeure de la société postindustrielle, ils consomment des capitaux importants pour leurs créations et sont des biens de consommation incontournables. Cette modification de la place des créations dans la société impose des interrogations multiples sur l'appropriation des créations de salariés[121]. Celui qui investit souhaite détenir le fruit de son risque et celui qui

116. Notamment, les conditions arrêtées par le *Writers Guild of America Theatrical and Television Basic Agreement*.

117. Voir A. Lucas, « Les créations de salariés : présent et avenir », *Création et inventions de salariés – Rompre avec les schémas reçus...*, Litec, 2010, coll. IRPI, t. 35, p. 21.

118. E. Arfi, *L'entreprise usager du droit d'auteur*, Litec, 2005, coll. IRPI, t. 26 ; L. Drai, *Le droit du travail intellectuel*, LGDJ, 2005 ; F. Pollaud-Dulian, « Ombre et lumière sur le droit d'auteur salarié », *JCP* G 1999, I, 150 ; A. Lucas, « Les créations de salariés : présent et avenir », *Créations et inventions de salariés – Rompre avec les schémas reçus...*, Litec, 2010, coll. IRPI, t. 35, p. 21 ; S. Le Cam, *L'auteur professionnel – Entre droit d'auteur et droit social*, LexisNexis, 2014, coll. IRPI, t. 44.

119. Th. Revet, *La force de travail*, Litec, 1992, Bibliothèque de droit de l'entreprise, t. 28.

120. Th. Paris, *Le droit d'auteur : l'idéologie et le système*, PUF, 2002.

121. L. Veyssière, « Les auteurs salaries au cœur de la création publicitaire », *Création et inventions de salariés – Rompre avec les schémas reçus...*, Litec, 2010, coll. IRPI, t. 35, p. 61.

produit, le créateur, souhaite conserver le fruit de ses entrailles. Ce dilemme doit trouver une solution dans la loi. Les travaux du CSPLA[122] (notamment ceux de la Commission sur les droits des auteurs salariés de droit privé) et le rapport de mission de M. Hadas-Lebel remis le 1er décembre 2002 au ministre de la Culture[123], ont tenté d'apporter des axes de réflexion sur cette question sensible.

75. D'un point de vue de pure technique juridique, cette situation peut prêter à sourire car les biens intellectuels ne peuvent être cantonnés à ceux appropriés par un droit d'auteur. Le rapport entre le créateur et la création ne dépend pas uniquement du régime d'appropriation[124], mais aussi de phénomènes sociaux et culturels. Or, pour les créations appropriées par brevet, ou par dessins et modèles, le Code de la propriété intellectuelle propose un encadrement des relations entre l'employeur et le salarié-créateur. Il en est de même pour les logiciels. L'hétérogénéité du traitement des créateurs salariés est une faiblesse du droit français et, sous couvert de protéger l'auteur salarié d'une œuvre[125], la pratique démontre que celui-ci est moins bien traité que l'auteur salarié d'une invention[126].

1. L'attribution du droit d'auteur

76. L'article L. 111-1 alinéa 3 C. propr. intell. est d'une formulation très nette : « *L'existence ou la conclusion d'un contrat de louage ou de service par l'auteur d'une œuvre de l'esprit n'emporte aucune dérogation à la jouissance du droit reconnu par l'alinéa 1er* ». Le salarié-auteur est titulaire du droit de propriété intellectuelle sur les créations réalisées dans le cadre de son contrat de travail ; ce dernier n'a aucune influence, à défaut de dispositions spécifiques, sur l'attribution de ce droit. En principe, seule une convention de cession distincte du contrat de travail conférera à l'employeur le droit d'exploiter le bien intellectuel créé par son salarié.

Il est nécessaire de rappeler un autre principe essentiel de la propriété intellectuelle, la distinction entre l'œuvre et son support (article L. 111-3 C. propr. intell.). L'employeur peut détenir le corpus de la production de son salarié mais ne peut l'exploiter. La Cour de cassation, par un arrêt du 19 novembre 2003[127], affirme que l'existence de droits incorporels sur une œuvre n'exclut pas l'existence de droits corporels sur les objets matériels. Les dispositions du Code civil relatives à l'accession mobilière ne sauraient écarter l'appropriation par l'employeur du support, ce dernier fournissant au salarié l'ensemble des moyens nécessaires à son travail[128].

122. Cf. www.cspal.culture.gouv.fr

123. Mission sur la mise en œuvre du droit d'auteur dans le cadre du statut de salarié de droit privé ; http://lesrapports.ladocumentationfrancaise.fr/BRP/024000625/0000.pdf

124. En ce sens, M. Vivant, « Pour une épure de la propriété intellectuelle », *Mélanges Françon*, Dalloz, 1995, spéc. nº 12.

125. L. Drai, « De la complexité de la création salarié », *CCE* 2010, Étude 19.

126. Cf. *infra* nº 474 et s.

127. Cass. com., 19 nov. 2003, *Bull. civ.* IV, nº 174.

128. N. Binctin, « L'accession mobilière », *J.-Cl.*, fasc. 105.

77. Malgré la lettre de l'article L. 111 alinéa 3 C. propr. intell., les cessions implicites ont parfois été admises par les tribunaux qui ont considéré que les droits d'auteur étaient réputés cédés à l'employeur par le seul fait de la conclusion du contrat de travail, au moins pour les besoins de l'entreprise. Cette position trouva des applications jusqu'au début des années 1990[129]. Certaines décisions ont posé une limite à ce transfert implicite des droits patrimoniaux au profit de l'employeur en précisant que les droits acquis pouvaient être exercés uniquement pour l'utilisation de la création « *dans le cadre normal de l'entreprise* »[130]. En 1992[131], la Cour de cassation fixe la jurisprudence dans le sens d'une lecture rigoureuse de la loi et rappelle que la conclusion d'un contrat de travail n'emporte pas cession du droit de propriété intellectuelle existant sur les œuvres créées par le salarié. Sous le visa des articles L. 111-1 alinéa 3 et L. 131-3 C. propr. intell. elle retient que « *l'existence d'un contrat de travail conclu par l'auteur d'une œuvre de l'esprit n'emporte aucune dérogation à la jouissance de ses droits de propriété incorporelle, dont la transmission est subordonnée à la condition que le domaine d'exploitation des droits cédés, soit délimité quant à son étendue et à sa destination, quant au lieu et quant à la durée* ».

78. L'obligation de recourir à un contrat écrit, posée par l'article L. 131-2 alinéa 1 C. propr. intell., concerne les seuls contrats visés par ce texte à titre de validité, c'est-à-dire les contrats de représentation, d'édition et de production audiovisuelle. Pour les autres, l'écrit ne peut être exigé qu'à titre probatoire en application de l'article 1341 C. civ.[132] Cependant, l'employeur devra veiller à ne pas exercer de pression sur son salarié afin que celui-ci lui cède *a posteriori* un droit d'auteur sous peine de voir la cession annulée pour vice du consentement. La cour d'appel de Paris, dans une décision du 12 janvier 2000[133], avait annulé un contrat de cession de droits en application de l'article 1112 du Code civil en constatant l'existence d'une violence morale. La Cour de cassation, le 3 avril 2002, retient dans cette affaire qu'il faut que les menaces soient effectives et casse l'arrêt pour défaut de preuve[134].

2. L'aménagement des relations avec l'employeur

79. L'appropriation par l'employeur des créations de ses salariés réalisées lors de l'exécution de leur contrat de travail s'effectue dans un cadre juridique fragile. Une première incertitude repose sur l'interdiction de cession globale des œuvres futures (a). Une deuxième trouve son origine dans la très grande diversité des situations de création (b), la troisième est naturellement d'assurer la protection des intérêts légitimes des employés (c).

---

129. TGI Paris, 3e Ch, 29 juin 1971, 2 arrêts, *RIDA* 1/72, p. 133 ; CA Paris, 5 oct. 1989, *JurisData* n° 025280.

130. CA Paris, 8 nov. 1990, *PIBD* 91, III-329.

131. Cass. civ. 1re, 16 déc. 1992, *RIDA* avr. 1993, p. 156, solution reprise ensuite, par exemple, Cass. civ. 1re, 24 oct. 2000, *Bull. civ.* I, n° 267, p. 173 à propos d'un sous-traitant

132. Cf. *infra* n° 946.

133. CA Paris, 12 janv. 2000, *RIDA*, oct. 2000, p. 280.

134. Cass. civ. 1re, 3 avr. 2002, *Bull. civ.* I, n° 108 ; *CCE* 2002, comm. 80, note C. Caron et comm. 89, note P. Stoffel-Munck.

a) La prohibition de la cession globale des œuvres futures

80. L'article L. 131-1 C. propr. intell. dispose que « *la cession globale des œuvres futures est nulle* ». Cette disposition doit protéger l'auteur en évitant qu'il cède toute sa production à venir sans pouvoir régulièrement renégocier les conditions financières accordées en contrepartie de ses droits de propriété intellectuelle. On se demande si elle interdit la cession *a priori* par l'auteur salarié à son employeur des droits d'auteur portant sur les biens intellectuels créés dans le cadre de son contrat de travail[135]. Si l'on interprète le texte strictement et en faveur de l'auteur, c'est-à-dire conformément aux deux règles d'interprétation classiques du droit d'auteur[136], une telle cession doit être considérée comme nulle. Cependant, la jurisprudence a retenu une interprétation plus souple du texte et a admis, à deux reprises, qu'une clause de cession automatique des droits de propriété intellectuelle au fur et à mesure de leur création était valable et ne violait pas l'article L. 131-1 C. propr. intell. N'est pas contraire à l'article L. 131-1 C. propr. intell. la prévision dans un contrat entre un annonceur et un agent de publicité, « *d'une cession automatique des droits de propriété littéraire et artistique au fur et à mesure de l'exploitation ou du règlement des travaux, ni celle du transfert des seuls engagements en cours à l'agence successeur* »[137], avec tous les droits et charges y afférents. Toutefois, cet arrêt n'est pas un arrêt de principe, il n'a pas été rendu dans le cadre d'un conflit entre un auteur et un cessionnaire, puisque ce ne sont pas les auteurs qui avaient conclu le contrat mais l'agence qui les employait. La cour d'appel de Lyon, pour sa part, a validé que « *la prévision d'une cession automatique de droits de propriété littéraire et artistique au fur et à mesure d'éventuels travaux n'est pas constitutive de la cession globale des œuvres futures* »[138]. En l'espèce, il s'agissait d'une clause introduite dans un contrat de travail. Une partie de la doctrine approuve ces jurisprudences et considère que cette solution respecte l'esprit de l'article L. 131-3 qui commande que l'essentiel est que l'auteur identifie clairement les œuvres dont ils cèdent les droits, et présente l'indéniable intérêt pratique de ne pas obliger à une renégociation régulière des conditions de la cession.

81. L'introduction dans le contrat de travail (ou dans le cadre d'un contrat distinct) d'une clause de cession automatique des droits d'auteur sur les œuvres au fur et à mesure de leur création apparaît une solution ne garantissant pas une réelle sécurité juridique. Seule la conclusion d'un contrat, une fois l'œuvre créée, entérinant la cession en rappelant soigneusement les conditions financières de celle-ci, répond à cet objectif de sécurité, mais impose une lourde mise en œuvre.

82. Lors des travaux du CSPLA, les représentants des auteurs ont proposé une nouvelle rédaction de l'article L. 131-1 C. propr. intell. afin d'encadrer cette prohibition de cession globale des œuvres futures. Il était proposé, dans le cadre d'un contrat à durée indéterminée, de lever cet interdit pour une durée

135. Pour une réponse positive, Cass. crim., 22 sept. 2009, *CCE* 2010, comm. 13, note C. Caron.
136. Cf. P.-Y. Gautier, *op. cit.*, n° 466 et 535 et s.
137. Cass. civ. 1re, 4 févr. 1986, *Bull. civ.* I, n° 12.
138. CA Lyon, 28 nov. 1991, *Gaz. Pal.* 1992, 1, 275.

maximum de cinq ans sous réserve d'apport des droits à une société de gestion collective, en respect des accords collectifs. Cet apport aux sociétés de gestion collective a été fermement écarté par les représentants des employeurs, l'un des arguments avancés par ces derniers est la perte de la maîtrise de leurs actifs intellectuels. Dans la pratique, l'essentiel des œuvres créées dans le cadre d'un contrat de travail échappe à la gestion collective, il est donc difficile d'apprécier la pertinence de cette organisation. La lourdeur de l'organisation est incontestable, tout comme son coût si l'on se reporte aux frais de gestion des sociétés de gestion collective françaises.

b) Aménagement des relations et prospective

83. L'état actuel du droit positif aboutit à une situation déplorable : les auteurs ne ressentent pas l'effectivité de leurs droits et les employeurs stagnent dans une situation juridique incertaine. Deux approches sont envisageables : l'utilisation de la souplesse du droit des contrats ou une évolution de la législation.

84. *De lege lata*, l'utilisation de la souplesse contractuelle permettrait de s'inscrire dans la rigueur de la législation actuelle tout en trouvant un cadre de gestion du droit d'auteur raisonnable pour le salarié et l'employeur. Il s'agit de recourir au mécanisme du contrat-cadre, contrat dont la mise en œuvre s'effectuerait par la simple conclusion d'accords d'application. Dans cet esprit, en parallèle de la conclusion d'un contrat de travail, le salarié, embauché pour remplir des fonctions créatives, conclurait avec son employeur un contrat-cadre de cession ou de concession de droits d'auteur sur les biens intellectuels créés durant l'exécution de son contrat de travail. Ce contrat-cadre reprendrait formellement toutes les contraintes des contrats du droit d'auteur et fixerait la contrepartie de chaque cession ou concession. Le seul élément qui ne serait pas déterminé serait l'identité du bien intellectuel cédé ou concédé. Par la suite, une fois les biens créés, des contrats d'application entérineraient les cessions. Ces contrats d'application prendraient la forme de bordereaux signés par les deux parties identifiant le bien intellectuel et renverraient pour tous les autres éléments contractuels au contrat-cadre. L'opération serait juridiquement parfaite, les œuvres créées identifiées au cas par cas et la cession ou la concession payée, sans cession globale des œuvres futures. Cette formalité ne serait pas plus lourde à gérer que celle de la déclaration d'invention prévue à l'article L. 611-7 C. propr. intell.

85. *De lege feranda*, il serait possible d'envisager l'extension du système retenu en matière de brevet : créations de mission, créations hors mission (attribuables ou non) pour le droit d'auteur, avec un système de rémunération obligatoire ou de juste prix. Notons que le droit des brevets, en appliquant ce système, ne retient pas que l'employeur est l'inventeur, il est simplement le propriétaire de l'invention. Il en irait de même pour le droit d'auteur, la qualité d'auteur ne pouvant revenir qu'à une personne physique. Il serait aussi possible de s'inspirer des solutions retenues par des pays de tradition juridique proche de la nôtre. Ainsi, la Suisse a écarté la prohibition de la cession globale des œuvres futures pour le cas particulier du contrat de travail. La Belgique a instauré un régime spécifique pour les créations de salariés, tout comme l'Allemagne qui pourtant fonde son droit d'auteur sur une approche strictement personnaliste. Il n'y a pas d'antinomie entre le respect de l'auteur et l'instauration d'un régime adapté pour les créations de salariés comme nous le montrent ces différents régimes. Il est nécessaire que le droit français évolue sur ce point pour sortir de l'impasse actuelle et pour mieux protéger les auteurs salariés.

c) Redevance et prix du droit d'auteur de l'auteur salarié

86. Le principe d'un paiement proportionnel de l'auteur au chiffre d'affaires généré par l'exploitation de l'œuvre, prévu par l'article L. 131-4 al. 1er C. propr. intell.[139], suppose la prévision dans le contrat de travail d'un intéressement de l'auteur salarié aux produits de l'exploitation de ses œuvres par l'employeur. Cette technique est difficilement conciliable avec la nature du salariat mais surtout avec les conditions d'exploitation de la plupart des créations de salarié. La jurisprudence l'applique pourtant parfois avec rigueur[140].

Dans le cadre d'un contrat de travail, les exceptions de l'article L. 131-4 al. 2 C. propr. intell. permettant le versement d'un forfait pourront être retenues. En pratique, le forfait versé à l'auteur salarié est la règle. Ce versement prend la nature de redevances de droits d'auteur, mais un complément de salaire sous forme de prime[141] est envisagé. Il peut également être prévu qu'une fraction du salaire, à déterminer, correspond à la contrepartie de la cession des droits d'auteur[142]. La prime ou la fraction de salaire ne sont pas conformes à la rigueur du système. Il faut nécessairement pouvoir rapporter la preuve du forfait, de son lien avec le droit d'auteur et les œuvres cédées. Enfin, le régime fiscal et social du salaire et le régime de la redevance étant différents, il est intéressant de prévoir des versements les différenciant.

Le paiement d'un forfait ne lève pas tout risque de contestation dans le rapport auteur-exploitant de l'œuvre puisque le forfait est soumis au contrôle de la lésion des 7/12e selon les dispositions de l'article L. 131-5 C. propr. intell.

3. Les régimes spéciaux des créations de salariés

87. Certaines catégories d'œuvres – les logiciels et les bases de données[143] – peuvent être la propriété *ab initio* de l'employeur même en présence d'un auteur salarié. Certaines catégories d'auteurs connaissent un statut particulier pour les créations réalisées dans le cadre de leur activité professionnelle : les œuvres de journalistes et les agents publics. La solution de principe énoncée précédemment n'est donc pas une solution immuable et le droit français sait en accueillir d'autres. Il n'y a pas un obstacle structurel à l'intégration nécessaire en droit d'auteur d'un régime d'auteur salarié.

---

139. Cf. *infra* n° 953.

140. Pour l'annulation de la clause d'un contrat de travail d'un auteur-compositeur-interprète non conforme à cet art. : Paris, 17 sept. 1997, *D.* 1998, somm. comm. p. 68.

141. Cass. civ. 1re, 27 janv. 1993, *RIDA* n° 156, p. 204.

142. Cass. civ. 1re, 23 janv. 2001, *JCP* E 2001, p. 1050, note C. Caron, à propos d'une question fiscale.

143. Cf. *infra* n° 263 et s.

a) Les logiciels

88. L'article L. 113-9 C. propr. intell. dispose que « *sauf dispositions statutaires ou stipulations contraires, les droits patrimoniaux sur les logiciels et leur documentation créés par un ou plusieurs employés dans l'exercice de leurs fonctions ou d'après les instructions de leur employeur sont dévolus à l'employeur qui est seul habilité à les exercer* »[144]. Le législateur attribue, sauf aménagement contractuel contraire, la propriété à l'employeur du droit d'auteur portant sur le code source et la documentation d'un logiciel créé par l'un de ses salariés dans le cadre de ses fonctions. La jurisprudence considère à cet égard que la création d'un logiciel par un salarié, en dehors de ses heures de travail, à l'aide du matériel de l'employeur, est la propriété de l'employeur[145]. Aucune rémunération supplémentaire n'est due au profit du salarié créateur d'un logiciel[146]. Un traitement aussi défavorable des auteurs laisse pantois ! Le programmeur est le créateur de bien intellectuel le plus mal traité du Code de la propriété intellectuelle. À lire M. Lapousterle, l'explication de cette situation tient au fait que, lors des débats législatifs en 1985, les programmeurs n'ont manifesté aucune revendication auprès du législateur, et celui-ci ne leur a, en retour, accordé aucun égard, se conformant simplement aux revendications des employeurs et éditeurs de logiciels[147]. Cette situation est injustifiable juridiquement et il serait opportun de revoir la solution de l'article L. 113-9, au moins en ce qui concerne les contreparties attribuées au salarié. Le contentieux relatif à cet article relève de la compétence exclusive du tribunal de grande instance territorialement compétent.

Ce régime doit faire l'objet d'une interprétation stricte, il ne peut s'appliquer que si les fonctions contractuelles du salarié le désignent comme programmeur, et il ne peut en aucun cas s'appliquer à un stagiaire, ou au prestataire indépendant.

b) Les œuvres des journalistes

89. Jusqu'à la loi du 12 juin 2009, le statut des journalistes était proche de celui du droit commun. Un régime spécial des œuvres de presse est organisé à la fois à l'article L. 121-8 C. propr. intell. et par le Code du travail, à l'article L. 7113-2[148].

Sous l'emprise du droit antérieur, les journalistes étaient présumés avoir cédé à leur employeur, éditeur du journal, leur droit d'auteur sur les œuvres

---

144. Voir M. Abello et J. Tassi, « L'employé auteur de logiciel et les droits fondamentaux : une question prioritaire de constitutionnalité d'avenir ? », *CCE* 2011, Étude 8.

145. CA Nancy, 13 sept. 1994, *JCP* E 1996, I. 559, n° 2 ; à rapprocher du régime des inventions de mission.

146. CA Paris, 29 oct. 1987, *JCP* E 1988, II 15297, n° 6.

147. J. Lapousterle, *L'influence des groupes de pression sur l'élaboration des normes*, Dalloz, 2009, Nouvelle Bibl. des thèses, vol. 88, n° 520 et s.

148. « *Le droit de faire paraître dans plus d'un journal ou périodique les articles ou autres œuvres littéraires ou artistiques dont les* [journalistes bénéficiant d'un contrat de travail] *sont auteurs est obligatoirement subordonné à une convention expresse précisant les conditions dans lesquelles la reproduction est autorisée* ».

qu'ils ont créées pour une première publication[149], étant toutefois précisé que les journalistes restaient titulaires des droits sur leurs contributions pour une exploitation séparée et non concurrente de celle du journal[150]. Cette cession présumée à l'éditeur de presse était limitée à une première publication, toute exploitation secondaire par l'employeur devant faire l'objet d'une autorisation expresse de la part du journaliste[151]. En particulier, les exploitations sur Internet, considérées comme des exploitations secondaires, ont donné lieu à de nombreuses décisions de jurisprudence en ce sens[152]. Dès lors, une rémunération complémentaire devait être prévue au bénéfice des journalistes salariés du fait de ces exploitations secondaires. Les principaux organes de presse avaient conclu avec le Syndicat national des journalistes des accords d'entreprise prévoyant une rémunération distincte et proportionnelle pour chaque exploitation secondaire, accords ensuite réitérés par avenants aux contrats de travail.

90. La loi du 12 juin 2009, dite loi HADOPI, écarte cette solution à la suite d'un accord professionnel[153] et définit, en son article 20, un nouveau statut pour le droit d'auteur des journalistes salariés aux articles L. 132-35 et s. C. propr. intell.[154]. Ce régime identifie les employeurs qui pourront bénéficier du statut instauré : l'article L. 132-35 met en avant la notion de titre de presse édité par un organe de presse à l'élaboration duquel le journaliste professionnel a contribué, ainsi que l'ensemble des déclinaisons du titre, quels qu'en soient le support, les modes de diffusion et de consultation. Le régime bénéficie uniquement aux journalistes professionnels et dans le cadre restreint du titre de presse. La loi assimile à la publication dans le titre de presse la diffusion de tout ou partie de son contenu par un service de communication au public en ligne ou par tout autre service, édité par un tiers, dès lors que cette diffusion est faite sous le contrôle éditorial du directeur de la publication dont le contenu diffusé est issu, ou dès lors qu'elle figure dans un espace dédié au titre de presse dont le contenu diffusé est extrait. Est aussi assimilée à la publication dans le titre de presse la diffusion de tout ou partie de son contenu par un service de communication au public en ligne édité par l'entreprise de presse ou par le groupe auquel elle appartient ou édité sous leur responsabilité, la mention dudit titre de presse devant impérativement figurer. Le domaine d'application de ce statut

---

149. Celle-ci pouvant être faite dans un « hors-série », CA Paris, 8 sept. 2000 : « *Le droit de faire paraître dans plus d'un journal ou périodique les articles ou autres œuvres littéraires ou artistiques dont les* [journalistes bénéficiant d'un contrat de travail] *sont auteurs est obligatoirement subordonné à une convention expresse précisant les conditions dans lesquelles la reproduction est autorisée* ».

150. Cass. civ. 2e, 30 janv. 2014, nº 12-24145.

151. CA Versailles, 20 avr. 1995, *Légipresse* 1996, III p. 140 ; Cass. civ. 1re, 21 oct. 1997, *Bull. civ.* I. nº 285. Les sommes versées au titre de ces exploitations devaient être soumises aux charges sociales, Cass. civ. 2e, 7 mai 2014, nº 13-12109.

152. CA Colmar, 15 sept. 1998, *RIDA*, janv. 1999, p. 410 ; CA Paris, 10 mai 2000, *JCP* G 2000 II 10430.

153. Le « Livre Vert » des États généraux de la presse écrite, www.ladocumentationfrancaise.fr/rapports-publics/094000017/index.shtml

154. Voir notamment E. Derieux, « La presse : le droit d'auteur des journalistes – Incidences de la loi du 12 juin 2009 », *Créations et inventions de salariés – Rompre avec les schémas reçus...*, Litec, 2010, coll. IRPI, t. 35, p. 71 ; J. Lapousterle, « Droits d'auteur des journalistes : de l'orthodoxie au pragmatisme », *Légipresse* nº 270, mars 2010, II-37 ; P. Sergeant, « Droit d'auteur des journalistes », *CCE* 2011, prat. 17.

est donc défini par des types de support et des types d'exploitation. La loi exclut de la catégorie des entreprises de presse les services de communication audiovisuelle.

91. L'article L. 132-36 C. propr. intell. porte l'essentiel de la réforme, élément confirmé par la loi de simplification du droit[155] dont l'article 65 a ajouté une modification indiquant explicitement qu'il s'agit d'une dérogation à l'article L. 131-1 C. propr. intell. Réservant l'éventuelle application de l'article L. 121-8 C. propr. intell., il dispose que la convention liant un journaliste professionnel qui contribue, de manière permanente ou occasionnelle, à l'élaboration d'un titre de presse, et l'employeur emporte, sauf stipulation contraire, cession à l'employeur des droits d'exploitation des œuvres du journaliste réalisées dans le cadre de ce titre, qu'elles soient ou non publiées. Ainsi, l'employeur est, du fait du contrat de travail, cessionnaire du droit d'auteur du journaliste, sans qu'il y ait à instaurer une convention supplémentaire, sans pour autant faire de l'entreprise de presse le titulaire *ab initio* des droits d'auteur. Cette cession n'est pas d'ordre public, les parties peuvent convenir d'une autre solution par contrat, mais dans le silence de la convention de travail, cette cession automatique doit s'appliquer. L'article L. 132-6 C. propr. intell. prévoyait déjà explicitement l'acceptation du forfait pour les œuvres de l'esprit publiées dans les journaux et recueils périodiques de tout ordre et par les agences de presse, à titre de prix payé aux auteurs liés à une entreprise d'information par un contrat de louage d'ouvrage ou de service. L'article L. 132-37 complète le dispositif en précisant les contreparties de la cession et en incluant pour partie le prix dans le salaire. L'exploitation de l'œuvre du journaliste sur différents supports, dans le cadre du titre de presse, a pour seule contrepartie le salaire, pendant une période fixée par un accord d'entreprise ou, à défaut, par tout autre accord collectif. Cette période est déterminée en prenant notamment en considération la périodicité du titre de presse et la nature de son contenu. La cession est une cession temporaire, comme le permet le droit d'auteur, pour une durée fixée par un accord collectif[156]. Le prix est inclus dans le salaire, solution de simplicité qui masque la différence à faire entre la rémunération de la force de travail et le prix de la cession temporaire. En revanche, au-delà de la période initiale convenue, l'exploitation du bien dans le titre de presse sera rémunérée, sous forme de droits d'auteur ou de salaire, dans des conditions déterminées par l'accord d'entreprise ou, à défaut, par tout autre accord collectif. On peut penser que tant que le journaliste est salarié du titre de presse, son salaire couvrira les exploitations au-delà de la durée conventionnelle initiale.

92. La loi de 2009 effectue un second apport essentiel dans le régime de l'exploitation des contributions des journalistes. Prenant acte de la convergence des médias et de l'émergence des rédactions multisupport, l'article L. 132-39 C. propr. intell. envisage que lorsque la société éditrice ou la société qui la contrôle, édite plusieurs titres de presse, un accord d'entreprise peut prévoir la diffusion de l'œuvre par d'autres titres de cette société ou du groupe, à condition que ces titres et le titre de presse initial appartiennent à une famille

155. Loi de Simplification du droit, *JORF* 18 mai 2011.
156. Sur sa nécessité, CA Paris, 18 oct. 2013, nº 12-14803, *CCE* 2014, comm. 3, note C. Caron.

cohérente de presse. Cet accord devra définir la notion de famille cohérente de presse ou fixer la liste de chacun des titres de presse concernés. Cette exploitation complémentaire de l'œuvre du journaliste au sein de la famille cohérente de presse devra comporter des mentions identifiant l'auteur et, si l'accord le prévoit, du titre de presse dans lequel l'œuvre a été initialement publiée. Elle donnera lieu à une rémunération complémentaire, sous forme de droits d'auteur ou de salaire, dans des conditions déterminées par l'accord d'entreprise.

Au-delà de cette seconde forme d'exploitation, toute exploitation est soumise à l'accord exprès et préalable de l'auteur exprimé à titre individuel ou dans un accord collectif, sans préjudice de l'exercice de son droit moral. Ces exploitations donnent lieu à rémunération sous forme de droits d'auteur, dans des conditions déterminées par l'accord individuel ou collectif, suivant le droit commun.

93. Le législateur arrête aussi un régime spécifique pour le photoreportage. Suivant les dispositions de l'article L. 132-41 C. propr. intell., lorsque l'auteur d'une image fixe est un journaliste professionnel qui tire le principal de ses revenus de l'exploitation de telles œuvres et qui collabore de manière occasionnelle à l'élaboration d'un titre de presse, la cession des droits d'exploitation telle que prévue à l'article L. 132-36 C. propr. intell. ne s'applique que si cette œuvre a été commandée par l'entreprise de presse. Il y a une restriction du domaine d'application de la réforme pour cette catégorie de reportage. Un accord collectif devra préciser les conditions dans lesquelles le second alinéa de l'article 121-8 C. propr. intell. s'applique aux œuvres cédées. Ce régime spécial s'impose à compter de l'entrée en vigueur d'un accord de branche déterminant le salaire minimum des journalistes professionnels qui tirent le principal de leurs revenus de l'exploitation d'images fixes et qui collaborent de manière occasionnelle à l'élaboration d'un titre de presse. Cet accord prend en compte le caractère exclusif ou non de la cession. À défaut d'accord dans le délai de deux ans à compter de la publication de la loi de juin 2009 favorisant la diffusion et la protection de la création sur Internet, un décret devrait ce salaire minimum, le texte est à ce jour attendu

Élément délicat de cette réforme, l'article L. 132-42 avance que les sommes mentionnées aux articles 132-38 et s. C. propr. intell. n'ont pas le caractère de salaire et doivent être déterminées suivant les dispositions des articles L. 131-4 et L. 132-6 C. propr. intell., sans envisager l'articulation entre ces deux textes.

94. Enfin, prenant en considération l'efficacité des négociations collectives dans ce secteur, l'article L. 132-44 C. propr. intell. emporte la création d'une nouvelle commission[157], composée pour moitié de représentants des organisations professionnelles de presse représentatives et pour moitié de représentants des organisations syndicales de journalistes professionnels représentatives et présidée par un représentant de l'État qui aura pour fonction de pallier l'absence d'accord d'entreprise sous un délai de six mois à compter de la publication de la

157. Voir décret n° 2010-994, 26 août 2010, relatif à la commission prévue à l'art. L. 132-44 du Code de la propriété intellectuelle, *JORF*, 28 août 2010 et Arrêté du 11 juillet 2011 portant nomination à la commission paritaire prévue à l'art. L. 132-44 du Code de la propriété intellectuelle, *JORF*, 20 juill. 2011, texte 83.

loi du 12 juin 2009. En l'absence de tout autre accord collectif applicable, l'une des parties à la négociation de l'accord d'entreprise peut saisir la commission aux fins de déterminer les modes et bases de la rémunération due en contrepartie des droits d'exploitation. La saisine de la commission peut également porter sur l'identification des titres composant une famille cohérente de presse au sein du groupe. Elle peut aussi être saisie à la suite de l'expiration d'un accord lorsque les parties ne parviennent pas à la conclusion d'un nouvel arrangement. Pour remplir sa mission, elle recherche avec les parties une solution de compromis afin de parvenir à un accord, en s'appuyant sur les accords existants et pertinents au regard de la forme de presse considérée. La décision de la commission, déterminée à la majorité des membres présents, est rendue dans un délai de deux mois à compter de sa saisine. Elle est exécutoire si, dans un délai d'un mois, son président n'a pas demandé une seconde délibération. Elle est notifiée aux parties et au ministre chargé de la communication qui en assure la publicité. La Loi de simplification du droit[158] a ajouté à ce mécanisme collectif un cadre de négociation en précisant qu'en l'absence d'engagement de négociation, sont considérés comme des parties à la négociation de l'accord d'entreprise l'employeur et le délégué syndical. En l'absence de délégué syndical, peuvent saisir la commission les institutions représentatives du personnel, à défaut, tout salarié mandaté par une organisation syndicale de journalistes professionnels au sens de l'article L. 7111-3 du Code du travail, et à défaut, tout journaliste professionnel au sens du même article L. 7111-3 collaborant de manière régulière à l'entreprise de presse. Ce dispositif a encore été enrichi par une autre loi de simplification. En effet, la loi relative à la simplification du droit et à l'allégement des démarches administratives[159], dans son article 98 insert dans le Code de la propriété intellectuelle un nouvel article L. 132-42-1 qui retient que, par dérogation à l'article L. 2232-24 du Code du travail, dans les entreprises non assujetties à l'obligation d'organiser les élections du personnel, les accords professionnels prévu par le C. propr. intell. peuvent être négociés et conclus, dans les conditions prévues aux articles L. 2232-25 et L. 2232-26 du Code du travail, par un ou plusieurs journalistes professionnels au sens des articles L. 7111-3 à L. 7111-5 du Code du travail collaborant de manière régulière à l'entreprise de presse et mandatés par une ou plusieurs organisations syndicales de journalistes professionnels représentatives mentionnées à l'article L. 132-44 C. propr. intell. Ces accords sont approuvés à la majorité des suffrages exprimés par les seuls journalistes professionnels collaborant de manière régulière à l'entreprise de presse. Enfin, l'article L. 132-44 C. propr. intell. est à nouveau enrichi par la même loi. Il précise dorénavant que par dérogation au dernier alinéa de l'article L. 2232-21 et à l'article L. 2232-22 du Code du travail, la commission se prononce, en lieu et place de la commission paritaire de branche, sur la validité des accords relatifs aux droits d'auteur des journalistes conclus dans les conditions prévues à l'article L. 2232-21 du Code du travail, dans les deux mois qui suivent leur transmission ; à défaut, les accords sont réputés avoir été validés. La

158. Loi de simplification du droit, art. 65, *JORF*, 18 mai 2011.

159. Loi n° 2012-387, 22 mars 2012, relative à la simplification du droit et à l'allégement des démarches administratives, *JORF*, 23 mars 2012.

commission contrôle que ces accords collectifs n'enfreignent pas les dispositions législatives, réglementaires ou conventionnelles applicables.

Afin de préserver la voix de l'accord interne, les parties peuvent toujours conclure un accord, même après la saisine de la commission, cet accord se substituant à la décision de la commission.

c) L'auteur agent public

95. Le statut de l'agent public auteur a fortement évolué à la suite de la loi DADVSI de 2006. Jusqu'à cette intervention du législateur, la question de l'attribution des droits d'auteur sur les œuvres des agents publics était réglée grâce à deux avis du Conseil d'État. Un premier avis, rendu le 14 mars 1958[160], indiquait que « *le fonctionnaire – du moins celui qui ne fait pas une création personnelle détachable de ses fonctions –, agit avec les moyens que le service met à sa disposition, sous les directives de ses supérieurs, avec les avis de ceux qui l'entourent et peut-être sur des données ou des exemples déjà acquis* ». En conséquence, « *son apport personnel n'a pas assez de poids pour faire de lui l'auteur d'une création propre* ». Cet avis faisait du lien de subordination et du principe hiérarchique le critère de partage entre création intellectuelle et pure activité professionnelle. Dans des termes différents, un second avis, l'avis Ofrateme de 1972[161], a confirmé cette position de principe en rappelant que « *les nécessités du service exigent que l'administration soit investie des droits de l'auteur sur les œuvres de l'esprit* [...] *pour celles de ces œuvres dont la création fait l'objet même du service* ». L'avis Ofrateme retient que l'État est titulaire *ab initio* des droits en raison des « *nécessités du service public* » qui « *exigent que l'administration soit investie des droits de l'auteur sur les œuvres de l'esprit* [...] *pour celles de ces œuvres dont la création fait l'objet même du service* ». Cette solution s'appliquait tant aux agents contractuels de droit public qu'aux agents statutaires. Cette position a été rappelée à de multiples reprises ensuite, notamment dans une réponse du ministre de l'Éducation nationale à une question écrite[162]. Faute de distinction par le Conseil d'État entre le droit moral et le droit patrimonial de l'auteur, il n'y a pas lieu de distinguer : lorsque l'œuvre est créée par un agent dans le cadre de son service et qu'elle a un rapport direct avec l'objet de ce service, l'administration bénéficie directement de tous les droits attribués par le droit d'auteur, soit les droits patrimoniaux et les droits moraux[163].

96. Cette solution connut plusieurs applications. Deux arrêts du Conseil d'État ont une portée discutée[164]. En revanche, avec des dispositions claires, le

160. Rapport du Conseiller Renaudin, *Études et Documents du Conseil d'État* 1958, p. 29.

161. CE, 12 nov. 1972, Avis n° 309721, *Grands Avis du Conseil d'État*, Dalloz, 1997, p. 111 ; M. Gautreau, « Un principe contesté : le droit d'auteur salarié ou fonctionnaire », *RIDA*, avr. 1975, p. 129 ; *Gaz. Pal.* 1978, Doctr. p. 50, obs. P. Frémond ; *RIDA* n° 110, oct. 1981, p. 93 étude A. Kéréver.

162. Question n° Q601, *JO* du Sénat, 15 sept. 1988, p. 1025.

163. Cf. C. Blaizont-Hazard, *Les droits de propriété intellectuelle des personnes publiques en droit français*, LGDJ, 1991, spéc. p. 32 et 33.

164. CE, 10 juill. 1996, *INSEE*, *RIDA*, oct. 1996, p. 207 ; *AJDA* 1997, p. 189, note Maisl ; CE, 29 juill. 2002, Sté. Cégédim, *JCP* E 2003, 149, note J.-M. Bruguière.

tribunal administratif de Paris, dans une décision du 29 juin 1990 – *Mme Metrat* –, affirme que « *les droits d'auteur qui s'attachent aux œuvres réalisées par des fonctionnaires dans le cadre de leur service ou qui en sont indétachables, appartiennent à la collectivité publique dont ils relèvent, dans les limites de la mission dont celle-ci est investie* ». Dans le même sens, mais sans relever son incompétence, le TGI de Paris[165] retient que le statut d'agent public d'un allocataire de recherche faisait de l'État le titulaire originaire des droits sur les travaux scientifiques réalisés. Le TA de Versailles[166], à propos de la diffusion d'un cours polycopié d'une universitaire, avance que « *nonobstant les droits de l'auteur d'une œuvre de l'esprit qui sont reconnus à l'article L. 111-1 C. propr. intell., les nécessités du service exigent que l'administration soit investie des droits de l'auteur sur les œuvres de l'esprit pour celle de ces œuvres dont la création fait l'objet même du service* ».

L'état du droit applicable aux agents publics reposait sur le principe suivant : les nécessités du service exigent que l'administration soit investie des droits de l'auteur sur les œuvres de l'esprit dont la création fait l'objet même du service. En conséquence, l'administration est propriétaire du droit d'auteur sur les œuvres réalisées dans le cadre des fonctions de l'agent et avec les moyens du service. Si, en revanche, la création est détachable du service, le Code de la propriété intellectuelle s'applique au bénéfice exclusif de l'auteur fonctionnaire. Les fondements de ce régime dérogatoire s'inscrivent dans la lignée de ceux retenus pour les œuvres collectives ou les logiciels : des raisons économiques et pratiques. L'exercice du droit moral de l'auteur fonctionnaire ne doit pas paralyser la mission de l'administration concernée. De plus, l'État ne peut pas, matériellement, acquérir les droits sur les œuvres créées par ses agents à l'occasion de leurs fonctions suivant les formes prescrites par la loi, c'est-à-dire par un contrat de cession des droits patrimoniaux. Enfin, l'article L. 111-1 C. propr. intell. ne vise que les contrats de louage d'ouvrage ou de services, ce qui peut exclure le cas des fonctionnaires et des agents de droit public qui ne sont pas liés à l'administration par un contrat.

97. Cette analyse subit une première contestation par un arrêt de la Cour de cassation du 1er mars 2005[167], à propos des droits voisins de l'interprète. Sous le visa de l'article L. 212-3 C. propr. intell., la Cour retient que « *le statut d'agent public ne peut faire obstacle aux dispositions de ce texte que dans les strictes limites de la mission de service public à laquelle l'agent participe* ». Cette réaction de la Cour de cassation fut amplifiée par la doctrine soucieuse du sort des universitaires auteurs[168].

165. TGI Paris, 31 mars 1999, *RIDA* 1/2000, p. 333 note A. Kéréver ; *JCP* E, p. 1375, obs. Chevet.

166. TA Versailles, 17 oct. 2003, *CCE* 2004, comm. 1, obs. C. Caron.

167. Cass. civ. 1re, 1er mars 2005, *Bull. civ.* I, n° 107, *D.* 2005, AJ p. 1353, obs. P. Allaeys ; *RIDA* juill. 2005, p. 439, obs. A. Kéréver ; *CCE* 2005, comm. 64, note C. Caron ; *AJDA* 2005, p. 1905.

168. Notamment, J.-M. Bruguière, « Droit d'auteur des agents publics, plaidoyer en faveur d'une harmonisation harmonieuse », *Prop. Intell.* 2003, n° 7, p. 117 ; C. Caron, « Menaces sur le droit d'auteur des universitaires », *JCP* G 2005, p. 1379 ; M. Guillemain et A. Lallement, « La réforme du droit d'auteur des agents publics, difficultés d'application aux enseignants chercheurs », *D.* 2005, chron. p. 1418 ; Lambert, « Les droits des universitaires sur leurs créations intellectuelles », *JCP* G 2006, I 184 ; L. Pfister, « Quand l'État renonça à attribuer à l'Université des droits sur la production de ses enseignants, 1721, une leçon pour le présent », *CCE* 2005, Étude 39.

98. De plus, depuis 1985, les droits d'auteur des agents publics sur les logiciels qu'ils créent bénéficient d'un régime *ad hoc*, l'alinéa 3 de l'article L. 113-9 étendant explicitement son application « *aux agents de l'État, des collectivités publiques et des établissements publics à caractère administratif* »[169]. Ce dispositif a fait l'objet d'un décret d'application adopté en 1996[170] et modifié à plusieurs reprises par la suite qui institue au bénéfice de l'agent une prime pour les logiciels créés[171].

99. La loi de 2006 fait entrer les auteurs agents publics de l'État, des collectivités locales ou des établissements publics administratifs dans le cercle des auteurs soumis aux dispositions du Code de la propriété intellectuelle en modifiant l'article L. 111-1. L'alinéa 3 est réécrit : « *L'existence ou la conclusion d'un contrat de louage d'ouvrage ou de service par l'auteur d'une œuvre de l'esprit n'emporte pas dérogation à la jouissance du droit reconnu par le premier alinéa, sous réserve des exceptions prévues par le présent code.* » Dans sa version antérieure, le contrat n'emportait « *aucune dérogation* » et il n'était fait nulle mention d'exceptions. Cette modification pourrait servir de base à l'aménagement du statut des auteurs salariés. Une seconde phrase vise ensuite les agents publics : « *Sous les mêmes réserves, il n'est pas non plus dérogé à la jouissance de ce même droit lorsque l'auteur de l'œuvre de l'esprit est un agent de l'État, d'une collectivité territoriale, d'un établissement public à caractère administratif, d'une autorité administrative indépendante dotée de la personnalité morale ou de la Banque de France* ». Un statut dérogatoire est aménagé, aussi bien pour le droit moral que pour le droit patrimonial de l'agent public[172].

100. Pour le droit moral des agents sur leur création, le droit de paternité demeure intact. Cela peut être vu comme insuffisant, mais c'est l'élément essentiel du droit moral. Un article L. 121-7-1 est inséré au C. propr. intell. pour diminuer la vigueur des autres composantes. Le droit de divulgation d'un agent « *qui a créé une œuvre dans l'exercice de ses fonctions ou d'après les instructions reçues s'exerce dans le respect des règles auxquelles il est soumis en sa qualité d'agent et de celles qui régissent le fonctionnement et l'activité de la personne publique qui l'emploie* ». On retrouve l'esprit de l'avis Ofrateme, l'idée de nécessité du service permettant éventuellement de réduire à néant ce droit, en opposition nette avec des dispositions de l'article L. 121-2 C. propr. intell.[173]. Le droit au respect est amoindri, ramené à une forme minimaliste. L'agent ne peut « *s'opposer à la modification de l'œuvre décidée dans l'intérêt du service public par l'autorité investie du pouvoir hiérarchique, lorsque cette modification ne porte pas atteinte à son honneur ou à sa réputation* ». Les critères posés laissent penser que le droit au respect n'a guère de consistance, le

169. Notamment, M. Cornu, « Droits d'auteur des fonctionnaires : le périmètre contenu de l'exception de service public », *D.* 2006, chron. p. 2185.

170. Décret n° 96-858 du 2 oct. 1996.

171. Mise en œuvre de cette prime, CE, 4e et 5e sous-sect., 22 mai 2013, n° 345867.

172. J.-M. Bruguière, « Les fonctionnaires et agents publics : un statut particulier ? », *Créations et inventions de salariés – Rompre avec les schémas reçus...*, Litec, 2010, coll. IRPI, t. 35, p. 95.

173. Voir *infra* n° 129.

respect de l'œuvre étant pratiquement à la discrétion de l'autorité hiérarchique. Enfin, l'exercice du droit de retrait ou de repentir est purement et simplement écarté, à moins d'un accord de l'autorité hiérarchique. Cela est de bon sens, d'autant que ce droit discrétionnaire est d'une fonction purement symbolique[174]. . Toutefois, et c'est l'une des grandes avancées de ce texte, ces restrictions ne s'appliquent pas aux agents « *auteurs d'œuvres dont la divulgation n'est soumise, en vertu de leur statut ou des règles qui régissent leurs fonctions, à aucun contrôle préalable de l'autorité hiérarchique* » (art. L. 111-1, al. 4), qui jouissent donc pleinement du droit moral. Il en va notamment ainsi des professeurs d'université.

101. Quant aux droits patrimoniaux, l'article L. 111-1, alinéa 3, affirme qu'il n'est pas dérogé à la jouissance du droit des agents publics mais le texte fait réserve des exceptions prévues par le Code de la propriété intellectuelle. Les articles L. 131-3-1 et L. 131-3-2 disposent que le droit d'exploitation d'une œuvre créée par un agent public « *dans l'exercice de ses fonctions ou d'après les instructions reçues est, dès la création, cédé de plein droit* » à l'État, à la collectivité territoriale, à l'établissement public, mais seulement « *dans la mesure strictement nécessaire à l'accomplissement d'une mission de service public* ». Le législateur instaure une cession automatique qui assure l'efficacité de l'action publique, mais soumet celle-ci à des conditions restrictives : l'agent doit avoir créé dans ses fonctions ou sur instructions, et la cession n'a lieu que pour l'accomplissement d'une mission de service public et seulement dans la mesure nécessaire à celle-ci. L'article L. 131-3-1 ajoute une distinction complémentaire, au-delà de l'accomplissement de la mission de service public : « *pour l'exploitation commerciale de l'œuvre mentionnée au premier alinéa, l'État ne dispose envers l'agent auteur que d'un droit de préférence* ». Le législateur impose un régime complexe dont la mise en œuvre appellera des interventions nombreuses de la section contentieux du Conseil d'État : quelle sera la mission considérée, quelles utilisations des œuvres intéresseront vraiment cette mission et comment déterminer la stricte mesure[175] ? Comme pour le droit moral, ces dispositions dérogatoires au droit patrimonial de l'auteur ne s'appliquent pas aux fonctionnaires indépendants.

102. L'article L. 131-3-3 énonce qu'un décret précisera les modalités d'application de ce dispositif, notamment les conditions dans lesquelles un agent peut [et non « doit »] être intéressé aux produits tirés de l'exploitation de son œuvre quand la personne publique, qui l'emploie, a retiré un avantage d'une exploitation commerciale ou non commerciale de cette œuvre. Beaucoup de questions doivent être éclairées par ce texte que l'on attend toujours. Comment fonctionne le droit de préférence de l'État, quelle déclaration devra faire l'agent auteur pour informer sa hiérarchie de ses droits, quelles procédures utiliser, comment s'accorder sur la cession une fois le droit de préférence exercé, quel prix, quel mode de paiement ? Une piste de réponse peut être trouvée dans le décret fixant les droits des agents sur les logiciels qu'ils ont créés[176]. On regrette d'ailleurs que le logiciel fasse une fois encore l'objet d'un traitement isolé. À

174. Voir *infra* n° 134.
175. M. Cornu, préc., p. 2187.
176. Décr. n° 96-858 du 2 oct. 1996.

défaut de décret d'application, la réforme de 2006 demeure inapplicable et seule la solution antérieure constitue le droit positif. L'absence d'un tel décret peut s'expliquer par la quasi-impossibilité en droit administratif de mettre en œuvre ce que propose le C. propr. intell.

Enfin, et ce n'est pas la moindre des interventions du législateur, l'article 50 II de la loi DADVSI dispose que « *les dispositions du titre II ne sont applicables aux œuvres créées par les agents antérieurement à l'entrée en vigueur de la présente loi, qu'à compter de cette entrée en vigueur* ». Est ainsi mise en œuvre une règle de traitement des droits d'auteur sur les œuvres créées avant l'entrée en vigueur des dispositions de la loi DADVSI. Les œuvres anciennes restent soumises au régime de l'avis Ofrateme, seule une nouvelle œuvre peut être soumise à ces dispositions. En attente du décret d'application de la loi, il en va de même de toutes les créations des agents.

§ 2. La pluralité d'auteurs : œuvre collective, œuvre de collaboration, œuvre composite

103. Le passage d'une création romantique à une création industrielle a modifié les modes de création. Le passage de l'auteur esseulé à son bureau, au *think tank* chargé de rédiger la bible d'une *sitcom* ou le scénario d'un jeu vidéo, marque cette évolution. Différents types de créations impliquent une pluralité d'auteurs, il faut aborder successivement l'œuvre de collaboration, l'œuvre collective et l'œuvre composite.

A L'œuvre de collaboration

104. L'article L. 113-2 C. propr. intell. définit l'œuvre de collaboration comme celle à la création de laquelle ont concouru plusieurs personnes physiques. Les œuvres de collaboration sont très nombreuses, probablement majoritaires aujourd'hui : les œuvres audiovisuelles, les chansons avec compositeur et parolier... L'œuvre de collaboration se caractérise par un travail en équipe de plusieurs auteurs, intervenant sur un pied d'égalité, mus par une « *communauté d'inspiration* » suivant l'expression de Desbois[177]. Il n'y a pas de rapport hiérarchique entre les auteurs, même si chacun n'a pas nécessairement la même contribution créative dans l'œuvre, certains travaillant plus que d'autres. La qualification d'œuvre de collaboration n'impose pas que les contributions de chaque auteur forment un tout où il n'est plus possible d'identifier la prestation de chacun. Les auteurs peuvent travailler ensemble ou à tour de rôle, successivement, tel le dessinateur qui établit les planches d'une bande dessinée à la suite de l'écriture du scénario et des dialogues, ou le réalisateur d'un film qui travaille après le scénariste et le dialoguiste. Il faut recherche l'inspiration commune des auteurs pour la création d'une seule œuvre. Ainsi, pour une chanson, l'auteur des paroles et le compositeur de la musique travaillent ensemble et

177. Desbois, *op. cit.*, n° 133.

cherchent un résultat commun. Le critère clé est que les différents auteurs aient réalisé leurs créations respectives sous l'empire d'une inspiration commune et en se concertant, au point que des juges ont pu retenir que la communauté d'inspiration en scelle l'indivisibilité[178] interdisant à un parolier de reprendre les paroles d'une chanson pour les confier à un nouveau compositeur. L'œuvre n'a pu exister que grâce au travail commun des auteurs. Reste alors à déterminer qui sont les coauteurs qui peuvent revendiquer cette qualité. Cette question est purement factuelle, deux situations sont à distinguer : les inspirateurs et les exécutants. Pour la première catégorie, on retrouve le régime de l'idée, elle n'est pas appropriable par le droit d'auteur, pas plus dans le cadre du régime de l'œuvre de collaboration que dans celui de l'œuvre ordinaire, la même condition d'originalité s'applique. Le commanditaire qui donne des instructions n'est pas coauteur, il en va ainsi en particulier du producteur. Pour la seconde catégorie, celle des exécutants, le critère de l'empreinte de la personnalité doit être le juge de paix : le peintre en bâtiment qui agit sous les ordres d'un plasticien pour la réalisation d'une œuvre monumentale n'est pas coauteur. En revanche, l'œuvre réalisée par un sculpteur sous la direction d'un autre artiste qui ne peut travailler de ses propres mains, dès lors que celle-ci porte les traits des deux artistes, peut être qualifiée d'œuvre de collaboration[179].

Si ces conditions de création sont réunies, le bien intellectuel, suivant l'article L. 113-3 C. propr. intell., est la propriété commune des coauteurs. Des régimes spéciaux d'œuvres de collaboration doivent aussi être envisagés.

1. Le régime commun de l'œuvre de collaboration

105. Le régime de l'indivision préside à la gestion de la propriété de l'œuvre de collaboration. Les coauteurs exercent leurs droits d'un commun accord, les actes d'exploitation, de disposition ou de défense de l'œuvre doivent être décidés à l'unanimité, situation confirmée par l'article L. 122-7-1 qui indique qu'un coauteur ne peut mettre gratuitement à disposition du public l'œuvre sans l'accord de l'ensemble des coauteurs. Cette règle de l'unanimité peut être une source de blocage pour l'exploitation de l'œuvre[180]. Les règles de droit commun de l'indivision trouvent à s'appliquer en la matière, les coauteurs (art. 815-1 et s. et 1873-1 et s. C. civ.) peuvent convenir des modalités de gestion de l'indivision pour temporiser les effets de l'unanimité. Il est possible de conclure une convention d'indivision dans les conditions des articles 1873 et s. C. civ.

Ces aménagements sont d'autant plus nécessaires que l'œuvre de collaboration bénéficie d'un régime de computation de la durée du droit de propriété particulièrement favorable. L'article L. 123-2 C. propr. intell. dispose que la durée de 70 ans *post mortem auctoris* n'est comptée qu'à partir de la mort du

178. CA Paris, 4e ch, sect. B, 20 juin 2008, *Prop. Intell.* 2008, n° 29, p. 420, obs. A. Lucas ; *CCE* 2009, chron. 4, n° 1, obs. X. Daverat.
179. Cass. civ. 1re, 13 nov. 1973, *D.* 1973, j. 533, note. Colombet ; *JCP* G 1975, II 18029, note Manigne.
180. Voir A. Boissard, « Œuvre de collaboration – conséquences procédurales liées au « commun accord » de l'art. L. 113-3 CPI » ; *CCE* 2012, prat. 2.

dernier des coauteurs[181], sauf pour les œuvres audiovisuelles[182]. L'étalement dans le temps de l'indivision encourage à organiser celle-ci pour éviter les conflits ou les incompréhensions notamment lorsque les indivisaires ne sont plus uniquement les coauteurs mais aussi des héritiers d'autres coauteurs, par exemple.

106. La règle de l'unanimité est écartée lorsqu'un auteur utilise sa propre contribution. L'article L. 113-3 alinéa 4 C. propr. intell. dispose que si les contributions « *relèvent de genres différents, chaque auteur peut, sauf convention contraire, exploiter sa propre création sous réserve de ne pas porter préjudice à l'exploitation de l'œuvre commune* ». L'exercice de cette faculté suppose une nette différence de genre entre l'œuvre commune et la contribution personnelle : un film et une musique par exemple. La Cour de cassation a retenu que l'auteur d'une musique composée pour un film peut se livrer à l'exploitation autonome de son œuvre[183]. Cette exploitation ne doit pas faire concurrence à l'exploitation de l'œuvre de collaboration, ou compromettre le succès d'exploitation de cette dernière. L'auteur ne doit pas tirer un avantage personnel indu de l'exploitation de l'œuvre de collaboration.

Le principe de l'unanimité appliqué à l'œuvre de collaboration connaît une mise en œuvre particulière pour les actions en justice. La Cour de cassation a retenu en 1988 que « *le coauteur d'une œuvre de collaboration qui prend l'initiative d'agir en justice pour la défense de ses droits patrimoniaux est tenu, à peine d'irrecevabilité de sa demande, de mettre en cause les autres auteurs de cette œuvre* »[184]. Dès lors, s'il n'est pas nécessaire que l'action soit engagée conjointement, mais il faut respecter une mise en cause de l'ensemble des coauteurs qui fragilise un peu la défense des biens intellectuels. M. Gautier[185] propose une application de l'article 815-2 C. civ. accordant le droit d'agir à l'un quelconque des indivisaires pour toutes les mesures nécessaires à la conservation du bien indivis. Cette solution est séduisante, mais on peut se demander si le risque d'une contestation de la propriété durant le contentieux n'impose pas la solution de la Cour de cassation.

Enfin, anticipant les naturels conflits, l'article L. 113-3 C. propr. intell. avance qu'en cas de désaccord des coauteurs, une juridiction civile statue à leur place. La Cour de cassation a retenu que le juge peut trancher un désaccord entre les coauteurs quant à l'exercice de leurs droits patrimoniaux, et ainsi passer outre l'opposition de l'un des auteurs, cela sans avoir à relever l'existence

181. Voir l'art. 1 de la proposition de directive du 1er sept. 2011 (PE-CONS 16/11) modifiant la directive 2006/116 relative à la durée de protection du droit d'auteur, visant à harmoniser la computation de la durée d'appropriation des œuvres de collaboration.

182. Voir *infra* n° 108.

183. Cass. civ. 1re, 14 janv. 2003, *D.* 2003, j. 1088, note Becquet, *CCE* 2003, comm. 36, note C. Caron, *RIDA* oct. 2003, p. 279, note Kerever. *Contra*, CA Paris, 28 juin 2008, préc.

184. Cass. civ. 1re, 4 oct. 1988, D. 1989, j. 482, note P.-Y. Gautier ; *RTD com.* 1990.32, obs. Françon. Dans le même sens, Cass. civ. 1re, 22 mars 2012, n° 10-18491, *CCE* 2012, chron. 6, n° 10, obs. B. Montels ; Cass. civ. 1re, 12 mai 2011, *RTD com.* 2011.543, obs. F. Pollaud-Dulian ; *Prop. Intell.* 2011, p. 290, obs. A. Lucas.

185. P.-Y. Gautier, *op. cit.*, n° 703.

d'un abus de droit[186]. L'intervention du juge sur le terrain du droit moral sera plus délicate. Reste alors toujours la théorie de l'abus de droit[187].

Une doctrine récente propose de qualifier l'œuvre de collaboration non pas d'indivision mais de propriété collective. Cette qualification mettrait en avant le fait qu'il n'est pas possible de liquider la copropriété et qu'il y a un lien perpétuel entre les coauteurs, cela les distinguant des indivisaires[188].

2. Les régimes spéciaux d'œuvres de collaboration

107. Le Code de la propriété intellectuelle distingue deux régimes spéciaux pour les œuvres de collaboration : les œuvres audiovisuelles et les œuvres radiophoniques.

a) L'œuvre audiovisuelle

108. La notion d'œuvre audiovisuelle fut introduite dans le droit d'auteur par la loi de 1985. L'œuvre audiovisuelle englobe l'œuvre cinématographique, ainsi que les œuvres télévisuelles et les œuvres vidéogrammes. On applique à ces biens intellectuels le statut d'œuvre de collaboration avec certaines règles dérogatoires[189]. La première spécificité du régime de l'œuvre audiovisuelle est que le législateur la qualifie d'œuvre individuelle ou d'œuvre de collaboration, à l'exclusion de la qualification d'œuvre collective[190], suivant une approche qui frise le dogmatisme. L'article L. 113-7 C. propr. intell. dispose qu'« *ont la qualité d'auteur d'une œuvre audiovisuelle la ou les personnes physiques qui réalisent la création intellectuelle de cette œuvre* ». Or, l'œuvre collective ne modifie pas la qualité des auteurs mais uniquement la dévolution du droit de propriété sur l'œuvre. Cette disposition ne fait que consacrer la définition des biens intellectuels : ils ne peuvent être que l'émanation d'une personne physique. L'exclusion généralisée de la qualification d'œuvre collective n'est pas fondée en droit, notamment en raison, d'une part, de la diversité des œuvres audiovisuelles, celles-ci allant du cinéma d'art et essai à l'émission de télévision la plus formatée, en passant par le journal télévisé et les documentaires[191] et, d'autre part, de la diversité des modes de création de ces œuvres audiovisuelles, même si la pratique y trouve finalement un certain équilibre, notamment en préservant les habitudes de la gestion collective.

Face à la prolifération des œuvres audiovisuelles, le législateur limite la nature des collaborations pouvant permettre de prétendre à la qualité d'auteur. L'article L. 113-7 C. propr. intell. pose une présomption d'auteur pour une série de personnes : le scénariste, le dialoguiste, l'adaptateur, le compositeur et le réalisateur. Cette liste ne pose qu'une présomption simple de paternité pouvant être

186. Cass. civ. 1re, 24 nov. 1993, *Bull. civ.* I, n° 341.
187. C. Caron, *Abus de droit et droit d'auteur*, Litec, 1998, coll. IRPI, t. 17, n° 214 et s.
188. Voir G. Salord, *La propriété collective des œuvres*, thèse dactyl., Paris II, 2007.
189. C. Bernault, *La propriété littéraire et artistique appliquée à l'audiovisuelle*, LGDJ, 2003, coll. Bibl. de droit privé, t. 396 ; Hugon, *Le régime juridique de l'œuvre audiovisuelle*, Litec, 1993.
190. P.-Y. Gautier, *Rev. Crit. DIP*, p. 706, note sous CA Paris, 6 juill. 1989.
191. Voir Cass. civ. 1re, 28 janv. 2003, *CCE* 2003, comm. 35, note C. Caron ; *D.* 2003, j. 1688, note F. Sardain.

combattue par toute preuve contraire. Les personnes visées par cette liste n'ont donc pas à rapporter la preuve de leur qualité d'auteur, et la liste peut être étendue si d'autres personnes effectuent un apport créatif : lumière, maquillage, effets spéciaux, etc. À la différence de ceux présents dans la liste, ces derniers devront rapporter la preuve de leur apport créatif. En revanche, seuls les auteurs visés par l'article L. 113-7 C. propr. intell. sont pris en considération pour calculer la durée du droit de propriété.

Par mansuétude, le Code de la propriété intellectuelle ajoute au dernier alinéa de cet article que « *lorsque l'œuvre audiovisuelle est tirée d'une œuvre ou d'un scénario préexistants encore protégés, les auteurs de l'œuvre originaire sont assimilés aux auteurs de l'œuvre nouvelle* », écartant aussi l'œuvre audiovisuelle du régime de l'œuvre composite ! Il y a une double protection pour cet auteur puisqu'un contrat d'adaptation sera toujours nécessaire, malgré cette élévation fictive au rang des coauteurs de l'œuvre audiovisuelle. Quant au producteur, l'article L. 132-23 prend soin de lui accorder une situation spécifique.

109. Le régime de l'œuvre audiovisuelle est essentiellement celui de l'œuvre de collaboration. Toutefois, la loi aménage assez substantiellement la matière, notamment sous la pression des risques financiers attachés à la création de tels biens intellectuels. Le rôle du réalisateur est au centre du processus créatif[192] et l'article L. 121-5 retient que « *la version définitive de l'œuvre est établie d'un commun accord entre, d'une part, le réalisateur, ou éventuellement les coauteurs, et, d'autre part, le producteur* ». Le droit moral des auteurs dans la phase de création est suspendu pour ménager les intérêts de la production. L'auteur ne peut en revendiquer l'exercice avant le « *final cut* », dont le droit de divulgation[193]. Dans le même esprit, l'article L. 121-6 retient que « *si l'un des auteurs refuse d'achever sa contribution à l'œuvre audiovisuelle ou se trouve dans l'impossibilité d'achever cette contribution par suite de force majeure, il ne pourra s'opposer à l'utilisation, en vue de l'achèvement de l'œuvre, de la partie de cette contribution déjà réalisée* ». Simplement, l'article précise qu'il aura, pour cette contribution, la qualité d'auteur et bénéficiera des droits qui découlent de celle-ci. Cette solution est en contradiction avec les règles du droit moral de l'auteur. Le principe de l'unanimité évoqué pour les œuvres de collaboration est écarté au bénéfice de l'achèvement de l'œuvre. Enfin, la loi organise une présomption de cession des droits patrimoniaux des auteurs au bénéfice du producteur par la signature du contrat d'engagement, suivant les dispositions de l'article L. 132-24, et sous réserve de l'auteur de la musique[194].

192. Voir CJUE, 9 févr. 2012, aff. C-277/10, *Martin Luksan*, *CCE* 2012, comm. 37, obs. C. Caron ; *RTD com.* 2012. 318, obs. F. Pollaud-Dulian ; *D.* 2012, p. 2836, obs. P. Sirinelli ; *RTD eur.* 2012. 964, obs. E. Treppoz ; *CCE* 2012, chron. 6, nº 11, obs. B. Montels, qui affirme que le producteur ne peut pas bénéficier d'une dévolution *ab initio* du droit d'auteur.

193. Sur cette notion, voir *infra* nº 129, et son application à l'œuvre audiovisuelle : Cass. civ. 1re, 24 sept. 2009, *Bull. civ.* I, nº 183 : « *selon l'article L. 121 5 CPI, l'œuvre audiovisuelle est réputée achevée lorsque la version définitive a été établie d'un commun accord entre, d'une part, le réalisateur ou, éventuellement, les coauteurs et, d'autre part, le producteur, [...]que les auteurs n'étaient pas fondés à se prévaloir d'une privation de leur droit de divulgation dès lors que celui-ci ne pouvait être exercé par eux que sur l'œuvre audiovisuelle achevée* ».

194. Cf. *infra* nº 992.

b) L'œuvre radiophonique

110. L'œuvre radiophonique révèle les aspects légèrement surannés du Code de la propriété intellectuelle, le temps où la France écoutait « Signé Furax » dans le « transistor ». Les œuvres radiophoniques occupent aujourd'hui moins le devant de la scène, même si elles existent toujours. L'intérêt complémentaire de cette attention du législateur est d'ouvrir la voie au traitement analogique pour de nouvelles catégories d'œuvres.

L'article L. 113-8 C. propr. intell. dispose qu'« *ont qualité d'auteur d'une œuvre radiophonique la ou les personnes physiques qui assurent la création intellectuelle de cette œuvre* ». L'intérêt de cette disposition n'est pas plus évident ici que pour l'article L. 113-7 C. propr. intell. Il ajoute dans un second alinéa que « *les dispositions du dernier alinéa de l'article L. 113-7 et celles de l'article L. 121-6 sont applicables aux œuvres radiophoniques* ». Comme pour l'œuvre audiovisuelle, l'auteur de l'œuvre adaptée est fictivement coauteur de l'œuvre radiophonique nouvelle. Les critiques déjà émises à l'égard de cette solution pour l'œuvre audiovisuelle se retrouvent. Finalement, seule la liste des auteurs présumés n'est pas reprise. Quant à l'article L. 121-6 C. propr. intell., il écarte la possibilité pour un auteur qui n'a pas achevé sa contribution de s'opposer à l'utilisation de la partie déjà conçue pour la finalisation de l'œuvre, à l'encontre des règles fondamentales du droit moral.

B L'œuvre collective

111. Le statut d'œuvre collective fut intégré au droit d'auteur par la loi de 1957, consacrant par là deux arrêts de la chambre criminelle de la Cour de cassation de 1853 et 1854[195]. L'article L. 113-2 alinéa 3 la définit ainsi : « *est dite collective l'œuvre créée sur l'initiative d'une personne physique ou morale qui l'édite, la publie et la divulgue sous sa direction et sous son nom et dans laquelle la contribution personnelle des divers auteurs participant à son élaboration se fond dans un ensemble en vue duquel elle est conçue, sans qu'il soit possible d'attribuer à chacun d'eux un droit distinct sur l'ensemble réalisé* ». À la différence de l'œuvre de collaboration, l'œuvre collective n'est pas la copropriété des personnes physiques, coauteurs, qui ont permis l'émergence de ce bien intellectuel, mais celle de la personne, physique ou morale, qui a pris l'initiative et le risque de la création. Cette qualification mal aimée est encore contestée dans son existence, sa légitimité, plus de cinquante ans après son entrée en vigueur. Sa mise en œuvre se révèle complexe et incertaine, même si des évolutions récentes laissent penser que des changements pourraient advenir. Les juges encouragent tantôt une conception extensive tantôt une conception restrictive de la notion. L'idée de création en entreprise est montrée comme une atteinte à la pureté du droit d'auteur à la française. On y voit plutôt une porte vers les conditions contemporaines de création et un moyen pour le droit d'auteur de s'adapter. La jurisprudence a retenu cette qualification pour les

195. Cass. crim., 16 juill. 1853, *DP*. 1853. 1. 309 ; Cass. crim., 4 mai 1854, *DP*. 1855. I. 127.

créations les plus diverses telles que : un journal[196], une encyclopédie[197], un dictionnaire[198], ainsi que des bijoux[199]. On peut par ce biais régler la question de la titularité des droits d'auteur sur un jeu vidéo ou un site Internet et trouver un moyen de répondre au vide du statut de l'auteur salarié.

112. Cette qualification permet la naissance du droit d'auteur directement dans le patrimoine de l'entrepreneur, sans cession, solution en conflit avec la règle issue de l'article L. 111-1 alinéa 1 C. propr. intell. Il a été soutenu que le critère sous-jacent à de nombreuses décisions est l'existence d'un lien de subordination collectif entre l'employeur et ses salariés dans le cadre de la création des œuvres bien que l'existence d'un contrat de travail ne soit absolument pas une condition d'application de ce régime. La personne morale, que l'on peut qualifier de maître d'œuvre, doit avoir contrôlé le processus de création par le biais de directives et avoir harmonisé les différentes contributions[200], sans pour autant être employeur des créateurs. Lorsque les œuvres ont été réalisées sur la base de directives précises données par la personne morale, il serait possible de les assimiler à des œuvres collectives. On doit reconnaître qu'une grande partie des œuvres créées dans le cadre de contrat de travail sont des œuvres collectives, puisque l'existence d'instructions et de directives de la personne morale constitue l'expression du lien de subordination caractéristique de la relation employeur-salarié. Toutefois, cette qualification est loin d'être acquise pour offrir un cadre juridique sécurisé pour les créations de salariés[201] et ne peut remplacer l'émergence d'un statut d'auteur salarié. L'employeur peut être considéré comme titulaire initial des droits de propriété intellectuelle sur une œuvre lorsque celle-ci constitue une œuvre collective. Pour autant, le simple fait que différents auteurs travaillent pour une personne morale et qu'il soit impossible d'attribuer à chacun un droit distinct suffit-il pour que cette personne morale puisse revendiquer la titularité initiale des œuvres créées par ses salariés ? La jurisprudence répond par la négative et vérifie que toutes les conditions posées par l'alinéa 3 de l'article L. 113-1 C. propr. intell. sont réunies, c'est-à-dire que l'œuvre ait bien été créée « *sur l'initiative d'une personne morale qui l'édite, la publie et la divulgue sous sa direction et sous son nom* ». Il est vain pour une entreprise de prendre soin de qualifier, *a priori*, les œuvres qui seront créées, de « collectives » dans le contrat de travail du salarié, dans la mesure où en application de l'article 12 CPC, les magistrats peuvent opérer une requalification. Par conséquent, même si l'employeur considère que les œuvres créées par ses salariés dans le cadre de leur contrat de travail sont des œuvres collectives, il doit

196. Cass. civ. 1re, 6 mai 1997, *D.* 1998 somm. 190, obs. Colombet.
197. Cass. civ. 1re, 1er juill. 1990, *D.* 1970 769.
198. T. com. Paris, 5 janv. 1998, *RIDA*, avr. 1998, p. 474.
199. TGI Paris, 24 juin 2008, RG 06/1599 ; CA Paris, 26 avr. 1982, *PIBD* n° 309 – III – 205 ; CA Paris, 19 nov. 1991, *Cartier c. Aurélien et autres*, RG 90/014907 et 91/017090 ; CA Paris, 15 janv. 2010, RG 08/14947 ; CA Paris, *D.* 2013, p. 1924, obs. J. Lapousterle, *RTD com.* 2012.764, obs. F. Pollaud-Dulian ; *L'essentiel – Droit de la propriété intellectuelle*, nov. 2012, p. 1, note A. Lucas ; Cass. com., 19 déc. 2013, n° 12-26409 ; *JCP* G 2014, chron. 364, p. 560, obs. C. Caron ; *CCE* 2014, comm. 14, note C. Caron ; P. Picarda et Ch. De Haas, « Échecs aux auteurs salariés », *CCE* 2014, Étude 4.
200. Notamment, F. Greffe, note sous Cass. civ. 1re, 17 mars 1982, *D.* 1983, p. 71, « Davidoff ».
201. Cf. *supra* n° 76 et s.

organiser le travail en conformité avec les prescriptions du Code de la propriété intellectuelle, rassembler un maximum de preuves en ce sens, et anticiper le risque que les tribunaux refusent de reconnaître cette qualification et décident que l'employeur est, en l'absence de cession, contrefacteur des œuvres ainsi créées[202].

Il est nécessaire dans un premier temps d'étudier les conditions de création du bien intellectuel permettant d'aboutir à la qualification d'œuvre collective avant d'envisager son régime.

1. Les conditions de création d'une œuvre collective

113. L'œuvre collective est le produit d'un travail d'équipe, initié par une personne physique ou morale qui réunit l'équipe, dirige son travail, et arrête la forme finale du bien intellectuel à partir des contributions de chacun des membres de l'équipe. L'originalité reste toujours la condition d'appropriation par le droit d'auteur, seules les conditions factuelles, matérielles de création permettent de retenir cette qualification : la prise en considération d'un processus de création, processus habituellement intégré dans une organisation industrielle.

Par exemple, une entreprise créant des bijoux, des vêtements, ou des accessoires de mode, va réunir à la fois des dessinateurs et des commerciaux opérant sous le contrôle de la direction générale, ceux-ci pouvant être à la fois des salariés et des intervenants extérieurs. Les créations et le travail des créateurs sont dictés par la direction de l'entreprise dans le cadre d'un processus créatif collectif où personne n'exerce de prééminence, la décision finale de commercialisation d'un produit revenant au chef d'entreprise. En pratique, une étude de marché préalable met en avant les tendances en relation avec les collections existantes. Cette démarche permet de définir les modèles à créer ou à relancer afin de présenter une gamme de produits en osmose avec les attentes du marché. L'entreprise établit un *brief* marketing – un document de tendance présentant les attentes – qui permet de définir un contexte et des objectifs pour le projet créatif. Ce document présente les produits attendus, leur caractère, leur identité, leur positionnement au regard des modèles existants et des collections, les prix de vente souhaités, les matières, les couleurs... il est transmis sous forme d'instructions aux personnes travaillant à la création. Ces dernières réalisent de multiples esquisses traduisant les lignes directrices du document marketing, dessins devant être porteurs d'originalité. Le travail des auteurs-salariés est guidé par des instructions précises et des objectifs prédéfinis. Ces esquisses sont souvent retravaillées de nombreuses fois, éventuellement par des dessinateurs différents afin d'aboutir à une proposition intéressante. *In fine*, seul un nombre restreint de projets est retenu, la sélection étant opérée par le chef d'entreprise. Une fois la sélection du modèle effectuée, les dessins sont transmis aux services techniques qui réalisent des prototypes. À ce stade, des modifications esthétiques peuvent à nouveau être apportées au produit dont la forme finale peut varier sensiblement des esquisses communiquées. C'est un pur travail d'équipe où les fonctions créatives et techniques s'imbriquent et se cumulent, prenant en considération l'esthétique de l'entreprise et les attentes du marché et où la contribution de

202. Cass. com., 19 déc. 2013, nº 12-26409.

chacun à la création se fond dans un tout sans qu'il soit possible, au final, de faire la part de l'intervention de chacun dans la forme du produit finalisé. Une telle organisation du travail pour le développement de produits originaux au sein d'une entreprise paraît imposer avec évidence la qualification d'œuvre collective.

114. Pour permettre la qualification d'œuvre collective, il est nécessaire qu'un maître d'œuvre ait pris l'initiative de la création et assumé les risques de sa diffusion. En pratique, le maître d'œuvre est une entreprise qui réunit les compétences nécessaires pour permettre, au terme d'un processus de développement et de confection, de mettre sur le marché un produit nouveau. Au terme de ce processus, comme l'impose l'article L. 113-2 C. propr. intell., l'entrepreneur prend l'initiative d'éditer, de publier, de divulguer le résultat de ce travail d'équipe.

Pour pouvoir retenir la qualification d'œuvre collective, il est nécessaire que plusieurs contributeurs[203] interviennent dans le processus de création, créateurs dont chacune des contributions se fond dans un tout unique, le produit final commercialisé. Suivant ce régime, les contributeurs personnes physiques n'ont aucune vocation à un droit de propriété sur le résultat final. Il ne faut pas confondre impossibilité d'identifier les contributions de chacun des auteurs et impossibilité de leur attribuer un droit distinct. Il existe nombre de biens intellectuels qui constituent des œuvres collectives et pour lesquelles on identifie les contributions de chacun de leurs auteurs, tels des journaux ou dictionnaires dont les contributions des auteurs sont au départ individualisables, puis fusionnées pour former l'œuvre collective. Le bénéfice de la qualification d'œuvre collective impose une organisation spécifique du travail créatif et surtout la capacité de prouver le respect de cette organisation pour chaque création en cause.

2. Le régime de l'œuvre collective

115. Le régime de l'œuvre collective est arrêté à l'article L. 113-5 C. propr. intell. : « *l'œuvre collective est, sauf preuve contraire, la propriété de la personne physique ou morale sous le nom de laquelle elle est divulguée. Cette personne est investie des droits de l'auteur.* » Une personne morale peut être titulaire *ab initio* de droits d'auteur, bien qu'elle ne soit pas en tant que telle auteur. Une fiction légale est ainsi organisée pour la dévolution des droits d'auteur, forgée dans un souci d'efficacité. Le bénéficiaire de cette fiction étant immédiatement titulaire des droits d'auteur, il est libre d'en disposer auprès des tiers dans les conditions qu'il entend, tout comme il est libre de les exploiter ou de les défendre en justice[204]. Cette attribution du droit d'auteur, sans distinction spécifique, impose que l'initiateur de l'œuvre reçoive aussi bien les droits patrimoniaux que les droits moraux attachés à la création, sous réserve du droit de paternité[205]. Par un arrêt

203. Sur la pluralité de participants, Cass. civ. 1re, 19 févr. 1991, *Bull. civ.* I, n° 67 p. 43.
204. Par exemple, pour des documents d'information financière, Cass. com., 12 janv. 2012, n° 10-24696.
205. Cass. civ. 1re, 15 mars 1986, *Bull. civ.* I, n° 89 ; *RIDA* oct. 1986, p. 143.

de mars 2012[206], la Cour de cassation a confirmé cette solution. Sous le visa de l'article L. 113-5 C. propr. intell., la Cour déclare que « *la personne physique ou morale à l'initiative d'une œuvre collective est investie des droits de l'auteur sur cette œuvre et, notamment, des prérogatives du droit moral* ».

La réserve de la preuve contraire de l'article L. 113-5 laisse entendre que la divulgation sous le nom d'un usurpateur, qui n'aurait pas assumé les fonctions de direction lors de l'élaboration du bien intellectuel, permettra de contester cette titularité.

L'attribution *ab initio* du droit de propriété à l'initiateur de l'œuvre écarte tout transfert de droits entre les créateurs et le titulaire du droit d'auteur : aucune cession, aucune concession, et en corollaire aucun paiement. La Cour de cassation[207] retient à juste titre, au visa des articles L. 113-2, L. 131-4 et L. 132-5 C. propr. intell., que « *les dispositions des deux derniers de ces textes qui prévoient le principe d'une rémunération proportionnelle de l'auteur en cas de cession de ses droits d'exploitation ne s'appliquent pas au collaborateur de l'œuvre collective pour laquelle la personne physique ou morale, qui en a pris l'initiative et qui l'édite, la publie et la divulgue sous sa direction et son nom, est investie, dès l'origine, desdits droits* ». La sécurité de cette notion serait une solution opportune pour lever en partie la question délicate du régime des créations de salariés.

116. À l'image de la solution appliquée pour les œuvres de collaboration, on retient, sur le fondement de l'article L. 121-8 C. propr. intell., que les auteurs des contributions à l'œuvre collective conservent le droit de réutiliser leur contribution et peuvent même s'opposer à l'exploitation séparée de celle-ci par le propriétaire de l'œuvre collective, ce qui implique bien la possibilité d'individualiser les contributions de chacun. Une cession des contributions individuelles peut alors être nécessaire.

Enfin, la durée de la propriété est spécifique à ce régime. L'article L. 123-3 dispose que la durée d'appropriation de l'œuvre collective court à compter de la date de divulgation de l'œuvre et pour une durée de 70 ans.

C L'œuvre composite et l'œuvre dérivée

117. L'article L. 113-2 C. propr. intell. définit l'œuvre composite comme « *l'œuvre nouvelle à laquelle est incorporée une œuvre préexistante sans la collaboration de l'auteur de cette dernière* ». Il y a œuvre composite toutes les fois où l'on se trouve en présence d'une œuvre nouvelle à l'élaboration de laquelle n'a pas pris part l'auteur de l'œuvre préexistante inspiratrice, tel un roman porté au cinéma, une adaptation musicale, une traduction, etc. Cette forme de création est probablement la plus prolifique aujourd'hui.

206. Cass. civ. 1re, 22 mars 2012, *PIBD* 2012, n° 962, III-364 ; *D.* 2012, p. 1246, A. Latil, « Droits moraux et œuvres collectives : une clarification opportune » ; *D.* 2012, p. 2842, obs. P. Sirinelli ; *Rev. soc.* 2012, p. 496, note N. Binctin ; *CCE* 2012, comm. 61, obs. C. Caron ; *D.* 2013, p. 1924, obs. J. Lapousterle ; *RTD civ.* 2012.338, obs. Th. Revet ; *RTD com.* 2012.321, obs. F. Pollaud-Dulian.
207. Cass. civ. 1re, 21 nov. 2006, *Bull. civ.* I, n° 507, p. 451.

Il est proposé de distinguer l'œuvre dérivée de l'œuvre composite : la première émerge lorsque l'incorporation implique une fusion entre les éléments au point qu'il ne soit plus possible d'individualiser l'œuvre incorporée de l'œuvre nouvelle. La seconde suppose une incorporation laissant possible l'individualisation. Cette distinction est sans portée pratique.

L'œuvre composite n'a pas nécessairement plusieurs auteurs, mais elle est dans la dépendance de différents auteurs. Il n'y a aucune copropriété ou indivision entre l'auteur de l'œuvre première et l'auteur de l'œuvre composite. Le critère de l'originalité demeure, l'œuvre composite doit, en tant que telle, être originale pour qu'un droit d'auteur naisse. L'originalité de l'œuvre première ne peut garantir l'originalité de l'œuvre composite[208]. L'œuvre composite peut aussi être une œuvre collective ou une œuvre de collaboration, il n'y a pas opposition entre ces qualifications. Par exemple, la comédie musicale dérivée d'un roman : le librettiste et le compositeur de la comédie musicale ont créé une œuvre de collaboration qui est aussi une œuvre dérivée du roman.

118. L'auteur de l'œuvre dérivée jouit pleinement de ses droits d'auteur comme tout auteur. Toutefois, l'article L. 113-4 C. propr. intell. pose une règle de conflit en indiquant que l'œuvre composite est la propriété de l'auteur qui l'a réalisée, sous réserve du respect des droits de l'auteur de l'œuvre préexistante. L'œuvre composite doit être créée en respect à la fois des droits patrimoniaux de l'auteur de l'œuvre première mais aussi en respect des droits moraux de celui-ci. L'article L. 112-3 C. propr. intell. impose la même solution, de façon redondante, pour les traductions, transformations et arrangements et l'on peut penser que l'article L. 132-22 C. propr. intell. n'est pas non plus étranger à cette approche. Il est nécessaire d'obtenir une autorisation de l'auteur de l'œuvre première avant de réaliser l'œuvre seconde[209], ce qui confère un pouvoir de contrôle à l'auteur de l'œuvre première[210]. Le rapport de dépendance est exacerbé lorsque le contrat autorisant la création d'une adaptation est un contrat à durée déterminée. Au terme de ce contrat, il n'est plus possible d'exploiter l'adaptation, sans que l'on puisse reprocher un quelconque abus au titulaire des droits de l'œuvre première[211]. À l'inverse de ce que connaît le droit des brevets, aucune licence de dépendance n'existe en la matière, ce qui peut être parfois regrettable[212].

D La présomption de titularité des droits d'auteur lors d'une action en justice

119. La question de la qualité à agir en justice doit être distinguée de la question de l'identification de la personne physique auteur de l'œuvre, cette

208. Cass. civ. 1re, 15 févr. 2005, *CCE* 2005, comm. 63, note C. Caron.
209. Voir *infra* n° 155.
210. Cf. l'affaire *Tosca*, Cass. civ. 1re, 22 juin 1959, *D.* 1959, j. 129, note Desbois.
211. Cass. civ. 1re, 9 févr. 1994, *D.* 1994, j. 405, note B. Edelman ; N. Binctin, *J.-Cl.*, fasc. 105, Accession mobilière, n° 92 et s.
212. C. Geiger, « Les limites au droit d'auteur en faveur de la création dérivée », *Droit d'auteur et liberté d'expression*, ALAI, 2006, Barcelone.

distinction est fondamentale en droit français comme en droit européen de la propriété intellectuelle.

L'article L. 113-1 C. propr. intell. dispose que « *la qualité d'auteur appartient, sauf preuve contraire, à celui ou à ceux sous le nom de qui l'œuvre est divulgué* ». Cette disposition n'est cependant applicable qu'à l'identification de l'auteur personne physique, et ne signifie nullement que seule une personne physique, identifiée comme auteur, puisse agir en contrefaçon, elle n'écarte pas l'action en contrefaçon engagée par des personnes morales : la personne morale exploitant légitimement une œuvre appropriée par un droit d'auteur est recevable à agir en justice et bénéficie pour soutenir son action d'une présomption de titularité des droits d'auteur. Il n'est pas nécessaire qu'une personne physique, auteur, intervienne à l'instance pour rendre recevable l'action en contrefaçon engagée par l'exploitant légitime. Une jurisprudence constante la tient pour légitime titulaire des droits d'auteur, sans avoir à apporter d'éléments de preuve particuliers. Cette présomption de titularité des droits d'auteur[213] résulte des actes d'exploitation emportant une recevabilité de l'action en contrefaçon. Cette présomption prétorienne renforce la lutte contre la contrefaçon et permet aux exploitants légitimes de ne pas voir leur qualité à agir contestée en justice sur le terrain du droit d'auteur, quelle que soit l'identité réelle de l'auteur. Son fondement légal semble évoluer, éventuellement pour la renforcer, puisque la Cour de cassation a fondé son application sur l'article L. 111-1 C. propr. intell.[214].

La Cour de cassation confirme année après année cette présomption de titularité du droit d'auteur dégagée en 1993 par l'arrêt *Aréo*[215]. Ainsi, selon un arrêt de la première chambre civile[216], du 13 octobre 1998, la fabrication et la diffusion par une société de meubles ayant « *fait l'objet d'une reproduction quasi servile* » permet de déduire « *qu'elle était présumée titulaire, sur les produits litigieux, des droits de propriété incorporelle de l'auteur, et partant, recevable à invoquer la contrefaçon* ». En 1999, la même chambre[217] affirme que « *en l'absence de toute revendication de la part de personnes physiques quant à la propriété intellectuelle sur une création, la société qui commercialise cette création sous son nom, est, du fait de ces actes de possession, et quelle que soit la qualification de l'œuvre, présumée à l'égard d'une société tiers poursuivie pour contrefaçon, titulaire des droits de propriété incorporelle de l'auteur* ». Elle complète cette analyse en 2000[218] par un attendu de principe rappelant « *qu'en l'absence de revendication du ou des auteurs, l'exploitation de l'œuvre par une personne morale sous son nom fait*

213. P. de Candé, « La présomption de titularité en matière de droit d'auteur appliqué à l'industrie : un outil de lutte contre la contrefaçon à préserver », *Droits de propriété intellectuelle – Liber amicorum G. Bonet*, Litec, 2010, coll. IRPI, t. 36, p. 101.

214. Cass. civ. 1re, 10 avr. 2013, n° 12-12886, *Bull. civ.* I, n° 73 ; *CCE* 2013, comm. 86 note C. Caron.

215. Cass. civ. 1re, 24 mars 1993, *Bull. civ.* I, n° 126 ; *RTD com.* 1995.418, obs. Françon ; *RIDA* 1993. 200 et 91, obs. A. Kéréver ; *JCP* G 1993. II. 22085, obs. F. Greffe. I. Zafrani, « Évolution jurisprudentielle de la présomption de titularité des droits de création », *Gaz. Pal.* 2010, n° 169-170, p. 29.

216. Cass. civ 1re, 13 oct. 1998, *Bull. civ.* I, n° 293, p. 203.

217. Cass. civ. 1re, 11 mai 1999, *Bull. civ.* I, n° 157, p. 104.

218. Cass. civ. 1re, 22 févr. 2000, *Bull. civ.* I, n° 58, p. 40 ; *D.* 2001. 2635, obs. P. Sirinelli ; *PIBD* 2000, n° 710-III-625 ; *CCE* 2001, comm. 42, obs. C. Caron.

présumer, à l'égard des tiers recherchés pour contrefaçon, que cette personne est titulaire sur l'œuvre qu'elle soit, ou non, collective, du droit de propriété incorporelle de l'auteur ». La chambre commerciale[219] reprend cette analyse. Cette construction prétorienne est reprise et interprétée de façon identique par ces deux chambres quant à la reconnaissance de la qualité à agir en contrefaçon au bénéfice d'une personne morale qui exploite légitimement des biens intellectuels appropriés par un droit d'auteur[220].

En l'absence d'une personne physique revendiquant le bénéfice de l'article L. 113-1 C. propr. intell., l'exploitation de l'œuvre par une personne morale sous son nom fait présumer, à l'égard des tiers recherchés pour contrefaçon, que cette personne morale est titulaire, sur l'œuvre, du droit de propriété intellectuelle ; peu importe l'identité ou même l'identification de la ou des personnes physiques ayant concouru à la création des œuvres contrefaites, que ces œuvres soient ou non des œuvres collectives[221] et même si un contentieux existe à l'étranger entre l'auteur et une personne morale[222]. Toutefois, la Cour de cassation précise que « *la présomption de la titularité des droits d'exploitation dont peut se prévaloir à l'égard des tiers poursuivis en contrefaçon la personne qui commercialise sous son nom un objet protégé par le droit d'auteur, suppose, pour être utilement invoquée, que soit rapportée la preuve d'actes d'exploitation* »[223].

120. Sous la pression des juges du fond, la Cour de cassation est venue utilement marquer les limites de l'application de cette présomption. En effet, il ne suffit pas d'exploiter un bien intellectuel pour bénéficier automatiquement de la présomption, il faut que la personne, physique ou morale, ait pu avoir les comportements d'un propriétaire de bien intellectuel ou titulaire d'un droit d'exploitation dudit bien. Ainsi, la Cour affirme sous le visa de l'article L. 113-5 C. propr. intell. que l'exploitation doit être non équivoque[224]. Ce vocabulaire, directement issu du régime de la possession du Code civil (art. 2261 C. civ.) et appliqué uniquement pour la possession immobilière et non mobilière, marque l'ancrage de la propriété intellectuelle dans le droit des biens et l'application rigoureuse des mécanismes de celle-ci. La Cour propose une application précise de cette notion d'exploitation non équivoque d'une œuvre par une personne physique ou morale sous son nom, condition qui se cumule avec celle de l'absence de revendication par l'auteur. Cette condition

219. Cass. com., 20 juin 2006, *Bull. civ.* IV, n° 147, p. 156.
220. Pour une application récente, Cass. civ. 1re, 12 janv. 2012, n° 10-24696.
221. Cass. civ. 1re, 15 nov. 2010, *Bull. civ.* I, n° 231, *D.* 2010. 2835 ; *CCE* 2011, comm. 9, obs. C. Caron ; *Lexbase Hebdo, Ed. Priv. gén.*, 6 janv. 2011, n° 422, obs. N. Martial-Braz, ; *RTD com.* 2011. 103, obs. F. Pollaud-Dulian ; *Gaz. Pal.* 2011, n° 54, 23 févr. 2011, p. 14, obs. L. Marino.
222. Cass. civ. 1re, 28 nov. 2012, n° 11-20531, *CCE* 2013, comm. 11, note C. Caron ; *CCE* 2013, chron. 8, n° 7, obs. A.-E. Kahn.
223. Cass. civ. 1re, 6 janv. 2011, *Bull. civ.* I, n° 2 ; *D.* 2011, p. 1121, obs. J. Daleau ; V. Da Silva, « Présomption de titularité du droit d'auteur : interprétation stricte de la condition d'actes d'exploitation », *D.* 2011 p. 1121 ; *RTD com.* 2011.103, obs. F. Pollaud-Dulian ; *D.* 2011, p. 2167, obs. P. Sirinelli ; *CCE* 2011, comm. 20, obs. C. Caron ; *Gaz. Pal.* 2011, n° 54, 23 févr. 2011, p. 15, obs. L. Marino.
224. Cass. civ. 1re, 6 oct. 2011, *PIBD* 2011, n° 950, III-685 ; *CCE* 2012, chron. 8, n° 5, obs. A.-E. Kahn ; Cass. civ. 1re, 4 mai 2012, *Bull. civ.* I, n° 98, *CCE* 2012, comm. 73, obs. C. Caron.

n'est pas remplie lorsque l'on peut rapporter la preuve que le bien intellectuel en cause a été exploité par des tiers avant que celui qui revendique la présomption ne commençât à les commercialiser, exploitation qui doit s'analyser à l'aune de l'absence d'épuisement international du droit de propriété et du principe de territorialité de celle-ci.

À l'appui de cette présomption prétorienne, on retient que la directive 2004/48[225] dispose en son article 5, intitulé « *Présomption de la qualité d'auteur ou de titulaire du droit* » les titulaires des droits d'auteur sont, jusqu'à preuve du contraire, considérés comme tels et admis en conséquence à exercer des poursuites contre les contrefacteurs, dès lors que leur nom est indiqué sur l'œuvre de manière usuelle. L'intégration de cette présomption dans la directive consacre et communautarise la solution prétorienne, confirmant ainsi la force de la présomption retenue par les juridictions nationales. Sauf à rapporter la preuve contraire, la personne morale doit être tenue pour titulaire des droits d'auteur sur les biens intellectuels qu'elle commercialise et doit pouvoir exercer pleinement toute poursuite en justice contre des contrefacteurs[226].

E L'œuvre orpheline

121. Le statut des œuvres orphelines a longtemps été délaissé, ne suscitant que peu de difficultés pratiques[227]. La doctrine proposait pour déterminer le statut des œuvres pouvant répondre à cette situation d'appliquer des dispositions de l'article L. 122-9 C. propr. intell.[228], ce qui générait une certaine incertitude pour les opérateurs[229]. L'avènement de l'exploitation en ligne des œuvres avec une concurrence entre opérateurs pour proposer les ressources les plus larges et les plus variées possible ont donné à cette notion une actualité nouvelle. Des bibliothèques, des musées, des institutions dépositaires du patrimoine cinématographique ou sonore et des organismes de radiodiffusion de service public, à l'image de l'INA en France, ont entrepris de numériser à grande échelle leurs collections ou archives en vue de créer des bibliothèques numériques européennes. Cet acte en tant que tel peut être couvert par une exception[230], en revanche, la diffusion des archives numérisées ne peut l'être. Les technologies de numérisation de masse de documents, de recherche et d'indexation accroissent la valeur de ces collections. La création de grandes bibliothèques en ligne, dont l'initiative *Google Books*, facilite la recherche électronique et ouvre de nouvelles sources d'exploitation des œuvres. Dans ce cadre, il était nécessaire de créer un cadre juridique facilitant la numérisation et la diffusion des œuvres et autres objets protégés par le droit d'auteur ou des droits voisins et dont le titulaire de

225. Directive 2004/48 du 29 avr. 2004 *JOUE* n° L. 157, 30 avr. 2004, Rect. *JOUE* n° L. 195, 2 juin 2004.

226. Sur la chronologie des exploitations par des personnes morales successives et l'articulation avec le régime de l'œuvre collective, voir Cass. civ. 1re, 12 janv. 2012, préc.

227. Fl.-M. Piriou, « "Œuvres orphelines" : approche d'un nouveau statut juridique européen et français », *CCE* 2012, Études 14.

228. Desbois, *Le droit d'auteur*, *op. cit*, p. 477 ; F. Pollaud-Dulian, *Droit d'auteur*, *op. cit.*, n° 502 ; E. Tricoire, *RLDC* 2006, n° 23, p. 70.

229. CA Paris, 31 oct 2000, *CCE* 2001, comm. 76, note C. Caron.

230. Voir *infra* n° 160, art. L. 122-5 8, C. Alleaume, *CCE* 2006, chron. 27.

droits n'a pu être identifié, ce qui rend impossible d'obtenir son consentement préalable à l'exécution d'actes de reproduction ou de mise à disposition du public. Une harmonisation européenne était d'autant plus nécessaire qu'une série d'initiatives nationales disparates semblait émerger[231]. C'est dans ce cadre que fut adoptée la directive sur certaines utilisations d'œuvres orphelines[232].

122. La directive vise certaines utilisations des œuvres orphelines faites par les bibliothèques, les établissements d'enseignement et les musées accessibles au public, ainsi que par les archives, les institutions dépositaires du patrimoine cinématographique ou sonore et les organismes de radiodiffusion de service public, établis dans les États membres, en vue d'atteindre les objectifs liés à leurs missions d'intérêt public. Son champ d'application est donc strictement limité, et ne peut servir pour des opérateurs privés. En revanche, il ne semble pas exclu que pour la réalisation de ces opérations, suivant l'article 6 de la directive, les institutions bénéficiant de ce régime fassent appel à des opérateurs privés, telle la numérisation d'une partie du fonds de la bibliothèque de Lyon par *Google*. Il sera alors nécessaire de vérifier la compatibilité des contrats avec les dispositions de la directive.

La directive s'applique à des catégories d'œuvres limitées. Ces œuvres sont appréhendées au travers de leur support. Ainsi, peuvent être des œuvres orphelines, des œuvres publiées sous forme de livres, revues, journaux, magazines ou autres écrits qui font partie des collections de bibliothèques, d'établissements d'enseignement ou de musées accessibles au public ainsi que des collections d'archives ou d'institutions dépositaires du patrimoine cinématographique ou sonore. Sont aussi éventuellement des œuvres orphelines au sens de la directive, les œuvres cinématographiques ou audiovisuelles et aux phonogrammes faisant partie des collections de bibliothèques, d'établissements d'enseignement ou de musées accessibles au public ainsi que des collections d'archives ou d'institutions dépositaires du patrimoine cinématographique ou sonore. Cette seconde catégorie est étendue aux œuvres cinématographiques ou audiovisuelles et aux phonogrammes produits par des organismes de radiodiffusion de service public jusqu'au 31 décembre 2002 inclus et figurant dans leurs archives. Elle peut aussi, selon la volonté des États lors de la transposition, s'appliquer aux œuvres et aux phonogrammes qui n'ont jamais été publiés ou radiodiffusés mais ont été rendus publiquement accessibles avec l'accord des titulaires de droits, à condition qu'il soit raisonnable de supposer que les titulaires de droits ne s'opposeraient pas aux utilisations attachées au statut.

Dans tous les cas, il faut que les œuvres dites orphelines soient appropriées par le droit d'auteur ou les droits voisins et avoir été initialement publiées dans un État de l'UE ou, en l'absence de publication, initialement radiodiffusées dans un État de l'UE. Cette réserve de publication ou de diffusion initiale trouve son origine, au sens de la directive, dans la courtoisie internationale.

---

231. J. Liedes, *RIDA* 2006, n° 210, page 53 à propos du régime finlandais, P. Kamina, *CCE* 2005, « Alerte 99 à propos de la solution canadienne » ; *CCE* 2014, chron. 2, obs. P. Kaminia à propos de la Grande-Bretagne.

232. Directive 2012/28/UE, 25 oct. 2012, sur certaines utilisations autorisées des œuvres orphelines, *JOUE*, 27 oct. 2012, L 299/5.

Afin de permettre une numérisation totale des œuvres, la directive s'applique aussi aux œuvres et autres objets protégés qui sont incorporés, ou inclus, ou qui font partie intégrante des œuvres ou phonogrammes. On pense à tout l'appareil iconographique des pochettes de disques.

123. Ces œuvres pourront être qualifiées d'œuvres orphelines et être exploitées dans le cadre du régime arrêté par la directive, si aucun des titulaires de droits sur cette œuvre ou ce phonogramme n'a été identifié. La qualification s'applique aussi si un ou plusieurs titulaires de droit a été identifié, mais qu'aucun d'entre eux n'a pu être localisé bien qu'une recherche diligente des titulaires de droits ait été effectuée. Ce nouveau statut avance un aménagement important du régime des œuvres de collaboration et du principe de l'unanimité qui lui est attaché. Il tire aussi les conséquences des cumuls de droits sur des biens intellectuels et les contraintes que cela engendre pour leur exploitation. En effet, lorsqu'il existe plusieurs titulaires de droits à l'égard d'une œuvre ou d'un phonogramme et que les titulaires de droits n'ont pas tous été identifiés ou, bien qu'ayant été identifiés, n'ont pas tous pu être localisés après qu'une recherche diligente des titulaires de droits a été effectuée, l'œuvre ou le phonogramme pourront être utilisés à condition que les titulaires de droits identifiés et localisés aient, en ce qui concerne les droits qu'ils détiennent, autorisé les actes de reproduction et de mise à disposition du public. Ainsi, l'unanimité est remplacée par une autorisation partielle des titulaires de droit identifiés. Ce mécanisme ne doit pas pour autant remplacer le régime des œuvres anonymes ou pseudonymes.

124. Afin de pouvoir solliciter l'application du régime de l'œuvre orpheline, il est nécessaire de procéder à des diligences spécifiques. Les organismes voulant bénéficier de ce régime devront, pour chaque œuvre, effectuer une recherche diligente des titulaires de droits de bonne foi, en consultant les sources appropriées pour le type d'œuvres en question. Ces sources devront être définies lors de la transposition mais il y aura au moins toutes les sources visées par l'annexe de la directive, dont le dépôt légal, l'ISSN, les bases de données des SPRD, l'ISAN, l'ISWC et l'IRWC. Cette recherche doit être effectuée avant l'utilisation de l'œuvre ou du phonogramme, dans l'État membre où a lieu la première publication. En l'absence de publication, elle doit être conduite dans l'État membre de la première radiodiffusion, c'est-à-dire dans l'État membre où est établie l'organisation qui a rendu l'œuvre ou le phonogramme accessible au public avec l'accord du titulaire de droits. Pour les œuvres cinématographiques ou audiovisuelles dont le producteur a son siège ou sa résidence habituelle dans un État membre, la recherche devra être effectuée dans l'État membre de son siège ou de sa résidence habituelle. Toutefois, de façon très pragmatique, il est retenu que s'il existe des éléments de preuve suggérant que des informations pertinentes sur les titulaires de droits sont disponibles dans d'autres pays, des sources d'informations disponibles dans ces autres pays devront également être consultées. Les organismes qui souhaitent bénéficier du régime de l'œuvre orpheline devront, à l'occasion de ces recherches, tenir un registre de leurs diligences. Ils devront être à même de fournir aux autorités nationales les résultats des recherches, de leur indiquer l'utilisation qu'ils font de ces œuvres orphelines et d'identifier toute modification de statut des œuvres orphelines. Toutes ces informations devront être consolidées dans une base de données unique, accessible en ligne, qui sera gérée par l'Agence européenne pour les marques et les dessins et modèles. Ce partage d'information a pour objectif de permettre une reconnaissance mutuelle du statut d'œuvre orpheline. Ainsi, une œuvre considérée comme œuvre orpheline dans un État membre sera tenue comme telle dans tous les États de l'UE.

Le statut d'œuvre orpheline perdurera jusqu'à ce que le titulaire de droits sur l'œuvre ait prouvé sa titularité et revendiqué sa propriété. Cette revendication peut intervenir à tout moment.

125. La qualification d'œuvre orpheline permet de réaliser certains actes de communication au public limitativement identifiés par la directive. Lors de la transposition, les États pourront adopter soit une exception, soit une limitation au droit de reproduction et au droit de mise à disposition du public pour garantir aux organisations une exploitation paisible des œuvres orphelines présentes dans leurs collections. Les utilisations seront uniquement la mise à disposition du public de l'œuvre orpheline, et la reproduction à des fins de numérisation, de mise à disposition, d'indexation, de catalogage, de préservation ou de restauration. Si les organismes ne pourront utiliser les œuvres orphelines que dans un but lié à l'accomplissement de leurs missions d'intérêt public, en particulier la préservation, la restauration des œuvres et phonogrammes présents dans leur collection et la fourniture d'un accès culturel et éducatif à ceux-ci. Les organisations peuvent percevoir des recettes dans le cadre de ces utilisations, dans le but exclusif de couvrir leurs frais liés à la numérisation et à la mise à disposition du public d'œuvres orphelines. Afin de préserver le droit moral, ces exploitations devront mentionner le nom des auteurs identifiés et autres titulaires de droits.

Suivant un mécanisme indemnitaire, une compensation équitable sera versée aux titulaires de droits qui mettent fin au statut d'œuvre orpheline de leur œuvre pour l'utilisation qui en a été faite par les organismes. Les États sont libres de déterminer les circonstances dans lesquelles le paiement d'une telle compensation peut avoir lieu. Son niveau est déterminé, dans les limites imposées par le droit de l'UE, lors de la transposition. Il sera notamment nécessaire de savoir si les organismes doivent constituer une provision comptable pour ce risque ou si elles doivent abonder un fonds d'indemnisation commun.

Section 3
Les prérogatives du droit d'auteur

126. Après avoir exposé l'objet et le sujet du droit d'auteur, il convient d'en préciser le contenu. Le droit d'auteur connaît des discussions récurrentes sur sa nature : est-ce un droit de propriété ou un droit de la personnalité, est-ce les deux ? La position des auteurs varie suivant la place accordée au droit moral. Des auteurs retiennent que la loi de 1957 consacre une vision dualiste du droit d'auteur articulant le droit moral et les droits patrimoniaux, chacun étant autonome dans son expression (voir article L. 111-1 C. propr. intell.). La loi consacrerait la prééminence du droit moral.

Il ne fait pas de doute que le droit d'auteur est un régime de propriété, un régime de droit spécial des biens. Le droit moral, qui occupe une place légitime dans la matière, constitue une charge – une servitude, un élément du régime de propriété, pleinement incorporé à celle-ci, sans en modifier la nature juridique. Le droit de propriété englobe le droit moral ce qui permet de l'imposer efficacement aux différents propriétaires et utilisateurs du bien intellectuel, et de le défendre avec les outils de la propriété. Il constitue l'un des attributs du droit de propriété et non un élément exogène de ce dernier[233].

L'alinéa 2 de l'article L. 111-1 dispose que le droit d'auteur comporte des attributs d'ordre intellectuel et moral ainsi que des attributs d'ordre patrimonial. Il s'agit de revenir sur ces deux attributs, en suivant l'ordre proposé par le législateur.

§ 1. Le droit moral

127. Le droit moral[234] voit son régime établi par l'article L. 121-1 C. propr. intell. : « *l'auteur jouit du droit au respect de son nom, de sa qualité et de son œuvre. Ce droit est attaché à sa personne. Il est perpétuel, inaliénable et imprescriptible. Il est transmissible à cause de mort aux héritiers de l'auteur. L'exercice peut être conféré à un tiers en vertu de dispositions testamentaires* »[235]. Le droit moral est traditionnellement présenté comme le lien entre un créateur et le bien intellectuel qu'il produit, « *le commerce ne peut jamais arracher l'œuvre à l'artiste* »[236]. Inégalement appréhendé par les propriétés intellectuelles, le droit moral contribue à la protection des intérêts spirituels du créateur. Il lui attribue des droits lui assurant à perpétuité une emprise résiduelle sur sa création. Cette matière est particulièrement sensible pour la propriété littéraire et artistique, on l'abordera essentiellement sous cet angle. Le symbolisme n'est cependant pas ignoré dans les autres matières ; un inventeur conserve seul le droit à la qualité d'inventeur déclaré et le droit aux médailles et récompenses délivrées pour sa création, quand bien même celle-ci a été cédée ou déposée par un tiers. Il faut revenir successivement sur le contenu puis sur le régime du droit moral. Surtout, la Cour de cassation n'a pas fait du droit moral un élément attaché à l'auteur mais un élément attaché à la première personne à qui le droit d'auteur est dévolu *ab initio*. Si la personne physique est naturellement concernée, la personne morale n'en est en rien exclue dès lors qu'elle bénéficie de cette dévolution[237].

233. Cf. *infra* n° 138. Pour une étude complète de la nature du droit moral, N. Binctin, « Le droit moral en France », *Les cahiers de la propriété intellectuelle*, éd. Yvon Blais, Montréal – Canada, vol. 25, p. 303.
234. Présentation en droit comparé du droit moral, *Les cahiers de la propriété intellectuelle*, éd. Yvon Blais, Montréal – Canada 2013, vol. 25.
235. Voir Cass. com., 4 mai 2012, n° 11-11786 qui vise ces qualités particulières du droit moral.
236. Savatier, *Les muses*, *op. cit.*, n° 42.
237. Voir *supra* n° 24.

A Le contenu du droit moral

128. Le droit moral est constitué de quatre éléments : le droit de divulgation, le droit de paternité, le droit au respect et le droit de retrait ou de repentir.

1. Le droit de divulgation

129. L'article L. 121-2 C. propr. intell. dispose que « *l'auteur a seul le droit de divulguer son œuvre* [...]. *Il détermine le procédé de divulgation et fixe les conditions de celle-ci* ». Le droit de divulgation[238] est un élément crucial du droit d'auteur, l'acte par lequel l'auteur se défait de son bien intellectuel qui passe alors de la sphère intime à la cité. Il s'agit d'une faculté purement discrétionnaire de l'auteur : ce dernier est le seul juge du moment et de la forme[239] de la première communication à autrui de sa création. C'est un pouvoir exclusif de l'auteur non susceptible d'une exécution forcée. Il est impossible pour un créancier de saisir des œuvres non encore divulguées par l'auteur ; l'œuvre n'étant pas dans le commerce juridique au sens de l'article 1128 C. civ. La divulgation est le seul acte absolu du droit d'auteur, la limite de celui-ci ne se trouvant que dans l'usage vexatoire que l'auteur pourrait en faire. Elle ne conditionne pas l'existence du droit de propriété qui naît dès la création et du seul fait de celle-ci.

L'exercice de la divulgation épuise ce droit, une seule divulgation peut exister, les actes suivants relevant du droit d'exploitation de l'œuvre et non du droit de divulgation[240]. Le droit de divulgation s'épuise par le premier usage qu'en fait l'auteur[241]. En cas de contentieux, restera toujours la délicate preuve de l'intention de l'auteur, intention de divulguer son œuvre : les juges tentent de réunir un faisceau d'indices concordants permettant de préciser si celle-ci a été effectuée ou non. La constatation de la divulgation présente un enjeu important pour l'auteur : si le bien intellectuel n'est pas divulgué, il ne peut être saisi, il peut le faire évoluer, le détruire à sa guise. Si le bien est, au contraire, divulgué, ces actes sont envisageables uniquement dans le cadre contraignant du droit de retrait et de repentir.

130. L'exercice du droit de divulgation a connu une tension particulière pour les œuvres de commande[242] : l'auteur a le droit de ne pas divulguer l'œuvre commandée sous couvert de son droit moral. Aucune divulgation forcée ne peut être imposée par le commanditaire, l'auteur engage sa responsabilité contractuelle et l'affaire ne pourra se résoudre que par des dommages et intérêts[243].

238. O. Laligant, *La divulgation des œuvres artistiques, littéraires et musicales en droit positif français*, LGDJ, 1983.

239. Cass. civ. 1re, 21 nov. 2006, *Bull. civ.* I, n° 499 ; *RTD com.* 2007.536, obs. F. Pollaud-Dulian, *Prop. Intell.* 2007, n° 22, p. 84, obs. A. Lucas, *RIDA* janv. 2007, p. 437, note P. Sirinelli.

240. En ce sens, CA Paris, 14 févr. 2001, *CCE* 2001, comm. 25, note C. Caron ; *Prop. Intell.* 2001, n° 1, p. 60 obs. A. Lucas. Sur la controverse doctrinale à ce sujet, cf. synthèse par M. Vivant et J.-M. Bruguière, *op. cit.*, n° 440.

241. Cass. civ. 1re, 11 déc. 2013, n° 11-22031, *Bull. civ.* I, à paraître, *JCP* G 2014, chron. 364, p. 560, obs. C. Caron ; *CCE* 2014, comm. 15, note C. Caron.

242. S. Denoix de Saint Marc, *op. cit.*, n° 52 et s., 350 et s.

243. Cass. civ. 1re, 14 mars 1900, aff. *Whistler*, *DP* 1900.1.497, rapport Rau, concl. Desjardins, note Planiol ; CA Paris, 19 mars 1947, aff. Rouault, *D.* 1949, j. 20, note Desbois.

L'auteur peut aussi ne pas livrer l'œuvre s'il la considère indigne de sa production, et on ne peut le contraindre à agir sous astreinte. Plus encore, le commanditaire doit permettre à l'auteur d'exercer son droit de divulgation[244]. L'article L. 111-3 alinéa 2 C. propr. intell. soutient ces solutions en rappelant que la propriété incorporelle est indépendante de la propriété corporelle. En cas d'abus notoire du propriétaire du bien corporel empêchant l'exercice du droit de divulgation du bien intellectuel, le tribunal de grande instance peut prendre toute mesure appropriée.

2. Le droit de paternité

131. Le droit de paternité est le droit permettant à l'auteur d'affirmer sa qualité de créateur, sa paternité au sens étymologique du terme, en exigeant que son nom soit accolé à son œuvre. Ce droit existe pour toute espèce d'œuvre et doit notamment être respecté en cas de citation (art. L. 122-5 3° C. propr. intell.). Droit moral le plus largement partagé par les créateurs, le droit à la paternité[245] apporte l'assurance à l'auteur que son nom sera attaché à vie, s'il le souhaite, à sa création. Sans revenir sur le régime des œuvres pseudonymes et anonymes[246], ce qui est pris en considération pour le droit de paternité est le nom que l'auteur souhaite voir attaché à l'œuvre et non l'état civil de l'auteur. Le droit de paternité ne bénéficie pas d'un régime détaillé à l'inverse du droit de divulgation ou du droit de repentir. Une présomption de paternité est avancée à l'article L. 113-3 C. propr. intell. au bénéfice de la personne qui divulgue le bien intellectuel[247], son application est ensuite le fruit d'un travail prétorien. Le créateur doit apparaître comme auteur de l'œuvre, et l'omission de son nom engage la responsabilité de celui qui procède à la diffusion, quelles que soient la modestie de cette diffusion et la renommée de l'œuvre et de l'auteur.

L'application de cette obligation est parfois confrontée à des problèmes techniques pour les catalogues, les photographies, les arts appliqués. C'est à une application au cas par cas à laquelle se livrent les juges, cherchant un raisonnable équilibre entre l'exercice de cette prérogative et les possibilités matérielles objectives permettant de la mettre en œuvre. Le principe est que le nom doit être accolé à l'œuvre ; toutefois, il sera considéré que le droit au nom est respecté lorsque le nom de l'auteur est mentionné en fin d'ouvrage avec le nom de l'ensemble des contributeurs, par exemple dans un crédit photo. Les usages professionnels influencent la mise en application de cette prérogative[248].

132. Le droit à la paternité est celui des droits moraux le plus aisément aménagé contractuellement. Suivant les propos de M. Sirinelli, « *les conventions relatives au droit à la paternité sont valables car il s'agit pour l'auteur d'un*

244. Voir Cass. civ. 1re, 8 janv. 1980, *D.* 1980, j. 89, note B. Edelman ; *JCP* G 1980, II 19336, obs. Lindon ; *RIDA* n° 104, avr. 1980, p. 152, obs. Françon. Voir F. Pollaud-Dulian, *Le droit d'auteur*, *op. cit.*, n° 624 et s., et 1126 et s. ; S. Denoix et Saint Marc, *op. cit.*, n° 137 et s.

245. Voir l'art. L. 611-9 C. Prop. Intell. (*infra* n° 472) et le formulaire de dépôt des Dessins et modèles.

246. Cf. *supra* n° 61.

247. Voir *supra* n° 119.

248. CA Paris, 20 nov. 2009, *Gaz Pal.*, 14-15 avr. 2010, p. 20, obs. P. Greffe ; *CCE* 2010, chron. 7, n° 6, obs. E. Dreyer.

droit et non d'une obligation »[249]. S'inscrit dans ce cadre la « convention de nègre »[250] : un auteur peut par contrat aménager son droit au nom et abandonner sa qualité d'auteur à un tiers. La validité d'une telle convention est douteuse, elle n'en est pas moins des plus courantes dans la pratique. La jurisprudence admet une abdication temporaire du droit au nom par ce type de convention. L'auteur pourra à tout moment déclarer sa paternité, mais il peut aussi par là engager sa responsabilité s'il a abusé de son cocontractant.

133. Reste la question de l'auteur introuvable[251], l'œuvre orpheline pour laquelle, malgré toutes les recherches entreprises par l'utilisateur, il n'est pas possible d'identifier l'auteur. Dans cette situation, il n'est pas possible de présumer que l'œuvre est anonyme[252]. Il faut, pour pouvoir exploiter celle-ci, d'une part, être à même de rapporter la preuve des investigations entreprises et, d'autre part, ne pas attribuer faussement l'œuvre à un tiers. On peut envisager, en interprétant l'article L. 121-3 C. propr. intell. au-delà de la seule question de la divulgation, que le tribunal de grande instance pourrait être saisi pour constater l'absence de paternité[253]. Après de nombreux travaux conduits notamment à l'initiative de l'Union européenne, et sans attendre l'adoption d'une directive harmonisant le régime des œuvres orphelines[254], le législateur français a adopté, de façon isolée, un régime *ad hoc* pour les exemplaires épuisés que l'on ne doit pas confondre avec les œuvres orphelines[255]. Toutefois, à l'occasion de l'adoption de ce régime, fut intégré dans le C. propr. intell. un nouvel article L. 113-10 C. propr. intell. définissant l'œuvre orpheline comme « *une œuvre protégée et divulguée, dont le titulaire des droits ne peut pas être identifié ou retrouvé, malgré des recherches diligentes, avérées et sérieuses* ». Le législateur doit maintenant transposer la directive de 2012. Le législateur indique qu'en présence d'une indivision de la propriété de l'œuvre, il suffit que l'un des copropriétaires ait été identifié et retrouvé pour qu'elle ne soit pas considérée comme orpheline.

3. Le droit de retrait et de repentir

134. L'article L. 121-4 C. propr. intell. dispose que « *nonobstant la cession de son droit d'exploitation, l'auteur, même postérieurement à la publication de son œuvre, jouit d'un droit de repentir ou de retrait vis-à-vis du cessionnaire* ». Cet élément symbolique du droit moral fait l'objet de très rares applications, et

249. P. Sirinelli, *Le droit moral de l'auteur et le droit commun des contrats*, thèse dactyl., Paris II, 1985., p. 309.

250. Voir P.-Y. Gautier, « L'œuvre écrite pour autrui », *RIDA*, n° 139, janv. 1989, p. 63 ; B. Gurrey, « La vie des autres », *Le Monde*, 5 mars 2010, p. 17.

251. Voir J.-F. Debarnot, « L'expérience de l'INA relative à l'utilisation d'œuvres audiovisuelles et sonores éventuellement orphelines », *CCE* 2010, Étude 1.

252. Fl.-M. Piriou, « Les "œuvres orphelines" en quête de solutions juridiques », *RIDA* oct. 2008.

253. Voir la pratique de l'INA pour l'exploitation des archives télévisuelles.

254. Directive 2012/28/EU, 25 oct. 2012, sur certaines utilisations autorisées des œuvres orphelines, voir *supra* n° 121 et s.

255. Loi n° 2012-287, 1er mars 2012, relative à l'exploitation numérique des livres indisponibles du XXe siècle, *JORF*, 2 mars 2012 p. 3986 ; Fl.-Marie Piriou, « Nouvelle querelle des anciens et des modernes : loi du 1er mars 2012 relative à l'exploitation numérique des livres indisponibles du XXe siècle », *CCE* 2012, Étude 17 ; *CCE* 2012, comm. 120, obs. C. Caron.

on pourrait songer à le supprimer d'éviter l'effet de caricature du droit moral qu'il engendre[256]. Le droit de retrait et de repentir réserve à l'auteur un pouvoir unilatéral de sortir de ses engagements contractuels et mettre fin à toute exploitation de son bien intellectuel. L'exercice de ce droit suppose que le bien intellectuel fasse l'objet d'une exploitation. L'auteur est assuré, grâce à cette prérogative, de pouvoir retirer ou remanier son œuvre suivant sa volonté et ne pas avoir à supporter la circulation d'une œuvre qui ne répondrait pas ou plus à ses exigences créatives.

La mise en œuvre de ce droit doit respecter les intérêts de ses cocontractants (et des éventuels propriétaires de corpus dans le cas d'œuvres d'arts plastiques). L'article L. 121-4 C. propr. intell. conditionne son exercice, qui offre un moyen légal de rupture unilatérale d'un contrat sans faute contractuelle, à l'obligation pour l'auteur d'indemniser préalablement le cessionnaire du préjudice subi par l'exercice de cette prérogative[257]. La jurisprudence constate davantage une utilisation à contresens de ce droit[258] qu'une juste revendication de celui-ci. Si postérieurement à l'exercice de ce droit, l'auteur souhaite exploiter à nouveau son œuvre, il doit l'offrir en priorité au cessionnaire originellement choisi et victime du droit de retrait, le nouveau contrat d'exploitation étant conclu aux conditions de la première convention.

L'exercice de ce droit est exclu pour les logiciels, suivant le dernier alinéa de l'article L. 121-7 C. propr. intell., sauf convention contraire.

4. Le droit au respect

135. Le droit moral attribue au créateur une dernière prérogative d'une grande efficacité : le droit au respect de la création. Comme pour le droit de paternité, le Code de la propriété intellectuelle est silencieux sur ce droit en dehors de sa consécration par l'article L. 121-1 C. propr. intell. Le droit au respect permet à l'auteur de préserver l'intégrité et l'esprit de sa création. Suivant cette disposition, un tiers ne peut porter atteinte, sans le consentement de l'auteur, à une œuvre, la réutiliser à contresens, la transformer, la morceler, en modifier la structure, etc.[259]. Le droit au respect intègre le maintien de l'intégrité physique des œuvres plastiques, dont les originaux de photographies[260]. La portée de ce droit diffère selon que le créateur autorise une utilisation telle quelle ou une adaptation, et en pratique, elle diffère aussi selon que l'œuvre est ou non dans le domaine public, bien que la loi n'opère pas cette distinction. On assiste à une certaine évaporation du droit moral avec le temps.

Dans le premier cas, celui d'une utilisation telle quelle de l'œuvre, l'utilisateur ne doit en aucun cas porter atteinte au bien intellectuel. Dans le second, où la modification de l'œuvre est au cœur de l'accord entre les parties, on apprécie l'atteinte au droit au respect en recherchant l'esprit de l'œuvre. Respecter l'œuvre préexistante s'impose à l'auteur de l'adaptation mais le créateur de cette

256. Dans le même sens, G. Blanc-Jouvan, *Droit de la propriété intellectuelle*, Vuibert, 2011, p. 241.
257. CA Paris, 6 juin 2000, *Prop. Intell.* oct. 2001, p. 61, obs. Lucas.
258. Cass. civ. 1re, 14 mai 1991, *Chiavarino c/Société Parisienne d'Édition (SPE)*, *D.* 1992.15, obs. Colombet, *JCP* G 1991. II. 21760, note F. Pollaud-Dulian ; *RTD com.* 1991.592, Françon.
259. Cf. la réserve du *final cut* pour les œuvres cinématographiques, *supra* n° 109.
260. En ce sens, Cass. civ. 1re, 30 mai 2012, *Bull. civ.* I, n° 116.

dernière doit composer avec les exigences de liberté de son cocontractant et admettre certaines atteintes à l'intégrité de son œuvre. L'adaptateur ne jouit pas d'une liberté absolue sur l'œuvre, il doit respecter l'esprit, le caractère et la substance de l'œuvre originaire[261]. Les aménagements contractuels sont délicats à mettre en place pour assurer une coopération entre les deux créateurs. Les clauses aménageant le droit moral de l'auteur doivent avoir une portée limitée et ne pas déroger durablement au principe général de respect de l'œuvre. Une dénaturation substantielle ou une violation évidente de l'œuvre permettrait de contester l'adaptation sur le terrain du droit moral.

Enfin, pour les logiciels, l'article L. 121-7 C. propr. intell. dispose que l'auteur ne peut s'opposer à la modification du logiciel par le cessionnaire lorsqu'elle n'est préjudiciable ni à son honneur, ni à sa réputation, sauf stipulation contractuelle plus favorable – marquant ainsi une nouvelle exception dans la réception du logiciel par le droit moral.

B Le régime du droit moral

136. On distingue les éléments constants du régime du droit moral[262] puis l'influence de la mort de l'auteur sur ce régime.

1. Les éléments constants

137. Comme tous les éléments du droit de propriété en général et du droit d'auteur en particulier, le droit moral est opposable *erga omnes*. L'article L. 121-1 C. propr. intell. ajoute que le droit moral est attaché à la personne, il est perpétuel, inaliénable et imprescriptible. Ces caractères s'appliquent à chaque composant du droit moral, il faut les envisager successivement.

a) L'attachement à la personne

138. Cette affirmation du législateur soutient la thèse personnaliste du droit d'auteur. Le droit moral, attaché à la personne du créateur, serait un droit de la personnalité ce qui imposerait d'écarter le droit d'auteur du droit des biens. L'attachement du droit moral à la personne de l'auteur viendrait renforcer l'analyse des autres caractéristiques du droit moral, en particulier son caractère inaliénable et insaisissable ; l'auteur ne peut se défaire de ces prérogatives, il peut toutefois les aménager comme on l'a vu pour le nom et pour le respect. Toutefois, l'attachement à la personne doit être compris comme à la première personne ayant obtenu la dévolution du droit de propriété et non la personne physique créatrice strictement. Si dans de nombreux cas, les deux situations se confondent, le régime de l'œuvre collective rappelle qu'il est aussi nécessaire de distinguer. Le droit moral est un élément du droit de propriété attaché à la première personne propriétaire. Celle-ci jouit ensuite d'une sorte de droit de suite, de droit de regard sur les évolutions et utilisation de l'œuvre. Le droit

---

261. Par exemple, Cass. civ. 1re, 12 juin 2001, *Bull. civ.* I, n° 171.
262. Voir M. Briatta, « L'incidence du droit moral dans l'exploitation des droits de propriété intellectuelle », *Prop. Indust.* 2013, Étude 18.

moral apparaît comme une charge de la propriété, le transfert de la propriété du bien intellectuel imposant aux acquéreurs successifs de la respecter[263]. L'attachement à la personne du droit moral n'interdit pas à l'auteur d'en déléguer l'exercice à un tiers, au moyen d'un contrat de mandat par exemple. C'est une prérogative de la propriété dont il ne peut se défaire.

b) La perpétuité

139. La perpétuité du droit moral inscrit le droit d'auteur dans le temps, bien au-delà de la durée des droits patrimoniaux, faisant écho à la traditionnelle perpétuité du droit de propriété. Reste qu'il est nécessaire pour que la perpétuité soit efficiente qu'elle soit portée après la mort de l'auteur. Cette situation est rare, la perpétuité devenant théorique. Les actions fondées sur le droit moral une fois l'appropriation *post mortem* éteinte sont rares[264] mais elles peuvent connaître un succès certain si l'auteur a organisé sa succession pour s'inscrire dans cette durée[265]. Toutefois, il est indéniable que le temps affaiblit ce caractère, il est difficile de rechercher la volonté d'un auteur quelques siècles après sa mort ; en ce sens, il y a une « exagération » de la perpétuité du droit moral[266].

Le choix français d'un droit moral perpétuel n'est pas une nécessité et n'est pas généralement partagé. La Suisse et l'Allemagne, par exemple, retiennent une durée identique pour les droits patrimoniaux et les droits moraux, d'autres pays mettent en place une survie temporaire du droit moral au droit patrimonial.

c) L'inaliénabilité

140. L'inaliénabilité du droit moral protège l'auteur contre toute tentation de renoncer à ces prérogatives du droit de propriété, le protégeant en tant que partie faible. C'est une garantie de l'effectivité du droit moral et un moyen imparable de contrer des stipulations contractuelles inverses. Cette solution, reprise par le législateur de 1957 d'une jurisprudence antérieure, laisse penser qu'à défaut de prescription légale, il serait intéressant d'inclure dans les contrats la cession ou la concession du droit moral, ce qui ne le rendrait donc pas, par nature, extrapatrimonial. Cette prohibition légale est claire et n'appelle aucune interprétation, une jurisprudence constante condamne les clauses qui contreviendraient à cet impératif. Dans un arrêt du 28 janvier 2003, la Cour de cassation a affirmé que « *l'inaliénabilité du droit au respect de l'œuvre, principe d'ordre public,*

263. V. N. Binctin, « Le droit moral en France », *op. cit.*

264. Voir l'aff. *Les Misérables* : TGI Paris, 12 sept. 2001, *Légipresse* n° 186, nov. 2001, III.201 ; *JCP* G II 10636, note C. Caron ; même auteur, « L'auteur et ses héritiers : à propos de l'affaire Hugo » *CCE* 2001, chron. 29 ; *RTD com.* 2002.475, Françon, n° 2 ; *RIDA* n° 191, janv. 2002, p. 321, obs. A. Kerever ; *Prop. Intell.* n° 3, 2002, p. 57, obs. A. Lucas. CA Paris, 31 mars 2004, *CCE* 2004, comm. 50, note C. Caron ; *D.* 2004, j. 2028, note B. Edelman ; *Prop. Intell.* n° 12, juill. 2004, n° 3, p. 768, note A. Lucas ; *RTD com.* 2004.474, n° 3, obs. F. Pollaud-Dulian ; même auteur *RIDA* n° 202, oct. 2004, p. 292 ; X. Daverat, « Vie et mort des personnages de fiction », *LPA* n° 11, 17 janv. 2005, p. 5. Cass. civ. 1re, 30 janv. 2007, *JCP* G 2007, II 10025, note C. Caron ; *LPA* n° 182, 12 sept. 2006, p. 3, N. Binctin. CA Paris, 19 déc. 2008, *CCE* 2009 comm. 22, obs. C. Caron.

265. Voir N. Binctin, *Le capital intellectuel*, Litec, 2007, n° 351 et s. ; CA Paris, 16 nov. 2012, n° 11/23303, *CCE* 2013, comm. 50, note C. Caron, à propos de l'action efficace du musée Rodin titulaire du droit moral du sculpteur.

266. En ce sens, M. Vivant et J.-M. Bruguière, *op. cit.*, n° 431.

s'oppose à ce que l'auteur abandonne au cessionnaire, de façon préalable et générale, l'appréciation exclusive des utilisations, diffusions, adaptations, retraits, adjonctions et changements auxquels il plairait à ce dernier de procéder »[267]. Des aménagements contractuels ponctuels et précis sont possibles, justifiant en particulier les aménagements du droit de paternité ou du droit au respect. L'inaliénabilité ne vise qu'une renonciation générale à l'exercice du droit moral[268]. La sanction d'une atteinte à ce caractère est la nullité de la clause, la volonté contractuelle étant impuissante à modifier ces dispositions.

d) L'imprescriptibilité

141. La question de la prescription est double et ne connaît pas la même réponse sous les deux angles de son étude. Il faut distinguer la prescription du droit moral et la prescription de l'action fondée sur un droit moral. Pour la première, la prescription du droit moral, l'article L. 121-1 C. propr. intell. impose que le droit moral ne s'éteigne pas par inaction de son titulaire, le non-usage n'a aucune influence sur la permanence de la prérogative. En ce sens, cette affirmation renforce le caractère perpétuel du droit moral. En revanche, pour la question de la prescription de l'action en justice fondée sur un droit moral, le droit commun doit s'appliquer, comme l'a confirmé la cour d'appel de Paris[269]. La prescription d'une action personnelle ou mobilière, suivant l'article 2224 C. civ., est de cinq ans, à compter du jour où le titulaire d'un droit a connu ou aurait dû connaître les faits lui permettant d'exercer l'action.

e) Reconnaissance internationale du droit moral

142. Contrairement à ce qui est souvent affirmé, le droit moral est largement consacré au niveau international, même s'il y a des différences entre les régimes[270]. Son caractère universel ne fait pas de doute, l'article 6 *bis* de la Convention de Berne consacre cet élément du droit d'auteur. Dans le cadre de la construction européenne, si les États membres connaissent encore des divergences de régimes, la CJUE a intégré le droit moral dans le périmètre de l'objet spécifique du droit d'auteur[271].

143. Aux États-Unis, si l'adhésion à la Convention de Berne fut effectuée avec une réserve visant le droit moral, on trouve néanmoins plusieurs dispositions abordant ce point. Des textes spéciaux de plusieurs États organisent un droit moral tel le *California Art Preservation Act*, ou le *Artists Authorship Rights Act* de New York. Surtout, ces dispositions furent largement reprises par un texte fédéral, le *Visual Artists Rights Act* (VARA). Ce texte constitue

267. Cass. com., 28 janv. 2003, *CCE* 2003, comm. 21, note C. Caron, *Prop. Intell.* 2003, n° 7, p. 165, note P. Sirinelli ; dans le même sens, Cass. crim., 2 sept. 2009, *CCE* 2010, comm. 13, note C. Caron.
268. Cass. com., 6 févr. 2013, n° 12-14038 ; *PIBD* 2013, n° 980, III-1083 ; *CCE* 2013, chron. 8, n° 10, obs. A.-E. Kahn.
269. CA Paris, 16 mai 2008, *RTD com.* 2008.553, obs. F. Pollaud-Dulian ; *Prop. Intell.* 2008, n° 29, p. 434, obs. A. Lucas.
270. Présentation du régime du droit moral dans un grand nombre de traditions juridiques, *Les cahiers de la propriété intellectuelle*, éd. Yvon Blais, Montréal – Canada, vol. 25.
271. CJCE, 20 oct. 1993, aff. C-92/92 et C-326/92, *Phil Collins*, *Rec.*, I-. 5145 ; *RTD eur.* 1995.845, obs. G. Bonet.

une part du titre 17 du *US Copyright Code* et attribue aux auteurs, notamment, le droit de revendiquer leur qualité d'auteur, le droit d'interdire l'affectation d'une œuvre à une personne qui ne l'a pas créée, le droit d'interdire toute destruction, mutilation ou modification de l'œuvre qui serait préjudiciable à l'honneur ou à la réputation de l'auteur. Enfin, les auteurs disposent d'un droit de contrôle des adaptations de leurs créations en application du § 106 du *Copyright Act*. Les correctifs collectifs de l'exercice du droit d'auteur renforcent les droits des auteurs qui notamment jouissent d'un droit à figurer au crédit des œuvres, leur assurant un parfait respect de leur droit de paternité.

2. Devenir du droit moral à la mort de l'auteur

144. Attaché à la personne jouissant de la dévolution *ab initio* du droit de propriété, le transfert général et définitif du droit moral ne peut avoir lieu qu'à cause de mort, dans des conduit prescrites par la loi. En présence d'une personne morale, cette solution conduit à envisager un transfert à l'occasion de la dissolution de celle-ci[272]. Le droit moral subsiste à la mort, mais son exercice en est modifié. Cette survie du droit moral à la personne de l'auteur concourt à écarter l'analyse du droit moral comme un droit de personnalité, structurellement viager.

a) *Les éléments du droit moral post mortem auctoris*

145. Le droit de paternité n'est pas influencé par la disparition de l'auteur, il reste parfaitement intact et doit être respecté avec autant de rigueur.

146. Le droit de divulgation conserve aussi son entière vigueur. La difficulté est de savoir si l'œuvre, que l'auteur n'a pas divulguée de son vivant, peut faire l'objet d'une divulgation *post mortem*. Les contentieux sont nombreux à ce sujet, renforcés par les dispositions de l'article L. 121-3 C. propr. intell. Celui-ci dispose qu'en cas d'abus notoire dans l'usage ou le non-usage du droit de divulgation de la part des représentants de l'auteur décédé, le tribunal de grande instance peut ordonner toute mesure appropriée[273]. Cette solution est étendue par la loi aux conflits entre représentants pour l'exercice du droit de divulgation, ou en cas d'absence d'ayant droit, de vacance ou de déshérence. La Cour de cassation a rappelé à plusieurs reprises que le droit de divulgation *post mortem* doit s'exercer au service de l'œuvre[274] et s'accorder avec la personnalité et la volonté de l'auteur telle que révélée et exprimée de son vivant[275]. Il appartient au juge d'apprécier les circonstances de la divulgation à la lumière des

272. Voir *infra* n° 1516, dans le cadre des procédures collectives.

273. Voir CA Paris, 11 janv. 2013, n° 11/19183, *CCE* 2013, comm. 41, note C. Caron ; *Prop. Intell.* avr. 2013, p. 188, obs. A. Lucas ; *RTD com.* 2013. 280, obs. F. Pollaud-Dulian.

274. Voir Cass. civ. 1re, 9 juin 2011, *Bull. civ.* I., n° 109 ; *D.* 2011, p. 2099, note F. Fabiani et R. Perrier ; *CCE* 2011, comm. 75, obs. C. Caron.

275. Cass. civ. 1re, 24 oct. 2000, *Bull. civ.* I, n° 266, *D.* 2001, j. 918, note C. Caron ; *RTD com.* 2001.94, obs. Françon ; Cass. civ. 1re, 3 nov. 2004, *Bull. civ.* I, n° 247 ; *D.* 2004, AJ 3223, obs. Allaeys ; *RTD com.* 2005.86, obs. F. Pollaud-Dulian ; Cass. civ. 1re, 25 mai 2005, *Bull. civ.* I, n° 229 ; *CCE* 2005, comm. 108, obs. C. Caron ; *RIDA*, janv. 2006, p. 289, note A. Kéréver.

comportements de l'auteur de son vivant. Dans le cadre du contrôle de l'abus, le tribunal peut notamment être saisi par le ministre chargé de la culture.

En marge de la divulgation se situe la question de l'authentification des œuvres. Celle-ci n'est pas nécessairement du ressort des titulaires du droit moral, même si une tendance importante émerge pour leur reconnaître une compétence particulière dans ce domaine. Pour des œuvres du domaine public, la Cour de cassation[276] a retenu une compétence particulière au titulaire du droit moral pour tirer le bon grain de l'ivraie, et lui a accordé une part de pouvoir discrétionnaire pour délivrer une certification ou inclure une œuvre dans un catalogue raisonné[277].

147. Le droit de repentir et de retrait, en revanche, disparaît ; il ne pourra jamais être invoqué par les successeurs du créateur. Cela semble logique au regard du caractère exorbitant de ce droit. Toutefois, il peut être tentant pour une succession de rechercher à retirer du circuit ou à retenir des œuvres peu représentatives de la qualité du travail de l'auteur décédé. Il semble que la succession *Bonnard* assistée de M. Wildenstein ait procédé ainsi[278].

148. Enfin, le droit au respect n'est pas affecté par le décès de l'auteur. Son exercice doit se conformer à la volonté présumée du défunt, tout en rendant service à l'intérêt général qui est que les œuvres soient présentées au public sans dénaturation. La Cour de cassation est venue préciser à l'occasion de l'affaire *Les Misérables*[279], au visa des articles L. 121-1 et L. 123-1 C. propr. intell. et de l'article 10 de la Convention de sauvegarde des droits de l'homme et des libertés fondamentales, que « *la suite d'une œuvre littéraire se rattache au droit d'adaptation ; que sous réserve du respect du droit au nom et à l'intégrité de l'œuvre adaptée, la liberté de création s'oppose à ce que l'auteur de l'œuvre ou ses héritiers interdisent qu'une suite lui soit donnée à l'expiration du monopole d'exploitation dont ils ont bénéficié* ». Le droit au respect de l'œuvre ne saurait fonder une action pour s'opposer à une telle suite.

b) Les titulaires du droit moral post mortem auctoris[280]

149. Dans l'organisation successorale de l'auteur, le droit moral suit les autres éléments du droit de propriété et s'inscrit dans le droit commun des successions pour l'essentiel[281]. Seule la divulgation constitue un élément du droit moral à être traité de façon spécifique par le législateur[282]. L'article L. 121-2

276. Cass. civ. 1re, 4 mai 2012, *Bull. civ.* I, n° 103 ; *CCE* 2012, comm. 90, obs. C. Caron ; *JCP* G 2012, 790, note A. Lucas-Schlotter.

277. Cass. civ. 1re, 22 janv. 2014, n° 12-35264, *Bull. civ.* I, à paraître, *JCP* G 2014, note E. Raschel ; *JCP* G 2014, chron. 364, p. 560, obs. C. Caron ; *CCE* 2014, comm. 25, note C. Caron.

278. Cf. D. Wildenstein et Y. Stavridès, *Marchands d'art*, Plon, 1999, p. 139 et s.

279. Cass. civ. 1re, 30 janv. 2007, préc.

280. Étude générale de l'articulation droit d'auteur/droit des successions, N. Binctin, « La succession de l'auteur », *RIDA* oct. 2012, p. 3.

281. Cass. civ. 1re, 11 janv. 1989, *JCP* G 1989, II, 21378, note B. Edelman ; *D.* 1990, j. 57, note Colombet ; Cass. civ. 1re, 15 févr. 2005, *CCE* 2005, comm. 62, note C. Caron.

282. P.-Y. Gautier, *Propriété littéraire*, *op. cit.*, n° 419, C. Caron, *Droit d'auteur*, *op. cit.*, n° 275 et s., M. Vivant et J.-M. Bruguière, *op. cit.*, n° 919 et s. ; Th. Lancrenon, « Epitomé d'une controverse sur le droit de divulgation de l'auteur », *RIDA* 2009, n° 222, p. 9.

C. propr. intell. expose une règle d'exercice du droit de divulgation offrant une place spécifique à l'exécuteur testamentaire par rapport aux autres successeurs de l'auteur. Le droit de divulgation sur les œuvres posthumes est exercé, leur vie durant, par le ou les exécuteurs testamentaires de l'auteur. À défaut d'exécuteur testamentaire, ou à la mort de ces derniers, le droit de divulgation est exercé dans l'ordre suivant : les descendants, le conjoint non divorcé et non remarié, les héritiers autres que les descendants, les légataires universels ou, enfin, les donataires de l'universalité des biens à venir[283]. La place de l'exécuteur testamentaire est originale dans ce processus successoral du droit d'auteur, ce dernier peut se voir confier l'exercice d'une prérogative juridique attachée à un droit de propriété, indéniablement porteuse d'enjeux économiques même si elle ne fait pas l'objet d'une exploitation directe. La Cour de cassation, dans l'arrêt *Levinas*[284], en liant directement droit de divulgation et modalité d'exploitation du bien intellectuel, a patrimonialisé le droit de divulgation. C'est une dénaturation de cette prérogative. Il est nécessaire de ne pas confondre dans ce cadre, d'une part, l'exercice du droit moral de divulgation et, d'autre part, l'exercice du droit de reproduction et plus généralement du droit de communication au public. L'exercice de l'un n'emporte pas le droit d'exercer seul et librement l'autre.

150. Le régime successoral du droit de divulgation est l'objet de controverses importantes. En présence d'une succession ab intestat, l'ordre successoral du droit de divulgation ne connaît pas de spécificité déroutante à la lumière des articles 731 et suivants du C. civ. L'ordre établi par l'article 734 C. civ. s'applique en l'absence de conjoint successible. L'originalité de l'article L. 121-2 C. propr. intell. réside uniquement en ce qu'il prévoit la dévolution du droit moral en présence d'un conjoint successible. Cette prérogative du droit d'auteur est dévolue aux descendants de ce dernier, à défaut au conjoint successible, sinon aux héritiers autres que les descendants, c'est-à-dire ceux visés par l'article 734, 2° à 4° C. civ. L'article L. 121-2 C. propr. intell. vise en dernier lieu les légataires et donataires, mais ces derniers ne peuvent être présents en cas de succession *ab intestat*. Moins de dix pour cent des successions comportent un testament en France, ce qui laisse une place importante à cette solution par défaut[285]. Dès lors, en droit d'auteur, comme pour l'essentiel des successions en France, le droit de divulgation suit la dévolution successorale ordinaire, avec les autres éléments du patrimoine.

151. En présence d'un testament, la mise en œuvre de l'article L. 121-2 C. propr. intell. soulève des difficultés d'interprétation. L'unité de la dévolution est remise en cause par la volonté de l'auteur, il est nécessaire ensuite de donner un sens complet à celle-ci. En présence d'un exécuteur testamentaire, celui-ci exerce le droit de divulgation. À défaut, ou au décès de ce dernier, le droit de

283. Par exemple, la succession Le Corbusier qui a établi la fondation Le Corbusier, succession appréciée par la Cour de cassation : Cass. civ. 1re, 12 juin 2012, *Bull. civ.* I, n° 131.

284. Cass. civ. 1re, 25 mars 2010, *Bull. civ.* I, n° 75 ; *CCE* 2010, comm. 59 notes C. Caron ; *RTD civ.* 2010.348, note T. Revet ; *D.* 2010.888, obs. J. Daleau, 1599, note B. Edelman, et 1603, note P. Allaeys ; *AJ fam.* 2010. 235, obs. C. Vernières ; *RTD com.* 2010. 303, obs. F. Pollaud-Dulian ; *D.* 2011, p. 2170, obs. P. Sirinelli.

285. Sur ce point, 108e Congrès des notaires de France, 2012, *Transmission*.

divulgation reprend le chemin d'une succession plus commune, proche de l'organisation *ab intestat*. Le choix du législateur de privilégier un tiers en présence d'un testament marque la méfiance à l'égard des successeurs de l'auteur pour l'exercice du droit de divulgation. Les multiples affaires liées à la mise en œuvre des successions d'auteurs par des exécuteurs testamentaires laissent à penser que la méfiance n'est pas non plus à écarter à l'égard de ces derniers[286]. Doit-on comprendre qu'en présence d'un exécuteur testamentaire, l'article L. 121-2 C. propr. intell. impose que ce dernier exerce le droit de divulgation ? Une telle lecture impérative semble possible voire nécessaire, même si elle apparaît comme contraire à la logique de liberté de l'organisation testamentaire. Pour permettre l'exercice de son droit de divulgation par ses enfants, l'auteur devrait impérativement se contenter d'une succession *ab intestat* ou constituer l'ensemble de ses enfants exécuteur testamentaire, solution assez kafkaïenne. Si l'on n'analyse pas la solution de l'article L. 121-2 C. propr. intell. comme étant d'ordre public, l'auteur peut avoir un exécuteur testamentaire tout en confiant à une autre personne l'exercice de son droit de divulgation.

152. Le sort du droit de divulgation appelle une discussion sur les termes employés par le législateur. L'article L. 121-1 C. propr. intell. impose le principe d'un transfert du droit moral aux héritiers de l'auteur suivant le droit commun des successions sans évoquer le droit de divulgation. L'article L. 121-2 C. propr. intell. expose le sort du droit de divulgation et précise les conditions de son exercice *post mortem*. Est-il juridiquement pertinent de confondre exercice du droit et titularité du droit ? La loi ne dit pas que l'exécuteur testamentaire est titulaire du droit de divulgation ; elle indique que l'exécuteur testamentaire exerce ce droit, et elle prévoit, à défaut ou après celui-ci, une règle spéciale d'exercice du droit de divulgation. Il est possible, voire courant, en droit de distinguer titularité et exercice d'un droit. Cette distinction classique est applicable au droit d'auteur, on retient alors une dévolution unique du droit moral selon les dispositions de l'article L. 121-1 C. propr. intell., dont le droit de divulgation, tout en prévoyant un exercice de l'une des prérogatives de ce droit moral de façon dérogatoire, en présence d'un exécuteur testamentaire si l'auteur le souhaite. L'unité de la dévolution du droit d'auteur dans la succession est renforcée de cette façon et la sensibilité du droit de divulgation explique la solution proposée par le législateur. L'objectif est de protéger l'œuvre d'une divulgation guidée par le lucre de la succession, d'où l'intervention d'un tiers de confiance incarné par l'exécuteur testamentaire. Les héritiers ne sont pas exhérédés du droit de divulgation, ils sont uniquement privés de l'exercice d'un droit qui est dans leur patrimoine. Ils en retrouvent l'exercice à terme, sans qu'il y ait une quelconque mutation au décès de l'exécuteur testamentaire.

Cette analyse permet de mieux comprendre les dispositions finales de l'article L. 121-2 C. propr. intell., et l'articulation de ce dernier avec l'article L. 121-1 C. propr. intell. La doctrine a milité pour une interprétation extensive de la solution de l'article L. 121-2 C. propr. intell. pour l'ensemble des prérogatives du droit moral. La Cour de cassation a cantonné les dispositions de l'article L. 121-2 au seul droit de divulgation, avec raison comme on peut le constater, car il ne vise

286. Cf. C. Caron, *Abus de droit et droit d'auteur*, Litec, 1998, n° 97.

que l'exercice du droit et non la titularité du droit. Toutefois, la Cour de cassation admet que l'on puisse étendre la distinction titularité/exercice au-delà du seul droit de divulgation pour l'ensemble du droit moral, si l'auteur en a disposé ainsi, de façon explicite dans son testament[287].

§ 2. Les droits patrimoniaux

153. Les droits patrimoniaux sont les premiers droits reconnus à l'auteur par les lois de 1791 et 1793, ils constituent l'élément le plus ancien et le plus universellement admis[288] du droit d'auteur. Ils concourent à ancrer le droit d'auteur dans le droit des biens. Les droits patrimoniaux sont marqués par leur caractère temporaire et reflètent la vocation de l'auteur à tirer profit de l'exploitation de son œuvre. La loi suggère, sous l'influence de la construction du XVIIIe siècle, une distinction entre droit de reproduction et droit de représentation pour exposer le contenu des droits patrimoniaux. Cependant, cette dichotomie trouve de moins en moins sa justification dans un environnement numérique, tel Internet, où les actes de reproduction et de représentation s'entremêlent et se confondent. Il est d'usage de parler de monopole d'exploitation, de droit exclusif ou du caractère exclusif des droits patrimoniaux de l'auteur. Ces références ne sont pas satisfaisantes, l'idée d'un monopole renvoie au droit de la concurrence et à une qualification économique. Cela interfère sur la matière, mais uniquement au stade de l'exploitation, pas à celui de l'appropriation des biens intellectuels. Quant au caractère exclusif, manifestation du pouvoir du propriétaire sur son bien, sans aucune spécificité attachée à la propriété intellectuelle, il ne s'agit que d'un caractère de droit commun de la propriété. Les droits patrimoniaux regroupent l'ensemble des prérogatives relatives à la maîtrise et à l'exploitation d'un bien intellectuel approprié par le droit d'auteur. Compte tenu de la spécificité de l'exploitation des biens intellectuels, de leur immatérialité, le législateur isole des catégories d'actes d'exploitation, chaque catégorie d'actes traduisant l'*usus*, le *fructus* et l'*abusus* du bien intellectuel. Il y a une division supplémentaire dans la présentation de la propriété afin d'encadrer l'ensemble des utilités des biens.

154. On peut envisager, suivant les accords ADPIC, une approche unitaire des droits patrimoniaux intégrant tous les actes de communication au public sans distinction selon le procédé de contact de l'œuvre avec le public et englobant l'ensemble des techniques de diffusion[289]. Ce régime générique serait

287. Cass. civ. 1re, 17 juin 2009, n° 08-15894.
288. Françon, *Droit de la propriété littéraire, artistique et industrielle*, Litec, Cours du droit, 1999, p. 234.
289. Dans le même sens, M. Vivant et J.-M. Bruguière, *op. cit.*, n° 520. Voir CJCE, 7 déc. 2006, aff. C-306/05, *Sociedad General de Autores y Editores de España c/Rafael Hoteles SA*, *D.* 2007. 1236, note B. Edelman ; *RTD com.* 2007. 85, obs. F. Pollaud-Dulian ; CJUE, 4 oct. 2011, aff. jtes C-403/08 et C-429/08, *Football Association Premier League Ltd*, *CCE* 2011, comm. 110, obs. C. Caron ; *RTD eur.* 2011. 855, obs. E. Treppoz ; *RTD com.* 2011. 744, obs. F. Pollaud-Dulian ; *D.* 2012, p. 2836, obs. P. Sirinelli : « *La notion de « communication au public » couvre la transmission des œuvres radiodiffusées, au moyen d'un écran de télévision et de haut-parleurs, aux clients présents*

défini suivant M. Gautier comme « *tout acte matériel ou immatériel de mise à la disposition d'une œuvre auprès d'un public, regroupé ou disséminé en réseau* »[290]. Le Code de la propriété intellectuelle se contente d'évoquer le droit d'exploitation à l'article L. 122-1 en disposant que « *le droit d'exploitation appartenant à l'auteur comprend le droit de représentation et le droit de reproduction* ». La CJ met en œuvre directement ce critère générique par interprétation de l'article 3 § 1 de la directive 2001/29[291], et semble en faire une notion générale allant au-delà du droit d'auteur. En effet, dans une affaire mettant en jeu des droits voisins, elle a retenu de façon très discutable au fond, que « *un dentiste qui diffuse gratuitement des phonogrammes dans son cabinet privé ne réalise pas une « communication au public » au sens du droit de l'Union* »[292]. Toutefois, pour la CJ, cette interprétation s'explique car il s'agissait dans cette affaire non pas du droit d'auteur, mais du droit à caractère compensatoire des artistes-interprètes, des exécutants et des producteurs de phonogrammes issu de la directive 92/100/CEE.

Cette notion générique, adaptée aux nouveaux modes d'exploitation des biens intellectuels, est construite par la jurisprudence de la CJ de façon méthodique et progressive. Le considérant 23 de la directive 2001/29 énonce que l'objectif de la directive est d'« *harmoniser davantage le droit d'auteur de communication au public. Ce droit doit s'entendre au sens large, comme couvrant toute communication au public non présent au lieu d'origine de la communication. Ce droit couvre toute transmission ou retransmission, de cette nature, d'une œuvre au public, par fil ou sans fil, y compris la radiodiffusion* ». Et l'article 3 § 1 de la directive retient que « *les États membres prévoient pour les auteurs le droit exclusif d'autoriser ou d'interdire toute communication au public de leurs œuvres, par fil ou sans fil, y compris la mise à la disposition du public de leurs œuvres de manière que chacun puisse y avoir accès de l'endroit et au moment qu'il choisit individuellement* ». Le droit interne n'a guère été adapté sur ces questions lors de la transposition de la directive, ce qui est regrettable. Toujours dans une rédaction des années 1950, il doit maintenant être interprété conformément à un texte moderne prenant en compte les nouvelles formes d'exploitation des biens intellectuels. Notre droit d'auteur semble dater à ce titre. Il est nécessaire de lire les dispositions du Code de la propriété intellectuelle à la lumière de l'approche de la CJ et non simplement dans le cadre d'une analyse isolée et à la lumière des intentions du législateur de 1957.

---

dans un café-restaurant ». Pour l'application de cette décision, *CCE* 2013, chron. 2, n° 1, note P. Kamina.

290. P.-Y. Gautier, *op. cit.*, n° 242. L'auteur a marqué une inflexion dans son analyse depuis la 7e éd. de son ouvrage remplaçant l'expression « communication au publique » par « droit de mise à disposition », sans pour autant modifier la définition proposée.

291. CJUE, 7 mars 2013, aff. C-607/11, *ITV Broadcasting Ltd c/TVcatchup Ltd.*, *CCE* 2013, comm. 49 ; note C. Caron ; *RTD com.* 2013. 267, obs. F. Pollaud-Dulian ; *LEPI* mai 2013, p. 2, obs. C. Bernault ; *D.* 2013, p. 2487, *Droit du numérique*, J. Larrieu, P. Tréfigny et Ch. Le Stanc ; *Prop. Intell.* avr. 2013, p. 208, obs. V.-L. Benabou.

292. CJUE, 15 mars 2012, aff. C-135/10, *Società Consortile Fonografici (SCF) c/Marco Del Corso*, *RTD eur.* 2012. 964, obs. E. Treppoz ; CJUE, 15 mars 2012, aff. C-162/10, *Phonographic Performance (Ireland) Limited c/Irlande ; CCE* 2012, comm. 48, note C. Caron ; *RIDA* avr. 2012, p. 417, chron. P. Sirinelli ; *RTD com.* 2012. 322, obs. F. Pollaud-Dulian.

La CJ retient que l'objectif principal de la directive est d'instaurer un niveau élevé de protection en faveur des auteurs, permettant à ceux-ci d'obtenir une rémunération appropriée pour l'utilisation de leurs œuvres, notamment à l'occasion d'une communication au public. La notion de « communication au public » doit être entendue au sens large[293]. La notion de « communication » vise à la lumière de la jurisprudence toute transmission des œuvres protégées, indépendamment du moyen ou du procédé technique utilisé[294]. Ainsi, on est en présence d'une communication lorsqu'un exploitant d'un établissement transmet délibérément des œuvres protégées, en distribuant volontairement un signal au moyen de récepteurs de télévision ou de radio[295]. Cette communication est effectuée en direction d'un public qu'elle vise un nombre indéterminé de destinataires potentiels et implique, par ailleurs, un nombre de personnes assez important. Pour apprécier l'existence de ce public, on tient compte de l'effet cumulatif qui résulte de la mise à disposition des œuvres auprès des destinataires potentiels, notamment en recherchant combien de personnes ont accès à la même œuvre parallèlement et successivement[296].

Le droit de communication au public pourra être invoqué toutes les fois où une œuvre est transmise à un nouveau public, c'est-à-dire à un public qui n'était pas pris en compte par les auteurs des œuvres protégées lorsqu'ils ont autorisé leur utilisation par la communication au public d'origine. Ainsi, les clients d'un hôtel, ou les patients d'un établissement thermal peuvent constituer un tel public nouveau. En revanche, la CJ affirme que la mise à disposition des œuvres concernées au moyen d'un lien cliquable, par Internet, ne constitue pas une communication des œuvres en question à un public nouveau. En effet, le public ciblé par la communication initiale était l'ensemble des visiteurs potentiels du site concerné, car l'accès aux œuvres sur ce site n'était soumis à aucune mesure restrictive, tous les internautes pouvaient donc y avoir accès librement. Dès lors, la mise à disposition sur un autre site d'un lien permettant d'accéder à ce contenu ne constitue pas une communication à un nouveau public. Faute de public nouveau, l'autorisation des titulaires du droit d'auteur ne s'impose pas pour établir le lien hypertexte. Néanmoins, dans l'hypothèse où un lien cliquable permettrait aux utilisateurs du site sur lequel ce lien se trouve de contourner des mesures de restriction prises par le site où se trouve l'œuvre protégée afin d'en restreindre l'accès par le public à ses seuls abonnés, il y aurait lieu de considérer l'ensemble de ces utilisateurs comme un public nouveau, qui n'a pas été pris en compte par les titulaires du droit d'auteur lorsqu'ils ont autorisé la communication initiale. Dès lors, l'autorisation des titulaires s'imposerait à une telle communication au public. Tel est le cas, notamment, lorsque l'œuvre n'est plus à disposition du public sur le site sur lequel elle a été communiquée initialement ou qu'elle l'est désormais sur ce site uniquement pour un public restreint, alors qu'elle est accessible sur un autre site Internet sans l'autorisation des titulaires du droit d'auteur[297].

293. CJUE, 7 mars 2013, aff. C-607/11, *ITV Broadcasting* e.a., préc.
294. CJUE, 4 oct. 2011, aff. C-403/08 et C-429/08, préc., pt 193.
295. CJUE, 27 févr. 2014, aff. C-351/12, *OSA*.
296. CJUE, 7 déc. 2006, aff. C-306/05, *SGAE*, *Rec.* p. I-11519.
297. CJUE, 13 févr. 2014, aff. C-466/12, *Svensson*, *JCP* G 2014, chron. 364, p. 560, obs. C. Caron ; *CCE* 2014, comm. 34, note C. Caron. Voir Cour de cassation, 26 mai 2014, avis n° 15008.

155. Les droits patrimoniaux connaissent pour partie un régime commun : la mise en œuvre des droits patrimoniaux est indifférente au caractère onéreux ou gracieux de la prestation réalisée, seule le droit des contrats aborde ce point. Suivant les dispositions de l'article L. 122-7 C. propr. intell., les droits de représentation et de reproduction sont cessibles à titre gratuit ou onéreux, indépendamment l'un de l'autre et dans la limite des modes d'exploitation prévus au contrat de cession[298]. Dans le même esprit, l'article L. 122-4 C. propr. intell. dispose que toute reproduction ou représentation faite sans le consentement du propriétaire ou de ses ayants droit ou ayants cause est illicite. Le législateur, conscient des éventuelles confusions régnant entre ces formes complémentaires d'exploitation des biens intellectuels, ajoute que cette prohibition s'applique autant aux traductions, adaptations, transformations, ou arrangements par un procédé quelconque. Ces actes sont constitutifs de contrefaçon[299].

L'exposé des éléments patrimoniaux du droit d'auteur va suivre, sous réserve de la présentation qui vient d'être faite de la notion de communication au public, la distinction traditionnelle opposant droit de reproduction et droit de représentation, qui a pour elle un caractère pédagogique certain ; on mettra principalement l'accent sur les aménagements de ces droits patrimoniaux. On ajoutera à ces deux éléments, le droit de suite, droit patrimonial spécial adapté aux œuvres plastiques. Enfin, il sera nécessaire d'envisager le sort de ces droits patrimoniaux au décès de l'auteur.

A Le droit de reproduction

156. L'article L. 122-3 C. propr. intell. définit la reproduction comme « *la fixation matérielle de l'œuvre par tous procédés qui permettent de la communiquer au public d'une manière indirecte* ». Le Code de la propriété intellectuelle ajoute une liste illustrative d'actes de reproduction : imprimerie, dessin, gravure, photographie, moulage, enregistrement mécanique, cinématographique ou magnétique. Ces actes d'exploitation, emportant une communication indirecte au public du bien intellectuel par le truchement d'une reproduction de celui-ci, sont soumis au droit de reproduction. Le consentement de l'auteur est requis pour chacun de ces actes, que la reprographie se fasse sur un support déjà utilisé ou sur un nouveau support. La pratique subdivise le droit de reproduction selon les formes de celle-ci, identifiant la reproduction graphique, la reproduction mécanique, etc.

La reproduction est une fixation matérielle du bien intellectuel, contribuant à sa diffusion, facilitant son accès et son usage. La CJ[300] a retenu une interprétation extensive du droit de reproduction en indiquant qu'il inclut les « *fragments transitoires des œuvres dans la mémoire d'un décodeur satellitaire et sur un écran de télévision, à condition que ces fragments contiennent des éléments qui sont l'expression de la création intellectuelle propre aux auteurs concernés, l'ensemble composé des fragments reproduits simultanément devant être*

298. Cf. *infra* n° 946 et s.
299. Voir *infra* n° 1269.
300. CJUE, 4 oct. 2011, aff. jtes C-403/08 et C-429/08, *Football Association Premier League Ltd*, préc.

examinés afin de vérifier s'il contient de tels éléments ». Il s'agit d'une communication indirecte de l'œuvre, la diffusion de supports permettant ensuite d'accéder à l'œuvre, notamment par la lecture (directe ou par l'intermédiaire d'un système de lecture du support). La propriété du support de reproduction n'emporte pas appropriation du bien intellectuel ainsi que le rappelle l'article L. 111-3 C. propr. intell. La reproduction peut être durable ou provisoire, onéreuse ou gracieuse, sous réserve des exceptions de l'article L. 122-5 C. propr. intell[301]. La maîtrise de la circulation des supports ainsi obtenu est encadrée par le droit de l'UE en application du principe de l'épuisement du droit. La distribution au public se caractérise par une série d'opérations allant, à tout le moins, de la conclusion d'un contrat de vente à l'exécution de celui-ci par la livraison à un membre du public. Dans le contexte de ventes transfrontalières, des opérations donnant lieu à une « distribution au public » peuvent avoir lieu dans plusieurs États membres. Une telle transaction peut porter atteinte au droit d'auteur. Dans ce cas, un opérateur est responsable de toute opération réalisée par lui-même ou pour son compte donnant lieu à une « distribution au public » dans un État membre où les biens distribués sont appropriés par un droit d'auteur. Il peut également lui être imputé toute opération de même nature effectuée par un tiers, lorsque l'opérateur a spécifiquement ciblé le public de l'État de destination et qu'il ne pouvait ignorer les agissements de ce tiers. Par exemple, si la livraison à un membre du public dans un autre État membre n'est pas effectuée par ou pour le compte de l'opérateur en cause, il incombe, par conséquent, aux juridictions nationales d'apprécier, au cas par cas, s'il existe des indices permettant de conclure que l'opérateur, d'une part, a effectivement ciblé des membres du public résidant dans l'État membre dans lequel a été réalisée une opération donnant lieu à une « distribution au public » et, d'autre part, ne pouvait ignorer les agissements du tiers en cause. Ainsi, l'existence d'un site Internet dans la langue du pays de destination, de contenu et les voies de distribution du matériel publicitaire ou encore la coopération avec une entreprise réalisant des livraisons à destination du territoire en cause, peuvent constituer des indices concrets d'une telle activité ciblée. Ainsi, un opérateur qui dirige sa publicité vers des membres du public résidant dans un État membre déterminé et crée ou met à leur disposition un système de livraison et un mode de paiement spécifiques, ou permet à un tiers de le faire, mettant ainsi le public en mesure de se faire livrer des copies d'œuvres protégées par un droit d'auteur dans ce même État membre, réalise, dans l'État membre où la livraison a lieu, une « distribution au public », ce qui ne peut être effectué qu'avec l'autorisation du propriétaire du droit d'auteur sur ce territoire[302].

157. Le contrôle de l'usage du support de reproduction par le titulaire des droits de propriété a été renforcé par le législateur par l'introduction d'un régime juridique pour les mesures techniques de protection[303]. Les mesures techniques sont les technologies ou dispositifs efficaces empêchant ou limitant l'utilisation non autorisée par les titulaires de droits sur le bien reproduit. Ces

301. Pour une étude globale des exceptions, B. Galopin, *Les exceptions à usage public en droit d'auteur*, LexisNexis, 2012, coll. IRPI, t. 41.

302. CJUE, 21 juin 2012, aff. C-5/11, *Donner* ; *RTD eur.* 2012. 947, obs. E. Treppoz.

303. Voir *infra* n° 1403 et s.

mesures sont mises en œuvre sous le contrôle d'une autorité administrative indépendante chargée de veiller à ce que ces mesures n'aient pas pour conséquence, du fait de leur incompatibilité mutuelle ou de leur capacité à interopérer, d'entraîner, pour l'utilisation du bien intellectuel, des limitations supplémentaires à celles décidées par le propriétaire du bien. Ces mesures techniques ne doivent pas supprimer le bénéfice de l'exception de copie privée suivant l'article L. 331-9 C. propr. intell. Le titulaire peut, en revanche, organiser grâce à ces mesures techniques des limitations du nombre de copies réalisées. Il est nécessaire, dès lors qu'un support inclut ce type de mesures, que l'utilisateur en soit clairement informé (art. L. 331-10 C. propr. intell.).

158. Ce principe général du droit de reproduction admis, le Code de la propriété intellectuelle tente une articulation entre la propriété individuelle et l'intérêt collectif. Il échafaude une série d'exceptions au droit de propriété, exceptions d'interprétation stricte venant limiter l'exercice du droit de propriété[304]. Le Code de la propriété intellectuelle propose des dispositions différentes suivant que la reproduction est réalisée pour un usage public ou privé, mais aussi suivant que l'exception se limite à une absence d'autorisation préalable ou si elle inclut en plus un usage gratuit.

159. La principale exception onéreuse est l'exception de copie privée de l'article L. 122-5 2°. Cette exception permet une reproduction strictement réservée à l'usage privé du copiste, à partir d'une source licite[305], non destinée à une utilisation collective. L'exception n'est pas gratuite, l'article L. 122-10 C. propr. intell. instaure un mécanisme de gestion collective devant percevoir les redevances pour les copies privées auprès des fournisseurs de moyens de copie suivant le régime décrit aux articles L. 311-1 et suivants du Code de la propriété intellectuelle, distinguant la copie papier, la copie sonore et la copie audiovisuelle[306]. En revanche, la copie privée est exclue pour les logiciels et les bases de données. Seule une copie de sauvegarde au bénéfice de l'utilisateur légal du logiciel est possible.

La seconde utilisation onéreuse sans autorisation préalable du propriétaire – article L. 122-5 3° e) – prend la forme, depuis 2006, d'une exception d'enseignement pour faciliter l'utilisation des œuvres à des fins pédagogiques, celle-ci a été étendue dans son application par la loi pour la Refondation de l'école[307]. Cette exception est assortie d'une rémunération négociée sur une base forfaitaire compensant ces utilisations.

160. Les reproductions libres et gratuites sont les plus nombreuses dans la liste établie par l'article L. 122-5 C. propr. intell.[308]. On peut citer les

304. Sur ce principe et son articulation avec les sources du droit de l'Union : Cass. civ. 1re, 22 janv. 2009, *BICC* 2009 n° 998.

305. CE, 11 juill. 2008, *CCE* 2008, Étude 21, N. Binctin.

306. N. Binctin, « Rémunération pour copie privée », *J.-Cl. Propriété littéraire et artistique*, fasc. 1510 ; voir *infra* n° 1042.

307. Loi n° 2013-595, 8 juill. 2013, pour la refondation de l'école de la République, *JORF* 9 juill. 2013, p. 11379 ; *Légipresse* 2013, n° 309, p. 563, obs. B. Galopin.

308. Voir E. Treppoz, « L'adaptation des exceptions du droit d'auteur au numérique : vers une recherche d'alignement », *CCE* 2010, Étude 14.

reproductions pour analyses et courtes citations, exception à laquelle on attache aussi l'exception de revue de presse et l'exception de vente judiciaire (art. L. 122-5 3° C. propr. intell.). Cette exception doit être interprétée strictement, elle connaît des contreparties : il faut identifier la citation et indiquer sa provenance et le nom de l'auteur[309]. Cette exception de courte citation ne s'applique pas aux biens intellectuels non démembrables dans leur reproduction, telle une œuvre d'art plastique ou une photographie. Pour cette dernière, la CJ admet toutefois que si un media, tel qu'un éditeur de presse, ne peut pas utiliser, de sa propre initiative, une œuvre protégée par le droit d'auteur en invoquant un objectif de sécurité publique, en revanche, il ne saurait être exclu qu'il puisse contribuer ponctuellement à la réalisation d'un tel objectif en publiant une photographie d'une personne recherchée. Il doit être exigé que cette initiative, d'une part, s'insère dans le contexte d'une décision prise ou d'une action menée par les autorités nationales compétentes et visant à assurer la sécurité publique et, d'autre part, soit prise en accord et en coordination avec lesdites autorités, afin d'éviter le risque d'aller à l'encontre des mesures prises par ces dernières, sans qu'un appel concret, actuel et exprès, émanant des autorités de sécurité, à publier à des fins d'enquête une photographie soit pour autant nécessaire[310]. Cette exception de citation pourrait être, à l'avenir, sollicitée pour offrir un statut juridique aux œuvres transformatives, notamment aux *mash-up*. Cette démarche pourrait réduire de façon inconsidérée les prérogatives de l'auteur pour contrôler l'adaptation de son œuvre et le priver de la jouissance de sa propriété. S'ajoute une exception pour les pastiches, parodies et caricatures, compte tenu de la loi du genre (art. L. 122-5 4° C. propr. intell.). L'usage de cette exception ne doit pas être fait pour nuire à autrui[311]. La liberté d'information est respectée grâce à l'exception d'information d'actualité, visant les discours publics (art. L. 122-5 3° c) C. propr. intell.), et à l'exception de reproduction des œuvres d'art dans un but exclusif d'information immédiate et en relation directe avec les œuvres. Cette exception doit être invoquée de façon proportionnée au regard de l'information (art. L. 122-5 9° C. propr. intell.). Depuis 2006, la loi ajoute une exception au bénéfice des établissements accueillant des personnes atteintes de déficience des fonctions motrices, physiques, sensorielles, mentales, cognitives ou psychiques pour la reproduction d'œuvres à des fins non lucratives (art. L. 122-5 7° C. propr. intell.[312]). Une exception au droit de propriété est aussi accordée pour la reproduction de biens intellectuels effectuée à des fins de conservation par les bibliothèques (art. L. 122-5 8° C. propr. intell.). Enfin, une dernière série d'exceptions vise des reproductions techniques, les actes nécessaires à l'accès au contenu des bases de données électroniques (art. L. 122-5 5° C. propr. intell.) et la reproduction provisoire présentant un caractère transitoire et accessoire, si cette reproduction est une partie intégrante et essentielle d'un procédé technique et qu'elle a pour but de permettre

309. En ce sens, CJUE, 1er déc. 2011, aff. C-145/10, *Panier/Axel Springer*, préc.

310. CJUE, 1er déc. 2011, aff. C-145/10, préc.

311. CA Versailles, 17 mars 1994, *RIDA* avr. 1995, p. 350.

312. Cf. Arrêté du 4 nov. 2009 fixant la liste des personnes morales et des établissements ouverts au public, *JORF*, 14 nov. 2009, p. 19704. Ce mouvement devrait être renforcé par la signature par l'UE du Traité de Marrakech visant à faciliter l'accès des aveugles, des déficients visuels et des personnes ayant d'autres difficultés de lecture des textes imprimés aux œuvres publiées, adopté le 27 juin 2013.

l'utilisation licite du bien intellectuel par la voie d'un réseau faisant appel à un intermédiaire (art. L. 122-5 6° C. propr. intell.). Cette dernière exception n'est pas applicable aux logiciels et aux bases de données[313].

Enfin, dans le cadre de l'articulation entre le droit de la propriété intellectuelle et le droit de l'UE, l'article L. 122-3-1 C. propr. intell. dispose que dès la première mise en vente légale d'un exemplaire matériel d'une œuvre sur le territoire de l'UE, la circulation de cet exemplaire ne peut plus être interdite ou contrôlée par le propriétaire ou ses ayants droit. Ce principe essentiel de l'épuisement des droits[314] s'applique uniquement à la distribution d'exemplaires matériels, à la circulation du support d'incorporation du bien intellectuel.

B Le droit de représentation

161. Le droit de représentation est le pendant du droit de reproduction. Il vise les actes de communication directe du bien intellectuel au public, c'est-à-dire toutes les hypothèses où une personne accède à l'œuvre sans une autre prestation que celle effectuée pour la représentation. La représentation peut être vivante ou non, mais dans les deux cas, un public passif a directement accès à l'œuvre. L'article L. 122-2 C. propr. intell. définit le droit de représentation comme « *la communication de l'œuvre au public par un procédé quelconque* », le texte ajoutant une liste illustrative de moyens de communication. Par exemple, sont inclus la diffusion de musique dans une discothèque ou un ascenseur, une représentation théâtrale, un concert, une projection cinématographique et surtout, la télédiffusion qui a multiplié les actes de communication directe au public des œuvres. L'article L. 122-2 C. propr. intell. définit la télédiffusion comme tout procédé de télécommunication de sons, d'images, de documents, de données et de messages de toute nature. Le législateur assimile à une représentation l'émission d'une œuvre vers un satellite. Le droit européen n'a pour ce droit de représentation réalisé qu'une harmonisation partielle, limitée à la seule communication indirecte de l'œuvre au public[315].

162. La notion de public joue un rôle primordial pour définir le périmètre d'application du droit de représentation. Le public doit être entendu dans un sens plus large que celui de clientèle, peu importe le nombre, le lieu, la forme de communication. La CJ a retenu, en harmonie avec la jurisprudence française en la matière[316], que la distribution d'un signal au moyen d'appareil de télédiffusion par un établissement hôtelier à ses clients installés dans les chambres, quelle que soit la technique de transmission, constitue un acte de

313. Sur l'application de cette exception, CJUE, 5 juin 2014, aff. C-360/13, *Public Relations Consultants Association Ltd.*

314. Voir *infra* n° 1271 et s.

315. CJUE, 24 nov. 2011, aff. C-283/10, *Circul Globus Bucuresti*, *CCE* 2012, comm. 27, obs. C. Caron ; *Europe* 2012, comm. 45, obs. L. Idot ; *RTD com.* 2012. 114, obs. F. Pollaud-Dulian ; *D.* 2012, p. 2836, obs. P. Sirinelli.

316. Cass. civ. 1re, 6 avr. 1994, *RIDA* juill. 1994, p. 367, note A. Kéréver ; *JCP* G 1994, II 22273, note J.-C. Galloux ; *D.* 1994, j. 450, note P.-Y. Gautier.

communication au public[317]. Une chambre d'hôtel, lorsqu'elle est occupée par un client, n'est pas un lieu public, mais la commercialisation de la privatisation du lieu justifie cette solution. La Cour confirme l'interprétation de la notion de public déclenchant la mise en œuvre du droit de représentation. Dans le même sens, la Cour de cassation avait à plusieurs reprises retenu que l'utilisation d'une antenne collective dans une copropriété immobilière constituait une représentation soumise à une autorisation préalable des titulaires de droits de propriété intellectuelle, les copropriétaires formant au sens de la Cour un public. Le législateur, sans remettre en cause cette analyse de la notion de public, a modifié le régime applicable à cette représentation à l'article L. 132-20 4° C. propr. intell., intégrant ce mode de représentation dans les exceptions au droit de propriété. Le public est donc très largement entendu pour l'application du droit patrimonial de l'auteur, c'est, suivant l'expression de M. Caron, « *la très grande majorité des individus* »[318].

163. Une interprétation du droit de représentation a permis l'émergence d'un droit similaire pour les œuvres plastiques, dénommé usuellement droit d'exposition. La Cour de cassation affirme que l'exposition d'œuvres plastiques ne peut se faire qu'avec le consentement de l'auteur en vertu du droit d'exposition publique, composante du droit de représentation[319]. Cette filiation est heureuse et cette analyse doit être soutenue.

164. Comme pour le droit de reproduction, le législateur contraint le propriétaire en édictant des exceptions à la libre jouissance de son bien. La plus symptomatique est l'exception de représentation privée et gratuite effectuée exclusivement dans le cercle de famille avancée à l'article L. 122-5 1° C. propr. intell. Le bénéficie de cette exception suppose que la représentation soit gratuite et qu'elle soit faite exclusivement dans le cercle de famille, entendu restrictivement, à savoir un ensemble de personnes liées par un lien de famille, un lien intime.

L'exception de handicap de l'article L. 122-5 7° s'applique au droit de représentation, tout comme l'exception d'information immédiate de l'article L. 122-5 9° visant uniquement les arts plastiques.

165. La représentation des œuvres audiovisuelles par satellite connaît une difficulté liée au régime international du satellite. L'article L. 122-2-1 C. propr. intell. expose une règle de conflit de loi imposant d'appliquer le droit français dès lors que l'émission du signal vers le satellite se fait à partir du territoire français. Cette règle de conflit est étendue par l'article L. 122-2-2 C. propr. intell. lorsqu'une œuvre est diffusée par satellite si l'émission du signal est effectuée à partir d'un État qui n'assure pas un niveau de protection des droits d'auteur équivalent à celui accordé par le droit français et que la

317. CJCE, 7 déc. 2006, *RTD com.* 2007.85, obs. F. Pollaud-Dulian ; *CCE* 2007, comm. 24, note C. Caron ; *Légipresse* 2007, II p. 185, note C. Alleaume.

318. C. Caron, *op. cit.*, n° 312 ; M. Vivant et J.-M. Bruguière, *op. cit.*, n° 522.

319. Cass. civ. 1re, 18 juill. 2000, *Bull. civ.* I, n° 225 ; *RIDA* avr. 2001, p. 309, note A. Kéréver ; *Prop. Intell.* oct. 2001, p. 64, obs. P. Sirinelli. Cass. civ. 1re, 6 nov. 2002, *CCE* 2003, comm. 2, note C. Caron ; *RIDA* avr. 2003, p. 293, note A. Kéréver ; P. Mouron, *Le droit d'exposition des œuvres graphiques et plastiques*, PUAM, 2013.

liaison montante vers le satellite est effectuée à partir d'une station située sur le territoire français ou si la liaison montante est réalisée, où que soit la station, pour le compte ou sous le contrôle d'une entreprise de communication audiovisuelle dont le principal établissement est situé en France.

C Le droit de suite

166. Le droit de suite est un droit patrimonial d'origine française, dont l'acclimatation européenne s'est faite non sans mal[320], et au prix d'une modification substantielle de ce régime. L'article L. 122-8 C. propr. intell. transpose en droit interne le régime du droit de suite tel qu'issu de la directive 2001/84 du 27 septembre 2001, l'application sur l'ensemble du territoire de l'UE de ce dispositif se faisant de façon asynchrone. Ce droit patrimonial, spécifique aux arts plastiques, confère à l'auteur un droit de bénéficier du surcroît de valeur acquise par son œuvre depuis sa mise sur le marché. Ce droit s'applique uniquement aux œuvres originales créées par l'artiste lui-même et aux exemplaires exécutés en quantité limitée par l'artiste ou sous sa responsabilité, pour les auteurs ressortissants de l'EEE. Ce droit est qualifié par la loi de « *droit inaliénable de participation au produit de toute vente d'une œuvre après une première cession opérée par l'auteur ou par ses ayants droit, lorsqu'intervient en tant que vendeur, acheteur ou intermédiaire, un professionnel du marché de l'art* ». Droit patrimonial inaliénable, le droit de suite est par nature étrange. Cette inaliénabilité est une énième manifestation de la volonté du législateur de protéger l'auteur contre les mirages du marché. L'inaliénabilité, connue aussi du droit moral, n'a pas pour effet de faire de cette prérogative un droit extrapatrimonial[321] mais une prérogative dont l'aménagement contractuel semble limité[322].

167. Le droit de suite est à la charge du vendeur et la responsabilité du paiement incombe au professionnel intervenant dans la transaction, quelle que soit sa position dans celle-ci. Le professionnel doit délivrer à l'auteur ou à une société de perception et de répartition du droit de suite les informations nécessaires à la liquidation des sommes dues, et cela pendant une période de trois ans à compter de la transaction visée. L'évaluation de ce droit de suite est effectuée selon des critères définis par voie réglementaire. Les taux sont fixés aux articles R. 122-1 et s. C. propr. intell., ils sont progressifs, en fonction du prix de vente. La somme due à l'artiste est capée à 12 500 euros ce qui, en pratique, plafonne les droits sur les œuvres vendues pour un montant supérieur à 2 millions d'euros (le taux est dégressif, de 4 % jusqu'à 50 000 euros, à 0,25 % au-delà de 500 000 euros). De plus, sont exclues de ce système toutes les transactions portant sur des œuvres de moins de 750 euros, celles-ci étant pourtant de loin les plus nombreuses sur le marché de l'art.

320. F. Pollaud-Dulian, « L'aggiornamento communautaire du droit de suite », *CCE* 2006, Étude 35 ; M. Vivant et J.-M. Bruguière, *op. cit.*, nº 534.

321. Voir J.-M. Bruguière, « La contractualisation du droit de suite, entre droit d'auteur et droit du marché », *D.* 2012, p. 2740 ; M.-O. Deblanc et O. Pignatari, « La charge du droit de suite ou l'art de contourner la loi ? », *CCE* 2012, Étude 7.

322. Cass. civ. 1re, 18 juin 2014, nº 13-21145.

Dans le système antérieur appliqué uniquement en France, seules les ventes aux enchères étaient soumises à ce droit de suite (faute de texte réglementaire permettant son application aux galeristes) et le taux était unique (3 %) et non capé. On peut se demander si le système actuel permettra aux plasticiens de percevoir des sommes plus importantes que celles obtenues grâce au régime antérieur, l'extension de l'assiette pouvant compenser les restrictions issues de la réforme.

D Le logiciel

168. Les droits patrimoniaux reconnus à un auteur de logiciel connaissent des aménagements spécifiques. Il faut reprendre la distinction entre le contenu des droits patrimoniaux et les exceptions à la propriété.

1. Les droits patrimoniaux

169. L'article L. 122-6, modifiant le vocabulaire de l'article L. 122-1 distinguant droit de reproduction et droit de représentation, retient que l'auteur du logiciel dispose des prérogatives patrimoniales suivantes : le droit d'effectuer et d'autoriser la reproduction, permanente ou provisoire, d'un logiciel, en tout ou partie, par tout moyen et sous toute forme. Le Code de la propriété intellectuelle précise que « *dans la mesure où le chargement, l'affichage, l'exécution, la transmission ou le stockage de ce logiciel nécessite une reproduction* », ces actes sont soumis à l'obtention d'une autorisation de l'auteur. Cette modification de vocabulaire et ces précisions, quant aux modes de reproduction, n'apportent pas d'éléments précis sur le régime du logiciel. L'article L. 122-1 C. propr. intell. envisage la reproduction de façon très large, ce qui inclut nécessairement le chargement, la reproduction partielle ou encore la transmission. Cette stigmatisation du logiciel n'est pas de bon aloi. Le législateur poursuit cette énonciation en précisant que la traduction, l'adaptation, l'arrangement ou toute modification d'un logiciel est soumis à autorisation de l'auteur, là encore, il en est de même pour toute autre œuvre. Enfin, l'article L. 122-6 se conclut en affirmant que « *la mise sur le marché à titre onéreux ou gratuit* » suppose aussi l'autorisation du titulaire. Bref, rien d'original ! L'auteur d'un logiciel jouit d'un droit patrimonial sur son bien lui permettant d'en contrôler la reproduction, ce qu'affirme déjà l'article L. 122-3 C. propr. intell. L'article L. 122-6 prend soin de limiter les droits patrimoniaux à la seule reproduction, et écarte de son énonciation le droit de représentation. Cette précision, fruit d'une déduction de l'analyse comparée des différentes dispositions du Code de la propriété intellectuelle, aurait pu être explicite. Surtout, il est probable que la question ne se pose pas car techniquement, il est nécessaire de reproduire un logiciel pour le mettre en œuvre ; la représentation d'un code source tel quel ne présente aucun intérêt pratique, technique ou esthétique.

L'article L. 122-6 C. propr. intell. intègre encore de façon spécifique la règle de l'épuisement des droits[323] que l'on a déjà évoquée à propos des dispositions

323. Voir *infra* n° 1271 et s.

de l'article L. 122-3-1 C. propr. intell. Une fois encore, une rigueur de rédaction aurait permis de supprimer cette redondance.

2. Les exceptions

170. Dans une construction symétrique à celle de l'article L. 122-5 C. propr. intell., l'article L. 122-6-1 expose une série d'exceptions venant contraindre le droit de propriété d'un auteur de logiciel. Ces exceptions prennent davantage la forme de limites à la liberté contractuelle de l'auteur du logiciel que de limites à la propriété, analyse renforcée par la disposition finale de l'article L. 122-6 C. propr. intell. : « *toute stipulation contraire aux dispositions prévues aux II, III et IV du présent article est nulle et non avenue* ». Les limites supportées par le propriétaire du logiciel ne visent que les personnes « *ayant le droit d'utiliser le logiciel* », formule qui vise les licenciés de l'auteur, là où l'article L. 122-5 C. propr. intell. retient la formule « *l'auteur ne peut interdire* ». Le bénéfice de l'article L. 122-5 C. propr. intell. n'est possible que si la personne qui invoque cette exception est en droit d'utiliser le bien intellectuel[324], les deux solutions seraient alors soumises aux mêmes conditions préalables.

171. En premier lieu, l'auteur d'un logiciel ne peut s'opposer à la reproduction, la traduction, l'adaptation ou l'arrangement de sa création, lorsque ces actes sont nécessaires pour permettre l'utilisation du bien intellectuel conformément à sa destination par la personne qui a un droit d'usage du bien intellectuel. Cela permet notamment à cette personne de corriger librement les erreurs d'écriture du logiciel. Cependant, l'auteur peut limiter par contrat ce pouvoir de correction de l'utilisateur et encadrer le droit d'adaptation du logiciel pour permettre son utilisation. Ainsi, dans les limites apportées par le législateur à la première restriction énoncée, on peut entrevoir une large liberté contractuelle qui permettra à l'auteur de limiter les effets de cette restriction, le juge devant alors contrôler sur le terrain de l'abus le respect de l'équilibre entre la limitation proclamée et les libertés contractuelles réaffirmées, l'ensemble présentant finalement une certaine contradiction.

172. L'utilisateur du logiciel, à la différence des dispositions de l'article L. 122-5 2°, n'est pas habilité à réaliser une copie privée du logiciel, il ne peut effectuer qu'une copie de sauvegarde, uniquement si celle-ci est nécessaire pour préserver l'utilisation du logiciel. Cette dernière limite fait que la copie de sauvegarde ne sera pas autorisée, par exemple, lorsque l'éditeur du logiciel fournit ou a fourni un support incluant le logiciel, ou lorsqu'il est possible de télécharger gratuitement, à nouveau, le logiciel en cas de perte de la jouissance de ce dernier. La conservation d'une clé d'utilisation pour télécharger suffit et la copie de sauvegarde n'est plus justifiée.

173. Prenant acte de la « double appropriation » du logiciel, par le droit d'auteur et par le secret issu de la compilation du code source en code objet non directement compréhensible, le législateur prévoit que la personne qui a le droit d'utiliser un logiciel peut, sans autorisation particulière de l'auteur,

324. Cf. CE, 11 juill. 2008, préc.

observer, étudier ou tester le fonctionnement de ce logiciel, afin de déterminer les idées et principes qui sont à la base de n'importe quel élément du bien intellectuel. Cette analyse ne peut se faire qu'à l'occasion des opérations de chargement, d'affichage, d'exécution, de transmission et de stockage du logiciel, opérations que l'utilisateur est en droit d'effectuer, au regard notamment de son contrat de licence. Cette exception n'est pas une exception de décompilation, il s'agit simplement d'une exception permettant l'étude du fonctionnement du logiciel ; on pourrait y voir un étrange droit d'observation reconnu par la loi qui à la lumière de la réalisation des opérations visées est délicat à mettre en œuvre.

174. Enfin, dernière exception, et non des moindres, l'article L. 122-6 IV retient que l'utilisateur d'un logiciel peut, sans autorisation de l'auteur, reproduire ou traduire le code du logiciel si cette reproduction ou cette traduction est indispensable à l'interopérabilité entre plusieurs logiciels. Cette exception, qui autorise une décompilation limitée et finalisée du logiciel, est d'interprétation stricte et soumise à des contraintes précises. Il n'est possible de procéder à une telle analyse du code source que si, cumulativement, ces actes sont accomplis par l'utilisateur légal du logiciel, uniquement pour obtenir les informations nécessaires à l'interopérabilité qui n'ont pas été rendues facilement et rapidement accessibles à l'utilisateur, et seulement pour la partie du logiciel nécessaire à l'interopérabilité. Au-delà de ces trois conditions cumulatives, la décompilation est une contrefaçon. Si l'éditeur fournit à première demande les informations nécessaires à l'interopérabilité, il n'est pas possible d'invoquer cette exception pour décompiler. De plus, étant donné qu'il est difficile de connaître la partie du code source nécessaire pour l'interopérabilité tant que le code source n'est pas connu, le législateur ajoute que les informations obtenues par la décompilation ne peuvent être ni utilisées pour d'autres fins que l'interopérabilité, ni communiquées à des tiers (hors des communications nécessaires à la réalisation de l'interopérabilité), ni utilisées pour la mise au point, la production ou la commercialisation d'un logiciel dont l'expression serait substantiellement similaire ou pour tout autre acte pouvant porter atteinte aux droits d'auteur[325].

La fonction pionnière du logiciel dans le droit d'auteur, notamment par l'intégration du triple test et d'un statut de créateur salarié, est confirmée par les dispositions de l'article L. 122-6-2 C. propr. intell. qui, depuis 1994, instaure une obligation d'information à l'égard des utilisateurs pour prévenir la contrefaçon. Toute publicité ou notice d'utilisation relative aux moyens permettant la suppression ou la neutralisation de tout dispositif technique protégeant un logiciel doit mentionner que l'utilisation illicite de ces moyens est passible des sanctions de la contrefaçon. Cet avertissement n'est pas étranger à ceux devant être apposés sur les emballages, lorsque le support intègre des mesures techniques de protection, ou des mesures de prévention organisées par les professionnels.

325. Sur la distinction entre interopérabilité et migration des données, Cass. civ. 1re, 20 oct. 2011, *CCE* 2012, comm. 2, obs. C. Caron ; N. Binctin, « Migration de données et interopérabilité », *CCE* 2012, Étude 6.

E Les limites des droits patrimoniaux

175. Les droits patrimoniaux connaissent des exceptions sur le fondement des articles L. 122-5 ou L. 122-6-2 selon la nature du bien intellectuel approprié par le droit d'auteur. La jurisprudence est venue compléter ces limites par au moins deux approches complémentaires : la théorie de l'arrière-plan et la représentation des œuvres dans les lieux publics. Surtout, les exceptions font elles-mêmes l'objet d'un contrôle d'application depuis l'insertion en droit interne du triple test.

1. La théorie de l'arrière-plan

176. La théorie de l'arrière-plan[326] est une limite prétorienne au droit de propriété qui tend à faire la part entre ce qui est principal et accessoire dans une reproduction, notamment une reproduction d'un ensemble d'éléments où se trouvent divers objets, parfois appropriés chacun par le droit d'auteur. La jurisprudence a longtemps hésité pour retenir que l'utilisation accessoire d'une œuvre est licite, limitant la possibilité d'agir efficacement en contrefaçon contre l'auteur de la reproduction. Dans ces conditions, il serait possible de filmer un sujet et qu'en arrière-plan on puisse identifier un bien intellectuel (par exemple, le droit d'auteur d'un architecte pour un bâtiment en arrière-plan, le droit d'auteur d'un sculpteur pour une œuvre en arrière-plan, etc.). Dans ces hypothèses, l'œuvre fait bien l'objet d'une communication au public, elle est identifiable, mais elle n'est ni l'objet, ni l'objectif de la communication ; elle s'y insère de façon secondaire, voire involontaire. La communication est imparfaite et secondaire.

Par un arrêt du 4 juillet 1995, la Cour de cassation a retenu que « *la représentation d'une œuvre située dans un lieu public n'est licite que lorsqu'elle est accessoire par rapport au sujet principal représenté ou traité* »[327]. La Cour de cassation a définitivement consacré cette théorie de l'arrière-plan en affirmant, à propos des œuvres créées par un dessinateur illustrateur pour une méthode de lecture, à l'occasion d'un nouveau contentieux attaché au film *Être et avoir*. Le producteur de ce film est assigné en contrefaçon, le dessinateur-illustrateur lui reprochant d'avoir reproduit et représenté, à plusieurs reprises et sans y avoir été autorisé, des illustrations de leur ouvrage dans le film. La Cour de cassation approuve la cour d'appel de l'avoir débouté de sa demande, après avoir relevé que les illustrations litigieuses ne sont que « *balayées par la caméra et vues de manière fugitive, que plus fréquemment elles sont à l'arrière-plan, les personnages des élèves et du maître étant seuls mis en valeur, qu'elles ne sont à aucun moment présentées dans leur utilisation par le maître et font corps au décor dont elles constituent un élément habituel, apparaissant par brèves séquences mais n'étant jamais représentées pour elles-mêmes* ». La Cour en conclut qu'« *une telle présentation de l'œuvre litigieuse était accessoire au sujet traité résidant dans la représentation documentaire de la vie et des relations entre*

---

326. Cf. P.-Y. Gautier, « Le triomphe de la théorie de l'arrière-plan (à propos de l'arrêt CA Paris, 12 sept. 2008) », *CCE* 2008, Étude 23. Voir en droit des marques, Cass. com., 7 déc. 2010, *PIBD* 2011, n° 934, III-139.
327. Cass. civ. 1re, 4 juill. 1995, *Légipresse* 1995, III-101, note C. Caron.

maître et enfants d'une classe unique de campagne, de sorte qu'elle devait être regardée comme l'inclusion fortuite d'une œuvre, constitutive d'une limitation au monopole d'auteur, au sens de la Directive 2001/29 CE du 22 mai 2001, telle que le législateur a, selon les travaux préparatoires, entendu la transposer en considération du droit positif»[328]. L'appréciation au cas par cas des conditions de reproduction peut fragiliser la mise en œuvre du droit d'auteur ou la sécurité juridique des tiers[329]. Le bénéficie de cette théorie est ainsi refusé pour la fonction « *catching* » du service *Google Image*[330].

2. Les œuvres situées dans un espace public

177. Présentée comme une application de l'exception précédente, ou parfois de façon autonome, cette seconde exception est aussi le fruit d'une construction prétorienne. Le juge retient que le bien intellectuel approprié par un droit d'auteur, situé dans un lieu public et représenté de manière accessoire ne donne pas prise à l'exercice du droit de reproduction ou de représentation. Dans un arrêt du 15 mars 2005[331], au sujet du réaménagement contemporain de la place des Terreaux, à Lyon, la Cour de cassation a retenu que l'intervention « *se fondait dans l'ensemble architectural dont elle constituait un simple élément* », la représentation de l'intervention dans un cliché photographique était « *accessoire au sujet traité* ». Dans ces conditions, l'action en contrefaçon engagée contre l'éditeur d'une carte postale reproduisant ce cliché ne saurait aboutir.

À la différence de la théorie de l'arrière-plan, il n'est plus nécessaire de se concentrer sur la question de l'accessoire de la représentation ou de la reproduction. Dans cette exception des espaces publics, la reproduction d'un espace public qui ne peut être réalisée sans intégrer la reproduction de biens intellectuels atrophierait les droits d'auteur du créateur. L'espace public absorberait le droit d'auteur. La solution la plus simple pour ne pas porter atteinte aux intérêts patrimoniaux des auteurs serait que les collectivités publiques, lorsqu'elles engagent un tel programme d'aménagement, prennent le soin d'acquérir les droits d'auteur auprès des créateurs, afin qu'ils ne subissent pas les effets patrimoniaux de cette exception prétorienne.

3. Le triple test

178. Les exceptions de l'article L. 122-5 C. propr. intell. furent longtemps présentées comme limitatives. Le législateur n'a eu de cesse d'étendre cette liste à de nouveaux domaines dans le but d'une articulation avec les droits

328. Cass. civ. 1re, 12 mai 2011, *Bull. civ.* I, n° 87 ; *JCP* G 2011, note M. Vivant ; *D.* 2011, p. 1875 ; *CCE* 2011, comm. 62, obs. C. Caron ; *D.* 2011, p. 1875, note C. Castets-Renard ; *RTD com.* 2011.553, obs. F. Pollaud-DUlian ; *RIDA* juill. 2011, p. 341, obs. P. Sirinelli ; *Prop. Intell.* 2011, p. 298, obs. A. Lucas ; *Legipresse* 2011, n° 288, III-627, note Ch.-E Renault ; *CCE* 2012, chron. 6, n° 8, obs. B. Montels. Sur les limites de cette théorie, Cass. com., 6 mai 2014, n° 11-22108.

329. Cass. civ. 1re, 12 juin 2012, *Bull. civ.* I n° 131. Voir pour la publicité, CA Paris, 20 mai 2011, n° 10/10756, CA Paris, 14 oct. 2011, n° 10/23946, et CA Paris, 10 févr. 2012, n° 10/21952, *CCE* 2012, chron. 7, n° 24, obs. L. Boulet et L. Frossard.

330. Cass. civ. 1re, 12 juill. 2012, *Bull. civ.* I, n° 162.

331. Cass. civ. 1re, 15 mars 2005, *D.* 2005, j. 1645, note P. Allaeys ; *CCE* 2005, comm. 78, note C. Caron, *Prop. Intell.* 2005, p. 165, obs. P. Sirinelli ; *RTD com.* 2005.306, obs. F. Pollaud-Dulian.

fondamentaux, d'une recherche de l'intérêt public. Dans toutes ces hypothèses, l'intérêt du propriétaire du droit d'auteur – tel le roseau de La Fontaine – se courbe, plus qu'il ne plie, pour s'adapter à l'espace d'effectivité accordé. Dans ce système, les exceptions trouvent leur origine dans la loi, ce qui semble être aussi le parti retenu par le droit de l'UE, qui, dans la directive du 22 mai 2001 relative au droit d'auteur dans la société de l'information[332], dresse une liste présentant un *numerus clausus* des exceptions (voir considérant n° 32 qui mentionne la présence d'une « *liste exhaustive des exceptions et limitations* »). Une lecture stricte de cette liste est retenue par la Cour de cassation. Dans un arrêt du 13 novembre 2003, la Cour a affirmé que « *le monopole légal de l'auteur sur son œuvre est une propriété incorporelle, garantie au titre du droit de toute personne physique ou morale au respect de ses biens, et à laquelle le législateur apporte des limites proportionnées, tant par les exceptions inscrites à l'article L. 122-5 du Code de la propriété intellectuelle que par l'abus notoire prévu à l'article L. 122-9 du même code* ». Elle ajoute que « *le moyen tiré d'une violation de l'article 10 de la Convention européenne de sauvegarde des droits de l'Homme s'avère, ainsi, inopérant* »[333].

La loi DADVSI remet pourtant ce principe en cause en intégrant le triple test : ce qui fut une évidence devient une source d'interrogations en droit interne, et une source de dialogue en droit comparé. L'article 5 § 5 de la directive CE 2001/29 précise que « *les exceptions et limitations prévues aux paragraphes 1, 2, 3, et 4 ne sont applicables que dans certains cas spéciaux qui ne porteront pas atteinte à l'exploitation normale de l'œuvre ou autre objet protégé ni ne causent un préjudice injustifié aux intérêts légitimes du titulaire du droit* ». Cette contrainte se traduit à l'article L. 122-5 C. propr. intell. *in fine* qui dispose que « *les exceptions énumérées par le présent article ne peuvent porter atteinte à l'exploitation normale de l'œuvre ni causer un préjudice injustifié aux intérêts légitimes de l'auteur* ». Dès 1994, une telle limite était déjà intégrée dans le Code de la propriété intellectuelle pour le logiciel, l'article L. 122-6 C. propr. intell. *in fine* disposant que les exceptions apportées à la liberté du propriétaire du logiciel ne sauraient être interprétées « *comme permettant de porter atteinte à l'exploitation normale du logiciel ou de causer un préjudice injustifié aux intérêts légitimes de l'auteur* ».

179. Sans remettre en cause le principe d'un *numerus clausus* pour les exceptions au droit d'auteur, le législateur de l'UE et partant les législations nationales, proposent, à la suite de la Convention de l'OMPI et des accords ADPIC, un outil de contrôle des exceptions au droit d'auteur, « *une sorte de philosophie directrice* » suivant M. Gautier[334], qui, dans le fond comme dans la forme, est très proche de la formulation du § 107 du *Copyright Act*[335], sous la forme d'un double

332. Notamment, P.-Y. Gautier, « De la transposition des exceptions : à propos de la directive "droit d'auteur dans la société de l'information" », *CCE* 2001, Étude 24 ; C. Caron, « La loi du 1er août 2006 relative au droit d'auteur et aux droits voisins dans la société de l'information », *CCE* 2006, Étude 22.

333. Cass. civ. 1re, 13 nov. 2003, *CCE* 2004, comm. 2, obs. C. Caron ; *D.* 2004, j. 200 note N. Bouche ; *JCP* G 2004, II 10080, note C. Geiger ; *Prop. Ind.* 2004, comm. 8, obs. P. Kamina.

334. P.-Y. Gautier, *op. cit*, n° 371.

335. § 107. *Limitations on exclusive rights : Fair use : Notwithstanding the provisions of sections 106 and 106A, the fair use of a copyrighted work, including such use by reproduction in copies or phonorecords or by any other means specified by that section, for purposes such as criticism, comment, news reporting, teaching (including multiple copies for classroom use), scholarship, or research, is not an*

test, la référence aux « *cas spéciaux* » n'étant pas explicite dans le texte français. On peut penser que ces cas spéciaux sont ceux énoncés à l'article L. 122-5 C. propr. intell., le test étant alors, en droit comme en pratique, correctement transposé en droit interne. S'il n'est pas possible de retenir une unification du droit d'auteur entre les différents pays membres de ces conventions, on constate une réelle convergence des normes internes au travers de l'exemple du contrôle des exceptions par le triple test, avec un mouvement plus poussé qu'une portée unificatrice, limitée au minimum conventionnel[336].

180. Le triple test est analysé de façon variable, certains y voient une consigne, un guide à l'intention du législateur pour définir les exceptions au droit de propriété de l'auteur, « *qui avait plus sa place dans un exposé des motifs* »[337], d'autres abordent le triple test comme un outil à la disposition du justiciable. La transposition conduit à retenir cette dernière analyse. Suivant M. Caron, « *dans ce domaine, plus rien ne sera désormais acquis, d'autant plus que les critères du test, même précisés par la jurisprudence, permettent toutes les interprétations* »[338]. Il sera possible à l'avenir de retenir, comme pour le droit américain, que la question des exceptions relève de la navigation en eaux troubles. En terminant l'article L. 122-5 C. propr. intell. par la règle du triple test, le législateur n'établit pas ce test comme seul mètre étalon des exceptions au droit d'auteur mais, au contraire, envisage son application uniquement pour le contrôle des exceptions exposées dans le même article, les cas spéciaux évoqués tant par le droit international que par le droit de l'UE. Suivant les propos de MM. Lucas, « *le triple test dit seulement à quelles conditions une exception peut être tolérée. Il ne dit pas qu'elle doit l'être si ces conditions sont remplies* »[339]. Dans cet esprit, le triple test ne permet pas de créer de nouvelles exceptions, mais d'interpréter celles existantes. Toutefois, chacun le sait, le travail d'interprète n'est pas étranger à un travail créatif, et le juge pourrait, par ce pouvoir qui lui est reconnu, étendre le domaine d'application de certaines exceptions, retenant que l'extension du domaine ne rend pas l'exception contraire au triple test. Le principe d'une liste d'exception fermée est maintenu, mais la portée des exceptions pourrait être amenée à évoluer, une convergence avec l'exception de *fair use* devenant imaginable[340].

---

infringement of copyright. In determining whether the use made of a work in any particular case is a fair use the factors to be considered shall include
(1)the purpose and character of the use, including whether such use is of a commercial nature or is for nonprofit educational purposes ;
(2)the nature of the copyrighted work ;
(3)the amount and substantiality of the portion used in relation to the copyrighted work as a whole ; and
(4)the effect of the use upon the potential market for or value of the copyrighted work.
The fact that a work is unpublished shall not itself bar a finding of fair use if such finding is made upon consideration of all the above factors.

336. Voir J.-S. Bergé, *op. cit.*, n° 161.
337. P.-Y. Gautier, *op. cit.*, n° 371.
338. C. Caron, *CCE*, oct. 2006, Étude 22.
339. A. et H.-J. Lucas et A. Lucas-Schloetter, *op. cit.*, n° 361.
340. V. M. Senftleben, « Comparative approaches for fair use : An important impulse for reforms in EU copyright law », *Methods and Perspectives in Intellectual Property*, Ed. Elgar 2013, coll. ATRIP, p. 30.

F Le sort des droits patrimoniaux à la mort de l'auteur

181. En symétrie avec le traitement du droit moral au décès de l'auteur, il est nécessaire d'envisager la dévolution successorale des droits patrimoniaux de l'auteur[341]. Ceux-ci ne disparaissent pas à la mort du créateur, mais le décès de ce dernier marque une articulation essentielle pour le calcul de la durée des droits patrimoniaux. En application de l'article L. 123-1 alinéa 1 C. propr. intell., les ayants droit de l'auteur jouissent des droits patrimoniaux pendant l'année civile en cours et les 70 années suivantes[342].

182. La dévolution des droits patrimoniaux, à la différence des droits moraux, se fait principalement en application des règles de dévolution ordinaire du droit des successions. Toutefois, l'article L. 123-6 C. propr. intell. instaure un régime spécifique pour le conjoint survivant. Ce dernier bénéficie de l'usufruit des droits d'exploitation dont l'auteur n'aura pas disposé. Ce droit s'éteint au cas où le conjoint contracte un nouveau mariage, ce qui apparaît comme un pouvoir *post mortem* du créateur sur son conjoint suranné. Cet usufruit permet au conjoint survivant de profiter toute sa vie du droit d'exploitation appartenant à l'auteur. Il est spécial en ce qu'il est indépendant de l'usufruit de l'article 757 C. civ. qui porte sur tous les biens du défunt. Le conjoint peut cumuler les deux usufruits ou en accepter un et refuser l'autre. Grâce à cet usufruit spécial, le conjoint survivant percevra l'ensemble des revenus générés par l'exploitation de l'œuvre, et pourra conclure de nouveaux contrats d'exploitation de ces œuvres, si ces actes demeurent des actes d'administration. Cette liberté contractuelle doit être exercée sous réserve d'abus (art. L. 122-9 C. propr. intell. et 618 C. civ). Les conventions seront opposables au nu-propriétaire.

Une doctrine majoritaire retient que l'usufruit du conjoint survivant pourra être réduit s'il porte atteinte à la quotité disponible telle que définie aux articles 913 et 914 C. civ. Il existe des débats au sujet de la définition de la masse à prendre en considération pour apprécier l'éventuelle atteinte à la réserve. La pratique notariale semble retenir une réduction s'opérant directement sur l'usufruit spécial et non au regard de la totalité des biens dépendant de la succession.

183. Il est nécessaire d'articuler les dispositions des articles L. 123-1 et L. 123-6 C. propr. intell. pour définir les droits du conjoint survivant et ceux des ayants droit. Les ayants droit sont les personnes désignées par le droit commun des successions, soit les héritiers en cas de succession *ab intestat*, soit les légataires suivant les dispositions testamentaires. Ces ayants droit du droit des successions ne sont pas à confondre avec les ayants droit du droit d'auteur, cessionnaires des droits patrimoniaux, tel l'éditeur ou le producteur. Les héritiers devront respecter ces engagements suivant notamment un arrêt de la Cour de cassation du 6 juillet 2000[343].

341. Voir, N. Binctin, « La succession de l'auteur », *RIDA* oct. 2012, p. 3.

342. Voir *supra* n° 116, pour les œuvres collectives, *supra* n° 106 pour les œuvres de collaboration, et *supra* n° 62 pour les œuvres anonymes.

343. Cass. civ. 1re, 6 juill. 2000, n° 98-12825.

184. Un sort particulier est réservé au droit de suite. L'article L. 123-7 C. propr. intell. dispose que le droit de suite subsiste uniquement au profit des héritiers et pour l'usufruit spécial du conjoint survivant. Son bénéfice est exclu pour tous les légataires et ayants cause[344], seuls les héritiers *ab intestat* (qu'il faut entendre comme successeurs légaux même en présence de dispositions testamentaires) et le conjoint survivant peuvent devenir titulaires du droit de suite[345]. Le sort du droit de suite a connu quelques remises en cause récentes[346], auprès de la Cour de Justice et auprès du Conseil constitutionnel. Dans les deux cas, la solution actuelle, qui n'emporte pas notre conviction, a été validée.

Devant la Cour de Justice, l'analyse du droit de suite fut conduite à la suite d'une demande préjudicielle du tribunal de grande instance de Paris afin de savoir si la directive 2001/84[347] qui instaure un droit de suite obligatoire au profit de l'auteur d'une œuvre d'art et, après sa mort, à ses ayants droit, s'oppose à une législation nationale qui réserve le bénéfice du droit de suite aux seuls héritiers légaux de l'artiste, à l'exclusion des légataires testamentaires, à propos du traitement de la succession Dali. La CJ, dans un arrêt du 15 avril 2010[348], a retenu que les États membres peuvent déterminer les catégories de personnes susceptibles de bénéficier du droit de suite après le décès de l'auteur d'une œuvre d'art. Cette solution, marquant une harmonisation à portée limitée, est justifiée par la CJ au regard des objectifs de la directive. S'il était nécessaire de prévoir une harmonisation des œuvres d'art et des ventes concernées par le droit de suite ainsi que son assiette et son taux, l'harmonisation est limitée aux dispositions nationales qui ont l'incidence la plus directe sur le fonctionnement du marché intérieur. Dès lors, il n'y a pas lieu de supprimer les différences entre les législations nationales qui ne sont pas susceptibles de porter atteinte au fonctionnement du marché intérieur, dont font partie les législations qui déterminent les catégories de personnes susceptibles de bénéficier du droit de suite après le décès de l'auteur d'une œuvre d'art. La solution de la Cour est bien mesurée, alors qu'elle a su à bien d'autres occasions proposer une interprétation presque créative des directives. Elle écarte le fait que l'article 6 de la directive vise explicitement les ayants droit de l'auteur sans autre restriction. En ce sens, il n'est pas évident que la transposition française soit en conformité avec la lettre de la directive.

---

344. Cass. civ. 1re, 9 févr. 1972, n° 70-11033.

345. Sur l'opportunité de cette solution, J. Larrieu, « Liens de sang et propriété », *D.* 2004, p. 1842.

346. P.-Y. Gautier, *Propriété littéraire*, *op. cit.*, n° 395, C. Caron, *Droit d'auteur*, *op. cit.*, n° 337, M. Vivant et J.-M. Bruguière, *Droit d'auteur*, *op. cit.*, n° 926 ; A. et H.-J. Lucas et A. Lucas-Schloetter, *op. cit.*, n° 585 ; F. Pollaud-Dulian, *Le droit d'auteur*, *op. cit.*, n° 469 ; M.-J. Campana-Raymond de Gentille, « La transmission héréditaire du droit de suite des œuvres graphiques et plastiques », *Defr.* 1975, art. 30628.

347. Dir. 2001/84, 27 sept. 2001, relative au droit de suite au profit de l'auteur d'une œuvre d'art originale, *JOUE* n° L 272, p. 32.

348. CJUE, 15 avr. 2010, aff. C-518/08, *VEGAP c. ADAGP*, *D.* 2010, actu. 1073 ; Fl. Leandri, « La dévolution du droit de suite aux héritiers légaux de l'artiste décédé n'est pas contraire au droit européen », *Revue Juridique Personnes & Famille*, n° 6, juin 2010 ; *D.* 2010. 1073 ; *RTD com.* 2010.705, obs. F. Pollaud-Dulian ; *RTD eur.* 2010. 948, obs. E. Treppoz ; *CCE* 2010, comm. 72, obs. C. Caron ; *Prop. Intell.* 2010. 862, obs. A. Lucas et 865, obs. V.-L. Benabou ; *Europe* 2010, comm. 216, obs. L. Idot ; *Gaz. Pal.* 30 juin 2010, p. 22, note L. Marino.

Après la fondation Dali, la fondation Hartung s'attaquait à la légitimité du mécanisme instauré pour le droit de suite, limitant la dévolution successorale. Le Conseil constitutionnel[349] a été saisi le 11 juillet 2012 par la Cour de cassation d'une question prioritaire de constitutionnalité relative à la conformité de l'article L. 123-7 C. propr. intell. aux droits et libertés que la Constitution garantit. Selon le requérant, en excluant du bénéfice de la transmission du droit de suite les légataires et autres ayants droit de l'auteur pour réserver ce droit aux seuls héritiers de celui-ci et à son conjoint pour l'usufruit, les dispositions contestées sont contraires au principe d'égalité devant la loi garanti par l'article 6 de la Déclaration des droits de l'Homme de 1789. Le Conseil constitutionnel n'a pas suivi l'analyse proposée et considère que l'article L. 123-7 C. propr. intell. ne méconnaît pas le principe d'égalité, et n'est contraire à aucun autre droit ou liberté que la Constitution garantit. La disposition est déclarée conforme à la Constitution. Ainsi, pour les juges constitutionnels, le principe d'égalité ne s'oppose ni à ce que le législateur règle de façon différente des situations différentes ni à ce qu'il déroge à l'égalité pour des raisons d'intérêt général, pourvu que, dans l'un et l'autre cas, la différence de traitement qui en résulte soit en rapport direct avec l'objet de la loi qui l'établit.

185. En prévoyant le caractère inaliénable du droit de suite et en assurant sa transmission aux héritiers de l'auteur, les dispositions contestées ont pour objet de conforter la protection patrimoniale que lui accorde le droit de suite et de l'étendre à la famille de l'artiste après son décès. Le droit de suite, dans cette approche, est décorrélé des autres prérogatives patrimoniales du droit d'auteur, pour en faire une sorte de protection alimentaire de la famille de l'auteur. L'argument fondant la protection de l'auteur est tiré du caractère inaliénable pour ce dernier du droit de suite, alors que cette disposition ne se retrouve pas pour les autres prérogatives patrimoniales de l'auteur. Le Conseil utilise une formule rodée de sa jurisprudence pour fonder cette décision : « *le principe d'égalité ne s'oppose ni à ce que le législateur règle de façon différente des situations différentes, ni à ce qu'il déroge à l'égalité pour des raisons d'intérêt général, pourvu que, dans l'un et l'autre cas, la différence de traitement qui en résulte soit en rapport direct avec l'objet de la loi qui l'établit* ». Rien ne caractérise dans le cas du droit de suite les situations différentes et l'intérêt général fondant cette restriction au droit de disposer de ses biens par voie successorale. Cette solution est d'autant plus dommageable qu'elle vient restreindre la possibilité pour l'auteur de doter une personne morale qui serait chargée de la valorisation de son œuvre *post mortem*. Le droit de suite est nécessairement attaché à la réserve et, à ce titre, devrait faire l'objet d'une évaluation autonome lors de la liquidation de la succession si d'autres éléments du droit d'auteur sont transférés en dehors de la réserve.

La jurisprudence a, par ailleurs, retenu une analyse extensive dans l'application de cette restriction à disposer. Non seulement l'auteur n'a qu'un choix limité, mais ses successeurs sont dans la même situation. Par un arrêt de 1989[350],

349. Cons. const., déc., 28 sept. 2012, n° 2012-276 QPC : *JORF* 29 sept. 2012, p. 15376.
350. Cass. civ. 1re, 11 janv. 1989, *Bull. civ.* I, n° 10, p. 6.

confirmé par une décision de 2002[351], la Cour de cassation impose que « *le droit de participation au produit de chaque vente de ses œuvres originales dont l'auteur d'œuvres graphiques ou plastiques est investi par l'article 42 de la loi du 11 mars 1957 se transmet à ses héritiers et, après eux, à leurs propres héritiers, à l'exclusion de tous légataires, de sorte que les seuls titulaires de ce droit sont les personnes qui se rattachent à l'artiste par une suite de dévolutions légales* ». La protection de la famille devient transgénérationnelle grâce au droit de suite, qui se trouve, éventuellement paradoxalement, plus encadré que le sort successoral du droit moral.

186. Enfin, comme pour le droit moral, le législateur manifeste une certaine méfiance à l'égard des héritiers de l'auteur. L'article L. 122-9 C. propr. intell. dispose qu'en cas d'abus notoire de l'usage ou du non-usage des droits patrimoniaux de l'auteur décédé par ses représentants, le tribunal de grande instance peut ordonner toute mesure appropriée. Ce pouvoir du tribunal est étendu pour lui permettre de trancher un éventuel conflit entre ces représentants. Il peut aussi intervenir s'il n'y a pas d'ayant droit connu, s'il y a vacance ou déshérence de la propriété. L'intervention du tribunal peut être sollicitée par le ministre chargé de la culture.

Le Code de la propriété intellectuelle prévoit une dernière limite qui ne s'établit pas au regard des droits moraux ou patrimoniaux. L'article L. 331-4 C. propr. intell. écarte l'effet de la propriété pour les actes nécessaires à l'accomplissement d'une procédure parlementaire de contrôle, juridictionnelle ou administrative prévue par la loi, ou entrepris à des fins de sécurité publique.

351. Cass. civ. 1re, 3 déc. 2002, *Bull. civ.* I, n° 294 p. 229 ; *D.* 2003, p. 278 et p. 1867, obs. Revel ; *JCP* G 2004, II, 10038, obs. S. Durrande ; *RIDA* oct. 2003, p. 305 ; *Prop. Intell.* 2003, n° 7, p. 61, obs. A. Lucas ; *Légipresse* 2003, n° 199, III, p. 15, obs. C. Alleaume ; *RTD com.* 2005.313, obs. F. Pollaud-Dulian.

Chapitre 2
Les droits voisins et les bases de données

187. Les droits voisins[1], c'est-à-dire les droits voisins du droit d'auteur, sont des droits de propriété attribués à des auxiliaires de la création. Consacrés par la jurisprudence et des accords internationaux, ce n'est qu'en 1985 que le législateur[2] a enrichi la propriété intellectuelle de ces droits voisins dévolus notamment aux artistes interprètes, aux entrepreneurs de spectacles, et aux producteurs. Les droits voisins réunissent des objets aux sources diverses[3] ; il est nécessaire de distinguer l'œuvre de l'interprétation, qui est certainement un bien intellectuel, des implications financières des producteurs et entrepreneurs[4] dont la contribution ne répond assurément pas à la qualification de bien intellectuel. Ces derniers disposent d'un un droit de propriété sur le produit de leur investissement.

La création et son interprétation ont une origine commune et se retrouvent pleinement dans la notion de bien intellectuel. Cette communauté de situation a permis au juge, avant la loi de 1985, de donner pleinement force à ces droits voisins. L'arrêt fondateur, « *arrêt d'incitation* »[5], fut rendu par la Cour de cassation en 1964 (arrêt *Furtwängler*[6]) où, sur le fondement de l'article 1382 du Code civil, elle retient que l'artiste exécutant est fondé à interdire une utilisation de son exécution autre que celle qu'il a autorisée. Ce droit suffit, dans l'analyse de la Cour, à caractériser une atteinte au droit de l'artiste sur son interprétation. Si la suite montra que l'interprète n'a pas un droit d'auteur sur son interprétation, mais un droit voisin, le mouvement de reconnaissance était, en droit interne, lancé. En défendant l'interprète, la Cour ne faisait que s'inspirer de la Convention de Rome[7]

---

1. Voir M. W. Walter, « Étude comparative de la Convention de Rome, du Traité de l'OMPI sur les interprétations et exécutions et les phonogrammes, et l'Accord sur les aspects des droits de propriété intellectuelle qui touchent au commerce (ADPIC) ; évolution et éventuelle amélioration de la protection des droits voisins au sens de la Convention de Rome », *Bulletin du droit d'auteur*, vol. XXXIV, n° 3, 2000, p. 4.
2. Loi n° 85-660 du 3 juill. 1985 sur les droits d'auteur et les droits des artistes-interprètes, des producteurs de phonogrammes, de vidéogrammes et des entreprises de communication audiovisuelle.
3. Voir la présentation qui en est faite par l'art. 14 des accords ADPIC.
4. Desbois, « Les droits dits "voisins du droit d'auteur" », *Mélanges Savatier*, Dalloz, 1965, p. 249, spéc. p. 252 ; F. Pollaud-Dulian, « Le droit d'auteur », *op. cit.*, n° 1570 et s.
5. Cf. F. Pollaud-Dulian, « L'appel à la réforme législative selon la Cour de cassation », *RRJ* 2002-3, p. 1145, spéc. 1156.
6. Cass. civ. 1re, 4 janv. 1964, *D.* 1964, j. 321, note Pluyette ; *RTD com.* 1964.320, obs. Desbois ; même auteur, « Le droit des acteurs et des artistes interprètes sur leur interprétation », *D.* 1964, chron. 247 ; *Grands arrêts de la propriété intellectuelle*, Dalloz, 2004, n° 15, p. 197, note S. Pessina-Nissard.
7. Convention internationale sur la protection des artistes-interprètes ou exécutants, des producteurs de phonogrammes et des organismes de radiodiffusions, Rome, 26 oct. 1961, entrée en vigueur le 3 juillet 1987, publiée par Déc. n° 88-234 du 8 mars 1988.

sur « *la protection des artistes interprètes ou exécutants, les producteurs de phonogrammes et les organismes de radiodiffusion* ». Il fallut plus de trente ans de débats pour parvenir à ce texte, fondement des législations spéciales nationales, la France ne ratifiant cette Convention qu'en 1987.

L'importance économique grandissante des biens intellectuels a eu pour effet d'accroître le nombre de titulaires de droits sur eux. Devenue une industrie à part entière[8], la création de biens intellectuels – qu'ils relèvent du secteur artistique, commercial, technique – nécessite des capitaux toujours plus importants. La prise de conscience de la valeur de ces biens s'affirme. Les investisseurs ont cherché à détenir des droits réels sur les créations qu'ils concourent à créer, indépendants des droits acquis auprès des auteurs. Deux exemples illustrent cela : le droit des producteurs de phonogrammes ou de vidéogrammes, et le droit *sui generis* du producteur de bases de données[9]. Ces droits spécifiques portent sur des biens intellectuels – la base de données[10] comme les œuvres audiovisuelles sont des créations et peuvent être appropriées sur le fondement du droit d'auteur –, mais ne répondent pas à une logique d'appropriation du bien intellectuel par son créateur. Le producteur, quel qu'il soit, n'a pas à justifier d'une activité créatrice pour obtenir l'attribution de droits de propriété. Il doit uniquement apporter la preuve de son investissement personnel ou financier. Les biens intellectuels susceptibles de procéder de cette méthode de production – peu de projets aboutissent hors de ce système – sont soumis à une concurrence de droits : ceux des créateurs et ceux des investisseurs.

188. Les liens entre les biens intellectuels et leurs régimes d'appropriation – droits des créateurs ou des interprètes – se trouvent perturbés par ces droits financiers qui ne suivent pas la logique originelle d'appropriation au bénéfice du créateur. Leur développement est certainement l'un des indices les plus flagrants de la relation entre les biens intellectuels et le monde économique[11]. L'intrusion de ce dernier et l'accroissement des investissements dans la production de biens intellectuels ont imposé au législateur de prendre des dispositions spécifiques au bénéfice de ces investisseurs afin que leurs positions soient renforcées. C'est l'importance économique de l'audiovisuel et des bases de données qui justifie cette adaptation de la dévolution des droits sur les biens intellectuels afin d'assurer une pérennité des investissements effectués dans ces secteurs. Les droits voisins financiers viennent s'adjoindre aux droits sur des biens intellectuels soumis au régime du droit d'auteur. On ne peut les confondre, mais ils sont interdépendants, obéissent à une même économie et suivent un régime juridique similaire.

8. A. Girard, « Les industries culturelles : Pourquoi ? Quoi ? Comment ? », *Mélanges Grawitz*, Dalloz, 1982, p. 315. Pour la France, cf. M. Lévy et J.-P. Jouyet, Rapport, *op. cit.*, p. 16, 55 et s.
9. Voir *infra* n° 250 et s.
10. En ce sens, les décisions « Microfor » : Cass. civ. 1re, 9 nov. 1983, *D.* 1984, j. 297, note J. Huet ; *JCP* G 1984, II 20189, note Françon ; Ass. plén., 30 oct. 1987, *D.* 1988, j. 21 concl. Cabannes ; *JCP* G 1988, II 20932, rapport Nicot et obs. J. Huet ; CA Paris, 15 sept. 2004, *RTD com.* 2004.737, n° 15, obs. F. Pollaud-Dulian.
11. En ce sens, Ch. Hugon, *Le régime juridique de l'œuvre audiovisuelle*, Litec, 1993, coll. Bibl. de droit de l'entreprise, n° 337.

Les droits voisins visent des interventions au service de la création de biens intellectuels très variables. Dans un premier temps, on envisagera les différents titulaires, on reviendra ensuite sur les règles communes à ces droits voisins, et on abordera enfin le régime des producteurs de bases de données.

Section 1
Les titulaires des droits voisins

189. Sous une appellation unique de droits voisins et en un régime largement harmonisé, se fondent des titulaires différents, intervenant parfois concomitamment pour la diffusion, la création, ou la communication d'une œuvre. Ils ont en commun d'être les médiateurs de la création entre l'auteur et le public. La loi réserve le bénéfice des droits voisins à trois catégories d'intervention : les artistes-interprètes, les producteurs (de phonogrammes ou de vidéogrammes), et les entreprises de communication audiovisuelle. Le caractère limitatif de cette liste est discuté[12] ; si le législateur accorde des prérogatives similaires à d'autres intervenants économiques, notamment le producteur de base de données et l'organisateur d'événements sportifs, il prend soin d'insérer ses dispositions particulières dans un régime propre, sans utiliser le renvoi aux dispositions communes des droits voisins. Il est nécessaire de revenir successivement sur les différents titulaires visés par le Code de la propriété intellectuelle.

§ 1. L'artiste-interprète

190. La Convention de Rome définit (art. 3) l'artiste-interprète[13] ou exécutant comme « *les acteurs, chanteurs, musiciens, danseurs et autres personnes qui représentent, chantent, récitent, déclament, jouent ou exécutent de toute manière des œuvres littéraires ou artistiques* »[14]. L'article L. 212-1 C. propr. intell. ne suit pas exactement la même approche, et définit l'artiste-interprète en commençant par une exclusion puis en proposant une description : « *à l'exclusion de l'artiste de complément, considéré comme tel par les usages professionnels, l'artiste-interprète ou exécutant est la personne qui représente, chante, récite, déclame, joue ou exécute de toute autre manière une œuvre littéraire ou artistique, un numéro de variétés, de cirque ou de marionnettes* ». Il exclut « *l'artiste de complément* », et renvoie pour identifier ce dernier aux usages professionnels. L'artiste de complément est celui dont la prestation peut être effectuée par toute

12. A. et H.-J. Lucas et A. Lucas-Schloetter, *op. cit.*, n° 1131 ; F. de Visscher et B. Michaux, *Précis du droit d'auteur et des droits voisins*, Bruylant, 2000, n° 303.

13. Voir, *Quels droits pour les artistes du spectacle ?*, sous la direction de M. Vivant, N. Mallet-Poujol et J.-M. Bruguière, Dalloz, 2009, coll. Thèmes & Commentaires. L'UE a signé ce traité le 26 juin 2012.

14. Dans le même sens, Traité de l'OMPI sur les interprétations et exécutions de phonogrammes, Genève, le 20 déc. 1996, *JOCE* L. 89, 11 avr. 2000 ; ratifié par la loi n° 2008-573 du 19 juin 2008.

personne, qui est parfaitement interchangeable[15]. Il s'agit, pour reprendre un cliché, du porteur de hallebarde. Le juge tend à retenir une analyse extensive de la notion d'interprétation[16]. L'artiste de complément est écarté des droits voisins parce que son intervention ne relève pas de l'interprétation. Par exemple, il est d'usage de considérer que tous les musiciens d'un orchestre sont des artistes-interprètes, peu importe l'importance de leur intervention, le nombre de mesures jouées. Un artiste de complément ne bénéficie d'aucun droit voisin sur la captation et la communication de sa prestation.

Pour l'article L. 7121-1 du Code du travail, sont considérés comme artistes du spectacle, « *notamment* » : l'artiste lyrique, l'artiste dramatique, l'artiste chorégraphique, l'artiste de variétés, le musicien, le chansonnier, l'artiste de complément, le chef d'orchestre, l'arrangeur-orchestrateur et le metteur en scène, pour l'exécution matérielle de sa conception artistique. Cette liste, simplement illustrative comme le souligne l'adverbe « *notamment* », ne règle pas le conflit de qualification qui peut exister entre droit d'auteur et droits voisins, le metteur en scène comme l'arrangeur pouvant être des auteurs.

L'exclusion de l'artiste de complément comme technique législative de définition traduit la difficulté pour le législateur de fixer les frontières des artistes-interprètes. Il n'y a droit voisin que si la personne a réalisé une interprétation d'une œuvre. Le caractère personnel de l'interprétation est un élément essentiel, l'idée qu'une autre personne ne ferait pas la même interprétation innerve l'existence du droit voisin. Toutefois, le texte n'impose pas explicitement un critère d'appropriation. La prestation de l'artiste-interprète doit être abordée sous deux angles : un angle matériel qui relève du droit du travail et un angle immatériel relevant de la propriété intellectuelle[17].

A L'angle immatériel

191. L'interprète a pour mission d'exécuter l'œuvre de l'auteur[18] suivant la compréhension qu'il en a. Chaque interprète, nécessairement une personne physique, construit sa propre interprétation d'une œuvre ; elle est le fruit de sa sensibilité personnelle. L'interprétation[19] répond aux critères de la définition du bien intellectuel, elle préexiste à tout régime juridique, elle est assurément

15. Voir notamment le contentieux, *L'Île de la tentation*, CA Versailles, 6e ch., 5 avr. 2011, *JCP S* 2011, act. 178 ; Cass. civ. 1re, 24 avr. 2013, *Bull. civ.* I, n° 93 ; *CCE* 2013, comm. 75, note C. Caron ; *CCE* 2013, chron. 9, n° 2 et 7, obs. P. Tafforeau : « *que les participants à une émission de télévision n'avaient aucun rôle à jouer ni aucun texte à dire, qu'il ne leur était demandé que d'être eux-mêmes et d'exprimer leurs réactions face aux situations auxquelles ils étaient confrontés et que le caractère artificiel de ces situations et de leur enchaînement ne suffisait pas à leur donner la qualité d'acteurs, [...] leur prestation n'impliquait aucune interprétation et [...] la qualité d'artiste-interprète ne pouvait leur être reconnue* ».

16. Cass. civ. 1re, 6 juill. 1999, 2 arrêts, n° 97-40572, *Bull. civ.* I, n° 230 p. 148 ; n° 96-43749.

17. Sur cette opposition, X. Daverat, *L'artiste-interprète*, thèse dactyl., Bordeaux I, 1990, p. 53 et s.

18. Voir l'art. L. 212-1 C. Prop. Intell. qui propose une définition par exclusion et énumération ; P.-Y. Gautier, *passim.*, n° 95, ; M. Serna, « Réflexions autour de la qualité d'artiste-interprète au sens de l'article L. 212-2 du Code de la propriété intellectuelle », *LPA*, 21 juin 2001, n° 123, p. 10 et s. ; P. Tafforeau, *Le droit voisin de l'interprète d'œuvres musicales en droit français*, thèse dactyl., Paris II, 1994, n° 389, 393 et 409.

19. L'art. L. 212-3 C. Prop. Intell. utilise le terme de « prestation ».

issue de l'imagination humaine, le lien avec la logique d'appropriation des biens intellectuels est patent. L'interprète est dépendant de l'auteur, mais il doit faire œuvre d'imagination pour restituer ce qui lui semble le plus conforme à l'œuvre de l'auteur. L'interprétation est empreinte de la personnalité de l'exécutant, fruit de son activité créatrice. La jurisprudence[20], comme la doctrine[21], ont perçu de cette façon l'interprétation et la nécessité de mettre en avant les liens entre l'interprète et l'interprétation. L'interprète est, dans son action, assimilable à un créateur[22]. L'interprétation est un bien intellectuel intermédiaire[23]. La relation entre le créateur et l'interprète est régie par l'article L. 211-1 C. propr. intell. qui accorde une primauté au premier[24]. L'interprète est l'intermédiaire entre l'auteur et le public, celui par lequel la communication au public de l'œuvre se réalise. Suivant la dichotomie utilisée pour le droit d'auteur, le régime spécial de l'artiste-interprète prévoit pour ce dernier un droit moral, et des droits patrimoniaux traités pour partie dans les développements spéciaux et pour partie communément à tous les titulaires de droits voisins[25]. Comme pour le droit d'auteur, les différentes prérogatives juridiques patrimoniales et intellectuelles de l'artiste interprète sont unies au sein du droit de propriété.

1. Les prérogatives morales

192. L'article L. 212-2 C. propr. intell., tout comme l'article 5 du Traité de l'OMPI, attribue à l'interprète un droit moral et dispose que « *l'artiste-interprète a le droit au respect de son nom, de sa qualité et de son interprétation* ». À la différence du droit d'auteur, la loi ne vise, au bénéfice de l'interprète, qu'un droit au respect et un droit au nom et à la qualité d'interprète. On ne retrouve pas, des quatre prérogatives morales du droit d'auteur, le droit de retrait et de repentir ainsi que le droit de divulgation, refusés aux droits voisins. La Cour de cassation[26] a écarté un droit de divulgation au bénéfice de l'interprète par une interprétation stricte du Code de la propriété intellectuelle : « *les dispositions de l'article L. 212-2 du Code de la propriété intellectuelle limitent les prérogatives du droit moral de l'artiste-interprète au seul respect de son nom, de sa qualité et de son interprétation, et celles transmises à ses héritiers à la seule protection de cette interprétation et à la mémoire du défunt* ». L'héritier ne peut se voir reconnaître un droit moral de divulgation sur les interprétations réalisées par l'artiste décédé. Cette analyse tranche avec les positions

20. Cass. civ. 1re, 30 janv. 1974, aff. O. Demazis, *Bull. civ.* I, n° 33, rejetant le pourvoi contre Paris 17 nov. 1971, *RTD com.* 1972.633, obs. Desbois.

21. R. Badinter, « Le droit de l'artiste sur son interprétation », *JCP* G 1964, II 1844, n° 7 ; Desbois, *op. cit.*, n° 183.

22. Convention internationale sur la protection des artistes-interprètes ou exécutants, des producteurs de phonogrammes et des organismes de radiodiffusion, Rome, le 26 octobre 1961, entrée en vigueur le 3 juill. 1987. En ce sens, A. et H.-J. Lucas et A. Lucas-Schloetter, *Traité*, *op. cit.*, n° 1396 et s. ; F. Pollaud-Dulian, *Le droit d'auteur*, *op. cit.*, n° 1570.

23. Cf. P.-Y. Gautier, *op. cit.*, n° 21.

24. Par exemple, CA Paris, 21 sept. 1999, *JCP* E, j. 1093, note F. Pollaud-Dulian, voir *infra* n° 907.

25. Voir *infra* n° 226 et s.

26. Cass. civ. 1re, 27 nov. 2008, *BICC*, 1er avr. 2009, n° 489 ; *CCE* 2009, comm. n° 13, p. 29-30, note C. Caron ; *Revue juridique Personnes et famille*, n° 2, févr. 2009, p. 33, note S. Valory ; *CCE* 2009, chron. 4 « Un an de droit de la musique », X. Daverat, spéc. n° 2, p. 18.

antérieures fluctuantes. Quant au droit au respect, la Cour, dans la lignée d'un premier arrêt rendu le 9 juillet 2009[27], a retenu deux mois plus tard que « *le droit imprescriptible reconnu à l'artiste-interprète au respect de son interprétation lui permet de s'opposer à toute reproduction altérée de celle-ci, quand bien même l'altération de l'interprétation procéderait de l'enregistrement d'origine* »[28]. La Cour interdit la réexploitation d'une copie d'un enregistrement d'époque dont la qualité ne correspond plus au standard actuel. Elle applique rigoureusement le droit au respect de l'interprète. Sa succession est recevable à agir pour préserver ces droits.

193. À la suite de l'énoncé des prérogatives du droit moral, l'article L. 212-2 en expose le régime. Reprenant une formule proche du droit d'auteur, il dispose que le « *droit inaliénable et imprescriptible est attaché à sa personne* ». On retrouve trois caractères identiques dans les deux régimes : personnel, inaliénable[29] et imprescriptible[30]. Pour ces éléments, il faut simplement se référer aux développements proposés pour le droit d'auteur[31]. Toutefois, un point diffère, il n'est pas fait mention du caractère perpétuel du droit moral de l'artiste interprète. L'article L. 212-2 dispose que le droit moral « *est transmissible à ses héritiers pour la protection de l'interprétation et de la mémoire du défunt* ». Cette indication ne permet pas pour autant de conclure à la perpétuité du droit moral. Pas plus, les dispositions de l'article L. 211-2 C. propr. intell. ne peuvent conduire à une telle conclusion, les prérogatives reconnues au ministre de la Culture pouvant être limitées dans le temps et n'appellent pas la perpétuité[32]. À la lumière de la lecture stricte du Code de la propriété intellectuelle retenue par la Cour pour le droit de divulgation, il peut retenir que le droit moral, entendu au sens strict, serait limité dans le temps à la durée des autres prérogatives du droit de propriété. Cependant, l'article L. 211-4 C. propr. intell. soumet uniquement « *les droits patrimoniaux* » à la durée de 50 ans. Face à ce silence regrettable[33], on peut invoquer la volonté de protéger la mémoire de l'artiste-interprète et en conclure que le silence de la loi doit permettre de retenir la perpétuité du droit moral, approche renforcée par l'analogie avec le droit d'auteur. Une intervention légale serait nécessaire car, dans quelques années, des interprétations largement exploitées vont intégrer le domaine public. La transposition de la directive « droits voisins »[34] pourrait être l'occasion de lever cette incertitude.

---

27. Cass. civ. 1re, 9 juill. 2009, *Bull. civ.* I, n° 175 ; *CCE* 2009, comm. 91, note C. Caron.
28. Cass. civ. 1re, 24 sept. 2009, *Bull. civ.* I, n° 184 ; *CCE* 2009, comm. 98, note C. Caron ; *D.* 2010, p. 1466, note T. Azzi.
29. Sur l'inaliénabilité, Cass. soc., 10 juill. 2002, *JCP* E 2002, I 1642, note C. Caron ; *Grands Arrêts de la propriété intellectuelle*, Dalloz, 2004, n° 16, note S. Pessina Dassonville.
30. Sur l'articulation entre imprescriptibilité du droit et prescription de l'action, Cass. civ. 1re, 3 juill. 2013, n° 10-27043, *Bull. civ.* I, à paraître, ; *JCP* G 2014, chron. 364, p. 560, obs. C. Caron ; *CCE* 2013, comm. 112, note C. Caron.
31. Voir *supra* n° 137 et s.
32. Voir *contra*, C. Caron, *op. cit.*, n° 560.
33. T. Azzi, « Le droit moral de l'interprète, Retour sur les silences troublants du législateur », *Prop. Intell.* 2008, n° 28, p. 278.
34. Directive 2011/77/UE, 27 sept. 2011 modifiant la directive 2006/116/CE relative à la durée de protection du droit d'auteur et de certains droits voisins, *JOUE*, 11 oct. 2011, L 265/1 ; *CCE* 2012, chron. 9, n° 14, obs. P. Tafforeau.

2. Les prérogatives patrimoniales

194. L'article L. 212-3 C. propr. intell. organise les éléments spéciaux des droits patrimoniaux de l'artiste-interprète en distinguant la fixation de l'interprétation et sa reproduction : « *sont soumises à l'autorisation écrite de l'artiste-interprète la fixation de sa prestation, sa reproduction et sa communication au public, ainsi que toute utilisation séparée du son et de l'image de la prestation lorsque celle-ci a été fixée à la fois pour le son et l'image* ». Le droit patrimonial de l'interprète ne porte pas directement sur l'interprétation en tant que telle, mais sur les exploitations ultérieures de celle-ci, permises, d'une part, par la fixation et, d'autre part, par la reproduction et la communication au public. L'analyse des droits patrimoniaux ne se fait plus par opposition entre reproduction et représentation, mais par distinction entre captation et communication au public, la reproduction étant un moyen de communication. La captation est l'opération par laquelle l'interprétation va être enregistrée, quelles que soient la forme de l'enregistrement (son, image, etc.) et les modalités techniques de celui-ci.

La captation immortalise l'interprétation, elle lui supprime son caractère éphémère et permet l'émergence du droit voisin de l'interprète. Sans captation, pas d'exploitation de la prestation, donc pas de nécessité d'avoir un régime de droit voisin pour les artistes-interprètes. Ce droit de fixation justifie que l'artiste puisse s'opposer à tout enregistrement clandestin. Ce droit de fixation est spécifique à la matière, il ne se retrouve pas en droit d'auteur où du seul fait de la création, l'auteur est titulaire de ses droits. La captation est le fait générateur du droit de propriété.

En revanche, les actes de communication au public sont identiques en droit d'auteur et en droits voisins, il peut s'agir aussi bien de reproduction que de représentation. L'emploi de ce critère générique traduit la modernité du droit voisin.

B L'angle matériel[35]

195. L'article L. 212-3 C. propr. intell. articule le régime des droits voisins avec les dispositions du Code du travail relatives au statut de salarié des artistes-interprètes[36]. Le dernier alinéa de l'article dispose que « *cette autorisation* [de fixation ou de communication au public] *et les rémunérations auxquelles elle donne lieu sont régies par les dispositions des articles L. 7121-1 et suivants du Code du travail, sous réserve des dispositions de l'article L. 212-6 du présent code* ». Cette intégration du salariat dans le cœur du régime des droits voisins est une différence importante avec le régime du droit d'auteur[37]. Le Code du travail propose, pour la liste illustrative des artistes présentée à

35. Sur ce thème, S. Pessina Dassonville, *L'artiste-interprète salarié (entre création intellectuelle et protection sociale)*, PUAM, 2006, spéc. n° 411 et s.

36. Cass. soc., 1er juill. 2009, *Bull. civ. V*, n° 170 : « *les redevances versées à l'artiste-interprète, qui sont fonction du seul produit de l'exploitation de l'enregistrement et ne sont pas considérées comme des salaires, rémunèrent les droits voisins qu'il a cédés au producteur et continuent à lui être versées après la rupture du contrat d'enregistrement* ». S. Pessina-Dassonville, « L'artiste-interprète salarié », *Création et inventions de salariés – Rompre avec les schémas reçus...*, Litec, 2010, coll. IRPI, t. 35, p. 123.

37. Voir S. Pessina Dassonville, « L'interprète salarié », *op. cit.*

l'article L. 7121-2, une présomption de salariat, fondée sur les dispositions de l'article L. 7121-3 : « *tout contrat par lequel une personne s'assure, moyennant rémunération, le concours d'un artiste du spectacle en vue de sa production, est présumé être un contrat de travail dès lors que l'artiste n'exerce pas l'activité qui fait l'objet de ce contrat dans des conditions impliquant son inscription au registre du commerce* ». Cette articulation entre propriété intellectuelle et droit social est essentielle, elle peut aussi influencer les relations entre artistes interprètes[38]. L'article L. 212-4 s'inscrit directement à la suite de cette combinaison en retenant que « *la signature du contrat conclu entre un artiste-interprète et un producteur pour la réalisation d'une œuvre audiovisuelle vaut autorisation de fixer, reproduire et communiquer au public la prestation de l'artiste-interprète* ». La conclusion du contrat de travail entre un interprète et un producteur aura à la fois des répercussions en propriété intellectuelle et en droit social en ce que ce contrat instaure une présomption de cession des droits voisins de l'interprète pour la fixation et la communication de sa prestation[39]. On regrette que le législateur n'ait pas veillé à une harmonisation du vocabulaire, notamment en articulant producteur et entrepreneur de spectacle.

196. Il appartiendra au contrat de fixer « *une rémunération distincte pour chaque mode d'exploitation de l'œuvre* » conclut l'article L. 212-4 C. propr. intell. Une fois encore, le vocabulaire est imprécis, il ne s'agit pas dans ce texte des modalités d'exploitation de l'œuvre mais d'interprétation de l'œuvre, la loi ayant clairement écarté du droit d'auteur les interprètes. Face à cette articulation de deux corps de normes, la Cour de cassation, à la lumière de sa décision de 1992 relative aux auteurs salariés[40], a considéré, dans un arrêt du 6 mars 2001, que « *l'existence d'un contrat de travail n'emportant pas de dérogation à la jouissance des droits de propriété intellectuelle, l'autorisation de l'artiste-interprète est exigée pour chaque utilisation de sa prestation* »[41].

197. L'articulation entre propriété intellectuelle et droit social est particulièrement prégnante pour les mécanismes contractuels supplétifs proposés par le législateur. Ceux-ci sont directement dérivés de ceux employés habituellement en droit social. Ainsi, l'article L. 212-5 C. propr. intell. dispose que « *lorsque ni le contrat ni une convention collective ne mentionnent de rémunération pour un ou plusieurs modes d'exploitation, le niveau de celle-ci est fixé par référence à des barèmes établis par voie d'accords spécifiques conclus, dans chaque secteur d'activité, entre les organisations de salariés et d'employeurs représentatives de la profession* ». Ce mouvement se poursuit : l'article L. 212-8 C. propr. intell. met en place un mécanisme d'extension réglementaire de ces accords qui « *peuvent être rendus obligatoires à l'intérieur de chaque secteur d'activité pour l'ensemble des intéressés par arrêté du ministre compétent* »[42]. Et en cas de carence des partenaires

---

38. Cass. soc., 4 déc. 2013, n° 12-26553.
39. Cass. soc., 10 févr. 1998, *Légipresse* 1998, n° 153, III, 101, note Veyssière.
40. Voir *supra* n° 73 et s.
41. Cass. civ. 1re, 6 mars 2001, *CCE* 2001 comm. 44, note C. Caron ; *JCP* G 2002, II, 10014, note F. Pollaud-Dulian, S. Pessina, *Grands arrêts de la propriété intellectuelle*, Dalloz, 2004, n° 16.
42. Par exemple, arrêté, 27 mars 2013 pris en application de l'art. L. 212-8 C. Prop. Intell., *JORF* n° 0081, 6 avr. 2013, texte n° 16 ; arrêté, 23 avr. 2014 pris en application de l'art. L. 212-8 C. *Prop. Intell.*, *JORF* n° 0110, 13 mai 2014, p. 7940.

sociaux dans la négociation de ces accords, l'article L. 212-9 ajoute que « *les modes et les bases de rémunération des artistes-interprètes sont déterminés, pour chaque secteur d'activité, par une commission présidée par un magistrat de l'ordre judiciaire désigné par le premier président de la Cour de cassation et composée, en outre, d'un membre du Conseil d'État, désigné par le vice-président du Conseil d'État, d'une personnalité qualifiée désignée par le ministre chargé de la culture et, en nombre égal, de représentants des organisations de salariés et de représentants des organisations d'employeurs* »[43]. La décision ainsi adoptée a effet pour une durée de trois ans, sauf accord des intéressés intervenu avant ce terme. En l'absence d'un usage prouvé, de barème conventionnel ou de décision de la commission prévue par l'article L. 212-9, le montant de la rémunération supplémentaire due est apprécié souverainement par les juges du fond[44].

198. L'articulation des deux matières se retrouve lors de l'analyse des rémunérations versées à l'interprète. L'article L. 212-6 C. propr. intell. impose une césure dans le traitement fiscal et social de ces sommes en indiquant que « *les dispositions de l'article L. 7121-1 et suivants du Code du travail ne s'appliquent qu'à la fraction de la rémunération versée en application du contrat excédant les bases fixées par la convention collective ou l'accord spécifique* »[45]. Il faut distinguer le salaire perçu pour la participation à un concert, appelé le cachet, et les contreparties versées pour la captation et l'exploitation d'un enregistrement de ce concert[46]. Cette analyse est confirmée par l'article L. 212-7 qui précise que les rémunérations perçues en raison de l'exploitation des captations n'ont pas le caractère de salaire. L'article L. 212-6 C. propr. intell. expose dans un jargon délicat une solution issue d'accords collectifs : les sommes versées aux interprètes dans les limites de la convention collective, au titre des exploitations des captations, sont traitées comme des salaires, les sommes dépassant ces limites relèvent strictement des redevances de propriété intellectuelle. Cette distinction de régime n'est pas sans problème dans sa mise en application dans le cadre de la mise en œuvre du droit des entreprises en difficulté à l'égard du producteur[47].

199. L'intégration des artistes-interprètes dans le droit social se traduit aussi par le bénéfice d'une protection sociale spécifique. En particulier, l'article L. 3123-36 du Code du travail prévoit que les salariés titulaires d'un contrat de travail intermittent, dont les artistes-interprètes, bénéficient des droits reconnus aux salariés à temps complet, sous réserve, en ce qui concerne les droits conventionnels, des modalités spécifiques prévues par les conventions ou accords collectifs. Ils ont ainsi le droit à une indemnité de chômage suivant les dispositions des articles L. 5424-20 et suivants du Code du travail[48].

Il est mis en place un guichet unique pour le spectacle vivant auprès duquel l'employeur procède aux déclarations obligatoires de l'article L. 7122-23 du Code

---

43. Voir art. R. 212-1 et s. C. Prop. Intell.
44. Cass. soc., 18 déc. 2013, n° 12-20682.
45. Voir T. Klotz, « La rémunération de l'artiste interprète : suite enfin ! », *CCE* 2012, fiche pratique 16.
46. Cass. soc., 17 mai 2006 ; *RDLI* 2006, n° 542, obs. Coste ; Cass. soc., 21 juin 2004, *Prop. Intell.* 2004, n° 13, p. 926, obs. A. Lucas.
47. Voir *infra*, n° 1480 et 1505, le droit des procédures collectives.
48. Voir décret n° 2007-483 du 30 mars 2007, modifié par le décret n° 2008-2 du 2 janvier 2008.

du travail grâce à une déclaration unique d'embauche et d'emploi d'artistes du spectacle ainsi que des ouvriers et techniciens relevant des professions du spectacle vivant et occupant un des emplois définis par l'accord relatif à l'application du régime d'assurance chômage à ces professions prévu à l'article L. 5422-20 du Code du travail. La déclaration unique permet de satisfaire aux déclarations prévues par le CGI, le Code de la sécurité sociale, les articles L. 1221-10 et L. 1221-11 relatifs à la déclaration préalable à l'embauche, l'article R. 1234-9 relatif à l'attestation d'assurance chômage, l'article L. 4622-6 relatif aux dépenses afférentes au service de santé au travail, les articles L. 6331-55 et L. 6331-56 relatifs à la participation des employeurs de salariés intermittents au développement de la formation professionnelle continue, les articles R. 4622-1 à R. 4622-4 relatifs à l'organisation du service de santé au travail, les articles R. 5422-5 et R. 5422-6 relatifs à l'obligation d'assurance contre le risque de privation d'emploi et à l'obligation pour l'employeur d'adresser à l'institution mentionnée à l'article L. 5312-1 des déclarations, et de l'article D. 7121-40 relatif à l'affiliation à la caisse de congés payés des artistes du spectacle.

200. Lorsque l'artiste-interprète est un agent public, il est nécessaire de déterminer si son statut influence l'attribution ou l'exercice des droits voisins[49]. La Cour de cassation a retenu, au visa de l'article L. 212-3 C. propr. intell., que « *le statut d'agent public ne peut faire obstacle aux dispositions de ce texte que dans les strictes limites de la mission de service public à laquelle l'agent participe* »[50]. Dès lors que la sonorisation des transports collectifs de l'agglomération toulousaine n'entrait pas dans la mission de l'Orchestre national du Capitole de Toulouse. L'agent public bénéficie d'un régime spécifique, guidé par la notion de mission de service public. Si la captation ou la diffusion de son interprétation relève d'une mission de service public, son statut s'impose et il ne pourra revendiquer l'application des articles L. 212-1 et suivants C. propr. intell. En revanche, hors de ces missions de service public, le droit commun s'applique à lui. La loi DADVSI, qui a institué un régime spécial pour l'agent public auteur[51], n'a pas suivi le même mouvement et posé les jalons d'un statut d'agent public interprète.

C Les limites spécifiques aux prérogatives patrimoniales

201. Les droits voisins connaissent des limites communes, comme tous les autres régimes de propriété intellectuelle, sur lesquelles on reviendra[52]. L'artiste-interprète doit supporter des limites complémentaires. L'article L. 212-10 C. propr. intell. dispose que « *les artistes-interprètes ne peuvent interdire la reproduction et la communication publique de leur prestation si elle est accessoire à un événement constituant le sujet principal d'une séquence d'une œuvre ou d'un document audiovisuel* ». Cette exception au goût étrange s'ajoute aux

49. S. Pessina Dassonville, « L'artiste-interprète salarié », *op. cit.*, n° 680 et s.

50. Cass. civ. 1re, 1er mars 2005, *Bull. civ.* I, n° 107, p. 93 ; *CCE* 2005, comm. 64, note C. Caron ; *RLDI* juill. 2005, p. 8, note J.-M. Bruguière.

51. Voir *supra* n° 95 et s.

52. Cf. *infra* n° 241 et s.

exceptions de l'article L. 211-3 C. propr. intell. D'une portée incertaine pour la doctrine, elle fait l'objet de peu d'applications. Cette disposition tend à étendre l'exception de courte citation pour permettre des emprunts plus longs. Cette disposition porte le souci de respecter le droit à l'information du public, mais elle n'expose aucune des conditions pouvant justifier de sa mise en œuvre. Ce silence est regrettable, il pourrait aussi être redoutable, une interprétation extensive ouvrant une faille importante dans le contrôle de l'exploitation de l'interprétation.

La cour d'appel de Paris a retenu que cette exception ne permettait pas d'utiliser un extrait d'un phonogramme pour réaliser la bande-son d'un spectacle, l'interprétation en cause ne constituant nullement un accessoire de cette pièce pour laquelle l'enregistrement n'avait pas été effectué. Le metteur en scène ne pouvait intégrer ce fond sonore qu'en recueillant au préalable l'autorisation de l'artiste-interprète concerné[53].

Enfin, en symétrie avec l'article L. 131-9 C. propr. intell., la loi de 2006 a inclus dans le Code de la propriété intellectuelle l'obligation pour le producteur d'insérer dans les contrats une clause l'autorisant à recourir aux moyens techniques de protection, à défaut de quoi il ne pourra pas le faire. Le législateur procède par simple renvoi : « *les dispositions de l'article L. 131-9 sont applicables aux contrats valant autorisation d'exploitation en application des articles L. 212-3 et L. 212-4, entre les producteurs et les artistes-interprètes* ». Cette disposition est applicable uniquement aux contrats conclus après l'entrée en vigueur de la loi.

§ 2. Le producteur de phonogrammes

202. Le statut du producteur de phonogrammes est appréhendé de façon très synthétique par le Code de la propriété intellectuelle, il est nécessaire de se reporter aux conventions internationales traitant de cette fonction pour mieux l'analyser. Le Code de la propriété intellectuelle accorde, en revanche, une place importante à l'interdépendance existant entre le producteur et l'interprète.

A Le producteur

203. Le Code de la propriété intellectuelle ne propose pas de définition du phonogramme, mais la Convention de Rome le définit comme « *toute fixation exclusivement sonore de sons provenant d'une exécution ou d'autres sons* »[54]. Le Traité de l'OMPI propose une approche plus précise : « *la fixation des sons provenant d'une interprétation ou exécution ou d'autres sons, ou d'une représentation de sons autre que sous la forme d'une fixation incorporée dans une œuvre cinématographique ou une autre œuvre audiovisuelle* »[55]. Le phonogramme est le

53. CA Paris, juin 2000, *D.* 2001, somm. 2555, obs. P. Sirinelli.

54. Convention de Rome, préc., art. 3 b) ; Convention pour la protection des producteurs de phonogrammes contre la reproduction non autorisée de leurs phonogrammes, Genève 29 oct. 1971, Déc. n° 73-725 du 13 juill. 1973, art. 1 a).

55. Traité de l'OMPI sur les interprétations et exécutions et les phonogrammes, art. 2 b).

support des sons, ce peut être un disque, mais il est possible d'envisager toute autre forme de support, tel un fichier numérique. La Cour de cassation a confirmé cette distinction entre le phonogramme et le disque[56].

204. Le producteur de phonogrammes est défini par l'article L. 213-1 C. propr. intell. comme « *la personne, physique ou morale, qui a l'initiative et la responsabilité de la première fixation d'une séquence de son* ». La Convention de Rome[57], comme la Convention de Genève, le définissent dans leur article premier comme « *la personne physique ou morale qui, la première, fixe les sons provenant d'une exécution ou d'autres sons* »[58].

La définition de la fixation confirme cette analyse, elle est « *l'incorporation de sons, ou des représentations de ceux-ci, dans un support qui permette de les percevoir, de les reproduire, ou de les communiquer à l'aide d'un dispositif* »[59].

205. Ce droit de propriété intellectuelle peut naître directement au bénéfice d'une personne morale, comme d'une personne physique. La Cour de cassation applique le mécanisme de la présomption de titularité de droit propriété, développé pour le droit d'auteur[60], au producteur de phonogramme. La personne qui exploite des enregistrements de manière paisible, durable, sans revendication d'artiste ou d'autre producteur, en possession du matériel d'exploitation des enregistrements, doit être présumée titulaire des droits prévus par l'article L. 213-1 C. propr. intell.[61].

206. Le droit voisin confère au producteur un pouvoir quasi similaire à celui de l'auteur ou de l'interprète sur l'œuvre créée grâce à son financement. On analyse ce pouvoir comme une contrepartie du risque financier assumé. L'éditeur, qui par nature assume aussi un risque financier, ne jouit pas d'un droit voisin, et se suffit de la cession des droits d'auteur à la conclusion du contrat d'édition. Le droit voisin du producteur n'est pas dépendant de l'existence d'un droit antérieur. Il peut avoir un droit voisin même si ce qui est fixé n'est pas approprié ou appropriable par un droit de propriété intellectuelle, tels des chants d'oiseaux[62]. Ce n'est pas l'existence d'une œuvre qui conditionne son droit de propriété.

Le producteur finance la captation, assume le risque de l'investissement, et exploite ensuite celle-ci. Il est la personne qui, d'une part, prend l'initiative de l'enregistrement et de la fixation et, d'autre part, supporte le risque financier de l'opération. Les conditions sont cumulatives, une participation uniquement financière ne suffirait pas à acquérir la qualité de producteur[63]. Un producteur exécutif, qui n'assure qu'une prestation matérielle, ne peut prétendre à cette

56. Cass. civ. 1re, 11 sept. 2013, *JCP* G 2013, n° 1071 p. 1894, note N. Binctin ; *D.* 2013, p. 2388, note G. Querzola.
57. Convention de Rome, préc., art. 3 c).
58. Convention de Genève préc.
59. Traité de l'OMPI sur les interprétations et les phonogrammes, art. 2 c).
60. Voir *supra* n° 119 et s.
61. Cass. civ. 1re, 14 nov. 2012, *Bull. civ.* I, n° 242 ; *D.* 2013, p. 402, note E. Emile-Zola-Place ; *CCE* 2013, comm. 3, note C. Caron ; *CCE* 2013, chron. 4, obs. X. Daverat.
62. CA Paris, 6 oct. 1979, *D.* 1981, j. 190, note Plaisant ; *RTD com.* 1980.346, obs. Françon.
63. Cass. com., 28 juin 2012, n° 11-13875 ; *CCE* 2013, chron. 4, obs. X. Daverat.

qualité[64]. Le producteur a un lien fort avec l'artiste-interprète, outre la relation issue du contrat de travail, l'interdépendance de leurs droits patrimoniaux les lie durablement.

207. L'article L. 213-1 C. propr. intell. précise le contenu du droit voisin du producteur ; il autorise toute reproduction, mise à disposition du public par vente, échange ou louage, ou la communication au public, sous réserve de l'exception de l'article L. 214-1 C. propr. intell. Il s'ensuit que, d'une part, le producteur de phonogramme n'a pas de droit moral[65] et, d'autre part, son droit patrimonial est strictement limité à l'exploitation du support qu'il a contribué à réaliser. Il exercera son droit de propriété en délivrant des autorisations de reproduction, ou différents actes d'exploitation relevant du droit de distribution[66]. L'article 10 de la Convention de Rome propose une définition plus restreinte des prérogatives du producteur : « *droit d'autoriser ou d'interdire la reproduction directe ou indirecte de* [ses] *phonogrammes* ». La formule est différente mais la mise en œuvre aboutit aux mêmes solutions que celles retenues en droit interne[67]. Le Traité de l'OMPI de 1996[68] présente ces prérogatives patrimoniales en quatre temps : droit de reproduction, droit de distribution, droit de location et enfin droit de mettre à disposition des phonogrammes. Cette approche plus descriptive recouvre les cas envisagés par le droit interne, le droit de distribution et le droit de location pouvant être rapprochés comme étant deux composants du droit de destination.

Dans son application territoriale, ce droit ne connaît pas d'épuisement international, la cour d'appel de Rouen a ainsi condamné un commerçant qui importait des phonogrammes directement des États-Unis, sans avoir l'autorisation du producteur, l'importation se faisant en violation de l'article L. 213-1 C. propr. intell.[69]

B L'interdépendance

208. Le chapitre IV du Livre II du Code de la propriété intellectuelle s'intitule « *Dispositions communes aux artistes-interprètes et aux producteurs de phonogrammes* ». Par la technique d'une licence légale, le législateur limite, de façon spécifique, la libre jouissance de la propriété des interprètes et des producteurs pour faciliter l'exploitation et la circulation des phonogrammes du commerce. L'article L. 214-1 dispose que lorsqu'un phonogramme a été publié à des fins de commerce, l'artiste-interprète et le producteur ne peuvent s'opposer à sa communication directe dans un lieu public (dès lors qu'il n'est pas utilisé dans un spectacle), à sa radiodiffusion[70] et sa câblo-distribution simultanée

64. CA Paris, 29 sept. 2006, *Prop. Intell.* 2007, n° 22, p. 83, obs. A. Lucas.
65. CA Paris, 5 oct. 2007, *RTD com.* 2008.89, obs. F. Pollaud-Dulian.
66. CA Paris, 29 juin 2007, *RTD com.* 2008.91, obs. F. Pollaud-Dulian ; *CCE* 2007, comm. 131, note C. Caron ; *Prop. Intell.* 2008, n° 26, p. 121, obs. A. Lucas.
67. Cass. crim., 13 déc. 1990, *Bull. crim.* n° 434.
68. Traité ratifié par l'Union européenne en décembre 2009.
69. CA Rouen, 30 janv. 1997, *RIDA* juill. 1997, p. 327.
70. Sur cette notion, Cass. civ. 1re, 14 juin 2005, *Bull. civ.* I, n° 262 et 263 ; *JCP* G 2006, II 10009, note T. Azzi ; *Prop. Intell.* 2005, p. 438, obs. A. Lucas.

et intégrale, ainsi qu'à sa reproduction strictement réservée à ces fins, effectuée par ou pour le compte d'entreprises de communication audiovisuelle en vue de sonoriser leurs programmes propres diffusés sur leurs antennes, ainsi que sur celles des entreprises de communication audiovisuelle qui acquittent la rémunération équitable. La finalité de ce texte est de faciliter l'utilisation des œuvres musicales commercialisées en limitant le champ d'application de l'autorisation préalable contre la reconnaissance d'un droit à rémunération équitable. L'article L. 214-1 ajoute que « *ces utilisations des phonogrammes publiés à des fins de commerce, quel que soit le lieu de fixation de ces phonogrammes, ouvrent droit à rémunération au profit des artistes-interprètes et des producteurs. Cette rémunération est versée par les personnes qui utilisent les phonogrammes publiés à des fins de commerce dans les conditions mentionnées aux 1° et 2° du présent article. Elle est assise sur les recettes de l'exploitation ou, à défaut, évaluée forfaitairement dans les cas prévus à l'article L. 131-4 C. propr. intell. Elle est répartie par moitié entre les artistes-interprètes et les producteurs de phonogrammes* ». Le législateur recherche, par ce mécanisme, un allégement des contraintes multiples du droit de propriété pour les utilisateurs secondaires des phonogrammes. La licence légale fonctionne dans une certaine harmonie. Elle fut une concession pour admettre la présence de nouveaux droits concurrents sur les œuvres et créa un rapport inédit entre les artistes-interprètes, les producteurs et les diffuseurs[71]. Cependant, quelques contentieux ont émaillé son existence ces dernières années, réglés essentiellement par l'intervention du législateur. On peut retenir deux difficultés : la reproduction préalable à la diffusion et la sonorisation d'œuvres audiovisuelles.

209. Par une double décision du 15 mai 2012[72], la CJ est venue interpréter les conditions d'application de cette exception au droit de propriété. En application de la Directive 92/100/CEE, les États membres doivent assurer un droit à une rémunération équitable et unique des producteurs de phonogrammes publiés à des fins commerciales, versée par l'utilisateur de ces phonogrammes dans le cadre d'une radiodiffusion ou d'une communication quelconque au public. Ce mécanisme est soutenu aussi par les différents engagements internationaux des États membres (la convention de Rome, l'accord ADPIC[73] et le WPPT[74]). La Cour relève que l'accord ADPIC et le WPPT font partie intégrante de l'ordre juridique de l'Union. Quant à la convention de Rome, même si celle-ci ne fait pas partie de l'ordre juridique de l'Union, elle y produit néanmoins des effets indirects, étant donné que l'Union est tenue de ne pas entraver les obligations des États membres au titre de cette convention. À cette première analyse relevant de l'application des conventions internationales ayant pour objet les droits voisins, la Cour ajoute que les particuliers ne peuvent se prévaloir directement, ni de cette convention, ni de l'accord ADPIC, ni du WPPT, conformant sa jurisprudence antérieure. Ensuite, la Cour relève que la notion de

71. Cf. J. Lapousterle, « Les groupes d'influence », *op. cit.*

72. CJUE, 15 mars 2012, aff. C-135/10, *Società Consortile Fonografici (SCF) c/Marco Del Corso* ; CJUE, 15 mars 2012, aff. C-162/10, *Phonographic Performance (Ireland) Limited c/Irlande*, préc.

73. Voir *infra* n° 920.

74. Traité de l'OMPI sur les interprétations et exécutions et les phonogrammes, adopté à Genève le 20 déc. 1996.

« communication au public » prévue par le droit de l'Union pour désigner les actes mettant en œuvre le droit de propriété du producteur doit être interprétée à la lumière des notions équivalentes contenues dans ces conventions internationales, de telle manière qu'elle demeure compatible avec celles-ci. Selon la CJ, pour l'application de la notion de « communication au public » il convient d'apprécier tant la situation de chaque utilisateur que celle de l'ensemble des personnes auxquelles les phonogrammes protégés dont diffusés. Dans ce contexte, il importe de tenir compte de plusieurs critères complémentaires, de nature non autonome et interdépendants les uns par rapport aux autres. Au regard de ces critères, la Cour juge qu'un dentiste qui diffuse gratuitement des phonogrammes dans son cabinet privé, au bénéfice de ses clients qui en jouissent indépendamment de leur volonté, ne réalise pas une « communication au public » au sens du droit de l'Union. Partant, une telle diffusion ne donne pas droit à la perception d'une rémunération en faveur des producteurs de phonogrammes. Cette analyse est particulièrement discutable, il s'agit d'une utilisation dans un cadre public et économique, il semble que cela constitue un recul sur l'application du droit de propriété, la sonorisation d'un cabinet médical ne pouvant pas être analysée comme une utilisation privée. La CJ semble introduire un seuil lié à la taille du public en deçà duquel il n'y aurait communication au public. À cette interprétation à contre-courant de la propriété intellectuelle, la CJ ajoute une seconde interprétation de la portée de la propriété du producteur, cette fois en conformité avec celle appliquée en droit d'auteur. Elle confirme que « *l'exploitant d'un hôtel qui diffuse des phonogrammes dans ses chambres doit verser une rémunération équitable aux producteurs* »[75]. Dans son arrêt, la Cour examine si l'exploitant d'un établissement hôtelier, qui fournit dans les chambres de ses clients des postes de télévision et/ou de radio auxquels il distribue un signal radiodiffusé est un « utilisateur » réalisant un acte de « communication au public » d'un phonogramme radiodiffusé. Cette fois, en reprenant l'idée que la notion de « communication au public » implique une appréciation individualisée en tenant compte de plusieurs critères complémentaires, de nature non autonome et interdépendants les uns par rapport aux autres. En l'espèce, ces critères se trouvent remplis, un hôtelier est un utilisateur réalisant un acte de communication au public d'un phonogramme radiodiffusé. L'hôtelier est tenu de verser une rémunération équitable pour la diffusion d'un phonogramme radiodiffusé, en plus de celle versée par le radiodiffuseur. La Cour précise que c'est non pas le caractère privé ou non de l'utilisation de l'œuvre par les clients d'un établissement hôtelier qui est pertinent mais le caractère privé ou non de l'utilisation que fait de l'œuvre cet exploitant pour déterminer si celui-ci peut se prévaloir de la limitation tirée d'une utilisation privée. Or, l'utilisation privée d'une œuvre protégée communiquée au public par son utilisateur constitue une contradiction dans les termes, dans la mesure où un public s'avère par définition non privé. L'articulation de ces deux décisions rendues le même jour est difficile à réaliser.

1. La reproduction préalable à la diffusion

210. Il s'agit de déterminer si la reproduction d'une œuvre afin de la mettre au format technique permettant une bonne diffusion est une reproduction bénéficiant de l'exception de l'article L. 214-1 C. propr. intell. En effet, il y a longtemps que, pour diffuser sur leurs ondes une œuvre musicale, les radios et télévisions ne peuvent plus se contenter d'insérer un disque dans un lecteur de salon relié à un émetteur[76]. Des mesures techniques spécifiques sont nécessaires pour une bonne diffusion du phonogramme, notamment son transfert sur un support numérique au format *ad hoc*. Cette opération constitue une reproduction, c'est-à-dire la fixation matérielle d'une œuvre par tous procédés qui permet de la communiquer au public d'une manière indirecte, par nature écartée de l'application de l'article L. 214-1 C. propr. intell. Toutefois, le droit de propriété, qui inclut celui d'autoriser les reproductions des phonogrammes tel que prévu à l'article L. 213-1 alinéa 2 C. propr. intell., ne prend sa portée réelle que si la reproduction visée est une reproduction permettant une nouvelle exploitation de l'œuvre reproduite, telle l'intégration du phonogramme dans une compilation, ou pour l'utiliser en tant que *sample*. L'opération technique effectuée pour diffuser une œuvre à la radio est d'une tout autre nature. Elle ne réalise pas une nouvelle forme d'exploitation de l'œuvre mais constitue uniquement une mesure technique. Elle n'est pas une fin mais simplement un moyen pour permettre la communication du phonogramme, différence qui doit guider l'interprétation de ce texte. La seule reproduction aux fins de diffusion du phonogramme ne porte pas atteinte aux droits du producteur et est soumise aux seules dispositions de l'article L. 214-1[77].

211. La Convention de Rome (art. 12 et 15) expose, d'une part, le mécanisme de la licence légale accompagnée d'une rémunération équitable et, d'autre part, l'exception de fixation éphémère pour les organismes de radiodiffusion par leurs propres moyens et pour leurs propres émissions. Le cumul de ces deux exceptions est directement suggéré par la Convention. Cette articulation ne peut en pratique que s'imposer, à défaut de quoi aucune utilisation de la licence légale ne serait possible, puisque les mesures techniques constituent un préalable impératif à une radiodiffusion. Suivant les termes mêmes de la Convention, elle doit être réalisée par le diffuseur avec ses propres moyens et pour ses propres émissions. Le critère de la finalité proposé précédemment transparaît avec évidence : toute reproduction qui ne répond pas à cette série de critères cumulatifs n'est pas simplement un moyen technique d'une radiodiffusion[78] et doit être soumise à l'autorisation préalable du producteur. La cour d'appel de Paris[79] a retenu, dans une affaire mettant en cause un service de radiodiffusion par câble et satellite, que « *les premiers juges ont, sans méconnaître que l'article L. 214-1 du Code de la propriété intellectuelle, exception à la règle de l'autorisation préalable, devait être interprété strictement, écarté cette*

75. Voir *supra* n° 162, pour une solution similaire en droit d'auteur.

76. En ce sens, M.-A. Roux, « La diffusion d'un « Duo virtuel » à la radio ne relève pas du régime de la licence légale », *Légipresse* n° 191, mai 2002, p. 72.

77. *Contra*, C. Caron, *CCE* 2002, comm. 36.

78. Voir, Ch. Alleaume, « La licence légale en quête de sens », *Légipresse*, n° 190, avr. 2002, p. 48 ; X. Buffet-Delmas d'Autane et A.-C. Viala, « Évolution récente du droit français sur le régime de la reproduction de phonogramme du commerce préalablement à leur radiodiffusion », *D.* 2002, chron. p. 3195.

79. CA Paris, 4e Ch., 27 sept. 2002, aff. *SCPP vs. Multiradio*.

argumentation fondée sur la nécessité d'une autorisation préalable en raison de la reproduction et sur l'exclusion du régime de la licence légale, en retenant que la reproduction, la compensation, et le stockage sur le disque dur étaient, en l'espèce, des "reproductions" techniquement nécessaires et accessoires pour assurer la programmation de services spécialisés, ce qui est couramment effectué par les services de radiodiffusion habituels, et ne devait en conséquence être soumis à une autorisation préalable des producteurs dès lors que la diffusion de ces programmes est conforme aux conditions dans lesquelles peut s'appliquer l'exception de l'article L. 214-1 du Code de la propriété intellectuelle : c'est-à-dire une radiodiffusion simultanée intégrale ». Cette solution fut approuvée par la Cour de cassation en 2005[80].

La diffusion soumise à l'article L. 214-1 C. propr. intell. doit laisser une certaine intégrité au phonogramme tel qu'il a été originellement publié. Si le phonogramme diffusé n'est pas le phonogramme du commerce (un mix, un montage, un duo virtuel par exemple), la diffusion ne peut entrer dans le champ d'application de l'article L. 214-1 C. propr. intell.

La loi DADVSI, modifiant l'article L. 214-1, a écarté ce contentieux et affirmé l'application de la licence légale à la reproduction technique en vue d'une diffusion en intégrant dans un 2° les dispositions suivantes : « *le producteur ne peut s'opposer* [...] *à sa radiodiffusion et à sa câblo-distribution simultanée et intégrale, ainsi qu'à sa reproduction strictement réservée à ces fins* ».

2. La sonorisation d'œuvres audiovisuelles

212. La diffusion audiovisuelle impose de lier sons et images et l'illustration sonore des programmes télévisés par des phonogrammes du commerce est à la source d'un contentieux sur l'application de l'article L. 214-1 C. propr. intell. Comme les radios, les télévisions effectuent un changement de support technique afin d'assurer une bonne diffusion du programme, mais une seconde opération intervient : l'incorporation de l'œuvre musicale du phonogramme dans une œuvre composite, l'œuvre audiovisuelle. La Cour de cassation a retenu que « *les juges du fond, ayant constaté que l'enregistrement litigieux avait été effectué par incorporation dans le vidéogramme, du phonogramme commercial qui le contenait, ont exactement décidé que cette utilisation ne figurait pas au nombre des dérogations apportées par l'article L. 214-1 du Code de la propriété intellectuelle au principe d'autorisation du producteur posé par l'article L. 213-1* »[81]. Elle a confirmé sa position en 2004 : l'article L. 214-1 devant s'interpréter strictement[82], la licence légale ne peut concerner des phonogrammes inclus dans des vidéogrammes[83]. Il n'y a pas une diffusion pure et simple du phonogramme mais une incorporation donnant naissance à une nouvelle œuvre. À la différence de la radio, une œuvre nouvelle apparaît ; il n'y a pas simplement diffusion du phonogramme tel quel. Seul le son est diffusé dans

---

80. Cass. civ. 1re, 15 juin 2005, préc.

81. Cass. civ. 1re, 29 janv. 2002, *CCE* 2002, comm. 36, note C. Caron ; *RIDA* avr. 2003, p. 325, note A. Kéréver.

82. Voir la nuance apportée par Cass. civ. 1re, 14 juin 2005, préc.

83. Cass. civ. 1re, 16 nov. 2004, *Bull. civ.* I, n° 274 ; *RTD com.* 2005.87, obs. F. Pollaud-Dulian ; *Prop. Intell.* 2006, n° 15, p. 16, obs. P. Sirinelli.

un cas ; dans l'autre, il y a une combinaison de sons et d'images, seule la simple diffusion du phonogramme peut être couverte par la licence légale de l'article L. 214-1 C. propr. intell.

213. L'incorporation – action de faire entrer un élément dans un tout[84] – est constituée par l'intégration d'une œuvre préexistante dans une œuvre nouvelle en vue de sa diffusion télévisée. Par un arrêt du 9 mai 2001[85], la cour d'appel de Paris a proposé une lecture de l'article L. 214-1 C. propr. intell. qui vide le texte de ses fonctions pour la diffusion télévisée en présence d'une incorporation. Les décisions portant sur l'application de l'article L. 214-1 du Code de la propriété intellectuelle à la télévision laissent apparaître que le principe de l'autorisation préalable prévaut, quelle que soit la nature du programme. En consacrant cette notion d'incorporation, la Cour de cassation exclut le système de la licence légale pour la télévision contrairement à la volonté du législateur. La prise en compte de la position de la Cour de cassation nécessitait de revoir le système de la licence légale, cette perspective complexe risquant de bouleverser davantage l'équilibre fragile[86] entre producteurs de phonogrammes, artistes-interprètes et chaînes de télévision[87]. Il fallait une régularisation globale, dont les conséquences juridiques, financières et pratiques étaient périlleuses, notamment pour la SPRE[88]. La fonction de la licence légale disparaissait totalement.

214. Face à ces difficultés, le législateur a modifié l'article L. 214-1 et contredit la Cour de cassation. Dorénavant, l'article L. 214-1 intègre l'incorporation à un vidéogramme dans le champ de la licence légale : lorsqu'un phonogramme a été publié à des fins de commerce, l'artiste-interprète et le producteur ne peuvent s'opposer à sa reproduction strictement réservée à ces fins, effectuée par ou pour le compte d'entreprises de communication audiovisuelle en vue de sonoriser leurs programmes propres diffusés sur leurs antennes ainsi que sur celles des entreprises de communication audiovisuelle. Cette évolution est heureuse, mais sa mise en application semble toujours créer des difficultés[89].

Dans tous les autres cas que ceux visés à l'article L. 214-1 C. propr. intell., il incombe aux producteurs desdits programmes de se conformer au droit exclusif des titulaires de droits voisins prévu aux articles L. 212-3 et L. 213-1 C. propr. intell.

215. La mise en œuvre de cette licence légale est passée par la création, à l'initiative de la loi, d'une société de gestion collective dédiée à la collecte et à

84. *Le Robert*, V° Incorporation.

85. CA Paris, 9 mai 2001, *CCE* 2001, comm. 86, note C. Caron : « *le vidéogramme défini par l'art. L. 215-1 comme étant une séquence d'images sonorisée ou non constitue une œuvre nouvelle distincte au sein de laquelle le phonogramme qui s'y trouve incorporé se fond. Qu'une telle œuvre reste soumise en tous les éléments qui la composent, à défaut de toute précision de l'article L. 214-1, au principe général plus protecteur de l'autorisation préalable, que cette autorisation doit être recherchée tant pour l'incorporation du phonogramme au vidéogramme que pour la diffusion de ce dernier* ».

86. Cf. CA Paris, 20 févr. 1998, *Sony Music vs. SNAM*, *D. Aff.* n° 112, 1998, p. 627, note J.-P.S. ; CA Paris, 9 mai 2001, *op. cit.*

87. Voir N. Binctin et D. Bismuth, « L'application de l'article L. 214-1 du Code de la propriété intellectuelle aux diffusions télévisuelles », *Légipresse* 2004, II p. 23.

88. Voir *infra* n° 215.

89. I. Wekstein, « Droits voisins, licence légale et la loi du 1er août 2006 », *D.* 2006, Dossier 2189.

la répartition des fonds collectés, la SPRE. Suivant l'article L. 214-2 C. propr. intell., les sommes collectées au titre de la licence légale sont réparties, à parts égales, entre les artistes-interprètes et les producteurs de phonogrammes pour les phonogrammes fixés pour la première fois dans un État membre de l'UE[90]. On retrouve le critère de la fixation comme élément cardinal de mise en œuvre des droits voisins. Le barème de rémunération et ses modalités de versement sont établis, suivant l'article L. 214-3 C. propr. intell., par des accords spécifiques à chaque branche d'activité entre les organisations représentatives des artistes-interprètes, des producteurs de phonogrammes et des personnes utilisant les phonogrammes dans les conditions de l'article L. 214-1 C. propr. intell. Ces accords doivent préciser les modalités selon lesquelles les personnes utilisant les phonogrammes dans ces mêmes conditions s'acquittent de leur obligation de fournir aux sociétés de perception et de répartition des droits le programme exact des utilisations auxquelles elles procèdent et tous les éléments documentaires indispensables à la répartition des droits. Les stipulations de ces accords peuvent être rendues obligatoires pour l'ensemble des intéressés par arrêté du ministre chargé de la culture. Leur durée est comprise entre un et cinq ans. À défaut d'accord entre les parties, la loi prévoit un dispositif supplétif, la création d'une commission, présidée par un représentant de l'État et chargée d'arrêter le barème de rémunération et des modalités de versement de la rémunération. Conformément à ces dispositions, une commission *ad hoc* fut créée par une décision du 9 septembre 1987[91], une loi de 1993 ayant ensuite fixé les modalités de calcul de la rémunération due aux artistes-interprètes et aux producteurs de phonogrammes pour les services privés de radiodiffusion sonore[92].

§ 3. Le producteur de vidéogrammes

216. Le producteur de vidéogrammes, ou les coproducteurs[93], occupe étrangement peu le législateur et est ignoré des traités internationaux, dont l'article 14 des accords ADPIC. L'article L. 215-1 C. propr. intell., article unique du chapitre régissant les producteurs de vidéogrammes, le définit comme « *la personne, physique ou morale, qui a l'initiative et la responsabilité de la première fixation d'une séquence d'images sonorisée ou non* »[94]. Cette définition n'est pas sans lien avec celle du producteur de phonogrammes. Elle cristallise la notion de la première fixation d'une séquence d'images sur un support et justifie l'attribution de droits patrimoniaux par le risque assumé par le producteur. Le producteur peut être une personne physique comme une personne morale, il s'agit de celle qui a supporté

90. Cf. *infra* n° 1047.
91. Publiée au *JORF*, 13 déc. 1987 ; puis décision du 22 déc. 1993 ; voir Arr. 2 mars 2006, *JORF* 21 mars 2006.
92. Loi n° 93-924 du 20 juill. 1993.
93. Cass. civ. 1re, 16 juill. 1997, *Bull. civ.* I, n° 248.
94. Sur l'application de ces exigences, Cass. soc., 10 oct. 2012, n° 11-22893 et Cass. civ. 1re, 14 nov. 2012, n° 11-21276, *RTD com.* 2013. 782, obs. F. Pollaud-Dulian, *CCE* 2013, chron. 6, obs. B. Montels.

les risques et la responsabilité de la première fixation. La présomption de titularité affirmée par la Cour de cassation pour les producteurs de phonogrammes[95] doit être aussi appliquée aux producteurs de vidéogrammes.

217. Le producteur de vidéogrammes n'a aucune activité créative, il est un auxiliaire de la diffusion des œuvres. La qualité de producteur peut être acquise alors même que les images ne sont pas appropriées par un droit d'auteur. La définition n'impose pas plus que l'œuvre reproduite soit une œuvre audiovisuelle, incluant une suite d'images animées. La loi impose seulement une séquence d'images. On en déduit qu'il est nécessaire qu'il y ait plusieurs images, ayant certainement un lien entre elles, sans autres contraintes. L'application relève de l'appréciation souveraine des juges du fond. Le vidéogramme visait à l'origine les cassettes vidéo magnétiques mais à l'image de la jurisprudence relative au phonogramme, il faut comprendre le vidéogramme comme la séquence d'images, peu importe son support. Le vidéogramme peut être inclu dans tous les supports sur lesquels il est possible de reproduire une séquence d'images[96].

218. L'article L. 215-1 C. propr. intell. précise les droits patrimoniaux du producteur, similaires à ceux du producteur de phonogrammes : « *l'autorisation du producteur de vidéogrammes est requise avant toute reproduction, mise à la disposition du public par la vente, l'échange ou le louage, ou communication au public de son vidéogramme* ». Ces pouvoirs appellent les mêmes commentaires que ceux formulés pour le producteur de phonogrammes[97]. Pas plus que ce dernier, le producteur de vidéogrammes ne dispose d'un droit moral.

Enfin, le dernier alinéa de cet article L. 215-1 C. propr. intell. encadre le transfert des droits du producteur de vidéogrammes à un tiers. Pour assurer une sécurité juridique et maintenir une unité des droits sur une œuvre, le Code de la propriété intellectuelle impose que le producteur de vidéogrammes ne cède ses droits sur le vidéogramme qu'en même temps qu'il cède les droits d'auteur et les droits voisins des artistes-interprètes dont il disposerait sur l'œuvre fixée sur le vidéogramme. Aucune cession séparée n'est possible, on retrouve un traitement de l'interdépendance.

La différence fondamentale entre le régime du producteur de phonogrammes et celui du producteur de vidéogrammes est que ce dernier n'est soumis à aucun mécanisme de licence légale tel que celui de l'article L. 214-1 C. propr. intell.

§ 4. L'entreprise de communication audiovisuelle et les événements sportifs

219. L'entreprise de communication audiovisuelle dispose d'un droit voisin sur l'ensemble de la programmation présentée à l'antenne. L'organisateur

95. Voir *supra* n° 205.
96. En ce sens, CA Paris, 16 janv. 2004, *CCE* 2004 comm. 38, note C. Caron ; *Prop. Intell.* 2005, n° 14, p. 63, obs. A. Lucas ; CA Paris, 26 avr. 2006, *CCE* 2006 comm. 106, note C. Caron ; *Prop. Intell.* 2006, n° 21, p. 449, obs. A. Lucas.
97. Voir *supra* n° 207.

d'événements sportifs n'est pas explicitement titulaire d'un droit voisin, mais économiquement la situation est la même.

A L'entreprise de communication audiovisuelle

220. Suivant les dispositions de l'article L. 216-1 C. propr. intell. « *sont soumises à l'autorisation de l'entreprise de communication audiovisuelle, la reproduction de ses programmes, ainsi que leur mise à la disposition du public par vente, louage ou échange, leur télédiffusion et leur communication au public dans un lieu accessible à celui-ci moyennant paiement d'un droit d'entrée* ». Les personnes titulaires de ce droit voisin sont uniquement les personnes morales qui exploitent un service de communication audiovisuelle au sens de la loi nº 86-1067 du 30 septembre 1986 relative à la liberté de communication, quel que soit le régime applicable à ce service. L'objet de l'appropriation est constitué des programmes de la chaîne. C'est une universalité de fait qui est appropriée, le droit ne portant pas sur un programme particulier mais sur l'ensemble constitué par la grille de programmes établie et diffusée par l'entreprise de communication audiovisuelle. L'article 14.3 des accords ADPIC retient que la protection accordée à ces organismes peut être facultative.

221. Le contenu du droit voisin est similaire à celui des producteurs de phonogrammes ou de vidéogrammes, il inclut la reproduction, la mise à disposition du public. À la différence de ce que prévoient l'article 13 b) de la Convention de Rome et l'article 14.3 des accords ADPIC, le Code de la propriété intellectuelle n'accorde pas aux sociétés de communication audiovisuelle un droit de fixation distinct du droit de reproduction.

L'article L. 216-1 ajoute deux particularités : la télédiffusion et la communication dans des lieux accessibles après paiement d'un droit d'entrée. Le premier élément est essentiel pour l'économie audiovisuelle, il assure la possibilité pour les entreprises de communication audiovisuelle de pouvoir conclure des contrats pour la reprise de leur antenne par des exploitants secondaires, tels les opérateurs télécom proposant une offre « *triple play* ». La seconde, qui reprend la formule de l'article 13 d) de la Convention de Rome, permet de s'assurer qu'il n'y a pas une exploitation secondaire du signal sans bénéfice pour la société de communication audiovisuelle. Ce fondement justifie que la diffusion dans une chambre d'hôtel impose un paiement spécifique[98]. Une salle de télévision collective serait redevable au titre de l'article L. 216-1 si elle faisait payer l'accès à ses installations, cette formule est plus libérale que celle de l'article L. 122-2 C. propr. intell. qui ne fait pas du paiement un critère de l'autorisation. Une polémique s'est à plusieurs reprises développée à propos de la diffusion de la télévision dans les bars ou restaurants. Une telle diffusion est-elle soumise au droit voisin de l'article L. 216-1 C. propr. intell. ?

222. Pas plus que les producteurs déjà mentionnés, la société de communication audiovisuelle ne dispose d'un droit moral sur ses programmes. Elle n'est pas soumise aux exceptions de l'article L. 214-1 C. propr. intell. Toutefois, ce droit voisin supporte plusieurs limites. En premier lieu, l'article L. 216-2 retient

98. Voir *supra* nº 162.

que « *l'autorisation de télédiffuser par voie hertzienne la prestation d'un artiste-interprète, un phonogramme, un vidéogramme ou les programmes d'une entreprise de communication audiovisuelle comprend la distribution à des fins non commerciales de cette télédiffusion sur les réseaux internes aux immeubles ou ensembles d'immeubles collectifs à usage d'habitation installés par leurs propriétaires ou copropriétaires, ou par les mandataires de ces derniers, à seule fin de permettre le raccordement de chaque logement de ces mêmes immeubles ou ensembles d'immeubles collectifs à usage d'habitation à des dispositifs collectifs de réception des télédiffusions par voie hertzienne normalement reçues dans la zone* ». Cette exception, à la formulation complexe, vient briser une solution jurisprudentielle établie par la Cour de cassation[99] qui soumettait de pareils actes à l'autorisation préalable des ayants droit.

En second lieu, à la lumière de l'article 3 *bis* de la directive 97/36 « télévision sans frontière », la loi du 1er août 2000 relative à la liberté de communication audiovisuelle[100] a intégré un article 20-2 à la loi n° 86-1067 du 30 septembre 1986 relative à la liberté de communication qui ajoute quelques limites spécifiques à l'activité télévisuelle. Notamment, la loi crée une exception au droit voisin lorsque l'entreprise de communication diffuse un événement d'importance majeure. La société de communication audiovisuelle émettant des programmes qui ne seraient pas accessibles à une partie importante du public, en particulier parce que l'accès au programme est réservé à des abonnés, ne peut se réserver l'exclusivité de la diffusion d'événements d'importance majeure. Un décret[101] fixe les conditions dans lesquelles doit être assurée par les éditeurs de services de télévision la retransmission exclusive des événements d'importance majeure afin qu'une partie importante du public ne soit pas privée de la possibilité de les suivre au travers d'un service de télévision à accès libre. À ce titre, il définit à la fois la notion d'éditeur de « *services de télévision à accès libre* » (tout éditeur d'un service de télévision dont le financement ne fait pas appel à une rémunération de la part des usagers et dont les émissions peuvent être effectivement reçues par au moins 85 % des foyers de France métropolitaine) et celle d'éditeur de « *services de télévision à accès restreint* » (tout éditeur d'un service de télévision qui ne remplit pas les deux conditions fixées à l'alinéa précédent). Vingt et un événements sont recensés dans la liste, uniquement des événements sportifs... Tendance sportive confirmée par le Tribunal de l'EU qui retient qu'il faut entendre par événement d'importance majeure l'intégralité de la Coupe du monde de football ou encore l'Euro de football et non uniquement un ou deux matchs de ces rassemblements[102].

---

99. Cass. civ. 1re, 1er mars 2005, *Bull. civ.* I, n° 105 et 106 ; *JCP* G 2005, II 10053, note C. Caron ; même auteur, *CCE* 2005, comm. 80.

100. Loi du 1er août 2000 relative à la liberté de communication audiovisuelle ; *CCE* 2000, Étude 18, C. Caron.

101. Décret n° 2004-1392,22 déc. 2004, pris pour l'application de l'article 20-2 de la loi n° 86-1067 relative à la liberté de communication.

102. T. UE, 17 févr. 2011, aff. T-385/07, *FIFA/Commission* ; T. UE, 17 févr. 2011, aff. T-55/08, *UEFA/Commission* ; T. UE, 17 févr. 2011, aff. T-68/08, *FIFA/Commission*. Voir F. Dumont, « La notion d'événement d'importance majeure précisée par le Tribunal de l'Union européenne », *CCE* 2012, Étude 5.

223. Lorsque l'événement se déroule sur le territoire français, l'exercice par un éditeur de services de télévision des droits de retransmission acquis à titre exclusif, après le 23 août 1997, pour l'un des événements d'importance majeure ne peut faire obstacle à la retransmission de cet événement par un service de télévision à accès libre, laquelle doit alors être intégrale et assurée en direct, sauf lorsque la retransmission de l'événement peut être limitée à des moments significatifs, conformément à l'usage de diffusion de cet événement, ou lorsque la retransmission des événements peut être limitée à des moments représentatifs de la diversité des disciplines sportives et des pays participants et assurée en différé lorsque des épreuves ont lieu simultanément, ou, enfin, lorsque la retransmission des événements d'importance majeure peut aussi être assurée en différé lorsque l'événement a lieu entre 0 et 6 heures, heure française, à la condition que sa diffusion en France débute avant 10 heures. Surtout, le décret retient que le fait, pour un éditeur de services de télévision à accès restreint, faisant appel à une rémunération de la part des usagers, de diffuser cet événement intégralement et en direct, sous réserve des dispositions qui précèdent, sans le soumettre à des conditions d'accès particulières, n'est pas regardé comme faisant obstacle à la retransmission d'un événement d'importance majeure par un service de télévision à accès libre.

Reste que pour mettre en œuvre cette obligation de diffusion libre, il faut qu'un éditeur de service audiovisuel exploitant son service de la sorte désire diffuser. Le décret apporte une nuance importante pour les éditeurs de service audiovisuel édictant une procédure d'application. Afin de permettre la retransmission d'un événement d'importance majeure par un éditeur de services de télévision à accès libre, un éditeur de services de télévision titulaire de droits exclusifs de retransmission pour tout ou partie d'un événement d'importance majeure et qui n'est pas en mesure de respecter ces conditions doit, dans un délai raisonnable avant l'événement, formuler, selon des modalités de publicité permettant l'information des éditeurs de services de télévision à accès libre, la proposition de céder des droits permettant d'assurer la retransmission de cet événement. Cette offre doit être faite selon des termes et conditions de marché équitables, raisonnables et non discriminatoires. Si, en réponse à cette offre, aucune proposition d'un éditeur de services de télévision à accès libre n'est formulée ou si la proposition n'est pas formulée selon des termes et conditions de marché équitables, raisonnables et non discriminatoires, l'éditeur titulaire de droits exclusifs peut exercer ceux-ci sans satisfaire aux conditions prévues par le décret.

Le décret envisage un second cas de figure : la diffusion d'événements d'importance majeure sur le territoire d'autres pays européens. Dans ce cas, le régime exposé s'applique aux éditeurs de services de télévision relevant de la compétence de la France qui assurent la retransmission télévisée sur le territoire d'un autre État membre de l'Union européenne. Les éditeurs de services de télévision relevant de la compétence de la France doivent exercer leurs droits de retransmission acquis sur un événement d'importance majeure d'une manière qui ne prive pas une partie importante du public de la possibilité de suivre ces événements en direct ou en différé, sur un service de télévision à accès libre. L'éditeur de services de télévision français doit assurer la retransmission d'un événement d'importance majeure aux conditions émises par l'État de réception du signal pour la retransmission de l'événement.

Enfin, les entreprises de communication audiovisuelle connaissent une limite spécifique à leur droit de propriété puisque la loi leur interdit de recourir aux moyens techniques de protection pour contrôler la reprise de leur diffusion suivant les dispositions de l'article L. 331-5 C. propr. intell.

B L'organisateur d'événements sportifs

224. À l'image des producteurs ou de la société d'édition de service audiovisuel, l'organisateur d'événements sportifs n'a pas d'activité créative. Pourtant, le législateur lui accorde un droit d'exploitation similaire aux droits voisins de la propriété intellectuelle. L'article L. 333-1 du Code du sport dispose que « *les fédérations sportives, ainsi que les organisateurs de manifestations sportives mentionnés à L. 331-5 sont propriétaires du droit d'exploitation des manifestations ou compétitions sportives qu'ils organisent* ». Suivant les dispositions de l'article L. 333-1-1 du Code du sport, ce droit d'exploitation inclut le droit de consentir à l'organisation de paris sur les manifestations ou compétitions sportives, dont le régime spécial est exposé aux articles L. 333-1-2 et suivants. Cette mercantilisation des événements sportifs est la traduction de la place de la télédiffusion dans le financement du sport professionnel[103]. La mise en abîme des fédérations sportives rend l'exercice de ces droits d'exploitation complexe et original. La loi prévoit que les fédérations peuvent céder à des sociétés sportives, à titre gratuit, la propriété de tout ou partie des droits d'exploitation audiovisuelle des compétitions ou manifestations sportives organisées chaque saison sportive par la ligue professionnelle qu'elles ont créée, dès lors que ces sociétés participent à ces compétitions ou manifestations sportives. La cession bénéficie à chacune de ces sociétés, mais de façon dérogatoire, l'article L. 333-5 du Code du sport dispose que « *l'accroissement d'actifs résultant, pour les sociétés sportives bénéficiaires, de la cession des droits d'exploitation audiovisuelle n'est pas pris en compte pour la détermination de leurs résultats imposables au titre de l'exercice où cette cession intervient. Les charges afférentes à l'accroissement d'actifs de ces sociétés ne peuvent venir en déduction de leurs résultats imposables* ».

Les droits d'exploitation audiovisuelle ainsi cédés aux sociétés sportives sont commercialisés par la ligue professionnelle qui intervient comme un guichet unique de commercialisation[104]. Elle se fait dans un cadre restreint, par lots, pour une durée limitée et dans le respect des règles de concurrence. L'enjeu est une fois encore la captation des images ou la première fixation de l'événement[105], ce qui crée la gémellité avec les autres droits voisins pour les auxiliaires de la création. Cet enjeu est très clairement souligné à l'article L. 333-6 *in*

103. F. Alaphilippe, « Retransmission télé et radio des événements sportifs : quels droits ? », *D.* 2002, chron. p. 1916. La CJUE réduit la libre exploitation des droits : en ce sens, F. Dumont, « La notion d'événement d'importance majeure précisée par le Tribunal de l'Union européenne », *CCE* 2012, Étude 5 ; V. Melero et R. Soiron, « Quels marchés pour les droits audiovisuels sportifs suite à l'arrêt Murphy ? – Commentaire CJUE, 4 oct. 2011, aff. jtes C-403/08 et C-429/08, *Premier League* », *CCE* 2012, Étude 9 ; *Prop. Intell.* 2012, n° 1, p. 51, obs. V.-L. Benabou.

104. Sur la mise en œuvre de ce mécanisme, CJUE, 4 oct. 2011, aff. jtes C-403/08 et C-429/08, *Football Association Premier League Ltd*, préc.

105. Cf. Cass. com., 17 mars 2004, *CCE* 2004, comm. 52, note C. Caron.

fine Code du sport qui dispose que « *sauf autorisation de l'organisateur, les services de communication au public par voie électronique non cessionnaires du droit d'exploitation ne peuvent capter que les images distinctes de celles de la manifestation ou de la compétition sportive proprement dites* ».

Le produit de cette commercialisation est réparti de façon originale, non sans faire penser à un principe de coopérative : afin de garantir l'intérêt général et les principes d'unité et de solidarité entre les activités à caractère professionnel et les activités à caractère amateur, les produits de la commercialisation par la ligue des droits d'exploitation des sociétés sont répartis entre la fédération, la ligue et les sociétés. La part de ces produits destinée à la fédération et celle destinée à la ligue sont fixées par la convention passée entre la fédération et la ligue professionnelle correspondante. Quant aux produits revenant aux sociétés, ils leur sont redistribués selon un principe de mutualisation, en tenant compte de critères arrêtés par la ligue et fondés notamment sur la solidarité existant entre les sociétés, ainsi que sur leurs performances sportives et leur notoriété.

225. Naturellement, aucun droit moral ne trouve place ici, mais quelques limites à la propriété sont cependant énoncées par la loi. En premier lieu, en application de l'article L. 333-4 Code du sport les fédérations sportives, les sociétés sportives et les organisateurs de manifestations sportives ne peuvent, en leur qualité de détenteur des droits d'exploitation, imposer aux participants aux compétitions aucune obligation portant atteinte à leur liberté d'expression. Ensuite, la liberté d'information est prise en considération par l'article L. 333-6 Code du sport qui garantit que « *l'accès des journalistes et des personnels des entreprises d'information écrite ou audiovisuelle aux enceintes sportives est libre sous réserve des contraintes directement liées à la sécurité du public et des sportifs, et aux capacités d'accueil* ». L'article L. 333-7 Code du sport tend à la même préservation pour les services de communication au public par voie électronique, notamment en retenant que la cession du droit d'exploitation d'une manifestation ou d'une compétition sportive à un service de communication au public par voie électronique ne fait pas obstacle à la réalisation et à la diffusion gratuite par tout service de radiodiffusion sonore, sur tout ou partie du territoire, en direct ou en différé, du commentaire oral de cette manifestation ou de cette compétition[106]. La radio fait directement concurrence au Net, la première conservant un accès gratuit à la présentation de l'événement. La captation de l'image est au cœur de la commercialisation et non celle du son. Enfin, un droit de citation, forme du droit d'information, permet à tout opérateur audiovisuel, non cessionnaire de droits d'exploitation de l'événement, d'informer les spectateurs en présentant des images. Non sans référence à l'article L. 122-5 C. propr. intell., la citation doit être brève afin de ne pas porter atteinte à l'exclusivité, les passages sont librement choisis par le diffuseur qui ne peut les diffuser que durant une émission d'information. La Cour de cassation a retenu, tel Salomon, qu'il est possible de diffuser un bref extrait toutes les quatre heures par période de vingt-quatre heures[107].

106. C. Hacquet, « La retransmission radiophonique des compétitions sportives », *Légipresse* 2006, n° 232, II p. 70. Voir CJUE, 22 janv. 2013, aff. C-283/11, *Sky Osterreich* ; *Prop. Intell.* 2013, n° 46, p. 85, obs. V.-L. Benabou.

107. Cass. com., 8 févr. 2005, *Bull.* IV n° 25 p. 28 ; *CCE* 2005, comm. 68, note C. Caron ; *RLDI* 2005, n° 6 p. 33, note D. Poracchia.

Section 2
Les règles communes des droits voisins

226. La diversité exposée des droits voisins ne doit pas évincer la construction du Code de la propriété intellectuelle qui place l'ensemble de ces prérogatives sous la coupe d'un régime commun. Il faut aborder ces éléments communs en deux temps, d'une part, le rapport entre le droit d'auteur et les droits voisins sous l'angle de l'article L. 211-1 C. propr. intell. et, d'autre part, le régime des droits voisins, en particulier leurs exceptions communes.

§1. L'autonomie par rapport à la création : l'article L. 211-1

227. Les droits voisins sont le fruit d'une construction postérieure à celle du droit d'auteur. Si les revendications et appropriations qu'ils portent sont légitimes, il était, dès leur émergence, nécessaire d'organiser l'articulation de cette propriété avec celle des auteurs. L'objet d'appropriation n'est pas le même, mais ces objets s'imbriquent, s'influencent, sont souvent dépendants. Il est utile de trancher les conflits pouvant naître entre titulaires de droits. Cette situation n'est pas propre à la propriété intellectuelle, ni à la relation entre droit d'auteur et droits voisins[108], mais l'article L. 211-1 présente la particularité de fixer une solution de règle des conflits prenant la forme d'une règle de principe.

L'article L. 211-1 dispose que « *les droits voisins ne portent pas atteinte aux droits des auteurs* ». Cette affirmation, qui ouvre le Livre II du Code de la propriété intellectuelle, assume une forte fonction symbolique. La solution nationale n'est en rien isolée, elle fait directement écho à l'article 1er de la Convention de Rome, disposition reprise par l'article 1.2 du Traité de l'OMPI sur les interprétations et exécutions de phonogrammes. On la retrouve de façon similaire dans plusieurs régimes nationaux et dans les textes européens.

La portée de cette disposition est discutée. Certains n'y voient qu'une incantation symbolique[109], d'autres l'analysent comme constituant une hiérarchie[110]. MM. Lucas assurent que le législateur de 1985 n'a pas voulu consacrer de façon générale la prééminence du droit d'auteur, ce que le Sénat avait un temps envisagé[111].

228. Ce n'est pas sur le terrain d'un rapport de force qu'il faut interpréter l'article L. 211-1 C. propr. intell., cette disposition n'est ni strictement symbolique, ni hiérarchisante. Elle établit une solution de conflit afin de permettre au juge de trancher des litiges pouvant opposer des propriétaires légitimes, mais dont la libre jouissance de leur propriété est conditionnée par le droit d'un tiers, l'interdépendance des propriétés l'impose. Il s'agit d'un conflit interne à

108. Voir *infra* n° 906 et s.

109. Colombet, *Propriété littéraire et artistique*, 8e éd., Dalloz, 1998, n° 398 ; X. Daverat, *L'artiste-interprète*, thèse *op. cit.*, n° 41.

110. F. Pollaud-Dulian, *Droit d'auteur*, *op. cit.*, n° 1615.

111. A. et H.-J. Lucas et A. Lucas-Schloetter, *Traité*, *op. cit.*, n° 1129.

la propriété littéraire et artistique où le droit d'auteur et le droit voisin sont indépendants. Ainsi, un conflit entre un auteur et un interprète sur la façon de présenter une œuvre doit être tranché en faveur de l'auteur[112], un conflit entre un auteur et un producteur pour l'exploitation de l'œuvre devrait aussi être liquidé de la même façon. Rien n'est si évident en pratique, le report de l'exercice du droit moral des auteurs dans le cadre des productions cinématographiques a pour effet de renverser cette règle de conflit.

Le propre de la règle de conflit est d'indiquer une méthode pour trancher une opposition entre deux situations légitimes, mais sans fonder de hiérarchie. Les règles de conflits de lois, tentent, tenant compte des liens qu'une situation présente avec plusieurs systèmes juridiques, de prescrire l'application, à cette situation, d'un de ces systèmes, par préférence aux autres. C'est un outil de prévisibilité du droit, anticipation des solutions contentieuses.

Cette fonction de règle de conflit est confirmée par les dispositions de l'article L. 211-1 C. propr. intell. : « *en conséquence, aucune disposition du présent titre ne doit être interprétée de manière à limiter l'exercice du droit d'auteur par ses titulaires* ». Cette formule permet au législateur de préciser le sens de la règle de conflit : en cas de conflit entre le propriétaire d'un droit d'auteur et le propriétaire d'un droit voisin, les dispositions relatives au régime de propriété du droit voisin doivent être interprétées pour s'articuler avec le droit d'auteur et ne pas limiter l'exercice de celui-ci. Une règle de prévalence se dégage, mais ce n'est pas une règle de hiérarchisation. On retrouve une construction similaire pour le régime de l'accession mobilière, lorsque le législateur cherche à régler des conflits entre deux propriétaires[113].

Cette disposition porte l'esprit de transaction qui anime le législateur à chaque fois qu'il organise les droits voisins : il faut préserver la situation des auteurs. Il est indéniable que sans auteur, il n'y a pas d'interprètes, c'est une primauté naturelle qui s'exprime pour trancher les conflits et non une supériorité d'une propriété sur l'autre. Cette règle de principe irrigue cette matière et offre un guide d'interprétation des dispositions relatives aux droits voisins, tant pour le droit moral que pour le droit patrimonial ; le comportement de l'auteur comme du titulaire d'un droit voisin étant toujours contrôlé sur le terrain de l'abus de droit, quelle que soit la prérogative en cause[114].

§ 2. Le régime des droits voisins

229. Le régime des droits voisins est largement construit en écho à celui du droit d'auteur, cohabitation oblige. Par exemple, l'article L. 211-3 C. propr. intell. assortit les droits voisins des mêmes exceptions que celles consacrées par l'article L. 122-5 C. propr. intell. La loi ajoute des exceptions complémentaires propres aux droits voisins ; exceptions qui ont pour objectif de faciliter la

112. Par exemple, CA Paris, 21 sept. 1999, *JCP* E 2000, p. 1093, note F. Pollaud-Dulian ; *RIDA* n° 183, janv. 2000, p. 329 ; *Légipresse* 1999, III-154 ; *CCE* 1999, comm. 43, note C. Caron.

113. N. Binctin, *J.-Cl. civil*, art. 565 à 577, spéc. n° 39.

114. C. Caron, *Abus de droit et droit d'auteur*, Litec, 1999, n° 228 ; P.-Y. Gautier, *op. cit.*, n° 143.

circulation des créations. La difficulté d'organiser un régime unitaire est liée à l'hétérogénéité des propriétés en cause et des titulaires potentiels.

L'article L. 211-2 C. propr. intell., calqué sur l'article L. 121-3 C. propr. intell., est révélateur de cette difficulté. Il dispose qu'« *outre toute personne justifiant d'un intérêt pour agir, le ministre chargé de la culture peut saisir l'autorité judiciaire, notamment s'il n'y a pas d'ayant droit connu, ou en cas de vacance ou déshérence* ». La formulation est étrange, on ne saisit pas clairement pour quelle cause le ministre chargé de la culture serait amené à saisir l'autorité judiciaire. On peut articuler ce texte avec l'article L. 212-2 C. propr. intell., la vacance ou la déshérence prenant tout leur sens, en cas de carence dans la succession de l'interprète. On peut aussi utiliser cette formule pour les autres droits voisins, essentiellement appropriés par des personnes morales. La liquidation, volontaire ou subie d'une personne morale, peut engendrer vacance ou déshérence des droits, l'action du ministre prend sens. Reste un point obscur dans la rédaction de ce texte, c'est l'emploi de l'adverbe « *notamment* ». Ce dernier signifie que la liste est illustrative et non limitative. Quels seraient les autres domaines d'intervention du ministre ? Si l'on se reporte au projet de loi initialement rédigé, on constate que l'autorité judiciaire était aussi compétente pour trancher les conflits entre bénéficiaires de droits voisins et entre bénéficiaires de droits voisins et bénéficiaires de droits d'auteur. Cette compétence demeure, le ministre de la Culture, sur le fondement de l'article L. 211-2 C. propr. intell. et l'ouverture permise par le « *notamment* », pourrait saisir l'autorité judiciaire pour trancher un conflit entre propriétaires, et assurer par là la coexistence de ces prérogatives.

Suivant la démarche déjà employée pour présenter le régime des droits d'auteur, on revient dans un premier temps sur le contenu du droit de propriété avant d'en envisager les limites.

A Le contenu des droits voisins

230. Le contenu des droits voisins est défini, pour partie, au cas par cas, pour chacune de ses variantes. L'enjeu porte sur la fixation, la captation de sons ou d'images, pour ensuite les reproduire et communiquer au public. La CJ, interprétant cette notion, écarte, à tort, la présence d'un acte de communication au public au sens du droit voisin pour « *un dentiste qui diffuse gratuitement des phonogrammes dans son cabinet* »[115]. Le point de vue varie selon le titulaire : l'interprète parce que c'est sa prestation qui est captée, les producteurs parce que c'est leur investissement qui permet la captation. Le Code de la propriété intellectuelle avance trois éléments communs pour le régime des droits voisins : la durée, l'épuisement[116] et la diffusion par câble et satellite.

1. La durée des droits voisins

231. Pour chaque régime de propriété intellectuelle, le législateur impose la durée de la propriété. Les droits voisins ont une durée, au moins pour les droits

115. CJUE, 15 mars 2012, aff. C-135/10, *Società Consortile Fonografici (SCF) c/Marco Del Corso*, et CJUE, 15 mars 2012, aff. C-162/10, *Phonographic Performance (Ireland) Limited c/Irlande* ; préc.
116. Voir *infra* n° 1271 et s.

patrimoniaux[117], plus courte que celle du droit d'auteur. L'article L. 211-4 procède en deux temps : il fixe une durée identique pour tous les droits voisins, mais précise, au cas par cas, le point de départ de ce délai. L'article dispose, dans sa version rédigée à la lumière de l'article 17.2 du Traité de l'OMPI, que « *la durée des droits patrimoniaux objets du présent titre est de cinquante années à compter du 1er janvier de l'année civile suivant...* ». La solution est nettement moins favorable que celle présentée à l'article L. 123-1 C. propr. intell. pour le droit d'auteur. Le délai dans les deux cas court à compter du 1er janvier suivant l'acte approprié, mais là où le Code de la propriété intellectuelle prévoit soixante-dix ans *post mortem auctoris* pour le droit d'auteur, il n'est retenu que cinquante ans à compter de l'acte générant le droit de propriété pour les droits voisins. La durée de la vie de l'artiste n'est pas prise en considération. Le point de départ pour calculer la durée du droit de propriété s'explique par l'hétérogénéité des titulaires de droits voisins. La société de production, personne morale, n'a pas le même rapport au temps qu'un être humain. On retient essentiellement la situation de la première, aux dépens de ce dernier.

L'article 14 de la Convention de Rome impose une durée minimale de vingt ans à compter de la fin de l'année civile où a eu lieu l'exécution ou la fixation. L'article 4 de la Convention de l'OMPI sur les phonogrammes se contente pour sa part de réserver la question de la durée de la propriété aux législations nationales, mais ajoute que si la loi nationale prévoit une durée spécifique, elle ne peut être inférieure à vingt ans. Enfin, l'article 14.5 des accords ADPIC retient une durée de cinquante ans, calculée à compter de la fin de l'année civile de fixation ou d'exécution.

232. Si la durée est unitaire, le point de départ varie d'un droit voisin à l'autre. Pour les artistes-interprètes, un double système est instauré : soit le point de départ se fait en fonction de la date d'interprétation, soit, si la fixation de l'interprétation fait l'objet d'une mise à disposition du public, par des exemplaires matériels, ou d'une communication au public, ultérieurement, sans que l'interprétation ait été accessible au public auparavant(par exemple un enregistrement de disque qui tarde à sortir) les droits patrimoniaux de l'artiste-interprète n'expirent que cinquante ans après le 1er janvier de l'année civile suivant la communication au public de l'interprétation, le délai se trouvant légèrement augmenté.

Pour les producteurs de phonogrammes, la durée de cinquante ans court à compter de la première fixation d'une séquence de sons. De façon similaire à ce qui est proposé pour les interprètes, si un phonogramme fait l'objet, par des exemplaires matériels, d'une mise à disposition du public à une période éloignée de celle de la fixation, les droits patrimoniaux du producteur du phonogramme n'expirent que cinquante ans après le 1er janvier de l'année civile suivant cette communication au public. Toutefois, il n'est pas possible, en retenant l'enregistrement, de rechercher un accroissement de la durée de la propriété car, en l'absence de mise à disposition du public des exemplaires, les droits du producteur expirent cinquante ans après le 1er janvier de l'année civile suivant la première communication au public.

117. Voir *supra* n° 181.

En ce qui concerne les producteurs de vidéogrammes, le point de départ est naturellement la date de la première fixation d'une séquence d'images sonorisées ou non. Si un vidéogramme fait l'objet, par des exemplaires matériels, d'une mise à disposition du public ou d'une communication au public pendant la période des cinquante ans, les droits patrimoniaux du producteur du vidéogramme n'expirent que cinquante ans après le 1er janvier de l'année civile suivant le premier de ces faits.

Les entreprises de communication audiovisuelle sont titulaires d'un droit voisin de cinquante ans, à compter du 1er janvier suivant la première communication au public de leurs programmes.

L'article 50 de la loi du 1er août 2006 précise que les dispositions nouvelles de computation des délais de propriété, qui permettent le décalage dans le temps du point de départ, n'ont pas pour effet de permettre un retour à appropriation pour les interprétations, les phonogrammes ou les vidéogrammes dont la durée d'appropriation avait expiré au 22 décembre 2002. Le rappel à propriété est ainsi limité par les dispositions transitoires de la loi.

233. L'article L. 211-5 C. propr. intell. nuance ces calculs de durée de la propriété pour les titulaires de droits voisins qui ne sont pas ressortissants de l'UE. Sous réserve des dispositions des conventions internationales auxquelles la France est partie, les titulaires de droits voisins qui ne sont pas ressortissants d'un État membre de l'UE bénéficient de la durée de protection prévue dans le pays dont ils sont ressortissants. Toutefois, l'article précise que cette durée ne peut pas excéder celle prévue à l'article L. 211-4. Cette disposition, qui tend principalement à assurer un traitement européen uniforme, se singularise par des dispositions transitoires importantes, la loi du 27 mars 1997[118], conformant le droit interne au droit de l'UE, prévoit un effet rétroactif de ses dispositions pour une durée de pratiquement deux ans.

234. Les dispositions relatives à la durée et à l'exercice des droits voisins sont appelées à évoluer en France en raison de la nécessité de transposer en droit interne la directive 2011/77 du 21 septembre 2011[119], modifiant la durée des droits voisins. Les États membres doivent mettre en vigueur les dispositions législatives, réglementaires et administratives nécessaires pour se conformer à la directive au plus tard le 1er novembre 2013. Rien n'est fait à ce jour en France, le retard dans la transposition constitue un préjudice pour l'ensemble des titulaires de droits voisins.

La mesure principale de cette directive est de porter la durée des droits voisins de cinquante à soixante-dix ans pour tous les propriétaires. Si pour les artistes-interprètes le bénéfice de cette prorogation du droit de propriété est non-conditionnel, il n'en va pas de même pour les producteurs.

118. Loi n° 97-283, du 27 mars 1997, transposant les directives CE 93/83 et 93/98 des 27 sept. et 29 oct. 1993.

119. Directive 2011/77/UE, 27 sept. 2011, modifiant la directive 2006/116/CE relative à la durée de protection du droit d'auteur et de certains droits voisins, *JOUE* 11 oct. 2011, L 265/1 ; *CCE* 2011, Alerte 94 ; *Légipresse* 2011, n° 289, p. 701, obs. C. Alleaume ; *Prop. Intell.* 2011, p. 411, obs. V.-L. Benabou ; *Légipresse* 2011, n° 289, p. 693, E. Emile-Zola-Place ; *RTD com.* 2011. 736, obs. F. Pollaud-Dulian ; *CCE* 2012, « Un an de droit de la musique », chron. 4, obs. X. Daverat, spéc. n° 9.

235. En effet, la directive retient que si, cinquante ans après que le phonogramme ait fait l'objet d'une publication licite, ou, faute de cette publication, cinquante ans après qu'il ait fait l'objet d'une communication licite au public, le producteur de phonogrammes n'offre pas à la vente des exemplaires du phonogramme en quantité suffisante ou ne le met pas à la disposition du public, par fil ou sans fil, de telle manière que les membres du public puissent y avoir accès de l'endroit et au moment qu'ils choisissent individuellement, il peut résilier le contrat par lequel il a transféré ou cédé ses droits sur la fixation de son exécution au producteur de phonogrammes, dans le cadre d'un « contrat de transfert ou de cession ». Ainsi, le producteur ne pourra bénéficier de la prorogation du droit de propriété que s'il exploite effectivement son droit de propriété, la directive mettant à sa charge une obligation d'exploitation pour toute la durée de la propriété. Elle offre à l'artiste-interprète une opportunité de recueillir les droits du producteur pour en proposer l'exploitation à un tiers. Le producteur qui n'exploite pas pourra donc être exproprié par un propriétaire concurrent, l'artiste-interprète.

Le droit de résilier le contrat de transfert ou de cession peut être exercé si le producteur, dans un délai d'un an à compter de la notification par l'artiste interprète de son intention de résilier le contrat de transfert ou de cession, n'accomplit pas les actes d'exploitation. L'artiste interprète ne peut renoncer à ce droit de résiliation, il constitue une sorte de droit de suite au bénéfice des artistes-interprètes.

Si un phonogramme contient la fixation des exécutions de plusieurs artistes interprètes, ceux-ci peuvent résilier leurs contrats de transfert ou de cession. Si le contrat de transfert ou de cession est résilié, les droits du producteur de phonogrammes sur le phonogramme expirent. Il y aura ainsi un droit voisin né d'une fixation sans qu'il demeure un droit voisin sur la fixation.

236. Si le producteur conserve ses droits voisins pour la nouvelle période de vingt ans, le régime du contrat est lui-même adapté. Lorsqu'un contrat de transfert ou de cession donne à l'artiste interprète le droit de revendiquer une rémunération non récurrente, l'artiste interprète a le droit d'obtenir une rémunération annuelle supplémentaire de la part du producteur de phonogrammes pour chaque année complète suivant directement la cinquantième année après laquelle le phonogramme ait fait l'objet d'une publication licite, ou, faute de cette publication, la cinquantième année après laquelle il ait fait l'objet d'une communication licite au public. Les artistes interprètes ne peuvent renoncer à ce droit d'obtenir une rémunération annuelle supplémentaire, l'inaliénabilité étant une mesure de protection classique de la propriété intellectuelle, à l'image du droit de suite. Afin d'accroître les intérêts des artistes interprètes dans cette prorogation et certainement d'éteindre les contestations s'élevant contre cette prorogation présentée parfois comme un cadeau fait à l'industrie du disque, la directive impose que le montant global qu'un producteur de phonogrammes doit réserver au paiement de la rémunération annuelle supplémentaire corresponde à 20 % des recettes que le producteur de phonogrammes a perçues, au cours de l'année précédant celle du paiement de ladite rémunération, au titre de la reproduction, de la distribution et de la mise à disposition du phonogramme concerné, au-delà de la cinquantième année. Les producteurs de phonogrammes seront tenus de fournir, sur demande, aux artistes interprètes qui ont droit à la rémunération annuelle supplémentaire toute information pouvant s'avérer nécessaire afin de garantir le paiement de cette rémunération.

Toutefois, la liberté des artistes interprètes est encadrée, un autre lobby a su tirer partie de cette réforme, car si une nouvelle forme de rémunération est obtenue, elle n'est pas de libre gestion. La directive impose que la rémunération annuelle supplémentaire soit administrée par des sociétés de gestion collective.

237. Pour l'artiste interprète qui a droit à des paiements récurrents, une mesure adaptée est intégrée. S'il n'y a pas lieu de l'intégrer dans le système spécial, son prix ou sa redevance proportionnelle est maintenu pour la nouvelle période, en revanche, il est prévu qu'il ne pourra pas être tenu compte, pour ces vingt années supplémentaires, d'aucune avance ni déduction définie contractuellement. Ces dernières seront écartées de la détermination des sommes dues, et ne pourront pas être retranchées des paiements dont il bénéficie au-delà de la cinquantième année.

238. Afin de permettre l'intégration de ces dispositions dans un champ contractuel varié et complexe, la directive prend soin d'adopter des mesures transitoires. En l'absence d'indication contraire claire dans le contrat, un contrat de transfert ou de cession conclu avant le 1er novembre 2013 est réputé continuer à produire ses effets au-delà de la date à laquelle, dans sa version en vigueur le 30 octobre 2011, les droits de l'artiste interprète ne seraient plus protégés. De plus, les États membres peuvent prévoir la possibilité que les contrats de transfert ou de cession en vertu desquels un artiste interprète a droit à des paiements récurrents et qui ont été conclus avant le 1er novembre 2013 soient modifiés au-delà de la cinquantième année.

2. La télédiffusion par satellite et la retransmission par câble

239. Dernier élément du régime commun des droits voisins, la télédiffusion par câble et satellite a un régime issu de la transposition en droit interne de deux directives de 1993 par la loi n° 97-283 du 27 mars 1997. L'article L. 217-1 C. propr. intell. avance que les droits voisins correspondant à la télédiffusion par satellite de la prestation d'un artiste-interprète, d'un phonogramme, d'un vidéogramme ou des programmes d'une entreprise de communication audiovisuelle sont régis par les dispositions du Code de la propriété intellectuelle, dès lors que cette télédiffusion est réalisée dans les conditions définies aux articles L. 122-2-1 et L. 122-2-2 C. propr. intell. La loi instaure un nouveau lien de dépendance entre droit d'auteur et droits voisins, tenant compte du fait que la diffusion d'œuvres par câble ou satellite met toujours en œuvre à la fois des droits d'auteur et des droits voisins. C'est une nouvelle illustration de l'application des dispositions de l'article L. 211-1 C. propr. intell. Ces dispositions désignent la loi applicable à la diffusion et fixent un régime identique à tous les droits voisins.

240. L'article L. 217-2 distingue deux hypothèses, selon que la société de communication audiovisuelle qui émet par câble ou satellite est cessionnaire ou non des autres droits voisins.

Si la société n'est pas cessionnaire des droits voisins, le droit d'autoriser la retransmission par câble, simultanée, intégrale et sans changement, sur le territoire national, de la prestation d'un artiste-interprète, d'un phonogramme ou d'un vidéogramme télédiffusés à partir d'un État membre de l'UE ne peut être exercé que par une SPRD. C'est un cas de gestion collective obligatoire. Si le titulaire du droit n'en a pas confié la gestion à l'une de ces sociétés, il doit désigner celle qu'il charge de l'exercer. Il notifie par écrit cette désignation à la société, qui ne peut refuser. Enfin, le contrat autorisant la télédiffusion sur le territoire national de la prestation d'un artiste-interprète, d'un phonogramme ou d'un vidéogramme mentionne la société chargée d'exercer le droit d'autoriser sa retransmission par câble, simultanée, intégrale et sans changement, dans les États membres de l'UE.

Si l'entreprise de communication audiovisuelle est titulaire des droits voisins, alors les dispositions relatives à la gestion collective obligatoire ne sont pas applicables aux droits dont est cessionnaire une entreprise de communication audiovisuelle.

Face aux risques de blocage engendrés par cette organisation, l'article L. 217-3 institue des médiateurs chargés de favoriser la résolution des litiges relatifs à l'octroi de l'autorisation, lorsqu'elle est exigée, de retransmission par câble, simultanée, intégrale et sans changement. À défaut d'accord amiable, le médiateur propose aux parties la solution qui lui paraît appropriée, elle est réputée acceptée faute pour les parties d'avoir exprimé leur opposition par écrit dans un délai de trois mois.

B Les limites des droits voisins

241. Les droits voisins connaissent des limites légales venant contraindre la libre jouissance de ces propriétés. Ces limites sont communes à l'ensemble des droits voisins et énoncées à l'article L. 211-3 C. propr. intell., pendant de l'article L. 122-5 C. propr. intell.

Les conventions internationales disposent que les législations nationales peuvent prévoir des exceptions à la propriété, l'article 15.1 de la Convention de Rome expose un ensemble d'exceptions, reprises par la Convention de l'OMPI sur les phonogrammes et à l'article 14.6 des accords ADPIC. L'article L. 211-3 C. propr. intell. retient sept exceptions, pour lesquelles les bénéficiaires des droits voisins ne peuvent pas interdire l'usage de leur bien, à quoi il faut ajouter l'intégration du triple test. La concordance des exceptions est nécessaire pour la réalisation effective des exceptions du droit d'auteur. À défaut, il serait impossible de reproduire une œuvre pour un usage personnel, l'exception de l'article L. 122-5 se trouverait en conflit avec le contrôle de la reproduction assurée par le droit voisin. Sinon, il serait nécessaire de rechercher une solution sur le terrain de l'article L. 211-1 C. propr. intell. ; plus sûrement, des exceptions identiques sont retenues dans les deux régimes de propriété.

1. Les représentations privées et gratuites effectuées exclusivement dans un cercle de famille

242. Cette exception est le miroir de l'exception de cercle de famille pour le droit de représentation[120].

2. Les reproductions strictement réservées à l'usage privé de la personne qui les réalise et non destinées à une utilisation collective

243. Cette exception est le reflet en droits voisins de l'exception de copie privée du droit d'auteur[121]. Comme pour le droit d'auteur, cette exception n'est pas gratuite, les titulaires de droits voisins bénéficient du régime de la rémunération pour copie privée suivant les dispositions des articles L. 311-1 et suivants C. propr. intell.[122], le propriétaire peut aussi recourir aux moyens techniques de protection des articles L. 331-5 et suivants C. propr. intell.[123].

3. Les exceptions d'analyse

244. Sous réserve d'éléments suffisants d'identification de la source, il n'est pas possible pour le titulaire de droits voisins d'interdire :

— les analyses et courtes citations justifiées par le caractère critique, polémique, pédagogique, scientifique ou d'information de l'œuvre à laquelle elles sont incorporées,

— les revues de presse,

— la diffusion, même intégrale, à titre d'information d'actualité, des discours destinés au public dans les assemblées politiques, administratives, judiciaires ou académiques, ainsi que dans les réunions publiques d'ordre politique et les cérémonies officielles,

— la communication au public ou la reproduction d'extraits d'objets protégés par un droit voisin, sous réserve des objets conçus à des fins pédagogiques, à des fins exclusives d'illustration dans le cadre de l'enseignement et de la recherche, à l'exclusion de toute activité ludique ou récréative, dès lors que le public auquel cette communication ou cette reproduction est destinée, est composé majoritairement d'élèves, d'étudiants, d'enseignants ou de chercheurs directement concernés, et que l'utilisation de cette communication ou reproduction ne donne lieu à aucune exploitation commerciale. Cette dernière exception est compensée par une rémunération négociée sur une base forfaitaire. Cette dernière disposition s'applique depuis le 1er janvier 2009.

Ressort de ces exceptions la même articulation avec le droit d'auteur que dans les cas précédents.

4. La parodie, le pastiche et la caricature, compte tenu des lois du genre

245. Une fois encore, c'est la reprise d'une exception[124] de l'article L. 122-5 C. propr. intell.

---

120. Voir *supra* n° 164.
121. Voir *supra* n° 157.
122. Voir *supra* n° 159, 172.
123. Voir *supra* n° 1403 et s.
124. Voir *supra* n° 160.

5. La reproduction provisoire présentant un caractère transitoire ou accessoire

246. Une telle reproduction, lorsqu'elle est une partie intégrante et essentielle d'un procédé technique et qu'elle a pour unique objet de permettre l'utilisation licite de l'objet protégé par un droit voisin ou sa transmission entre tiers par la voie d'un réseau faisant appel à un intermédiaire, s'effectue sans autorisation préalable des titulaires de droits voisins. Cette exception est la reprise, dans la partie générale du Code de la propriété intellectuelle relative aux droits voisins, de l'exception spéciale envisagée pour la licence légale de l'article L. 214-1 C. propr. intell.[125], c'est aussi la reprise de l'exception 6° de l'article L. 122-5 C. propr. intell.

L'article L. 211-3 intègre une limite qui n'est pas explicitement mentionnée en droit d'auteur : « *cette reproduction provisoire ne doit pas avoir de valeur économique propre* ». On pourrait voir dans cette formule une reprise maladroite du triple test appliquée au droit d'auteur. Il n'en est probablement rien, le triple test ne vérifiant pas si la reproduction représente une valeur économique, mais si l'exception a une portée raisonnable au regard de l'atteinte à la propriété et surtout, le triple test est intégré en tant que tel à la fin de l'article L. 211-3 C. propr. intell.

Cette limite du droit voisin est d'une interprétation incertaine. Par exemple, les reproductions temporaires réalisées par les fournisseurs d'accès pour assurer un fonctionnement fluide d'Internet sont indéniablement des reproductions présentant un caractère accessoire et sont une partie essentielle et intégrante d'un procédé technique permettant une utilisation licite. On répond à l'ensemble des critères légaux, cependant ces reproductions ont certainement une valeur économique propre en ce qu'elles contribuent au fonctionnement du réseau et à la qualité du service rendu par l'opérateur : plus il a de reproductions, plus il peut répondre rapidement aux requêtes des internautes et améliore sa position concurrentielle.

6. La reproduction et la communication au public d'une interprétation, d'un phonogramme, d'un vidéogramme ou d'un programme audiovisuel dans les conditions définies aux deux premiers alinéas du 7° de l'article L. 122-5 C. propr. intell.

247. Cette exception permet l'utilisation d'œuvres par des établissements ouverts au public, tels que des bibliothèques, des archives, des centres de documentation ou des espaces culturels multimédias, et cela uniquement pour la consultation personnelle par des personnes souffrant de déficiences motrices, physiques, sensorielles, mentales, cognitives ou psychiques. Un décret du 19 décembre 2008[126] intègre un article R. 211-1 C. propr. intell. qui dispose que cette exception s'exerce dans les conditions définies aux articles R. 122-13 à R. 122-16 C. propr. intell. et aux I, III et IV de l'article R. 122-17 du même code. Une parfaite coordination des deux régimes de propriété est assurée, la législation par renvoi est un outil idéal pour l'articulation des droits voisins et des droits d'auteur.

125. Voir *supra* n° 212.
126. Décret n° 2008-1391 du 19 déc. 2008.

7. Les actes de reproduction d'une interprétation, d'un phonogramme, d'un vidéogramme ou d'un programme réalisés à des fins de conservation ou destinés à préserver les conditions de sa consultation sur place

248. Ces actes, effectués par des bibliothèques accessibles au public, par des musées ou par des services d'archives, sous réserve que ceux-ci ne recherchent aucun avantage économique ou commercial, constituent une énième limite du droit de propriété. Il s'agit de la reprise d'une exception intégrée au droit d'auteur et insérée de façon concomitante et similaire aux droits voisins.

8. Le triple test

249. Les exceptions énumérées à l'article L. 211-3 C. propr. intell. ne peuvent porter atteinte à l'exploitation normale de l'interprétation, du phonogramme, du vidéogramme ou du programme audiovisuel ni causer un préjudice injustifié aux intérêts légitimes de l'artiste-interprète, du producteur ou de l'entreprise de communication audiovisuelle. À la suite des traités internationaux et de la directive de 2001, le droit interne soumet les exceptions au droit de propriété au triple test. On est dans une parfaite harmonie avec le droit d'auteur[127].

De façon prospective, on peut se demander si le contrôle des exceptions sur la base de ce test aboutit nécessairement au même résultat selon que l'objet du contrôle est un droit d'auteur ou un droit voisin. En effet, l'économie des deux régimes de propriété est distincte, et il est envisageable qu'une exception ne porte pas atteinte à l'exploitation normale d'un droit d'auteur ou ne porte pas atteinte aux intérêts légitimes de l'auteur, mais qu'il y en aille autrement des intérêts, parfois divergents, des interprètes, des producteurs ou des sociétés de communication audiovisuelle. La mise en œuvre du triple test pourrait briser l'apparente harmonie existant entre les articles L. 122-5 et L. 211-3 C. propr. intell.

Section 3
Les bases de données

250. L'économie de la connaissance dans laquelle nous évoluons accorde une place essentielle aux bases de données qui représentent des valeurs économiques considérables ; le traitement massif des données, le *big data*, renforce ce mouvement. Elles sont au cœur de notre activité quotidienne, structurent la société de l'information. Les bases de données constituent un outil précieux dans le développement d'un marché de l'information[128] dans la Communauté ; l'augmentation exponentielle, dans le monde, du volume d'informations

127. Voir *supra* n° 178.

128. Voir, Catala, « la transformation du patrimoine dans le droit civil moderne », *RTD civ.* 1966.185 ; même auteur, « Ébauche d'une théorie juridique de l'information », *D.* 1984, chron. p. 90 ; même auteur, « La "propriété" de l'information », *Mélanges Raynaud*, Dalloz, 1985, p. 97 ; N. Binctin, « Le statut juridique des informations non appropriées », *Legicom* n° 49, p. 29 ; *Légipresse*, n° 302 p. 82 ; P. Storrer, « Pour un droit commercial de l'exploitation des données à caractère personnel », *D.* 2013, p. 1844.

générées et traitées chaque année dans tous les secteurs du commerce et de l'industrie demande des investissements dans des systèmes avancés de traitement de l'information[129]. Il existait au début des années 1990 un déséquilibre entre les investissements pratiqués entre les États membres de l'UE et les principaux pays tiers producteurs dans le secteur des bases de données. Les autorités européennes ont soutenu qu'un niveau élevé d'investissement dans des systèmes modernes de stockage et de traitement de l'information ne se ferait pas en l'absence d'un régime juridique stable et homogène protégeant les droits des fabricants de bases de données. La directive 96/9 avance que la fabrication de bases de données exige la mise en œuvre de ressources humaines, techniques et financières considérables, alors qu'il est possible de les copier ou d'y accéder à un coût très inférieur à celui qu'entraîne une conception autonome. L'extraction et/ou la réutilisation non autorisées du contenu d'une base de données constituent des actes pouvant avoir des conséquences économiques et techniques graves.

251. Le rôle essentiel des bases de données fut intégré en droit français dès 1978 à l'occasion de la création de la Commission nationale informatique et libertés (CNIL) sous l'angle du contenu. Le contenu des bases de données peut faciliter l'atteinte à l'intimité des personnes. Le contrôle de l'usage des bases de données organisé dès 1978 n'envisageait pas la question de l'appropriation de ces bases de données en tant que telle, approche par le contenu qui a été communautarisée depuis 1995[130] afin d'assurer la libre circulation des données personnelles sur la base de règles harmonisées tendant à protéger les droits fondamentaux, notamment le droit à la vie privée reconnu à l'article 8 de la CEDH. L'objectif de la directive de 1996 était d'assurer un niveau de protection approprié et homogène aux bases de données, le contenant, afin de garantir la rémunération du fabricant de la base.

252. Le droit de producteur de bases de données est une création européenne[131] transposée en droit national en 1998[132]. Ce droit propose une nouvelle

129. Sur le mouvement de l'*open data* pour les données collectées par l'État, voir le décret n° 2011-577, 26 mai 2011, *JORF* 27 mai 2011, p. 9139 ; circulaire du 26 mai 2011, *JORF* 27 mai 2011, p. 9140 ; voir C. Domange, « Économie numérique, open innovation et données publiques », *Droit et Innovation*, PUAM, 2013, p. 269.

130. Directive 95/46/CE, 24 oct. 1995, relative à la protection des personnes physiques à l'égard du traitement des données à caractère personnel et à la libre circulation de ces données, *JOUE*, 23 nov. 1995, L 281/31.

131. Directive 96/9/CE, 11 mars 1996, concernant la protection juridique des bases de données, *JOUE* L 77/20 ; G. Koumatos, « Les bases de données dans la directive communautaire », *RIDA* janv. 1997, p. 79 ; C. Doutrelepont, « Le nouveau droit exclusif du producteur de bases de données consacré par la directive européenne 96/6/CE du 11 mars 1996 : un droit sur l'information ? », *Mélanges M. Waelbroeck*, Bruylant, 1999, p. 903 ; N. Mallet-Poujol, « La directive concernant la protection juridique des bases de données : la gageure de la protection privative », *D. I.T.* 1996/1 n° 15 ; F. Pollaud-Dulian, « Brèves remarques sur la Directive du 11 mars 1996 concernant la protection juridique des bases de données », *D. Aff.* 1996 p. 539, cet auteur refuse de le qualifier de droit voisin, *Le droit d'auteur*, *op. cit.*, n° 114.

132. Loi n° 98-536 du 1er juill. 1998 transposant la directive 96/9/CE concernant la protection juridique des bases de données, *JORF* 2 juill. 1998. Sur l'assimilation du droit *sui generis* à un droit proche des droits voisins, voir A. Brüning : « le droit *sui generis* s'analyse comme un droit exclusif sur le contenu factuel de la banque de données » *Aspects juridiques des banques de données en droit français, allemand et européenne,* Thèse Paris XII, 1998, n° 321 ; *CCE* 1999, comm. 21, C. Caron ;

illustration des articulations ou cumuls de propriétés pouvant exister en propriété intellectuelle[133]. Il y a cumul parce que, suivant les dispositions de l'article L. 112-3 C. propr. intell., on peut incorporer à la liste des biens intellectuels appropriés par le droit d'auteur les bases de données. Cet article les définit comme « *un recueil d'œuvres, de données ou d'autres éléments indépendants, disposés de manière systématique ou méthodique, et individuellement accessibles par des moyens électroniques ou tout autre moyen* »[134]. L'article 3 § 1 de la directive 96/9 confirme l'application du droit d'auteur aux « *bases de données qui, par le choix ou la disposition des matières, constituent une création intellectuelle propre à leur auteur* ». Cependant, l'obligation de rapporter la preuve de l'originalité de l'organisation de l'information prive de nombreuses bases de données de l'accès au droit d'auteur. Quelle originalité lorsque l'information est classée par ordre croissant, décroissant, alphabétique, historique, etc. ? Ces méthodes sont très usuelles, et ne présument en rien de la valeur des informations classées.

Une autre voie d'appropriation est proposée le Code de la propriété intellectuelle avec le régime des articles L. 341-1 et suivants, voie non exclusive de la première, qui n'est pas soumise aux mêmes conditions d'appropriation et qui n'emporte pas les mêmes effets. Le cumul des deux étant possible, et automatique dans certains des cas, le titulaire de ces deux droits de propriété pourra les exercer conjointement, comme l'indique explicitement l'article L. 341-1 : « *cette protection est indépendante et s'exerce sans préjudice de celle résultant du droit d'auteur* ». L'article 3 § 1 de la directive retient que « *les bases de données qui, par le choix ou la disposition des matières, constituent une création intellectuelle propre à leur auteur sont protégées comme telle par le droit d'auteur. Aucun autre critère ne s'applique pour déterminer si elles peuvent bénéficier de cette protection* ». Les articles 4, 5 et 6 de la directive intègrent la base de données dans le droit d'auteur, envisageant l'application du régime de l'œuvre collective, le contenu des droits patrimoniaux et les exceptions au droit de propriété. L'autonomie des régimes, de façon redondante, est enfin clamée une dernière fois à l'article 7 § 4 de la directive.

L'autonomie par rapport au droit d'auteur se retrouve dans les rapports avec les autres régimes juridiques. Dans un arrêt du 21 novembre 2008, la cour d'appel de Paris retient que faute de satisfaire aux conditions des articles L. 341-1 et s. C. propr. intell., le créateur d'une base de données peut, sur le terrain de la concurrence déloyale, faire sanctionner son concurrent qui, après avoir extrait des données du site, a démarché certains annonceurs en créant un risque de confusion[135].

B. Edelman, « Les bases de données ou le triomphe des droits voisins », *D.* 2000, *Cahier droit des affaires*, chron. p. 89, ; Ph. Gaudrat, *RTD com.* 1999.418 ; A. Lucas, *Droit d'auteur et numérique*, Litec, 1998, n° 158 ; D. de Saint Affrique, « Le droit "sui generis" sur les bases de données », *CCE* 2004, chron. 5.

133. Voir *infra* n° 906 et s. Pour une application de ce cumul, Cass. civ. 1re, 13 mai 2014, n° 12-27691 et 13-14834.

134. Voir aussi art. 10 § 2, accords ADPIC ; art. 2 § 5, Convention de Berne ; art. 5, Traité de l'OMPI sur le droit d'auteur du 20 déc. 1996.

135. CA Paris, 4 ch. Sect. B, 21 nov. 2008, *Prop. Indust.* 2009, comm. 30, obs. J. Larrieu.

253. Le régime des bases de données accorde un droit au producteur d'une base de données, similaire à un droit voisin. Ce droit *sui generis* s'inspire des « *Katalogrechte* » nordiques et de la « *Geschriftenbescherming* » néerlandaise. Son objectif est d'assurer la protection d'un investissement dans l'obtention, la vérification ou la présentation du contenu d'une base de données – cet investissement pouvant consister dans la mise en œuvre de moyens financiers et/ou d'emploi du temps, d'efforts et d'énergie – et d'accorder au fabricant d'une base de données la possibilité d'empêcher l'extraction et/ou la réutilisation non autorisées de la totalité ou d'une partie substantielle du contenu de la base de données. La loi ne parle pas de droit de propriété, ni de droit voisin. Une partie de la doctrine opte pour une qualification « molle » parlant d'un droit *sui generis*. Il s'agit indéniablement d'un droit de propriété, qui porte sur une universalité, un contenant et non sur un contenu, et qui s'assimile en bien des points aux droits voisins. C'est le risque, l'investissement, qui justifie l'attribution du droit de propriété, comme les autres droits voisins accordés à des producteurs. La définition du producteur de bases de données évoque celle du producteur de phonogrammes ou de vidéogrammes. L'attraction du régime des droits de producteurs de bases de données vers les droits voisins est accrue depuis la réforme du régime des procédures et sanctions des articles L. 343-1 et suivants C. propr. intell. Si la loi n'emploie toujours pas le terme de contrefaçon pour les atteintes portées aux bases de données, elle offre au producteur de bases de données les mêmes outils que ceux utilisés pour la lutte contre la contrefaçon. Ce régime pourrait constituer un fondement à l'appropriation spécifique des données pharmacologiques, issue de la loi 2007-248 transposant notamment la directive 2004/27/CE et codifiée à l'article L. 5121-10-1 du Code de la santé publique, instaurant une réservation de dix ans pour ces données[136]. Un rapport de concurrence pourrait apparaître entre ces deux voies d'appropriation de données brutes.

L'origine européenne de ce droit de propriété impose de l'étudier à la lumière de cette source et de la jurisprudence de la CJ. On abordera dans un premier temps le champ d'application de ce régime d'appropriation, puis son régime.

§ 1. Le champ d'application

254. Suivant la dichotomie suggérée par la loi, on exposera successivement l'objet de l'appropriation et le titulaire du droit de producteur de bases de données.

A L'objet de l'appropriation

255. Une base de données est une universalité de fait, c'est-à-dire un ensemble de biens ou de données formant une collection, une entité juridique, à l'image d'un fonds de commerce, prise globalement comme formant un bien

136. Voir CJCE, 29 avr. 2004, aff. C-106/01, *Novartis Pharmaceuticals*, *Rec.* 2004, I-4403.

unique et soumise à un régime particulier. La définition retenue par le droit d'auteur – « *un recueil d'œuvres, de données ou d'autres éléments indépendants, disposés de manière systématique ou méthodique, et individuellement accessibles par des moyens électroniques ou tout autre moyen* » – s'applique sans réserve pour l'identification de l'objet de l'appropriation, la base peut être une œuvre en tant que telle si sa forme est originale, l'originalité pouvant notamment trouver siège dans la présentation et la classification des informations[137]. La notion est définie par la directive (art. 1 § 2) comme « *un recueil d'œuvres, de données ou d'autres éléments indépendants, disposés de manière systématique ou méthodique et individuellement accessibles par des moyens électroniques ou d'une autre manière* ». Les deux définitions sont à peu de chose identiques.

L'appréciation de l'objet de l'appropriation doit se faire en deux temps, afin de parfaitement intégrer cette propriété au sein des autres propriétés intellectuelles. Il faut envisager ce qui n'est pas appropriable par le droit de producteur de bases de données avant de présenter ce qui est l'objet de la propriété.

1. Ce qui est exclu

256. La loi n'inclut pas dans le droit spécial des bases de données une définition précise de la base de données. Il est nécessaire de se reporter à celle retenue par le droit d'auteur. Toutefois, le domaine d'appropriation étant différent, cette définition ne peut suffire. L'objectif de la directive, à savoir la protection du fabricant d'une base de données, conduit à définir ce que l'on peut considérer comme la fabrication d'une base de données, terme générique regroupant l'obtention, la vérification et la présentation d'informations, ou de données. Ce terme n'est employé qu'à l'article L. 342-5 C. propr. intell., il est pourtant le déclencheur de l'appropriation.

257. L'une des premières difficultés attachées au régime d'appropriation des bases de données est de déterminer l'objet de l'appropriation, savoir si – le cas échéant à quelles conditions et dans quelle mesure – ce droit de producteur de base de données couvre non seulement les données existantes, mais aussi les données nouvellement créées par le fabricant. Si les seules données existantes sont visées, la protection des investissements ne comprendrait que cette obtention. Si l'on part de cette conception, l'appropriation de la base de données dépend du point de savoir si ce sont des données existantes qui ont été obtenues. Si l'on retient, en revanche, un sens générique au terme « fabrication », c'est-à-dire de l'apport d'un contenu dans la base de données, tant les données existantes que les données nouvellement créées peuvent être concernées. La relation de concurrence avec le droit d'auteur se retrouve. Pour trancher cette question du domaine d'application et donc de l'objet d'appropriation, l'avocat général Stix-Hackl, dans les quatre arrêts de 2004[138], propose une comparaison de la notion

137. Voir *supra* n° 49.

138. Conclusions présentées le 8 juin 2004, aff. C-203/02, *The British Horseracing Board Ltd e. a*, aff. C-444/02, *Fixtures Marketing Ltd* ; aff. C-46/02, *Fixtures Marketing Ltd* ; aff. C-338/02, *Fixtures Marketing Ltd* ; *RTD com.* 2005.90, obs. F. Pollaud-Dulian ; *CCE* 2005, comm. 2, note C. Caron ; *JCP* E 2005, p. 1216, obs. F. Sardin ; *Prop. Indust.* 2005, comm. 7, note P. Kamina.

d'« obtention » utilisée à l'article 7 avec les activités visées au 39ᵉ considérant et souligne des divergences linguistiques. La notion de « *Beschaffung* » (obtention) utilisée par la version allemande ne peut concerner que des données existantes parce que l'on ne peut obtenir que ce qui existe déjà. Dès lors, l'obtention (« *Beschaffung* ») est précisément le contraire de la création (« *Erschaffung* »). L'avocat général parvient au même résultat en interprétant le texte des versions portugaise, française, espagnole et anglaise, qui renvoient toutes au latin « *obtenere* », c'est-à-dire obtenir. L'interprétation extensive des versions allemande et anglaise choisie par certaines parties à la procédure serait fondée sur une erreur. Le 39ᵉ considérant de la directive, qui évoque en introduction l'objet du droit de propriété, fournit des indications supplémentaires sur la notion d'« obtention » (« *Beschaffung* ») au sens de l'article 7 de la directive. Ce considérant évoque uniquement deux types d'activités relatives aux investissements protégés : la « recherche » et le « rassemblement » du contenu. Des problèmes résultent des différences existant entre les versions linguistiques. La plupart d'entre elles utilisent pour désigner la première activité le même terme que celui employé à l'article 7 (obtention). Si les termes utilisés ne décrivent pas toujours la même activité, elles portent néanmoins pour l'essentiel sur la recherche et le rassemblement du contenu d'une base de données. On peut évidemment se demander pourquoi le 39ᵉ considérant ne décrit pas plus précisément le rassemblement (« *Beschaffung* »), et non la vérification ou la présentation. Il en ressort une interprétation selon laquelle l'« obtention » au sens de l'article 7 § 1 de la directive ne couvre que la pure saisie de données, c'est-à-dire la génération de données, et exclut par conséquent la phase préparatoire, c'est-à-dire la création de données. Cependant, si la création de données coïncide avec leur rassemblement et leur tri, elle pourrait être couverte par la directive.

Le domaine d'application du droit d'auteur et du droit de producteur de bases de données se trouve ainsi défini. Le premier porte sur la création, le second sur le rassemblement, le tri, le classement de données. La CJ confirme cette exclusion dans ses arrêts de 2004 en affirmant que ne sont pas pris en compte les moyens mis en œuvre pour la création des éléments constitutifs du contenu d'une base de données.

258. Une seconde question quantitative intervient : faut-il de nombreuses données pour qu'une base de données soit créée ? En l'absence de précision dans la directive, il n'est pas nécessaire qu'un nombre considérable de données ou d'éléments soient concernés. Une telle exigence avait été formulée par le Parlement, mais n'a été reprise ni par le Conseil ni par la Commission. Les exigences d'ordre quantitatif ne sont prévues que dans les dispositions relatives au droit de producteur de base de données, c'est-à-dire à l'article 7 § 1 de la directive, qui exige un « *investissement substantiel* ». Dès lors, une base comptant peu de données, mais des données difficiles et coûteuses à obtenir, peut être appropriée par le jeu des articles L. 341-1 et suivants C. propr. intell.

2. Ce qui est inclus

259. L'article 1ᵉʳ § 1 de la directive indique qu'elle vise la « *protection juridique des bases de données, quelles que soient leurs formes* ». L'article 1ᵉʳ § 2 ajoute que la base de données est « *un recueil d'œuvres, de données ou d'autres éléments indépendants, disposés de manière systématique ou méthodique et individuellement accessibles par des moyens électroniques ou d'une autre manière* ». L'objet de l'appropriation peut donc être aussi bien corporel qu'incorporel. Les données qui permettent de constituer une base de données voient leurs caractères se dégager de la jurisprudence de la CJ.

Dans un des arrêts du 9 novembre 2004[139], la Cour retient que « *la notion de base de données* [...] *vise tout recueil comprenant des œuvres, des données ou d'autres éléments, séparables les uns des autres sans que la valeur de leur contenu s'en trouve affectée, et comportant une méthode ou un système, de quelque nature que ce soit, permettant de retrouver chacun de ses éléments constitutifs* ». Sur le fondement de cette définition, elle conclut qu'un calendrier de rencontres de football constitue une base de données au sens de l'article 1 § 2 de la directive 96/9. Cependant, dans ce contexte de l'établissement d'un calendrier de rencontres aux fins de l'organisation de championnats de football, l'objet de l'appropriation ne vise pas les moyens consacrés à la détermination des dates, des horaires et des paires d'équipes relatifs aux différentes rencontres de ces championnats[140]. La Cour relève plusieurs éléments traduisant la volonté du législateur de l'UE de conférer à la notion de « *base de données* » une portée large, affranchie de considérations d'ordre formel, technique ou matériel. La qualification d'un recueil comme base de données exige que les éléments indépendants constituant le recueil soient disposés de manière systématique ou méthodique et individuellement accessibles. Il n'est pas requis que cette disposition systématique ou méthodique soit apparente.

260. Les informations collectées et classées constituant la base de données doivent avoir un caractère indépendant. Ce critère se comprend comme signifiant que les données ou éléments ne doivent pas être liés les uns aux autres, ou doivent tout au moins pouvoir être séparés sans perdre leur contenu informatif, raison pour laquelle une bande-son ou les images d'un film ne peuvent pas être concernées par le régime des bases de données. L'indépendance ne doit pas seulement exister de façon réciproque entre les éléments les uns par rapport aux autres, mais aussi à l'intérieur du recueil de données ou d'éléments.

261. Ensuite, l'appropriation n'est possible que pour les recueils de données ou d'éléments disposés de manière systématique ou méthodique. Il n'est pas nécessaire que les matières aient été stockées physiquement de manière organisée. Cette condition d'organisation des données a pour objectif d'exclure les masses de données non organisées (certainement ne faisant pas l'objet d'un investissement), et de ne couvrir que les recueils de données organisées, c'est-à-dire les données disposées en fonction de critères précis (le classement étant la traduction la plus évidente de l'investissement). Toutefois, il suffit qu'une structure des données soit adoptée et que leur disposition apparaisse avec l'utilisation d'un programme de recherche correspondant, et donc essentiellement grâce au tri et éventuellement au moyen d'une indexation. Sont comprises aussi bien les bases de données statiques que les bases de données dynamiques. On prend

139. CJCE, 9 nov. 2004, aff. C-444/02 *Fixtures Marketing*, préc.
140. Cf. Cass. com., 23 mars 2010, *Prop. Indust.* 2010, comm. 43, note N. Bouche.

essentiellement en compte la possibilité d'une exploitation systématique et ordonnée pour apprécier si ce critère est rempli et non une analyse statique de l'organisation de l'information. Par exemple, des données collectées et classées sans ordre mais faisant l'objet au cas par cas d'une indexation qui permet d'accéder directement à l'une d'elles pourront remplir ce critère. Ce terrain de la catégorisation et du classement est aussi celui du droit d'auteur pour l'appropriation des bases de données, mais le droit d'auteur n'appréhende que le classement statique et non dynamique, il pourra toutefois relever l'originalité d'une indexation.

262. Enfin, l'article 1er § 2 de la directive exige que les données soient « *individuellement accessibles par des moyens électroniques ou d'une autre manière* ». Le simple stockage de données n'est pas couvert par la notion de « *base de données* ». Les données doivent être ordonnées et accessibles. Ce dernier critère renforce le précédent, la base de données doit être exploitable pour être appropriée. La directive propose une propriété finalisée où les critères d'appropriation permettent de s'assurer contre une dérive monopolistique.

Ces critères sont cumulatifs, si la base de données n'en remplit pas un, elle ne peut faire l'objet d'une appropriation. On regrette que la transposition de la directive n'ait pas conduit le législateur à intégrer dans le droit interne ces éléments de définition permettant de cerner la notion de base de données.

Un débat porte sur le point de savoir si le droit *sui generis* sert à protéger la prestation de constitution d'une base de données, c'est-à-dire en substance l'activité de constitution d'une base de données, ou uniquement le résultat produit par cette opération. La directive permet l'appropriation des bases de données et de leur contenu, mais ne protège pas en tant que telle l'information qu'elles renferment, pas plus que la prestation de service aboutissant à la création de la base. Ce qui importe, en fin de compte, c'est l'appropriation du produit obtenu, les moyens mis en œuvre pour y parvenir, à savoir l'investissement, étant eux aussi indirectement protégés.

B Le producteur de bases de données

263. À la différence de la notion de base de données, la notion de producteur est directement intégrée dans le Code de la propriété intellectuelle. L'article L. 341-1 dispose que le producteur d'une base de données est « *la personne qui prend l'initiative et le risque des investissements correspondants* ». Il « *bénéficie d'une protection du contenu de la base lorsque la constitution, la vérification ou la présentation de celui-ci atteste d'un investissement financier, matériel ou humain substantiel* ».

Cette définition du producteur place le risque au cœur de l'appropriation, celle-ci étant la contrepartie du risque assumé. La notion d'investissement, exposée au 40e considérant[141], a été précisée par la CJ dans ses arrêts de

141. « *L'objet de ce droit* sui generis *est d'assurer la protection d'un investissement dans l'obtention, la vérification ou la présentation du contenu d'une base de données pour la durée limitée du droit ;* [...] *cet investissement peut consister dans la mise en œuvre de moyens financiers et/ou d'emploi du temps, d'efforts et d'énergie* ».

novembre 2004[142]. La Cour indique que « *la notion d'investissement lié à l'obtention du contenu d'une base de données doit s'entendre comme désignant les moyens consacrés à la recherche d'éléments existants et à leur rassemblement dans ladite base* ». Ainsi, « *l'investissement lié à la vérification du contenu de la base de données doit être compris comme visant les moyens consacrés, en vue d'assurer la fiabilité de l'information contenue dans ladite base, au contrôle de l'exactitude des éléments recherchés, lors de la constitution de cette base ainsi que pendant la période de fonctionnement de celle-ci* ». L'objet de l'investissement est strictement défini, il ne suffit pas d'investir afin de collecter des données pour bénéficier de la qualité de producteur de base de données, il faut que cet investissement serve à s'assurer de la qualité des données recueillies, ce que confirme la Cour dans l'arrêt C-338/02 : « *la notion d'investissement doit s'entendre comme désignant les moyens consacrés à la recherche d'éléments existants et à leur rassemblement dans ladite base* »[143]. Cette analyse de l'investissement rend caduque la jurisprudence française antérieure à 2004 qui se contentait de relever le montant des sommes investies sans vérifier l'utilisation de celles-ci[144], et la Cour de cassation s'est depuis alignée sur la solution de la CJ[145]. L'investissement doit être spécialement consenti pour l'élaboration de la base de données[146]. Toutefois, la CJ précise que « *des moyens consacrés à des opérations de vérification au cours de la phase de création d'éléments par la suite rassemblés dans une base de données ne relèvent pas de cette notion* ». Cette restriction confirme les développements précédents : le droit de producteur de base de données ne provient pas de la création des informations ou des biens intellectuels inclus dans la base, mais uniquement et strictement de la sélection des éléments inclus dans la base[147]. Les investissements consentis pour créer les éléments ensuite intégrés dans la base de données ne sont pas pris en considération. Ce n'est pas l'investissement au sens générique du terme qui ouvre droit à un titre de propriété mais un investissement spécifique, orienté, finalisé. Cela est confirmé par les exclusions explicitement mentionnées par la Cour dans l'affaire C-203/02 : l'investissement « *ne comprend pas les moyens mis en œuvre pour la création des éléments constitutifs du contenu d'une base de données* »[148]. Elle conclut dans cette affaire que « *les moyens consacrés à l'établissement d'une liste des chevaux participant à une course et aux opérations de vérification s'inscrivant dans ce cadre ne correspondent pas à un investissement lié à l'obtention et à la vérification du contenu de la base de données dans laquelle figure cette liste* ». Dans le même sens, la CJ, dans l'affaire C-338/02, retient que « *dans le contexte de l'établissement*

142. CJCE, 9 nov. 2004, aff. C-203/02, préc.
143. La même formule est employée par l'arrêt C-46/02 et l'arrêt C-404/02.
144. Notamment, T. com. Paris, 18 juin 1999 et 22 juin 1999, *JCP* E 2000, p. 841, note M. Vivant et C. Le Stanc ; *RTD com.* 1999.866, obs. Françon.
145. Cass. civ. 1re, 5 mars 2009, *Bull. civ.* I, n° 46 ; Cass. civ. 1re, 19 juin 2013, n° 12-18623, *Prop. Indust.* 2014, comm. 9, note J. Larrieu.
146. Pour une application en droit interne : CA Paris, 9 sept. 2005, *RTD com.* 2005.720, obs. F. Pollaud-Dulian ; CA Paris, 3 mai 2006, *PIBD* 2006, n° 834, III-512 ; CA Paris, 28 févr. 2007, *Prop. Intell.* 2007, n° 24, p. 331, obs. A. Lucas ; *RTD com.* 2007.351, obs. F. Pollaud-Dulian.
147. Cf. *supra* n° 257.
148. La même formule est employée dans l'arrêt C-338/02 et l'arrêt C-46/02.

d'un calendrier de rencontres aux fins de l'organisation de championnats de football, elle ne vise dès lors pas les moyens consacrés à la détermination des dates, des horaires et des paires d'équipes relatifs aux différentes rencontres de ces championnats »[149].

264. La notion de producteur doit être articulée avec une seconde notion, présente dans la directive mais heureusement écartée lors de la transposition en droit interne, celle de fabricant. Le fabricant évoque la personne qui effectivement réalise la base de données ; or, il se peut que le producteur, qui assume le risque de la création, sous-traite la réalisation pratique de la base de données. Le fabricant sera certainement le sous-traitant, alors que le titulaire du droit sur la base de données sera celui qui a pris le risque de la création, le donneur d'ordre.

265. Le bénéfice de la qualité de producteur est limitativement établi par l'article L. 342-1 C. propr. intell. Sont uniquement admis au bénéfice de ce régime de propriété les producteurs de bases de données, ressortissants d'un État membre de l'UE ou d'un État partie à l'accord sur l'EEE, les sociétés ou entreprises constituées en conformité avec la législation d'un État membre et ayant leur siège statutaire, leur administration centrale ou leur établissement principal à l'intérieur de l'UE ou d'un État partie à l'accord sur l'EEE. Néanmoins, si une société ou entreprise n'a que son siège statutaire sur le territoire d'un tel État, ses activités doivent avoir un lien réel et continu avec l'économie de l'un d'entre eux, une analyse restrictive prévaut.

Enfin, les producteurs de bases de données qui ne satisfont pas aux conditions mentionnées sont admis à la protection prévue par le droit des producteurs de base de données lorsqu'un accord particulier a été conclu avec l'État dont ils sont ressortissants par le Conseil de l'UE. Cette règle de la réciprocité, habituelle en droit international privé, est sensible pour le droit de producteur de base de données parce que ce régime de propriété est loin d'être universel. En particulier, il n'existe pas aux États-Unis où un intense lobbying est conduit depuis plusieurs années par les éditeurs américains de bases de données afin d'obtenir un régime similaire[150].

§ 2. Le régime de propriété

266. L'analyse du régime de propriété passe par une étude des éléments spécifiques à ce titre de propriété. Conformément à la directive de 1996, l'article L. 342-1 distingue le droit d'interdire l'extraction et le droit d'interdire la réutilisation d'une base de données, pour la totalité ou une partie substantielle de celle-ci. La terminologie utilisée atteste de la volonté de distinguer ce droit de propriété des autres propriétés intellectuelles, sans pour autant convaincre

149. Dans le même sens, arrêt C-46/02.

150. B. Warusfel, « La protection des bases de données en question : un autre débat sur la propriété intellectuelle européenne », *Prop. Intell.* n° 13, oct. 2004, p. 896.

totalement. L'article 9 de la directive revenant d'ailleurs à une terminologie déjà pratiquée pour définir les exceptions.

A La durée de la propriété

267. L'article L. 342-5 C. propr. intell. détermine la durée de l'appropriation en fixant, d'une part, le point de départ de celle-ci et, d'autre part, une durée. Les droits du producteur de bases de données « *prennent effet à compter de l'achèvement de la fabrication de la base de données* ». Le droit de propriété court à compter du moment où la base de données est achevée, sans aucune autre formalité, à l'image du droit d'auteur ou des droits voisins.

Le Code de la propriété intellectuelle définit ensuite la durée de cette propriété : les droits du producteur de base de données « *expirent quinze ans après le 1er janvier de l'année civile qui suit celle de cet achèvement* ». La durée ne correspond à aucune de celles habituellement utilisées par la propriété intellectuelle, et confirme le caractère singulier de ce régime.

Si la base de données achevée n'est pas exploitée, une disposition de faveur retient que « *lorsqu'une base de données a fait l'objet d'une mise à la disposition du public avant l'expiration de la période* [de 15 ans], *les droits expirent quinze ans après le 1er janvier de l'année civile suivant celle de cette première mise à disposition* ». Le producteur, qui n'exploite pas sur-le-champ sa base de données, ne subit pas l'écoulement du temps sur sa propriété à condition qu'il commente l'exploitation avant l'achèvement du délai de quinze ans à compter de la fabrication de la base. Il sera délicat d'établir la preuve de la date d'achèvement de ladite base. Un dépôt probatoire peut être utile pour compenser cette faiblesse. La computation du délai est sensiblement identique à celle appliquée pour les droits voisins[151].

268. Le point de départ de la propriété est souple mais il peut être compliqué à déterminer. Si une base de données est continuellement entretenue, on peut considérer qu'elle n'est jamais achevée. Et si une base de données est achevée, il sera nécessaire de pouvoir constituer la preuve de cet achèvement pour revendiquer le point de départ de la propriété, un dépôt probatoire pourra alors être efficace. Sur le premier point, l'article L. 342-5 dispose que « *dans le cas où une base de données protégée fait l'objet d'un nouvel investissement substantiel, sa protection expire quinze ans après le 1er janvier de l'année civile suivant celle de ce nouvel investissement* ». Il s'ensuit que la base de données, objet d'investissements successifs substantiels[152], peut être appropriée quasi perpétuellement, comme une marque, sans jamais donner prise au domaine public. La formulation française de cette disposition est moins claire que celle de l'article 10 de la directive : « *toute modification substantielle, évaluée de façon qualitative ou quantitative, du contenu d'une base de données, notamment toute modification substantielle résultant de l'accumulation d'ajouts, de suppressions ou de changements successifs qui ferait considérer qu'il s'agit d'un nouvel investissement substantiel, évalué de façon qualitative ou quantitative,*

---

151. Voir *supra* n° 231 et s.
152. Voir *supra* n° 263 et s.

permet d'attribuer à la base qui résulte de cet investissement une durée de protection propre ». La notion de modification est à apprécier rigoureusement, on peut même y voir une quasi nouvelle base de données, la charge de la preuve de ces modifications substantielles pesant sur le producteur de la base.

269. Toutefois, la libre disposition du droit de propriété est influencée par le respect d'autres dispositions que celles encadrant le droit de producteur de base de données. L'articulation des dispositions légales régissant le contenu et le contenant imposent que, pour disposer de son bien, le producteur de bases de données doit s'assurer que son bien est géré conformément aux dispositions régissant la collecte et le traitement des données à caractère personnel. La Cour de cassation a retenu, sur le fondement de l'article 1128 du C. civ., que tout fichier informatisé, essentiellement qualifiable de base de données, contenant des données à caractère personnel doit faire l'objet d'une déclaration auprès de la CNIL. Un tel fichier non déclaré n'est pas dans le commerce, constitue un objet illicite dont la vente est nulle[153]. Si l'application de l'article 1128 C. civ. a déjà été retenue pour annuler des contrats ayant pour objet des contrefaçons[154], la solution de la Cour de cassation est novatrice car elle soumet une chose qui est en principe dans le commerce, comme un fichier clients, à formalités administratives, pour qu'elle puisse légalement circuler. Le régime administratif doit être respecté lors de la constitution de la base, en revanche, l'évolution technique de celle-ci n'appelle pas une nouvelle déclaration si les modalités de traitement ne sont pas modifiées[155].

B Les prérogatives du propriétaire

270. Le Code de la propriété intellectuelle emploie un vocabulaire spécifique pour définir les prérogatives du producteur de base de données. Comme le rappelle l'avocat général Stix-Hackl[156] dans l'affaire C-203/02, l'objectif recherché lors de l'introduction du droit de producteur de base de données n'était pas d'harmoniser le droit, mais de créer délibérément un nouveau droit[157]. Ce droit, dans cet esprit, va plus loin que les droits de diffusion et de reproduction accordés par le droit d'auteur pour les bases de données. Pour apprécier la portée de ce droit de propriété, il faut partir des actes prohibés ; les définitions incluses dans l'article 7 § 2 de la directive revêtent une importance particulière.

---

153. Cass. com., 25 juin 2013, n° 12-17037, *Bull. civ.* IV, à paraître ; *D.* 2013 p. 1867, note G. Beaussonie ; *D.* 2013, p. 1844, point de vue P. Storrer ; *RTD civ.* 2013.595, obs. H. Barbier ; *JCP* G 2013.930, note A. Debet ; *JCP* E 2013, 1422, note J.-B. Seube ; *CCE* 2013, comm. 90, obs. G. Loiseau ; *RDC* 2014/1, p. 119, note J. Rochfeld ; G. Beaussonie, « L'extracommercialité relative d'un fichier informatisé de clientèle », *D.* 2013, p. 1868.

154. Cass. civ. 1re, 9 déc. 2003, n° 01-11504, *D.* 2003. 2683, note C. Caron ; *D.* 2003, 2762, obs. P. Sirinelli ; *RTD civ.* 2003. 703, obs. J. Mestre et B. Fages ; *RTD civ.* 2004. 117, obs. T. Revet ; *RTD com.* 2004. 284, obs. F. Pollaud-Dulian ; *RTD com.* 2004. 304, obs. J.-C. Galloux ; *RDC* 2004. 263, obs. Ph. Stoffel-Munck.

155. Cass. soc., 23 avr. 2013, n° 11-26099 ; *Bull. soc.* à paraître, *JCP* E 2013, act. 365.

156. Conclusions, *op. cit.*, aff. C-203/02.

157. Position commune (CE) n° 20/95 du Conseil du 10 juill. 1995, *JOUE* C 288, p. 14 de l'exposé des motifs.

Le législateur (art. L. 342-1 C. propr. intell.), malheureusement, ne présente cette propriété que sous l'angle d'un pouvoir d'interdire, proposant une vision négative de celle-ci, et définissant par des procédés *a contrario* le contenu de la propriété, ce qui n'est pas une technique très sûre. Le Code de la propriété intellectuelle indique que « *le producteur de bases de données a le droit d'interdire* », puis énonce deux domaines d'interdiction : d'une part, l'extraction, par transfert permanent ou temporaire de la totalité ou d'une partie qualitativement ou quantitativement substantielle du contenu d'une base de données sur un autre support, par tout moyen et sous toute forme que ce soit et, d'autre part, la réutilisation, par la mise à la disposition du public de la totalité ou d'une partie qualitativement ou quantitativement substantielle du contenu de la base, quelle qu'en soit la forme. Dans l'affaire C-203/02, la CJ[158] propose une étude commune à ces deux prérogatives patrimoniales en exposant que « *les notions d'extraction et de réutilisation doivent être interprétées comme se référant à tout acte non autorisé d'appropriation et de diffusion au public de tout ou partie du contenu d'une base de données* ». Mais le législateur comme les juges tendent vers une présentation distinguant ces pouvoirs. Il est nécessaire de revenir sur ces deux éléments successivement. Ces deux prérogatives sont définies par des éléments partiellement communs que l'on exposera conjointement.

1. L'extraction

271. Suivant la définition du Code de la propriété intellectuelle, l'extraction se réalise « *par transfert permanent ou temporaire de la totalité ou d'une partie qualitativement ou quantitativement substantielle du contenu d'une base de données sur un autre support, par tout moyen et sous toute forme que ce soit* ». La référence au support établit un lien entre extraction et reproduction, notion utilisée en droit d'auteur et en droit voisin. La définition en droit interne, directement dérivée de la définition européenne, appelle des précisions. La question de l'appréciation qualitative ou quantitative du transfert se fera ultérieurement, il faut revenir sur la notion d'extraction en tant que telle.

La CJ établit un lien entre extraction et transfert : « *la reprise d'éléments d'une base de données protégée dans une autre base de données à l'issue d'une consultation de la première base sur écran et d'une appréciation individuelle des éléments contenus dans celle-ci est susceptible de constituer une "extraction", pour autant que – ce qu'il appartient à la juridiction de renvoi de vérifier – cette opération corresponde au transfert d'une partie substantielle, évaluée de façon qualitative ou quantitative, du contenu de la base de données protégée ou à des transferts de parties non substantielles qui, par leur caractère répété et systématique, auraient conduit à reconstituer une partie substantielle de ce contenu* »[159]. L'extraction est un transfert des données d'une base vers une autre, le transfert devant porter sur une partie substantielle de la base.

Dans son arrêt *The British Horseracing Board* de 2004, la Cour avait fourni une première indication quant à la manière d'appréhender la notion d'« extraction ».

158. Arrêt du 9 nov. 2004, préc.

159. CJCE, 9 oct. 2008, aff. C-304/07, *Directmedia Publishing GmbH* ; *CCE* 2009, comm. 24, note C. Caron.

Cette notion doit être interprétée à la lumière de l'objectif poursuivi par le droit de producteur de base de données, à savoir protéger la personne qui a constitué la base contre des « *actes de l'utilisateur qui outrepassent les droits légitimes de celui-ci et qui portent ainsi préjudice à l'investissement* » de cette dernière. Le droit d'interdire l'extraction et/ou la réutilisation de la totalité ou d'une partie substantielle du contenu vise non seulement la fabrication d'un produit concurrent parasite, mais aussi l'utilisateur qui porte atteinte de manière substantielle à l'investissement. Il est sans importance que l'acte d'extraction et/ou de réutilisation ait pour but la constitution d'une autre base de données, concurrente ou non de la base d'origine, de taille identique ou différente de celle-ci, ou que cet acte s'inscrive dans le contexte d'une activité autre que la constitution d'une base de données.

272. La Cour a jugé qu'il y a extraction « *lorsque la visualisation sur écran du contenu d'une base de données nécessite le transfert permanent ou temporaire de la totalité ou d'une partie substantielle de ce contenu sur un autre support, cet acte est soumis à l'autorisation du titulaire du droit* ». La directive encourage une analyse extensive de l'extraction. Le considérant 44 dispose en ce sens que « *lorsque la visualisation sur écran du contenu d'une base de données nécessite le transfert permanent ou temporaire de la totalité ou d'une partie substantielle de ce contenu sur un autre support, cet acte est soumis à l'autorisation du titulaire du droit* ». L'exception de reproduction temporaire pour les nécessités de l'utilisation[160] n'est pas reprise en la matière, ce qui peut créer un conflit entre le droit d'auteur et le droit de producteur de bases de données. La notion d'extraction ne saurait être circonscrite aux cas d'extractions opérées directement à partir de la base d'origine, et ce sous peine de laisser la personne qui a constitué la base de données sans protection à l'égard d'actes non autorisés de copiage opérés à partir d'une copie de sa base. Les actes d'extraction non autorisés, effectués par un tiers à partir d'une source autre que la base de données concernée, sont de nature, tout autant que de tels actes effectués directement à partir de ladite base, à porter atteinte à l'investissement de la personne qui a constitué cette base. Donc, la notion d'extraction ne suppose pas un accès direct à la base de données[161].

273. Pour ce qui est de l'extraction au sens de l'article 7 § 5 de la directive ou de l'article L. 342-2 C. propr. intell., la finalité est d'empêcher l'extraction répétée et systématique de parties non substantielles du contenu de la base de données qui aboutirait à porter gravement atteinte à l'investissement du producteur, tout comme l'extraction visée à l'article L. 342-1 C. propr. intell. Ainsi, pour l'extraction, l'expression « *actes contraires à une exploitation normale* [d'une] *base de* [données] *ou qui causeraient un préjudice injustifié aux intérêts légitimes du fabricant de la base* » se réfère à des comportements non autorisés, qui visent à reconstituer, par l'effet cumulatif d'actes d'extraction, la totalité ou une partie du contenu d'une base de données et à mettre à la disposition du public la totalité ou une partie du contenu d'une telle base[162]. Une fois encore, ce type d'utilisation porte atteinte à l'investissement de la personne qui a constitué cette base.

160. Cf. *supra* n° 158.

161. Dans le même sens, CJUE, aff. C-203/02, préc.

162. Voir sur ces pratiques et la frontière entre extraction et violation du régime des données personnelles, CE, 10e et 9e ss-sect. réunies, 12 mars 2014, requête n° 353193.

274. La Cour complète son analyse de l'extraction en proposant une délimitation des notions de « *transfert permanent* » et de « *transfert temporaire* » reposant sur le critère de la durée de conservation des éléments extraits d'une base de données protégée sur un support autre que celui de cette base de données[163]. Il y a extraction d'une base de données protégée, accessible par voie électronique, à partir du moment où il y a fixation des éléments visés par l'acte de transfert sur un support autre que celui de cette base de données. Cette notion d'extraction est indépendante de l'objectif poursuivi par l'auteur de l'acte en cause, des modifications éventuellement apportées par ce dernier au contenu des éléments ainsi transférés et des différences éventuelles relatives à l'organisation structurelle des bases de données concernées. Surtout, la circonstance que le contenu de la base de données a été rendu accessible au public par la personne qui l'a constituée n'affecte pas le droit de cette dernière d'interdire les actes d'extraction portant sur la totalité ou sur une partie substantielle du contenu d'une base de données[164].

275. Reste la question de la preuve de l'extraction, question complexe lorsque la base de données pillée compte principalement des données publiques ou libres[165]. La CJ privilégie la constitution d'un faisceau d'indices concordants. Dans sa décision *Apis-Hristovich EOOD*, elle relève que la circonstance que des caractéristiques matérielles et techniques présentent dans le contenu d'une base de données protégée d'un producteur figurent également dans le contenu d'une base de données d'un autre producteur peut être interprétée comme un indice de l'existence d'une extraction, à moins qu'une telle coïncidence puisse s'expliquer par d'autres facteurs qu'un transfert intervenu entre les deux bases de données concernées. Elle ajoute que le fait que des éléments obtenus par le producteur d'une base de données auprès de sources non accessibles au public figurent également dans la base de données d'un autre producteur ne suffit pas, en tant que tel, à prouver l'existence d'une telle extraction, mais peut constituer un indice de celle-ci.

Enfin, et cela est en ligne avec l'objet approprié par le producteur d'une base de données, la nature des programmes informatiques utilisés pour la gestion de deux bases de données électroniques ne constitue pas un élément d'appréciation de l'existence d'une extraction. Le droit de producteur ne porte pas sur ce logiciel qui connaît un régime totalement autonome.

2. La réutilisation

276. La réutilisation est définie par la directive et par le Code de la propriété intellectuelle comme la mise à la disposition du public de la totalité ou d'une partie qualitativement ou quantitativement substantielle du contenu de la base, quelle qu'en soit la forme. La CJ[166] a précisé la notion de réutilisation à propos

163. CJCE, 5 mars 2009, aff. C-545/07 *Apis-Hristovich EOOD*, *CCE* 2009, comm. 44, note C. Caron.
164. En ce sens, CJUE, aff. C-203/02, préc.
165. Voir le mouvement *open data*, voir Directive 2013/37 du 26 juin 2013 modifiant la directive 2003/98/CE concernant la réutilisation des informations du secteur public, *JOUE* 27 juin 2013, L175/1 ; et le site Internet www.data.gouv.fr
166. CJUE, 18 oct. 2012, aff. C-173/11, *Football Dataco Ltd c/Sportradar GmbH*, *D*. 2012. 2736 ; *D*. 2013. 533, obs. N. Alaphilippe ; *D*. 2013. 1506, obs. F. Jault-Seseke ; *D*. 2013. 2297, obs. L. d'Avout ; *RTD com.* 2013. 309, obs. F. Pollaud-Dulian ; *RTD eur.* 2012. 947, obs. E. Treppoz ; *CCE* 2013. comm. 22, obs. C. Caron.

d'une base de données concernant le football britannique mise à jour en continu pendant les matchs. Une société allemande crée un site web alimenté en données extraites sans autorisation depuis la base de données anglaise. L'enjeu de la décision résidait, d'une part, dans la localisation de l'activité afin de désigner le tribunal et la loi compétents[167] et, d'autre part, dans la précision de la notion de réutilisation. La CJ retient que la réutilisation se caractérise « *par une série d'opérations successives, allant, à tout le moins, de la mise en ligne des données concernées sur ledit site aux fins de leur consultation par le public à la transmission de ces données aux membres du public intéressés, opérations qui peuvent avoir lieu sur le territoire de différents États membres* » (pt. 34). Toutefois, prenant en considération la perméabilité de la territorialité dans le cadre d'une exploitation en ligne, elle précise que la simple accessibilité, sur un territoire national donné, du site internet comprenant les données concernées ne suffit pas pour conclure que l'exploitant de ce site se livre à un acte de réutilisation tombant sous le coup du droit national applicable sur ce territoire en matière de protection par le droit du producteur de base de données. Dans l'affaire qui lui était soumise et qui lui permet d'illustrer cette analyse, la Cour précise que, à la demande d'un internaute établi au Royaume-Uni, des données figurant sur le serveur web de *Sportradar* soient envoyées vers l'ordinateur de cet internaute à des fins techniques de stockage et de visualisation sur l'écran ne suffit pas, à lui seul, pour permettre de considérer que l'acte de réutilisation auquel se livre *Sportradar* à cette occasion a lieu sur le territoire de cet État membre. Elle conclut que « *la protection juridique des bases de données, doit être interprétée en ce sens que l'envoi par une personne, au moyen d'un serveur web situé dans un État membre A, de données préalablement téléchargées par cette personne à partir d'une base de données protégée par le droit sui generis au titre de cette même directive, sur l'ordinateur d'une autre personne établie dans un État membre B, à la demande de cette dernière, à des fins de stockage dans la mémoire de cet ordinateur et d'affichage sur l'écran de celui-ci, constitue un acte de « réutilisation » desdites données par la personne ayant procédé à cet envoi* ». La CJ a pu, à nouveau, préciser la notion de réutilisation face aux évolutions technologiques des moteurs de recherche et retenir qu'un opérateur qui met en ligne un métamoteur de recherche dédié procède à une réutilisation de la totalité ou d'une partie substantielle du contenu d'une base de données protégée par cet article 7 dès lors que ce métamoteur de recherche dédié fournit à l'utilisateur final un formulaire de recherche offrant, en substance, les mêmes fonctionnalités que le formulaire de la base de données, traduit « en temps réel » les requêtes des utilisateurs finaux dans le moteur de recherche dont est équipée la base de données, de sorte que toutes les données de cette base sont explorées, et présente à l'utilisateur final les résultats trouvés sous l'apparence extérieure de son site internet, en réunissant les doublons en un seul élément, mais dans un ordre fondé sur des critères qui sont comparables à ceux utilisés par le moteur de recherche de la base de données concernée pour présenter les résultats[168].

167. Voir *infra* n° 913.
168. CJUE, 19 déc. 2013, aff. C-202/12, *Innoweb BV*, V. Meister, « Nouvelles technologies », *Europe*, févr. 2014 Comm. n° 2, p. 45.

3. Une partie qualitativement ou quantitativement substantielle du contenu d'une base de données

277. L'interdiction de l'article 7 § 1 ou de l'article L. 342-1 C. propr. intell. n'est pas inconditionnelle, elle suppose que l'acte prohibé concerne la totalité ou une partie substantielle de la base de données. C'est un point essentiel dans l'analyse des prérogatives patrimoniales du producteur de base de données. Protégeant l'investissement du producteur, le droit de propriété trouve une limite générale dans les actes ne portant pas atteinte à cet investissement, c'est-à-dire les actes qui ne portent pas sur une utilisation qualitativement ou quantitativement substantielle de la base. Le 49e considérant de la directive rappelle que, nonobstant le droit d'interdire l'extraction et/ou la réutilisation de la totalité ou d'une partie substantielle d'une base de données, il convient de prévoir que le producteur d'une base de données ou le titulaire du droit ne peut pas empêcher l'utilisateur légitime de la base d'extraire et de réutiliser des parties non substantielles. La directive tempère ce principe en indiquant que, toutefois, ce même utilisateur ne peut pas causer un préjudice injustifié ni aux intérêts légitimes du titulaire du droit de producteur de base de données, ni au titulaire d'un droit d'auteur ou d'un droit voisin portant sur des œuvres ou prestations contenues dans cette base (faisant penser à un triple test). La définition du seuil à partir duquel l'extraction ou la réutilisation est qualitativement ou quantitativement substantielle est fondamentale pour la mise en œuvre du droit de producteur de base de données. La CJ dégage dans sa jurisprudence des critères d'appréciation. On relève une démarche en deux temps de sa part, les arrêts de 2004 étant complétés par l'arrêt de mars 2009 sur le sujet.

278. En 2004, la Cour[169] retient que la notion de « *partie substantielle* », évaluée de façon quantitative, du contenu d'une base de données se réfère au volume de données extrait et/ou réutilisé de la base et doit être appréciée par rapport au volume du contenu total de la base. Elle ajoute que la notion de « *partie substantielle* », évaluée de façon qualitative, du contenu d'une base de données se réfère à l'importance de l'investissement lié à l'obtention, à la vérification ou à la présentation du contenu de l'objet de l'acte d'extraction et/ou de réutilisation, indépendamment du point de savoir si cet objet représente une partie quantitativement substantielle du contenu général de la base de données protégée. À la lumière de ces éléments, relève de la notion de partie non substantielle du contenu d'une base de données toute partie ne répondant pas à la notion de « *partie substantielle* » d'un point de vue tant quantitatif que qualitatif. Ainsi, la CJ définit la « *partie non substantielle* » d'une base de données à partir de la définition de la partie substantielle de celle-ci, utilisant une fois encore une méthode *a contrario*. La double approche qualitative et quantitative rend difficile la détermination de ce seuil. Le volume n'étant pas l'unique critère, la limite des prérogatives patrimoniales du producteur de bases de données est atteinte lorsque les éléments extraits sont à la fois peu volumineux au regard de l'ensemble des éléments inclus dans la base, et non pas en nombre absolu, et

169. Principalement CJCE, 9 nov. 2004, aff. C 203/02 *Apis-Hristovich EOOD*, préc. En droit interne, Cass. civ. 1re, 13 mai 2014, n° 12-27691 et 13-14834 ; Cass. civ. 1re, 13 mai 2014, n° 12-25900, *Bull. civ.* I, à paraître.

peu coûteux dans leur sélection et vérification. Il est nécessaire pour chaque cas de s'assurer de cette double contrainte.

279. La Cour ajoute un second niveau d'analyse dans son arrêt *Apis-Hristovich EOOD*, où elle avance qu'en présence d'un ensemble global d'éléments comportant des sous-groupes séparés, le volume des éléments prétendument extraits et/ou réutilisés de l'un de ces sous-groupes, doit, aux fins d'apprécier l'existence d'une extraction et/ou d'une réutilisation d'une partie substantielle, être évalué de façon quantitative. Le contenu d'une base de données est comparé au volume du contenu total de ce sous-groupe si ce dernier constitue, en tant que tel, une base de données répondant aux conditions d'octroi de l'appropriation. Dans le cas contraire, et pour autant que ledit ensemble constitue une telle base de données protégée, la comparaison doit être opérée entre le volume des éléments prétendument extraits et/ou réutilisés des différents sous-groupes de cet ensemble et le volume du contenu total de ce dernier. Elle avance ainsi une analyse affinée de la notion de partie substantielle d'une base de données suivant une analyse alternative selon que la base de données peut être subdivisée en sous-éléments. Si la division est possible, la limite de la propriété du producteur de bases de données devra être vérifiée au niveau de ce sous-groupe. De la sorte, la CJ abaisse le volume de référence, ce qui a mécaniquement pour effet d'élever le niveau de production. En effet, une extraction, qui ne serait pas substantielle qualitativement ou quantitativement au regard de toute une base de données, peut le devenir si on retient comme référent de comparaison un sous-ensemble de cette même base de données.

280. Pour compléter cette nouvelle dimension de l'analyse, la CJ précise les moyens que l'on peut utiliser pour apprécier le caractère substantiel des éléments d'une base de données. La circonstance que des éléments prétendument extraits et/ou réutilisés à partir d'une base de données appropriée ont été obtenus par le producteur de celle-ci auprès de sources non accessibles au public peut, en fonction de l'importance des moyens humains, techniques et/ou financiers déployés par ce producteur pour collecter les éléments en cause auprès de telles sources, avoir une incidence sur la qualification de ceux-ci de partie substantielle, d'un point de vue qualitatif, du contenu de la base de données concernée. Plus les données sont rares et complexes à obtenir, plus elles sont qualitativement substantielles. Cela semble relever du bon sens ! Toutefois, le caractère substantiel peut exister même sans ce type de données rares. Le caractère officiel et accessible au public d'une partie des éléments contenus dans une base de données ne dispense pas le juge de vérifier, aux fins d'apprécier l'existence d'une extraction et/ou d'une réutilisation portant sur une partie substantielle du contenu d'une base de données, si les éléments prétendument extraits et/ou réutilisés à partir de cette base de données constituent, d'un point de vue quantitatif, une partie substantielle du contenu total de cette dernière ou, le cas échéant, s'ils constituent, d'un point de vue qualitatif, une telle partie substantielle en ce qu'ils représentent, en termes d'obtention, de vérification ou de présentation, un important investissement humain, technique ou financier. Le coût de sélection et de vérification de l'information n'est pas nécessairement moindre en présence d'informations publiques, libres ; leur tri et leur sélection pouvant être onéreux.

Le droit de propriété du producteur de bases de données se décompose en deux groupes de règles d'interdiction, ou, si l'on se place du point de vue du titulaire, en deux catégories de droits : une interdiction qui concerne la partie substantielle de la base de données, et une prohibition de certains actes portant sur des parties non substantielles de la base de données. Cependant, si l'on se fonde sur la mise en parallèle entre substantiel et non substantiel, on comprend la seconde catégorie comme une exception à la première interdiction. La seconde interdiction doit empêcher que l'on ne contourne l'interdiction édictée à l'article L. 342-1 C. propr. intell. et peut, par conséquent, également être qualifiée de clause de sauvegarde[170].

C Les exceptions au droit de propriété

281. Les exceptions au droit de propriété du producteur de bases de données sont calquées sur celles retenues par l'article L. 122-5 C. propr. intell. La loi DADVSI a renforcé cette identité. L'article L. 342-3 C. propr. intell. retient que lorsqu'une base de données est mise à la disposition du public par le titulaire des droits, celui-ci ne peut interdire l'extraction ou la réutilisation d'une partie non substantielle, appréciée de façon qualitative ou quantitative, du contenu de la base, par la personne qui y a licitement accès. Cette première exception n'est qu'une reprise des limites de la propriété déjà exposées, mais le législateur a pris le soin de préciser que « *toute clause contraire* [à cette exception] *est nulle* » faisant de cette disposition une disposition d'ordre public, en ligne avec l'article 15 de la directive.

282. L'article L. 342-3 propose une deuxième exception directement issue de la directive[171], exception d'extraction à des fins privées d'une partie qualitativement ou quantitativement substantielle du contenu d'une base de données non électronique. Cette exception est limitée par la nature physique de la base de données, elle est aussi limitée par les autres régimes de propriété, puisque l'article L. 342-3 2° précise que cette extraction se fait « *sous réserve du respect des droits d'auteur ou des droits voisins sur les œuvres ou éléments incorporés dans la base* ».

283. Sous l'influence de la directive, l'article L. 342-3 C. propr. intell. prévoit une exception pour l'extraction et la réutilisation d'une partie substantielle, appréciée de façon qualitative ou quantitative, du contenu de la base à des fins exclusives d'illustration dans le cadre de l'enseignement et de la recherche, à l'exclusion de toute activité ludique ou récréative. Il est possible de bénéficier de cette exception dès lors que le public, auquel cette extraction et cette réutilisation sont destinées, est composé majoritairement d'élèves, d'étudiants, d'enseignants ou de chercheurs directement concernés, que la source est indiquée, que l'utilisation de cette extraction et cette réutilisation ne donnent lieu à aucune exploitation commerciale et qu'elle est compensée par une rémunération négociée sur une base forfaitaire. Cette exception est exclue pour les bases de

170. En ce sens, Position commune n° 20/95, point 14 de l'exposé des motifs.
171. Art. 9 de la directive.

données constituées à des fins pédagogiques et réalisées pour une édition numérique de l'écrit.

284. S'ajoute suivant ce qui existe pour le droit d'auteur ou le droit voisin, une exception fondée sur le handicap, alignant le régime des bases de données sur l'exception du 7° de l'article L. 122-5. C. propr. intell. Le décret n° 2008-1391 du 19 décembre 2008 poursuit cette technique de législation par renvoi en intégrant un article R. 341-1 C. propr. intell. qui prévoit que cette exception s'exerce dans les conditions définies aux articles R. 122-13 à R. 122-21 C. propr. intell.

Les exceptions au droit de producteur de bases de données répondent au contrôle du triple test, comme l'ensemble des droits de propriété intellectuelle. Les exceptions de l'article L. 342-3 C. propr. intell. ne peuvent porter atteinte à l'exploitation normale de la base de données ni causer un préjudice injustifié aux intérêts légitimes du producteur de la base. Le triple test devra principalement rechercher si le recours à l'exception porte atteinte à l'investissement.

Pour confirmer le clonage des régimes de propriété, le bénéfice des mesures techniques de protection[172] s'applique aux bases de données suivant l'article L. 342-3-1 C. propr. intell. Un producteur de bases de données peut utiliser des mesures techniques efficaces au sens de l'article L. 331-5 C. propr. intell. propres à empêcher ou à limiter les utilisations d'une base de données que le producteur n'a pas autorisées en application de l'article L. 342-1 C. propr. intell. Elles bénéficient de la protection de l'article L. 335-4-1 C. propr. intell. Cette possibilité de recourir aux mesures techniques ne doit pas avoir pour effet de priver les utilisateurs du bénéfice effectif des exceptions de l'article L. 342-3 C. propr. intell. Cette appréciation se fait, comme pour le droit d'auteur ou les droits voisins, sous le contrôle de l'HADOPI[173]. Ce dispositif est complété par l'article L. 342-3-2 C. propr. intell. qui prévoit que les informations sous forme électronique relatives au régime des droits du producteur d'une base de données bénéficient des sanctions de l'article L. 335-4-2 C. propr. intell.

Enfin, construction européenne oblige, l'article L. 342-4 intègre le droit de producteur de bases de données dans le système général de l'épuisement des droits qui assure l'adéquation entre propriété intellectuelle et libre circulation des produits sur le territoire de l'UE[174].

172. Voir *infra* n° 1403.
173. Voir *infra* n° 1410.
174. Voir *infra* n° 1271 et s.

Chapitre 3
Le droit des dessins et modèles

285. Le droit d'auteur est souvent mal perçu par les professionnels, notamment ceux habitués à utiliser des marques ou des brevets. L'absence de dépôt pour l'acquisition de la qualité de propriétaire laisse penser que le titre est moins performant, moins sûr, moins fort. Il n'en est assurément rien, le titre de propriété généré par le droit d'auteur est pleinement efficace et aucune hiérarchie objective ne saurait être élaborée entre les titres de propriété intellectuelle. Cependant, il est apparu nécessaire de proposer un régime spécifique pour les créations ornementales, où un objet à caractère utilitaire est exprimé sous une forme esthétique. Il s'agit de ce qui est communément appelé l'art utilitaire, ou l'art appliqué, et plus récemment le *design*.

Le régime des dessins et modèles s'offre à ces créations en quête d'identité entre beaux-arts et industrie. Il fut adopté sous l'influence des commerçants et fabricants de soieries lyonnais en 1806 avec une procédure particulière de dépôt et de conservation des cartons[1]. En 1909[2], une loi vint réformer ce régime et introduisit un cumul d'appropriations avec le droit d'auteur. Ce régime fut ensuite adapté en 1990[3], codifié en 1992, puis réformé en 2001 par une ordonnance du 21 juillet[4] venant le refondre dans le cadre d'une harmonisation européenne[5]. Ce nouveau texte ne remet pas en cause le cumul possible avec un autre régime de propriété intellectuelle, voire l'étend pour l'articulation avec le droit des brevets, tout en laissant aux États le soin de l'organiser.

L'approche du droit des dessins et modèles se réalise souvent en miroir de l'approche du droit d'auteur, mettant en avant les points communs et les différences, le cumul des appropriations a pour effet de brouiller chacun des régimes. Il faut ici se pencher uniquement sur les critères propres au dessin et modèle, la réforme de 2001 a singularisé ce régime qu'il convient d'aborder de façon autonome. Si un cumul d'appropriations est possible, il relève de la théorie générale de la propriété intellectuelle et non de l'articulation entre le droit d'auteur et le droit des dessins et modèles[6]. Ces deux régimes permettent l'appropriation de la forme des choses, forme qui constitue la création, le bien intellectuel. Le droit

---

1. J. Passa, *Traité de droit de la propriété industrielle*, 2e éd., LGDJ, 2009, t. 1, n° 666 et s.
2. Loi du 14 juill. 1909, codifiée par le Code de la propriété intellectuelle en 1992.
3. Loi du 26 nov. 1990.
4. Ord. n° 2001-670 du 25 juill. 2001, *JO* 28 juill. 2001, p. 12132 ; V.-L. Benabou, « Les nouveaux critères de protection des dessins et modèles : une protection sur mesure ? », *Dr. et patr.* janv. 2002, p. 44.
5. Directive 98/71/CE sur la protection juridique des dessins et modèles du 13 oct. 1998, *JOCE* n° L 289, du 28 oct. 1998, p. 28 ; *PIBD* 1999, n° 6, II-93 ; P. Kamina, « La Directive 98/71/CE sur la protection des dessins et modèles », *JCP* E 1998, p. 358.
6. Voir *infra* n° 897 et s.

offre plusieurs voies pour cette appropriation, la solution française n'étant pas toujours reprise par nos voisins, ce qui est à la source de conflits pour l'application du droit international privé de la propriété intellectuelle, pour l'articulation notamment du droit de l'UE et de l'article 2.7 de la Convention de Berne[7]. Le créateur est libre d'opter parmi ces régimes et de rechercher une ou plusieurs voies d'appropriation de son bien intellectuel, chacune restant autonome[8].

L'approche du droit des dessins et modèles prend un visage nouveau par rapport au droit d'auteur, aux droits voisins ou au droit de producteur de base de données. Il y a différents titres de propriété pour les dessins et modèles : un titre national, un titre de l'UE, naturellement des titres pour chacun des pays connaissant ce régime de propriété, et enfin une procédure internationale unifiée de dépôt, issue de l'Arrangement de La Haye, désignée sous l'appellation « *dessin et modèle international* »[9]. Ces vecteurs d'appropriation seront traités communément toutes les fois où cela sera possible, et à défaut de précisions, les règles envisagées pour l'un seront applicables aux autres.

L'approche du droit des dessins et modèles s'effectue suivant le schéma adopté précédemment : en premier lieu, on identifiera les biens intellectuels pouvant faire l'objet d'une appropriation par ce biais, puis on reviendra sur les procédures de délivrance des titres de propriété et enfin on présentera le contenu de ce droit de propriété.

Section 1
L'objet approprié

286. Le droit des biens impose deux questions : quoi et qui. Quel est l'objet de la propriété ; et, par là, on détaille les conditions d'appropriation spécifiques à ce régime de propriété. Qui est le titulaire de ce droit de propriété. On aborde successivement ces deux questions.

§ 1. Les conditions d'appropriation

287. Le droit des dessins et modèles permet l'appropriation de la forme des biens intellectuels. Les conditions auxquelles cette forme doit répondre pour

7. Voir CJCE, 30 juin 2005, aff. C-28/04 *Tod's « l'article 12 CE, qui établit le principe général de non-discrimination en raison de la nationalité, doit être interprété en ce sens qu'il s'oppose à ce que la recevabilité d'un auteur à réclamer dans un État membre la protection du droit d'auteur accordée par la législation de cet État soit subordonnée à un critère de distinction fondé sur le pays d'origine de l'œuvre »*, *PIBD* 2005, n° 815, III-554 ; *RTD com.* 2005.735, obs. F. Pollaud-Dulian ; *Prop. Intell.* 2005, n° 17, p. 442, obs. A. Lucas ; *Prop. Indust.* 2005, comm. 67 obs. P. Kamina ; *CCE* 2005, comm. 113, obs. C. Caron.

8. Voir F. Mayssal et A. Barthélemy, *Design et Brevet – Quand l'innovation passe par le design*, rapport, éd. INPI 2011.

9. Sur le recours pratique à ces trois voies de dépôt, voir L'Observatoire de la propriété intellectuelle, *Les Dessins et modèles en chiffre – 2012*, diffusion INPI, nov. 2013.

l'application de ce régime sont spécifiques, et conduisent à distinguer nettement le droit des dessins et modèles du droit d'auteur. Ces conditions de fond sont, en revanche, identiques pour le titre de propriété national et le titre de propriété de l'Union, il n'est donc pas nécessaire de distinguer ces régimes à ce stade[10]. Quant au modèle international, la procédure devant l'OMPI ne porte pas sur les conditions de fond, celles-ci sont appréciées par les offices des États désignés. Les variations entre les régimes interviennent au stade de la mise en œuvre, dans l'interprétation de ces normes par les offices de propriété intellectuelle et par les juges. Avant d'envisager les critères de la propriété, il faut préciser l'objet de l'appropriation.

A L'objet de l'appropriation

288. La loi précise la nature de la forme pouvant être appropriée, limitant le domaine de ce titre de propriété et le distinguant ainsi des autres titres de propriété. L'article L. 511-1 C. propr. intell. (cf. art. 3 a) RDME) avance qu'un titre de dessin ou modèle permet l'appropriation de « *l'apparence d'un produit, ou d'une partie de produit, caractérisée en particulier par ses lignes, ses contours, ses couleurs, sa forme, sa texture ou ses matériaux* ». La forme appropriée est la forme perçue grâce à l'apparence d'un produit ou une partie de celui-ci. Il est nécessaire que cette apparence se caractérise par un trait particulier dont la loi ne nous donne qu'une liste illustrative. L'emploi de l'expression « *en particulier* » signifie que d'autres aspects peuvent conduire à une appropriation par le droit des dessins et modèles. L'apparence caractéristique d'un produit, qui sera seule l'objet de l'appropriation, à l'exclusion de la fonction du produit et des autres formes que pourrait adopter ce produit, peut être mise en avant par les lignes du produit, le contour de celui-ci (les deux expressions pouvant parfois être synonymes). On prend en considération la forme, autre variante de l'idée de ligne ou de contour.

289. Un second champ d'appropriation est ouvert par les illustrations de la loi avec la couleur, la texture et les matériaux, il s'agit toujours d'éléments perçus par le regard. Ils permettent de s'éloigner du droit d'auteur. Ce n'est plus la forme *stricto sensu* qui est prise en considération mais la perception de celle-ci, perception influencée par les couleurs, la texture ou les matériaux utilisés pour créer le bien. Une forme connue qui serait reprise dans une couleur produisant une apparence spécifique ou qui serait produite avec des matériaux spécifiques ou du moins rendant une texture spécifique peut faire l'objet d'une appropriation par le droit des dessins et modèles. Il s'agit de ce qui est mou, dur, lisse, rugueux, opaque, transparent, etc. On va au-delà de la forme simple. L'apparence est, suivant le Robert, ce que l'on voit d'une chose, l'aspect extérieur d'une chose considéré comme différent de cette chose. Il y a, *a priori*, place pour une certaine subjectivité dans la perception de cette apparence. La contrainte sera de parvenir à réaliser une représentation traduisant précisément

10. Cf. Considérant 9, Règl. 6/2002 du 12 déc. 2001 sur les dessins ou modèles communautaires, *JOCE* 2002, 1, ci-après cité RDME (en raison du changement de vocabulaire depuis 2012) ; J. Passa, *Traité*, *op. cit.*, n° 828.

cette apparence, notamment lorsque celle-ci dépend non pas de la forme du produit mais de la texture ou des matériaux.

290. L'article L. 511-1 C. propr. intell. précise que les caractéristiques de l'apparence peuvent être « *celles du produit lui-même ou de son ornementation* ». Une extension du domaine d'appropriation est avancée par le législateur, puisque si le produit en lui-même ne présente pas une apparence spécifique, il se peut que l'ornementation dudit produit génère cette apparence, ce qui suffit à l'application du droit des dessins et modèles. L'ornementation se définit comme les éléments rapportés, ajoutés, à un ensemble pour l'embellir ou lui donner un certain caractère, sans autre fonction. Il y a une idée d'accessoire dans l'ornementation.

Suivant une méthode contemporaine de production des normes, l'article L. 511-1, reprenant les formulations du droit de l'Union, précise la notion de produit (cf. art. 3 b) RDME). Il définit celui-ci comme « *tout objet industriel ou artisanal, notamment les pièces conçues pour être assemblées en un produit complexe, les emballages, les présentations, les symboles graphiques et les caractères typographiques, à l'exclusion toutefois des programmes d'ordinateur* ». Cette définition fait de la notion de produit une fiction juridique en s'ouvrant par la formule « *est regardé comme* ». Le droit recourt de plus en plus à la notion de produit sans retenir pour elle une approche unitaire (la notion retenue n'est pas identique à celle du régime de la responsabilité des produits défectueux par exemple). Le vocabulaire employé est d'autant plus troublant que l'on se situe en droit des biens. Quel rapport établir entre les notions de chose, de bien, de produit et d'objet ? Il faut s'en tenir à une interprétation circonstancielle. La définition du Code de la propriété intellectuelle fait des produits une catégorie d'objets, objets déterminés selon leur origine – industrielle ou artisanale. L'objet est probablement à comprendre dans une vision strictement corporelle. Pour permettre la compréhension de cette définition abstraite, la loi accompagne celle-ci d'illustrations. Sont notamment des produits au sens du Livre V du Code de la propriété intellectuelle les pièces conçues, les emballages, les présentations, ou les symboles graphiques. L'intégration dans cette liste illustrative des caractères typographiques est étonnante car le caractère a un intérêt dans la forme qu'il donne à une lettre plus que dans sa propre forme. On comprend qu'en permettant l'appropriation de la forme du caractère typographique, on approprie indirectement la forme engendrée par l'utilisation du caractère. La notion de produit est complétée par l'article L. 511-5 C. propr. intell. pour le cas particulier des produits complexes. Pour l'application du droit des dessins et modèles, « *est considéré comme produit complexe un produit composé de pièces multiples qui peuvent être remplacées* ». Le produit complexe est un produit composé d'éléments modulaires.

291. Quant à l'exclusion des programmes d'ordinateur, elle relève essentiellement d'une maladresse législative et d'une redondance improductive, l'application des critères du régime de propriété écartant par elle-même les logiciels de ce titre de propriété. Le logiciel, à l'image d'une partition de musique, n'a pas une apparence extérieure susceptible de répondre aux dispositions de ce régime.

Restent, en revanche, les interfaces graphiques, qui sont indépendantes du logiciel et qui n'ont pas lieu d'être exclues, à défaut de précision en ce sens[11], du droit des dessins et modèles.

292. Sans aucune exhaustivité, sont des formes de produit appropriables la forme des sacs[12], des radiateurs[13], des sabots, des flacons, des bouteilles, des contacteurs ou des interrupteurs électriques, des produits alimentaires, des médicaments, des pièces automobiles, etc. À la différence du droit d'auteur, le législateur ne propose pas une liste illustrative des choses pouvant être appropriées par le droit des dessins et modèles, seule la pratique permet d'identifier les exemples d'application de ce régime de propriété.

La réforme de la matière sous l'influence du droit de l'UE a permis d'écarter des interrogations anciennes. Peu importe que la forme en cause soit en deux ou trois dimensions pour déterminer le caractère appropriable et l'étendue de la propriété. Peu importe le caractère esthétique de la forme, ce n'est en aucun cas une condition d'appropriation, il n'y a pas plus d'appréciation suivant le genre du produit. Peu importe la fonction technique du produit si la chose est apparente, la limite à l'appropriation par le droit des dessins et modèles se situe en présence d'une forme qui est exclusivement définie par des contraintes techniques[14].

B Les conditions de l'appropriation

293. L'article L. 511-2 C. propr. intell. (art. 4 RDME) dispose que « *seul peut être protégé le dessin ou modèle qui est nouveau et présente un caractère propre* ». La formulation peu heureuse de ce texte doit être comprise de la façon suivante : pour pouvoir être appropriée par un droit de dessin ou modèle, la forme du bien, constituant le bien intellectuel, doit être nouvelle, présenter un caractère propre, et être visible. Ces trois conditions cumulatives doivent être envisagées dans le détail, et précisées par des conditions exclusives.

1. La nouveauté

294. La nouveauté est une notion courante de la propriété intellectuelle[15], cette notion n'est pas un critère d'opposition ou de distinction des régimes de propriété. Pour le droit des dessins et modèles, l'article 511-3 C. propr. intell. (art. 5 RDME) définit la nouveauté de la façon suivante : elle existe si, à la date de dépôt de la demande, aucun dessin ou modèle identique n'a été divulgué. Il s'agit d'une nouveauté objective qui s'entend par référence à l'état de l'art antérieur.

11. *Contra*, J. Passa, *Traité*, n° 684.
12. Par exemple, OHMI, div. d'annul., 31 août 2007, IDC 3846 ; *Prop. Indust.* 2007, comm. 102, J.-P. Gasnier.
13. Voir toutefois, T. UE, 13 nov. 2012, aff. T-83/11, *Prop. Indust.* 2013, com. 16, obs. J.-P. Gasnier ; *D.* 2013, p. 1924, obs. J. Lapousterle, qui écarte un modèle faute de liberté du créateur.
14. Voir *infra* n° 314. Sur l'indifférence au caractère partiellement fonctionnel : Cass. com., 27 janv. 2009, n° 08-10991, *Prop. Indust.* 2009, comm. 29, obs. J. Larrieu. Sur l'apparence fortement contrainte, voir, à propos des tablettes informatiques, T. de Haan, « Un an de jurisprudence en propriété industrielle dans le Benelux », *Prop. Indust.* 2012, chon. 1, spéc. n° 28 ; J.-P. Gasnier, « Le droit des dessins et modèles et l'innovation », *Droit et Innovation*, PUAM, 2013, p. 199.
15. Voir *supra* n° 31, en droit d'auteur, *infra* n° 415 et s., en droit des brevets.

Cette nouveauté, articulée avec le caractère propre, est assimilable à l'originalité du droit d'auteur. Le recours à une approche objective ou subjective est superflu. Il n'est pas nécessaire de démontrer une activité artistique pour revendiquer un droit d'auteur, pas plus pour un dessin que pour un modèle. La nouveauté est appréciée par rapport à l'état de l'art antérieur, à une date prédéfinie : la date du dépôt de la demande. Cette date remplit une : fonction essentielle dans les conditions de fond de validité du titre de propriété.

a) Appréciation de la nouveauté

295. La nouveauté est détruite uniquement si une antériorité de toutes pièces existe ; une combinaison d'antériorités ne pouvant suffire à écarter le bien intellectuel du droit de propriété[16]. La division d'annulation de l'Agence a toutefois accepté de procéder à une appréciation conjointe d'éléments antérieurs qui lui étaient fournis[17]. Cette différenciation entre combinaison et appréciation conjointe ne peut porter que sur l'appréciation de l'administration de la preuve par les parties mais non sur les conditions de fond de la nouveauté. Si les parties présentent plusieurs documents qui ont vocation à circuler ensemble, la présence de plusieurs documents n'interdit pas de constater une antériorité de toutes pièces. Toutefois, il faut analyser cette nouveauté au-delà des seuls dessins et modèles antérieurs, et prendre en considération d'autres apparences. Ainsi, le Tribunal retient « *qu'il peut être invoqué par le titulaire d'un signe distinctif pour demander la déclaration de nullité d'un dessin ou modèle communautaire ultérieur, lorsque, dans ledit dessin ou modèle, il est fait usage d'un signe présentant une similitude avec le sien ». La ressemblance entre le modèle ultérieur et la marque antérieure écarte la possibilité de répondre à cette condition de fond* »[18]. Si le droit antérieur opposé est un droit de marque[19], il sera possible de demander la preuve de son usage sérieux. Pour la mise en œuvre de ces antériorités, l'articulation des différents régimes de propriété est délicate. Le Tribunal, dans son arrêt de mai 2010, retient notamment qu'il ne peut y avoir nullité si le public pertinent ne perçoit pas que, dans le dessin ou modèle européen visé par la demande en nullité, il est fait usage du signe distinctif invoqué à l'appui de cette demande, dès lors, tout risque de confusion peut, à l'évidence, être exclu. Il s'agit bien de procéder à une comparaison entre le dessin ou modèle contesté et la marque antérieure. L'appréciation de la nouveauté est une question factuelle qui se prouve par tout moyen[20].

L'article L. 511-3 (art. 5 *in fine* RDME) précise les conditions de contrôle de la nouveauté : « *des dessins ou modèles sont considérés comme identiques lorsque leurs caractéristiques ne diffèrent que par des détails insignifiants* ». Il s'agit d'une règle d'analyse qui s'impose aux offices comme aux juges et qui

16. OHMI, div. Annul., 26 mai 2008, ICD 4398, *Prop. Indust.* 2009, chron. 3, n°7, obs. J.-P. Gasnier.

17. OHMI, 3e ch. Rec., 7 juill. 2008, aff. R-1411/2007-3 ; *Prop. Indust.* 2008 comm. 103, obs. J.-P. Gasnier et *Prop. Indust.* 2009, chron. n° 3, même auteur.

18. T. UE, 12 mai 2010, aff. T-148/08, *Beifa Group*, *Rec.* II-01681.

19. T. UE, 25 avr. 2013, T-55/12 : *Su-Shan Chen*, *Prop. Indust.* 2013, comm. 55, note L. Marino ; *D.* 2014, p. 353, note C. Maréchal, annulant un modèle sur la base d'une marque tridimensionnelle antérieure.

20. T. UE. 9 mars 2012, aff. T-450/08, *Coverpla*, *Prop. Indust.* 2012, comm. 53, obs. J.-P. Gasnier.

vient influencer le périmètre de l'appropriation. La loi admet que des modèles contenant des différences pourront être tenus pour identiques dès lors que ces différences sont insignifiantes. Ce choix législatif renforce la propriété du premier déposant qui au-delà de la stricte identité peut obtenir l'annulation des variantes de son bien intellectuel peu créatives. Il appartient ensuite d'apprécier les détails qui peuvent ou non être insignifiants. « *Le diable se cache dans les détails* » dit le dicton ! L'office du juge sera délicat, il est des secteurs, tel celui de la mode et de l'habillement, où seuls les détails distinguent un produit d'un autre. L'appréciation du caractère insignifiant est une opération risquée, qui pourrait tourner à la casuistique. Un arrêt du 17 mars 2009[21], rendu à propos d'un modèle déposé avant la réforme de 2001, semble porteur des modes d'analyse appliqués par les juges. La Cour soutient la démarche d'une cour d'appel qui retient que peu importent « *les différences de détail tenant à l'accentuation ou l'atténuation des courbes dans de faibles proportions, l'effet de double ondulation, conséquence de la concavité du courant, présent dans sa forme générique dans le modèle Mario Moliner Lopez, se retrouve dans le modèle Fiorio dont globalement les lignes, les composantes esthétiques et fonctionnelles ainsi que les proportions et effets d'ensemble sont quasi identiques quoi que puisse suggérer une simulation informatique ignorant la concavité du courant* ».

Enfin, l'antériorité doit avoir une date certaine pour pouvoir être efficacement opposée. L'Agence a retenu que des images trouvées sur Internet dont les copies papier sont postérieures à la date de dépôt de la demande de modèle ne répondent pas à cette contrainte[22].

b) La divulgation

296. Pour compléter cette approche de la nouveauté, l'article L. 511-6 C. propr. intell. (art. 7 RDME) définit la notion de divulgation. « *Un dessin ou modèle est réputé avoir été divulgué s'il a été rendu accessible au public par une publication, un usage ou tout autre moyen* ». La divulgation est l'acte qui rend la création accessible au public, tout comme en droit d'auteur[23] ou en droit des brevets[24]. Le législateur utilise une fiction juridique pour apprécier l'application de ce critère. La divulgation est « *réputée* » réalisée si le dessin ou le modèle a été rendu accessible. Être accessible ne signifie pas que le public y a accédé, une simple possibilité suffit pour que la nouveauté soit détruite et qu'il ne soit plus possible d'obtenir un titre ou de défendre un titre contre une action en nullité. Les formes de divulgation sont indifférentes ; une fois encore, une liste illustrative est avancée par le législateur. La divulgation peut être faite par publication, par usage ou par tout autre moyen.

297. Cette définition stricte de la nouveauté par une présentation large de la divulgation est modérée par les dispositions complémentaires de l'article L. 511-6 C. propr. intell. Celui-ci ajoute qu'« *il n'y a pas divulgation lorsque le dessin ou modèle n'a pu être raisonnablement connu, selon la*

21. Cass. com., 17 mars 2009, n° 07-18842.

22. OHMI, div. opp., 23 mars 2006, IDC1303. A. Robin, « La divulgation des dessins et modèles via Internet », *Prop. Indust.* 2012, Étude 18.

23. Cf. *supra* n° 129.

24. Voir *infra* n° 410 et s.

pratique courante des affaires dans le secteur intéressé, par des professionnels agissant dans la Communauté européenne, avant la date du dépôt de la demande d'enregistrement ou avant la date de priorité revendiquée » (voir RDME, art. 7). L'état de l'art se trouve limité dans son territoire et dans un milieu de référence[25]. Ce n'est probablement pas une notion de nouveauté absolue mais simplement relative qui est appliquée.

Cette formule se prête aux discussions : comment apprécier le caractère « *raisonnablement connu* » ? Quelles sont les pratiques courantes des affaires du secteur en cause ? Comment définir le périmètre de ce secteur en cause, les professionnels qui agissent habituellement dans la Communauté européenne n'ont-ils accès qu'à ce qui est présenté sur le territoire de l'Union ? Il y a un pouvoir d'opportunité pour le juge, selon qu'il retient une interprétation large ou stricte de chacun de ces critères. Il peut étendre ou restreindre la nouveauté et influencer le domaine de l'appropriable par le droit des dessins et modèles. Par exemple, si le professionnel moyen (identité suggérée par l'emploi du terme « raisonnablement ») a un niveau de connaissance élevé, la nouveauté sera plus facilement détruite. Le Tribunal retient notamment qu'un dessin ou modèle reproduit a été divulgué si le produit a été présenté lors d'une foire commerciale ainsi que dans la presse spécialisée. Les milieux spécialisés du secteur en cause opérant dans l'Union suivent, dans la pratique normale des affaires, les foires et les revues spécialisées de ce secteur[26]. La preuve du niveau de connaissance du professionnel appartient au défendeur à l'action en nullité, la jurisprudence de l'Agence ayant dégagé une présomption de connaissance par le professionnel du secteur concerné agissant sur le territoire de l'Union[27]. La preuve de la divulgation peut notamment être établie par la production de factures[28].

298. À cette première limite, l'article L. 511-6 C. propr. intell. ajoute que « *le dessin ou modèle n'est pas réputé avoir été divulgué au public du seul fait qu'il a été divulgué à un tiers sous condition, explicite ou implicite, de secret* ». Cette deuxième limite à la divulgation est la reprise d'une solution ordinaire ayant pour elle de rendre pleinement efficaces les accords de confidentialité et de faire accueillir par la loi les effets des contrats. En cas de violation d'une obligation contractuelle par la divulgation d'un bien intellectuel, il est possible d'écarter la destruction de la nouveauté pour obtenir la délivrance d'un titre de propriété.

299. Enfin, dernière exception permettant de préserver la nouveauté, l'article L. 511-6 avance que lorsque la divulgation a eu lieu dans les douze mois précédant la date du dépôt de la demande ou avant la date de priorité revendiquée, la divulgation n'est pas prise en considération,

— si le dessin ou modèle a été divulgué par le créateur ou son ayant cause, ou par un tiers à partir d'informations fournies ou d'actes accomplis par le créateur ou son ayant cause,

25. Sur la mise en œuvre de cette notion, CJUE, 3e ch., 13 févr. 2014, C-479/12, *H. Gautzsch Großhandel GmbH & Co. KG*.
26. T. UE, 22 juin 2010, aff. T-153/08, pt 21.
27. OHMI, 3e ch. rec., 7 juill. 2008, aff. R-1516/2007-3, *Prop. Indust.* 2009, comm. 15, note. J.-P. Gasnier.
28. T. UE, 14 juin 2011, aff. T-68/10, pt 35 et s.

— ou si le dessin ou modèle a été divulgué à la suite d'un comportement abusif à l'encontre du créateur ou de son ayant cause.

Le premier cas vise une auto-divulgation, le second une divulgation frauduleuse par un tiers. Dans ces deux hypothèses, la seconde étant en pratique marginale, la divulgation ne détruit pas la nouveauté si le dépôt d'une demande de titre de propriété auprès d'un office se fait dans un délai de douze mois à compter de la première divulgation volontaire. Ainsi, la commercialisation d'un produit avant le dépôt d'une demande de modèle n'est pas automatiquement destructrice de nouveauté[29].

300. L'instauration de ce délai pour l'auto-divulgation a imposé au législateur l'intégration de dispositions transitoires afin de déterminer les antériorités pertinentes pour l'application de la nouveauté. L'article L. 511-6 *in fine* retient que le délai de douze mois n'est pas applicable lorsque la divulgation est intervenue avant le 1er octobre 2001. L'interprétation de cette disposition n'est pas sans difficulté. La cour d'appel de Paris, dans un arrêt du 7 novembre 2007[30], a précisé les conditions d'application de cette disposition. Ce délai de grâce doit être compris comme exonérant de la condition de nouveauté, tout produit pour lequel l'appropriation de l'apparence est recherchée sur le terrain du Livre V du Code de la propriété intellectuelle, si la divulgation de ce produit s'est faite avant la date d'entrée en vigueur des dispositions de l'ordonnance de 2001, soit au plus tard le 31 octobre 2001, et si le dépôt de la demande de dessin ou modèle est intervenu avant le 30 septembre 2002.

En droit de l'UE, aucune disposition transitoire ne s'applique dans la mesure où il n'y a pas de transition entre deux régimes de propriété mais la création *ex nihilo* d'un titre de propriété[31].

2. Le caractère propre

301. Le caractère propre est le deuxième critère de fond venant limiter le domaine d'appropriation du droit des dessins et modèles[32]. Le RDME (art. 6) emploie le terme « *individuel* » au lieu de « *propre* », cette différence de vocabulaire demeure sans conséquence en raison du principe d'interprétation conforme. La nouveauté ne suffit pas, il faut cumulativement que le modèle soit porteur d'un caractère propre. Cette articulation n'est pas sans faire penser à celle existant en droit des brevets entre nouveauté et activité inventive. À un critère apparemment objectif mais non qualitatif, le législateur attache un second critère, indéniablement subjectif et qualitatif, qui a pour effet de réduire le domaine de l'appropriable. La nouveauté peut se démontrer en apportant la preuve des différences signifiantes entre l'antériorité et le nouveau modèle. Cela

---

29. Cf. CA Paris, 4e – Sect A, 28 mai 2008, n° RG : 07/08970 ; TGI Paris, ch. civile 3, 12 déc. 2007, n° RG : 05/18380.

30. CA Paris, 4e ch., sect. A, 7 nov. 2007, *PIBD* 2008, n° 866, III-53 ; *Prop. Indust.* 2008, comm. 34, note J.-P. Gasnier. Confirmée en ce point par la Cour de cassation : Cass. com., 9 mars 2010, *Bull. civ.* IV, n° 47.

31. OHMI, Ch. des recours, 4 août 2009, aff. R 1276/2008-3, *Albright France.*

32. Pour une étude globale de cette notion, N. Binctin, « L'apparence en droit des dessins et modèles : le critère du caractère individuel », *Prop. Indust.* 2013, Étude 7.

ne suffit pas, il faut autre chose que des différences pour bénéficier d'un titre de propriété[33]. Le caractère propre n'est pas plus assimilable parfaitement à l'originalité du droit d'auteur[34]. L'impression de « *déjà-vu* » exclut le caractère propre de la création. Cette notion remplace la référence à l'effort créateur utilisée antérieurement et affirme une certaine exigence de créativité pour obtenir un titre de dessin et modèle. Cette impression ne s'arrête pas aux seuls dessins et modèles demandés ou délivrés antérieurement. L'apparence doit présenter un caractère propre, quel qu'ait pu être le droit de propriété antérieur portant sur cette apparence. En effet, si une apparence pour laquelle un dessin ou modèle est sollicitée n'a pas fait l'objet d'une appropriation par cette voix antérieurement mais qu'elle est l'objet d'une appropriation par le droit d'auteur ou par le droit de marque, il est possible d'écarter du fait de cette antériorité la condition de nouveauté. Ainsi, le T. UE apprécie le caractère propre d'un dessin à la lumière d'une marque antérieure[35].

L'article L. 511-4 C. propr. intell., comme l'article 6 RDME, avance en deux temps pour encadrer cette notion de caractère propre : dans un premier temps, il propose une définition de celui-ci, puis dans un second temps, il expose une règle d'appréciation. On perçoit que les juridictions de l'Union se lance pour le caractère individuel du dessin et modèle dans une construction similaire à celle engagée en droit des marques pour développer une méthodologie de comparaison des signes, des services et l'appréciation du risque de confusion. Dès lors, la construction va se faire pas à pas, par accumulation de précisions au fil des arrêts.

a) Définition

302. Suivant l'article L. 511-4, un dessin ou un modèle a un caractère propre si « *l'impression visuelle d'ensemble qu'il suscite chez l'observateur averti diffère de celle produite par tout dessin ou modèle divulgué avant la date de dépôt de la demande d'enregistrement ou avant la date de priorité revendiquée* ». Le législateur utilise des notions cadres pour structurer sa définition, ce qui laisse un espace important à l'interprétation. Un dessin ou modèle est en conflit avec un dessin ou modèle antérieur lorsque, compte tenu de la liberté du créateur dans l'élaboration dudit dessin ou modèle, ce dessin ou modèle ne produit pas sur l'utilisateur averti une impression globale différente de celle *produite* par le dessin ou modèle antérieur invoqué[36].

« *L'impression visuelle d'ensemble* » – le RDME parle de « *l'impression globale* »[37] – s'oppose à une analyse caractéristique par caractéristique du produit en cause ; seule une appréciation globale peut être acceptable[38].

33. T. UE., 6 juin 2013, aff. T-68/11, *Erich Kastenholz*, *Prop. Indust.* 2013, comm. 61, note L. Marino.

34. Voir CA Paris, 7 avr. 2006, *PIBD* 2006, n° 832, III-446 ; Cass. civ. 1re, 5 avr. 2012, *PIBD* 2012, III-523 ; *D.* 2013, p. 1924, obs. J.-C. Galloux.

35. T. UE, 16 déc. 2010, aff. T-513/09.

36. T. UE, 18 mars 2010, aff. T-9/07.

37. Sur la neutralité de cette différence linguistique, T. UE, 18 mars 2010, aff. T-9/07, pt 50.

38. En ce sens, Cass. com., 1er juill. 2008, n° 07-14 741, *Prop. Indust.* 2008, comm. 91, obs. J. Schmidt-Szalewski.

L'impression visuelle d'ensemble s'apprécie au regard de l'état de l'art antérieur, le *corpus* d'analyse est le même que celui utilisé pour la nouveauté, tout comme la date déterminant le contenu de ce *corpus*. Les juges européens avancent que, au regard du Considérant 14 du règlement n° 6/2002, lors de l'appréciation du caractère individuel d'un dessin ou modèle, il convient de tenir compte de la nature du produit auquel le dessin ou modèle s'applique ou dans lequel celui-ci est incorporé et, notamment, du secteur industriel dont il relève[39]. C'est donc une appréciation pleinement relative qui est proposée. Cette appréciation se fait modèle par modèle antérieur. Pour qu'un dessin ou modèle puisse être considéré comme présentant un caractère individuel, l'impression globale que ce dessin ou modèle produit sur l'utilisateur averti doit être différente de celle produite sur un tel utilisateur non pas par une combinaison d'éléments isolés, tirés de plusieurs dessins ou modèles antérieurs, mais par un ou plusieurs dessins ou modèles antérieurs, pris individuellement[40].

La mise en œuvre pratique de l'appréciation globale se fera selon une technique de comparaison sur laquelle nous reviendrons ultérieurement. On perçoit dès à présent que la solution du droit des marques pour la comparaison globale des signes sera certainement mise à contribution.

303. L'expression « *l'observateur averti* » n'est pas très heureuse car on ne sait pas s'il s'agit nécessairement ou non d'un professionnel, de plus elle marque un glissement sémantique entre le droit interne et le droit de l'Union, car ce dernier parle « d'utilisateur averti ». N'étant, au moins dans les mots, ni un consommateur, ni un professionnel du secteur, ni un homme de l'art, il a fallu très tôt solliciter les juges pour comprendre qui est cet observateur averti. Dans un arrêt du 17 mars 2009[41], précité, la Cour de cassation précise que la notion d'observateur averti, bien qu'elle s'applique à un modèle déposé avant la réforme de 2001, semble pouvoir connaître une fonction plus étendue. Elle soutient la cour d'appel qui énonce qu'« *en l'absence de référence, dans l'ancien article L. 511-3 du Code de la propriété intellectuelle, applicable en l'espèce, à un "observateur" aux yeux duquel devrait être apprécié l'effet de création exprimé par le modèle, condition de sa protection, il appartient directement au juge d'apprécier un tel effort créateur, en apportant toutes ses lumières à cette appréciation ;* [...] *l'effort créateur du modèle devait être apprécié aux yeux d'un "observateur d'attention moyenne"* ». La Cour de cassation ajoute que « *le recours à la notion d'observateur averti est parfaitement compatible avec les dispositions de la loi du 14 juillet 1909 et demeure de façon incontestable un critère objectif d'appréciation de la validité d'un modèle* ». L'analyse française pourrait devoir évoluer à la lumière de la jurisprudence de l'UE.

L'Agence définit l'observateur averti en tenant compte de la nature du produit qui doit être déterminée en fonction de la classe des produits dans laquelle

39. Par exemple, en présence d'accessoires amovibles, T. UE., 4 févr. 2014, aff. T-357/12, *Sachi Premium Outdoor*, *Prop. Indust.* 2014, comm. 32, obs. J.-P. Gasnier.
40. CJUE, 19 juin 2014, affaire C-345/13, *Karen Millen Fashions*.
41. Cass. com., 17 mars 2009, préc.

la demande d'enregistrement a été présentée[42]. Le Tribunal a retenu qu'en ce qui concerne l'interprétation de la notion d'utilisateur averti, il y a lieu de considérer que la qualité d'utilisateur implique que la personne concernée utilise le produit dans lequel est incorporé le dessin ou modèle en conformité avec la finalité à laquelle ce même produit est destiné. Le qualificatif averti suggère en outre que, sans être un concepteur ou un expert technique, l'utilisateur connaît les différents dessins ou modèles existant dans le secteur concerné, dispose d'un certain degré de connaissances quant aux éléments que ces dessins ou modèles comportent normalement et, du fait de son intérêt pour les produits concernés, fait preuve d'un degré d'attention relativement élevé lorsqu'il les utilise[43]. Le Tribunal retient, selon le produit en cause, que l'utilisateur averti peut être tant le consommateur moyen, que l'acheteur professionnel. Il ajoute qu'en tout état de cause, le fait que l'un des deux groupes d'utilisateurs avertis susmentionnés perçoive les dessins ou modèles concernés comme produisant la même impression globale est suffisant pour constater que le dessin ou modèle contesté est dépourvu de caractère individuel.

La CJ, dans un arrêt d'octobre 2011[44] revient sur ce point délicat. Elle constate que le règlement n° 6/2002 ne définit pas la notion d'utilisateur averti mais retient que cette notion doit être comprise comme une notion intermédiaire entre celle de consommateur moyen, applicable en matière de marques, auquel il n'est demandé aucune connaissance spécifique et qui en général n'effectue pas de rapprochement direct entre les marques en conflit, et celle d'homme de l'art, expert doté de compétences techniques approfondies. Ainsi, la notion d'utilisateur averti peut s'entendre comme désignant un utilisateur doté non d'une attention moyenne mais d'une vigilance particulière, que ce soit en raison de son expérience personnelle ou de sa connaissance étendue du secteur considéré[45]. C'est une notion intermédiaire, l'utilisateur averti pertinent en l'espèce pouvant être un enfant âgé de 5 à 10 ans environ ou un directeur du marketing d'une société fabriquant des produits dont la promotion est assurée en offrant des « pogs », des « rappers » ou des « tazos ».

304. Dans ces conditions, et au regard de ces solutions probablement peu opératoires, la Cour ajoute que la nature même de l'utilisateur averti implique, lorsque cela est possible, de procéder à une comparaison directe des dessins ou modèles en cause. Il ne peut cependant pas être exclu qu'une telle comparaison soit infaisable ou inhabituelle dans le secteur concerné, notamment du fait de circonstances spécifiques ou du fait des caractéristiques des objets que les dessins ou modèles en cause représentent. Ainsi, allant au-delà d'une stricte appréciation de l'objet approprié au regard de la seule reproduction, la Cour retient

42. OHMI, ch. rec. 17 avr. 2008, aff. R 860/2007-3 ; *Prop. Indust.* 2009, comm. 14, note J.-P. Gasnier ; même auteur, « Regard sur l'utilisateur averti dessiné par l'OHMI », *Prop. Indust.* 2008, Étude 18.

43. Dans le même sens, T. UE, 22 juin 2010, aff. T-153/08, *Shenzhen Taiden/OHMI – Bosch Security Systems*, points 46 et 47.

44. CJUE, 22 oct. 2011, aff. C-281/10 P, *PepsiCo Inc.* ; *Prop. Indust.* 2011, comm. 93, obs. J.-P. Gasnier.

45. Voir une approche synthétique de cette notion : T. UE., 13 nov. 2012, aff. T-83/11 et T-84/11, *Antrax IT Srl/OHMI*, *Prop. Indust.* 2013, comm. 16, note J.-P. Gasnier, pt. 36. En droit interne, Cass. com., 3 avr. 2013, n° 12-13356, *CCE* 2013, chron. 8, obs. A.-E. Kahn.

qu'il peut être procédé à l'appréciation de l'impression globale produite par les dessins ou modèles sans partir de la prémisse selon laquelle un utilisateur averti procéderait en toute hypothèse à une comparaison directe de ceux-ci. Il en va d'autant plus ainsi que, en l'absence d'indication précise à cet égard dans le cadre du règlement nº 6/2002, il ne saurait être considéré que le législateur de l'Union a eu l'intention de limiter l'évaluation des éventuels modèles ou dessins à une comparaison directe[46]. L'obligation d'effectuer une comparaison entre les impressions globales produites par les dessins ou modèles en cause n'exclut pas que soient pris en considération, en tant que représentations d'un même dessin ou modèle antérieur, des éléments qui ont été divulgués au public de différentes manières, en particulier par la publication d'un enregistrement ou par la présentation au public d'un produit incorporant le dessin ou modèle contesté[47]. Cette comparaison doit être effectuée à partir des reproductions enregistrées lors du dépôt et non au regard des produits commercialisés. Toutefois, la Cour de justice dans son arrêt *Pepsi* admet une nuance sur ce point. Elle indique que dans la mesure où la personne qui procède à la comparaison est un utilisateur averti, il n'est pas erroné de prendre en compte, lors de l'évaluation de l'impression globale des dessins ou modèles en cause, les produits effectivement commercialisés et correspondant à ces dessins ou modèles. Elle ajoute qu'il est possible de fonder l'appréciation sur les modèles ou dessins en conflit tels que décrits et représentés dans les demandes d'enregistrement respectives, et que la comparaison des produits réels peut être utilisée seulement à titre illustratif pour confirmer les conclusions déjà tirées.

305. Quant au niveau d'attention de l'utilisateur averti, si celui-ci n'est pas le consommateur moyen normalement informé et raisonnablement attentif et avisé qui perçoit habituellement un dessin ou un modèle comme un tout et ne se livre pas à un examen de ses différents détails[48], il n'est pas non plus l'expert ou l'homme de l'art capable d'observer dans le détail les différences minimes susceptibles d'exister entre les modèles ou dessins en conflit. Le qualificatif averti suggère que, sans être un concepteur ou un expert technique, l'utilisateur connaît différents dessins ou modèles existant dans le secteur concerné, dispose d'un certain degré de connaissance quant aux éléments que ces dessins ou modèles comportent normalement et, du fait de son intérêt pour les produits concernés, fait preuve d'un degré d'attention relativement élevé lorsqu'il les utilise.

Par ces éléments, la Cour cherche à positionner l'observateur averti du droit des dessins et modèles entre le consommateur du droit des marques et l'homme de l'art du droit des brevets. Ce cumul de référents n'est certainement la solution la plus efficace pour une application sécurisée de la norme. La construction autonome de chaque matière démontre ici ses limites, d'autant qu'en présence

46. CJUE, 18 oct. 2012, aff. C-101/11 P et C-102/11 P, *Baena Grupo, op. cit. pt* 57 ; *D.* 2013, p. 1924, obs. J. Lapousterle.
47. Mise en œuvre de cette méthode : T. UE, 25 avr. 2013, T-80/10, aff. *Bell & Ross/OHMI – KIN*, pt 147 et s.
48. Cf., par analogie avec le droit des marques, CJCE, 22 juin 1999, aff. C-342/97, *Lloyd Schuhfabrik Meyer*, *Rec.* I-3819, points 25 et 26, et *infra* nº 740.

de conflit avec des droits antérieurs ou de cumul, ces notions cadres sont appelées à être utilisées concomitamment.

b) Appréciation

306. Pour l'appréciation du caractère propre, et afin d'éviter les applications divergentes, la loi précise les conditions d'analyse de celui-ci par le juge ou l'office. L'article L. 511-4 C. propr. intell., comme l'article 6 RDME, dispose que « *pour l'appréciation du caractère propre, il est tenu compte de la liberté laissée au créateur dans la réalisation du dessin ou modèle* ».

La liberté laissée au créateur n'est pas sans rappeler l'empreinte de la personnalité de l'auteur, critère prétorien du droit d'auteur[49], sans la recouvrir parfaitement. La liberté du créateur peut être appréciée de deux façons : d'une part, il est nécessaire que le créateur ait une certaine liberté pour arrêter la forme en cause, à défaut de quoi la forme est imposée et ne peut donc pas avoir un caractère propre. D'autre part, « *la liberté laissée au créateur* » signifie que celui-ci a pu effectuer des choix, a pu retenir arbitrairement une apparence particulière pour le produit en cause, apparence qui est à la source de ce caractère propre[50]. Surtout, il ne faut pas confondre liberté de création et création de commande. Le créateur qui réalise un modèle en répondant aux contraintes d'un cahier des charges dispose tout de même d'une marge de liberté dans laquelle il pourra exprimer ses choix.

307. Le Tribunal revient sur la liberté du créateur notamment dans l'arrêt *Antrax*[51] pour apprécier le degré de liberté du créateur dans l'élaboration du bien intellectuel approprié par un droit de dessin ou modèle. Il définit ce degré de liberté « *à partir, notamment, des contraintes liées aux caractéristiques imposées par la fonction technique du produit ou d'un élément du produit, ou encore des prescriptions légales applicables au produit auquel le dessin ou modèle est appliqué* ». Cette approche est confirmée par l'arrêt *Bell & Ross*[52] : l'appréciation du degré de liberté du créateur dans l'élaboration du dessin ou modèle se fait hors de considérations esthétiques et commerciales (pt. 98). Ces appréciations relèvent de la marque sous laquelle elles sont commercialisées, mais non du dessin ou modèle. Le Tribunal propose une nette distinction entre l'utilisation des concepts de ces deux titres de propriété. Dès lors, ces contraintes peuvent conduire à une normalisation de certaines caractéristiques, devenant communes aux dessins ou modèles appliqués au produit concerné[53]. C'est une approche au travers de la saturation de l'état de l'art que prend en considération le juge[54]. Plus la liberté du créateur dans l'élaboration d'un dessin ou modèle est grande, moins des différences mineures entre les dessins ou modèles comparés suffisent à produire une impression globale différente sur l'utilisateur averti. À l'inverse, plus la liberté du

49. Voir *supra* n° 30 et s.
50. Voir, T. UE, 16 déc. 2010, T-513/09, pt 21 et s.
51. T. UE, 13 nov. 2012, aff. T-83/11 et T-84/11, *Antrax IT Srl, op. cit.*
52. T. UE, 25 avr. 2013, aff. T-80/10, *Bell & Ross, op. cit.*
53. En ce sens, T. UE., 9 sept. 2011, aff. T-11/08, *Kwang Yang Motor/OHMI – Honda Giken Kogyo*, pt 32.
54. T. UE, 12 mars 2014, aff. T-315/12, *Tubes Radiators, Prop. Indust.* 2014, comm. 31, note J.-P. Gasnier.

créateur dans l'élaboration d'un dessin ou modèle est restreinte, plus les différences mineures entre les dessins ou modèles comparés suffisent à produire une impression globale différente sur l'utilisateur averti. Un degré élevé de liberté du créateur dans l'élaboration d'un dessin ou modèle renforce la conclusion selon laquelle les dessins ou modèles comparés ne présentant pas de différences significatives produisent une même impression globale sur l'utilisateur averti[55]. Le processus de création du dessin ou modèle contesté n'est pas pertinent pour prouver le caractère individuel de celui-ci. Les critères relevant du processus de création du dessin ou modèle, tout comme son succès commercial, la reconnaissance qu'aurait le produit ainsi qu'à l'apport du dessin ou modèle au secteur concerné ne figurent pas au nombre de ceux pris en compte aux fins d'apprécier le caractère individuel d'un dessin ou modèle.

La liberté de création est utilisée comme un élément permettant de dégager un indice de preuve du caractère propre du bien intellectuel. En revanche, les juges ne semblent plus utiliser ce critère comme moyen alternatif de preuve du caractère individuel.

308. Au regard de la théorie des biens intellectuels, ce critère de la liberté du créateur vient confirmer le fait qu'un bien intellectuel ne peut être que le produit de l'activité intellectuelle volontaire de l'être humain[56]. Ce critère n'est pas le seul critère à la disposition d'un magistrat pour apprécier le caractère propre d'un bien dont l'apparence est appropriée par un dessin ou modèle. Il est précisé à l'article L. 511-4 C. propr. intell. qu'« *il est tenu compte* », cela signifie que d'autres éléments sont pris en considération, dont la liberté de création, mais pas elle seule, et sans qu'il y ait une hiérarchie entre cet élément et ceux retenus à l'initiative du magistrat. Le degré de liberté du créateur dans l'élaboration du dessin ou modèle est défini à partir, notamment, des contraintes liées aux caractéristiques imposées par la fonction technique du produit ou d'un élément du produit, la tendance générale[57] ou encore des prescriptions légales applicables au produit. Ces contraintes conduisent à une normalisation de certaines caractéristiques, devenant alors communes aux dessins ou modèles appliqués au produit concerné[58].

Ce critère se cumule avec celui de nouveauté, la mise en œuvre de l'ensemble ne sera pas sans difficulté[59]. On se demande, outre la délicate articulation des deux critères exposés, si le droit des dessins et modèles ne devrait pas aborder la question de la liberté d'exploitation. La nouveauté et le caractère propre ne s'opposent pas à ce qu'une création dérivée soit appropriée par un tiers. En droit d'auteur, cela relève du régime de l'adaptation, en droit des brevets du régime de la dépendance. En droit des dessins et modèles, rien de cette nature n'existe alors qu'il semble évident qu'un modèle peut être nouveau et avoir un caractère propre tout en étant dérivé d'un modèle antérieur. Quel pouvoir a le titulaire du modèle antérieur pour

55. En ce sens, T. UE, 9 sept. 2011, aff. T-11/08, *op. cit.*, pt 33 et T. UE., 13 nov. 2012, aff. T-83/11 et T-84/11, *op. cit.*, pt 45.
56. Voir *supra* nº 15.
57. T. UE, 13 nov. 2012, aff. T-83/11 et T-84/11, *op. cit.*, pt 81.
58. Cf. T. UE, 18 mars 2010, aff. T-9/07, et T. UE, 22 juin 2010, aff. T-153/08.
59. Voir Cass. com., 10 juill. 2012, nº 11-20325.

autoriser ou s'opposer à la création dérivée[60] ? Il peut contester l'appropriation d'un modèle qui aurait une impression visuelle similaire à celle de son bien intellectuel. Il aurait éventuellement été nécessaire d'intégrer un régime des biens intellectuels dérivés en droit des dessins et modèles.

3. Le caractère visible

309. La focalisation de l'objet de l'appropriation sur l'apparence des biens est confirmée par l'article L. 511-5 C. propr. intell. En effet, celui-ci limite le domaine de l'appropriation aux seuls éléments visibles[61]. Dans une formule alambiquée, il écarte la possibilité de reconnaître un caractère nouveau et propre à un élément d'un produit complexe si cet élément, une fois incorporé dans le produit complexe, n'est plus visible lors d'une utilisation normale de ce produit par l'utilisateur final. L'appréciation de l'utilisation normale exclut l'entretien ou la réparation. Si une pièce est partiellement visible lors de l'utilisation normale du produit complexe, alors, il faut que les caractéristiques visibles de la pièce remplissent les conditions de nouveauté et de caractère propre. À défaut de quoi il ne sera pas possible d'obtenir un titre de propriété.

Cette condition de l'apparence « *visible* » d'un objet restreint fortement le domaine d'appropriation par le droit des dessins et modèles et propose un périmètre d'efficacité réduit pour celui-ci. C'est un critère que ne connaît pas le droit d'auteur.

Ainsi, la Cour de cassation rappelle que le dessin ou modèle d'une pièce d'un produit complexe n'est regardé comme nouveau et présentant un caractère propre que dans la mesure où la pièce, une fois incorporée dans le produit complexe, reste visible lors d'une utilisation normale de ce produit par l'utilisateur final[62].

4. Les exclusions

310. Il est des apparences qui ne peuvent pas faire l'objet d'une appropriation. Naturellement, toutes celles qui ne répondent pas aux critères déjà exposés, mais aussi des apparences qui, quand bien même elles répondraient à ces critères, sont explicitement exclues du droit des dessins et modèles. Deux catégories sont arrêtées par le législateur.

a) L'ordre public et les bonnes mœurs

311. Comme un rappel à l'ordre du législateur, l'article L. 511-7 C. propr. intell. (art. 9 RDME) indique que « *les dessins ou modèles contraires à l'ordre public ou aux bonnes mœurs ne sont pas protégés* ». Cette formulation marque une évolution avec le droit antérieur. Sous l'empire de la loi de 1909, le dessin ou modèle contraire à l'ordre public ou aux bonnes mœurs était une cause de

60. Sur l'invocation des modèles antérieurs, CA Paris, 18 nov. 2011, *Prop. Indust.* 2012, comm. 27, obs. J.-P. Gasnier.

61. Cass. com., 9 mars 2010, *Bull. civ.* IV, n° 47 ; *Prop. Indust.* 2010, comm. 51, note J.-P. Gasnier ; *RTD com.* 2010.301, obs. F. Pollaud-Dulian.

62. Cass. com., 9 mars 2010 ; préc.

rejet d'enregistrement. L'échec de l'appropriation se faisait pour une raison procédurale. La réforme fait de l'ordre public et des bonnes mœurs une condition de fond du régime et une cause perpétuelle de nullité du titre. Ce déplacement accroît l'effet donné à cet élément de censure.

312. L'ordre public et les bonnes mœurs sont des notions cadres évoluant au gré du corps social. Pouvoir apprécier *a posteriori* le respect de cette condition de fond fait peser un risque sur la pérennité des propriétés, même si le juge apprécie le respect de ce critère à la date de dépôt. D'autant que c'est un motif absolu de nullité au sens de l'article L. 512-4 a) C. propr. intell. susceptible comme tel d'être invoqué par tout tiers intéressé. La mise en abîme de ce critère est assez superficielle dans la mesure où les cas de nullité du titre de propriété de biens intellectuels appropriés par dessin ou modèle contraires à l'ordre public ou aux bonnes mœurs sont très exceptionnels.

L'appréciation de la notion d'ordre public pour le titre de propriété de l'Union est une opération complexe. Il ne s'agit pas de prendre en cause la notion d'ordre public international connue en droit international privé, mais bien la notion d'ordre public pour le peuple de l'Union européenne. La solution retenue par la jurisprudence pour le droit des marques de l'Union devrait s'appliquer en droit des dessins et modèles, l'apparence qui porterait atteinte à l'ordre public de la population d'un État pourrait contrevenir à l'ordre public de l'Union européenne, l'appréciation de l'ordre public pouvant se faire notamment au regard des réglementations locales[63].

b) *Les exclusions spécifiques*

313. L'article L. 511-8 C. propr. intell. (art. 8 RDME) ajoute à l'exclusion générale précédente une série d'exclusions spécifiques, visant trois catégories d'apparence pour lesquelles il n'est pas possible d'obtenir un titre de propriété.

314. En premier lieu, l'article L. 511-8 C. propr. intell., comme l'article 8 RDME, écarte du champ d'application de la propriété « *l'apparence dont les caractéristiques sont exclusivement imposées par la fonction technique du produit* ». Cette exclusion assure l'articulation du droit des dessins et modèles et du droit des brevets[64]. Les créations strictement techniques relèvent du droit des brevets, tout comme d'ailleurs les créations strictement artistiques relèvent du droit d'auteur (telles les œuvres d'art), celles-ci ne pouvant constituer des produits au sens de la loi. Ce n'est que le rapport de dépendance entre la forme et la fonction qui écarte la forme apparente du droit des dessins et modèles. Si cette forme n'est pas « imposée » par la fonction, c'est-à-dire que d'autres formes peuvent permettre de remplir la même fonction suivant la théorie de la multiplicité des formes, alors l'appropriation est possible[65].

315. En deuxième lieu, la loi exclut l'appropriation de « *l'apparence d'un produit dont la forme et la dimension exactes doivent être nécessairement*

63. Voir *infra* n° 775.

64. Sous l'emprise du droit antérieur, Cass. com., 29 juin 2010, *Prop. Indust.* 2011, comm. 8, obs. P. Greffe.

65. Cf. Cass. civ. 1re, 14 févr 2008, *D.* 2008, p. 689.

reproduites pour qu'il puisse être mécaniquement associé à un autre produit par une mise en contact, un raccordement, un placement à l'intérieur ou à l'extérieur dans des conditions permettant à chacun de ces produits de remplir sa fonction ». Cette exclusion très ciblée écarte du champ d'application des dessins et modèles les éléments interchangeables ou combinables de façon multiple dans les ensembles complexes. D'un point de vue pratique, il s'agit essentiellement de la connectique au sens large. Le domaine étant nécessairement très normé pour assurer une bonne interopérabilité des produits et une circulation de ceux-ci, la forme de ces connecteurs, prises et autres fiches ne peuvent faire l'objet d'une appropriation par un droit de dessin et modèle. Une vision restrictive commande cette exclusion : si un produit est formé d'une partie ayant une fonction de raccordement et d'une partie ne remplissant pas cette fonction, un modèle doit pouvoir être obtenu pour cette dernière partie.

Risquant de ruiner une partie de l'industrie du jeu, le législateur européen, puis les législations nationales ont limité la portée de cette exclusion. Il est retenu que « *toutefois, un dessin ou modèle qui a pour objet de permettre des assemblages ou connexions multiples à des produits qui sont interchangeables au sein d'un ensemble conçu de façon modulaire peut être protégé* », disposition qu'il est usuel d'appeler la clause *Lego*. L'exclusion interdirait l'accès à la propriété intellectuelle à des concepteurs de jeux de construction.

316. Enfin, une dernière exception a été introduite par le législateur non pas dans le C. propr. intell. mais dans le Code de la santé, la propriété intellectuelle est réformée en dehors du C. propr. intell., ces sources externes fragilisent la cohérence du droit de propriété. À l'occasion de l'adoption de la loi de financement de la sécurité sociale pour 2010, un article 36 intégrait une réforme importante de la propriété intellectuelle qui limitait le droit de propriété intellectuelle appropriant l'apparence et la texture des formes orales d'une spécialité pharmaceutique, ce que l'on appelle la forme galénique. La forme galénique d'un médicament est l'aspect (comprimé, gélule, suppositoire) sous lequel est présenté celui-ci. Ces termes couvrent aussi le type d'absorption du médicament, c'est-à-dire libération prolongée, gastrorésistant, etc. Afin de différencier leurs produits, les laboratoires pharmaceutiques appliquent à leurs produits des formes attractives et de nouvelles textures. Cet article disposait que « *le titulaire d'un droit de propriété intellectuelle protégeant l'apparence et la texture des formes pharmaceutiques orales d'une spécialité de référence au sens de l'article L. 5121-1 ne peut interdire que les formes pharmaceutiques orales d'une spécialité générique susceptible d'être substituée à cette spécialité en application de l'article L. 5125-23 présentent une apparence et une texture identiques ou similaires* ». Cette disposition fut censurée par le Conseil constitutionnel[66] car elle tendait à instaurer une exception très limitée au droit des producteurs de médicaments à protéger les caractéristiques apparentes des spécialités qu'ils commercialisent. Dans l'esprit des parlementaires, seul pouvait bénéficier de cette exception, et seulement quand le médicament était devenu généricable, le producteur d'un générique susceptible de lui être substitué dans les conditions prévues par le Code de la santé publique. L'exception devait être limitée aux

66. C. const., Décision n° 2009-596 DC, 22 déc. 2009, *JORF*, 27 déc. 2009, p. 22419, *Rec*, p. 215.

formes pharmaceutiques orales, les plus susceptibles d'être à l'origine d'erreurs de prise ou d'abandons de traitement par les patients. Pour les parlementaires, cette exception aux droits de propriété intellectuelle n'était pas disproportionnée, au regard de l'intérêt qu'elle présentait pour la protection de la santé publique et la sécurité des consommateurs.

317. La censure du Conseil constitutionnel a été contournée à l'occasion de loi modifiant certaines dispositions de la loi n° 2009-879 du 21 juillet 2009 portant réforme de l'hôpital. Les parlementaires ont réintroduit cette exception au droit de propriété intellectuelle, mais dans une forme modifiée et avec une portée réduite. L'idée soutenant cette approche est que le droit français autorise la limitation du droit de propriété lorsqu'elle est justifiée par l'intérêt général. Ainsi, une exception au droit de propriété intellectuelle protégeant les dessins ou modèles permettant la reproduction de la forme ou de la couleur d'un cachet ou d'une gélule ne paraît pas disproportionnée au regard des enjeux en matière de santé publique et de préventions d'accidents iatrogéniques graves. Cette démarche conduisit à l'adoption d'une nouvelle réduction du droit de la propriété intellectuelle, mais connut aussi une nouvelle censure du Conseil constitutionnel[67].

318. La troisième tentative fut la bonne. L'appropriation par un droit de dessins et modèles de la forme galénique des médicaments a finalement été encadrée par la loi du 29 décembre 2011 relative au renforcement de la sécurité sanitaire du médicament et des produits de santé[68]. Le nouvel article L. 5121-10-3 Code de la santé publique limite le champ d'appropriation des innovations galéniques. Il dispose que « *le titulaire d'un droit de propriété intellectuelle protégeant l'apparence et la texture des formes pharmaceutiques orales d'une spécialité de référence [...] ne peut interdire que les formes pharmaceutiques orales d'une spécialité générique susceptible d'être substituée à cette spécialité [...] présentent une apparence et une texture identiques ou similaires* ». En visant explicitement l'apparence, ce texte souhaite écarter l'application du livre V du Code de la propriété intellectuelle aux médicaments génériques. Cette disposition n'interdit pas les dessins et modèles sur ce type d'apparence ; simplement, il neutralise les droits de propriété vis-à-vis des seuls médicaments génériques. La portée pratique de ce texte est limitée dans le temps. Un modèle étant, au plus, valable 25 ans, il est probable que l'entrée dans le domaine public du modèle sera plus ou moins concomitante de l'entrée dans le domaine public du brevet et du CCP. Le droit de propriété pour un modèle ne connaît pas un principe de spécialité ou une destination, le dépôt ne contient pas de revendication particulière d'exploitation et les produits indiqués ne sont que des références administratives. Rien ne permet de caractériser par ces éléments une spécialité pharmaceutique. Ainsi, un modèle de pilule peut être approprié quelle que soit sa composition. La validité du modèle n'est pas conditionnée par une précision sur les principes actifs qu'il contient. Que faire lorsqu'un laboratoire

67. C. const., Décision n° 2011-640 DC, 4 août 2011, *JORF*, 11 août 2011, p. 13787.

68. Loi n° 2011-2012 du 29 déc. 2011 relative au renforcement de la sécurité sanitaire du médicament et des produits de santé, *JORF*, 30 déc. 2011, p. 22667 ; *CCE* 2012, Veille 21, obs. A. Le Gouarequer.

reproduit l'apparence d'un médicament protégé par modèle pour des principes actifs différents ou relevant d'une spécialité pharmaceutique différente ? L'exception étant d'interprétation restrictive, les droits antérieurs de modèles devraient conserver leur pleine efficacité.

319. Ensuite, l'apparence des choses n'est pas sans évoquer la forme des choses ; on s'interroge alors sur une interprétation de ce texte en présence d'une forme galénique originale... et donc appropriable par un droit d'auteur. Il n'est pas certain que seul le droit de dessins et modèle soit conditionné en l'espèce.

Par ailleurs, la forme peut aussi être appropriée par un droit de marque, ce n'est pas alors la forme en tant que telle qui est l'objet de la propriété mais la fonction distinctive qu'elle remplit pour le produit en cause. Il est évident qu'un certain nombre de médicaments jouissent d'une forme qui leur confère un caractère distinctif. Une marque tridimensionnelle devrait pouvoir être obtenue et elle ne serait certainement pas remise en cause par ce texte. Les laboratoires mettant sur le marché un princeps peuvent contourner l'exception posée par le nouvel article L. 5121-10-3 du Code de la santé publique, au moyen d'un dépôt de marque tridimensionnelle, sous réserve que le produit satisfasse aux conditions spécifiques de protection de cette catégorie de marques[69] ou en invoquant un droit d'auteur sur la forme.

320. Plus encore, il est probable que la forme galénique, au regard de ses fonctions techniques sur l'absorption d'un médicament puisse, dans quelques hypothèses, faire l'objet d'un brevet. La formule générale de l'article adopté par le Code de la santé permet-elle de reprendre cette forme sans craindre une action en contrefaçon ? Si l'invention porte sur la texture ou la forme, le brevet devrait être écarté dès lors que le médicament fait l'objet d'un générique, mais il peut être encore nécessaire de discuter ce point, notamment au regard des travaux parlementaires.

321. Enfin, il faut s'interroger sur l'application de cette disposition aux titres unionistes de propriété. En Europe cohabitent deux régimes de propriété pour le droit des marques, le droit des dessins et modèles, et le droit des obtentions végétales. L'intervention du législateur national ne peut modifier que le régime de droit interne et non le régime européen. La réforme de décembre 2011 venant limiter la portée d'un droit de dessins et modèles est ambiguë à ce titre. La formule retenue vise un droit de propriété intellectuelle, ce qui laisse penser que l'on va au-delà du seul dessin et modèle national et nous a permis d'envisager son application aux autres titres de propriété intellectuelle. Est-ce pour autant applicable aux titres unionistes de propriété ? Nous ne le pensons pas, les régimes sont autonomes et le droit interne ne peut pas modifier la portée d'un titre unioniste de propriété. L'ampleur de cette réforme semble alors plus limitée, un opérateur devrait toujours pouvoir invoquer son titre de propriété européenne sur la forme ou la texture de son médicament malgré la réforme intégrée dans le Code de la santé publique. Seule une exception européenne pourrait être une limitation efficace.

69. Voir *infra* n° 720.

322. L'idée du législateur était d'éviter les erreurs lors de la prise de traitement, et vraisemblablement que la commercialisation des médicaments génériques ne soit pas entravée par les laboratoires sur le fondement de droits de propriété intellectuelle d'une autre nature que les brevets. Cette démarche est très discutable et particulièrement étrange car la propriété intellectuelle et la jurisprudence ont déjà marqué des bornes à ce sujet. Ainsi, sur le fondement de la notion de référence nécessaire en droit des marques, la jurisprudence propose une interprétation adaptée aux médicaments génériques[70]. Pour ce qui est de l'apparence d'un emballage de médicament, la CA de Versailles avait, sur un fondement similaire, proposé d'aller plus loin que la loi en écartant un droit de propriété intellectuelle sur un ensemble de couleur dès lors que cet ensemble de couleur est devenu un symbole de la fonction du produit pour les professionnels de la santé[71]. L'exception proposée par le législateur est d'autant plus surprenante qu'elle ne vise que les formes pharmaceutiques orales, elle est donc moins large que la question de la forme galénique. Il y a de nombreuses autres solutions pour administrer un médicament. Il y a aussi de nombreux autres éléments qui créent la confiance du consommateur. Notamment, si l'enjeu est réellement d'éviter les erreurs de consommation, il eut été logique d'inclure dans cette réforme les conditionnements des médicaments princeps. Faire le départ entre les catégories de ces formes pharmaceutiques ne sera pas forcément chose facile.

323. Cette marginalisation ratée du droit des dessins et modèles pour préserver les intérêts de la santé publique ne convint pas. Le texte adopté est d'une imprécision qui engendre une insécurité juridique pour l'ensemble des opérateurs, et la portée limitée du dispositif le rend peu efficace. Le législateur se révèle ici méfiant à l'égard des droits de propriété intellectuelle et des garanties avancées par leurs structures internes et la capacité des juges à donner un équilibre à la propriété.

§ 2. La dévolution de la propriété

324. L'attribution de la propriété de la création se fait grâce à un dépôt constitutif de droit[72]. La question est de savoir qui peut légitimement effectuer ce dépôt. Deux situations sont à envisager, celle de droit commun et celle impliquant un contrat de travail.

A Le droit commun

325. La directive de 1998 étant malheureusement silencieuse à ce sujet, le droit commun est constitué par les dispositions des articles L. 511-9 à L. 511-11 C. propr. intell. et des articles 14 à 18 RDME. Trois éléments constituent ce socle commun : une règle d'appropriation, une règle de revendication et le traitement des étrangers.

70. Voir *infra* n° 827.

71. CA Versailles, 29 mars 2001, *D.* 2002, p. 1259, note Y. Serra ; *Prop. Indust.*, n° 2, mai 2002, p. 24-26, note J. Dragne ; *RJDA* 10/2001, n° 1052.

72. Voir *infra* n° 343 et s.

1. La règle d'appropriation

326. L'appropriation du dessin ou modèle suit, dans son principe général, la voie classique de l'appropriation des biens intellectuels par leur créateur. En ce sens, l'article L. 511-9 C. propr. intell., comme l'article 14 RDME, retient que la propriété est accordée au créateur. La présence d'une procédure administrative constitutive de droit n'a pas pour effet d'éluder ce principe général attaché à la création de biens intellectuels. Le *designer*, le créateur, dispose seul du droit de demander le titre de propriété qui peut lui être accordé. C'est une disposition générale en faveur de l'attribution du droit au dessin ou modèle à son créateur.

Si la création est le produit d'un travail collectif, la propriété s'exerce en indivision entre chacun des co-créateurs[73]. Le droit interne ne vise pas explicitement cette hypothèse d'indivision, le droit commun s'applique donc. L'article 14 2) RDME avance explicitement que « *si plusieurs personnes ont réalisé conjointement un dessin ou modèle, le droit au dessin ou modèle européenne leur appartient conjointement* ». Le droit de l'UE n'ayant pas de régime d'indivision, il est nécessaire pour les indivisaires d'en désigner un.

Enfin, constituant l'élément moral du régime des dessins et modèles, le créateur a le droit d'être désigné en tant que tel auprès des offices et dans les registres – c'est le droit à la paternité de la création. Le RDME propose lorsqu'il s'agit d'une création conjointe de désigner non pas une personne mais une équipe.

327. Outre le créateur, le législateur ajoute, en droit interne, l'expression « *ou a son ayant cause* » et, en droit européen, « *ou son ayant droit* ». La différence entre ces deux formules n'est pas sans impact. L'ayant droit, principalement le successeur du créateur, a vocation par lui-même ou par son auteur à exercer un droit, alors que l'ayant cause, un cocontractant de l'auteur en général, a acquis un droit ou une obligation auprès de l'auteur[74]. L'alternative d'attribution du droit de propriété a une portée importante, elle constitue une habilitation à accomplir les actes dont découle le titre de propriété et qui permettent la jouissance patrimoniale du dessin ou du modèle. Il s'agit de savoir si un ayant droit de l'auteur ou un ayant cause peut déposer à la place du créateur une demande de titre de propriété.

Le décalage de formule entre le texte européen et le texte de droit interne peut s'expliquer par des dispositions complémentaires différentes. Le droit interne ne contient pas les dispositions particulières de l'article 14 c) RDME relatives aux créations des salariés. Dans ces conditions, l'ayant droit est défini par le droit commun en droit interne, mais qu'à défaut de régime spécial pour les salariés créateurs, l'expression « ayant cause » permet de fournir un fondement à une appropriation de la création par l'employeur du créateur salarié ou un cocontractant. L'avocat général Mengozzi a présenté, dans l'affaire *FEIA*[75], ses conclusions en retenant que « *les articles 14 et 88 du règlement n° 6/2002*

---

73. Cass. com., 28 sept. 2010, *Defr.* 2011, art. 39202, « La propriété d'un modèle déposé : les règles de l'art », note T. Lancrenon.

74. Sur ce problème, Cass. com., 23 sept. 2008, *Prop. Indust.* 2009, comm. 6, obs. J.-P. Gasnier.

75. CJCE, 2 juill. 2009, *FEIA*, aff. C-32/08 ; *CCE* 2009, comm. 112, note C. Caron ; *Europe* 2009, comm. 377, obs. L. Idot.

doivent être interprétés en ce sens que le titulaire du droit aux dessins et modèles créés dans le cadre d'un rapport contractuel autre qu'un rapport de travail subordonné, tels que les dessins et modèles réalisés par un prestataire pour le compte d'un maître de l'ouvrage, doit être déterminé d'après la volonté expresse des parties et la loi applicable au contrat ». Une précision est apportée par la proposition que « *la législation d'un État membre qui assimile, pour déterminer le titulaire du droit au dessin ou modèle, les dessins et modèles réalisés par un prestataire pour le compte d'un maître de l'ouvrage aux dessins ou modèles créés par le salarié dans le cadre d'un rapport de travail subordonné, n'est pas contraire à l'article 14, paragraphe 3, du règlement* ».

328. Le droit français permet par contrat d'attribuer à une personne le pouvoir de déposer les demandes de dessin ou modèle et par là de s'approprier ces créations, sans qu'il y ait un transfert de propriété entre le créateur et le propriétaire du bien. Une telle solution serait conforme tant au régime interne des dessins et modèles qu'au régime de l'Union. C'est une différence majeure avec le régime du droit d'auteur où il n'est pas possible par contrat de déroger à l'attribution *ab initio* des droits d'auteur[76]. L'attribution du titre n'est plus nécessairement liée à la qualité de créateur, mais à celle de déposant. On détache l'identité du créateur de celle du premier bénéficiaire du titre. Dès lors, le titre de dessin ou modèle peut naître directement au bénéfice d'une personne morale, si celle-ci est à l'initiative de la demande d'enregistrement. Cette possibilité découle de la désignation de l'ayant cause par le Code de la propriété intellectuelle. Si une personne morale est l'ayant cause du créateur, elle bénéficie du titre de propriété *ab initio* si un contrat le prévoit ainsi. Grâce à la présomption légale simple retenant que le déposant est le bénéficiaire du titre (art. L. 511-9 *in fine* C. propr. intell., art. 17 RDME), la personne morale déposante est présumée titulaire des droits jusqu'à preuve du contraire ; elle renforce sa situation à l'égard des tiers qui ne peuvent contester l'éventuelle acquisition du dessin auprès du créateur. Cette présomption soulage le fardeau de la preuve du demandeur, il appartient à celui qui conteste la légitimité du dépôt de rapporter la preuve de sa contestation.

2. La revendication

329. La spoliation du droit de propriété est envisagée par chacun des régimes de propriété intellectuelle qui inclut un dépôt. L'article L. 511-10 C. propr. intell., comme les articles 15 et 16 RDME, avance que si une demande de titre de propriété a été déposée en fraude des droits d'un tiers ou en violation d'une obligation légale ou conventionnelle. La personne qui estime avoir un droit sur le dessin ou modèle peut en revendiquer en justice la propriété. Cette action spéciale en revendication mobilière permet au titulaire ou co-titulaire légitime du droit de propriété de retrouver sa position. Cette action se prescrit par cinq ans pour le titre de propriété français, le délai de prescription a été augmenté par la loi de mars 2014.

76. Cf. *supra* n° 72 et s.

330. Elle permet surtout d'assurer une articulation entre les régimes de propriété susceptible de s'exercer sur le bien en cause. Les effets d'un cumul de régimes de propriété imposent cette solution : si le dessin s'obtient par dépôt et que le déposant est présumé titulaire de la création, il n'en va pas de même du droit d'auteur qui, lui, existe au bénéfice de l'auteur dès l'acte de création. Le déposant doit respecter le cumul des régimes pour jouir de tous les droits sur une création. En ce sens, l'article L. 512-4 d) C. propr. intell. dispose que le titre de propriété est nul s'il porte atteinte au droit d'auteur d'un tiers, qui pourrait éventuellement être un salarié ou un prestataire de services. L'auteur qui n'a pas cédé ses droits et qui voit un tiers déposer une demande de dessin ou modèle peut s'opposer à cette appropriation. Un créateur peut avoir autorisé, par contrat, son ayant cause à déposer les demandes de modèles, sans pour autant avoir cédé ses droits d'auteurs sur les mêmes biens intellectuels. L'action en revendication du droit de dessin et modèle doit être écartée. Cependant, cette autorisation contractuelle n'a pas d'influence sur l'attribution des droits d'auteur. Régler l'une des questions, ce n'est pas régler le problème.

L'article L. 511-10 tranche les questions de procédure attachées à cette revendication mobilière. L'action en revendication de propriété se prescrit par trois ans (délai plus bref que celui du droit commun des actions mobilières de l'article 2276 C. civ.) à compter de la publication de l'enregistrement du dessin ou modèle ou, en cas de mauvaise foi, celle-ci intervenant soit lors de la publication de l'enregistrement ou de l'acquisition du dessin ou modèle, à compter de l'expiration de la période de protection.

3. La condition des étrangers

331. Suivant un habituel principe de réciprocité, l'article L. 511-11 C. propr. intell. retient que sous réserve des dispositions des conventions internationales, la personne qui n'est pas ressortissante de l'Union européenne ne bénéficie du régime de propriété des dessins et modèles qu'à la condition que son pays accorde la réciprocité de la protection aux dessins ou modèles nationaux ou de l'Union.

Les engagements internationaux relatifs aux dessins et modèles ont pour certains une portée quasi universelle[77]. Il s'ensuit que la réciprocité est largement partagée et que rares sont les ressortissants d'un État tiers qui ne pourraient pas revendiquer en France ou dans l'Union européenne un dessin ou un modèle.

B Dessins et modèles et salariat

332. La question du salariat[78] a été indirectement évoquée à propos du sens à donner à l'expression « *ayant cause* » employée à l'article L. 511-9 C. propr. intell.[79]. Il faut distinguer deux régimes, celui du modèle national et celui du

77. Voir Arrangement de La Haye et ses compléments repris par l'OMPI, et les art. 25 et 26 des accords ADPIC.

78. Voir E. Hoffman-Attias, « Mode et design », *Création et inventions de salariés – Rompre avec les schémas reçus...*, Litec, 2010, coll. IRPI, t. 35, p. 35.

79. Voir *supra* n° 327.

modèle de l'Union. Une interprétation stricte de ces régimes est à retenir, à l'image de l'arrêt *FEIA*[80] suivant lequel le dessin ou modèle de l'Union appartient à son créateur, même lorsqu'il est réalisé dans le cadre d'un contrat de commande. Seul le contrat de travail *stricto sensu* déroge à cette règle, à moins que le transfert se fasse par contrat à un ayant droit.

1. Le modèle national

333. Le Code de la propriété intellectuelle est silencieux quant au sort des droits du salarié créateur d'un bien intellectuel soumis au régime du Livre V. On regrette que la réforme de 2001 n'ait pas tranché cette question. M. Passa propose d'établir ce régime en raisonnant par analogie avec les autres régimes de propriété intellectuelle, mais constate que « *ces règles conduisent à des solutions opposées* »[81]. Une doctrine majoritaire prône l'application des solutions de droit d'auteur, l'appropriation par le créateur, sans influence du lien de subordination[82]. Cette solution n'est pas spécifique au droit d'auteur, mais est le propre de la propriété intellectuelle[83]. Toutefois, si la loi est silencieuse pour une attribution obligatoire de la création à l'employeur, elle laisse un espace pour un aménagement contractuel spécifique. En prévoyant que l'attribution du titre de propriété peut bénéficier à l'ayant cause du créateur si une disposition contractuelle va en ce sens, le législateur permet de régler, dans le cadre du contrat de travail, l'appropriation de ces biens intellectuels. Le contrat de travail peut valablement prévoir une attribution à l'employeur de la propriété des biens intellectuels soumis au régime des dessins et modèles. Il est nécessaire que le contrat de travail institue explicitement l'employeur comme ayant cause du créateur au sens de l'article L. 511-9. Dans le silence du contrat de travail, une dévolution au salarié s'impose.

334. Cependant, la solution retenue sur le terrain du droit des dessins et modèles ne tranche pas la question du droit d'auteur. Les deux régimes sont indépendants. L'action en revendication de l'article L. 511-10 C. propr. intell. ne peut pas jouer si la question de l'attribution du dessin ou du modèle est réglée. Si le contrat de travail organise la dévolution du droit de dessin et modèle à l'employeur, le titulaire du droit d'auteur ne peut invoquer son droit de propriété pour engager une action sur le fondement de l'article L. 511-10, faute de fraude ou de violation d'une obligation légale ou conventionnelle. En revanche, dans le silence du contrat de travail, même si un accord sur la question des droits d'auteur est trouvé entre l'employeur et le salarié, notamment par l'application du régime des œuvres collectives, cela ne tranche pas l'attribution des droits au sens du Livre V. Il n'y a pas d'équivalent au régime de l'œuvre collective en droit des dessins et modèles, lorsqu'un salarié contribue à la création d'un modèle, il bénéficie du régime du Livre V, sous réserve des aménagements contractuels.

80. CJCE, 2 juill. 2009, *FEIA*, aff. C-32/08, préc.

81. J. Passa, *Traité*, *op. cit.*, n° 742.

82. J. Passa, *Traité*, *op. cit.*, n° 742 ; F. Pollaud-Dulian, *Droit de la propriété industrielle*, Economica, 2011, n° 1085.

83. L'art. L. 611-7 ayant des conditions restrictives d'application : hors mission, l'invention appartient à l'employé ; voir *infra* n° 469, 474 et s.

2. Le modèle européen

335. L'article 14 RDME dispose en son § 3 que « *lorsqu'un dessin ou modèle est réalisé par un salarié dans l'exercice de ses obligations ou suivant les instructions de son employeur, le droit au dessin ou modèle appartient à l'employeur, sauf convention contraire ou sauf disposition contraire de la législation nationale applicable* ». La règle selon laquelle l'employeur acquiert les droits patrimoniaux sur les résultats du travail réalisé par le salarié, sans qu'aucun acte de transfert ne soit requis à cet effet, est largement employée dans la réglementation nationale et internationale dans les différents domaines de la propriété intellectuelle. Ce principe répond essentiellement à la mise en balance d'intérêts opposés : d'une part, celui de l'employeur voulant s'approprier les résultats d'une activité dont il a supporté les coûts et, d'autre part, celui du travailleur souhaitant une rémunération adéquate pour son activité créatrice. L'attribution directe à l'employeur des droits patrimoniaux sur l'œuvre créée par le salarié permet à ce dernier d'obtenir une rémunération indépendamment du résultat de l'exploitation économique du bien intellectuel et assure à l'employeur que ces droits ne seront pas cédés par le salarié à un tiers. Le choix opéré par l'article 14 § 3 RDME, consistant à attribuer à l'employeur le droit de divulguer et d'enregistrer le dessin ou modèle élaboré par le salarié, de manière à lui permettre d'obtenir la pleine propriété, repose sur une conception qui confère au rapport de travail un caractère totalisant qui justifie le transfert à l'employeur, comme conséquence du contrat de travail, de tous les droits de jouissance des œuvres réalisées par le salarié. Le législateur de l'Union introduit un régime uniforme sur la base duquel, en l'absence de convention spécifique des parties au contrat de travail ou de dispositions nationales applicables à ce contrat attribuant au créateur-salarié le droit au dessin ou modèle, ce droit appartient à l'employeur sans qu'un acte translatif de propriété ne soit nécessaire à cet effet. En ce sens, l'article 14 § 3 RDME introduit une exception à la règle prévue au § 1 du même article applicable uniquement dans le cadre d'un rapport contractuel donné. Ce régime uniforme, instauré par le législateur européen, ne devrait s'appliquer qu'à cette stricte situation[84].

a) *Conditions de mise en œuvre du régime de l'Union*

336. Pour que le mécanisme de l'article 14 § 3 opère, le modèle doit être créé par un salarié. L'interprétation stricte à donner à ce régime d'exception conduit à retenir qu'il ne sera pas possible d'y soumettre un mandataire social, un stagiaire, ou encore un consultant indépendant[85].

La création doit être réalisée dans l'exercice des obligations du salarié ou suivant les instructions de son employeur. Cette alternative démarque nettement ce régime du régime de l'œuvre collective, pour s'aligner sur celui de l'invention de salarié. Soit le salarié a une mission contractuelle créative portant sur des biens intellectuels susceptibles d'être appropriés par modèle, et il intègre la première branche de l'alternative. Le bien appartient à l'employeur même si ce dernier n'a pas donné d'instruction spécifique pour la création en cause. La

84. Cf. conclusions présentées le 26 mars 2009 par l'avocat général Mengossi, aff. C-32-08, n° 55.
85. Voir l'interprétation de ces notions en droit des brevets, *infra* n° 476.

seule mission créative du contrat de travail suffit. On pense à des personnes travaillant dans des ateliers de design, de couture, etc. Soit, seconde branche de l'alternative, une mission ponctuelle créative est conférée par l'employeur. Ce dernier donne des instructions particulières à un salarié pour que celui-ci crée ou concourt à la création d'un bien appropriable par dessin et modèle, alors même que le salarié n'a pas dans son contrat de travail une mission permanente de création. Si l'employeur peut rapporter la preuve des instructions données, il sera propriétaire du modèle.

Cette double solution est applicable sauf convention contraire. Une double interprétation de la notion de « convention contraire » émerge : soit il s'agit uniquement du contrat passé entre l'employeur et le salarié ; soit la notion intègre aussi les accords collectifs (au niveau d'une entreprise, d'une branche, etc.). Cette seconde acception semble plus en adéquation avec les pratiques du droit social mais peu adaptée au respect de la propriété individuelle.

b) Effet du renvoi au droit national

337. L'article 14 § 3 RDME ajoute une seconde limite à l'application du régime de dévolution du droit de dessin et modèle à l'employeur : « *les dispositions contraires de la législation nationale applicable* ». Les solutions présentées ci-dessous ne peuvent s'appliquer qu'à défaut de solution en droit interne l'écartant. La difficulté pour le droit français relève du silence de la loi nationale pour le statut du salarié en droit des dessins et modèle[86]. La possibilité d'instaurer l'employeur « ayant cause » conduit à penser que le droit français ne contient pas des dispositions contraires.

Section 2
L'acquisition et la conservation du titre de propriété

338. La relation endogame entre le droit d'auteur et le droit des dessins et modèles se retrouve au stade de l'acquisition du droit de propriété. Si le principe repose sur une procédure d'enregistrement auprès d'un office, un régime sans dépôt a été créé par la directive 6/2002 instaurant le modèle de l'UE. Après avoir présenté cette solution originale (§ 1), on reviendra sur les conditions du dépôt (§ 2) et le mécanisme de l'annulation du titre devant les offices (§ 3).

86. Voir *supra* n° 333. Pour la solution espagnole : l'art. 15 de la loi 20/2003 du 7 juillet 2003 sur la protection juridique des dessins et modèles industriels : « *Lorsque le dessin ou modèle a été réalisé par un salarié dans l'exercice de ses obligations ou suivant les instructions de son patron ou de son employeur, ou en exécution d'une commande dans le cadre d'une relation de services, le droit d'enregistrer le dessin ou modèle appartient à l'employeur ou au cocontractant qui a commandé la réalisation du dessin ou modèle, sauf convention contraire* ».

§ 1. Le dessin ou modèle européen non enregistré

339. Ce titre de propriété constitue une innovation du règlement 6/2002. Outre le dessin ou modèle européen enregistré (DMEE), le législateur de l'Union propose un dessin ou modèle européen non enregistré (DMENE)[87]. Ce DMENE dispose d'un régime autonome. Les conditions de fond du titre de propriété sont identiques à celles des autres dessins ou modèles[88], mais son régime de propriété diffère substantiellement. Ce titre est justifié par le règlement pour répondre aux besoins de secteurs qui « *produisent d'importantes quantités de dessins ou modèles destinés à des produits qui ont souvent un cycle de vie économique court* »[89].

Suivant les dispositions de l'article 11 RDME, ce droit de propriété naît à compter de la première divulgation au public au sein de l'Union et bénéficie à la personne qui a effectué cette divulgation[90]. Cette propriété peut préexister à celle issue du modèle enregistré. À la différence du droit d'auteur qui naît dès l'acte créatif, la propriété s'éveille au jour de la divulgation, par le seul jeu de la volonté. La divulgation prise en considération est strictement celle effectuée sur le territoire de l'UE, à l'exclusion de toute autre. Toutefois, une divulgation antérieure sur un autre espace pourrait éventuellement détruire la nouveauté et écarter la revendication de ce titre de propriété, d'autant qu'il n'existe pas de délai de grâce pour le DMENE. La preuve de la divulgation et de la date de celle-ci doit être rapportée par celui qui se prévaut du titre. Aucun autre élément n'est pris en considération pour la reconnaissance de ce titre de propriété, aucune restriction quant à la nationalité de celui qui divulgue ou selon qu'il s'agisse d'une personne physique ou morale[91]. L'art antérieur permettant d'apprécier la nouveauté et le caractère propre du DMENE est celui constitué à la date de divulgation suivant les critères de fond communs à tous les régimes de droit de dessins et modèles.

340. Le DMENE présente des intérêts théoriques importants. On doit articuler ce titre de propriété avec le DMEE, leur coexistence est envisageable, et, plus encore, leur existence successive, un DMEE pouvant succéder à un DMENE. Ensuite, il faut combiner cette propriété avec celle issue du droit d'auteur. Les conditions d'appropriation ne sont pas identiques, les périmètres de ces propriétés ne se confondent pas. En France, dans la grande majorité des cas, les biens intellectuels susceptibles d'être appropriés par le DMENE seront

87. V. Scordamaglia, « Un nouveau venu dans le monde de la propriété industrielle : le dessin et modèle communautaire non enregistré », *Prop. Indust.* 2002, chron. 1 ; P. de Candé, « Le dessin ou modèle communautaire non enregistré, un oublié des praticiens français », *Prop. Indust.* 2008, Étude 28.

88. Le titulaire d'un DNENE n'est pas tenu de prouver que celui-ci présente chacune des conditions de fond, mais doit uniquement indiquer en quoi ledit dessin ou modèle présente ces caractères, c'est-à-dire identifier le ou les éléments du dessin ou modèle concerné qui, selon ce titulaire, lui confèrent ces caractères. En ce sens, CJUE, 19 juin 2014, affaire C-345/13, *Karen Millen Fashions*.

89. Règl. 6/2002, considérant n° 16.

90. Voir CA Paris, 8 févr. 2013, *CCE* 2013, chron. 8, n° 8, obs. A.-E. Kahn ; CJUE, 5 sept. 2013, aff. C-479/12, concl. av. gén., *Prop. Indust.* 2013, comm. 91, note J.-P. Gasnier ; CJUE, 13 févr. 2014, aff. C-479/12, *H. Gautzsch GossHandel* ; *Prop. Indust.* 2014, comm. 33, note L. Marino.

91. En ce sens, TGI Paris, 28 nov. 2008, *PIBD* 2009, n° 894, III-985 ; *Prop. Indust.* 2009, comm. 41, note J.-P. Gasnier.

appropriables par le droit d'auteur, ce qui laisse penser que ce titre a un intérêt limité en droit interne. En revanche, pour les créateurs français, le DMENE peut être un fondement efficace pour la défense de leur création dans des États de l'Union moins sensibles à l'unité de l'art pour les créations d'art appliqué et, donc, ayant un droit d'auteur moins accueillant[92].

341. Le DMENE permet une appropriation brève, de trois ans, à compter de la date de divulgation. Les motifs d'annulation du titre de propriété sont ceux du DMEE (art. 11 Directive 71/1998 et art. 25 du règl. 6/2002)[93]. L'annulation ne peut être prononcée que par l'un des tribunaux des dessins et modèles européens des États membres, l'Agence n'ayant aucune compétence en la matière. La décision d'annulation prend effet sur l'ensemble du territoire de l'Union européenne dès que la décision est passée force de chose jugée.

342. La propriété a une portée limitée. Le titulaire d'un DMENE dispose uniquement du droit de s'opposer à des actes de copies[94]. L'article 19 § 2 du règl. 6/2002 voit dans la notion de copie une notion limitative de celle d'utilisation. Une utilisation du bien intellectuel qui ne conduit pas à la réalisation d'une copie ne serait pas susceptible de sanction sur ce chef. Surtout, l'article 19 § 2 ajoute pour le DMENE que « *l'utilisation contestée n'est pas considérée comme résultant d'une copie du dessin ou modèle protégé si elle résulte d'un travail de création indépendant réalisé par un créateur dont on peut raisonnablement penser qu'il ne connaissait pas le dessin ou modèle divulgué par le titulaire* ». La théorie de la réminiscence fortuite[95] du droit d'auteur se trouve ainsi reprise par le droit des dessins et modèles. L'opposabilité aux tiers d'un transfert de propriété, d'un contrat de licence ou la constitution d'un droit réel dépend de la législation nationale de chaque État.

§ 2. Le dépôt

343. Qu'il s'agisse d'une procédure nationale, de l'UE ou internationale, l'acquisition du titre de propriété passe par une procédure de dépôt auprès d'un office et la délivrance d'un titre de propriété[96]. Si les procédures sont construites de façon assez autonome, on relève une majorité d'éléments communs. La présentation qui suit cherche à mettre en avant ces éléments tout en signalant, lorsque cela se révèle nécessaire, des spécificités propres aux offices en cause.

---

92. Pour le statut des créateurs salariés et l'application de l'article 14 § 3, voir P. de Candé, « De la titularité du dessin ou modèle communautaire non enregistré dans les relations employeur/salarié : vers une application plus compréhensive de l'article 14-3 du règlement 6/2002 », *CCE* 2014, Étude 12.
93. Voir *infra* n° 370 et s.
94. Voir TI de Turin, *Prop. Intell.* n° 33, oct. 2009, P. de Candé et Ch. de Haas.
95. Voir *infra* n° 960, 1272.
96. Art. L. 511-9 C. *Prop. Intell.*, art. 1 Règl. 6/2002 ; art. 1 Arrangement de La Haye, 6 nov. 1925.

A La demande d'enregistrement

344. Il est nécessaire de distinguer la procédure ordinaire qui peut être accompagnée d'un ajournement de publication et la demande simplifiée uniquement dans le régime français.

1. Procédure ordinaire

345. À la différence du régime antérieur où le dépôt avait une fonction déclarative, le dépôt a, depuis 2001, une fonction constitutive : le droit de dessin ou modèle naît par le dépôt. Celui-ci se fait auprès de l'Institut national de la propriété industrielle (INPI) pour l'obtention d'un titre national, auprès de l'Office de l'harmonisation dans le marché intérieur (OHMI) devenu l'Agence de l'Union européenne pour les marques et les dessins et modèles (l'Agence) pour un titre de l'UE, ou auprès de l'Organisation mondiale de la propriété intellectuelle (OMPI) dans le cadre de la procédure internationale. Ce choix est stratégique pour le déposant, il saisira un ou plusieurs offices en fonction des territoires sur lesquels il souhaite obtenir un droit de propriété.

Suivant l'article L. 512-1 C. propr. intell., la demande d'enregistrement est déposée, à peine de nullité, à l'INPI lorsque le déposant a son domicile ou son siège social à Paris ou hors de France. Lorsque le déposant a son domicile ou son siège social en France en dehors de Paris, il peut, à son choix, déposer la demande d'enregistrement à l'INPI ou au greffe du tribunal de commerce ou, en l'absence de tribunal de commerce, au greffe de la juridiction statuant en matière commerciale. Lorsque la demande d'enregistrement est déposée au greffe d'un tribunal, celui-ci la transmet à l'INPI.

346. La demande d'enregistrement comporte, en général à peine d'irrecevabilité, l'identification du déposant et une reproduction des dessins ou modèles dont l'appropriation est demandée. Le dépôt peut être fait personnellement par le déposant ou par un mandataire ayant son domicile, son siège ou un établissement dans un État membre de l'UE ou dans un État partie à l'accord régissant le modèle demandé. Il en est accusé réception. Les personnes n'ayant pas leur domicile ou leur siège dans un État membre de l'UE ou dans un État partie à l'accord doivent constituer un mandataire. Sauf lorsqu'il a la qualité de conseil en propriété industrielle ou d'avocat, le mandataire doit joindre un pouvoir qui s'étend à tous les actes et à la réception de toutes les notifications prévues par la procédure de l'office saisi. Le pouvoir est dispensé de légalisation en droit français. En cas de pluralité de déposants, un mandataire commun satisfaisant aux mêmes conditions doit être constitué.

Le dépôt peut aussi résulter de l'envoi à l'INPI d'un pli postal recommandé avec demande d'avis de réception ou d'un message par tout mode de télétransmission. Chaque office propose des procédures de dépôt en ligne. Dans ce cas, la date de dépôt est celle de la réception à l'office.

347. Un même dépôt compter plusieurs dessins ou modèles. Toutefois, les produits dans lesquels ces dessins ou modèles sont destinés à être incorporés ou auxquels ils sont destinés à être appliqués doivent relever d'une même classe, au sens de la classification établie par l'arrangement de Locarno du 8 octobre

1968. Cette condition ne s'applique pas lorsque le dépôt porte sur des ornementations ou s'il a été effectué sous la forme simplifiée prévue au cinquième alinéa de l'article L. 512-2.

Le dépôt comprend une demande d'enregistrement établie dans les conditions prévues par chaque office et précisant notamment l'identification du déposant, le nombre des dessins ou modèles concernés, le nombre total des reproductions graphiques ou photographiques incluses dans le dépôt[97], le nombre de reproductions qui se rapportent à chaque dessin ou modèle identifié, la désignation usuelle du produit dans lequel le dessin ou modèle est destiné à être incorporé ou auquel il est destiné à être appliqué, et le cas échéant, l'indication que la publication du dépôt doit être ajournée, et que le droit de priorité attaché à un précédent dépôt étranger est revendiqué. Pour la procédure devant l'INPI, la revendication, à l'occasion d'un dépôt effectué en France, d'un droit de priorité attaché à un précédent dépôt étranger emporte obligation de faire parvenir à l'office, dans les trois mois du dépôt en France, une copie officielle du dépôt antérieur et, s'il y a lieu, la justification du droit de revendiquer la priorité. Si cette obligation n'est pas respectée, la revendication du droit de priorité est déclarée irrecevable. Cette sanction est la même lorsqu'il ressort des pièces communiquées que la date du dépôt antérieur précède de plus de six mois la date de dépôt en France ou que les reproductions jointes lors du dépôt en France ne correspondent pas à celles du dépôt antérieur.

348. Devant les offices internationaux, se pose la question complexe de la langue de procédure. Pour l'Agence, suivant l'article 98 § 1 du règlement 6/2002, le dépôt peut être effectué dans toutes les langues de l'Union, mais, suivant le § 2 du même article, le déposant doit désigner parmi les cinq langues de travail de l'office (allemand, anglais, espagnol, français et italien), la langue dans laquelle il souhaite que la procédure soit conduite. Devant l'OMPI, la demande peut être déposée en français ou en anglais uniquement.

349. Outre ces éléments formels, le dépôt doit impérativement contenir une reproduction graphique ou photographique des dessins et modèles présentés. Cette étape est fondamentale, elle conditionne la portée du titre de propriété[98]. Chaque reproduction doit porter sur un seul objet et ne représenter que celui-ci sur fond neutre, à l'exclusion de tout autre objet, accessoire, personne ou animal. Les textes explicatifs, légendes, ou toute autre indication ne faisant pas partie intégrante du dessin ou modèle ne sont pas admis sur ou à côté des reproductions. Toutefois, les reproductions peuvent être accompagnées d'une brève description, exclusivement à des fins documentaires.

La rigueur impose de ne considérer comme objet approprié que ce qui est visible et identifiable comme caractérisant l'apparence dans ces reproductions[99].

97. Devant l'INPI dépôt au plus de cent reproductions ; devant l'Agence, dépôt illimité, mais le nombre de vues par bien intellectuel est limité à 7 ; devant l'OMPI, le nombre de biens intellectuels et le nombre de vues illimitées mais les taxes évoluent en fonction du volume du dépôt.

98. J. Passa, Traité, *op. cit.*, n° 681, note 6.

99. CA Paris, 23 mars 2012, *Prop. Intell.* 2012, n° 45, p. 468, obs. De Haas ; *D.* 2013, p. 1924, obs. J.-C. Galloux.

Toutefois, la CJ, dans son arrêt *Pepsi*[100], retient que dans la mesure où, en matière de dessins ou modèles, la personne qui procède à la comparaison est un utilisateur averti qui se distingue du simple consommateur moyen, il n'est pas erroné de prendre en compte, lors de l'évaluation de l'impression globale des dessins ou modèles en cause, les produits effectivement commercialisés et correspondant à ces dessins ou modèles. Ainsi, la Cour semble admettre que l'on puisse apprécier la portée de l'objet approprié non seulement au regard de la reproduction mais aussi à la lumière du produit commercialisé. Cette souplesse peut constituer une source d'insécurité juridique, il serait préférable d'avoir une interprétation stricte de l'objet approprié en référence à la reproduction. La Cour précise qu'en « *toute hypothèse, il résulte de l'utilisation du verbe "confirmer" au point 83 de l'arrêt attaqué que le Tribunal a en réalité fondé ses appréciations sur les modèles ou dessins en conflit tels que décrits et représentés dans les demandes d'enregistrement respectives, de sorte que la comparaison des produits réels a été utilisée seulement à titre illustratif pour confirmer les conclusions déjà tirées et ne saurait être considérée comme représentant le fondement de la motivation de l'arrêt attaqué* ». Elle reste donc attachée à la solution de principe.

Enfin, le déposant doit rapporter la justification du paiement des taxes prescrites par chaque office pour la procédure demandée. Auprès de l'INPI, le déposant peut, jusqu'à la publication prévue à l'article R. 512-10, obtenir à ses frais une copie officielle des documents contenus dans son dépôt.

350. Suivant une procédure propre à chaque office, il est possible, jusqu'au début des préparatifs techniques relatifs à la publication, pour le déposant d'être autorisé, sur requête, à rectifier les erreurs matérielles relevées dans les pièces déposées. L'office peut exiger la justification de la réalité de l'erreur matérielle à corriger et, le cas échéant, du sens de la correction demandée. Il ne s'agit pas de procéder à un dépôt complémentaire mais simplement de corriger des erreurs matérielles.

Une demande d'enregistrement peut être retirée jusqu'au début des préparatifs techniques requis par la publication. Le retrait s'effectue par une déclaration écrite formulée par le titulaire ou son mandataire. En cas de pluralité de déposants, le retrait ne peut être effectué que s'il est requis par l'ensemble de ceux-ci. Une déclaration de retrait ne peut viser qu'un seul dépôt, toutefois, le retrait peut être limité à une partie des dessins ou modèles de la demande. La déclaration indique s'il a été ou non concédé des droits d'exploitation ou de gage. Dans l'affirmative, elle doit être accompagnée du consentement écrit du bénéficiaire de ce droit ou du créancier gagiste.

351. Les différentes procédures d'enregistrement proposent une procédure d'ajournement de la publication (art. 50 RDME ; règle 16.1 du règlement d'exécution de l'OMPI sauf pour les pays désignés en vertu de l'Acte de Genève de 1999 et qui ont notifié à l'OMPI que leur législation ne prévoit pas d'ajournement de publication). En droit interne, l'ajournement peut être de trois ans maximum, la publication à cette échéance portant sur l'ensemble des biens

100. CJUE, 22 oct. 2011, aff. C-281/10 P, *PepsiCo Inc,* préc.

déposés, mais il est possible de procéder à une renonciation expresse pour écarter certains biens de la publication, tout comme il est possible de procéder à une publicité anticipée. Le RDME (art. 50 § 2) prévoit un ajournement de trente mois, ce report peut être demandé pour une partie seulement des biens intellectuels déposés si le dépôt compte plusieurs biens. Il est nécessaire qu'à cette échéance au plus tard, le déposant ait payé les taxes de publication, à défaut de quoi, le DMEE est réputé ne jamais avoir bénéficié des effets de l'appropriation prévus par le règlement (art. 50 § 4 al. 2). L'introduction d'une action en contrefaçon sur la base d'un DMEE soumis à l'ajournement de publication est subordonnée à la condition que les informations contenues dans le registre et dans le dossier relatif à la demande aient été communiquées à la personne contre laquelle l'action est dirigée. La procédure de l'Union inclut la publication dans le *Bulletin des dessins ou modèles européens* de la mention de l'ajournement, mention accompagnée des informations permettant d'identifier le propriétaire du bien intellectuel enregistré et des éléments imposés par le règlement d'exécution.

2. Dépôt simplifié

352. En marge de cette procédure plénière, le droit des dessins et modèles propose une procédure de dépôt simplifiée (art. L. 512-2 *in fine* C. propr. intell.), limitée aux dessins ou modèles relevant d'industries qui renouvellent fréquemment la forme et le décor de leurs produits. Ce dépôt comporte les pièces et indications énoncées à l'article R. 512-3 C. propr. intell., soit les pièces requises pour la procédure ordinaire. Jusqu'à la renonciation à l'ajournement prévue à l'article R. 512-11, les reproductions graphiques ou photographiques des dessins ou modèles ne sont pas soumises aux exigences de présentation prévues au 2° de l'article R. 512-3, et le dépôt est assorti de la justification du paiement d'une taxe indépendante du nombre de reproductions. Le bénéfice d'un dépôt sous cette forme simplifiée ne peut être demandé que lors du dépôt auprès de l'INPI.

353. La procédure simplifiée connaît une spécificité qui la distingue nettement du dépôt ordinaire. Lorsque le dépôt est effectué sous forme simplifiée, le déposant doit, au plus tard six mois avant le terme du délai de trois ans prévu à l'article R. 512-10 C. propr. intell., renoncer par écrit à l'ajournement de la publication et remettre à l'INPI les reproductions graphiques ou photographiques du ou des dessins ou modèles à publier. Il doit aussi communiquer la justification du paiement des taxes prescrites. À défaut du respect de ces formalités, le directeur général de l'INPI pourra constater la déchéance totale ou partielle des droits issus du dépôt. En cas de non-conformité des reproductions graphiques ou photographiques ou lorsque la reproduction fournie lors de la renonciation à l'ajournement ne correspond pas à l'identique à l'une des représentations jointes au dépôt simplifié, il est fait application de la procédure prévue à l'article R. 512-9. La déchéance des droits issus d'un tel dépôt est prononcée lorsque celui-ci n'a pas été, au plus tard six mois avant la date prévue pour sa publication, rendu conforme.

Cette procédure assouplit les exigences de présentation des reproductions et de paiement des taxes de dépôt. L'ajournement de publication est de plein droit (art. R. 512-10 al. 2 C. propr. intell.) pour trois ans ; cependant, en raison de cette absence de publication, les modèles ne sont pas opposables aux tiers. La publication peut intervenir à tout moment. Elle peut porter sur tout ou partie des biens intellectuels déposés sous cette forme simplifiée. Si la publication n'intervient pas dans le délai, il est prononcé une déchéance du titre de propriété selon la procédure de l'article R. 512-11 al. 2 C. propr. intell.

Ce dépôt simplifié permet surtout d'obtenir un délai à compter de la date du dépôt pour définir une stratégie d'appropriation et de choisir de publier toutes les vues, une partie d'entre elles, ou aucune. Plus de temps et moins de coûts immédiats sont les arguments principaux de cette procédure. Enfin, il permet d'obtenir une date officielle utile éventuellement pour déterminer la date de naissance d'un droit d'auteur.

B L'examen par l'office

354. Une fois le dépôt effectué, les offices procèdent à un contrôle en deux temps, d'une part, formel et, d'autre part, de fond.

1. Examen de forme

355. À la réception du dépôt, sont mentionnés par l'office la date, le lieu et le numéro d'ordre de dépôt ou un numéro national. Un récépissé de dépôt est remis au déposant, le numéro doit être rappelé dans chaque correspondance.

L'examen formel permet de s'assurer que les formalités de dépôt ont bien été accomplies par le demandeur. Il s'agit de vérifier que les éléments des formulaires sont correctement complémentés. La demande d'enregistrement est rejetée s'il apparaît qu'elle n'est pas présentée dans les conditions de formes prescrites ou que sa publication est de nature à porter atteinte à l'ordre public ou aux bonnes mœurs. En cas de non-conformité d'une demande de dépôt, une notification motivée en est faite au demandeur (voir art. 46 RDME sur les irrégularités auxquelles il peut être remédié). L'office déclare irrecevable tout dépôt qui ne comporte pas au moins un exemplaire de la demande d'enregistrement et au moins un exemplaire de la reproduction graphique ou photographique du ou des dessins ou modèles et qui n'est pas accompagné de la justification du paiement de la taxe de dépôt. La reproduction doit être d'une qualité suffisante pour permettre une publication satisfaisante. Un délai est imparti au déposant pour régulariser sa demande ou présenter des observations. À défaut de régularisation ou d'observations permettant de lever l'objection, la demande est rejetée par l'office. La notification peut être assortie d'une proposition de régularisation. Un délai est imparti au déposant pour régulariser sa demande ou présenter des observations. À défaut de régularisation ou d'observations permettant de lever l'objection, la demande est rejetée par l'office. La notification peut être assortie d'une proposition de régularisation.

356. Il peut être procédé à une division de la demande. Chaque demande divisionnaire doit alors satisfaire aux conditions de forme et de fond d'une demande initiale. Les demandes divisionnaires bénéficient de la date de dépôt initial et, le cas échéant, de la date de priorité de la demande initiale suivant les dispositions de la Convention de Paris (6 mois pour les dessins et modèles)[101].

Le déposant ou titulaire d'un dépôt qui n'a pas respecté les délais prescrits peut, s'il justifie d'une excuse légitime, être relevé des déchéances qu'il a pu encourir. La demande de relevé de déchéance doit être formée dans un délai de deux mois à compter de la cessation de l'empêchement, et l'acte non accompli doit l'être dans le même délai. Elle n'est plus recevable après un délai préfix de six mois décompté à partir de l'expiration du délai non observé. La demande n'est recevable qu'après paiement de la taxe prescrite. Elle est écrite, et indique les faits et justifications invoqués à son appui. La décision motivée est notifiée au demandeur.

Une fois la demande enregistrée, les changements ultérieurs de nom, de forme juridique, d'adresse et les rectifications d'erreurs matérielles sont inscrits à la demande du titulaire du dépôt. Lorsque ces changements et rectifications portent sur un acte précédemment inscrit, la demande peut être présentée par toute partie à l'acte.

2. Examen de fond

357. En droit européen, pas plus qu'en droit national, l'office n'effectue un examen de fond approfondi de la demande de titre de propriété. Pourtant, l'article 11 de la directive de 1998 prévoit la possibilité pour les offices de refuser l'enregistrement si les conditions de fond ne sont pas remplies par la demande. L'Agence procède à un examen de fond uniquement pour s'assurer que l'objet de la demande de titre de propriété répond à la définition d'un dessin ou modèle. Cette absence d'examen, si elle peut être justifiée par sa complexité, fragilise le titre de propriété. Il reviendra au final au juge d'apprécier ces conditions de fond lors d'un contentieux, on ajoute alors à l'incertitude du procès l'incertitude du titre de propriété qui soutient l'action.

Dans le cadre de la procédure internationale, l'examen de fond relève du pouvoir de l'office de chaque pays désigné. Plusieurs offices importants ont opté pour un contrôle au fond lors du dépôt, notamment la Chine et les États-Unis, ce qui devrait conduire les États en Europe à adopter une solution similaire.

C La publication

358. Chaque office tient un registre où figurent les éléments permettant l'identification du dépôt et du déposant. Ces registres mentionnent, pour chaque dépôt, notamment, l'identification du titulaire, les représentations des biens intellectuels, les références administratives du dépôt, et les actes ultérieurs en affectant l'existence ou la portée du titre de propriété, les actes modifiant la propriété d'un dessin ou modèle ou la jouissance des droits qui lui sont attachés. En cas de revendication de propriété, l'assignation correspondante est inscrite. Ces mentions sont inscrites à l'initiative de l'office ou, s'il s'agit d'une décision judiciaire, sur réquisition du greffier ou sur requête de l'une des parties. Seules

101. Voir Cass. com., 15 mars 2011, *D.* 2011, p. 1010.

les décisions judiciaires définitives peuvent être inscrites au registre des dessins et modèles. Aucune inscription n'est portée au registre tant que le dépôt n'est pas rendu public.

Toute inscription portée au registre d'un office fait l'objet d'une mention au sein d'une publication officielle de celui-ci. En France, la publication officielle est le *Bulletin officiel de la propriété industrielle* (BOPI), tout dépôt conforme est publié au BOPI, sauf si le déposant a demandé lors du dépôt l'ajournement de cette publication à trois ans. L'ajournement de la publication ne peut porter que sur l'ensemble du dépôt. La publication n'intervient alors qu'au terme du délai de trois ans, ce qui permet de ménager une certaine confidentialité. L'ajournement est de plein droit si le dépôt a été effectué sous forme simplifiée. Le déposant peut renoncer à tout moment à l'ajournement. Cette renonciation ne peut porter que sur l'ensemble du dépôt, sauf lorsque le dépôt est effectué sous forme simplifiée.

À compter du jour de la publication, toute personne intéressée peut demander à prendre connaissance d'un dossier de dépôt de dessin ou modèle et obtenir une reproduction des pièces. En France, l'INPI peut subordonner l'usage de cette faculté à la justification d'un intérêt suffisant. Surtout, sont exclues de la communication au public les pièces non communiquées au déposant ainsi que celles qui comportent des données à caractère personnel ou relatives au secret des affaires.

359. Par la suite, pour la durée de la propriété, les actes modifiant la propriété d'un dessin ou modèle ou la jouissance des droits qui lui sont attachés, tels que cession, concession d'un droit d'exploitation, constitution ou cession d'un droit de gage ou renonciation à ce droit, saisie, validation et mainlevée de saisie, sont inscrits à la demande de l'une des parties à l'acte, ou, s'il n'est pas partie à l'acte, du titulaire du dépôt au jour de cette demande.

Un acte ne peut être inscrit que si la personne indiquée dans l'acte comme le titulaire du dépôt de dessin et modèle avant la modification résultant de l'acte est inscrite comme telle sur le registre. Cette contrainte présente auprès de chaque office donne à ces mesures de publicité une fonction qu'elles n'ont pas. En effet, si un titulaire omet de procéder à certaines inscriptions, il ne devrait y avoir aucun obstacle pour que le nouveau propriétaire fasse régulariser son titre de propriété. Ces registres n'ont pas pour fonction de retracer la vie juridique du bien mais de permettre aux tiers de connaître à un instant donné la situation juridique du bien.

360. La demande d'inscription est assez lourde et formelle, des variantes existent selon les offices, mais elle doit en général comprendre au moins un bordereau de demande d'inscription, une copie ou un extrait de l'acte constatant la modification de la propriété ou de la jouissance, la justification du paiement de la taxe prescrite (opération gratuite auprès de l'Agence) et, s'il y a lieu, le pouvoir du mandataire, à moins qu'il n'ait la qualité de conseil en propriété industrielle ou d'avocat. Il est possible de produire avec la demande de titre de propriété, en cas de mutation par décès, une copie de l'acte établissant le transfert, à la demande des héritiers ou légataires. En cas de transfert par suite de fusion, scission ou absorption, il est possible de fournir une copie d'un extrait du registre du commerce et des sociétés à jour de la modification ou tout document justifiant du changement. Enfin, sur justification de l'impossibilité matérielle de produire une copie, l'office pourra se contenter de tout document établissant la modification de la propriété ou de la jouissance.

D Les requêtes contre les décisions des offices

361. Les décisions des offices peuvent faire l'objet d'un recours, terrain propice à l'émergence de solutions divergentes selon les offices en cause. En France, les recours contre les décisions du directeur général de l'INPI sont portés devant la cour d'appel du lieu de résidence de la personne qui forme le recours. S'engage une procédure de droit commun qui n'appelle pas de présentation spécifique dans ce cadre.

362. Pour ce qui est de l'Agence, une procédure spéciale est instaurée. Peuvent faire l'objet d'un recours toutes les décisions des examinateurs et de la division de l'administration des marques, des dessins et modèles et des questions juridiques (art. 55 RDME), ainsi que les décisions des divisions d'annulation. Le recours a un effet suspensif. Une décision qui ne met pas fin à une procédure à l'égard de l'une des parties ne peut faire l'objet d'un recours qu'avec la décision finale, à moins que ladite décision ne prévoie un recours indépendant.

Le recours peut être formé par toute partie à la procédure ayant conduit à la décision contestée pour autant que cette dernière n'ait pas fait droit à ses prétentions. Les autres parties à ladite procédure sont, de droit, parties à la procédure de recours. Le recours doit être formé par écrit auprès de l'office dans un délai de deux mois à compter du jour de la notification de la décision, il n'est considéré comme formé qu'après paiement de la taxe de recours. Un mémoire exposant les motifs du recours doit être déposé dans un délai de quatre mois à compter de la date de notification de la décision.

363. Si le recours est recevable, la chambre de recours examine si elle peut y faire droit. Elle invite les parties, aussi souvent qu'il est nécessaire, à présenter, dans le délai qu'elle leur impartit, leurs observations sur les communications qui émanent des autres parties ou qu'elle leur a adressées. À la suite de l'examen au fond, la chambre statue sur le recours : elle peut soit exercer les compétences de l'instance qui a pris la décision attaquée, soit renvoyer l'affaire à ladite instance pour suite à donner. Si elle renvoie l'affaire pour suite à donner à l'instance qui a pris la décision attaquée, cette instance est liée par les motifs et le dispositif de la décision de la chambre de recours, pour autant que les faits de la cause soient les mêmes.

Les décisions des chambres de recours ne prennent effet qu'à dater de l'expiration du délai de recours contre celles-ci, délai de deux mois à compter de la notification de la décision, ou, si un recours a été introduit devant la CJ pendant ce délai, à compter du rejet de celui-ci.

364. Les décisions des chambres de recours statuant sur un recours sont susceptibles d'un recours devant la CJ. Le recours est ouvert pour incompétence, violation des formes substantielles, violation du traité, du RDME ou de toute règle de droit relative à leur application, ou détournement de pouvoir. La CJ est compétente tant pour annuler que pour réformer la décision attaquée. Le recours est ouvert à toute partie à la procédure devant la chambre de recours pour autant que la décision de celle-ci n'ait pas fait droit à ses prétentions. L'office est tenu de prendre les mesures que comporte l'exécution de l'arrêt de la CJ.

Toutefois, avant que se prononce la chambre des recours, le recours d'une des parties engage en premier lieu une révision préjudicielle. Si l'instance dont la décision est attaquée considère le recours comme recevable et fondé, elle doit y faire droit. Cette disposition ne peut s'appliquer que lorsque la procédure n'oppose pas celui qui a introduit le recours à une autre partie, c'est-à-dire que la révision préjudicielle n'est possible qu'en présence d'une opposition entre un déposant et une instance décisionnaire de l'Agence. Si l'instance ne fait pas droit au recours dans le délai d'un mois à compter de la réception du mémoire exposant les motifs, le recours est immédiatement déféré à la chambre de recours, sans avis sur le fond.

365. Les décisions de l'Agence doivent être motivées. Chaque décision ne peut être fondée que sur des motifs ou des preuves au sujet desquels les parties ont pu prendre position. Le principe du contradictoire est au cœur de cette procédure. Durant la procédure, l'Agence procède à l'examen d'office des faits, mais dans une action en nullité, l'examen est limité aux moyens invoqués et aux demandes présentées par les parties. Suivant un équilibre étrange entre procédures accusatoire et inquisitoire, l'Agence peut ne pas tenir compte des faits que les parties n'ont pas invoqués ou des preuves qu'elles n'ont pas produites en temps utile. L'emploi du verbe « pouvoir » laisse une marge d'appréciation aux agents de l'office chargés de statuer.

La procédure peut être orale, soit d'office, soit sur requête d'une des parties à la procédure, à condition que l'Agence le juge utile. La procédure est publique, sauf décision contraire de l'instance saisie, au cas où la publicité de l'audience pourrait présenter, notamment pour une partie à la procédure, des inconvénients graves et injustifiés. Dans toute procédure devant l'Agence, des mesures d'instruction peuvent être ordonnées : audition des parties, demande de renseignements, production de documents et de moyens de preuve, audition de témoins, expertise, et déclarations écrites faites sous serment ou solennellement ou qui ont un effet équivalent d'après la législation de l'État dans lequel elles sont faites. L'instance compétente de l'Agence charge un de ses membres de procéder aux mesures d'instruction. Si l'instance estime nécessaire qu'une partie, un témoin ou un expert dépose oralement, il cite la personne concernée à comparaître devant elle. Les parties sont alors informées de l'audition du témoin ou d'un expert, elles ont le droit d'être présentes et de poser des questions. L'Agence notifie d'office aux personnes concernées toutes les décisions et invitations à comparaître devant lui ainsi que les communications qui font courir un délai ou dont la notification est prévue par le RDME ou par le règlement d'exécution, ou prescrite par le président de l'office.

Surtout, le RDME prévoit (art. 68) qu'en l'absence de dispositions de procédure dans le règlement, le règlement d'exécution, le règlement relatif aux taxes ou le règlement de procédure des chambres de recours, l'instance prend en considération les principes généralement admis en la matière dans les États membres.

366. Le RDME, soucieux d'offrir un cadre aussi précis que possible, ajoute à ces dispositions procédurales des règles strictes sur la répartition des frais. L'article 70 dispose que la partie perdante dans une action en nullité d'un DMEE ou dans un recours supporte les taxes exposées par l'autre partie, ainsi que tous les frais exposés par celle-ci, indispensables aux fins des procédures, y compris les frais de déplacement et de séjour et la rémunération d'un agent, conseil ou avocat, dans la limite des tarifs fixés pour chaque catégorie de frais, dans les conditions prévues par le règlement d'exécution. Les coûts d'une procédure sont éventuellement importants, ce qui doit conduire à une analyse rigoureuse de la situation avant d'engager une action.

Pour renforcer ces contraintes financières, le règlement ajoute que toute décision définitive de l'office, qui fixe le montant des frais, forme titre exécutoire. L'exécution forcée est régie par les règles de la procédure civile en vigueur dans l'État sur le territoire duquel elle a lieu. La formule exécutoire est apposée, sans autre contrôle que celui de la vérification de l'authenticité du titre, par l'autorité nationale que le gouvernement de chacun des États membres désigne à cet effet. Après l'accomplissement de ces formalités à la demande de l'intéressé, celui-ci peut poursuivre l'exécution forcée en saisissant directement l'organe compétent, suivant la législation nationale. L'exécution forcée ne peut être suspendue qu'en vertu d'une décision de la CJ. Toutefois, le contrôle de la régularité des mesures d'exécution relève de la compétence des juridictions de l'État membre concerné.

§ 3. Les procédures d'annulation

367. La question de la nullité du titre est intimement liée à la procédure de délivrance du titre de propriété. En droit d'auteur, l'absence de procédure de délivrance conduit à envisager la nullité du titre, pour défaut d'originalité, uniquement dans le cadre du contentieux judiciaire, comme un moyen de défense dans une action en contrefaçon. En droit des dessins et modèles, mais aussi, on le constatera, en droit des marques ou en droit des brevets, la présence d'une procédure administrative devant un office modifie le rapport entre les tiers et le titre de propriété. Alors que l'opposabilité est la même pour chacun des titres de propriété, l'intégration dans le corps juridique est adaptée à la procédure de délivrance. On permet à un tiers de contester la délivrance du titre ou le titre délivré, même hors d'un contentieux de contrefaçon. En cela, la procédure d'annulation relève directement de la pérennité du titre de propriété. À la différence du droit des marques ou du droit des brevets, il n'y a pas en droit des dessins et modèles, national ou de l'Union, une procédure d'opposition permettant d'empêcher la délivrance du titre ou permettant de limiter le domaine d'appropriation avant enregistrement. Le titre délivré bénéficie d'une présomption de validité (art. 85 § 1 RDME), il appartient donc à celui qui la conteste d'en rapporter la preuve.

L'absence de contrôle au fond devant les offices n'a pas pour effet corollaire d'écarter la compétence de l'office pour apprécier la validité *a posteriori* du titre délivré. Les solutions sont variables, à la fois au fond et dans la procédure. Il faut distinguer la compétence, les causes de nullité, la procédure, et les effets de l'annulation du titre de propriété.

A Compétence

368. En droit interne, suivant les dispositions de l'article L. 512-4 C. propr. intell., la nullité d'un dessin ou modèle est déclarée par une décision de justice. L'INPI n'a aucune compétence pour annuler un titre délivré, cette demande d'annulation peut être faite à titre principal ou par voie reconventionnelle.

369. Pour le titre de l'Union, il faut distinguer selon la nature du titre en cause. La nullité d'un DMENE ne peut être prononcée que devant un tribunal de l'Union des dessins et modèles, l'Agence n'ayant aucune compétence. On est dans un système similaire à celui du droit national, le RDME prévoit que le DMENE peut être déclaré nul par un tribunal des dessins ou modèles de l'Union sur demande introduite auprès dudit tribunal à titre principal ou à la suite d'une demande reconventionnelle dans le cadre d'une action en contrefaçon.

En revanche, suivant l'article 24 RDME, pour le DMEE, la demande de nullité peut être formée au principal devant l'Agence (plus de 100 décisions par an) et de façon reconventionnelle devant un tribunal de l'Union des dessins et modèles dans une instance en contrefaçon (une dizaine de décisions en France depuis le début de 2007). Une double procédure s'ouvre suivant le titre et la situation procédurale des parties[102]. La contestation du titre en tant que tel est possible devant l'office, mais elle ne peut intervenir qu'après la délivrance du titre. Le RDME, dans ses considérants 27 et 28, avance que l'examen des recours en nullité d'un DMEE par une seule instance doit permettre d'assurer des économies de coût et de temps par rapport aux procédures faisant intervenir des tribunaux nationaux différents. Le texte ajoute que le recours unifié, devant l'Agence, ne doit pas se faire aux dépens des garanties des parties, notamment d'un droit de recours auprès d'une chambre de recours et, en dernier ressort, auprès de la CJ. Cette solution doit contribuer à une interprétation uniforme des conditions de validité des DMEE. L'article 24 RDME dispose qu'un DMEE est déclaré nul sur demande introduite auprès de l'office, ou par un tribunal des dessins ou modèles de l'Union à la suite d'une demande reconventionnelle dans le cadre d'une action en contrefaçon. La nullité de l'enregistrement d'un DMEE peut être prononcée même après extinction du droit ou renonciation à ce droit.

102. CA Paris, 4 oct. 2013, n° 12/21350, *PIBD* 2013, n° 995, III-1614 ; *Prop. Indust.* 2014, comm. 14, obs. J.-P. Gasnier.

B Causes de nullité

370. Les causes de nullité du titre français ou du titre de l'Union sont issues de l'article 11 de la directive de 1998 harmonisant le droit des dessins et modèles. La compétence spécifique de l'Agence en la matière a conduit le législateur de l'Union à développer un régime *ad hoc*, sur lequel les développements suivants se concentrent.

Les causes de nullité sont identifiées à l'article L. 512-4 C. propr. intell. et l'article 25 RDME. Les deux textes proposent une liste exhaustive de causes de nullité distinguant des nullités relatives et des nullités absolues. Le Tribunal retient que « *l'article 25, paragraphe 1, du règlement n° 6/2002 établit la liste des motifs de nullité d'un dessin ou modèle communautaire. Cette liste doit être considérée comme étant exhaustive, ledit article disposant qu'un dessin ou modèle ne peut être déclaré nul que pour l'un des motifs qu'il prévoit. Or, force est de constater que la mauvaise foi du titulaire du dessin ou modèle contesté n'y est pas mentionnée* »[103]. Suivant le mouvement constaté en droit des marques sous l'influence de la marque de l'UE, le contentieux du titre de dessin et modèle de l'UE devant l'Agence nourrit l'interprétation du règlement et, par effet, de la directive et donc du régime national de propriété.

1. Les nullités relatives

371. Les causes de nullité relative sont celles qui ne peuvent être invoquées que par une catégorie limitée de personnes, en pratique celles dont le droit de propriété antérieur a pu être atteint par le titre délivré et qui sont investies du droit qu'elles opposent. Quatre causes de nullité relative sont communes au titre national et de l'Union, une cause est spécifique au titre de l'Union, même si on peut parvenir au même résultat par d'autres voies en droit interne.

a) Le dépôt en violation des droits du créateur ou de l'ayant cause

372. L'article L. 512-4 b) C. propr. intell. et l'article 25 c) RDME retiennent, comme une cause de nullité du titre de propriété, l'hypothèse où le titulaire ne pouvait bénéficier de l'attribution de la propriété au sens des articles L. 511-9 C. propr. intell. ou 14 RDME. Cette cause de nullité, liée au dépôt frauduleux[104], doit être articulée avec la procédure de revendication de la propriété[105]. L'annulation évince le propriétaire illégitime mais interdit aussi l'appropriation par le titulaire légitime. Il n'est pas toujours opportun d'agir dans une telle situation en nullité. On peut voir dans cette cause d'annulation le maintien d'un pouvoir fort du propriétaire légitime sur le sort de l'appropriation de son bien, non sans lien avec la prérogative de l'*abusus*.

103. T. UE, 18 mars 2010, aff. T-9/07, *Grupo Promer Mon Graphic, SA*, pt 30 *Prop. Indust.* 2010, comm. 42, note J.-P. Gasnier.
104. Par exemple, TGI Paris, 25 mai 1999, *PIBD* 1999, III, p. 487.
105. Voir *supra* n° 329 et s.

b) Violation des droits d'un dessin ou modèle antérieur divulgué après la date de dépôt ou de priorité de la demande d'enregistrement

373. L'article L. 512-4 c) C. propr. intell. et l'article 25 d) RDME retiennent qu'il est possible de demander la nullité d'un titre dans deux hypothèses de conflit dans le temps :

— si le dessin ou modèle national ou de l'Union est en conflit avec un dessin ou modèle antérieur qui a fait l'objet d'une divulgation au public après la date de dépôt de la demande d'enregistrement ou après la date de priorité du dessin ou modèle national ou de l'Union[106],

— si une priorité est revendiquée depuis une date antérieure par l'enregistrement d'un dessin ou modèle national, de l'Union, ou international désignant la France ou par une demande d'enregistrement d'un tel dessin ou modèle, ou par l'enregistrement d'un dessin ou modèle dans un État membre ou par une demande d'obtention du droit afférent.

Ces causes de nullité sont délicates car elles prennent en considération la période « grise » existant entre la date de dépôt et la date de divulgation du bien intellectuel. Cette période peut aller jusqu'à trois ans en présence d'un dépôt simplifié. Le nouvel enregistrement, même réalisé de bonne foi, risque la nullité.

c) Atteinte à un droit d'auteur antérieur

374. L'article L. 512-4 d) C. propr. intell. et l'article 25 f) RDME disposent qu'il est possible pour la personne titulaire d'un droit d'auteur né antérieurement au dépôt du dessin ou du modèle d'obtenir la nullité du titre[107]. Il s'agit, comme le relève précisément le droit de l'Union, d'une utilisation non autorisée d'une œuvre protégée par la législation sur le droit d'auteur. Le dépôt constitue nécessairement une reproduction non autorisée de l'œuvre antérieure. Les remarques formulées à propos de l'articulation entre revendication et annulation trouvent à s'appliquer à cette situation. Le titulaire du droit d'auteur antérieur peut souhaiter l'annulation du titre second mais il peut aussi engager une action en revendication de ce titre de propriété sur son bien intellectuel.

En cas de conflit entre deux dessins ou modèles, la comparaison entre les deux doit être globale et tenir compte du degré de liberté du créateur et d'éventuelles limitations résultant de contraintes techniques ou légales pouvant rendre l'utilisateur averti plus attentif à certains détails. En revanche, dans le cadre d'une demande fondée sur l'article 25, § 1er, *f*, RDME, « *il n'y a pas lieu de comparer les modèles en conflit dans leur ensemble, mais uniquement de déterminer si l'œuvre protégée par le droit d'auteur est utilisée dans le modèle postérieur, c'est-à-dire de déterminer si la présence de cette œuvre peut être constatée dans ce*

106. Cf. T. UE, 18 mars 2010, aff. T-9/07, préc.

107. Par exemple, CA Paris, 3 mai 2006, *Prop. Indust.* 2006, comm. 100, note J.-P. Gasnier ; Cass. com., 28 sept. 2010, *Bull. civ.* IV, n° 143 ; *L'Essentiel – Droit de la propriété intellectuelle*, 1er déc. 2010, n° 7 p. 4, obs. C. Bernault ; N. Binctin, *JCP* E 2011, n° 34, p. 41 ; T. UE, 23 oct. 2013, aff. T-566/11 et T-567/11, *Viejo Valle*, à propos de décorations sur de la vaisselle ; *JCP* G 2014, chron. 364, p. 560, obs. C. Caron ; *Prop. Indust.* 2014, comm. 8, note J.-P. Gasnier.

modèle »[108]. Dans le cadre de contentieux, il sera nécessaire de rapporter la preuve de l'œuvre et du droit d'auteur existant sur cette dernière. C'est une articulation intéressante de la réception d'un droit de propriété national par l'Agence.

d) Atteinte à un signe distinctif

375. L'article L. 512-4 e) C. propr. intell. et l'article 25 e) RDME prévoient la possibilité pour le titulaire d'un signe distinctif antérieur d'agir en nullité. Cette cause de nullité était intégrée dans la directive 71/1998 parmi les exceptions facultatives que pouvaient retenir les États. Cette disposition emporte que s'il est fait usage d'un signe distinctif approprié dans un dessin ou modèle ultérieur et que le droit de l'Union ou la législation de l'État membre concerné régissant ce signe confère au titulaire du signe le droit d'interdire cette utilisation, l'action est ouverte. L'expression « signe distinctif » est large, elle recouvre non seulement les marques, mais aussi l'enseigne, le nom commercial et la dénomination sociale et le principe de spécialité ne trouve pas d'application en la matière. On pourrait ajouter le nom de domaine. Cette action en nullité s'applique lorsqu'un dessin déposé reproduit un signe distinctif antérieur approprié par un tiers. Pour que cette exception soit mise en œuvre, il est nécessaire que le droit national régissant le signe en cause prévoie le pouvoir pour le titulaire de ce signe d'interdire une telle utilisation dudit signe. Le droit français est muet sur ce point, aucune disposition spéciale n'indique que le titulaire d'un nom commercial ou d'une enseigne est fondé à agir en nullité. L'articulation des dispositions légales soulève de réelles difficultés. Le droit national des dessins et modèles, comme le droit de l'UE, visent cette cause de nullité, mais le droit national envisage cette nullité sans renvoyer au régime des signes distinctifs en cause, alors que le droit de l'UE n'accepte cette nullité que si le régime national ou de l'UE des signes en cause l'inclut. Il n'est donc pas possible d'invoquer une marque française, une enseigne, une dénomination sociale ou un nom commercial pour fonder une telle action en nullité pour un titre de l'UE ; en revanche, il est possible d'invoquer un signe français antérieur contre un modèle français.

e) Usage abusif

376. Cette cause de nullité existe en droit français pour les marques[109], mais elle n'a pas été reprise par l'ordonnance 2001-670 pour les dessins et modèles, ce qui est regrettable. Le titre de l'UE, en revanche, l'intègre comme une cause de nullité relative, ce motif pouvant être invoqué uniquement par la personne ou l'organe concerné par l'usage. L'article 25 g) RDME dispose qu'il est possible de demander la nullité d'un DMEE si le dessin ou modèle constitue un usage abusif de l'un des éléments qui sont énumérés à l'article 6 *ter* de la Convention d'Union de Paris (CUP), ou un usage abusif de signes, emblèmes et armoiries autres que ceux visés audit article 6 *ter*, et qui présentent un intérêt public particulier pour un État membre. L'article 6 *ter* de la CUP retient que les États membres de la CUP peuvent refuser, invalider ou interdire l'enregistrement ou l'utilisation de marques constituées d'armoiries, de drapeaux et autres

108. T. UE., 23 oct. 2013, aff. T-566/11, *op. cit.*, pt 100.
109. Art. L. 711-3 a) C. *Prop. Intell.*

emblèmes des États membres. Le RDME procède donc par renvoi pour étendre le champ d'application de cet article 6 *ter*. Toutefois, l'atteinte à l'ordre public pourrait constituer en droit français un fondement suffisant pour permettre une annulation du modèle national intégrant de tels symboles et emblèmes.

2. Les nullités absolues

377. Les nullités absolues sont celles qui peuvent être invoquées par tout intéressé. Les causes de nullité absolue sont identiques en droit interne et en droit de l'UE. L'article L. 512-4 a) sanctionne d'une nullité absolue le titre qui n'est pas conforme aux dispositions des articles L. 511-1 à L. 511-8 C. propr. intell. L'article 25 RDME envisage la même sanction lorsqu'un dessin ou modèle de l'UE ne répond pas à la définition visée à l'article 3, point a) ou s'il ne remplit pas les conditions fixées aux articles 4 à 9. Dans les deux cas, il s'agit d'une violation des conditions de fond de validité des titres de propriété, telles l'absence de caractère propre, l'absence de nouveauté, la divulgation ou encore l'atteinte à la moralité et à l'ordre public.

378. On peut s'interroger sur la combinaison des causes relatives et absolues de nullité. Le titulaire d'un titre antérieur peut demander la nullité du titre déposé postérieurement en fraude à ses droits sur le fondement d'une nullité relative, mais il est probable que le titre postérieur puisse aussi être annulé sur le fondement d'une nullité absolue. Par exemple, le titulaire d'un droit d'auteur antérieur peut revendiquer les dispositions de l'article L. 512-4 d) C. propr. intell. ou de l'article 25 f) RDME. Il peut invoquer l'absence de nouveauté, cause de nullité absolue. De plus, si un tiers veut obtenir la nullité d'un titre, s'il ne peut pas invoquer sa qualité de titulaire du titre antérieur, il peut toujours invoquer l'existence de ce titre antérieur pour justifier de son action. Dès lors, la distinction effective sur le plan procédural entre les causes de nullité relative ou absolue réside essentiellement dans la façon d'utiliser les titres antérieurs plus que dans la possibilité générale de les invoquer. En tout état de cause, permettre une large action en nullité est une bonne chose, il en va du respect de la propriété des tiers et de l'articulation des propriétés intellectuelles entre elles.

3. Action des pouvoirs publics

379. Les dispositions du droit de l'UE, comme les dispositions nationales, envisagent la possibilité pour les pouvoirs publics d'engager d'office une action en nullité. Cette opération pourrait sembler étrange puisqu'au travers des offices, c'est l'État lui-même qui délivre le titre de propriété. Il peut reprendre ce qu'il a accordé !

Le droit français prévoit une action large. L'article L. 512-4 *in fine* dispose que « *le ministère public peut engager d'office une action en nullité d'un dessin ou modèle, quelles que soient les causes de nullité* ». Aucune réserve quant à la capacité à agir de la puissance publique. Le droit de l'UE retient une solution plus mesurée mais qui au final emporte les mêmes effets. L'article 25.5 dispose que « *les paragraphes 3 et 4 ne portent pas atteinte à la liberté des États membres de prévoir que les motifs visés au paragraphe 1, points d) et g), peuvent également être invoqués d'office par l'autorité compétente de l'État membre en question* ». Le texte ne vise que les motifs de nullité relative, mais comme l'État est naturellement admis à invoquer les motifs de nullité absolue, comme toute personne, l'action des pouvoirs publics est très largement ouverte tant en droit de l'UE qu'en droit interne.

C Procédure d'annulation

380. La procédure d'annulation varie selon qu'elle peut être demandée devant les juridictions nationales ordinaires ou devant un office.

381. La procédure d'annulation du titre de propriété se déroule devant un juge pour le modèle national et le DMENE. Pour ce dernier, la procédure civile s'applique suivant l'article 88 RDME, il n'y a pas lieu de proposer davantage de développement. L'article 81 RDME encadre le droit procédural applicable quant à la désignation de la juridiction compétente. Seuls les tribunaux des dessins ou modèles de l'Union ont compétence exclusive pour entendre des actions en nullité, pour les demandes principales en nullité d'un DMENE et pour les demandes reconventionnelles en nullité d'un DMEE présentées dans le cadre des actions en contrefaçon. Dans ce dernier cas, suivant les dispositions de l'article 84 RDME, l'action ou la demande reconventionnelle en nullité d'un DMEE ne peuvent être fondées que sur les motifs de nullité énoncés à l'article 25 RDME. Dans les cas de nullité relative, l'action ou la demande reconventionnelle ne peuvent être introduites que par la personne habilitée en vertu de ces dispositions. Enfin, si la demande reconventionnelle est introduite dans un litige auquel le titulaire du DMEE n'est pas déjà partie, il en est informé et peut intervenir au litige conformément aux conditions prévues par la législation de l'État membre où le tribunal a son siège. Dans le cadre de cette procédure de demande reconventionnelle en nullité du DMEE, si le tribunal estime qu'un des motifs de nullité visés à l'article 25 s'oppose au maintien du DMEE, il déclare la nullité du DMEE, sinon il rejette la demande reconventionnelle. Le tribunal saisi d'une telle demande reconventionnelle communique à l'Agence la date à laquelle la demande a été introduite. L'office inscrit ce fait au registre des dessins ou modèles de l'Union.

382. Suivant les dispositions de l'article 86.3 RDME, le tribunal saisi d'une demande reconventionnelle en nullité d'un DMEE peut, à la demande du titulaire du DMEE, et après audition des autres parties, surseoir à statuer et inviter le défendeur à présenter une demande en nullité à l'Agence dans un délai que le tribunal lui impartit. Si cette demande n'est pas présentée dans ce délai, la procédure est poursuivie ; la demande reconventionnelle est réputée retirée. Enfin, lorsque le tribunal a rendu une décision passée en force de chose jugée sur une demande reconventionnelle en nullité d'un DMEE, une copie de la décision est transmise à l'Agence. L'office inscrit au registre des dessins ou modèles de l'UE la mention de la décision dans les conditions prévues par le règlement d'exécution.

Afin d'assurer une cohérence entre l'action des tribunaux et l'action de l'Agence, le RDME impose qu'aucune demande reconventionnelle en nullité d'un DMEE ne puisse être introduite si une décision passée en force de chose jugée a déjà été rendue par l'Agence entre les mêmes parties sur une demande ayant le même objet et la même cause.

383. Pour l'action en annulation d'un DMEE, conduite devant l'Agence, l'article 52 RDME retient que sous réserve des causes de nullité relative, toute personne physique ou morale, ainsi qu'une autorité publique habilitée à cet effet, peut présenter à l'office une demande en nullité d'un DMEE. L'articulation de ces dispositions avec celles de l'article 81 d) fait que l'Agence a une compétence exclusive pour ce contentieux de la nullité à titre principal[110]. La demande est présentée par écrit et motivée ; elle n'est réputée présentée qu'après paiement de la taxe relative à la demande en nullité. Par souci de coordination, le RDME déclare irrecevable une demande en nullité si un tribunal des dessins ou modèles de l'Union a statué entre les mêmes parties sur une demande ayant le même objet et la même cause et que cette décision a acquis l'autorité de la chose jugée. L'article 105 RDME instaure une division d'annulation compétente pour toute décision relative aux demandes en nullité d'un DMEE. Elle se compose de trois membres dont au moins l'un est juriste.

384. Si l'Agence juge la demande en nullité recevable, il examine si les motifs de nullité visés à l'article 25 s'opposent au maintien du DMEE. L'examen de la demande est effectué conformément au règlement d'exécution, l'office peut inviter les parties à présenter leurs observations sur les communications qui émanent des autres parties ou qu'il leur a adressées.

Outre les parties à l'initiative de la procédure d'annulation, le RDME envisage la participation à la procédure d'un contrefacteur présumé. Au cas où une demande en nullité d'un DMEE a été présentée et aussi longtemps que l'Agence n'a pas pris de décision définitive, tout tiers qui apporte la preuve qu'une procédure en contrefaçon fondée sur le même DMEE a été engagée à son encontre peut participer à la procédure de nullité, à condition qu'il en fasse la demande dans un délai de trois mois à compter de la date à laquelle l'action en contrefaçon a été introduite. Cette disposition s'applique à tout tiers qui apporte la preuve que, après avoir été requis par le titulaire du DMEE de cesser la contrefaçon présumée dudit dessin ou modèle, il introduit à l'encontre dudit titulaire une action tendant à faire constater judiciairement qu'il n'est pas contrefacteur. La demande de participation à l'instance doit être présentée par écrit et motivée. Comme la demande initiale, elle ne prend effet qu'après paiement de la taxe *ad hoc*. La demande est ensuite traitée comme une demande en nullité.

385. Les décisions des divisions d'annulation sont susceptibles de recours. Le recours a un effet suspensif, il est porté devant la chambre des recours, suivant les dispositions de l'article 106 RDME. Conformément à l'article 61 RMDE, les décisions des chambres de recours sont, à leur tour, susceptibles d'un recours devant les juridictions de l'Union à l'initiative de la partie lésée. La procédure de recours consiste en la formation par une partie d'un premier recours contre l'Agence devant le Tribunal de l'Union. Ce dernier est compétent pour confirmer, annuler ou réformer la décision de la chambre de recours. Un ultime pourvoi relatif aux questions de droit de la décision du Tribunal de l'Union ne peut être introduit que

110. En ce sens, TI Turin, *Prop. Intell.* n° 33, oct. 2009, P. de Candé et Ch. de Haas.

devant la CJ. La décision prononçant la nullité du DMEE est inscrite au registre des dessins ou modèles de l'Union lorsqu'elle est définitive.

D Effets de la nullité

386. La décision définitive du juge national ou de l'Agence porte effet sur l'ensemble du territoire de l'Union européenne ou du territoire national selon le titre annulé. À nouveau, il y a une gémellité certaine entre les dispositions de l'Union et nationales. La décision du juge d'un État A, se prononçant en qualité de juge de l'UE, verra sa décision appliquée sur l'ensemble du territoire de l'Union. La décision est inscrite sur les registres en cause (pour le DMEE, art. 26 et 87 RDME, pour le titre national, art. L. 512-6 C. propr. intell.).

La nullité a un effet rétroactif, le titre de l'Union est tenu pour ne jamais avoir existé (art. 26.1), et l'article L. 512-6 C. propr. intell. parle à ce titre d'effet absolu de la décision d'annulation. Elle a pour conséquence d'emporter la résolution des contrats ayant pu être passés pour l'exploitation du bien. Le RDME invoque à ce stade une fiction juridique. Il indique que le DMEE est *réputé* n'avoir pas eu, dès l'origine, les effets prévus par le règlement. Sous réserve des dispositions nationales relatives soit aux recours en réparation du préjudice causé par la faute ou la mauvaise foi du titulaire du dessin ou modèle de l'Union, soit à l'enrichissement sans cause, l'effet rétroactif de la nullité du DMEE n'affecte pas les décisions en contrefaçon ayant acquis l'autorité de la chose jugée et exécutées antérieurement à la décision de nullité, et les contrats conclus antérieurement à la décision de nullité, dans la mesure où ils ont été exécutés antérieurement à cette décision. La restitution de sommes versées en vertu du contrat, dans la mesure où les circonstances le justifient, peut être réclamée pour des raisons d'équité.

387. La nullité doit être nuancée, le droit interne (art. L. 512-5 C. propr. intell.) et le droit de l'Union (art. 25.6 RDME) envisagent une nullité partielle ou relative du titre de propriété. Si les motifs de nullité n'affectent le dessin ou modèle qu'en partie, l'enregistrement peut être maintenu sous une forme modifiée à condition que, sous cette forme, le dessin ou modèle réponde aux critères d'octroi de la protection et que son identité soit conservée. Le RDME précise que par « *maintien sous une forme modifiée* », il faut entendre un enregistrement assorti d'une renonciation partielle de la part du titulaire du DMEE ou l'inscription au registre d'une décision judiciaire ou d'une décision de l'Agence prononçant la nullité partielle du DMEE.

Section 3
Les droits et obligations attachés au titre de propriété

388. Il est nécessaire de distinguer, d'une part, la durée de la propriété et, d'autre part, les prérogatives et les limites de la propriété.

§ 1. La durée du titre de propriété

389. Suivant les dispositions de l'article L. 513-1 C. propr. intell. et de l'article 12 RDME, l'enregistrement confère un droit de propriété à compter de la date de dépôt pour une période de 5 ans. La durée peut être prorogée quatre fois par périodes de 5 ans, dans la limite de 25 ans.

Ces nouvelles dispositions intégrées à l'article L. 513-1 C. propr. intell. réduisent de moitié la durée du titre de propriété par rapport à l'ancien régime. Sous le régime antérieur, le titre avait une durée de 25 ans, renouvelable une fois, soit au maximum 50 ans.

L'article L. 513-1C. propr. intell. intègre une règle d'application dans le temps de cette réduction du droit de propriété. La formule retenue par le législateur emporte que les dessins ou modèles déposés avant le 1er octobre 2001 restent protégés, sans prorogation possible, pour une période de vingt-cinq ans à compter de leur date de dépôt. Les dessins ou modèles dont la protection a été prorogée, avant le 1er octobre 2001, pour une nouvelle période de vingt-cinq ans restent protégés jusqu'à l'expiration de cette période. Il est donc encore possible de détenir des dessins ou modèles français cinquante ans, cette catégorie disparaîtra définitivement en 2051[111].

390. Suivant les dispositions de l'article R. 513-1 C. propr. intell. et de l'article 13 RDME, la prorogation résulte d'une déclaration de son titulaire établie dans les conditions fixées par l'office en cause. Elle ne peut valoir que pour certains des dessins ou modèles contenus dans un même dépôt. La prorogation prend effet le jour suivant la date d'expiration de l'enregistrement. La déclaration doit respecter formes et délais à peine d'irrecevabilité. En particulier, elle doit être présentée au cours d'un délai de six mois expirant le dernier jour du mois au cours duquel prend fin chaque période de protection et être accompagnée de la justification du paiement de la taxe prescrite. La déclaration peut encore être présentée et la taxe acquittée dans un délai supplémentaire de six mois, décompté depuis le lendemain du dernier jour du mois d'expiration de la protection, moyennant le paiement d'un supplément de taxe. La demande de prorogation comporte la désignation de l'enregistrement à proroger et émane du titulaire inscrit, au jour de la déclaration, au registre des dessins et modèles, ou de son mandataire. Pour simplifier cette procédure de renouvellement, le droit français prévoit que la première prorogation de 5 ans peut être demandée lors du dépôt.

Enfin, le titulaire d'un modèle peut à tout moment renoncer à son titre de propriété. En ce sens, l'article R. 513-2 C. propr. intell. et l'article 51 RDME disposent que le titulaire d'un DMEE, ou d'un modèle français publié, peut à tout moment y renoncer, pour tout ou partie. Le bien intellectuel intègre le domaine public, il ne peut plus être approprié par un nouveau droit de dessin et modèle.

111. Cf. C. Le Stanc, « Le diable est dans les détails (administratifs) », *Prop. Indust.* 2009, Repère 4.

§ 2. Le contenu du droit de propriété

391. On définit le contenu de la propriété en abordant celle-ci sous deux angles : ce que peut faire le propriétaire, précisant ainsi ses prérogatives, puis ce que ne peut pas faire le propriétaire, soit les limites du droit de propriété. C'est par la combinaison de ces deux modes de définition que se dégage ce contenu. L'objet de la propriété a été identifié en étudiant les conditions de fond, en particulier l'identification de cet objet par l'enregistrement d'une représentation graphique de cette apparence.

A Les prérogatives du propriétaire

392. La portée du droit de propriété est définie assez largement par le Code de la propriété intellectuelle comme par le RDME.

En premier lieu, la portée du droit de propriété est appréciée en fonction des reproductions déposées, et uniquement à partir de celles-ci. Le contenu et la qualité des reproductions du dépôt influencent directement les prérogatives du propriétaire[112]. Si le RDME (art. 36 § 2) comme le Code de la propriété intellectuelle (art. R. 512-3) imposent la mention dans le formulaire de dépôt de l'indication des produits dans lesquels le bien approprié est destiné à être incorporé ou auxquels il est destiné à être appliqué, ces informations n'ont aucune influence sur l'étendue de la propriété. À l'inverse du droit des marques ou du droit des brevets, il n'y a pas de revendication ou de libellé définissant l'objet de l'appropriation, pas de principe de spécialité. Seule la reproduction permet de définir l'objet de la propriété[113]. Cette solution semble toutefois prêter à discussion, le Tribunal de l'Union[114] accorde une attention aux produits désignés dans les dépôts, ce qui confère à ces informations une fonction supérieure à la simple classification administrative. Dans l'affaire qui lui était soumise, la catégorie de produits concernés par les dessins ou modèles en cause comme étant celle des « pogs », des « rappers » ou des « tazos », alors que ces produits ne représenteraient pas une catégorie homogène de produits. De façon orthodoxe, le Tribunal rappelle que, « *selon l'article 3, sous a), du règlement n° 6/2002, un dessin ou modèle constituant l'apparence d'un produit, la demande d'enregistrement d'un dessin ou modèle européenne doit contenir[...] l'indication des produits dans lesquels le dessin ou modèle est destiné à être incorporé ou auxquels il est destiné à être appliqué* ». Le Tribunal ajoute que « *si l'indication de ces produits dans la demande d'enregistrement du dessin ou modèle est obligatoire, cette information ne porte pas atteinte [...] à l'étendue de la protection du dessin ou modèle en tant que tel* ».

Toutefois, le Tribunal admet que, « *pour déterminer le produit auquel le dessin ou modèle contesté est destiné à être incorporé ou auquel il est destiné à être appliqué, il convient de tenir compte de l'indication qui y est relative dans la demande d'enregistrement, mais également, le cas échéant, du dessin*

112. Voir *supra* n° 349.
113. Par exemple, CA Paris, 29 sept. 2004, *PIBD* 2004, n° 797, III-662.
114. T. UE, 18 mars 2010, aff. T-9/07, *Grupo Promer Mon Graphic, SA.*

ou modèle lui-même, dans la mesure où il précise la nature du produit, sa destination ou sa fonction. En effet, la prise en compte du dessin ou modèle lui-même peut permettre d'identifier le produit au sein d'une catégorie de produits plus large indiquée lors de l'enregistrement et, par conséquent, de déterminer effectivement l'utilisateur averti et le degré de liberté du créateur dans l'élaboration du dessin ou modèle ».

Dans l'affaire en cause, le dessin ou modèle contesté a été enregistré pour les produits suivants : articles promotionnels pour jeux. L'examen dudit dessin ou modèle fait apparaître lui-même qu'il s'agit d'une catégorie particulière d'articles promotionnels pour jeux. Ainsi, la chambre de recours de l'Agence a pu valablement considérer que l'intervenante avait permis de déterminer concrètement la nature et la fonction des produits, qui sont des pièces de jeux connues sous les noms de « pogs », de « rappers » ou de « tazos ». Ces articles promotionnels pour jeux particuliers étaient destinés à de jeunes enfants et ils servaient généralement à assurer la promotion de biscuits ou de produits de grignotage à base de pommes de terre, ce qui est constant entre les parties. Cette analyse du produit, des conditions d'exploitation de l'apparence, peut conduire à aller au-delà de la reproduction, voire à l'intégration de quasi-libellés en droit des dessins et modèles, créant un principe de spécialité qui n'existe pas en la matière.

393. En second lieu, l'article L. 513-5 dispose que le droit de propriété s'étend à tout dessin ou modèle qui ne produit pas sur l'observateur averti une impression visuelle d'ensemble différente. Il n'y a pas de revendications dans l'acte de dépôt du modèle, pas de désignation d'une fonction ou d'un libellé limitant la portée de la propriété. Cette dernière n'est définie que par les similitudes et l'impression d'ensemble produit chez l'observateur averti. Combiné avec l'article L. 511-4 C. propr. intell., l'article L. 513-5 signifie que le titre de propriété inclut non seulement la création telle qu'elle est enregistrée, mais aussi les créations qui ne produisent pas sur l'observateur averti une impression visuelle différente, c'est-à-dire les dessins et modèles similaires, ce qui confère une définition étendue du domaine d'appropriation.

394. L'approche retenue pour le DMEE et le DMENE est un peu différente. L'article 19 RDME avance que le titulaire d'un DMEE dispose d'un droit exclusif d'utiliser et d'interdire à tout tiers d'utiliser sans son consentement son bien intellectuel. L'article cite ensuite une série d'actes inclus dans les prérogatives du propriétaire, mais cette liste n'est qu'indicative. On en conclut qu'il n'y a pas d'écart entre les prérogatives existantes pour les modèles français et celles attachées aux modèles européens.

En revanche, pour le DMENE et le DMEE non divulgué et soumis à un ajournement de publication, le titre de propriété ne confère que le droit d'interdire l'utilisation par un tiers du bien intellectuel si l'utilisation contestée résulte d'une copie du bien. Le RDME précise que l'utilisation en cause n'est pas considérée comme une copie si elle résulte d'un travail de création indépendant réalisé par un créateur dont on peut raisonnablement penser qu'il ne connaissait pas le modèle divulgué par le titulaire. La gestion de la preuve sera essentielle pour se dégager d'une éventuelle contrefaçon.

395. L'article L. 513-2 C. propr. intell. et l'article 32 RDME envisagent les conditions d'utilisation du bien par le propriétaire. Ce dernier dispose du droit de céder et concéder sa création. Tous les actes d'exploitation, notamment la fabrication, l'offre, la mise sur le marché, l'importation, l'exportation nécessitent une autorisation du propriétaire du bien intellectuel. À défaut de dispositions spéciales, on applique le droit commun des contrats[115]. Surtout, l'article L. 513-2 revient sur la question du cumul des régimes de propriété[116]. Le droit d'auteur impose des conditions spécifiques pour ses contrats d'exploitation, un formalisme particulier est imposé, aux articles L. 131-1 et suivants C. propr. intell. Le transfert du droit de propriété sur le dessin et modèle ne doit pas porter préjudice aux dispositions propres au droit d'auteur[117].

Spécificité du droit des dessins et modèles par rapport au droit d'auteur, l'opposabilité des actes aux tiers est conditionnée, pour le titre national (art. L. 513-3 C. propr. intell.) comme pour le titre de l'UE (art. 28 et 33 RDME), à l'inscription de l'acte au registre des dessins et modèles. Cette formalité de publicité est essentielle pour pouvoir invoquer en justice le titre après une cession par exemple. Toutefois, avant son inscription, un acte est opposable aux tiers qui ont acquis des droits après la date de cet acte mais qui avaient connaissance de celui-ci lors de l'acquisition de ces droits. Le licencié, partie à un contrat de licence non inscrit sur le registre des dessins et modèles, est également recevable à intervenir dans l'instance en contrefaçon engagée par le propriétaire du dessin ou modèle afin d'obtenir la réparation du préjudice qui lui est propre.

B Les limites du droit de propriété

396. Traditionnelles en propriété intellectuelle, les limites au droit de propriété viennent assurer l'intégration du bien dans le corps social. Deux types de limites sont distingués, celles liées au fonctionnement du marché et celles liées à l'utilisation du bien ; d'une part, l'épuisement du droit de propriété[118] et, d'autre part, les exceptions au droit de propriété. Deux catégories d'exceptions émergent : celles liées à l'absence d'une exploitation commerciale et celles liées aux équipements et pièces détachées.

397. L'article L. 513-6 C. propr. intell. et l'article 20 RDME intègrent des limites à la propriété lorsque l'usage du bien intellectuel s'effectue en dehors d'une activité concurrente à celle du propriétaire. En premier lieu, les droits conférés par l'enregistrement d'un dessin ou modèle ne s'exercent pas à l'égard d'actes accomplis à titre privé et à des fins non commerciales (on connaît une exception similaire en droit d'auteur, voir art. L. 122-5 C. propr. intell.). Dans le même esprit, le droit de propriété ne permet pas de s'opposer aux reproductions du bien intellectuel à des fins d'illustration ou d'enseignement, si ces actes mentionnent l'enregistrement et le nom du titulaire des droits, et s'ils sont conformes à des

115. Voir *infra* n° 942 et s.
116. Sur la mise en application, Cass. crim., 26 nov. 2013, n° 12-81700.
117. Voir *infra* n° 906 et s., sur le cumul de propriété.
118. Voir *infra* n° 1271 et s.

pratiques commerciales loyales et ne portent pas préjudice à l'exploitation normale du dessin ou modèle. Cette deuxième exception n'est pas sans rappeler l'exception similaire en droit d'auteur teintée des moyens de contrôle du triple test[119].

La dernière exception que l'on peut mentionner parmi les exceptions fondées sur une absence d'exploitation commerciale concurrente est l'exception visant les actes accomplis à des fins expérimentales. Cette exception s'inscrit dans la logique de la propriété intellectuelle de ne pas bloquer le développement, l'innovation, la création, mais il faut reconnaître que la rétro-ingénierie n'est pas au cœur de l'innovation en ce domaine. Cela assure la possibilité d'étudier les modèles d'un concurrent pour développer ses propres biens intellectuels. L'exception d'usage privé et l'exception d'expérimentation se retrouvent de façon identique en droit des brevets (voir art. L. 613-5 C. propr. intell.).

398. La seconde série d'exceptions est catégorielle et s'applique uniquement à des biens intellectuels utilisés dans un secteur économique donné. L'article L. 513-7 C. propr. intell. et l'article 20 § 2 RDME écartent l'exercice du droit de propriété, en premier lieu, pour les équipements installés à bord de navires ou d'aéronefs immatriculés dans un autre pays lorsqu'ils pénètrent temporairement sur le territoire français ou de l'Union. Cette exception s'explique par le régime juridique spécial de ces biens. La légalité de l'installation et de l'utilisation des équipements s'apprécie au regard du droit applicable dans le pays d'immatriculation.

Plus délicate est la deuxième exception visant l'exclusion de l'exercice du droit de propriété lors de l'importation en France ou dans l'Union européenne, selon le titre de propriété en cause, de pièces détachées et d'accessoires pour la réparation de ces navires ou aéronefs ou à l'occasion de cette réparation. La justification de cette seconde exception est moins évidente, si le navire ou l'aéronef fait l'objet d'un entretien particulier sur le territoire d'exercice du droit de propriété, il n'est pas normal que les pièces utilisées ne soient pas soumises au régime local. Toutefois, consacrant des spécificités du droit international applicable à ces meubles spéciaux, l'impact de cette exception est très limité.

Enfin, dans un mouvement d'alignement des exceptions avec celles des autres titres de propriété, les juges du fond élaborent une exception similaire à l'exception de parodie[120], en s'appuyant sur l'absence de risque de confusion dans l'esprit de l'observateur averti entre le produit original et sa parodie. La reprise des éléments caractéristiques appropriés par le modèle, et caractérisant la parodie, est estompée par l'intention parodique[121].

399. Le RDME ajoute deux exceptions : d'une part, à l'article 22, une exception au droit de propriété fondée sur une utilisation antérieure, exception qui ne figure pas dans la directive de 1998. Il s'agit d'une reprise de l'exception de possession personnelle antérieure du droit des brevets[122] adaptée à ce titre. Tout tiers, qui établit avoir commencé à utiliser de bonne foi dans l'Union le bien intellectuel avant la date de dépôt de la demande ou avant la date de la

119. Voir *supra* n° 178 et s.
120. Voir *supra* n° 160, 245, et *infra* n° 822, 909.
121. CA Paris, 21 sept. 2012, *PIBD* 2012, III-804 ; *D.* 2013, p. 1924, obs. J.-C. Galloux.
122. Voir *infra* n° 469.

priorité revendiquée, peut se prévaloir d'un droit fondé sur son utilisation antérieure. Cette utilisation ne constituera pas une copie du bien approprié. Cette possession personnelle antérieure donne la faculté à ce tiers d'exploiter le modèle aux fins auxquelles il avait commencé l'utilisation avant la date du dépôt. Il ne dispose pas de la faculté d'octroyer à un tiers un droit d'exploitation et le droit de possession personnelle antérieure ne peut être transféré qu'avec l'ensemble de l'activité de l'entreprise considérée.

D'autre part, l'article 23 RDME écarte le droit de propriété lorsqu'une disposition du droit d'un État membre autorise l'utilisation du bien intellectuel par le gouvernement ou pour le compte de celui-ci. Cette exception ne peut être revendiquée que si elle porte sur une utilisation « *nécessaire à des fins essentielles de défense ou de sécurité* ».

400. Reste une exception qui, faute d'accord des États membres, n'est pas encore intégrée dans la directive européenne (voir article 18) et dans le RDME (art. 110 § 1 RDME), il s'agit de l'exception de pièces détachées automobiles. Ce point du droit des dessins et modèles demeure provisoirement non harmonisé, mais la Commission souhaitant libéraliser le commerce des pièces détachées[123]. Il est probable que la position française tendant à accueillir largement ces pièces dans le giron du droit des dessins et modèles ait un jour à accepter de modifier sa législation[124].

123. Proposition de directive du Parlement européen et du Conseil du 14 septembre 2004 modifiant la directive 98/71/CE sur la protection juridique des dessins ou modèles, COM(2004) 582 final.
124. Cf. *PIBD* 2005, n° 819, I-103 ; *PIBD* 2006, n° 824, I-17 ; *PIBD* 2006, n° 825, I-21 ; *PIBD* 2006, 826, I-36.

Chapitre 4
Le droit des brevets

401. Le brevet d'invention est un titre de propriété portant sur un bien intellectuel répondant à des caractéristiques technologiques spécifiques. Comme tout titre de propriété, le propriétaire supporte des droits et des obligations ; il n'y a aucune espèce de particularité pour la propriété intellectuelle, bien que les obligations à la charge du propriétaire soient particulièrement lourdes en présence d'un brevet, elles peuvent évoquer celles que le droit de l'urbanisme impose au propriétaire foncier. La place de l'intérêt général est essentielle dans ce régime de propriété, elle l'influence largement. Le besoin social d'accès au progrès justifie cette particularité que l'on ne retrouve exprimée de la sorte ni en droit d'auteur, ni en droit des marques. Deux obligations sont caractéristiques : l'obligation de porter à la connaissance du public l'invention appropriée et l'obligation de l'exploiter.

La loi définit le brevet au regard de la procédure de délivrance du titre. L'article L. 611-1 al. 1 C. propr. intell. dispose dans cet esprit que « *toute invention peut faire l'objet d'un titre de propriété industrielle délivré par le directeur de l'Institut national de la propriété industrielle qui confère à son titulaire ou à ses ayants cause un droit exclusif d'exploitation* ». Cette approche administrative de la propriété est parfois surreprésentée dans ce régime de droit spécial des biens, nourrissant une analyse extra-propriétariste de la matière.

Comme le droit d'auteur, le brevet est un titre de propriété qui émerge en France à la période révolutionnaire et concomitamment dans les autres pays économiquement avancés de l'époque. L'Ancien Régime proposait des privilèges d'exploitation et c'est en 1791 que la loi instaure le brevet[1] ; le législateur révolutionnaire considérant que ce serait attaquer les droits de l'Homme dans leur essence que de ne pas regarder une découverte industrielle comme la propriété de son auteur. Le système révolutionnaire fut remplacé en 1844, marquant l'entrée de la matière dans l'ère industrielle. Le droit des brevets trouve aujourd'hui sa source essentiellement dans une loi de 1968[2], maintes fois réformée depuis et codifiée depuis 1992 au Livre VI du Code de la propriété intellectuelle.

402. La matière, comme l'ensemble de la propriété intellectuelle, est largement soumise à l'influence des engagements internationaux[3]. Outre la

1. Loi du 7 janvier 1791.
2. Loi n° 68-1 du 2 janv. 1968, abrogée et codifiée au C. Prop. Intell.
3. Cf. le Rapport de l'OMPI 2011- *La propriété intellectuelle dans le monde : le nouveau visage de l'innovation.*

Convention d'Union de Paris (ci-après CUP) signée en 1883[4], deux traités essentiels encadrent le droit des brevets : la Convention de Munich de 1973 (ci-après la CBE) créant l'Office européen des brevets[5] (ci-après l'OEB) et la Convention de Washington (ci-après PCT) de 1970[6]. Autant que possible, ces sources seront présentées de façon commune dès lors que les règles qui s'en dégagent sont similaires ; seules les (rares) différences seront mentionnées si nécessaire[7]. Le Traité de l'OMPI relative au droit des brevets a été ratifié et publié en France en 2010[8]. La construction internationale du droit des brevets prend un nouveau tournant avec la Convention sur la juridiction unifiée des brevets (JUB), signée en février 2013[9].

403. Les biens intellectuels remplissant une fonction technologique sont appropriables par plusieurs voies. L'article L. 611-2 C. propr. intell. avance, en premier lieu, le brevet d'invention. Il ajoute à ce principal titre de propriété, le certificat d'utilité, délivré pour une durée de six ans à compter du jour du dépôt de la demande. Ces titres de propriété ne sont pas obligatoires, l'inventeur peut opter pour l'un ou l'autre, écarter la revendication d'une propriété sur son invention, ou établir une stratégie d'appropriation, notamment en articulant le droit des brevets avec d'autres voies d'appropriation complémentaires, dont le savoir-faire[10].

Les brevets, sous certaines conditions, peuvent être complétés par des certificats complémentaires de protection rattachés à un brevet dans les conditions prévues à l'article L. 611-3 C. propr. intell. Ce certificat porte strictement sur le même bien intellectuel[11] et prend effet au terme légal du brevet auquel il se rattache pour une durée ne pouvant excéder sept ans à compter de ce terme et dix-sept ans à compter de la délivrance de l'autorisation de mise sur le marché. La CJ[12] a précisé les conditions de mise en œuvre de ce complément temporel d'appropriation. La société *Merck* s'était vue refuser l'octroi d'un CCP au motif que l'AMM avait été obtenue 4 ans, huit mois et 16 jours après le dépôt du brevet. Le calcul de la durée du CCP, en vertu du règlement 1768/92, aboutissait à une durée négative puisque le calcul est : max (date d'AMM – date de

---

4. Convention d'Union de Paris, 20 mars 1883.

5. Convention de Munich, 5 oct. 1973, sur le brevet européen, entrée en vigueur le 7 oct. 1977, révisé en 2000, *JO OEB*, avr. 2000 p. 195, codifié aux art. L. 614-1 et s. C. Prop. Intell.

6. Traité de Washington, 19 juin 1970 relatif à la coopération en matière de brevet, codifié aux art. L. 614-17 et s. C. *Prop. Intell.* Voir Boutillon, « Cadre juridique et institutionnel du Traité de coopération en matière de brevet », *Prop. Indust.* 2004, Étude n° 18 et *Prop. Indust.* 2005, Étude n° 16.

7. Voir F. Pollaud-Dulian, *La brevetabilité des inventions – Étude comparative France-OEB*, Litec, 1997.

8. Traité de l'Organisation mondiale de la propriété intellectuelle sur le droit des brevets, 14 sept. 2000, ratifié par la loi n° 2009-892 du 24 juill. 2009 et publié par le décret n° 2010-10, 6 janv. 2010, *JORF* 8 janv. 2010.

9. Voir *infra* n° 1324.

10. V. J.-C. Galloux, « Concours, cumul et coexistence du secret et des droits de propriété intellectuelle », *Mélanges J. Schmidt-Szalewski*, LexisNexis, 2014, coll. CEIPI, t. 61, p. 129.

11. CJUE, 24 nov. 2011, aff. C-322/10, *Medeva*, *Rec.* I-12051 ; Cass. com., 26 nov. 2013, n° 12-23775, *Bull. civ.* IV, à paraître, *D.* 2013, p. 2844.

12. CJUE, 8 déc. 2011, aff. C-125/10, *Merck Sharp & Dohme*, *Rec.* I-12987 ; *Prop. Indust.* 2012, chron. 6, n° 1 et s., « Interprétation du règlement "CCP" par la Cour de Justice », analyse H. Gaumont-Prat.

dépôt – 5 ans). Merck était intéressé par un CCP de durée négative, car depuis le règlement 1901/2006, le CCP peut être prorogé de 6 mois en cas de réalisation d'un plan d'investigation pédiatrique. La CJ retient que « *des médicaments peuvent faire l'objet de la délivrance d'un certificat complémentaire de protection lorsque la période qui s'est écoulée entre la date du dépôt de la demande du brevet de base et la date de la première autorisation de mise sur le marché dans l'Union européenne est inférieure à cinq ans. Dans ce cas, le délai de prorogation pédiatrique prévu par ce dernier règlement commence à courir à compter de la date déterminée en déduisant de la date d'échéance du brevet la différence entre cinq ans et la durée de la période écoulée entre le dépôt de la demande de brevet et l'obtention de la première autorisation de mise sur le marché* »[13].

Les dispositions du Livre VI du Code de la propriété intellectuelle sont applicables, sous quelques réserves, aux certificats d'utilité et aux certificats complémentaires de protection. Les développements qui suivent s'appliquent à ces deux autres titres de propriété en tant que de raison.

Nous verrons dans un premier temps l'objet de l'appropriation puis les conditions de délivrance du titre de propriété, et ensuite les droits et obligations pesant sur le propriétaire.

Section 1
L'objet de l'appropriation

404. Pour être approprié par un brevet, un bien intellectuel doit répondre à certaines caractéristiques quant à ses qualités intrinsèques, mais aussi au regard de l'ordre public et des bonnes mœurs. Ces conditions de brevetabilité se répartissent en deux catégories, les conditions nécessaires de brevetabilité et les conditions exclusives de brevetabilité. On reviendra brièvement sur un usage consistant à classer les brevets par catégorie afin d'en déterminer plus simplement la portée. Il faudra enfin déterminer qui est le légitime propriétaire du bien intellectuel appropriable par brevet.

§ 1. Les conditions de brevetabilité

405. Les conditions de brevetabilité regroupent les qualités intrinsèques du bien intellectuel lui permettant de faire l'objet d'une appropriation par le biais du droit des brevets. L'article L. 611-10 1° C. propr. intell., comme l'article 52 CBE, expose les critères positifs de brevetabilité de la façon suivante : « *sont brevetables, dans tous les domaines technologiques, les inventions nouvelles impliquant une activité inventive et susceptibles d'application industrielle* »[14].

---

13. Cf. *infra* n° 577, 609.

14. Voir aussi art. 27 ADPIC. Pour une interprétation du droit interne de l'UE conformément à cette article, CJUE, 18 juill. 2013, aff. C-414/11, *DEMO*.

Le même article ajoute ensuite une série d'exclusions du champ des brevets, notamment les découvertes et les logiciels[15].

Trois conditions positives conditionnent la brevetabilité d'un bien intellectuel : le caractère industriel, la nouveauté et l'activité inventive. À ces trois conditions, on ajoute la référence, directement issue de l'intégration par le droit français de la révision de la CBE, à « *tous les domaines technologiques* ». Une condition de forme doit être adjointe à ce triptyque, la suffisance de description[16], dans la mesure où la sanction de cette exigence, la nullité du titre, est identique à la sanction retenue pour les conditions de fond.

Il est essentiel de retenir que chaque critère de brevetabilité fait l'objet d'une analyse autonome, la question de savoir si le critère de la nouveauté est rempli est séparée de celle visant à déterminer si le bien intellectuel est susceptible d'application industrielle, ou s'il implique une activité inventive. Ce n'est qu'en répondant cumulativement à ces critères que le bien intellectuel peut faire l'objet d'une appropriation par brevet.

A Les domaines technologiques

406. L'adjonction de cette expression dans l'énumération des conditions de brevetabilité doit permettre de circonscrire avec plus de précision le domaine des brevets. Cet ajout tend à prévenir l'intégration dans le droit des brevets d'innovations non technologiques, en particulier ce que l'on appelle les méthodes d'affaires ou « *business methods* ». Le domaine de la brevetabilité s'est considérablement élargi ces dernières années aux États-Unis, le droit des brevets en Europe réagissant assez vivement contre cette évolution. En indiquant qu'un brevet ne peut être délivré que pour un bien intellectuel relevant de tous les domaines technologiques, le législateur entend écarter la délivrance de brevets pour des biens intellectuels qui ne relèveraient pas de ce domaine, quand bien même ces biens seraient de véritables innovations[17]. Cette démarche de délimitation est un facteur de pérennisation de la matière, évitant des déviances nuisibles à sa réception par le corps social. L'article 27 des accords ADPIC intègre aussi cette notion de « *domaines technologiques* » ce qui pourrait augurer d'une évolution du comportement de l'USPTO.

407. Reste à délimiter les domaines technologiques ! La question est vaste, et on peut plus aisément identifier ce domaine par une présentation de ce qui ne relève pas du domaine technologique. En premier lieu, n'est pas du domaine technologique ce qui est à l'état de nature, et on retrouvera cette exclusion ultérieurement à propos des découvertes. N'est pas non plus du domaine technologique ce qui relève uniquement et strictement de l'organisation, de la gestion. Le partage du risque dans une SICAV ou un contrat d'assurance, l'organisation d'un plateau de bureaux pour optimiser l'espace, la méthode de pondération des primes de salariés, ou encore une technique de gestion des ressources humaines,

15. Voir *infra* n° 168 et s., *supra* n° 444 et s.
16. Voir *infra* n° 509 et s.
17. Sur la notion d'innovation, notamment, *Pour une nouvelle vision de l'innovation*, La Documentation française, 2009.

par exemple, ne relèvent pas du domaine technologique. Il s'agit de pures questions d'organisation exclues du droit des brevets. En tant que telles, ces innovations ne sont pas brevetables. En revanche, si la mise en œuvre de ces innovations requiert des moyens technologiques, alors ces derniers sont appropriables par le droit des brevets, pour autant qu'ils répondent aux conditions d'appropriation. La propriété portera alors uniquement sur le moyen technologique[18].

B L'application industrielle

408. Ce critère traditionnel du droit français des brevets a connu une évolution sous l'influence du droit international. Initialement, la loi française imposait un effet industriel à l'invention pour permettre son appropriation par un brevet. Sous l'influence de la CBE, la loi requiert maintenant la possibilité d'application industrielle. Ce critère se retrouve de façon identique dans le Code de la propriété intellectuelle et la CBE (art. 52 et 57). L'article L. 611-15 C. propr. intell. dispose qu'« *est susceptible d'application industrielle l'invention dont l'objet peut être fabriqué ou utilisé dans tout genre d'industrie, y compris l'agriculture* » (*idem* art. 57 CBE), écartant du droit des brevets des créations purement abstraites, sans aucune application dans la vie concrète. Il renforce le principe de l'exclusion de l'appropriation des théories scientifiques.

409. La jurisprudence se montre assez libérale dans l'application de ce critère qui est rempli dès lors que l'on est face à une activité humaine organisée, dont l'exploitation agricole. Cette précision légale suppose de faire la part entre le sens commun du mot « *industriel* » et le sens spécial retenu dans le cadre du droit des brevets. Tout bien intellectuel engendrant un produit, dont la fabrication peut être manufacturée, répond à ce critère[19]. Pour les procédés, il ressort qu'à compter du moment où la mise en œuvre du procédé a une implication économique et s'effectue au-delà du cercle privé[20], le critère est aussi rempli. La présence d'une application industrielle est indépendante des difficultés d'exploitation ou de la qualité du résultat technique obtenu par l'utilisation d'un bien intellectuel[21]. Ce critère n'impose pas pour autant l'utilisation d'une machine ou la fabrication d'un bien.

En pratique, peu de demandes de brevet sont écartées pour défaut d'application industrielle, même si le juge rappelle parfois que les résultats scientifiques, même s'ils traduisent un accomplissement intellectuel, ne constituent pas nécessairement une invention susceptible d'application industrielle[22]. Il y a éventuellement une redondance avec l'identification des éléments exclus du droit des brevets. Si la jurisprudence reste rare, la condition n'est pas purement théorique.

18. En ce sens, OEB, décision G 1/03 du 8 avr. 2004, *JO OEB* 2004, 413 ; décision G 2/03 du 8 avr. 2004, *JO OEB* 2004, 448.

19. Par exemple, Cass. com., 19 déc. 2000, *PIBD* 2001, III-277 ; *JCP* E 2001, p. 303 ; *RTD com.* 2001.692, obs. J.-C. Galloux.

20. Par exemple, OEB, ch. rec. tech., 9 nov. 1994, T 74/93, *JO OEB* 1995.712.

21. Par ex., OEB, ch. rec., 19 mars 2013, aff. T-553/11 : des modes de réalisations couverts par une revendication ne peuvent être exclus du simple fait qu'ils apparaissent, à la lumière de la description, irréalisables.

22. OEB, ch. Rec., 11 mai 2005, *Prop. Intell.* 2006, n° 20, p. 340, note J.-C. Galloux.

En présence d'un doute sur la capacité du bien intellectuel à remplir ce critère, la demande de brevet doit expliciter la manière dont l'invention est susceptible d'application industrielle.

C La nouveauté

410. Pour être brevetable, un bien intellectuel doit être nouveau, les articles L. 611-11 C. propr. intell. et 54 CBE précisent cette notion.

Une invention est nouvelle si elle n'est pas comprise dans l'état de la technique. Il faut comprendre l'état de la technique comme « *tout ce qui a été rendu accessible au public avant la date de dépôt de la demande de brevet par une description orale ou écrite, un usage ou tout autre moyen* ». L'état de la technique n'est pas constitué par l'ensemble des connaissances acquises en général, mais par l'ensemble des connaissances déjà divulguées et, comme telles, accessibles au public. Dès lors, l'invention est nouvelle, si au moment du dépôt de la demande de brevet, elle n'a pas encore été révélée au public. La divulgation fait obstacle à la brevetabilité en détruisant la nouveauté. Cette règle trouve sa source dans la sauvegarde des intérêts de la collectivité : l'État délivre un droit de propriété à l'inventeur qui apporte un élément à la société, qui lui rend service en révélant son invention. À défaut de nouveauté, il n'y a pas lieu de reconnaître un droit de propriété.

La nouveauté est habituellement présentée comme le caractère essentiel, objectif, permettant l'appropriation d'un bien intellectuel par brevet. Cette présentation est un raccourci dommageable, ce critère n'est pas supérieur aux autres imposés par le législateur. Notamment, la nouveauté est enrichie par le critère de l'activité inventive qui impose une analyse qualitative, subjective, de la démarche intellectuelle du créateur. La nouveauté à elle seule ne permet pas d'obtenir un titre de propriété pour un bien intellectuel.

Le langage commun définit la nouveauté comme « *ce qui est nouveau* », « *ce qui apparaît pour la première fois* ». Le droit des brevets propose une définition de la nouveauté par une série d'exclusions. Le bien intellectuel est nouveau s'il n'est pas compris dans l'état de la technique. L'appréciation de la nouveauté s'effectue par comparaison entre le bien intellectuel décrit pour lequel on revendique un droit de propriété, et l'état de la technique à la date de demande de brevet.

1. Nature et appréciation des antériorités : l'état de la technique

411. L'article L. 610-11 C. propr. intell., comme dans les différentes versions linguistiques de l'article 54 CBE, dispose qu'une invention est *considérée* comme nouvelle si elle n'est pas comprise dans l'état de la technique. L'emploi du verbe *considérer* laisse penser que cette appréciation de la nouveauté est arbitraire, fictive. Ce critère est rempli si le créateur répond aux conditions d'analyse imposées par le législateur, même si une autre personne a créé un même bien intellectuel antérieurement. Le secret du primo-inventeur n'empêche pas l'appropriation du bien intellectuel par un second créateur qui crée, hors de toute fraude, en raison de l'absence de divulgation[23]. C'est une souplesse dans l'appréciation de la nouveauté et dans les conditions d'accès au droit des brevets. Le primo-inventeur conservera pour sa part un droit de jouissance sur son bien, au travers du régime de la possession personnelle antérieure[24].

412. L'état de la technique est constitué par tout ce qui a été rendu accessible au public avant la date de dépôt de la demande de brevet par une description écrite ou orale, un usage ou tout autre moyen. Il s'agit d'une définition très large, aucune restriction n'est prévue quant au lieu géographique, au mode de divulgation, à la langue de divulgation, ou à la date à laquelle la divulgation a eu lieu. Il faut simplement qu'elle soit antérieure à la date de dépôt de la demande de brevet. Cette rigueur conduit à qualifier la nouveauté de « *nouveauté absolue* ».

Dans le cadre de la procédure de délivrance, l'examinateur de l'office tient pour inclus dans l'état de la technique les éléments figurant dans le rapport de recherche[25], exclusivement des documents écrits. D'autres formes de divulgation peuvent être introduites dans la procédure, mais il appartient à celui qui en demande la prise en compte de rapporter la preuve de l'accessibilité et du contenu. Ainsi, devant l'OEB, le rapport de recherche inclut les documents rédigés dans une autre langue que les langues officielles de l'office uniquement s'il est manifeste que ces documents sont pertinents. Il appartient au demandeur ou aux tiers intéressés de demander l'inclusion ou l'exclusion des documents dans d'autres langues.

413. Un document est accessible au public s'il est possible, à la date en cause, d'en prendre connaissance sans violation des droits d'un tiers, notamment sans violation d'une clause de confidentialité[26]. La fidélité du contenu du document peut être contestée, l'examinateur doit vérifier cette qualité et écarter les documents douteux. Le document antérieur est pertinent s'il contient suffisamment d'informations pour permettre à l'homme du métier[27] de réaliser l'invention en cause, toute l'information devant se trouver dans un seul document antérieur pertinent[28], sans aucune combinaison. La capacité de l'homme du métier à réaliser l'invention se fait par la combinaison des informations présentes dans le document antérieur et les connaissances générales qu'il est censé avoir à la date du dépôt.

Outre les connaissances diffusées par toute voie, l'état de la technique inclut l'ensemble des autres demandes de brevets déposées antérieurement ou revendiquant valablement une priorité[29]. Même non publiés, les descriptions, les dessins, les revendications, les éléments explicitement exclus des revendications,

23. La solution inverse fondée sur le système du premier inventeur fut longtemps retenue par le droit des États-Unis qui l'a abandonné pour l'essentiel par le *Leahy-Smith America Invents Act* adopté en octobre 2011, voir *infra* n° 469.

24. Art. L. 613-7 C. Prop. Intell. Voir *infra* n° 469, 588.

25. Voir *infra* n° 524.

26. Cass. com., 19 mai 1987, *PIBD* 1990, III-252.

27. Sur cette notion, voir *infra* n° 426 et s.

28. Cass. com., 19 févr. 1991, n° 89-14400 ; *PIBD* 1991, III-295.

29. Les demandes antérieures ne sont pas comprises dans l'état de la technique pour le contrôle de l'activité inventive, voir *infra* n° 430 et s.

les documents cités en référence dans une demande ou encore les éléments compris dans l'état de la technique explicitement décrits appartiennent à l'état de la technique et viennent détruire la nouveauté d'une invention. Si on en reste à la procédure française, est considéré comme compris dans l'état de la technique le contenu de demandes de brevets français et de demandes de brevets européens ou internationaux désignant la France, telles qu'elles ont été déposées, qui ont une date de dépôt antérieure à celle mentionnée au second alinéa de l'article L. 610-11 C. propr. intell. et qui n'ont été publiées qu'à cette date ou qu'à une date postérieure.

414. Enfin, certains actes de divulgation ne font pas tomber la nouveauté. En premier lieu, si la divulgation se fait sans l'accord de l'inventeur, l'article L. 611-13 C. propr. intell. (comme l'article 55 CBE) dispose qu'elle ne sera pas exclusive de nouveauté si « *elle résulte directement ou indirectement d'un abus évident à l'égard du demandeur ou de son prédécesseur en droit* ». Le texte vise les cas où l'inventeur a été victime d'un agissement illicite, tel que la violation d'un secret, ou la révélation d'une confidence. Dans ce cas, la divulgation ne détruit pas la nouveauté si le dépôt d'une demande de brevet est réalisé dans les six mois suivant la divulgation illicite. Le délai de six mois se calcule à compter de la date de dépôt de la demande de brevet.

La jurisprudence retient une application rigoureuse de cette exception, il faut de la part de celui qui a divulgué une intention de nuire, une connaissance, éventuellement présumée, des dommages pouvant être causés par son geste[30]. La détention d'un bien intellectuel révélé sous le sceau de la confidentialité ne le rend pas accessible au public et ne détruit pas la nouveauté, même après le terme de la convention de confidentialité[31]. L'OEB retient toutefois que la livraison d'un produit pour faire des essais peut être le résultat d'une transaction ordinaire pouvant être analysée comme un usage public antérieur[32], la présence de clauses spécifiques de confidentialité est alors impérative[33].

En second lieu, la présentation de l'invention dans une exposition officielle ou officiellement reconnue ne détruit pas la nouveauté. L'inventeur doit, sous le même délai de 6 mois, déposer son invention sous réserve de déclarer lors des formalités cette présentation et une justification de l'exposition. Cette pratique est très rare. La liste des expositions bénéficiant de cette exception est publiée annuellement dans le numéro d'avril du *Journal officiel* de l'OEB.

2. Conditions de la comparaison : la nouveauté

415. Le bien intellectuel est nouveau s'il n'est pas compris dans l'état de la technique au jour du dépôt de la demande de brevet.

30. En ce sens, OEB, ch. des rec., T 585/92, *JO OEB* 3/1996, 129.

31. OEB, ch. des rec., T. 1081/01 du 27 sept. 2004, *Prop. Indust.* 2005, comm. 25, note P. Vigand. La jurisprudence française impose une confidentialité explicite : Cass. com., 19 mai 1987, *PIBD* 1990, III-152 ; Cass. com., 2 nov. 2011, *PIBD* 2012, n° 954, III-50 ; *Prop. Indust.* 2012, chron. 7, n° 2, obs. J. Cayron, mais elle en fait une application discutable, Cass. com., 7 oct. 2008, *PIBD* 2008, n° 884, III-617 ; *Prop. Indust* 2009, comm. 19, note M. Boizard.

32. OEB, ch. rec. tech., 14 mai 2009, aff. T 1464/05, *Prop. Indust.* 2010, comm. 37, note P. Vigand.

33. Cass. com., 19 mai 1987, *PIBD* 1990, III-252 ; plus étrange, Cass. com., 7 oct. 2008 ; n° 07-17518.

a) L'appréciation de la nouveauté

416. La nouveauté s'apprécie sans combiner les différents éléments constituant l'état de la technique. Pas plus n'est admise la combinaison d'éléments distincts appartenant à différents modes de réalisation décrits dans un seul et même document, à moins que le document suggère lui-même cette combinaison[34]. Tout document de l'état de la technique détruit la nouveauté dès lors que le bien intellectuel pour lequel un brevet est revendiqué découle de ce document, directement et sans équivoque, y compris les caractéristiques implicites pour l'homme du métier, d'après ce qui est expressément mentionné. La description du document doit décrire clairement le bien intellectuel, l'expression « directement et sans équivoque » doit être appliquée rigoureusement[35]. Si le document ne suffit pas à réaliser l'invention, il ne peut pas détruire la nouveauté, et le bien intellectuel est brevetable. Notamment, l'interprétation du document antérieur doit être strictement limitée, par exemple, il n'englobe pas les équivalents connus qui ne sont pas explicitement exposés.

417. La difficulté de l'analyse de la nouveauté est qu'elle est effectuée *a posteriori* avec des documents qu'il faut analyser comme l'aurait fait l'homme du métier à une date antérieure à la date de dépôt de la demande de brevet. L'analyse du document doit prendre en compte ce qui est explicitement exposé, mais aussi ce qui ressort implicitement du document, les enseignements que l'homme du métier en aurait obligatoirement retirés.

Pour détruire la nouveauté, l'antériorité doit être certaine quant à son existence, sa date et son contenu[36]. Si un doute existe sur ces qualités, il doit bénéficier au demandeur du brevet. Elle doit être suffisante pour permettre l'exécution de l'invention par l'homme du métier[37]. Enfin, elle doit être de toutes pièces[38], c'est-à-dire homogène, complète et totale.

b) L'extension du domaine de la nouveauté

418. Une double problématique pour l'appréciation de la nouveauté laisse entrevoir l'appréciation *in favorem* accordée au créateur : il s'agit, d'une part, des inventions de sélection et, d'autre part, de la brevetabilité de la nouvelle application thérapeutique.

419. Les inventions de sélection sont des inventions réalisées par la sélection d'éléments individuels, des sous-ensembles ou des plages de valeurs limitées qui n'ont pas été mentionnés explicitement dans l'art antérieur, à l'intérieur d'un ensemble ou d'une plage de valeurs plus vaste et connue[39]. Pour apprécier la nouveauté d'une sélection, il faut rechercher si les éléments sélectionnés ont été divulgués antérieurement sous une forme individualisée. La sélection

---

34. OEB, ch. des rec., T 305/87, *JO OEB* 8/1991, 429.
35. Cass. com., 8 déc. 2009, n° 08-20032.
36. Cass. com., 12 mars 1996, *PIBD* 1996, III-273 ; Cass. com., 6 juin 2001, *PIBD* 2001, III-427.
37. Cass. com., 4 janv. 1994, *PIBD* 1994, III-195 ; *JCP* E 1995, I 471, n° 12, obs. Burst et Mousseron.
38. Cass. com., 12 mars 1996, *PIBD* 1996, III-273 ; *Ann. Prop. Indust.* 1996.173 ; Cass. com., 6 juin 2001, *PIBD* 2001, III-602 ; *Prop. Indust.* 2002, comm. 15, note J. Raynard.
39. Cass. com., 26 avr. 1994, *PIBD* 1994, III-417.

d'éléments dans une liste unique divulguée antérieurement ne constitue pas une invention nouvelle. En revanche, une sélection, établie à partir de deux ou plusieurs listes, qui permet d'obtenir une combinaison spécifique peut répondre au critère de la nouveauté. Par exemple, pour réaliser un mélange spécifique, la sélection de composants individuels à partir de la liste des composants formant le mélange dans l'état de la technique peut être nouvelle. L'invention repose sur l'identification des composants réellement nécessaires pour réaliser le mélange spécifique, elle permet une réduction des composants utilisés.

Lorsque l'invention porte uniquement sur la sélection d'une plage de valeurs limitées établie à partir d'une plage de valeurs plus large comprise dans l'état de la technique, la nouveauté est admise si trois critères cumulatifs sont remplis[40] :

— la plage de valeurs sélectionnée est plus étroite que la plage de valeurs de l'état de la technique ;

— la plage de valeurs sélectionnée est suffisamment éloignée de tout exemple spécifique divulgué dans l'état de la technique et des points extrêmes de la plage de valeurs connue ;

— la plage de valeurs sélectionnée n'est pas extraite arbitrairement de l'état de la technique. Ce dernier critère permet de s'assurer que l'effet obtenu par la sélection ne se produit pas pour l'ensemble de la plage de valeurs connue, d'où le contrôle de la nouveauté.

Les approches proposées pour les sélections s'appliquent, *mutatis mutandis*, en cas de regroupement de plages de valeurs. On peut se demander si cela ne s'appliquerait pas aussi pour une posologie[41].

420. La question de la brevetabilité de la nouvelle application thérapeutique – c'est-à-dire la possibilité d'obtenir un brevet pour la nouvelle application d'un médicament – fut une source de débat important en droit français[42] alors que l'OEB prenait une position nette assez rapidement[43]. Les deux systèmes sont maintenant alignés grâce à la révision de la CBE en novembre 2000 dont les conséquences en droit interne furent tirées notamment par la LME du 4 août 2008. Dorénavant, l'article L. 611-11 C. propr. intell. dispose en son quatrième alinéa que « *les deuxième et troisième alinéas n'excluent pas la brevetabilité d'une substance ou composition comprise dans l'état de la technique pour la mise en œuvre des méthodes visées à l'article L. 611-16, à condition que son utilisation pour l'une quelconque de ces méthodes ne soit pas comprise dans l'état de la technique* ». L'article ajoute à l'alinéa suivant que « *les deuxième et troisième alinéas n'excluent pas non plus la brevetabilité d'une substance ou composition visée au quatrième alinéa pour toute utilisation spécifique*

40. *Directives relatives à l'examen pratiqué par l'OEB*, publiées par l'OEB, déc. 2007, Partie C IV-23.

41. OEB, gr. ch. des rec., 19 févr. 2010, aff. G 2/08, *Abbot*, *Prop. Indust.* 2010, comm. 36, note A. Casalonga et G. Dossmann.

42. Notamment, Cass. com., 26 oct. 1993, *Bull. civ.* IV, n° 354 ; *PIBD* 1994, n° 557, III-1. A. Casalonga et G. Dossmann, « La protection par le brevet d'invention de l'application thérapeutique et du produit pharmaceutique », *JCP* 1987, I 14 898 ; M. Vivant, « Brevetabililté de la seconde application thérapeutique », *JCP* E 1989, II 15 541

43. OEB, gr. ch. des rec., 5 déc. 1984, *JO OEB* 1985.68 ; *PIBD* 1985, III-146 ; *RTD com.* 1985.298, obs. Chavanne et Azéma.

dans toute méthode visée à l'article L. 611-16, à condition que cette utilisation ne soit pas comprise dans l'état de la technique ». Il faut considérer comme nouvelle l'application d'une substance comprise dans l'état de la technique pour une utilisation quelconque qui n'est pas, elle, comprise dans l'état de la technique.

3. L'effet de la priorité

421. L'article 4 de la CUP instaure entre les États membres un délai de priorité dont jouit le déposant pour effectuer un dépôt pour le même bien intellectuel dans tous les autres pays membres[44]. Cette priorité naît dès le dépôt national régulier, en conséquence de quoi, tout dépôt ultérieur opéré dans l'un des pays membres de la CUP, avant l'expiration de ce délai ne pourra être invalidé par des faits accomplis dans l'intervalle, dont un dépôt par un tiers, une publication ou l'exploitation de l'invention. Cette priorité permet de conjuguer les contraintes de la nouveauté et de la territorialité de la propriété intellectuelle, et l'organisation d'une stratégie de dépôt multiterritoriale. Elle est reprise par les principaux textes nationaux et internationaux.

422. Dans le cadre de l'appréciation de la nouveauté, la prise en compte du délai de priorité est essentielle. La mention de la date de dépôt, tant à l'article L. 611-11 C. propr. intell. qu'à l'article 54 CBE, doit être interprétée comme désignant la date de priorité lorsque celle-ci existe. L'article L. 611-12 C. propr. intell. précise que si un premier dépôt a été effectué dans un État qui ne fait pas partie de la CUP ou de l'Organisation mondiale du commerce, un droit de priorité attaché à ce dépôt ayant des effets équivalents à ceux prévus par la CUP ne peut être accordé dans les mêmes conditions que dans la mesure où cet État accorde, sur la base d'un premier dépôt d'une demande de brevet français ou d'une demande de brevet international ou européen désignant la France, un droit de priorité équivalent. Le principe de réciprocité, constant en droit international de la propriété intellectuelle, est encore rappelé.

D L'activité inventive

423. Dans une formule identique, les articles L. 611-14 C. propr. intell. et 56 CBE indiquent qu'une « *invention est considérée comme impliquant une activité inventive si, pour un homme du métier, elle ne découle pas d'une manière évidente de l'état de la technique* ». Il ne suffit pas qu'une invention soit nouvelle pour donner prise à un brevet, elle doit encore ne pas être une simple évidence technique. Un degré de banalité et de simplicité écarte la possibilité de revendiquer un titre de propriété. Seule la combinaison de ces deux critères – nouveauté et activité inventive – rend compte de l'exigence réelle de créativité du droit des brevets. L'activité inventive[45] impose une approche subjective de

44. Voir *infra* n° 520 et s.

45. Mousseron, « L'activité inventive en droit européen des brevets selon le point de vue français », *colloque CEIPI*, Litec, 1975, p. 45 ; A. Scheuchzer, *Nouveauté et activité inventive en droit européen des brevets*, Droz, 1981 ; M. Delaire, « Quelques remarques sur l'activité inventive en droit français des brevets », *JCP* G 1977, I 2852 ; Mousseron et Vigand, « L'activité inventive selon les chambres de

l'appropriation, là où la nouveauté semble un critère objectif, même si les offices s'efforcent d'apprécier de façon réaliste et équilibrée le critère de l'activité inventive. Nouveauté et activité inventive sont des critères distincts, appréciés indépendamment l'un de l'autre. Si l'un fait défaut, le bien intellectuel ne peut pas être approprié par brevet.

424. Une invention est considérée comme impliquant une activité inventive si, pour un homme du métier, elle ne découle pas de manière évidente de l'état de la technique[46]. Contrairement à l'examen de la nouveauté, il peut être tenu compte à cet égard de plusieurs éléments de l'état de la technique. L'exigence d'activité inventive a pour but d'éviter que le développement technique normal et routinier soit entravé par des droits de propriété faibles. La définition légale de l'activité inventive fait appel à des notions cadres susceptibles d'une riche interprétation par le juge. À la différence du juge et de l'examinateur de l'OEB, l'examinateur de l'INPI ne prend guère en considération le critère de l'activité inventive dans la procédure de délivrance des brevets. Cette pratique est totalement ubuesque, le brevet français pouvant naturellement être annulé ensuite par le juge pour défaut d'activité inventive. Il est impératif que l'INPI s'élève au niveau des pratiques de l'OEB en la matière[47].

Après avoir recherché le sens des concepts employés par le législateur, nous présenterons les méthodes d'appréciation de l'activité inventive.

1. Les notions cadres de l'activité inventive

425. Le recours aux notions cadres est une solution courante du droit, on parle du bon père de famille, du consommateur d'attention moyenne, ou encore de la destination bourgeoise d'un immeuble. La formule légale retenue pour décrire l'activité inventive est construite par l'emploi répété de notions cadres qui laissent un espace particulièrement vaste à l'interprétation. L'homme du métier ou l'évidence constituent des notions juridiques englobantes et directives, virtuellement applicables à une série indéfinie de cas, et dont l'application, en raison de son indétermination intentionnelle, passe nécessairement par l'appréciation d'un juge ou d'un interprète qui l'actualise *in casu*, si, précisément, il estime que le cas particulier entre dans le cadre de la notion. Critère vague mais chargé d'évocation, il appartient au juge, sur la force de l'idée directrice qui s'en dégage, de déterminer son contenu variable et évolutif au gré des espèces et au fil du temps. C'est un standard, un modèle, un étalon utilisé pour désigner une norme souple fondée sur un critère intentionnellement indéterminé, un critère directif englobant et plastique mais normatif qu'il appartient au juge d'appliquer, formant un moyen d'adapter la règle à la diversité des situations et à l'évolution de la société.

---

recours de l'OEB », *Dossier Brevet* 1983, V ; F.-K. Beier, « L'évolution historique du concept d'activité inventive », *RDPI* 1986, n° 4, p. 3.

46. En droit comparé, F. Pollaud-Dulian, « Regard transatlantique sur l'invention et l'activité inventive », *Droits de propriété intellectuelle – Liber amicorum G. Bonet*, Litec, 2010, coll. IRPI, t. 36, p. 431.

47. En ce sens, B. Warusfel, « Pour un véritable examen au fond des demandes de brevets français », *Prop. Intell.* 2012, n° 43, p. 273.

Il est nécessaire, à la lumière de ces éléments, de donner un sens aux termes « homme du métier », « découle », « manière évidente » et « état de la technique ».

a) « L'homme du métier »

426. L'homme du métier[48] s'entend d'un praticien du domaine technologique en cause normalement qualifié qui possède les connaissances générales dans le domaine concerné à une date donnée. Ce n'est pas un simple utilisateur, mais davantage un constructeur du bien en cause. Il est censé avoir eu accès à l'état de la technique, notamment aux documents cités dans le rapport de recherche, et avoir eu à sa disposition les moyens et la capacité dont on dispose normalement pour procéder à des expériences et travaux courants. Il ne s'agit ni d'un scientifique de haut niveau, ni d'un étudiant moyen dans un domaine donné. Selon la formule classique de la Cour de cassation, « *l'homme du métier est celui qui possède les connaissances normales de la technique en cause et est capable, à l'aide de ses seules connaissances professionnelles, de concevoir la solution du problème que propose de résoudre l'invention* »[49]. L'homme du métier évolue en fonction du domaine d'application de l'invention. Le référent est totalement évolutif.

Si le problème technique suggère à l'homme du métier de rechercher la solution dans un autre domaine technique, le spécialiste compétent pour trouver la solution est le spécialiste de ce domaine. Le fait que l'homme du métier recherche une solution dans un autre domaine que le sien sera souvent, en soi, la traduction de l'activité inventive. Seul le domaine d'application de l'invention permet de déterminer le champ de compétence de l'homme du métier.

La notion de spécialité fait l'objet d'une interprétation divergente entre l'OEB et la jurisprudence française, et marque un abaissement du seuil de brevetabilité en droit français. Depuis la décision *Mobius* de 1985, l'OEB retient que « *lorsqu'on examine l'activité inventive, il convient de consulter, le cas échéant, non seulement l'état de la technique dans le domaine sur lequel porte la demande, mais également l'état de la technique dans des domaines voisins et/ou dans le domaine technique général plus large les englobant, autrement dit l'état de la technique dans un domaine où se posent des problèmes identiques ou analogues à ceux rencontrés dans le domaine particulier sur lequel porte dans ce cas la demande et qui devrait normalement être connu d'un homme du métier exerçant ses activités dans ce domaine particulier* »[50]. L'OEB renforce cette approche en précisant la notion de connaissance générale s'ajoutant au domaine de spécialité. Elle retient que « *l'état de la technique devant être pris en considération lorsqu'on examine l'activité inventive comprend, en dehors du domaine spécifique de la demande, l'état de la technique pertinent dans des domaines voisins et l'état de la technique dans un domaine non-spécifique (général) traitant de la solution de tout problème technique*

48. Voir notamment, Mathély, « L'homme du métier », *Ann. Prop. Ind.* 1996.3. Cass. com., 20 mai 2014, n° 13-10061.
49. Cass. com., 15 juin 2010, n° 09-11931 ; Cass. com., 13 déc. 2011, n° 10-27413.
50. OEB, 22 nov. 1985, aff. T-176/84, *JO OEB* 1986, p. 50 ; voir aussi OEB, 10 oct. 1985, aff. T-195/84, *JO OEB* 1986, p. 121.

d'ordre général que la demande cherche à résoudre dans son domaine spécifique. Il convient de considérer que de telles solutions aux problèmes techniques d'ordre général dans des domaines non-spécifiques (généraux) font partie des connaissances techniques générales que l'on prête a priori à tout homme du métier versé dans un domaine technique spécifique »[51]. La Cour de cassation, par deux arrêts portant sur la même affaire, a retenu une approche plus restrictive de la spécialité, écartant la recherche de connaissances de l'homme du métier dans les domaines voisins ou complémentaires de son domaine de spécialité. Ainsi, sous le visa de l'article L. 611-14, elle retient qu'« *en retenant que l'homme du métier, en l'espèce le spécialiste des plafonds tendus, possède des connaissances professionnelles relevant d'une autre spécialité que la sienne, en l'occurrence celles du spécialiste de l'étanchéité, la cour d'appel a violé le texte susvisé* ». Elle ajoute dans son second arrêt, rendu sur pourvoi formé contre la décision de la cour de renvoi, que « *l'arrêt relève que l'invention porte sur une pièce profilée pour l'accrochage d'un plafond tendu à des parois qui délimitent un local, et caractérisée, dans la revendication 1 du brevet, par une lèvre longitudinale constituée par coextrusion et réalisée en matériau synthétique élastiquement déformable ; qu'il retient que cette invention permet de répondre au problème d'ordre esthétique posé par le défaut d'aspect au droit de la surface réceptive et que les différents documents représentant l'état de la technique ne procuraient aucun enseignement sur la façon de résoudre ce problème ; qu'en l'état de ces constatations et appréciations souveraines, faisant ressortir qu'en l'absence de cet enseignement, l'homme du métier, spécialiste du plafond tendu, à l'aide de ses seules connaissances professionnelles, relevant de sa spécialité, ne pouvait concevoir une pièce telle que caractérisée dans la revendication 1 du brevet, la cour d'appel a légalement justifié sa décision* »[52]. En retenant une compétence limitée pour l'homme du métier, il est possible de démontrer plus simplement qu'un transfert de technologie, d'un secteur à un autre, témoigne d'une activité inventive[53].

À côté de cette question du domaine de spécialité de l'homme du métier et de l'intégration des compétences relevant des spécialités voisines, s'ajoute une question complémentaire, celle l'unité de l'homme du métier. Il est parfois plus approprié de faire appel à un groupe de personnes, telle une équipe de recherche ou de production, plutôt qu'à une seule personne. C'est le cas, par exemple, pour certaines technologies avancées, telles que les ordinateurs ou les systèmes de téléphone, ou des procédés hautement spécialisés, comme la production commerciale de circuits intégrés ou de substances chimiques complexes. On constate une utilisation large du pouvoir d'interprétation dont disposent les chambres de recours de l'OEB. La jurisprudence française retient une solution plus restrictive mais joue sur cette notion pour étendre le domaine de la brevetabilité[54]. La démarche de l'OEB emporte une fois encore une élévation de l'application des critères de brevetabilité ; en optant pour une équipe, il écarte une

51. OEB, 10 oct. 1985, aff. T-195/84, *JO OEB* 1986, p. 121.
52. Cass. com., 21 juin 2011, n° 10-20854.
53. En ce sens, Cass. com., 26 févr. 2008, *PIBD* 2008, III-269, *Prop. Intell.* 2008, n° 29, p. 470, obs. J.-C. Galloux ; *Prop. Indust.* 2008, comm. 94, note. P. Vigand.
54. Cass. com., 7 oct. 1995, *Bull. civ.* IV n° 232 ; *PIBD* 1996, III-34.

quasi-automaticité de la reconnaissance de l'activité inventive pour les inventions les plus complexes[55]. La jurisprudence française, tout comme l'INPI, devrait fortement s'inspirer de cette démarche pour renforcer la confiance dans ce droit de propriété.

b) « Découle »

427. L'emploi du verbe « découler » est troublant. Ce terme, essentiellement littéraire, peut être défini comme la suite naturelle d'une situation, un développement naturel. Les synonymes seraient déduire, dériver, émaner, provenir, résulter ou venir. Il préfigure la méthode d'analyse de l'activité inventive basée sur la constitution d'un faisceau d'indices. Ce faisceau permet de déterminer si l'invention découle ou non de l'état de la technique antérieur. C'est ce rapport de nécessité, d'évidence que traduit le verbe découler. Il faut un lien profond, inévitable. Si l'invention ne découle pas de l'état technique antérieur, c'est que l'intervention humaine, la source nécessaire d'existence d'un bien intellectuel, est là, l'esprit humain ayant permis d'ajouter à l'état de la technique ou de détourner l'état de la technique, le bien intellectuel ne découlant alors plus de celui-ci.

c) « L'évidence »

428. Le langage commun définit l'évidence comme ce qui s'impose à l'esprit avec une telle force qu'il n'est besoin d'aucune autre preuve pour en connaître la vérité, la réalité. C'est une certitude fondée sur la constatation de faits incontestables. Le Vocabulaire Capitant propose la définition juridique du terme suivante : « *ce qui ressort comme manifestement vrai ; ce qui se fait reconnaître comme tel par tout esprit raisonnable ; vérité indice d'elle-même (veritas index sui) ; vertu persuasive autonome de cette vérité ; qualité dont est paré le fait ou le raisonnement qui, portant en lui révélation de son existence ou de son bien-fondé, vaut preuve de lui-même et dispense d'autre preuve ou d'autre démonstration* ». Dans la définition légale, l'adjectif « évidente » vient renforcer l'emploi du verbe « découler », pour mettre en exergue l'exigence d'un processus créatif spécifique permettant de revendiquer un brevet pour approprier le bien intellectuel en cause.

429. L'évidence ne laisse pas place à l'aléa. S'il est aléatoire, incertain, que l'homme du métier retienne la même solution face au problème qui lui est posé, alors la solution apportée n'est pas évidente et elle porte l'empreinte d'une activité inventive. Le terme évident vise ce qui ne va pas au-delà du progrès normal de la technique, ce qui ne suppose pas une qualification ou une habilité plus poussée que celle que l'on est en droit d'attendre d'un homme du métier.

L'évidence est une notion doublement relative ; elle se définit en fonction de l'état de la technique antérieur et en fonction des compétences de l'homme du métier. Ce qui est évident au regard de ces deux facteurs n'est pas le fruit d'une

55. Voir notamment les décisions OEB T 222/86, T 57/86, T 295/88, T 460/87, T 60/89, T 164/92, T 412/93. Voir AIPPI, groupe français, question Q213, "The person skilled in the art in the context of the inventive step requirement in patent law", 12 mars 2010, https ://www.aippi.org/download/commitees/213/GR213france.pdf

activité inventive, et ne peut donc pas être approprié par un brevet. En application de ce principe, la Cour de cassation retient que « *la technique revendiquée ne pouvait être considérée comme la manifestation d'une idée créatrice, puisqu'elle était susceptible de s'imposer d'elle-même à l'homme du métier* »[56]. L'évidence marque la limite de l'activité inventive : si le bien pour lequel un brevet est demandé relève des aptitudes habituelles de l'homme du métier, et apparaît comme le résultat nécessaire d'une recherche rationnelle, étant la simple application de ces connaissances, ou une solution de bon sens compte tenu du résultat recherché[57], ce n'est pas une invention appropriable par brevet[58]. L'appréciation de cette évidence relève du pouvoir souverain des juges du fond[59].

d) « L'état de la technique »

430. L'état de la technique pris en considération pour l'analyse de l'activité inventive n'est pas le même que celui retenu pour l'appréciation de la nouveauté[60]. Il en diffère, pour le Code de la propriété intellectuelle comme pour la CBE, à la fois dans le contenu et dans l'analyse.

Pour le contenu, il intègre l'ensemble des informations pertinentes dans un domaine technique donné. À la différence du domaine technique utilisé pour apprécier la nouveauté, sont exclues les demandes de brevets non publiées à la date de dépôt de la demande de brevet, le périmètre est donc réduit.

431. Quant à l'analyse de l'état de la technique, il est possible, pour apprécier l'activité inventive, contrairement à ce qui est retenu pour la nouveauté, de combiner des documents antérieurs. On ne recherche pas une antériorité de toutes pièces, mais une évidence dans la solution proposée. Si la solution découle de façon évidente de la combinaison naturelle de plusieurs documents antérieurs, alors il n'y a pas activité inventive. À l'inverse, si la combinaison des documents antérieurs ne relève pas de l'évidence, il sera possible de démontrer le caractère inventif de la solution proposée. Tout document publié antérieurement peut être analysé à la lumière des connaissances acquises ultérieurement, on tient compte de toutes les connaissances dont l'homme du métier est censé disposer à la veille du dépôt de la demande de brevet. L'OEB retient que s'il faut combiner plus d'une divulgation avec l'état de la technique pour parvenir à une combinaison de caractéristiques, cela peut être le signe d'une activité inventive.

Si l'invention apporte une solution à plusieurs problèmes partiels indépendants, il convient d'apprécier séparément, pour chaque question, si la combinaison des caractéristiques résolvant le problème partiel découle à l'évidence de l'état de la technique. Un document différent peut être analysé pour chaque

56. Cf. Cass. com., 13 oct. 2009, *PIBD* 2009, n° 908, III-1529 ; Cass. com., 9 juill. 2013, n° 12-18135 ; Cass. com., 20 mai 2014, n° 13-10061.
57. Cass. com., 5 mai 1998, *PIBD* 1998, III-397.
58. Cf. la notion de banalité en droit d'auteur, *supra* n° 36.
59. Cass. com., 9 mars 1993, *Bull. civ.* IV, n° 292 ; *PIBD* 1993, III-412.
60. Voir *supra* n° 411 et s.

problème partiel. Il suffit que l'une des combinaisons ne soit pas évidente pour en déduire l'activité inventive et la brevetabilité de la revendication en cause.

Pour réaliser ces combinaisons, l'examinateur doit rechercher si le contenu des divulgations est susceptible de rendre probable leur combinaison par l'homme du métier si ce dernier se trouvait confronté au problème résolu par l'invention. Il vérifie si les documents antérieurs proviennent de domaines techniques similaires ou éloignés. Il recherche s'il existe dans l'esprit de l'homme du métier un motif raisonnable d'associer les documents antérieurs entre eux.

2. Appréciation de l'activité inventive

432. L'appréciation de l'activité inventive suppose une comparaison entre l'invention et l'état de la technique antérieur. L'activité inventive est habituellement évaluée au moyen de l'approche « problème-solution », c'est-à-dire, en se demandant si la solution proposée pour le problème décrit dans la demande de brevet paraît ou non évidente pour l'homme du métier. Les circonstances de l'espèce sont toujours déterminantes. Entrent en ligne de compte, selon le cas, des facteurs multiples tels l'effet technique imprévu produit par une combinaison nouvelle d'éléments connus, la sélection de certaines conditions opératoires à l'intérieur d'une gamme connue, la difficulté éprouvée par l'homme du métier à combiner plusieurs documents connus, ainsi que des considérations secondaires comme le fait que l'invention résout un problème technique posé depuis longtemps, et ayant donné lieu à de nombreuses tentatives de solution, ou le fait d'avoir surmonté un préjugé technique.

L'origine de l'invention peut permettre de démontrer l'activité inventive. La démarche de l'inventeur, qui formule une nouvelle idée ou un problème à résoudre qui n'a pas encore été mis en évidence, peut laisser transparaître une activité inventive, même si ensuite la solution apportée semble évidente. L'activité inventive se situera dans le travail de formulation du problème. Une démarche similaire peut être suivie lorsque l'invention résout un problème connu ou lorsqu'elle repose sur l'explication d'un phénomène connu. Dans ce dernier cas, une fois l'explication obtenue, son application technique peut même apparaître comme une évidence. Enfin, l'invention peut découler de la combinaison de ces approches, ce qui facilitera la preuve de l'activité inventive.

En pratique, deux démarches sont principalement retenues pour démontrer l'existence d'une activité inventive : l'approche « problème-solution » et la constitution d'un faisceau d'indices.

a) L'approche « problème-solution »

433. L'approche « problème-solution » se déroule en trois étapes : détermination de l'état de la technique le plus proche, définition du problème technique objectif à résoudre et, enfin, en partant de l'état de la technique le plus proche et du problème technique objectif, vérification que l'invention aurait été évidente pour l'homme du métier.

La détermination de l'état de la technique le plus proche se réalise par la combinaison de caractéristiques, divulguée dans une seule référence, qui constitue le point de départ le plus prometteur pour effectuer un développement évident conduisant à l'invention. La sélection de cet état de la technique s'effectue dans le même domaine que celui de l'invention revendiquée ou dans un domaine voisin[61]. Cet état de la technique le plus proche se fait en fonction des connaissances supposées de l'homme du métier. Pour faciliter cette démarche, la demande de brevet doit comporter les éléments constituant l'état de la technique pour le déposant[62].

La deuxième étape consiste à déterminer objectivement le problème technique à résoudre. Cette démarche met en exergue les caractéristiques distinctives de l'invention, puis formule le problème technique. Il s'agit de modifier ou d'adapter l'état de la technique le plus proche pour obtenir les effets techniques constituant l'apport de l'invention. Est mis en avant le saut technique réalisé par l'invention. La difficulté en l'espèce est que la formulation du problème technique objectif ne doit pas préjuger de la solution technique apportée. Le problème technique, interprété au sens large par les juges, peut être une amélioration technique, ou simplement une solution de remplacement à un dispositif ou un procédé connu offrant les mêmes effets, mais présentant, par exemple, un meilleur rapport performance-coût.

Enfin, la dernière étape consiste à déterminer si l'état de la technique contient un enseignement qui aurait incité l'homme du métier, dans la même situation, à retenir la même solution que celle faisant l'objet de la demande brevet ou appropriée par brevet.

Cette approche est parfois désignée sous l'appellation « *approche could-would* ». Il ne s'agit pas de savoir si l'homme du métier aurait pu lui aussi créer le bien intellectuel en cause mais uniquement rechercher s'il aurait agi nécessairement de la même façon pour résoudre le problème technique objectif. Si c'est le cas, il n'y a pas d'activité inventive.

b) Le faisceau d'indices

434. La démonstration de l'activité inventive revient à rapporter la preuve d'un fait. Le recours à une méthode probatoire éprouvée, la constitution d'un faisceau d'indices concordants, est donc assez naturel. Les indices utilisés pour démontrer l'activité inventive sont variés ; sans en établir une liste exhaustive, on retient :

— Problème technique non résolu par l'art antérieur : le problème était connu mais sans réponse, le fait que l'inventeur apporte une réponse constitue un indice de l'activité inventive ;

— Difficultés vaincues, révélées par la durée écoulée entre la découverte d'un produit et son application industrielle, ou par le nombre d'expériences nécessaires : c'est la difficulté dépassée qui est l'indice de l'activité inventive. Lorsque le bien intellectuel résout un problème technique à la solution duquel les spécialistes travaillent depuis longtemps ou répond à un besoin exprimé depuis longtemps, on y voit la marque de l'activité inventive[63] ;

61. Voir Cass. com., 15 nov. 1994, *PIBD* 1995, III-51.

62. Voir *infra* nº 510.

63. CA Paris, 29 mars 1984, *PIBD* 1984, III-165 ; *RTD com.* 1985.750, obs. Chavanne et Azéma.

— Nombre important d'antériorités à combiner et leurs dispersions dans l'état de la technique : l'identification et la combinaison des antériorités permettent de constater l'activité inventive. Sans celles-ci, il n'aurait pas été possible d'apporter la solution technique ;

— Utilisation de techniques totalement différentes ou rupture avec les méthodes traditionnelles : le transfert de technologie d'un secteur à l'autre, marquant une rupture dans les techniques utilisées, concourt à démontrer l'activité inventive ;

— Préjugé vaincu : le fait d'apporter une solution technique allant à l'encontre de ce que l'homme du métier croit est l'indice d'une activité inventive[64] ;

— Progrès technique important, présentant un caractère inattendu : l'obtention d'un effet technique inattendu peut être considérée comme un indice de l'activité inventive. Il ne faut pas que l'effet inattendu soit un simple effet complémentaire qui ne confère alors aucun élément probant pour démontrer l'existence d'une activité inventive ;

— Succès commercial : le succès commercial à lui seul n'est pas un indice de l'activité inventive. En revanche, la preuve d'un succès commercial immédiat peut avoir une réelle signification s'il est également établi qu'un besoin ressenti depuis longtemps a été satisfait. Encore faut-il que ce succès commercial tire son origine de la solution technique et non pas d'autres facteurs.

435. Ces éléments peuvent être pris indépendamment ou conjointement, en les cumulant. Il faut parvenir à établir un faisceau d'indices concordants démontrant la non-évidence de l'invention. En présence de revendications indépendantes, si une revendication indépendante est nouvelle et inventive, il n'est pas nécessaire de contrôler si l'objet des revendications qui en dépend est lui-même nouveau et inventif[65]. Toutefois, ce contrôle est nécessaire si la revendication dépendante fait l'objet d'un dépôt ultérieur au dépôt de la revendication indépendante. De la même façon, lorsqu'une revendication de produit est nouvelle et inventive, la revendication de procédé attachée à ce produit ou la revendication relative à l'utilisation de ce produit est elle-même nouvelle et inventive. Il s'ensuit que les procédés par analogie, qui en eux-mêmes n'impliquent pas une activité inventive, sont néanmoins brevetables dans la mesure où ils fournissent des produits nouveaux et inventifs[66]. Si ces éléments ont des dates de dépôt différentes, il faut effectuer une analyse séparée.

§ 2. Les éléments exclus du droit des brevets

436. Le Code de la propriété intellectuelle, pas plus que la CBE, n'apportent une définition précise du bien pouvant faire l'objet d'une appropriation par brevet. Les deux textes exposent les contours de ce bien. Après avoir envisagé les conditions positives de brevetabilité, il est nécessaire de préciser les éléments

64. Cass. com., 15 déc. 1995, *Bull. civ.* IV, n° 292 ; Cass. com., 19 déc. 2000, *PIBD* 2001, III-277.

65. Cass. com., 8 avr. 2008, *PIBD* 2008, III-388 ; *Prop. Intell.* 2008, n° 29, p. 473, obs. B. Warusfel ; CA Paris, 1er mars 1996, *PIBD* 1996, III-275.

66. OEB, ch. rec., T 119/82, *JO OEB* 5/1984, 217 ; CA Paris, 28 févr. 1997, *PIBD* 1997, III-287.

exclus du droit des brevets. L'invention brevetable est identifiée par la combinaison de ces deux approches. Il y a une évolution certaine de la matière, des éléments fermement exclus sont maintenant aux portes du brevet, notamment le logiciel. En revanche, la prise en considération de données éthiques impose l'introduction d'exclusions explicites du droit des brevets.

L'article L. 611-10 2° C. propr. intell. et l'article 52 2° CBE égrènent la même liste d'exclusions, dans le même ordre ! Ne sont pas considérées comme des inventions, notamment les découvertes ainsi que les théories scientifiques et les méthodes mathématiques, les créations esthétiques, les plans, principes et méthodes dans l'exercice d'activités intellectuelles, en matière de jeu ou dans le domaine des activités économiques, les programmes d'ordinateurs, et les présentations d'informations. Il est ajouté que ces exclusions n'écartent la brevetabilité des éléments énumérés que si le brevet ou la demande de brevet concerne l'un de ces éléments considérés « *en tant que tel* ».

437. L'expression « *en tant que tel* » est majeure en droit des brevets, elle encadre les exclusions. Si l'invention ne porte pas directement sur une présentation d'information ou une méthode dans l'exercice d'une activité intellectuelle, mais ne fait qu'inclure cet élément parmi d'autres de natures différentes, le brevet ne porte pas sur cet élément en tant que tel et la présence d'une présentation d'informations ou d'une méthode dans une invention complexe n'a pas pour effet d'exclure cette dernière du droit des brevets. Il faut faire abstraction de la forme ou des catégories de revendications pour étudier uniquement le contenu du bien intellectuel afin de déterminer si, dans son ensemble, il relève des domaines technologiques et répond aux contraintes de brevetabilité.

À ces exclusions, la révision de l'an 2000 de la CBE a ajouté les exceptions de l'article 53, reprises aux articles L. 611-16 à L. 611-19 C. propr. intell. visant la bioéthique et l'appropriation du vivant. Les exclusions sont donc hétéroclites, elles seront présentées suivant la chronologie de leur avènement, en deux temps : les exclusions traditionnelles, les exclusions contemporaines.

A Les exclusions traditionnelles

438. Les exclusions traditionnelles soulèvent peu de difficultés, elles sont la confirmation d'une application rigoureuse des conditions de brevetabilité. Elles visent l'exclusion des découvertes, des théories scientifiques et des méthodes mathématiques.

1. Les idées

439. Cette exclusion n'est pas propre au droit des brevets, elle se retrouve dans toute la propriété intellectuelle[67]. L'idée, insuffisamment concrétisée, ne constitue pas un bien intellectuel, elle n'est pas appropriable. Si l'on en reste aux contraintes du brevet, la demande doit indiquer au moins une solution pour réaliser le bien intellectuel dont on revendique la propriété. Il n'est jamais possible de remplir cette condition pour une idée, par exemple pour un cahier

67. Voir *supra* n° 28 et s., en droit d'auteur.

des charges décrivant un résultat à obtenir mais sans indiquer les moyens à mettre en œuvre pour l'atteindre.

2. Les découvertes

440. Les découvertes ne sont pas, par nature, des biens intellectuels, elles ne sont pas des créations de l'homme mais le constat de phénomènes naturels. L'effort intellectuel n'est pas en cause, peu importent les difficultés rencontrées pour réaliser la découverte, éventuellement supérieures à celles surmontées pour créer. Une découverte est toujours l'identification d'un état naturel et non une création. Par exemple, la découverte du radium n'a pas donné lieu à un brevet ; en revanche, les utilisations pratiques du radium sont susceptibles d'être brevetées. Cette solution est défavorable à la recherche fondamentale. Si une substance naturelle produit un effet technique, elle peut être brevetable, mais pas en tant que telle, uniquement pour son effet technique. Il en va de même de l'identification d'une substance naturelle dont on découvre les vertus thérapeutiques, d'un micro-organisme existant à l'état naturel et produisant un antibiotique. Le micro-organisme serait brevetable en tant qu'élément de l'invention. La solution est la même pour les gènes. L'exclusion est limitée à la découverte en tant que telle, mais les usages proposés pour cette découverte peuvent être appropriés. La Cour suprême des États-Unis a adopté une approche similaire pour définir le champ de brevetabilité du vivant, imposant un acte créatif intellectuel engendrant un élément ne pouvant exister à l'état de nature[68]. Elle rompt de la sorte avec une jurisprudence de l'USPTO qui accueillait largement la brevetabilité des éléments du vivant isolés.

3. Les théories scientifiques et mathématiques

441. Les théories scientifiques sont des types de découvertes, elles suivent le même sort que ces dernières. Il en va de même pour les théories mathématiques. Dans les deux cas, l'abstraction interdit de répondre aux critères du domaine technologique et de l'application industrielle. En revanche, les inventions fondées sur les applications de ces théories scientifiques ou mathématiques sont, elles, parfaitement appropriables, l'exclusion ne portant que sur la théorie en tant que telle. Ainsi, une théorie mathématique peut être à l'origine d'un brevet sur le cryptage par exemple.

4. Les plans, principes et méthodes dans l'exercice d'activités intellectuelles appliqués au jeu, dans le domaine des activités économiques

442. Une fois encore, le droit des brevets écarte des entités de nature abstraite qui n'ont d'existence que par les règles énoncées pour les mettre en œuvre ou les utiliser. Cette exclusion des méthodes n'est pas partagée de la même façon par toutes les législations. Les États-Unis délivrent des brevets pour des

68. USSC, 13 juin 2013, *Association for molecular pathology et alii v. Myriad Genetics et alii*, 569 US 2013 ; F. Pollaud-Dulian, « L'adieu au brevet et le retour à la Nature des séquences d'ADN : l'arrêt *Myriad Genetics* de la Cour suprême des États-Unis », *D.* 2013, p. 2594 ; J.-C. Galloux, *D.* 2013, p. 1888.

Business Method. Ces méthodes commerciales sont toute méthode utilisée dans les contacts directs entre une entreprise et ses clients ainsi que toute méthode permettant à une entreprise de fonctionner, tant en interne que dans ses rapports avec les tiers. Ces méthodes ne relèvent pas du domaine technologique, et sont abstraites. Il se peut cependant qu'incluses dans un système complexe imposant, par exemple, une mise en œuvre par ordinateur, ces méthodes puissent faire l'objet, indirectement, d'une appropriation par un brevet en Europe.

5. Les créations artistiques

443. L'exclusion des créations artistiques n'est pas plus nécessaire que les exclusions précédentes, puisqu'en tant que telle, la création artistique ne répond pas aux conditions de brevetabilité. Le brevet permet l'appropriation d'une fonction et non d'une forme, le choix esthétique du créateur est indifférent. Il n'y a pas pour autant incompatibilité, la forme esthétique, en tant que telle, est exclue, mais un brevet peut porter sur les moyens techniques mis en œuvre pour obtenir cette forme, ou les structures techniques qui engendrent l'effet esthétique[69]. Il n'y a pas d'exclusion d'un domaine à l'autre ; pour réaliser une création esthétique, on recourt à des techniques éventuellement brevetables[70].

On retient une parfaite indépendance entre les moyens utilisés pour réaliser la création esthétique et le résultat obtenu, c'est-à-dire la création esthétique en tant que telle. Contrairement à ce qu'affirme la Cour de cassation, ce n'est pas parce qu'une création est le produit de la mise en œuvre d'un savoir-faire, donc de solutions techniques, qu'elle ne peut pas faire l'objet d'une appropriation par le droit d'auteur[71]. Il en va de même pour les moyens utilisés : ce n'est pas parce que le résultat est exclu du droit des brevets que les moyens utilisés le sont aussi. On peut citer, pour exemple, les travaux d'Yves Klein dont le bleu IKB, couleur de sa création, a fait l'objet d'un brevet portant sur la méthode de production de cette couleur particulièrement stable dans le temps et dans tout type d'application[72].

6. Les logiciels

444. Le dernier domaine que l'on peut qualifier de traditionnel mais qui est à la frontière des exclusions contemporaines, est celui des programmes d'ordinateur. Le logiciel, en tant que tel, subit un traitement particulier par les propriétés intellectuelles, marqué par son exclusion explicite de plusieurs régimes. Il s'agit du seul bien intellectuel ainsi traité. Les articles L. 511-1 *in fine*, L. 611-10 c) C. propr. intell. et l'article 52 CBE l'écartent de leur champ d'application. Il est uniquement possible de revendiquer un droit d'auteur, suivant les articles L. 112-2 13° C. propr. intell. L'exclusion semble en contradiction avec

69. F. Mayssal et A. Barthélemy, *Design et Brevet – quand l'invention passe par le design*, éd. INPI, 2011.

70. Cf. Savatier, « Les muses dans les balances de la justice », *op. cit.*, n° 3 et s.

71. Voir *supra* n° 53 et s. à propos de l'appropriation d'une fragrance.

72. Affirmant le dépôt d'un brevet, A. Kahn, *Yves Klein, Le maître du bleu*, Stock, 2000, p. 160 ; limitant la procédure à une enveloppe Soleau, D. Riout, « Imprégnations : scénarios et scénographies », *Yves Klein – Corps, couleur, immatériel*, éd. du Centre Pompidou, 2006, note 13, p. 34.

l'article 27 des accords ADPIC qui n'envisage pas que les membres puissent intégrer une telle exclusion dans leur droit interne[73].

L'exercice d'un droit d'auteur sur un logiciel est des plus naturelles : le logiciel est le produit d'une activité intellectuelle exprimée dans un langage particulier[74] qui répond à l'idée d'une création de forme. Chaque programmeur exprime sa personnalité dans la façon d'écrire son programme, faisant des choix personnels. Ainsi, deux programmeurs obtiendront des œuvres différentes, quand bien même ils disposent à l'origine des mêmes éléments et qu'ils doivent atteindre un but similaire. Le programme informatique s'assimile à une partition musicale, tous deux sont écrits dans un langage particulier et intelligible[75]. La personnalité des auteurs rejaillit sur le programme. Le critère de l'originalité trouve une application raisonnable, confirmée par la Cour de cassation[76]. Il ne fait pas de doute que le titre de propriété obtenu porte sur la forme du logiciel, sa rédaction, et non sur les fonctionnalités[77]. Une adaptation, une traduction ou une intégration dans une autre œuvre impose l'accord du titulaire des droits. En revanche, l'écriture originale d'un logiciel produisant les mêmes effets que le premier ne constitue pas une contrefaçon, le droit d'auteur ne portant pas sur la fonction[78].

Depuis l'inclusion exclusive du logiciel dans le droit d'auteur, un débat sourd à propos de la brevetabilité des logiciels[79]. « *Pourquoi tant de haine ?* » s'interroge justement M. Caron[80]. Du point de vue du principe de cumul des titres de propriété[81], hors de l'exclusion explicite, celle-ci devrait être possible. La Commission européenne, comme l'OEB, souhaite supprimer les exclusions explicites relatives à l'exercice de plusieurs droits de propriété intellectuelle sur des logiciels[82], ce qui serait d'autant plus utile à la sécurité juridique qu'il y a d'ores et déjà environ 50 000 brevets de ce type en Europe[83]. L'OEB dans un avis rendu le 12 mai 2010 par la grande chambre saisie par le président de

73. Si l'article 10 des ADPIC prévoit une appropriation par le droit d'auteur, aucune disposition n'exclut le cumul de titres de propriété sur un même bien intellectuel et l'article 27 n'exclut pas le logiciel du brevet.

74. Voir B. Caillaud, « La propriété intellectuelle sur les logiciels », *Propriété intellectuelle*, La Documentation française, 2003, p. 113, spéc. p. 115 et s.

75. Cf. *supra* n° 58.

76. Ass. plén., 7 mars 1986, *RIDA* n° 129, juill. 1986, p. 130, note. A. Lucas ; *D.* 1986, j. 405, concl. Cabannes et note B. Edelman ; *RTD com.* 1986.399, obs. Françon.

77. Cass. civ. 1re, 13 déc. 2005, n° 03-21154, *RLDI* 2006/12, n° 343, p. 22.

78. Par exemple, Cass. civ. 1re, 13 déc. 2005, *JCP* E 2006, n° 1160, p. 190.

79. C. Caron, « Réflexions sur la coexistence du droit d'auteur et du droit des brevets sur un même logiciel », *RIDA* n° 184, avr. 2000, p. 3 ; A. Lucas, J. Devèze et J. Frayssinet, *Droit de l'informatique et de l'Internet*, PUF, 2001, n° 511 ; F. Pollaud-Dulian, *Le droit d'auteur*, *op. cit.*, n° 216, p. 158.

80. C. Caron, « L'Europe timide des brevets de logiciel », *Prop. Indust.* 2002, chron. 11 et *CCE* 2002, chron. 20.

81. Voir *infra* n° 897 et s.

82. Document de travail de la Commission : *European Industry : A Sectoral Overview*, SEC(2005) 1216, du 5 octobre 2005 et consultation publique du 16 janvier 2006 pour la détermination d'une action future visant à mettre en place un système de protection des brevets européens.
http://europa.eu.int/comm/internal_market/indprop/patent/consultation_fr.htm

83. A. Lucas, J. Devèze et J. Frayssinet, *op. cit.*, n° 515. Par exemple, OEB décision T 258/03, *JO OEB* 2004, 575 et *JO OEBéd. Spéc. 2005, Jurisprudence*, p. 15.

l'office a déclaré maintenir sa doctrine sur la question[84]. Par deux fois, cette réforme a échoué devant le Parlement européen[85]. Les débats conduits lors de ces tentatives marquent autant une ignorance de l'unité des biens intellectuels qu'une absence d'analyse du régime des brevets[86]. Toute argumentation fondée sur la négation de la possibilité d'exercer un droit de propriété sur les logiciels est fondamentalement erronée, les logiciels étant déjà l'objet d'un régime de propriété. Toute diabolisation des brevets est tout aussi absurde qu'un exposé sur l'inefficacité ou la fragilité de l'appropriation par le droit d'auteur[87]. Il semble que la puissance acquise par *Microsoft* ou *Oracle* grâce à des logiciels appropriés exclusivement par le droit d'auteur suffise à écarter cet argument. Il faut écarter les faux débats (a) avant de revenir sur l'application au logiciel du Livre VI C. propr. intell. (b).

a) Les faux débats

445. Il a été hâtivement soutenu que l'exercice d'un droit de propriété sur un logiciel serait la mort de la liberté de créer et de communiquer[88]. Ce discours est parfois soutenu par les acteurs du mouvement libre, mais cette affirmation est des plus erronées. Il n'est pas nécessaire de renouveler une démonstration de la capacité de la propriété intellectuelle à laisser libre le développement technique et humain. Ces propos sont étonnants parce que le droit d'auteur s'exerce sur les logiciels. Il a été retenu pour son efficacité et sa facilité de mise en application internationale, grâce à l'absence de dépôt et à l'application de la Convention de Berne. Le mouvement logiciel libre lui-même propose des licences de diffusion fondées sur le droit de propriété. La question même de l'appropriation des logiciels n'a plus lieu d'être et la non-appropriation ne peut pas être un argument pour écarter l'application du droit des brevets[89]. Hors de la loi, aucune considération objective ne permet d'exclure un bien intellectuel de certains régimes d'appropriation autre que l'incapacité de ce bien à répondre aux critères d'appropriation dudit régime. Il n'y a pas d'exclusion technique des logiciels du champ d'application des brevets mais uniquement un choix légal[90].

84. Avis de la Grande Chambre des recours, 12 mai 2010, aff. G 3/08.

85. Vote en première lecture le 24 sept. 2003, B. Warusfel, *Prop. Intell.* n° 3, avr. 2002, chron. p. 79. Sur la deuxième version, *CCE*, janv. 2005, comm. 3 p. 31 obs. C. Caron, votée le 6 juill. 2005 ; cf. H. Weidig, « Les perspectives d'avenir sur la brevetabilité des logiciels », *Rev. du Marché intérieur et de l'Union européenne*, n° 491, sept. 2005, p. 510.

86. Sur cette proposition, M. Rocard, « Document de travail sur la brevetabilité des inventions contrôlées par ordinateur », Commission des affaires juridiques, Parlement européen, le 13 avr. 2005, PE 357.620v01-00.

87. Cf. J.-P. Martin, « La protection des logiciels informatiques : droit d'auteur ou brevet d'invention ? », *JCP* E 1990, II, 15752, p. 270.

88. Cf. l'analyse sociologique de R.M. Hilty et C. Geiger, « Breveter le logiciel ? Une analyse juridique et socio-économique », *Prop. Intell.* n° 16, juill. 2005, p. 296.

89. B. Egret et Y. Kaplun, « La nécessaire interprétation des licences relatives aux logiciels libres », *RLDI* 2006/12, n° 365, p. 51.

90. A. Lucas, J. Devèze et J. Frayssinet, *op. cit.*, n° 512. Voir *supra*, n° 275 pour le droit de dessin et modèle.

b) Application des contraintes du Livre VI

446. La question de la brevetabilité des logiciels en tant que telle[91], une fois l'obstacle légal dépassé, trouve sa seule solution dans l'application des dispositions du Livre VI du Code de la propriété intellectuelle ou des articles 52 et suivants de la CBE. Trois conditions positives de brevetabilité d'un bien intellectuel doivent être remplies outre la référence au domaine technologique : l'application industrielle, la nouveauté et l'activité inventive. Pour la nouveauté, l'invention est nouvelle si au moment du dépôt de la demande de brevet elle n'a pas encore été révélée au public ; la divulgation faisant obstacle à la brevetabilité. Ce critère s'applique aux logiciels comme à tout autre bien intellectuel approprié par brevet et ne rencontre aucune difficulté d'application. La nouveauté peut porter sur une fonction, une application, une structure de programme, etc. L'appréciation de l'activité inventive, critère voisin de la notion de banalité en droit d'auteur, s'effectue sans déformation ni difficulté pour les logiciels. Quant à l'application industrielle, elle est recherchée en identifiant la présence d'un effet technique. L'effet technique est parfois nié pour les logiciels, position absurde ! Il n'est plus possible de recenser les appareils fonctionnant grâce à un logiciel. La mise en œuvre de l'appareil d'une façon spécifique est l'effet technique du logiciel, l'OEB a fait sienne cette analyse en retenant un caractère technique à tous les logiciels dans la mesure où leur mise en œuvre produit des modifications physiques du matériel[92].

Les logiciels relèvent des inventions mises en œuvre par ordinateur, expression qui recouvre les revendications faisant intervenir des ordinateurs, des réseaux informatiques ou d'autres dispositifs similaires dont une ou plusieurs caractéristiques sont réalisées grâce au logiciel. La mise en œuvre d'un logiciel suscite un effet technique allant au-delà de l'interaction physique normale entre le programme et l'ordinateur.

447. Un quatrième critère de brevetabilité, formel, doit aussi être rempli, critère qui n'a jamais fait l'objet de débats alors qu'il est certainement l'enjeu majeur de la brevetabilité des logiciels : l'article L. 612-5 C. propr. intell. précise que l'invention doit être exposée de façon suffisamment claire et complète pour qu'un homme du métier puisse l'exécuter[93]. La description contient notamment l'indication du domaine technique auquel se rapporte l'invention, l'état de la technique antérieure, un exposé de l'invention permettant une compréhension du problème technique, un exposé détaillé du mode de réalisation de l'invention et les éventuelles applications industrielles de cette dernière. Une description insuffisante est une cause de nullité ou de refus de délivrance du titre. La description permet au brevet de remplir sa fonction sociale de diffusion des

91. A. Casalonga, « La protection des inventions dans le domaine du logiciel en Europe », *Mélanges Burst*, Litec, 1997, p. 85 ; S. Steinbrener et W. Anders, « La brevetabilité des inventions mises en œuvre par ordinateur », *12e Colloque des juges européens de brevets*, éd. spéc. *JO OEB*, 2005, p. 83 et s. ; F. Macrez, *Créations informatiques : bouleversement des droits de propriété intellectuelle ?*, Litec, 2011, coll. CEIPI t. 57, nº 164 et s.

92. Décision T 1173/97, 1er juill. 1998, *JO OEB* 1999, p. 609 et *EPOR* 1999 p. 301 ; OEB, Lignes directrices, *op. cit.*, Partie C IV-4, nº 2.3.6 ; D. Perdreau, « La jurisprudence de l'Office européen des brevets, source du droit des brevets », *Prop. Indust.* 2006, Étude 4, spéc. nº 24 et s.

93. Voir *infra* nº 509 et s.

savoirs. Si un logiciel est breveté, il faut que la demande comporte une description permettant à l'homme de l'art de le réaliser. M. Caillaud relève à juste titre que « *le descriptif d'un brevet ne porte souvent que sur des généralités qui permettent à un spécialiste de comprendre ce que fait le programme, mais pas d'en réaliser techniquement une imitation, ni d'analyser finement le périmètre de la protection* »[94]. Il est certain qu'un simple cahier des charges techniques ou une description des effets obtenus n'est pas satisfaisant. Il faut qu'un programmeur puisse reproduire exactement le bien intellectuel approprié pour l'étudier, à l'image des brevets sur les autres biens intellectuels. La présence d'un mode de réalisation de l'invention est primordiale. Dès lors, pour un logiciel, la description sera satisfaisante si elle contient les codes sources commentés et les algorithmes qu'ils mettent en œuvre, eux seuls à même de permettre une reproduction du bien[95].

Cette contrainte de communication, propre au régime des brevets, ne se retrouve pas en droit d'auteur. Le code source est tenu secret grâce à sa compilation en code objet. Cette obligation de description impose un choix d'opportunité pour le créateur : doit-il obtenir un brevet et révéler le cœur de son bien intellectuel ou ne pas cumuler les titres de propriété mais conserver secret son bien ? Cette question connaît des réponses diverses, quel que soit le secteur industriel. *Coca-Cola* ou *Michelin* ont opté à plusieurs reprises pour une appropriation de leurs biens intellectuels par le secret. *Google* suit la même logique. *Microsoft* voit sa politique évoluer en fonction des produits, mais conserve secrets les codes sources de ses produits phares.

B Les exclusions contemporaines

448. Les évolutions de la science conduisent à découvrir de nouveaux domaines dans lesquels l'homme peut intervenir et modifier le mouvement naturel des choses. Le génie génétique prend son essor depuis plus de trente ans et a réveillé l'idée d'une possible appropriation du vivant par le truchement du droit des brevets. Au-delà de la propriété intellectuelle, un débat éthique s'est instauré à travers le monde pour délimiter le domaine de l'appropriable[96]. C'est la source des exclusions contemporaines que l'on peut identifier sous deux aspects : l'ordre public et le vivant.

1. L'ordre public

449. Le contrôle de l'ordre public et les bonnes mœurs est une opération délicate en propriété intellectuelle[97]. Le droit de la propriété intellectuelle

94. B. Caillaud, *op. cit.*, p. 124. Voir aussi, F. Macrez, *Créations informatiques*, *op. cit.*, n° 477 et s.

95. Voir B. Caillaud, *op. cit.*, p. 121 qui ne retient pas la publication de ces éléments, avant, p. 165, de conclure en faveur de la publication des codes sources.

96. J.-P. Gasnier, « Éthique et propriété intellectuelle », *Mélanges J. Schmidt-Szalewski*, LexisNexis, 2014, coll. CEIPI, t. 61, p. 153.

97. M. Vivant, « Propriété intellectuelle et ordre public », *Mélanges Foyer*, PUF, 1997, p. 307 ; D. Gervais, *L'accord sur les ADPIC*, *op. cit.*, p. 340 et s. ; voir la loi n° 2013-354, 24 avr. 2013, autorisant l'approbation de l'accord entre le gouvernement de la République française et le gouvernement de la République de l'Inde relatif à la répartition des droits de propriété intellectuelle dans les accords

disposait depuis les années 1960 qu'étaient exclues les inventions dont la publication ou la mise en œuvre serait contraire à l'ordre public et aux bonnes mœurs. On excluait explicitement le corps humain, ses éléments, ses produits et la connaissance de la structure totale ou partielle d'un gène humain.

Sous l'impulsion de la directive 98/44 relative à la protection des inventions biotechnologiques[98], la loi bioéthique du 6 août 2004[99] a intégré, à la suite de la réforme de la CBE, ce critère dans les conditions de brevetabilité. L'article 53 CBE et l'article L. 611-17 C. propr. intell. retiennent que « *ne sont pas brevetables les inventions dont l'exploitation commerciale serait contraire à la dignité de la personne humaine, à l'ordre public ou aux bonnes mœurs* ». Ils précisent que cette contrariété ne peut résulter du seul fait que cette exploitation est interdite par une disposition législative ou réglementaire.

Ce n'est pas la nature même du bien intellectuel qui pourrait être contraire à la dignité humaine, l'ordre public ou aux bonnes mœurs, mais uniquement l'exploitation de ce bien. On ne contrôle pas la création du bien intellectuel mais son utilisation. Un tel rappel à l'ordre est-il réellement nécessaire alors que le droit commun scrute déjà le respect de l'ordre public et des bonnes mœurs. Il suffit certainement de se fier à lui pour contrôler l'exploitation des biens intellectuels. De plus, toutes les exploitations ne sont pas visées, uniquement l'exploitation commerciale. Un bien intellectuel pourrait être écarté du brevet si son exploitation commerciale est attentatoire à l'ordre public ; en revanche, le même bien pourrait être approprié par brevet si le demandeur affirme ne pas avoir l'intention d'en faire une exploitation commerciale. Cette nouvelle version du texte, loin d'accroître le contrôle de l'ordre public, a tendance à en diminuer les effets. L'expression « *mise en œuvre* » est en effet plus large que celle aujourd'hui retenue d'« *exploitation commerciale* ».

450. L'application de ce critère est particulièrement complexe au stade de la délivrance du brevet car il est difficile lors de cette procédure de connaître les conditions d'exploitation d'un bien et de l'analyser par rapport à des critères aussi généraux que la dignité humaine, l'ordre public et les bonnes mœurs. Dans le cadre de l'OEB, la tâche semble encore plus ardue dans la mesure où ces notions cadres connaissent un contenu variable d'un État à un autre[100]. Cette difficulté pourrait être partiellement écartée par l'affirmation que la contrariété à l'ordre public, la dignité ou les bonnes mœurs ne peut résulter du seul fait que cette exploitation est interdite par une disposition législative ou réglementaire. L'office n'a donc pas à contrôler la législation de chaque État membre pour effectuer sa propre appréciation. Toutefois, l'ordre public et les bonnes mœurs relèvent de l'environnement social rarement figé par une norme nationale.

---

de développement des utilisations pacifiques de l'énergie nucléaire, *JORF*, 27 avr. 2013, p. 7337, qui tire les conséquences d'une différence d'ordre public dans les deux États au regard de la brevetabilité des produits attachés à la maîtrise de la matière nucléaire.

98. Direct. 98/44 du 6 juill. 1998, relative à la protection des inventions biotechnologiques, J.-C. Galloux, « Premières vues sur la directive 98/44 », *JCP* G 1998, I-172.

99. Loi n° 2004-800 du 6 août 2004, *JORF* 7 août 2004, art. 17.

100. Voir, N. Binctin, « Les apports de la propriété intellectuelle à l'analyse d'un ordre public "transnational" ou "réellement international" », *Mélanges Bernard Audit*, LGDJ, 2014, p. 89.

Cette première limite contemporaine à la brevetabilité est loin d'être convaincante, pas plus qu'efficiente. Si une invention connaît plusieurs exploitations commerciales, dont seulement certaines sont contraires à la dignité humaine, l'ordre public ou les bonnes mœurs, le rejet d'une demande de brevet pour ce bien intellectuel serait injustifié[101], un rejet partiel pourrait être envisagé. Surtout, si la demande de brevet doit contenir au moins la description d'un usage, elle n'a pas à contenir tous les usages possibles. Le silence quant aux usages non décrit emporte leur inappropriation par le brevet, tout en permettant l'appropriation du bien et son exploitation, même dans un domaine exclu du titre de propriété. Seule l'hypothèse d'école d'une demande de brevet faisant explicitement référence à une seule exploitation commerciale portant atteinte à l'ordre public ou aux bonnes mœurs conduirait à l'exclusion. Le déposant peut supprimer cette référence, écartant la cause de refus de délivrance du titre de propriété.

2. Le vivant

451. Le vivant est entendu dans une acception la plus large possible : l'humain naturellement, mais aussi l'animal et le végétal. L'encadrement juridique de l'appropriation du vivant était l'objectif de la directive de 1998. L'essentiel du contenu de celle-ci a été repris à l'occasion de la révision de la CBE sous l'impulsion des États membres de l'UE. Il s'ensuit que, la loi française est similaire à la CBE pour cette question.

On peut distinguer trois temps pour l'encadrement de l'appropriation du vivant : la matière biologique, l'humain et, enfin, l'animal et le végétal. La matière biologique est traitée de façon autonome car elle forme le point d'union du vivant.

a) La matière biologique

452. Sous réserve des dispositions spécifiques pour l'humain, l'animal ou le végétal, l'article L. 611-10 alinéa 4 C. propr. intell. pose le principe suivant lequel sont brevetables dans les conditions ordinaires du droit des brevets, les inventions portant sur un produit constitué en totalité ou en partie de matière biologique[102] (voir règle 23 *quater* règl. d'exécution CBE). Cette admission dans le giron du brevet s'étend aux procédés permettant de produire, de traiter ou d'utiliser de la matière biologique. Il n'y a pas, *a priori*, d'exclusion du droit des brevets de la matière biologique, dans la mesure où l'objet de la demande de brevet relève du domaine technologique, est nouveau, traduit une activité inventive et est susceptible d'une application industrielle.

Le législateur avance, pour préciser la portée de cette disposition, une définition de la matière biologique : « *est regardée comme matière biologique la matière qui contient des informations génétiques et peut se reproduire ou être reproduite dans un système biologique* ». Cette définition, inspirée de l'article 2

101. Par exemple, OEB, décision G 1/98, *JO OEB* 3/2000, 111, point 3.3.3 des motifs.
102. Commission Europ., Évolution et implications du droit des brevets dans le domaine de la biotechnologie et du génie génétique, rapport, 14 juill. 2005, COM (2005) 312 final.

de la directive 98/44, installe l'information génétique[103] au cœur du droit du vivant, permettant de créer une catégorie de biens unifiés par un élément de leur composition. Cette définition est reprise par la règle 26 du règlement d'exécution CBE.

Les inventions biotechnologiques visées portent sur un produit composé de matière biologique ou en contenant, sur un procédé permettant d'en produire, de la traiter ou de l'utiliser. En particulier, est brevetable la matière biologique isolée de son environnement naturel ou produite à l'aide d'un procédé technique, et cela même si elle préexiste à l'état naturel[104]. Sont aussi brevetables les végétaux et les animaux si la faisabilité technique de l'invention n'est pas limitée à une variété végétale ou à une race animale déterminée, ce que rappelle l'article L. 611-19 II C. propr. intell. (*idem* règle 28, préc.).

453. La CJ[105] a encadré la portée de cette appropriation du vivant, fondée sur l'article 9 de la directive 98/44 qui dispose que « *la protection conférée par un brevet à un produit contenant une information génétique ou consistant en une information génétique s'étend à toute matière, sous réserve de l'article 5, paragraphe 1 (soit le corps humain, aux différents stades de sa constitution et de son développement, ainsi que la simple découverte d'un de ses éléments, y compris la séquence ou la séquence partielle d'un gène, ne peuvent constituer des inventions brevetables), dans laquelle le produit est incorporé et dans laquelle l'information génétique est contenue et exerce sa fonction* ». Elle retient que ce texte doit être interprété comme ne conférant pas une protection des droits de brevet dans des circonstances où le produit breveté est contenu dans un autre produit (produit en cause) où il n'exerce pas la fonction pour laquelle il est breveté, mais a exercé celle-ci précédemment dans le produit dans un état antérieur (en l'espèce le produit en cause est de la farine de soja et l'état antérieur est celui de plants de soja) dont le produit en cause est un produit de transformation, ou lorsqu'il pourrait éventuellement exercer à nouveau cette fonction, après avoir été extrait du produit en cause puis introduit dans une cellule d'un organisme vivant. Cette solution s'impose fermement aux États membres car la CJ affirme que cet article 9 procède à une harmonisation exhaustive de la protection qu'il confère, de sorte qu'il fait obstacle à ce qu'une législation nationale octroie une protection absolue du produit breveté en tant que tel, qu'il exerce ou non la fonction qui est la sienne dans la matière le contenant. Quant à l'application dans le temps de ces dispositions, la CJ retient que l'article 9 de la directive s'oppose à ce que le titulaire d'un brevet délivré antérieurement à l'adoption de cette directive invoque la protection absolue du produit breveté qui lui aurait été accordée par la législation nationale alors applicable. Elle relève enfin

103. Voir J. Raynard, « Biotechnologie : étendue de la protection sur une séquence génétique », *Prop. Indust.* 2011, comm. 14.

104. Voir *Les inventions biotechnologiques : protection et exploitation*, Litec, 1999, coll. IRPI, n° 18.

105. CJUE, 6 juill. 2010, aff. C-428/08, *Monsanto Technology LLC*, *JCP* G 2010, « Le brevet selon Monsanto » p. 603 et « L'arrêt Monsanto : la portée limitée du brevet biotechnologique » p. 1687, par L. Marino ; H. Gaumont-Prat, *Prop. Indust.* 2010, alerte 98 ; F. Pollaud-Dulian, « Le rôle de la fonction dans la définition de l'objet et la portée des brevets portant sur des séquences de gènes », *Gaz. Pal.* 2010, n° 351, p. 41 ; F. Girard, « Portée du brevet sur une séquence d'ADN : semailles et moissons autour de l'arrêt Monsanto », *RLDI* 2011, n° 56, p. 61 ; *D.* 2011, p. 333, obs. J. Raynard.

les articles 27 et 30 des accords ADPIC n'ont aucune influence sur l'interprétation de l'article 9 de la directive 98/44.

454. Suivant la même démarche, le droit des brevets accueille des inventions ayant pour objet un procédé technique, notamment microbiologique, ou un produit obtenu par un tel procédé (voir art. L. 611-19 III C. propr. intell.). Comme pour la matière biologique, le législateur propose une définition de la notion de procédé microbiologique. Celle-ci recouvre « *tout procédé utilisant ou produisant une matière biologique ou comportant une intervention sur une telle matière* » (dans le même sens, direct. 98/44, art. 2).

L'appropriation du vivant est largement possible, elle est la solution de principe, sous réserve des contraintes exposées dans les définitions. L'affirmation de ce principe à l'article L. 611-10 C. propr. intell. donne à celui-ci une place symbolique dans le Livre VI, ce qui le renforce. Toutefois, à cette affirmation de principe, il faut opposer les tempéraments principalement éthiques instaurés par le législateur, d'une part, pour l'Homme, et, d'autre part, pour les animaux et les végétaux.

b) L'Homme

455. Le législateur souhaite protéger l'Homme contre le risque d'une appropriation des savoirs et de son corps[106]. Cette protection, ontologiquement discutable car il n'est pas évident que la propriété soit une menace pour le genre humain, passe par deux voies.

456. En premier lieu, le Code de la propriété intellectuelle, à l'article L. 611-16 (*idem*, CBE art. 53 c)), avance que ne sont pas brevetables les méthodes de traitement chirurgical ou thérapeutique du corps humain et les méthodes de diagnostic appliquées au corps humain[107]. Cette exclusion des méthodes du domaine des brevets n'est pas spécifique au domaine en cause, l'exclusion des méthodes dans l'exercice d'une activité intellectuelle de l'article L. 611-10 C. propr. intell. intègre déjà cette évolution.

Le législateur aurait pu intégrer le contenu de l'article L. 611-16 comme une illustration des méthodes exclues de l'article L. 611-10, il aurait conservé une meilleure cohérence au texte et n'aurait pas modifié la portée de cette disposition. Surtout, cette exclusion des méthodes est essentiellement symbolique puisqu'une méthode ne peut pas remplir les critères de brevetabilité, et n'est pas en tant que telle appropriable par un brevet[108]. Les gestes médicaux ne sont pas appropriables par brevet, seul le secret peut éventuellement permettre de les réserver. Par exemple le procédé de fabrication d'une endoprothèse en dehors du corps humain, incluant une étape chirurgicale pour prendre les mesures nécessaires, n'est pas brevetable[109].

Cette limitation du domaine de l'appropriable ne s'applique pas aux produits, notamment aux substances ou compositions, pour la mise en œuvre d'une de ces méthodes. On retrouve la limite fondamentale de la propriété

106. Voir Th. Lambert, « Le brevet et la personne », *D.* 2005, chron. 2005.
107. Sur cette exclusion, OEB, ch. rec. tech., 29 sept. 1999, T 35/99, *JO OEB*, oct. 2000, p. 447.
108. En ce sens, Cass. com., 17 juin 2003, *Bull. civ.* IV, nº 100 ; *PIBD* 2003, III-470 ; *Prop. Intell.* nº 9, 2003, p. 409, obs. J.-C. Galloux.
109. OEB, ch. rec., T 1005/98.

intellectuelle en général et du droit des brevets en particulier : les limitations, exceptions, exclusions doivent s'interpréter restrictivement. Les instruments et appareillages chirurgicaux, thérapeutiques ou de diagnostic devant être utilisés dans les méthodes visées ci-dessus – désignés habituellement par l'expression de « dispositif médical »– peuvent être sans limite brevetés.

457. En second lieu, et de façon ferme, le droit des brevets, sous l'impulsion de la directive 98/44, retient (article L. 611-18 C. propr. intell. et règles 26 et s. règl. d'exécution CBE) que « *le corps humain, aux différents stades de sa constitution et de son développement, ainsi que la simple découverte d'un de ses éléments, y compris la séquence totale ou partielle d'un gène, ne peuvent constituer des inventions brevetables* ». L'exclusion du corps humain et de ses éléments du droit des brevets est une fois encore une tautologie car l'Homme, par nature, n'a pas créé son corps. Il ne peut, en aucun cas, être une invention, aucun des critères de brevetabilité n'est rempli. Si la fonction symbolique de cette affirmation peut avoir du sens, elle emporte un affaiblissement des limites internes du droit des brevets, laissant penser qu'il ne suffit pas de ne pas remplir les conditions de brevetabilité pour être exclu du droit des brevets[110].

Cette exclusion générale est renforcée par une liste illustrative d'éléments exclus du droit de propriété, sans nécessairement que ces éléments relèvent du corps humain ou de ses éléments. Par exemple, les procédés de clonage des êtres humains sont visés, mais un tel procédé n'est pas un élément du corps humain (*idem,* règle 26 et s. règl. d'exécution CBE). Cette illustration aurait pu trouver place dans les limites tenant à l'ordre public, mais l'interdiction de l'article L. 611-18 C. propr. intell. va plus loin car elle ne limite pas l'exclusion à l'exploitation commerciale, elle est générale. Il en va de même pour les procédés de modification de l'identité génétique de l'être humain (*idem,* règle 26 et s. préc.). Il ne s'agit pas de l'être humain ou de ses éléments en tant que tels.

458. Des exclusions sont plus troublantes car elles ont une limite interne venant contredire la limite générale énoncée par l'article L. 611-18 C. propr. intell. L'exclusion des brevets pour les utilisations d'embryons humains ne porte que dans l'hypothèse où cette utilisation est effectuée à des fins industrielles ou commerciales[111]. En dehors de cela, la brevetabilité est envisageable. Comment articuler cette exclusion avec les dispositions générales de l'article L. 611-18 et celles de l'article L. 611-16 C. propr. intell. ? L'utilisation d'embryons humains peut avoir des enjeux thérapeutiques majeurs et il faut permettre la recherche et la brevetabilité des solutions proposées. Pour autant, quel sens donner à l'expression « utilisation à des fins commerciales » ? On peut l'opposer à l'expression « utilisation à des fins thérapeutiques », mais la thérapie sera probablement commercialisée[112] ! L'exclusion ne concerne notamment pas

110. Voir J.-C. Galloux, « Éthique et brevet ou le syndrome bioéthique », *D.* 1993. chron. 83 ; J.-L. Goutal, « Éthique, bioéthique et droit des brevets », *Mélanges Gobert*, Economica, 2004, p. 169.
111. Voir OEB, ch rec., 25 nov. 2008, aff. G2/06 *D.* 2008, pan. 1435, obs. J.-C. Galloux et H. Gaumont-Prat ; *RTD civ.* 2009.293, obs. J. Hauser. Sur la question, J.-C. Galloux, « Non à l'embryon industriel : le droit européen des brevets au secours de la bioéthique », *D.* 2009.578 ; J.-C. Galloux, « L'embryon communautaire », *D.* 2012, p. 410.
112. Sur l'interprétation de cette formule, OEB, G 1/04, avis du 16 déc. 2005 sur les méthodes de diagnostic, *JO OEB* 2006, 334 ; *Prop. Intell.* n° 19, 2006, obs. J.-C. Galloux.

les inventions ayant un objectif thérapeutique ou de diagnostic qui s'appliquent à l'embryon humain et lui sont utiles. La CJ[113] a apporté une interprétation à cette exclusion particulière, interprétation fondée non pas sur la nature de l'exploitation mais sur les fonctions remplies par la matière biologique en cause. Pour interpréter cette disposition relative à l'utilisation des embryons humains, elle procède en deux temps. En premier lieu, elle avance une définition de la notion d'embryon par une double approche. D'une part, elle retient qu'au sens de l'article 6, paragraphe 2, sous c), de la directive 98/44/CE « *constituent un "embryon humain" tout ovule humain dès le stade de la fécondation, tout ovule humain non fécondé dans lequel le noyau d'une cellule humaine mature a été implanté et tout ovule humain non fécondé qui, par voie de parthénogenèse, a été induit à se diviser et à se développer* ». Ces trois stades ou trois approches sont donc définitivement inclus dans cette notion. Elle y ajoute, d'autre part, une approche supplémentaire, mais sans trancher directement la qualification de cette dernière. En effet, la Cour relève qu'il « *appartient au juge national de déterminer, à la lumière des développements de la science, si une cellule souche obtenue à partir d'un embryon humain au stade de blastocyste constitue un "embryon humain" au sens de la directive 98/44* ». Cette notion d'embryon n'a vocation à s'appliquer que dans le champ couvert par la directive, et en particulier en droit des brevets. Le lien essentiel entre la connaissance scientifique et la qualification est pleinement assumé par la Cour, écartant partiellement un débat dogmatique délicat dans une Europe pluriculturelle.

Une fois l'objet définit, la Cour envisage les conditions de son appropriation par le droit des brevets. Elle indique que « *l'exclusion de la brevetabilité portant sur l'utilisation d'embryons humains à des fins industrielles ou commerciales porte également sur l'utilisation à des fins de recherche scientifique, seule l'utilisation à des fins thérapeutiques ou de diagnostic applicable à l'embryon humain et utile à celui-ci pouvant faire l'objet d'un brevet* ». Il s'agit d'une interprétation extensive de l'exclusion retenue par la directive, en y ajoutant l'utilisation à des fins de recherche scientifique. Ce n'est pas le lucre qui pourrait être fait sur la technologie impliquant l'embryon qui semble motiver ces exclusions, mais l'utilisation de l'embryon lui-même. Le cadre dans lequel l'embryon peut faire l'objet d'une appropriation se trouve ainsi strictement réduit, seuls les diagnostics et les thérapies bénéficiant à l'embryon lui-même peuvent être appropriées. Toute autre fonction est exclue du droit des brevets. L'exclusion de l'utilisation à des fins de recherche scientifique doit être comprise comme la possibilité d'obtenir un brevet pour un embryon dans une fonction destinée à la recherche. Cela n'a pas pour effet d'exclure ni la recherche scientifique sur les embryons (question qui ne relève pas du droit de la propriété intellectuelle mais du droit de la recherche[114]), ni le bénéfice de l'exception de

113. CJUE, 18 oct. 2011, aff. C-34/10, *Brüstle*, *D.* 2011.2596, obs. J. Daleau ; *D.* 2012.319, obs. J.-C. Galloux ; *AJ fam.* 2011.518, obs. A. Mirkovic ; *Prop. Indust.* 2012, comm. 2, obs. M.-C. Chemtob-Concé ; *D.* 2012, 520, obs. J. Raynard ; *Prop. Indust.* 2012, chron. 6, n° 25, obs. H. Gaumont-Prat ; *Europe* 2011, comm. 482, obs. S. Roset ; *RDC* 2012/2, p. 593, note Fl. Bellivier et Ch. Noiville.

114. Cf. décret n° 2012-467 du 11 avr. 2012 relatif à la recherche sur l'embryon et les cellules souches embryonnaires et aux études sur l'embryon, *JORF*, 12 avr. 2012, p. 6737.

recherche scientifique[115] du droit des brevets appliquée aux brevets portant sur des embryons. La loi relative à la recherche impliquant la personne humaine ne retient pas une telle approche. Elle précise dans un nouvel article L. 1121-16-1 du Code de la santé publique qu'« *on entend par recherches à finalité non commerciale les recherches dont les résultats ne sont pas exploités à des fins lucratives, qui poursuivent un objectif de santé publique et dont le promoteur ou le ou les investigateurs sont indépendants à l'égard des entreprises qui fabriquent ou qui commercialisent les produits faisant l'objet de la recherche. Pendant la durée de la recherche, le promoteur fournit gratuitement les médicaments expérimentaux et, le cas échéant, les dispositifs médicaux utilisés pour les administrer ainsi que, pour les recherches portant sur des produits autres que les médicaments, les produits faisant l'objet de la recherche. Les caisses d'assurance maladie prennent en charge les produits faisant l'objet de recherches à finalité non commerciale* »[116].

Enfin, pour assurer une sécurité juridique suffisante sur cette question, la Cour apporte une précision quant aux éléments de la demande de brevet devant être contrôlés. En effet, le droit des brevets impose que la demande contienne au moins une application du bien intellectuel pour lequel un titre de propriété est demandé. En revanche, il n'est pas nécessaire de préciser si cette application est industrielle, commerciale ou pour la recherche scientifique. La mise en œuvre du contrôle de l'ordre public pourrait être limitée par le contenu même de la demande de brevet. Pour écarter ce risque, la Cour indique qu'est exclue « *la brevetabilité d'une invention lorsque l'enseignement technique qui fait l'objet de la demande de brevet requiert la destruction préalable d'embryons humains ou leur utilisation comme matériau de départ, quel que soit le stade auquel celles-ci interviennent et même si la description de l'enseignement technique revendiqué ne mentionne pas l'utilisation d'embryons humains* ». Ainsi, l'usage technique de l'embryon est le siège d'un contrôle de la conformité à l'ordre public, sans même contrôler l'utilisation industrielle ou commerciale du bien intellectuel.

On note que l'OEB, dans sa décision de 2008[117], retenait que l'article R. 28 c), comme toute règle interprétative, devait s'appliquer à toutes les demandes, y compris à celles déposées avant l'entrée en vigueur de ladite règle (en l'occurrence le 1er sept. 1999). Cette approche semble en cohérence avec les règles de contrôle de l'ordre public. La Grande Chambre affirmait que l'article R. 28 c) (similaire à l'article L. 611-18 C. propr. intell. et comme lui issu de la directive de 1998 qui servit de référence à l'OEB pour l'interprétation de sa règle, appliquant une règle d'interprétation conforme) interdit la brevetabilité de revendications portant sur des produits qui ne pouvaient être préparés, à la date de dépôt, que par des méthodes impliquant nécessairement la destruction d'embryons humains, même si la méthode ne fait pas partie de la revendication. Elle ajoutait que le fait qu'après la date de dépôt, les produits puissent aussi être obtenus par des méthodes n'impliquant pas la

115. Voir *infra* n° 586.
116. Loi n° 2012-300,5 mars 2012, relative aux recherches impliquant la personne humaine, *JORF*, 6 mars 2012 p. 4138, art. 2.
117. OEB, ch rec., 25 nov. 2008, aff. G2/06, préc.

destruction d'embryons humains n'est pas pertinent pour apprécier la conformité de la demande à la règle applicable. Dans le cadre de la demande de brevet en cause, le fait que la revendication porte sur des cellules-souches, et donc pas explicitement sur l'utilisation d'embryons n'est pas jugé pertinent, car la mise en œuvre de l'invention (la fabrication du produit) implique nécessairement l'utilisation d'embryons, en l'occurrence leur destruction (pt 25). Le fait que les embryons soient détruits démontre que l'utilisation n'est pas à des fins thérapeutiques ou diagnostiques utiles à l'embryon en lui-même : *a contrario*, elle est donc industrielle ou commerciale (pt 27). Pour des raisons de sécurité juridique, comme dans le cas de la suffisance de description, il est exclu de tenir compte des développements de la technique postérieurs à la date de dépôt (pt 33). La Grande Chambre ajoute enfin (pt 35) que sa décision s'applique à tout produit ne pouvant être obtenu que par la destruction d'embryons humains, et pas seulement aux cellules-souches. On constate une certaine harmonie entre l'interprétation de l'OEB et celle de la CJ.

459. Enfin, la dernière limite illustrative proposée par le législateur, certainement inutile, vise les séquences totales ou partielles d'un gène prises en tant que telles. Il ne s'agit pas d'une invention mais d'une découverte, par nature écartée du droit des brevets !

Reprenant un procédé constant, à la suite de cette exclusion de principe et de ces illustrations, le législateur précise que ces limites sont d'interprétation stricte, elles ne visent pas une invention constituant l'application technique d'une fonction d'un élément du corps humain. On pense à l'utilisation thérapeutique, par exemple, des embryons humains, de cellules-souches, ou d'un gène. Naturellement, cette appropriation ne couvre l'élément du corps humain que dans la mesure nécessaire à la réalisation et à l'exploitation de cette application particulière, suivant la notion de fonction avancée par la jurisprudence *Monsanto*[118]. La loi ajoute, afin d'assurer une compatibilité avec les restrictions de l'ordre public et celles de l'utilisation de l'embryon, que l'exploitation du bien intellectuel doit être concrètement et précisément exposée dans la demande de brevet.

c) L'animal et le végétal

460. La démarche du législateur pour l'animal et le végétal est sensiblement la même que pour l'être humain. Dans un premier temps, il impose, à l'article L. 611-16 C. propr. intell., une limite du droit des brevets en excluant les méthodes de traitement chirurgical ou thérapeutique du corps animal et les méthodes de diagnostic appliquées au corps animal. Ces dispositions ne s'appliquent pas aux produits, notamment aux substances ou compositions, pour la mise en œuvre de l'une de ces méthodes.

461. Dans un second temps, la loi établit, à l'article L. 611-19 C. propr. intell., une liste limitative des éléments exclus du brevet. En premier lieu, sont visées les races animales. Cette exclusion est de principe, les races relevant de l'état naturel.

118. Voir *supra* n° 453 et *infra* n° 579 et s.

Ensuite, sont exclues du droit des brevets les variétés végétales telles que définies à l'article 5 du règlement 2100/94[119] créant un titre européen pour l'appropriation des obtentions végétales. Cette limite forme une exception au principe de cumul de titres de propriété sur les biens intellectuels. Si la création végétale est appropriée par une obtention européenne, elle ne peut pas faire l'objet d'un brevet pour le même objet. Cette limite, regrettable, tend à une confusion des régimes de propriété alors que leur domaine respectif et les conditions de revendication des titres de propriété sont autonomes. Surtout, cette exclusion ne concerne pas les procédés microbiologiques et les produits obtenus par la mise en œuvre de ces procédés, en application de l'article L. 611-19 III C. propr. intell.

Après avoir visé, d'une part, les races et d'autre part les variétés végétales, l'article L. 611-19 C. propr. intell. aborde les conditions d'obtention de ces biens. Il exclut du champ des brevets les procédés essentiellement biologiques[120] pour l'obtention des végétaux et des animaux, et précise que sont considérés comme tels les procédés qui font exclusivement appel à des phénomènes naturels comme le croisement ou la sélection. On se demande si la nouveauté ou l'activité inventive peuvent exister pour ces procédés ancestraux. De plus, comme pour les variétés végétales, cette exclusion ne concerne pas les procédés microbiologiques et les produits obtenus par la mise en œuvre de ces procédés, en application de l'article L. 611-19 III C. propr. intell.

462. Enfin, prenant acte de la performance du génie génétique, le législateur encadre cette pratique au regard du droit des brevets. Il écarte la possibilité d'approprier des procédés de modification de l'identité génétique des animaux de nature à provoquer chez eux des souffrances sans utilité médicale substantielle pour l'homme ou l'animal, ainsi que les animaux issus de tels procédés (*idem,* règle 28 CBE préc.). Cette limite est particulièrement circonstanciée, les conditions cumulatives imposées font qu'il sera pratiquement toujours possible d'obtenir un brevet pour de tels procédés dès lors qu'il en va de la santé humaine. Si la modification ne provoque aucune souffrance pour l'animal, aucune limitation. Si elle provoque une souffrance mais que la modification emporte une utilité médicale substantielle pour l'homme ou l'animal, il est possible d'obtenir un brevet. Surtout, le texte rappelle à juste titre que les animaux sont des biens pouvant faire l'objet d'une appropriation par brevet[121]. Il sera important de distinguer la propriété du bien intellectuel de la propriété du support, l'animal, dans l'esprit de l'article L. 611-3 C. propr. intell. L'animal génétiquement modifié est un bien intellectuel, une création appropriable par brevet, la reproduction de ce bien se fait sous le contrôle du propriétaire du bien intellectuel.

---

119. Règlement (CE) n° 2100/94 du Conseil, du 27 juill. 1994, instituant un régime de protection communautaire des obtentions végétales ; voir *infra* n° 643 et s.

120. Sur cette notion, OEB, Grande Ch. de recours, 9 déc. 2010, n° G 2/07 et G 1/08 ; *Gaz. Pal.* 2011, n° 54, 23 févr. 2011, p. 17, obs. L. Marino.

121. OEB, ch. rec. tech., T19/90, *Sourie Oncogene de Harvard*, *JO OEB* 1990, p. 476 ; J.-C. Galloux, « Fabrique-moi un mouton : vers la brevetabilité des animaux, chimères du droit français », *JCP* G 1990, I, 3872 ; même auteur, *RTD com.* 2006.342. Plus de 1 200 brevets sur des animaux ont été délivrés par l'OEB.

§ 3. Les différentes catégories de brevets

463. L'usage a dégagé une catégorisation des brevets[122] que l'on retrouve dans les dispositions réglementaires encadrant les procédures de dépôt d'une demande de brevet, notamment aux articles R. 612-18 et R. 612-19 C. propr. intell. et à la règle 43 (2) du règlement d'exécution de la CBE. Quatre catégories de brevets sont proposées, ces catégories remplissant essentiellement une fonction pratique sans sanction légale spécifique : l'invention de produit, l'invention de procédé, l'invention d'application et l'invention de combinaison. Au côté de ces quatre catégories classiques émerge une cinquième catégorie, le brevet vert[123]. Selon les développements de l'OMPI, il faut entendre par vert « *technologies shall mean environmentally sound technologies as defined in Chapter 34 Agenda 21 (The United Nations Programme of Action from Rio, 1992) that "protect the environment, are less polluting, use all resources in a more sustainable manner, recycle more of their wastes and products, and handle residual wastes in a more acceptable manner than the technologies for which they were substitutes* ». L'OMPI développe un programme spécifique pour cette catégorie d'invention autour d'une base de données permettant de mieux les biens intellectuels répondant à cette approche[124].

La création d'un bien intellectuel peut conduire le demandeur à revendiquer plusieurs de ces catégories, une invention d'un produit pouvant engendrer une invention de la façon d'obtenir ce produit et une invention de quelques utilisations possibles de ce produit. L'enjeu de la distinction est d'accroître la lisibilité d'un brevet pour anticiper autant que possible sa portée. Par exemple, le bien intellectuel approprié prenant la forme d'un produit, toutes les solutions techniques envisageables qui aboutissent à la production de ce produit seront dans le champ d'application du brevet, il en va de même pour les applications du bien intellectuel. Toutefois, cette approche n'est pas que pédagogique. L'article L. 613-2 C. propr. intell. précise le périmètre d'appropriation d'un bien selon que le brevet porte sur un procédé ou non ; l'article L. 613-2-1 C. propr. intell. limite ces principes pour les brevets portant sur des séquences génétiques.

À l'inverse, le moyen technique inventé pour produire un bien ne procure pas une appropriation du résultat, mais simplement de la voie employée. Si un tiers trouve une autre solution technique pour produire le même bien, cette solution ne sera pas couverte par le brevet antérieur.

---

122. Sur le recours à cette catégorisation, J.-C. Galloux et J. Azéma, *op. cit.*, n° 264 et s. ; Françon, *Cours de propriété littéraire, artistique et industrielle*, Litec, 1999, p. 35 et s.

123. G. Henry, « Le brevet vert peut accélérer le développement des technologies propres », *Les Échos*, 20 déc. 2010, même auteur, « Les PME françaises doivent être présentes sur WIPO Green », *Les Échos*, 2 avr. 2012. G. Henry et C. Quatravaux, *Technologies vertes et propriété intellectuelle*, LexisNexis, 2013, coll. IRPI, t. 42 ; J. Wathelet, « Innovaiton verte et propriété intellectuelle », *Droit et Innovation*, PUAM, 2013, p. 149.

124. https ://www3.wipo. int/green/green-technology/techOverview

A Les brevets de produit

464. Un produit est un corps déterminé ayant une composition ou une structure particulière qui le distingue des autres corps. Roubier proposait une approche corporelle du produit, le définissant comme la chose ayant une composition mécanique ou chimique originale la distinguant des autres corps. Le bien intellectuel créé par l'invention n'est pas corporel, seule la réalisation pratique de l'invention conduit à réaliser un bien corporel. Ces produits sont, par exemple, les prothèses médicales, des rouages mécaniques, des molécules chimiques dont les médicaments, etc.

Il ne faut pas confondre le produit et le résultat. Seul est brevetable le produit, en revanche, le résultat n'est pas brevetable en tant que tel. Il s'agit de laisser à l'inventivité et à la liberté d'entreprendre un espace pour s'exprimer. Celui qui trouve le premier le moyen de lancer loin une balle de golf ne peut pas obtenir un brevet sur ce résultat, c'est-à-dire la distance obtenue. Il ne peut obtenir un titre de propriété que sur la façon d'y arriver, *i. e.* un brevet de procédé, ou sur la machine lui permettant de réaliser la prouesse, *i. e.* un brevet de produit. À défaut d'une telle limite, il ne serait plus possible de rechercher un autre moyen d'obtenir le même résultat (envoyer une balle à la même distance). Il faut laisser à toute personne l'initiative de trouver d'autres moyens de parvenir aux mêmes résultats. Le brevet de produit engendre l'interdiction pour un tiers d'obtenir le même produit, quel que soit le procédé mis en œuvre. La CJ a rappelé, à propos d'un brevet portant sur un principe actif pharmaceutique, qu'un brevet, obtenu à la suite d'une demande revendiquant l'invention tant du procédé de fabrication d'un produit pharmaceutique que de ce produit pharmaceutique en tant que tel, mais qui a été délivré uniquement pour ce procédé de fabrication, ne doit pas être considéré comme couvrant l'invention dudit produit pharmaceutique[125].

Certains pays n'avaient que des brevets de procédés, laissant libres les produits et ouvrant la voie à l'innovation sur les solutions pour obtenir le produit en cause. Toutefois, il est plus simple de perfectionner un procédé qu'un produit. Dès lors, en acceptant les brevets de produit, on accroît la protection de l'inventeur[126].

B Les brevets de moyens

465. Les brevets de moyens sont appelés aussi brevets de procédé, la loi de 1844 parlant de moyen et la loi de 1968 ayant opté pour la désignation « procédé ». Le langage peut être trompeur car le procédé peut prendre la forme d'un produit (il s'agit alors d'un outil permettant d'obtenir le produit désiré) comme il peut prendre la forme d'une solution technique (procédure particulière à suivre pour obtenir le produit désiré) et peut parfois être confondu avec les

125. CJUE, 18 juill. 2013, aff. C-414/11, *Daiichi Sankyo Co. Ltd*, D. Simon, « Brevetabilité des produits pharmaceutiques et Accord ADPIC », *Europe* oct. 2013, Comm. n° 10 p. 39 ; M. Abner, « Les compétences exclusives en matière de politique commerciale commune », *Revue aff. eur.* 2013, p. 589.
126. Voir l'évolution du droit des brevets en Inde à la suite de l'adhésion de ce pays à l'OMC.

méthodes[127]. Lorsque le brevet de procédé porte sur un outil, le bien intellectuel n'est pas le produit en soi mais le rôle que remplit cette chose, sa fonction[128]. Le moyen ne présente pas un intérêt direct, il concourt à obtenir une autre chose, un autre résultat. Au-delà de sa forme, l'invention est caractérisée par sa fonction dans le processus productif, l'effet technique qu'il produit. Une distinction complémentaire entre moyen général et moyen particulier est adjointe[129].

Lorsque le procédé ou le moyen est strictement immatériel, le risque de confusion s'amenuise. Il s'agit d'une procédure, d'une façon de conduire une opération pour obtenir un résultat. On parle de procédé au sens strict du terme, telle la façon de produire une molécule médicamenteuse, de distiller le pétrole pour obtenir tel ou tel dérivé, de cuire tel ou tel composant pour obtenir une réaction chimique particulière, etc.[130] L'invention porte non pas sur le moyen en général mais sur l'application particulière qui en est faite par l'inventeur.

Ces titres de propriété couvrent la technique utilisée pour obtenir un produit et non le produit lui-même. Ces brevets ont une envergure moindre que les brevets de produit, mais trouvent une place majeure dans l'économie. Une utilisation déviante de cette catégorie de brevets a été évoquée par la Commission dans un rapport récent identifiant les pratiques des laboratoires pharmaceutiques pour retarder l'entrée dans le domaine public de leurs médicaments[131].

Face à un brevet de procédé, un tiers peut commercialiser librement le produit obtenu s'il n'utilise pas les procédés couverts par un brevet pour réaliser le produit en cause. En revanche, en présence d'un brevet de produit, le breveté couvre par sa propriété tous les produits, quel que soit le procédé de fabrication utilisé. Le tiers trouvant un nouveau procédé pourra obtenir son titre de propriété mais devra attendre l'épuisement du précédent titre, sous réserve des licences de dépendance[132].

C Les brevets portant sur une application nouvelle de moyens connus

466. Dans cette hypothèse, le produit et les procédés de fabrication sont connus et appropriés par des brevets ou dans le domaine public. La création porte sur une nouvelle utilisation du bien intellectuel constitutive d'un nouveau bien intellectuel pouvant faire l'objet d'un titre de propriété. Cette nouvelle application est éventuellement connue en théorie sans avoir d'application industrielle. Celui qui parvient à mettre en œuvre celle-ci pourra revendiquer un titre

127. Cf. *supra* n° 456.

128. Sur la distinction entre produit et procédé au travers de la question de la double brevetabilité, Ch. Rec, OEB, 30 janv. 2014, aff. T-1780/12.

129. Sur cette distinction, J.-C. Galloux et J. Azéma, *op. cit.*, n° 269 et s.

130. Par exemple, pour une préparation alimentaire, Cass. com., 3 juin 2003, *PIBD* 2003, n° 771, III-437.

131. Rapport final de la Commission européenne sur la concurrence dans le secteur pharmaceutique, 8 juill. 2009, http://ec.europa.eu/competition/sectors/pharmaceuticals/inquiry/index.html ; J. Armengaud et E. Berthet-Maillols, « Enquêtes sur les pratiques des laboratoires pharmaceutiques : les propos mesurés et constructifs de la Commission européenne » *Prop. Intell.* n° 34, janv. 2010, p. 550 ; mêmes auteurs, « Du mauvais usage du droit des brevets en matière pharmaceutique, selon le rapport préliminaire de la Commission européenne », *Prop. Intell.* n° 31, avr. 2009, p. 132.

132. Voir *infra* n° 1049 et s.

de propriété. C'est un domaine éminemment important pour la création de solutions techniques ; un moyen peut être utilisé dans une industrie et faire l'objet d'un transfert dans un autre secteur. Par exemple, les sulfamides sont utilisés comme colorant, on découvre ensuite leurs vertus antibiotiques. Pour Roubier, l'application nouvelle d'un moyen connu revient à obtenir du moyen en cause un résultat que l'on n'avait pas imaginé auparavant[133].

La question du brevet délivré pour l'application nouvelle d'un moyen connu fut la source d'une divergence entre l'OEB et la France à propos du brevet de médicament[134]. La France écartait jusqu'en 2008 la possibilité d'obtenir un brevet pour la nouvelle application d'un principe actif médicamenteux. L'article L. 611-11, alinéas 4 et 5, C. propr. intell. est maintenant aligné sur la solution de l'article 54 c) de la CBE : une substance ou une composition déjà connue pour avoir été utilisée dans le cadre d'une première application thérapeutique peut être brevetée pour une deuxième ou une énième application thérapeutique, à condition naturellement que cette utilisation soit nouvelle et implique une activité inventive.

L'application nouvelle brevetable ne se confond pas avec l'emploi nouveau qui, lui, n'est pas brevetable[135]. On reconnaît l'application brevetable à ce que le moyen transposé procure un résultat différent de ceux qu'il permettait d'obtenir auparavant. Le critère de distinction entre les deux situations serait la présence d'une activité inventive selon Roubier[136] : elle est présente pour l'application nouvelle et non pour l'emploi nouveau. L'utilisation nouvelle serait une solution à laquelle l'homme du métier, confronté à la même situation, apporterait la même réponse. Par exemple, ajouter des roulettes à une armoire alors que l'on en applique déjà sous des pieds de tables ou de chaises n'est pas une application nouvelle d'un moyen connu mais simplement un emploi nouveau[137].

D Le brevet portant sur une combinaison nouvelle de moyens connus

467. La combinaison nouvelle de moyens connus peut être envisagée comme une simple variante de l'application nouvelle. Elle peut faire l'objet aussi bien d'un brevet de produit que d'un brevet de moyens selon l'invention. L'invention repose sur la combinaison d'éléments qui n'avaient pas été associés précédemment pour obtenir un résultat d'ensemble revendiqué. La propriété ne porte pas sur chacun des moyens mais sur la combinaison créée en vue d'obtenir un résultat spécifique. Les moyens doivent coopérer entre eux pour obtenir le résultat, peu importe qu'ils puissent être individualisés ou qu'ils ne réagissent pas les uns sur les autres. Suivant la formule de M. Galloux, « *l'existence d'une combinaison brevetable implique la reconnaissance d'une fonction propre obtenue par le groupement de moyens et caractérisée par la production d'un effet technique distinct de la somme des effets techniques de ses composants* »[138]. L'invention par

133. Roubier, *op. cit.*, t. 2, n° 153, p. 121 et s.
134. Voir *supra* n° 420.
135. Cass. com., 13 déc. 1994, *PIBD* 1995, III-141.
136. Roubier, *op. cit.*, t. 2, n° 142, p. 71.
137. Roubier, *op. cit.*, t. 2, n° 153, p. 126 et s.
138. J.-C. Galloux et J. Azéma, *op. cit.*, n° 278.

combinaison est caractérisée par la conjonction réalisée entre plusieurs moyens et non leur seule addition. La conjonction nouvelle des moyens connus permet d'atteindre un but recherché que les moyens pris séparément ne permettent pas. Ces brevets peuvent coupler des moyens connus, éventuellement du domaine public, avec des moyens nouveaux inventés pour l'occasion.

Il faut distinguer la juxtaposition de la combinaison. Seule la dernière permet d'obtenir un titre de propriété. À l'inverse de la combinaison où les organes sont assemblés en vue de produire un résultat commun, la juxtaposition allie des éléments conjugués qui fonctionnent isolément sans aboutir à un résultat d'ensemble spécifique. À nouveau, le critère de distinction peut être l'activité inventive[139].

§4. Les personnes habilitées à demander un brevet

468. Comme pour le droit d'auteur ou le droit des dessins et modèles, le droit des brevets affirme que la personne *a priori* habilitée à obtenir le titre de propriété est celle qui a créé le bien intellectuel. Ce principe connaît plusieurs aménagements. Il est nécessaire de préciser le principe avant d'envisager le régime particulier des inventions de salarié et celui des agents publics.

A Le principe – l'appropriation par l'inventeur

469. L'attribution de principe de la propriété du bien intellectuel à l'inventeur est affirmée à l'article L. 611-6 C. propr. intell. qui dispose que « *le droit au titre de propriété industrielle mentionné à l'article L. 611-1 appartient à l'inventeur ou à son ayant cause* ». Une solution identique est retenue par l'article 60 CBE.

Deux grands systèmes s'affrontent dans le monde pour établir la règle d'attribution des brevets : l'attribution du titre de propriété au premier inventeur ou l'attribution du titre au premier déposant[140]. Le premier système est le plus naturel et répond à l'esprit de la propriété intellectuelle. En pratique, il soulève de nombreuses complications. Dès lors que des controverses existent quant à l'identité du premier inventeur, un conflit risque de naître. Surtout, les pratiques de recherche engendrent une certaine concomitance des créations entre les équipes des laboratoires travaillant sur un même sujet. La gestion des conflits pour identifier le premier inventeur est encore plus incertaine. Pourtant, la règle du premier inventeur fut celle suivie par le droit américain. Toutefois, la loi dite *America Invents Act* du 16 septembre 2011, met fin à cette tradition de deux siècles en retenant un système original désigné « inventeur – premier déposant » et propose une refonte totale de l'article 35 USC 102 de l'ancienne loi, en supprimant notamment le paragraphe 102 (g) qui fondait le système antérieur.

139. Notamment, CA Paris, 28 janv. 2005, *PIBD* 2005, n° 806, III-227.

140. Voir les débats sur ce point lors de la conclusion des accords de l'OMC, D. Gervais, *op. cit.*, p. 337.

À la lumière de ces incertitudes, la CBE et le Code de la propriété intellectuelle se rallient au second système : le titre est attribué au premier déposant. Une règle de conflit dans le temps est ainsi arrêtée : si plusieurs personnes ont réalisé l'invention indépendamment l'une de l'autre, le droit de propriété appartient à celle qui a déposé une demande en premier. La date la plus ancienne confère la propriété. Le premier inventeur, même s'il n'a pas un titre de propriété, n'est pas totalement ignoré dans le système européen, il peut bénéficier du régime de la possession personnelle antérieure (art. L. 613-7 C. propr. intell.) s'il est à même de rapporter la preuve de la création du bien intellectuel avant la date de dépôt de la demande de brevet par un tiers[141].

470. Le premier déposant jouit d'une présomption légale d'appropriation, il est réputé avoir droit au titre de propriété. Ces deux formules portent l'ambiguïté du régime d'attribution des brevets et l'effet parasite de la procédure de dépôt dans l'identification du propriétaire du bien, à la différence de la solution retenue en droit d'auteur. Pour accroître la sécurité juridique du fonctionnement des offices, le Code de la propriété intellectuelle et la CBE ajoutent que dans la procédure devant l'office, le demandeur est réputé avoir droit au titre de propriété industrielle. L'office n'a pas à vérifier que le demandeur est légitime, il bénéficie d'une présomption de légitimité. L'office ne contrôle pas l'exactitude de la désignation de l'inventeur. L'inventeur désigné est mentionné comme tel dans les publications de la demande de brevet et dans les fascicules du brevet. En cas d'erreur, la désignation de l'inventeur ne peut être rectifiée que sur requête accompagnée du consentement de la personne désignée à tort, et, si la requête n'est pas présentée par le demandeur ou le titulaire du brevet, du consentement de l'un ou de l'autre.

471. Toutefois, l'inventeur spolié peut engager une action en revendication sur le fondement de l'article 61 CBE et l'article L. 611-8 C. propr. intell. Cette action n'est ouverte que si le dépôt frauduleux par un tiers a été réalisé en violation d'une obligation légale ou contractuelle[142]. La revendication peut porter sur la demande de brevet ou sur le titre de propriété délivré ; elle fait l'objet d'une inscription au registre des brevets à la requête de la personne qui a intenté cette action. Pour préserver les intérêts du revendiquant, à compter du jour où une personne a apporté la justification qu'elle a intenté une action, le titulaire de la demande de brevet, ou du brevet, ne peut retirer la demande ou renoncer au brevet en totalité ou à l'une ou plusieurs des revendications qu'il comporte, sauf avec le consentement écrit de la personne qui a intenté l'action en revendication de propriété. La procédure de délivrance du brevet est suspendue sur requête écrite de toute personne qui apporte la justification qu'elle a intenté une action en revendication de la propriété de la demande de brevet. La suspension de la procédure prend effet du jour où la justification est apportée, elle ne fait toutefois pas obstacle à l'application des mesures de publicité de la demande de brevet. La procédure de délivrance du brevet est reprise dès que la décision relative à la revendication est passée en force de chose jugée. Elle peut également être

141. Cf. *infra* n° 587 et s.

142. Voir CA Paris, 12 oct. 2012, n° 10/10211, *PIBD* 2012, n° 973, III-771 ; *Prop. Indust.* 2013, comm. 20, note J. Raynard et A.-C. Chiariny-Daudet.

reprise à tout moment avec le consentement écrit de la personne ayant intenté l'action en revendication. Une transaction peut être conclue entre les parties, ce consentement est irrévocable pour éviter les atermoiements des parties. Les suspensions et reprises de procédure sont inscrites aux registres des offices.

L'action en revendication se prescrit par cinq ans à compter de la publication de la délivrance du titre de propriété industrielle, délai augmenté par la loi de mars 2014. De plus, toujours dans un souci de protection du créateur, en cas de mauvaise foi au moment de la délivrance ou de l'acquisition du titre, le délai de prescription est de cinq ans à compter de l'expiration du titre.

472. Enfin, outre le droit d'être titulaire de son invention, l'inventeur jouit d'un droit moral sur son bien intellectuel qui prend la forme d'un droit au nom[143]. La CBE (art. 62 et 81) et le Code de la propriété intellectuelle (art. L. 611-9) avancent que l'inventeur, salarié ou non, est mentionné comme tel dans le brevet. Il s'agit du droit de paternité, consacré par le droit des brevets. Ce droit est exercé discrétionnairement par le créateur, il peut également s'opposer à cette mention (voir art. R. 611-16 C. propr. intell.)[144].

Le respect de la personne du créateur, de l'inventeur, est aussi pris en considération pour les récompenses attribuées à l'invention objet d'un brevet. Ces récompenses reviennent immuablement à ou aux inventeurs désignés dans le brevet, quel que soit le propriétaire du bien intellectuel.

Si l'invention est effectuée par plusieurs personnes travaillant ensemble, les dispositions sur la dévolution s'appliquent *mutatis mutandis*, le bien intellectuel constitue une indivision entre les co-inventeurs qui doivent arrêter ensemble la procédure d'appropriation[145].

473. La loi, à la différence de la situation de l'auteur, est silencieuse quant à l'impact du statut matrimonial de l'inventeur sur la propriété du bien intellectuel, sa gestion, et son exploitation. À défaut de disposition spéciale, il faut appliquer autant que possible le droit commun des régimes matrimoniaux, éventuellement en s'inspirant des solutions retenues par les autres régimes de propriété intellectuelle. On pense notamment à l'impact de la divulgation en droit des brevets qui a une conséquence patrimoniale considérable.

La Cour de cassation suit cette démarche. Elle a notamment retenu[146], après avoir constaté le divorce d'époux mariés sous le régime de la communauté légale, dans un arrêt de cassation, au visa des articles 262-1 et 1442 du Code civil, et des articles L. 611-1 et L. 611-11 du Code de la propriété intellectuelle que le droit de propriété sur un second brevet, qui constitue un titre indépendant d'un premier déposé durant la période où le lien matrimonial était existant, est né le jour de son dépôt à l'Institut national de la propriété industrielle. Dès lors, dans les rapports entre les époux, le deuxième brevet ayant été déposé par la société après la date d'effet de la dissolution de la communauté légale, les redevances à percevoir de cette société par l'époux inventeur, au titre de

143. Voir, N. Bronzo, « Le droit moral de l'inventeur », *Prop. Indust.* 2013, Étude 5.

144. Voir le régime analogue arrêté par le droit d'auteur, *supra* n° 131.

145. Voir *infra* n° 589 et s., le régime spécial de l'indivision.

146. Cass. com., 4 oct. 2011, n° 10-21225, *Bull. civ.* IV, n° 148 ; *D.* 2011, p. 2537 ; *AJ fam.* 2011, p. 555, obs. P. Hilt ; *D.* 2012, p. 195, note N. Binctin.

l'exploitation de ce brevet n'entrent pas dans l'actif indivis post-communautaire. Le second brevet n'est pas un accessoire du premier. Ce n'est pas la date de l'invention qui est retenue pour fixer les effets matrimoniaux mais la date de demande du titre de propriété.

B Les inventions de salariés

474. Dans ce domaine comme dans l'ensemble de l'activité créative, l'exception légale constitue, en pratique, le cas de figure principal[147]. Comme en droit d'auteur[148], les biens intellectuels sont principalement créés par des personnes dans le cadre de leur contrat de travail[149]. À la différence du droit d'auteur, le droit des brevets propose un régime dédié organisant l'attribution de la propriété et les obligations respectives de l'employeur et de l'inventeur.

La CBE, article 60, fait de cette question un sujet de compétence exclusive du droit de l'État sur le territoire duquel l'employé exerce son activité principale. Elle n'apporte pas une solution unique mais laisse chaque État membre établir son propre régime. L'article 60 ajoute que si l'État sur le territoire duquel s'exerce l'activité principale ne peut être déterminé, le droit applicable à l'invention de salarié est celui de l'État sur le territoire duquel se trouve l'établissement de l'employeur auquel l'employé est rattaché. Les solutions sont divergentes d'un État membre à l'autre de la CBE[150]. Le droit allemand propose de distinguer les inventions de service (*Diensterfindung*) faites durant l'exécution d'un contrat de travail et résultant d'une activité imposée par le contrat de travail ou basée essentiellement sur des expériences ou travaux de l'employeur, et les inventions libres (*freie Erfindungen*) pour tout le reste.

À défaut de stipulation contractuelle plus favorable au salarié, le droit français arrête sa position à l'article L. 611-7 C. propr. intell.[151] en distinguant trois catégories d'inventions auxquelles il attache trois régimes : l'invention de mission, l'invention hors mission attribuable et l'invention hors mission non attribuable[152]. Aucun accord sur la qualification de l'invention n'est possible par anticipation entre l'employeur et le salarié ; il n'est pas possible par contrat de qualifier à

---

147. Cf. notamment, *Créations et inventions de salariés, rompre avec les schémas reçus...* Colloque IRPI, Litec, 2009, coll. IRPI t. 35 ; V. Lambert, « La propriété intellectuelle des créations de salariés », *Les dossiers du journal des tribunaux* n° 48, Larcier 2004 ; M. Boizard, « La qualification de l'invention de salarié : enjeux et critères », *Prop. Indust.* 2008, comm. 74 ; J.-P. Martin, « Inventions de salariés : bilan de la jurisprudence 2006 », *Prop. Indust.* 2007, Étude 7 ; B. Grehant, « Rémunération des inventeurs salariés : un point de vue industriel », *Prop. Indust.* 2006, Étude 13.

148. Cf. *supra* n° 79 et s.

149. Th. Sueur, « Les inventions de salariés : principes et pratiques », *Création et inventions de salariés – Rompre avec les schémas reçus...*, Litec, 2010, coll. IRPI, t. 35, p. 5.

150. Par exemple, pour la rémunération, « La rémunération des inventeurs salariés », *Les documents de travail du Sénat – Série Législation comparée*, n° LC 199, juill. 2009 ; S. Wolk, « Remuneration of Employee Inventors – Is there a Common European Ground ? A comparison of National Laws on Compensation of Inventors in Germany, France, Spain, Sweden and the United Kingdom », IIC 3/2011, vol. 42, p. 272.

151. Voir proposition de loi 2288 du 5 février 2010 avançant une réforme de l'art. L. 611-7 C. Prop. Intell.

152. Sur l'analyse économique de ces solutions, Y. Ménière, « Une analyse économique de la rémunération supplémentaire des salariés inventeurs », *Prop. Indust.* 2009, Étude 18.

l'avance les inventions, le juge ne serait pas tenu par ce dernier en application de l'article 12 CPC[153].

1. L'invention de mission

475. L'application du régime de l'invention de mission impose de distinguer trois temps : les conditions d'invention, la rémunération supplémentaire, et la juridiction compétente.

a) Les conditions d'invention

476. Le régime de l'invention de mission est exposé à l'article L. 611-7 1° C. propr. intell. : « *les inventions faites par le salarié dans l'exécution soit d'un contrat de travail comportant une mission inventive qui correspond à ses fonctions effectives, soit d'études et de recherches qui lui sont explicitement confiées, appartiennent à l'employeur* ». Il vise exclusivement les inventions réalisées par des salariés[154] de la personne physique ou morale qui revendique la propriété du bien intellectuel, et ne peut pas être appliqué à toute autre personne qui n'aurait pas ce statut, tel le travailleur indépendant, le mandataire social[155], le stagiaire[156], le salarié du fournisseur ou du sous-traitant. Le travailleur intérimaire n'est pas plus soumis à ce régime pour les inventions réalisées dans le cadre d'une mission en exécution d'un contrat de mise à disposition conclu entre son employeur – l'entreprise de travail temporaire – et l'entreprise utilisatrice[157]. Cette solution ne s'oppose pas à ce que le contrat entre l'entreprise de travail temporaire et son client, l'entreprise utilisatrice, dispose que les résultats de la recherche en général, et la propriété des biens intellectuels en particulier, reviennent à l'entreprise utilisatrice[158]. En revanche, l'apprenti comme le thésard sous contrat CIFRE (conventions industrielles de formation par la recherche) sont liés par un contrat de travail à la société qui concourt à leur formation et soumis au régime des inventions de salarié.

477. Pour que la qualification d'invention de mission puisse s'appliquer, il faut que le contrat de travail contienne une mission inventive[159] qui correspond à des fonctions effectives. La mission inventive peut être soit exprimée directement dans le contrat de travail, soit résulter d'un renvoi par le contrat de travail à une classification de la convention collective, à condition que la classification

153. En ce sens, TGI Strasbourg, 1er déc. 2003, *PIBD* 2004, n° 781, III-125.

154. Cass. com., 21 juin 1988, *RTD com.* 1988.621, obs. Chavanne et Azéma. Cass. soc., 2 juin 2010, *Bull. civ. V*, n° 125 ; C. Caron, « Le moment de l'invention de mission », *CCE* 2011, comm. 1 ; M. Boizard, « Une chronologie déterminante de la qualification de l'invention de salarié », *Prop. Indust.* 2010, comm. 56 ; G. Blanc-Jouvan, « Conditions d'attribution d'une rémunération supplémentaire au titre d'une invention », *JCP S* 2010, 1343.

155. CA Paris, 13 mars 2009, *M. Cregut vs. Citec Environnement.*

156. Cass. com., 25 avr. 2006, *Bull. civ.* IV n° 96 ; *PIBD* 2006, III-459 ; *CCE* 2006, comm. 91, note C. Caron ; *JCP* E 2006, n° 2586, note J. Reinhard ; *Prop. Intell.* 2006, n° 20, p. 349, note B. Warisfel. Cf. CE, 22 févr. 2010, n° 320319, CNRS et autres ; *CCE* 2010, comm. 46, note C. Caron.

157. Cf. F. Favennec-Héry et P.-Y. Verkindt, *Droit du travail*, 2e éd., LGDJ, 2009, n° 309 et s. ; M. Mousseron, *Les inventions de salarié*, Litec, 1995, coll. CEIPI, p. 135.

158. En ce sens, Cass. com., 24 févr. 1998, n° 95-19047.

159. Cass. soc. 21 sept. 2011, n° 09-69927, *Bull. civ.* V, n° 192.

mentionne explicitement cette mission inventive. Surtout, outre les dispositions du contrat de travail ou de la convention collective, il est nécessaire que cette mission corresponde à des fonctions effectives[160]. Insérer une clause de mission inventive dans chaque contrat de travail n'aurait aucun effet faute de remplir cette condition de la mission effective. Seuls les salariés affectés à plein-temps, ou à temps partiel, à une tâche de recherche et développement remplissent cette condition d'effectivité.

À défaut d'une mission contractuelle permanente, la qualification d'invention de mission peut être retenue pour les biens intellectuels créés à l'occasion d'études et de recherches ponctuelles explicitement confiées au salarié par l'employeur. Si ce dernier confie une mission ponctuelle de recherche et développement à un salarié dont le contrat de travail ne prévoit pas une mission inventive, pas plus que la convention collective au regard des fonctions occupées habituellement par ce salarié, le bien créé appartient à l'employeur. Pour bénéficier d'un tel régime, l'employeur doit explicitement confier au salarié la mission ponctuelle en cause[161]. Il est nécessaire de ménager une preuve de la mission ; il semble raisonnable que l'employeur communique par écrit au salarié le contenu de cette mission ponctuelle. À défaut d'une preuve ferme de la mission ponctuelle, cette qualification est écartée.

Le salarié qui réalise l'invention au sens de l'article L. 611-7 C. propr. intell. est celui qui a développé l'activité inventive, qui a permis la création du bien intellectuel. L'exécutant n'est pas un inventeur, pas plus que le chef de service qui supervise le salarié inventeur.

478. En application de ce régime, le bien intellectuel créé par le salarié est l'entière propriété, *ab initio*, de l'employeur, sans aucun transfert de propriété. L'employeur décide, seul, de la stratégie d'appropriation à appliquer, des conditions d'exploitation du bien intellectuel et assume l'ensemble des coûts attachés à cette stratégie. Notamment, l'existence d'un brevet est indépendante de l'application de ce régime. En aucun cas le texte ne limite sa portée à un dépôt de brevet, c'est l'invention, le bien intellectuel, qui est la propriété de l'employeur, peu importe le titre ou les titres de propriété revendiqués ensuite. Cela permet notamment à l'employeur d'opter pour une appropriation par le secret sans pour autant porter atteinte aux intérêts du salarié. La seule création du bien intellectuel ouvre le droit à rémunération supplémentaire pour le salarié et non le dépôt d'une demande de brevet[162]. Le droit applicable pour déterminer le régime des inventions de salarié est celle en vigueur au jour de la création.

b) La rémunération supplémentaire

479. Jusqu'en 1990, le versement d'une rémunération supplémentaire était une simple faculté laissée à la discrétion de l'employeur, versée pour des inventions présentant un caractère exceptionnel ou dans les conditions fixées par la convention collective applicable. Le législateur a modifié l'article L. 611-7 1° en

160. Cass. com., 10 sept. 2013, n° 12-22617.

161. Cass. com., 13 janv. 1998, *D. Aff.* 1998, p. 258 ; *D.* 1998, IR 55.

162. Cass. com., 20 sept. 2011, *Bull. civ.* IV, n° 133 ; *D.* 2011, p. 2401, obs. J. Daleau. Dans le même sens, Cass. soc. 25 févr. 1988, *Bull. civ.* V, n° 145.

instaurant une obligation à la charge de l'employeur, remplaçant « peut bénéficier » par « bénéficie ».

Dorénavant, le salarié inventeur bénéficie d'une rémunération supplémentaire pour l'invention réalisée, celle-ci étant fixée soit par le contrat de travail, soit par un accord d'entreprise ou la convention collective applicable. La rémunération supplémentaire est d'ordre public, aucun texte ne peut l'écarter, notamment pas une convention collective[163]. Le silence de ces trois sources n'écarte pas l'obligation de verser cette rémunération supplémentaire.

Sa détermination est au cœur d'un contentieux riche depuis le début des années 2000[164]. Cette rémunération supplémentaire est un complément de salaire dû au salarié, elle a le même régime fiscal et social que les autres éléments du salaire[165]. Un arrêt de la Cour de cassation du 21 novembre 2000, l'arrêt *Raynaud*[166], dont la solution a ensuite été confirmée par les juges[167], a rappelé quelques éléments essentiels du régime de la rémunération supplémentaire.

480. En premier lieu, aucun texte légal ou conventionnel applicable à la rémunération due au salarié, auteur d'une invention de mission, n'impose que ce complément de salaire doive être fixé en fonction du salaire mensuel dudit salarié. Même si l'usage dans un secteur industriel est de verser un ou plusieurs mois de salaire, si le contrat de travail, l'accord d'entreprise et la convention collective sont silencieux, le salaire n'a pas à constituer un référent pour fixer ce supplément. Toutefois, rien n'interdit que le salaire serve de référence à la détermination de la rémunération supplémentaire, mais cela doit être convenu. Cette solution rompt avec la logique causaliste du contrat de travail qui justifie que l'employeur retire profit de l'activité de son salarié sans contrepartie autre que le salaire, d'où l'idée traditionnelle d'une prime versée en contemplation du salaire. Les juges n'écartent pas totalement cette approche, mais ils n'en font pas le régime par défaut. Le salaire rémunère la force de travail du salarié, il n'a pas pour fonction de permettre d'accroître directement l'actif de l'employeur par adjonction de nouveaux biens intellectuels.

481. En second lieu, si le juge prend en considération, pour fixer la rémunération supplémentaire, l'intérêt scientifique et les difficultés de la mise au point de l'invention ainsi que l'importance de la contribution personnelle du salarié, il peut aussi s'appuyer sur l'intérêt économique du bien intellectuel. Le juge rappelle la liberté de fixer la rémunération supplémentaire. Le risque de la solution présente serait de convertir la rémunération supplémentaire en juste prix[168], or il n'en est rien. La Cour de cassation précise clairement qu'il s'agit de fixer une

163. Cass. com., 22 févr. 2005, *Bull. civ.* IV, n° 35 ; dans le même sens, Cass. com., 12 févr. 2013, n° 12-12898, *Prop. Indust.* 2013, comm. 40, note J. Raynard.

164. J.-C. Galloux, « Invention de salarié : calcul de la rémunération supplémentaire », *JCP* G 2001, p. 275.

165. Cass. soc., 5 mai 2004, n° 02-13318.

166. Cass. com., 21 nov. 2000, *Bull. civ.* IV, n° 179 ; *PIBD* 2001, III-101 ; *JCP* G 2001, p. 275, obs. J.-C. Galloux ; *RTD com.* 2001. 87, obs. J.-C. Galloux ; *Prop. Indust.* 2002, comm. 28, obs. J. Raynard.

167. Notamment, Cass. com., 18 déc. 2007, *D.* 2008, p. 1386, note Boizard ; *CCE* 2008, comm. 35, note C. Caron ; *Prop. Indust.* 2008, comm. 18, note J. Raynard.

168. Sur la définition de ce juste prix pour les inventions de salarié, voir *infra* n° 487.

rémunération de nature salariale, mais qu'il est possible d'inclure dans les facteurs d'évaluation, la réussite commerciale de l'exploitation du bien intellectuel en cause.

La loi impose une rémunération supplémentaire, mais laisse libres les parties de la fixer, sans aucune contrainte[169]. Si l'employeur refuse cette rémunération, il ne peut justifier d'aucune excuse, et la méthode d'évaluation retenue par la jurisprudence conduit, naturellement, à un montant particulièrement favorable au salarié[170].

Surtout, il ne peut espérer jouer la montre car la Cour de cassation adopte une position rigoureuse pour le calcul du délai de prescription quinquennale des créances de salaire de l'article 2277 du Code civil. Par un arrêt du 22 février 2005[171], elle énonce que la prescription de cinq ans s'applique à la rémunération supplémentaire mais que le délai de prescription ne court qu'à compter du moment où il n'y a pas de litige à propos du montant de la créance. En pratique, le délai ne court pas tant que le salarié n'est pas à même d'évaluer la créance de salaire à laquelle il a droit. Dès lors, le défaut d'information de l'exploitation faite du bien intellectuel par l'employeur repousse d'autant le point de départ du délai de prescription. Cette solution pourrait évoluer dans son fondement. L'article L. 3245-1 du Code du travail, en vigueur depuis juin 2013, dispose que « *l'action en paiement ou en répétition du salaire se prescrit par trois ans à compter du jour où celui qui l'exerce a connu ou aurait dû connaître les faits lui permettant de l'exercer* ». Ainsi, le délai de prescription de droit commun ne trouve plus à s'appliquer, en revanche le report du point de départ est confirmé, ce qui est essentiel pour la solution actuelle.

Enfin, la sécurité juridique des parties peut être rétablie lors d'une transaction à l'occasion de la cession des fonctions du salarié dans l'entreprise. La Cour de cassation a retenu que la transaction qui prévoyait d'inclure au titre du règlement forfaitaire de tous les éléments de rémunération les éléments exceptionnels relatifs à l'activité de recherche intègre dans ce forfait les rémunérations supplémentaires dues en sa qualité d'inventeur salarié[172].

c) La juridiction compétente

482. Dérogeant au régime de droit commun des contentieux du travail, l'article L. 611-7 C. propr. intell. dispose que si l'employeur n'est pas soumis à une convention collective de branche, tout litige relatif à la rémunération

169. L'enquête sur la rémunération des inventions de salarié réalisée en 2008 par l'OPI indique que les montants varient beaucoup, si la prime est forfaitaire, le médian minimum est de 500 euros et le médian maximum de 2 000 euros. Si la rémunération supplémentaire est uniquement liée à l'exploitation du bien intellectuel, le médian minimum est de 1 000 euros et le médian maximum de 12 500 euros.

170. Voir notamment les statistiques présentées par la CNIS en 2005.

171. Cass. com., 22 févr. 2005, *Bull. civ.* IV, n° 35 ; *PIBD* n° 807, 2005, III-253 ; *Prop. Indust.* 2005, comm. n° 53, obs. P. Vigand. Sur cet arrêt, voir l'analyse contraire proposée par J.-P. Martin, *Droit des inventions de salariés*, 3e éd., Litec, 2005, n° 274 et s. Confirmant la jurisprudence, Cass. soc., 26 janv. 2012, n° 10-13 825 ; et Cass. com., 12 juin 2012, *Bull. civ.* IV, n° 120, *Prop. Indust.* 2012, comm. 78, note J. Raynard, assurant une jurisprudence harmonisée entre ces deux chambres de la Cour de cassation.

172. Cass. civ. 1re, 17 mars 2011, n° 09-72784.

supplémentaire est soumis à la commission de conciliation[173] ou au TGI. La compétence juridictionnelle n'est donc pas celle du conseil des prud'hommes mais celle du TGI[174], même s'il semble qu'il y ait un net flottement dans l'application de cette disposition par les juridictions sociales.

2. L'invention hors mission attribuable

483. L'article L. 611-7 2° C. propr. intell., pour déterminer le régime des inventions hors mission, avance un principe puis le tempère. Le principe, directement inspiré par la solution de l'article L. 611-6 C. propr. intell., est que « *toutes les autres inventions appartiennent au salarié* ». Cela signifie que toutes les inventions qui ne sont pas des inventions de mission appartiennent à l'inventeur. S'applique alors le droit commun de la propriété intellectuelle. Toutefois, le Code de la propriété intellectuelle limite une seconde fois les effets de cette solution de principe en aménageant le régime des inventions hors-mission attribuables. La loi accorde à l'employeur la possibilité de revendiquer l'exploitation ou la propriété du bien intellectuel créé mais sous de strictes conditions qui tiennent aux conditions d'invention et au paiement d'un prix.

a) Les conditions d'invention

484. Pour qu'une invention soit qualifiée d'invention hors mission attribuable, elle doit être faite à la seule initiative du salarié, sans instruction de son employeur. Il est indifférent que l'employeur soit informé de cette activité du salarié, qu'il l'autorise ou la tolère. Il n'est pas à l'origine de la création et ne pourra pas bénéficier du régime de l'invention de mission. La Cour de cassation retient qu'il appartient au salarié qui prétend à l'application du régime de l'invention hors-mission attribuable de rapporter la preuve de son indépendance dans la réalisation de l'invention[175]. Cette solution fait peser sur le salarié tout le risque de la preuve, il semble qu'il serait plus adapté de retenir, sans originalité, qu'il appartient à celui qui revendique l'application d'une qualification de rapporter les preuves nécessaires à sa prétention. L'article L. 611-7 2° fixe les conditions dans lesquelles le bien intellectuel créé par un salarié qui n'a pas une mission inventive dans son contrat de travail peut être revendiqué par l'employeur. L'invention doit être faite par un salarié[176] soit dans le cours de l'exécution de ses fonctions, soit dans le domaine des activités de l'entreprise, soit par la connaissance ou l'utilisation des techniques ou des moyens spécifiques à l'entreprise, ou de données procurées par elle.

Chacune de ces hypothèses suffit pour ouvrir le droit de revendication de l'employeur, elles ne sont pas cumulatives mais alternatives. Leur portée est, somme toute, très large, sans lien nécessaire avec l'activité de l'entreprise, puisqu'une fonction peut ne pas avoir de lien avec l'activité directe de l'entreprise, notamment les fonctions de gestion de l'entreprise. De même, si les connaissances de l'entreprise sont en lien avec son domaine d'activité, les moyens

173. Voir *infra* n° 493 et s.
174. Cass. soc., 18 févr. 1988, *Bull. civ.* V, n° 126.
175. Cass. com., 3 juin 2008 ; *Prop. Indust.* 2008, comm. 74, note Boizard.
176. Sur cette notion, voir *supra* n° 476.

spécifiques de l'entreprise ne se limitent pas à ce domaine. Par exemple, l'utilisation de la puissance de calcul des ordinateurs de l'entreprise constitue une utilisation des moyens de celle-ci même si l'objet qui nécessite ces calculs ne relève pas du domaine d'activité de l'entreprise. Quant aux données procurées par l'entreprise, on pourrait appliquer le régime de l'accession mobilière pour justifier la solution finalement assez conforme au droit commun des meubles[177].

b) Les droits de l'employeur

485. Si un bien intellectuel est créé par un salarié dans de telles circonstances, l'employeur a le droit, sous certaines conditions et délais, de se faire attribuer la propriété ou la jouissance de tout ou partie des droits attachés au brevet protégeant l'invention du salarié. La formule utilisée est plus ambiguë que celle retenue pour l'invention de mission. Il est malheureusement fait référence au brevet, ce qui laisse penser que ce régime ne s'appliquerait pas faute de dépôt d'un brevet par le salarié. Cette lecture littérale évacue l'intérêt de distinguer le bien intellectuel du titre de propriété, pourtant la rigueur semble l'imposer. Si le salarié, en son nom et à ses frais, obtient la délivrance d'un brevet sur l'invention réalisée dans les conditions d'application du présent régime, l'employeur pourrait uniquement à ce moment exercer son droit de revendication sur le bien. L'article R. 611-7 C. propr. intell., qui détermine les délais de mise en œuvre de ce régime, écarte une telle interprétation. Il dispose que le délai ouvert à l'employeur pour revendiquer le droit d'attribution est de quatre mois. La déclaration doit être faite sans délai[178]. Ce délai court à compter de la date de réception par l'employeur de la déclaration de l'invention[179] ou, en cas de demande de renseignements complémentaires reconnue justifiée, de la date à laquelle la déclaration a été complétée. Ce délai est bien plus bref que celui nécessaire pour obtenir la délivrance d'un brevet. Il faut interpréter cet article L. 611-7 2° comme visant non pas le brevet mais le bien intellectuel inventé par le salarié, à défaut de quoi il serait impossible de mettre en œuvre le régime et on obligerait le salarié à supporter des frais de conseil et de dépôt pour pouvoir présenter son invention à son employeur. Une harmonisation de la rédaction des deux alinéas de l'article serait nécessaire. Ce délai peut être aménagé par les parties, mais il ne peut l'être que postérieurement à la déclaration de l'invention.

486. L'employeur peut revendiquer « *la propriété ou la jouissance de tout ou partie des droits attachés au brevet protégeant l'invention* ». Cette formule est incorrecte comme on vient de le montrer. Sans revenir sur la question de savoir si l'attribution peut être exercée avant la délivrance d'un brevet, on retient que le pouvoir d'opportunité de l'employeur est large. Il n'a pas l'obligation de demander l'attribution de la propriété du bien intellectuel, il peut moduler comme bon lui semble les droits revendiqués sur le bien. Il peut demander, simplement, l'attribution d'une licence simple comme l'attribution

177. Voir N. Binctin, « L'accession mobilière », *op. cit.*
178. Cf. *infra* n° 490.
179. Voir *infra* n° 490.

de la propriété. Le sort du droit de priorité n'est pas clairement envisagé alors que ce dernier est autonome et enfermé dans un délai strict[180].

Ce pouvoir large d'attribution ne doit pas être exercé abusivement par l'employeur, pour nuire au salarié. Par exemple, l'employeur sollicitant une licence simple pourrait empêcher toute exploitation exclusive par un tiers ou toute cession par le salarié et détruire une large partie de la valeur financière du bien intellectuel. Si l'employeur ne revendique pas la propriété mais simplement une licence, le salarié doit supporter les coûts de propriété intellectuelle pour l'acquisition, le maintien et la défense de son titre de propriété sous réserve d'aménagements contractuels. Cette liberté accordée à l'employeur lui offre une position favorable dans les négociations nécessaires pour la mise en œuvre de ce régime.

À la différence de l'invention de mission, la propriété naît *ab initio* dans le patrimoine de l'inventeur et l'exercice du droit d'attribution par l'employeur emportera éventuellement un transfert de propriété. La revendication du droit d'attribution s'effectue par l'envoi au salarié d'une communication précisant la nature et l'étendue des droits que l'employeur entend se réserver. Une fois le droit d'attribution exercé, il n'est plus possible pour l'employeur de renoncer à son choix[181]. Ce régime se distingue aussi du régime de l'invention hors-mission non attribuable qui ne confère aucun statut préférentiel à l'employeur.

c) Le juste prix

487. En contrepartie de l'exercice du droit d'attribution, le salarié doit obtenir le paiement d'un juste prix de la part de son employeur. La référence à un prix est une approximation car si l'employeur ne revendique qu'un droit d'usage, il devra payer une redevance et non un prix. Le prix est fixé librement par les parties suivant le droit commun des contrats ; il peut être forfaitaire ou variable, notamment en lien avec les résultats d'exploitation du bien[182]. Le fait générateur du paiement du juste prix est la réalisation de l'invention[183], peu importe l'éventuel dépôt de brevet. À défaut d'accord sur le prix, l'article L. 611-7 prévoit qu'il est fixé par la commission de conciliation[184] ou par le tribunal de grande instance. Le Code de la propriété intellectuelle ajoute à l'attention de ces deux institutions les éléments à prendre en considération pour arrêter le prix du bien intellectuel. Elles doivent prendre en considération tous les éléments qui pourront leur être fournis, notamment par l'employeur et par le salarié, pour calculer le juste prix tant en fonction des apports initiaux de l'un et de l'autre que de l'utilité industrielle et commerciale de l'invention[185]. Le montant du salaire est indifférent. Si le juste prix doit être évalué au jour où

180. Cf. *infra* n° 519.
181. CA Paris, 17 oct. 1989, *RTD com.* 1990.200, obs. Chavanne et Azéma.
182. CA Paris, 10 mai 2002, *PIBD* 2002, III-361 ; *Prop. Indust.* 2002, comm. 75, note J. Raynard ; *Prop. Intell.* 2002, n° 5, p. 73, note B. Warusfel.
183. Cass. com., 9 juill. 2013, n° 12-22157, *Bull. civ.* IV, à paraître ; *D.* 2013, p 2745, note C. Maréchal ; *Prop. Indust.* 2013, chron. 9, obs. J. Raynard ; *JCP* G 2014, chron. 364, obs. C. Caron.
184. Voir *infra* n° 491.
185. Sur l'évaluation des biens intellectuels, N. Binctin, *Le capital intellectuel*, Litec, 2007, n° 228 et s. ; J.-S. Lantz, *Valorisation stratégique et financière*, 2e éd., Maxima, 2010.

l'employeur exerce son droit d'attribution, des éléments postérieurs à cette date peuvent être pris en compte pour confirmer l'appréciation des perspectives de développement de l'invention[186].

La somme versée suit le régime fiscal des acquisitions d'actifs pour l'entreprise et celui des plus-values pour le salarié. L'assimilation au régime des salaires est écartée.

3. L'invention hors mission non attribuable

488. Ce dernier statut est l'application directe de la première phrase de l'article L. 611-7 2° C. propr. intell. Toutes les inventions qui ne sont ni des inventions de mission, ni des inventions hors-mission attribuables sont des inventions hors mission non attribuables. Elles sont l'entière propriété du salarié inventeur. L'employeur est un tiers ordinaire, il ne bénéficie d'aucun droit spécifique sur ce bien intellectuel. S'il souhaite acquérir le bien, il devra convaincre le salarié qui n'a aucune obligation de la lui céder.

Cette qualification suppose, au regard du domaine large d'application de la qualification d'invention hors-mission attribuable, que l'invention soit effectuée dans un domaine parfaitement étranger à celui de la société, sans recourir aux moyens techniques de celle-ci.

4. Les éléments communs aux trois régimes

489. Ces trois régimes applicables aux créations de salariés sont soumis aux dispositions communes des articles L. 611-7 3° et suivants.

490. En premier lieu, et c'est une pierre angulaire du régime des inventions de salarié, le salarié auteur d'une invention doit informer son employeur de l'existence du bien intellectuel. On retrouve une telle obligation en droit comparé, notamment en droit allemand. L'article R. 611-1 précise que la déclaration doit être immédiate[187]. En cas de pluralité d'inventeurs, une déclaration conjointe peut être faite par tous les inventeurs ou par certains d'entre eux[188]. La déclaration contient les informations, en la possession du salarié, suffisantes pour permettre à l'employeur d'apprécier le classement de l'invention dans l'une des trois catégories arrêtées par l'article L. 611-7 C. propr. intell. Elle précise l'objet de l'invention, les applications envisagées, et les circonstances de sa réalisation (ce qui permet de distinguer une invention de mission d'une invention hors-mission attribuable, notamment en raison des instructions ou directives reçues, des expériences ou travaux de l'entreprise utilisés, des collaborations obtenues). Enfin, le salarié doit proposer un classement de l'invention. Si le classement implique la possibilité pour l'employeur d'exercer un droit d'attribution, la déclaration doit, en plus, exposer le problème que s'est posé le salarié compte tenu éventuellement

186. Cass. com., 9 juill. 2013, *op. cit.*

187. Un formulaire *Cerfa* n° 11540*01 est proposé par l'INPI pour effectuer la déclaration d'invention.

188. Le défaut de déclaration pourrait constituer une cause réelle et sérieuse de licenciement, CA Paris, 29 avr. 1988, *CENEP vs. M. Jousse*.

de l'état de la technique antérieure, la solution qu'il lui a apportée et au moins un exemple de la réalisation accompagné éventuellement de dessins.

L'employeur accuse réception et les parties se communiquent tous renseignements utiles sur l'invention en cause. Si la déclaration du salarié n'est pas conforme, l'employeur indique à l'intéressé les points précis sur lesquels elle doit être complétée dans un délai de deux mois à compter de la date de réception de la déclaration. À défaut, la déclaration est réputée conforme.

Dans un délai de deux mois à compter de la réception régulière de toutes les informations nécessaires, l'employeur donne son accord au classement de l'invention résultant de la déclaration ou, en cas de défaut d'indication du classement, fait part au salarié, par une communication motivée, du classement qu'il retient. L'employeur qui ne prend pas parti dans le délai prescrit est présumé accepter le classement du salarié. Ces délais prévus sont suspendus par l'engagement d'une action contentieuse portant sur la régularité de la déclaration ou le bien-fondé du classement de l'invention invoqué par le salarié, ou par la saisine, aux mêmes fins, de la commission de conciliation. Les délais continuent à courir du jour où il a été définitivement statué.

Dans tous les cas, notamment lorsqu'une divergence subsiste sur le classement de l'invention, les parties doivent s'abstenir de toute divulgation de nature à compromettre en tout ou partie l'exercice des droits conférés par le Livre VI du Code de la propriété intellectuelle. Si l'une des parties, pour la conservation de ses droits, dépose une demande de brevet, elle notifie sans délai une copie des pièces du dépôt à l'autre partie et doit épuiser les facultés offertes par la législation et la réglementation applicables pour que soit différée la publication de la demande. Les échanges entre les parties sont faits par lettre recommandée avec demande d'avis de réception ou par tout autre moyen permettant d'apporter la preuve qu'elle a été reçue par l'autre partie.

Enfin, tout accord entre le salarié et son employeur ayant pour objet une invention de salarié doit, à peine de nullité, être constaté par écrit.

5. La Commission nationale des inventions de salarié (CNIS)

491. La CNIS, instaurée en 1978, est une commission paritaire de conciliation instituée par l'article L. 615-21 C. propr. intell., présidée par un magistrat[189]. Placée auprès de l'INPI qui en assure le secrétariat, cette commission dispose de six mois à compter de sa saisine pour formuler une proposition de conciliation. Cette procédure rapide et peu coûteuse doit en premier lieu accompagner les parties pour qu'elles trouvent un accord ou sinon, proposer une conciliation.

Son président, un magistrat de l'ordre judiciaire qui dispose d'une voix prépondérante en cas de partage, est nommé par le garde des Sceaux. Il est assisté par deux assesseurs, désignés pour chaque affaire. L'un des assesseurs est choisi parmi les personnes proposées par les organisations de salariés, l'autre parmi les personnes proposées par les organisations d'employeurs. Ils peuvent commettre des experts ou consulter des techniciens. Dès qu'il a été procédé à la

189. L'office allemand des brevets intègre un panel arbitral qui remplit des fonctions similaires à celles de la CNIS.

désignation des assesseurs, une fois la commission régulièrement saisie, le secrétariat notifie la composition de la commission aux parties et les convoque à une réunion préliminaire. Chaque partie peut demander le changement des assesseurs pour un motif sérieux et légitime apprécié par le président. Cette demande est présentée dans les quinze jours de la notification ou dès l'ouverture de la réunion préliminaire, si celle-ci a lieu avant l'expiration de ce délai. La procédure devant la commission est contradictoire.

492. La saisine s'effectue par une demande déposée au secrétariat ou par courrier recommandé, soit par le salarié, soit par l'employeur. Elle suspend toute prescription et, sur justification de celle-ci, le tribunal de grande instance sursoit à statuer jusqu'à l'expiration du délai de six mois, à moins que la commission n'ait déjà formulé sa proposition de conciliation. La saisie mentionne, outre les nom, prénom, profession, adresse des parties, l'objet du litige, les moyens et conclusions du requérant, et tous les éléments en sa possession pouvant être utiles à la solution du litige. Le requérant doit annexer à la demande une copie de la déclaration et des communications effectuées entre les parties ainsi que des différentes pièces dont il entend se prévaloir.

En cas de non-conformité de la demande, le secrétariat invite le requérant à la compléter dans le délai d'un mois. La saisine de la commission est notifiée à l'autre partie par le secrétariat qui l'invite à communiquer, dans le délai imparti par le président, ses observations écrites sur le mérite de la demande. Dans ce délai, l'INPI communique à cette dernière ceux des éléments en sa possession qui peuvent être divulgués sans porter atteinte aux droits des tiers ou aux intérêts de la défense nationale.

Au jour fixé, la commission entend les parties ; elle s'efforce de rapprocher leurs points de vue et de parvenir à une conciliation. Si l'une des parties ne comparaît pas, la commission constate sa défaillance, entend l'autre partie, et entreprend l'établissement de la proposition de conciliation. En cas de conciliation totale ou partielle, le procès-verbal mentionne le contenu de l'accord. À défaut de conciliation totale, les points contestés sont consignés. La proposition de conciliation est signée par le président et notifiée aux parties. Celle-ci vaut accord entre les parties et peut être rendue exécutoire par décision du président du tribunal de grande instance dans le ressort duquel la proposition de conciliation a été formulée. Les parties peuvent contester la conciliation en saisissant, dans un délai d'un mois à compter de la notification de la proposition de conciliation, le tribunal de grande instance de Paris, exclusivement compétent, statuant en chambre du conseil. Dans ce cas, seule la proposition de la commission est portée à la connaissance du tribunal.

C Le statut des agents publics

493. Si l'article L. 611-7 5° C. propr. intell. affirme que le régime des inventions de salariés est applicable aux agents de l'État, des collectivités publiques et de toutes autres personnes morales de droit public, l'application de ces dispositions selon des modalités fixées par décret en Conseil d'État aboutit à créer, en pratique, un régime sensiblement différent. En effet, sous couvert du décret, le législateur adapte ce régime. L'article R. 611-11 C. propr. intell. répète les dispositions de l'article L. 611-7 5° C. propr. intell. : application du régime de l'article L. 611-7 aux fonctionnaires et agents publics, à moins que des stipulations contractuelles plus favorables ne régissent les droits de propriété industrielle des inventions qu'ils réalisent, et ajoute que ces dispositions ne font pas obstacle au maintien ou à l'intervention, en ce qui concerne ces fonctionnaires et agents, de mesures réglementaires plus favorables. L'article R. 611-12 C. propr. intell. organise trois catégories d'inventions pour les agents publics, similaires à celles des salariés : invention de mission, invention hors mission attribuable et invention hors mission non attribuable.

1. Les inventions de mission

494. Un bien intellectuel créé par un agent public est une invention de mission s'il est créé dans l'exécution soit des tâches comportant une mission inventive correspondant à ses attributions, soit d'études ou de recherches qui lui sont explicitement confiées. Il appartient à la personne publique pour le compte de laquelle l'agent effectue lesdites tâches, études ou recherches de rapporter la preuve des missions confiées à l'agent. La solution est en tout point identique à la situation d'un salarié, au moins pour désigner le propriétaire du bien intellectuel[190], en l'espèce l'État, une collectivité locale ou un établissement public.

À défaut de convention collective dans la fonction publique, une liste des fonctionnaires et agents ayant une activité inventive dans leurs missions statutaires est annexée à l'article R. 611-14-1 C. propr. intell. Cette approche est en pratique restrictive et, comme toute liste limitative, oublie des agents ayant une activité inventive, tel l'infirmier ou le kinésithérapeute d'un centre hospitalo-universitaire. Cette approche par liste laisse aussi planer une difficulté quant à l'application de la seconde hypothèse d'application du régime des inventions de mission, le cas de la mission ponctuelle. Peut-on l'admettre pour un agent ne relevant pas de la liste ? Comment s'organise la dévolution de cette mission et sa preuve. Dans le doute, sont appliquées par analogie les solutions retenues pour les salariés.

Deux différences majeures doivent être étudiées : les conditions de détermination de la rémunération supplémentaire, et le droit supplétif d'exploitation de l'agent.

a) La rémunération supplémentaire

495. L'article R. 611-14-1 C. propr. intell., modifié en juin 2009, dispose que pour les fonctionnaires ou agents publics de l'État et de ses établissements publics auteurs d'une invention de mission, la rémunération supplémentaire est constituée par une prime d'intéressement aux produits tirés de l'invention par la personne publique qui en est bénéficiaire et par une prime au brevet d'invention.

496. La prime d'intéressement est calculée, pour chaque invention, sur une base constituée du produit hors taxes des revenus perçus chaque année au titre

190. Voir *supra* n° 474 et s., et N. Bronzo, *Propriété intellectuelle et valorisation des résultats de la recherche publique*, thèse Aix-en-Provence, déc. 2011, n° 287 et s.

de l'invention par la personne publique, après déduction de la totalité des frais directs de propriété intellectuelle supportés par celle-ci pour l'année en cours ainsi que des frais directs supportés les années antérieures n'ayant pas fait l'objet de déduction faute de revenus suffisants, et affectée du coefficient représentant la contribution à l'invention de l'agent concerné. La prime au brevet d'invention n'est pas prise en compte dans les frais directs. Cette prime vise le bien intellectuel, peu importent les modalités d'appropriation de celui-ci. Cette prime, charges comprises, est capée à 50 % de la base définie ci-dessus, dans la limite du montant du traitement brut annuel soumis à retenue pour pension correspondant au deuxième chevron du groupe hors échelle D, et, au-delà de ce montant, à 25 % de cette base. La prime d'intéressement est versée annuellement et peut faire l'objet d'avances en cours d'année. Le cas échéant, la prime d'intéressement continue d'être versée à l'agent pendant le temps d'exploitation de l'invention, s'il quitte ses fonctions pour quelque cause que ce soit ou est admis à faire valoir ses droits à pension de retraite.

497. La prime au brevet d'invention a, quant à elle, un caractère forfaitaire. Son montant est fixé par arrêté conjoint des ministres chargés du budget, de la fonction publique et de la recherche. Elle est, pour chaque agent, affectée du coefficient représentant sa contribution à l'invention et elle est liée directement à la politique d'appropriation des biens intellectuels décidée par l'établissement public. Cette prime est versée en deux tranches. Le droit au versement de la première tranche, qui représente 20 % du montant de la prime, est ouvert à l'issue d'un délai d'un an à compter du premier dépôt de la demande de brevet. Cette condition semble *contra legem*, le droit à la rémunération supplémentaire étant conditionné au constat de l'invention et non à la demande d'un brevet. L'État par là même s'impose de demander des brevets pour toutes les inventions de ses agents, ce qui diminue sa liberté de propriétaire et sa possibilité d'établir une stratégie, en particulier avec des partenaires contractuels.

Le droit au versement de la seconde tranche est ouvert lors de la signature d'une concession de licence d'exploitation ou d'un contrat de cession dudit brevet. La seconde tranche est donc conditionnée à l'exploitation du bien intellectuel par l'État. Pour autant, il ne pèse pas sur ce dernier une obligation d'exploitation des biens intellectuels, hors du droit commun des brevets.

En cas de décès de l'agent, la prime d'intéressement et la prime au brevet d'invention sont versées jusqu'au terme de l'année civile du décès.

498. Lorsque plusieurs agents sont auteurs d'une même invention, la contribution respective de chacun d'eux à l'invention, représentée par un coefficient, est déterminée définitivement avant le premier versement annuel au titre des deux primes constituant la rémunération supplémentaire. Si l'invention résulte d'une collaboration entre agents relevant de plusieurs personnes publiques, les modalités de répartition et de paiement de la prime d'intéressement et de la prime au brevet d'invention sont arrêtées de concert par les personnes publiques concernées. Toutefois, l'article R. 611-13 C. propr. intell. nuance cette solution en indiquant qu'une convention doit fixer la répartition des revenus tirés de l'exploitation de l'invention entre les personnes publiques pour lesquelles les fonctionnaires et agents publics ont effectué les tâches comportant une mission inventive, les études ou les recherches à l'origine de l'invention. Cette convention détermine les modalités selon lesquelles la personne publique mandataire est remboursée des frais occasionnés, à sa charge, pour les besoins du mandat. À défaut d'accord conclu avant la première signature d'une convention ou d'un contrat d'exploitation de l'invention, cette répartition et ce remboursement s'effectuent conformément à des règles fixées par arrêté des ministres chargés de la recherche et de la propriété industrielle. Les parts contributives de chacun des agents pourraient être influencées par ces accords ou l'application d'une solution réglementaire.

b) Le droit supplétif d'exploitation

499. Cette seconde différence rompt avec l'esprit du régime de l'invention de mission. En effet, le salarié, sans aucun droit sur le bien intellectuel créé, est uniquement titulaire d'une créance de salaire contre son employeur. Dans le cadre du régime applicable aux agents publics, si la personne publique décide de ne pas procéder à la valorisation de l'invention le fonctionnaire auteur de l'invention, peut disposer des droits patrimoniaux attachés à celle-ci, dans les conditions prévues par une convention conclue avec la personne publique.

Ainsi, le fonctionnaire désireux d'exploiter un bien intellectuel qu'il a créé mais qui est la propriété de l'État, si ce dernier n'exploite pas ce bien (il faut entendre : ne l'exploite pas directement ou indirectement, par le truchement de licences), a la possibilité de disposer des droits patrimoniaux attachés à l'invention. Il peut engager à titre personnel une exploitation du bien intellectuel, les conditions de cette mise à disposition étant réglées dans une convention passée entre l'agent et l'établissement public propriétaire du bien intellectuel. Il ne peut pas faire une exploitation concurrente à celle de l'État, mais ce dernier, soucieux de rentabiliser ses investissements en recherche et développement, préfère que le bien soit exploité par l'agent plutôt que par personne.

Le souci de l'État d'optimiser l'exploitation de ses actifs intellectuels se retrouve à l'article R. 611-13 C. propr. intell. qui présente les modalités de gestion de ces biens[191]. Il instaure une personne publique mandataire qui assure la protection et l'exploitation de l'invention pour le compte de l'ensemble des personnes publiques pour lesquelles les fonctionnaires ou agents publics ont effectué les tâches comportant une mission inventive, les études ou les recherches qui sont à l'origine de l'invention. Ce mandataire, avec les mandants, informe les fonctionnaires et agents publics qui ont effectué les tâches comportant une mission inventive, les études ou les recherches à l'origine de l'invention.

2. Les inventions hors mission attribuables

500. Comme pour les salariés, si l'invention de l'agent n'est pas une invention de mission, alors elle appartient à ce dernier. Le législateur distingue deux catégories assimilables aux inventions hors mission attribuables et aux inventions hors mission non attribuables.

191. Voir N. Binctin, « À la recherche d'une rationalisation de la gestion des actifs intellectuels de l'État », *Prop. Indust.* 2009, Focus 123.

L'invention hors-mission attribuable est la propriété de l'agent qui l'a créée, mais la personne publique employeur a le droit, sous conditions et délais, de se faire attribuer tout ou partie des droits attachés au brevet protégeant l'invention lorsque celle-ci est faite par un fonctionnaire ou agent. La formulation est similaire à celle de l'article L. 611-7 2° et appelle les mêmes commentaires[192]. Les dispositions réglementaires considèrent que la qualification d'invention hors mission attribuable peut être retenue lorsque le bien intellectuel est créé soit dans le cours de l'exécution des fonctions de l'agent public, soit dans le domaine des activités de l'organisme public concerné, soit par la connaissance ou l'utilisation de techniques, de moyens spécifiques à cet organisme ou de données procurées par lui. Ces conditions ne sont pas sans rappeler celles applicables aux salariés, elles ne les recouvrent pas parfaitement.

Surtout, point étrange, les dispositions réglementaires ne mentionnent pas la question du prix. Alors qu'elles réécrivent l'ensemble du régime, elles sont silencieuses sur ce point. D'évidence, il faut appliquer la solution du juste prix, cela au moins est justifié par la formule générale de l'article L. 611-7 5° C. propr. intell.

3. Les inventions hors mission non attribuables

501. Le même régime que celui exposé pour les salariés est appliqué[193].

4. Obligation d'information et conciliation

502. À l'image des obligations pesant sur les salariés, l'article R. 611-14 C. propr. intell. impose à l'agent public, auteur d'une invention, de faire immédiatement la déclaration de celle-ci à l'autorité habilitée par la personne publique dont il relève. Les règles déjà exposées quant au contenu et à la qualité de la déclaration s'appliquent sans réserve.

503. Quant à la CNIS[194], largement marquée par l'organisation du travail de droit privé, elle dispose de compétences pour traiter des inventions de fonctionnaires. Sous certaines réserves, les dispositions des articles R. 615-6 à R. 615-29 relatives à la commission paritaire de conciliation sont applicables aux contestations nées de l'application, dans les conditions prévues par les articles R. 611-11 à R. 611-14-1 C. propr. intell. organisant le statut de l'agent inventeur.

Pour permettre l'exercice de cette compétence, il est établi une liste spéciale sur laquelle sont choisis pour chaque affaire les deux assesseurs du président de la commission paritaire de conciliation, ceux-ci ne sont plus des représentants du monde patronal et salarial mais des personnes inscrites sur proposition, d'une part, des ministres, d'autre part, des organisations représentant le personnel. L'un des assesseurs est choisi parmi les personnes proposées par les organisations précitées, l'autre parmi les personnes proposées par les ministres. Il s'agit d'un aménagement original du contentieux de la fonction publique.

192. Voir *supra* n° 483 et s.
193. Cf. *supra* n° 488.
194. Cf. *supra* n° 491.

Enfin, lorsque l'invention a été réalisée par un agent soumis au statut général des militaires, il est procédé à la désignation de l'assesseur représentant l'agent, par le président de la commission de conciliation, sur une liste de cinq membres du corps militaire du contrôle général des armées établie par le chef du contrôle général.

Section 2
La délivrance du titre de propriété

504. La délivrance du titre de propriété s'obtient à la suite d'une procédure stricte devant un office national ou un office régional. Les demandes sont présentées dans des formes et conditions fixées pour chaque office (INPI, articles L. 612-1 et s. C. propr. intell. ; OEB, articles 75 et s. CBE). Élément essentiel du droit des brevets, la délivrance du titre débute par le dépôt d'une demande de brevet, dépôt dont la date, suivant l'article L. 612-2 C. propr. intell. et l'art 63 CBE, marquera le début du droit de propriété le jour de la délivrance définitive du titre de propriété[195]. La date de dépôt est fixée au jour où le demandeur produit une série de documents à l'office, notamment, une indication selon laquelle un brevet est demandé, les informations permettant d'identifier ou de communiquer avec le demandeur, et une description, même si celle-ci n'est pas conforme aux autres exigences légales.

La demande de brevet ne peut concerner qu'une invention ou une pluralité d'inventions liées entre elles de telle sorte qu'elles ne forment qu'un seul concept inventif général. Il n'est pas possible de décrire plusieurs inventions dans une seule demande, l'office rejettera la demande à défaut d'une procédure divisionnaire.

Cette procédure d'appropriation s'applique aux inventions réalisées ou utilisées dans l'espace extra-atmosphérique, y compris sur les corps célestes ou dans ou sur des objets spatiaux placés sous juridiction nationale en application de l'article VIII du traité du 27 janvier 1967 sur les principes régissant les activités des États en matière d'exploration et d'utilisation de l'espace extra-atmosphérique, y compris la Lune et les autres corps célestes.

§ 1. La saisine de l'office

505. Une demande de brevet est déposée soit physiquement à l'office, soit sous pli postal recommandé avec demande d'avis de réception, ou par un message utilisant tout mode de télétransmission. Dans ces cas, la date de la remise des pièces est celle de leur réception par l'office. Le bénéfice de la date de dépôt de la demande de brevet est acquis à la date de la remise d'au moins un exemplaire des pièces nécessaires, rédigées dans la langue de travail de l'office (français pour

195. Sur l'harmonisation de ces éléments, le Traité de l'OMPI sur le droit des brevets, son règlement d'exécution et les déclarations communes, signés à Genève le 14 septembre 2000, publiés en France par le décret n° 2010-10,6 janv. 2010, *JORF* 8 janv. 2010.

l'INPI, français, allemand ou anglais pour l'OEB). Devant l'INPI, en application des dispositions de l'article R. 612-21 C. propr. intell., les descriptions et revendications contenues dans les demandes déposées peuvent être rédigées en langue étrangère, mais s'il est usé de cette faculté, le demandeur est invité à fournir une traduction en langue française des pièces dans un délai de deux mois.

Lorsqu'une pièce fait défaut, le demandeur peut compléter la demande de brevet dans le délai de deux mois. S'il régularise dans ce délai, la date de dépôt est celle à laquelle la demande a été complétée. Dans le cas contraire, la demande est déclarée irrecevable et les pièces remises sont renvoyées au demandeur et les taxes éventuellement acquittées lui sont remboursées.

Le dépôt peut être fait par le demandeur personnellement ou par un mandataire ayant son domicile, son siège ou un établissement dans un État membre de l'UE ou dans un État partie à l'accord sur l'EEE. Sous réserve des exceptions prévues aux articles L. 422-4 et L. 422-5 C. propr. intell., le mandataire, constitué pour le dépôt et pour l'accomplissement de tout acte subséquent relatif à la procédure de délivrance du brevet, à l'exception du simple paiement des taxes, doit avoir la qualité de conseil en propriété industrielle ou d'avocat. À défaut, le mandataire doit joindre un pouvoir visant tous les actes et toutes les notifications pour accomplir la procédure de délivrance. Le pouvoir est dispensé de légalisation.

506. Suivant les dispositions de l'article L. 611-1 C. propr. intell., et sous réserve des dispositions des conventions internationales auxquelles la France est partie, les étrangers dont le domicile ou l'établissement est situé en dehors du territoire où le titre de propriété est applicable jouissent du bénéfice de ce titre, sous la condition que les Français bénéficient de la réciprocité de protection dans les pays dont lesdits étrangers sont ressortissants. Toutefois, les personnes physiques ou morales n'ayant pas leur domicile ou leur siège dans l'EEE doivent constituer un mandataire.

La demande de brevet comprend une requête en délivrance de brevet à laquelle sont annexés une description de l'invention, accompagnée le cas échéant de dessins, une ou plusieurs revendications, un abrégé du contenu technique de l'invention, et, le cas échéant, une copie des dépôts antérieurs dont des éléments sont repris (art. L. 612-3 C. propr. intell., art. 78 CBE). Elle ne doit pas contenir d'éléments ou de dessins dont la publication ou la mise en œuvre serait contraire à l'ordre public ou aux bonnes mœurs. Elle ne doit pas non plus contenir de déclarations dénigrantes concernant des produits ou procédés de tiers, le mérite ou la validité de demandes de brevet ou de brevets de tiers. De simples comparaisons avec l'état de la technique ne sont pas en elles-mêmes considérées comme dénigrantes. Pour faciliter le traitement de la demande, celle-ci ne doit pas comporter d'éléments manifestement étrangers à la description du bien intellectuel. La demande de brevet doit, dans le mois à compter de la remise de ces pièces, être suivie du paiement de la redevance de dépôt et de la taxe de rapport de recherche. Afin de ménager une preuve au demandeur, un récépissé constatant la date de la remise des pièces est délivré par l'office.

507. La requête en délivrance, signée, précise la nature du titre de propriété intellectuelle demandé, le titre de l'invention faisant apparaître de manière claire et concise la désignation technique de l'invention et ne comportant aucune dénomination de fantaisie, la désignation de l'inventeur, les nom et prénoms du demandeur, sa nationalité, son domicile ou son siège social. Si le demandeur n'est pas l'inventeur ou l'unique inventeur, la désignation est effectuée dans un document séparé contenant les éléments d'identification de l'inventeur. Enfin, s'il est constitué mandataire, la requête en délivrance doit mentionner son nom et son adresse. Si la requête n'est pas formellement conforme, le requérant dispose d'un délai de seize mois à compter de la date de dépôt pour régulariser sa demande (art. R. 612-1 C. propr. intell.).

À la suite de la remise de ces pièces, l'office attribue à la demande de brevet un numéro d'enregistrement et le notifie au demandeur. Ce numéro constitue un élément essentiel d'identification de la demande de brevet, au point que sera déclaré irrecevable toute correspondance ou tout dépôt ultérieur de pièces qui ne rappelle pas ce numéro.

§ 2. Le contenu de la demande de brevet

508. L'article L. 612-2 C. propr. intell. dispose que la demande de brevet doit comporter, outre l'identification du demandeur, une description et une ou plusieurs revendications.

A La description

509. La description du bien intellectuel est le premier élément nécessaire à la validité d'une demande de brevet[196]. L'article L. 612-5 C. propr. intell. (art. 83 CBE) précise que l'invention doit être exposée de façon suffisamment claire et complète pour qu'un homme du métier puisse l'exécuter. Deux méthodes de description sont acceptées par le législateur, une méthode élémentaire et une méthode complémentaire.

1. La méthode élémentaire de description

510. La méthode élémentaire de description prend la forme d'une description réalisée par la rédaction d'un texte décrivant les caractéristiques du bien intellectuel. Dans un premier temps, la description comprend des éléments situant le bien intellectuel dans son environnement technologique. Elle présente une indication du domaine technique auquel se rapporte l'invention, et l'état de la technique antérieur connu du demandeur, éléments utiles pour l'intelligence de l'invention et l'établissement du rapport de recherche. Autant que possible, les documents servant à refléter l'état de la technique antérieur sont cités.

Ensuite, la description s'attache au cœur de la demande de brevet en faisant un exposé de l'invention, telle que caractérisée dans les revendications, permettant la compréhension du problème technique ainsi que la solution qui lui est apportée. La description mentionne, le cas échéant, les avantages de l'invention

196. Mousseron, *Traité des brevets*, Litec, 1984, n° 647 et s. ; Cass. com., 22 mars 2005, *Prop. Indust.* 2005, comm. 71, note J. Raynard.

par rapport à l'état de la technique antérieur. À ces éléments textuels, il est possible d'adjoindre des dessins qui ne servent qu'à interpréter les revendications.

Enfin, il faut démontrer l'utilité et la faisabilité de l'invention. Ainsi, la description présente un exposé détaillé d'au moins un mode de réalisation de l'invention et comporte l'indication de la manière dont l'invention est susceptible d'application industrielle, si cette application ne résulte pas à l'évidence de la description ou de la nature de l'invention.

511. Le formalisme ayant une fonction essentielle en droit des brevets, notamment pour rechercher la plus grande neutralité possible dans la présentation et l'analyse du bien intellectuel, le législateur impose que les éléments composant la description soient présentés dans les conditions et dans l'ordre prévus à l'article R. 612-12, le règlement d'exécution de la CBE fait de même, à moins, dans les deux cas, que la nature de l'invention ne permette une présentation différente plus intelligible et plus concise.

Pour compléter la description, des annexes peuvent exposer, notamment, des courts extraits de programmes d'ordinateur présentés sous forme de listages rédigés en langages de programmation courants, lorsqu'ils sont nécessaires à la compréhension de l'invention, des listes de séquences de nucléotides et/ou d'acides aminés, ou encore des formules chimiques ou mathématiques. Tous ces compléments sont considérés comme des dessins et suivent le régime de ceux-ci[197].

S'il est constaté que des parties de la description, ou des dessins auxquels il est fait référence dans la description ou les revendications, ne figurent pas dans la demande, le demandeur peut les produire sous deux mois. Si les éléments manquants sont remis dans ce délai, la date de dépôt reste la date à laquelle il a été satisfait aux exigences de l'article L. 612-2 C. propr. intell. (art. 90 CBE, *i. e.* avoir produit les documents permettant de connaître la nature et le contenu de la demande). À l'inverse, à défaut de communication des documents, toute référence faite à ces parties de la description ou ces dessins est supprimée[198]. Pour autant, le dépôt n'est pas nul et la procédure d'examen de la demande continue.

2. Méthode complémentaire de description

512. En 2004, pour répondre aux difficultés pratiques de décrire certaines créations, le législateur a intégré une seconde méthode de description en acceptant que celle-ci puisse être accomplie par la présentation d'un échantillon. L'article L. 612-5 C. propr. intell. comme le règlement d'exécution CBE propose que lorsqu'une invention impliquant une matière biologique à laquelle le public n'a pas accès ne peut être décrite de manière à permettre à l'homme du métier d'exécuter cette invention, sa description n'est jugée suffisante que si la matière biologique a fait l'objet d'un dépôt auprès d'un organisme habilité[199]. Dans ce cas, pour décrire l'invention, une culture est déposée au plus tard à la date de dépôt de la demande de brevet et la description précise les informations dont dispose le

197. Cass. com., 20 mars 2007, *PIBD* 2007, n° 852, III-321 ; *RTD com.* 2007.522, obs. J.-C. Galloux.
198. Voir OEB, Ch. rec., 9 déc. 2011, aff. J-27/10, *Prop. Indust.* 2012, comm. 77, note P. Vigand.
199. Voir OEB, Ch. rec., 12 juill. 2012, aff. T-0107/09, *BMS*, *Prop. Indust.* 2013, comm. 39, note P. Vigand.

demandeur sur les caractéristiques du micro-organisme et l'organisme habilité auprès duquel le dépôt de la culture a été effectué, ainsi que le numéro du dépôt. L'indication de l'organisme peut être fournie dans un délai de seize mois à compter de la date de dépôt. La communication de ces éléments emporte, de la part du demandeur, consentement irrévocable et sans réserve de mettre la culture à la disposition du public.

Cette nouvelle méthode de description présente des difficultés à s'inscrire dans le temps. Si la culture cesse d'être accessible, soit parce qu'elle n'est plus viable, soit parce que l'organisme habilité n'est plus en mesure d'en délivrer des échantillons, il n'est pas tenu compte de cette interruption pour apprécier la validité du titre de propriété. Toutefois, pour cela, il est nécessaire de procéder à un nouveau dépôt du micro-organisme sous trois mois à compter de la date à laquelle l'interruption a été notifiée au titulaire du brevet, puis d'informer l'office de la régularisation du dépôt du micro-organisme en adressant une copie du récépissé du dépôt délivré par l'organisme habilité dans les quatre mois à compter de la date du nouveau dépôt. Le nouveau dépôt est accompagné d'une déclaration écrite par laquelle le déposant certifie que le micro-organisme est le même que celui qui a fait l'objet du dépôt initial.

B Les revendications

513. Les revendications[200] forment le cœur de la demande de brevet, elles décrivent les domaines dans lesquels le bien intellectuel est approprié. L'article L. 612-6 C. propr. intell., comme l'article 84 CBE, dispose que les revendications définissent l'objet de l'appropriation, le domaine de la propriété en déterminant son étendue. Elles sont les bornes de l'appropriation comme le rappelle l'article L. 613-2. La portée d'un brevet est doublement limitée par la description et les revendications fondées sur cette dernière.

1. La forme des revendications

514. Les revendications doivent être claires et concises et se fonder sur la description. Le formalisme est à son comble pour les revendications, le législateur prenant soin de présenter la façon dont une revendication doit être rédigée. Elle comprend dans un premier temps un préambule mentionnant la désignation de l'objet de l'invention et les caractéristiques techniques qui sont nécessaires à la définition des éléments revendiqués mais qui, combinées entre elles, font partie de l'état de la technique. Dans un second temps, elle expose la partie caractérisante, précédée d'une expression du type « *caractérisé par* », arrêtant les caractéristiques techniques pour lesquelles la propriété est recherchée. Là encore, l'efficacité prime et il peut être procédé de façon différente si la nature de l'invention le justifie.

200. E. Gutmann, « Les revendications : à la croisée de l'invention et de la découverte ? », *Droits de propriété intellectuelle – Liber amicorum G. Bonet*, Litec, 2010, coll. IRPI, t. 36, p. 291.

2. Les revendications complexes

515. Suivant les contraintes de l'article L. 612-4 C. propr. intell. ou le règlement d'exécution de la CBE, une demande de brevet ne peut contenir plus d'une revendication indépendante de la même catégorie (produit, procédé, dispositif ou utilisation) que si l'objet de la demande se rapporte à plusieurs produits ayant un lien entre eux, à différentes utilisations d'un produit ou d'un dispositif. La demande peut contenir plusieurs revendications indépendantes lorsque l'objet de la demande se rapporte à des solutions alternatives à un problème particulier, dans la mesure où ces alternatives ne peuvent pas être couvertes de façon appropriée par une seule revendication.

Par ailleurs, une demande de brevet peut contenir plusieurs revendications indépendantes et relevant d'une même catégorie (produit, procédé, dispositif ou utilisation) si l'objet de la demande ne peut être couvert de façon appropriée par une seule revendication. Toute revendication énonçant les caractéristiques essentielles de l'invention peut être suivie d'une ou de plusieurs revendications concernant des modes particuliers de réalisation de cette invention. Au sens de l'article L. 612-4 C. propr. intell., peuvent être notamment incluses dans une même demande de brevet, une revendication indépendante pour un produit, une revendication indépendante pour un procédé conçu spécialement pour la fabrication de ce produit, et une revendication indépendante pour une utilisation de ce produit. Cette solution peut être retenue si la demande intègre une revendication indépendante pour un procédé, et une revendication indépendante pour un dispositif ou moyen spécialement conçu pour la mise en œuvre de ce procédé. Enfin, cette solution est admise lorsque la demande compte une revendication indépendante pour un produit, une revendication indépendante pour un procédé conçu spécialement pour la fabrication de ce produit et une revendication indépendante pour un dispositif ou moyen spécialement conçu pour la mise en œuvre de ce procédé. On recherche l'unité de l'invention, constituée par l'unité du concept inventif général (règle 30 règl. exécution CBE).

Enfin, chaque revendication indépendante peut être enrichie d'une ou plusieurs revendications dépendantes venant compléter ou préciser la revendication indépendante.

516. Si la demande de brevet ne satisfait pas à ces dispositions, un délai est imparti au demandeur pour diviser sa demande ou limiter ses revendications. Cette demande, appelée demande divisionnaire[201], peut être déposée à l'initiative du demandeur, jusqu'au paiement de la taxe de délivrance et d'impression du fascicule du brevet. Chaque demande doit être individuellement conforme à l'ensemble des contraintes tenant à la validité d'une demande de brevet. Le demandeur peut, soit reprendre dans chaque demande divisionnaire le contenu de la demande initiale, sauf à limiter les revendications au seul objet de la demande divisionnaire, soit limiter la description, les revendications et les dessins de chaque demande divisionnaire à son seul objet. Dans ce cas, la description, les revendications et les dessins ne contiennent, outre les textes, les revendications et les figures extraites respectivement de la description, des

201. Sur l'usage abusif des demandes divisionnaires, voir *supra* n° 465, le rapport de la Commission européenne sur l'industrie pharmaceutique.

revendications et des dessins de la demande initiale, que les phrases de liaison et d'explication nécessaires à la clarté de l'exposition. Le déposant devra procéder à la désignation de l'inventeur pour chaque demande divisionnaire.

Si l'objet de la demande divisionnaire déposée s'étend au-delà du contenu de la description de la demande initiale, le demandeur devra modifier la demande divisionnaire. Il peut présenter par écrit des observations réfutant les indications données par l'office pour modifier sa demande divisionnaire. Si le demandeur n'a pas présenté d'observations ou si la demande divisionnaire n'a pas été modifiée dans le sens des indications données, la demande est rejetée. La sanction est la même si les observations présentées par le demandeur ne sont pas retenues.

Lorsque le demandeur a été invité à diviser sa demande, il peut réfuter l'objection de l'office. S'il n'a pas présenté d'observations, ou s'il n'a pas limité ses revendications ou si la demande de brevet n'a pas été divisée, la demande est rejetée. Si les observations présentées par le demandeur ne sont pas retenues, ou si les nouvelles revendications ne permettent pas de satisfaire aux dispositions de l'article L. 612-4, notification lui en est faite. Dans le cas où la division ou la limitation des revendications de la demande initiale n'est pas effectuée, la demande est rejetée.

C L'abrégé

517. Suivant les dispositions de l'article R. 612-20 C. propr. intell. (art. 85 CBE), la demande est accompagnée d'un abrégé qui n'a qu'une fonction d'information. En aucun cas cet élément ne contribue à préciser l'étendue de la protection accordée par le titre de propriété. Le contenu définitif de l'abrégé peut éventuellement être rédigé par l'office. Sa lecture ne permet jamais de connaître la portée exacte d'un titre de propriété.

§ 3. Les effets du dépôt

518. Le dépôt engendre un ensemble de réactions en chaîne. S'il ne confère pas directement un droit de propriété, il marque très nettement le début de l'appropriation par brevet du bien intellectuel. On peut retenir plusieurs effets principaux : l'acquisition d'une priorité, la défense du bien intellectuel, l'émergence d'une obligation d'exploitation et la liberté de divulgation.

A Le délai de priorité

519. Le dépôt d'une demande de brevet fait naître, à compter de la date de dépôt, un droit de priorité au bénéfice du demandeur. Le droit de priorité est, avec le principe d'assimilation, l'apport principal de la CUP. L'article 4 CUP dispose que celui qui a régulièrement fait le dépôt d'une demande de brevet dans l'un des pays membres jouit, pour effectuer un dépôt dans les autres pays membres, d'un droit de priorité. Ce droit de priorité prend la forme d'un délai de douze mois à compter de la date de dépôt de la première demande. Il permet à la demande de brevet déposée dans un autre pays de la CUP de ne pas être invalidée par des faits accomplis entre la date du premier dépôt et la date du ou des dépôts subséquents faits sous priorité. Dans le cas du brevet, la nouveauté du bien intellectuel doit être appréciée dans tous les pays membres au regard de l'état de la technique au jour du premier dépôt, peu importent les divulgations et exploitations ultérieures. Les brevets obtenus sous couvert du délai de priorité sont des titres de propriété parfaitement indépendants, le sort de la demande ou du titre de propriété dans un État ne pouvant avoir aucune conséquence sur le traitement de la demande ou du titre dans un autre État. Les titres de propriété obtenus par l'exercice du droit de priorité ont une durée égale à celle d'un titre déposé sans ce délai.

On distingue en pratique deux types de priorité : la priorité unioniste et la priorité interne.

1. La priorité unioniste

520. En application de la CUP, le titulaire d'une demande de brevet jouit d'un délai de douze mois pour échafauder une stratégie territoriale d'appropriation de son bien, permettant de surmonter les effets de la territorialité du droit de propriété. Il peut dans ce délai déposer un brevet symétrique dans un ou plusieurs pays de la CUP et organiser une emprise territoriale satisfaisante[202]. Moyennant le respect de ce délai, la demande bénéficie de la date du dépôt initial, ce qui permet de s'opposer à tout dépôt ultérieur étranger. Il évite que le dépôt ou la communication *post* dépôt soit assimilé à une divulgation de l'invention détruisant la nouveauté du bien intellectuel. Ce délai de priorité est étendu depuis les accords ADPIC à l'ensemble des pays de l'OMC.

521. Suivant l'article L. 612-7 C. propr. intell. (art. 87 à 89 CBE), le demandeur d'un brevet qui veut se prévaloir de la priorité d'un dépôt antérieur est tenu de produire une déclaration de priorité et de justifier de l'existence de la demande antérieure. Des priorités multiples peuvent être revendiquées pour une demande de brevet, même si elles proviennent d'États différents. Le cas échéant, des priorités multiples peuvent être revendiquées pour une même revendication. Si des priorités multiples sont revendiquées, les délais qui ont pour point de départ la date de priorité sont calculés à compter de la date de la priorité la plus ancienne. Toutefois, lorsqu'une ou plusieurs priorités sont revendiquées pour la demande d'un brevet, le droit de priorité ne couvre que les éléments de la demande dont la priorité est revendiquée. Si certains éléments de l'invention pour lesquels la priorité est revendiquée ne figurent pas parmi les revendications formulées dans la demande antérieure, il suffit, pour que la priorité puisse être accordée, que l'ensemble des pièces de la demande antérieure révèle d'une façon précise lesdits éléments.

522. La déclaration de priorité comporte la date du dépôt antérieur, l'État dans lequel ou pour lequel il a été effectué, ainsi que le numéro qui lui a été

202. P. Gendraud, « Gérer un portefeuille PI dans un contexte économiquement difficile : les brevets », *Approches stratégiques de la propriété industrielle*, LexisNexis, 2011, coll. IRPI, t. 38, p. 15.

attribué. La déclaration de priorité est effectuée lors du dépôt de la demande de brevet ou dans le délai de seize mois à compter de la date de priorité la plus ancienne revendiquée. Le demandeur peut corriger la déclaration de priorité dans un délai de seize mois à compter de la date de priorité la plus ancienne ou, si la correction entraîne une modification de la date de priorité la plus ancienne, dans un délai de seize mois à compter de la date de priorité la plus ancienne corrigée ; le délai de seize mois qui expire en premier devant être appliqué, étant entendu qu'une correction peut être demandée jusqu'à l'expiration d'un délai de quatre mois à compter de la date de dépôt attribuée à la demande de brevet.

Le demandeur doit produire, afin de justifier de l'existence de la demande antérieure, une copie de celle-ci, accompagnée, le cas échéant, de l'autorisation de revendiquer la priorité donnée par écrit par le propriétaire de la demande antérieure. En effet, le droit de priorité n'est pas un accessoire de la demande de brevet mais un élément indépendant de la demande initiale. Il peut être cédé à un tiers. L'exercice de la priorité n'est pas nécessairement le fait du déposant initial. En cas de non-respect des procédures de revendication de la priorité, elle est déclarée irrecevable. Si la date du dépôt antérieur indiquée précède de plus d'un an la date de dépôt de la demande de brevet, notification est faite au demandeur qu'il n'existe pas de droit de priorité, à moins qu'il n'indique une date rectifiée qui se situe dans le délai de priorité ou qu'il ne présente un recours en restauration.

Suivant les dispositions de l'article L. 612-16-1 C. propr. intell., le demandeur qui n'a pas respecté le délai de priorité peut présenter un recours en vue d'être restauré dans son droit s'il justifie d'une excuse légitime. La demande de brevet doit être formulée dans le délai de deux mois à compter de l'expiration du délai de priorité. Le recours n'est pas recevable s'il est présenté après l'achèvement des préparatifs techniques de publication de la demande de brevet.

2. La priorité interne

523. La priorité interne est une priorité de douze mois durant laquelle le déposant peut effectuer un nouveau dépôt de demande de brevet pour une invention totalement ou partiellement identique en bénéficiant de la date de dépôt de la première demande. La priorité interne voit son régime fixé par l'article L. 612-3 C. propr. intell. Lorsque deux demandes de brevet sont successivement déposées par le même inventeur ou son ayant cause dans un délai de douze mois au plus, le demandeur peut requérir que la seconde demande bénéficie de la date de dépôt de la première pour les éléments communs aux deux demandes. Le bénéficiaire de cette priorité profite de ce délai pour parfaire sa demande, corriger ses défauts éventuels. La délivrance du brevet bénéficiant de la priorité interne emporte cessation des effets attachés à la demande initiale pour les éléments identiques. La requête n'est pas recevable lorsque le bénéfice du droit de priorité attaché à un précédent dépôt étranger a déjà été requis pour l'une ou l'autre des deux demandes. Elle n'est pas non plus recevable lorsque la première demande bénéficie déjà de plusieurs dates de dépôt dont l'une est antérieure de plus de douze mois.

B Les actions en contrefaçon

524. La date de dépôt est la date à laquelle rétroagit le titre de propriété lorsqu'il est délivré ; c'est le point de départ pour le calcul de la durée du droit de propriété qui court à compter de ce jour. Il serait normal que cette date soit aussi celle à compter de laquelle il soit possible d'engager une action en contrefaçon. Toutefois, à la date du dépôt, personne ne connaît l'invention et il n'y a aucune certitude que le titre soit, *in fine*, délivré. Le législateur a retenu une solution de compromis permettant de préserver à la fois les intérêts de l'inventeur et ceux des tiers.

Il résulte de l'article L. 615-4 C. propr. intell. (voir art. 67 CBE) que le titulaire d'une demande est recevable à agir en contrefaçon pour des faits antérieurs à la publication de la demande de brevet. Il faut que la demande soit portée à la connaissance du contrefacteur, par une copie certifiée conforme. À partir de cette date ou de la date de publication, le tiers ne peut plus prétendre ignorer l'existence de la demande de brevet. Après cette information, il peut être poursuivi en contrefaçon. Toutefois, le doute de la délivrance demeure. L'article L. 612-15 C. propr. intell. impose au demandeur du brevet de solliciter au préalable l'établissement d'un rapport de recherche tendant à se prononcer sur la nouveauté et l'activité inventive de la création. De plus, l'article L. 615-4 impose au tribunal éventuellement saisi de l'action en contrefaçon de surseoir à statuer jusqu'à la délivrance du brevet.

C L'obligation d'exploitation

525. En application de l'article L. 613-11 C. propr. intell., le droit de propriété prend effet à compter de la date de dépôt de la demande. Ce droit de propriété est accompagné à compter de la même date d'une charge : l'obligation d'exploiter le bien intellectuel. L'exploitation doit au plus tard être engagée dans un délai de trois ans après la délivrance du titre ou de quatre ans à compter de la date de dépôt de la demande. Il faut retenir le délai le plus long des deux en cas de contentieux. La date de dépôt a donc un effet direct sur les conditions d'application de cette obligation. Elle est sanctionnée par la possibilité d'obtenir une licence obligatoire[203].

D La liberté de divulgation

526. À compter de la date de dépôt de la demande de brevet, il est possible de divulguer le bien intellectuel, de le publier, de le présenter aux tiers sans risquer de porter atteinte à la nouveauté et à la possibilité d'obtenir un titre de propriété.

La liberté de divulgation reste encadrée à ce stade de la procédure. L'article L. 612-8 C. propr. intell. accorde au ministre chargé de la défense la possibilité de prendre connaissance auprès de l'INPI, à titre confidentiel, des demandes de brevet. Celles-ci lui sont présentées dans le délai de quinze jours à

203. Cf. *infra* n° 1049 et s.

compter de la date de leur réception à l'INPI. Les inventions faisant l'objet de demandes de brevet ne peuvent être divulguées et exploitées librement aussi longtemps qu'une autorisation n'a été accordée à cet effet, aucune copie de la demande de brevet ne peut être délivrée sauf autorisation. Les procédures visant à l'établissement d'un rapport de recherche ou à transformer la demande de brevet en demande de certificat d'utilité ne peuvent être engagées.

L'autorisation de divulgation peut être accordée à tout moment par le ministre chargé de la propriété industrielle sur avis du ministre chargé de la défense, la demande peut être formulée dès le dépôt de la demande de brevet. Elle peut porter sur la divulgation ou simplement sur une autorisation particulière d'exploitation ou de cession. Surtout, elle est acquise de plein droit au terme d'un délai de cinq mois à compter du jour du dépôt de la demande de brevet. Avant le terme de ce délai, l'interdiction peut être prorogée, sur réquisition du ministre chargé de la défense, pour une durée d'un an renouvelable. Comme pour l'interdiction initiale, la prorogation peut être levée à tout moment.

527. En raison du préjudice engendré par ce gel du bien intellectuel au-delà du délai de cinq mois, le législateur accorde une indemnité au profit du titulaire de la demande de brevet, dans la mesure du préjudice subi. Une requête en indemnité tendant à la réparation du préjudice causé par la prorogation des interdictions de divulgation et de libre exploitation doit être adressée par le propriétaire de la demande de brevet au ministre chargé de la défense nationale par lettre recommandée avec demande d'avis de réception. La requête doit préciser, en les chiffrant, les divers chefs de préjudice invoqués. À défaut d'accord amiable, cette indemnité est fixée par le tribunal de grande instance. Pour préserver le secret, à tous les degrés de juridiction, les débats ont lieu en chambre du conseil. Une demande de révision de l'indemnité peut être introduite par le titulaire du brevet à l'expiration du délai d'un an qui suit la date du jugement définitif fixant le montant de l'indemnité, s'il apporte la preuve que le préjudice subi est supérieur à l'estimation du juge. La juridiction statue tant au fond qu'avant dire droit par des décisions qui ne contiennent aucune analyse de l'invention de nature à en entraîner la divulgation. Seuls le ministère public, les parties ou leurs mandataires peuvent obtenir copie des décisions rendues, et si une expertise est ordonnée, elle ne peut être effectuée que par des personnes habilitées par le ministre de la défense.

Le demandeur dispose d'un délai de six mois à compter du terme des mesures d'interdiction pour requérir l'établissement du rapport de recherche ou la transformation de sa demande de brevet en demande de certificat d'utilité.

Ce contrôle de la divulgation du bien intellectuel par le ministère de la défense peut aboutir à une expropriation du bien. L'article L. 613-20 C. propr. intell. autorise l'État, à tout moment, par décret, à exproprier, en tout ou partie, pour les besoins de la défense nationale, les inventions, objet de demandes de brevet ou de brevets. L'expropriation peut intervenir pendant la phase d'instruction préalable sous confidentialité, ou après la délivrance du titre de propriété. Il s'agit d'une des rares hypothèses d'expropriation mobilière en droit français. À défaut d'accord amiable entre le propriétaire du bien et l'État, l'indemnité d'expropriation est fixée par le tribunal de grande instance. Une fois encore, soucieux de préserver la plus grande confidentialité, il est prévu qu'à tous les degrés de juridiction, les débats doivent avoir lieu en chambre du conseil. Cette procédure exorbitante semble moins protectrice du droit de propriété que celle prévue pour les immeubles, il n'y a pas pour le brevet de procédure de contrôle de l'utilité de l'expropriation, il s'agit d'un pouvoir discrétionnaire.

§4. Pouvoirs et fonction de l'office

528. L'office de propriété industrielle, national ou régional, joue un rôle essentiel dans la procédure de délivrance du titre de propriété. En France, l'INPI, établissement public doté d'une personnalité civile et d'une autonomie financière, est notamment chargé, suivant les dispositions de l'article L. 411-1 C. propr. intell., de la réception des demandes de titres de propriété industrielle, de leur examen et de leur délivrance. Dans le cadre de la CBE, l'Office européen des brevets (OEB) est chargé des principales missions des offices nationaux, à l'exception essentielle de la délivrance d'un titre de propriété opposable aux tiers qui demeure de la compétence exclusive des offices nationaux. Cet office ne délivre pas un titre de propriété unique mais effectue une procédure d'examen unifiée qui permet ensuite d'obtenir un titre dans chacun des pays membres de la CBE, sans avoir à subir un nouvel examen.

L'INPI délivre toujours des brevets nationaux, mais la finalité de ces derniers s'amenuise, elle s'inscrit essentiellement dans une stratégie de délivrance du titre européen. L'INPI devrait devenir un organe déconcentré dans la procédure unifiée le jour où celle-ci sera totalement en œuvre. Déjà, l'INPI s'en remet à l'OEB pour les rapports de recherche. Les pouvoirs de l'INPI et de l'OEB sont sensiblement similaires, même si des différences doivent être avancées. Nous proposons une présentation commune de leurs actions.

A Instruction de la demande de brevet

529. Une fois la demande de brevet déposée, l'office est chargé d'examiner la conformité des demandes de brevet avec les dispositions législatives et réglementaires applicables (art. 90 et s. CBE). Il s'agit d'un premier examen formel de la demande de brevet. En pratique, toute demande doit être rejetée si elle ne satisfait pas aux conditions de formes imposées par les offices. Elle subit le même sort si elle ne répond pas à la règle de l'unité de l'invention ou si elle porte sur une demande divisionnaire dont l'objet s'étend au-delà du contenu de la description de la demande initiale. La demande est rejetée si elle a pour objet une invention manifestement non brevetable ou si l'objet ne peut manifestement être considéré comme une invention. L'office rejettera aussi la demande dont la description ou les revendications ne permettent pas d'établir un rapport de recherche. La sanction est la même si les revendications ne se fondent pas sur la description ou encore lorsque le demandeur n'a pas, s'il y a lieu, présenté d'observations, ni déposé de nouvelles revendications au cours de la procédure d'établissement du rapport de recherche. Dans ce dernier cas, si les motifs de rejet n'affectent la demande de brevet qu'en partie, seules les revendications correspondantes sont rejetées.

Après ce premier examen formel de la demande de brevet, l'office établit un rapport de recherche, sauf report de la publication de la demande de dix-huit mois. Le rapport de recherche porte sur les éléments de l'état de la technique qui peuvent être pris en considération pour apprécier la brevetabilité de l'invention. Les directives relatives à l'examen pratiqué à l'OEB ont été restructurées et mise à jour. En particulier, les instructions internes ont été incorporées dans les directives, tout comme les renseignements juridiques adaptés à la CBE 2000, et la jurisprudence des chambres de recours de l'OEB. Les Directives révisées sont entrées en vigueur le 20 juin 2012 et représente l'unique version applicable et officielle qui remplace les directives datées du mois d'avril 2010.

530. En premier lieu, un rapport de recherche préliminaire est établi, cette recherche documentaire est matériellement réalisée par l'OEB (par son établissement de La Haye). Le rapport (art. 92 CBE) cite les documents pouvant être pris en considération pour apprécier la nouveauté de la demande, l'objet de l'invention et l'activité inventive. Il est assorti d'une opinion sur la brevetabilité de l'invention au regard des documents cités. Cette opinion est accessible aux tiers dans le dossier de la demande de brevet. Le rapport de recherche préliminaire et l'opinion sont établis sur la base des revendications déposées, en tenant compte de la description et, le cas échéant, des dessins. Chaque citation est faite en relation avec les revendications qu'elle concerne. Le rapport de recherche préliminaire distingue entre les documents cités et ceux publiés avant la date de priorité, entre la date de priorité et la date de dépôt, à la date de dépôt et postérieurement. Dans le cas où ont été déposées d'autres demandes de brevet portant sur la même invention que celle qui fait l'objet de la demande de brevet, l'office peut inviter le demandeur, avant l'établissement du rapport de recherche préliminaire, à lui communiquer les informations dont il dispose, au jour de la notification, sur l'état de la technique qui a été pris en considération lors de l'examen de ces autres demandes par les offices compétents. L'office peut, en outre, exiger la production des documents cités autres que les brevets et les demandes de brevets publiés ainsi que l'indication des passages pertinents. Si le demandeur n'a ni satisfait aux demandes de l'office ni justifié être dans l'impossibilité de produire ces documents, la demande de brevet est rejetée. Enfin, tout document se référant à une divulgation orale, à un usage ou à toute autre divulgation ayant eu lieu antérieurement à la date du dépôt de la demande de brevet est cité dans le rapport de recherche préliminaire en précisant la date de publication du document et celle de la divulgation non écrite.

531. Le rapport de recherche préliminaire est notifié au demandeur, qui, si des antériorités sont citées, doit, sous peine de rejet de la demande de brevet, déposer de nouvelles revendications ou présenter des observations à l'appui des revendications maintenues. Le demandeur dispose d'un délai de trois mois pour ce faire, renouvelable une fois, à compter de la notification du rapport de recherche préliminaire. Si l'objet des nouvelles revendications n'est pas couvert par les revendications sur la base desquelles la recherche a été effectuée, un rapport de recherche préliminaire complémentaire est établi. Si l'intéressé ne défère pas à cette nécessité, le dépôt des nouvelles revendications est déclaré irrecevable et le brevet est délivré avec les revendications sur la base desquelles la recherche a été effectuée. Le rapport de recherche préliminaire peut être complété à tout moment avant l'établissement du rapport de recherche. Le rapport de recherche préliminaire est rendu public en même temps que la demande de brevet ou, s'il n'est pas encore établi, dès sa notification au demandeur (voir art. 93 CBE).

Après cette procédure, un rapport de recherche est définitivement établi (art. 94 CBE). Il retient les antériorités objectives de la création, antériorités que l'OEB classe selon une typologique propre. Les éléments les plus notables sont : la lettre A qui indique une citation vers un document antérieur à l'invention définissant l'état de l'art de la technique auquel se réfère la demande de brevet. ; la lettre X qui indique l'existence d'un document antérieur, cité par le rapport, mettant en cause la nouveauté de l'invention ; la lettre Y, enfin, qui indique l'identification d'un document antérieur remettant en cause l'activité inventive caractérisant l'invention pour laquelle le brevet est demandé. Il est arrêté au vu du rapport de recherche préliminaire en tenant compte, le cas échéant, des revendications déposées en dernier lieu, des observations du demandeur déposées à l'appui des revendications maintenues et des observations des tiers. En cas de retrait de la demande de brevet ou de transformation de celle-ci en demande de certificat d'utilité, il est mis fin à la procédure d'établissement du rapport de recherche. Le rapport de recherche ne produit pas d'effet juridique, l'office délivre le titre de propriété même en présence d'un très grand nombre d'antériorités, sous réserve de la non-brevetabilité manifeste de l'article L. 612-12 C. propr. intell. Le rapport permet essentiellement au tiers de savoir quelle confiance accorder au titre. La contrepartie de cette faible sanction du rapport de recherche est que toute personne peut invoquer la nullité absolue du titre devant les tribunaux.

B Décisions de l'office

532. Le directeur de l'INPI, ou la division d'examen de l'OEB, remplit des fonctions juridictionnelles de première instance dans la procédure de demande de brevet. En premier lieu, l'office peut rejeter la demande si elle comporte des défauts de forme (voir art. 97 CBE) : insuffisance de description, imprécision des revendications, prohibition des demandes complexes. Le rejet peut provenir aussi de l'absence de réponse du demandeur aux observations du rapport préliminaire de recherche, ou de l'absence de paiement par celui-ci des taxes de procédure. En second lieu, il peut rejeter les demandes de brevets pour des raisons de fond : la demande est manifestement non brevetable comme contraire à l'ordre public et aux bonnes mœurs ; l'objet de la demande ne peut pas être considéré comme une invention ou comme ayant une application industrielle, ou si l'absence de nouveauté résulte manifestement du rapport de recherche.

La décision de rejet est notifiée au demandeur qui dispose d'un délai de deux mois à compter de la date de réception de la notification pour présenter des observations ou payer les taxes exigibles. La notification indique le délai imparti pour régulariser et peut être assortie d'une proposition de régularisation. Celle-ci est réputée acceptée si le demandeur ne la conteste pas dans le délai qui lui est imparti. La décision de rejet est définitive si le demandeur n'a, dans le délai prescrit, ni contesté l'irrégularité ou le défaut de paiement ni acquitté la taxe majorée d'un supplément.

Si une demande de brevet est susceptible d'être rejetée, une notification motivée en est faite au demandeur, précisant le délai imparti pour présenter des observations ou de nouvelles revendications. La demande de brevet sera rejetée si le demandeur n'a pas présenté d'observations ou de nouvelles revendications dans ce délai, si les observations présentées ne sont pas retenues, ou si les nouvelles revendications ne permettent pas de remédier à l'irrégularité.

L'office peut également procéder à des modifications d'office de la demande de brevet, notamment en cas de non-conformité partielle de la description ou des dessins aux dispositions des articles L. 611-17, L. 611-18, L. 611-19 4° ou L. 612-1 C. propr. intell. ; notification en est faite au demandeur. Si le demandeur ne présente pas d'observations ou si ces observations ne sont pas retenues, les suppressions sont effectuées d'office.

533. Les décisions des offices sont susceptibles de recours. L'article L. 411-4 C. propr. intell. détermine les pouvoirs du directeur de l'INPI et précise que pour l'exercice de ces compétences, il n'est pas soumis à l'autorité de tutelle, disposant d'une indépendance similaire à celle d'un magistrat du siège. La cour d'appel de Paris est seule compétente pour connaître des recours formés contre les décisions du directeur de l'INPI rendues dans le cadre de la procédure de délivrance des brevets. Sous le visa des articles L. 411-4 et L. 615-17C. propr. intell., la Cour de cassation précise que « *la compétence de la juridiction judiciaire ne se limite pas aux seuls recours contre les décisions du directeur général de l'INPI ayant une incidence directe sur la délivrance ou le maintien des titres de propriété industrielle* »[204].

Dans le même esprit, les décisions de la section de dépôt, des divisions d'examen, des divisions d'opposition et de la division juridique de l'OEB sont susceptibles de recours suivant l'article 106 CBE (sur les règles de procédure devant l'OEB, art. 113 et s.). Le recours est suspensif, il doit être formé dans un délai de deux mois à compter de la signification de la décision et il est ouvert à toute partie à la procédure dont la décision en cause n'a pas fait droit aux demandes. Les parties à la procédure sont, de droit, parties à la procédure de recours. Enfin, pour assurer une application uniforme de la Convention et de ses textes d'application, il est institué une Grande Chambre de recours qui rend des décisions et des avis (art. 112 et s. CBE).

C Pouvoirs du demandeur durant la procédure de délivrance

534. La procédure de délivrance est largement marquée par le dialogue qui s'instaure entre l'office et le déposant. Échanges de lettres officielles, discussions, on peut voir dans cette démarche une sorte d'appropriation concertée. Si la description est figée à compter du dépôt de la demande de brevet, sauf corrections d'erreur matérielle, en revanche, du jour du dépôt de la demande jusqu'au jour où la recherche documentaire préalable au rapport de recherche a été commencée, le demandeur peut déposer de nouvelles revendications. Si l'examen de la demande fait apparaître des irrégularités, la description, les

204. Cass. com., 29 nov. 2011, n° 10-25277, *Bull. civ.* IV, n° 193 ; *D.* 2011 p. 2995 ; *Prop. Indust.* 2012, comm. 36, obs. P. Vigand.

revendications ou les dessins ne peuvent être modifiés que dans la mesure nécessaire pour remédier aux irrégularités constatées.

Jusqu'au paiement de la taxe de délivrance et d'impression du fascicule du brevet, le demandeur peut obtenir la rectification des fautes d'expression ou de transcription ainsi que des erreurs matérielles relevées dans les pièces déposées. L'office peut exiger la justification de la réalité de l'erreur matérielle à corriger et, le cas échéant, le sens de la correction demandée. Si la requête porte sur la description, les revendications ou les dessins, la rectification n'est autorisée que si elle s'impose à l'évidence. La requête est présentée par écrit et comporte le texte des modifications proposées, elle n'est recevable que si elle est accompagnée de la justification du paiement de la taxe exigible.

535. Le déposant peut retirer sa demande de brevet à tout moment, par une déclaration écrite, jusqu'au paiement de la taxe de délivrance et d'impression du fascicule du brevet. Cette demande est formulée par le demandeur ou un mandataire, lequel, sauf s'il a la qualité de conseil en propriété industrielle ou d'avocat, doit joindre à la déclaration un pouvoir spécial de retrait compte tenu de l'importance de l'acte. Si la demande de brevet a été déposée au nom de plusieurs personnes, le retrait ne peut être effectué que requis par l'ensemble de celles-ci. Lorsque des droits réels, de gage ou de licence ont été inscrits au registre des brevets, la déclaration de retrait n'est recevable que si elle est accompagnée du consentement écrit des titulaires de ces droits. Si la demande est retirée après publication, le retrait est inscrit d'office au registre des brevets.

Il est possible de procéder à une nouvelle rédaction d'une revendication après annulation partielle. Si cette revendication modifiée n'est pas conforme, notification en est faite au propriétaire du brevet précisant les changements à apporter et le délai imparti pour y procéder. La revendication modifiée est rejetée si le propriétaire du brevet ne défère pas à la notification dans le délai prescrit, ou ne présente pas d'observations pour contester son bien-fondé. Lorsque les observations présentées ne sont pas retenues, notification en est faite. Si l'intéressé ne défère pas à la notification, la revendication modifiée est rejetée.

536. Ce mouvement d'adaptation constante du titre de propriété est accru par l'introduction en 2008 en France, comme dans la procédure de l'OEB (art. 105 *bis* et 105 *ter* CBE), d'une procédure de renonciation ou de limitation des revendications d'un brevet. Une requête en renonciation ou en limitation, par une déclaration écrite, peut être effectuée par le titulaire d'un brevet délivré. Si le brevet appartient à plusieurs personnes, la renonciation ou la limitation ne peut être effectuée que si elle est requise par l'ensemble de celles-ci, compte tenu de l'atteinte à la propriété. Si des droits réels, de gage ou de licence ont été inscrits au registre des brevets, il est nécessaire de recueillir le consentement des titulaires de ces droits. La requête ne peut viser qu'un seul brevet et doit être accompagnée, lorsque la limitation est requise, du texte complet des revendications modifiées et, le cas échéant, de la description et des dessins tels que modifiés. Si, lorsque la limitation est demandée, les revendications modifiées ne constituent pas une limitation par rapport aux revendications antérieures du brevet ou si elles ne sont pas claires, concises et fondées sur la description, une notification motivée en est faite au demandeur. Un délai lui est imparti pour régulariser sa requête ou présenter des observations. À défaut de régularisation ou d'observations permettant de lever l'objection, la requête est rejetée. La version modifiée du brevet est publiée.

La souplesse de la procédure permet même au demandeur de modifier la nature du titre qu'il souhaite obtenir. L'article L. 612-15 C. propr. intell. autorise le demandeur à transformer sa demande de brevet en demande de certificat d'utilité. La requête en transformation de la demande de brevet en demande de certificat d'utilité est formulée par écrit, à tout moment, pendant le délai de dix-huit mois à compter du dépôt ou de la date de priorité, si une priorité a été revendiquée. Nonobstant l'inscription au registre des brevets de droits réels, de gage ou de licence sur une demande de brevet, le demandeur peut modifier les revendications afférentes à cette demande sans le consentement des titulaires de ces droits.

Enfin, pour éviter des solutions trop radicales, une multitude de procédures de rattrapage est proposée au déposant. Par exemple, si le demandeur n'a pas respecté un délai à l'égard de l'office, il peut présenter un recours sur le fondement de l'article L. 612-16 C. propr. intell. en vue d'être restauré dans ses droits s'il justifie d'une excuse légitime et si l'inobservation de ce délai a pour conséquence directe le rejet de la demande de brevet ou d'une requête, la déchéance de la demande de brevet ou du brevet ou la perte de tout autre droit.

D Pouvoirs des tiers durant la procédure

537. La place des tiers dans la procédure de délivrance des brevets est importante, elle tendrait à s'accroître afin d'assurer une meilleure acceptation des titres de propriété et assurer que les recours contre le brevet sont pour l'essentiel épuisés au moment où s'achève la procédure devant l'office. On peut distinguer deux principales interventions pour les tiers : les observations et l'opposition.

1. Les observations

538. Si le déposant peut retarder la publication de sa demande de brevet, cela ne peut se faire pour une période supérieure à 18 mois (art. L. 612-21 C. propr. intell. et art. 115 CBE). Toute demande pour laquelle a été requis le bénéfice d'une priorité unioniste est rendue publique dix-huit mois après la date de dépôt la plus ancienne dont elle bénéficie. À compter du jour de la publication, toute personne peut prendre connaissance des pièces du dossier de la demande de brevet et en obtenir reproduction à ses frais. L'office peut subordonner l'usage de cette faculté à la justification d'un intérêt suffisant.

Du jour de la publication de la demande de brevet, et durant tout le temps de la procédure d'examen ou une procédure d'instance devant l'OEB, tout tiers peut adresser à l'office des observations écrites sur la brevetabilité de l'invention objet de ladite demande. Les observations doivent être déposées dans une langue officielle de l'OEB, les pièces justificatives, telles les citations issues de l'état de la technique, peuvent être rédigées dans n'importe quelle langue. L'OEB peut toutefois demander au tiers de fournir une traduction dans l'une des langues officielles. Si la traduction demandée n'est pas produite en temps voulu, l'OEB peut ne pas tenir compte du document en question. Les observations peuvent être présentées de manière anonyme. Les observations ne doivent pas se rapporter à des aspects formels, mais uniquement aux exigences de fond fixées par la CBE, par exemple aux articles 52 à 57 CBE.

L'office notifie ces observations au demandeur qui, dans un délai de trois mois, à compter de la date de réception de la notification des observations des tiers, peut déposer, par écrit, ses observations en réponse ou une nouvelle rédaction des revendications. Sous peine d'irrecevabilité, les observations des tiers sont présentées, en double exemplaire, accompagnées des documents cités ou de leur reproduction et de tous renseignements ou justifications nécessaires, sauf les brevets antérieurs cités. Ce délai peut être renouvelé une fois sur requête du demandeur. Ces éléments seront pris en considération par l'examinateur au moment de la rédaction du rapport final. Depuis le 1er août 2011, l'OEB propose, dans le cadre d'un projet pilote et en plus des systèmes usuels de dépôt de documents, que les observations de tiers soient être présentées via le formulaire électronique conçu spécialement à cet effet et disponible sur son site Internet. L'enjeu des observations est de permettre à l'office de mieux appréhender l'environnement technologique de l'invention et d'élever la qualité des inventions pouvant être brevetées en écartant celles ne répondant pas aux conditions de fond de ce régime de propriété.

2. L'opposition

539. L'opposition est une procédure propre à l'OEB en droit des brevets, il n'existe malheureusement pas de procédure d'opposition dans le cadre de la délivrance d'un brevet français. L'opposition au brevet européen affecte ce brevet dans tous les États contractants dans lesquels il produit ses effets. L'article 99 CBE dispose que, dans un délai de neuf mois à compter de la publication de la mention de la délivrance du brevet européen au *Bulletin européen des brevets*, toute personne peut faire opposition à ce brevet auprès de l'OEB. Après l'expiration du délai d'opposition, tout tiers peut intervenir dans la procédure d'opposition à condition qu'il apporte la preuve qu'une action en contrefaçon fondée sur ce brevet a été introduite à son encontre, ou qu'après avoir été requis par le titulaire du brevet de cesser la contrefaçon alléguée de ce brevet, il a introduit une action tendant à faire constater qu'il n'est pas contrefacteur. L'intervention recevable est alors assimilée à une opposition. L'opposition est une procédure contentieuse devant l'office où les opposants sont parties avec le titulaire du brevet. L'opposition n'est réputée formée qu'après le paiement de la taxe d'opposition, chacune des parties supporte les frais qu'elle expose, à moins que la division d'opposition n'arrête une répartition différente des frais, dans la mesure où l'équité l'exige. Cette procédure nourrit activement l'interprétation de la CBE malgré le nombre limité de procédure (environ 4,5 % des brevets publiés sont soumis à une telle procédure).

540. L'opposition ne peut être fondée que sur des motifs limités, *i. e.* les conditions de fond de la brevetabilité :

— l'objet du brevet n'est pas brevetable en vertu des articles 52 à 57 CBE ;

— la description n'expose pas l'invention de façon suffisamment claire et complète pour qu'un homme du métier puisse l'exécuter ;

— l'objet du brevet s'étend au-delà du contenu de la demande telle qu'elle a été déposée ou, si le brevet a été délivré sur la base d'une demande divisionnaire ou d'une nouvelle demande déposée en vertu de l'article 61 CBE, au-delà du contenu de la demande antérieure telle qu'elle a été déposée.

541. L'opposition doit être formée par écrit et motivée, contenir les indications concernant l'opposant telles que prévues à la règle 41, paragraphe 2 c) de la CBE, le numéro du brevet européen contre lequel l'opposition est formée, le nom du titulaire du brevet, le titre de l'invention, et une déclaration précisant la mesure dans laquelle le brevet européen est mis en cause par l'opposition, les motifs sur lesquels l'opposition se fonde ainsi que les faits et les preuves invoqués à l'appui de ces motifs. La troisième partie du règlement d'exécution s'applique à l'acte d'opposition. Si l'opposition n'est pas conforme, la division d'opposition de l'OEB doit la rejeter.

Une fois la demande reçue, la division d'opposition notifie au titulaire du brevet l'acte d'opposition et lui donne la possibilité de présenter ses observations et de modifier, s'il y a lieu, la description, les revendications et les dessins dans un délai qu'elle lui impartit. Si plusieurs oppositions ont été formées, la division d'opposition les notifie aux différents opposants en même temps que la notification est faite au déposant. Suivant une rigoureuse procédure contradictoire, la division d'opposition notifie aux autres parties toutes observations et modifications présentées par le titulaire du brevet, et les invite, si elle le juge opportun, à répliquer dans un délai qu'elle leur impartit.

542. Lorsque l'opposition est recevable, la division d'opposition examine si au moins un motif d'opposition s'oppose au maintien du brevet européen. Au cours de cet examen, elle invite les parties, aussi souvent qu'il est nécessaire, à présenter leurs observations sur les notifications qu'elle leur a adressées ou sur les communications qui émanent d'autres parties. Les notifications émises, ainsi que les réponses à ces notifications, sont envoyées à toutes les parties. Si la division d'opposition le juge opportun, elle invite les parties à répliquer dans un délai qu'elle leur impartit.

La division d'opposition examine tous les motifs d'opposition invoqués dans la déclaration de l'opposant. Elle peut également examiner d'office des motifs d'opposition qui n'ont pas été invoqués par l'opposant s'ils sont susceptibles de s'opposer au maintien du brevet européen[205]. On constate une limite à la procédure strictement accusatoire de l'opposition en raison du pouvoir d'initiative de l'office.

543. Si la division d'opposition estime qu'au moins un motif d'opposition s'oppose au maintien du brevet européen, elle révoque le brevet. Dans le cas contraire, elle rejette l'opposition. Si elle estime que, compte tenu des modifications apportées par le titulaire du brevet européen au cours de la procédure d'opposition, le brevet et l'invention, qui en font l'objet, satisfont aux exigences de la CBE, elle maintient le brevet tel qu'il a été modifié. En revanche, si la division

205. OEB, 8 nov. 2010, aff. T-2291/08, *Thyssen Krupp*, *Prop. Indust.* 2012, comm. 3, obs. P. Vigand.

d'opposition retient que le brevet et l'invention ne satisfont pas aux exigences de la CBE, elle le révoque.

Lorsque le brevet européen est modifié à la suite de la procédure d'opposition, l'OEB publie un nouveau fascicule du brevet européen. La décision finale de l'OEB fixe le montant des frais de la procédure et leur répartition. La décision est, aux fins de son exécution dans les États contractants, réputée être une décision passée en force de chose jugée rendue par une juridiction civile de l'État dans lequel cette exécution doit avoir lieu. Le contrôle d'une telle décision ne peut porter que sur son authenticité.

544. La procédure française de délivrance de brevet ne connaît pas cette procédure d'opposition ce qui est particulièrement regrettable pour la construction et l'interprétation du droit des brevets en France.

E Publicités – Diffusion légale des inventions

545. La publicité est au cœur du régime des brevets, l'article L. 611-1 dispose en ce sens que la délivrance du titre donne lieu à la diffusion légale. Il faut garder à l'esprit que le titre de propriété a notamment pour fonction de diffuser la connaissance, et concourt à la diffusion de celle-ci. La publication inclut la demande de brevet, le rapport de recherche et naturellement le titre définitif. Ces publications se font au *Bulletin officiel de la propriété industrielle* (BOPI) consultable notamment à l'INPI et son équivalent auprès de l'OEB. Surtout, les offices publient en ligne[206] l'intégralité des pièces et informations attachées à un brevet.

L'office assure la diffusion de la connaissance, par la mise à la disposition du public du texte intégral grâce à une banque de données ou à la distribution du support informatique du dossier de toute demande d'un brevet ou d'un certificat d'utilité et de tout acte de procédure subséquent, de toute délivrance de l'un de ces titres, et des actes d'exploitation du bien. L'ensemble de la vie juridique du bien intellectuel est retracé par ces mentions publiques. Les pièces comportant des données à caractère personnel ou relatives au secret des affaires, et toute autre pièce écartée de la consultation, car ne présentant pas d'intérêt pour l'information des tiers, sont écartées de cette publicité.

546. Lorsque le bien intellectuel concerne un micro-organisme, toute personne peut demander à avoir accès à la culture déposée. Le requérant doit s'engager à ne communiquer à quiconque la culture ou une culture qui en est dérivée, à moins que la demande de brevet n'ait été rejetée ou retirée ou que le brevet n'ait cessé de produire effet, et à n'utiliser la culture ou une culture qui en est dérivée qu'à des fins expérimentales, à moins que la demande de brevet n'ait été rejetée ou retirée ou que n'ait été publiée la mention de la délivrance. Ce dernier engagement ne fait pas obstacle à l'utilisation de la culture en vertu d'une licence obligatoire ou d'une licence d'office, pas plus qu'au dépôt d'une culture dérivée aux fins d'une procédure en matière de brevets. Pour limiter les risques de fraude, le demandeur du brevet peut indiquer par une déclaration écrite faite avant le terme des préparatifs techniques en vue de la publication

206. http://fr.espacenet.com/

que, jusqu'à la publication de la délivrance du brevet, du retrait ou du rejet de la demande, seul un expert désigné par le requérant peut avoir accès à la culture déposée. L'expert doit souscrire aux engagements de confidentialité.

Au terme de l'instruction de la demande de brevet, invitation est faite au demandeur d'acquitter les taxes de délivrance et d'impression du fascicule. Le brevet est délivré au nom du demandeur par décision de l'office, notifiée au demandeur, accompagnée d'un exemplaire certifié conforme du brevet. En cas de cession de la demande, le brevet est délivré au nom du dernier cessionnaire inscrit au registre des brevets jusqu'au paiement de la taxe de délivrance et d'impression du fascicule. Le rapport de recherche inséré dans le brevet comporte, le cas échéant, une mention signalant que les revendications sur la base desquelles la recherche a été effectuée ont été modifiées ou que des observations ont été présentées par le demandeur ou par des tiers au cours de la procédure d'établissement du rapport de recherche ou durant la procédure d'opposition.

547. Un registre des brevets, national ou européen, selon l'office, est tenu. Y figurent, pour chaque demande de brevet ou brevet, l'identification du demandeur, et les références de la demande de brevet ou du brevet, ainsi que les actes ultérieurs en affectant l'existence ou la portée. Sont inscrits les actes modifiant la propriété de la demande de brevet ou du brevet ou la jouissance des droits qui lui sont attachés. En cas de revendication de propriété, mention sera faite de l'assignation correspondante ainsi que la suspension et la reprise de la procédure de délivrance. Le registre mentionne les changements de titulaire, de nom, de forme juridique ou d'adresse, ainsi que les rectifications d'erreurs matérielles affectant les inscriptions. Ces mentions sont inscrites à l'initiative de l'office ou, s'il s'agit d'une décision judiciaire, sur réquisition du greffier ou sur requête de l'une des parties. Les actes modifiant la propriété d'une demande de brevet ou d'un brevet ou la jouissance des droits qui lui sont attachés, tels que cession, concession d'un droit d'exploitation, constitution ou cession d'un droit de gage ou renonciation à ce droit, saisie, validation et mainlevée de saisie, sont inscrits à la demande de l'une des parties à l'acte, ou, s'il n'est pas partie à l'acte, du titulaire du dépôt au jour de cette demande. Un acte ne peut être inscrit que si la personne indiquée dans l'acte à inscrire comme étant le titulaire de la demande de brevet ou du brevet avant la modification résultant de l'acte est inscrite comme tel au registre des brevets. Cette contrainte, qui va au-delà de la fonction du registre qui est de constater l'état des droits sur le titre à un instant donné et non de certifier ceux-ci, rend la mise en œuvre des mesures de publicité complexe lorsque le brevet a fait l'objet de plusieurs actes consécutifs non inscrits. Par exemple, en cas de transferts multiples entre personnes morales dont certaines disparaissent ensuite (fusion, liquidation, etc.) il sera difficile de réaliser l'inscription.

En cas de non-conformité d'une demande d'inscription, notification motivée en est faite au demandeur. Un délai lui est imparti pour régulariser sa demande ou présenter des observations. À défaut de régularisation ou d'observation permettant de lever l'objection, la demande est rejetée. La notification peut être assortie d'une proposition de régularisation. Dans ce cas, cette proposition est réputée acceptée si le demandeur ne la conteste pas dans le délai qui lui est imparti.

§ 5. La procédure de délivrance auprès de l'OEB

548. La CBE a eu un impact majeur sur le droit des brevets français. Outre une influence salutaire sur le droit interne, la Convention instaure une procédure unifiée de dépôt d'une demande de brevet permettant ensuite une validation nationale dans les pays membres de la Convention désignés lors du dépôt. La procédure se fait selon une procédure connaissant quelques spécificités.

Suivant l'article L. 614-2 C. propr. intell., toute demande de brevet européen peut être déposée auprès de l'INPI, lorsque le déposant a son domicile ou son siège en France et qu'il ne revendique pas la priorité d'un dépôt antérieur en France. À compter de ce dépôt, à l'image du dépôt d'une demande de brevet français, le ministre chargé de la défense est habilité à prendre connaissance, à titre confidentiel, des demandes de brevet européen déposées, le même régime de contrôle de la divulgation de l'invention s'instaure[207].

A Abandon de la procédure européenne

549. Une fois cette procédure accomplie, l'examen de la demande de brevet est réalisé sous l'égide de l'office. L'engagement dans cette procédure européenne n'est toutefois pas irrévocable. L'article L. 614-6 C. propr. intell. dispose qu'une demande de brevet européen peut être transformée en demande de brevet français (art. 135-1 a) CBE), lorsque la demande de brevet européen est réputée retirée en vertu de l'article 77 CBE, ou lorsque la demande européenne est rejetée, retirée ou le brevet européen révoqué. Une requête en transformation doit être présentée à l'OEB, les conditions nationales de brevetabilité s'appliquent alors. Si un rapport de recherche a été établi avant transformation de la demande, ce rapport tient lieu de rapport de recherche. La transformation de la demande de brevet européen en demande de brevet français a lieu dès la réception par l'INPI de la requête. Un numéro d'enregistrement national est attribué, la mention de la transformation est publiée au BOPI. Dans le délai de deux mois à compter de la date de la publication ou, dans le cas de demandes de brevet qui ne peuvent être rendues publiques, à compter de la date de réception de la requête en transformation, le demandeur doit fournir la justification du paiement des taxes afférentes à la procédure et, s'il y a lieu, la traduction en français du texte original de la demande de brevet européen, ainsi que, le cas échéant, du texte modifié au cours de la procédure devant l'OEB. Si ces conditions ne sont pas remplies, la demande est rejetée. La procédure de délivrance du brevet se déroule sur la base du texte original de la demande de brevet ou de sa traduction ou, le cas échéant, du texte modifié au cours de la procédure devant l'OEB.

B Effets en France de la procédure de délivrance auprès de l'OEB

550. Une fois la procédure de délivrance devant l'OEB achevée, l'État membre délivre le titre de propriété correspondant. Suivant l'article L. 614-7

207. Voir *supra* n° 526 et s.

C. propr. intell., la délivrance se fait sur le fondement du texte du brevet européen rédigé dans la langue de procédure de l'OEB. Ce texte fait foi.

En application des accords de Londres modifiant l'article 65 CBE, il n'est plus nécessaire de traduire systématiquement en français le texte du brevet pour engager une délivrance nationale[208]. L'application dans le temps de cette réforme a été précisée par Cour de cassation, lors d'un arrêt de rejet rendu le 2 novembre 2011[209], qui confirme que les dispositions de l'Accord de Londres et celles de la loi nº 2007-1544 du 29 octobre 2007 de lutte contre la contrefaçon « *s'analysent comme des règles ne touchant pas à l'existence même des droits sur un brevet européen et en tant que telles s'appliquent à compter du 1er mai 2008 (...) peu important que le texte du brevet européen dans sa version initiale ait été publié antérieurement* ». Dans cette affaire, la société *Rolls Royce* est titulaire d'un brevet français délivré après une procédure devant l'OEB conduite en langue anglaise en 1997 et dont la mention de la délivrance est publiée au Bulletin européen des brevets en 2003. Une traduction en français a été déposée à l'Institut national de la propriété industrielle. En 2009, le directeur de l'INPI refuse la traduction en français de la version modifiée du brevet. Le propriétaire conteste cette décision devant la cour d'appel de Paris et voit sa prétention écartée. Il se pourvoit en cassation pour violation des articles 10 de la loi du 29 octobre 2007 et 9 de l'Accord de Londres. Le pourvoi est rejeté et la Cour de cassation donne raison au directeur de l'INPI qui a estimé la traduction sans objet car les dispositions citées s'appliquent à compter du 1er mai 2008 « *peu important que le texte du brevet européen dans sa version initiale ait été publié antérieurement* ». Il faut prendre en considération la date de l'acte administratif en France et non la date de l'acte antérieur conduit devant l'OEB.

Toutefois, en cas de litige relatif à un brevet validé en France mais dont le texte n'est pas rédigé en français, le titulaire du brevet doit fournir, à ses frais, à la demande du présumé contrefacteur ou, à la demande de la juridiction compétente, une traduction complète du brevet en français. L'INPI doit toujours dans les trois mois suivant la publication des demandes de brevets européens et lorsque la langue de la procédure n'est pas le français, assurer la traduction et la publicité en français des abrégés. Hormis les cas d'action en nullité, lorsqu'une traduction en langue française a été produite par le titulaire du brevet, cette traduction est considérée comme faisant foi si le brevet européen confère dans le texte de la traduction une protection moins étendue que celle qui est conférée par ladite demande ou par ledit brevet dans la langue dans laquelle la demande a été déposée. Une traduction révisée peut être produite à tout moment par le titulaire du brevet qui ne prend effet qu'à compter de sa publication sous un mois à compter de la date à laquelle elle a été fournie.

208. Sur la traduction, Décision 2006-541 du 28 sept. 2006 du Conseil constitutionnel ; Loi nº 2007-177 du 17 oct. 2007, *JO* 18 oct. 2007 p. 17170 ; Déc. 2008-469 du 20 mai 2008 ; *RTD com* 2000/2, chron. J.-C. Galloux, point nº 2 sur la traduction en droit des brevets et CJCE, 21 mars 1999, aff. C-44/98, *Bast*, *PIBD* 1999, 688, III-535.

209. Cass. com., 2 nov. 2011, nº 10-23162, *Bull. civ.* IV, nº 180 ; *D.* 2011 p. 2654 ; *Prop. Indust.* 2012, comm. 36, obs. P. Vigand ; Ph. Schmidt, « Existe-t-il un recours pour le titulaire du brevet européen qui voit sa traduction refusée par le directeur de l'INPI », *Prop. Indust.* 2012, Étude 14.

Cette incertitude linguistique engendre que toute personne qui a, de bonne foi, commencé à exploiter une invention ou fait des préparatifs effectifs et sérieux à cette fin, sans que cette exploitation constitue une contrefaçon du brevet dans le texte de la traduction initiale, peut, dès que la traduction révisée a pris effet, poursuivre à titre gratuit son exploitation dans son entreprise ou pour les besoins de celle-ci. La solution est proche de celle retenue pour la possession personnelle antérieure.

Les taxes annuelles de l'article L. 612-19 C. propr. intell. pour le brevet issu de la transformation d'une demande de brevet européen ne sont dues que pour les années qui suivent celle au cours de laquelle la demande de brevet européen est réputée transformée. L'annuité qui doit être acquittée est décomptée à partir de la date de dépôt de la demande de brevet européen.

551. À compter de la date à laquelle la demande de brevet européen désignant la France est publiée la possibilité de défendre le titre de propriété sur le territoire français et en pratique la possibilité d'engager une action en contrefaçon est ouverte. Si la publication a été faite dans une langue autre que le français, cette jouissance des prérogatives de propriété ne pourra être exercée qu'à compter de la date à laquelle une traduction en français des revendications est publiée par l'INPI, ou notifiée au contrefacteur présumé. Par la suite, l'inscription au registre européen des brevets des actes transmettant ou modifiant les droits attachés à une demande de brevet européen ou à un brevet européen rend ces actes opposables aux tiers.

Le sort du brevet une fois validé sur le territoire national est celui d'un brevet national. Toutefois, l'article L. 614-12 retient que la nullité du brevet européen est prononcée en ce qui concerne la France par décision de justice pour l'un quelconque des motifs visés à l'article 138 § 1 CBE. Outre les conditions de fond de la brevetabilité, sont visées l'extension par le brevet national de l'appropriation conférée par le brevet européen et la spoliation par le titulaire du brevet national des droits de propriété d'un tiers. L'intérêt à agir pour engager une telle action en nullité est limité par la Cour de cassation. Malgré le silence de l'article 138, § 1 e) CBE, la Cour retient, au visa de l'article L. 614-12 C. propr. intell. que seules les personnes lésées peuvent engagées une telle action[210]. Si les motifs de nullité n'affectent le brevet qu'en partie, la nullité est prononcée sous la forme d'une limitation correspondante des revendications. Comme pour le brevet issu d'une procédure nationale, dans le cadre d'une action en nullité du brevet européen, son titulaire peut limiter le brevet en modifiant les revendications. Le brevet ainsi limité constitue alors l'objet de l'action en nullité engagée. La partie qui, lors d'une même instance, procède à plusieurs limitations de son brevet de manière dilatoire ou abusive peut être condamnée à une amende civile d'un montant maximum de 3 000 euros, sans préjudice de dommages et intérêts qui seraient réclamés.

210. Cass. com., 14 févr. 2012, n° 11-14288, *Bull. civ.* IV, n° 36, *D.* 2012, p. 608 ; *Prop. Indust.* 2012, comm. 47, obs. E. Py.

C Articulation entre brevet national et procédure européenne pour un même bien intellectuel

552. Lorsqu'un inventeur dépose une demande de brevet national puis exerce son droit de priorité pour engager une procédure de délivrance selon les conditions de la CBE, il lui est possible de désigner son pays d'origine comme pays de validation de la procédure européenne. Aux termes de la procédure nationale et de la procédure européenne, émerge un éventuel conflit entre deux titres de propriété – parfois identiques, parfois différents en fonction des demandes des offices lors de la délivrance – appropriant le même bien intellectuel pour le même territoire. Pour trancher cette situation originale, des règles de conflit sont échafaudées par le législateur.

Suivant l'article L. 614-13 C. propr. intell., dans la mesure où un brevet national couvre un bien intellectuel pour lequel un brevet européen a été délivré au même inventeur ou à son ayant cause avec la même date de dépôt ou de priorité, le brevet français cesse de produire ses effets, soit à la date à laquelle le délai prévu pour la formation de l'opposition à l'encontre du brevet européen est expiré sans qu'une opposition n'ait été formée, soit à la date à laquelle la procédure d'opposition est close, le brevet européen ayant été maintenu. Une préférence est accordée au titre de propriété issu de la procédure européenne, écartant la cohabitation des deux titres sur le même territoire[211]. Toutefois, lorsque le brevet national est délivré à une date postérieure à l'une ou l'autre des deux dates définies, ce brevet ne produit pas d'effet. On écarte tout simplement le conflit en supprimant l'opposabilité du titre. La solution aurait pu être tout simplement de ne pas délivrer le titre. Le brevet issu de la procédure européenne suit ensuite le régime national et l'extinction ou l'annulation ultérieure du brevet européen n'affecte pas ces solutions. La Cour de cassation[212] retient pour la mise en œuvre de ce mécanisme qu'« *aux termes du troisième alinéa de l'article L. 614-13 du Code de la propriété intellectuelle, l'extinction ou l'annulation ultérieure du brevet européen n'affecte pas la substitution de celui-ci au brevet français et retenu que la déchéance constitue une cause d'extinction du brevet* ». Elle ajoute que la décision ayant constaté la déchéance des droits de propriété sur la partie française du brevet européen a emporté extinction de celle-ci mais que, dès lors qu'elle est intervenue après la substitution du brevet européen au brevet français, cette décision n'a pu avoir pour conséquence d'affecter la situation irrévocablement acquise à la date d'expiration du délai pour former opposition.

553. Afin de s'assurer de la cohérence du système instauré et ne pas permettre des conflits de titres de propriété, il est ajouté qu'une demande de brevet français ou un brevet français et une demande de brevet européen ou un brevet européen ayant la même date de dépôt ou la même date de priorité, couvrant la même invention et appartenant au même inventeur ou à son ayant cause, ne

211. En ce sens, Cass. com., 7 janv. 2014, nº 12-28883, *Bull. civ.* IV, à paraître, qui retient que « *Dès lors qu'un brevet européen, en ce qu'il désigne la France, s'est substitué totalement au brevet français antérieurement à l'introduction de l'action en revendication, le délai de prescription triennale pour agir en revendication du titre européen n'a commencé à courir qu'à compter du jour de publication de la mention de la délivrance du brevet européen* ».
212. Cass. com., 18 oct. 2011, nº 10-24326, *Bull. civ.* IV, nº 167 ; *D.* 2011 p. 2595.

peuvent, pour les parties communes, faire l'objet, indépendamment l'une de l'autre, d'un transfert, gage, nantissement ou d'une concession de droits d'exploitation, à peine de nullité. Il n'est pas possible de démembrer les éléments pour échapper à la solution radicale de l'article L. 614-13 C. propr. intell. Le transfert ou la modification des droits attachés à la demande de brevet français ou au brevet français ne peut d'ailleurs être rendu opposable aux tiers que par son inscription au registre national des brevets et que dans la mesure où le même transfert ou la même modification des droits attachés à la demande de brevet européen ou au brevet européen a été inscrit au registre européen des brevets. Dans le même esprit, la demande de brevet français ou le brevet français et le droit de priorité pour le dépôt d'une demande de brevet européen ne peuvent être transférés indépendamment l'un de l'autre.

Pour parachever le système, l'article L. 614-15 C. propr. intell. prévoit que le tribunal saisi d'une action en contrefaçon d'un brevet français, qui couvre la même invention qu'un brevet européen demandé par le même inventeur ou délivré à celui-ci ou à son ayant cause avec la même date de priorité, doit surseoir à statuer jusqu'à la date à laquelle le brevet français cesse de produire ses effets en raison de l'intégration dans l'ordre juridique du brevet européen validé sur le territoire national, ou jusqu'à la date à laquelle la demande de brevet européen est rejetée, retirée ou réputée retirée, ou le brevet européen révoqué. Si l'action en contrefaçon a été engagée sur la base du seul brevet français, le demandeur peut, à la reprise de l'instance, poursuivre celle-ci en substituant le brevet européen au brevet français pour les faits postérieurs à la date à laquelle le brevet français cesse de produire ses effets et pour les parties communes. Lorsque l'action a été intentée sur la base de l'un seulement des deux brevets, une nouvelle action sur la base de l'autre brevet, pour les mêmes faits, ne peut être engagée par le même demandeur, à l'égard du même défendeur.

Enfin, si une action en contrefaçon est intentée sur la base à la fois d'un brevet français et d'un brevet européen, ni les sanctions pénales ni les réparations civiles ne peuvent se cumuler.

D Le brevet européen à effet unitaire

554. Prenant définitivement acte de l'échec de dix années d'annonces et de négociations lors du Conseil « Compétitivité » du 10 décembre 2010[213], les États de l'Union, à deux exceptions près (l'Espagne et l'Italie), ont retenu, sous l'apparence d'une solution européenne, une approche proposée par la Convention de Munich pour parvenir à faire émerger un brevet supranational. Si c'est dans le cadre d'une coopération renforcée, suivant l'article 329 du TFUE que l'action est engagée, il s'agit en fait, pour des États membres de la Convention de Munich d'exercer la faculté proposée par la neuvième partie de la Convention relative aux accords particuliers, notamment l'article 142 de la Convention qui permet la création d'un brevet européen à effet unitaire. L'instance de l'UE ne sert qu'à la coordination de l'action des États mais n'exerce aucune influence institutionnelle sur le déroulement de la procédure. La

213. Communiqués de presse des 10 nov. 2010 n° 16041/10 et 10 déc. 2010 n° 17668/10.

Commission a proposé dans ce cadre deux propositions de règlement qui ont été adoptées en décembre 2012[214] visant le régime d'un brevet européen à effet unitaire et encadrant le régime linguistique de ce titre de propriété[215]. Les États, en tant que membres de la Convention de Munich, utilisent une option de la CBE pour créer un titre de propriété unitaire. La Commission apparaît comme la déléguée des membres de la coopération renforcée auprès de l'OEB, et n'est plus le moteur institutionnel de ce titre de propriété aussi important stratégiquement. Ce titre unitaire n'est pas attaché à un régime juridique unitaire, ce qui le distingue nettement des titres de propriété de l'Union[216].

À ces deux règlements s'ajoute un accord international relatif à une juridiction unifiée des brevets, signé par 25 des 27 États de l'Union à cette date (n'ont pas signé l'Espagne et la Pologne), établissant une Cour unifiée des brevets (« Accord relatif à une juridiction unifiée du brevet » ou JUB) ayant compétence exclusive pour les contentieux de l'annulation et de la contrefaçon des brevets européens et des brevets européens à effet unitaire (BU)[217]. Cet accord établit un cadre pour le contentieux mais aussi des éléments de droit substantiel. Il sera nécessaire d'articuler ces éléments avec le régime de renvoi du BU et certainement le droit international privé, notamment les dispositions de Bruxelles I, Rome I et Rome II[218]. Il ne semble pas évident que cette solution simplifie la vie des propriétaires de brevets. Elle risque de supprimer au stade du contentieux les gains de procédure, de traductions et d'annuités permises par la procédure de délivrance du BU. Dans la mesure où il n'est plus nécessaire, à ce stade des développements, de procéder à un commentaire de la CBE 2000 qui est largement repris par le BU, il s'agit de rechercher les quelques compléments spécifiques tendant à établir le régime de ce brevet européen à effet unitaire et les solutions retenues pour sa gestion administrative et linguistique[219].

1. Les prérogatives attachées au brevet européen à effet unitaire

555. Le titre de propriété qui pourrait éventuellement émerger de la coopération renforcée n'est pas un titre de propriété de l'UE mais un régime de propriété international, issu de la CBE. Ce n'est donc pas un nouveau régime de brevet mais un nouvel effet juridique accordé à la procédure OEB. Toutefois, l'Accord JUB va au-delà de ce mécanisme en intégrant des dispositions de droit substantiel, en particulier sur la portée du droit de propriété. L'Union aurait pu profiter des acquis de la mise en œuvre de la CBE par les États de l'Union pour harmoniser le droit des brevets par une directive, à l'image de ce qui eut lieu pour les marques ou les dessins et modèles. Une autre approche est retenue avec

214. Règlements n° 1257/2012 et n° 1260/2012 du 17 déc. 2012, *JOUE* 31 déc. 2012, L. 361, p. 1.

215. Voir J.-C. Galloux, *RTD com.* 2013. 243 ; même auteur, « Le brevet européen à effet unitaire : un *volapük* juridique intégré ? », *D.* 2013. 520.

216. Voir N. Binctin, « Le projet de brevet européen à effet unitaire : en attendant un brevet de l'Union ? », *Prop. Intell.* n° 40, juill. 2011, p. 270 ; E. Treppoz, « Le brevet unitaire est-il enfin pour demain ? », *RTD eur.* 2011.864.

217. Pour l'étude de cette organisation judiciaire, voir *infra* n° 1324.

218. B. Audit et L. d'Avout, *Droit international privé*, 7e éd., Economica, 2013, n° 852 et s. ; L. d'Avout, « Droit du commerce international », *D.* 2011, Panorama 2434.

219. Voir G. Cordier et A. Jobard, « Point d'étape sur le futur brevet unitaire européen », *Prop. Indust.* 2014, Étude 8.

l'établissement de prérogatives spécifiques minimales. Pour le reste du régime de propriété, un mécanisme de rattachement du brevet à une loi nationale est instauré.

556. Le régime du BU est établi sous la forme d'un accord particulier au sens de l'article 142 CBE. La principale caractéristique d'un BU devrait être son caractère unitaire, c'est-à-dire une protection uniforme et produisant les mêmes effets sur le territoire de tous les États participants. Cette solution ne doit pas être confondue avec un régime unique propriété pour l'ensemble des BU. En effet, le rattachement à la loi nationale emporte nécessairement des variantes dans les régimes des BU à défaut d'une harmonisation complète du droit des brevets au sein de l'UE.

L'article 3.2 du règlement impose trois conditions cumulatives au bénéfice de l'effet unitaire :

— il doit être demandé par le titulaire du brevet européen, dans un délai d'un mois à compter de la date à laquelle la mention de délivrance du brevet européen a été publiée au bulletin européen des brevets ;

— l'effet unitaire doit être enregistré dans un registre particulier, le registre de la protection par brevet unitaire ; et

— le brevet doit offrir la même protection, c'est-à-dire le même ensemble de revendications, pour les différents États participant au système du BU. Le règlement prend soin de préciser qu'aucun effet unitaire n'est conféré à un brevet européen qui aurait été délivré avec des jeux de revendications différentes pour différents États membres participants.

Le BU doit prendre effet dans les États membres participants le jour de la publication par l'OEB de la mention de la délivrance du BU dans le bulletin européen des brevets. Les États membres participants devront prendre les mesures nécessaires pour garantir que, lorsque le BU a été enregistré et s'étend à leur territoire, ce BU soit réputé n'avoir pas pris effet en tant que brevet national sur leur territoire à la date de publication de la mention de sa délivrance dans le bulletin européen des brevets.

557. Grâce à son caractère unitaire, le BU assure une protection uniforme et produit des effets identiques dans tous les États membres participants. Dès lors, il ne peut être limité, transféré, ou révoqué ou s'éteindre qu'à l'égard de tous les États membres participants. Cependant, il peut faire l'objet d'un contrat de licence pour tout ou partie des territoires des États membres participants. Par une fiction, le règlement retient que l'effet unitaire d'un brevet européen est réputé ne pas avoir existé si le brevet européen a été révoqué ou limité. Malheureusement, ce caractère unitaire ne s'applique pas à l'ensemble du régime du titre de propriété. En effet, l'article 7 organise les conditions d'assimilation d'un BU à un brevet national. En tant qu'objet de propriété, le BU est assimilé dans son intégralité et dans tous les États membres participants à un brevet national de l'État de rattachement. Il y a alors, à ce jour vingt-cinq régimes possibles puisqu'il y a vingt-cinq États de rattachement envisageables. Le contenu des droits conférés et leurs limites ne sont non plus donnés par une loi européenne mais par l'une des vingt-cinq lois nationales des vingt-cinq États participants. Or, les droits nationaux des brevets ne sont pas harmonisés pour ce qui concerne précisément les droits conférés et leurs limites. L'harmonisation certainement renforcée avec la ratification de l'Accord JUB mais sans parvenir à une unification du droit des brevets[220]. Les juridictions spécialisées appliqueront sur le territoire des vingt-cinq États participants une seule loi certes, d'où l'effet uniforme, mais issue de vingt-cinq droits nationaux différents, ce qui supprime tout effet unitaire.

558. La loi de rattachement est définie par un mécanisme de renvoi. En premier lieu, il s'agit de la loi du domicile ou du principal établissement du demandeur du brevet à la date du dépôt de la demande. Si ce rattachement n'est pas possible, la loi applicable au titre de propriété est celle de l'État où le demandeur a un établissement même non principal. En cas d'indivision sur le brevet, le rattachement se fait en fonction de l'établissement principal de la première personne mentionnée dans la liste des indivisaires. Si celle-ci n'a pas un établissement principal sur le territoire d'un État participant, il faut prendre le suivant sur la liste qui aurait un tel établissement. Si aucun n'en a, il faut alors reprendre la liste pour identifier celui des copropriétaires qui aurait au moins un établissement sur le territoire de l'un des États participants. Enfin, si aucun demandeur n'est domicilié, n'a son principal établissement, ou n'a d'établissement dans un État membre participant dans lequel le brevet a un effet unitaire, le BU est assimilé, dans son intégralité et dans tous les États membres participants, à un brevet national allemand.

La mise en œuvre de ces solutions pourrait avoir des conséquences notamment dans plusieurs domaines : les inventions de salarié, le droit des contrats, ou encore le régime de l'indivision. Pour le régime des inventions de salariés, l'article 60 de la CBE avance qu'en présence d'un inventeur salarié, le droit au brevet est défini selon le droit de l'État sur le territoire duquel le salarié exerce son activité principale, et à défaut de pouvoir déterminer le lieu de l'activité principale, la CBE renvoie à la loi du lieu de l'établissement principal de l'employeur. La règle de rattachement de la proposition de règlement et la règle de rattachement de l'article 60 CBE ne sont pas identiques ; il y aura nécessairement une source de conflit sur ce point. Le salarié installé en France qui travaille pour la filiale française d'une entreprise allemande sera soumis, en application de la proposition de règlement, au droit allemand, alors qu'il devrait être soumis au droit français selon les dispositions de la CBE. Il est nécessaire de modifier la proposition de règlement pour harmoniser ces solutions de conflit. Le droit des contrats est tout aussi sensible[221]. Si la liberté contractuelle permet de désigner la loi applicable à un acte, notamment en application de l'article 3 du règlement Rome I ; dans le silence des parties, il pourrait être possible d'appliquer le droit du pays d'enregistrement du titre de propriété. Le droit de rattachement du brevet peut influencer les conditions de validité du contrat, telle l'obligation d'un écrit en droit français attaché au régime du brevet et non au régime du contrat. La proposition de règlement apporte un élément réducteur de la liberté contractuelle. Alors que les titres de propriété de l'Union peuvent faire

220. Voir loi n° 2014-199, 24 févr. 2014, autorisant la ratification de l'accord relatif à une juridiction unifiée du brevet, *JORF*, 25 févr. 2014, p. 3249.

221. B. Ughetto, « Quelle loi en matière de contrats de propriété intellectuelle », *Droit international privé et propriété intellectuelle*, Lamy 2010, coll. Axe Droit, p. 73.

l'objet de concessions territorialement limitées, le brevet européen à effet unitaire, en application de l'article 3 § 2 alinéa 2, ne pourra être concédé que pour l'ensemble du territoire des vingt-cinq États participants. Cette solution semble économiquement contre-productive, et ne correspond pas à l'économie des brevets où il est d'usage de territorialiser les concessions. Cette règle interdirait toute technique de prix de transfert au sein de l'Union pour les brevets européens à effet unitaire.

559. Le contenu de la propriété est aussi adapté. Le règlement présente le droit de propriété comme un droit d'empêcher, variante plus souple certainement du droit d'interdire. Cette présentation de la propriété est une négation du droit de propriété ; en effet, le propriétaire n'a pas un seul comportement possible, il dispose d'une jouissance dynamique de son bien. En limitant la propriété au droit d'interdire, on minore la propriété et on la présente sous un angle stérile et négatif, ce qui ne correspond pas aux ambitions affichées pour le brevet européen dans la présentation de la proposition de règlement. Le propriétaire a le droit de jouir de son bien comme il l'entend dans le cadre des contraintes légales, il a le droit de disposer de son bien de la même façon et dans le même cadre. Il peut refuser à un tiers le droit d'utiliser son bien, mais ce refus n'est pas la caractéristique du droit de propriété et ne peut résumer ce dernier. Le droit d'interdire signifie que l'usage du bien est libre sauf si le propriétaire l'interdit, ce qui constitue un renversement des paradigmes fondamentaux du droit de propriété. L'utilisation du bien d'autrui est non pas libre par principe, mais interdite par principe, sauf si le propriétaire l'autorise. Ce renversement de paradigme est particulièrement dangereux pour la propriété intellectuelle, il revient à considérer que toute personne a le droit d'utiliser, d'exploiter les biens d'autrui, et le propriétaire doit se manifester et s'opposer, éventuellement, à cette exploitation. Ce dernier est mis face à une charge qu'il ne peut assumer matériellement et économiquement.

560. Ainsi, l'article 5 présente la propriété du brevet comme le droit d'empêcher tout tiers de commettre des actes contre lesquels ce brevet assure une protection sur l'ensemble du territoire des États membres participants dans lesquels il a un effet unitaire, sous réserve des limitations applicables. Cette formule est pour le moins imprécise, elle est en décalage avec ce que retenait le projet de règlement qui distinguait l'exploitation directe et indirecte du brevet. Cette définition est directement en conflit avec le mécanisme de rattachement du droit de propriété qui écarte toute harmonisation. L'article 5 ajoute que la portée du droit de propriété et ses limitations doivent être uniformes dans tous les États membres participants dans lesquels le brevet a un effet unitaire. Devra-t-on interpréter ce texte comme limitant l'opposabilité des prérogatives attachées au droit de propriété aux seules présentes dans les législations de l'ensemble des États participants, et gelant ainsi les autres éléments des lois locales ? L'article 5 confirme pourtant le rattachement du droit de propriété à une loi nationale, faisant ainsi une redondance avec l'article 7. Le règlement propose que la Commission établisse, si nécessaire, un travail d'harmonisation du brevet. N'eût-il pas été préférable de faire cette démarche concomitamment ?

La définition des prérogatives attachées au droit de propriété est par ailleurs perturbée par le contenu de l'Accord JUB. Ce dernier va au-delà du règlement, d'une part, en étendant son champ d'application au-delà des brevets pour intégrer aussi les CCP et les brevets nationaux issus d'une procédure OBE et, d'autre part, en arrêtant le contenu du droit de propriété. Les articles 25 et 26 de l'accord reprennent la formule mauvaise de la proposition de règlement et indiquent que le brevet constitue un droit d'empêcher. Ainsi, l'article 25 définit la propriété comme le droit d'empêcher tout tiers d'effectuer une exploitation directe de l'invention en l'absence de consentement du propriétaire. Cette exploitation directe recouvre le fait de fabriquer, d'offrir, de mettre sur le marché ou d'utiliser un produit qui fait l'objet du BU, ou bien d'importer ou de détenir ce produit à ces fins. Cela inclut aussi le fait d'utiliser le procédé qui fait l'objet du BU ou, lorsque le tiers sait ou aurait dû savoir que l'utilisation du procédé est interdite sans le consentement du titulaire du brevet, d'en offrir l'utilisation sur le territoire des États membres contractants dans lesquels le BU produit ses effets. Enfin, l'exploitation directe couvre aussi le fait d'offrir, de mettre sur le marché, d'utiliser ou bien d'importer ou de détenir à ces fins un produit obtenu directement par un procédé qui fait l'objet du BU. Quant à l'exploitation indirecte de l'invention, elle est aussi présentée sous le jour d'un droit d'empêcher en l'absence du contentement du propriétaire du BU. Cette exploitation indirecte recouvre le fait de fournir ou d'offrir de fournir, sur le territoire des États membres dans lesquels le BU produit ses effets, à une personne autre que celle habilitée à exploiter l'invention, des moyens de mise en œuvre, sur ce territoire, de cette invention se rapportant à un élément essentiel de celle-ci, lorsque le tiers sait, ou aurait dû savoir, que ces moyens sont aptes et destinés à cette mise en œuvre. Cette prérogative est limitée, elle ne s'applique pas lorsque les moyens sont des produits de consommation courants, sauf si le tiers incite la personne à qui ils sont fournis à commettre tout acte interdit par l'article 25 de l'Accord JUB.

Par ailleurs, le règlement renouvelle le mécanisme de l'épuisement du droit de propriété pour le BU. Cette mention est inutile puisque, par définition, tous les États participants ont déjà nécessairement ce mécanisme dans leur droit interne des brevets. Le règlement précise ainsi que les droits conférés par un BU ne s'étendent pas aux actes accomplis dans les États membres participants après que ce produit a été mis sur le marché dans l'Union par le titulaire du BU ou avec son consentement. L'épuisement du droit s'applique à moins qu'il n'existe des motifs légitimes justifiant que le titulaire du BU s'oppose à la poursuite de la commercialisation du produit.

561. Enfin, la propriété est aussi définie par des limites exposées à l'article 27 de l'Accord JUB. Suivant un équilibre classique de la propriété intellectuelle, le droit de propriété ne permet pas de s'opposer à certains usages limités du bien intellectuel approprié. Il s'agit notamment pour le BU des actes accomplis dans un cadre privé et à des fins non commerciales, des actes accomplis à titre expérimental qui portent sur l'objet de l'invention brevetée, et de l'utilisation de matériel biologique en vue de créer ou de découvrir et de développer d'autres variétés végétales. Sont aussi visées par cette limite du droit de propriété la préparation de médicaments faite extemporanée et par unité dans les officines de pharmacie, sur ordonnance médicale, ou les actes concernant les médicaments ainsi préparés.

La limite est particulièrement organisée pour les moyens de transport. Ainsi, la propriété ne peut être opposée à l'utilisation de l'invention brevetée à bord de navires de pays membres de l'Union internationale pour la protection de la propriété industrielle (Union de Paris) ou membres de l'Organisation mondiale du commerce (OMC) autres que les États membres contractants dans lesquels le BU concerné produit ses effets, dans le corps dudit navire, dans les machines, agrès, apparaux et autres accessoires, lorsque ces navires pénètrent temporairement ou accidentellement dans les eaux d'un État membre contractant dans lequel le BU concerné produit ses effets, sous réserve que ladite invention soit utilisée exclusivement pour les besoins du navire. Il en va de même pour l'utilisation de l'invention brevetée dans la construction ou le fonctionnement des engins de locomotion aérienne ou terrestre ou d'autres moyens de transport de pays membres de l'Union de Paris ou membres de l'OMC autres que les États membres contractants dans lesquels le brevet concerné produit ses effets, ou des accessoires de ces engins, lorsque ceux-ci pénètrent temporairement ou accidentellement sur le territoire d'un État membre contractant dans lequel le brevet concerné produit ses effets. L'Accord vise aussi les actes prévus par l'article 27 de la Convention relative à l'aviation civile internationale du 7 décembre 1944, lorsque ces actes concernent des aéronefs d'un pays partie à ladite Convention autre qu'un État membre contractant dans lequel ce brevet produit ses effets.

Le BU est aussi explicitement encadré face aux intérêts de l'agriculture. Il est prévu que le propriétaire ne peut pas s'opposer à l'utilisation, sans son consentement, par un agriculteur du produit de sa récolte pour reproduction ou multiplication sur sa propre exploitation, pour autant que le matériel de reproduction végétale ait été vendu ou commercialisé sous une autre forme à l'agriculteur par le titulaire du BU ou avec son consentement à des fins d'exploitation agricole. L'Accord, bien que présentant cette exception, renvoie pour son régime à l'article 14 du règlement 2100/94. Cela constitue une forme complexe d'articulation de normes... Le propriétaire du BU ne peut pas non plus invoquer son droit de propriété pour s'opposer à l'utilisation par un agriculteur de bétail protégé pour un usage agricole, pour autant que les animaux d'élevage ou autre matériel de reproduction animale aient été vendus ou commercialisés sous une autre forme à l'agriculteur par le titulaire du BU ou avec son consentement. Une telle utilisation comprend la mise à disposition de l'animal ou autre matériel de reproduction animale pour la poursuite de l'activité agricole de l'agriculteur, mais non la vente de ceux-ci dans le cadre ou dans le but d'une activité de reproduction commerciale.

L'Accord prévoit explicitement qu'il n'est pas possible d'opposer le BU pour empêcher certaines opérations portant sur un logiciel, notamment la décompilation et l'interopérabilité. Cette intégration explicite du logiciel dans un accord ayant pour objet les brevets soulève naturellement des questions. Est-ce l'ouverture à une brevetabilité des logiciels en tant que tel ? Est-ce simplement un constat factuel que l'Accord cherche à encadrer légalement ?

Enfin, la propriété du BU ne peut pas s'opposer aux actes autorisés en vertu de l'article 10 de la directive 98/44, c'est-à-dire l'utilisation de la matière biologique obtenue par reproduction ou multiplication d'une matière biologique mise sur le marché sur le territoire d'un État membre par le titulaire du BU ou avec son consentement, lorsque la reproduction ou la multiplication résulte nécessairement de l'utilisation pour laquelle la matière biologique a été mise sur le marché, pourvu que la matière obtenue ne soit pas utilisée ensuite pour d'autres reproductions ou multiplications.

562. La portée du droit de propriété, loin d'être peu encadrée, est donc totalement repensée par l'Accord JUB. Les États qui ratifieront l'Accord auront l'obligation de modifier leur droit interne pour le mettre en conformité avec les dispositions de l'Accord. Il est nécessaire, pour la France, de comparer ces limites avec celles du Code de la propriété intellectuelle[222]. Si la majorité est déjà présente en droit interne, certaines ne sont pas exprimées de la même façon. Une modification semble impérative, l'harmonisation du droit des brevets passe donc par cet outil du droit international, négocié à des fins procédurales et qui finalement emporte de lourdes conséquences en droit substantiel. L'indifférence dans laquelle cela s'est déroulé laisse coi.

563. Le régime du brevet est aussi modifié par le règlement par l'instauration d'une nouvelle licence hybride[223], relevant d'un mécanisme contractuel. L'article 8 dispose que le propriétaire d'un BU peut déposer une déclaration devant l'OEB selon laquelle il est prêt à autoriser quiconque à utiliser son invention, en tant que licencié, contre paiement d'une compensation adéquate. La mise en application de cette licence sera intéressante, proposant de nouveaux modèles économiques et juridiques pour exploiter des biens intellectuels. La procédure d'application reste à préciser. Elle correspond à une idée ancienne qui pourrait avoir pour effet de limiter l'attractivité des *Patents Pools* ou de simplifier l'intégration de brevets dans la définition de normes. Il s'agit, en pratique, de transformer la propriété en une sorte de domaine public payant, toute personne pouvant exploiter le bien sous réserve du paiement d'une redevance, seule condition à remplir. Au lieu de négocier, au cas par cas, un contrat de licence, le propriétaire du brevet est encouragé, par le biais d'une réduction des taxes dues à l'OEB, à déclarer qu'il autorise de façon générale toute personne à exploiter son bien, en qualité de licencié, contre une redevance adéquate. On peut penser que la propriété d'un BU souhaitant utiliser cette procédure communiquera à l'office les conditions contractuelles de la licence pour que celles-ci soient publiques et accessibles par le truchement de l'OEB. Cette offre générale et inconditionnelle de contracter renforce la collectivisation de l'exploitation des biens intellectuels. Le propriétaire pourra désigner un tiers gestionnaire chargé de collecter les redevances, à l'image des sociétés de gestion collective en droit d'auteur. La redevance adéquate due n'est pas clairement une redevance *FRAND*[224] mais il est probable qu'elle puisse faire l'objet d'un contrôle par l'office. La gestion du brevet européen à effet unitaire.

222. Voir *infra* n° 578 et s.
223. Voir *infra* n° 1039 et s.
224. Sur cette notion, voir *infra* n° 1005.

564. Issu de la CBE, le brevet européen à effet unitaire est délivré suivant la procédure connue de l'OEB. La proposition de règlement avance des solutions pour la gestion du titre de propriété délivré et la répartition des taxes collectées au titre de la délivrance et du maintien de ce titre de propriété.

565. La gestion du titre européen à effet unitaire est intégralement confiée à l'OEB, suivant la possibilité offerte par l'article 143 CBE. L'OEB sera en charge du registre spécifique à ce titre de propriété, recevra les déclarations de licence, de transfert, de nantissement, publiera les traductions, et collectera toutes les taxes. D'un point de vue institutionnel, suivant là encore ce que prévoit la CBE, États de l'Union, membres aussi de l'OEB, devront assurer une surveillance particulière des activités de l'office liées à la gestion de ce titre de propriété. Devrait être institué un comité restreint du Conseil d'administration au sein de l'OEB pour cette tâche, composé de représentants des États membres participants et d'un représentant de la Commission à titre d'observateur.

566. L'OEB assume des fonctions complémentaires qu'il faut financer, pour celles-ci il prélèvera 50 % des taxes collectées au titre du BU. Suivant un modèle classique en propriété intellectuelle, les taxes de procédure et de maintien du titre de propriété doivent couvrir ces frais. Les taxes devront être progressives durant la vie du titre de propriété, suffisantes pour couvrir les frais et garantir l'équilibre budgétaire de l'OEB, faciliter l'innovation, et tenir compte de la taille du marché couvert par le titre de propriété. Afin d'atteindre les objectifs du règlement, les taxes annuelles devront être fixées à un niveau qui équivaut à celui de la taxe annuelle à payer correspondant à la portée géographique moyenne des brevets européens actuels, tout en reflétant le taux de renouvellement des brevets européens actuels ; et le nombre de demandes BU. Il appartient aux États participants de fixer ces taxes. Ce sera l'une des fonctions clés du comité restreint.

Le solde des taxes collectées sera redistribué aux États, la clé de répartition devant encore être déterminée notamment en fonction de critères justes, équitables et pertinents, à savoir, le nombre de demandes de brevets, la taille du marché exprimée en nombre d'habitants et l'octroi d'une compensation aux États qui ont une langue officielle autre que celles de l'OEB. La marge d'organisation est large... Le critère du nombre de demandes de brevets est flou. Est-ce au regard de l'État d'origine de la demande, au regard du régime du brevet, d'un nombre total... ? La taille du marché signifie très simplement que plus un État à une forte population, plus il doit percevoir une part élevée des taxes, l'Allemagne et la France seront donc bien servis. Ces fonds auraient pu contribuer au financement de programmes de recherche sur le territoire de l'UE.

567. La réglementation des questions linguistiques fut l'une des pierres d'achoppement du projet. Le problème est simple : chaque citoyen de l'Union doit pouvoir faire ses démarches dans l'une des langues officielles de l'Union, conformément au principe de plurilinguisme arrêté dès 1958 et repris à l'article 342 TFUE ; les organes de l'Union ayant cinq langues de travail (allemand, anglais, espagnol, français et italien). L'OEB, organisme ne relevant pas de l'UE, a uniquement trois langues officielles (allemand, anglais et français) qui sont ses seules langues de travail. Est-ce possible de rendre compatible ces régimes linguistiques différents ? Si le problème est simple, la solution ne l'est pas ! La traduction est onéreuse, le plurilinguisme et les cinq langues de travail ne peuvent pas être imposés à un organisme qui ne relève pas de l'UE. Le règlement adopte une solution mesurée, distinguant le dépôt de la demande de brevet, la procédure de délivrance et le contentieux du brevet. Il compte de nombreuses dispositions transitoires, dans l'attente d'un mécanisme fiable de traduction automatique.

568. Le dépôt de la demande peut être fait en toute langue, à charge alors pour le demandeur d'en fournir une traduction à l'OEB dans l'une des trois langues de l'office. Le coût de cette traduction sera, en tout ou partie, remboursé aux demandeurs qui déposent leur demande dans une langue officielle de l'Union autre que l'une des langues officielles de l'OEB. La procédure devant l'OEB se déroule ensuite suivant les règles linguistiques de l'office, sans aucune adaptation. La procédure achevée, le BU produira ses effets sur l'ensemble du territoire des États parties sans qu'aucune traduction ne soit requise. La demande d'effet unitaire, à l'image des demandes de validation nationale actuellement connue, se fera dans la langue de procédure.

En cas de litige portant sur un brevet européen à effet unitaire, l'Accord JUB règle les questions linguistiques avec l'organisation générale de la procédure[225].

569. L'OEB se voit attribuer la tâche de mettre en place un outil de traduction automatique des brevets. Ces traductions n'auront pas de valeur juridique pour le moment. L'OEB a conclu un partenariat avec *Google* pour développer un outil performant[226]. Une évaluation de cet outil se fera tous les deux ans afin d'apprécier s'il est possible de disposer d'une traduction automatique de grande qualité. À compter du moment où cette technologie sera maîtrisée, ce qui doit intervenir au plus tard douze ans après l'entrée en vigueur du règlement, le brevet sera diffusé automatiquement dans toutes les langues officielles des États participants.

§ 6. Vers un brevet européen ?

570. La communautarisation du droit des brevets est envisagée depuis longtemps, au moins depuis la convention de Luxembourg de 1975[227], et trouve place aux articles L. 614-25 et suivants C. propr. intell. L'article L. 614-25 dispose d'ailleurs que les dispositions relatives au brevet européenne entreront en vigueur à la même date que la convention de Luxembourg. Malheureusement, on attend toujours[228] !

225. Voir *infra* n° 1326.

226. Convention du 24 mars 2011 entre l'Office européen des brevets et la société *Google* pour une coopération à long terme portant sur la traduction automatique des brevets en diverses langues européennes, slaves et asiatiques.

227. Convention relative au brevet européen pour le Marché commun, 15 déc. 1975, *JOCE* 26 janv. 1976, ratifiée par la loi n° 77-681 du 30 juin 1977, *JORF* 1er juill. 1977 ; Accord en matière de brevets du 15 déc. 1989 modifiant la convention de 1975, *JOCE* L. 401, 30 déc. 1989.

228. Cf. *supra* n° 554 et s., le BU.

L'échec de l'ambition européenne doit être constaté au travers de l'omnipotence de l'OEB et, plus précisément, dans l'incapacité de l'UE à porter son projet de brevet européen de façon autonome. L'émergence BU est une preuve complémentaire de ce constat. La CBE est une réussite, un modèle du genre au-delà même de la propriété intellectuelle, la preuve que des mécanismes du droit international permettent une action coordonnée de plusieurs États. Toutefois, la réussite d'un outil du droit international ne peut pas compenser l'échec de l'instauration d'un titre européen. Il n'y a pas un brevet européen délivré par l'OEB contrairement à ce que laisse entendre le vocabulaire employé aux articles L. 614-25 et suivants du Code de la propriété intellectuelle. Il s'agit uniquement d'une procédure commune de délivrance faisant l'objet ensuite d'une validation État par État[229]. Le BU tente une approche hybride, détachant le régime de la propriété de son opposabilité. Une propriété nationale opposable internationalement : la solution est originale, elle ne convainc guère, mais il semble nécessaire qu'elle fonctionne.

571. Outre des questions linguistiques et pécuniaires, assez secondaires mais qui traduisent la frilosité des États, l'un des enjeux clés de cette construction résidait dans l'organisation du contentieux[230]. Organiser le brevet européen autour des acquis de l'OEB semble rationnel, inéluctable depuis l'accord de Luxembourg de 1989[231]. La création d'un nouvel office serait contre-productive. Toutefois, l'UE aurait pu limiter les attributions accordées à l'OEB à la phase de l'examen et assurer elle-même le reste des procédures, notamment la gestion du registre et la collecte des taxes. Un office européen, telle l'Agence, pourrait remplir ces fonctions. La situation de l'OEB sera renforcée par le BU, affaiblissant un peu plus encore l'UE dans ce domaine portant si stratégique.

Dans un rapport d'enquête sur le secteur pharmaceutique[232], la Commission a une nouvelle fois mis en évidence le besoin d'un brevet européen. En premier lieu, elle relève que le coût total des 68 litiges sur la période 2000-2007 ayant donné lieu à une action en justice portant sur des brevets de médicaments au sein de l'UE est estimé à 420 millions d'euros, dont une grande part aurait pu être économisée s'il avait été possible d'éviter la duplication des affaires dans plusieurs États membres, multiplication des contentieux qui découle de l'absence d'un brevet européen et d'un système intégré de règlement des litiges[233]. Le rapport poursuit en indiquant que tous les acteurs du marché se sont montrés favorables à la création rapide d'un brevet européen, et appelle à l'unification du règlement des litiges. Le BU a certainement pour mission de répondre à ces attentes, il faut espérer qu'il y parvienne.

229. Voir art. 64 et 67 CBE.
230. Sur l'EPLA, J. Azéma et J.-C. Galloux, *op. cit.*, n° 910 et s. ; J. Schmidt-Szalewski et J.-L. Pierre, *op. cit.*, n° 1190 ; E. Waage et S. Luginbuehl, « Doter l'Europe d'un système de règlement des litiges en matière de brevets », *Prop. Indust.* 2008, Étude 6 ; V. Scordamaglia, « Une voie intermédiaire pour la création d'un système de règlement des litiges en matière de brevets ? », *Prop. Indust.* 2008, Étude 17.
231. Accord en matière de brevets européennes, Luxembourg, 15 déc. 1989, *JOCE* 30 déc. 1989, L. 401.
232. Cf. *infra* n° 465.
233. Voir point 3.3.2, p. 14.

§ 7. La procédure PCT

572. Le Traité de Washington (PCT)[234] fut signé le 19 juin 1970 ; il est en application depuis le 1er juin 1978 et réunit pratiquement 130 pays membres. La mise en œuvre du traité est assurée par le bureau international de l'OMPI qui reçoit les demandes de brevet soumises à cette procédure. L'objectif du traité initial, tout comme des révisions intervenues depuis 1970, est de faciliter l'obtention de titres de propriété sur un bien intellectuel dans différents États et surmonter les effets de la territorialité de la propriété. Le traité propose de mutualiser des actes de procédure entre les pays, notamment la recherche documentaire. Cela engendre un gain de temps et une économie d'échelle substantielle. Le traité instaure une demande internationale soumise à une recherche internationale de nouveauté (chapitre 1 du traité) et un examen préliminaire international (chapitre 2 du traité, écarté par la France).

573. La procédure PCT est assez caractéristique des procédures internationales pour la propriété intellectuelle. Un office récepteur, en France l'INPI, reçoit une demande d'appropriation spécifique dénommée « demande internationale » désignant l'ensemble des États membres du PCT dans lesquels le demandeur souhaite approprier son bien intellectuel. Ce dépôt peut être un dépôt initial ou un dépôt sous priorité unioniste. La demande internationale est établie en langue française, si elle n'est pas déposée sous forme électronique, la demande est déposée en trois exemplaires, ainsi que chacun des documents mentionnés dans le bordereau visé à la règle 3, paragraphe 3, lettre a (ii) du règlement d'exécution du traité. Cette obligation reste légère puisque s'il n'est pas satisfait à cette exigence, les exemplaires manquants sont préparés d'office par l'INPI. Un récépissé, indiquant au moins le numéro attribué à la demande internationale, la nature et le nombre des pièces de la demande, ainsi que la date de leur réception, est délivré au déposant. Le dépôt d'une demande internationale donne lieu au paiement de la taxe de transmission, de la taxe internationale de dépôt et de la taxe de recherche qui doivent être acquittées avant l'expiration d'un délai d'un mois à compter de la date de réception de la demande internationale. Une fois le dépôt formellement accepté, s'ouvre une période, la « phase internationale », qui emporte deux effets : les offices nationaux désignés doivent suspendre leur procédure de traitement des demandes et le « rapport de recherche international » est établi. Une fois cette phase accomplie, la demande internationale et le rapport sont communiqués aux offices des États désignés dans la demande initiale, et la demande est publiée, au plus tard dix-huit mois après le dépôt initial.

À l'expiration de la phase internationale, la demande éclate en une série de demandes nationales ou régionales. Il est possible que l'OEB soit désigné dans le cadre de la procédure PCT (art. 150 à 153 CBE), procédure qui est alors désignée EURO-PCT[235]. Le délai pour entrer en phase nationale est de 30 mois à compter de la date de priorité, sous réserve de conditions nationales plus souples.

234. www.wipo.int/pat/fr/

235. L. Gruszow, *L'accès au brevet européen par la voie internationale EURO-PCT*, Litec-Ceipi, 2002.

La différence majeure avec la procédure OEB est que dans le cadre de la procédure PCT, les offices nationaux ou régionaux demeurent souverains quant à la délivrance du titre de propriété. Il n'y a aucun automatisme.

574. La procédure présente deux intérêts, d'une part, elle simplifie les procédures d'appropriation d'un bien intellectuel sur de multiples territoires – il s'agit de l'intérêt initial de la procédure. D'autre part, elle peut être instrumentalisée pour accorder au déposant un temps de réflexion pour définir sa stratégie de dépôt. En effet, durant le délai de 30 mois, aucune décision contraignante n'intervient et le coût de la procédure reste raisonnable. Il est donc possible d'utiliser cette période pour identifier les territoires réellement intéressants et surtout, trouver les financements nécessaires aux procédures nationales qui devront être engagées pour obtenir effectivement les titres de propriété.

L'intégration en droit interne de la procédure PCT se fait par le biais des articles L. 614-18 et suivants C. propr. intell. Les demandes internationales peuvent être formulées auprès de l'INPI – office récepteur au sens du Traité de Washington – par des personnes physiques ou morales ayant leur domicile ou leur siège en France lorsque la priorité d'un dépôt antérieur en France n'est pas revendiquée. Comme dans chaque procédure française, le ministre chargé de la défense est habilité à prendre connaissance, à titre confidentiel, des demandes internationales de protection des inventions. La divulgation de l'invention est interdite durant cette période de façon similaire à ce qui est imposé pour la procédure interne[236]. Sous réserve de l'obligation prévue à l'article L. 614-18 C. propr. intell., la demande internationale peut également être déposée auprès de l'OEB, agissant en qualité d'office récepteur.

Section 3
Les droits et obligations attachés au titre

575. Il est nécessaire de déterminer la portée de ce titre de propriété et le régime qui lui est attaché. Le propriétaire d'un brevet jouit sur son bien d'un droit de propriété relevant d'un régime spécial quant à son contenu et quant aux obligations qui lui sont attachées.

§ 1. Le contenu de la propriété

576. Le brevet est un titre de propriété dont il faut préciser la durée, le contenu et les conditions de la copropriété.

A La durée de la propriété

577. L'article L. 613-1 C. propr. intell., reprenant les dispositions de l'article L. 611-2 C. propr. intell., fixe le point de départ de l'effet de l'appropriation

236. Voir *supra* n° 526 et s.

à la date du dépôt de la demande de brevet (art. 64 CBE). Le titre délivré voit son effet temporel rétroagir à cette date, et pour vingt ans (art. 63 CBE). Le propriétaire est fondé à revendiquer le plein respect de sa propriété jusqu'à ce terme.

Le titulaire pour conserver sa propriété doit respecter plusieurs contraintes, notamment payer une taxe annuelle de maintien de la propriété. Aucune obligation ne pèse sur le titulaire de conserver vingt ans le titre de propriété, et il peut à tout moment mettre fin à sa propriété, sous réserve d'engagements contractuels. Il ressort des statistiques que la durée moyenne de conservation d'un brevet est d'un peu plus de dix années, plusieurs facteurs pouvant expliquer cette durée. Au terme de la propriété, le bien intègre le domaine public, chacun pourra en faire librement usage[237]. La durée de vingt ans, si elle est marginalement atteinte par les titres de propriété, peut aussi être dépassée sous certaines conditions. L'article L. 611-3 C. propr. intell. dispose que tout propriétaire d'un brevet produisant ses effets en France et ayant pour objet un médicament, un procédé d'obtention d'un médicament, un produit nécessaire à l'obtention de ce médicament ou un procédé de fabrication d'un tel produit, peut, lorsque ceux-ci sont utilisés pour la réalisation d'une spécialité pharmaceutique faisant l'objet d'une autorisation de mise sur le marché (AMM) conformément aux articles L. 5121-8 et suivants ou L. 5141-5 et suivants Code de la santé publique, et à compter de sa délivrance, obtenir un certificat complémentaire de protection (CCP). Le CCP porte sur celles des parties du brevet correspondant à cette autorisation. Le certificat complémentaire est issu du règlement communautaire 1768/92 du 18 juin 1992 qui, harmonisant la durée d'appropriation, prend en considération l'impact du délai nécessaire pour réaliser les essais cliniques impératifs avant la mise sur le marché du médicament, règlement qui a été codifié par le Règlement n° 469/2009 du 6 mai 2009 concernant le certificat complémentaire de protection pour les médicaments. Il s'agit de trouver un équilibre permettant de maintenir un haut niveau de qualité sanitaire avant la mise dans le commerce des médicaments tout en ne pénalisant pas le propriétaire du brevet en raison de la réduction de la durée d'exploitation effective de son bien[238]. Le certificat complémentaire est une compensation pour l'empiétement sur cette durée d'exploitation effective engendré par des mesures sanitaires et de santé publique, elle prend l'aspect d'une indemnisation pour une limitation de la libre jouissance de la propriété.

Le CCP prend effet au terme légal du brevet auquel il se rattache, pour une durée ne pouvant excéder sept ans à compter de ce terme et dix-sept ans à compter de la délivrance de l'autorisation de mise sur le marché du principe actif approprié par le brevet[239]. Le CCP poursuit le brevet, il couvre autant le produit sous la forme concrète indiquée dans l'AMM[240], et englobe le produit en tant que tel, sous toutes les formes relevant du périmètre du brevet de base,

237. Cf. *infra* n° 876 et s.

238. Cf. *supra* n° 403.

239. CJUE, 9 mars 2010, aff. C-125/10, *Merck & Co Inc Deutsches Patent- und Markenamt* ; *Prop. Indust.* 2012, chron. 6, n° 20, obs. H. Gaumont-Prat.

240. En présence de plusieurs AMM et d'applications humaine et animale du principe actif, voir CJUE, 19 juill. 2012, aff. C-130/11, *Neurim Pharmaceuticals (1991) Ltd Vs. Comptroller-General of Patents*, *Europe* oct. 2012, comm. n° 10 p. 28, obs. S. Roset.

sans toutefois pouvoir excéder ce périmètre[241]. La CJ[242] a retenu pour déterminer le domaine d'application du CCP que, sous réserve que toutes les conditions de fond et de forme soient remplies, l'article 3, sous b), ne s'oppose pas à ce que les services compétents de la propriété industrielle d'un État membre peuvent octroyer un CCP pour un principe actif, figurant dans le libellé des revendications du brevet de base invoqué, lorsque le médicament dont l'autorisation de mise sur le marché est présentée au soutien de la demande de CCP comprend non seulement ce principe actif, mais également d'autres principes actifs. En revanche, elle a également indiqué[243], toujours au titre de l'interprétation de l'article 3 du règlement 469/2009 que l'article 3, sous a) s'oppose à ce que les services compétents de la propriété industrielle d'un État membre octroient un certificat complémentaire de protection portant sur des principes actifs qui ne sont pas mentionnés dans le libellé des revendications du brevet de base invoqué au soutien d'une telle demande.

Le calcul de la durée de dix-sept ans se fait à partir de la date de délivrance de la première AMM[244], cette durée fixant un seuil maximum pour l'exploitation de l'invention hors du domaine public[245]. La durée a été augmentée de six mois en 2006 pour les médicaments à usage pédiatrique afin d'encourager les laboratoires à prendre le temps nécessaire pour réaliser des essais cliniques spécifiques pour ces médicaments et encourager le développement de posologies adaptées aux usages pédiatriques[246]. Le bénéfice du certificat complémentaire est étendu depuis 1997 aux produits phytosanitaires suivant les dispositions du règlement 1610/96[247].

B Le périmètre de la propriété

578. Le brevet est un titre de propriété connaissant une série d'aménagements légaux. La définition du périmètre de la propriété s'effectue par touches

241. CJCE, 16 sept. 1999, aff. C-392/97, *Rec.* I, p. 5553 ; *PIBD* 2000, III-99 ; *RTD com.* 2000.354, obs. J.-C. Galloux. Voir CJUE, 9 févr. 2012, aff. C-442/11, *Novartis AG* : « *lorsqu'un "produit" consistant en un principe actif était protégé par un brevet de base et que le titulaire de celui-ci pouvait se fonder sur la protection conférée par ce brevet à l'égard de ce "produit" pour s'opposer à la commercialisation d'un médicament contenant ce principe actif en combinaison avec un ou plusieurs autres principes actifs, un certificat complémentaire de protection délivré pour ce même "produit" peut, postérieurement à l'expiration du brevet de base, permettre à son titulaire de s'opposer à la commercialisation par un tiers d'un médicament contenant ledit produit pour une utilisation du « produit », en tant que médicament, qui a été autorisée avant l'expiration dudit certificat* ».

242. CJUE, 24 nov. 2011, aff. C-422/10, *Georgetown University, Europe* 2012, comm. 43, obs. L. Idot ; *Prop. Indust.* 2012, chron. 6, n° 13, obs. H. Gaumont-Prat.

243. CJUE, 24 nov. 2011, aff. C-322/10, *Medeva BV, Europe* 2012, comm. 43, obs. L. Idot ; *Prop. Indust.* 2012, chron. 6, n° 16, obs. H. Gaumont-Prat.

244. Cass. com., 8 mars 2005, *Bull. civ.* IV, n° 46.

245. Cass. com., 3 avr. 2007, *Bull. civ.* IV, n° 103 ; *D.* 2007.2272, note J.-C. Galloux ; même auteur *RTD com.* 2007.523.

246. Régl. 1901/2006 relatif aux médicaments à usage pédiatrique, *JOUE* 27 déc. 2006, L. 378/1, art. 36.

247. Règl. (CE) n° 1610/96 du Parlement européen et du Conseil du 23 juill. 1996 concernant la création d'un certificat complémentaire de protection pour les produits phytopharmaceutiques, *JOUE* n° L 198, 8 août 1996, p. 30. Pour une interprétation de la notion de produit et de substance actives dans le cadre de cette extension, CJUE, 19 juin 2014, aff. C-11/13, *Bayer CorpScience AG*.

successives, précisant ce qui est inclus et ce qui est exclu, ce que l'on peut interdire et ce qu'il n'est pas possible d'interdire. Par la combinaison de l'ensemble de ces approches, on parvient à identifier précisément le périmètre de la propriété et le contrôle du propriétaire sur son bien.

1. Ce qui est inclus

579. Le domaine d'appropriation est déterminé, d'une part, pour tous les brevets et, d'autre part, pour les brevets portant sur un procédé, et ceux ayant pour objet une séquence génétique.

580. Pour tous les brevets, suivant l'article L. 613-2 C. propr. intell. ou l'article 69 CBE, l'étendue de la propriété est déterminée par l'articulation de la description et des revendications. C'est uniquement par une analyse de celles-ci que l'on connaît précisément le périmètre de la propriété. Toutefois, la description et les dessins servant à interpréter les revendications[248], il y a une indéniable interdépendance entre l'ensemble des éléments du titre de propriété pour en définir la portée. Une revendication, qui ne s'appuierait pas sur un élément de la description, ne peut pas engendrer un effet d'appropriation, une description non revendiquée intègre le domaine public. L'un des enjeux de la définition du périmètre de la propriété réside alors dans l'interprétation des revendications. La jurisprudence écarte une simple analyse littérale de celles-ci, et recherche leur sens exact en utilisant l'ensemble des éléments du titre de propriété[249] tout en évitant toute dénaturation, tout ajout d'une caractéristique. Si la revendication est ambiguë, elle doit être annulée car il n'est pas possible de lui donner un sens certain en raison des contradictions qu'elle porte au regard de la description. Si la revendication est complexe, elle doit être appréciée pour chacun de ses moyens séparément[250].

La rédaction d'un brevet peut permettre d'élargir au maximum la portée des revendications de manière à prendre en considération toutes les caractéristiques d'une invention telle qu'elle est décrite dans la description détaillée, mais aussi toutes ses équivalentes ou futures versions possibles. Toutefois, l'examinateur de la demande de brevet ne peut pas accepter des revendications dont la portée dépasse celle de l'invention et limite les revendications à l'invention proprement dite, telle qu'elle est décrite dans la description détaillée. Les revendications de portée élargie comportent moins d'éléments ou de limitations que les revendications de portée restreinte, et peuvent se révéler précieuses parce qu'elles couvrent un large éventail de produits ou de situations potentiellement intéressants, même si elles peuvent être plus difficiles à obtenir et à faire respecter parce qu'elles risquent davantage d'être bloquées ou invalidées par des éléments compris dans l'état de la technique. En revanche, les revendications de portée restreinte se rapportent généralement à un élément ou un produit précis. Elles ont une force juridique plus certaine. Les brevets fondés sur de telles revendications sont plus faciles à obtenir et à faire respecter parce qu'ils courent

248. Cass. com., 18 févr. 1986, *Bull. civ.* IV, n° 18.
249. Cass. com., 7 déc. 1982 et 6 nov. 1984, *Ann Prop. Ind.* 1985.67, obs. Mathély.
250. Cass. com., 9 mai 1990, *PIBD* 1990, III-505.

moins le risque d'être bloqués ou invalidés par des éléments compris dans l'état de la technique.

581. En pratique, la jurisprudence ne limite pas la portée du titre de propriété au choix précis des termes des revendications. Suivant la doctrine des équivalents, la portée de la propriété est étendue au-delà de l'énoncé littéral des revendications en incluant les différences mineures avec l'invention appropriée comme un équivalent et donc comme portant effectivement atteinte au droit de propriété[251]. La doctrine des équivalents vise à empêcher un tiers d'apporter des modifications mineures à l'invention appropriée par un brevet afin d'éviter de porter littéralement atteinte aux droits de propriété. Elle s'applique non pas à l'invention dans son ensemble, mais aux différents éléments exposés dans les revendications et permet de déterminer si des différences mineures existent entre l'invention appropriée et la technique considérée comme portant atteinte au brevet. En revanche, le propriétaire d'un brevet ne peut pas utiliser la doctrine des équivalents pour étendre la portée de ses revendications à des domaines qui n'auraient pas été légitimement acceptés par l'office des brevets. L'état de la technique limite la portée des équivalents généralement admis pour une revendication. La notion de contrefaçon par équivalence permet de ne pas réduire artificiellement l'appropriation de l'invention. Cette théorie empêche les industriels de s'inspirer de l'enseignement d'un brevet et de remplacer les moyens de l'invention par d'autres moyens qui, bien que de forme différente, exercent la même fonction en vue d'un résultat similaire. Cette théorie est appliquée régulièrement par la jurisprudence[252]. Pour qu'il y ait équivalence, trois conditions cumulatives doivent être remplies :

— il faut tout d'abord que le moyen ait une forme différente. Si le moyen consiste en un produit ou en un dispositif, le moyen équivalent sera une autre substance, s'il constitue en procédé, le moyen équivalent sera une autre manière d'agir. Il ne faut pas confondre cette condition avec les différences secondaires qui peuvent exister entre l'invention protégée et celle litigieuse. En cas d'équivalence, la forme même du moyen est différente, alors que quand il n'y a que des différences secondaires, la forme du moyen est identique. Ce sont seulement les modalités de l'invention qui diffèrent ;

— ensuite, les moyens doivent remplir la même fonction. La cour d'appel de Paris[253] a rappelé ce principe « *en l'absence donc d'identité de fonction, il ne saurait y avoir de contrefaçon par moyen équivalent* » ;

— enfin les résultats doivent être semblables. La similitude n'implique pas l'identité. Ainsi peuvent-ils être de qualité ou de degrés différents[254].

Quand ces trois conditions sont remplies, pour savoir s'il y a une contrefaçon par équivalence, il faut distinguer deux hypothèses différentes. Si le moyen protégé est à la fois nouveau dans sa forme et dans sa fonction, il y aura contrefaçon par équivalence. En revanche, si le moyen protégé n'est nouveau que

251. Cass. com., 2 nov. 2011, nº 10-30907, *Prop. Indust.* 2012, comm. 30, obs. P. Vigand.

252. Voir, Cass. com., 26 oct. 1993, nº 91-20417, *PIBD* 1994, III, p. 21 ; Cass. com., 15 nov. 1994, nº 93-12917, *PIBD* 1995, III, p. 51.

253. CA Paris, 15 mars 1996, *PIBD* 1996, III, p. 337.

254. CA Paris, 15 mars 1996, *Ann. propr. ind.* 1996, p. 182 ; CA Paris, 30 oct. 1996, *PIBD* 1997, III, p. 78.

dans sa forme, la fonction n'est pas protégée. L'usage d'un moyen de forme différente, donc non protégée, pour remplir la même fonction, par hypothèse non protégée, n'est pas une contrefaçon par équivalent[255]. Cependant, par un abus de langage, quand le moyen n'est nouveau que dans sa forme, si la différence entre le moyen incriminé et le moyen protégé est faible, on considère que les formes sont équivalentes et qu'il y aurait alors contrefaçon par équivalence. En réalité, cette solution ne doit pas être justifiée par l'équivalence, mais par l'indifférence des différences secondaires.

582. Pour les brevets de procédé, la propriété s'étend aux produits obtenus directement par ce procédé (art. 64 CBE). Il y a une extension du domaine d'appropriation, au-delà de ce qui est directement revendiqué dans le brevet. Cette solution est reprise par l'article L. 613-2-3 2° C. propr. intell. pour les brevets de procédé permettant de produire une matière biologique dotée, du fait de l'invention, de propriétés déterminées. La propriété s'étend à la matière biologique directement obtenue par ce procédé et à toute autre matière biologique obtenue, à partir de cette dernière, par reproduction ou multiplication et dotée de ces mêmes propriétés. Toutefois, cette définition de la portée des brevets de procédé n'est pas sans soulever des difficultés car, en présence d'un brevet de produit, le titulaire du brevet de procédé sera dans un rapport de dépendance avec le titulaire du brevet de produit dont il devra obtenir une autorisation d'exploitation.

Pour les brevets ayant pour objet une séquence génétique, l'article L. 613-2-1 C. propr. intell. limite la portée d'une revendication couvrant une séquence génique à la partie de cette séquence directement liée à la fonction spécifique concrètement exposée dans la description. La propriété ne pourra être invoquée à l'encontre d'une revendication ultérieure portant sur la même séquence que si cette revendication satisfait elle-même aux conditions de l'article L. 611-18 et qu'elle expose une autre application particulière de cette séquence. Le législateur limite fortement la portée de la propriété.

Cette tendance restrictive n'est pas confirmée par l'article L. 613-2-2 C. propr. intell. En application de ce dernier, sous réserve des dispositions des articles L. 613-2-1 et L. 611-18, l'appropriation engendrée par un brevet de produit contenant une information génétique ou consistant en une information génétique s'étend à toute matière dans laquelle le produit est incorporé et dans laquelle l'information génétique est contenue et exerce la fonction indiquée[256]. Il y a une définition étendue du périmètre de propriété aux éléments qui incorporent le produit, la transformation n'ayant pas pour effet d'évincer le propriétaire. Cette démarche est confirmée par l'article L. 613-2-3 C. propr. intell. qui intègre dans le périmètre d'appropriation d'un brevet ayant pour objet une matière biologique dotée, du fait de l'invention, de propriétés déterminées, toute matière biologique obtenue à partir de cette matière biologique par reproduction ou multiplication et dotée de ces mêmes propriétés. La CJ met toutefois en avant dans l'arrêt *Monsanto*[257] que ce

255. Cass. com., 4 déc. 1990, *PIBD* 1991, III, p. 119 ; CA Paris, 1 déc. 1988, *Ann. propr. ind.* 1988, p. 292 ; CA Paris, 30 mars 1993, *PIBD* 1993, III, p. 503 ; CA Paris, 8 mars 1994, *PIBD* 1994, III, p. 33.

256. Sur l'importance de l'exercice de la fonction, CJUE, 6 juill. 2010, aff. C-428/08, *Monsanto Technology LLC*, préc.

257. Cf. *supra* n° 453.

n'est pas la présence de la matière biologique qui permet la mise en œuvre du droit de propriété mais le fait que cette matière biologique remplisse dans le produit la fonction pour laquelle elle a été créée. À défaut de remplir cette fonction, la propriété de la matière biologique ne peut pas être invoquée.

Cette approche de la propriété devra éventuellement être adaptée à l'intégration des apports de l'Accord JUB dans le droit interne[258] et l'interprétation qu'en fera la juridiction.

2. Ce qui est exclu

583. Les exclusions sont nombreuses et concourent à rendre plus complexe l'identification du périmètre de la propriété[259]. Des exclusions sont réservées aux brevets ayant pour objet une séquence génétique, d'autres s'appliquent à l'ensemble des titres de propriété. Dans cette dernière hypothèse, il faut porter une attention particulière à la possession personnelle antérieure.

584. En premier lieu, le domaine d'appropriation comprend des exclusions propres aux brevets ayant pour objet une séquence génétique. L'article L. 613-2-4 C. propr. intell. avance en ce sens que la propriété définie aux articles L. 613-2-2 et L. 613-2-3 ne s'étend pas à la matière biologique obtenue par reproduction ou multiplication d'une matière biologique mise sur le marché sur le territoire d'un État membre de l'UE ou d'un État partie à l'accord sur l'EEE par le titulaire du brevet ou avec son consentement, lorsque la reproduction ou la multiplication résulte nécessairement de l'utilisation pour laquelle la matière biologique a été mise sur le marché, dès lors que la matière obtenue n'est pas utilisée ensuite pour d'autres reproductions ou multiplications. Il s'agit d'une limite allant au-delà de l'effet habituel de l'épuisement du droit de propriété appliquée au brevet[260]. Cet effet s'applique au produit lui-même. Pour le rendre pleinement efficient au regard de l'interprétation extensive de la propriété retenue aux articles L. 613-2-2 et L. 613-2-3 C. propr. intell., il est nécessaire d'étendre la portée de l'épuisement du droit de propriété. La propriété du brevet telle que définie aux articles L. 613-2-2 et L. 613-2-3 perd l'essentiel de sa portée par l'effet de la mise dans le commerce du produit en cause.

Toujours pour cette catégorie spécifique de brevets, l'article L. 613-5-1 C. propr. intell. ajoute une seconde exclusion au bénéfice des exploitants agricoles. Dérogeant aux dispositions des articles L. 613-2-2 et L. 613-2-3 C. propr. intell., la vente ou tout autre acte de commercialisation de matériel de reproduction végétal par le titulaire du brevet, ou avec son consentement, à un agriculteur à des fins d'exploitation agricole emporte l'autorisation pour l'agriculteur d'utiliser le produit de sa récolte pour la reproduction ou la multiplication par lui-même sur sa propre exploitation. L'article L. 613-5-2 ajoute une limite similaire au bénéfice des éleveurs. Dans ce dernier cas, la vente ou tout autre acte de commercialisation d'animaux d'élevage ou d'un matériel de reproduction animal par le titulaire du brevet, ou avec son consentement, à un agriculteur implique pour

258. Voir *supra* n° 560 et s.

259. Ces exclusions devront être conformes à ce qui est contenu dans l'Accord JUB, voir *supra* n° 561.

260. Voir *infra* n° 1271.

celui-ci l'autorisation d'utiliser, le cas échéant moyennant rémunération, le bétail protégé pour un usage agricole. Cette limite à la propriété emporte la mise à disposition de l'animal ou du matériel de reproduction animal pour la poursuite de son activité agricole, mais exclut la vente dans le cadre d'une activité commerciale de reproduction. Dans les deux cas, il s'agit pour le législateur de préserver ce qui est usuellement désigné comme le privilège de l'agriculteur et le privilège de l'éleveur. Cette tolérance ne vaut que pour un usage personnel des fruits de la reproduction naturelle animale ou végétale, l'agriculteur ne peut pas mettre en vente ces éléments. Surtout, la portée de ces restrictions est réduite, d'une part, par le fait qu'elles ne s'étendent pas aux actes accomplis en vue de créer ou de découvrir et de développer d'autres variétés végétales[261] et, d'autre part, par les limites apportées à la brevetabilité du vivant[262].

585. En deuxième lieu, certaines exclusions sont appliquées à l'ensemble des brevets, quel que soit l'objet approprié. Il s'agit de l'ensemble des actes qu'il n'est pas possible de réaliser avec un bien intellectuel sans avoir obtenu l'accord préalable du propriétaire du bien. La propriété est définie par ses frontières opposables aux tiers ; ces atteintes constitueront des actes de contrefaçon. Il est interdit à un tiers, sans le consentement du propriétaire du bien intellectuel, de fabriquer, d'offrir, de mettre dans le commerce, d'utiliser, d'importer ou de détenir aux fins précitées le bien intellectuel objet du brevet. Il n'est pas plus autorisé pour un tiers d'utiliser un procédé objet d'un brevet. L'offre de son utilisation sur le territoire français est aussi sanctionnée comme une atteinte à la propriété si le tiers sait ou lorsque les circonstances rendent évident que l'utilisation du procédé est interdite sans le consentement du propriétaire du brevet. Suivant cette approche d'identification du périmètre de la propriété, il faut ajouter qu'est aussi sanctionnée, si elle est effectuée sans le consentement du propriétaire du bien intellectuel, l'offre, la mise dans le commerce ou l'utilisation ou bien l'importation ou la détention aux fins précitées du produit obtenu directement par un procédé objet du brevet. Il n'est pas non plus possible, à défaut de consentement du propriétaire du brevet, de livrer ou d'offrir de livrer à une personne autre que celles habilitées à exploiter l'invention brevetée, des moyens de mise en œuvre, sur ce territoire, de cette invention se rapportant à un élément essentiel de celle-ci, lorsque le tiers sait ou lorsque les circonstances rendent évident que ces moyens sont aptes et destinés à cette mise en œuvre. Toutefois, cette exclusion ne s'applique pas lorsque les moyens de mise en œuvre sont des produits qui se trouvent couramment dans le commerce, sauf si le tiers incite la personne livrée à commettre des actes interdits par l'article L. 613-3 C. propr. intell.

586. En troisième lieu, la propriété est limitée par l'exclusion de certains actes du pouvoir de contrôle du propriétaire du bien intellectuel. Suivant une construction adoptée pour chacun des régimes de propriété intellectuelle, le législateur énumère à l'article L. 613-5 C. propr. intell. les actes pouvant être librement effectués par l'utilisateur d'un bien intellectuel sans que le propriétaire ne puisse lui opposer sa propriété. Cinq exceptions au droit de propriété

261. Voir *infra* n° 641 et s.
262. Voir *supra* n° 451 et s.

sont arrêtées pour le droit des brevets pour lesquelles il est nécessaire de retenir une interprétation stricte :

— Les actes accomplis dans un cadre privé et à des fins non commerciales : c'est une reprise en la matière de l'exception d'usage personnel, les deux conditions sont cumulatives (cadre privé et fins non commerciales), il s'agit de la reproduction d'une invention ou de toute utilisation de celle-ci pour satisfaire un besoin personnel.

— Les actes accomplis à titre expérimental qui portent sur l'objet de l'invention brevetée : cette exception est essentielle pour l'articulation entre innovation et appropriation. On ne peut pas invoquer un droit de propriété pour interdire à un tiers d'étudier et d'expérimenter sa propre invention en vue, pour ce tiers, d'en comprendre le fonctionnement, de la perfectionner, ou de trouver des solutions techniques alternatives. En revanche, l'utilisation dans un laboratoire de recherche de biens appropriés par un droit de propriété intellectuelle pour étudier d'autres biens ne peut bénéficier de cette exception.

— La préparation de médicaments faite extemporanément et par unité dans les officines de pharmacie, sur ordonnance médicale, et les actes concernant les médicaments ainsi préparés. Cette exception traditionnelle couvrant les médicaments préparés à l'unité par le pharmacien perd une partie de son intérêt pratique, la composition des médicaments devenant délicate à reproduire sur la paillasse d'une officine.

— Les études et essais requis en vue de l'obtention d'une AMM pour un médicament[263], ainsi que les actes nécessaires à leur réalisation et à l'obtention de l'autorisation. L'intégration de cette exception permet aux fabricants de médicaments génériques de procéder aux études nécessaires pour commercialiser un médicament alors même que le brevet sur le principe actif en cause n'est pas encore entré dans le domaine public.

— Les objets destinés à être lancés dans l'espace extra-atmosphérique introduits sur le territoire français. Cette exception stratosphérique fait écho à l'alinéa 4 de l'article L. 611-1 C. propr. intell. Il est ainsi possible de revendiquer dans l'espace le respect de son brevet, mais il n'est pas possible de l'invoquer sur Terre lorsque le bien l'incorporant circule sur le territoire français avant le lancement. Cette exception assure notamment une sécurité juridique au lancement de satellites en Guyane lorsque le matériel expédié est construit dans un État autre que la France.

3. La possession personnelle antérieure

587. Traduction juridique de l'indépendance du bien par rapport au régime de propriété, la possession personnelle antérieure[264] prend en compte l'hypothèse où un inventeur décide de ne pas obtenir un brevet sur son bien intellectuel et qu'un tiers, qui réalise légitimement la même invention, décide, en revanche, de revendiquer une telle appropriation. L'inventeur qui opte pour le secret ne se trouve pas dépossédé de son bien du fait du brevet du tiers, il en

263. Cf. J. Savina, « The Bolar provision », *Patent World* avr. 1998, p. 17.

264. G. Gaultier, « Naissance et fondement de l'exception de possession personnelle en matière de brevets », *Droits de propriété intellectuelle – Liber amicorum G. Bonet*, Litec, 2010, coll. IRPI, t. 36, p. 229.

conserve la jouissance. La loi prend en compte le pouvoir de fait du propriétaire sur son bien intellectuel pour reconnaître le plein effet de la possession[265]. Le droit de possession personnelle antérieure[266] impose l'existence d'un bien indépendamment du dépôt. Le détenteur d'un tel droit peut continuer à jouir de son bien alors qu'un bien similaire a fait l'objet d'une appropriation par brevet. Le Code de la propriété intellectuelle limite seulement les actes juridiques sur ce bien. Le droit de possession personnelle antérieure ne fait que reconnaître le *corpus* de la chose et lui accorder une protection spécifique proche du droit commun des biens.

588. L'article L. 613-7 C. propr. intell. avance que toute personne qui, de bonne foi, à la date de dépôt ou de priorité d'un brevet, était, sur le territoire français, en possession de l'invention objet du brevet, a le droit, à titre personnel, d'exploiter l'invention malgré l'existence du brevet. Les conditions de revendication de cette possession sont strictes. Il est nécessaire d'être de bonne foi[267], cette première contrainte évitant les appropriations frauduleuses des biens intellectuels de tiers. La possession doit être effective à la date du dépôt ou de priorité de la demande de brevet. Pour répondre à cette contrainte, il faut, d'une part, pouvoir prouver le contenu du bien intellectuel et, d'autre part, pouvoir dater précisément l'acquisition de ce contenu par son travail personnel, le moment où la connaissance est maîtrisée[268]. La charge de la preuve pèse sur celui qui invoque le bénéfice de la possession. La possession doit être complète et porter sur l'ensemble des éléments du brevet[269]. Il n'est pas nécessaire que le bien fasse l'objet d'une exploitation[270]. Sans ces éléments, il n'est pas possible de revendiquer l'application de ce régime. La possession doit avoir eu lieu sur le territoire français. Cette contrainte territoriale n'est que la traduction de la territorialité de la propriété. La limite proposée n'est applicable qu'aux titres de propriété obtenus en France, il est impossible de revendiquer cette exception au droit de propriété pour une possession personnelle antérieure acquise dans un autre territoire[271].

Si ces conditions sont réunies, le possesseur jouit du bien uniquement pour son usage personnel. Il n'est pas possible pour le titulaire du brevet d'agir contre lui en contrefaçon. La jouissance est encadrée, il ne peut s'agir que d'une exploitation directe, toute concession étant exclue. Pour le transfert de la possession, elle ne peut se réaliser qu'avec le transfert du fonds de commerce de l'entreprise ou de la partie de l'entreprise auquel il est attaché. Il s'agit d'éléments indissociables. La reconnaissance de la possession ne permet pas de revendiquer la paternité de l'invention qui reviendra uniquement à l'inventeur cité dans le titre de propriété[272]. Ce refus est regrettable.

---

265. Cf. N. Binctin, *Le capital intellectuel*, *op. cit.*, n° 25 et s.
266. En ce sens, A. Pélissier, thèse, *op. cit.*, n° 272 p. 123. Disposition à rapprocher de l'art. 2276 C. civ. Voir L. Brüning-Petit, « L'exception du droit fondé sur une utilisation antérieure en droit allemand : un modèle pour le droit communautaire des brevets ? », *Prop. Indust.* juill. 2003, chron. 12 ; J. Azéma et J.-C. Galloux, *op. cit.*, n° 506 et 1071.
267. Cass. com., 20 mai 2003, *Prop. Intell.* n° 11, avr. 2004, p. 660, obs. B. Warusfel.
268. TGI Strasbourg, 1re ch. civ., 21 oct. 2010, *Clerc Indust. C. ITS*, n° 2008/03636.
269. CA Paris, 14 janv. 2004, *RDPI* 2004, n° 156, p. 13.
270. Cass. com., 18 déc. 1973, *Bull. civ.* IV, n° 368.
271. CA Paris, 18 févr. 1986, *Ann. Prop. Ind.* 1987, p. 113.
272. CA Paris, 18 juin 2004, *PIBD* 2004, n° 793, III-499.

Le mécanisme de la possession personnelle antérieure est confirmé par l'Accord JUB. Son article 28 consacre un droit fondé sur une utilisation antérieure d'une invention. Ainsi, quiconque, dans le cas où un brevet national a été délivré pour une invention, aurait acquis, dans un État membre contractant, un droit fondé sur une utilisation antérieure de cette invention ou un droit de possession personnelle sur cette invention jouit, dans cet État membre contractant, des mêmes droits à l'égard du BU ayant cette invention pour objet. La question demeure de savoir quelle est la portée territoriale de ce mécanisme. La possession semble ne conserver qu'un effet local, pour le territoire d'un État et non sur l'ensemble du territoire où le BU est opposable.

C La copropriété

589. Les conditions contemporaines de création engendrent de très nombreuses copropriétés entre entreprises, entre académies, ou entre entreprises et académies qui ont entrepris ensemble un programme de recherche. Il faut distinguer la copropriété de la présence de co-inventeurs, l'une et l'autre n'étant pas nécessairement liés. Il y a copropriété lorsque la propriété du bien est organisée en indivision entre plusieurs personnes, physiques ou morales. Celle-ci peut être l'effet des conditions de création d'un bien intellectuel, mais il peut aussi s'agir des effets d'un contrat. En revanche, il y a co-inventeurs uniquement lorsque plusieurs personnes physiques ont créé ensemble le bien intellectuel approprié. Il s'agit uniquement d'une situation originelle visant à identifier les personnes ayant produit l'effort créatif. La copropriété peut avoir comme objet le brevet délivré, le droit de priorité, la demande de brevet, un portefeuille de brevets notamment en raison de la multiplication des territoires d'appropriation. La copropriété peut aussi porter sur le bien intellectuel, hors appropriation par brevet, le régime de copropriété du C. propr. intell. doit alors être écarté au profit d'une application du droit commun des biens[273].

La copropriété de brevet est régie aux articles L. 613-29 à L. 613-32 C. propr. intell., il faut distinguer deux cas : la copropriété contractualisée et le droit supplétif. Ce régime devrait s'imposer pour les BU attachés à la loi française.

1. L'organisation contractuelle de la copropriété

590. Le législateur encourage les copropriétaires d'un brevet à organiser leurs rapports juridiques sur le bien[274]. À tout moment, les copropriétaires peuvent établir entre eux un règlement de copropriété. Sous réserve de l'ordre public, tous les aménagements contractuels sont envisageables, que ce soit pour les modalités d'exploitation, le partage des revenus, les actions en contrefaçon, la cession, la concession, le transfert de la quote-part de propriété, etc.

L'article L. 613-30 C. propr. intell. écarte l'application de certaines dispositions du Code civil régissant la copropriété. Le règlement de copropriété de

273. Cass. com., 7 déc. 2010, n° 10-30034.

274. Par exemple, S. Agasse et P. Verriest, « L'organisation contractuelle de la copropriété des inventions entre organismes de recherche publique et industriels », *Les contrats de la propriété intellectuelle*, Dalloz, 2013, coll. Thèmes et commentaires/Cuerpi, p. 55.

brevet peut avoir une durée supérieure à cinq ans, ou écarter la possibilité d'une licitation à un tiers du bien intellectuel. Une réelle souplesse est ainsi aménagée pour les parties. En pratique, le règlement prendra plus ou moins la forme de quasi-statuts de société sans les effets de la personnalité morale ou d'un mandat de gestion.

Afin de ne pas contraindre un copropriétaire à supporter le maintien et l'exploitation d'un brevet, l'article L. 613-31 C. propr. intell. accorde la possibilité, à tout moment, pour un copropriétaire d'abandonner au profit des autres copropriétaires sa quote-part de propriété. Il doit leur notifier sa décision. À compter de l'inscription de cet abandon au registre des brevets, ledit copropriétaire est déchargé de toutes obligations à l'égard des autres copropriétaires. La quote-part abandonnée est répartie entre les copropriétaires restant à proportion de leurs droits dans la copropriété, sauf convention contraire.

Pour pallier les carences éventuelles de la convention de copropriété, le législateur instaure un régime supplétif issu directement du droit spécial de la propriété intellectuelle. L'article L. 613-32 impose les solutions des articles L. 613-29 à L. 613-31 C. propr. intell. en l'absence de stipulations contraires, les copropriétaires peuvent déroger à tout moment à ce renvoi par un enrichissement du règlement de copropriété.

2. Le régime supplétif de copropriété

591. À défaut d'une convention de copropriété, ou dans le silence de la convention de copropriété, la copropriété de brevet est régie par l'article L. 613-29 C. propr. intell. Cinq règles tentent de répondre aux besoins des copropriétaires, mais la loi révèle ses propres limites en renvoyant souvent à la conclusion d'accords entre les copropriétaires, ce qui élude en partie l'effectivité de ce régime supplétif. Au visa de cet article, la Cour de cassation affirme que pour l'indemnité devant être versée par un copropriétaire à un autre copropriétaire qui a triomphé dans son action en revendication, le caractère frauduleux du dépôt de la demande de brevet n'a pas à être pris en compte. Elle relève que le copropriétaire n'avait pris aucune initiative, ni exposé aucun frais pour exploiter lui-même l'invention, bien que rien ne l'en empêchât, alors qu'un autre copropriétaire avait assumé les risques de l'exploitation, et qu'il avait dû faire face à une concurrence forte l'obligeant à maintenir des prix de vente compétitifs tout en engageant des frais commerciaux élevés, en déduit. Elle en conclut que compte tenu de l'ensemble des circonstances de la cause, l'indemnité équitable doit être fixée à 30 % du résultat d'exploitation pour la période de référence[275].

592. La première règle retenue est que chacun des copropriétaires peut exploiter l'invention à son profit, sauf à indemniser équitablement les autres copropriétaires qui n'exploitent pas personnellement le bien intellectuel ou qui n'ont pas concédé de licences d'exploitation. L'exploitation est libre pour son usage personnel, mais elle n'est pas gratuite en raison de la nécessité de prévoir une indemnisation équitable pour le ou les copropriétaires qui n'exploitent pas. Cette solution

275. Cass. com., 12 juill. 2011, *Bull. civ.* IV, n° 121 ; *D.* 2011, p. 2031 ; *PIBD* 2011, n° 947, III-571 ; *Prop. Indust.* 2012, comm. 1, obs. E. Py ; *D.* 2012, p. 523, obs. J. Raynard.

est discutable, en effet, si chacun est libre d'exploiter, il est étrange que celui qui décide de saisir cette opportunité soit tenu de partager les fruits de l'exploitation avec les copropriétaires attentistes. La solution est d'autant plus critiquable que le propre des biens intellectuels est qu'ils peuvent être exploités concomitamment par plusieurs personnes sans aucune réserve. Le législateur instaure une quasi-solidarité entre les copropriétaires. La solution engendre une première source de conflit : la détermination de l'indemnisation. Une indemnisation n'est pas une redevance, elle peut être inférieure à ce qu'aurait perçu le copropriétaire s'il avait accordé une licence d'exploitation à un tiers. Cette indication permet de déterminer un seuil pour cette indemnisation au regard des pratiques des affaires dans un milieu donné. Reste qu'il faut que les parties conviennent de cette indemnisation. À défaut d'accord amiable, l'indemnité sera fixée par le tribunal de grande instance.

593. La deuxième règle porte sur les conditions d'octroi de licences aux tiers et complète la première règle esquivant ce cas. Chacun des copropriétaires peut concéder à un tiers une licence d'exploitation non exclusive à son profit, sauf à indemniser équitablement les autres copropriétaires qui n'exploitent pas personnellement l'invention ou qui n'ont pas concédé de licence d'exploitation. À défaut d'accord amiable, l'indemnité est fixée par le juge. On retrouve les mêmes limites que pour la première règle. Une fois encore, il faut parvenir à un accord à défaut de quoi le juge définit l'indemnité. La conclusion par l'un des copropriétaires d'une licence simple au profit d'un tiers relève d'une liberté encadrée en ce qu'il est nécessaire de respecter une procédure de contrôle. Le projet de concession doit être notifié aux autres copropriétaires accompagné d'une offre de cession de la quote-part à un prix déterminé. Dans un délai de trois mois suivant cette notification, l'un quelconque des copropriétaires peut s'opposer à la concession de licence à la condition d'acquérir la quote-part de celui qui désire accorder la licence. La liberté d'accorder une concession non exclusive est fortement limitée par l'action des autres copropriétaires. Ils ne peuvent pas être simplement dans une posture de refus car celle-ci leur imposerait d'acquérir la quote-part de brevet. Toutefois, ce contrôle se fait au profit de ceux qui sont inactifs, à l'inverse de ce qui est nécessaire à l'exploitation du bien intellectuel, d'autant que tout autre copropriétaire peut toujours exploiter lui-même ou accorder une licence simple à un tiers. À défaut d'accord entre les copropriétaires, dans le délai de trois mois, sur les conditions de la concession mais aussi à défaut d'accord sur le prix de la quote-part d'indivision, le TGI tranche. Ce dernier n'impose pas la licence ou certains termes de celle-ci, il fixe uniquement les conditions de sortie de la copropriété. Il évite que l'initiateur de la licence soit lésé mais aussi qu'il tente d'instrumentaliser cette procédure de licence à son profit. Les parties disposent d'un délai d'un mois à compter de la notification de la décision de justice pour renoncer à la concession de la licence ou à l'achat de la part de copropriété sans préjudice des dommages-intérêts qui peuvent être dus. Ce délai doit permettre le maintien de la copropriété. Les dépens sont à la charge de la partie qui renonce.

594. La troisième règle vise les licences exclusives. Une telle concession ne peut être conclue qu'avec l'accord de tous les copropriétaires ou par autorisation de justice. L'alternative est dérangeante car peu en accord avec les dispositions précédentes. Qu'il faille l'accord unanime des copropriétaires pour une concession exclusive constitue une démarche naturelle, la concession exclusive emportant la perte de la jouissance économique du bien pour le domaine de la licence pour l'ensemble des copropriétaires[276]. Il s'agit d'un quasi-acte de disposition du bien. Les règles étant présentées de façon autonome par le législateur, il n'est pas évident que la procédure de notification prévue pour la licence simple s'impose pour la licence exclusive. Il n'y a aucune procédure prévue, pas plus que de droit de renonciation. En revanche, à défaut d'accord entre les copropriétaires, le juge peut décider de l'opportunité du contrat et de ses conditions, ce qui semble paradoxal. On ne lui accorde pas ces pouvoirs pour une licence simple, mais il les détient pour un acte plus grave. Faire du régime de la licence exclusive un complément de la licence simple semble une interprétation très créative car les conditions des deux licences sont distinctes (d'une part, absence de refus, d'autre part, accord préalable), tout comme les sanctions (exclusion de la copropriété, d'une part, licence judiciaire, d'autre part). La Cour de cassation apporte toutefois un correctif en retenir que l'exploitation d'un brevet par le bénéficiaire d'une licence exclusive octroyée par l'un des copropriétaires du brevet, sans l'accord de l'autre, constitue un acte de contrefaçon à l'égard de ce dernier[277].

595. La quatrième règle assure, tout comme l'article L. 613-31 C. propr. intell., la possibilité de se libérer de l'indivision, appliquant l'adage suivant lequel nul ne peut être contraint à rester en indivision. L'article L. 613-31 prévoit un abandon de la quote-part de copropriété par simple notification, sans que cela puisse être refusé, alors que l'article L. 613-29 propose une procédure de cession de la quote-part de copropriété. La Cour retient ainsi qu'« *aux termes de l'article L. 613-29 e) du Code de la propriété intellectuelle, chaque copropriétaire peut, à tout moment, céder sa quote-part, que les copropriétaires disposent d'un droit de préemption pendant un délai de trois mois à compter de la notification du projet de cession ; qu'à défaut d'accord sur le prix, celui-ci est fixé par le tribunal de grande instance* ». Elle ajoute que « *les parties disposent d'un délai d'un mois à compter de la notification du jugement ou, en cas d'appel, de l'arrêt, pour renoncer à la vente ou à l'achat de la part de copropriété sans préjudice des dommages-intérêts qui peuvent être dus* ». Elle en déduit que « *pour être valable, la cession d'un brevet indivis ne peut être initiée que par un des copropriétaires et à hauteur de sa seule quote-part, moyennant l'observation d'une procédure précisément décrite ; que, dès lors que la cession litigieuse n'a pas été initiée par le copropriétaire du brevet, mais par un tiers à la copropriété, au surplus pour le tout sans égard pour le formalisme prévu en la matière, la cour d'appel, [...] a, à bon droit, annulé la cession litigieuse* »[278]. Chaque copropriétaire peut, à tout moment, céder sa quote-part. Le projet de cession doit être notifié aux copropriétaires qui disposent d'un droit de préemption pendant un délai de trois mois. À défaut d'exercice du droit de préemption, il est possible de céder à un tiers la quote-part. Si le droit de préemption est

276. Cf. *infra* n° 1002 et s. sur l'exclusivité.

277. Cass. com., 15 mars 2011, n° 09-71934, *Bull. civ.* IV, n° 42, *D.* 2011, p. 942 ; *PIBD* 2011, n° 941, III-377 ; *Prop. Indust.* 2011, comm. 53, obs. J. Raynard ; *D.* 2012, p. 522, obs. J. Raynard ; dans la même affaire, CA Paris, 9 sept. 2009, *PIBD* 2009. III. 1459 ; *Prop. Indust.* 2010, comm. n° 13, obs. J. Raynard.

278. Cass. com., 18 nov. 2008, *Bull. civ.* IV, n° 193 ; *BICC*, 1er avr. 2009, n° 445.

exercé, à défaut d'accord sur le prix, celui-ci est fixé par le tribunal de grande instance. Cette hypothèse d'un défaut d'accord sur le prix est contre nature dans une procédure de préemption. Le propre de celle-ci est d'exercer une option d'achat à la place d'un acheteur, mais aux conditions acceptées par ce dernier. La possibilité de préempter à d'autres conditions que celles arrêtées dans le projet de cession notifié est une originalité du droit des brevets. Comme pour les concessions simples, les parties disposent d'un délai d'un mois à compter de la notification de la décision de justice pour renoncer à la vente ou à l'achat de la part de copropriété sans préjudice des dommages-intérêts qui peuvent être dus. Les dépens sont toujours à la charge de la partie qui renonce.

596. Enfin, cinquième règle de ce régime supplétif, chacun des copropriétaires peut agir en contrefaçon à son seul profit. Il a été défendu qu'une action en contrefaçon devait être qualifiée d'acte d'administration permettant ainsi à tous les copropriétaires d'agir seuls ; la solution de l'article L. 613-29 C. propr. intell. s'inscrit dans cette logique. Toutefois, une action en contrefaçon peut engendrer un risque important pour l'appropriation du bien, elle dépasse par ce risque le simple acte d'administration. Il est ordinaire de répondre à une action en contrefaçon par une action reconventionnelle en nullité du titre de propriété opposé. Dès lors, l'action en contrefaçon est porteuse potentiellement d'une annulation du titre en copropriété. Il aurait été cohérent qu'une telle action ne puisse être engagée, à défaut de convention contraire, qu'avec l'accord de l'ensemble des copropriétaires, assumant collégialement ce risque. Il suffit que le copropriétaire, qui agit en contrefaçon, notifie l'assignation délivrée aux autres copropriétaires, aucune autorisation ou opposition n'est envisagée par le législateur. La seule solution pour les autres copropriétaires est d'intervenir à l'instance, éventuellement pour défendre, dans le pire des cas, un point de vue différent de celui qui assigne. Le juge doit surseoir à statuer sur l'action tant qu'il n'est pas justifié de cette notification.

Ce régime supplétif de copropriété est porteur de tellement de lacunes et d'incertitudes qu'il est essentiel pour les copropriétaires de convenir d'un accord de copropriété.

§ 2. Entretien et maintien du titre de propriété

597. La délivrance du titre de propriété n'assure pas à elle seule la conservation du titre durant vingt ans. Le propriétaire doit assumer des obligations lourdes pour maintenir ses prérogatives[279], le non-respect de celles-ci emportant la déchéance.

A L'entretien du titre

598. Suivant les dispositions de l'article L. 612-19 C. propr. intell. (pour l'OEB, voir le règlement relatif aux taxes du 20 oct. 1977, modifié en 2006)

279. Cf. *infra* n° 1049 et s. sur l'obligation d'exploitation du bien intellectuel approprié par brevet.

toute demande de brevet ou tout brevet, dont le BU, donne lieu au paiement de taxes annuelles pour le maintien en vigueur qui doivent être acquittées au plus tard le dernier jour du mois de la date anniversaire du dépôt de la demande. Ce paiement n'est pas accepté s'il est fait plus d'une année avant l'échéance de la taxe annuelle. La taxe de dépôt couvre la première annuité.

Lorsque le paiement d'une taxe n'a pas été effectué à la date prévue, ladite taxe peut être valablement versée dans un délai de grâce de six mois moyennant le paiement d'un supplément dans le même délai. Ce délai est compté à partir du lendemain du jour de l'échéance de la taxe. Un avertissement est adressé au propriétaire de la demande de brevet ou du brevet lui indiquant qu'il encourt la déchéance de ses droits si ce paiement, accompagné de celui de la taxe de retard, n'est pas effectué. L'absence d'avertissement n'engage pas la responsabilité de l'INPI et ne constitue pas une cause de restauration des droits du propriétaire du brevet. Le paiement est considéré par l'office comme valable, même s'il est effectué après la date d'échéance lorsqu'il est relatif à une demande de brevet résultant de la division d'une demande de brevet, à condition qu'il ait lieu au plus tard le dernier jour du quatrième mois suivant la date de réception des pièces de la demande divisionnaire. Le paiement est considéré comme valable lorsqu'il complète un versement insuffisant effectué avant l'échéance, à condition qu'il ait lieu dans le délai de six mois.

599. Les taxes sont fixées par arrêté ministériel pour l'INPI[280], elles le sont pour le BU par le comité restreint. Leur montant peut être réduit, selon l'article L. 612-20 C. propr. intell., pour une personne physique (dans ce cas la réduction est de droit), une PME, ou un organisme à but non lucratif du secteur de l'enseignement ou de la recherche. Il en va de même pour le BU. Le bénéfice de la réduction est acquis sur simple déclaration. Si le déposant est une personne morale, la demande de réduction doit, à peine d'irrecevabilité, être présentée par écrit dans le délai d'un mois à compter du dépôt de la demande de brevet, accompagnée d'une déclaration attestant qu'il appartient à la catégorie des organismes à but non lucratif dans le domaine de l'enseignement ou de la recherche ou à celle des entreprises dont le nombre de salariés est inférieur à 1 000 et dont 25 % au plus du capital sont détenus par une autre entité ne remplissant pas la même condition. Une fois obtenu, le bénéfice de la réduction est définitivement acquis et s'applique à l'ensemble des taxes de procédures et de maintien en vigueur, à l'exclusion des annuités, au-delà de la septième, à la taxe de rapport de recherche concernant une demande sous priorité étrangère accompagnée d'un rapport de recherche reconnu équivalent au rapport de recherche national, aux taxes de recours en restauration, de rectification d'erreurs matérielles, d'inscription au registre national et de publication de traduction ou de traduction révisée d'un brevet européen ou des revendications d'une demande de brevet européen. Lorsqu'un dépôt de demande de brevet est effectué en copropriété, tous les codéposants doivent appartenir aux catégories de l'article L. 612-20 C. propr. intell. pour pouvoir prétendre au bénéfice de la réduction. Un système similaire est mis en œuvre par l'OEB.

280. Par exemple, arrêté du 24 avr. 2008, *JORF* 28 avr. 2008, p. 7019.

B Extinction du titre de propriété

600. L'extinction du titre de propriété peut résulter d'un choix du propriétaire comme d'une sanction, elle peut trouver sa source dans un vice de procédure ou dans un vice de fond du titre de propriété. Il n'est pas utile de revenir sur le terme, nécessairement la première cause naturelle d'extinction du titre de propriété. Au-delà du délai de vingt ans, le bien intègre le domaine public. Outre cette hypothèse, il faut distinguer plusieurs situations. Le rattachement d'un BU au régime français des brevets devrait le soumettre à ces mêmes solutions.

1. La déchéance

601. Les propriétés intellectuelles procurent des appropriations avec charges sanctionnées par une déchéance ou la perte de la propriété. Dès qu'une propriété intellectuelle instaure une procédure de dépôt, elle accompagne les droits accordés d'une déchéance en cas de non-exploitation ou de non-respect des procédures[281]. Roubier distingue nullité et déchéance de la façon suivante : « *il y a nullité du brevet lorsque certaines conditions de fond ou de forme n'ont pas été observées. Il y a déchéance lorsque certaines obligations que la loi impose au breveté ne se trouvent pas remplies par celui-ci* »[282]. Un élément complémentaire distingue les nullités des déchéances : la nullité a un effet rétroactif, l'appropriation annulée est censée n'avoir jamais eu lieu, alors que la déchéance n'a d'effets que pour l'avenir.

La déchéance se définit comme « *la perte d'un droit, d'une fonction, d'une qualité ou d'un bénéfice, encourue à titre de sanction, pour cause d'indignité, d'incapacité, de fraude, d'incurie, etc.* »[283]. On ajoute à cette courte énumération des causes de déchéance les sanctions légales, notamment le non-respect des procédures d'enregistrement et de conservation des titres de propriété intellectuelle par les offices. La déchéance constitue un mécanisme central des propriétés intellectuelles qui concourt à une réelle exploitation des biens, mais la radicalité de cette sanction a enjoint au législateur de la nuancer pour les brevets en lui préférant une licence obligatoire[284].

L'article L. 613-22 C. propr. intell. (art. R. 143 CBE) énonce, comme cause de déchéance des droits du propriétaire d'une demande de brevet ou d'un brevet, le défaut d'acquittement de la taxe annuelle. La déchéance prend effet à la date de l'échéance de la taxe annuelle non acquittée. Elle est constatée par une décision du directeur de l'office ou à la requête du breveté ou d'un tiers. Dans ce dernier cas, il est alors statué par décision motivée. La déchéance est publiée et notifiée au breveté.

---

281. Cas de déchéance du Code de la propriété intellectuelle, art. L. 512-2, L. 613-22, L. 714-5 et L. 714-6.

282. Roubier, *Traité*, *op. cit.*, t. 2, n° 192. ; cf. J. Azéma et J.-C. Galloux, *op. cit.*, n° 486 et s.

283. *Vocabulaire juridique*, *op. cit.*, V° Déchéance, sens 1.

284. Art. L. 613-11 et s. C. *Prop. Intell.* Voir Roubier, « La sanction de l'obligation d'exploiter les brevets d'invention : déchéance ou licence obligatoire », *JCP* G, 1954, I 1143 ; Mousseron, « L'abus de monopole conféré par le brevet », *Mélanges H. Cabrillac*, Litec, 1968, p. 345 ; cf. *infra* n° 1049 et s.

Face à la radicalité de la déchéance, l'article L. 613-22 2° C. propr. intell. accordant au propriétaire la possibilité de présenter un recours en restauration de ses droits[285], s'il justifiait d'une excuse légitime du non-paiement de l'annuité. La restauration est accordée par le directeur de l'office, sous réserve de paiement des sommes dues. Cette procédure a été supprimée en 2008 et remplacée par la procédure de restitution *in integrum* de l'article L. 612-16 C. propr. intell.[286].

2. La renonciation et la limitation

602. Le droit commun des biens est rompu à ces formes d'exercice du droit de propriété[287]. La renonciation est « *un acte de disposition par lequel une personne – abandonnant volontairement un droit déjà né dans son patrimoine – éteint de droit* »[288]. Il s'agit, par exemple, de la renonciation à une prescription acquise ou à une exception de nullité. La renonciation a toujours été possible en droit des brevets, au moins indirectement, par l'arrêt de l'entretien du titre de propriété qui tombe alors nécessairement dans le domaine public. Le législateur, lors de l'adoption de la LME en 2008, a modifié ce régime pour avancer des solutions moins radicales, reprenant par là celles retenues notamment par la CBE (art. 105 *bis* et s.). Deux approches sont proposées à l'article L. 613-24 C. propr. intell. (art. 68 CBE), d'une part, la renonciation et, d'autre part, la limitation.

La renonciation à la propriété peut être partielle ou totale, il n'est plus nécessaire de se contenter de la solution antérieure radicale. Il y a renonciation lorsque le propriétaire du bien intellectuel abandonne une ou plusieurs revendications définissant le domaine de sa propriété. Cela emporte une suppression d'un ou plusieurs pans de propriété, sans pour autant engendrer la disparition pure et simple du brevet. Il n'y a aucune modification de la description, intangible, ni réécriture des revendications, mais uniquement la suppression d'une partie d'un brevet.

La limitation[289], pour sa part, n'a pas pour effet la suppression de revendications, mais simplement la modification des revendications pour en réduire la portée. Tous les domaines d'appropriation sont conservés, mais leurs limites en sont réduites. La limitation prétendue d'une revendication qui produirait, non pas une réduction du champ d'application du brevet mais, au contraire,

285. Mousseron, « La restauration des brevets », *Mélanges Batian*, Litec, 1974, t. 2, p. 277.

286. Voir P. Vigand, « *Restitutio in integrum* en cas de faute répértées de l'assistante du mandataire », *Prop. Indust.* 2011, comm. 15.

287. F. Zénati-Castaing et T. Revet, *Les biens*, 3e éd., PUF, 2008, n° 210 et s.

288. Vocabulaire juridique, *op. cit.*, V° Renonciation, sens 1.

289. P. Veron et I. Romet, « Brevets : limiter pour consolider ? La limitation volontaire des brevets nationaux est désormais possible en France », *Prop. Indust.* 2009, Étude 23 ; S. Roux-Vaillard et L. Lemercier, « Limitation de brevets en France : trois ans après », *Prop. Indust.* 2012, Étude 2 ; B. Warusfel, *Prop. Intell.* 2011, n° 41, p. 455 ; J.-C. Galloux, *Prop. Intell.* 2012, n° 42, p. 101 ; P. Vigand, « La procédure de limitation des brevets en droit européen et en droit français », *Mélanges J. Schmidt-Szalewski*, LexisNexis, 2014, coll. CEIPI, t. 61, p. 363 ; E. Py, « Droit des brevets : la modification des revendications après la deliverance du brevet en droit français », *Prop. Indust.* 2013, Dossier 3.

son extension, emporte la nullité du titre[290]. Seul le juge de la nullité du brevet est compétent pour cette appréciation, l'inobservation de cette règle est sanctionnée par une fin de non-recevoir[291].

603. Dans les deux cas, l'effet est similaire, une réduction de la portée de la propriété, la limitation étant moins radicale que la renonciation partielle. Ces deux réductions de la propriété peuvent intervenir à tout moment, notamment dans le cadre d'un contentieux pour permettre aux parties de transiger. Les parties s'entendront, par exemple, sur une nouvelle rédaction d'une revendication, qui ne peut prendre que la forme d'une réduction du domaine d'appropriation, sous peine de nullité du brevet suivant les dispositions de l'article L. 613-25 C. propr. intell. Cela évite la contestation d'un brevet tout en permettant à l'éventuel contestataire d'engager son activité industrielle. Il faut que la renonciation ou la limitation trouve une contrepartie, à défaut de quoi elles pourraient être analysées comme une donation.

Suivant les dispositions de l'article L. 613-25 C. propr. intell., dans le cadre d'une action en nullité du brevet, le propriétaire du brevet peut prendre l'initiative de procéder à une limitation de sa propriété en modifiant les revendications. Le brevet ainsi limité constitue l'objet de l'action en nullité engagée. La partie qui, lors d'une même instance, procède à plusieurs limitations de son brevet, de manière dilatoire ou abusive, peut être condamnée à une amende civile d'un montant maximum de 3 000 euros.

Pour réaliser l'un ou l'autre de ces actes de disposition, le propriétaire du brevet doit adresser une requête en renonciation ou en limitation à l'office gérant le titre de propriété[292]. La renonciation ne peut être demandée que par écrit, avec l'accord de l'ensemble des copropriétaires si la propriété du brevet est indivise. Si des droits réels, des gages ou des licences ont été inscrits au registre des brevets, la renonciation n'est recevable qu'accompagnée du consentement des titulaires de ces droits.

Les effets de la renonciation ou de la limitation rétroagissent à la date du dépôt de la demande de brevet, elle doit être inscrite au registre des brevets, elle est opposable à cette date. Cette limitation sera prise en considération dans une procédure de contrefaçon en instance.

3. La nullité

604. La nullité constitue la « *sanction encourue par un acte juridique entaché d'un vice de forme ou d'une irrégularité de fond qui consiste dans l'anéantissement de l'acte* »[293]. L'efficacité du régime de nullité est directement liée à l'ouverture de l'action : plus celle-ci est étendue, plus le risque d'une annulation du titre est grand. Un bien intellectuel est indépendant des propriétés intellectuelles, son existence ne dépend pas de celles-ci. La notion de nullité ne s'y applique pas : un bien n'est pas nul, il existe ou non. La nullité est une

290. Voir Cass. com., 19 mars 2013, n° 11-27725 ; *Prop. Indust.* 2013, comm. 48, note. P. Vigant.
291. Cass. com., 30 mai 2012, n° 11-21157, *Bull. civ.* IV, n° 110.
292. P. Schmidt, « La limitation du brevet devant l'INPI », *Prop. Indust.* 2012, Étude 5.
293. *Vocabulaire juridique*, *op. cit.*, V° Nullité.

sanction juridique, l'existence d'un bien ne relève pas de ce concept, seul le titre de propriété est visé.

Les causes de nullité de l'appropriation des brevets sont nombreuses ; on les regroupe en deux catégories : d'une part, les nullités produites par l'impossibilité de répondre aux critères d'appropriation et, d'autre part, le non-respect des formalités d'appropriation. Ces conditions sont avancées à l'article L. 613-25 C. propr. intell.

a) Les causes de nullité

605. Pour l'appropriation par un brevet d'un bien intellectuel, les conditions de fond imposées sont : une activité inventive, la nouveauté et une application industrielle[294]. Si l'une de ces trois conditions manque, tout intéressé peut demander l'annulation du titre directement[295] ou par demande reconventionnelle. La seule révélation d'une possession personnelle antérieure ne porte pas atteinte à l'appropriation, seule l'exclusivité de la propriété est atteinte, un concurrent pouvant légitimement produire un bien identique sans souscrire de licence. Cette situation obère la valeur du bien et ses conditions d'exploitation, mais ne l'annihile pas.

Au moins trois conditions de forme sont sanctionnées par une nullité : le non-respect des délais de dépôt pour les semi-conducteurs[296], une demande de brevet portant sur une double invention sans réalisation d'une demande divisionnaire et une invention dont la description est insuffisante[297]. Cette dernière source de nullité est proche des conditions de fond pour l'appropriation d'une création par brevet.

À la frontière du fond et de la forme, on peut ajouter que le titre peut être annulé si, après limitation, l'étendue de la protection conférée par le brevet a été accrue. Il en va de même si son objet s'étend au-delà du contenu de la demande telle qu'elle a été déposée ou, lorsque le brevet a été délivré sur la base d'une demande divisionnaire, si son objet s'étend au-delà du contenu de la demande initiale telle qu'elle a été déposée.

b) La qualité à agir en nullité

606. La nullité du brevet ne peut être déclarée que par une décision de justice, mais l'action en nullité d'un brevet est largement ouverte. Roubier mentionne que la loi de 1844 a ouvert l'action en nullité d'un titre de propriété intellectuelle à toute personne y ayant un intérêt – formule usuelle du droit processuel[298] – afin d'éviter que les titres de propriété intellectuelle ne soient

294. Cf. art. L. 611-10, al. 1 C. propr. intell.

295. Sur la portée des décisions d'annulation, Cass. com., 5 mai 1987, *PIBD* 1987, n° 417, III-307. Seule la décision d'annulation a un effet *erga omnes*, les juges n'ont pas un pouvoir de validation du titre.

296. L'art. L. 622-1 C. Prop. Intell. impose un double délai de deux ans à compter de l'exploitation ou quinze ans à compter de la création.

297. Art. L. 613-25 C. Prop. Intell. Voir OEB, 5 avr. 2011, aff. T-1414/08, *Georgia Pacific*, *Prop. Indust.* 2012, comm. 21, P. Vigand, sur la différence entre insuffisance de description et clarté des revendications.

298. Cf. art. 31 C. Prop. Intell.

attaqués par tout un chacun au seul motif de l'intérêt général de l'industrie et du commerce[299]. La jurisprudence accueille très largement les actions[300] ; l'absence d'intérêt à agir n'est que rarement constatée[301]. Le plus souvent, la nullité est invoquée lors d'une procédure en contrefaçon comme un moyen de défense – le juge de la contrefaçon ayant compétence pour trancher la validité du titre de propriété[302], mais ce moyen peut aussi être soulevé par le cessionnaire ou le concessionnaire, un syndicat professionnel, ou encore un organisme de protection des consommateurs[303]. L'article L. 613-26 C. propr. intell. accorde au ministère public la possibilité d'agir d'office en nullité d'un brevet.

607. L'identification des tiers ayant la capacité d'agir en nullité d'un titre de propriété intellectuelle impose de préciser la nature de la nullité sanctionnée. Si celle-ci est absolue, alors tout tiers peut engager une action, suivant la description de Roubier[304]. En revanche, si la nullité est relative, seules les personnes protégées par la loi disposent d'un pouvoir d'action[305]. On peut, pour déterminer si la nullité est absolue ou relative, reprendre une dichotomie suggérée par M. Pollaud-Dulian entre vices intrinsèques et vices extrinsèques[306]. Les vices intrinsèques sont ceux qui rendent la création inapte à une appropriation par le titre revendiqué. Il s'agit des conditions de fond de l'appropriation qui n'exigent l'opposition d'aucun autre titre justifiant son intérêt à agir, telle la violation de l'ordre public et des bonnes mœurs. L'ordre public en cause, la nullité est absolue, tout intéressé peut engager une telle action ; on en déduit qu'un concurrent comme un créancier peut agir de la sorte.

Les vices intrinsèques sont plus nombreux que les vices extrinsèques, en pratique ces actions sont essentiellement engagées par des personnes ayant un droit antérieur sur un bien similaire. Le risque de voir l'appropriation d'un bien annulée en raison de l'action d'un tiers est non négligeable en cas de procédure de contrefaçon. L'admission d'une telle action connaît des limites. La Cour de cassation n'hésite pas à faire application de l'adage *nemo auditur* : cessionnaire d'un brevet et assignée par le cédant en paiement des annuités, une société, par

299. Roubier, *Traité*, *op. cit.*, t. 2, n° 200.

300. Voir J. Azéma et J.-C. Galloux, *op. cit.*, n° 491.

301. Voir toutefois, CA Paris, 6 mars 2013, *Barilla c/Alain et Claude* S., où la CA, interprétant l'art. 31 CPC, précise que cet intérêt s'apprécie à la date d'introduction de l'instance. Un concurrent peut agir à titre principal en annulation de brevet pour autant qu'il démontre l'existence d'un intérêt suffisant visant à libérer une exploitation prochaine de la technique brevetée ou d'une technique ressemblante. Dans cette affaire, *Barilla* n'établit ni même n'allègue l'existence d'actes préparatoires ou de projets sérieux de mise en œuvre d'une technique proche de celle des brevets contestés, que les propriétaires du brevet contesté n'ont jamais invoqué une identité réelle ou supposée de leur solution technique avec celle exploitée par *Barilla* ; le demandeur ne justifie donc pas d'un intérêt direct et personnel à agir à titre principal en nullité des brevets.

302. Situation différente en Allemagne où réside une stricte séparation entre l'action en nullité et l'action en contrefaçon, cf. D. Stauder, « Le contentieux de la propriété industrielle en Allemagne », *Le contentieux de la propriété industrielle*, Litec, 1999, coll. CEIPI n° 44, p. 33.

303. Cf. F. Pollaud-Dulian, *Propriété industrielle, op. cit.*, n° 530 ; Pouillet, *Brevet*, *op. cit.*, n° 284 et 553, et note 2 p. 356.

304. Roubier, *Traité*, *op. cit.*, t. 2, n° 200.

305. En ce sens, Cass. com., 14 févr. 2012, n° 11-14288, *Bull. civ.* IV, n° 36 ; *Prop. Indust.* 2012, comm. 70, note J. Raynard.

306. F. Pollaud-Dulian, *Propriété industrielle*, *op. cit.*, n° 1541 et s.

demande reconventionnelle, invoquait la nullité du titre d'appropriation en indiquant aux magistrats qu'il avait été obtenu frauduleusement. Cette argumentation fut écartée, les juges précisèrent que « *le contrat avait été exécuté pendant des années, que la société M.* (cessionnaire) *avait elle-même participé à l'opération dans laquelle M. A.* (le cédant) *n'avait été qu'un prête-nom, qu'elle en avait bénéficié largement et qu'elle était donc malvenue d'invoquer la nullité de la cession* »[307].

608. Une autre limite à cette action pourrait résider dans l'efficacité d'une clause de non-contestation. La clause de non-contestation engage le licencié à ne pas contester les droits de propriété intellectuelle du donneur de licence, quel que soit le régime d'appropriation du bien intellectuel en cause[308]. Elle est notamment utilisée dans les conventions emportant transfert de créations appropriées par brevet, certificat d'obtention végétale. En droit des obligations, cette clause, assimilable à une clause de non-garantie, est admise sous couvert du principe de liberté contractuelle[309]. Cependant, elle constitue une clause suspecte au regard du droit de la concurrence car elle facilite la prolongation injustifiée d'une appropriation et de ce fait restreint la concurrence et impose le paiement de redevances. Le règlement n° 316/2014[310], en son article 5, exclut des accords de transfert de technologie toute obligation directe ou indirecte imposée au preneur de ne pas mettre en cause la validité des droits de propriété intellectuelle. Cette disposition traduit une position en retrait de la Commission et écarte des conventions les clauses ayant ces effets. Néanmoins, il semble qu'il ne soit pas exclu que le donneur de licence tire les conséquences d'une telle action, en résiliant la convention. Cette action constitue une violation des garanties d'utilisation paisible du bien dues par le propriétaire du bien. Sa responsabilité peut être engagée mais cela n'a pas pour effet d'écarter l'action. La chambre des requêtes avait tranché cette question de la façon suivante : le cédant « *ne peut aujourd'hui sans manquer de bonne foi, contester dans ses éléments essentiels un brevet qu'il a fait vendre et neutraliser dans les mains des acquéreurs une jouissance qu'ils ont acquise à un prix élevé* »[311].

c) Les effets de la nullité

609. Les effets de la nullité doivent être envisagés à l'égard du titre de propriété et à l'égard des tiers.

---

307. Cass. com., 6 nov. 1990, *Bull. civ.* IV, n° 259 p. 181, *RJDA* 2/91, n° 176 p. 157, *RTD civ.* 1991.734, obs. J. Mestre.

308. En ce sens, R. Kovar, « Brevets, savoir-faire et interdiction des ententes », *Juris-Cl. Commercial – Brevet*, fasc. 4830, n° 74. *Idem*, Burst, thèse, *op. cit.*, n° 300 ; Mousseron, *Traité, op. cit.*, n° 1020 et note 52 p. 988 ; Roubier, *Traité, op. cit.*, t. 2, n° 188 p. 276 et s., spéc. p. 281. *Contra*, Casalonga, *Traité, op. cit.*, t. 1 n° 785 ; J. Foyer et M. Vivant, *op. cit.*, p. 248 et 437.

309. En ce sens : Cass. com., 7 déc. 1964, *Bull. civ.* IV, n° 537 p. 478, *D.* 1966, j. 182, note Plaisant, *Ann.* 1965.174 ; Cass. com., 23 avr. 1974, *D.* 1975, j. 537, note J.-P. Sortais ; Cass. com., 11 mars 1986, *Bull. civ.* IV n° 43 p. 37, *Ann.* 1986.266.

310. Règlement n° 316/2014 de la Commission, du 21 mars 2014, relatif l'application de l'art. 101, § 3, TFUE à des catégories d'accords de transfert de technologie, *JOUE*, 28 mars 2014, L. 93/17.

311. Req. 9 nov. 1869, *Ann.* 1870, art. 1720, p. 47.

Pour le titre de propriété, l'article L. 613-25 d) C. propr. intell. retient une solution mesurée. Si les motifs de nullité n'affectent le brevet qu'en partie, la nullité est prononcée sous la forme d'une limitation correspondante des revendications[312]. L'annulation d'une revendication principale pour défaut d'activité inventive n'entraîne pas automatiquement celle des revendications qui en dépendent[313]. Il est possible de conserver le titre pour la partie non sanctionnée. La solution est similaire à celle retenue pour la renonciation et la limitation. Lorsque la décision annule partiellement une revendication, elle renvoie le propriétaire du brevet devant l'office afin qu'il présente une rédaction de la revendication modifiée selon le dispositif du jugement. Le directeur de l'office a le pouvoir de rejeter la revendication modifiée pour défaut de conformité au jugement, sous réserve d'un recours.

Si le brevet a été complété par un certificat complémentaire de protection, la nullité du brevet emporte nullité du certificat (art. L. 613-28 C. propr. intell.). Dans le cas où le brevet serait nul pour une fraction seulement de celles de ses parties correspondant à l'autorisation de mise sur le marché, le certificat est nul pour sa seule partie correspondant à cette fraction.

À l'égard des tiers, l'article L. 613-27 C. propr. intell. avance que la décision d'annulation d'un brevet a un effet absolu sous réserve de la tierce opposition. Les décisions passées en force de chose jugée sont notifiées aux offices aux fins d'inscription au registre des brevets de l'État dans lequel la nullité a été prononcée. L'effet territorial est strictement limité ; la nullité prononcée en France n'a aucun effet sur le titre délivré pour le même bien dans d'autres pays.

L'annulation du titre de propriété emporte annulation rétroactive de toutes les conventions ayant eu pour objet ce brevet. La Cour de cassation, à l'occasion d'un arrêt solennel en Assemblée plénière, retient, à l'image de ce que propose le droit de l'UE pour la marque ou le modèle de l'UE[314], que « *l'anéantissement rétroactif et absolu du brevet dans la mesure de l'annulation des revendications prononcée par une décision postérieure n'était pas de nature à fonder la restitution des sommes payées en exécution de sa condamnation du chef de contrefaçon* »[315].

312. Cass. com., 15 nov. 1994, *PIBD* 1995, III-51 ; CA Paris, 30 nov. 2011, *Prop. Indust.* 2012, comm. 20, obs. P. Vigand.

313. Cass. com., 9 juill. 2013, n° 12-18135 ; Cass. com., 20 mai 2014, n° 13-10061.

314. Voir *supra* n° 386 et *infra* n° 872.

315. Ass. plén., 17 févr. 2012, *D.* 2012, p. 715. *Prop. Indust.* 2012, comm. 29, obs. E. Py. C. Le Stanc, « Retour vers le futur ? », *Prop. Indust.* 2012, Repère 4 ; *CCE* 2012, comm. 72, obs. C. Caron ; *JCP* G 2012, 277, concl. Le Mesle ; *JCP* G 2012, 444, note J. Raynard ; *JCP* E 2012, 1299, note S. Agé et M. Mendes Moreira ; *RJDA* 5/12, p. 415, note G. Megret ; *D.* 2012, p. 751, note T. Lancrenon. Cf. Foyer, « Effets des jugements et autorité de la chose jugée en matière de propriété industrielle », *Mélanges Mathély*, Litec, 1990, p. 160.

§ 3. Certificat d'utilité et certificat d'addition

610. Outre le brevet, l'article L. 611-2 C. propr. intell. prévoit la délivrance d'un certificat d'utilité et l'article L. 611-5 C. propr. intell. continue d'encadrer les certificats d'addition, supprimés en 1990 mais dont certains sont encore en vigueur.

A Le certificat d'utilité

611. Le certificat d'utilité a été développé en 1968 afin de répondre aux besoins d'appropriation de biens intellectuels devenant rapidement obsolètes. Il est inspiré de la pratique allemande qui accorde une place certaine à ce type de titre, on pourrait y voir aussi une résurgence en France du brevet SGDG[316].

Le législateur souhaitait développer un titre de propriété moins coûteux, notamment en réduisant les frais de recherche, en ne soumettant pas la délivrance du certificat à la procédure d'établissement d'un rapport de recherche. Toutefois, en cas d'action en contrefaçon fondée sur le certificat, il est nécessaire de produire un rapport de recherche, le rapport sera établi sur requête du titulaire du certificat.

Le titre délivré, soumis aux mêmes conditions de fond et de forme que le brevet, n'a qu'une durée de six ans à compter de la date de dépôt. Il ne s'agit pas d'une procédure secondaire, tout tiers peut adresser des observations à l'office sur la brevetabilité de l'invention. Reste que la détention d'un certificat d'utilité ne permet pas de communiquer auprès des tiers comme s'il s'agissait d'un brevet, une telle communication serait constitutive d'un acte de concurrence déloyale[317].

B Le certificat d'addition

612. Le certificat d'addition a été supprimé par la loi du 26 novembre 1990. Suivant l'article L. 611-5 C. propr. intell., les titres encore valables demeurent soumis aux règles applicables à la date de leur demande. L'exercice des droits en résultant est régi par les dispositions applicables aux brevets. Le certificat d'addition permettait l'appropriation d'inventions rattachées à au moins une revendication du brevet principal. Il s'agit d'un titre accessoire complétant le brevet initial. L'inventeur d'un perfectionnement pouvait opter soit pour un brevet, soit pour un certificat, ce dernier connaissant un régime juridique plus souple, même si les conditions de fond étaient les mêmes que pour les brevets. Seul le titulaire du brevet principal pouvait demander un certificat d'addition qui, attaché au titre principal, le suivait comme un accessoire.

La durée de validité du titre expire avec le titre principal. Il n'y a plus que quelques mois avant la disparition définitive des derniers certificats d'addition en France.

316. « Sans garantie du gouvernement ».
317. Cass. com., 24 oct. 2000, *PIBD* 2001, III-99.

Chapitre 5
Le savoir-faire

613. Le savoir-faire se trouve au cœur des activités économiques et industrielles[1], dont le secteur de l'industrie de luxe[2], celui de la chaudronnerie[3] ou des biotechnologies. La société *Google* a fondé sa domination sur des algorithmes secrets – très certainement brevetables au regard des pratiques de l'*USPTO* – analysant le contenu des informations proposées en ligne et les triant par pertinence en fonction des requêtes des utilisateurs. Le savoir-faire est omniprésent dans l'activité économique mais se trouve en marge du droit des biens. Il est contesté que le savoir-faire puisse être un bien, et plus particulièrement un bien intellectuel.

614. Le savoir-faire technique[4] est l'objet de plusieurs définitions, notamment celle proposée par Mousseron pour qui le savoir-faire est « *un ensemble de connaissances techniques, non immédiatement accessibles*[5] *au public* »[6] et celle du règlement n° 316/2014[7] qui, dans une solution classique du droit de l'UE, l'analyse comme « *un ensemble d'informations pratiques non brevetées, résultant de l'expérience et testées, qui est secret, substantiel et identifié de toute manière appropriée* ». Ces deux définitions comptent des éléments communs : le caractère

1. G. Bonet, « Approche et définitions du savoir-faire en France et en Europe : Règlement communautaire et doctrine », *RIPIA* 1998.335 ; « Secret et contrat – de la fin de l'un à la fin de l'autre – », *Mélanges Foyer*, PUF, 1997, p. 257. Voir la stratégie japonaise avancée par M. Lévy et J.-P. Jouyet, *L'économie de l'immatériel – La croissance de demain*, rapport de la commission sur l'économie de l'immatériel, nov. 2006, p. 65.

2. C. Goldfinger, *L'utile et le futile, L'économie de l'immatériel*, O. Jacob, 1994, p. 206, confirme la valeur de l'information dans toutes ses formes ; plus bucolique, Pouillet, *Brevet, op. cit.*, n° 1034 *ter*, relatant les effets de la loi du 1er juill. 1901 n'ayant pas prévu le transfert du procédé de fabrication de la liqueur des Frères Chartreux.

3. Pour l'industrie de l'aéronautique, notamment pour le façonnage des éléments de fuselage et des fans des moteurs.

4. Pour une approche analytique du savoir-faire, Mousseron, *Encycl. Dalloz, Rép. Comm.*, V° Savoir-faire ; G. Bonet, « Approche et définition du savoir-faire en France et en Europe : Règlement communautaire et doctrine », *RIPIA* n° 193, 1998.335. Sur la distinction entre savoir-faire et secret de fabrique, voir l'analyse de F. Dessemontet, *Le savoir-faire industriel, Définition et protection du « know-how » en droit américain*, coll. Institut de Droit Comparé de Lausanne, Droz, Genève, 1974, p. 23 et s. ; R. Fabre, *Le Know-How, sa réservation en droit commun*, Litec, 1976, coll. CEIPI ; J. Foyer et M. Vivant, *Le droit des brevets*, PUF, 1991, p. 401 ; F. Magnin, *Know-How et Propriété Industrielle*, Litec, 1974, coll. CEIPI, n° 34 et s.

5. « Non immédiatement accessible » définit le caractère, l'intensité, du secret exigé pour prétendre bénéficier du régime décrit.

6. Mousseron, « Aspects juridiques du know-how », *Le know-how, Cahiers de droit de l'entreprise*, 1/1972, p. 2 et s. ; J. Azéma, Rapport, *5e rencontre de la propriété industrielle*, Montpellier 1975, Litec, 1976, p. 13.

7. Règl. 316/2014, *op. cit.*, art. 1 i). Cette définition est reprise à l'identique par le règlement 330/2010.

secret du savoir-faire et le caractère pratique ou technique des informations[8]. La précision apportée par la définition européenne à celle proposée par Mousseron tient dans l'obligation d'identification du savoir-faire. Le caractère « identifié » imposé par le règlement signifie que, dans le cadre d'un transfert de savoir-faire, celui-ci doit être décrit et exprimé sur un support matériel afin que puissent être vérifiées ses autres qualités[9], à savoir ses caractères substantiels – « *c'est-à-dire important*[s] *et utile*[s] *pour la production des produits contractuels* » – et secrets[10]. La définition européenne, issue d'un règlement, a force obligatoire en droit interne, elle est l'unique référence légale en France.

Après deux études, publiées en janvier 2012 et en mai 2013, la Commission européenne a diffusé en novembre 2013[11] une proposition de directive harmonisant la protection du savoir-faire et des informations commerciales non divulguées (secrets d'affaires) contre l'obtention, l'utilisation et la divulgation illicite. L'adoption de cette directive pourrait apporter, à terme, un cadre légal renouvelé au savoir-faire et le sortir de ses incertitudes classiques.

La confrontation de la définition européenne du savoir-faire à celle des biens intellectuels conduit à affirmer que le savoir-faire est un bien intellectuel.

Section 1
Le savoir-faire : un bien intellectuel

615. Pour démontrer que le savoir-faire est un bien intellectuel, il est nécessaire de montrer qu'il constitue un bien – chose susceptible d'appropriation – qui répond à la définition du bien intellectuel.

§ 1. Le savoir-faire est un bien

616. La qualification du savoir-faire est au cœur d'un long débat doctrinal dont les enjeux portent sur la notion de bien, le domaine de la propriété et la nature des contrats que l'on peut conclure lorsque l'objet est un savoir-faire. Sans pouvoir reprendre l'ensemble de ces débats, après avoir donné un aperçu de l'enjeu de la qualification, on proposera une qualification.

A L'enjeu de la qualification

617. L'enjeu de la qualification du savoir-faire porte sur la qualification du contrat conclu sur celui-ci et les conséquences qui en découlent. Si on retient le cas particulier de l'apport en société, Guyon expose le débat en ces termes :

8. Au-delà du savoir-faire, le secret est un outil important de la propriété intellectuelle : J.-C. Galloux, « Concours, cumul et coexistence du secret et des droits de propriété intellectuelle », *Mélanges J. Schmidt-Szalewski*, LexisNexis, 2014, coll. CEIPI, t. 61, p. 129.

9. Le caractère identifié signifie : « *décrit de façon suffisamment complète pour permettre de vérifier qu'il remplit les conditions de secret et de subtantiabilité* ».

10. Le rôle essentiel du secret, voir *infra* n° 626.

11. COM(2013) 813 final.

« En cas d'apport d'un savoir-faire, on peut se demander si l'apport a pour objet un bien (et ce serait donc un apport en nature) ou au contraire un service (et ce serait alors un apport en industrie) »[12]. Chacune des branches de cette alternative trouve des partisans, et suivant la solution retenue, l'intégration du bien dans la société ne s'effectue pas dans les mêmes conditions. M. Pollaud-Dulian indique que *« quant à l'apport d'un savoir-faire, il ne s'agit pas d'un apport en nature mais d'un apport en industrie, car le savoir-faire n'est pas juridiquement un bien* »[13]. Cette opinion résume parfaitement l'esprit des auteurs qui réfutent la possibilité de réaliser une cession ou une concession du savoir-faire. L'apport de celui-ci n'est pas exclu, mais il se limite à un apport en industrie[14]. Goré[15] retient, comme Mousseron[16], que le contrat relatif au savoir-faire ne peut pas être un contrat de cession ou un contrat de concession[17]. Son objet essentiel serait de donner naissance à une obligation de communication[18], dans le cadre d'un contrat d'entreprise, un contrat de louage d'ouvrage proche du contrat d'enseignement. Le savoir-faire ne serait pas un bien. Les contrats ayant pour objet le savoir-faire seraient des contrats de prestation de service et non des contrats de cession ou de concession[19].

Ces analyses sont fondées sur une conception du savoir-faire qui ne répond pas à sa définition légale : le savoir-faire n'est pas un tour de main ne se transmettant que par voie orale dans le cadre d'une relation proche du compagnonnage. Il faut entendre le savoir-faire au sens du règlement 316/2014.

B La qualification retenue

618. Le savoir-faire est un ensemble d'informations pratiques, substantielles, secrètes, et identifiées de toute manière appropriée. Il constitue un bien si l'élément le plus général et caractéristique de sa définition – la notion d'information – peut lui-même être un bien : si une information est un bien, alors une information secrète, substantielle et identifiée – le savoir-faire – l'est aussi. L'information a reçu une consécration mercantile grâce à l'économie et au commerce[20]. Quelle qu'elle soit, elle est le centre de transactions quotidiennes et elle représente un enjeu financier majeur. Cette omniprésence a fondé son intérêt patrimonial. Catala[21]

12. Y. Guyon, *Droit des affaires*, t. 1, 11e éd., Economica, 2001, n° 108, p. 106.
13. F. Pollaud-Dulian, *Propriété industrielle*, *op. cit.*, n° 737. Dans le même sens, Goré, « La notion de capital social », *Mélanges Rodière*, Dalloz, 1981, p. 85, spéc. n° 12, p. 88.
14. Sur les conséquences de cette qualification, N. Binctin, *Le capital intellectuel*, Litec, 2007, n° 17.
15. Goré, « La notion de capital social », *op. cit.*, voir n° 12.
16. Mousseron, « Licence de savoir-faire », *Cah. dr. de l'entrep.*, 1989, n° 1, p. 27 ; et « Secret et Contrat », *op. cit.*, n° 12 et notes 19 et 20.
17. *Contra*, voir notamment P. Durand, Le « know-how », *JCP* G 1967, I 2078, n° 12 et s.
18. En ce sens, J. Azéma et J.-C. Galloux, *op. cit.*, n° 957 et s.
19. Voir J. Raynard, « Retour sur le savoir-faire non breveté », *Droits de propriété intellectuelle – Liber amicorum G. Bonet*, Litec, 2010, coll. IRPI, t. 36, p. 447.
20. La société Bloomberg, spécialisée dans l'information financière, comme la société Reuter, en sont une preuve éclatante. En ce sens, L. Idot, « Information et droit de la concurrence », *RLDA*, mai 2003, chron. 3758, p. 5 ; M. Franceschi, *Droit et marchandisation de la connaissance sur les gènes humains*, CNRS Éditions, 2004, p. 103 et s. et p. 111 et s. au sujet de l'information génétique.
21. Catala, « Ébauche d'une théorie juridique de l'information », *op. cit.* ; du même auteur, « La propriété de l'information », *op. cit.* ; et son exposé de synthèse *in L'évolution contemporaine du droit des*

a démontré que l'information – « *formulation d'un message communicable* »[22] – est un bien. Elle est créée, c'est un produit de l'activité humaine[23] plus élaboré que la simple idée[24]. L'information est, en sa qualité de bien, susceptible de possession. Elle appartient à son auteur, même si ladite information n'a pas atteint les conditions d'une appropriation couronnée par un titre de propriété intellectuelle. L'appropriation de l'information se réalise par son usage. Son possesseur, titulaire d'un pouvoir de fait sur elle, peut accéder aux mécanismes généraux de protection des biens. Dans son étude des conséquences de l'appropriation de l'information, Catala écrit que « *demain peut-être, montant d'un degré dans la généralité des créations immatérielles, on cherchera à établir un monopole d'exploitation sur le savoir-faire* »[25]. Un tel pas n'est pas encore franchi. Néanmoins, l'analogie entre information et savoir-faire est flagrante. Proposée par plusieurs auteurs[26], l'assimilation s'impose. La notion d'information est le cœur de la définition du savoir-faire : si l'information est un bien susceptible d'appropriation et de transfert entre personnes, le savoir-faire, ensemble d'informations, est nécessairement un bien[27]. Le savoir-faire – au-delà des savoirs[28] de l'homme de l'art[29] ou du tour de main[30], inséparables de la personne qui les possède – est l'objet d'un droit privatif. Il présente sans aucun doute les deux conditions nécessaires, dégagées par Catala, pour son appropriation[31] : la production d'un message original[32] dans son mode d'expression, puisé à des sources licites.

biens, IIIe Journée R. Savatier, PUF, 1991, p. 181 et s. ; F. Zenati-Castaing et T. Revet, *Les Biens*, 3e éd., PUF, 2008, n° 8b. *Contra*, F. Pollaud-Dulian, *Le droit d'auteur*, *op. cit.*, n° 45.

22. Définition proposée par Catala en introduction de la réédition de l'art. « Ébauche d'une théorie juridique de l'information », *Le droit à l'épreuve du numérique*, PUF, 1998, coll. Droit éthique société, p. 225.

23. En ce sens, Th. Revet, thèse, *op. cit.*, n° 460.

24. Sur la distinction entre information et idée, voir E. Daragon, « Étude sur le statut juridique de l'information », *D.* 1998, chron. p. 63, n° 8.

25. Catala, « La "propriété" de l'information », *op. cit.*, n° 26.

26. Voir notamment Catala, *op. cit.* ; F. Dessemontet, *op. cit.*, n° 23 ; Ph. Devésa, « De la nature juridique de la licence de savoir-faire », *Mélanges Burst,* Litec, 1997, p. 137, n° 2 ; M. Malaurie-Vignal, « La protection des informations privilégiées et du savoir-faire », *D.* 1997, chron. p. 207 ; A. Pélissier, thèse, *op. cit.*, n° 295.

27. Les auteurs qui écartent la qualification de bien pour l'information feraient de même avec cette analyse : voir R. Gassin, « Le droit pénal de l'information », *D.* 1986, chron. p. 35 ; M. Vivant, « À propos des biens informationnels », *JCP* CI 1985, I 3132 ; ou encore J.-C. Galloux, « Ébauche d'une étude juridique de l'information », *D.* 1994, chron. p. 229.

28. Pour une approche littéraire de la distinction, la réflexion de Figaro : « *Je commençais à comprendre que, pour gagner du bien, le savoir-faire vaut mieux que le savoir* », *Le Mariage de Figaro*, Beaumarchais, Acte V, scène III (n° 75).

29. F. Pollaud-Dulian, *Propriété industrielle*, *op. cit.*, n° 849, ne voient dans le savoir-faire qu'une connaissance, ou une pré-information.

30. Sur la distinction entre savoir-faire et tour de main, voir Req., 24 avr. 1863, *Ann.* 1863.356 obs. Collomb, voir aussi, Casalonga, *Traité*, *op. cit.*, t. 2, n° 1272 et s. Sur l'exclusion du tour de main du domaine de qualification du savoir-faire, Cass. com., 3 mai 2012, n° 11-14291.

31. Le droit américain semble retenir la même approche, voir Dessemontet, *op. cit.*, p. 270 et s. Il est nécessaire alors de distinguer les notions de « *property* » (propriété), de « *right* » (droit) et de « *claim* » (revendication).

32. Inutile de rechercher si le savoir-faire est nouveau ou original quand bien même le savoir-faire est purement technique : Cass. com., 13 juill. 1967, *JCP* G 1967, II 15131, note Durand ; *Ann.* 1967.225, note Mathély.

619. Le savoir-faire est un bien incorporel[33]. Il est nécessaire de déterminer si ce bien est un bien intellectuel.

§ 2. Le savoir-faire est un bien intellectuel

620. Le savoir-faire étant un bien incorporel, il faut déterminer s'il s'apparente aux biens intellectuels[34], sous-ensemble des meubles incorporels.

Une remarque liminaire s'impose : le savoir-faire peut soit répondre aux critères imposés pour accéder aux régimes institués par le Code de la propriété intellectuelle – notamment le droit des brevets –, soit ne pas réunir ces caractéristiques. Dans le premier cas, le bien n'est pas approprié en application des dispositions du Code de la propriété intellectuelle par choix du créateur, ce dernier privilégiant la protection offerte par le secret ; il constitue indéniablement un bien intellectuel. Seul le second cas appelle une analyse complémentaire.

621. Le savoir-faire est une chose incorporelle ; il répond nécessairement au premier caractère de la définition des biens intellectuels. Le deuxième élément de celle-ci décrit l'origine du bien intellectuel : il est issu de l'imagination humaine dans l'exercice d'une activité inventive. Le savoir-faire est de composition hétérogène : modèles, outillages, calculs, plans, cahiers de laboratoire[35], formule d'un mélange, procédé de fabrication[36]... Cette hétérogénéité ne modifie aucunement les caractéristiques le définissant, soit un ensemble d'informations techniques secrètes, substantielles et identifiées de manière appropriée. La conjugaison de la substance, de son identification et de son secret oblige celui qui développe le savoir-faire à une véritable activité intellectuelle, consciente et structurée, il répond à cette deuxième condition.

Bien incorporel, le savoir-faire est susceptible d'appropriation, mais l'appropriation est conditionnée à la conservation du secret[37]. Sous réserve de cette dernière condition, le savoir-faire répond à ce troisième critère de la définition. Le droit canadien retient que le savoir-faire, qu'il s'agisse de méthodes de fabrication de produits ou de méthodes de gestion et de renseignements servant

33. Dans le même sens, G. Bonet, « Approche et définition du savoir-faire en France et en Europe », *op. cit* ; Casalonga, « La protection du secret de fabrique dans le contexte de l'espionnage industriel », *Mélanges Bastian*, Litec, 1974, t. 2, p. 199 et s., spéc. 206 ; Mathély, *Le nouveau droit français des brevets d'invention*, JNA, 1991, p. 851 ; la Commission pour la protection internationale de la propriété industrielle de la CCI retient que le « know-how secret » est un bien présentant une valeur économique, Doc. 450/206, 18 nov. 1961.

34. Cf. *supra* n° 12.

35. Voir, A. Robin, « Le cahier de laboratoire, instrument de preuve privilégié des contrats de recherche », *Prop. Indust.* 2011, Étude 16.

36. Par exemple, Cass. com., 13 juill. 1966, *JCP* G 1967.II.1513, note P. Durand ; *Grands Arrêts de la jurisprudence en Droit des affaires*, Dalloz, 1991, n° 20, p. 189, obs. J. Raynard.

37. Voir *infra* n° 626.

d'appui technique dans une entreprise, bien qu'il ne bénéficie pas de la protection qu'engendre un brevet, est protégé par le droit grâce au secret[38].

Enfin, l'appropriation doit être indépendante de tout support. C'est le cas du savoir-faire même si sa transmission implique qu'il soit « identifiable ». Ce terme s'entend comme le besoin d'une description sur un support en vue de vérifier les caractères secret et substantiel du savoir-faire ; ce n'est qu'un instrument de preuve, il n'influence en rien l'existence du savoir-faire. Le savoir-faire est approprié indépendamment de tout support[39].

Le savoir-faire répond à l'ensemble des éléments de la définition, c'est un bien intellectuel.

À l'image des autres biens intellectuels et par extension des principes dégagés des propriétés intellectuelles, les droits sur le savoir-faire – des « *quasi-droits de propriété intellectuelle* »[40] – sont dévolus à son créateur.

Section 2
L'appropriation du savoir-faire

622. Le savoir-faire étant un bien intellectuel, il fait l'objet de prérogatives patrimoniales sous certaines conditions.

§ 1. L'appropriabilité du savoir-faire

623. Le créateur du savoir-faire bénéficie d'un régime de protection *a minima* constituant le régime primaire du droit des biens[41]. Une analyse exégétique par induction est à la source de cette notion de régime primaire du droit des biens. Le droit civil distingue différents régimes spécifiques d'appropriation des biens, meubles ou immeubles. Ne peut-on en déduire que s'il existe plusieurs régimes spécifiques, c'est que ceux-ci dérogent à un régime général correspondant à ce régime primaire ? En d'autres termes, les régimes spécifiques développés dans le Code ne seraient qu'une application particulière d'un principe général non affirmé par la loi. Ce dernier, reconnaissant un quasi-droit réel

38. S. Normand, « Les nouveaux biens – Rapport canadien », Travaux de l'association Capitant, *op. cit.*, p. 235.
39. En ce sens, Ph. Devésa, « De la nature juridique de la licence de savoir-faire », *Mélanges Burst*, Litec, 1997, p. 137 ; envisager une analogie avec l'art. L. 111-3 C. Prop. Intell.
40. G. Bonet, « Approche et définition du savoir-faire en France et en Europe », *op. cit.*, p. 336.
41. P. Catala, « La "propriété" de l'information », *passim.*, n° 27 ; A. Pélissier, thèse, *op. cit.*, parle de « techniques de réservation », n° 557 et s. ; C. Caron, « Du droit des biens », art., *op. cit.* ; Savatier, « Les muses », *op. cit.*, n° 96. Rapp., Cass. com., 18 juin 2002, *PIBD* 2003, n° 755, III-24, *Prop. Intell.* n° 7, avr. 2003, n° 3 p. 221, note J. Passa.

sur un bien[42], constitue ce que Carbonnier[43] désigne comme « *le pouvoir juridique qu'a une personne de retirer directement tout ou partie des utilités économiques d'une chose* ». L'appropriation ou l'usage indu de ce bien par un tiers ouvre à son titulaire, en application de ce régime primaire, la possibilité d'une action en réparation[44]. La Cour de cassation semble même conditionner l'action en parasitisme à l'atteinte à un savoir-faire[45]. Cette action trouve écho en droit pénal. À plusieurs reprises, la Cour de cassation a retenu que les dispositions de l'article 314-1 du Code pénal s'appliquent à un bien quelconque et non pas seulement à un bien corporel, n'hésitant pas à parler de propriété d'une œuvre de l'esprit dont il n'est pas précisé qu'elle fasse l'objet d'une protection par le droit de la propriété intellectuelle[46], détachant ainsi l'existence d'un bien de l'identification de son régime spécial d'appropriation. La Cour constate l'existence d'un bien et son appropriation usurpée pour condamner. M. Revet lie ce régime à l'appropriation de la force de travail. Suivant son analyse, si le produit d'une chose est la propriété du titulaire de cette chose, alors, *mutatis mutandis*, tout produit de la force de travail fait l'objet – à défaut de règles particulières – de prérogatives identiques ou dérivées de celles gouvernant la force de travail elle-même. Ces produits auraient donc pour titulaire leur « maître » lors de la production et feraient l'objet d'une maîtrise privative à mi-chemin entre le droit commun de la responsabilité et les droits privatifs conférés par des lois particulières. La force de travail appartient à celui qui la développe ; le savoir-faire est le fruit de la force de travail, elle appartient à son émetteur[47]. M. Libchaber évoque « *l'appropriation subie par le système juridique, qui permet à son titulaire de s'octroyer toutes les utilités juridiques* »[48]. Cet auteur reprend ensuite la logique de l'appropriation de la force de travail suivant laquelle « *l'idée d'appropriation tient dans le fait que l'idée est un prolongement de celui qui l'a eue, et qu'indépendamment des formes juridiques de sa réservation, il importe de reconnaître les droits de celui dont elle est issue* »[49].

42. À rapprocher de l'art. L. 613-7 C. Prop. Intell. Cf. G. Bonet, « Approche et définition du savoir-faire en France et en Europe », *op. cit.*, p. 336, qui parle de « quasi-droit de propriété intellectuelle » au sujet du savoir-faire ; Accord ADPIC, art. 39 relatif à la protection des renseignements non divulgués.

43. Carbonnier, *Droit civil – Les biens*, 19e éd., PUF, 2000, n° 38, p. 68 ; Colin et Capitant, *Cours élémentaire de droit civil français*, t. 1, 11e éd., Dalloz, 1947, par Julliot de la Morandière, n° 123. Appliqué au cas particulier du savoir-faire : G. Bonet, « Approche et définition du savoir-faire en France et en Europe », *op. cit.*, p. 342. Plus réservé, J. Passa, « La propriété de l'information : un malentendu ? », *Dr. et patr.* n° 91, mars 2001, p. 64.

44. On envisage une action civile en concurrence déloyale ou en concurrence parasitaire, par exemple, Cass. com., 10 sept. 2013, n° 12-20933, *CCC* 2013, comm. 263, note M. Malaurie-Vignal, une action pénale pour violation d'un secret de fabrique, art. L. 621-1 C. Prop. Intell. Voir J. Passa, *Contrefaçon et concurrence déloyale*, thèse, Litec, 1997, coll. IRPI n° 15, n° 401 et s.

45. Cass. com., 24 sept. 2013, n° 12-22413, *CCC* 2013, comm. 264, note M. Malaurie Vignal.

46. En droit pénal, Cass. crim., 22 sept. 2004 et 20 oct. 2004, *D.* 2005, j. 411, « Abus de confiance et biens immatériels : extension du domaine des possibles », note B. de Lamy ; *RTD civ.* 2005.164, n° 1, obs. Th. Revet.

47. Sur le conflit entre l'appropriation de l'information et le principe de « droit du public à l'information », Cass. civ. 1re, 6 févr. 1996, *D. aff.* 1996.425 ; C. Caron, « La Convention européenne des droits de l'Homme et la communication des œuvres au public : une menace pour le droit d'auteur ? », *CCE* 1999, chron. 1.

48. R. Libchaber, *Encycl. Dalloz.*, V° Biens, n° 12.

49. R. Libchaber, *op. cit.*, V° Biens, n° 18.

624. L'emploi du terme « propriété » du savoir-faire peut être source de discussion face à une situation où le rapport factuel prime, la possession. Une même difficulté peut surgir à propos de l'expression « régime primaire » ; mais, par-delà les mots, le caractère patrimonial du savoir-faire l'inclut dans la définition de Carbonnier[50]. La patrimonialité du savoir-faire est certaine et le transfert des droits de son titulaire ou sa mise à jouissance par contrat est une réalité quotidienne. En ce sens, et sans parler de propriété, MM. Azéma et Galloux évoquent la réservation du savoir-faire sans appropriation, où il y a bien exercice d'un droit privatif, défendu par les règles sur la divulgation du secret de fabrique, le vol et la responsabilité civile, sans pour autant disposer d'un titre de propriété[51].

Enfin, l'intégration du savoir-faire dans le giron des biens appropriables est clairement affirmée par la CJ. Dans un arrêt du 14 décembre 2000, la Cour retient que « *l'article 50 de l'accord TRIPs laisse aux parties contractantes, dans le cadre de leurs propres systèmes juridiques, le soin de préciser si le droit d'agir en justice en vertu des dispositions générales du droit national relatives à un acte illicite, en particulier en matière de concurrence déloyale, afin qu'un modèle industriel soit protégé contre l'imitation, est à qualifier de « droit de propriété intellectuelle » au sens de l'article 50, paragraphe 1, de l'accord TRIPs* »[52].

625. En présence d'un savoir-faire, le droit commun des biens s'applique tant que la condition factuelle d'appropriation, le secret, est maintenue. L'ensemble des dispositions du Code civil trouve à s'appliquer *mutatis mutandis* au regard des spécificités de ce bien, notamment le régime de la copropriété[53].

§ 2. Le secret : condition d'appropriation du savoir-faire

626. Le secret – « *ce qui n'est pas généralement connu ou accessible facilement* » – est la seule voie de réservation du savoir-faire[54] en l'absence de régime d'appropriation spécifique. Le secret signifie que l'ensemble du savoir-

50. « *Le pouvoir juridique qu'a une personne de retirer directement ou indirectement tout ou partie des utilités économiques d'une chose* ».

51. J. Azéma et J.-C. Galloux, *op. cit.*, n° 969 et s.

52. CJCE, 14 déc. 2000, aff. jtes C-300/98 et C-392/98, *Rec.* I-11307 ; *PIBD* 2001, n° 727, III-649 ; *CCE* 2001, comm. 96, note C. Caron.

53. Cass. com., 7 déc. 2010, n° 10-30034.

54. Mousseron, « Secret et contrats – de la fin de l'un à la fin de l'autre – », *Mélanges Foyer*, PUF, 1997, p. 257 ; même article *Inventer*, Centre du droit de l'entreprise, 2001, p. 215 ; cf. Accord ADPIC, art. 39, sur les conditions d'appréciation du secret ; J. Azéma et J.-C. Galloux, *op. cit.*, n° 954 et s. ; P. Durand, « Le "Know-How" », *JCP* G 1967, I 2078, n° 4. Pour une appréciation jurisprudentielle du secret ouvrant le droit à redevance dans le cadre d'un contrat de licence de savoir-faire : Cass. com., 13 juill. 1966, *Sté Almes c. Sté Dita Bottonifico Fossanèse*, *JCP* G 1967, II 15131, note Durand, et *Ann.* 1967.225, obs. Mathély. Plus généralement sur le rôle du secret : C. Caron, « Secret et propriété intellectuelle », *Dr. et patr.* n° 102, mars 2002, p. 76 ; M. Josselin-Gall, « Arbitrage et propriétés intellectuelles », *Dr. et patr.* n° 105, juin 2002, p. 63. J. Azéma et J.-C. Galloux, *op. cit.*, n° 968 et s. ; G. Bonet, « Le nouveau règlement d'exemption par catégorie d'accords de transfert de technologie », *op. cit.*, p. 309.

faire, considéré globalement ou dans la configuration et l'assemblage précis de ses éléments, n'est généralement pas connu ou pas facile à obtenir, de sorte qu'une partie de sa valeur réside dans l'avance que sa communication procurerait à un tiers. Le secret ne doit pas être entendu au sens strict, c'est-à-dire que chaque élément individuel du savoir-faire doit être totalement inconnu ou impossible à obtenir en dehors de l'entreprise du donneur de licence. Que des tiers aient éventuellement la même connaissance n'est pas un frein à l'appropriation du savoir-faire, on recherche si le savoir en cause est à la disposition de tous, cela détruit le secret et l'idée d'appropriation du bien. Ainsi, sous le visa de l'article 1131 du Code civil, la Cour de cassation écarte l'annulation d'un contrat par une cour d'appel, pour défaut de base légale, les juges du fond, pour annuler la convention, ayant retenu que le procédé en cause était bien connu des professionnels du secteur en cause comme étant adaptation des méthodes traditionnelles qui permet d'obtenir des gains de productivité et que le concept marketing qui l'accompagnait se retrouvait chez de nombreux exploitant du secteur. La Cour considère qu'il faut rechercher si le savoir-faire transmis, à la date du contrat, ne comportait pas un ensemble de techniques, informations et services qui permettaient au bénéficiaire de la convention, dépourvue de toute formation ou expérience dans le domaine en cause, de prendre en main son exploitation en mettant en œuvre des procédés qu'il n'aurait pu découvrir qu'à la suite de recherches personnelles longues et coûteuses.

L'identification, sous forme de rapports, cahiers de spécification, manuels opératoires[55], permet de constater la possession du savoir-faire, du bien, à un instant donné, mais ce support n'est qu'un *instrumentum* imposé pour assurer l'efficacité du constat. Il permet, d'une part, de vérifier la matérialité du savoir, ses qualités techniques et, d'autre part, de contrôler que ces connaissances sont bel et bien secrètes, non maîtrisées par l'ensemble des hommes de l'art dans un secteur donné. On établit un lien avec la possession personnelle antérieure[56].

Le Code de la propriété intellectuelle aborde le savoir-faire sous l'angle des sanctions en cas de violation du secret. L'article L. 621-1 renvoie au Code du travail, article L. 1227-1, pour définir les peines frappant la violation des secrets de fabrique. Cet article prévoit que le fait pour un directeur ou un salarié de révéler ou de tenter de révéler un secret de fabrication est puni d'un emprisonnement de deux ans et d'une amende de 30 000 euros.

Les sanctions de l'atteinte au secret sont renforcées par l'adaptation de celles-ci au secret lié à l'activité de défense. L'article 413-7 du Code pénal dispose qu'est puni de six mois d'emprisonnement et de 7 500 euros d'amende le fait, dans les services, établissements ou entreprises, publics ou privés, intéressant la défense nationale, de s'introduire, sans autorisation, à l'intérieur des locaux et terrains clos dans lesquels la libre circulation est interdite et qui sont délimités pour assurer la protection des installations, du matériel ou du secret des recherches, études ou fabrications ; il prévoit également qu'un décret en Conseil d'État détermine, d'une part, les conditions dans lesquelles il est procédé à la délimitation des locaux et terrains visés à l'alinéa précédent et, d'autre

55. Le support n'est qu'un élément de preuve de l'existence du savoir-faire. En ce sens, G. Bonet, « Approche et définition du savoir-faire en France et en Europe », *op. cit.*, spéc. p. 346.
56. Voir *supra* n° 469, 550.

part, les conditions dans lesquelles les autorisations d'y pénétrer peuvent être délivrées. Sur le fondement de cette disposition, un décret[57] institue une catégorie particulière de zones protégées, les "zones à régime restrictif" (C. pén., art. R. 413-5-1). Un arrêté non publié du Premier ministre détermine, au sein des secteurs scientifiques et techniques concernés, la liste des spécialités dont les savoir-faire sont susceptibles d'être détournés à des fins de terrorisme ou de prolifération d'armes de destruction massive et de leurs vecteurs.

627. Une proposition de loi a été adoptée par l'Assemblée nationale en janvier 2012[58] visant à renforcer les sanctions en cas d'atteinte au secret. Elle intègre au sein du titre II du livre III du Code pénal un chapitre V intitulé *De l'atteinte au secret des affaires des entreprises.* Ce chapitre expose dans un premier temps la notion d'information secrète. Cette notion peut trouver application pour les biens intellectuels appropriés par le maintien du secret. Elle renforcerait l'appropriation par une meilleure sanction de ses atteintes. Le chapitre est ensuite complété par une incrimination spéciale et une sanction de la violation de ce secret. Il est maintenant nécessaire de connaître les suites qui seront accordées à ce texte.

57. Décret nº 2011-1425, 2 nov. 2011 relatif à la protection du potentiel scientifique et technique de la nation, *JORF* 4 nov. 2011, p. 18562.

58. Ass. nat., Session ord. 2011-2012, 23 janv. 2012, Proposition de loi visant à sanctionner la violation du secret des affaires, adoptée en première lecture. Texte adopté nº 826 ; F. Hagel, « Protection des secrets d'affaires : enjeux et repères », *Cahiers de droit de l'entreprise* 2012, nº 1, p. 31.

Chapitre 6
La topographie des semi-conducteurs

628. La directive 87-54 définit le semi-conducteur comme la forme finale ou intermédiaire d'un composé, d'un substrat, comportant une couche de matériaux semi-conducteurs et constitué d'une ou plusieurs autres couches de matières conductrices, isolantes ou semi-conductrices, les couches étant disposées conformément à une configuration tridimensionnelle prédéterminée[1]. Il s'agit dans le langage commun d'une puce électronique, composant essentiel de notre vie quotidienne. Composée de couches, la topographie présente la configuration de chacune des couches de matériaux utilisées, celles-ci étant ensuite empilées par stratification. Appropriation d'une forme particulière, la topographie du semi-conducteur aurait pu s'effectuer par le biais du droit d'auteur ou du droit de dessins et modèles. Dans ces deux matières, toutefois, il convient d'écarter l'idée d'une empreinte de la personnalité ou d'une impression visuelle d'ensemble spécifique. Organisation technique, le semi-conducteur peut faire l'objet de brevets, les choix topographiques pouvant s'analyser comme des réponses techniques à un problème donné. À la lumière de la loi de Moore, il n'est pas douteux qu'une activité inventive a été développée pour accroître constamment la performance de ces composants. L'appropriation par le secret présente un risque important de rétro-*ingeneering*, la puce commercialisée, largement diffusée, pouvant être décomposée pour identifier les différentes couches. Ce risque a perdu une grande partie de sa réalité, les couches sont tellement fines qu'il n'est pas possible de les décoller pour identifier la structure. Surtout, l'essentiel de la technologie se situe dans la maîtrise de l'outil de production qui échappe à ce titre de propriété. Ces deux évolutions engendrent une quasi-déshérence de ce titre de propriété, très peu de titres sont demandés chaque année auprès des offices.

Ce droit de propriété *ad hoc* instauré en 1987[2] est le fruit d'une très forte influence des États-Unis sur l'Union européenne, notamment parce que la loi américaine n'accordait ses effets aux étrangers que sous condition de réciprocité. La première législation applicable en la matière fut le *Chip Protection Act* adopté par les États-Unis de 1984[3], et qui servit de modèle aux autres États. Une directive communautaire fut adoptée dans cet esprit le 16 décembre 1986[4] – malheureusement, alors qu'il s'agit d'une création *ex nihilo* dans l'Union européenne, il n'a pas été saisi l'opportunité de créer un titre unioniste de propriété, voire uniquement un

---

1. Directive n° 87-54 16 déc. 1986, *JOCE* L 24, 27 janv. 1987
2. Loi n° 87-890 du 4 nov. 1987, *JORF* 5 nov. 1987 ; *RTD com.* 1988.45, obs. Chavanne et Azéma.
3. Version codifiée, http://www.law.cornell.edu/uscode/html/uscode17/usc_sup_01_17_10_9.html
4. Directive CE n° 87/54 du 16 déc. 1986 concernant la protection juridique des topographies de semi-conducteurs.

tel titre de propriété – et l'OMPI suivit le mouvement en 1989 portant l'adoption du Traité de Washington sur la propriété intellectuelle en matière de circuits intégrés. Enfin, l'accord ADPIC intègre ce titre de propriété dans son champ d'application, les consacrant en ses articles 35 à 38 et leur assurant un destin mondialisé... à contre-courant du recours en pratique à ce titre de propriété.

Ce droit de propriété est présenté usuellement en contemplation du droit de brevet, notamment parce que le législateur l'a construit partiellement par renvoi, l'article L. 622-7 C. propr. intell. étendant l'application de certaines dispositions du droit des brevets au droit de topographie de semi-conducteur. Pour autant, les analogies sont nombreuses avec le droit des dessins et modèles, techniquement le titre de propriété du Code de la propriété intellectuelle le plus proche.

Section 1
Les conditions d'appropriation

629. L'obtention d'un titre de propriété sur l'organisation structurelle du semi-conducteur est soumise à une double série de conditions, de fond et de forme.

§ 1. Les conditions de fond

630. L'article L. 622-1 C. propr. intell. impose que la topographie finale ou intermédiaire d'un semi-conducteur traduise un effort intellectuel du créateur pour pouvoir, à moins qu'elle ne soit courante, faire l'objet d'une appropriation. Les conditions d'appropriation sont proches de celles retenues par le droit d'auteur, notamment dans le cadre du logiciel où l'originalité est constatée en présence d'un apport intellectuel de l'auteur. La forme traduisant un effort intellectuel du créateur n'est pas sans rappeler l'effort créatif parfois retenu par la jurisprudence pour identifier l'empreinte de la personnalité de l'auteur. Surtout, l'appropriation est exclue si elle est courante, on retrouve la banalité utilisée en droit d'auteur pour écarter l'existence d'une originalité rendant une forme appropriable.

Cette double approche est classique de la matière, il faut répondre cumulativement à une condition objective, ne pas être courante, et à une condition subjective matérialisée par l'appréciation de l'effort intellectuel.

Ces conditions de fond sont frappées de nullité absolue si le bien revendiqué ne peut y répondre.

§ 2. Les titulaires du titre de propriété

631. Suivant les dispositions de l'article L. 622-2 C. propr. intell., le droit de propriété est soumis à une condition de nationalité restrictive qui constitue un moyen préalable de délivrance du titre de propriété. Ce n'est que si ce critère autonome est rempli que l'examen de la demande au fond sera effectué.

A La nationalité

632. Pour pouvoir revendiquer ce titre de propriété, le créateur de la topographie doit répondre à un critère strict de nationalité ou de résidence. Trois cas d'ouvertures sont arrêtés par le Code de la propriété intellectuelle.

Soit le créateur de la topographie est ressortissant d'un État partie à l'OMC ou il a dans un tel État sa résidence habituelle, un établissement industriel ou commercial, effectif et sérieux, il pourra demander la délivrance d'un titre de propriété. Il en va de même pour son ayant cause.

Soit le déposant de la demande de titre de propriété répond au critère de la nationalité ou de la résidence mais n'est pas créateur du bien intellectuel. Il peut obtenir la délivrance de ce titre si le déposant procède, dans un État membre ou dans un autre État partie, pour la première fois au monde, à l'exploitation commerciale d'une topographie non encore appropriée. Toutefois, pour qu'un licencié soit admis à déposer une demande de propriété, il doit obtenir de la personne habilitée à déposer la demande, une autorisation exclusive pour l'ensemble de l'Union européenne ou de l'Espace économique européen.

Les autres personnes – celles qui ne sont ni créateur remplissant le critère de nationalité ni concessionnaire répondant aussi à ce critère – ne peuvent obtenir un titre de propriété qu'en rapportant la preuve de la réciprocité de traitement avec les pays dont elles sont ressortissantes ou dans lesquels elles sont établies. La constatation de réciprocité est prononcée par arrêté conjoint du ministre chargé des affaires étrangères et du ministre chargé de la propriété industrielle.

B Le titulaire du titre de propriété

633. Il ressort des éléments précédents que deux catégories de personnes peuvent être admises à demander la délivrance d'un titre de propriété : soit le créateur, soit le concessionnaire autorisé. L'article L. 622-3 C. propr. intell. affirme que le droit au dépôt, qui peut être assimilé au droit au titre de propriété, revient au créateur ou à son ayant cause. On regrette ces formulations malheureuses, celles utilisées par le droit des dessins et modèles ou le droit des brevets semblent plus nettes. Le créateur est dans la logique du droit des biens intellectuels la personne physique qui crée le bien. Par extension, on doit en déduire que s'il y a plusieurs créateurs, ils sont indivisaires et doivent procéder au dépôt en cette qualité. L'article L. 622-7 C. propr. intell. renvoie à l'application du régime d'indivision du droit des brevets[5].

L'ayant cause est le cocontractant du créateur, cette notion a été abordée dans le cadre du régime des dessins et modèles. En l'absence de renvoi par l'article L. 622-7 C. propr. intell. aux dispositions de l'article L. 611-7 C. propr. intell., on applique pour les créations de salarié le régime décrit dans le cadre du droit des dessins et modèles[6], l'employeur pouvant être qualifié d'ayant cause du créateur.

Enfin, suivant encore une formule usuelle du droit de la propriété intellectuelle, l'article L. 622-3 C. propr. intell. prévoit un droit de revendication au

5. Voir *supra* n° 589 et s.
6. Voir *supra* n° 332 et s.

bénéfice du créateur ou de son ayant cause si un dépôt est effectué en violation de leurs droits. L'action en revendication mobilière se prescrit par cinq ans à compter de la publication du dépôt de la demande du titre de propriété.

À la mort du propriétaire, il convient d'appliquer le droit commun des successions, la topographie de semi-conducteur devient un élément de l'indivision successorale[7]. Le C. propr. intell. n'aborde pas la question de la situation matrimoniale du créateur.

§ 3. Les conditions d'acquisition du titre de propriété

634. Le dépôt est effectué dans un cadre temporel défini. Sans référence à une nouveauté absolue, les risques d'une divulgation sont moins marqués qu'en droit des brevets. Toutefois, le dépôt ne peut intervenir ni plus de deux ans après que la topographie a fait l'objet d'une première exploitation commerciale en quelque lieu que ce soit ni plus de quinze ans après qu'elle a été fixée ou codée pour la première fois si elle n'a jamais été exploitée. Le délai de grâce attaché à l'auto-divulgation est de deux ans, au lieu d'un an en droit des dessins et modèles.

635. La demande de titre s'effectue par un dépôt des topographies de semi-conducteurs à l'INPI. Un dépôt ne peut porter que sur une seule topographie et il doit comprendre une déclaration de dépôt contenant des renseignements suffisants pour identifier le déposant, la topographie et la date et le lieu de sa première exploitation ou, à défaut, la date à laquelle elle a été fixée ou codée pour la première fois.

L'objet du dépôt est une représentation graphique de la topographie qui peut être accompagnée d'un support d'informations et de spécimens de produit incorporant la topographie. La description est insérée dans un pli afin d'en conserver le secret. De plus, le déposant peut masquer les parties dont il entend qu'elles ne soient pas communiquées aux tiers. Le déposant doit justifier du paiement des taxes attachées à la procédure.

636. La date de dépôt est déterminée par la date de remise des pièces nécessaires à la procédure. Elle est acquise même si les pièces sont irrégulières en la forme, sous réserve que leur régularisation n'entraîne aucun changement dans la représentation de la topographie déposée. La représentation de la topographie est figée à compter de la date de dépôt. Il est possible d'approprier une version modifiée, la date du titre de propriété étant celle de la date de dépôt de la version modifiée. Le délai de rectification du dépôt est fixé par le directeur général de l'INPI. Ce délai ne saurait être inférieur à deux mois ou supérieur à quatre mois. À défaut de régularisation, le dépôt est rejeté.

Le dépôt, dès qu'il est reconnu conforme, est enregistré et notifié au déposant. Il est mentionné au BOPI. À compter de cette publication, toute personne peut consulter au siège de l'INPI les dossiers de dépôt. Toutefois, aucune copie de dossier ne peut en être établie sans l'autorisation du titulaire, on retrouve la

7. Voir CA Rennes, 10 janv. 2012, *Prop. Indust.* 2012, comm. 42, obs. N. Bouche.

volonté de lutter contre la contrefaçon de ces produits. Cette disposition semble un peu surannée.

637. La fonction de diffusion des connaissances attachée à la propriété intellectuelle est présente. L'article R. 622-5 C. propr. intell. propose une sanction originale en la matière en cas de description insuffisante du bien intellectuel. Il est prévu que le dépôt est inopposable aux tiers si le libellé attaché à la demande de titre de propriété complété par la représentation graphique de la topographie accessible au public ne permet pas d'identifier la topographie protégée. Alors que le droit des brevets retient en la matière une nullité, le Code de la propriété intellectuelle avance une inopposabilité. Cette sanction est originale pour un droit de propriété alors que le dépôt est constitutif de droit. On connaît l'inopposabilité comme sanction en droit des biens pour les valeurs mobilières, mais les parties sont liées par le contrat de société et un éventuel contrat de cession[8], c'est aussi une sanction du droit des obligations en présence d'une action paulienne. Pour la topographie, le Code de la propriété intellectuelle retient qu'en présence d'une représentation insuffisante de la topographie, le dépôt est inopposable. Le titre de propriété pourrait être délivré toutefois, seule l'action en contrefaçon serait fermée. Cela prive le titre d'effet sans pour autant le supprimer. C'est un moyen terme délicat.

Le régime du dépôt est complété par celui arrêté pour les brevets. L'article R. 622-8 renvoie à un ensemble d'articles encadrant les conditions dans lesquelles sont reçus les dépôts, transmis ou modifiés les droits qui y sont attachés, émises les notifications de l'INPI et réglé le contentieux. Le RNB intègre une section dite Registre national des dépôts de topographies de produits semi-conducteurs. La première inscription porte sur le contenu de la déclaration de dépôt, complétée par les dates et références du dépôt et de son enregistrement.

Enfin, et cela constitue un élément essentiel de ce régime de propriété, le titre est obtenu, suivant l'article L. 622-4 C. propr. intell., simplement après un examen de la régularité formelle du dépôt. Les conditions de fond exposées ne sont pas contrôlées, il s'agit d'une sorte de titre SGDG. Il n'y a pas non plus une procédure spécifique d'annulation devant l'office. Aucune garantie qualitative n'est attachée à ce droit de propriété, ce qui est probablement l'une des causes de son échec. Même si le dépôt est constitutif, il n'a pour effet certain que de confier une date certaine à la topographie.

Section 2
Le contenu du titre de propriété

638. Le contenu du droit de propriété impose de définir la durée du titre et les prérogatives qui lui sont attachées.

8. Cf. Louis d'Avout, thèse, *op. cit.*, n° 143 ; même auteur, « De l'utilité résiduelle du droit commun en matière de transfert d'actions et autres titres financiers », *D.* 2010, p. 123.

§ 1. La durée du titre de propriété

639. L'article L. 622-6 C. propr. intell. retient que l'effet de la propriété est acquis au jour du dépôt de la demande du titre de propriété. Il est possible que la propriété remonte à une date antérieure à celui-ci si la date de la première exploitation commerciale est antérieure. L'appropriation a un effet rétroactif original. Cette disposition pourrait conduire à douter du caractère constitutif du dépôt, pour autant, il est net qu'en l'absence d'une telle procédure, il n'y a pas de titre de propriété.

Le titre de propriété a une durée de dix ans. Le Code de la propriété intellectuelle tente d'articuler les délais autorisés pour effectuer un dépôt et la durée du titre de propriété, afin que la délivrance du titre ne soit pas instrumentalisée pour augmenter la durée d'appropriation. Un dépôt est possible pour des topographies anciennes même non exploitées. Dans ce cas, le titre de propriété est sans effet pour une topographie qui n'a fait l'objet d'aucune exploitation dans un délai de quinze ans à compter de la date à laquelle elle a été fixée ou codée pour la première fois.

Dans les deux mois précédant l'expiration de la durée de protection, le titulaire du dépôt peut demander soit la restitution des pièces, soit leur conservation pendant une durée supplémentaire de dix ans renouvelable. À défaut de demande de restitution ou de conservation, les pièces du dépôt peuvent être détruites.

§ 2. Les prérogatives du propriétaire

640. Les effets de la propriété sont décrits par l'exposé des actes que le propriétaire du bien peut interdire. La propriété emporte, par interprétation de l'article L. 622-5, le droit de reproduire la topographie. Si l'on peut avoir une analyse réduite du terme « reproduction », comme la stricte reproduction du schéma technique déposé, il faut nécessairement entendre ce droit de reproduction comme la mise en œuvre dans une puce d'une organisation des couches telle que décrite dans le dépôt. Outre la défense de sa propriété, le titulaire peut, suivant un cadre classique, exploiter commercialement, importer des puces produites selon sa topographie. Ce droit de propriété est d'un exercice large puisqu'il permet de maîtriser la commercialisation des produits incorporant le semi-conducteur protégé.

Dans une construction tout aussi classique pour la matière, l'article L. 622-5 C. propr. intell. impose des limites au droit de propriété. Certaines sont comprises en creux, par exemple, l'exploitation non commerciale, ou l'importation sans objectif commercial, ne peut être interdite par le propriétaire de la topographie. Suivant le schéma du droit des brevets, l'utilisation du bien intellectuel à des fins d'évaluation, d'analyse ou d'enseignement ne peut être empêchée par son propriétaire. De même, il ne peut s'opposer à la création, à partir d'une telle analyse ou évaluation, d'une topographie distincte pouvant prétendre à la protection autonome. Il n'y a pas une extension du droit de propriété sur les perfectionnements, la loi impose une licence automatique[9]. Enfin, toute atteinte à ces prérogatives constitue une contrefaçon engageant la responsabilité de son auteur.

Chapitre 7
Le certificat d'obtention végétale

641. Les obtentions végétales occupent une place économique importante, en lien avec l'ensemble de l'industrie agroalimentaire. Si les écrits juridiques consacrés à cette matière sont peu nombreux, il ne faut pas y voir pour autant un domaine à négliger[1]. Ce lien fort entre la propriété intellectuelle et le droit rural se traduit aussi dans la dispersion des textes applicables à aux semences. La loi du 8 décembre 2011 intègre cette logique et, concomitamment à l'évolution du droit des obtentions végétales, elle adapte les normes applicables à la circulation de ces produits. Le Code rural et de la pêche maritime compte ainsi des dispositions relatives aux semences et matériels de multiplication des végétaux autres que les bois et plants de vigne et les matériels forestiers de reproduction, questions en lien naturel avec les obtentions végétales. Ce code, en son article L. 661-8, précise que les règles relatives à la sélection, la production, la protection, le traitement, la circulation, la distribution, l'entreposage et la commercialisation des semences, des matériels de multiplication des végétaux, des plants et plantes ou parties de plantes destinés à être plantés ou replantés, autres que les matériels de multiplication végétative de la vigne et les matériels forestiers de reproduction, ci-après appelés « matériels », sont fixées par décret en Conseil d'État. Ce décret détermine les conditions dans lesquelles ces matériels sont sélectionnés, produits, multipliés et, le cas échéant, certifiés, en tenant compte des différents modes de reproduction, les conditions d'inscription au Catalogue officiel des différentes catégories de variétés dont les matériels peuvent être commercialisés, et les règles permettant d'assurer la traçabilité des produits depuis le producteur jusqu'au consommateur. Ainsi, la production et le commerce des semences appropriées par des certificats d'obtention végétale (COV) répondent à des conditions restrictives justifiées par le maintien de la santé publique principalement. Dans le même sens, toute personne physique ou morale qui exerce une activité de production, de protection, de traitement ou de commercialisation des matériels doit déclarer son activité, cette obligation pourrait être écartée par décret pour les activités exclusivement de multiplication de semences pour le compte de tiers. Il est notamment nécessaire pour ces activités, dans les conditions imposées par la réglementation européenne, de mettre en place une procédure de contrôle interne. Les fournisseurs des matériels sont éventuellement soumis à agrément ou autorisation. Suivant cet esprit de protection de la santé publique et des ressources rurales, l'article L. 661-13 du Code rural et de la

---

9. Voir *infra* n° 1049 et s.

1. S. L. Anvar, « Pourquoi a-t-on peur du domaine public des variétés végétales », *Prop. Indust.* 2008, Étude 5 ; J.-C. Galloux, « Jurisprudence en matière de certificat d'obtention végétale », *RTD com.* 2005.297.

pêche maritime ajoute que les matériels ne peuvent être importés de pays tiers à l'Union européenne ou à l'Espace économique européen s'ils ne respectent pas des normes de qualité équivalentes à celles fixées pour les matériels produits ou commercialisés dans l'Union européenne.

Cet enjeu de santé publique se retrouve dans l'instauration d'un régime de patrimonialisation des ressources phytogénétiques. La loi du 8 décembre 2011 intègre un chapitre préliminaire du titre VI du livre VI du Code rural et de la pêche maritime consacré à la conservation des ressources phytogénétiques pour l'agriculture et l'alimentation. Il est organisé, dans l'intérêt général en vue de leur utilisation durable, en particulier pour la recherche scientifique, l'innovation et la sélection variétale appliquée, en tant qu'élément du patrimoine agricole et alimentaire national vivant, dans le but d'éviter la perte irréversible de ressources phytogénétiques stratégiques, une conservation de ces ressources. Pour être enregistrée comme ressource phytogénétique pour l'agriculture et l'alimentation, une ressource phytogénétique d'une espèce végétale cultivée ou d'une forme sauvage apparentée doit présenter un intérêt actuel ou potentiel pour la recherche scientifique, l'innovation ou la sélection variétale appliquée, ne pas figurer au Catalogue officiel des espèces et variétés de plantes cultivées, et ne pas faire l'objet d'un certificat d'obtention végétale. Est notamment intégrée la ressource notoirement connue comme faisant partie de l'histoire agricole, horticole, forestière et alimentaire nationale, sur le territoire national, notamment du fait qu'elle est représentative de cette histoire, qu'elle a été diffusée ou est présente sur le territoire ou qu'elle est emblématique d'une région. Il s'agit de garder la mémoire de notre biodiversité. La conservation des ressources phytogénétiques patrimoniales est organisée, dans l'intérêt général, dans des conditions de nature à faciliter l'accès des citoyens, de toute personne physique ou morale et de la communauté internationale à des échantillons de ces ressources compte tenu de leur intérêt global pour l'agriculture et l'alimentation. Ces ressources sont intégrées dans la collection nationale des ressources phytogénétiques.

642. Suivant une tendance fermement établie, les évolutions technologiques engendrent des biens intellectuels nouveaux pour lesquels un régime d'appropriation *ad hoc* est parfois nécessaire. Le droit des brevets fut longtemps réticent à accueillir dans son antre les créations biologiques ou végétales, mais l'accroissement de la maîtrise des microbiologies provoquait un besoin d'appropriation des créations issues de ces techniques[2]. L'appropriation des variétés végétales en tant que telles est soumise à un régime particulier organisé par la loi 70-489 du 11 juin 1970 autour d'un titre de propriété spécifique : le certificat d'obtention végétale (COV). L'adoption en droit interne de ce régime de propriété fut principalement le moyen pour la France de se conformer aux dispositions de la Convention de Paris du 2 décembre 1961, dite Convention UPOV, entrée en vigueur en 1968.

Les évolutions technologiques ont conservé leur rythme au point que la frontière établie dans les années 1960 entre ce qui relève du brevet et ce qui relève du COV se trouve fortement fragilisée. Une refonte générale de l'UPOV en 1991 et l'intégration dans le domaine du brevetable de la matière

2. Voir *Le droit du génie génétique végétal*, sous la direction de M.-A. Hermitte, Litec, 1987.

biologique conduit à s'interroger sur les domaines restrictifs de chacun des régimes de propriété[3]. Les accords ADPIC ne prennent pas parti entre brevet et COV, ils imposent, en revanche, que les législations nationales intègrent une appropriation de variétés végétales « *par des brevets, par un système sui generis efficace, ou par une combinaison de ces deux moyens* »[4]. Reste que, conformément à l'article 4 de la directive du 8 juillet 1998 sur la protection communautaire des inventions biotechnologiques, les variétés végétales demeurent exclues du droit des brevets. L'article L. 623-2 C. propr. intell. disposait jusqu'à l'adoption de la loi du 8 décembre 2011[5] que les obtentions végétales d'un genre ou d'une espèce bénéficiant du régime de protection des COV n'étaient pas brevetables. Cette exclusion était une exclusion de cumul de titres de propriété plus qu'une exclusion fondée sur la nature du bien intellectuel appropriable. Cette prohibition du cumul de titres de propriété était d'autant plus incertaine quant à son effectivité que l'objet de l'appropriation est différent, l'hypothèse d'un brevet et d'un COV portant exactement sur le même objet est pratiquement inenvisageable. La matière biologique au sens du droit des brevets[6] n'est pas identique à la variété végétale, l'une ne pouvant être réduite à l'autre. Dès lors, sans même exclure, il est probable qu'une variété connaît des critères de définition trop larges pour répondre aux contraintes du droit des brevets. Les titres peuvent coexister sur la même matière biologique appartenant à une variété donnée. La loi de décembre 2011 a réformé l'article L. 623-2 et ne compte plus cette exclusion de principe ; dès lors le cumul est parfaitement possible si le bien intellectuel répond aux conditions de fond propres à chacun des régimes. De plus, un rapport de dépendance est établi, comme l'a envisagé le législateur aux articles L. 613-15-1, L. 623-22-1 et L. 623-22-2 C. propr. intell. Si les domaines respectifs des deux titres de propriété se chevauchent, les conditions d'appropriation et les effets de la propriété sont sensiblement différents, le COV n'est en rien un sous-brevet ou un quasi-brevet, il s'agit d'un titre de propriété autonome et à part entière. L'exclusion décrétée a donc une portée bien faible.

643. Pour pouvoir être appropriée, une variété végétale doit être distincte de toute variété préexistante notoirement connue, suffisamment homogène, stable, et nouvelle en ce sens qu'elle ne doit pas avoir été commercialisée antérieurement à la protection. L'attractivité de ce titre de propriété est renforcée par l'adoption du règlement 2100/94 du 27 juillet 1994 instaurant une protection communautaire des obtentions végétales[7]. Un titre unioniste de propriété est délivré par l'Agence européenne des variétés végétales (AEVV), situé à Angers.

Comme pour l'ensemble des régimes de propriété intellectuelle, l'harmonisation internationale est forte, ce qui permet de présenter de façon commune les

3. X. Buffet Delmas d'Autane et A. Doat, « La protection des plantes : entre brevet et certificat d'obtention végétale », *Prop. Indust.* 2004, Étude 8.
4. Art. 27, 3°, b ADPIC.
5. Loi n° 2011-1843,8 déc. 2011, relative aux certificats d'obtention végétale, *JORF* 9 déc. 2011 ; *Prop. Indust.* 2012, Focus 1, obs. N. Bouche ; même auteur, *Prop. Indust.* 2012, Étude 13.
6. Voir *supra* n° 452 et s.
7. J.-C. Galloux, « Premier bilan de la protection communautaire des variétés végétales », *Prop. Intell.* 2005, n° 16, p. 285.

conditions de délivrance du titre de propriété, tant pour le COV national que pour le titre européen et les dispositions de l'UPOV. Seules des variantes de procédure distinguent réellement ces différents régimes.

Section 1
L'objet de l'appropriation

644. Après avoir exposé la notion d'obtention végétale, on décrira les qualités que doit avoir le bien intellectuel pour faire l'objet d'une appropriation par ce titre de propriété.

§ 1. La notion d'obtention végétale

645. L'obtention végétale est une sous-catégorie des variétés végétales dont les qualités intrinsèques permettent d'accéder à l'appropriation. Il est possible d'approprier par ce titre de propriété toute variété appartenant à une espèce du règne végétal. Le Code de la propriété intellectuelle désignait, avant la réforme de décembre 2011, sous l'expression « *obtention végétale* » une variété végétale nouvelle, créée ou découverte qui répond à des critères d'appropriation particuliers. La réforme a conduit le législateur à reformuler l'article L. 623-1 du Code de la propriété intellectuelle. Désormais, constitue une variété, au sens de la propriété intellectuelle, un ensemble végétal d'un taxon botanique du rang le plus bas connu qui peut être défini par l'expression des caractères résultant d'un certain génotype ou d'une certaine combinaison de génotypes, distingué de tout autre ensemble végétal par l'expression d'au moins un desdits caractères, et, enfin, considéré comme une entité eu égard à son aptitude à être reproduit conforme. Cette définition permet une harmonisation de la définition de la variété végétale en droit interne avec celle retenue par le droit international et par le droit de l'Union. En effet, une « variété », suivant les précisions apportées par l'UPOV et reprises par le règlement 2100/94, est un ensemble végétal d'un taxon botanique du rang le plus bas connu qui peut être défini par l'expression des caractères résultant d'un certain génotype ou d'une certaine combinaison de génotypes, distingué de tout autre ensemble végétal par l'expression d'au moins un desdits caractères et considéré comme une entité eu égard à son aptitude à être reproduit conforme, sans changement.

Cette définition technique de l'objet appropriable évoque celle retenue en droit des brevets pour la matière biologique (art. L. 611-10 al. 4 C. propr. intell.) : « *la matière qui contient des informations génétiques et peut se reproduire ou être reproduite dans un système biologique* ». La définition de la matière biologique, plus large que celle de la variété végétale, l'inclut nécessairement. En effet, la variété se caractérise non pas par un génome commun, ce qui imposerait une identité parfaite, mais par un génotype commun ou une combinaison de génotypes.

La réforme a pour conséquence notable d'écarter du droit des obtentions végétales et donc du droit de la propriété intellectuelle dans sa totalité, car c'était l'unique hypothèse, les découvertes. Dans des conditions restrictives, l'ancien régime permettait une appropriation de celles-ci, en opposition avec l'idée que la propriété intellectuelle porte sur des créations. Il faut désormais impérativement une création pour que la variété puisse être appropriée.

646. La variété constitue un groupement botanique si elle se distingue de tout autre ensemble par au moins un caractère. La classification se réalise à partir non plus des éléments communs des composants de l'ensemble, mais au regard des différences entre les groupements en fonction de leur génotype. Un premier élément de la définition permet une inclusion dans le taxon, un second élément assure la distinction du taxon des autres groupements.

Enfin, un dernier caractère doit être rempli pour qu'un ensemble végétal puisse constituer une variété, il faut qu'il ait une aptitude à se reproduire. Ce dernier critère est identique à celui retenu pour la définition de la matière biologique. Au regard des COV, le critère de la reproduction conforme permet de mettre en œuvre les autres conditions de l'appropriation, notamment la stabilité et l'homogénéité. Le droit de l'UE précise qu'un ensemble végétal peut être constitué de végétaux entiers ou de parties de végétaux, à condition que ces parties puissent produire des végétaux entiers. Ces deux végétaux sont désignés dans le langage européen comme des « *constituants végétaux* ».

La variété s'apprécie toujours par rapport à son objet, c'est un produit pour reprendre la classification retenue en droit des brevets[8], et non un procédé ou une application. Ce domaine restreint au produit est classique en propriété intellectuelle puisque hors du droit des brevets, tous les régimes s'en tiennent à une telle limitation. Ce n'est pas la méthode de création qui est appropriée mais le résultat, ce qui assure une très grande liberté à la création en tant que telle. Sont visées par le COV les variétés de tous les genres et de toutes les espèces botaniques, y compris leurs hybrides.

§ 2. Les conditions de l'appropriation

647. Pour pouvoir être appropriée, une variété doit remplir les conditions lui permettant d'être qualifiée d'obtention à la lumière d'une série de critères cumulatifs. L'article L. 623-2 C. propr. intell. impose qu'une variété végétale, pour son appropriation par un COV, soit nouvelle, distincte, homogène et stable. Ainsi que le rappelle l'UPOV, l'octroi du droit de propriété ne peut dépendre de conditions supplémentaires ou différentes, sous réserve que la variété soit désignée par une dénomination conforme et que l'obtenteur ait satisfait aux formalités prévues des offices compétents et payé les taxes dues. Il faut revenir successivement sur ces conditions de fond.

A La nouveauté

648. Alors que la nouveauté est aussi objectivée que possible en droit des brevets, elle est assouplie en droit des dessins et modèles[9] et devient une fiction

8. Voir *supra* n° 464.
9. Voir *supra* n° 294 et s.

juridique pour les COV. En effet, s'il est affirmé que la variété doit être nouvelle, cette nouveauté s'apprécie de façon fictive.

649. La réforme de 2011 engendre une importante évolution du droit des COV en écartant les découvertes[10] de ce titre de propriété. Dans le régime antérieur, il n'y a pas nécessairement création d'un bien intellectuel, l'isolement d'une variété existant à l'état naturel pouvait être l'objet d'une appropriation, si la variété répond aux critères de fond de l'appropriation. D'une appropriation réservée aux créations, les COV faisait de la propriété intellectuelle une propriété ouverte à des biens non créés. Cette ouverture engendrait une confusion des genres regrettable à laquelle le législateur a heureusement mis fin. Il eût été possible d'octroyer un type de droit voisin au découvreur, en contrepartie de l'investissement engagé pour réaliser la découverte, sans confondre cette situation avec celle des biens intellectuels, cette solution n'a pas été retenue. La révision de l'UPOV en 1991 a supprimé la référence aux variétés découvertes, le droit interne suit maintenant ce mouvement, seules les variétés créées peuvent être appropriées par un COV. Reste le droit de l'Union, le règlement 2100/94 n'aborde pas dans son article 6 la question de l'origine de la variété (créée ou découverte), on peut s'interroger sur la possibilité d'obtenir un certificat pour une variété découverte. La question est d'autant plus prégnante que l'appropriation d'une variété découverte peut entrer en conflit avec l'application de l'article 8 J de la Convention de Rio[11] qui dispose que « *sous réserve des dispositions de sa législation nationale,* [l'État partie] *respecte, préserve et maintient les connaissances, innovations et pratiques des communautés autochtones et locales qui incarnent des modes de vie traditionnels présentant un intérêt pour la conservation et l'utilisation durable de la diversité biologique et en favorise l'application à une plus grande échelle, avec l'accord et la participation des dépositaires de ces connaissances, innovations et pratiques et encourage le partage équitable des avantages découlant de l'utilisation de ces connaissances, innovations et pratiques* ».

1. La fiction de la nouveauté

650. La nouveauté requise pour les COV est une fiction ; il suffit que l'obtention soit « *réputée nouvelle* » pour que ce critère soit rempli suivant les conditions arrêtées par l'article L. 623-5 C. propr. intell. ou l'article 10 du règl. 2100/94. L'analyse de cette fiction se fait de façon différente selon les régimes envisagés. La variété est réputée nouvelle si, selon l'UPOV, à la date de dépôt de la demande du COV, du matériel de reproduction ou de multiplication végétative ou un produit de récolte de la variété n'a pas été vendu ou remis à des tiers d'une autre manière, par l'obtenteur ou avec son consentement, aux fins de l'exploitation de la variété sur le territoire de l'État auprès duquel la demande a été déposée, depuis plus d'un an et sur un territoire autre que celui de l'État auprès duquel la demande a été déposée, depuis plus de quatre ans ou, dans le cas des arbres et de la vigne, depuis plus de six ans. Le droit de l'Union retient une approche similaire de la nouveauté, notamment les délais de grâce.

10. Sur cette notion, voir *supra* n° 440.
11. *Convention sur la diversité biologique*, Rio de Janeiro, 5 juin 1992.

Avant la réforme de décembre 2011, en droit interne, l'article L. 623-5 C. propr. intell. avançait que n'était pas réputée nouvelle l'obtention qui, en France ou à l'étranger, et antérieurement à la date du dépôt de la demande, avait reçu une publicité suffisante pour être exploitée, ou qui se trouve décrite dans une demande de certificat ou dans un certificat français non encore publié ou dans une demande déposée à l'étranger et bénéficiant de la priorité. La formule retenue par le législateur est maintenant un peu différente. L'article L. 623-5 C. propr. intell. dispose qu'une variété n'est pas réputée nouvelle lorsque du matériel de reproduction ou de multiplication végétative ou un produit de récolte a été vendu ou remis à des tiers sous quelque forme que ce soit par l'obtenteur ou avec son consentement, aux fins de l'exploitation de la variété, depuis plus de douze mois sur le territoire français ou sur le territoire de l'Espace économique européen. Une harmonisation totale est opérée avec le droit international et le droit de l'Union. La variété n'est pas non plus réputée nouvelle lorsque cette vente par l'obtenteur ou avec son consentement ou cette remise à des tiers a eu lieu sur un autre territoire, aux fins d'exploitation de la variété, depuis plus de quatre ans avant la date du dépôt de la demande de certificat d'obtention végétale, ou dans le cas des arbres et de la vigne depuis plus de six ans avant ladite date.

651. Les écarts substantiels antérieurs entre les éléments pris en référence pour apprécier la fiction de la nouveauté compliquaient le choix entre les titres de propriété, en raison de l'absence de délai de grâce en droit interne. Selon les cas, le critère sera rempli ou non. Dans le système français, la nouveauté était détruite par une divulgation au travers de l'offre de vente ou la mise dans le commerce. Cette notion de divulgation ne recouvrait pas celle du droit des brevets ou du droit des dessins et modèles. La nouveauté pouvait aussi être détruite par l'existence d'une demande antérieure, comme pour les autres titres de propriété intellectuelle. Dans les deux cas, la divulgation devait être suffisante – ce qui suppose qu'elle portait sur assez d'éléments pour une reproduction de ceux-ci, et publique, sans limitation de territoire. Le Code de la propriété intellectuelle avançait que si la publicité était suffisante pour permettre une exploitation de la variété, elle était destructrice de nouveauté. La Cour de cassation avait retenu cette solution à propos de la commercialisation d'un hybride entraînant nécessairement la divulgation de ses parents[12].

Dans le système européen et celui de l'UPOV, et depuis la réforme de décembre 2011 dans le système de droit interne, l'offre de vente n'est pas visée, seule la mise dans le commerce aux fins d'exploitation de la variété est retenue, ce qui fait de ce critère le critère commun à l'ensemble des régimes. La nouveauté est donc plus largement appréciée, la publicité apportée à une variété, sans vente, n'emporte pas destruction de la nouveauté. Il faut, d'une part, une vente effective d'une quantité substantielle de matière pour que la nouveauté soit détruite et, d'autre part, que cette commercialisation soit réalisée sur le territoire de l'UE depuis plus d'un an ou en dehors de ce territoire depuis plus de quatre ou six ans selon les variétés en cause.

12. Cass. com., 4 mars 1986, *Bull. civ.* IV, n° 36 ; *JCP* E 1987, I, 15014, note Deniniolle ; *Grands arrêts de la PI*, Dalloz, 2003, n° 25, obs. Lacour et Macrez ; Cass. com., 10 juill. 1989, *Bull. civ.* IV, n° 214 ; *PIBD* 1990, n° 479, III-347.

2. Les divulgations non destructrices de nouveauté

652. Chaque système écarte la divulgation lorsque celle-ci est effectuée contre la volonté de l'obtenteur, dans des circonstances d'abus caractérisé. Ne constituent pas plus une divulgation de nature à détruire la nouveauté de la variété son utilisation par l'obtenteur dans ses essais ou expérimentations, son inscription à un catalogue ou à un registre officiel d'un État partie à l'UPOV – d'une façon générale la remise à des fins réglementaires du matériel de la variété à un organisme officiel ou officiellement habilité –, et sa présentation dans une exposition officielle ou officiellement reconnue. L'article L. 623-5 II nouveau impose explicitement pour bénéficier de cette clémence pour la remise à des tiers aux fins d'expérimentation ou de présentation dans une exposition officiellement reconnue que l'obtenteur ait expressément stipulé l'interdiction d'exploiter commercialement la variété dont le matériel a été remis.

3. La priorité unioniste

653. Suivant le modèle adopté pour l'ensemble des titres de propriété intellectuelle soumis à une procédure de dépôt, le droit des COV intègre un mécanisme de priorité unioniste. Ce mécanisme est une fois encore fondé sur un principe d'assimilation – demandeur étranger ressortissant d'un État membre de l'UPOV devant être traité comme un national –, et un délai de priorité. Au-delà des États membres de l'UPOV, le Code de la propriété intellectuelle applique un mécanisme de réciprocité qui fait que tout étranger peut bénéficier d'un COV en France, à condition que les Français bénéficient, pour les genres et espèces considérés, de la réciprocité de protection de la part de l'État dont il a la nationalité ou dans lequel il a son domicile ou son établissement.

L'obtenteur qui a régulièrement fait le dépôt d'une demande d'appropriation d'une variété auprès de l'un des États parties à l'UPOV jouit, pour effectuer le dépôt d'une demande d'octroi d'un droit d'obtenteur pour la même variété auprès d'autres États membres, d'un droit de priorité pendant un délai de douze mois, à compter de la date du dépôt de la première demande. En droit interne, ce principe de priorité est repris à l'article L. 623-6 al. 3 C. propr. intell. qui dispose que la nouveauté, au sens de l'article L. 623-5, d'une variété dont la demande bénéficie de la priorité s'apprécie à la date du dépôt de la demande prioritaire.

654. Pour bénéficier du droit de priorité, l'obtenteur doit, dans la demande subséquente, revendiquer la priorité de la première demande. L'office, auprès duquel la demande subséquente est déposée, peut exiger, sous trois mois, une copie des documents de la première demande, certifiée conforme par l'office auprès duquel elle aura été déposée, ainsi que des échantillons ou toute autre preuve que la variété qui fait l'objet des deux demandes est la même. L'UPOV retient que le demandeur bénéficie d'un délai de deux ans après l'expiration du délai de priorité ou, lorsque la première demande est rejetée ou retirée, d'un délai approprié à compter du rejet ou du retrait, pour fournir à l'office auprès duquel il a déposé une demande subséquente, tout renseignement, document ou matériel requis par cet office en vue de l'examen de la demande. Le rejet de la demande dans l'État de dépôt initial n'emporte pas la perte du droit de propriété et ne lie pas les États membres de l'UPOV. Suivant un principe d'indépendance, aucun État ne peut refuser d'octroyer un COV ou limiter sa durée au motif que la protection n'a pas été demandée pour la même variété, a été refusée ou est expirée dans un autre État ou une autre organisation intergouvernementale.

L'autonomie du délai de priorité par rapport au titre de propriété est clairement affirmée. Grâce aux effets de la priorité, ne sont pas opposables à la validité des certificats d'obtention dont la demande a été déposée dans les conditions de la priorité les faits survenus dans le délai de priorité tels qu'un autre dépôt, la publication de l'objet de la demande ou l'exploitation de la variété en cause.

B La distinction

655. La distinction est un caractère complémentaire de la nouveauté, comme l'activité inventive ou le caractère propre pour le droit des brevets et le droit des dessins et modèles. Par ce terme, à ne pas confondre avec le caractère distinctif de la marque, le droit des COV intègre un critère qualitatif, partiellement subjectif, élevant le seuil d'appropriation. L'approche purement objective de la nouveauté ne suffit pas à justifier la délivrance d'un COV, il est nécessaire que le bien soit porteur de qualités supérieures. Ainsi, l'article L. 623-2 C. propr. intell. retient que la variété, pour être appropriable, doit se distinguer nettement de toute autre variété dont l'existence, à la date du dépôt de la demande, est notoirement connue. En retenant cette formule, le droit interne s'aligne sur celle de l'UPOV.

Si l'ensemble des régimes applicables aux COV retient ce critère, il n'est pas appliqué exactement de la même façon. Dans sa version antérieure à la réforme de décembre 2011, la condition de distinction était remplie si la variété appropriée se différenciait des variétés analogues déjà connues par un caractère important, précis et peu fluctuant, ou par plusieurs caractères dont la combinaison était de nature à lui donner la qualité de variété nouvelle. L'UPOV retient que le critère est rempli si la variété se distingue nettement de toute autre variété dont l'existence, à la date de dépôt de la demande, est notoirement connue. La Convention précise que le dépôt, dans tout pays, d'une demande d'octroi d'un COV pour une autre variété ou d'inscription d'une autre variété sur un registre officiel de variétés est réputé rendre cette autre variété notoirement connue à partir de la date de la demande, si celle-ci aboutit à l'octroi du droit d'obtenteur ou à l'inscription de cette autre variété sur le registre officiel de variétés, selon le cas. Le droit de l'UE adopte une définition plus scientifique de ce critère. L'article 7 du règlement 2100/94 avance qu'une variété est considérée comme distincte si elle se distingue nettement, par référence à l'expression des caractères qui résulte d'un génotype ou d'une combinaison de génotypes donnés, de toute autre variété dont l'existence est notoirement connue à la date de dépôt de la demande. Le règlement retient en complément une approche de la notoriété similaire à celle de l'UPOV.

La distinction, dans ces définitions, est étrangement liée à la nouveauté par le truchement de la notoriété, mais il faut donner un sens limité à cette notion, qui remplit une fonction complémentaire.

1. La différence nette ou importante

656. L'approche qualitative du bien intellectuel est indéniablement présente au travers de ce critère retenu par l'ensemble des régimes. Le titre de propriété doit être accordé uniquement si le bien comporte une différence « *nette* » ou une différence « *importante* ». On retient une portée similaire à ces deux expressions qui ne font que traduire un seuil élevé de nouveauté. Une faible nouveauté, pour laquelle une différence avant l'art antérieur serait relevée mais sans que cette différence soit nette ou importante, ne justifie pas la délivrance d'un titre de propriété. En deçà d'un certain seuil, l'activité intellectuelle est insuffisante pour bénéficier d'une appropriation. Il y a un critère qualitatif qui se cumule au critère objectif de la nouveauté et limite le domaine de l'appropriable. L'application du critère de l'importance fait l'objet de très peu de contentieux en droit interne à l'aune de l'ancien régime.

La détermination de la différence nette ou importante est d'autant plus stricte qu'elle doit se fonder sur un élément précis et non fluctuant caractérisant la variété en cause. L'approche européenne est similaire, le caractère en cause est un élément du génotype de la variété.

Comme pour les autres régimes de propriété, ce critère qualitatif est fondé sur une notion floue, molle, susceptible d'interprétations variées tant de la part du juge que des offices. Plus le seuil d'appréciation de la différence nette ou importante est élevé, plus il sera difficile d'obtenir un titre de propriété.

C'est un critère relatif, la différence est appréciée au regard de l'état de l'art antérieur. Il faut une différence nette ou importante avec ce qui existait avant la demande de COV. À la différence du droit des brevets ou du droit des dessins et modèles, le référent pour l'application de ce critère relatif n'est pas l'homme de l'art, mais l'état de l'art, soit l'ensemble des variétés existant, approprié ou non.

2. La notoriété

657. La notoriété est une condition complémentaire qui ne se confond pas avec la différenciation nette ou distincte mais qui, comme celle-ci, encadre le critère de la nouveauté. Ce critère se retrouve désormais dans les trois régimes exprimés de façon identique. Le titre de propriété porte sur une obtention végétale qui constitue une subdivision des variétés végétales ; en imposant que l'objet de la demande ait les qualités d'une variété nouvelle, le Code de la propriété intellectuelle requiert des qualités similaires à celles des autres régimes.

L'intégration de la notoriété ou de la nouveauté dans le critère de la distinction est une conséquence directe de la définition de la nouveauté pour les COV qui est strictement focalisée sur l'appropriation et les actes d'exploitation antérieurs. Ne faisant pas référence à l'état de l'art, aux variétés connues d'une façon générale, même non appropriées, il était nécessaire que le législateur écarte du droit de propriété des variétés connues bien que non commercialement exploitées ni appropriées. L'intérêt de ce critère est qu'il met en avant, cette fois-ci, non pas l'état de l'art mais le public, il ne faut pas accorder de propriété à une variété qui serait connue du public avant la date de dépôt. La notoriété s'apprécie en fonction de la possibilité pour le public de connaître les caractéristiques de la variété, peu importe ici qu'il y ait ou non un large public. Elle assure une sélection rigoureuse des découvertes appropriables. L'expression notoire pour les COV ne doit pas être confondue avec celle retenue en droit des marques. La CJ a mis en œuvre ce critère de la notoriété dans un arrêt d'avril 2010[13]. En 2001, un obtenteur demande la protection pour une variété végétale SUMCOL 01. Ses concurrents s'y opposent en faisant valoir l'absence de nouveauté, plusieurs examens techniques ayant montré que la variété déposée se distinguait faiblement de l'état naturel. Le 19 avril 2004, l'OEVV rejette la demande de protection. La Chambre de recours de l'office ne donne pas davantage raison au déposant. Le T. UE[14] écarte aussi la possibilité d'obtenir un titre de propriété pour la variété en cause, une plante quasi-identique ayant été identifiée en Afrique du Sud dans un jardin. Le Tribunal retient que « *sur la question cruciale de la notoriété de la variété de référence, les affirmations de M. van Jaarsveld sont corroborées par les autorités sud-africaines et par plusieurs publications scientifiques* ». La CJ retient que M. Schräder cherchaient « *à remettre en cause les appréciations de fait effectuées par le Tribunal, et, en particulier, à contester la valeur probante que ce dernier a reconnue à ces faits* ». Elle ajoute que l'obtenteur ne peut critiquer l'invocation par le Tribunal d'informations publiées dans des revues scientifiques, dans la mesure où ce motif de l'arrêt critiqué était surabondant. La Cour considère que la notoriété visée à l'article 7 du Règlement était suffisamment établi par la présence d'une variété quasi-identique dans ce jardin d'Afrique du Sud. La notoriété n'avait pas à être confortée par des considérations supplémentaires, et notamment l'état des publications scientifiques sur la question.

C L'homogénéité

658. L'homogénéité doit garantir que l'ensemble des plantes appartenant à une même variété présente une identité globale. Le droit interne impose que la variété soit homogène pour l'ensemble de ses caractères. L'UPOV, toute comme le nouvel article L. 623-2 C. propr. intell., indique que la variété est réputée homogène si elle est suffisamment uniforme dans ses caractères pertinents, sous réserve de la variation prévisible compte tenu des particularités de sa reproduction sexuée ou de sa multiplication végétative. L'homogénéité s'apprécie au regard des seuls caractères essentiels et non de tous les caractères de la variété. Des variations peuvent intervenir sans remettre en cause l'homogénéité si ces variétés sont simplement l'effet de la reproduction naturelle des plantes en cause. Le droit de l'UE s'inscrit dans cette démarche, l'homogénéité devant s'apprécier au regard des caractères utilisés pour décrire la variété.

Le contrôle de l'homogénéité s'effectue en pratique sur la base de vingt plants, suivant les directives générales de l'UPOV, pour lesquels il est admis une tolérance de 5 % d'individus ne présentant pas tous les caractères requis pour la description de la variété. Les caractères de la variété contrôlés sont les mêmes que ceux envisagés pour la distinctivité et la stabilité.

---

13. CJUE, 15 avr. 2010, aff. C-38/09 *P, Ralf Schräder contre OCVV*, *Rec.* I-03209 ; *Prop. Indust.* 2010, Alerte 82.
14. T. UE, 19 nov. 2008, aff. T-187/06, *Schräder*, *Rec.* II-03151.

D La stabilité

659. La stabilité permet de contrôler que les plants issus de la reproduction de la variété pour laquelle un COV est demandé présentent les mêmes caractéristiques que les plants originaux. Le Code de la propriété intellectuelle retenait que le critère de la stabilité était rempli si un plant est identique à sa définition initiale à la fin de chaque cycle de multiplication. L'UPOV et le règlement 2100/94, toujours selon une technique de fiction, affirment qu'une variété est réputée stable si ses caractères pertinents restent inchangés à la suite de ses reproductions ou multiplications successives, ou à la fin de chaque cycle. Le nouvel article L. 623-2 C. propr. intell. avance que la variété demeure stable, si elle est identique à sa définition initiale à la suite de ses reproductions ou multiplications successives ou, en cas de cycle particulier de reproduction ou de multiplication, à la fin de chaque cycle.

En pratique, on constate que si la condition de l'homogénéité est remplie, la variété est généralement tenue pour stable. L'UPOV admet que ce dernier critère peut être mesuré avec moins de certitude que la distinctivité et la nouveauté.

Section 2
La délivrance du titre

660. La délivrance du titre de propriété suppose dans un premier temps d'identifier les personnes habilitées à obtenir un titre de propriété, avant d'envisager la procédure à suivre pour la délivrance par les offices d'un COV. Il sera enfin nécessaire de préciser les conditions dans lesquelles la dénomination du COV est arrêtée.

§ 1. Les personnes habilitées à demander

661. Il faut envisager, d'une part, la situation de l'obtenteur et, d'autre part, l'influence du salariat.

A L'obtenteur

662. Le droit des obtentions végétales stigmatise une nouvelle catégorie de personnes : l'obtenteur. Si ce dernier est défini par le règlement 2100/94 et par l'UPOV, le droit interne était silencieux, le nouvel article L. 623-6 C. propr. intell. définit cette notion. Par analogie ou par anticipation, les solutions des textes internationaux se trouvent, *de lege lata*, reprises pour l'application du régime interne des obtentions végétales, ce que confirme le législateur en 2011.

L'« *obtenteur* » est la personne qui crée une variété végétale. Cette personne est tenue pour être celle qui effectue le premier dépôt d'une demande de COV pour une variété donnée. La règle du premier déposant et non du premier obtenteur s'applique comme en droit des brevets. Ce principe se déduit des dispositions de l'article L. 623-1 C. propr. intell. qui prive de nouveauté les dépôts ultérieurs. Le dépôt peut être fait par l'obtenteur ou par un mandataire. Le C. propr. intell. n'aborde pas la question de la situation matrimoniale de l'obtenteur. La loi n'apporte aucune précision quant à la qualification du COV en présence d'un obtenteur marié, ni des conditions de dévolution de ce bien dans la succession de ce dernier.

L'obtenteur peut choisir l'office de l'UPOV auprès duquel il désire déposer sa première demande de droit de propriété, et il peut demander l'octroi d'un COV auprès d'autres États sans attendre que le premier COV lui ait été délivré par l'office qui a reçu la première demande.

La loi de 2011 est venue préciser la situation des obtenteurs étrangers. L'article L. 623-6 retient qu'un COV peut être demandé par toute personne ressortissant d'un État partie à UPOV ainsi que par toute personne ressortissant d'un État membre de l'Union européenne ou ayant son domicile, siège ou établissement dans l'un de ces États. Suivant les mécanismes de l'Union de Paris, la personne demandant un certificat d'obtention peut, lors du dépôt en France de cette demande, revendiquer le bénéfice de la priorité de la première demande déposée antérieurement pour la même variété dans l'un desdits États par elle-même ou par son auteur, à condition que le dépôt effectué en France ne soit pas postérieur de plus de douze mois à celui de la première demande[15]. En dehors de ces cas, tout étranger peut bénéficier d'un COV en France à condition que les Français bénéficient de la réciprocité de protection de la part de l'État dont il a la nationalité ou dans lequel il a son domicile, siège ou établissement.

À la mort du propriétaire, il convient d'appliquer le droit commun des successions, le COV devient un élément de l'indivision successorale[16].

663. Si la création est le produit d'un travail commun, une copropriété est organisée entre les co-obtenteurs qui détiennent conjointement le titre de propriété. Le Code de la propriété intellectuelle renvoie au régime de la copropriété de brevet pour établir le régime de la copropriété de COV[17], le règlement propose une application raisonnée des règles de propriété (art. 28, règl. 2100/94).

En cas de dépôt frauduleux, l'obtenteur peut engager une action en revendication de son bien selon la procédure de l'article L. 611-8 C. propr. intell., suivant une solution avancée par la doctrine et avalisée par la Cour de cassation dans un arrêt du 14 décembre 2004[18].

Enfin, la possession personnelle antérieure n'est pas en tant que telle visée pour les COV, mais la jurisprudence, toujours en analogie avec les solutions du droit des brevets, a ponctuellement admis l'application d'un tel régime. Il s'agit d'une solution strictement prétorienne, en l'absence d'un renvoi par l'article L. 623-24 vers l'article L. 613-7 C. propr. intell.

B Le salariat et la commande

664. Construction chaotique, le régime du COV n'intégrait pas en droit interne de dispositions spécifiques pour les créations de salarié soumises à ce

15. Voir *supra* n° 653.
16. Voir CA Rennes, 10 janv. 2012, *Prop. Indust.* 2012, comm. 42, obs. N. Bouche.
17. Voir *supra* n° 589 et s.
18. Cass. com., 14 déc. 2004, *RTD com.* 2005.300, obs. J.-C. Galloux.

régime de propriété, alors que l'UPOV et le règlement 2100/94 tranchent cette question. La réforme de 2011 a mis fin à cette carence, l'article L. 623-24 C. propr. intell. intègre désormais un renvoi explicite vers l'article L. 611-7 C. propr. intell.[19], en précisant que les inventions y étant entendues comme les obtentions, les brevets comme les certificats d'obtention végétale et la commission de conciliation comme celle instituée par un décret spécifique au domaine particulier des obtentions végétales.

L'UPOV comme le règlement 2100/94 envisagent l'attribution des droits de propriété à l'employeur, mais dans les deux cas, il y a un renvoi au droit national applicable au contrat de travail.

665. La loi ancienne était silencieuse pour les salariés, en revanche, elle apportait déjà une solution pour les agents de la fonction publique. Le décret nº 96-858 du 2 octobre 1996[20], sans clairement trancher la question de l'appropriation des COV issus des travaux des agents, tient pour acquis, de façon assez étrange, que ces titres de propriété appartiennent à l'État et propose un intéressement pour les agents créateurs. Le système appliqué est celui retenu pour les logiciels, domaine où l'article L. 113-9 C. propr. intell. mentionne clairement l'appropriation par l'État, *ab initio*, des droits d'auteur sur les logiciels développés par ses agents. Sans de telles précisions légales, le régime d'intéressement est le même. On constate de façon troublante que les renvois sont faits vers le droit des brevets, mais qu'ils sont faits sur cette question vers le droit d'auteur. Preuve à tout le moins de la complémentarité des régimes et de l'unité de leur agencement général.

666. Pour le contrat de commande, le droit de l'Union comme l'UPOV évoque la possibilité pour l'ayant cause et l'ayant droit de revendiquer la qualité d'obtenteur et donc de pouvoir déposer, *ab initio*, la demande de COV.

§ 2. La forme et les effets de la demande

667. Avant la réforme de décembre 2011, la demande de COV était déposée, en France, au secrétariat général du Comité de la protection des obtentions végétales (CPOV) dont le régime était établi aux articles L. 412-1 et suivants C. propr. intell., et pour le titre de l'Union auprès de l'Agence européenne des variétés végétales (AEVV). La réforme est venue modifier la nature et le fonctionnement de ce Comité. L'article L. 412-1 nouveau installe « l'instance nationale des obtentions végétales » (INOV), un groupement d'intérêt public, comprenant notamment l'État et l'Institut national de la recherche agronomique, qui assure les fonctions d'instance nationale des obtentions végétales. Il eut été bon d'intégrer l'INPI dans ce mécanisme afin d'assurer une bonne coordination entre le droit des

19. Sur ce régime, voir *supra* nº 474 et s.

20. Décret nº 96-858 du 2 oct. 1996 relatif à l'intéressement de certains fonctionnaires et agents de l'État et de ses établissements publics ayant participé directement à la création d'un logiciel, à la création ou la découverte d'une obtention végétale ou à des travaux valorisés, *JORF* 3 oct. 1996, p. 11910 ; voir F. Schmidt et J.-F. Bloch, « Le régime d'intéressement des fonctionnaires et des agents publics », *RDPI* 1997, nº 76 p. 7 ; L. Tellier-Loniewski, « Intéressement des fonctionnaires et agents publics aux résultats de l'innovation », *Gaz. Pal.* 13-15 avr. 1997, p. 10.

brevets et le droit des obtentions végétales, les deux domaines étant complémentaires. On retrouve un choix similaire à celui de l'UE qui n'a pas confié à l'Agence la gestion des obtentions végétales de l'Union, préférant créer un office *ad hoc* à Anger. Ce GIP est chargé d'appliquer les lois et règlements applicables aux COV et, notamment, de délivrer le titre de propriété. Cette instance doit apporter son appui à l'État pour l'élaboration de la réglementation nationale et des accords internationaux relatifs aux variétés végétales. L'organisation de cette instance traduit la place particulière des COV entre agriculture et propriété intellectuelle. Ainsi, le responsable au sein du GIP des missions relevant de l'instance nationale des obtentions végétales est nommé par le ministre chargé de l'agriculture. Il prend les décisions prévues par le C. propr. intell. à l'occasion de la délivrance, du rejet ou du maintien des COV. Comme le directeur de l'INPI[21], il exerce ses fonctions indépendamment de toute autorité hiérarchique ou de tutelle. Les ressources de ce GIP sont assurées, suivant le modèle classique de financement des offices de propriété intellectuelle, selon les dispositions de l'article L. 623-16 C. propr. intell. par le paiement de taxe. L'examen préalable, la délivrance du certificat et tous actes d'inscription ou de radiation donnent lieu au versement de taxes pour services rendus (injustement dénommées redevance par la loi). Comme pour les brevets, une taxe est versée annuellement pendant toute la durée de validité du certificat. Le barème de ces taxes est fixé par voie réglementaire.

668. La demande de certificat d'obtention végétale doit comporter une description de la manière selon laquelle la variété a été obtenue ou découverte, et une description complète de la variété avec mention des caractères permettant, selon le requérant, de la distinguer des variétés déjà connues. Pour les variétés dont la production commerciale nécessite l'emploi répété d'une autre variété, les caractères de cette autre variété doivent être également décrits. Le dépôt mentionne la dénomination proposée par l'obtenteur, le cas échéant, des États dans lesquels une demande de protection a été déposée et l'autorisation accordée au comité d'échanger avec les autorités compétentes de tout État membre ou non de l'UPOV tous les éléments d'information sur les résultats des examens qui sont en cours ou qui ont pu être effectués sur ladite variété. Il est possible d'annexer à la demande des dessins ou photographies et tous renseignements susceptibles d'éclairer l'office concernant notamment des examens en culture, officiels ou privés. Le dépôt devant l'AEVV doit mentionner l'origine géographique de la variété.

Le déposant joint à la demande de COV une déclaration affirmant que la variété pour laquelle la protection est demandée constitue à sa connaissance une obtention au sens de l'article L. 623-1, et qu'elle n'a pas été commercialisée avec l'accord de l'obtenteur ou de son ayant cause. Surtout, il prend l'engagement de fournir à l'office, sous peine de rejet de la demande, le matériel de reproduction ou de multiplication végétative de la variété destiné à permettre un examen de ladite variété, y compris, le cas échéant, les différents composants héréditaires nécessaires à la reproduction de la variété.

21. Cf. *supra* n° 532.

669. Comme en droit des brevets, le ministre chargé de la défense est habilité à prendre connaissance auprès de l'INOV, à titre confidentiel, des demandes de certificat (art. L. 623-8 C. propr. intell.). Des délégués du ministre chargé de la défense nationale, spécialement habilités à cet effet, prennent connaissance, dans les locaux de l'INOV, des demandes de COV déposées. Celles-ci sont présentées, dans le délai de quinze jours à compter de la date de leur réception, à l'INOV. Lorsque la demande est formulée par les délégués du ministre, le INOV doit, s'il ne l'a déjà fait, inviter l'obtenteur ou son ayant cause à fournir dans les plus courts délais compatibles avec le mode de reproduction ou de multiplication végétative de la variété, le matériel utilisé à ces opérations et le communiquer dès sa réception aux délégués du ministre. Une liste des espèces végétales dont les obtentions faisant l'objet de demandes de certificat ne peuvent être divulguées et exploitées librement sans autorisation spéciale est, par ailleurs, fixée par voie réglementaire. La demande d'autorisation de divulguer et d'exploiter librement une obtention appartenant à cette liste doit être formulée auprès de l'INOV. L'autorisation est notifiée au déposant par le ministre chargé de l'agriculture sur avis du ministre chargé de la défense nationale.

§ 3. Pouvoirs et fonctions des offices

670. La décision d'octroyer un titre de propriété exige un examen de la conformité aux conditions d'appropriation, réalisé par un office, notamment le INOV ou l'AEVV, qui dispose de la possibilité de mettre la variété en culture ou d'effectuer les autres essais nécessaires, de faire effectuer la mise en culture ou les autres essais nécessaires, ou de prendre en compte les résultats des essais en culture ou d'autres essais déjà effectués. En vue de cet examen, les offices peuvent exiger de l'obtenteur tout renseignement, document ou matériel nécessaire. La procédure devant l'office s'effectue en deux temps, en premier la procédure d'examen puis l'adoption d'une décision. Ces décisions sont susceptibles de recours.

A L'examen

671. Suivant les dispositions de l'article L. 623-12 C. propr. intell., le COV n'est délivré que s'il résulte d'un examen préalable que la variété faisant l'objet de la demande de protection constitue une obtention végétale conformément à l'article L. 623-2. L'office régulièrement saisi procède à l'instruction de la demande de certificat d'obtention végétale et, le cas échéant, à l'examen des observations qui s'y rapportent afin de pouvoir régulièrement délivrer le titre de propriété. Il arrête les modalités de l'instruction ; il peut notamment décider de ne pas procéder à un examen préalable s'il résulte des documents en sa possession qu'un tel examen a déjà été effectué et que les renseignements qu'ils contiennent lui apparaissent suffisants pour prendre une décision. Dans le cas où l'office décide de faire procéder à un examen de la variété, il en fixe la durée et les modalités. Cet examen porte sur la nouveauté, l'homogénéité et la stabilité, à l'exclusion de toute appréciation sur la valeur culturale.

1. Le contrôle de forme

672. Dès le dépôt de la demande de COV, un exemplaire de la demande de COV est remis au déposant, revêtu d'un visa attestant le jour et l'heure du dépôt de la demande et comportant un numéro d'enregistrement. L'office procède, dans un premier temps, à un examen de conformité formelle de la demande de COV, notamment au regard des taxes à acquitter. Si l'office constate des irrégularités, il invite le déposant à y remédier dans un délai de deux mois, à défaut, la demande est déclarée irrecevable et renvoyée au déposant ; les taxes éventuellement versées lui sont remboursées.

Le bénéfice de la date de dépôt de la demande de COV est acquis si sont produites lors de ce dépôt au moins les pièces nécessaires à la procédure, même si ces pièces ne sont pas régulières en la forme. Toute demande de COV régulièrement déposée est publiée dans un bulletin officiel édité par l'office saisi. Cette publication a notamment pour objet de porter la demande de COV à la connaissance des tiers. À compter du jour de la publication, toute personne peut prendre connaissance de la demande.

L'examen préalable, la délivrance du certificat et tous actes d'inscription ou de radiation donnent lieu au versement de taxes pour services rendus. Par la suite, une taxe est versée annuellement pendant toute la durée de validité du certificat.

2. Le contrôle de fond

673. Une fois l'examen formel accompli, l'office procède à l'examen technique de la demande de COV[22] afin de vérifier si la variété remplit les conditions de stabilité, de nouveauté, de distinctivité et d'homogénéité. L'office procède lui-même à cet examen ou le fait réaliser par d'autres organismes. L'obtenteur doit remettre à l'office le matériel destiné à l'examen technique et les échantillons de référence en qualité et quantité suffisantes pour l'examen. Sauf s'il retient une autre méthode, l'office procède à des essais en culture de la variété.

Un rapport d'examen technique est établi indiquant en particulier si la variété répond aux exigences des COV, il est communiqué au demandeur qui peut faire connaître ses observations. Si le rapport est insuffisant pour se prononcer sur l'appropriabilité de la variété, l'office peut prévoir un examen complémentaire. L'article L. 623-12 C. propr. intell. retient que l'INOV peut tenir pour suffisant l'examen préalable effectué dans un autre État partie à l'UPOV, tout comme il peut prendre en compte l'examen réalisé par l'obtenteur ou son ayant cause. Enfin, l'INOV peut faire appel à des experts étrangers.

3. Contestation ou objection

674. Le droit interne et le droit de l'UE imposent une procédure ouverte aux tiers par laquelle ces derniers peuvent présenter des observations à l'office voire s'opposer à la délivrance du titre de propriété.

22. Voir N. Bouche, « Caractères contrôlés dans le cadre de l'examen technique communautaire », *Prop. Indust.* 2010, comm. 69.

Dans un délai de deux mois à compter de la date de la publication (trois mois pour la procédure européenne), toute personne y ayant intérêt peut présenter des observations à l'office chargé de la procédure de délivrance. Les observations sont notifiées par l'office au demandeur en lui fixant un délai pour répondre.

En droit de l'UE, les objections à l'octroi du COV adressées à l'AEVV impliquent le tiers dans la procédure de délivrance : il a accès à l'ensemble des documents relatifs à la procédure de délivrance. Les objections ne peuvent invoquer que des motifs limités : la distinction, l'homogénéité, la stabilité, la nouveauté et la qualité d'obtenteur. Il peut aussi avancer une contestation fondée sur l'irrégularité de la dénomination. Hors de ces cas, aucune objection ne peut être reçue. Elles peuvent être présentées à tout moment mais nécessairement avant la décision de rejet ou d'octroi rendue par l'office pour les conditions de fond et uniquement dans un délai de trois mois à compter de la publication pour les objections portant sur la dénomination.

Lorsque l'objection est retenue par l'office sur le fondement d'une usurpation de la qualité d'obtenteur, si l'auteur de l'objection dépose à son tour une demande de COV pour la même variété dans un délai d'un mois à compter du rejet de la demande, il peut exiger de bénéficier de la date de dépôt de la demande frauduleuse.

En droit interne, les contestations relatives au bien-fondé du droit de l'obtenteur sur la variété pour laquelle un COV est demandé doivent être portées directement devant un tribunal. L'instruction est alors suspendue à la requête écrite de toute personne qui apporte la preuve qu'elle a intenté une telle action en revendication de la propriété de la demande de certificat d'obtention. Toutefois, les essais décidés par le comité peuvent être effectués. L'instruction ne sera reprise que lorsque la décision du tribunal sera passée en force de chose jugée, ou avant, mais avec le consentement écrit de la personne qui a intenté l'action en revendication. Ce consentement est irrévocable. Pendant cette période, le titulaire de la demande ne peut retirer celle-ci sans le consentement de l'auteur de l'action en revendication qui, de plus, est appelé à participer à l'instruction au même titre que le titulaire de la demande.

B Les décisions de l'office

675. Le certificat n'est délivré que s'il résulte d'un examen préalable que la variété faisant l'objet de la demande d'appropriation constitue une obtention végétale. L'office statue sur la demande, il décide soit la délivrance du COV, soit le rejet de la demande, soit un supplément d'enquête dans des conditions et délais qu'il fixe. Dans tous les cas, sa décision est motivée (art. L. 623-7 C. propr. intell.) et notifiée au déposant et, le cas échéant, aux auteurs des observations.

La décision de délivrance comporte la description officielle de la variété. Le COV est établi au nom du titulaire de la demande. Si ce dernier n'est pas l'obtenteur, le nom de ce dernier est mentionné sur le COV. Le certificat est inscrit au registre de l'office, il est publié au *Bulletin officiel* dans un délai de trois mois à compter de la date de notification de délivrance. À compter de cette publication, toute personne peut prendre connaissance du COV tel que délivré, se faire délivrer des extraits, et prendre connaissance des pièces du dossier relatives au dépôt, à la procédure d'examen ou en obtenir reproduction.

676. La décision des offices peut faire l'objet de recours. Pour l'AEVV, toute personne peut former un recours contre une décision dont elle est destinataire, mais aussi si cette décision la concerne directement et individuellement, ce qui étend le nombre de personnes éligibles à ce recours. Il est formé par écrit auprès de l'office, dans un délai de deux mois à compter de la signification de la décision contestée ou de sa publication. Un mémoire exposant les moyens du recours doit être déposé dans un délai de quatre mois à compter de la même date. L'office peut directement réviser sa décision ou déférer sans délai le recours à la chambre de recours de l'office. La chambre examine la recevabilité du recours, organise un débat contradictoire, puis statue. Elle peut soit exercer les compétences de l'AEVV, soit renvoyer l'affaire devant le service compétent de l'office, ce dernier est alors lié par la décision de la chambre. Un recours contre cette décision peut être formé devant la CJ.

§ 4. La dénomination

677. Toute variété végétale appropriée par un COV doit être définie par une dénomination à laquelle correspondent une description et un exemplaire témoin conservé dans une collection.

A Qualités de la dénomination

678. La dénomination doit être une désignation générique permettant d'identifier la variété. La dénomination, pour pouvoir être enregistrée, doit permettre d'identifier la variété par rapport à toute autre variété et éviter tout risque de confusion avec toute autre variété de la même espèce botanique ou d'une espèce voisine, dans tous les États membres de l'UPOV. L'article L. 623-15 C. propr. intell. dispose en ce sens que « *le certificat désigne l'obtention par une dénomination permettant, sans confusion ni équivoque, son identification dans tous les États parties à la convention internationale pour la protection des obtentions végétales* ». Elle ne doit pas être susceptible d'induire en erreur ou de prêter à confusion en ce qui concerne l'origine, la provenance, les caractéristiques ou la valeur de la variété ou la personne de l'obtenteur. Elle ne doit pas être contraire aux bonnes mœurs ou à l'ordre public. Elle ne peut se composer uniquement de chiffres sauf lorsque c'est une pratique établie pour désigner des variétés. Elle doit notamment être différente de toute dénomination qui désigne, sur le territoire de l'une quelconque des parties de l'UPOV, une variété préexistante de la même espèce végétale ou d'une espèce voisine.

679. La dénomination de la variété est proposée par l'obtenteur à l'office. Une référence provisoire peut être donnée à la place d'une dénomination pour désigner la variété qui fait l'objet de la demande au moment du dépôt. La dénomination définitive doit être proposée sous peine d'irrecevabilité de la demande dans les deux mois de la notification qui est adressée au titulaire de la demande par l'office.

S'il est avéré que cette dénomination ne répond pas aux exigences légales, l'office refuse de l'enregistrer et exige que l'obtenteur propose, dans un délai prescrit, une autre dénomination. L'obtenteur doit présenter cette dernière dans un délai de deux mois à compter de la notification qui lui est faite. Cette nouvelle dénomination donne lieu aux mêmes mesures d'instruction et de publication. Dans le cas où l'obtenteur ne propose pas une nouvelle dénomination dans ce délai, la demande de certificat est déclarée irrecevable. La dénomination devient alors une condition essentielle pour la délivrance du titre de propriété.

La dénomination conforme est enregistrée par l'office en même temps qu'est octroyé le droit d'obtenteur. Les États membres de l'UPOV doivent s'assurer qu'aucun droit relatif à la désignation enregistrée comme la dénomination de la variété n'entrave la libre utilisation de la dénomination en relation avec la variété, même après l'expiration du droit d'obtenteur. La dénomination ne doit pas non plus porter atteinte aux droits antérieurs des tiers. Si, en vertu d'un droit antérieur, l'utilisation de la dénomination d'une variété est interdite à une personne qui est obligée de l'utiliser, l'office doit exiger de l'obtenteur une autre dénomination pour la variété.

680. Une fois la dénomination arrêtée pour un dépôt, une variété ne pourra faire l'objet de demandes d'octroi d'un droit de propriété auprès d'autres États que sous cette même dénomination. Chaque office est tenu d'enregistrer la dénomination proposée, à moins qu'il ne constate la non-convenance de cette dénomination sur son territoire. Dans ce cas, il exige que l'obtenteur propose une autre dénomination. Afin d'assurer cette concordance, les offices doivent assurer la communication entre eux des informations relatives aux dénominations variétales, notamment la proposition, l'enregistrement et la radiation de dénominations. Tout office peut transmettre ses observations éventuelles sur l'enregistrement d'une dénomination à l'office qui a communiqué cette dénomination.

Le certificat désigne l'obtention par une dénomination permettant, sans confusion ni équivoque, son identification dans tous les États parties à l'UPOV. La dénomination portée sur le certificat devient obligatoire dès la publication de celui-ci pour toute transaction commerciale même après l'expiration de la durée du certificat (art. L. 623-15 C. propr. intell.). Celui qui, sur le territoire d'un État de l'UPOV, procède à la mise en vente ou à la commercialisation du matériel de reproduction ou de multiplication végétative d'un COV doit utiliser la dénomination de cette variété, même après l'expiration du droit d'obtenteur relatif à cette variété, pour autant que des droits antérieurs ne s'opposent pas à cette utilisation.

B Dénomination et marque

681. La dénomination conférée à une variété ne peut faire l'objet d'un dépôt au titre dans un État partie à l'UPOV. Un tel dépôt peut toutefois être effectué à titre conservatoire, sans faire obstacle à la délivrance du certificat d'obtention, à condition que la preuve de la renonciation aux effets de ce dépôt dans les États parties à la convention soit produite préalablement à la délivrance dudit certificat (art. L. 623-15 C. propr. intell.). Toutefois, cela ne fait pas obstacle à ce que, pour une même obtention, il soit ajouté à la dénomination de la variété en cause une marque. Toutefois, la marque pourra souffrir de la popularité de la dénomination et risquer d'être sanctionnée pour défaut de distinctivité ou annulée[23].

La personne qui, à l'occasion de tous actes de cession, de concession ou de commercialisation des variétés appropriées, désire user de la faculté d'adjoindre à la dénomination variétale une marque, que cette marque lui soit propre ou qu'elle lui soit concédée, doit prendre certaines précautions notamment dans la correspondance, dans la publicité, dans l'établissement des catalogues commerciaux, sur les emballages ou étiquettes, afin que cette dénomination soit suffisamment apparente dans son contexte pour qu'aucune confusion ne soit susceptible de s'établir dans l'esprit de l'acheteur sur l'identité de la variété.

Section 3
Les droits et obligations attachés au titre

682. Le régime des COV est partiellement défini par le Code de la propriété intellectuelle par un renvoi au droit des brevets. L'article L. 623-24 retient que les dispositions des articles L. 613-8[24], L. 613-9, L. 613-21[25], L. 613-24[26], et L. 613-29 à L. 613-32[27] s'appliquent au COV et à l'INOV. Cette technique de législation par renvoi traduit une certaine unité de la propriété intellectuelle à laquelle on souscrit mais pèche par son approche partielle. N'assimilant pas totalement le régime de l'un à celui de l'autre, le Code de la propriété intellectuelle laisse des zones d'ombre. La doctrine et la jurisprudence exploitent ces renvois comme une source méthodologique pour interpréter et compléter le régime des COV. Après avoir identifié le contenu du droit de propriété, on envisagera les conditions dans lesquelles le propriétaire peut conserver son droit de propriété.

§ 1. Le droit de propriété

683. Outre la durée du titre de propriété, il faut déterminer les prérogatives reconnues au propriétaire, et les exceptions au droit de propriété.

A La durée

684. La durée de la propriété est de vingt-cinq ans à partir de la délivrance, toutefois, le nouvel article L. 623-7 C. propr. intell. énonce que le certificat délivré prend effet à la date de la demande. Pour les arbres forestiers, fruitiers ou

23. Cass. com., 24 sept. 2013, nº 11-23548, *Prop. Indust.* 2013, comm. 93, note N. Bouche ; *Prop. Indust.* 2014 ; comm. 6, obs. P. Tréfigny.

24. Voir *infra* les développements sur les contrats, nº 904 et s.

25. Voir *infra* les développements consacrés aux sûretés, nº 1052 et s.

26. L'article L. 613-24 a été modifié par la LME sans que le renvoi ne soit repensé. Si la renonciation à la propriété peut avoir du sens pour les COV, on se demande si la renonciation totale ou la limitation de la portée de la propriété trouve du sens pour les COV, voir *supra* nº 535, 602.

27. Sur le régime de copropriété, voir *supra* nº 589 et s.

d'ornement, pour la vigne ainsi que pour les graminées et légumineuses fourragères pérennes, les pommes de terre et les lignées endogames utilisées pour la production de variétés hybrides, la durée de la propriété est portée à trente ans.

Cette durée, identique en droit interne et en droit de l'UE, a été modifiée en droit interne par la loi 2006-236[28]. Ce texte, d'application immédiate, bénéficie aux titres de propriété déjà en vigueur dont la durée est prolongée afin d'atteindre ces nouvelles limites.

B Les prérogatives du propriétaire

685. La propriété a pour objet la variété telle qu'elle est décrite dans le COV. L'article L. 623-3 C. propr. intell. définit l'objet approprié par la conjonction de la description et d'un exemplaire témoin conservé dans une collection l'ensemble devant répondre à une dénomination.

L'article L. 623-4 C. propr. intell. complète la définition du périmètre approprié et propose une analyse extensive du droit de propriété qui couvre le bien intellectuel tel quel mais aussi tout bien fortement similaire. Le droit de propriété intègre les variétés qui ne se distinguent pas nettement d'une variété appropriée au sens de l'article L. 623-2, les variétés dont la production nécessite l'emploi répété de la variété appropriée, et les variétés essentiellement dérivées d'un COV antérieur lorsque cette variété n'est pas elle-même une variété essentiellement dérivée. Le législateur retient que constitue une variété essentiellement dérivée d'une autre variété, dite « variété initiale », une variété qui est principalement dérivée de la variété initiale ou d'une variété qui est elle-même principalement dérivée de la variété initiale, et qui se distingue nettement de la variété initiale, sauf en ce qui concerne les différences résultant de la dérivation, est conforme à la variété initiale dans l'expression des caractères essentiels résultant du génotype ou de la combinaison de génotypes de la variété initiale. Ces variétés essentiellement dérivées peuvent être obtenues, par exemple, par sélection d'un mutant naturel ou induit ou d'un variant somaclonal, sélection d'un individu variant parmi les plantes de la variété initiale, rétrocroisements ou transformation par génie génétique. Dans ces hypothèses, le droit de l'obtenteur porte sur tous les éléments de reproduction ou de multiplication végétative de la variété considérée ainsi que sur tout ou partie de la plante de cette variété.

686. Suivant l'article L. 623-4 C. propr. intell., aligné sur le droit de l'UPOV comme l'article 13 du règlement 2100/94, le titre de propriété confère à son titulaire le droit de produire, reproduire, conditionner aux fins de la reproduction ou de la multiplication, offrir à la vente, vendre ou commercialiser sous toute autre forme, exporter, importer ou détenir à l'une de ces fins du matériel de reproduction ou de multiplication de la variété appropriée.

Reprenant la formule de l'UPOV et limitant la portée de la propriété au regard du régime antérieur, la loi de décembre 2011 retient que lorsque les produits ont été obtenus par l'utilisation non autorisée de matériel de reproduction ou de multiplication de la variété appropriée, le droit de propriété s'étend, à

28. Loi n° 2006-236, 1er mars 2006, relative aux obtentions végétales, *JORF* 2 mars 2006, p. 3136 ; *RTD com.* 2006.340, obs. J.-C. Galloux.

moins que l'obtenteur ait raisonnablement pu exercer son droit sur les produits en question au produit de la récolte, y compris aux plantes entières et aux parties de plantes et aux produits fabriqués directement à partir d'un produit de récolte de la variété protégée. L'intégration de la réserve de l'exercice raisonnable de la propriété modifie l'équilibre du système et donne une approche plus finalisée à cette propriété. L'UPOV avait ouvert cette voie et tempère ce pouvoir au fait que l'obtenteur ait raisonnablement pu exercer son droit en relation avec ledit matériel de reproduction ou de multiplication, tout comme l'article 13 § 4 du règlement 2100/94. L'UPOV dispose que chaque partie contractante peut prévoir que l'autorisation de l'obtenteur est requise pour les actes de reproduction accomplis à l'égard des produits fabriqués directement à partir d'un produit de récolte de la variété protégée, à moins que l'obtenteur ait raisonnablement pu exercer son droit en relation avec ledit produit de récolte. La Convention ajoute que chaque partie contractante peut prévoir que l'autorisation de l'obtenteur est également requise pour des actes autres que ceux visés par la Convention.

Suivant les dispositions de droit transitoire arrêtées par la loi de décembre 2011, ce nouveau régime de l'article L. 623-4, à l'exception de celles relatives aux variétés essentiellement dérivées[29], sont applicables aux COV délivrés avant le 11 décembre 2011. Ces dispositions s'appliquent également aux COV délivrés pour les demandes de certificat enregistrées avant cette date, sauf pour les variétés essentiellement dérivées dont l'obtenteur a, avant le 11 décembre 2011, fait des préparatifs effectifs et sérieux en vue de leur exploitation ou que l'obtenteur a exploitées avant cette date.

Le droit européen intègre des aménagements importants. Pour sauvegarder la production agricole, l'article 14 du règlement 2100/94 avance une dérogation à la propriété européenne des obtentions végétales permettant aux agriculteurs d'utiliser, à des fins de multiplication en plein air dans leur propre exploitation, le produit de leur récolte obtenu par la mise en culture, dans leur propre exploitation, de matériel de multiplication d'une variété appropriée par un COV autre qu'une variété hybride ou synthétique[30]. Cette exception distingue nettement le régime européen du régime national des obtentions végétales. L'exception européenne est d'une application limitée, seules les espèces de plantes agricoles explicitement visées par le règlement peuvent être soumises à cette limite d'appropriation. Sont visées quelques plantes fourragères – trèfle, luzerne, pois chiche, quelques céréales – avoine, blé, orge, riz, les pommes de terre, le colza, la navette et le lin oléagineux, à l'exclusion du lin textile. Cette exception au droit de propriété est soumise à conditions : elle est gratuite pour les petits agriculteurs et impose une rémunération équitable pour les autres, rémunération équitable nécessairement inférieure au montant perçu pour une licence de matériel de multiplication[31]. La

29. N. Bouche, « Variété essentiellement dérivée – Entre ombre et lumière », *Prop. Indust.* 2011, Étude 2.

30. Sur l'obligation d'information qui lui est attachée, CJUE, 15 nov. 2012, aff. C-56/11, *Raiffeisen-Waren-Zentrale Rhein-Main*, *Prop. Indust.* 2013, comm. 7, note N. Bouche ; *RD rur.* 2013 n° 417 p. 24, obs. M. Boizard.

31. N. Bouche, « Privilège de l'agriculteur, rémunération équitable et réparation du préjudice », *Prop. Indust.* 2011, comm. 13. Voir CJUE, 5 juill. 2012, aff. C-509/10, *Josef Geistbeck, Thomas Geistbeck Vs. Saatgut-Treuhandverwaltungs GmbH*, *Europe* 2012, comm. 344, obs. L. Idot ; *RD rur.* 2013 n° 417 p. 24, obs. M. Boizard ; *Prop. Indust.* 2012, comm. 76, note N. Bouche ; qui retient que

loi de décembre 2011 intègre cette exception pour le titre de propriété national à l'article L. 623-24-1 C. propr. intell. pour les mêmes espèces. De plus, d'autres espèces complémentaires à celles visées par les dispositions complémentaires peuvent être énumérées par décret. Suivant le modèle de l'Union, l'article L. 623-24-2 C. propr. intell. ajoute que, sauf en ce qui concerne les petits agriculteurs, l'agriculteur doit une indemnité aux titulaires des certificats d'obtention végétale dont il utilise les variétés. Le législateur prend soin de proposer un régime juridique complet pour cette nouvelle licence. L'article L. 623-24-3 C. propr. intell. précise que lorsqu'il n'existe pas de contrat entre le propriétaire du COV et l'agriculteur concerné ou entre un ou plusieurs propriétaires de COV et un groupe d'agriculteurs concernés, ou d'accord interprofessionnel conclu dans les conditions prévues au chapitre II du titre III du livre VI du Code rural et de la pêche maritime, les conditions d'application de cette quasi-licence, y compris les modalités de fixation du montant de l'indemnité, dont le montant est sensiblement inférieur au montant perçu pour la production sous licence de matériel de multiplication de la même variété, sont établies par un décret. Enfin, le non-respect par les agriculteurs des conditions d'application de cette dérogation définie leur fait perdre le bénéfice de ces dispositions (art. L. 623-24-5 C. propr. intell.). Cette nouvelle exception au droit de propriété est applicable aux certificats d'obtention végétale délivrés avant le 11 décembre 2011.

Lorsque les agriculteurs ont recours à des prestataires de services pour trier leurs semences, ces opérations de triage doivent être faites dans des conditions permettant de garantir la traçabilité des produits issus de variétés faisant l'objet COV. En cas de non-respect de ces conditions, les semences sont réputées commercialisées et regardées comme une contrefaçon au sens de l'article L. 623-25 C. propr. intell.

C Les exceptions au droit de propriété

687. Comme pour tout régime de propriété intellectuelle, certaines limites à la propriété sont arrêtées (art. L. 623-4-1 C. propr. intell.), assez similaires à celles retenues en droit des brevets. Le propriétaire ne peut s'opposer aux actes accomplis dans un cadre privé à des fins non professionnelles ou non commerciales, aux actes accomplis à titre expérimental et aux actes accomplis aux fins de la création de nouvelles variétés ni au fait de produire, reproduire, conditionner aux fins de la reproduction ou de la multiplication, offrir à la vente, vendre ou commercialiser sous toute autre forme, exporter, importer ou détenir à l'une de ces fins du matériel de reproduction ou de multiplication de la nouvelle variété, sauf à être dans le régime de la variété essentiellement dérivée. Le COV est soumis au régime de l'épuisement du droit qui prend en l'espèce une double portée, l'épuisement UPOV et l'épuisement européen[32].

---

pour fixer la « rémunération équitable » due par un agriculteur qui a utilisé du matériel de multiplication d'une variété protégée obtenu par mise en culture, il convient de retenir comme base de calcul le montant de la redevance due pour la production sous licence de matériel de multiplication de variétés protégées de l'espèce végétale concernée dans la même région. Le paiement d'une indemnité en dédommagement des frais engagés pour le contrôle du respect des droits du titulaire d'une obtention végétale ne saurait entrer dans le calcul de la « rémunération équitable ».

32. Voir *infra* n° 1271 et s.

L'article L. 623-4-1 C. propr. intell., issu de la loi de décembre 2011, ajoute que le droit du propriétaire ne s'étend pas aux actes concernant sa variété ou une variété essentiellement dérivée de sa variété, ou une variété qui ne s'en distingue pas nettement, lorsque du matériel de cette variété ou du matériel dérivé de celui-ci a été vendu ou commercialisé sous quelque forme que ce soit par le titulaire ou avec son consentement. Toutefois, le droit du titulaire subsiste lorsque ces actes impliquent une nouvelle reproduction ou multiplication de la variété en cause, ou impliquent une exportation vers un pays n'appliquant aucune protection de la propriété intellectuelle aux variétés appartenant à la même espèce végétale de matériel de la variété permettant de la reproduire, sauf si le matériel exporté est destiné, en tant que tel, à la consommation humaine ou animale.

L'article 16 de l'UPOV dispose que la propriété ne s'étend pas aux actes concernant du matériel de sa variété ou d'une variété qui a été vendue ou commercialisée d'une autre manière sur le territoire d'une partie contractante concernée par l'obtenteur ou avec son consentement, ou du matériel dérivé dudit matériel, à moins que ces actes impliquent une nouvelle reproduction ou multiplication de la variété en cause ou impliquent une exportation de matériel de la variété permettant de reproduire la variété vers un pays qui ne protège pas les variétés du genre végétal ou de l'espèce végétale dont la variété fait partie, sauf si le matériel exporté est destiné à la consommation. Il faut entendre le terme matériel, en relation avec une variété, comme le matériel de reproduction ou de multiplication végétative, sous quelque forme que ce soit, le produit de la récolte, y compris les plantes entières et les parties de plantes, et tout produit fabriqué directement à partir du produit de la récolte.

L'article 16 ajoute que les parties contractantes qui sont des États membres d'une seule et même organisation intergouvernementale peuvent, lorsque les règles de cette organisation le requièrent, agir conjointement pour assimiler les actes accomplis sur les territoires des États membres de cette organisation à des actes accomplis sur leur propre territoire. Cette faculté fut retenue par le règlement 2100/94 : pour l'épuisement européen du droit de propriété (article 16), l'effet de la propriété ne s'étend pas aux actes concernant le matériel de la variété protégée qui a été cédé à un tiers par le titulaire ou avec son consentement en un lieu quelconque de l'Union, à moins que ces actes impliquent la multiplication ultérieure de la variété en question (sauf si cela est prévu lors de la cession du matériel), et impliquent une exportation de constituants végétaux vers un État tiers qui ne protège par la variété en cause, sauf si le matériel exporté est destiné à la consommation.

D La publicité

688. Les actes portant soit la demande, soit délivrance du certificat, soit transmission de propriété, soit concession de droit d'exploitation ou de gage, relatifs à un certificat d'obtention, ne sont opposables aux tiers que s'ils ont été régulièrement publiés dans les registres des offices en cause (art. L. 623-14 C. propr. intell.). Il en va de même des actes modifiants le droit de propriété.

Suivant le mécanisme du droit des brevets assurant par la publication une diffusion des savoirs, le droit des COV opte pour une large publicité des connaissances attachées au titre de propriété. Ainsi, l'article L. 623-15 C. propr. intell. dispose qu'une description de la variété nouvelle doit être annexée au certificat d'obtention, ce qui permet un large accès à celle-ci.

Enfin, dernière fonction fondamentale de la publicité, elle rend le titre de propriété opposable aux tiers dès publication.

E L'expropriation

689. Suivant le droit des brevets, l'article L. 623-22 C. propr. intell. retient que l'État peut, à tout moment, par décret, exproprier en tout ou en partie pour les besoins de la défense nationale les obtentions végétales, objet de demandes de certificat ou de certificats. À défaut d'accord amiable, l'indemnité d'expropriation est fixée par le tribunal de grande instance. Aucune procédure administrative de déclaration d'intérêt public n'est prévue[33].

Le règlement communautaire ne vise pas explicitement l'expropriation, mais il impose un principe d'assimilation national en son article 22, sous réserve des dispositions des articles 23 à 29 du règlement. On déduit de ce renvoi que le titre européen détenu par une personne, dont le domicile ou le siège sur le territoire français, pourra être soumis à une procédure d'expropriation.

L'UPOV ajoute une disposition complémentaire relative à l'intervention de l'État. La Convention rappelle que le droit d'obtenteur est indépendant des mesures adoptées par l'État en vue de réglementer sur son territoire la production, le contrôle et la commercialisation du matériel des variétés, ou l'importation et l'exportation de ce matériel. En tout état de cause, ces mesures ne devront pas porter atteinte à l'application des dispositions de la Convention. On retrouvera pour partie les effets de cette disposition dans le régime des licences obligatoires[34].

§ 2. Les obligations

690. À la différence du droit des brevets ou du droit des marques, le titulaire d'un COV ne supporte pas une obligation d'exploitation de son bien intellectuel. Toutefois, au travers du régime des déchéances de l'article L. 623-23 C. propr. intell. ou de l'article 21 du règlement 2100/94, émerge une série d'obligations à respecter pour conserver le titre de propriété.

A Les déchéances

691. L'article 22 de l'UPOV prévoit que chaque État partie à la Convention peut déchoir l'obtenteur du droit qu'elle lui a octroyé s'il est avéré que les conditions d'homogénéité et de stabilité ne sont plus effectivement remplies. Il est possible de déchoir l'obtenteur de son droit de propriété s'il ne présente pas aux offices les renseignements, documents ou matériel jugés nécessaires au contrôle du maintien de la variété, s'il n'a pas acquitté les taxes dues pour le

33. Voir pour les brevets, *supra* n° 527.
34. Voir *infra* n° 1049 et s.

maintien en vigueur de son droit (art. L. 623-23 C. propr. intell.), ou s'il ne propose pas, en cas de radiation de la dénomination de la variété après l'octroi du droit, une autre dénomination qui convienne. Aucun obtenteur ne peut être déchu de son droit pour d'autres motifs. Le droit interne et le droit de l'UE reprennent ces causes et les précisent.

1. Les déchéances communes

692. Le droit interne et le droit européen comptent deux causes de déchéance communes : la conservation de la collection et le paiement des taxes.

a) La conservation d'une collection végétative

693. Le droit interne (art. L. 623-15 C. propr. intell.) et le droit européen imposent à l'obtenteur de conserver en permanence une collection végétative de l'obtention protégée. Le propriétaire doit être en mesure de présenter à tout moment à l'administration les éléments de reproduction ou de multiplication végétative permettant de reproduire la variété protégée avec les caractères morphologiques et physiologiques tels qu'ils ont été définis dans le certificat d'obtention. Ce moyen délégué de conserver un exemplaire de la variété fait peser cette obligation non pas sur l'office mais sur le propriétaire. La matière végétale doit être conservée tout le temps du maintien du titre de propriété, et si elle vient à disparaître, la propriété suit le même sort. L'office procède à des vérifications techniques afin de s'assurer de cette conservation.

Le propriétaire d'un COV qui n'est pas en mesure de présenter à tout moment à l'office les éléments de reproduction ou de multiplication végétative, tels que graines, boutures, greffons, rhizomes, tubercules, permettant de reproduire la variété protégée avec les caractères morphologiques et physiologiques tels qu'ils ont été définis dans le certificat d'obtention est déchu de sa propriété. Il en va de même s'il refuse de se soumettre aux inspections faites en vue de vérifier les mesures qu'il a prises pour la conservation de la variété.

La sanction est radicale pour une question de preuve et non une question de fond. En effet, il n'est pas avancé que la variété ne répondrait plus aux critères d'appropriation, simplement, l'incapacité du propriétaire à conserver la variété engendre la déchéance du droit. C'est une sanction lourde, pour une obligation contraignante à la charge de l'obtenteur.

b) Le paiement des taxes

694. En droit interne comme en droit européen, l'obtenteur qui n'a pas acquitté dans le délai prescrit les taxes nécessaires aux procédures de délivrance et au maintien de son titre de propriété est déchu de son COV. En cas de déchéance pour défaut de paiement, le propriétaire du certificat peut, dans les six mois qui suivent le terme du délai prévu, présenter un recours en vue d'être restauré dans ses droits s'il justifie d'une excuse légitime pour le défaut de paiement des taxes. Ce recours ne peut cependant porter atteinte aux droits acquis, le cas échéant, par les tiers. Cette procédure est similaire à celle retenue par le droit des brevets.

2. Les causes européennes de déchéance

695. Le droit de l'Union intègre des sources de déchéances complémentaires. Si les deux premières sont conformes à l'UPOV, la dernière soulève des questions.

a) Le maintien des caractères de la variété

696. Suivant les cas d'ouverture de l'UPOV, le COV de l'Union prévoit que la perte du caractère homogène ou du caractère de stabilité de la variété emporte déchéance du titre de propriété. Il ressort de cette sanction que les caractères visés doivent être maintenus tout au long du maintien du titre de propriété et qu'une perte d'un de ces caractères emporte la perte de la propriété. La sanction retenue n'est pas une nullité du titre mais une déchéance car le vice n'est pas originel, simplement, la qualité disparaît durant la période d'appropriation.

L'article 21 du règlement 2100/94 prévoit que cette déchéance a un effet *in futurum.* S'il est établi que la date de perte des deux caractères visés est antérieure à la date de déchéance, la déchéance peut avoir un effet rétroactif et prendre effet à la date effective de perte de l'homogénéité ou de la stabilité.

L'AEVV effectue des vérifications techniques et établit un rapport présentant ses conclusions. Si celles-ci font apparaître un défaut d'homogénéité ou de stabilité, les résultats sont communiqués au propriétaire qui peut adresser des observations à l'AEVV.

b) Le changement de dénomination

697. Le règlement de l'Union ajoute aux causes de déchéance le fait que le propriétaire du COV ne propose pas une dénomination variétale appropriée lorsque la dénomination retenue ne satisfait plus aux conditions légales de l'article 66 du règlement.

La dénomination occupe une place particulière dans le régime des COV, toutefois la déchéance semble une sanction radicale pour un élément d'identification du bien, d'autant que cette modification n'est pas nécessairement le fait de l'obtenteur.

Cette sanction est conforme aux dispositions de l'UPOV mais elle semble lourde au regard du manquement reproché.

c) Les conditions de nationalité

698. Cette dernière cause de déchéance est strictement européenne et ne répond pas à un cas d'ouverture de l'UPOV, alors que la convention écarte toute déchéance hors de celles qu'elle liste.

Le règlement frappe de déchéance le titulaire d'un COV qui ne répond pas, dès l'origine ou à la suite de mutations de propriété, aux conditions des articles 12 et 82 du règlement, c'est-à-dire aux conditions relatives à la nationalité et l'habilitation des personnes demandant ou détenant le COV. L'article 12 vise la qualité du propriétaire et l'article 82 celle du mandataire de ce dernier auprès de l'office. La violation des dispositions de l'UPOV semble d'autant plus nette que la définition des personnes habilitées à détenir un COV au sens de l'article 12 se fonde sur la liste des États membres de la Convention.

Alors que la Convention, qui retient le principe de réciprocité, n'intègre pas cet élément dans les cas de déchéance, le droit de l'Union le fait. Il y a là une probable violation de la Convention.

Si l'absence de la qualité de l'article 12 ou de l'article 82 existe au moment du dépôt du titre, il s'agit d'une cause de nullité et non de déchéance. Il ne serait pas possible, en revanche, de déchoir une personne si elle perd cette qualité ou si, après mutations, le propriétaire du COV ne remplit pas cette qualité.

En droit interne, l'article L. 623-6 C. propr. intell. avance une condition de nationalité pour la délivrance du titre de propriété, mais ne reprend pas cette condition parmi les cas de déchéance, conformément à la lettre de l'UPOV.

3. Procédure de déchéance

699. La déchéance est constatée par l'office. Pour la présentation de la collection, l'obtenteur susceptible d'être déchu est mis en demeure de faire cesser cette situation. Si elle reste sans effet, l'office constate la déchéance du droit de l'obtenteur. La décision est notifiée au propriétaire du COV, inscrite au registre et publiée au *Bulletin officiel*.

Le titulaire du certificat peut présenter un recours en vue d'être restauré dans ses droits s'il justifie d'une excuse légitime pour le défaut de paiement des taxes ou s'il conteste les constatations de l'office. Ce recours ne peut cependant porter atteinte aux droits acquis, le cas échéant, par les tiers. La décision définitive constatant la déchéance est publiée.

B La renonciation

700. Suivant le renvoi à l'article L. 613-24 C. propr. intell.[35], le propriétaire d'un COV peut renoncer à sa propriété. La renonciation est faite par une déclaration écrite adressée à l'office par le propriétaire du certificat ou par un mandataire muni d'un pouvoir spécial. Si le certificat appartient à plusieurs personnes, la renonciation ne peut être enregistrée que si elle est requise par l'ensemble de celles-ci. Si des droits réels, des sûretés ou des licences ont été inscrits, la renonciation n'est recevable qu'accompagnée du consentement des titulaires de ces droits. Elle est inscrite après le versement de la taxe de radiation et prend effet à la date de cette inscription.

C La nullité du COV

701. La loi de décembre 2011 met fin à une situation étrange pour un régime de propriété intellectuelle, le Code de la propriété intellectuelle ne visait pas de cause de nullité pour les COV. Le nouvel article L. 623-23-1 C. propr. intell., sur le modèle de l'UPOV et du droit de l'Union, intègre des causes de nullité pour le COV. Le régime de droit interne prévoit que la nullité est constatée par une décision de justice. On constate à nouveau un alignement du droit interne sur le droit de l'Union et l'UPOV.

35. Voir pour la procédure en droit des brevets, *supra* n° 535 et s., 604.

Le C. propr. intell. sanctionne d'une nullité le COV qui, à la date de la délivrance du titre de propriété, ne répond pas aux quatre conditions de fond fixées par l'article L. 623-2 C. propr. intell., à savoir la nouveauté, la distinctivité, l'homogénéité et la stabilité de la variété. L'UPOV retient qu'il est possible de déclarer nul un titre de propriété s'il est avéré que les conditions de nouveauté et de distinction n'étaient pas effectivement remplies lors de l'octroi du droit d'obtenteur, ou lorsque, si l'octroi du droit d'obtenteur a été essentiellement fondé sur les renseignements et documents fournis par l'obtenteur, les conditions de stabilité et d'homogénéité n'étaient pas effectivement remplies lors de l'octroi du droit d'obtenteur.

La nullité peut enfin être prononcée, à la lumière du C. propr. intell. comme de l'UPOV, si le COV a été octroyé à une personne qui n'y avait pas droit, à moins qu'il ne soit transféré à la personne ayant les qualités requises. La Convention ajoute, sur le modèle des restrictions retenues pour les déchéances, qu'aucun droit d'obtenteur ne peut être annulé pour d'autres motifs.

Le premier motif, sanctionnant un vice originel, semble classique et légitime. Le second est, en revanche, plus contestable puisque l'office choisit librement de se fonder sur les documents de l'obtenteur. Cette sanction a un effet préventif, elle enjoint à l'obtenteur de fournir des documents sérieux et objectifs, sous peine de nullité du titre de propriété.

Le droit de l'Union reprend ces trois cas de nullité pour le titre de propriété de l'Union[36].

36. Voir N. Bouche, « Action des tiers en nullité ou en déchéance de la protection communautaire des variétés végétales », *Prop. Indust.* 2010, comm. 34.

Chapitre 8
Le droit des marques

702. La marque – parfois désignée à tort marque de fabrique ou marque de commerce, le droit ne tirant aucune conséquence d'une telle dichotomie – est un signe qui permet à un fabricant ou à un commerçant, dans ses rapports avec la clientèle, de distinguer ses produits ou ses services de ceux de ses concurrents et dont le droit de marque permet l'appropriation. L'article L. 711-1 C. propr. intell. définit la marque comme « *un signe susceptible de représentation graphique servant à distinguer les produits ou services d'une personne physique ou morale* ». Ce droit est souvent classé parmi les droits de clientèle, et exclu des droits de propriété ; des auteurs refusant l'existence d'une création intellectuelle en présence d'une marque : ce serait un droit d'occupation[1]. L'objet de la protection serait d'empêcher les rivaux directs du titulaire du signe de l'utiliser ce qui entraînerait une confusion dans l'esprit du public. Reste que la principale caractéristique de la propriété est justement la capacité à exclure les tiers !

Le signe distinctif utilisé à titre de marque est un bien intellectuel. Le choix du signe utilisé – constitué d'éléments existants ou nouveaux – relève d'une « activité créatrice ». Il est nécessaire d'opérer des choix pour constituer une marque faute de quoi le signe n'est pas distinctif[2] mais purement descriptif[3]. L'activité créatrice est imposée par le critère légal de la distinctivité sans lequel il n'est pas possible de bénéficier d'un droit de propriété. L'activité créatrice ne se situe pas nécessairement dans le signe retenu en tant que tel, il peut s'agir d'un élément graphique banal ; c'est la relation, le lien entre le signe et le produit ou le service qui est le siège de la créativité, une démarche subjective et arbitraire, élaborée par l'esprit humain, nécessairement dans le cadre d'une activité créatrice[4]. Il n'y a aucun rapport de nécessité entre le signe et le produit ou

---

1. J. Passa, *Traité*, *op. cit.*, n° 37 ; Roubier, *Traité*, *op. cit.*, t. 1, n° 22 p. 99, retient que le terme de droit intellectuel « *ne saurait être employé, sans provoquer la raillerie, pour le droit sur une marque de fabrique ou un nom commercial* » ; A. R. Bertrand, *Droit des marques*, 2e éd., Dalloz, 2005, n° 1.222 ; TPICE, 2 juill. 2002, *SAT.1/OHMI*, aff. T-323/00, *Prop. Intell.* 2002/n° 5, p. 79, note E. Joly.

2. Voir G. Bonet, « La distinctivité du signe », *J.-Cl. Marques, Dessins et Modèles*, fasc. 7090, n° 9 et s.

3. Voir *infra* n° 762 et s.

4. En ce sens, J. Raynard, « Propriétés incorporelles : un pluriel bien singulier », *Mélanges Burst*, Litec, 1997, p. 527 ; M. Vivant, « Pour une épure de la propriété intellectuelle », *Mélanges Françon*, Dalloz, 1995, p. 415 ; CJCE, 20 sept. 2001, aff. C-383/99, *Procter & Gamble/OHMI*, *Baby Dry*, A. Griffiths, « Modernising Trade Mark Law and Promoting Economic Efficiency : an Evaluation of *Baby-Dry* Judgment and its Aftermath », *Intellectual Property Quarterly*, 2003, issue 1, p. 1 et s. ; E. Joly, *J.-Cl. Marques, Dessins et Modèles*, fasc. 7610, n° 40 ; Ch. Vilmart, « La distinctivité des marques communautaires au regard de la jurisprudence communautaire », *Prop. Intell.* n° 3, avr. 2002, Doct. p. 38 ; J. Passa, Traité, *op. cit.*, n° 126 et s. À la suite de cette décision, voir, CA Rennes,

le service, ce rapport est le produit de la création. Suivant la proposition de M. Gautier, on constate une analogie entre le régime d'appropriation des titres d'œuvres établi par l'article L. 112-4 alinéa 1er C. propr. intell. et le droit des marques. Le titre, approprié par le droit d'auteur, serait un bien intellectuel, et pas le signe distinctif d'un produit soumis au droit des marques alors que ces deux objets remplissent des fonctions similaires. La loi conditionne l'attribution d'un droit d'auteur sur le titre au constat de l'originalité de ce dernier, démarche similaire à la réserve de distinctivité pour l'appropriation d'un signe en droit des marques[5]. À une unité de situation répond une unité de qualification ; il ne fait pas de doute qu'un signe distinctif répondant aux critères du droit des marques est un bien intellectuel. Ce bien intellectuel peut faire l'objet d'une appropriation par d'autres régimes juridiques, mais selon les conditions posées par chacun. Un signe pourra éventuellement être approprié par le droit de la propriété littéraire et artistique, ou le droit des dessins et modèles[6]. Suivant l'expression de M. Vivant[7], « *le phénomène de création est un* », peu importent ensuite les modalités d'appropriation. De façon autonome, le signe distinctif lui-même peut être une création parce qu'il est intrinsèquement original, ce qui n'est pas pour autant une condition de validité de l'appropriation en droit des marques.

703. La marque n'est pas le seul signe distinctif utilisé par une entreprise dans la vie des affaires, l'entrepreneur aura aussi recours à l'enseigne, le nom commercial, la dénomination sociale, l'indication de provenance ou encore le nom de domaine. Autant d'éléments concourant à distinguer l'entreprise et ses produits de la concurrence[8]. Chacun de ces signes dispose d'un régime juridique *ad hoc*, une complication pouvant surgir du fait qu'un même élément soit utilisé dans ces différentes fonctions.

704. L'enseigne est le signe extérieur qui permet d'individualiser l'établissement ou le magasin[9]. L'appropriation de ce signe se réalise par une exploitation publique continue mais l'opposabilité aux tiers est subordonnée à son inscription au registre du commerce et des sociétés. En effet, l'article 8 B-1° du décret relatif au registre du commerce et des sociétés de 1984[10] impose la déclaration de l'enseigne lors de l'immatriculation et l'article L. 132-9 du Code de commerce dispose que « *la personne assujettie à immatriculation ne peut, dans l'exercice de son activité, opposer ni aux tiers ni aux administrations*

18 sept. 2002, *Prop. Indust.*, juill. 2003, comm. 61 note P. Tréfigny, au sujet d'une marque « Doudou » ; E. Joly, chron. droit des marques et autres signes distinctifs, *Prop. Intell.* n° 5, oct. 2002, p. 79 et s.

5. P.-Y. Gautier, *op. cit.*, n° 63. *Contra*, F. Pollaud-Dulian, *Le droit d'auteur*, *op. cit.*, n° 130 et 221.

6. Cf. *infra* n° 897 et s. sur le cumul de titres de propriété. Voir aussi, Y. Reboul, « Dessins ou modèles et marques : à la recherche d'une coexistence entre deux droits de propriété intellectuelle », *Droits de propriété intellectuelle – Liber amicorum G. Bonet*, Litec, 2010, coll. IRPI, t. 36, p. 459.

7. M. Vivant, « Propriété intellectuelle et ordre public », *Mélanges Foyer*, PUF, 1997, p. 307 ; dans le même sens, même auteur, « Pour une épure de la propriété intellectuelle », *Mélanges Françon*, Dalloz, 1995, p. 415.

8. A. Bouvel, « Quinze années d'étude du droit des signes distinctifs – Essai d'appréciation critique de l'évolution d'une matière », *Droits de propriété intellectuelle – Liber amicorum G. Bonet*, Litec, 2010, coll. IRPI, t. 36, p. 75.

9. En ce sens, Cass. com., 22 oct. 2002, *BRDA* 21/02, n° 20, p. 11.

10. Déc. n° 84-406 du 30 mai 1984.

publiques, qui peuvent toujours s'en prévaloir, les faits et actes sujets à mention que si ces derniers ont été publiés au registre ». La Cour de cassation applique à ces dispositions une interprétation stricte[11]. Cette sanction peut être écartée si l'intéressé apporte la preuve que le tiers connaissait les faits ou actes en cause. Il est envisageable, au moins si l'enseigne jouit d'une certaine renommée, que cette exception soit applicable car, par nature, ce signe distinctif est porté à la connaissance des tiers.

705. Le nom commercial est l'appellation sous laquelle une personne physique ou morale exerce son activité commerciale[12]. Il est un des moyens de ralliement de la clientèle en permettant l'identification d'une entreprise. Le nom commercial (art. 8 CUP) est protégé dans tous les pays de l'Union de Paris, sans obligation de dépôt ou d'enregistrement. Une entreprise ne peut avoir qu'un seul nom commercial alors qu'elle peut exploiter une infinité de marques. Le nom commercial peut être apposé sur un produit, mais cela dans le cadre des dispositions de l'article L. 217-1 Code de la consommation.

La marque – comme le nom commercial – ne doit pas être confondue avec la dénomination sociale, nom donné à une société[13] dans les statuts emportant création de cette dernière. Il s'agit du nom sous lequel s'identifie la personne morale.

706. Les indications ou appellations d'origine sont apposées sur les produits comme des signes distinctifs, toutefois, leur fonction n'est pas de distinguer le produit mais de certifier d'une qualité de ce dernier. Cette certification est applicable à tous les produits répondant aux critères de certification. Un conflit peut émerger entre marque et indication d'origine lorsqu'une marque est composée d'une référence territoriale[14]. Les appellations d'origine sont de deux natures : les unes pour les produits alimentaires trouvent leur régime défini par les articles L. 115-1 et suivants du Code de la consommation et les autres, pour des produits industriels et artisanaux, ont un régime trouvant siège dans le Code de la propriété intellectuelle, inséré par la loi du 17 mars 2014[15]. Ainsi, l'article L. 721-2 C. propr. intell. dispose que « *constitue une indication géographique la dénomination d'une zone géographique ou d'un lieu déterminé servant à désigner un produit, autre qu'agricole, forestier, alimentaire ou de la mer, qui en est originaire et qui possède une qualité déterminée, une réputation ou d'autres caractéristiques qui peuvent être attribuées essentiellement à cette origine géographique* ». Les conditions de production ou de transformation de

11. En ce sens, Cass. com., 29 juin 1993, *Bull. civ.* IV, n° 275, *Bull. Joly* 1993, § 266, p. 914, note B. Saintourens ; Cass. com., 1er oct. 1996, *Bull. Joly* 1997, § 10 p. 37, note P. Le Cannu ; Cass. com., 10 déc. 1996, *Bull. Joly*. 1997, § 89, p. 238, note P. Le Cannu.

12. En ce sens, Ripert et Roblot, Traité, *op. cit.*, t. 1 vol. 1 par. L. Vogel, n° 746, p. 609.

13. Cf. E. Le Bihan et L. Julien-Raes, « Étude sur un objet de propriété incorporelle mal-aimé : la dénomination sociale », *Prop. Intell.* n° 12, juill. 2004, doct. p. 749 ; CA Paris, 26 mars 2004, *RTD com.* 2004.514, obs. Cl. Champaud et D. Danet ; A. R. Bertrand, *op. cit.*, n° 14.2.

14. Voir *infra* n° 759 pour leur opposition à l'enregistrement d'une marque.

15. Loi n° 2014-344, 17 mars 2014, relative à la consommation, *JORF* 18 mars 2014. V. L. Bineau, « Une extension attendue de l'indication géographique protégée aux produits manufacturés », *CCC* 2013, Étude 3 ; D. Marie-Vivien, « La protection de l'indication géographique de produits industriels et artisanaux : le choix d'un régime juridique spécifique en question », *CCC* 2013, Étude 15.

ce produit, telles que la découpe, l'extraction ou la fabrication, respectent un cahier des charges homologué par l'INPI. La demande est formulée par un organisme de défense et de gestion d'un produit, organisme qui doit être doté de la personnalité morale. Un même organisme peut gérer plusieurs appellations. En sont membres de droit tous les opérateurs de marché produisant le produit en respect des conditions de l'appellation. L'organisme doit notamment préserver les savoir-faire attachés au produit, savoir-faire qui aura dû être précisé dans le cahier des charges homologué selon l'article L 721-6 C. propr. intell. Ce nouveau signe distinctif, construit en réaction à certaines affaires opposant le propriétaire d'une marque à une collectivité locale, notamment à propos de la marque *Laguiole*[16], et pour soutenir le mouvement de défense de la production locale, doit trouver à l'avenir son articulation avec les marques existantes dont les marques collectives[17].

707. Enfin, le nom de domaine[18] est un signe distinctif qui remplit les fonctions de l'enseigne sur Internet. Suivant l'affirmation de la CEDH, le nom de domaine est un bien objet de propriété[19]. L'acquisition se fait par le principe du premier arrivé premier servi, mais la mise en œuvre de cette règle connaît des nuances nombreuses, la légitimité de l'appropriation étant appréciée lors des procédures conduites devant le centre d'arbitrage et de médiation de l'OMPI (procédures UDRP, ADR et PARL)[20].

708. Le recours à une marque est facultatif pour un commerçant, il est libre d'apposer sur ses produits ou services un tel signe pour distinguer son offre de celle de la concurrence. Le caractère facultatif emporte que, quand bien même le commerçant apposerait un signe distinctif sur son produit ou service, ne pèse sur lui aucune obligation de procéder à un enregistrement de ce signe à titre de marque. Seuls des impératifs d'ordre public, tenant à la santé ou à la protection des consommateurs, viendront régir l'utilisation des signes, le droit des marques est extérieur à cette question. Il ressort de ce caractère facultatif qu'un même produit peut être commercialisé sous plusieurs marques différentes ou une marque peut permettre de commercialiser des produits différents. Malgré ce caractère facultatif, la marque occupe une place essentielle dans la vie commerciale, elle remplit des fonctions économiques croissantes pour les entreprises[21].

---

16. Voir Ch. Le Stanc, « Laguiole Bazar », *Prop. Indust.* 2013, Repère 4 ; TGI Paris, 13 sept. 2012, n° 10/08800, *Prop. Indust.* 2013, n° 29.
17. Voir Cass. com., 10 juill. 2012, n° 11-21919, *Prop. Indust.* 2013, comm. 12, note E. Ricbourg-Attal.
18. Sur le rapprochement entre les noms de domaine et les autres signes distinctifs, A. Bouvel, *Principe de spécialité et signes distinctifs*, Litec, 2004, coll. IRPI, t. 24, n° 186 ; G. Loiseau, « Nom de domaine et Internet : turbulences autour d'un nouveau signe distinctif », *D.* 1999, chron. p. 245 ; C. Manara, « Le nom de domaine s'est-il trouvé un régime ? », *CCE* 2004, Étude 19, p. 9 ; S. Roques, « Le nom de domaine : un nouveau signe distinctif inquiétant pour les titulaires de marques », *Prop. Indust.*, n° 3, juin 2002, chron. 5 p. 13.
19. CEDH, 18 sept. 2007, aff. 25379/04, *Paeffgen GmbH vs. Allemagne*, *CCE* 2008, comm. 88, note C. Caron.
20. Voir art. 4 des principes directeurs de l'ICANN ; L. Morino, « Un an de droit des noms de domaine », *CCE* 2009, chron. 10.
21. S. Magne, « Marque et marketing : construire la personnalité d'une marque », *Les métamorphoses de la marque*, LGDJ, 2011, p. 37.

Outil de fidélisation de la clientèle, suivant les prévisions de Roubier, la marque devient un actif à valeur forte et stable. On remarque que malgré la crise économique en 2008-2009, chaque classement annuel de la valeur des marques[22] fait apparaître que les marques étudiées gagnent en valeur, contrairement à la valeur des autres actifs des sociétés en cause.

709. Le droit des marques a une évolution historique assez parallèle à celle des autres droits de propriété intellectuelle. La période révolutionnaire met fin aux pratiques de l'Ancien Régime mais il faut attendre 1824 pour que le législateur se penche sur la réglementation des signes distinctifs, dispositions aujourd'hui codifiées à l'article L. 217-1 Code de la consommation. Ce n'est qu'en 1857 qu'un régime complet et autonome est élaboré pour les marques[23]. Ce régime, assez stable, appliqué plus de cent ans en France, reposait sur une acquisition du signe par le premier usage. Il fut réformé en 1964 par une loi qui impose le dépôt pour l'acquisition du droit de propriété sur la marque. La loi institue un examen préalable par l'administration des conditions de fond de validité du titre et instaure le régime de déchéance pour défaut d'exploitation. Ce système fut lui-même bouleversé une nouvelle fois par la loi du 4 janvier 1991, transposant la directive communautaire n° 89/104 du 21 décembre 1988 relative à l'harmonisation du droit des marques. Ce dernier texte fut codifié en 1992 au Livre VII du Code de la propriété intellectuelle. Ce texte de référence a été à plusieurs reprises modifié depuis sa codification, en général soit pour parfaire la conformité du droit national au droit européen ou international, soit pour accroître la répression contre la contrefaçon. Ici réside l'une des premières caractéristiques du droit des marques contemporain : il est profondément communautarisé, ce qui conduira les développements suivants à éclairer le droit positif principalement à la lumière de l'analyse européenne.

710. La construction européenne du droit des marques s'est réalisée en deux temps. En premier lieu, l'adoption de la directive 89/104 du 21 décembre 1988 relative au rapprochement des législations sur les marques, directive abrogée par la directive 2008/95 du 22 octobre 2008[24]. Le droit européen devrait être renouvelé dans son ensemble par l'adoption d'un « paquet marque » remplaçant la directive, ce qui imposera ensuite une adaptation du droit interne. En application du principe d'interprétation conforme, la lecture du droit interne se fait à la lumière de la directive transposée et des interprétations de celle-ci par les juridictions de l'Union. La jurisprudence du T. UE et de la CJ prend une ampleur particulière et le dynamisme des juridictions européennes laisse peu d'espace d'interrogation puisque plus de cinquante arrêts sur des questions préjudicielles en interprétation ont été rendus ! Ce mouvement est d'autant plus fort que la Cour de Justice retient que les articles 5 à 7 de la directive 89/104 procèdent à une harmonisation complète des règles relatives aux droits conférés par

22. Voir les classements proposés par *Interband*, *BrandZ* ou *Millward Brown Optimor*.

23. Loi du 23 juin 1857 ; Pouillet, *Traité des marques de fabrique et de la concurrence déloyale en tous genres*, 6ᵉ éd., Marchal & Billard, 1912 par Taillefer et Claro, n° 3 et s.

24. Directive 2008/95/CE du Parlement européen et du conseil du 22 oct. 2008 rapprochant les législations des États membres sur les marques, *JOUE* 8 nov. 2008, L 299/31.

la marque et définissent ainsi les droits dont jouissent les titulaires de marques dans l'Union européenne[25].

En second lieu, la consécration de la marque de l'Union a amplifié ce mouvement de communautarisation du droit des marques. La marque de l'Union, consacrée par le règlement 40/94 du 20 décembre 1993, suivi de six autres règlements venant le modifier, règlements abrogés par le règlement 207/2009 du Conseil du 26 février 2009[26] dans le cadre d'une codification à droit constant, est un titre de propriété dont l'assiette territoriale est constituée par l'ensemble des territoires des États membres de l'Union, régi par un régime de propriété de l'Union uniforme produisant des effets directs. Le titre de l'Union a pour base légale la directive de 1988, les critères de validité des marques nationales et de l'Union étant les mêmes. Le règlement devrait lui aussi évoluer à l'occasion de l'adoption du « paquet marque ». Il s'ensuit que la jurisprudence de l'Agence de l'Union européenne pour les marques et les dessins et modèles (l'Agence) relative à la marque de l'Union concourt fortement à l'interprétation des dispositions nationales du droit des marques. Surtout, les décisions de l'office sont susceptibles de recours devant le T. UE, un pourvoi pouvant ensuite être formé devant la CJ, les arrêts rendus par les juridictions de l'Union à propos de la marque de l'Union non seulement forment un corpus volumineux, mais surtout viennent interpréter le droit des marques en complétant la jurisprudence née des questions préjudicielles.

Cette double source met le droit interne en contemplation de la construction de l'Union, le titre comme la jurisprudence nationale s'inscrivant dans la suite de ce mouvement.

711. Outre la marque nationale et la marque de l'UE, le droit des marques, soumis comme les autres titres de propriété à un principe de territorialité[27], organise la réception internationale de ce bien intellectuel. Plusieurs sources concourent à cette démarche, des sources non spécifiques au droit des marques comme la CUP de 1883, les ADPIC de 1994, et des sources spécifiques à la matière tel l'Arrangement de Madrid de 1891 concernant l'enregistrement international des marques, l'Arrangement de Nice de 1957 qui crée la classification internationale des produits et services aux fins d'enregistrement des marques, le Protocole de Madrid de 1989 qui adapte l'application de l'Arrangement de 1891, les deux textes faisant l'objet d'un règlement d'exécution commun entré en vigueur le 1er janvier 2007. Enfin, le Traité de Singapour sur le droit des marques, adopté sous l'égide de l'OMPI, dans sa version révisée en mars 2006, entré en vigueur en février 2009, tend à instaurer une première harmonisation mondiale du droit des marques pour les procédures administratives d'enregistrement et de renouvellement des titres de propriété, notamment pour la mise en œuvre de procédures électroniques. Le traité est accompagné d'un règlement d'exécution,

25. Notamment, CJUE, 3 juin 2010, aff. C-127/09, *Coty Prestige Lancaster Group*, *Rec.* I-04965 ; *Prop. Indust.* 2010, comm. 63, obs. A. Folliard-Monguiral.

26. Règlement n° 207/2009/CE sur la marque communautaire, du 26 février 2009, version codifiée, *JOUE* 24 mars 2009, L 78/1.

27. Sur les conséquences stratégiques de ce principe, H. Kiehl, « Gérer un portefeuille de PI dans un contexte économiquement difficile : les marques et modèles », *Approches stratégiques de la propriété industrielle*, LexisNexis, 2011, coll. IRPI, t. 38, p. 23.

qui a fortement influencé la partie réglementaire du droit des marques en France.

712. Le droit interne et le droit de l'UE doivent être conformes aux dispositions des engagements internationaux des États et de l'Union européenne, il faut interpréter les normes internes et européennes à la lumière de cette autre source de droit[28].

La CUP, comme pour les autres titres de propriété visés par ce traité, impose en droit des marques le principe du traitement national : les ressortissants des États membres de l'Union de Paris doivent être traités comme des nationaux lors de leur dépôt de marque et bénéficier ensuite du même régime de propriété. Aucune condition de domicile ou d'établissement dans le pays de dépôt ne peut être imposée. Le second apport majeur de la CUP est le droit de priorité unioniste, similaire à celui établi en droit des brevets ou en droit des dessins et modèles[29]. La CUP intègre quelques règles matérielles dont le régime de la marque notoire à l'article 6 *bis*, et la prohibition de l'enregistrement des emblèmes nationaux (art. 6 *ter*). Les conditions de dépôt et d'enregistrement sont arrêtées par les dispositions nationales.

Les accords ADPIC ont été élaborés au regard de la CUP. L'article 2 impose aux membres de l'OMC de se conformer aux articles 1 à 12 et 19 de la CUP. Par ailleurs, les ADPIC consacrent les articles 15 à 21 de la CUP pour établir un régime *a minima* du droit des marques. Sont ainsi visés l'objet de la protection, les droits conférés par le titre de propriété, la durée et les limites de celle-ci, l'obligation d'usage du signe et les actes d'exploitation. Les accords ont eu un effet limité sur le droit interne ou le droit de l'UE, mais quelques adaptations furent toutefois nécessaires.

L'Arrangement de Madrid instaure un système d'enregistrement international des marques pour faciliter l'acquisition de titres de propriété dans différents pays en centralisant les formalités. La procédure aboutit à un enregistrement international de la marque, enregistrement qui produit un effet pour vingt ans et peut être renouvelé indéfiniment. L'enregistrement ne donne pas naissance à un droit de propriété en tant que tel mais a les effets d'une demande d'enregistrement de marque dans les États désignés. Le Protocole de Madrid, adopté en 1989, ne se substitue pas à l'Arrangement mais propose à ses membres un système distinct d'enregistrement international, notamment en proposant une passerelle entre ce système et la marque européenne. La France est membre des deux systèmes.

Il sera nécessaire d'intégrer dans les développements à suivre les instruments issus de ces conventions internationales au fur et à mesure qu'ils influenceront la procédure d'acquisition d'un droit de marque, notamment lors des développements consacrés à l'enregistrement de la marque. Après avoir décrit l'objet de l'appropriation, nous envisagerons les conditions de délivrance du titre de propriété et enfin nous exposerons le contenu du droit de propriété.

28. Voir CJCE, 14 déc. 2000, aff. jtes C-300/98 et C-392/98, *Dior* ; *Rec.* I-11307 ; *RTD civ* 2001.454, obs. J. Raynard ; *CCE* 2001, comm. 96, note C. Caron.
29. Voir *supra* n° 421 et s., 520 et s.

Section 1
L'objet de l'appropriation

713. L'objet de la propriété est établi par la seule combinaison du signe reproduit et des revendications d'exploitation du signe arrêtées dans le libellé. Le droit des marques opère un contrôle sur une grande série de critères permettant à la fois de vérifier les qualités intrinsèques du signe et son rapport avec l'environnement économique dans lequel il s'insère. Le signe en tant que tel n'est pas l'objet de la propriété, il n'est que l'un des éléments de celle-ci. Certains signes sont admis, d'autres exclus, le signe doit être licite. Au-delà du contrôle du signe, le législateur impose un contrôle de la marque, c'est-à-dire, d'une part, la disponibilité du signe pour constituer une marque et, d'autre part, la distinctivité du signe au regard du produit ou du service qu'il sert à identifier. Ce n'est que lorsque l'ensemble de ces conditions sont remplies que la marque sera valablement enregistrée par l'office sollicité.

§ 1. La nature du signe

714. L'article 4 RME comme l'article L. 711-1 C. propr. intell. avancent que tout signe susceptible d'une représentation graphique peut constituer une marque. Ce critère de la représentation graphique est présenté comme obsolète par la proposition de directive marque, dont l'article 3 propose de remplacer cette formule par la suivante : « *être représentée d'une manière qui permette aux autorités compétentes et au public de déterminer l'objet exact bénéficiant de la protection conférée au titulaire* ». Il sera toujours nécessaire d'opérer une identification matérielle précise mais éventuellement autrement que graphique. Ainsi, pour les marques sonores, il sera possible d'enregistrer le son tel quel sans passer par sa représentation sur une partition. Suivant le même modèle, il est proposé ensuite, dans les deux cas, une liste illustrative de signes pouvant constituer des marques, afin d'établir le contour des signes admis et des signes exclus.

A Les signes admis

715. Les signes admis à titre de marque sont extrêmement variés[30]. Ne devant avoir aucune signification particulière, il est notamment possible d'utiliser tout signe purement fantaisiste, créé pour l'occasion. Il est usuel de distinguer trois catégories principales de signes : le signe verbal, le signe sonore et le signe figuratif. Dans son arrêt *Dyson*, la CJ a retenu que l'objet d'une demande d'enregistrement de marque qui porte sur toutes les formes imaginables d'un réceptacle ou compartiment de collecte transparent faisant partie de la surface externe d'un aspirateur, ne constitue pas un « signe » au sens du droit des

30. Voir P. Tréfigny-Gois et I. Meunier-Cœur, « Les marques atypiques », *Les métamorphoses de la marque*, LGDJ, 2011, p. 15.

marques et, partant, qu'il n'est pas susceptible de constituer un objet appropriable[31]. La Cour retient qu'il ne saurait être admis que l'objet de toute demande de marque constitue nécessairement un signe au sens de l'article 2 de la directive, le but de cette exigence est, notamment, d'empêcher que le droit des marques soit détourné afin d'obtenir un avantage concurrentiel indu[32].

1. Le signe verbal

716. Les dénominations sous toutes leurs formes peuvent constituer un signe distinctif appropriable par un droit de marque. Cette catégorie compte notamment les mots, les assemblages de mots, les noms patronymiques ou géographiques[33], les pseudonymes, les lettres[34], les chiffres, ou encore les sigles. Il s'agit d'un nom quelconque ; elle regroupe la grande majorité des marques, tels *SVP*, *IBM*, *501*, *DVD*... Elles sont perceptibles tant par la vue que l'ouïe. Il peut s'agir d'un terme courant (*Poulain*, *Orange*) ou de l'assemblage de termes courants (*Savon Le Chat*), il peut s'agir de termes fantaisistes (*Google*, *Cocotte-minute*), isolés ou composés, formant un slogan[35] ou une devise, en français ou dans une langue étrangère. Dans ce dernier cas une traduction est nécessaire dans leur emploi dans des publicités.

L'identification de la marque verbale peut être rendue difficile en raison des traductions et translittérations[36]. Lorsque la marque se compose, en tout ou partie, de caractères autres que ceux utilisés par l'office, une translittération de ces caractères peut être exigée. Il faut effectuer une traduction phonique de ces caractères pour les transposer vers ceux utilisés par l'office. On passe de l'alphabet romain à l'alphabet cyrillique ou aux idéogrammes. On évoque l'élément sonore de la marque en cause, sans chercher une traduction de celle-ci dans la langue locale ; la translittération s'applique même en présence d'un mot fantaisiste.

La traduction suit une autre logique, il s'agit pour une marque composée d'un ou plusieurs mots appartenant à une autre langue que celle utilisée par l'office de fournir une traduction dans la langue locale des mots en cause. Par exemple, cela reviendrait à fournir la traduction de la marque *Apple*, en français, à l'INPI pour permettre son enregistrement en France. La CJ retient que le droit des marques ne s'oppose pas à l'enregistrement dans un État membre, en tant que marque nationale, d'un vocable emprunté à la langue d'un autre État membre dans laquelle il est dépourvu de caractère distinctif ou est descriptif des produits ou des services pour lesquels l'enregistrement est demandé, à moins que les milieux intéressés dans l'État membre dans lequel l'enregistrement est demandé soient aptes à identifier la signification de ce vocable[37].

31. CJCE, 25 janv. 2007, aff. C-321/03, *Dyson*, *Rec*. I-00687.

32. CJCE, 24 juin 2004, aff. C-49/02, *Heidelberger Bauchemie*, *Rec*. I-6129.

33. S. Durrande, « La boussole et la boule de cristal – Quelques observations sur le choix d'un nom géographique comme marque », *Droits de propriété intellectuelle – Liber amicorum G. Bonet*, Litec, 2010, coll. IRPI, t. 36, p. 171.

34. CJUE, 15 mars 2012, aff. C-90/11, *Alfred Strigl* et aff. C-91/11, *Securvita*, *Prop. Indust*. 2013, chron. 3, n° 13, obs. J. Monteiro.

35. Voir J. Passa, « Titres et slogans : entre marque et droit d'auteur », *Prop. Intell.* 2005, n° 14, p. 31.

36. Voir M. Sabatier, « La marque en langues étrangères », *Prop. Intell.* avr. 2012, n° 43, p. 245.

37. CJCE, 9 juin 2006, aff. C-421/04, *Matratzen Concord AG contre Hukla Germany SA*, *Rec*. I-02303.

717. Parmi les mots pouvant constituer des marques verbales, une catégorie soulève des difficultés particulières, il s'agit des noms patronymiques[38]. L'article L. 711-4 g) C. propr. intell. dispose qu'il n'est pas possible d'adopter comme marque un signe portant atteinte aux droits de la personnalité d'un tiers, notamment à un nom patronymique, à un pseudonyme ou l'image d'une personne. Une interprétation extensive de ce texte écarterait de manière globale la possibilité d'utiliser le patronyme d'une personne à titre de marque, hors l'hypothèse d'une exploitation à titre personnel et direct, de la marque par le porteur du patronyme, cas purement académique. La CJ a d'ailleurs précisé que l'appréciation de l'existence ou de l'inexistence d'un caractère distinctif d'une marque constituée par un nom patronymique, même répandu, doit être faite concrètement, selon les critères applicables à tout signe visé à l'article 2 de la directive, par rapport, d'une part, aux produits ou aux services pour lesquels l'enregistrement est demandé et, d'autre part, à la perception des milieux intéressés[39]. La jurisprudence française a été fixée dans un premier temps par l'arrêt *Bordas*[40] retenant que ce patronyme était devenu, en raison de son insertion dans les statuts de la société signés par M. Pierre Bordas, un signe distinctif qui s'est détaché de la personne physique qui le porte, pour s'appliquer à la personne morale qu'il distingue, et devenir ainsi objet de propriété incorporelle. Rendu à propos d'une dénomination sociale, cet arrêt fut interprété comme devant aussi s'appliquer pour les patronymes utilisés à titre de marque. Une fois que le nom a acquis une fonction patrimoniale, il n'est plus possible pour le porteur du patronyme de remettre en cause l'autorisation donnée, sauf à porter atteinte à ses engagements antérieurs. La Cour de cassation a confirmé la force de cet engagement dans l'arrêt *Inès de la Fressange*[41]. La jurisprudence *Ducasse* a apporté une rigueur de l'analyse de l'autorisation donnée, la Cour de cassation retenant que l'accord consenti pour la dénomination sociale ne saurait être interprété comme une autorisation donnée à la société de déposer le nom en question à titre de marque[42]. La Cour retient qu'il faut un accord exprès du porteur du patronyme pour pouvoir l'enregistrer à titre de marque, les juges semblant toutefois fonder leur décision sur le caractère notoire du patronyme en cause. Cette analyse est confirmée par un arrêt du 29 septembre 2009 qui retient que la faculté d'enregistrer un signe en tant que marque n'exige pas de disposer d'un droit antérieur sur ce signe[43].

Reste que la doctrine et la jurisprudence s'interrogent sur l'éventuel caractère trompeur d'une marque constituée par le patronyme d'un créateur apposée sur des produits qui ne sont pas le fruit du travail de ce dernier[44]. La

38. Notamment G. Bonet, « L'usage du nom d'autrui », *D.* 2001, p. 1299 ; C. Caron, « Nom et Marque », *D.* 2002, p. 2376 ; M.-A. Perrot-Morel, « L'usage du nom patronymique d'autrui à titre de marque », *Mélanges Desbois*, Dalloz, 1974, p. 188.

39. CJCE, 16 sept. 2004, aff. C-404/02, *Nichols plc*, *Rec.* I-08499.

40. Cass. com., 12 mars 1985, *RTD com.* 1986.245, obs. Chavanne et Azéma ; *JCP* G 1985, II 20400, note G. Bonet et M. Montanier. Voir dans le même sens, Cass. com., 29 janv. 2008, *PIBD* 2008, n° 871, III-221.

41. Cass. com., 31 janv. 2006, *RTD civ.* 2006.339, obs. P.-Y. Gautier.

42. Cass. com., 3 mai 2003, *Bull. civ.* IV, n° 69 ; *D.* 2003, p. 2228, note G. Loiseau ; *CCE* 2003, comm. 70, note C. Caron ; *Bull. Joly Société* 2003, p. 921, note P. Le Cannu.

43. Cass. com., 29 sept. 2009, *Prop. Indust.* 2009 comm. 72, note P. Tréfigny-Goy.

44. Cf. CA Paris, 15 déc. 2004, *Inès de la Fressange*, *CCE* 2005, comm. 29, note C. Caron ; *RTD com.* 2005.71, obs. J. Azéma.

CJ[45] a tranché ce débat en retenant qu'une marque correspondant au nom d'un créateur et premier fabricant des produits portant cette marque ne peut, en raison de cette seule particularité, être refusée à l'enregistrement au motif qu'elle induirait en erreur la clientèle attachée à ladite marque, précédemment enregistrée sous une forme graphique différente, lorsqu'elle a été cédée avec l'entreprise fabriquant les produits qui en sont revêtus. La CJ ajoute que le titulaire d'une telle marque ne peut être déchu de ses droits de propriété sur une telle marque au motif qu'elle induirait le public en erreur lorsque la clientèle attachée à la marque a été cédée avec l'entreprise fabriquant les produits qui en sont revêtus.

2. Le signe sonore

718. Un son peut offrir une fonction distinctive à un produit ou un service si le consommateur établit un lien nécessaire entre ces deux éléments. Des signes sonores, tels que sons, phrases musicales, peuvent constituer une marque. L'article L. 711-1 C. propr. intell. vise explicitement les sons parmi les éléments pouvant constituer une marque.

L'enjeu pour un tel signe est de parvenir à répondre aux contraintes formelles du dépôt, en particulier la représentation graphique du signe. Elle prend en pratique la forme d'une portée musicale. L'Agence a reconnu qu'un signe sonore était susceptible de représentation graphique, en particulier au moyen de figures, de lignes ou de caractères, claire, précise, complète par elle-même, facilement accessible, intelligible, durable et objective. Cette position a été confirmée par la CJ dans son arrêt *Shield Mark* du 27 novembre 2003[46]. En revanche, la Cour a écarté la description du signe sonore par une indication, tel le cri d'un animal, ou une simple onomatopée, celles-ci étant imprécises et variant d'un pays à l'autre (par exemple le chant du coq).

3. Le signe figuratif

719. L'article L. 711-1 C. propr. intell. propose une énonciation non limitative des signes figuratifs pouvant être admis à titre de marque : « *dessins, étiquettes, cachets, lisières, reliefs, hologrammes, logos, images de synthèse, les formes notamment celles des produits ou du conditionnement ou celles caractérisant un service ; les dispositions, les combinaisons ou les nuances de couleurs* ». L'article 4 RME n'est pas plus restrictif. Il est admis qu'un signe figuratif puisse constituer l'élément graphique d'une marque, ce signe étant par nature perceptible par la vue et susceptible de représentation graphique.

Cette situation se distingue de celle des dessins et modèles par un objet différent d'appropriation : le dessin et modèle approprie la forme en tant que telle, la marque l'approprie pour une destination particulière et en lien avec un libellé. Il faut aussi veiller au respect du droit d'auteur, l'effet de l'appropriation n'est, à nouveau, pas le même. Un même bien intellectuel peut être approprié par

45. CJCE, 30 mars 2006, C-259/04, aff. *Emmanuel* ; *D.* 2006, p. 2109, note D. Poracchia et C.-A. Maetz.
46. CJCE, 22 nov. 2003, *Shieldmark*, aff. C-283/01, *Prop. Indust.* 2004, comm. 15 note A. Folliard-Monguiral ; *Prop. Intell.* 2004, n° 11, p. 662, note De Medrano Caballero.

plusieurs régimes de propriété intellectuelle, à condition de répondre aux contraintes de chacun[47]. Les marques figuratives présentent peu de difficultés techniques, sauf le cas des marques tridimensionnelles et celui des marques composées simplement d'une couleur[48].

720. La forme constituant l'élément graphique d'une marque peut être en deux dimensions ou en trois dimensions[49]. Dans les deux cas, elle doit répondre à l'ensemble des contraintes d'appropriation du droit des marques. La forme peut être un symbole, un personnage, elle peut être figurative ou non, elle doit être à même de remplir ses fonctions distinctives et donc être identifiable et non fonctionnelle. Pour les formes en trois dimensions, la forme est appropriée au titre du droit des marques si elle apporte plus que la simple capacité de contenir ; elle doit être séparable du résultat technique et remplir sa fonction distinctive. Si la forme est totalement indépendante du produit, il n'y aura aucune difficulté pour obtenir une marque, il en va ainsi, par exemple, du *Bibendum* de Michelin, sans rapport direct avec les pneumatiques commercialisés sous cette marque. En revanche, lorsque la forme remplit une fonction de conditionnement du produit commercialisé, il sera difficile de rapporter la preuve de la fonction distinctive de cette dernière[50]. L'article L. 711-2 C. propr. intell. écarte du droit des marques la forme conférant au produit sa valeur substantielle. La jurisprudence européenne affirme qu'il faut appliquer aux marques tridimensionnelles les mêmes conditions qu'aux autres signes, mais on constate une certaine rigueur dans leur application à ce cas particulier[51].

La CJ a construit progressivement sa doctrine pour cette catégorie de signe. Dans un arrêt du 8 avril 2003[52], elle expose son analyse de la validité d'un tel signe enregistré à titre de marque au regard de la capacité de ce signe à répondre au critère de la distinctivité et au regard du caractère nécessaire de la forme pour les tiers. Elle rappelle que tous les signes peuvent constituer des marques à condition qu'ils soient, d'une part, susceptibles d'une représentation graphique et, d'autre part, propres à distinguer les produits ou les services d'une entreprise de ceux d'autres entreprises. Il s'ensuit qu'un signe tridimensionnel représentant la forme d'un produit peut, en principe, constituer une marque à condition que ces deux critères soient réunis[53]. Doivent donc être refusées ou annulées uniquement les marques dépourvues de caractère distinctif. Les critères d'appréciation du caractère distinctif des marques tridimensionnelles constituées par la

47. Voir *infra* n° 898 et s.

48. Pour les combinaisons de couleurs, T. UE, 12 nov. 2010, aff. T-404/09 et T-405/09, *Deutsche Bahn*.

49. Sur la distinction entre marque tridimensionnelle et marque de position, T. UE, 15 juin 2010, aff. T-547/08, *XTechnologySwiss*.

50. CJCE, 12 janv. 2006, *Deutsche Sisi Werke*, aff. C-173/04, *Rec.* I-551.

51. TPICE, 3 déc. 2003, *Nestlé Waters*, aff. T-305/02, *Rec.* II-5207 ; TPICE, 30 nov. 2005, aff. T-12/04, *Almdudler-Limonade* à propos d'une forme d'une bouteille de limonade, *Rec.* II-21.

52. CJCE, 8 avr. 2003, aff. jtes *Linde AG* (C-53/01), *Winward Industries Inc.* (C-54/01) et *Rado Uhren AG* (C-55/01), *Rec.* I-03161 ; voir aussi CJCE, 7 oct. 2004, aff. C-136/02 P, *Mag Instrument*, *Rec.* I-9165 ; CJCE, 12 janv. 2006, aff. C-173/04 P, *Deutsche SiSi-Werke*, *Rec.* I-551 ; CJCE, 4 oct. 2007, aff. C-144/06 P, *Henkel*, *Rec.* I-8109 ; CJUE, 14 mai 2012, aff. C-453/11 P, *TimeHouse GmbH*.

53. CJCE, 18 juin 2002, aff. C-299/99, *Philips*, *Rec.* I-5475 ; CJUE, 14 mai 2014, aff. C-97/12 P, *Louis Vuitton Malletier*.

forme du produit ne sont pas différents de ceux applicables aux autres catégories de marques, la directive ne faisant aucune distinction entre différentes catégories de marques lors de l'appréciation de leur caractère distinctif. Toutefois, l'article 3, paragraphe 1, sous e), de la directive individualise explicitement certains signes constitués par la forme du produit en énumérant les motifs spécifiques de refus d'enregistrement de tels signes. En vertu de cette disposition, sont refusés à l'enregistrement, ou susceptibles d'être déclarés nuls s'ils sont enregistrés, les signes constitués exclusivement par la forme imposée par la nature même du produit ou par la forme du produit nécessaire à l'obtention d'un résultat technique ou par la forme qui donne une valeur substantielle au produit. Cette disposition étant un obstacle préliminaire susceptible d'empêcher qu'un signe constitué exclusivement par la forme d'un produit puisse être enregistré, il s'ensuit que, si un seul des critères mentionnés à cette disposition est rempli, un tel signe ne peut être enregistré en tant que marque. En outre, celui-ci ne peut jamais acquérir un caractère distinctif par l'usage qui en a été fait. Si cet obstacle préliminaire est écarté, il demeure nécessaire de vérifier si le signe tridimensionnel constitué par la forme d'un produit doit être refusé à l'enregistrement en vertu d'un ou de plusieurs des motifs de refus. Aucune disposition n'indique que des critères plus stricts que ceux utilisés pour d'autres catégories de marques devraient être appliqués lors de l'appréciation du caractère distinctif d'une marque tridimensionnelle constituée par la forme du produit lui-même. Le critère du caractère distinctif exige que, à l'égard de toute marque, celle-ci soit apte à identifier le produit comme provenant d'une entreprise déterminée et donc à le distinguer de ceux d'autres entreprises. Toutefois, le caractère distinctif d'une marque constituée par la forme d'un produit peut s'avérer plus difficile à établir que celui d'une marque verbale ou figurative. La Cour affirme que les marques tridimensionnelles constituées de l'emballage des produits qui sont emballés dans le commerce pour des raisons liées à la nature même du produit, l'emballage de celui-ci doit être assimilé à la forme du produit, de sorte que cet emballage constitue la forme du produit, ce qui les écarte de tout caractère distinctif[54]. De plus, pour apprécier ce caractère distinctif, la Cour impose de tenir compte du fait que la perception du consommateur moyen n'est pas nécessairement la même dans le cas d'une marque tridimensionnelle, constituée par l'apparence du produit lui-même, que dans le cas d'une marque verbale ou figurative, qui consiste en un signe indépendant de l'aspect des produits qu'elle désigne. Elle avance que les consommateurs moyens n'ont pas pour habitude de présumer l'origine des produits en se fondant sur leur forme ou celle de leur emballage, en l'absence de tout élément graphique ou textuel, et il pourrait donc s'avérer plus difficile d'établir le caractère distinctif s'agissant d'une telle marque tridimensionnelle que s'agissant d'une marque verbale ou figurative[55].

721. Par ailleurs, la Cour relève que la référence aux marques composées exclusivement de signes ou d'indications pouvant servir pour désigner des caractéristiques du produit ou de la prestation de service autres que celles

54. CJCE, 12 févr. 2004, aff. C-218/01, *Henkel*, *Rec.* I-01725 ; T. UE, 6 oct. 2011, aff. T-508/08, *Bang & Olufsen*, *Prop. Indust.* 2011, comm. 90, note A. Folliard-Monguiral.

55. Voir Cass. com., 6 mai 2014, n° 11-22108.

expressément énumérées à cette disposition est suffisamment large pour couvrir une grande variété de marques, y compris des marques tridimensionnelles constituées par la forme du produit. La raison des motifs de refus d'enregistrement prévus à cette disposition consiste à éviter que la protection du droit de la marque aboutisse à conférer à son propriétaire un droit sur des solutions techniques ou des caractéristiques utilitaires d'un produit, susceptibles d'être recherchées par l'utilisateur dans les produits des concurrents. Il s'agit là d'un but d'intérêt général, lequel exige que les signes ou indications descriptives des caractéristiques de produits ou de services pour lesquelles l'enregistrement est demandé puissent être librement utilisés par tous, y compris en tant que marques collectives ou dans des marques complexes ou graphiques. L'office ou le juge contrôlant la validité d'un tel signe est tenue de déterminer, par rapport aux produits ou aux services pour lesquels l'enregistrement est demandé, au vu d'un examen concret de tous les éléments pertinents caractérisant ladite demande et, notamment, à la lumière de l'intérêt général, si ce motif de refus d'enregistrement s'applique, notamment en présence d'une demande d'enregistrement d'une marque tridimensionnelle constituée par la forme du produit. Cette exclusion est renforcée par la Cour qui ajoute que la forme d'un produit qui donne une valeur substantielle à celui-ci ne peut constituer une marque en application de l'article 3, paragraphe 3, de cette directive, lorsque, avant la demande d'enregistrement, elle a acquis une force attractive du fait de sa notoriété en tant que signe distinctif, à la suite de campagnes publicitaires présentant les caractéristiques spécifiques du produit en cause[56]. La Cour précise qu'il convient de vérifier si la marque tridimensionnelle dont l'enregistrement est demandé diverge de manière significative de la norme ou des habitudes du secteur, et qu'il ne faut pas limiter l'analyse à constater de manière générale que, aucune bouteille n'étant vendue sans étiquette ni mention équivalente, seul cet élément verbal permettait de déterminer l'origine du produit concerné de sorte que la couleur et le matage du verre de la bouteille ne pouvaient pas fonctionner comme marque pour le produit en ce qui concerne le public pertinent, lorsqu'ils n'étaient pas utilisés en combinaison avec un élément verbal. Une telle appréciation conduirait systématiquement à exclure les marques constituées par l'apparence du conditionnement du produit lui-même ne comportant pas d'inscription ou d'élément verbal[57].

722. Il ressort aussi de la jurisprudence de la CJ que la portée du droit de propriété en présence d'une marque tridimensionnelle soit envisagée avec rigueur. Dans son arrêt *Viking Gas A/S*[58], à propos d'une marque tridimensionnelle constituée par la forme d'une bouteille de gaz, la Cour retient que doivent être mis en balance, d'une part, l'intérêt légitime du licencié du droit à la marque constituée de la forme de la bouteille composite et titulaire des marques

56. CJCE, 20 sept. 2007, aff. C-371/06, *Benetton Group SpA contre G-Star International BV, Rec.* I-07709 ; T. UE, 8 mai 2012, aff. T-416/10, *Yoshida Metal Industry Co. Ltd* ; *Prop. Indust.* 2012, comm. 58, obs. A. Folliard-Monguiral.

57. CJUE, 22 oct. 2011, aff. jtes C-344/10 P et C-345/10 P, *Freixenet SA*, *Rec.* I-10205 ; *Prop. Indust.* 2012, chron. 7, nº 27, obs. J. Cayron.

58. CJUE, 14 juill. 2011, aff. C-46/10, *Viking Gas A/S*, *Rec.* I-06161 ; L. Idot, « Marque et épuisement du droit », *Europe*, oct. 2011, Comm. nº 10 p. 42.

apposées sur celle-ci de tirer profit des droits attachés à ces marques et, d'autre part, les intérêts légitimes des acheteurs desdites bouteilles, notamment celui de jouir pleinement de leur droit de propriété sur ces bouteilles, ainsi que l'intérêt général au maintien d'une concurrence non faussée. Et s'agissant de l'intérêt dudit licencié et titulaire de tirer profit des droits attachés auxdites marques, la Cour constate que la vente des bouteilles composites lui permet de réaliser la valeur économique des marques afférentes auxdites bouteilles. Elle semble confondre ici la valeur du corpus et la valeur du bien intellectuel, les deux étant pourtant autonomes. Quant aux intérêts des acheteurs de bouteilles composites, la Cour affirme que ceux-ci ne pourraient jouir pleinement de leur droit de propriété sur ces bouteilles dans l'hypothèse où ce droit est limité par les droits de marque y afférents même après la vente desdites bouteilles par le titulaire ou avec son consentement. La Cour en conclut que la vente de la bouteille composite épuise les droits que le licencié du droit à la marque constituée de la forme de la bouteille composite et titulaire des marques apposées sur celle-ci tire de ces marques et transfère à l'acheteur le droit de disposer librement de cette bouteille, y inclus celui de l'échanger ou de la faire remplir, une fois que le gaz d'origine est consommé, auprès d'une entreprise de son choix, c'est-à-dire non seulement auprès dudit licencié et titulaire, mais également auprès de l'un de ses concurrents. Ce droit de l'acheteur a pour corollaire le droit de ses concurrents de procéder au remplissage et à l'échange des bouteilles vides. Cette solution semble en contradiction avec la fonction de garantie d'origine du droit de marque, même si la Cour prend soin dans cet arrêt, aux points 39 à 42 de revenir sur cette question. Sa solution n'est pas convaincante et réduit la portée du droit de propriété pour une marque tridimensionnelle tout en réduisant les fonctions de garantie de la marque.

La Cour précise que ses analyses, développées au sujet des marques tridimensionnelles constituées par l'apparence du produit lui-même ou par l'emballage des produits, tels les liquides, qui sont emballés dans le commerce pour des raisons liées à la nature même du produit, valent également lorsque la marque dont l'enregistrement est demandé est une marque « autre » constituée par l'aspect spécifique de la surface de l'emballage d'un produit liquide. En effet, en pareil cas, la marque ne consiste pas non plus en un signe indépendant de l'aspect de l'emballage nécessaire des produits qu'elle désigne. La Cour de cassation semble retenir une approche plus nuancée pour les marques tridimensionnelles[59]. Pour apprécier la validité d'une telle marque pour des confiseries, elle procède de la façon suivante : le public pertinent étant celui du consommateur de chocolat et l'appréciation de la validité d'une marque devant être portée au regard des produits enregistrés indépendamment des conditions de son exploitation, elle relève que les produits et biscuits chocolatés versés aux débats par la société Trianon chocolatiers, dont rien ne permet de déterminer à quelle date ils ont été mis dans le commerce, ont une forme bien plus massive, évocatrice de celle d'une barre, d'un bâtonnet ou d'un doigt qui diffère nettement de la forme déposée, laquelle se caractérise par une certaine finesse, une sinuosité notable et une couleur chocolat sur l'intégralité du sarment. Dès lors, elle constate

59. Cass. com., 26 oct. 2010, *Gaz. Pal.* n° 54, 23 févr. 2011, p. 19, obs. L. Marino. Voir toutefois, Cass. com., 12 juin 2012, n° 11-21723.

qu'aucun produit de chocolaterie n'épouse, même de façon lointaine, une forme fine, courte, torsadée, évocatrice d'un sarment de vigne et revêtue de chocolat sur l'intégralité de sa surface, et en déduit que cette présentation s'éloigne de façon suffisamment significative de celle adoptée par les autres produits de chocolaterie pour signifier au consommateur l'origine commerciale d'un produit et lui permettre de réitérer sans confusion possible l'acte d'achat auquel il a pu procéder. Elle conclut à la validité de cette marque en forme de sarment de vigne.

723. Les couleurs peuvent constituer un élément figuratif distinctif pour des produits ou services[60]. Il peut s'agir d'une couleur seule, dont il faudra définir la nuance à défaut de quoi le dépôt ne sera pas assez précis, objectif, ou d'une combinaison de couleurs. La précision du dépôt doit assurer[61] qu'il n'y aura pas une restriction indue de la disponibilité de la couleur pour les autres opérateurs sur le marché[62].

4. Les signes complexes

724. La notion de signe complexe n'est pas directement avancée par le législateur mais elle se dégage de la jurisprudence après avoir été exploitée par la pratique. Il s'agit de signes constitués à la fois d'éléments verbaux et figuratifs. La CJ a développé cette notion notamment pour l'analyse du risque de confusion entre deux signes distinctifs. Elle retient en particulier que dans le cadre de l'examen de l'existence d'un risque de confusion, l'appréciation de la similitude entre deux marques ne revient pas à prendre en considération uniquement un composant d'une marque complexe et à le comparer avec une autre marque. Il y a lieu, au contraire, d'opérer la comparaison en examinant les marques en cause, considérées chacune dans son ensemble, ce qui n'exclut pas que l'impression d'ensemble produite dans la mémoire du public pertinent par une marque complexe puisse, dans certaines circonstances, être dominée par un ou plusieurs de ses composants. Elle ajoute que, au-delà du cas habituel dans lequel le consommateur moyen perçoit une marque comme un tout, et nonobstant la circonstance que l'impression d'ensemble puisse être dominée par un ou plusieurs composants d'une marque complexe, il n'est nullement exclu que, dans un cas particulier, une marque antérieure, utilisée par un tiers dans un signe composé comprenant la dénomination de l'entreprise de ce tiers, conserve une position distinctive autonome dans le signe composé, sans pour autant en constituer l'élément dominant[63].

60. CJCE, 6 mai 2003, aff. C-104/01, *Libertel*, *Rec.* I-3793 ; *Prop. Indust.* 2003, comm. 69, obs. S. Mandel et comm. 76, obs. P. Tréfigny-Gois.

61. CA Paris, 22 juin 2011, *Prop. Indust.* 2011, comm. 91, note P. Tréfigny-Gois ; Cass. com., 30 mai 2012, n° 11-20724 : « *s'agissant de la couleur rouge revendiquée, celle-ci n'est pas définie par une référence permettant de l'identifier avec précision, la figure censée représenter la semelle comportant elle-même plusieurs nuances de rouge, plus foncée à l'extrémité inférieure droite et en partie médiane, plus vive en partie supérieure gauche où elle présente, répartis sur le pourtour, six points ou taches nettement plus clairs* ».

62. CJCE, 24 juin 2004, aff. C-49/02, *Heidelberger Bauchemie*, *Rec.* I-6129 ; *PIBD* 2004, III-552 ; CJCE, 21 oct. 2004, aff. C-447/02 P, *KWS Saat AG/OHIM*, *Rec.* I-10107.

63. Voir notamment, CJCE, 6 oct. 2005, aff. C-120/04, *Medion AG*, *Rec.* I-08551 ; voir *infra* n° 744.

5. Le signe de mouvement

725. Le droit des marques est confronté aux évolutions des pratiques commerciales pour identifier des produits et services. On a évoqué ce mouvement pour les signes olfactifs, il faut dépasser ce cas pour envisager une autre catégorie de signes distinctifs, pouvant éventuellement constituer une variante des signes figuratifs. Les signes de mouvement sont des signes caractérisés par leur évolution dans leur présentation au public. Il s'agit d'une série d'images qui défilent, un bref film, l'équivalent visuel d'un *jingle*. Parmi ces signes de mouvement, il faut intégrer les gestes[64]. Internet offre des solutions techniques multiples pour permettre d'utiliser de tels signes, de montrer des logos en mouvement[65]. Ces signes ont vocation à être de plus en plus répandus. Les dépôts sont encore peu nombreux, l'enregistrement de ce type de signes reste exceptionnel. La production multimédia a ouvert la voie à des signes sous forme d'hologrammes, de gestes. Pour en obtenir l'enregistrement, il est nécessaire de produire une séquence d'images ou de dessins illustrant le fonctionnement de la marque. Les marques de mouvement sont probablement les marques multimédia les plus courantes, tel le logo de la *20th Century Fox Film Corporation*, avec ses projecteurs qui balayent le ciel, marque enregistrée (USPTO 1, 928,424). Depuis 1996, une cinquantaine de demandes de marques européennes constituées d'un signe en mouvement ont été déposées et une vingtaine ont été enregistrées. La pratique n'est pas encore massive, mais elle semble s'installer. Pour ce type de signes, la représentation graphique constitue le premier défi[66]. Pour lever l'obstacle de la représentation graphique, avant l'intégration de la nouvelle solution technique proposée par le paquet marque et qui trouvera une application particulièrement efficace pour cette catégorie de signes, le dépôt se fait par la reproduction des différents pictogrammes reflétant l'évolution visuelle du mouvement revendiqué, par le biais d'un dessin ou d'une vue et d'une description. L'affaire *Sony Ericsson* peut illustrer cette difficulté de proposer une description acceptable du signe. Cette société avait déposé « *une séquence animée composée de 20 vignettes qui se succèdent dans un délai d'environ 6 secondes. La séquence montre un flux de liquide coloré qui s'écoule sur un fond blanc. Le flux de liquide s'écoule au final autour et à l'intérieur de la sphère qui permet à la couleur du liquide d'être vue* » pour couvrir les classes 9, 38 et 41 et notamment les téléphones mobiles et cellulaires ainsi que les appareils de transmission d'images, de photos et de vidéos. Ce dépôt fut rejeté par l'examinateur de l'Agence trouvant cette présentation du signe insuffisante et imprécise. La société le compléta et le précisa : « *Ceci est une marque en mouvement et en couleur. Le mouvement est celui d'un ruban qui s'apparente à l'aspect d'un*

64. Par exemple, une marque en mouvement européenne a été enregistrée pour les barres chocolatées *Snickers* (CTM n° 8 207 532), ou encore par *Microsoft* pour l'animation d'accueil de *Windows* (CTM n° 8 553 133), ou par *Mars BV* pour le geste de deux doigts en ciseaux pour son chocolat Twix (CTM n° 8207532), marque aussi enregistrée au Benelux (BX n° 520574). En Finlande, une marque constituée d'une série de pictogramme défilant a été enregistrée (n° d'enregistrement 229446) pour les classes 9, 25, 28, 38 et 41. Au Royaume-Uni, le geste d'une personne se tapotant le nez a été enregistré pour des services dans le domaine du crédit et de l'investissement (UK n° 2012603).
65. Voir S. Völker, "Registering new forms under the Community Trademark", *Trademark World* n° 152, nov. 2002, page 32.
66. Sur l'obligation du représentation graphique, voir *infra*, n° 732 et 790.

liquide. Le ruban s'enroule pour finir sous une apparence sphérique. La durée du mouvement est d'environ 6 secondes. Les vignettes de la séquence sont espacées d'environ 0,3 secondes d'intervalle. Les vignettes sont à égale distance du début à la fin de la séquence. La première vignette est située dans le coin supérieur gauche. La dernière vignette (vingtième) est située au milieu de la rangée inférieure. Les vignettes suivent une progression de la gauche vers la droite au sein de chaque ligne avant de descendre à la ligne suivante. La séquence des vignettes s'établit comme suit : dans la première vignette, le ruban entre dans l'arête supérieure du cadre et descend le long du bord droit avant d'apparaître sur la partie haute des deuxième et sixième vignettes. Au cours de cette phase du mouvement la partie finale du ruban apparaît et donne l'illusion d'une fuite. Dans les vignettes 6 à 17, le ruban va dans le sens contraire des aiguilles d'une montre. À partir de la neuvième vignette, la sphère se déplace selon un mouvement quasi-immédiat au centre de l'image. L'intérieur de la sphère est de la même couleur que le ruban. Le ruban flotte autour de la sphère. Dans la vignette 14, le ruban entre dans la sphère, comme s'il était tiré vers l'intérieur. Dans les vignettes 15 à 17, le ruban disparaît à l'intérieur de la sphère. Dans les vignettes 19 et 20, la sphère se déplace vers le spectateur et sa taille augmente ». Le 27 janvier 2010, l'examinateur de l'Agence maintient son refus, estimant que la description reste ambiguë. La société conteste cette décision et nourrit à nouveau la description en fournissant une vidéo et un flipbook reprenant les 20 vignettes concernées. La chambre des recours de l'Agence va annuler la décision de l'examinateur[67] et admettre l'enregistrement de la marque[68]. Outre la reproduction graphique, il est nécessaire que ces signes puissent être perçus en tant que marque par les consommateurs et qu'ils remplissent une fonction distinctive. Il peut être difficile de prouver qu'un geste est distinctif pour le type de produits ou de services.

6. Le signe de position

726. Le signe de position est certainement plus intégré dans la vie du droit des marques que le signe de mouvement. Un contentieux plus riche nourrit son émergence. À l'image du signe de mouvement, le signe de position peut être perçu comme une variante du signe graphique. Il traduit un nouvel usage des signes distinctifs dans la vie des affaires. La caractéristique de la marque constituée d'un signe de position réside dans l'emplacement où le signe est apposé ou fixé sur un produit. Le cas le plus classique est constitué par l'étiquette ou la couture décorative sur la poche arrière d'une paire de jeans[69]. La représentation graphique n'est guère un problème majeur pour cette catégorie de signes. La représentation graphique comprend une vue ou un dessin indiquant l'emplacement particulier du signe sur le produit, accompagné éventuellement d'une

67. OHMI, 2e ch. rec. 23 sept. 2010, aff. R-443/2010-2.

68. CTM n° 8 581 977. La même marque fut aussi enregistrée aux USA.

69. Cf. CJUE, 18 avr. 2013, aff. C-12/12, *Colloseum/Levi Strauss*, *Prop. Indust.* 2013, comm. 49, note A. Folliard-Monguiral, validant la marque constituée d'un petit rectangle rouge cousue à la poche arrière des pantalons commercialisés. Voir *infra* n° 857, sur l'usage sérieux.

description textuelle[70]. En revanche, l'appréciation du caractère distinctif de ce signe est délicate[71]. Que ce dernier soit inhérent ou acquis par l'usage, c'est essentiellement du cas par cas, ce qui donne aux marques constituées sur la base d'un tel signe une certaine fragilité.

727. Le premier terrain de contentieux fut celui de la validité de tels signes en tant que marque, en tant que variété de marque tridimensionnelle. Cette première difficulté fut tranchée par la CJ. Une société avait déposé la demande de marque communautaire sous la forme d'une représentation graphique de chaussettes, mettant uniquement en évidence la pointe de la chaussette et en lui affectant une apparence spécifique[72]. L'examinateur de l'Agence refusa cette demande, refus confirmé par la Chambre de recours pour défaut « de caractère distinctif » au sens de l'article 7, paragraphe 1, sous b), du règlement nº 40/94. Le T. UE a également rejeté la requête de la société en retenant notamment qu'il « *apparaît, en outre, que les "marques de position" se rapprochent des catégories de marques figuratives et tridimensionnelles, dès lors qu'elles visent l'application d'éléments figuratifs ou tridimensionnels à la surface d'un produit. Toutefois, la qualification d'une "marque de position" en tant que marque figurative ou tridimensionnelle ou en tant que catégorie spécifique de marques est sans pertinence dans le cadre de l'appréciation de son caractère distinctif* »[73]. La Cour[74] écarte ce moyen en relevant que si le Tribunal a bien utilisé cette expression de « marque de position », il l'a placée dans la catégorie des marques figuratives ou tridimensionnelles, dont l'existence dans le droit des marques n'est pas contestée par cette société, et que cette discussion est sans pertinence.

728. Le deuxième problème résidait dans les conditions de reproduction graphique de ces marques de position. À ce sujet, l'une des affaires les plus emblématiques des marques de position fut la saga *Louboutin*. Christian Louboutin avait déposé une première marque française en novembre 2000 (nº 3067674), étendue sous forme internationale, ayant pour description : semelle de chaussures de couleur rouge. Sur la base de cette marque enregistrée, un contentieux s'engagea en France. Dans un premier temps, le TGI de Paris[75] rejeta une demande en nullité de la marque. Il retient que « *la distinctivité de la marque est constituée de la combinaison de cette couleur rouge avec l'élément dénominatif reproduite sur la semelle (signature Christian Louboutin). C'est cette*

70. Par exemple : accompagnant une marque EU déposée par la société *Prada*, le 24 déc. 1998, en classe 25 : bande rouge disposée dans la direction longitudinale d'une chaussure qui recouvre en partie la zone de la semelle et en partie la zone postérieure de la chaussure.

71. S. Colombert et A. Mercier, « L'appréciation de la distinctivité intrinsèque d'une marque constituée exclusivement d'un motif décoratif », *CCE* 2013, Étude 10.

72. La reproduction graphique était accompagnée de l'indication « Marque autre – Marque de position » visant la couleur « orange (Pantone 16-1359 TPX) » et d'un commentaire : « *La marque de position est caractérisée par une coloration orange, nuance "Pantone 16-1359 TPX", en forme de capuchon couvrant la pointe de chaque article chaussant de bonneterie. Elle n'enveloppe pas entièrement les pointes et présente une limite qui, vue de devant et de côté, apparaît sensiblement horizontale. La marque apparaît toujours en fort contraste de couleur par rapport au reste de l'article chaussant de bonneterie et se trouve toujours à la même place* ».

73. T. UE, 15 juin 2010, aff. T. 547/08, *X Technology Swiss*, *Rec.* II-02409, pts. 20 et 21.

74. CJUE, 11 mai 2012, aff. C-429/10 P, *X Technology Swiss* ; *Rec.* I-00076.

75. TGI Paris, 5 déc. 2007, *Louboutin c/Cesare Piaccotti.*

combinaison qui permet au public d'attribuer les chaussures revêtues de cette semelle au demandeur ». Toutefois, la présence d'un autre élément que la seule couleur rouge de la semelle guide la solution.

Un second contentieux est engagé, toujours devant le TGI de Paris, sur la base de la première marque déposée. Dans un jugement du 4 novembre 2008[76], le TGI confirme la solution de 2007. Un appel est interjeté, et la cour de Paris[77] annule la marque en avançant que « *ni la forme ni la couleur du signe déposé ne sont déterminées avec suffisamment de clarté, de précision et d'exactitude pour être de nature à lui conférer un caractère distinctif propre à permettre d'identifier l'origine d'une chaussure* ». La cour d'appel de Paris a également rejeté les demandes relatives à la concurrence déloyale et parasitaire, les demandeurs ne pouvant s'approprier perpétuellement le concept de l'apposition systématique d'une semelle rouge. Un pourvoi est formé et la Chambre commerciale[78] approuve l'analyse des juges du fond selon laquelle ni la forme ni la couleur du signe déposé (une semelle rouge) ne font l'objet d'une représentation graphique précise permettant d'être représentée visuellement. Elle approuve également le raisonnement des juges du fond ayant conduit à dénier tout caractère distinctif à la marque et à considérer que la renommée était moins attachée à la marque elle-même qu'au concept de l'usage systématique d'une semelle de couleur rouge.

En parallèle à ce contentieux français, un autre opposant aux États-Unis la société *Louboutin* à la société *Yves Saint-Laurent*. Contrairement à la Cour de cassation, mais sur la base d'un enregistrement de la marque composée du signe de position différent, le Second Circuit de la cour d'appel fédérale des États-Unis[79] a considéré qu'une couleur unique est susceptible de constituer un signe valable et a écarté les critères esthétiques et fonctionnels pour dénier toute protection. Dès lors, la semelle rouge peut constituer une marque, à condition qu'elle contraste avec la couleur de la chaussure elle-même. La Cour américaine apporte ainsi une limite à la portée de la marque constituée d'une représentation graphique en trois dimensions de la semelle rouge accompagnée d'une description précisant notamment le pantone revendiqué[80]. Cette affaire *Louboutin* montre que la marque de position doit surmonter des difficultés liées à la représentation graphique de celle-ci mais que la qualité du dépôt peut pallier cette difficulté[81].

729. Un dernier terrain devait être surmonté, la perception par le consommateur de ces signes de position en tant que marque, leur capacité à remplir une fonction de marque. Le T. UE semble particulière frileux pour reconnaître cette

---

76. TGI Paris, 4 nov. 2008, *Louboutin C/ Zara France* ; *CCE* 2009, chron. 8, n° 15, obs. A.-E. Kahn.

77. CA Paris, 22 juin 2011, RG 09/00405.

78. Cass. com., 30 mai 2012, n° 11-20724 ; *CCE* 2012, chron. 8, n° 14, obs. A.-E. Kahn.

79. *United States Court of Appeals for the Second Circuit*, 5 sept. 2012, Docket No. 11-3303-cv.

80. Cette nouvelle représentation graphique a été enregistrée à titre de marque par l'INPI le 24 févr. 2012 (No 3869370) et admise à l'enregistrement par la deuxième chambre de recours de l'OHMI dans une décision du 16 juin 2011, aff. R-2272/2010-2.

81. J.-P. Arroyo et B. Lhomme-Houzai, « Une couleur peut-elle ou doit-elle être protégée à titre de marque dans le domaine de la mode ? Étude comparée des affaires Louboutin aux États-Unis et en France », *Prop. Indust.* 2013, Étude 8.

qualité à une marque de position. Sa jurisprudence est marquée par de nombreux refus d'enregistrement d'une « marque de position » en raison du défaut de caractère distinctif. Ce fut le cas pour des champs géométriques sur le cadran d'une montre[82], la coloration orange de la pointe d'une chaussette[83], un motif composé de deux coutures courbées sur une poche[84] et les extrémités rouges des lacets de chaussures[85]. La solution a été confirmée par deux arrêts du 16 janvier 2014[86]. Le 14 mars 2014, le Tribunal a, à nouveau, rejeté l'enregistrement d'une marque de position pour une fleur apposée sur un col de chemise[87]. Le Tribunal observe que la marque demandée est une « marque de position » en rappelant que si aucun texte ne mentionne cette catégorie particulière de marques, le Règlement ne comporte pas de liste exhaustive de signes susceptibles de constituer des marques communautaires. Il n'existe donc aucune raison de les écarter, le T. UE les rapprochant des marques figuratives ou tridimensionnelles. Le T. UE rappelle le principe selon lequel, les marques non distinctives doivent être refusées à l'enregistrement. Ces marques sont celles qui sont réputées incapables d'exercer la fonction essentielle de la marque, à savoir d'identifier l'origine commerciale du produit ou du service en cause[88]. Appliquant ce principe à la marque litigieuse, le Tribunal retient que la forme de la fleur est trop sommaire pour pouvoir être mémorisée par le consommateur pertinent. La représentation de la marque demandée ne permet pas au public de reconnaître une fleur distinctive identifiant l'origine des produits. Le Tribunal ajoute que le consommateur est habitué à la présence d'un ornement, et notamment une fleur, sur le col d'une veste, ce qui conforte la fonction décorative ou ornementale pour le consommateur et non la fonction d'origine de ce signe. La marque est donc rejetée pour défaut de distinctivité.

Ainsi, cette dernière étape pour le signe de position, afin de constituer une marque valable semble difficile à franchir. La qualité du dépôt pourrait une fois encore y contribuer. La fonction distinctive doit être forte et évidente. Il est probable que la distinctivité acquise par l'usage pourra jouer ici un grand rôle.

B Les signes exclus

730. Les exclusions peuvent être regroupées en plusieurs catégories : d'une part, les exclusions extrinsèques justifiées par l'environnement dans lequel le signe distinctif est utilisé et, d'autre part, les exclusions intrinsèques liées à la qualité même du signe.

---

82. T. UE, 14 sept. 2009, aff. T-152/07, *Lange Uhren/OHMI*, *Rec.* II-00144.
83. T. UE, 15 juin 2010, aff. T-547/08 ; CJUE, 16 mai 2011, C-429/10P, préc.
84. T. UE, 28 septembre 2010, aff. T-388/09, *Rosenruist/OHMI*, *Rec.* II-00206.
85. T. UE, 11 juill. 2013, aff. T-208/12, *Prop. Indust.* 2014, chron. 3, nº 4, S. Abet et C. Onken ; sous pourvoi CJUE, C-521/13P.
86. T. UE, 16 janv. 2014, aff. T-433/12 et T-434/12, *Margarete Steiff/OHMI*.
87. T. UE, 14 mars 2014, aff. T 131/13, *Lardini/OHMI*.
88. Voir *infra* nº 762 et s.

1. Les exclusions extrinsèques

731. Les exclusions extrinsèques regroupent deux sources d'indisponibilité des signes : les signes exclus en raison de leur statut et les signes exclus en raison de leur usage dans la vie des affaires.

732. Les signes exclus en raison de leur nature sont les signes visés par la loi ou une convention internationale comme ne pouvant pas faire l'objet d'une appropriation par le droit des marques. C'est une réduction autoritaire du domaine appropriable à titre de marque. L'article 6 *ter* de la CUP avance une liste de signes exclus par les pays membres de l'Union de Paris, à laquelle le RME renvoie en son article 7. On peut citer les armoiries, les drapeaux et emblèmes des États, les signes et poinçons officiels. Un mécanisme de communication de ces symboles est instauré par la CUP. Il faut ajouter les symboles des organisations internationales intergouvernementales lorsqu'ils ont été transmis au bureau de l'Union de Paris. Au-delà de l'exclusion de l'appropriation par le droit des marques, les États de l'Union s'engagent à interdire l'usage non autorisé, dans les commerces, des symboles des États membres, lorsque cet usage est de nature à induire en erreur le consommateur sur l'origine du produit. Toutefois, les pays membres de la CUP ne sont pas tenus par ces exclusions lorsque le signe en cause n'est pas de nature à suggérer, dans l'esprit du public, un lien entre l'exploitant en cause et l'État. À cette première énumération, on peut adjoindre celle du paragraphe 2 de l'article 23 de l'annexe I C de l'ADPIC. La Cour de cassation a inclus aussi les emblèmes visés par l'article L. 141-5 Code du sport, *i. e.* les emblèmes olympiques[89].

733. La seconde exclusion extrinsèque vise les signes nécessaires dans la vie des affaires. Il s'agit d'une exclusion avancée à l'article L. 711-2 C. propr. intell. ou à l'article 7 RME. Ce dernier dispose que ne peuvent constituer valablement une marque les signes ou dénominations qui, dans le langage courant ou professionnel, sont exclusivement la désignation nécessaire, générique ou usuelle du produit ou du service. On apprécie le caractère nécessaire du signe au regard du marché sur lequel le produit est commercialisé, et du vocabulaire usuel. Cette limite vise aussi bien les marques verbales que les marques figuratives, il n'est pas possible d'utiliser à titre de marque un signe nécessaire dans la vie des affaires pour les produits et services du libellé.

La frontière entre signe nécessaire et signe disponible est délicate à tracer pour les néologismes. Ces signes arbitraires mais très fortement évocateurs sont l'objet de nombreuses contestations. La jurisprudence semble favorable à ces signes dès lors qu'ils présentent une part d'arbitraire suffisante dans leur construction.

Ce concept de signe nécessaire est aussi utilisé pour limiter les possibilités d'obtenir un droit de marque sur des signes tridimensionnels[90].

---

89. Cass. com., 15 sept. 2009, *CCE* 2009, comm. 99, note. C. Caron ; *Prop. Indust.* 2009, comm. 75, obs. P. Tréfigny-Goy.

90. CJUE, 14 sept. 2010, aff. C-48/09, aff. *Lego*, *Rec.* I-08403 ; *Prop. Indust.* 2010, comm. 72, obs ; A. Folliard-Monguiral ; *Prop. Indust.* 2011, comm. 25, obs. A. Folliard-Monguiral : pt 74 : « *l'ensemble des éléments de la forme de brique Lego, à l'exception de sa couleur, sont fonctionnels* », la CJ ajoute aux pts 84 et 85 que « *Dans le cadre de l'examen de la fonctionnalité d'un signe constitué par la forme d'un produit, il importe seulement d'apprécier, après que les caractéristiques essentielles dudit signe ont*

2. Les exclusions intrinsèques

734. L'exclusion intrinsèque relève de la qualité même du signe, spécialement sa capacité à faire l'objet d'une reproduction graphique, contrainte essentielle du droit des marques. Le RME comme le Code de la propriété intellectuelle imposent que le signe approprié à titre de marque soit l'objet d'une reproduction graphique. Cette condition de forme emporte les effets d'une condition de fond car elle écarte du droit des marques des signes distinctifs pour lesquels il n'est pas possible de réaliser une telle représentation. Cette condition semble ne pas pouvoir être remplie, du moins à l'heure actuelle, pour les signes distinctifs olfactifs et pour les signes distinctifs gustatifs. Si la réception par l'un des sens est une condition de l'existence d'un bien intellectuel[91], cette approche purement objective de l'existence d'un bien intellectuel n'est pas suffisante pour en assurer l'appropriation par le droit des marques. La subjectivité attachée à la perception du bien par les tiers a un effet dirimant pour ce régime. Le droit d'auteur est indifférent à cet élément. Le droit des marques tente de restreindre les éléments subjectifs d'appréciation du périmètre de propriété grâce à la représentation. La jurisprudence interne comme la jurisprudence européenne a clairement marqué cette limite.

735. Pour les signes olfactifs, qui relèvent de la catégorie des signes non visibles comme les marques sonores, la CJ a tranché clairement le débat dans l'arrêt *Sieckmann*[92] en retenant que « *pour qu'un signe puisse être enregistré, [il faut] qu'il présente un caractère distinctif et qu'il soit susceptible de faire l'objet d'une représentation graphique intégrale, claire, précise et compréhensible pour la majorité des fabricants et des consommateurs. À l'heure actuelle, les odeurs ne sont pas susceptibles de faire l'objet d'une représentation graphique adéquate et, conformément à ce que prévoit l'article précité, elles ne peuvent pas constituer des marques* ». Dans un arrêt du 3 octobre 2003, la cour d'appel de Paris reprenait la solution de la CJ à propos d'une marque pour un arôme artificiel de fraise[93].

Ces décisions, en exploitant la distinction entre perception objective et perception subjective, confirment que seule la perception objective est nécessaire pour qu'il y ait un bien intellectuel ; celle-ci n'est pas exclusive d'autres critères propres à chacun des régimes de propriété. Elles soutiennent justement que la référence à une odeur ou à un goût est fortement suggestive mais aussi profondément subjective, chacun ayant sa « madeleine ». Il n'est pas possible d'assimiler suggestivité et objectivité. Le juge admet que l'odeur ou le goût peuvent faire l'objet d'une appropriation, mais que l'exercice du droit des marques sur

été identifiées, si ces caractéristiques répondent à la fonction technique du produit concerné. Cet examen doit, de toute évidence, être fait en analysant le signe déposé en vue de son enregistrement en tant que marque, et non les signes constitués d'autres formes de produit. La fonctionnalité technique des caractéristiques d'une forme peut être appréciée, notamment, en tenant compte de la documentation relative aux brevets antérieurs qui décrivent les éléments fonctionnels de la forme concernée ». Voir aussi CJCE 18 juin 2002, *RTD com.* 2003.500, obs. Azéma ; *PIBD* 2003, III-37 ; *Prop. Intell.* 2002, n° 5, p. 83, obs. Joly.

91. Cf. *supra* n° 8.

92. CJCE, 12 déc. 2002, aff. C-273/00, *Sieckmann*, *Rec.* I-11737 ; *JCP* E 2003, p. 38.

93. CA Paris, 3 oct. 2003, 3e Ch., *Prop. Intell.* n° 11, avr. 2004, p. 671, obs. Bonet, Buffet Delams et Caballero.

l'odeur, ou sur le goût, impose non seulement que celle-ci soit perceptible – critère d'existence du bien intellectuel – mais aussi qu'elle soit perçue de façon similaire par toute personne ; le régime de propriété en cause imposant une définition objective, stricte, du domaine d'appropriation, notamment en raison du principe de libre exploitation de ce qui n'est pas explicitement approprié.

Le droit des marques impose une double objectivité : dans le constat de l'existence du bien intellectuel et dans la description du bien intellectuel. Il sera nécessaire de vérifier si les nouvelles formes d'identification des signes admises par la refonte de l'article 3 de la directive marque pourraient modifier cela. On en doute, la sécurité juridique impose une identification précise et objective.

§ 2. La disponibilité du signe

736. Il n'est possible d'obtenir un droit de marque que si le signe est disponible, c'est-à-dire qu'il ne fait pas l'objet d'une appropriation antérieure. Ce principe de disponibilité est présent tant dans le droit national que dans le droit de l'UE, mais les éléments pris en considération ne sont pas identiques pour les deux régimes. La disponibilité porte l'idée suivant laquelle il n'est pas possible d'avoir deux droits de propriété identiques sur un seul et même bien, il ne peut y avoir deux droits de marque sur un seul et même signe distinctif. Cette première analyse a été étendue, l'indisponibilité du signe visant d'autres propriétés que le droit des marques. Craignant l'effet parasitaire de la marque à l'égard d'éléments appropriés antérieurement, le Code de la propriété intellectuelle et le RME ne limitent pas l'indisponibilité aux seules marques déposées antérieurement, d'autres éléments pouvant remplir une fonction distinctive sont pris en considération. La conjugaison de l'ensemble de ces éléments conduit à établir une analogie entre la notion de disponibilité du droit des marques et celle de nouveauté du droit des brevets ou des dessins et modèles. Si une différence marquante existe entre ces régimes juridiques, car, à la différence du droit des brevets et du droit des dessins et modèles, peu importe que le signe ait déjà été divulgué ou non, seule la question de l'appropriation à la date du dépôt par un tiers est prise en considération en droit des marques, on constate en pratique que pour s'assurer de la disponibilité du signe, la solution la plus certaine est de créer un signe qui sera alors nécessairement nouveau.

Toutefois, qu'il s'agisse des marques antérieures ou de tout autre élément distinctif, la disponibilité n'est pas en tant que telle sanctionnée par les offices, ce n'est pas un motif absolu de nullité de la marque, mais simplement un motif relatif de nullité de la marque, motif qui ne peut être invoqué que par le titulaire du droit antérieur invoqué, dans le cadre d'une procédure d'opposition ou d'annulation. Il est d'usage de procéder à une recherche d'antériorité avant de déposer une marque afin de vérifier sa disponibilité, l'Agence communique le rapport qu'il établit contenant des antériorités pertinentes. Après avoir envisagé les antériorités communes, on présentera les antériorités spécifiques du Code de la propriété intellectuelle.

A Les antériorités communes

737. Le Code de la propriété intellectuelle et le RME comptent plusieurs antériorités communes : les marques antérieures enregistrées, les marques antérieures non enregistrées mais notoirement connues, les appellations d'origine protégées ou encore les signes de la vie des affaires.

1. Les marques antérieures enregistrées

738. Cette cause d'indisponibilité est la plus naturelle : si la marque est déjà appropriée, il n'est pas possible de solliciter un second droit de propriété dessus. C'est une évidence, mais uniquement un motif relatif de refus d'enregistrement ! Le RME précise les marques prises en considération pour l'opposition : les marques européennes, les marques nationales des États membres, les marques qui font l'objet d'un enregistrement international ayant effet dans un État membre ou dans la Communauté. La directive de 2008 permet, à titre facultatif, de prendre en considération les marques étrangères, non délivrées sur le territoire pour lequel intervient la demande, si elle est utilisée au moment du dépôt et continue d'y être utilisée si le dépôt second est fait de mauvaise foi. La seule connaissance de cette marque ne suffit pas à caractériser la mauvaise foi[94].

Il faut distinguer deux cas de figure pour apprécier la disponibilité du signe : soit le signe déposé est identique à la marque antérieure et le libellé vise les mêmes produits ou services que la marque antérieure. Dans ce cas, le signe n'est pas disponible et l'enregistrement nouveau doit être refusé. Soit le signe déposé est similaire ou identique à une marque antérieure, et les produits ou services désignés par le libellé sont identiques ou similaires à ceux du premier dépôt, alors, le refus d'enregistrement impose au titulaire de la marque antérieure de rapporter la preuve du risque de confusion dans l'esprit du public du territoire dans lequel la marque antérieure est appropriée. Pour réaliser cette appréciation, il faut suivre une analyse en quatre étapes : la détermination du public pertinent, la comparaison des produits et des services, la comparaison des signes, et l'appréciation du risque de confusion.

a) Détermination du public pertinent

739. La détermination du public pertinent suppose, dans un premier temps, de définir le territoire en cause. Pour la marque européenne, il est possible de s'opposer à l'enregistrement en invoquant une marque européenne antérieure, le public étant alors le public européen, mais aussi une marque antérieure nationale. Dans ce dernier cas, le public pertinent est le public du territoire où cette marque est exploitée. Si le signe opposé est une marque internationale désignant plusieurs pays de l'UE, le public pertinent sera celui des États où la marque est exploitée. Pour une marque nationale, seul le territoire de l'État délivrant le titre de propriété est pris en considération.

94. CJUE, 27 juin 2013, aff. C-320/12, *Malaysia Dairy Industries Pte. Ltd* ; *CCE* 2013, comm. 101, note C. Caron ; *JCP* G 2013, 845, « La connaissance d'une marque antérieure à l'étranger n'est pas toujours synonyme de mauvaise foi », obs. F. Picod.

740. Une fois le territoire délimité, il est nécessaire de préciser la catégorie de public à prendre en considération. Si produits et services commercialisés avec le signe distinctif sont des biens de consommation courante, le public est le consommateur moyen du territoire retenu. La CJ dans l'arrêt *Lloyd*[95] avance une définition du consommateur moyen : « *le consommateur moyen de la catégorie de produits concernée est censé être normalement informé et raisonnablement attentif et avisé* ». Elle reprend là une approche classique de la notion[96]. La Cour ajoute qu'« *il convient de tenir compte de la circonstance que le consommateur moyen n'a que rarement la possibilité de procéder à une comparaison directe des différentes marques mais doit se fier à l'image non parfaite qu'il en a gardée en mémoire. Il échet également de prendre en considération le fait que le niveau d'attention du consommateur moyen est susceptible de varier en fonction de la catégorie de produits ou services en cause* ». Il est nécessaire de développer une argumentation adaptée au cas par cas, le consommateur achetant des médicaments en libre-service n'ayant pas la même attention que le consommateur achetant des biscuits dans une grande surface[97].

Si les produits et services commercialisés avec le signe distinctif sont des biens spécialisés, visant un public restreint, le public de référence est constitué par les professionnels des biens en cause[98].

b) Comparaison des produits et services

741. La comparaison des produits et services est une étape nécessaire en raison du périmètre du droit de propriété, de ses limites, habituellement désigné en droit des marques comme le principe de spécialité de la marque : seule l'articulation du signe avec les éléments visés par le libellé définit le périmètre de la propriété[99]. Si les produits et services sont différents, il n'est pas possible de s'opposer à l'enregistrement de la marque nouvelle, même si les signes sont identiques.

La CJ, dans son arrêt *Canon*[100], précise la procédure à suivre pour cette étape : « *il reste nécessaire, même dans l'hypothèse où existe une identité avec une marque dont le caractère distinctif est particulièrement fort, d'apporter la preuve de la présence d'une similitude entre les produits ou les services désignés. En effet, un risque de confusion présuppose une identité ou une similitude entre les produits ou services désignés* ». L'appréciation de l'identité est assez simple et objective : les produits sont les mêmes ou non. En revanche, pour l'appréciation de la similitude, l'opération est plus délicate. Toujours dans l'arrêt *Canon*, la CJ indique que « *pour apprécier la similitude entre les produits ou services en cause, il y a lieu de tenir compte de tous les facteurs pertinents qui caractérisent le rapport entre les produits ou services. Ces facteurs*

95. CJCE, 22 juin 1999, *Lloyd c. Klijsen*, aff. C-342/97, *Rec.* I-03819.
96. Notamment, CJCE, 16 juill. 1998, *Gut Springenheide et Tusky*, aff. C-210/96 ; *Rec.* I-4657.
97. CJCE, 12 janv. 2006, aff. C-361/04, *Picasso*, *Rec.* I-643 ; *PIBD* 2006, nº 828, III-283.
98. CA Paris, 26 janv. 2001, *PIBD* 2001, III-313.
99. Cette articulation est analogue à celle employée en droit des brevets entre la description et les revendications.
100. CJCE, 29 sept. 1998, *Canon*, aff. C-39/97, *Rec.* I-5507 ; *D. Aff.* 1998, p. 1782 ; *RTD eur.* 2000.100, note G. Bonet.

incluent, en particulier, leur nature, leur destination, leur utilisation ainsi que leur caractère concurrent ou complémentaire ». La démarche proposée est indicative ; au cas par cas, il est possible d'invoquer des critères complémentaires si ceux-ci sont nécessaires à la pertinence de la démonstration de la similitude. La complémentarité doit être prouvée par celui qui l'invoque. Ainsi, la chambre de recours de l'Agence avait considéré qu'il n'y avait aucune similitude entre, d'une part, des « *poulets* » (cl. 29) et, d'autre part, des « *services de publicité, représentations commerciales, services de franchisage, exportation et importation* » (cl. 35) et les « *services de transport, entreposage et distribution de poulets* » (cl. 39). Pour ce motif, elle avait exclu un risque de confusion entre deux signes. Un recours contre cette décision fut formé et le T. UE[101] a retenu que la complémentarité entre des produits et des services dans le contexte du risque de confusion ne s'apprécie pas sur la base de l'existence d'un rapport entre les produits et les services en cause du point de vue de leur nature, leur utilisation ou leurs canaux de distribution. Cette complémentarité doit s'apprécier sur la base de l'existence d'un « *lien étroit* » entre lesdits produits et services, c'est-à-dire du caractère « *indispensable ou important* » de l'un pour l'usage de l'autre (pts 22 et 36). Il ajoute que « *le fait que l'utilisation d'un produit ou service soit sans rapport avec l'utilisation d'un autre produit ou service n'implique pas dans tous les cas que l'usage de l'un n'est pas important ou indispensable pour l'usage de l'autre* » (pt 38).

Une difficulté spécifique émerge en présence de marques destinées à identifier des services. Comment comparer ces services et quelle est la méthode à appliquer si une marque de service est proche d'une marque de produit. La CJ[102] retient que la notion de service comprend les services fournis dans le cadre du commerce de détail de produits. Elle ajoute qu'aux fins de l'enregistrement d'une marque pour de tels services, il n'est pas nécessaire de désigner concrètement le ou les services en cause. En revanche, des précisions sont nécessaires quant aux produits ou types de produits concernés par ces services.

c) Comparaison des signes

742. L'appréciation de l'identité des signes en cause est importante car, en cas d'identité entre les signes et d'identité entre les produits et services, il n'est pas nécessaire de prouver le risque de confusion, ce qui allège fortement la charge probatoire et le risque de la preuve pour la personne qui s'oppose à l'enregistrement de la marque nouvelle.

Suivant l'arrêt *Arthur et Félicie* de la CJ[103], le critère d'identité entre la marque et le signe doit être interprété restrictivement, les éléments comparés doivent être en tous points les mêmes. Il y a identité entre le signe et la marque quand le signe reproduit, sans modification, ni ajout, tous les éléments constituant la marque antérieure. L'appréciation de cette identité est faite au regard d'un consommateur d'attention moyenne pour qui le signe produit une impression

101. T. UE, 14 mai 2013, T-249/11, *Sanco/OHMI – Marsalman* (poulets).

102. CJCE, 7 juill. 2002, aff. C-418/02, *Praktiker Bau- und Heimwerkermärkte AG, Rec.* I-05873.

103. CJCE, 20 mars 2003, *Arthur et Félicie*, aff. C-291/00, *RTD eur.* 2004.115, note G. Bonet, même auteur, *Prop. Intell.* n° 7, 2003, p. 203.

d'ensemble[104] dont il garde une image imparfaite. En conséquence, des différences insignifiantes entre le signe et la marque antérieure peuvent passer inaperçues aux yeux du consommateur moyen ; les signes seront considérés comme identiques. La Cour retient qu'« *un signe est identique à la marque lorsqu'il reproduit, sans modification ni ajout, tous les éléments constituant la marque ou lorsque, considéré dans son ensemble, il recèle des différences si insignifiantes qu'elles peuvent passer inaperçues aux yeux d'un consommateur moyen* ».

Le juge national suit cette définition de la CJ, mais la cour d'appel de Paris, après le revirement de jurisprudence, afin de s'inscrire dans la ligne européenne, n'a appliqué qu'une seule fois la seconde partie de la solution avancée par la CJ « *lorsque, considéré dans son ensemble,* [...] *il recèle des différences si insignifiantes qu'elles peuvent passer inaperçues aux yeux d'un consommateur moyen* ». La Cour de cassation met en œuvre une méthode d'analyse des signes similaires, par exemple : « *le caractère distinctif de la marque première pour les produits et services en cause ne résulte pas de la seule association du substantif "Pages" à l'adjectif "Jaunes" mais s'étend au substantif "Pages" dans la mesure où ce signe n'est ni nécessaire, ni générique, ni usuel, que la notoriété acquise par la marque première, non contestée pour les annuaires, s'étend pour les annuaires téléphoniques au seul substantif "Pages" et lui confère sa distinctivité ; qu'il relève encore que les deux marques ont une structure très proche, caractérisée par un substantif suivi d'un qualificatif ; qu'indépendamment de l'article "les", elles commencent toutes deux par le même terme d'attaque, pareillement qualifié par le terme suivant, de sorte que le consommateur pourrait voir dans la marque seconde une déclinaison de la marque première ce d'autant plus que la marque "Pages Telecom" renvoie à l'univers des télécommunications et ainsi à celui pour lequel la marque "Les Pages jaunes" a acquis sa notoriété* », appréciation qui conduit à retenir le refus d'enregistrement de la marque seconde[105].

Quant à l'INPI, il a modifié sa pratique depuis 2001 et semble appliquer la seconde partie de la phrase de conclusion de l'arrêt *Arthur et Félicie*, quand les signes sont identiques mais leur calligraphie différente (caractère d'imprimerie/manuscrit) ou en présence de l'adjonction d'un élément figuratif mineur (notamment le sigle ™), ou encore en cas de suppression d'un point d'exclamation.

743. Lorsque les signes sont similaires, il faut, selon l'arrêt *Sabel Puma* de la CJ[106], effectuer une appréciation globale qui « *doit, en ce qui concerne la similitude visuelle, auditive ou conceptuelle des marques en cause, être fondée sur l'impression d'ensemble produite par les marques, en tenant compte, notamment, des éléments distinctifs et dominants de celles-ci. En effet, la perception des marques qu'a le consommateur moyen du type de produit ou service en cause joue un rôle déterminant dans l'appréciation globale du risque de confusion. Or, le consommateur moyen perçoit normalement une marque*

104. Notion à rapprocher du droit des dessins et modèles pour permettre une interprétation par analogie, cf. *supra* n° 302.

105. Cass. com., 9 mars 2010, *Bull. civ.* IV, n° 51 ; Cass. com., 12 juin 2012, n° 11-20132.

106. CJCE, 11 nov. 1997, *Sabel/Puma*, aff. C-251/95, *Rec.* I-6191 ; *JCP* G 1999, II-10017, note S. Naumann ; sur l'application de la méthode de comparaison, cf. T. UE, 15 mai 2012, aff. T-280/11, *Rita Ewald*.

comme un tout et ne se livre pas à un examen de ses différents détails ». Chacun des points avancés fait l'objet d'une appréciation tout en établissant l'appréciation globale du risque de confusion. Une analyse à deux niveaux est nécessaire.

744. Pour les signes en cause, il faut, dans un premier temps, isoler les éléments distinctifs de chacun, et déterminer s'il existe des éléments distinctifs et dominants et d'autres plus descriptifs[107]. La comparaison se fait d'abord sur l'impression d'ensemble produite par les signes en cause, en prenant en compte les éléments distinctifs de ces signes. Cette prise en compte des éléments distinctifs et dominants (éléments qui apparaissent le plus attractifs pour un consommateur) permet de relativiser la présence de certains éléments secondaires pour conclure à l'existence d'un risque de confusion. Au contraire, lorsque l'élément commun n'apparaîtra pas comme un élément essentiel, le risque de confusion sera inexistant.

Ensuite, il faut effectuer une comparaison visuelle en recherchant la façon dont l'attention du consommateur se dirige à la vue des signes en cause. Pour les marques nominales, on portera une attention particulière sur le début des mots[108], le consommateur prête en effet généralement une plus grande attention au début d'une marque qu'à sa fin[109]. Par exemple, dans l'arrêt du TPI *Pam-Pam* c. *Pam Pim'*[110], le tribunal apporte une attention particulière à l'analyse du syntagme « pam-pim's ». Il relève qu'il joue un rôle important dans l'appréciation visuelle et phonétique de la marque antérieure, compte tenu de sa position initiale, c'est-à-dire à l'endroit le plus visible[111].

Pour la comparaison phonétique des signes, l'arrêt *Lloyd*, déjà cité, retient qu'« *il ne saurait être exclu que la seule similitude auditive des marques puisse créer un risque de confusion* ». L'inclusion complète du signe visé par la marque antérieure dans l'élément dominant de la marque demandée permet de conclure à une similitude phonétique importante.

Enfin, il est nécessaire de réaliser une comparaison conceptuelle des signes en cause. Une ressemblance intellectuelle seule peut être considérée comme créant un risque de confusion, il s'agit d'hypothèses où les signes sont différents mais emportent la même signification pour le consommateur. On peut citer par exemple la relation *Pages Jaunes* c. *Pages Soleil*[112], *La Voie de son maître* c. *Master Voice*[113], ou encore *Skin Breakfast* c. *Petit déjeuner de la*

107. L'arrêt *Medion* (CJUE, 6 oct. 2005, aff. C-120/04, préc.) introduisait, pour l'appréciation du risque de confusion, l'idée qu'un élément distinctif peut conserver « *une position distinctive autonome* » dans une marque composée, sans toutefois en être l'élément dominant. Cette solution est appliquée régulièrement par la jurisprudence, notamment T. UE, 25 mars 2009, T-109/07, *Spa Therapy* ; T. UE, 16 sept. 2009, T-305/07, *Offshore Legends ;* T. UE, 24 mai 2012, T-169/10, *Toro XL* ; T. UE, 29 janv. 2013, T-662/11, *Sunless*, points 66 à 69 ; T. UE, 7 mars 2013, T-247/11. Elle s'applique aussi lorsqu'une marque antérieure n'est pas reproduite à l'identique dans la marque postérieure (T. UE, 25 mars 2010, T-5/08 à T-7/08, *Nestlé*).

108. TPICE, 17 mars 2004, aff. T-183/02 et T-184/02, *El Cortes Inglès, Rec.* II-965.

109. TPICE, 3 juill. 2003 *Alejandro – Anheuser-Busch* (*BUDMEN*), aff. T-6129/01, *Rec.* II-2251, pt 47.

110. TPICE, 7 sept. 2006, aff. T-133/05.

111. TPICE, 14 juill. 2005, *Wassen International*, aff. T-312/03, *Rec.* II-289.

112. Cass. com., 4 oct. 1994, *Ann. Prop. Indust.* 1995, p. 32.

113. TGI Paris, 20 mai 1976.

peau[114]. Dans ces exemples, la marque seconde est perçue comme une déclinaison francisée de la marque première, notamment en présence d'une identité de produits et d'un caractère distinctif intrinsèquement élevé de la marque première[115]. En revanche, d'importantes différences conceptuelles peuvent neutraliser les similitudes visuelles et phonétiques entre les signes concernés lorsqu'au moins un des signes en cause a, dans la perspective du public pertinent, une signification claire et déterminée, de sorte que ce public est susceptible de la saisir immédiatement[116]. Lorsque les deux signes n'ont aucune signification, il n'y a pas de différence conceptuelle susceptible de neutraliser les similitudes visuelles et phonétiques qui existent entre les signes concernés.

745. La mise en œuvre de ces analyses peut être délicate en présence d'une marque complexe. Il faut dans ce cas opérer une comparaison en deux étapes. En premier lieu, une vérification est opérée sur les éléments verbaux de la marque antérieure et du signe. Si les éléments verbaux sont identiques ou similaires, on détermine si ce sont des éléments subsidiaires par rapport au composant figuratif. En second lieu, on vérifie si les éléments figuratifs peuvent empêcher le risque de confusion.

Le TPI met en application de façon explicite cette méthode dans son arrêt *Quick c. Nestlé*[117]. Après avoir rappelé qu'« *une marque complexe, verbale et figurative, ne peut être considérée comme présentant une similitude avec une autre marque identique ou présentant une similitude avec un des composants de la marque complexe que si celui-ci constitue l'élément dominant dans l'impression d'ensemble produite par la marque complexe* », le tribunal ajoute que « *tel est le cas lorsque ce composant est susceptible de dominer à lui seul l'image de cette marque que le public pertinent garde en mémoire, de telle sorte que les autres composants de cette marque sont négligeables dans l'impression d'ensemble produite par celle-ci* ». Dès lors il retient qu'« *il existe un risque de confusion lorsque cette marque complexe est constituée, outre son aspect figuratif singulier, d'un élément verbal identique à celui constituant la marque antérieure ou présentant une similitude avec celui-ci, et que, dans le cadre de l'appréciation globale du risque de confusion, cet élément verbal ne peut être considéré comme subsidiaire par rapport à l'autre composant du signe* ». Le tribunal en conclut qu'« *en l'espèce, il convient d'analyser la similitude visuelle entre les éléments verbaux "QUICKIES" et "QUICKY", puis, au cas où une telle similitude serait constatée, de vérifier si l'élément graphique ou figuratif additionnel, propre à la marque demandée, est susceptible de constituer un élément de différenciation suffisant pour écarter l'existence d'une similitude visuelle des signes en conflit aux yeux du public de référence. En d'autres termes, il est nécessaire de déterminer si, d'un point de vue visuel, le dessin du lapin constitue l'élément dominant de la marque demandée, c'est-à-dire domine à lui seul l'image que le public pertinent garde en mémoire, ou si, au contraire, il est un élément distinctif d'intensité égale ou inférieure à l'élément verbal constitué par le mot "quicky".*

114. CA Paris, 17 déc. 2003, *Sté Jeanne Piaubert c. INPI, PIBD* 2004, III-268.
115. CA Paris, 17 déc. 2003, préc.
116. TPICE, 14 oct. 2003, *Bass,* aff. T-292/01, *Rec.* II-4335. ; TPICE, 22 juin 2004, *Picasso c. Picaro*, aff. T-185/02, *Rec.* II-1739 ; *Prop. Indust.* 2004, n° 9, p. 23.
117. TPICE, 22 févr. 2006, *Quick c. Nestlé*, T-74/04.

La prééminence des éléments verbaux sur les éléments figuratifs sera très souvent reconnue, le consommateur attachant généralement plus d'importance aux éléments qui lui permettront de nommer le produit ou le service[118].

746. Enfin, la perception de la marque par le consommateur moyen des produits et services en cause peut jouer un rôle déterminant dans la reconnaissance de l'imitation. Il a été reconnu, dans le secteur automobile, que le nom d'un modèle était utilisé indépendamment du nom du constructeur, ce qui a permis de conclure que le signe « Expert » constitue une imitation de « Peugeot Expert ». Dans le même esprit, le consommateur moyen est habitué, pour les vêtements, à ce que les marques déclinent leurs produits sous forme de gammes portant toutes un nom différent. Il y a alors plus de risque dans ce secteur qu'une marque seconde proche de la marque première soit considérée comme une déclinaison de cette dernière. La CJ retient que le risque de confusion ne peut s'inférer automatiquement de la similarité des signes selon un seul des trois domaines d'analyse de la perception (visuel, phonétique ou conceptuel)[119].

d) L'interdépendance des facteurs dans l'appréciation du risque de confusion

747. Le signe retenu pour constituer la marque seconde ne sera pas approprié s'il y a un risque de confusion dans l'esprit du public. À défaut d'un tel risque, il n'y a pas de restriction à son enregistrement. Le risque de confusion peut être direct dans les cas où le consommateur serait fondé à croire, en présence du signe contesté, qu'il est confronté à la marque antérieure. Le risque de confusion peut aussi être indirect, dans les cas où le consommateur peut considérer que les marques proviennent de la même entreprise ou d'entreprises économiquement liées. Il s'agit alors d'un risque d'association, contraire notamment à la fonction de garantie de provenance que remplit la marque[120]. Suivant l'arrêt *Sabel Puma*, « *la notion de risque d'association n'est pas une alternative à la notion de risque de confusion, mais sert à en préciser l'étendue. Les termes mêmes de cette disposition excluent donc qu'elle puisse être appliquée s'il n'existe pas, dans l'esprit du public, un risque de confusion* ».

La CJ retient que le critère de risque de confusion, qui comprend le risque d'association avec la marque antérieure, engendre que la simple association entre deux marques que pourrait faire le public par le biais de la concordance de leur contenu sémantique ne suffit pas en elle-même pour conclure à l'existence d'un risque de confusion au sens de la disposition visée. Cette conception du risque de confusion est classique, elle s'apprécie en considérant les signes dans leur ensemble au terme d'un bilan des ressemblances et des différences visuelles phonétiques et intellectuelles, en examinant l'impression d'ensemble que les signes suscitent pour un consommateur moyen qui ne peut procéder à une comparaison directe des marques[121]. La coexistence de deux marques sur le

118. TPICE, 14 juill. 2005, *Wassen International*, aff. T-312/03, préc.

119. CJCE, 23 mars 2006, aff. C-206/04, *Mülhens GmbH&Co KG*, *Rec.* I-2717.

120. Voir *infra* n° 1149.

121. Voir J. Passa, « L'appréciation abstraite du risque de confusion en matière de contrefaçon de marque », *Mélanges J. Schmidt-Szalewski*, LexisNexis, 2014, coll. CEIPI, t. 61, p. 237.

marché est un élément pertinent de l'examen du risque de confusion, au moins si la coexistence est paisible[122].

L'appréciation du risque de confusion dépend de nombreux facteurs, notamment la connaissance de la marque sur le marché, l'association qui peut en être faite avec le signe utilisé ou enregistré, le degré de similitude entre la marque et le signe et entre les produits ou services désignés. Le risque de confusion s'apprécie globalement en tenant compte de tous les facteurs pertinents du cas d'espèce. Ce risque est d'autant plus élevé que le caractère distinctif de la marque antérieure est important. Il ne saurait dès lors être exclu que la similitude conceptuelle découlant du fait, par exemple, que deux marques utilisent des images qui concordent dans leur contenu sémantique puisse créer un risque de confusion dans un cas où la marque antérieure possède un caractère distinctif particulier, soit intrinsèquement, soit grâce à la notoriété dont elle jouit auprès du public. La CJ retient pour une telle marque que « *dans le cadre de l'examen de l'existence d'un risque de confusion, l'existence d'une similitude entre deux marques ne présuppose pas que leur composante commune constitue l'élément dominant dans l'impression d'ensemble produite par la marque demandée. En effet, l'appréciation de la similitude entre deux marques exige de considérer chacune de ces marques dans son ensemble, ce qui n'exclut pas que l'impression d'ensemble produite dans la mémoire du public pertinent par une marque complexe peut, dans certaines circonstances, être dominée par un ou plusieurs de ses composants. Toutefois, ce n'est que si tous les autres composants de la marque sont négligeables que l'appréciation de la similitude pourra se faire sur la seule base de l'élément dominan*t ». À quoi la Cour conclut qu'« *ayant écarté sur la base d'une analyse correctement effectuée toute similitude entre les marques en conflit, c'est à bon droit que le Tribunal a conclu que, nonobstant la renommée des marques antérieures et l'identité des produits désignés par les marques en conflit, il n'existe pas de risque de confusion entre ces marques* »[123].

748. L'appréciation du risque de confusion est d'autant plus subtile qu'elle se fonde sur l'interdépendance des facteurs qui viennent d'être exposés[124]. Les développements de la CJ permettent d'avancer que l'appréciation globale du risque de confusion implique une certaine interdépendance entre les facteurs pris en compte, notamment la similitude des marques et celle des produits ou des services désignés. Un faible degré de similitude entre les produits ou services désignés peut être compensé par un degré élevé de similitude entre les marques, et inversement[125]. L'interdépendance entre ces facteurs trouve forme au 10e considérant de la directive de 1988, selon lequel il est indispensable d'interpréter la notion de similitude en relation avec le risque de confusion dont l'appréciation, quant à elle, dépend, notamment, de la connaissance de la marque sur le marché et du degré de similitude entre la marque et le signe et entre les produits ou services désignés.

122. CJCE, 3 sept. 2009, aff. C-498/07 P, *Aceites de Sur-Coosur SA*, *Rec.* I-07371.

123. CJUE, 2 sept. 2010, aff. C-254/09 P, *Calvin Klein Trademark Trust*, *Rec.* I-07989, Pt. 56.

124. Cass. com., 1er juin 2010, *D.* 2010, p. 1479.

125. Cf. Cass. com., 1er juin 2010, *Bull. civ.* IV, n° 103 ; voir aussi Cass. com., 15 juin 2010, n° 08-18279.

Il résulte de la jurisprudence de la CJ que le risque de confusion est d'autant plus élevé que le caractère distinctif de la marque antérieure se révèle important. Dès lors que la protection d'une marque enregistrée dépend de l'existence d'un risque de confusion, les marques qui ont un caractère distinctif élevé, soit intrinsèquement, soit en raison de la connaissance de celles-ci sur le marché, jouissent d'une protection plus étendue que celles dont le caractère distinctif est moindre. Il peut y avoir lieu de refuser à l'enregistrement une marque, malgré un moindre degré de similitude entre les produits ou services désignés, lorsque la similitude des marques est grande et que le caractère distinctif de la marque antérieure, et en particulier sa renommée, est fort[126]. On retient de l'arrêt *Lloyd* que plus la similitude des produits ou des services couverts est grande et plus le caractère distinctif de la marque antérieure est fort, plus le risque de confusion est élevé. Pour déterminer le caractère distinctif d'une marque et, partant, évaluer si elle a un caractère distinctif élevé, il y a lieu d'apprécier globalement l'aptitude plus ou moins grande de la marque à identifier les produits ou services pour lesquels elle a été enregistrée comme provenant d'une entreprise déterminée et donc à distinguer ces produits ou services de ceux d'autres entreprises. Lors de cette appréciation, il convient de prendre en considération tous les éléments pertinents, notamment les qualités intrinsèques de la marque, y compris le fait qu'elle est ou non dénuée de tout élément descriptif des produits ou services pour lesquels elle a été enregistrée. L'appréciation au cas par cas emporte qu'il ne peut être indiqué de façon générale, par exemple en recourant à des pourcentages déterminés, le degré de connaissance de la marque dans les milieux concernés, quand une marque a un caractère distinctif fort[127].

749. Après la comparaison séparée des produits et des services, et des signes, il est nécessaire de procéder à un bilan de ces éléments afin d'apprécier globalement le risque de confusion. Cette appréciation globale est constituée de quatre axiomes essentiels : le degré de proximité des signes, le degré de proximité des produits et services, la renommée de la marque, et le caractère distinctif intrinsèque élevé.

Pour ce qui est du premier axiome, le degré de proximité des signes, seuls deux signes proches permettent de compenser un faible degré de similitude entre les produits et services. Pour le deuxième, le degré de proximité des produits et services, une identité ou une forte similarité entre les produits et services permet de compenser une faible similarité entre les signes. Cela ressort notamment de l'arrêt *Canon* dans lequel la CJ relève qu'il peut exister un risque de confusion même lorsque, pour le public, les produits et services en cause ont des lieux de production différents. L'existence d'un tel risque est exclue s'il n'apparaît pas que le public puisse croire que les produits ou services en cause proviennent de la même entreprise ou, le cas échéant, d'entreprises liées économiquement. Le troisième axiome, la renommée de la marque, permet de mettre en avant la sensibilité du public aux caractéristiques du signe. Enfin, pour le dernier élément, l'arrêt *Sabel Puma* retient que le risque de confusion est

126. CJCE, 29 sept. 1998, *Canon c. Metro-Goldwyn-Mayer Inc.*, aff. C-39/97, préc. Voir toutefois, la position de la CJUE dans l'arrêt *Calvin Klein*, préc.
127. CJCE, 22 juin 1999, *Lloyd c. Klijsen*, aff. C-342/97, préc.

d'autant plus élevé que le caractère distinctif est élevé. Le caractère distinctif d'une marque est élevé dans deux cas, lorsque la marque a un caractère distinctif intrinsèque et lorsque la marque a un caractère distinctif du fait de sa connaissance sur le marché par le public. Ce dernier critère permet d'établir un rapprochement avec la renommée. Ainsi, l'existence d'un tel lien engendrant un risque de confusion doit être appréciée globalement, en tenant compte de tous les facteurs pertinents du cas d'espèce, parmi lesquels le degré de similitude entre les marques en conflit, la nature des produits ou des services concernés par les marques en conflit, y compris le degré de proximité ou de dissemblance de ces produits ou services ainsi que le public concerné, l'intensité de la renommée de la marque antérieure, le degré de caractère distinctif, intrinsèque ou acquis par l'usage, de la marque antérieure et l'existence d'un risque de confusion dans l'esprit du public[128]. Dans les deux approches, on peut retenir une définition unique du caractère distinctif, à la lumière des arrêts *Windsurfing*[129] et *Lloyd*. L'appréciation du caractère distinctif de la marque faisant l'objet d'une demande d'enregistrement, conduit à prendre en considération la part de marché détenue par la marque, l'intensité, l'étendue géographique et la durée de l'usage de cette marque, l'importance des investissements faits par l'entreprise pour la promouvoir, la proportion des milieux intéressés qui identifie le produit comme provenant d'une entreprise déterminée grâce à la marque ainsi que les déclarations de chambres de commerce et d'industrie ou d'autres associations professionnelles. Lors de cette appréciation, il convient de prendre en considération les qualités intrinsèques de la marque, y compris le fait qu'elle est ou non dénuée de tout élément descriptif des produits ou services pour lesquels elle a été enregistrée. Le risque de confusion est d'autant plus élevé que la marque a un caractère distinctif intrinsèque élevé. Le caractère distinctif du signe s'apprécie grâce à une comparaison du signe et de chacun des produits et services désignés dans le dépôt. Le signe doit être distinctif pour chacun des produits et chacun des services désignés. C'est un élément parmi d'autres intervenant lors de l'appréciation du risque de confusion. Même en présence d'une marque antérieure ayant un caractère distinctif faible, il peut exister un risque de confusion, notamment en raison d'une similitude des signes et des produits et services visés[130].

D'un point de vue procédural, les constatations relatives à l'attention, à la perception ou à l'attitude des consommateurs relèvent du domaine des appréciations factuelles. En vertu des articles 256, § 1 TFUE et 58, premier alinéa, du statut de la CJUE, le pourvoi est limité aux questions de droit. Le Tribunal de l'Union est donc seul compétent pour constater et apprécier les faits pertinents. L'appréciation des faits ne constitue pas, sous réserve du cas de leur

128. Voir, par analogie, l'art. 4, paragraphe 4, sous a), de la directive 89/104, 21 déc. 1988, rapprochant les législations des États membres sur les marques (*JOCE* 1989, L 40, p. 1), disposition en substance identique à l'art. 8, paragraphe 5, du règlement n° 207/2009 ; CJCE, 27 nov. 2008, aff. C-252/07, *Intel Corporation*, *Rec.* I-8823, point 42 ; CJUE, 12 mars 2009, aff. C-320/07 P, *Antartica*, *Rec.* I-00028 ; CJUE, 30 avr. 2009, aff. C-136/08 P, *Japan Tobacco*, *Rec.* I-00070, pt 25 et 26.

129. CJCE, 4 mai 1999, aff. C-108/97 et 109/97, *Windsurfing Chiemsee c. Boots*, *Rec.* I-02779 ; *RTD eur*. 2000.127, note. G. Bonet.

130. TPICE, 16 mars 2005, *L'Oréal/Revlon* (FLEXI AIR), T-112/03, *Rec.* II-949.

dénaturation, une question de droit soumise, comme telle, au contrôle de la Cour dans le cadre d'un pourvoi[131].

2. Les marques notoires

750. La marque antérieure notoire emporte une indisponibilité du signe dès lors que le signe nouveau en est une reproduction similaire ou identique pour des produits ou services similaires ou identiques, suivant ce qui vient d'être présenté.

Un débat existe pour déterminer si la marque notoire et la marque de renommée couvrent la même réalité. Des différences subtiles, parfois principalement dues à des choix de traduction, sont avancées pour justifier de telles constructions[132]. On retiendra, suivant l'article L. 713-5 C. propr. intell., que les dispositions applicables à la marque de renommée s'appliquent à la marque notoire. On laisse ouvert le débat sémantique mais ce dernier est vidé d'effet quant au régime juridique, ce qui est essentiel.

Une marque est tenue pour être renommée ou notoire si elle est connue du public concerné par le produit, sans nécessairement être connue d'une large partie de la population[133]. La notoriété de la marque a une influence spécifique pour l'appréciation de la disponibilité du signe, deux aspects peuvent être retenus : la prise en considération d'une marque non enregistrée et la protection élargie accordée à une marque notoire.

751. L'antériorité retenue est en principe constituée par une marque enregistrée, cette voie étant la seule façon de devenir propriétaire du signe, tant pour le Code de la propriété intellectuelle que pour le RME. Pour autant, de façon exceptionnelle, une antériorité peut être constituée par une marque non enregistrée. Cette possibilité se dégage de l'article 6 *bis* de la CUP permettant aux États contractant de refuser ou d'invalider l'enregistrement ou l'usage d'une marque nouvelle à une marque d'usage antérieure notoirement connue dans cet État. L'antériorité doit avoir acquis une renommée suffisante à la date de dépôt du signe, l'effet de la notoriété étant cantonné au principe de spécialité. Le titulaire de la marque notoire non enregistrée peut soit s'opposer à l'enregistrement de la marque nouvelle, soit agir en annulation, éventuellement agir en revendication ou engager une action en contrefaçon contre le déposant. Encore faut-il que le signe notoire en cause ait été utilisé à titre de marque[134]. Cette prérogative du titulaire de la marque antérieure notoire jouit d'un délai de prescription spécifique de cinq ans, suivant l'article L. 714-4 C. propr. intell., à compter de la date de dépôt, à moins que le déposant ait été de mauvaise foi, ce qui sera en général le cas, compte tenu de la notoriété du signe antérieur.

131. Notamment, CJCE, 19 sept. 2002, aff. C-104/00 P, *DKV*, *Rec.* p. I-7561, pt 22 ; CJCE, 18 déc. 2008, aff. C-16/06 P, *Les Éditions Albert René*, *Rec.* p. I-10053, pt 68 ; CJUE, 2 sept. 2010, aff. C-254/09 P, *Calvin Klein Trademark Trust*, *Rec.* p. I-7989, pt 49 ; CJUE, 14 mai 2012, aff. C-453/11 P, *TimeHouse GmbH*.

132. Cf. *infra* n° 841.

133. Sur les effets de la marque notoire, voir *infra* n° 833 et s.

134. TPICE, 30 juin 2009, aff. T-435/05, *Dr. No c. Dr. NO*.

La marque notoire jouit d'un régime dérogatoire[135], il s'agit uniquement à ce stade d'établir si, au-delà du principe de spécialité, la notoriété permet de fonder à elle seule l'indisponibilité d'un signe, en d'autres termes, si elle engendre une indisponibilité absolue, une appropriation du signe au-delà du libellé. Le Code de la propriété intellectuelle impose de fonder l'opposition sur l'article L. 711-4 C. propr. intell. qui n'envisage pas ce cas de figure. M. Passa propose d'articuler les articles L. 711-4 et L. 713-5 C. propr. intell. lorsque les conditions particulières d'application de l'article L. 713-5 C. propr. intell. sont réunies[136]. Aucune opposition à l'enregistrement ne semble possible si elle est fondée sur une marque antérieure renommée mais au-delà du principe de spécialité. Il n'y a pas une émancipation évidente du principe de spécialité. La nullité pour fraude serait certainement une voie tout aussi efficace pour s'opposer à une telle appropriation, le déposant ne pouvant ignorer la notoriété du signe antérieur[137]. Dans le domaine de spécialité, en présence de signe similaire, la notoriété ne doit pas être perçue comme un facteur pouvant écarter le risque de confusion, la notoriété de la marque est un facteur pertinent de l'appréciation du risque de confusion, en ce qu'elle confère à cette marque un caractère distinctif particulier et lui ouvre une protection étendue, lesquels ne peuvent lui être déniés en raison de cette notoriété même[138].

Le sort de la marque européenne est tout autre. L'article 8 § 5 RMC retient que le titulaire d'une marque nationale ou européenne antérieure, jouissant d'une renommée et dont l'usage sans juste motif de la marque demandée tirerait profit du caractère distinctif ou de la renommée de la marque antérieure et lui porterait préjudice[139], peut former opposition à l'enregistrement de la marque nouvelle si elle est identique ou similaire à la marque antérieure renommée[140] et si elle désigne des produits ou services qui ne sont pas similaires à ceux inclus dans le libellé de la marque notoire[141]. Cette solution tranche nettement avec la solution française et offre une propriété plus forte aux marques notoires. La solution française devrait s'aligner sur le droit de l'UE. Cette dernière s'explique car le droit de l'UE considère que la propriété s'étend au-delà du principe de spécialité pour les marques notoires. Il y a une quasi-indisponibilité absolue du signe notoire, sous réserve de pouvoir démontrer que la marque nouvelle tirera profit de la notoriété du signe antérieur et que cela portera préjudice à ce dernier, preuve pouvant prendre la forme de quasi-présomption[142]. Dans cette analyse du transfert d'image, la CJ impose d'examiner plusieurs facteurs tels le degré de proximité ou de dissemblance des produits ou services visés par les marques en cause[143], ou l'existence d'une

135. Voir *infra* n° 833 et s.

136. J. Passa, *Traité*, *op. cit.*, n° 151.

137. En ce sens, A. Bouvel, *op. cit.*, n° 793.

138. Cass. com., 10 févr. 2010, n° 09-11794.

139. Par exemple, T. UE, 29 mars 2012, aff. T-369/10, *You-Q BC c/OHMI*, à propos de la marque *The Beatles*, *Prop. Indust.* 2012, comm. 51, obs. A. Folliard-Monguiral.

140. Cf. CJUE, 10 mai 2012, aff. C-100/11, *Helena Rubinstein SNC et L'Oréal SA c/Allergan Inc.*, à propos de la marque notoire *Botox*.

141. Pour une application, T. UE, 25 janv. 2012, aff. T-332/10, *Viaguara*, *Prop. Indust.* 2012, comm. 24, A. Folliard-Monguiral ; C. Le Stanc, « Trompettes de la renommée », *Prop. Indust.* 2012, Repère 3.

142. Voir T. UE, 6 juill. 2012, aff. T-60/10, *Royal Shakespeare*, *Prop. Indust.* 2012, comm. 73, A. Folliard-Monguiral.

143. CJCE, 27 nov. 2008, aff. C-252/07, *Intel*, *Rec.* I-08823 ; *Prop. Indust.* 2009, comm. 3, note A. Folliard-Monguiral.

association concrète entre la marque demandée et les qualités positives auxquelles la marque antérieure renommée est associée.

3. Les signes de la vie des affaires

752. Outre les marques antérieures, d'autres signes peuvent être opposés au déposant au moment du dépôt d'une demande de marque. Le Code de la propriété intellectuelle n'offre pas une liste limitative des antériorités selon une analyse jurisprudentielle bien ancrée[144], mais expose certaines d'entre elles. Le RME aborde la question de façon plus générique en son article 8 § 4. Il permet à un tiers de s'opposer à l'enregistrement de la marque nouvelle sur le fondement soit d'une marque non enregistrée, soit d'un autre signe de la vie des affaires dont la portée n'est pas seulement locale. Dans ces conditions, la marque nouvelle est refusée à l'enregistrement lorsque la législation européenne ou celle de l'État membre où ce signe est exploité assure une appropriation dudit signe.

Les signes de la vie des affaires, autre que la marque, qui pourront être opposés au déposant, dans le cadre d'une procédure d'annulation du titre, sont variés. En premier lieu, il faut citer la dénomination ou raison sociale[145], le nom commercial, ou l'enseigne connus sur l'ensemble du territoire national, s'il existe un risque de confusion dans l'esprit du public dans chacun de ces cas[146]. Il suffit que ce dernier existe dans la zone d'activité du titulaire du droit antérieur, le principe de spécialité n'existant pas en tant que tel pour ces signes de la vie des affaires. Le risque de confusion s'apprécie suivant les méthodes déjà décrites[147], ce qui revient à prendre en considération le domaine d'exploitation du signe antérieur, créant artificiellement un principe de spécialité pour ceux-ci[148]. Pour les dénominations sociales, il serait possible de définir cette spécialité au regard de l'objet social de la personne morale en cause. Il faut que les signes antérieurs soient effectivement exploités et identiques ou similaires à la marque et qu'ils rayonnent sur l'ensemble du territoire en cause. Il faut prendre en cause l'articulation dans le temps de ces différentes exploitations[149]. Lorsque la renommée est exigée, il appartient à celui qui l'invoque d'en rapporter la preuve, dont la preuve de la portée territoriale de la renommée de ces signes[150].

144. Cass. com., 26 nov. 2003, *PIBD* 2004, III-98.

145. Cass. com., 10 juill. 2012, n° 08-12010, *Bull. civ.* IV, n° 154 ; *D.* 2012. 1955 ; *Rev. sociétés* 2013. 49, note F. Pollaud-Dulian ; *PIBD* 2012. III. 576 ; *RLDA* 2012, n° 77, 4337, obs. P. Tréfigny ; *RTD com.* 2013. 73, obs. J. Azéma.

146. À propos de l'utilisation du mot « poste », Cass. com., 29 janv. 2013, n° 11-28596 ; *Prop. Indust.* 2013 comm. 22, note P. Tréfigny : « *la société La Poste n'était plus en situation de monopole, à la date des faits incriminés, pour proposer un service de bureau de poste, ce dont il résultait qu'elle ne pouvait s'opposer à l'utilisation, dans leur sens courant, des termes "bureau de poste" au sein des expressions "premier bureau de poste électronique" et "bureau de poste électronique" pour désigner une telle activité ouverte à la concurrence* ».

147. *Supra*, n° 748 et s.

148. Cass. com., 22 févr. 2005 ; *PIBD* 2005, n° 808, III-310.

149. CJCE, 27 avr. 2006, aff. C-145/05, *Levi-Strauss*, *Rec.* I-03703 ; *RTD eur.* 2007. 526, obs. J. Schmidt-Szalewski.

150. Voir CJCE, 22 nov. 2007, aff. C-328/06, *Alfredo Nieto Nuno* ; *Prop. Indust.* 2008, comm. 2, note A. Folliard-Monguiral.

4. Les noms de domaines

753. Parmi les signes de la vie des affaires, il est nécessaire d'inclure les noms de domaine[151]. Le nom de domaine est le signe utilisé pour identifier un site Internet, au même titre que l'enseigne qui identifie le fonds de commerce corporel. Le nom de domaine peut constituer une antériorité opposable à l'enregistrement d'une marque. Il doit pour cela avoir été effectivement exploité avant le dépôt de la demande d'enregistrement de marque[152], condition nécessaire à l'existence d'un risque de confusion entre les deux signes distinctifs. La marque demandée doit être constituée d'un signe identique ou similaire à celui composant le radical du nom de domaine et son libellé doit reprendre au moins partiellement les produits et services proposés par le site Internet visé par le nom de domaine[153]. La fonction du nom de domaine étant similaire à celle de l'enseigne, les conditions d'accueil de cette antériorité doivent être analogues. La question du territoire de référence est délicate, le nom de domaine étant par nature universellement accessible, il est assez aisé de considérer qu'il est exploité en France ou sur le territoire de l'UE en fonction de la marque en cause. Le régime juridique des noms de domaine est dépendant de leur suffixe, le régime du « . fr », diffère ainsi du « . com » ou du « . eu ». Il n'est pas l'objet de ce manuel d'étudier le régime de chacun de ces noms de domaine[154], et l'on s'en tiendra au statut de droit interne[155]. En 2013, on a pu constater une recrudescence des plaintes pour cybersquattage en présence d'enregistrement abusif de signes appropriés au titre du droit des marques comme noms de domaine, ainsi qu'une augmentation de 22 % des litiges relatifs aux noms de domaine administrés par l'OMPI. Ce mouvement est notamment expliqué par la multiplication des adresses Internet potentielles découlant de nouveaux gTLD (domaines génériques de premier niveau).

754. La nature juridique du nom de domaine a connu quelques soubresauts. La CEDH a assimilé le nom de domaine à un droit de propriété au sens de l'article 1er du Protocole additionnel n° 1 à la Convention de sauvegarde des droits de l'homme et des libertés fondamentales[156]. Ensuite, le Conseil constitutionnel s'est penché sur les conditions de son appropriation après avoir été saisi le 9 juillet 2010 par le Conseil d'État d'une question prioritaire de constitutionnalité. Cette question portait sur la conformité de l'article L. 45 du Code des postes et des communications électroniques (CPCE) aux droits et libertés que la Constitution garantit. Cet article encadre l'attribution des noms de domaine et confie à des

151. Pour une présentation générale du régime, V. Fauchoux, P. Déprez et J.-M. Bruguière, *Le droit de l'Internet*, 2e éd., LexisNexis, 2013, n° 317 et s.

152. En ce sens, CA Paris, 15 sept. 2004, *PIBD* 2005, n° 800, III-54.

153. Voir Cass. com., 13 déc. 2005 ; *Bull. civ.* IV, n° 254 ; *PIBD* 2006, n° 824, III-149 ; *JCP* E 2006, p. 1234, note C. Caron.

154. C. Manara, *Le droit des noms de domaine*, LexisNexis, 2012, coll. IRPI t. 39 ; N. Dreyfus, *Marques et Internet*, Lamy, 2011 ; N. Dreyfus, « Un an de droit des noms de domaine », *CCE* 2011, chron. 11.

155. Voir M.-E. Haas, « Un an de droit français des noms de domaine », *Prop. Indust.* 2012, chron. 5.

156. CEDH, 18 sept. 2007, n° 25379/04, *D.* 2009. 1992, obs. P. Tréfigny ; *RTD civ.* 2008.503, obs. Th. Revet ; *CCE* 2008. Comm. 88, obs. C. Caron. Voir aussi sur la qualification de propriété, J. Larrieu, *Droit de l'Internet*, 2e éd., Ellipses, 2010, p. 51 ; C. Manara, *op. cit.*, n° 239 et s.

organismes désignés par le ministre en charge du secteur des télécommunications l'attribution et la gestion de ces noms de domaine. Les requérants soutenaient que cet article, dans la version en vigueur à l'époque, ne fixait pas un cadre législatif minimal et laissait une latitude excessive à l'autorité administrative et aux organismes. Le Conseil constitutionnel a fait droit à cette organisation et considéré que le législateur avait méconnu sa compétence[157]. Le législateur avait entièrement délégué le pouvoir d'encadrer les conditions dans lesquelles les noms de domaine sont attribués ou peuvent être renouvelés, refusés ou retirés. Aucune législative n'instituait les garanties permettant qu'il ne soit pas porté atteinte à la liberté d'entreprendre ainsi qu'à la liberté de communication. Il appartenait alors au législateur de revoir sa copie, le Conseil constitutionnel lui laissait jusqu'au 1er juillet 2011 pour ce faire. La loi nº 2011-302 du 22 mars 2011 a procédé à la correction de l'incompétence négative qui était reprochée au législateur, et le décret[158] ne règle plus que des questions techniques visant les statuts de l'office d'enregistrement et des bureaux d'enregistrement et à la définition de certains termes. D'un point de vue légistique, il s'agit d'une élévation d'un décret au rang de loi puisque la loi de 2011 reprend largement les dispositions de l'ancien du décret nº 2007-162 du 6 février. La loi s'inspire aussi fortement du règlement 874/2004 du 28 avril 2004 relatif au « eu »[159].

755. Un nouvel article L. 45-1 CPCE fut inséré pour ajouter à l'article L. 45 les références aux libertés fondamentales invoquées par le Conseil constitutionnel : « *les noms de domaine sont attribués et gérés dans l'intérêt général selon des règles non discriminatoires et transparentes, garantissant le respect de la liberté de communication, de la liberté d'entreprendre et des droits de propriété intellectuelle* ». Des règles assez strictes régissent l'identification des demandeurs (art. L. 45-5, al. 2 et 4, et R. 20-44-40 CPCE), mais la loi reste assez libérale pour l'attribution des noms de domaine[160]. La règle historique d'attribution des noms de domaines, « *premier arrivé, premier servi* » (art. L. 45-1, al. 3) est consacrée, au bénéfice maintenant de toutes personnes physiques ou morales installées dans l'Union européenne (art. L. 45-3 CPCE), alors que le domaine national était jusque-là réservé aux résidents français (ou titulaires de marques protégées en France). Ainsi, par un jeu de pinceau, l'article L. 45-1 CPCE est devenu l'article L. 45-9. L'article L. 45 dispose désormais que « *l'attribution et la gestion des noms de domaine rattachés à chaque*

157. Cons. const., 6 oct. 2010, déc. 2010-45 QPC, *D.* 2010. 2285, obs. C. Manara ; *RFDA* 2010. 1257, chron. A. Roblot-Troizier et T. Rambaud ; *CCE* 2010, comm. 121, C. Caron.

158. Décr. nº 2011-926, 1er août 2011 relatif à la gestion des domaines de premier niveau de l'internet correspondant aux codes pays du territoire national ; N. Dreyfus, « Les noms de domaine sur le territoire français : point à date avec le décret du 1er août 2011 », *CCE* 2011, Étude 19.

159. Pour l'articulation entre la règle « premier arrivé, premier servi » et la *sunrise period* en présence de marques antérieures, voir CJUE, 19 juill. 2012, aff. C-376/11, *Pie Optiek SPRL* ; L. Idot, « Internet et nom de domaine. eu », *Europe*, oct. 2012, comm. nº 10 p. 45 ; A. Farache, « Notion de "licencié de droits antérieurs" : exclusion du licencié autorisé uniquement à enregistrer un nom de domaine ". eu" pour le titulaire d'une marque », *RLDA* 2012, nº 75 p. 23 ; A. Mendoza-Caminade, « Les fonctions de la marque à la rescousse de la qualification du contrat de licence : l'apport de la CJUE à la construction du régime juridique de la marque », *JCP* E 2012, nº 44 p. 42.

160. N. Dreyfus, « Nouvelle loi sur les noms de domaine du territoire français : évolution ou révolution ? », *CCE* 2011, Étude 13 ; J. Larrieu, *D.* 2011, chron. Droit du numérique, p. 2366.

domaine de premier niveau du système d'adressage par domaines de l'internet correspondant aux codes pays du territoire national ou d'une partie de celui-ci sont centralisées par un organisme unique dénommé "office d'enregistrement" ». Il confirme le pouvoir du ministre chargé des communications électroniques pour désigner, par arrêté, l'office d'enregistrement de chaque domaine, après consultation publique, pour une durée fixée par voie réglementaire. Le ministre est maintenant chargé aussi de veiller au respect par les offices d'enregistrement des principes énoncés aux articles L. 45-1 à L. 45-6 CPCE, tirés des arguments retenus par le Conseil constitutionnel. En cas de méconnaissance par un office de ces dispositions ou d'incapacité financière ou technique à mener à bien ses missions, le ministre peut procéder au retrait de la désignation de cet office, après l'avoir mis à même de présenter ses observations.

756. Pas plus que le Conseil constitutionnel, le législateur n'a franchi le pas initié par la CEDH et qualifié d'objet de propriété un nom de domaine. Les noms de domaine doivent être attribués et gérés dans l'intérêt général selon des règles non discriminatoires et transparentes, garantissant le respect de la liberté de communication, de la liberté d'entreprendre et des droits de propriété intellectuelle. Cet objectif avancé par l'article L. 45-1 CPCE laisse finalement assez floue l'articulation du nom de domaine avec les autres signes distinctifs et les biens intellectuels. À l'image des marques, les noms de domaines sont attribués pour une durée limitée et renouvelable ; son enregistrement s'effectue sur la base des déclarations faites par le demandeur et sous sa responsabilité. La fourniture de données inexactes par le titulaire peut emporter la suppression de l'enregistrement du nom de domaine correspondant. Toutefois, celle-ci ne peut intervenir qu'après que l'office d'enregistrement ait mis le titulaire en mesure de régulariser la situation.

La possibilité d'obtenir le nom de domaine est limitée par les dispositions de l'article L. 45-2 CPCE. L'enregistrement du nom de domaine doit être refusé ou annulé si le signe est susceptible de porter atteinte à l'ordre public ou aux bonnes mœurs ou à des droits garantis par la Constitution ou par la loi. Il doit aussi être refusé si le nom de domaine peut porter atteinte à des droits de propriété intellectuelle ou de la personnalité, sauf si le demandeur justifie d'un intérêt légitime et agit de bonne foi. Enfin, la possibilité d'obtenir un nom de domaine est écartée si le nom revendiqué est identique ou apparenté à celui de la République française, d'une collectivité territoriale ou d'un groupement de collectivités territoriales ou d'une institution ou service public national ou local, naturellement sauf si le demandeur justifie d'un intérêt légitime et agit de bonne foi. Cette double notion d'usage de mauvaise foi et d'absence d'intérêt légitime est précisée par décret. Dans toutes ces hypothèses, le refus d'enregistrement ou de renouvellement ou la suppression du nom de domaine ne peut intervenir qu'après que l'office d'enregistrement ait mis le demandeur en mesure de présenter ses observations et, le cas échéant, de régulariser sa situation.

757. Objet de la QPC, les bureaux d'enregistrement sont maintenant encadrés par la loi, non sans rappeler les dispositions légales encadrant les

SPRD. Un arrêté du 25 juin 2012 renouvelle la compétence de l'AFNIC pour l'enregistrement des noms de domaine en « . fr. » L'article L. 45-4 CPCE donne compétence pour l'attribution des noms de domaine aux offices d'enregistrement qui agissent par l'intermédiaire de bureaux d'enregistrement. De façon assez étrange, le législateur prend soin de préciser que l'exercice de leur mission ne confère ni aux offices, ni aux bureaux d'enregistrement de droits de propriété intellectuelle sur les noms de domaine. Cela pourrait laisser entendre que des droits de propriété intellectuelle sont reconnus à d'autres dans le cadre du régime des noms de domaine, et donc éventuellement à ceux qui les réservent. L'absence d'une posture nette sur ce point par le législateur est regrettable, d'autant qu'il semble qu'au regard du mécanisme international de gestion des noms de domaine, la qualification de propriété est incompatible avec les outils instaurés. Les bureaux d'enregistrement sont accrédités, selon des règles non discriminatoires et transparentes, par chacun des offices d'enregistrement, pour chaque domaine de premier niveau concerné. Ces bureaux exercent leur activité sous le contrôle de l'office d'enregistrement qui les a accrédités. Les offices comme les bureaux doivent rendre publics les prix de leurs prestations d'attribution et de gestion des noms de domaine.

Les offices d'enregistrement sont tenus d'obligation de publicité. Ils doivent ainsi publier chaque jour les noms de domaine qu'ils ont enregistrés, et collecter les données nécessaires à l'identification des personnes physiques ou morales titulaires de noms et sont responsables du traitement de ces données au regard de la loi informatique et libertés. De façon opportune, l'État s'attribue la qualité de producteur de base de données puisque le CPCE arrête que l'État est titulaire de l'ensemble des droits sur la base de données constituée, en accordant simplement, pour les besoins de leur mission et pendant la durée de celle-ci, aux offices un droit d'usage de cette base de données. On peut se demander comment ces bases de données seront intégrées dans le programme *OpenData*.

758. Enfin, un mécanisme d'annulation/revendication originale est instauré par l'article L. 45-6 CPCE. Toute personne démontrant un intérêt à agir peut demander à l'office d'enregistrement la suppression ou le transfert à son profit d'un nom de domaine lorsque le nom de domaine entre dans les cas prévus à l'article L. 45-2, c'est-à-dire en cas d'atteinte à l'ordre public, aux bonnes mœurs, aux droits de propriété intellectuelle ou à la désignation des collectivités publiques. L'office statue sur cette demande dans un délai de deux mois suivant sa réception, selon une procédure contradictoire fixée par son règlement intérieur qui peut prévoir l'intervention d'un tiers choisi dans des conditions transparentes, non discriminatoires et rendues publiques. Le règlement intérieur de l'office fixe notamment les règles déontologiques applicables aux tiers et garantit le caractère impartial et contradictoire de leur intervention. Ce règlement intérieur de l'office doit être approuvé par arrêté ministériel. Un recours contre les décisions adoptées par un office est ouvert devant le juge judiciaire.

5. Les appellations d'origine

759. Les appellations d'origine[161], les indications d'origine ou de provenance, les indications géographiques destinées à identifier des spiritueux et les indications géographiques enregistrées sont incluses dans les antériorités opposables à l'enregistrement d'une marque[162]. Ces expressions sont entendues extensivement d'autant que d'autres textes viennent exclure de tels dépôts ou usages[163].

L'utilisation d'une telle indication est par nature à exclure pour les produits couverts par l'appellation ou l'indication de la marque qui aura alors un caractère strictement descriptif, cause d'une nullité. La marque complexe intégrant un élément de l'appellation est admise par la jurisprudence[164].

Le recours à une telle indication à titre de marque est aussi écarté en raison de son caractère déceptif, éventuellement de sa contrariété à l'ordre public, si les produits couverts par l'indication ne répondent pas au cahier des charges de l'appellation. Ainsi, la CJ[165] retient que « *le règlement (CE) nº 110/2008 du 15 janvier 2008, concernant la définition, la désignation, la présentation, l'étiquetage et la protection des indications géographiques des boissons spiritueuses, est applicable à l'appréciation de la validité de l'enregistrement d'une marque contenant une indication géographique protégée par ce règlement, lorsque l'enregistrement a été effectué avant l'entrée en vigueur dudit règlement* ». Elle ajoute que « *les autorités nationales compétentes doivent refuser ou invalider l'enregistrement d'une marque contenant une indication géographique protégée et ne bénéficiant pas de la dérogation temporelle, lorsque l'utilisation de cette marque engendre l'une des situations visées à l'article 16 dudit règlement, notamment une situation telle que l'enregistrement d'une marque contenant une indication géographique, ou un terme correspondant à cette indication et sa traduction, pour des boissons spiritueuses ne répondant pas aux spécifications requises par cette indication, relève des situations visées à l'article 16, sous a) et b), du règlement nº 110/2008, sans préjudice de l'application éventuelle des autres règles édictées à cet article 16* ».

Dans ces hypothèses, l'office peut refuser l'enregistrement de la marque, ou il est possible d'obtenir une annulation de celle-ci. La mise en œuvre de ces solutions fut marquée par le long contentieux *Budweiser*[166].

161. C. Le Goffic, *La protection des indications géographiques en France, dans la Communauté européenne et aux États-Unis*, Litec, 2010, coll. IRPI, t. 37.

162. Cf. B. Fontaine, « La défense des indications géographiques protégées à titre de signes antérieurs utilisés dans la vie des affaires, dans le système de la marque communautaire », *Prop. Indust.* 2009, Étude 20.

163. Voir C. rural, art. L. 643-1 et s. Voir J. Passa, *Traité*, *op. cit*, nº 543 et s., 562 et s. et 658 et s.

164. Voir T. UE., 15 sept. 2013, aff. T-320/10, *Fürstlich Castell'sches Domäne-amt* ; *Prop. Indust.* 2013, comm. 82, note A. Folliard-Monguiral.

165. CJUE, 14 juill. 2011, aff. jtes C-4/10 et C-27/10, *Bureau national interprofessionnel du Cognac*, *Rec.* I-06131 ; F. Kauff-Gazin, « Effets des règlements. Peut-on appliquer le règlement (CE) nº 110/2008 au cognac ? », *Europe* août 2011, comm. nº 8-9 p. 13 ; T. Georgopoulos, « Les marques commerciales nationales à l'épreuve des indications géographiques européennes », *RD rur.* 2012 nº 401 p. 18 ; *RD rur.* 2012 nº 406 p. 18, obs. M. Boizard.

166. CJCE, 18 nov. 2003, aff. C-216/01, *Budějovický Budvar*, *Rec.* I-13617 ; CJUE, 8 sept. 2009, aff. C-478/07, *Budějovický Budvar*, *Rec.* I-07721.

B Les antériorités visées par le seul Code de la propriété intellectuelle

760. La marque européenne a une liste d'antériorités plus limitative que la marque nationale, mais les solutions finales sont les mêmes puisque si l'article 8 ne vise pas ces antériorités, l'article 53 RME avance qu'une marque européenne peut être déclarée nulle si son usage peut être interdit en vertu d'un droit antérieur selon la législation européenne ou le droit national. Le RME vise à ce titre le droit au nom[167], le droit à l'image, le droit d'auteur, sans que cette liste soit limitative.

Le Code de la propriété intellectuelle intègre à l'article L. 711-4, à une liste elle aussi non limitative, quatre éléments spécifiques à prendre en considération parmi les antériorités. Ne peut être adopté comme marque un signe portant atteinte à des droits antérieurs, et notamment aux droits d'auteur, aux droits résultant d'un dessin ou modèle protégé, aux droits de la personnalité d'un tiers, dont le nom patronymique, le pseudonyme ou l'image, et enfin, au nom, à l'image ou à la renommée d'une collectivité territoriale[168]. Cette dernière antériorité est renforcée par l'instauration d'un mécanisme d'alerte par l'article L. 712-2-1 C. propr. intell. Toute collectivité territoriale ou tout établissement public de coopération intercommunale peut demander à l'INPI d'être alerté en cas de dépôt d'une demande d'enregistrement d'une marque contenant sa dénomination. Les conseils régionaux, la collectivité territoriale de Corse et les conseils généraux peuvent aussi demander à l'INPI d'être alertés en cas de dépôt d'une demande d'enregistrement d'une marque contenant un nom de pays se situant sur leur territoire géographique.

La loi Hamon est venir enrichir les antériorités pouvant être opposées à l'enregistrement d'une marque en intégrant les indications géographiques protégeant les produits industriels et artisanaux.

761. Chacune de ces limites à la disponibilité du signe réduit un peu plus la possibilité d'obtenir une marque, les relations avec ces différents éléments ne s'effectuant pas naturellement, à la lumière de ce qui a été décrit pour les signes de la vie des affaires. Sans principe de spécialité, il faut apprécier au cas par cas s'il y a une antériorité pertinente ou non. Le droit d'auteur ignore le principe de spécialité, dès lors, le signe couvert par un droit d'auteur antérieur est indisponible à titre de marque, sauf accord avec le titulaire du droit d'auteur. Cette solution vaut notamment pour les titres des œuvres qui pourraient être déposés par la suite comme marque : cela ne peut se faire sans l'accord préalable du titulaire du droit d'auteur, sous peine de voir ce dernier contester le dépôt. Aucun principe de spécialité ne peut être avancé en l'espèce pour limiter l'effet de l'action. Une solution identique est retenue pour les dessins et modèles. Là encore, il n'y a pas de principe de spécialité, la reprise telle quelle de l'apparence appropriée par un modèle pour l'approprier à titre de marque n'est possible qu'avec l'accord du titulaire des droits antérieurs, ce dernier pouvant sinon contester l'acquisition du signe distinctif.

---

167. Pour une opposition fondée sur le nom patronymique : CJUE, 5 juill. 2011, aff. C-263/09, *P, Edwin Co. Ltd c/OHMI*.

168. Voir Cass. com., 10 juill. 2012, n° 11-21919, *Bull. civ.* IV, n° 155, à propos de l'application, par analogie, des mécanismes du droit des marques protégeant les collectivités locales à l'enregistrement d'un nom de domaine.

§ 3. La distinctivité du signe

762. La distinctivité est le sens même d'une marque, sa condition d'être : elle doit servir à distinguer les produits et services selon l'article L. 711-1 C. propr. intell. et l'article 4 RME. Le caractère distinctif de la marque est une condition de validité de fond pour obtenir ce titre. Il n'y a pas de condition de caractère propre, d'activité inventive ou d'originalité explicitement mentionnée en droit des marques, mais le caractère arbitraire de la marque distinctive n'est pas sans permettre des références avec ces notions fortes de la propriété intellectuelle. La distinctivité est le siège de la créativité en droit des marques. Si l'appropriation du signe s'effectue sans tenir compte du degré de distinctivité du signe en cause, à l'image d'une théorie de l'unité de l'art, l'efficience de la propriété sera influencée par cette qualité. Plus la marque est distinctive, mieux elle résistera aux assauts des concurrents la contestant.

Ce principe fondamental du droit des marques permet à la marque de remplir la fonction essentielle définie par la CJ dans l'arrêt *HAG*[169] et sans cesse rappelée par la jurisprudence, par exemple dans l'arrêt *Arsenal* du 12 décembre 2002[170]. La Cour affirme que le droit de marque constitue un élément essentiel du système de concurrence non faussée que le Traité de Rome entend établir et maintenir. Dans un tel système, les entreprises doivent être en mesure de s'attacher une clientèle par la qualité de leurs produits ou de leurs services, ce qui n'est possible que grâce à l'existence de signes distinctifs permettant de les identifier. Dans cette perspective, la fonction essentielle de la marque est de garantir à l'utilisateur final l'identité d'origine du produit ou du service désigné par la marque, en lui permettant de distinguer sans confusion possible ce produit ou service de ceux qui ont une autre provenance. Pour que la marque joue son rôle, elle doit constituer la garantie que tous les produits ou services qu'elle désigne ont été fabriqués ou fournis sous le contrôle d'une entreprise unique à laquelle peut être attribuée la responsabilité de leur qualité[171]. Ce n'est qu'à la condition qu'il soit propre à distinguer les produits ou services d'une entreprise de ceux d'autres entreprises et que le public le perçoive comme remplissant cette fonction que le signe susceptible d'une représentation graphique constitue une marque. Le droit de l'UE fait de cette condition de fond le fondement de motifs absolus de refus d'une marque (art. 3 directive et art. 7 RME), de déchéance (art. 12 directive), ou de nullité absolue (art. 52 RME)[172].

La marque est distinctive lorsqu'elle permet de distinguer les produits et services d'une entreprise de ceux d'une autre. La jurisprudence française n'applique pas ce principe aussi sévèrement que la jurisprudence européenne et accepte certaines marques au seul motif qu'elles sont arbitraires : *Votez à*

169. CJCE, 17 oct. 1990, *Hag GF*, aff. C-10/89, *Rec.* I-3711 ; CJCE, 4 oct. 2001, *Merz & Krell*, aff. C- 517/99, *Rec.* I-6959, voir *infra* n° 1149.

170. CJCE, 12 nov. 2002, *Arsenal Football Club*, aff. C-206/01, *Rec.* I-10273 ; *Prop. Intell.* n° 7 ; 2003, p. 200, note G. Bonet ; J. Passa, « L'usage de marque dans la jurisprudence récente de la CJCE », *RJDA* 2003, p. 195.

171. Cf., notamment, CJCE, 23 mai 1978, *Hoffmann-La Roche*, aff. 102/77, *Rec.* 1139 ; *RTD eur.* 1981.139, note G. Bonet ; CJCE, 18 juin 2002, *Philips*, C-299/99, *Rec.* I-5475.

172. Pour une application récente de l'art. 7, T. UE, 2 mai 2012, aff. T-435/11, *Universal Display Corp* ; T. UE, 10 mai 2012, aff. T-325/11, *Pedro Germán Amador López.*

gauche, *Changeons de président* ou *Allez les bleus*. Le choix d'un signe arbitraire ne garantit pas que ce signe permette de distinguer les produits et services d'une entreprise de ceux d'une autre entreprise. L'application rigoureuse de la directive de 1988 a, par exemple, conduit le TGI de Strasbourg à refuser la marque *Maman je t'aime*[173].

A Appréciation du caractère distinctif

763. L'article L. 711-2 C. propr. intell. propose un guide d'appréciation de la distinctivité des signes, cette qualité s'apprécie à l'égard des produits ou services désignés, au regard du libellé de la marque ; peu importe que le signe soit, en tant que tel, ordinaire. Le mot « orange » est des plus ordinaires, mais utilisé à titre de marque pour désigner des services de téléphonie et de communication, il est parfaitement arbitraire et répond pleinement à l'obligation de distinctivité.

Le caractère descriptif d'une marque s'apprécie par rapport aux produits pour lesquels elle a été enregistrée et en tenant compte de la perception présumée de ces produits par un consommateur moyen, normalement informé, raisonnablement attentif et avisé. La CJ confirme cette approche dans l'arrêt *Philips* : qu'il soit intrinsèque ou acquis par l'usage, le caractère distinctif doit être apprécié par rapport, d'une part, aux produits ou services pour lesquels l'enregistrement de la marque est demandé et, d'autre part, à la perception présumée d'un consommateur moyen de la catégorie de produits ou services en cause, normalement informé et raisonnablement attentif et avisé[174]. Ainsi, un acronyme peut être distinctif hors de son contexte usuel d'utilisation et constituer un syntagme descriptif pour le domaine ordinaire d'usage[175].

764. L'arrêt *BabyDry*[176] fut l'occasion pour la CJ de préciser sa doctrine quant à la notion de distinctivité du signe. Elle rappelle que l'article 7 RME écarte de l'enregistrement les marques dépourvues de caractère distinctif et les marques composées exclusivement de signes ou d'indications pouvant servir, dans le commerce, à désigner l'espèce, la qualité, la quantité, la destination, la valeur, la provenance géographique ou l'époque de la production du produit ou de la prestation du service, ou d'autres caractéristiques de ceux-ci. Elle ajoute que l'article 12 RME assure que le droit de marque ne permet pas d'interdire à un tiers de faire usage, dans la vie des affaires, d'indications relatives à l'espèce, à la qualité, à la quantité, à la destination, à la valeur, à la provenance géographique, à l'époque de la production du produit ou de la prestation du service ou

173. TGI Strasbourg, 15 déc. 2003, *PIBD* 2004, III-171.

174. CJCE, 18 juin 2002, *Philips*, C-299/99, *Rec.* p. I-5475 ; Cass. com., 3 juin 2014, n° 13-15099.

175. CJUE, 15 mars 2012, aff. C-90/11 et C-91/11, *Alfred Strigl*, *Prop. Indust.* 2012, comm. 40, obs. A. Folliard-Monguiral.

176. CJCE, 20 sept. 2001, *BabyDry*, C-383/99, *Rec.* I-6251 ; A. Griffiths, « Modernising trade mark law and promoting economic efficiency : an evaluation of *Baby-Dry* judgment and its aftermath », *Intellectual Property Quarterly*, 2003, issue 1, p. 1 et s. ; E. Joly, *J.-Cl. Marques, Dessins et Modèles*, fasc. 7610, n° 40 ; Ch. Vilmart, « La distinctivité des marques communautaires au regard de la jurisprudence communautaire », *Prop. Intell.* n° 3, avr. 2002, Doct. p. 38. À la suite de cette décision, voir, CA Rennes, 18 sept. 2002, *Prop. Indust.* 2003, comm. 61, note P. Tréfigny, au sujet d'une marque « Doudou » ; E. Joly, chron. droit des marques et autres signes distinctifs, *Prop. Intell.* n° 5, oct. 2002, p. 79.

à d'autres caractéristiques de ceux-ci, pour autant que cet usage soit conforme aux usages honnêtes en matière industrielle ou commerciale. L'objet de l'interdiction de l'enregistrement comme marque de signes ou d'indications exclusivement descriptifs est d'éviter que soient enregistrés comme marques des signes ou des indications qui, en raison de leur identité avec des modalités habituelles de désignation des produits ou des services concernés ou de leurs caractéristiques, ne permettraient pas de remplir la fonction d'identification de l'entreprise qui les met sur le marché et seraient dépourvus du caractère distinctif que cette fonction suppose. Les signes et les indications visés à l'article 7 RME sont seulement ceux qui peuvent servir, dans un usage normal du point de vue du consommateur, à désigner soit directement, soit par la mention d'une de ses caractéristiques essentielles, un produit ou un service tel que celui pour lequel l'enregistrement est demandé. Une marque contenant des signes et des indications répondant à cette définition ne doit être refusée à l'enregistrement qu'à condition qu'elle ne comporte pas d'autres signes ou d'autres indications. Les signes et les indications exclusivement descriptifs qui composent la marque ne doivent pas être présentés ou disposés d'une façon qui distingue l'ensemble obtenu des modalités habituelles de désignation des produits ou services concernés ou de leurs caractéristiques essentielles.

Pour les marques composées de mots, comme celle qui fait l'objet du litige *Baby Dry*, un éventuel caractère descriptif est constaté non seulement pour chacun des termes pris séparément mais également pour l'ensemble qu'ils composent. Tout écart perceptible dans la formulation du syntagme proposé à l'enregistrement par rapport à la terminologie employée, dans le langage courant de la catégorie de consommateurs concernée, pour désigner le produit ou le service ou leurs caractéristiques essentielles est propre à conférer à ce syntagme un caractère distinctif lui permettant d'être enregistré comme marque. Si un syntagme présente un caractère uniquement descriptif dans une des langues utilisées dans le commerce à l'intérieur de la Communauté, ce constat suffit à le rendre impropre à un enregistrement comme marque européenne.

765. La Cour précise les conditions méthodologiques du contrôle effectué. Pour apprécier l'aptitude d'un syntagme, tel que *Baby Dry*, à présenter un caractère distinctif, il convient de se placer du point de vue d'un consommateur de langue anglaise. De ce point de vue, et s'agissant de langes pour bébés, l'appréciation à réaliser dépend de la réponse à la question de savoir si le syntagme en cause peut être compris comme une façon normale de désigner ce produit ou de présenter ses caractéristiques essentielles dans le langage courant. En l'espèce, si le syntagme évoque incontestablement la fonction que la marchandise est censée remplir, chacun des deux termes composant l'ensemble est susceptible de faire partie d'expressions relevant du langage courant pour désigner la fonction de langes pour bébés, leur juxtaposition, inhabituelle dans sa structure, ne constitue pas une expression connue de la langue anglaise pour désigner de tels produits ou pour présenter leurs caractéristiques essentielles. Des termes tels que *baby* et *dry* ne peuvent pas, par conséquent, être considérés comme présentant, ensemble, un caractère descriptif, ils procèdent au contraire d'une invention lexicale permettant à la marque ainsi formée de jouer un rôle distinctif.

Il ne fait pas de doute que le choix d'un signe pouvant constituer une marque relève de l'« activité créatrice » propre aux biens intellectuels. Elle est nécessaire pour son choix, à défaut de quoi le signe ne serait pas distinctif. L'activité créatrice est imposée par ce critère légal à défaut duquel il n'est pas possible de prétendre bénéficier du régime d'appropriation[177]. La relation entre un signe et le produit ou le service qui la porte est une relation purement artificielle, subjective et arbitraire, élaborée par l'esprit humain, nécessairement dans le cadre d'une activité créatrice[178] : la fonction du droit des marques est de protéger la distinctivité du signe[179]. Dans la décision *Baby Dry*, la Cour de justice des communautés européennes[180], à la suite des conclusions de l'avocat général Jacobs, retient que « *les termes* Baby *et* Dry *ne peuvent être considérés comme présentant, ensemble, un caractère descriptif ; ils procèdent au contraire d'une invention lexicale...* ». Elle ajoute que le syntagme *Baby Dry*, certainement évocateur, constitue une juxtaposition inhabituelle dans sa structure et ne constitue pas une expression de la langue anglaise[181]. La notion de distinctivité se caractérise essentiellement par cette relation arbitraire entre un signe quelconque et un produit ou service. La marque est la matérialisation de cette relation intellectuelle ; le droit permet l'appropriation de cette relation originale. Pour apprécier la distinctivité en présence de signes complexes, il est nécessaire de procéder à un examen de l'impression d'ensemble produit par le signe[182].

766. La Cour confirme son analyse par l'arrêt *Campina*[183], pour l'interprétation de l'article 3 de la directive 89/104. Une marque constituée d'un néologisme composé d'éléments dont chacun est descriptif de caractéristiques des produits ou services pour lesquels l'enregistrement est demandé est elle-même descriptive des caractéristiques de ces produits ou services, sauf s'il existe un écart perceptible entre le néologisme et la simple somme des éléments qui le composent. Ce dernier point suppose que, en raison du caractère inhabituel de la combinaison par rapport auxdits produits ou services, le néologisme crée une impression suffisamment éloignée de celle produite par la simple réunion des indications apportées par les éléments qui le composent, en sorte qu'il prime la somme desdits éléments. À nouveau, elle précise la méthodologie d'analyse des termes en indiquant qu'il est indifférent qu'il existe ou non des synonymes permettant de désigner les mêmes caractéristiques des produits ou services mentionnés dans la demande d'enregistrement.

177. Voir art. L. 712-1 C. Prop. Intell.

178. En ce sens, Chavanne et Burst, *op. cit.*, n° 980 et s. Sur le caractère original de la marque ; J. Raynard, « Propriétés incorporelles : un pluriel bien singulier », *Mélanges Burst*, Litec, 1997, p. 527, spéc. n° 25 ; M. Vivant, « Pour une épure de la propriété intellectuelle », *Mélanges Françon*, Dalloz, 1995, p. 415, spéc. n° 5. *Contra*, J. Passa, Traité, *op. cit.*, n° 3 et 7, mais qui met en avant le caractère relatif de la marque, n° 36 et s.

179. En ce sens, G. Bonet, *RTD eur.* 2000.99, spéc. sous CJCE, 4 mai 1999, p. 127 et s.

180. CJCE, 20 sept. 2001, aff. C-383/99, « *Baby Dry* », préc.

181. Cf. point 42 de la décision. Sur la notion de signe faiblement distinctif, voir Cass. com., 3 juin 2014, n° 13-15099.

182. Cass. com., 20 mars 2012, n° 11-14941.

183. CJCE, 12 févr. 2004, *Campina*, aff. C-265/00, *Rec.* I-1699 ; CJUE, 28 juin 2012, aff. C-306/11, *XXXLutz Marken*, à propos du signe *Natura*.

Par un arrêt rendu le même jour, l'arrêt *KPN*[184], elle complète cette analyse en retenant qu'il n'est pas possible d'admettre à l'enregistrement une marque composée exclusivement de signes ou d'indications pouvant servir, dans le commerce, à désigner des caractéristiques des produits ou des services pour lesquels l'enregistrement est demandé, et ce même s'il existe des signes ou des indications plus usuels pour désigner les mêmes caractéristiques et quel que soit le nombre de concurrents pouvant avoir intérêt à utiliser les signes ou les indications dont la marque est composée. Abordant la question complexe du plurilinguisme en droit des marques, la Cour avance dans cette interprétation de la directive 89/104 qu'au regard de la législation nationale applicable prévoyant que lorsque l'office est compétent pour une zone où coexistent plusieurs langues officiellement, le périmètre de la propriété conférée par l'enregistrement d'une marque verbale rédigée dans l'une de ces langues s'étend de plein droit aux traductions dans les autres de ces langues. En raison de cet effet, l'office doit vérifier pour chacune de ces traductions qu'elle n'est pas composée exclusivement de signes ou d'indications pouvant servir, dans le commerce, à désigner des caractéristiques de ces produits ou services.

767. La CJ affirme qu'une marque, descriptive des caractéristiques de certains produits ou services, mais pas des caractéristiques d'autres produits ou services, ne peut pas être considérée comme ayant nécessairement un caractère distinctif. Il est indifférent qu'une marque soit descriptive des caractéristiques de certains produits ou services aux fins de l'appréciation du caractère distinctif de la même marque au regard d'autres produits ou services. Elle confirme par là la nature relative de la marque. Une marque constituée d'un mot composé d'éléments dont chacun est descriptif de caractéristiques des produits ou services pour lesquels l'enregistrement est demandé est elle-même descriptive des caractéristiques de ces produits ou services, sauf s'il existe un écart perceptible entre le mot et la simple somme des éléments qui le composent. Cela suppose soit que, en raison du caractère inhabituel de la combinaison par rapport auxdits produits ou services, le mot crée une impression suffisamment éloignée de celle produite par la simple réunion des indications apportées par les éléments qui le composent, en sorte qu'il prime la somme desdits éléments, soit que le mot est entré dans le langage courant et y a acquis une signification qui lui est propre, en sorte qu'il est désormais autonome par rapport aux éléments qui le composent. Dans ce dernier cas, il y a lieu de vérifier si le mot qui a acquis une signification propre n'est pas lui-même descriptif. Il est indifférent qu'il existe ou non des synonymes permettant de désigner les mêmes caractéristiques des produits ou services mentionnés dans la demande d'enregistrement ou que les caractéristiques des produits ou services qui sont susceptibles d'être décrites soient essentielles sur le plan commercial ou accessoire.

Cette analyse est reprise par l'arrêt *Audi* du 21 janvier 2010[185] où la Cour retient qu'une marque, composée de signes ou d'indications qui sont de nature à être utilisés en tant que slogan publicitaire, indications de qualité ou expression

184. CJCE, 12 févr. 2004, *KPN*, aff. C-363/99, *Rec.* I-1619.

185. CJUE, 21 janv. 2010, aff. C-398/08 P, *Audi AG/OHMI*, *JCP* G 2010, act. 129 ; *Prop. Indust.* 2010, comm. 23, note A. Folliard-Monguiral. Voir toutefois un refus d'enregistrement d'un slogan faute de caractère distinctif, CJUE, 12 juill. 2012, aff. C-311/11 P, *Smart Technologies ULC*.

incitatives, n'était pas pour autant toujours dépourvue de caractère distinctif. La marque « *Vorsprung durch Technik* », qui signifie « avance par la technique », nécessite un certain effort d'interprétation du public, son originalité et sa prégnance la rendant facilement mémorisable. La Cour prend en considération la distinctivité acquise par l'usage, relevant que la société Audi utilise le slogan depuis plusieurs années et qu'il facilite de ce fait l'identification par le public concerné de l'origine commerciale des produits et services désignés.

Suivant la synthèse de M. Passa, on retient qu'« *un signe verbal exclusivement composé d'éléments eux-mêmes descriptifs ou usuels n'est considéré lui-même comme descriptif ou usuel que s'il correspond exactement à la façon dont le public concerné désigne habituellement le produit ou le service ou l'une de ses caractéristiques. Un écart quelconque avec ce mode de désignation suffit à exclure le grief de caractère descriptif ou usuel* »[186].

768. S'il n'y a pas une définition positive de ce qui rend un signe distinctif ou non, le législateur indique ce qui, à l'inverse, interdit au signe d'avoir un caractère distinctif. Trois catégories de signes, au moins, ne seront pas distinctives.

D'une part, les signes qui, dans le langage courant ou professionnel, sont exclusivement la désignation nécessaire, générique ou usuelle du produit ou du service[187]. La marque Voiture n'est pas distinctive pour de la construction automobile par exemple, ou encore les expressions *Tickets Repas* ou *Tickets Restaurant* désignant des coupons de paiement dans des restaurants sont génériques et usuels. Le signe doit être indépendant des éléments qui constituent la désignation ordinaire de l'objet marqué. Les signes nécessaires, génériques ou usuels sont ceux sans lesquels il n'est pas possible de désigner le produit en cause.

769. D'autre part, les signes pouvant servir à désigner une caractéristique du produit ou du service, et notamment l'espèce, la qualité, la quantité, la destination, la valeur, la provenance géographique[188], l'époque de la production du bien ou de la prestation de service. Il s'agit, par exemple, de la référence aux matériaux de composition du produit. Le caractère distinctif s'apprécie, au cas par cas, selon le langage courant ou le langage professionnel, en fonction de l'utilisateur final du produit ou du service. Le signe ne doit pas être trop évocateur dans l'esprit du consommateur moyen. La jurisprudence est assez libérale dès lors que la marque n'est pas directement descriptive mais simplement évocatrice. C'est un véritable enjeu créatif pour les marques, parvenir à élaborer un signe qui évoque les qualités du produit sans pour autant être sanctionné par la prohibition des signes descriptifs. L'emploi d'un néologisme ou d'un terme étranger peut permettre une référence assez directe à ces caractères... à condition de ne pas être trop transparent.

Confirmant cette démarche, un arrêt du 19 novembre 2009 du TPI[189] a refusé l'enregistrement de la marque *CANNABIS* pour des boissons – en l'espèce des bières, vins et spiritueux – susceptibles de contenir du chanvre. Il

186. J. Passa, *Traité*, *op. cit.*, n° 126.

187. À propos de l'expression « coup d'éclat » pour des produits cosmétiques, Cass. com., 3 avr. 2012, n° 11-18144 ; Cass. com., 3 juin 2014, n° 13-19057. Voir *supra* n° 733.

188. Notamment, T. UE, 17 mai 2011, aff. T-341/09, *Consejo Regulador de la Denominación de Origen Txakoli de Álava e.a.*

189. TPICE, 19 nov. 2009, aff. T-234/06, *Giampietro Torresan*.

confirme la décision de l'Agence d'annuler l'enregistrement de la marque *CANNABIS*. Selon le tribunal, le consommateur moyen normalement avisé peut penser qu'une telle marque constitue une description des caractéristiques du produit, or le RME interdit l'enregistrement des signes descriptifs, susceptibles de désigner dans le commerce l'espèce, la qualité, la quantité, la destination, la valeur, la provenance géographique ou l'époque de la production et pouvant servir, dans un usage normal du point de vue du public concerné, pour désigner soit directement, soit par la mention d'une de ses caractéristiques essentielles, le produit. Le tribunal vérifie si le consommateur moyen pourrait penser, à la simple vue d'une boisson portant la marque *CANNABIS*, que celle-ci décrit les caractéristiques de la boisson même. Par son analyse, il constate qu'il existe un rapport matériel entre le signe *CANNABIS* et certaines caractéristiques des produits en cause, le cannabis étant utilisé dans l'élaboration de nombreux produits alimentaires. Pour soutenir sa démonstration quant à la nécessité du signe pour les produits et services en cause, le TPICE prend soin de préciser que le terme « cannabis » est un terme scientifique latin connu, présent dans plusieurs langues de l'UE, et très médiatisé. Ces qualités rendent le mot compréhensible par le consommateur ciblé dans le territoire de l'UE. En conséquence, le consommateur moyen percevra la marque *CANNABIS* comme une description d'une caractéristique desdits produits. Pour achever sa démonstration, le tribunal souligne que cette caractéristique est déterminante pour le consommateur lors de son achat car il sera attiré par la possibilité d'obtenir des sensations similaires à celles qu'il obtiendrait de la consommation du cannabis. On peut se demander si un tel signe n'aurait pas pu aussi faire l'objet d'un refus d'enregistrement sur le terrain de l'ordre public.

770. Enfin, ne sont pas des signes distinctifs les signes constitués exclusivement par la forme imposée par la nature ou la fonction du produit, ou conférant à ce dernier sa valeur substantielle. Cette dernière hypothèse vise essentiellement les marques tridimensionnelles, et reprend pour l'essentiel le principe d'un caractère arbitraire de la forme pour que celle-ci puisse constituer un signe distinctif[190]. La CJ retient une position rigoureuse en l'espèce, certainement plus que celle retenue dans l'arrêt *Baby Dry* pour les marques verbales, assimilant la forme de l'emballage au produit lui-même, dépourvu de forme propre, pour en déduire le caractère descriptif de l'emballage comme désignant le produit contenu, y compris le volume[191]. Il est nécessaire que la forme se distingue de manière significative des formes habituellement retenues pour commercialiser ce type de produit.

Dans toutes ces hypothèses, on apprécie le caractère distinctif d'une marque à la date de dépôt. Toutefois, un signe, manquant de caractère distinctif lors de son enregistrement, peut acquérir ce caractère distinctif par l'usage postérieur au dépôt. À l'inverse, une marque distinctive lors du dépôt peut dégénérer et devenir un signe banal[192].

190. En ce sens, CJCE, 8 avr. 2003, *Linde*, aff. jtes C-53/01 – C-55/01, *Rec*. I-3161 ; *D*. 2003, cah. Aff. n° 18 ; voir *supra* n° 720.

191. *Cf.* CJCE, 29 avr. 2004, *Henkel*, aff. C-456/01 P et C-457/01 P, *Rec*. I-1725 ; *PIBD* 2004, n° 787, III-327.

192. Voir déchéance, *infra* n° 853 et s.

B Acquisition par l'usage du caractère distinctif

771. Le caractère distinctif peut, sous quelques réserves, être acquis par l'usage[193]. Cette disposition engendre un double effet. D'une part, elle impose l'enregistrement de la marque par l'office si, avant la date d'enregistrement, la marque avait acquis un caractère distinctif dans l'esprit du public. On ajoute à l'approche *in abstracto* de l'appréciation de la distinctivité au moment du dépôt une approche complémentaire *in concreto*, prenant en considération les exploitations passées du signe. D'autre part, cette règle permet de valider une marque qui aurait été enregistrée bien que dépourvue de caractère distinctif au moment du dépôt[194].

Pour bénéficier de l'acquisition d'un caractère distinctif par l'usage, l'identification par les milieux intéressés du produit ou du service comme provenant d'une entreprise déterminée doit être effectuée grâce à l'usage du signe distinctif en tant que marque[195]. L'expression « *l'usage de la marque en tant que marque* » suivant les mots de la CJ doit être comprise comme se référant seulement à un usage de la marque aux fins de l'identification par les milieux intéressés du produit ou du service comme provenant d'une entreprise déterminée. Une telle identification, et donc l'acquisition d'un caractère distinctif, peut résulter aussi bien de l'usage, en tant que partie d'une marque enregistrée, d'un élément de celle-ci que de l'usage d'une marque distincte en combinaison avec une marque enregistrée. Dans les deux cas, il suffit que, en conséquence de cet usage, les milieux intéressés perçoivent effectivement le produit ou le service, désigné par la seule marque dont l'enregistrement est demandé, comme provenant d'une entreprise déterminée[196]. Les éléments susceptibles de démontrer que la marque est devenue apte à identifier le produit ou le service concerné doivent être appréciés globalement.

772. Dans le cadre de cette appréciation, peuvent être pris en considération pour établir la preuve, notamment, la part de marché détenue par la marque, l'intensité, l'étendue géographique et la durée de l'usage de cette marque, l'importance des investissements faits par l'entreprise pour la promouvoir, la proportion des milieux intéressés qui identifie le produit ou le service comme provenant d'une entreprise déterminée grâce à la marque ainsi que les déclarations de chambres de commerce et d'industrie ou d'autres associations professionnelles[197]. Pour bénéficier de cette procédure exceptionnelle, il appartient à celui qui l'invoque de

---

193. Cf. A. Folliard-Monguiral, « Le caractère distinctif acquis par l'usage », *Prop. Indust.* 2004, Étude 14. Voir les limites à cette possibilité : Cass. com., 12 juin 2012, n° 11-21723, *PIBD* 2012. III. 580 : « *la renommée, dont la société Christian X... et M. X... se prévalent, s'attache au concept d'usage systématique d'une semelle rouge pour caractériser une gamme de chaussures, non à la marque litigieuse* ».

194. Cass. com., 14 mai 2013, n° 12-15534, mettant en œuvre ce mécanisme pour valider une marque. La CJUE fait sur ce point une analyse littérale de la directive 2008/95, voir, CJUE, 19 juin 2014, aff. C-217/13 et 218/13, *Oberbank AG, Banco Santander / Deutscher Sparkassen- und Giroverband.*

195. En ce sens, CJCE, 12 juin 2002, *Philips*, préc.

196. Pour la marque *Pocket* désignant des activités d'édition, TGI Paris, 14 oct. 2010, n° 2009-12294.

197. En ce sens, CJCE, 4 mai 1999, *Windsurfing Chiemsee*, C-108/97 et C-109/97, *Rec.* I-2779 ; *Europe* juill. 1999, comm. n° 251 p. 17, obs. D. Simon.

rapporter la preuve de l'acquisition de cette qualité[198]. La preuve de l'acquisition du caractère distinctif par l'usage ne peut dépendre de données générales et abstraites, telles que des pourcentages déterminés mais par le biais d'une appréciation globale de tous les éléments, dont un sondage peut faire partie sans nécessairement être le seul élément déterminant[199]. Si cette procédure est revendiquée au moment du dépôt, il faut que les éléments de preuve démontrent la qualité de la marque avant la date du dépôt. La CJ, à l'occasion de l'arrêt *Nestlé*[200], a étendu l'application de ce dispositif en retenant que le caractère distinctif d'une marque peut être acquis en conséquence de l'usage de cette marque en tant que partie d'une marque enregistrée ou en combinaison avec celle-ci.

Cette voie d'appropriation est particulièrement précieuse pour des produits dont la consommation a permis de développer un caractère distinctif, caractère non volontairement mis en avant à l'origine par le producteur, mais qui constitue un point d'identification pour le consommateur. Il peut s'agir d'une couleur, d'une forme appréhendée (l'admission sous cette procédure de la forme des barres *Toblerone* à titre de marque) comme un signe distinctif dans le cadre d'un « *processus normal de familiarisation du public concerné* »[201].

§ 4. La licéité du signe

773. Pour pouvoir valablement être enregistrée, une marque doit être licite. La licéité, question délicate, ne s'apprécie pas au regard du produit ou du service en cause, suivant un principe d'indépendance au produit avancé tant à l'article 7 CUP qu'à l'article 15 § 4 ADPIC. Le RME fait de la question de la licéité un motif absolu de refus d'enregistrement du signe. Suivant l'article L. 711-3 C. propr. intell. et l'article 7 § 1 RME, on distingue deux principales sources d'illicéité, d'une part, les signes contraires à l'ordre public ou aux bonnes mœurs, ou dont l'utilisation est légalement interdite et, d'autre part, les signes de nature à tromper le public, notamment sur la nature, la qualité ou la provenance géographique du produit ou du service.

A L'ordre public et les bonnes mœurs

774. Pour être sanctionné sur le terrain du droit des marques, le signe doit être intrinsèquement contraire aux bonnes mœurs, telle une marque figurative constituée par une photographie obscène. Si l'indépendance des produits et services est nettement proclamée, il semble certain qu'ils influencent l'appréciation de la contrariété aux bonnes mœurs. Par exemple, la marque nominale *Polygame* serait contraire aux bonnes mœurs pour des produits et services de mariage, elle ne le serait certainement pas pour des vêtements. Reste que la

198. En ce sens, CJCE, 7 sept. 2006, aff. C-108/05, *Bovemij Verzekeringen*, *Rec.* I-07605, *RTD eur.* 2007.519, obs. J. Schmidt-Szalewski.
199. CJUE, 19 juin 2014, aff. C-217/13 et 218/13, préc.
200. CJCE, 7 juill. 2005, *Nestlé*, aff. C-353/03, *Rec.* I-6135 ; *RTD com.* 2006. 245, obs. M. Luby.
201. CJCE, 6 mai 2003, *Libertel*, préc.

jurisprudence marque une certaine rigueur, l'interdiction n'est pas liée à une éventuelle immoralité des produits et services désignés sous la marque concernée : la marque *VMD* n'est pas contraire aux bonnes mœurs même si elle sert à désigner des vidéos pornographiques, ni la marque *La Bande des Crados*[202] pour des jeux ou des albums.

775. Pour l'ordre public, une atteinte pourra être constatée lorsqu'un signe distinctif sera composé d'éléments susceptibles de porter atteinte à une règle de droit impérative, qu'elle soit écrite ou non. La notion d'ordre public est comprise au sens large : pas d'éléments discriminatoires ou subversifs[203], pas d'atteinte à la législation économique ou protégeant les consommateurs. La contrariété à l'ordre public s'apprécie au regard du signe pris intrinsèquement[204]. Ce fut le cas dans le refus de la marque *École de conduite française* ou *ECF*[205] présentée en bleu-blanc-rouge, car cette présentation emporte le risque de confusion avec des services officiels[206]. On prend en compte les produits et services concernés. Par exemple, il a été retenu que la marque verbale *Opium*, pour des parfums, n'est pas contraire à l'ordre public car pour ces produits le mot concourt à une image particulière de l'atmosphère du parfum, emporterait une référence au rêve, et ne constituerait donc pas une apologie de la drogue[207]. En revanche, la marque *Cannabia* a été refusée pour des produits alimentaires[208], tout comme la marque *Chanvrette* pour une boisson à base de feuilles de chanvre[209], en ce qu'elles encouragent l'usage de stupéfiant[210]. La marque *Les Étains de Paris* a été refusée sur le terrain de l'ordre public car une loi réglemente les alliages ayant droit à l'appellation « étain ».

776. Le contrôle de l'ordre public et des bonnes mœurs pour la validité de la marque existe de la même façon en droit de l'UE[211]. La difficulté pour cette dernière réside dans l'appréciation de cette notion à l'échelle de l'Union.

202. TGI Paris, 19 janv. 1990, *PIBD* 1990, n° 479, III-343.
203. Voir le refus d'enregistrement de la marque « Paki », T. UE, 5 oct. 2011, aff. T-526/09, *Paki Logisitics c/OHMI* ; *Prop. Indust.* 2012, chron. 2, « Un an de jurisprudence sur les motifs absolus de refus de marques communautaire », J. Montéro, spéc. n° 102 ; *Prop. Intell.* 2012, n° 1, p. 97, obs. B. Geoffray.
204. Cass. com., 16 avr. 2013, *Bull. civ.* IV, n° 63 : « *l'adoption et l'usage, à titre de marque, du titre appartenant à une profession réglementée par l'autorité publique, sans en être titulaire, est contraire à l'ordre public* ».
205. Cass. com., 28 juin 1976, *Bull. civ.* IV, n° 217 ; *JCP* G 1977, II-18700, note Burst.
206. Cette solution de droit interne est nuancée par l'arrêt du T. UE, 5 mai 2011, aff. T-41/10, *Syndicat International des Moniteurs de Ski c/OHMI* ; *Prop. Indust.* 2012, chron. 2, « Un an de jurisprudence sur les motifs absolus de refus de marques communautaire », J. Montéro, spéc. n° 99, relevant notamment que le drapeau tricolore ne fait pas partie des emblèmes notifiés par la France à l'OMPI, ce qui n'écarte pas pour autant la revendication de l'art. 6 *ter* a) CUP. Elle ajoute que la marque en cause ne reprend pas la forme rectangulaire et la présence de trois bandes de couleurs, et ne constitue pas une imitation héraldique du français.
207. CA Paris, 7 mai 1979 ; *PIBD* 1979, III-318 ; *Ann. Prop. Ind.* 1979.306, obs. Chavanne.
208. CA Paris, 18 oct. 2000, *D.* 2001, somm. 1131, S. Durrande.
209. CA Rennes, 12 mars 2002, *PIBD* 2002, n° 743, III-247.
210. Cf. T. UE, 19 nov. 2009, aff. T-234/06, *Giampietro Torresan* qui écarte la marque *CANNABIS* en raison de son caractère descriptif et non comme étant contraire à l'ordre public.
211. Voir N. Binctin, « Les apports de la propriété intellectuelle à l'analyse d'un ordre public "transnational" ou "réellement international" », *Mélanges Bernard Audit*, LGDJ, 2014, p. 89.

L'appréciation de la notion d'ordre public pour le titre de propriété de l'Union est une opération complexe. Il ne s'agit pas de prendre en cause la notion d'ordre public international connue en droit international privé, mais bien la notion d'ordre public pour le peuple de l'Union européenne. Le Tribunal de l'UE[212] a confirmé le refus par l'Agence d'enregistrer d'une marque constituée d'un blason soviétique. Il considère qu'une marque doit être refusée à l'enregistrement lorsqu'elle est contraire à l'ordre public ou aux bonnes mœurs dans une partie de l'Union, cette partie pouvant être constituée, le cas échéant, d'un seul État membre. Il précise que les notions d'« ordre public » et de « bonnes mœurs » doivent être interprétées non seulement par référence aux circonstances communes à l'ensemble des États membres mais aussi en prenant en considération les circonstances particulières des États membres pris individuellement susceptibles d'influencer la perception du public pertinent situé sur ce territoire. Dans la mesure où le régime européen des marques constitue un système autonome dont l'application est indépendante de tout système national, la législation et la pratique administrative de certains États membres sont prises en compte, en l'espèce, non pas en raison de leur valeur normative, mais en tant qu'indices factuels permettant d'apprécier la perception, par le public pertinent situé dans les États membres concernés, des symboles liés à l'ancienne URSS. L'Agence a pu valablement apprécier, sur la base de l'examen des éléments relatifs à la situation notamment en Hongrie, que la marque demandée était perçue comme contraire à l'ordre public et aux bonnes mœurs par le public pertinent. Selon la législation hongroise, la faucille, le marteau et l'étoile rouge à cinq branches sont considérés comme étant des « symboles de despotisme » et leur utilisation est contraire à l'ordre public. Ainsi, le Tribunal décide que, dans la mesure où l'enregistrement d'une marque doit être refusé si elle est contraire à l'ordre public et aux bonnes mœurs dans seulement une partie de l'UE – y compris dans un seul État membre – il n'est pas nécessaire d'apprécier les autres éléments relatifs à la perception du public pertinent situé en Lettonie et en République tchèque. Le Tribunal rejette la demande de la société *Couture Tech Ltd.* Cette approche de l'ordre public de l'UE pourrait tendre à réduire l'espace de liberté pour les ressortissants de l'UE puisqu'une interprétation de cette approche laisse à penser que l'ordre public de l'UE est la somme des solutions les plus restrictives de chacun des États de l'UE.

B Le signe trompeur ou déceptif

777. Les signes trompeurs sont ceux de nature à tromper le public, notamment sur la nature, la qualité ou la provenance du produit[213]. La marque est dite trompeuse ou déceptive. L'utilisation de la marque est de nature à induire en erreur le consommateur concerné, et à affecter son comportement économique. La marque ne remplit plus sa fonction de garantie auprès du consommateur. La nullité de la marque résulte de sa comparaison avec le produit auquel elle se

212. T. UE, 20 sept. 2011, T-232/10, *Couture Tech Ltd*, *Prop. Indust.* 2012, chron. 2, « Un an de jurisprudence sur les motifs absolus de refus de marques communautaire », J. Montéro, spéc. n° 94 ; *Prop. Intell.* 2012, n° 1, p. 96, obs. B. Geoffray.

213. Sur la nature et l'origine du produit, Cass. com., 12 févr. 2013, n° 11-28654 et 12-10185.

rapporte. L'interdiction porte sur la marque elle-même, peu importe l'usage pouvant en être fait. Cette prohibition protège aussi les concurrents car l'utilisation d'un signe trompeur constitue un procédé déloyal propre à altérer la liberté de la concurrence.

778. La déceptivité du signe s'apprécie au regard des produits et services désignés dans l'acte de dépôt, par exemple, *Lavablaine* pour des vêtements qui ne sont pas en laine[214], ou encore *AABDM Agence Agréée Brevets Dessins Marques* pour un signe relatif à des services de conseil en propriété intellectuelle alors que le déposant n'est pas un conseil en propriété industrielle[215]. Un signe peut être considéré comme trompeur si le libellé est trop vague : la marque *Caviar Petrossian* a été refusée à enregistrement pour déceptivité car elle désignait « *poissons, viandes et conserves alimentaires* », au motif que, « *compte tenu du libellé, la marque peut désigner des œufs de poisson qui ne sont pas du caviar* ». Enfin, un signe est déceptif, quelle que soit la nature des produits et services en cause, lorsque le signe laisse croire aux consommateurs que les produits et services désignés font l'objet d'un soutien officiel[216], tels les signes contenant « France » « euro » ou « officiel ».

La déceptivité du signe s'apprécie non seulement au moment du dépôt, au regard des produits et services ciblés abstraitement dans le libellé de la marque et en tenant compte de la perception du signe par un consommateur d'attention moyenne, mais aussi par la suite si les caractéristiques des produits sur lesquels elle est effectivement apposée lui confèrent ce caractère[217]. En revanche, la marque n'est pas trompeuse s'il est évident pour le consommateur d'attention moyenne que les qualités évoquées par le signe distinctif ne se retrouvent pas dans les produits ou services commercialisés sous cette marque. L'interprétation de ce point peut se révéler délicate. La CJ[218] retient qu'il appartient au juge national d'examiner s'il n'existe pas une volonté de l'entreprise ayant introduit la demande d'enregistrement d'une marque de faire croire au consommateur que la personne, dont le patronyme constitue la marque, est toujours la créatrice des produits portant ladite marque ou qu'elle participe à leur création. Il s'agirait d'une manœuvre qui pourrait être jugée dolosive mais qui ne pourrait être analysée comme une tromperie au sens de l'article 3 de la directive 89/104 et qui, de ce fait, n'affecterait pas la marque elle-même et, par voie de conséquence, la possibilité de l'enregistrer. La cour d'appel de Paris, pour des faits similaires, prononçait la déchéance d'une marque qui en raison de la modification des conditions d'exploitation de celle-ci était devenue déceptive[219].

214. CA Lyon, 24 nov. 1951, *D.* 1951, j. 775.

215. CA Paris, 17 oct. 2001, *PIBD* 2002, n° 739, III-167.

216. Par ex., T. UE., 15 janv. 2013, aff. T-413/11, *Welte-Wenu*, *Prop. Indust.* 2013, comm. 14, note A. Folliard-Monguiral.

217. Cass. com., 17 janv. 1984, *Bull. civ.* IV, n° 19, *Ann. Prop. Indust.* 1984, p. 23 ; Cass. com., 30 nov. 2004, *Bull. civ.* IV n° 208 ; *PIBD* 2005, n° 802, III-116 ; Cass. com., 20 mars 2012, n° 11-14941.

218. CJCE, 30 mars 2006, *Elizabeth Florence Emanuel c. Continental Shelf*, aff. C-259-04, *Rec.* p. I-3089 ; *Prop. Intell.* 2006, n° 21, p. 485, obs. G. Bonet.

219. CA Paris, 15 déc. 2004, *Inès de la Fressange*, *CCE* 2005, comm. 29, note C. Caron ; *RTD com.* 2005.71, obs. J. Azéma. Voir *infra* n° 860 et s. sur la déchéance pour déceptivité.

§ 5. Le créateur et le titulaire des droits : le déposant

779. La question du bénéfice du droit de propriété sur une marque est réglée de façon assez brutale par le législateur. Le droit des marques est le régime de propriété intellectuelle le plus indifférent à la situation du créateur du signe. Il ne fait pas de doute que le signe naît d'une activité créative et qu'il constitue un bien intellectuel, pour autant, aucun droit spécifique n'est reconnu par le droit des marques à cette personne : pas de paternité, pas plus de droit moral ou de statut de créateur salarié. Une seule variante est à envisager distinguant la marque simple de la marque collective.

A La marque simple

780. Le législateur retient que le droit de marque sur le signe s'acquiert par le dépôt (art. 6 RME). Le droit de propriété revient au déposant, qu'il s'agisse d'une personne physique ou d'une personne morale. Elle aura toute faculté pour utiliser le signe, le défendre ou l'abandonner[220].

781. Le Code de la propriété intellectuelle fait cas d'un titulaire particulier, les syndicats. L'article L. 712-13 dispose que les syndicats peuvent déposer leurs marques et labels dans les conditions prévues aux articles L. 2134-1 et L. 2134-2 du Code du travail afin, selon le Code du travail, de pouvoir en revendiquer la propriété exclusive. Le Code du travail précise que les marques ou labels peuvent être apposés sur tout produit ou objet de commerce pour en certifier l'origine et les conditions de fabrication. Ils peuvent être utilisés par tous les individus ou entreprises mettant en vente ces produits. Suivant cette approche, ce régime serait dérogatoire au droit commun des marques, le principe de spécialité étant atténué. L'utilisation des marques syndicales ou des labels ne peut avoir pour effet de porter atteinte aux dispositions des articles L. 2141-5 à L. 2141-8 du Code du travail relatifs à la liberté syndicale.

Tout accord ou disposition tendant à obliger l'employeur à n'embaucher ou à ne conserver à son service que les adhérents du syndicat propriétaire de la marque ou du label sont nuls et de nul effet.

782. La marque peut être acquise en copropriété (art. L. 712-1 C. propr. intell.), il appartient aux parties de régler entre elles les conditions de gestion de cette copropriété. Elle sera établie suivant les dispositions du droit commun, à l'image de la solution retenue pour le droit des dessins et modèles ou le droit d'auteur, sans aucune prescription particulière du Code de la propriété intellectuelle

783. La demande de marque déposée soit en fraude des droits d'un tiers, soit en violation d'une obligation légale ou conventionnelle, ouvre à la personne qui estime avoir un droit sur la marque la possibilité de revendiquer sa propriété en justice[221].

---

220. Sur la question de la bonne foi du dépôt, Cass. com., 14 déc. 2010, *Bull. civ.* IV, n° 203 ; *PIBD* 2011, n° 934, III-138 ; *D.* 2011, p. 158 ; *Prop. Indust.* 2011, comm. 18, obs. P. Tréfigny-Goy.

221. J. de Werra, « Des marques et des contrats : la marque d'agent et l'action en cession de marque », *Mélanges F. Dessemontet*, Éd. Centre du droit de l'entreprise de l'Université de Lausanne, 2009, p. 71. Voir Cass. com., 20 mai 2014, n° 13-10777.

Il s'agit d'une action en revendication mobilière, une action réelle. À moins que le déposant ne soit de mauvaise foi[222], l'action en revendication se prescrit par cinq ans à compter de la publication de la demande d'enregistrement, délai de prescription augmenté par la loi de mars 2014.

B La marque collective

784. Outre la marque « classique », le droit national (art. L. 715-1 et s.) comme le droit de l'UE (art. 66 et s. RME) proposent une marque collective[223]. Le droit français distingue deux types de marques collectives : la marque collective et la marque collective de certification[224]. Cette distinction se retrouve dans la proposition de directive, à l'article 28. Le droit de l'UE n'avance qu'une seule catégorie de marques collectives, son régime étant en pratique à mi-chemin entre celui des deux types retenus en droit interne. La proposition de nouveau règlement intègre, dans le champ des marques de l'UE, une marque collective de certification en plus de la marque collective. La marque européenne impose que le signe soit approprié uniquement par des associations (art. 66 RME), le droit national laisse libre toute personne devenir propriétaire d'une marque collective, sauf la marque collective de certification qui ne peut être déposée que par une personne morale qui n'est ni fabricant, ni importateur, ni vendeur des produits ou services (art. 715-2 C. propr. intell.). Ce régime est attractif mais peu utilisé, seules 50 demandes de marques ont été enregistrées en France entre 2005 et 2008[225].

785. Une marque est dite collective lorsqu'elle peut être exploitée par toute personne respectant un règlement d'usage établi par le titulaire de l'enregistrement. Les conditions de validité du signe sont celles déjà envisagées[226] (cf. art. 66 § 3 RME et art. L. 715-2 al. 1 C. propr. intell.), sous réserve de la possibilité de déroger à l'article 7 § 1 RME en retenant comme marque européenne collective un signe pouvant servir à désigner la provenance géographique des produits ou services, c'est-à-dire un signe non distinctif. Le droit interne (art. L. 721-1 C. propr. intell.) tente de maintenir une distinction ferme entre la marque collective et l'appellation d'origine. La spécificité de ce régime, outre la limitation des personnes pouvant en être titulaires, réside dans les conditions d'utilisation du signe. Le demandeur doit présenter lors de l'enregistrement de sa marque un règlement d'usage indiquant les personnes autorisées à utiliser le signe, les conditions d'affiliation à l'association pour la marque européenne, les conditions d'usage de la marque et les éventuelles sanctions. L'absence de règlement au moment du dépôt n'est pas sanctionnée en droit interne,

222. Cass. com., 14 déc. 2010, préc. ; T. UE., 3 mai 2012, aff. T-270/10, *Conceria Kara Srl*.

223. Voir B. Fontaine, « La défense des indications géographiques protégées à titre de marques communautaires collectives – Quelques réflexions inspirées du jugement du Tribunal de l'Union européenne du 9 juin 2010 », *Prop. Indust.* 2011, Étude 4.

224. Sur ce thème, cf. C. Le Goffic, thèse, *op. cit.* ; G. Henry et C. Quatravaux, *Technologies vertes et propriété intellectuelle*, LexisNexis, 2013, coll. IRPI t. 42, n° 197 et s.

225. Voir rapport OMPI, 15 févr. 2010, http://www.wipo.int/edocs/mdocs/sct/fr/sct_23/sct_23_3.pdf

226. Pour la distinctivité, voir T. UE, 15 nov. 2012, aff. T-278/09, *Verband Deutscher*, *Prop. Indust.* 2013, chron. 3, n° 34, obs. J. Monteiro.

ce qui peut faire douter de son caractère obligatoire. Le RME impose, si la marque mentionne une provenance géographique, que toute personne, dont les produits ou services proviennent de la zone concernée, puisse l'utiliser. Le règlement doit être conforme à l'ordre public et aux bonnes mœurs, les modifications ultérieures du règlement sont soumises à l'office et ne prennent effet qu'à compter de la date d'inscription de la mention de la modification au registre.

786. Le RME ouvre l'action en contrefaçon, sous les conditions faites aux licenciés, à toute personne habilitée à utiliser le signe. Pour sa part, la personne morale titulaire de cette marque européenne collective peut réclamer réparation d'une contrefaçon au nom de l'ensemble des personnes habilitées à utiliser le bien, pour leur dommage propre respectif. Le RME précise les conditions de déchéance spécifiques à cette marque, en ajoutant aux dispositions de l'article 51 des causes complémentaires de déchéance : si le titulaire n'adopte pas des mesures raisonnables en vue de prévenir un usage de la marque non compatible avec le règlement d'usage, si l'usage qui a été fait de la marque emporte un risque d'erreur pour le public, et, enfin, si la modification du règlement d'usage n'a pas été adoptée conformément aux dispositions de l'article 69 RME.

787. La marque collective de certification peut être appliquée au produit ou au service qui présente notamment, quant à sa nature, ses propriétés ou ses qualités, des caractères précisés dans son règlement. Le dépôt d'une marque collective de certification doit comprendre un règlement déterminant les conditions auxquelles est subordonné l'usage de la marque. Cet usage de la marque collective de certification est ouvert à toutes les personnes, distinctes du titulaire, qui fournissent des produits ou des services répondant aux conditions imposées par le règlement. La marque collective de certification ne peut faire l'objet ni de cession, ni de gage, ni d'aucune mesure d'exécution forcée. Toutefois, en cas de dissolution de la personne morale qui en est titulaire, elle peut être transmise à une autre personne morale. Dans cette hypothèse, la transmission de la marque collective de certification ne peut intervenir qu'au profit d'un autre organisme certificateur ou d'une personne morale détenant majoritairement, directement ou indirectement, un organisme certificateur auquel elle concède une licence exclusive de cette marque collective. Cette transmission s'opère, à la demande du titulaire de la marque, par un arrêté du ministre chargé de l'industrie, si la marque collective de certification est relative à la certification de services ou de produits autres qu'alimentaires. La demande d'enregistrement est rejetée lorsqu'elle ne satisfait pas aux conditions fixées par la législation applicable à la certification. La marque est mise au cœur d'un mécanisme de certification et son régime est défini par ce dernier. Ce contrôle de la légalité de la marque collective de certification est renforcé par le fait que la nullité de l'enregistrement d'une marque collective de certification peut être prononcée sur requête du ministère public ou à la demande de tout intéressé lorsque la marque ne répond pas à l'une des prescriptions qui lui sont applicables. La décision d'annulation a un effet absolu.

Lorsqu'une marque de certification a été utilisée et qu'elle a cessé d'être protégée par la loi, elle ne peut, sous réserve des dispositions de l'article L. 712-10 C. propr. intell., être ni déposée ni utilisée à un titre quelconque avant un délai de dix ans. Cette mesure limite le risque de confusion pour le consommateur entre la fonction ancienne de certification et une éventuelle fonction nouvelle différente, écartant les comportements déloyaux de la part du nouveau propriétaire.

Section 2
La délivrance du titre

788. Le RME et le Code de la propriété intellectuelle retiennent que la propriété de la marque s'acquiert par enregistrement. La procédure d'enregistrement est conduite devant un office, l'INPI pour la marque française, l'Agence pour la marque européenne et l'OMPI pour la procédure internationale. En France, suivant l'article L. 712-14 C. propr. intell., les décisions liées à cette procédure sont adoptées par le directeur de l'INPI dans les conditions prévues aux articles L. 411-4[227] et L. 411-5 C. propr. intell. Devant l'Agence, l'examinateur exerce ces prérogatives.

§ 1. La demande d'enregistrement de la marque

789. La procédure d'enregistrement devant les offices impose le respect de plusieurs étapes et ouvre aux tiers la possibilité d'intervenir pour défendre leurs intérêts en amont de la délivrance du titre de propriété.

A Réception par l'office

790. L'article L. 712-2 C. propr. intell. et l'article 26 RME avancent que la demande d'enregistrement doit comporter notamment le modèle de la marque et l'énumération des produits ou services – le libellé – auxquels elle s'applique. Le dépôt opère un classement des produits et services dans une classification arbitrairement arrêtée, la classification de Nice, regroupant en 45 classes l'ensemble des produits et services connus (notamment art. 28 RME) dont la 10e édition est en vigueur depuis le 1er janvier 2014[228]. Si le périmètre de la propriété n'est arrêté que par le libellé, la classification constitue un outil d'analyse rapide du libellé.

Le dépôt peut être fait personnellement par le demandeur ou par un mandataire ayant son domicile, son siège ou son établissement dans un État membre de l'UE ou dans un État partie à l'accord sur l'EEE. Les autres personnes

227. Sur la contestation de la décision, Cass. com., 9 mars 2010, *Bull. civ.* IV, n° 51 : « *une cour d'appel peut fonder sa propre décision sur des motifs différents de ceux retenus par [le directeur général de l'INPI], dès lors que le fondement juridique qu'elle retient est le même et qu'elle ne substitue pas sa propre décision à celle du directeur général* ».
228. http://www.wipo.int/classifications/nivilo/

doivent constituer un mandataire. En cas de pluralité de déposants, un mandataire commun doit être constitué. Si celui-ci n'est pas l'un des déposants, il doit pouvoir revendiquer la qualité de mandataire auprès de l'office en cause.

Le dépôt comprend des éléments à la fois de fond et de forme. Il doit mentionner l'identification du déposant, et une représentation graphique du signe. Ce modèle peut être complété par une brève description. Le dépôt doit comporter l'énumération des produits ou services auxquels elle s'applique, *i. e.* le libellé, ainsi que l'énumération des classes correspondantes et, le cas échéant, l'indication qu'est revendiqué le droit de priorité attaché à un précédent dépôt étranger. Des éléments complémentaires peuvent être communiqués, telle la justification du paiement des taxes prescrites ou la justification d'un usage lorsque le caractère distinctif du signe déposé à titre de marque a été acquis par l'usage.

Si le déposant est un étranger ni domicilié, ni établi sur le territoire national ou de l'UE, et sous réserve des conventions internationales, il doit communiquer à l'occasion de la demande d'enregistrement la justification qu'il a régulièrement déposé la marque dans le pays de son domicile ou de son établissement et que ce pays accorde la réciprocité de protection aux marques françaises ou européennes.

Un même dépôt ne peut porter que sur une seule marque. À défaut de répondre à cette contrainte, la demande sera rejetée, à moins d'effectuer une procédure divisionnaire[229].

791. À la réception du dépôt, l'office attribue à la demande une date[230], un lieu et un numéro d'ordre de dépôt. Ces éléments sont communiqués au déposant par un récépissé de dépôt qui lui est remis. Dès réception, le dépôt donne lieu à l'attribution d'un identifiant, numéro de la demande d'enregistrement qui devra être par la suite rappelé dans l'ensemble des échanges avec l'office. Le dépôt qui ne contiendrait pas l'identification du déposant, le modèle de la marque et le libellé de celle-ci est irrecevable par l'office. Cette irrecevabilité ne peut être opposée qu'après que le déposant a été invité à compléter les mentions manquantes. Si la régularisation est effectuée dans les délais impartis, la date de dépôt retenue est celle à laquelle les mentions manquantes ont été produites (art. 27 RME).

Une fois le dépôt reconnu recevable, il fait l'objet d'une publication, sauf si celle-ci est de nature à porter atteinte à l'ordre public et aux bonnes mœurs. Il ne sera pas procédé à une publication s'il n'est pas possible de réaliser une reproduction graphique du signe ; il est alors impossible d'obtenir un droit de marque. La publication intervient dans les six semaines qui suivent la réception du dépôt ; elle rappelle que toute personne intéressée peut formuler des observations dans un délai de deux mois et que les personnes titulaires de droits antérieurs peuvent former dans ce même délai opposition à enregistrement. En pratique, la publication se fait aujourd'hui en ligne, sur la base de données *CTM-ONLINE* dans les jours qui suivent le dépôt.

229. Voir *infra* n° 795.

230. Voir CJUE, 22 mars 2012, aff. C-190/10, *Génesis Seguros*, *Prop. Indust.* 2012, comm. 39, obs. A. Folliard-Monguiral.

Outre la vérification des pièces administratives de la demande d'enregistrement, l'office s'assure que le signe peut constituer une marque au sens des articles L. 711-1 et L. 711-2 ou être adopté comme marque par application de l'article L. 711-3 (cf. art. 36 et 37 RME). En cas de non-conformité de la demande, une notification motivée en est faite au déposant qui peut régulariser le dépôt ou contester les objections de l'office. À défaut de régularisation ou d'observation permettant de lever l'objection, la demande est rejetée. La notification peut être assortie d'une proposition de régularisation. Cette proposition est réputée acceptée si le déposant ne la conteste pas dans le délai qui lui est imparti.

B Rapport de recherche pour la marque européenne

792. À la différence de la procédure devant l'INPI, la procédure devant l'Agence emporte l'établissement d'un rapport de recherche pour la délivrance de la marque européenne. Il mentionne les marques européennes et les demandes de marques européennes dont l'existence est identifiée et qui sont susceptibles d'être opposées à l'enregistrement de la marque objet de la demande. Le rapport est communiqué au demandeur, la publication de la demande de marque européenne ne pouvant avoir lieu avant l'expiration d'un délai d'un mois à compter de la date à laquelle l'Agence communique le rapport de recherche. L'office informe les titulaires des signes identifiés dans le rapport de recherche de la publication de la demande d'enregistrement d'une marque européenne.

La proposition de règlement intégrée dans le paquet marque envisage de supprimer cette recherche, retenant qu'elle ne constitue pas un outil fiable pour autoriser une marque. Cette suppression permettrait d'accélérer la publication de la demande et l'intervention des tiers. L'article 41 de la future directive intègre la même approche, seuls les motifs absolus seraient examinés par les offices.

C Intervention des tiers

793. L'article L. 712-3 C. propr. intell. (art. 40 RME) autorise les tiers à intervenir dans la procédure de délivrance d'une marque. Pendant un délai de deux mois suivant la publication de la demande d'enregistrement, toute personne intéressée peut formuler des observations auprès du responsable de la procédure. Cette rigidité de délai devrait être supprimée par le nouveau règlement, l'intervention des tiers pourrait se faire dès la publication en ligne de la demande de marque et cela jusqu'à la fin du délai d'opposition ou jusqu'à la conclusion des procédures d'opposition en cours.

Ces observations sont communiquées sans délai au déposant par l'office ou classées sans suite s'il apparaît qu'elles ont été formulées après l'expiration du délai prescrit ou que leur objet est manifestement étranger aux prévisions législatives en vigueur. L'auteur en est informé.

D Modification et retrait de la demande

794. Jusqu'au début des préparatifs techniques relatifs à l'enregistrement, le déposant peut être autorisé, sur requête écrite, à rectifier les erreurs matérielles relevées dans les pièces déposées. L'office peut exiger la justification de la réalité de l'erreur matérielle à rectifier et le sens de la correction demandée (cf. art. 43 RME).

La demande d'enregistrement peut être retirée jusqu'au début des préparatifs techniques relatifs à l'enregistrement. Le retrait peut être limité à une partie du dépôt. Il s'effectue par une déclaration écrite adressée à l'office. Une déclaration de retrait ne peut viser qu'une seule marque, elle doit mentionner s'il a été ou non concédé des droits d'exploitation ou de gage. Dans l'affirmative, elle doit être accompagnée du consentement écrit du bénéficiaire de ce droit ou du créancier gagiste. Si la demande d'enregistrement a été formulée par plusieurs personnes, son retrait ne peut être effectué que s'il est requis par l'ensemble de celles-ci.

795. Le droit français comme le droit de l'UE (art. 44 RME) intègrent une procédure de division de la demande, à l'image de ce qui se pratique en droit des brevets[231]. Jusqu'au début des préparatifs techniques relatifs à l'enregistrement ou lors d'une procédure de recours contre la décision d'enregistrement de la marque, le déposant peut procéder au dépôt de demandes divisionnaires de sa demande d'enregistrement initiale. La division ne peut porter que sur la liste des produits et services du libellé. Les demandes divisionnaires bénéficient de la date de dépôt et, le cas échéant, de la date de priorité de la demande initiale.

§ 2. L'opposition

796. La procédure d'opposition est à disposition des tiers détenant des droits antérieurs[232], aussi bien dans la procédure de la marque nationale que celle de la marque européenne. L'article 41 RME et l'article L. 712-4 C. propr. intell., dans un délai de trois mois pour la marque européenne et de deux mois pour la marque nationale, à compter de la publication de la demande de marque, ouvrent une procédure d'opposition à la demande d'enregistrement faite auprès de l'office par le propriétaire d'une marque enregistrée ou déposée antérieurement[233] ou bénéficiant d'une date de priorité antérieure, ou par le propriétaire d'une marque antérieure notoirement connue[234]. Le licencié exclusif peut aussi engager une telle opposition, sauf réserve du contrat de licence.

---

231. Voir *supra* n° 516.

232. T. UE, 22 juin 2010, aff. T-255/08, *Jose Padilla*, *Rec.* II-02551.

233. Si les titres antérieurs opposés sont de titres nationaux de propriété, l'Agence et le T. UE n'ont aucune compétence pour en apprécier la validité : CJUE, 24 mai 2012, aff. C-196/11 P, *Formula One Licensing BV.*

234. Sur la preuve de la propriété dans la procédure d'opposition, CJUE, 19 janv. 2012, aff. C-53/11, *Prop. Indust.* 2012, comm. 25, obs. A. Folliard-Monguiral.

L'opposition est présentée par écrit et motivée[235]. Elle précise l'identité de l'opposant, et les indications propres à établir l'existence, la nature, l'origine et la portée de ses droits. Elle mentionne les références de la demande d'enregistrement contre laquelle elle est formée, ainsi que l'indication des produits ou services visés par l'opposition. L'opposant doit exposer les moyens sur lesquels repose son opposition, les preuves nécessaires au succès de son action. Devant l'Agence comme devant l'INPI, il est possible d'invoquer la notoriété de la marque comme fondement de l'opposition, il est alors nécessaire de rapporter la preuve de la notoriété de la marque ou du moins de sa connaissance sur le marché. Au regard de la jurisprudence européenne, les exigences de preuve de la notoriété dans ce cadre sont moindres que celles à apporter dans le cadre de l'article 8 § 5. Il n'est pas possible d'invoquer la notoriété de la marque pour la première fois devant la cour d'appel ou le T. UE en cas de recours contre la décision de l'INPI ou de l'Agence, ou d'apporter de nouvelles preuves de la notoriété.

797. Si l'opposition est déclarée formellement recevable par l'office, elle est instruite au fond. L'opposition est notifiée au titulaire de la demande d'enregistrement et un délai d'au moins deux mois lui est imparti pour présenter les observations en réponse. Le titulaire de la demande d'enregistrement peut, dans ses premières observations en réponse, inviter l'opposant à produire des pièces propres à établir que la déchéance de ses droits pour défaut d'exploitation n'est pas encourue. Ces pièces doivent établir l'exploitation de la marque antérieure, au cours des cinq années précédant la demande de preuves d'usage[236], pour au moins l'un des produits ou services sur lesquels est fondée l'opposition ou faire état d'un juste motif de non-exploitation. L'office impartit un délai à l'opposant pour produire ces pièces[237]. À défaut d'observation en réponse, il est statué sur l'opposition. Dans le cas contraire, un projet de décision est établi au vu de l'opposition et des observations en réponse, et notifié aux parties auxquelles un délai est imparti pour en contester éventuellement le bien-fondé. Ce projet, s'il n'est pas contesté, vaut décision. Dans le cas contraire, il est statué sur l'opposition au vu des dernières observations et, si l'une des parties le demande, après que celles-ci ont été admises à présenter des observations orales, par une décision motivée de l'Agence[238]. La procédure est contradictoire, et toutes les communications des parties sont notifiées respectivement.

La procédure d'opposition est clôturée si l'opposant a retiré son opposition, a perdu qualité pour agir ou n'a fourni dans le délai imparti aucune pièce propre à établir que la déchéance de ses droits n'est pas encourue. Elle l'est aussi lorsque l'opposition est devenue sans objet par suite soit d'un accord entre les parties, soit du retrait ou du rejet de la demande d'enregistrement contre laquelle l'opposition a été formée.

---

235. Sur l'obligation de présenter l'ensemble des arguments, Cass. com., 24 mai 2011, *D.* 2011, p. 1554.

236. Sur la preuve de l'usage sérieux, voir notamment T. UE, 13 juin 2012, aff. T-312/11, *Süd-Chemie AG.*

237. Cass. com., 7 déc. 2010, *PIBD* 2011, n° 934, III-141 ; *D.* 2011, p. 72, obs. J. Daleau, p, 914, note S. Durrande ; *Prop. Indust.* 2011, comm. 19, obs. P. Tréfigny-Goy ; CJUE, 3 oct. 2013, aff. C-122/12, *Rintisch*, préc.

238. Sur la motivation, T. UE., 6 juin 2013, aff. T-411/12, *Celtipharm* ; *Prop. Indust.* 2013, comm. 83, note A. Folliard-Monguiral.

Par exception, l'article L. 712-8 C. propr. intell. prévoit que le déposant peut demander l'enregistrement de sa marque nonobstant l'opposition dont elle fait l'objet s'il justifie que cet enregistrement est indispensable à la protection de la marque à l'étranger, en particulier dans le cadre de la procédure de la marque internationale. Si l'opposition est ultérieurement reconnue fondée, la décision d'enregistrement est rapportée en tout ou partie.

Un recours est possible contre la décision de l'office, devant la cour d'appel de Paris pour la décision du directeur de l'INPI[239] et devant la chambre des recours pour l'Agence[240].

798. Le RME prévoit que l'Agence peut inviter les parties à se concilier[241]. La conciliation prend la forme d'un accord de coexistence de marques qui permet en général aux parties de définir la représentation[242] et le libellé de leurs signes respectifs[243]. Cette période de conciliation prévue par le RME s'appelle la période de « *cooling off* », elle dure deux mois à compter de la notification de l'opposition et précède le début de la phase contradictoire à laquelle participent opposant et demandeur. Les parties peuvent, pour mener à bien leurs négociations, demander à l'office un délai supplémentaire permettant de repousser le traitement par l'Agence de l'opposition. Elle peut être alors prorogée pendant 22 mois sur accord des parties et durer au total 24 mois. L'expiration du délai de réflexion marque l'ouverture de la phase contradictoire de la procédure. Tant que cette phase contradictoire n'a pas encore commencé, si les parties parviennent à un accord qui met fin à l'opposition, aucune des parties n'est condamnée et ne supporte de frais. En outre, si l'accord trouvé repose sur la limitation de la liste de produits et services de la marque européenne à ceux non visés par l'opposition ou est dû au retrait de la marque européenne, l'Agence rembourse la taxe d'opposition à l'opposant.

En pratique, les deux tiers des oppositions formées devant l'Agence se terminent par la conclusion d'un accord entre les parties[244]. Enfin, elle est clôturée si les effets de la marque antérieure ont cessé.

§ 3. L'enregistrement, la publicité

799. Au terme de la procédure de dépôt, l'office rend une décision d'admission ou de rejet. La demande d'enregistrement sera rejetée si elle ne satisfait pas aux conditions formelles imposées par les offices ou si le signe ne peut

239. La CA Paris a compétence pour recevoir l'ensemble du contentieux attaché aux décisions du directeur de l'INPI : Cass. com., 11 mars 2014, n° 12-28036, *Prop. Indust.* 2014, comm. 37, note J. Raynard.

240. CJCE, 13 mars 2007, aff. C-29/05, *OHMI/Klaus*, *Rec.* I-2213 sur les effets du recours.

241. Sur les modes alternatifs de règlement des conflits, *infra* n° 1354 et s.

242. Voir A. Marie, « Accords de coexistence et évolution des marques », *CCE* 2010, prat. 3.

243. Cass. com., 31 mars 2009, *PIBD* 2009, n° 898, III-1127. Voir aussi, CA Paris, 4 juill. 2008, *D.* 2009, p. 1189, note J. Huet.

244. Cf. M. J. Elsmore, « Trade Mark Coexistence Agreements : What Is All the (Lack of) Fuss about ? », *Scripted* vol. 5, Issue 1, avr. 2008 ; A. Bories, « Des accords de coexistence de marques », *LPA* 16 janv. 2012, p. 3.

constituer une marque au regard des conditions de fond. La demande sera aussi rejetée en cas de succès d'une opposition. Lorsque les motifs de rejet n'affectent la demande de marque qu'en partie, il n'est procédé qu'à son rejet partiel. La marque est alors enregistrée pour la partie du libellé admis par l'office.

800. En cas d'admission, un titre de propriété, un droit de marque, est délivré par l'office qui procède à l'enregistrement définitif du signe distinctif. Un certificat est adressé au déposant, l'enregistrement est publié, rendant la propriété opposable aux tiers[245].

L'enregistrement produit ses effets à compter de la date de dépôt de la demande pour une période de dix ans indéfiniment renouvelable. La nouvelle période de dix ans court à compter de l'expiration de la précédente et la durée de la propriété est donc potentiellement perpétuelle. L'enregistrement d'une marque peut être renouvelé s'il ne comporte ni modification du signe ni extension de la liste des produits ou services. Ce renouvellement se fait sans aucune des vérifications requises à l'occasion du dépôt initial. La déclaration de renouvellement doit, à peine d'irrecevabilité, être présentée au cours d'un délai de six mois expirant le dernier jour du mois au cours duquel prend fin la période de protection et être accompagnée de la justification du paiement de la taxe prescrite[246]. La déclaration peut encore être présentée ou la taxe acquittée dans un délai supplémentaire de six mois à compter du lendemain du dernier jour du mois d'expiration de la protection, moyennant le paiement d'un supplément de taxe dans le même délai. Toujours à peine d'irrecevabilité, la demande de renouvellement doit comporter la désignation de la marque à renouveler et émaner du titulaire inscrit, au jour de la déclaration.

En revanche, toute modification du signe ou extension du libellé doit faire l'objet d'un nouveau dépôt. Tout nouveau dépôt portant sur une modification du signe ou une extension de la liste des produits et services d'une marque enregistrée peut être accompagné d'une déclaration de renouvellement anticipé de cette marque. La nouvelle période de protection court à compter de la déclaration de renouvellement. Les renouvellements ultérieurs de la marque renouvelée et du nouveau dépôt s'effectuent par une déclaration unique.

801. Le signe enregistré fait l'objet d'une publicité constante, pour l'ensemble des actes le concernant (art. 87 et s. RME). Un registre est tenu par chaque office, y figurent notamment l'identification du demandeur et les références du dépôt, ainsi que les actes ultérieurs en affectant l'existence ou la portée. Sont portés au registre les actes modifiant la propriété de la marque ou la jouissance des droits qui lui sont attachés ; en cas de revendication de propriété, l'assignation correspondante, les changements de nom, de forme juridique ou d'adresse ainsi que les rectifications d'erreurs matérielles affectant les inscriptions. Ces indications sont inscrites à l'initiative de l'office ou, s'il s'agit d'une décision judiciaire, sur réquisition du greffier ou sur requête de l'une des parties. Le règlement instaure un principe de

245. Cf. art. R. 712-23 C. Prop. Intell.
246. Sur l'application de l'art. R. 712-24 C. Prop. Intell., Cass. com., 23 mars 2010, *Bull. civ.* IV, n° 62.

coopération administrative entre les offices et les juridictions des États membres et l'Agence.

Les actes modifiant la propriété d'une marque ou la jouissance des droits qui lui sont attachés, tels que cession, concession d'un droit d'exploitation, constitution ou cession d'un droit de gage ou renonciation à ce droit, saisie, validation et mainlevée de saisie, sont inscrits à la demande de l'une des parties à l'acte ou, s'il n'est pas partie à l'acte, du titulaire du dépôt au jour de la demande d'inscription. Un acte ne peut être inscrit que si la personne indiquée dans l'acte comme étant le titulaire de la demande d'enregistrement ou de la marque avant la notification résultant de l'acte est inscrite comme telle au registre des marques.

Les changements de nom, de forme juridique, d'adresse et les rectifications d'erreurs matérielles sont inscrits à la demande du titulaire de la demande d'enregistrement ou de la marque, qui doit être le titulaire inscrit au registre des marques. Lorsque ces changements et rectifications portent sur un acte précédemment inscrit, la demande peut être présentée par toute partie à l'acte. L'office peut exiger la justification de la réalité du changement dont l'inscription est sollicitée ou de l'erreur matérielle à rectifier.

Toute inscription portée au registre fait l'objet d'une publication. Toute personne intéressée peut obtenir de l'office un certificat d'identité comprenant le modèle de la marque, les indications relatives au dépôt et à l'enregistrement, et, s'il y a lieu, les limitations à la liste des produits ou services résultant d'un retrait, d'une renonciation ou d'une décision judiciaire, une reproduction des inscriptions portées au registre ou un certificat constatant qu'il n'existe pas d'inscription. À compter du jour de la publication, toute personne intéressée peut demander à prendre connaissance du dossier de demande d'enregistrement de marque et obtenir à ses frais reproduction des pièces.

Toute transmission ou modification des droits attachés à une marque doit, pour être opposable aux tiers, être inscrite au registre des marques. Avant son inscription, un acte est opposable aux tiers qui ont acquis des droits après la date de cet acte mais qui avaient connaissance de celui-ci lors de l'acquisition de ces droits.

§4. Le délai de priorité

802. L'article L. 712-12 C. propr. intell. et les articles 29 et suivants RME développent les conditions dans lesquelles le déposant peut revendiquer la priorité d'un dépôt antérieur pour soutenir sa demande de marque française ou européenne. Le dépôt donnant naissance au droit de priorité doit être un dépôt régulier en vertu de la législation de l'État ou de l'organisation où celui-ci est effectué. La régularité s'apprécie particulièrement quant à la date définie par l'autorité locale, peu importe ensuite le sort de la procédure de délivrance de cette première demande d'enregistrement.

Le délai de priorité de l'article 4 CUP est de six mois pour les marques. La revendication de la priorité doit être effectuée au moment du dépôt de la demande d'enregistrement de la marque, et s'accompagner de la communication à l'office d'une copie du dépôt antérieur permettant de justifier de la priorité revendiquée.

Le bénéfice de cette priorité fait que la date de priorité est considérée comme celle du dépôt de la demande sous priorité pour apprécier la disponibilité du signe et l'antériorité des droits qui pourraient lui être opposés.

Le RME intègre une seconde priorité, une priorité d'exposition, lorsque le demandeur d'une marque européenne a présenté, sous la marque déposée, des produits ou services lors d'une exposition internationale officielle[247]. Un délai de six mois est octroyé pour déposer sa marque à compter de la date de la première présentation, la priorité s'exerçant dans les mêmes conditions que la priorité unioniste.

803. Enfin, le RME (art. 34 et 35) propose une procédure de revendication de la marque nationale enregistrée antérieurement à la marque européenne. La revendication, qui peut être effectuée lors du dépôt ou postérieurement à l'enregistrement de la marque européenne, permet de se prévaloir pour la marque européenne, uniquement sur le territoire national en cause, de l'ancienneté de la marque antérieure et sous condition que les deux marques aient pour objet les mêmes signe et libellé. Ainsi, si le titulaire de la marque européenne renonce à sa marque nationale antérieure, il est réputé continuer de bénéficier des droits qu'il aurait eus s'il avait maintenu sa marque nationale antérieure. Cette fiction connaît une certaine fragilité, notamment en raison du faible contrôle par l'Agence de la mise en œuvre de cette revendication et par le pouvoir d'appréciation des juges nationaux.

§ 5. La procédure internationale de dépôt

804. Plusieurs procédures internationales ont été développées pour faciliter l'acquisition de titres hors du territoire national. Les mécanismes tournent autour de deux outils, d'une part, l'Union de Madrid, constituée par l'Arrangement de 1891 et le Protocole de 1989 et, d'autre part, le traité sur le droit des marques de l'OMPI, révisé à Singapour en 2006. Ces procédures n'emportent pas délivrance d'un titre de propriété nationale ou internationale, il s'agit toujours d'une unification ou d'une simplification des procédures d'enregistrement, les États restant souverains pour la délivrance du titre de propriété.

A L'Union de Madrid

805. L'Union de Madrid se divise en deux sources, l'Arrangement et le Protocole. L'Arrangement ne réunit plus qu'une dizaine de pays, dont la France et la Chine. Le Protocole compte aujourd'hui 78 membres, dont le Japon, les États-Unis et l'Union européenne à titre d'organisation internationale. L'Union de Madrid connaît un succès grandissant, 42 000 procédures furent engagées par cette voie en 2008.

247. Exception similaire en droit des brevets pour préserver la nouveauté de l'invention, *supra* n° 414.

L'Union de Madrid propose, soit à partir d'une marque antérieure – dont est titulaire un ressortissant d'un État membre de l'Union à la suite d'un dépôt fait soit dans son État d'origine, soit dans un des États membres –, soit à partir d'une demande d'enregistrement antérieure, à compter de l'inscription de la demande, de donner à cette demande les effets d'une demande nationale ou européenne d'enregistrement de marque. La procédure ne fait pas naître un droit de propriété, mais simplifie l'entrée dans la phase nationale ou européenne de l'enregistrement de la marque. Par exemple, l'opposition est possible pour cette procédure comme pour la procédure nationale, le délai court à compter de la publication par l'OMPI de l'enregistrement international, et elle est notifiée par l'intermédiaire du bureau international de l'OMPI. Chaque examen national est indépendant, sans intervention de l'office international ou de celui de l'État d'origine. Il n'y a pas une unification du droit des marques, mais uniquement une unification d'une procédure préalable de délivrance du signe.

806. L'enregistrement international produit ses effets durant vingt ans dans le cadre de l'Arrangement et dix ans pour le Protocole. Il est possible de renouveler cette période.

Un lien de dépendance est établi entre la procédure internationale et la marque de base. Si l'enregistrement d'origine, dépôt de base sur lequel s'appuie la procédure internationale, disparaît en tout ou partie, quelle qu'en soit la cause, l'enregistrement international cesse de produire ses effets, et il en va de même pour les enregistrements nationaux obtenus sur la base de la procédure internationale. Cet effet de chaîne ne se produit que pour une durée de cinq ans à compter de la date de l'enregistrement international. Le système est porteur d'un risque important pour la personne qui recourt à cette procédure. Une fois le délai de cinq ans écoulé, l'enregistrement international et les marques nationales qui en ont découlé deviennent indépendants, le risque d'une attaque centrale est écarté.

À la différence de l'Arrangement qui contient une solution peu attractive pour traiter les effets de la disparition de la marque de base, le Protocole prévoit que si l'enregistrement international disparaît, il peut être transformé, dans un délai de trois mois, en demandes nationales dans les pays désignés et ces demandes bénéficient de la date d'enregistrement de la marque internationale et éventuellement du délai de priorité attaché à celle-ci.

Si deux États sont à la fois parties au Protocole et à l'Arrangement, seules les dispositions du Protocole sont applicables.

B Le Traité de l'OMPI

807. Le Traité de Singapour sur le droit des marques a été adopté en mars 2006 et est entré en vigueur en mars 2009. Il tend à devenir un instrument d'harmonisation mondiale du droit des marques. Le traité est accompagné d'un règlement d'exécution et d'une résolution de la conférence diplomatique le complétant. Sans se substituer à l'Union de Madrid, le traité unifie pour les États membres les procédures d'enregistrement d'une marque. L'harmonisation porte sur les types de marque pouvant être enregistrés, les éléments de la demande, les conditions de recours à un mandataire, la définition de la date de dépôt, le principe d'un enregistrement unique pour des produits ou services relevant de plusieurs classes différentes. L'article 13 fixe de façon harmonisée la durée du titre à dix ans et prévoit les conditions de renouvellement de l'enregistrement.

À la suite des accords ADPIC, le traité confirme le rôle fondateur de la CUP, l'article 15 imposant aux parties de se conformer aux dispositions de la CUP.

Le traité a permis d'établir des formulaires types pour les principales procédures auprès des offices, tel la demande d'enregistrement, le pouvoir, les requêtes en inscription de changement de nom, d'adresse ou de titulaire...

Avant même l'entrée en vigueur du Traité, le Code de la propriété intellectuelle avait été modifié pour mettre en conformité le droit interne avec les engagements internationaux de la France, notamment en modifiant l'article L. 714-7 C. propr. intell. autorisant le licencié à intervenir dans la procédure de contrefaçon, même si le contrat de licence n'a pas fait l'objet d'une inscription au registre.

Section 3
Les droits et obligations attachés au titre de propriété

808. À l'image des autres régimes de propriété intellectuelle, le législateur place le propriétaire d'une marque dans un cadre légal assez contraignant. Le domaine d'appropriation, défini par l'articulation entre le signe et le libellé, bénéficie des atours habituels de la propriété de droit commun. Toutefois, comme pour les autres régimes de propriété intellectuelle, il sera nécessaire d'envisager les limites de celle-ci, et les causes pouvant engendrer sa perte. Originalité de la matière, bien que le législateur ne l'admette qu'à demi-mot, une certaine hiérarchisation des signes est instaurée, la notoriété influençant le régime de la marque.

§ 1. Le contenu du droit de propriété

809. Le droit de l'UE influence fortement la propriété intellectuelle, et le droit des marques est certainement la matière la plus touchée. Au confluent de la création et de la concurrence, il a été l'objet d'une attention particulière de la CJ pour assurer une articulation équilibrée entre le principe de libre circulation des biens et des services sur le territoire de l'UE tout en respectant le droit de propriété. Le Traité modère le principe de libre circulation et propose une série d'exceptions incluant notamment les droits de propriété intellectuelle[248]. Ce double principe est marqué par une accumulation d'interprétations, fruit de la jurisprudence de la CJ.

La synthèse des fonctions et la limitation des prérogatives du propriétaire au regard de ces fonctions ont été établies par l'arrêt *Arsenal*[249] dans lequel la CJ

248. Cf. *infra* n° 1146 et s.

249. CJCE, 12 nov. 2002, aff. C-206/01, *Arsenal Football Club*, *Rec.* I-10273 ; *PIBD* 2003, III-263 ; *Prop. Intell.* 2003, n° 7, p. 200 obs. G. Bonet.

retient que l'usage d'un signe ne peut porter atteinte à un droit de marque, une atteinte aux droits du propriétaire, que s'il compromet une fonction de la marque. L'exercice de ce droit est réservé aux cas dans lesquels l'usage du signe par un tiers porte atteinte ou est susceptible de porter atteinte aux fonctions de la marque, notamment sa fonction de garantie de provenance du produit[250]. Dès lors, les prérogatives du propriétaire ne peuvent être invoquées qu'à la condition de cette atteinte aux fonctions de la marque. Les décisions *Anheuser-Busch*, *Céline*, *Opel*, *O2 Holding*, ou encore *L'Oréal/Bellure* notamment sont venues préciser les hypothèses dans lesquelles tel ou tel usage constitue une atteinte aux fonctions de la marque et est susceptible de constituer des contrefaçons du bien.

810. Le droit interne (articles L. 713-2 et L. 713-3 C. propr. intell.) met en avant les actes ne pouvant être effectués sans accord préalable du propriétaire, dans une définition *a contrario* de ces prérogatives, comme le RME, article 9, qui, après avoir exposé de façon positive les droits conférés par la marque européenne, reprend la technique du pouvoir d'interdiction dès lors qu'il aborde l'énumération des prérogatives. Ces prérogatives ne prennent leur élan que dans l'exercice des fonctions de la marque, au-delà de celles-ci elles sont sans efficacité. Après avoir exposé ces prérogatives, il sera nécessaire de revenir sur la condition de l'usage dans la vie des affaires.

A Les prérogatives du propriétaire

811. Il faut distinguer l'identification du bien opposable aux tiers des droits attachés à la propriété.

1. L'identification du bien

812. Suivant l'article L. 713-1 C. propr. intell., le propriétaire d'une marque enregistrée jouit d'un droit de propriété sur ce signe pour les produits et services désignés. L'interprétation du libellé constitue un enjeu majeur du droit de propriété. Il permet, en articulation avec la représentation graphique, de définir les bornes de celle-ci. L'arrangement de Nice stipule dans son article 2 que la portée de la classification est celle qui lui est attribuée par chaque pays. Notamment, la classification ne lie les pays ni quant à l'appréciation de l'étendue du droit de propriété, ni quant à la reconnaissance des marques de service. Il s'agit donc d'une mesure strictement administrative en son apparence mais qui emporte des conséquences juridiques majeures. Aucune disposition de la directive 2008/95 ne régit directement la question de l'identification des produits et des services concernés, une harmonisation des solutions étatiques reste néanmoins impérative[251]. Le libellé retenu pour l'enregistrement doit répondre à une exigence de clarté et de précision pour l'identification des produits et des services. Le projet de règlement modifie l'article 28 afin d'inclure des

250. Voir CJCE, 11 mars 2003, aff. C-40/01, *Ansul*, *D.* 2003. 2691, obs. S. Durrande ; *RTD com.* 2003. 602, obs. M. Luby.

251. En ce sens, CJUE, 12 juin 2012, aff. C-307/10, *IP Translator*, *Prop. Indust.* 2012, comm. 65, note A. Folliard-Monguiral ; *CCE.* 2012, comm. 132, obs. C. Caron ; *Europe* 2012, comm. 343, note L. Idot.

dispositions concernant la désignation et la classification des produits et services. Les produits et services demandés lors du dépôt de la marque devront être désignés avec suffisamment de clarté et de précision pour permettre aux tiers d'apprécier le champ approprié. L'utilisation de termes généraux sera interprétée comme incluant tous les produits ou services qui relèvent clairement du sens littéral de ces termes. Il sera possible de corriger les dépôts antérieurs pour les conformer à la jurisprudence de la CJ. L'Agence devra à l'avenir rejeter les demandes au libellé peu clair ou imprécis. L'article 40 de la future directive retient les mêmes solutions.

813. Le droit des marques dépend dans une large mesure de la question de savoir si les produits ou les services concernés par une marque enregistrée sont indiqués avec suffisamment de clarté et de précision. Il n'est pas nécessaire de désigner concrètement le ou les services pour lesquels un enregistrement est demandé, l'identification peut être suffisante à l'aide de formules générales, mais il faut du demandeur précise les produits ou les types de produits concernés par ces services au moyen, par exemple, d'autres indications plus précises. Les autorités publiques comme les concurrents doivent connaître avec suffisamment de clarté et de précision les produits ou les services visés par une marque. La directive 2008/95 ne contient aucune référence à la classification de Nice et, par conséquent, n'impose aucune obligation ni interdiction pour les États membres de l'utiliser aux fins de l'enregistrement des marques nationales. Cependant, l'obligation d'utiliser cet instrument résulte de l'article 2, point 3, de l'arrangement de Nice. Étant donné que l'arrangement de Nice a été adopté en application de l'article 19 CUP et que la directive 2008/95 ne vise pas à affecter les obligations des États membres découlant de cette convention, la directive ne s'oppose pas à ce que les autorités nationales compétentes exigent ou acceptent que le demandeur d'une marque nationale identifie les produits et les services pour lesquels il sollicite la protection conférée par la marque en utilisant la classification de Nice. Toutefois, en vue de garantir l'effet utile de la directive 2008/95 et le bon fonctionnement du système d'enregistrement des marques, une telle identification doit satisfaire aux exigences de clarté et de précision requises par cette directive. La directive vient donc renforcer les exigences de l'arrangement de Nice. Certaines des indications générales figurant aux intitulés de classes de la classification de Nice sont, en elles-mêmes, suffisamment claires et précises pour déterminer l'étendue de la propriété conférée par le droit de marque, alors que d'autres sont trop générales et recouvrent des produits ou des services trop variés pour être compatibles avec la fonction d'origine de la marque.

814. Il faut effectuer une appréciation au cas par cas, en fonction des produits ou des services pour lesquels le demandeur sollicite un droit de marque, afin de déterminer si ces indications satisfont aux exigences de clarté et de précision. Ainsi, la directive 2008/95 ne s'oppose pas à l'utilisation des indications générales des intitulés de classes de la classification de Nice pour identifier les produits et les services pour lesquels la protection par la marque est demandée, pour autant qu'une telle identification soit suffisamment claire et précise pour permettre aux autorités compétentes et aux opérateurs économiques de déterminer l'étendue de la protection demandée. Il faut ajouter que le demandeur d'une marque qui utiliserait toutes les indications générales de l'intitulé d'une classe pour identifier les produits ou les services constituant le libellé de sa marque doit préciser si sa demande d'enregistrement vise l'ensemble des produits ou des services répertoriés dans la liste alphabétique de la classe ou seulement certains d'entre eux. Une demande qui ne permet pas d'établir si, par l'utilisation de l'intitulé d'une classe particulière de la classification de Nice, est visé l'ensemble ou uniquement une partie des produits de cette classe ne saurait être suffisamment claire et précise et ne pourrait être valable. Le RME évoque, article 9, un droit exclusif, mais ajoute, article 16, que la marque de l'Union est un objet de propriété en sa totalité et pour l'ensemble du territoire de l'Union, et cela comme une marque nationale. L'assimilation ne fait donc pas de doute. Le propriétaire de la marque bénéficie de prérogatives spécifiques sur son bien. Les droits attachés à une marque sont transmissibles en totalité ou en partie, indépendamment de l'entreprise qui les exploite ou les fait exploiter. La cession, même partielle, ne doit comporter aucune limitation territoriale. Les droits attachés à une marque peuvent faire l'objet en tout ou partie d'une concession d'exploitation exclusive ou non exclusive ainsi que d'une mise en gage[252]. Le transfert de propriété, ou la mise en gage, est constaté par écrit, à peine de nullité.

815. Les prérogatives du propriétaire sont aussi déterminées par la nature de la représentation graphique et la portée accordée à celle-ci. Dans les deux arrêts rendus le 22 mars 2013[253], le T. UE rappelle que l'Agence ne peut pas prendre en compte les caractéristiques d'une marque demandée qui ne sont pas indiquées dans la demande d'enregistrement et les documents qui l'accompagnent. Dans ces affaires, il s'agissait du dépôt de marques tridimensionnelles constituées par des modèles de sacs à main à la surface « tressée ». Les dépôts ne faisaient l'objet d'aucune description. Si l'intention était de revendiquer des sacs à la surface « tressée », il aurait fallu l'indiquer au moment du dépôt. Afin d'améliorer la qualité du dépôt, le déposant a effectué de nouvelles représentations des sacs, estimées plus nettes, et faisant mieux ressortir l'aspect « tressé » de leur surface.

816. L'impact de la représentation graphique fut aussi apprécié par la CJ[254]. Des marques figuratives (avec et sans élément verbal) étaient enregistrées en noir et blanc, mais le titulaire n'en faisait qu'un usage en vert. Cet usage était tellement important que, dans l'esprit d'une fraction importante du public, le logo était associé à cette couleur ou combinaison de couleurs. La CJ retient que l'utilisation de la couleur par le titulaire « *affecte la perception de la marque et est, partant, susceptible d'accroître le risque de confusion ou d'association entre la marque et le signe accusé de porter atteinte à celle-ci* » (pt 37). Si le public associe une couleur à une marque enregistrée en noir et blanc, le fait qu'un défendeur utilise une certaine couleur ou une combinaison de

252. Voir *infra* n° 1104 et s.
253. T. UE, 22 mars 2013, T-409/10 et T-410/10, *Bottega Veneta.*
254. CJUE, 18 juill. 2013, aff. C-252/12, *Specsavers/Asda Stores* ; L. Idot, « Marque communautaire complexe. La Cour précise la jurisprudence Colloseum sur l'utilisation sérieuse des marques complexes », *Europe* oct. 2013, Comm. n° 10 p. 38 ; L. Marino, « Arrêt Specsavers : les bonnes lunettes pour examiner l'usage sérieux », *Gaz. Pal.* 2013, n° 303-304, p. 16.

couleurs est un facteur à prendre en considération dans l'appréciation globale de l'atteinte. La couleur choisie par le défendeur peut contribuer au risque de confusion ou démontrer son but de profiter de manière indue du caractère distinctif ou de la renommée de la marque (pts 38 à 41). La CJ a précisé s'il est pertinent de tenir compte du fait que le défendeur, lui-même, tente d'associer dans l'esprit du public, à une couleur ou combinaison de couleurs. Elle retient que l'appréciation de l'atteinte au sens de l'article 9, § 1er, *b* et *c*, RME doit être globale et doit « *tenir compte du contexte précis dans lequel le signe prétendument similaire à la marque enregistrée a été utilisé* » (pt 45). Ce contexte inclut les couleurs auxquelles le public associe le défendeur, ce qui peut, le cas échéant, diminuer le risque de confusion ou d'association. La CJ est allée plus loin en retenant que la représentation graphique, bien que complète par elle-même, peut être interprétée à la lumière d'éléments extérieurs permettant d'identifier les caractéristiques essentielles d'un signe[255].

817. Enfin, l'appréciation de la portée du titre de propriété est aussi influencée par la stratégie de dépôt adoptée par le titulaire de la ou des marques. Une famille de marques[256], appelée aussi série de marques, est un ensemble de marques qui contiennent toutes la même composante, sous forme figurative, verbale ou tridimensionnelle. Il s'agit de variantes d'une même marque[257]. La législation de certains pays favorise les « familles de marques », tel le droit italien ou le régime des marques en Grande-Bretagne, et permet même aux entreprises concernées de se soustraire à la sanction de la déchéance pour défaut d'exploitation de l'une de leurs marques, en s'appuyant sur l'utilisation d'un autre enregistrement semblable. Le droit français et le droit européen des marques ne proposent pas un régime spécifique pour une telle situation. Une famille de marques ne peut être enregistrée en tant que telle, la CJ a exclu une telle démarche en retenant qu'« *une marque ne peut être enregistrée que de façon individuelle et la protection [...] qui découle de cet enregistrement ne lui est accordée qu'à titre individuel, même dans l'hypothèse d'un enregistrement simultané de plusieurs marques présentant un ou plusieurs éléments communs et distinctifs* »[258]. La jurisprudence a développé une analyse spécifique des familles de marques pour donner une portée variable au titre de propriété selon que la marque est constituée par un titre isolé ou est incluse dans une famille de marques. Une famille de marques exploitées peut conférer une protection spécifique en cas de contrefaçon. Dans l'arrêt *Bainbridge*, la CJ retient que « *s'il est vrai que, en cas [contentieux] fondé sur l'existence d'une seule marque [...], l'appréciation du risque de confusion s'effectue sur la base d'une comparaison entre les deux marques telles qu'elles ont été enregistrées, il en va différemment*

255. CJUE, 6 mars 2014, aff. jtes C-337/12 P et C-340/12 P, *OHMI c. Yoshida Metal Industry*, *Prop. Indust.* 2014, comm. 29, note A. Folliard-Monguiral.

256. Sur cette notion, F. Pollaud-Dulian, « Association, variantes et séries : de l'esprit de famille en droit des marques », *Mélanges P. Le Cannu*, Lextenso, 2014, p. 559.

257. Voir la famille *Abercrombie*, Cass. com., 16 févr. 2010, n° 08-21079, *PIBD* 2010, n° 916, III-242 ; Cass. com., 9 nov. 2010, 09-13144 ; *PIBD* 2010, n° 930, III-818.

258. TPICE, 23 févr. 2006, *Bainbridge*, *Rec.* II-445 et CJCE, 13 sept. 2007, aff. C-234/06, *Bainbridge*, *Rec.* I-7333 ; M. Schaffner et S. Georges, « La famille n'est pas toujours une tête de pont ! », *D.* 2007, p. 2815.

dans l'hypothèse où [le contentieux] est fondé sur l'existence de plusieurs marques qui présentent des caractéristiques communes permettant de les considérer comme faisant partie d'une même "famille" ou "série" de marques ». « *En présence d'une "famille" ou "série" de marques, le risque de confusion résulte plus précisément du fait que le consommateur peut se méprendre sur la provenance ou l'origine des produits ou des services couverts par la marque dont l'enregistrement est demandé et estime, à tort, que celle-ci fait partie de cette famille ou série de marques.* » Toutefois, ce risque de confusion ne s'apprécie qu'à l'égard de marques exploitées et à l'exclusion des marques de la même famille qui ne sont pas présentes sur le marché. Ainsi, CJ avance que « *l'on ne saurait attendre d'un consommateur, en l'absence d'usage d'un nombre suffisant de marques susceptible de constituer une famille ou une série, qu'il détecte un élément commun dans ladite famille ou série de marques et/ou qu'il associe à cette famille ou série une autre marque contenant le même élément commun. Dès lors, pour qu'il existe un risque que le public se méprenne quant à l'appartenance à une "famille" ou "série" de la marque dont l'enregistrement est demandé, les marques antérieures faisant partie de cette "famille" ou "série" doivent être présentes sur le marché* ». La famille de marques a une efficacité si l'ensemble des signes appropriés est exploité, à défaut de quoi, la notion de marque défensive perd très rapidement de son efficacité. L'affaire *Abercrombie* a permis de mettre en avant la rigueur avec laquelle le juge apprécie l'exploitation partielle d'une famille de marques[259]. Quand une société dépose une famille de marques, il lui incombe de justifier de l'usage sérieux qu'elle a fait de chacune d'elles afin d'éviter leur déchéance[260].

818. Les ambiguïtés de la notion de famille de marques furent à nouveau renouvelées par l'arrêt *Rintisch*[261]. Cet arrêt, statuant à propos de l'éventuelle déchéance de la marque *PROTI* par l'utilisation des dénominations *PROTI-PLUS* et *PROTI POWER*, permet à la CJ d'interpréter l'article 10 de la directive 89/104. Elle retient que le titulaire d'une marque peut se prévaloir, pour échapper à la déchéance, de l'usage du signe sous une forme modifiée n'en altérant pas son caractère distinctif « *nonobstant le fait que cette forme différente est elle-même enregistrée en tant que marque* ». La CJ précise que cette solution s'inscrit à la suite de celle retenue dans l'affaire *Bainbridge* justifiée par le fait qu'il s'agissait dans cette affaire d'une famille de marques. Ainsi, si la notion de famille de marques est utilisée par le droit de l'UE, notamment une incidence sur l'appréciation des risques de confusion ou la prise en compte de l'atteinte à

259. Cass. com., 16 févr. 2010, n° 08-21079, *A&F Trademark Inc. c/ Hello Paris Sarl.* Voir P. Moignet, « Étendue géographique de l'usage sérieux de la marque communautaire et déchéance pour défaut d'exploitation », *Prop. Ind.* 2011, Étude 18.

260. V. F. Pollaud-Dulian, « Les variantes du signe enregistré en droit des marques », *Prop. Intell.* n° 31, p. 124.

261. CJUE, 25 oct. 2012, aff. C-553/11, *Rintisch, PIBD* 2012. III. 779 ; *Prop. Indust.* 2012, n° 12, n° 88, obs. A. Follliard-Monguiral ; *CCE* 2012, n° 12, comm. 131, obs. C. Caron ; *RTD com.* 2013 p. 70 obs. J. Azéma ; M. Abello, J. Tassi et D. Künkel, « L'exploitation d'une marque peut-elle justifier l'exploitation d'une marque proche : suite et fin ? Un point de vue franco-allemand après l'arrêt Protipower », *Prop. Indust.* 2013, Étude 15 ; E. Le Bihan, « Le retour à une juste interprétation de l'article 5 C (2) de la CUP en cas de pluralité d'enregistrement de marque », *Prop. Indust.* 2013, Étude 16.

la renommée[262], on constate qu'elle n'est pas définie avec précision. Cela engendre une hésitation sur le point de savoir à partir de quand on se trouve en présence d'une telle famille. Ainsi, le fait de déposer, à intervalles, trois marques partageant des caractéristiques communes ne suffit pas, nous dit la cour d'appel de Paris[263], pour constituer une famille de marques et ne forme pas un ensemble. Dans cette affaire, le fait que les trois marques étaient enregistrées à huit ans d'intervalle démontre que le déposant ne les considérait pas comme assimilables les unes aux autres, mais dotées, chacune, d'un pouvoir distinctif propre et devant faire l'objet, chacune, d'une protection spécifique. L'existence d'une famille de marques emporte une appréciation particulière du risque de confusion ou de parasitisme pour renforcer leur protection. En revanche, si l'usage d'une variante est de nature à faire échapper une marque à la déchéance même si cette variante est couverte par un enregistrement distinct en présence de dépôt isolé, l'existence d'une famille se retournerait cette fois contre le titulaire de ces marques qui ne pourra pas bénéficier de cette extension de son champ d'appropriation.

2. Les droits attachés à la propriété

819. Sans autorisation du propriétaire, il n'est pas possible de reproduire, d'utiliser, d'importer ou d'exporter, d'apposer une marque sur un produit ou l'attacher à un service, à défaut, ces actes seraient une contrefaçon[264] s'ils portent atteinte aux fonctions de la marque[265] et ne peuvent bénéficier d'une exception[266]. Il n'est pas plus autorisé de faire ces actes avec l'adjonction de mots tels que « formule, façon, système, imitation, genre, méthode ». Le propriétaire qui appose sa marque sur ses produits ou services peut interdire la suppression ou la modification de la marque régulièrement apposée. Si les signes et les produits ou services sont identiques, l'autorisation du propriétaire de la marque est impérative, sous peine d'effectuer, sinon, un usage contrefaisant de la marque. Si le signe ou les produits ou services sont simplement similaires à ceux de l'enregistrement, le pouvoir d'interdiction du propriétaire de la marque ne s'applique qu'en présence d'un risque de confusion dans l'esprit du public en cas d'atteinte aux fonctions de la marque. Ce risque de confusion comprend le risque d'association entre le signe utilisé et la marque. L'appréciation du risque de confusion s'effectue dans les conditions déjà développées à propos du dépôt[267]. Cet exposé des prérogatives du propriétaire d'une marque doit être complété avec les dispositions des articles L. 716-1 et s. C. propr. intell. exposant les actes constitutifs de contrefaçon[268].

Au-delà de cette présentation par la négative de la propriété, le propriétaire bénéficie sur son bien intellectuel d'un droit usage, de jouissance et de

262. TUE, 26 sept. 2012, aff. T-301/09, *IG Communications*, *Prop. Indust.* 2012, comm. 87, obs. A. Folliard-Monguiral ; *PIBD* 2013, III-899.
263. CA Paris, pôle 5, 2e ch., 8 févr. 2013, *PIBD* n° 981, III-1114.
264. Voir *infra* n° 1269 et s.
265. Voir *infra* n° 1149 et s.
266. Voir *infra* n° 824 et s.
267. Voir *supra* n° 739 et s., 749 et s.
268. Cf. *infra* n° 1269, 1376.

disposition ; il peut céder son bien, le donner en jouissance, le donner en garantie, ou envisager toute autre opération du droit des biens. La propriété peut être démembrée, divisée, grevée de droits réels.

B La condition de l'usage dans la vie des affaires

820. L'article 5 § 1 de la directive 2008/95 retient que le propriétaire d'une marque ne peut interdire au tiers l'usage de son signe que si ce dernier s'effectue dans le cadre de la vie des affaires. Les articles L. 713-2 et L. 713-3 C. propr. intell., transpositions de la directive, ne reprennent pas directement cette expression, à l'inverse du RME. Il ne fait cependant pas de doute qu'au titre de l'interprétation conforme, il est nécessaire d'apprécier la portée du titre de propriété au regard de cette contrainte spécifique[269]. Ce ne serait que dans la vie des affaires que le signe jouerait un rôle de marque, rendant la propriété active et efficace. Cette analyse fait peu de cas de l'utilisation extensive des marques dans la société, pour communiquer, porter une image, un symbole, une identité... La marque, même sans être attachée à un produit ou un service, peut être utilisée pour ce qu'elle est strictement au sens juridique du terme, sans pour autant concourir à commercialiser un produit ou un service. Cette extension du domaine des marques, si elle n'est pas efficacement intégrée dans le droit des marques « ordinaire », trouvera un champ d'application plus net sous l'effet dérogatoire de la notoriété.

821. L'usage dans la vie des affaires suppose, comme l'a avancé la CJ dans l'arrêt *Anheuser-Busch*, que l'utilisation du signe litigieux soit « *de nature à accréditer l'existence d'un lien matériel dans la vie des affaires entre les produits tiers et l'entreprise de provenance des produits* ». L'identification des actes de la vie des affaires n'est pas effectuée directement par la directive, il est revenu à la CJ de poursuivre son travail créateur pour donner un sens à cette formule. Un usage relève de la vie des affaires lorsqu'« *il se situe dans le contexte d'une activité commerciale visant un avantage économique et non dans le domaine privé* », affirme-t-elle dans l'arrêt *Arsenal*. Il s'agit d'un usage dans un contexte économique, entendu au sens large. Elle retient, par exemple, qu'il y a « usage », quand un intermédiaire commercial, agissant en son nom propre mais pour le compte du vendeur et n'étant pas, dès lors, une partie intéressée dans une vente de marchandises dans laquelle il est lui-même une partie liée, utilise, dans ses papiers d'affaires, un signe identique à une marque de l'UE pour des produits ou des services identiques à ceux pour lesquels celle-ci est enregistrée[270]. Pour reprendre la méthodologie du droit des marques, il serait possible de retenir qu'il y a usage dans la vie des affaires dès lors que l'usage n'est pas perpétré par un consommateur final agissant de bonne foi. Dans sa décision *Google*[271], la CJ constate un

269. En ce sens, Cass. com., 10 mai 2011, n° 10-18173, *Bull. civ.* n° 72 ; *D.* 2011, p. 1410 ; *Prop. Indust.* 2011, comm. 72, ob. P. Tréfigny-Goy.

270. CJUE, 19 févr. 2009, C-62/08, *UDV North America*, *Rec.* I-01279.

271. CJUE, 23 mars 2010, aff. jtes C-236/08 et C-238/08, *Google* ; *D.* 2010. 885, obs. C. Manara, et 1966, obs. P. Tréfigny-Goy ; *RTD eur.* 2010. 952, obs. E. Treppoz ; *Prop. Indust.* 2011, comm. 45, obs. A. Folliard-Monguiral ; *Légipresse* 2010. 166, obs. C. Maréchal ; *CCE* 2010, comm. 88, obs. P. Stoffel-Munck ; *Prop. Indust.* 2010, comm. 45, obs. J. Larrieu ; *Europe* 2010, comm. 181, obs.

usage dans la vie des affaires de l'annonceur achetant le service de référencement et choisissant en tant que mot-clé un signe identique à une marque d'autrui[272]. La sélection du mot-clé identique à la marque a pour objet et pour effet l'affichage d'un lien promotionnel vers le site sur lequel il offre à la vente ses produits ou ses services. Le signe sélectionné en tant que mot-clé étant le moyen utilisé pour déclencher cet affichage publicitaire, il ne saurait être contesté que l'annonceur en fait un usage dans le contexte de ses activités commerciales et non dans le domaine privé. En revanche, pour les activités du prestataire du service de référencement, la CJ retient que certes il exerce une activité commerciale et vise un avantage économique lorsqu'il stocke, pour le compte de certains de ses clients, des signes identiques à des marques en tant que mots-clés et organise l'affichage d'annonces à partir de ceux-ci. Elle ajoute que ce service n'est pas seulement fourni aux titulaires des marques ou aux opérateurs habilités à commercialiser les produits ou les services de ceux-ci, mais à des concurrents de ceux-ci ou à des imitateurs. Elle en conclut, à juste titre, que le prestataire du service de référencement opère dans la vie des affaires mais nuance son analyse en affirmant qu'il n'en découle pas pour autant que ce prestataire fasse lui-même un « usage » de ces signes dans la vie des affaires. La CJ retient simplement qu'il permet à ses clients de faire usage de signes identiques ou similaires à des marques, sans en faire lui-même un usage, peu importe que le prestataire soit rémunéré par ses clients pour ces usages. La CJ considère, en effet, que le fait de créer les conditions techniques nécessaires pour l'usage d'un signe et d'être rémunéré pour ce service, ne signifie pas que celui qui rend ce service fasse lui-même un usage du signe. Elle conclut que *Google* ne fait pas un usage dans la vie des affaires des marques d'autrui.

La CJ[273] a éclairci la situation du sous-traitant utilisant des produits fournis par son donneur d'ordres. Le sous-traitant, prestataire de services, qui, sur commande et sur les instructions de son donneur d'ordres, remplit des conditionnements qui lui ont été fournis par ce dernier, lequel y a fait apposer préalablement un signe identique o similaire une marque appartenant à un tiers, ne fait pas lui-même un usage dans la vie des affaires de ce signe. Le propriétaire de la marque copiée ne peut pas interdire au sous-traitant le remplissage des conditionnements pourvus des marques. Toutefois, dans la mesure où un tel sous-traitant permet à ses clients de faire usage des signes similaires à des marques, son rôle ne saurait être apprécié au regard des dispositions de la directive 89/104, mais doit, le cas échéant, être

L. Idot ; *CCC* 2010, comm. 132, obs. M. Malaurie-Vignal ; G. Bonet, « Publicité sur Internet et référencements selon la Cour de justice : contrefaçon de marque ou directive n° 2000/31/CE ? », *CCE* 2010, Étude 12 ; C. Caron, « FAQ autour de l'arrêt Google sur les liens commerciaux », *CCE* 2010, comm. 70 ; F. Pollaud-Dulian, « L'emploi des marques d'autrui dans un système de référencement commercial sur internet », *Prop. Intell.* 2010, p. 823 ; L. Marino, « Google au pays des publicités : du droit des marques au droit de la responsabilité », *JCP* G 2010. 642. Cass. com., 13 juill. 2010, *PIBD* 2010, 924, III-579.

272. Solution confirmée par CJUE, 25 mars 2010, aff. C-278/08, *Die BergSpechte Outdor Reisen ; D.* 2010. 1966, obs. P. Tréfigny-Goy ; *RTD eur.* 2010. 939, chron. E. Treppoz ; *Prop. Indust.* 2011, comm. 39, obs. A. Folliard-Monguiral.

273. CJUE, 15 déc. 2011, aff. C-119/10, *Frisdranken Industrie Winters BV Vs. Red Bull GmbH, Rec.* I-13179 ; *D.* 2012, p. 90 ; L. Idot, « Marque et usage dans la vie des affaires », *Europe* févr. 2012, comm. n° 2, p. 38.

examiné sous l'angle d'autres règles de droit[274]. De plus, la constatation que le propriétaire d'une marque ne peut pas agir à l'encontre du sous-traitant n'a nullement pour conséquence de permettre au client de ce dernier de contourner le droit des marques, en découpant le processus de production et en confiant les différents éléments de ce processus à des prestataires de services. À cet égard, il suffit de constater que ces prestations pourraient être imputables audit client qui reste donc responsable.

822. Le recours au critère de la vie des affaires permet d'accorder une place particulière en droit des marques à la parodie. À la différence du droit d'auteur, aucune exception de parodie n'est prévue tant par le Code de la propriété intellectuelle que par le RME. Le détournement d'un signe pour des raisons militantes ou parodiques peut être analysé comme un usage du signe en dehors de la vie des affaires et échapper à l'exercice du droit de propriété. La CJ ne s'est pas prononcée sur ce type d'usage, mais les juridictions internes ont largement nourri le débat depuis 2001, à l'occasion des affaires *Jeboycottedanone*[275], *Greenpeace c. Areva*[276], *Greenpeace c. Esso*[277] et *CNMRT c. Camel*[278]. Dans un premier temps présentées comme un arbitrage entre la liberté d'expression et le droit de propriété, ces jurisprudences sont la stricte application du droit des marques au regard du critère de la vie des affaires, ce qui n'exclut pas que les auteurs des parodies ou détournements engagent leur responsabilité civile si leurs actes sont fautifs, à l'image d'un abus de liberté d'expression ou d'un dénigrement[279]. Les juges ont retenu que les signes utilisés ne visent pas à promouvoir la commercialisation de produits ou services, mais relèvent de l'usage purement polémique étranger à la vie des affaires. Ils ajoutent que l'incidence qu'aurait l'usage des signes dans la vie des affaires est inopérante pour apprécier dans ces espèces une contrefaçon au sens du droit des marques car toute critique est de nature à avoir une incidence sur la commercialisation des produits ou services et engendrer des conséquences économiques. L'arrêt *CNMRT/Camel* met en avant des conditions cumulatives pour que l'usage de la marque d'autrui pour soutenir un discours polémique ne soit pas un usage fautif. Il doit s'agir i) d'un but légitime d'intérêt général sans volonté de nuire spécifiquement au titulaire de la marque, ii) d'un but conforme à l'objet social du groupement auteur de l'usage et iii) les moyens employés doivent être proportionnés au but poursuivi. Hors de cette hypothèse, l'utilisation d'une parodie de marque constitue une contrefaçon, notamment lorsqu'il s'agit de commercialiser des produits couverts par des sigles parodiant des marques. La cour d'appel de Paris[280] l'a rappelé en relevant que la substitution sur un « *T-shirt litigieux, au centre de l'ovale reproduit dans les couleurs revendiquées par les marques – rouge, blanc, bleu – du signe ESCRO à celui de ESSO, présente un caractère de dénigrement manifeste à l'encontre des marques, qu'il s'ensuit, sans qu'il soit utile de*

274. Voir, par analogie, CJUE 23 mars 2010, aff. C-236/08 à C-238/08, *Google France et Google*, *Rec*. I-2417, pt 57, CJUE, 2 juill. 2011, aff. C-324/09, *L'Oréal e.a.*, pt 104.
275. TGI Paris, 23 avr. 2001 et 4 juill. 2001, *Prop. Intell.* 2001, n° 1, p. 89, note J. Passa.
276. Cass. civ. 1re, 8 avr. 2008, *Bull. civ.* I, n° 104 ; *PIBD* 2008, n° 876, III-372.
277. Cass. civ. 1re, 8 avr. 2008, *Bull. civ.* I, n° 79, *PIBD* 2008, n° 876, III-370.
278. Cass. civ. 2e, 19 oct. 2006, *Bull. civ.* II, n° 282 ; *PIBD* 2007, n° 861, III-643.
279. Cf., J. Canlorbe, *L'usage de la marque d'autrui*, Litec, 2007, coll. IRPI, t. 31, n° 297 et s.
280. CA Paris, 20 sept. 2006, *Esso-Exxon vs Undergroove*.

rechercher s'il y a imitation de ces marques susceptible d'engendrer un risque de confusion dans l'esprit du consommateur d'attention moyenne, que les intimées se sont rendues coupables d'actes de contrefaçon ».

823. La notion d'usage dans la vie des affaires pourrait être à l'avenir sollicitée pour appréhender en droit des marques l'utilisation de l'impression 3D. La reproduction d'une marque tridimensionnelle pourrait échapper au contrôle de son propriétaire si l'usage en est fait hors de la vie des affaires. Il sera cependant nécessaire de prendre en considération la situation du consommateur, mais aussi celle du prestataire de services d'impression 3D qui pourrait proposer des services d'impression 3D de marques de tiers. La contrefaçon par fourniture de moyen pourrait retrouver une actualité.

C Les exceptions au droit de marque

824. Le droit de propriété est encadré dans son exercice, en raison de la finalité qui lui est imposée par le droit de l'UE et en raison du critère de la vie des affaires qui libère les usages extérieurs à celle-ci. Outre ces contraintes externes, il y a en droit des marques, à l'image des autres régimes de propriété intellectuelle, des limites internes à la propriété, des actes qui, par nature, pourraient constituer une contrefaçon ne répondant pas aux limites externes, mais que le législateur autorise explicitement. Ces limites sont, d'une part, l'épuisement du droit de marque[281] et, d'autre part, les usages de la marque non réservés à son titulaire. L'article L. 713-6 C. propr. intell. et l'article 12 RME prévoient quelques usages de la marque d'autrui ne constituant pas des contrefaçons alors même qu'il s'agit sans aucun doute d'usage dans la vie des affaires comme le rappelle expressément l'article 12 RME. Trois hypothèses sont à retenir.

1. Utilisation par les titulaires de droits antérieurs

825. L'enregistrement d'une marque ne fait pas obstacle à l'utilisation du même signe comme dénomination sociale, nom commercial ou enseigne, lorsque cette utilisation est antérieure à l'enregistrement[282]. Il en va de même si cette utilisation est le fait d'un tiers de bonne foi utilisant son nom patronymique. Il s'agit d'hypothèses où il n'y a pas eu opposition de la part du titulaire d'un droit antérieur, cette solution sera renforcée et explicitée par le paquet marque. Il pourra utiliser le signe sans que le titulaire de la marque puisse s'y opposer. Ce dernier peut toutefois demander que pareille utilisation soit limitée ou interdite si elle porte atteinte à ses droits[283]. Dans l'hypothèse de l'homonymie, seule la personne exerçant en son nom personnel, ou le gérant et associé majoritaire d'une personne morale peut invoquer le bénéfice de cette exception. Par exemple, la CJ a retenu que « *lorsqu'il existe un risque de confusion auditive entre, d'une part, une marque verbale enregistrée dans un État membre et, d'autre part, une indication, dans la vie des affaires, de la provenance*

281. Voir *infra* n° 1271 et s.
282. Cass. com., 12 nov. 1992, *PIBD* 1993, III-198.
283. Cass. com., 7 avr. 1998, *PIBD* 1998, III-323.

géographique d'un produit originaire d'un autre État membre, le titulaire de la marque ne peut interdire l'usage de l'indication de provenance géographique que si cet usage n'est pas conforme aux usages honnêtes en matière industrielle ou commerciale. À cet égard, il appartient à la juridiction nationale de procéder à une appréciation globale de toutes les circonstances de l'espèce »[284].

Le législateur[285] intègre à l'article L. 714-8 C. propr. intell. une exception à l'usage du signe d'autrui, en rapport avec les signes indisponibles. L'intégration de cette exception à cette place du Code de la propriété intellectuelle semble étrange... Les titulaires de marques reproduisant ou imitant l'emblème du troisième protocole additionnel aux conventions de Genève du 12 août 1949 relatif à l'adoption d'un signe distinctif additionnel ou la dénomination de cet emblème – à savoir l'emblème de la Croix-Rouge – peuvent continuer à exploiter leurs droits à condition que ceux-ci aient été acquis avant le 8 décembre 2005 et que leur usage ne puisse apparaître, en temps de conflit armé, comme visant à conférer la protection des conventions de Genève et, le cas échéant, des protocoles additionnels de 1977.

2. Utilisation pour désigner des accessoires ou pièces détachées

826. Un produit, désigné par la marque de son fabricant, peut être composé de plusieurs éléments, dont certains peuvent être détachés. Le fournisseur de pièces détachées nécessaires à l'entretien ou à la réparation du produit a besoin d'identifier ces dernières par référence à la marque désignant le produit principal. Cette exception ne joue qu'à condition qu'il n'y ait pas de risque de confusion avec l'origine du produit. La qualification d'accessoire est laissée à l'appréciation souveraine des juges du fond[286] : il s'agit d'éléments dissociables du produit principal, ou encore d'un matériel consommable indispensable au fonctionnement du produit principal. L'accessoire ne doit pas pouvoir être utilisé seul, sans l'élément principal, pour pouvoir revendiquer cette qualification.

827. Quant à la notion de référence nécessaire, elle fait l'objet d'une interprétation renouvelée à l'occasion de la jurisprudence portant sur les médicaments génériques. L'article 12 RME prévoit qu'il n'est pas possible pour le propriétaire de la marque de s'opposer à son usage par un tiers si elle constitue une indication relative à l'espèce, la qualité, la quantité, la destination, la valeur, la provenance géographique, l'époque de production ou d'autres caractéristiques du produit ou du service. À la frontière de la publicité comparative et de la notion de référence nécessaire, par un arrêt de mars 2008[287], la Cour de cassation a retenu qu'en présentant dans une publicité destinée aux professionnels

284. CJCE, 7 janv. 2004, aff. C-100/02, *Gerolsteiner Brunnen GmbH & Co*, *Rec.* I-00691 ; *D.* 2004, *Cahier droit des affaires* n° 5, p. 352.

285. Ordonnance n° 2008-1301 du 11 déc. 2008 – art. 2.

286. Cass. com., 3 juill. 2001, *Bull. civ.* IV, n° 132 ; *Prop. Intell.* 2002, n° 3, p. 109, obs. J. Passa.

287. Cass. com., 26 mars 2008, *Deroxat*, *Bull. civ.* IV, n° 71, p. 80. Voir J. Peigné, « La promotion des médicaments génériques à l'épreuve du droit des marques », *Gaz. Pal.* 14-15 janv. 2011, p. 8 ; E. Le Bihan et L. Julien-Raes, « Médicaments génériques : marques et usages honnêtes », *Prop. Intell.* 2006, n° 21, p. 396 ; Cass. crim., 4 mars 2008, *CCC* 2008, comm. 171. Dans la même affaire, Cass. com., 24 mars 2011, *Bull. civ.* IV, n° 85 ; *PIBD* 2011, III-528 ; *RTD com.* 2012. 101, obs. J. Azéma.

de la santé une spécialité pharmaceutique générique d'un médicament de référence, en intégrant la marque de l'annonceur informe le public concerné des qualités du générique, de sa bioéquivalence démontrée. Dès lors, il procède à une comparaison des caractéristiques essentielles, pertinentes, vérifiables et représentatives du produit. Elle en déduit qu'une telle publicité est conforme aux dispositions des articles L. 121-8 et suivants du Code de la consommation. Cette analyse va au-delà de la fonction de la publicité comparative, elle accepte un acte déloyal, le génériqueur profitant de la renommée du produit antérieur pour commercialiser son propre produit. La Cour de cassation a maintenu cette analyse en l'appuyant sur la jurisprudence de la CJ dans un arrêt de 2011. Elle retient que viole les articles L. 121-8 et L. 121-9 C. consom. et l'art. L. 713-6 b C. propr. intell., la cour d'appel qui, pour dire qu'une société ne pouvait se prévaloir des dispositions de l'art. L. 713-6 b C. propr. intell. et qu'elle avait commis des actes de contrefaçon en reproduisant et en faisant usage de la marque *Deroxat*, après avoir décidé qu'il convenait de rechercher si la publicité incriminée, licite au regard des textes sur la publicité comparative, l'était également au regard de l'article L. 713-6 C. propr. intell., retient que si la mention de la marque est une solution de facilité et de commodité, elle n'est cependant pas une référence nécessaire puisqu'il existe pour le public concerné d'autres moyens d'identifier la destination du générique, alors que la CJ a dit dans son arrêt du 12 juin 2008[288] que l'article 5, § 1 et § 2, de la Directive 89/104 et l'article 3 *bis*, § 1, de la Directive 84/450 modifiée par la Directive 97/55, doivent être interprétés en ce sens que le propriétaire d'une marque enregistrée n'est pas habilité à interdire l'usage, par un tiers, dans une publicité comparative qui satisfait à toutes les conditions de licéité énoncées audit article 3 *bis*, § 1, d'un signe identique ou similaire à sa marque[289].

3. Utilisation pour la publicité comparative

828. Une marque peut être utilisée par un concurrent de son titulaire dans des opérations de publicité comparative suivant les dispositions de la directive 2006/114 du 12 décembre 2006, transposée en droit interne aux articles L. 121-8 et s. Code de la consommation[290]. Le paquet marque confortera cette solution en précisant que le titulaire d'une marque peut empêcher l'usage de sa marque dans une publicité comparative si celle-ci n'est pas conforme aux exigences présentées ci-dessous.

Il est retenu, suivant l'article L. 121-8 C. consom., qu'une publicité qui met en comparaison des biens ou services en identifiant, implicitement ou explicitement, un concurrent ou des biens ou services offerts par un concurrent n'est licite que si elle n'est pas trompeuse ou de nature à induire en erreur, si elle porte sur des biens ou services répondant aux mêmes besoins ou ayant le même objectif, et si elle compare objectivement une ou plusieurs caractéristiques essentielles, pertinentes, vérifiables et représentatives de ces biens ou

288. CJCE, aff. C-533/06, *02 Holdings Limited*, préc.

289. Cass. com., 24 mai 2011, *Bull. civ.* IV, n° 85, *D.* 2011, p. 1550.

290. Cf. J. Passa, « Les rapports entre droit des marques et droit de la publicité comparative : un risque d'affaiblissement de la protection de la marque (à propos des affaires préjudicielles *O2 Holding* et *L'Oréal/Bellure*) », *Prop. Indust.* 2008, Étude 20.

services, dont le prix peut faire partie. Ces conditions sont cumulatives lors de la vérification de la licéité de la campagne de communication.

Le régime de la publicité comparative n'est pas tourné vers la protection de la marque mais bien vers la protection du marché en général et de la consommation en particulier. Toute publicité comparative faisant référence à une offre spéciale doit mentionner clairement les dates de disponibilité des biens ou services offerts, le cas échéant la limitation de l'offre à concurrence des stocks disponibles et les conditions spécifiques applicables. Le régime est d'autant plus rigoureux que l'annonceur pour le compte duquel la publicité comparative est diffusée doit être en mesure de prouver dans un bref délai l'exactitude matérielle des énonciations, indications et présentations contenues dans la publicité. Le régime tend à prendre en considération la comparaison non plus de deux produits ou offres, mais d'un assortiment de produits[291].

829. Cette pratique peut se révéler nocive au fonctionnement du marché ; le législateur prend soin de l'encadrer rigoureusement. Outre la triple condition de licéité, sont exclues du bénéfice de ces régimes les publicités comparatives qui tireraient indûment profit de la notoriété attachée à une marque, à un nom commercial, à d'autres signes distinctifs d'un concurrent ou à l'appellation d'origine ainsi qu'à l'indication géographique protégée d'un produit concurrent. L'idée est simple, il n'est pas possible d'effectuer une publicité comparative simplement pour que les consommateurs comprennent la nature des produits vendus sous une marque quelconque en établissant une analogie avec une marque connue. Il s'agirait d'une instrumentalisation de la publicité comparative, d'un détournement de sa finalité[292]. De la même manière, une publicité qui entraînerait le discrédit ou le dénigrement des marques, noms commerciaux, autres signes distinctifs, biens, services, activité ou situation d'un concurrent ne pourrait être admise. Il en va de même pour la publicité comparative qui engendrerait une confusion entre l'annonceur et un concurrent ou entre les marques, noms commerciaux, autres signes distinctifs, biens ou services de l'annonceur et ceux d'un concurrent[293]. Enfin, il n'est pas possible de bénéficier de ce régime d'exception si la publicité présente les biens ou les services comme une imitation ou une reproduction d'un bien ou d'un service bénéficiant d'une marque ou d'un nom commercial.

La frontière entre les pratiques commerciales déloyales et la publicité licite est délicate à établir, d'autant que face à une exception, la jurisprudence interprète restrictivement ces dispositions. L'encadrement au fond est renforcé par une limitation des supports pouvant présenter une telle publicité. Sont notamment exclus, les emballages, les factures, les titres de transport, les moyens de paiement ou les billets d'accès à des spectacles ou à des lieux ouverts au public.

Le positionnement juridique ambigu de la publicité comparative conduit le législateur à ouvrir largement les actions. Outre l'application de l'article 1382 du Code civil, les infractions au régime de la publicité comparative sont, le cas

291. L. Boulet, « Publicité comparative d'assortiments de produits : comparons les interprétations européenne et française », *CCE* 2007, Étude 24.

292. Pour l'appréciation des faits, CJCE, 23 févr. 2006, aff. C-59/05, *Siemens*, *Rec.* I-02147.

293. Voir Cass. com., 24 nov. 2009, n° 08-19693 ; G. Bonet, *Prop. Intell.* 2008, n° 29, p. 393.

échéant, punies des peines prévues, d'une part, aux articles L. 121-1 à L. 121-7 du Code de la consommation visant les pratiques commerciales trompeuses et, d'autre part, au titre de la contrefaçon de marque suivant les dispositions du Code de la propriété intellectuelle

830. Le régime de la publicité comparative est établi par le droit de l'UE, l'articulation du droit de la publicité et du droit des marques est soumise à l'analyse de la CJ. Cette dernière a élaboré sa doctrine dans l'arrêt *O2 Holdings Limited*[294]. Elle retient que l'utilisation par un annonceur, dans une publicité comparative, d'un signe identique ou similaire à la marque d'un concurrent aux fins d'identifier les produits ou les services offerts par ce dernier s'analyse comme un usage pour les produits ou les services mêmes de l'annonceur, au sens de l'article 5 § 1 et 2, de la directive 89/104 sur les marques. Pour cela, elle considère que, d'une part, l'article 5 § 1 et 2, de la directive doit être interprété en ce qu'il vise l'usage d'un signe identique ou similaire à la marque pour des produits commercialisés ou des services fournis par le tiers. D'autre part, une publicité par laquelle l'annonceur compare les produits et les services qu'il commercialise avec ceux d'un concurrent vise, à l'évidence, à promouvoir les produits et les services de cet annonceur. Une telle publicité constitue un moyen pour l'annonceur de distinguer ses produits et ses services, en comparant leurs caractéristiques avec celles de produits et de services concurrents. Il en découle que le titulaire d'une marque enregistrée n'est pas habilité à interdire l'usage, par un tiers, d'une publicité comparative qui satisfait à toutes les conditions de licéité. Toutefois, lorsque les conditions d'un risque de confusion dans l'esprit du public sont réunies, il est exclu que la publicité comparative dans laquelle ce signe est utilisé satisfasse à la condition de licéité de la publicité comparative. La Cour justifie la primauté du risque de confusion sur le droit à une publicité comparative en retenant, d'une part, qu'en cas de similitude entre la marque et le signe et entre les produits ou les services, le risque de confusion constitue la condition spécifique de la protection. D'autre part, une publicité comparative n'est pas licite s'il existe un risque de confusion entre l'annonceur et un concurrent ou entre les marques, biens ou services de l'annonceur et ceux d'un concurrent. La Cour retient, à juste titre, qu'il convient de donner la même interprétation à la notion de « confusion » utilisée par les deux textes. Le titulaire d'une marque enregistrée n'est pas habilité à faire interdire l'usage par un tiers, dans une publicité comparative, d'un signe similaire à cette marque pour des produits ou des services identiques ou similaires à ceux pour lesquels ladite marque a été enregistrée, lorsque cet usage ne fait pas naître, dans l'esprit du public, un risque de confusion, et ce indépendamment du fait que ladite publicité comparative satisfasse ou non à toutes les conditions de licéité propres à la publicité trompeuse et de publicité comparative.

831. Abordant le risque essentiel en la matière, à savoir le profit indu tiré de la publicité comparative, un second arrêt de la CJ, rendu à l'occasion de l'affaire

294. CJCE, 12 juin 2008, aff. C-533/06, *O2 Holdings Limited*, *Rec.* I-4231 ; *Prop. Indust.* 2008, comm. 61, note A. Folliard-Monguiral ; *CCE* 2008, comm. 132, note C. Caron ; *Europe* 2008, comm. 281, obs. L. Idot.

L'Oréal vs Bellure[295], précise que l'existence d'un profit indûment tiré du caractère distinctif ou de la renommée de la marque ne présuppose ni l'existence d'un risque de confusion ni celle d'un préjudice porté à son caractère distinctif ou sa renommée ou, plus généralement, au titulaire de celle-ci. Le profit résultant de l'usage par un tiers d'un signe similaire à une marque renommée est obtenu indûment par ce tiers dudit caractère distinctif ou de la renommée lorsque celui-ci tente, par cet usage, de se placer dans le sillage de la marque renommée afin de bénéficier du pouvoir d'attraction, de la réputation et du prestige de cette dernière, et d'exploiter, sans compensation financière, l'effort commercial déployé par le titulaire de la marque pour créer et entretenir l'image de celle-ci. Le propriétaire de la marque est habilité à faire interdire l'usage par un tiers, dans une publicité comparative qui ne satisfait pas à toutes les conditions de licéité même lorsque cet usage n'est pas susceptible de porter atteinte à la fonction essentielle de la marque, à condition que ledit usage porte atteinte ou soit susceptible de porter atteinte à l'une des fonctions de la marque[296]. Le droit de propriété permet au propriétaire de la marque de protéger ses intérêts spécifiques, c'est-à-dire s'assurer que cette dernière puisse remplir ses fonctions propres. L'exercice de ce droit est réservé aux cas dans lesquels l'usage du signe par un tiers porte atteinte ou est susceptible de porter atteinte aux fonctions de la marque au nombre desquelles figurent non seulement la fonction essentielle de la marque qui est de garantir aux consommateurs la provenance du produit ou du service, mais également les autres fonctions de celle-ci, notamment celle consistant à garantir la qualité de ce produit ou de ce service, ou celles de communication, d'investissement ou de publicité. Un annonceur qui mentionne de manière explicite ou implicite, dans une publicité comparative, que le produit qu'il commercialise constitue une imitation d'un produit portant une marque notoirement connue présente « *un bien ou un service comme une imitation ou une reproduction* ». La condition de licéité de la publicité comparative interdit à l'annonceur de faire apparaître, dans la publicité comparative, le fait que le produit ou le service qu'il commercialise constitue une imitation ou une reproduction du produit ou du service de marque. Ne sont pas seulement interdits les messages publicitaires renvoyant explicitement à l'idée d'imitation ou de reproduction, mais également ceux qui, compte tenu de la présentation globale et du contexte économique de l'espèce, sont aptes à transmettre implicitement cette idée au public destinataire. Le fait que le message publicitaire signale qu'il s'agit d'une imitation du produit portant une marque protégée dans son ensemble ou seulement de l'imitation d'une caractéristique essentielle de celui-ci est sans pertinence. Dès lors qu'une publicité comparative présente les produits de l'annonceur comme une imitation d'un produit portant une marque, elle est contraire à une concurrence loyale et donc illicite. Le profit réalisé par l'annonceur grâce à une telle publicité est le fruit d'une concurrence déloyale et est indûment tiré de la notoriété attachée à cette marque.

295. CJCE, 18 juin 2009, aff. C-487/07, *L'Oréal SA vs Bellure NV*, *CCE* 2009, comm. 111, note C. Caron ; *JCP* G 2009, n° 31-35, 180, p. 39, note L. Marino ; J. Canlorbe, « Les tables de concordance, la publicité comparative et le droit des marques », *Droits de propriété intellectuelle – Liber amicorum G. Bonet*, Litec, 2010, coll. IRPI, t. 36, p. 117.

296. Voir *infra* n° 1149.

832. La jurisprudence interne suit un mouvement similaire. La Cour de cassation[297] retient qu'il est nécessaire d'être en mesure de s'assurer que les produits présentent les mêmes caractéristiques essentielles, de façon à ce que la comparaison puisse être opérée de façon objective. Elle ajoute que « *lorsque les éléments de comparaison sur lesquels repose la caractéristique mentionnée dans la publicité comparative ne sont pas énumérés, le destinataire du message publicitaire doit être mis en mesure, par l'annonceur, d'en vérifier l'exactitude ainsi que celle de la caractéristique en cause* »[298]. Les critères utilisés doivent porter sur des caractéristiques à la fois essentielles, pertinentes, vérifiables et représentatives des services concernés. Le recours à des motifs impropres à caractériser l'existence d'un constat objectif emporte une invalidation de la publicité[299]. La jurisprudence a eu à se pencher sur le comparateur de prix en ligne du groupement d'achat des Centres Leclerc, le GALEC, à propos de son site « quiestlemoinscher. com »[300].

§ 2. Les effets de la notoriété sur le régime de la marque

833. Le XXe siècle a engendré de nombreuses marques notoires, mondialisées, pour lesquelles il faut parfois une adaptation du droit des marques. La CUP faisait déjà une place spécifique aux marques notoires[301] en son article 6 *bis* qui fut introduit dans la Convention en 1925.

A La fonction de la notoriété dans la CUP

834. La CUP accorde un pouvoir limité à la notoriété. Au sens de l'article 6 *bis*, la notoriété est prise en considération afin d'offrir une protection nationale à certaines marques, non enregistrées, ayant un caractère notoire. En présence d'une telle marque notoire dans un des pays de l'UE, non enregistrée, il est fait interdiction aux tiers de déposer ou d'utiliser un signe qui serait la reproduction, l'imitation ou la traduction pour des produits identiques ou similaires. La CUP n'écarte pas le principe de spécialité qui s'applique aux marques notoires, il s'agit uniquement d'une exception au principe de territorialité. En France, la marque notoire non enregistrée est très peu utilisée en pratique.

835. Pour être mise en œuvre, cette exception doit réunir trois conditions. Il faut rapporter la preuve du caractère notoire de la marque, la notoriété devant exister dans le pays où est demandée la protection de la marque seconde. À défaut d'une définition de la marque notoire, celle-ci a été appréhendée par les

297. Cass. crim., 9 mai 2007, *Bull. crim.* n° 119.
298. Cass. crim., 4 mars 2008, *Bull. crim.* n° 57.
299. Cass. com., 18 déc. 2007, *Bull. civ.* IV, n° 269.
300. CA Paris, 18 juin 2008, *CCE 2008*, comm. 104, obs. A. Debet.
301. En droit comparé, I. S. Fhima, « Protrection of Well-Known and Famous Marks in the United-States and United Kingdom », Y. Bu, « Protection of Well-Known Tradsmarks in China », *Marques notoires et de haute renommée*, Schulthess Médias Juridiques, 2011, coll. Prop. Intell. 2011, p. 1 et p. 75.

juridictions nationales. En France, il y a notoriété si la marque est connue par une large fraction du public en raison de l'importance de l'usage, de l'ancienneté de la marque, des budgets consacrés à la publicité, de la qualité des produits revêtus de la marque. Il faut que la marque notoire fasse l'objet d'un usage dans le pays où l'enregistrement est demandé. Cette condition ancienne s'évapore dans les moyens de communication contemporains : une marque peut être connue dans un pays sans y avoir été utilisée, notamment si elle est utilisée dans les pays limitrophes. Enfin, il faut une atteinte à la marque notoire par la marque seconde. Cette dernière doit être une reproduction, une imitation, ou une traduction, susceptible de créer une confusion, de la marque notoire, notamment si la partie essentielle de la marque seconde reproduit ou imite avec risque de confusion, la marque notoire.

La marque notoire au sens de l'article 6 *bis* CUP ne peut servir de fondement à une action en contrefaçon, seule l'action en responsabilité civile sera ouverte. La marque notoire ne permet pas plus d'échapper à la déchéance pour défaut d'usage. Le titulaire de cette marque notoire pourra demander le refus de l'enregistrement ou l'interdiction d'usage d'une marque seconde imitante. Il pourra agir dans un délai de cinq ans selon la CUP à compter de la date d'enregistrement, si le dépôt de la marque seconde est effectué de bonne foi. Dans le cas contraire, il n'y aura pas de délai minimum pour agir. Dans un arrêt de mars 2012, la Cour de cassation[302] met en œuvre le régime spécifique de l'article 6 *bis* pour une marque de prêt-à-porter. Sous le visa de cet article, elle indique que l'éventuelle déchéance des marques enregistrées ne présuppose par l'absence d'une atteinte à une marque notoire non enregistrée, et semble clairement faire de la marque notoire non enregistrée un titre de propriété autonome aux autres marques, similaires ou identiques, enregistrées et éventuellement déchues en l'espèce. Cette autonomie renforce le régime de la marque notoire, même si, sur le terrain probatoire, il est difficile d'envisager deux droits de marque portant sur le même signe, l'un enregistré et l'autre non, le premier déchu pour défaut d'exploitation et le second reconnu notoire et pouvant permettre de revendique l'application de l'article 6 *bis*.

B L'effet de la notoriété pour la marque interne et la marque européenne

836. L'article 5 § 2 de la directive intègre cette dimension de la marque dans le droit de l'UE. La transposition de cette disposition dans le Code de la propriété intellectuelle et dans le RME ne s'effectue pas suivant exactement le même schéma, elle devra évoluer à la suite de l'adoption du paquet marque qui recherche notamment une harmonisation complète du statut des marques notoires sur le territoire de l'UE. Le Code de la propriété intellectuelle, article L. 713-5, retient que la reproduction ou l'imitation d'une marque jouissant d'une renommée pour des produits ou services non similaires à ceux désignés dans l'enregistrement engage la responsabilité civile de son auteur si elle est de nature à porter préjudice au propriétaire de la marque ou si cette reproduction ou imitation constitue une exploitation injustifiée de cette dernière. L'article 9 RME retient que le titulaire

302. Cass. com., 20 mars 2012, nº 11-10514.

d'une marque notoire est habilité à interdire à tout tiers, en l'absence de son consentement, de faire usage dans la vie des affaires d'un signe identique ou similaire à la marque européenne pour des produits ou services qui ne sont pas similaires à ceux pour lesquels la marque est enregistrée si l'usage du signe sans juste motif tire indûment profit du caractère distinctif ou de la renommée de la marque ou leur porte préjudice.

La différence de fond entre les deux régimes tient à la définition du périmètre de la propriété. En droit de l'UE, il va au-delà du libellé ; en droit interne, il s'en tient au libellé, l'usage indu permettant simplement une action en responsabilité délictuelle. La conséquence directe est que le droit de l'UE ouvre l'action en contrefaçon plus largement que le droit interne pour les titulaires de marque notoire. Le droit de l'UE distingue la protection découlant de l'art. 6 *bis* de la CUP et les marques notoires enregistrées non soumises au principe de spécialité. Le Code de la propriété intellectuelle confond les deux, car son article L. 713-5 pose le principe de la protection élargie aux marques notoires enregistrées et aux marques notoires au sens de l'article 6 *bis* de la CUP. Malgré cette différence majeure, la construction de la jurisprudence se fait toujours en contemplation des analyses de la CJ.

L'invocation de la notoriété au stade de l'enregistrement de la marque a déjà été abordée[303]. C'est principalement dans le cadre judiciaire que la notoriété prend son essor avec la question toujours essentielle du périmètre d'appropriation. L'action judiciaire entraîne en France pour la marque interne l'application de l'article L. 713-5 C. propr. intell. pour les marques enregistrées notoires ; l'article 6 *bis* CUP étant réservé aux marques notoires non enregistrées, situation marginale. L'action de l'article L. 713-5 est une action en responsabilité civile, elle n'est pas soumise à la prescription de trois ans de l'action en contrefaçon, mais à la prescription quinquennale de l'article 2224 du Code civil. Pour la marque européenne, l'action en contrefaçon est ouverte, le délai de prescription abrégé s'impose.

1. Le signe

837. Le signe constituant la marque seconde pourra être identique ou similaire à la marque européenne notoire. Pour la marque française, le Code de la propriété intellectuelle mentionne uniquement la possibilité d'engager la responsabilité civile. La jurisprudence a, dans un premier temps, interprété cela comme possibilité d'une action ouverte uniquement en présence d'une marque seconde identique à la marque notoire[304]. La Cour de cassation a aligné sa position sur celle dégagée par la CJ à l'occasion de l'arrêt *Adidas*[305]. Par un arrêt de revirement[306], la Cour, en 2005, retient que la marque seconde peut être identique ou similaire à la marque notoire.

---

303. Voir *supra* n° 750 et s.

304. CA Versailles, 31 oct. 2002, *Biotherm c. biotherm. net* ; Cass. com., 11 mars 2003 *Jeux olympiques c. Olymprix*, *Bull. civ.* IV, n° 44.

305. CJCE, 23 oct. 2003, *Adidas c. Salomon*, aff. C- 408/01 ; *JCP* G 2004, I 113, obs. C. Caron ; *D.* 2004, j. 341, note J. Passa : lorsqu'un État membre exerce l'option accorder par l'art. 5 de la directive, il doit une protection à la marque notoire contre les signes seconds identiques ou similaires.

306. Cass. com., 12 juill. 2005, *Bull. civ.* IV, n° 173 ; *Prop. Intell.* 2006, n° 18, p. 83, obs. J. Passa.

2. Les produits ou services

838. Les produits et services en cause, *a priori*, ne devraient être que des produits et services différents de ceux désignés par le libellé de la marque notoire, parce que pour les produits ou services identiques ou similaires, le droit commun des marques s'applique. Toutefois, la CJ[307] a retenu que la protection spécifique de la marque notoire est applicable pour des produits et services identiques ou similaires à ceux désignés par la marque notoire.

Pour la marque de l'UE, l'article 9 c RME dispose que le propriétaire de la marque est habilité à interdire à tout tiers, en l'absence de son consentement, de faire usage dans la vie des affaires : « *d'un signe identique ou similaire à la marque communautaire pour des produits ou des services qui ne sont pas similaires à ceux pour lesquels la marque communautaire est enregistrée, lorsque celle-ci jouit d'une renommée dans la Communauté et que l'usage du signe sans juste motif tire indûment profit du caractère distinctif ou de la renommée de la marque communautaire ou leur porte préjudice* ». Le droit de l'UE intègre ainsi les produits non similaires, suivant en cela l'exclusion d'une limitation de l'appropriation du signe au seul libellé. Cette extension distingue nettement le régime de la marque européenne notoire de celui des autres marques notoires.

3. La notoriété

839. Pour invoquer les effets étendus de la propriété d'une marque notoire, il est nécessaire de répondre à trois conditions cumulatives : disposer d'une marque notoire ou de renommée, qu'elle fasse l'objet d'un emploi injustifié qui engendre un préjudice.

a) Marque de renommée

840. L'enjeu essentiel est de rapporter la preuve que la marque antérieure est notoire. Pour la France, il faut que la notoriété touche une large partie du public français, pour l'UE, on vise une large partie du public de l'UE. Une marque est notoire lorsqu'elle fait l'objet d'un certain degré de connaissance parmi le public ou est connue d'une partie significative du public. Ce public est celui concerné par la marque, à savoir le grand public pour un produit de grande consommation ou un public spécialisé si la marque vise un marché particulier. La renommée est donc définie à la fois par un territoire et un public[308].

841. Un débat s'est développé autour d'une question de vocabulaire : faut-il distinguer marque notoire et marque de renommée[309]. La CJ[310] tente d'apporter une réponse à ce débat quelque peu stérile. Elle relève que l'expression

307. CJCE, 9 janv. 2003, aff. C-292/00, *Davidoff* ; *Prop. Intell.* 2003, n° 7, p. 196, note G. Bonet, solution confirmée par l'arrêt *Adidas Salomon*, préc.

308. I. Meunier-Cœur, « Notoriété et renommée de la marque », *Prop. Indust.* 2006, Étude 12.

309. Voir J. Azéma, « Marques renommées et marques notoires en droit européen et en droit français », et Ph. Gilliéron, « Les marques notoirement connues et les marques de haute renommée en droit suisse », *Marques notoires et de haute renommée*, Schulthess Médias Juridiques 2011, coll. Prop. Intell., p. 23 et 37.

310. CJCE, 15 sept. 1999, aff. C-375/97, aff. *GM*, *Rec.* I-5421.

« renommée » connaît des traductions variables d'un État à l'autre de l'UE. Cette disposition est traduite par l'expression « *er renommerait* » dans la version danoise, « *bekannt ist* » dans la version allemande, « *goce de renombre* » dans la version espagnole, « jouit d'une renommée » dans la version française, « *gode di notorietà* » dans la version italienne, « *bekend is* » dans la version néerlandaise, et « *has a reputation* » dans la version anglaise. Si les versions allemande et néerlandaise utilisent des termes signifiant que la marque doit être « connue », sans autre précision quant à l'étendue de la connaissance exigée, les autres versions linguistiques utilisent le terme « renommée » ou des expressions impliquant, comme ce dernier terme, au plan quantitatif, un certain degré de connaissance parmi le public. La Cour retient pourtant que cette nuance n'emporte pas une réelle contradiction et résulte de la plus grande neutralité des termes utilisés dans les versions allemande et néerlandaise. On retient une parfaite équivalence entre les deux termes. Surtout, les deux expressions ne permettent pas de contester l'exigence d'un seuil de connaissance, qui ressort d'une comparaison de toutes les versions linguistiques de la directive. Une telle exigence résulte également de l'économie générale et de la finalité de la directive. Ce n'est que dans l'hypothèse d'un degré suffisant de connaissance de la marque que le public mis en présence de la marque postérieure peut, le cas échéant, même pour des produits ou des services non similaires, effectuer un rapprochement entre les deux marques. Par voie de conséquence, il peut être porté atteinte à la marque antérieure. Ni la lettre, ni l'esprit de la directive n'autorisent à exiger que la marque soit connue d'un pourcentage déterminé du public défini. Le degré de connaissance requis doit être considéré comme atteint lorsque la marque antérieure est connue d'une partie significative du public concerné par les produits ou services couverts par cette marque. Dans l'examen de cette condition, le juge doit prendre en considération tous les éléments pertinents de la cause, notamment, la part de marché détenue par la marque, l'intensité, l'étendue géographique et la durée de son usage, ainsi que l'importance des investissements réalisés par l'entreprise pour la promouvoir. Le risque de confusion dans l'esprit du public concerné ne constitue pas une condition de la protection spéciale de la marque de renommée, l'établissement d'un lien entre le signe et la marque étant suffisant[311]. Il suffit qu'au regard de la similitude des signes, le public concerné établisse un lien entre les signes, même s'il ne les confond pas[312]. L'établissement d'un lien ne suffit pas à démontrer l'atteinte au caractère distinctif de la marque de renommée, il faut aussi prouver un profit indûment tiré ou le préjudice porté au caractère distinctif ou à la renommée de la marque antérieure.

842. Au plan territorial, la condition de notoriété est remplie lorsque la marque jouit d'une renommée dans un État membre. En l'absence de précision en ce sens de la disposition européenne, il ne peut être exigé que la renommée existe sur « tout » le territoire de l'État membre. Il suffit qu'elle existe dans une partie substantielle de celui-ci[313]. Pour bénéficier d'une protection élargie à des

311. CJCE, 22 juin 2000, *Marca Mode*, aff. C-425/98, *Rec.* I-4881.
312. CJCE, *Adidas*, préc.
313. CJCE, 22 nov. 2007, aff. C-328/06, *Nieto Nuño*, *Rec.* I-10093

produits ou à des services non similaires, une marque enregistrée doit être connue d'une partie significative du public concerné par les produits ou services couverts par elle. La CJ ajoute dans son arrêt *PAGO* que « *pour bénéficier de la protection prévue au bénéfice d'une marque notoire, une marque communautaire doit être connue d'une partie significative du public concerné par les produits ou les services couverts par elle, dans une partie substantielle du territoire de la Communauté, et que, eu égard aux circonstances de l'affaire au principal, le territoire de l'État membre en cause peut être considéré comme constituant une partie substantielle du territoire de la Communauté* »[314].

843. La preuve de la renommée pourra être administrée de plusieurs façons[315]. Il s'agit d'un fait, le principe de la liberté de la preuve s'applique, notamment en recourant à la méthode du faisceau d'indices. La notoriété peut être prouvée par la durée de l'usage de la marque, son étendue et sa zone géographiques, l'échelle et l'amplitude des investissements consentis pour promouvoir la marque, la part de marché détenue par la marque, le succès commercial, l'ancienneté de la marque, l'ampleur du réseau de distribution, le chiffre d'affaires engendré par l'exploitation de la marque comparé à celui généré par d'autres marques de renommée, ou encore au regard de la présence de la marque dans les articles de presse. La preuve de la renommée peut être rapportée par sondage. Ce dernier doit être fiable et crédible pour rapporter objectivement la connaissance de la marque sur le marché. Il faut veiller à sélectionner un public approprié, composé d'un échantillon du public concerné, avec un nombre suffisant de personnes pour que les résultats soient représentatifs de l'opinion publique. Il faut adopter une méthode d'interrogation neutre et s'en remettre à un expert reconnu et impartial pour l'élaboration et exécution du sondage[316].

Certains États adoptent une approche précontentieuse de la notion de notoriété en organisant un registre de notoriété[317]. Le propriétaire qui souhaite que sa marque bénéficie de ce régime dérogatoire doit engager une procédure afin de voir sa marque inscrite dans ce registre. La qualification et le contrôle s'opèrent lors de l'inscription et non plus lors du contentieux au fond.

b) L'emploi injustifié

844. La condition tirée de la renommée remplie, s'agissant tant du public concerné que du territoire en cause, il est nécessaire de procéder à l'examen de la seconde condition : l'existence d'une atteinte sans juste motif à la marque antérieure. Plus le caractère distinctif et la renommée de la marque sont importants, plus l'existence d'une atteinte est aisément admise. L'emploi est injustifié lorsque la marque seconde tire indûment profit du caractère distinctif de la marque notoire, en utilisant son pouvoir d'attraction, sa valeur publicitaire,

314. CJCE, 6 oct. 2009, C-301/07, aff. *PAGO*, *Prop. Indust.* 2009, comm. 71, note A. Folliard-Monguiral.

315. E. Baud, « L'atteinte à la réputation de la marque antérieure : conditions et preuves de la réputation », *Prop. Indust.* 2007, Étude 12.

316. Ph. Gilliéron, « Les marques notoirement connues et les marques de haute renommée en droit suisse », *op. cit.*, n° 37 p. 54.

317. C'est le cas en Chine (environ 2000 marques inscrites), en Finlande, en Bulgarie, en Turquie, en Russie, au Mexique, aux Philippines et au Japon.

l'image de la marque, ses valeurs, ou ses qualités[318]. Il s'agit en pratique d'un parasitisme de la marque notoire. L'intensité de la renommée et du degré de caractère distinctif de la marque sont pris en considération, la CJ a jugé que plus le caractère distinctif et la renommée d'une marque sont importants, plus l'existence d'une atteinte est aisément admise. Il résulte également de la jurisprudence que plus l'évocation de la marque par le signe est immédiate et forte, plus est important le risque que l'utilisation actuelle ou future du signe tire indûment profit du caractère distinctif ou de la renommée de la marque, ou leur porte préjudice[319].

Il sera possible pour le titulaire de la marque seconde de s'exonérer de sa responsabilité en invoquant le fait qu'il utilise cette marque pour un juste motif[320]. L'article L. 713-5 ne fait pas référence à cette exception, mais suivant le principe d'interprétation conforme au droit de l'UE, il est soumis à cette disposition. La charge de la preuve de ce juste motif pèse sur le titulaire de la marque seconde. La jurisprudence reste très mesurée dans l'application de ce juste motif, et il n'y a pas d'exemple où il a pu être invoqué pour justifier de l'usage de la marque seconde. Ce juste motif peut être opposé au propriétaire de la marque renommée si ce dernier a toléré l'usage d'un signe similaire à sa marque « *dès lors qu'il est avéré que ce signe a été utilisé antérieurement au dépôt de la même marque et que l'usage fait pour le produit identique l'est de bonne foi* »[321].

c) Le préjudice

845. Le préjudice engendré par l'utilisation injustifiée de la marque notoire peut être de deux ordres pour la marque en tant que telle. En premier lieu, on peut craindre une dilution de la marque, c'est-à-dire une atteinte à son caractère distinctif. La pratique distingue la dilution par affaiblissement qui résulte de la dépréciation ou de la réduction du caractère distinctif de la marque et la dilution par ternissement qui est le fruit de l'atteinte portée à la réputation de la marque. La marque seconde réduit la capacité de la marque première à identifier l'entreprise d'origine. Cela ne peut exister que si la marque notoire a un caractère distinctif intrinsèque. Il faut, pour démontrer la dilution de la marque, rapporter la preuve d'une dispersion de l'identité de la marque et la preuve d'un risque de modification du comportement économique du public[322]. En second lieu, on peut envisager un ternissement de la marque, c'est-à-dire une atteinte à la renommée de celle-ci. La marque seconde porte atteinte à l'image à laquelle est associée la marque notoire, soit parce que la marque seconde est utilisée dans un cadre dégradant, soit parce qu'elle est incompatible avec cette image, qu'il sera alors nécessaire de déterminer.

---

318. Par exemple, T. UE, 25 janv. 2012, T-332/10, *Viaguara*.
319. CJUE, 18 juin 2009, aff. C-487.07, *L'Oréal e. a.*, *Rec.* I-5185, point 44.
320. Cass. com., 21 juin 2011, *D.* 2011, p. 1816. *Contra*, Cass. com., 15 juin 1993, *Bull. civ.* IV, n° 252.
321. CJUE, 6 févr. 2014, aff. C-65/12, *Leidseplein Beheer*, *CCE* 2014, comm. 45, note C. Caron ; *Prop. Indust.* 2014, comm. 21, note A. Folliard-Monguiral.
322. CJCE, 14 nov. 2013, aff. C-383/12 P, *Environmental Manufacturing LLP* ; *Prop. Indust.* 2014, comm. 5, note A. Folliard-Monguiral.

§ 3. L'usage de la marque à titre de mot-clé, le référencement

846. L'un des enjeux contemporains du droit des marques réside dans la capacité à identifier des produits ou des services pour leur commercialisation en ligne. Internet est un vecteur de développement économique majeur et la confrontation du droit des marques aux outils développés pour identifier des offres commerciales en ligne contribue à redessiner le droit des marques. La matière est en mouvement, les solutions jurisprudentielles se construisent pas à pas, et la synthèse ne peut en être qu'un état des lieux à un instant donné[323].

Le cadre factuel de cette problématique est assez clair : lorsqu'un internaute effectue une requête à partir d'un ou de plusieurs mots sur le moteur de recherche, tel *Bing* ou *Google*, celui-ci va afficher les sites qui paraissent le mieux correspondre à ces mots par ordre décroissant de pertinence selon l'algorithme qui conduit la recherche. Le moteur de recherche permet ainsi d'identifier des contenus, des produits ou service proposés en ligne. Il s'agit des résultats dits « naturels » de la recherche, par le seul effet technique du moteur de recherche. Les éditeurs de logiciel de moteur de recherche ont développé pour leur outil un modèle économique particulier. En effet, en plus des résultats « naturels », produits d'un référencement automatique et gratuit effectué par le moteur de recherche, l'éditeur propose un service de référencement payant, notamment le service *AdWords* proposé par *Google*. Ce service payant permet à tout opérateur économique, moyennant la sélection d'un ou de plusieurs mots-clés, de faire apparaître, en cas de concordance entre ce ou ces mots et celui ou ceux contenus dans la requête adressée par un internaute au moteur de recherche, un lien promotionnel vers son site. Ce lien promotionnel apparaît dans la rubrique « liens commerciaux », qui est affichée soit en partie droite de l'écran, à droite des résultats naturels, soit en partie supérieure de l'écran, au-dessus desdits résultats, une partie de ces réponses étant affichées sur un fond coloré. Ce lien promotionnel est souvent enrichi d'un bref message commercial, ce lien et ce message constituant ensemble l'annonce affichée dans la rubrique susvisée. Le modèle économique utilisé par les éditeurs de logiciel de moteur de recherche pour générer une activité commerciale grâce à cette forme de communication commerciale repose sur une rémunération du service de référencement par l'annonceur pour chaque clic sur le lien promotionnel. Cette rémunération est calculée en fonction, notamment, d'un prix maximal par clic que l'annonceur a, lors de la conclusion du contrat de service de référencement avec le moteur de recherche, déclaré être prêt à payer, ainsi que du nombre de clics sur ledit lien par les internautes. Ce modèle de communication repose peu sur l'exclusivité mais plus sur la capacité à attirer des requêtes en fonction du prix payé au moteur de recherche. Plusieurs annonceurs peuvent sélectionner le ou les mêmes mots-clés. L'ordre d'affichage de leurs liens promotionnels est alors déterminé, notamment, en fonction du prix maximal par clic, du nombre de clics antérieurs sur lesdits liens, ainsi que de la qualité de l'annonce telle qu'elle est évaluée par le moteur de recherche. L'annonceur peut à tout moment

323. Pour une approche en droit comparé, A. Piacitelli-Guedj, « Les prestataires de service de référencement payant sur Internet à l'épreuve du droit des marques : analyse comparée des droits européen et américain », *Prop. indust.* 2014, Étude 15.

améliorer sa place dans l'ordre d'affichage en fixant un prix maximal par clic plus élevé ou en essayant d'améliorer la qualité de son annonce. Cette offre de communication fait notamment de *Google* un acteur ultra-dominant de la communication en ligne et génère la très grande majorité des revenus de cette société dont l'activité est finalement moins celle d'éditeur de logiciel que de régie publicitaire[324].

Les mots-clés choisis sont très variés, ils peuvent naturellement décrire le produit ou le service proposé par le site Internet qui communique par ce biais. Toutefois, ces moyens descriptifs se révèlent moins efficaces que l'utilisation des marques habituellement utilisées pour commercialiser les produits vendus. Émerge alors une difficile articulation entre le droit des marques et le référencement payant en ligne. Très tôt, notamment par le biais des meta tag, l'utilisation des marques fut un réflexe naturel pour communiquer en ligne, ce fut un vecteur très rapidement utiliser pour commercialiser des contrefaçons. Rapidement, le recours aux marques fut aussi nécessaire pour les distributeurs de produits authentiques, il faut ensuite utile pour permettre au consommateur de cibler des offres concurrentes à celles du propriétaire de telle ou telle marque. Autant d'usages qui seront perçus comme une atteinte à la propriété.

847. La CJ fut, nécessairement, sollicitée par les différentes juridictions nationales de l'Union pour proposer une interprétation de la directive. L'approche unifiée est d'autant plus sensible que le commerce en ligne est très perméable aux frontières et qu'une solution de l'UE s'impose.

Dans un premier temps, elle a retenu que le signe sélectionné par un annonceur en tant que mot-clé dans le cadre d'un service de référencement sur Internet constitue un moyen utilisé pour déclencher l'affichage de son annonce, dès lors cet usage doit être analysé comme étant l'objet d'un usage dans la vie des affaires au sens des articles 5 de la directive 89/104 et 9 du règlement n° 40/94[325]. La Cour précise qu'il s'agit d'un usage pour des produits ou des services de l'annonceur même lorsque le mot-clé sélectionné n'apparaît pas dans l'annonce[326]. Dès lors, le propriétaire d'une marque est habilité à interdire à un annonceur de faire, à partir d'un mot-clé identique à ladite marque que cet annonceur a sans le consentement du propriétaire sélectionné dans le cadre d'un service de référencement sur Internet, de la publicité pour des produits ou des

---

324. On note que la maîtrise d'un support de communication pour faire évoluer un outil commercial fut aussi le modèle utilisé par l'entreprise JC Decaux par exemple.

325. Notamment, CJ, 23 mars 2010, aff. jtes C-236/08 à C-238/08, *Google France et Google*, *Rec.* I-2417 ; *JCP* G 2010, 642, L. Marino ; *Prop. Indust.* 2011, comm. 31 obs. P. Tréfigny-Goy et comm. 38, obs. A. Folliard-Monguiral, voir points 49 à 52 ; CJ, 25 mars 2010, aff. C-278/08, *BergSpechte*, *Rec.* I-2517, *Prop. Indust.* 2011, comm. 39, obs. A. Folliard-Monguiral, voir point 18. La chambre commerciale de la Cour de cassation, à la suite des arrêts de la CJ sur les questions préjudicielles qu'elle avait posées, a rendu une série d'arrêts le 13 juill. 2010 (n° 05-14331, et *Bull. civ.* IV, n 122, 123 et 124), retenant que ne commettait pas une contrefaçon, au sens des art. L. 713-2 et L. 713-3 C. *Prop. Intell.* le prestataire de services de référencement qui se borne à stocker des mots-clés et afficher les annonces. Toutefois, elle condamne pour contrefaçon l'annonceur qui avait fait publier une annonce dont la présentation ne permettait pas à un internaute normalement informé et raisonnablement attentif, de savoir si l'annonceur était lié ou non au titulaire de la marque.

326. CJ, aff. C-278/08, *BergSpechte*, préc., pt 19 ; CJ, ord. du 26 mars 2010, aff. C-91/09, *Eis. de*, *Rec.* I-00043, pt 18.

services identiques à ceux pour lesquels la marque est enregistrée, lorsque la publicité en cause ne permet pas ou permet seulement difficilement à l'internaute moyen de savoir si les produits ou les services visés par l'annonce proviennent du propriétaire de la marque ou d'une entreprise économiquement liée à celui-ci ou, au contraire, d'un tiers.

En revanche, et la solution reste certainement très discutable au regard des intérêts économiques que représente l'usage des marques d'autrui pour les exploitants de moteur de recherche, le prestataire d'un service de référencement sur Internet qui stocke en tant que mot-clé un signe identique à une marque et organise l'affichage d'annonces à partir de celui-ci, ne fait pas un usage de ce signe dans la vie des affaires au sens de l'article 5 § 1 et § 2, de la directive 89/104 ou de l'article 9 § 1 du règlement n° 40/94, et n'engage donc pas sa responsabilité sur le terrain du droit des marques. L'absence d'une incrimination spéciale de contrefaçon par fourniture de moyen peut expliquer cette solution, mais la notion de vie des affaires doit inclure l'utilisation lucrative des marques d'autrui. Cette solution est d'autant plus perturbante qu'elle ne semble pas en lien avec les nouvelles fonctions de la marque dégagée par la CJ, fondée sur la communication et la publicité, et le régime spécifique des marques notoires qui étaient en jeu dans les premières affaires qui lui furent soumises. L'exonération de responsabilité des fournisseurs de moteur d'accès est renforcée par la CJ en écartant aussi leur responsabilité sur le terrain spécial de la communication électronique. Dans le premier arrêt *Google*, elle indique que la règle énoncée à l'article 14 de la directive 2000/31 s'applique au prestataire d'un service de référencement sur Internet lorsque ce prestataire n'a pas joué un rôle actif de nature à lui confier une connaissance ou un contrôle des données stockées. S'il n'a pas joué un tel rôle, le prestataire ne peut être tenu responsable pour les données qu'il a stockées à la demande d'un annonceur à moins que, ayant pris connaissance du caractère illicite de ces données ou activités de cet annonceur, il n'ait pas promptement retiré ou rendu inaccessibles lesdites données. Cette solution reste en décalage notamment avec la fonction de suggestion de mot-clé proposée par les moteurs de recherche au moment de la sélection des mots pour le référencement payant. L'exploitant du moteur de recherche, parce qu'il ne fait pas un usage d'une marque enregistrée lorsqu'il la référence comme mot-clé au profit d'annonceurs, n'est donc pas contrefacteur, et sa responsabilité civile n'est pas engagée si son rôle est neutre, c'est-à-dire si son comportement est purement technique, automatique et passif, impliquant l'absence de connaissance ou de contrôle des données qu'il stocke.

Enfin, le propriétaire d'une marque ne saurait s'opposer à l'usage d'un signe identique à sa marque en tant que mot-clé s'il n'a pas satisfait à l'ensemble des conditions prévues à cet effet aux articles 5 de la directive 89/104 et 9 du règlement n° 40/94 ainsi que par la jurisprudence y afférente.

848. À cette première étape de la construction jurisprudentielle, on peut déjà en ajouter une deuxième, à l'occasion de l'arrêt *Interflora*[327]. Une société anglaise, *Marks & Spencer* (M & S) proposait la vente et la livraison de fleurs,

327. CJUE, 22 sept. 2011, aff. C-323/09, *Interflora Inc. c/Marks & Spencer plc, CCE* 2011, comm. 112, obs. C. Caron ; *RTD com.* 2012. 103, obs. J. Azéma.

activité en concurrence directe avec celle d'*Interflora*. *M & S*, dans le cadre du service de référencement *AdWords* de *Google*, avait sélectionné le terme *Interflora* et ses variantes en tant que mots-clés. Ainsi, lorsqu'un internaute faisant une requête avec le mot *Interflora* ou l'une de ces variantes comme terme de recherche dans le moteur de recherche Google, une annonce de *M & S* apparaissait. Dans une telle situation, dite de double identité (identité de produit et de signe), la CJ affirme que le propriétaire de la marque est habilité à interdire à un concurrent de faire, à partir d'un mot-clé identique à cette marque que ce concurrent a, sans le consentement dudit titulaire, sélectionné dans le cadre d'un service de référencement sur Internet, de la publicité pour des produits ou des services identiques à ceux pour lesquels ladite marque est enregistrée, lorsque cet usage est susceptible de porter atteinte à l'une des fonctions de la marque. À ce stade, l'arrêt ne fait que confirmer les solutions avancées par les premières décisions de la Cour sur ce sujet. La Cour va toutefois plus loin en précisant, au regard de chaque fonction de la marque[328] l'éventuelle atteinte à celle-ci. Un tel usage de la marque d'un concurrent porte atteinte à la fonction d'indication d'origine de la marque lorsque la publicité affichée à partir dudit mot-clé ne permet pas ou permet seulement difficilement à l'internaute normalement informé et raisonnablement attentif de savoir si les produits ou les services visés par l'annonce proviennent du titulaire de la marque ou d'une entreprise économiquement liée à celui-ci ou, au contraire, d'un tiers. Cette solution est une confirmation de ce qui se dégage des affaires *Vuitton*.

La CJ ajoute que le référencement tel qu'il était fait par *M&S* ne porte pas atteinte, dans le cadre d'un service de référencement ayant les caractéristiques de celui en cause au principal, à la fonction de publicité de la marque. Cette analyse, confirme aussi celle avancée par les arrêts *Vuitton* et ne nous semble pas pertinente, la Cour reconnaît d'ailleurs « *ledit usage peut avoir des répercussions sur l'emploi publicitaire d'une marque verbale par son titulaire* »[329]. La Cour ne tire pas de conséquence de son constat suivant lequel lorsque le propriétaire inscrit sa propre marque en tant que mot-clé auprès du fournisseur du service de référencement afin de faire apparaître une annonce dans la rubrique liens commerciaux, il devra parfois, si sa marque a également été sélectionnée en tant que mot-clé par un concurrent, payer un prix par clic plus élevé que ce dernier s'il veut obtenir que son annonce apparaisse devant celle dudit concurrent. La Cour écarte une protection de la propriété contre des pratiques inhérentes au jeu de la concurrence et considère que la publicité sur Internet à partir de mots-clés correspondant à des marques constitue une telle pratique, en ce qu'elle a, en règle générale, pour simple but de proposer aux internautes des alternatives par rapport aux produits ou aux services des titulaires desdites marques.

En revanche, cette utilisation de la marque porte atteinte à la fonction d'investissement de la marque si elle gêne de manière substantielle l'emploi, par le propriétaire de sa marque pour acquérir ou conserver une réputation susceptible d'attirer et de fidéliser des consommateurs. Dès lors, tant sur le fondement de l'article 5 § 2 de la directive 89/104 que de l'article 9 § 1, sous c) du règlement n° 40/94, le propriétaire d'une marque renommée est habilité à interdire à un

328. Sur les fonctions de la marque, voir *infra* n° 1149 et s.
329. CJUE, aff. C-323/09, préc., pt 55 et s.

concurrent de faire de la publicité à partir d'un mot-clé correspondant à cette marque que ce concurrent a, sans le consentement du propriétaire, sélectionné dans le cadre d'un service de référencement sur Internet, lorsque le concurrent tire ainsi un profit indu du caractère distinctif ou de la renommée de la marque (parasitisme) ou lorsque la publicité porte préjudice à ce caractère distinctif (dilution) ou à cette renommée (ternissement). Une publicité à partir d'un tel mot-clé porte préjudice au caractère distinctif de la marque renommée (dilution), notamment, si elle contribue à une dénaturation de cette marque en terme générique. En revanche, le propriétaire d'une marque renommée n'est pas habilité à interdire, notamment, des publicités affichées par des concurrents à partir de mots-clés correspondant à cette marque et proposant, sans offrir une simple imitation des produits ou des services du titulaire de ladite marque, sans causer une dilution ou un ternissement et sans au demeurant porter atteinte aux fonctions de la marque renommée, une alternative par rapport aux produits ou aux services du titulaire de celle-ci.

849. Un troisième temps peut s'ajouter à cette construction, temps légèrement différent puisqu'il implique non plus uniquement des moteurs de recherche et des annonceurs, mais aussi des places de marché, tel *eBay*. Dans un arrêt un peu antérieur à l'arrêt *Interflora*, la CJ[330] s'est penchée sur les conditions d'utilisation des marques d'autrui, comme outil d'identification de produits ou services, par des places de marché. Elle retient, avec raison, que le propriétaire d'une marque peut interdire à l'exploitant d'une place de marché en ligne de faire, à partir d'un mot-clé identique à ladite marque que cet exploitant a sélectionné dans le cadre d'un service de référencement sur Internet, de la publicité pour des produits de cette marque mis en vente sur ladite place de marché, lorsque cette publicité ne permet pas ou permet seulement difficilement à l'internaute normalement informé et raisonnablement attentif de savoir si lesdits produits proviennent du titulaire de la marque ou d'une entreprise économiquement liée à celui-ci ou, au contraire, d'un tiers. En revanche, elle considère que l'exploitant d'une place de marché en ligne ne fait pas un usage dans la vie des affaires des signes identiques ou similaires à des marques qui apparaissent dans des offres à la vente affichées sur son site.

Elle poursuit son analyse en précisant les conditions dans lesquelles un exploitant de place de marché peut bénéficier d'une exonération de responsabilité[331]. Il faut que ce dernier n'ait pas joué un rôle actif qui lui permette d'avoir une connaissance ou un contrôle des données stockées, étant entendu qu'il est tenu pour jouer un rôle actif quand il prête une assistance aux utilisateurs de sa place de marché, notamment pour optimiser la présentation des offres à la vente en cause ou à promouvoir celles-ci. De plus, la CJ ajoute que lorsque l'exploitant de la place de marché en ligne n'a pas joué un rôle actif et que sa prestation de service bénéficie de l'exonération de responsabilité, il ne saurait néanmoins,

330. CJUE, 12 juill. 2011, aff. C-324/09, *L'Oréal vs e-bay*, *Prop. Indust.* 2011, comm. 71, obs. A. Folliard-Monguiral ; *D.* 2011, p. 2054, note P.-Y. Gautier ; *JCP* E 2011, 509, note C. Caron ; *Europe* 2011, comm. 320, obs. L. Idot ; *Gaz. Pal.* 2011, n° 299, p. 19, note L. Marino ; *CCE* 2012, « Un an de droit international privé du commerce électronique », chron. 1, spéc. n° 12, obs. M.-E. Ancel.

331. Voir *infra* n° 1283 et s., sur la notion d'hébergeur/éditeur de service en ligne.

dans une affaire pouvant résulter dans une condamnation au paiement de dommages et intérêts, se prévaloir de l'exonération de responsabilité s'il a eu connaissance de faits ou de circonstances sur la base desquels un opérateur économique diligent aurait dû constater l'illicéité des offres à la vente en cause et, dans l'hypothèse d'une telle connaissance, n'a pas promptement agi pour mettre fin au trouble. Cela suppose notamment que les juridictions nationales en charge de la propriété intellectuelle puissent enjoindre à l'exploitant d'une place de marché en ligne de prendre des mesures qui contribuent, non seulement à mettre fin aux atteintes portées aux droits de propriété par des utilisateurs de cette place de marché, mais aussi à prévenir de nouvelles atteintes de cette nature. Ces injonctions doivent être effectives, proportionnées, dissuasives et ne doivent pas créer d'obstacles au commerce légitime.

850. L'application par les juridictions nationales des solutions avancées par la CJ se stabilise[332]. En France, dans un nouvel arrêt *AdWords*[333], la Cour de cassation approuve une cour d'appel d'avoir rejeté la contrefaçon par l'utilisation de ce service. Cette dernière retenait qu'aucune atteinte n'était portée à la fonction d'identification d'origine de la marque dans la mesure où les annonces étaient suffisamment précises pour éviter toute confusion de la part de l'internaute. La Cour de cassation approuve aussi la cour d'avoir écarté la responsabilité de *Google*. Quant aux annonceurs, ils échappent à toute responsabilité en l'absence de tout risque de confusion, que ce soit du chef de la contrefaçon ou du chef de la concurrence parasitaire. Cette solution étonne car la concurrence parasitaire n'exige pas la preuve d'un risque de confusion[334]. En Grande-Bretagne, *Interflora* a été entendu dans sa bataille des *AdWords* lors de l'application par les juges anglais de la décision de la CJ. Le juge anglais[335] conclut que la société *Marks&Spencer*, sélectionneur des mots-clés et donc annonceur, est coupable de contrefaçon de marque car il crée un risque de confusion dans l'esprit du public. Le juge anglais, de façon très judicieuse, avance une vision de l'internaute moyen très peu attentif et pouvant être facilement trompé. Cette lecture nous paraît la seule admissible dans ce secteur[336].

332. Pour une étude générale, P. de Candé, « Régime de responsabilité aménagé des entreprises de la société de l'information et droit des marques : l'apport décevant de la jurisprudence récente », *Prop. Intell.* 2012, n° 43, p. 173.

333. Cass. com., 25 sept. 2012, n° 11-18110 ; *CCE* 2012, comm. 130, note C. Caron ; *Prop. Indust.* 2013, comm. 3, Y. Basire.

334. Cass. com., 14 mai 2013, n° 12-15534, *CCC* 2013, comm. 182, note M. Malaurie-Vignal. Dans cette affaire, la Cour de cassation s'inscrit dans la logique de l'arrêt *Interflora*, et retient que « *la société Sogelink, titulaire de la marque, ne justifie pas de l'existence d'un tel risque ; qu'il relève encore qu'en obtenant de la société Google qu'elle supprime le référencement de la société Sig-image sur Internet, la société Sogelink a privé indûment cette dernière d'un moyen d'accéder à une clientèle pour lui proposer son service de remplissage de formulaires par internet ; que de ces constatations et appréciations, la cour d'appel a pu, sans inverser la charge de la preuve, déduire que la société Sogelink avait commis une faute ayant privé la société Sig-image de la possibilité de générer un chiffre d'affaires important et a légalement justifié sa décision* ».

335. *High Court of Justice, England and Wales*, 21 mai 2013, EWHC 1291 (ch), *Interflora c/Marks and Spencer*, L. Marino, « Chronique de jurisprudence de droit de la propriété intellectuelle », *Gaz. Pal.*, 31 oct. 2013, n° 304, p. 19 « Royaume-Uni, Interflora gagne la bataille des AdWords ».

336. V. N. Binctin, « Les sept familles de la propriété intellectuelle – Étude sur les personnages de références du CPI », *Mélanges J. Schmidt-Szalewski*, LexisNexis, 2014, coll. CEIPI, t. 61, p. 49.

§ 4. La perte de la marque

851. La perte du droit de marque peut résulter d'une absence de son renouvellement au terme des dix années appropriation accordées par l'article L. 712-1 C. propr. intell. ou l'article 46 RME, c'est-à-dire au terme du droit de propriété. Hors de cette hypothèse, le droit des marques impose des comportements au propriétaire de la marque, obligations dont la sanction prend la forme d'une perte de propriété. Les sanctions touchent le droit de propriété, mais aussi la défense de la propriété en présence d'une forclusion par tolérance.

A Renonciation et limitation

852. L'article L. 714-2 comme les articles 43 et 50 RME disposent que l'auteur d'une demande d'enregistrement ou le propriétaire d'une marque enregistrée peut renoncer aux effets de cette demande ou de cet enregistrement pour tout ou partie des produits ou services auxquels s'applique la marque[337]. Le propriétaire d'une marque enregistrée peut à tout moment y renoncer, pour tout ou partie des produits ou services. Pour être valable, la renonciation doit émaner du propriétaire de la marque inscrit au jour de la déclaration sur le registre des marques, ou de son mandataire. Elle n'a d'effet qu'après son enregistrement.

Cet abandon de propriété peut être risqué pour les tiers, le droit de l'UE avance que seule la renonciation effectuée avec l'accord des titulaires des droits inscrits au registre des marques (concessions, sûretés...) est valablement inscrite.

B Déchéances

853. La déchéance – articles L. 714-5 et L. 714-6 C. propr. intell. et article 51 RME – est une sanction grave qui engendre la perte du droit de propriété. Cette sanction est très présente en droit des marques afin d'enjoindre au propriétaire d'utiliser son bien conformément aux prescriptions du législateur. La déchéance est en droit des marques la sanction attachée aux utilisations de la marque, à l'exploitation de celle-ci par son titulaire. C'est un outil de régulation de la matière, assurant l'équilibre entre l'intérêt général et l'intérêt du propriétaire du bien intellectuel. L'action en déchéance ne se prescrit pas, elle peut être formée par voie principale ou à titre reconventionnel[338].

En l'absence de dispositions spécifiques dans la loi pour chacun des cas de déchéance, il est fait application, par analogie, des conditions de l'article L. 714-5 à l'ensemble des hypothèses de déchéance. Elle peut être demandée en justice ou devant l'Agence pour la marque européenne, la charge de la preuve pèse sur la personne qui invoque la déchéance. Devant l'Agence, la demande est irrecevable si une demande ayant le même objet et la même cause a été tranchée entre les mêmes parties par une juridiction nationale et passée force de chose jugée (art. 56 RME).

337. Le mécanisme parallèle existe en droit des brevets, *supra* n° 602.
338. Sur l'intérêt à agir, Cass. com., 4 oct. 2011, *Prop. Indust.* 2012, comm. 4, obs. P. Tréfigny-Goy.

L'effet de la déchéance court à compter de la demande de déchéance et non de la date de la décision la constatant (voir art. 55 RME), il appartient obligatoirement au juge de fixer une date de la déchéance[339]. Le règlement envisage même la possibilité, comme le droit national, pour la décision de fixer une date antérieure. La déchéance n'affecte pas les décisions antérieures passées force de chose jugée et exécutées. L'article 55 RME retient que la déchéance n'affecte pas non plus les contrats conclus antérieurement s'ils ont été exécutés avant la décision, mais ouvre la possibilité d'une restitution pour des raisons d'équité.

Trois causes de déchéance sont identifiées : déchéance pour défaut d'exploitation, déchéance pour dégénérescence, et déchéance pour déceptivité.

1. Déchéance pour défaut d'exploitation

854. La déchéance pour défaut d'exploitation sanctionne l'absence d'exploitation réelle et sérieuse de la marque par son propriétaire, exploitation directe ou indirecte. Le législateur lutte par ce biais contre les dépôts parasitaires. Il y a usage sérieux de la marque lorsqu'elle est utilisée conformément à sa fonction de garantie de l'identité des produits et services pour lesquels elle a été enregistrée[340], usage emportant un contact de la marque avec la clientèle. Il n'y aura pas usage sérieux si elle sert à identifier des produits ou services similaires, si elle constitue une dénomination sociale ou un nom commercial ou encore si elle est uniquement apposée sur des documents publicitaires. L'exploitation sera appréciée selon des critères qualitatifs et non quantitatifs, il suffit qu'elle soit effective[341]. L'usage sérieux doit être perçu par le consommateur. Le propriétaire d'une marque s'expose à la déchéance lorsque, par le fait de son activité ou de son inactivité, sa marque est devenue la désignation usuelle d'un produit pour ses utilisateurs finaux. L'inactivité du propriétaire englobe le fait qu'il s'abstienne d'inciter les vendeurs à utiliser davantage cette marque pour la commercialisation d'un produit pour lequel la marque est enregistrée. Le prononcé de la déchéance ne suppose pas de déterminer si, pour un produit dont la marque est devenue la désignation usuelle dans le commerce, il existe d'autres désignations[342]. La CJ s'est prononcée depuis deux ans de façon intense sur cette notion[343].

855. L'usage sérieux peut prendre différentes formes[344], le législateur assimile à celui-ci trois cas d'exploitation : l'usage fait avec le consentement du propriétaire de la marque, l'usage de la marque sous une forme modifiée n'en altérant pas le caractère distinctif, et l'apposition de la marque sur des produits

339. Cass. com., 12 juin 2012, n° 11-21723.

340. Voir Cass. com., 30 nov. 2004, *Bull. civ.* IV, n° 209 ; *CCE* 2005, comm. 4, note C. Caron ; Cass. com., 21 oct. 2008, *Bull. civ.* IV, n° 173 ; *PIBD* 2008, n° 885, III-656 ; Cass. com., 31 janv. 2012, n° 11-14317.

341. Voir CJCE, 11 mars 2003, *Ansul*, aff. C-40/01, *Rec.* I-2439 ; dans le même sens, CJCE, 9 déc. 2008, *Radetzky*, aff. C-442/07, *Prop. Indust.* 2009, comm. 10, note A. Folliard-Mondguiral.

342. Sur ces éléments, CJUE, 6 mars 2014, aff. C-409/12, *Backaldrin Österreich The Kornspitz Company GmbH (KORNSPITZ)*, *CCE* 2014, comm. 44, note C. Caron.

343. J. Passa, « L'exigence d'usage sérieux de la marque dans la jurisprudence récente de la Cour de justice : une évolution fortement favorable aux titulaires des marques », *Prop. Indust.* 2014, Étude 1.

344. Voir J. Monteiro, « L'usage sérieux de la marque communautaire », *Prop. Indust.* 2008, Étude 15.

ou leur conditionnement[345] exclusivement en vue de l'exportation[346]. Ce dernier élément constitue une exception au principe selon lequel l'usage sérieux doit être réalisé sur le territoire d'enregistrement de la marque. La Cour de cassation a retenu que l'exploitation d'une marque voisine de la marque arguée de déchéance vaut exploitation de la marque dès lors qu'elle n'en diffère que par des éléments n'en altérant pas le caractère distinctif, peu important que la marque modifiée ait elle-même été enregistrée[347]. Toutefois, la seule utilisation du slogan figurant dans une marque complexe ne permet de faire échec à la déchéance que lorsque l'on retrouve dans ce slogan le caractère distinctif propre à la marque[348]. L'apposition de la marque sur des produits publicitaires distribués pour récompenser l'achat d'autres produits ne suffit pas à établir un usage réel et sérieux de la fonction de la marque[349]. En revanche, la même juridiction constate un usage sérieux lorsqu'une association à but non lucratif l'utilise, dans ses relations avec le public, pour annoncer des manifestations, dans ses papiers d'affaires ainsi que sur son matériel publicitaire et que ses membres l'arborent sur des insignes qu'ils portent lors de la collecte et de la distribution de dons[350].

856. L'usage sérieux doit se faire sur le territoire du titre de propriété. Pour les marques européennes, l'intensité d'exploitation sur le territoire de l'UE peut générer des difficultés. Un territoire d'exploitation limité au territoire d'un seul État membre concourt-il un usage sérieux sur le territoire de l'UE ? La marque européenne est un titre unitaire, valable sur l'ensemble du territoire de l'UE. Les frontières administratives des États membres n'influencent en rien son régime ; en décider autrement aboutirait à un démembrement de la marque contraire à l'article 1er RME. La CJ[351] rappelle que l'appréciation du caractère sérieux doit tenir compte de plusieurs critères, dont le critère géographique, les caractéristiques des produits ou services, la fréquence et la régularité de l'usage. Une marque fait l'objet d'un « usage sérieux » lorsqu'elle est utilisée, conformément à sa fonction essentielle qui est de garantir l'identité d'origine des produits ou des services pour lesquels elle a été enregistrée, aux fins de créer ou de conserver des parts de marché[352]. La CJ retient qu'« *il est impossible de déterminer* a priori, *de façon abstraite, quelle étendue territoriale devrait être retenue pour déterminer si l'usage de ladite marque a ou non un caractère sérieux* »[353]. Elle

345. Cf. T. UE, 24 mai 2012, aff. T-152/11, *TMS Trademark-Schutzrechtsverwertungsgesellschaft mbH*.

346. Voir Cass. com., 12 nov. 1992, *Bull. civ.* IV, n° 353 ; *RTD com.* 1993.310, obs. Chavanne.

347. Cass. com., 15 mars 2006, 3 arrêts, *Bull. civ.* IV, n° 68, 69 et 71, *RTD com.* 2007.343, obs. J. Azema ; *CCE* 2006, comm. 79, note C. Caron ; *Prop. Indust.* 2006, comm. 43, note P. Tréfigny ; Cass. com., 15 mars 2011, n° 10-15761, *RTD com.* 2012.100 obs. J. Azéma ; *PIBD* 2011, III-356 ; Cass. com., 3 juin 2014, n° 13-17769, *Bull. civ. IV*, à paraître. Voir *supra* n° 817 le traitement des familles de marques, et CJUE, 25 oct. 2012, C-553/11, *Rintisch*, préc.

348. Cass. com., 20 juin 2006, *PIBD* 2006, III-610.

349. CJCE, 15 janv. 2009, *Wellness*, aff. C-495/07, *PIBD* 2009, n° 891, III-851 ; *Prop. Indust.* 2009, comm. 20, note A. Folliard-Monguiral.

350. CJCE, 9 déc. 2008, C-442/07, *Verein Radetzky-Orden*, *Rec.* I-09223.

351. CJUE, 19 déc. 2012, aff. C-149/11, *Leno Merken*, *CCE* 2013, comm. 23, note C. Caron ; *Prop. Indust.* 2013, comm. 9, note A. Folliard-Monguiral ; *RTD com.* 2013. 70, obs. J. Azéma.

352. En ce sens, CJCE, 27 janv. 2004, aff. C-259/02, *La Mer*, *Rec.* I-01159 ; CJCE, 11 mai 2006, aff. C-416/04, *Sunrider*, *Rec.* I-04237.

353. CJUE, 19 déc. 2012, aff. C-149/11, *op. cit.*, pt 55.

écarte l'idée d'une règle *de minimis* qui ne permettrait pas au juge national d'apprécier l'ensemble des circonstances du litige qui lui est soumis. Une marque européenne fait l'objet d'un usage sérieux lorsqu'elle est utilisée conformément à sa fonction essentielle et en vue de maintenir ou de créer des parts de marché dans l'UE pour les produits ou les services désignés par le libellé. Le juge doit apprécier si les conditions sont remplies en tenant compte de l'ensemble des faits et des circonstances pertinents tels que, notamment, les caractéristiques du marché en cause, la nature des produits ou des services protégés par la marque, l'étendue territoriale et quantitative de l'usage ainsi que la fréquence et la régularité de ce dernier. Pour la CJ, « *s'il est certes raisonnable de s'attendre à ce qu'une marque communautaire soit utilisée sur un territoire plus important que les marques nationales, il n'est pas nécessaire que cet usage soit géographiquement étendu pour être qualifié de sérieux* »[354].

857. La CJ[355] a précisé les conditions d'usage sérieux pour les marques complexes, spécifiquement pour une marque utilisée uniquement en tant qu'élément d'une marque complexe ou en combinaison avec une autre marque. Lorsqu'une marque A n'est utilisée qu'en combinaison avec une marque B, et que la combinaison AB est elle-même enregistrée à titre de marque, il peut y avoir un usage sérieux, tant de A, de B que de AB, dès lors que le public perçoit ces éléments comme des indications d'origine du produit en cause. Cette solution s'applique lorsque l'une des marques A ou B en cause a acquis son caractère distinctif par l'usage de la marque AB issue de leur combinaison. La condition d'usage sérieux est remplie « *lorsqu'une marque enregistrée, qui a acquis son caractère distinctif par suite de l'usage d'une autre marque complexe dont elle constitue un des éléments, n'est utilisée que par l'intermédiaire de cette autre marque complexe, ou lorsqu'elle n'est utilisée que conjointement avec une autre marque, la combinaison de ces deux marques étant, de surcroît, elle-même enregistrée comme marque* ». Il faut que chaque élément reste perçu comme une marque, remplissant donc les fonctions de celle-ci ; dans ce cas, dans un ensemble protégé, chaque élément peut rester individuellement protégé s'il conserve un caractère distinctif propre[356].

858. Le législateur se méfie des reprises tardives de l'usage d'une marque. L'usage sérieux de la marque commencé ou repris postérieurement à la période de cinq ans ne fait pas obstacle à l'action en déchéance pour défaut d'exploitation s'il a été entrepris dans les trois mois précédant la demande de déchéance et après que le propriétaire a eu connaissance de l'éventualité de cette demande. Cette disposition renforce la volonté d'un usage réel et sérieux et écarte l'éventuel usage artificiel et défensif[357]. Si après plus de cinq années d'inexploitation, le propriétaire a engagé une exploitation sérieuse de sa marque plus de trois mois avant l'action en déchéance, il ne sera plus possible de prononcer la déchéance[358].

354. CJUE, 19 déc. 2012, aff. C-149/11, *op. cit.*, pt 39.
355. CJUE, 18 avr. 2013, aff. C-12/12, *Colloseum/Levi Strauss*, préc.
356. Dans le même sens, CJUE, 18 juill. 2013, aff. C-252/12, *Specsavers/Asda Stores*, préc.
357. Voir Cass. com., 6 mai 2014, n° 11-22108.
358. Cass. com., 14 mars 2006, *Bull. civ.* IV, n° 69 ; *PIBD* 2006, n° 831, III-402 ; Cass. com., 9 juin 2009, n° 08-16333.

859. À défaut d'usage sérieux durant une période de cinq ans, la déchéance peut être demandée en justice par toute personne intéressée pour une marque française[359]. Pour une marque européenne, elle peut être demandée auprès de l'office à titre principal ou en justice à titre reconventionnel. Lorsque la demande ne porte que sur une partie des produits ou des services visés dans l'enregistrement, la déchéance ne s'étend qu'aux produits ou aux services concernés. La preuve de l'exploitation incombe au propriétaire de la marque dont la déchéance est demandée[360]. Elle peut être apportée par tous moyens. Le demandeur en déchéance n'a donc pas à prouver la non-exploitation : la preuve d'un fait négatif serait une preuve diabolique, impossible à rapporter. Le propriétaire peut se dégager de la déchéance si à défaut de la preuve d'une exploitation sérieuse, il peut apporter la preuve d'une excuse légitime justifiant de la non-exploitation du signe. Parmi les excuses légitimes retenues par les juges, on peut citer le retard ou l'absence d'une AMM pour la commercialisation d'un médicament dont on conteste le non-usage de la marque le désignant, un avis négatif d'un service de l'État pour la commercialisation d'un produit[361]. En revanche, la simple difficulté économique ne constitue pas une excuse légitime[362] ; la CJ retenant que « *seuls des obstacles qui présentent une relation suffisamment directe avec une marque rendant impossible ou déraisonnable l'usage de celle-ci et qui sont indépendants de la volonté du titulaire de cette marque peuvent être qualifiés de justes motifs pour le non-usage de cette marque* »[363].

La Cour de cassation[364] a précisé les modalités de preuve et les délais relatifs à la déchéance des droits de propriété sur une marque. La société *A & F Trademark*, avait assigné en justice un fournisseur de vêtements pour contrefaçon de ses marques françaises et européennes *Abercrombie & Fitch*. La société *A & F Trademark* faisait grief à l'arrêt de la cour d'appel d'avoir prononcé la déchéance de ses droits sur les marques. Pour justifier l'usage sérieux de ses marques, la société invoquait notamment l'exploitation d'un site Internet sur lequel étaient présentés et offerts à la vente des produits portant la marque *Abercrombie & Fitch*, l'utilisation de la marque à titre de nom de domaine, ainsi que l'existence de ventes significatives en France de produits portant la marque. La Cour retient qu'en enregistrant à titre de marque différents signes formant différentes déclinaisons de « Abercrombie & Fitch », la société avait entendu les distinguer, « *de sorte que l'exploitation de l'une ne saurait constituer la preuve de l'exploitation des autres et qu'il lui incombe de justifier de l'usage sérieux qu'elle a fait de chacune d'elles* ». Cette solution semble remise en cause par un arrêt rendu le 18 juin 2014 dans lequel la Cour casse une cour d'appel qui

359. Cass. com., 18 mai 2010, *Bull. civ.* IV, n° 92 ; *D.* 2010, p. 1343 ; *Cah. Cons. const.* 2010. 195, note A. Duffy-Meunier ; *D.* 2011, p. 913, S. Durrande ; *Prop. Indust.* 2010, comm. 47, obs. P. Tréfigny-Goy. Voir aussi, Com. 7 juin 2006, *Bull. civ.* IV, n° 138 ; *D.* 2006. 2030, obs. C. Manara.

360. Cass. com., 29 janv. 2013, n° 11-28596.

361. Cass. com., 18 mai 1993 ; *D.* 1994, j. 56, note Burst ; *RTD com.* 1993.658, obs. Chavanne.

362. Cf. TGI Paris, 14 oct. 2008, n° 2007/06664, *aff. Anti-Flirt.*

363. CJCE, 17 juin 2007, *Armin Häupl*, aff. C-246/05, *Rec.* I-4673.

364. Cass. com., 16 févr. 2010, n° 08-21079, *A&F Trademark Inc. c/Hello Paris Sarl.* Voir P. Moignet, « Étendue géographique de l'usage sérieux de la marque communautaire et déchéance pour défaut d'exploitation », *Prop. Indust.* 2011, Étude 18.

avait retenu que « qu'en déposant plusieurs marques, la société Cofra a entendu les distinguer, de sorte qu'il lui incombe de justifier de l'usage sérieux qu'elle a fait de chacune d'elles et que la protection dont bénéficie sa marque semi-figurative ne peut s'étendre à ses deux marques verbales »[365]. Dans les preuves rapportées, ni la possibilité offerte au consommateur d'acheter les produits portant les marques, ni la production d'un chiffre d'affaires global, ne suffisait à démontrer l'exploitation de chacune des marques citées. La Cour ajoute que la possibilité offerte aux consommateurs d'acquérir, via un site Internet, les produits revêtus de l'une ou l'autre des marques, n'était pas de nature à caractériser leur usage sérieux, s'inscrivant ainsi dans une interprétation restrictive de la notion d'« usage sérieux » de la marque. Enfin, la Cour précise la computation des délais en cas de déchéance de marque pour défaut d'usage. La cour d'appel avait retenu la date de dépôt comme point de départ de la période de non-exploitation des marques françaises et européennes. La Cour affirme que, pour la marque française, en application des dispositions de l'article R. 712-23 du C. propr. intell., la période court à compter de la date de publication de l'enregistrement au BOPI. En revanche, pour une marque européenne, en application de l'article 15 RME, il faut compter cette durée à partir de la date d'enregistrement, qui n'intervenait, au sens de l'article 45 RME, qu'à l'issue du délai d'opposition visé en son article 42 § 1, ou après rejet de celle-ci par une décision définitive. La Cour de cassation en conclut que la société *A & F Trademark* ne justifiait pas d'un usage sérieux des marques citées mais casse l'arrêt car la cour d'appel avait retenu des dates erronées. On constate qu'en présence d'une pluralité de signes acquis utilisés à titre de marques et déclinant une marque principale, il faut établir la preuve de l'usage sérieux de chacune des marques exploitées, quand bien même ces marques seraient dérivées du même signe verbal[366]. La seule exploitation en ligne, par le biais de site marchand, semble insuffisante pour justifier l'usage sérieux d'une marque. Cette analyse sera certainement appelée à évoluer, on peut penser qu'en l'espèce, l'absence d'une distribution volontaire sur le territoire a influencé cette solution. Le propriétaire des marques doit apporter des moyens de preuve autres que la seule exploitation d'un site Internet présentant et proposant à la vente des produits revêtus de la marque et quelques coupures de presse[367]. Pour ces mêmes marques, la Cour de cassation[368] est venue compléter son analyse dans un deuxième arrêt. Elle confirme son exigence de preuve, mais demande aux juges du fond de tirer toutes les conséquences des pièces fournies par le propriétaire des marques. Surtout, sous le visa de l'article 6 *bis* CUP, elle indique que l'éventuelle déchéance des marques enregistrées ne présuppose par l'absence d'une atteinte à une marque notoire non enregistrée.

Si le titulaire de la marque n'est pas à même de rapporter la preuve d'un usage sérieux du signe, la déchéance est prononcée et prend effet à la date

365. Cass. com, 18 juin 2014, n° 13-17769, préc.

366. Sur les familles de marques, voir *supra* n° 817.

367. Sur la preuve admise, Cass. com., 3 juin 2014, n° 13-17769, préc., prenant en compte que les ordres de commande, documents comptables, factures et attestations.

368. Cass. com., 20 mars 2012, n° 11-10514. Sur les questions de preuves, voir aussi, T. UE, 16 nov. 2011, aff. T-308/06, *Buffalo Milk*, *Prop. Indust.* 2012, comm. 6, obs. A. Folliard-Monguiral.

d'expiration du délai de cinq ans. Elle a un effet absolu, c'est le périmètre de la propriété qui est modifié et non pas simplement un effet *inter patres*.

Enfin, bien que l'article L. 714-5 C. propr. intell. semble ouvrir largement l'action en déchéance à toute personne intéressée, la Cour de cassation[369] privilégie une approche stricte de l'intérêt à agir. Afin de prouver la légitimité de son intérêt à agir, le demandeur en déchéance doit prouver que « *sa demande tend à lever une entrave à l'utilisation du signe dans le cadre de son activité économique* ». Il ne peut pas exercer l'action uniquement pour nuire à un concurrent ou juste pour se distraire. Il lui appartient de prouver que le prononcé de déchéance lui permettra d'enregistrer un signe sans opposition, d'éviter une action en nullité ou une action en contrefaçon. Il peut aussi soutenir que la déchéance lui offrira la possibilité d'utiliser le signe déchu dans la vie des affaires.

2. La déchéance pour dégénérescence du signe

860. Innovation de la directive 89/104[370], introduite à l'article L. 714-6 C. propr. intell. et à l'article 51 RME, cette deuxième cause de déchéance s'applique lorsque, en raison du comportement du propriétaire de la marque, celle-ci est devenue la désignation usuelle dans le commerce du produit ou du service en cause. Il s'agit d'une sorte de situation paradoxale où, en raison du succès du produit, la désignation de celui-ci par une marque constitue pour le public le nom commun du produit et non le signe distinctif du produit[371]. La marque n'est plus à même dans ces conditions de remplir ses fonctions, en particulier la garantie de provenance, elle ne distingue plus ses propres produits mais un type de produit quelle qu'en soit l'origine.

Pour constater la déchéance d'une marque supposée générique, deux conditions sont nécessaires : il faut une acquisition du caractère générique par la marque et que cela soit le fait de son propriétaire.

861. Une marque devient générique lorsque le public cesse de la percevoir comme une marque, pour y voir le nom commun d'un produit ou d'un service[372] (*Cellophane*, *Fermeture Éclair*, *Thermos*, *Walkman*, *Botox*[373]...). Cette condition s'apprécie par rapport au langage courant[374]. Dans son arrêt *Björnekulla Fruktindustrier*[375], la CJ apporte des précisions sur le public à prendre en considération pour évaluer si une marque est devenue générique. Elle retient que « *dans l'hypothèse où des intermédiaires interviennent dans la distribution au consommateur ou à l'utilisateur final d'un produit couvert par une marque enregistrée, les milieux intéressés, dont le point de vue doit être pris en compte pour apprécier si ladite marque est devenue, dans le commerce, la désignation*

369. Cass. com., 20 nov. 2012, nº 12-11753, *JCP* G 2013, obs. C. Caron ; *D.* 2012, p. 2798.

370. Burst, « Une nouvelle cause de déchéance du droit sur la marque : la dégénérescence de la marque », *Mélanges J. Foyer*, PUF, 1997, p. 207.

371. T. Lancrenon, « Les marques mortes d'avoir trop plu », *Prop. Indust.* 2008, Étude 13.

372. Cass. com., 14 mai 2013, nº 12-18907, *Prop. Indust.* 2013, comm. 50, obs. P. Tréfigny.

373. Cass. com., 29 janv. 2009, *PIBD* 2009, nº 893, III-530.

374. Voir toutefois, TGI Paris, 18 nov. 2011, *Prop. Indust.* 2012, comm. 5, obs. P. Tréfigny-Goy, qui écarte la déchéance pour la marque *Sopalin*.

375. CJCE, 29 avr. 2004, *Björnekulla Fruktindustrier c. Procordia Food*, aff. C-371/02, *Rec.* I-5791 ; *Prop. Indust.* 2004, comm. 62, note A Folliard-Monguiral.

habituelle du produit en cause, sont constitués par l'ensemble des consommateurs ou des utilisateurs finals et, en fonction des caractéristiques du marché du produit concerné, par l'ensemble des professionnels qui interviennent dans la commercialisation de celui-ci ».

La déchéance pour dégénérescence s'applique produit par produit, il faut analyser parmi les produits du libellé ceux pour lesquels le signe n'est plus distinctif[376].

862. Pour éviter une telle sanction, le titulaire doit agir pour maintenir, au moins en apparence, le caractère distinctif de sa marque. Il n'y a déchéance pour dégénérescence que si le titulaire n'a pas défendu sa marque et a toléré l'usage généralisé du signe à titre générique. Son inaction est visée, c'est ce que relèvent explicitement les juges dans l'affaire *Pina Colada* : « *elle est restée totalement passive face à l'emploi généralisé de l'expression "Pina Colada" pour désigner un cocktail à base de jus de fruit* »[377]. Plus rare, il peut aussi exister des hypothèses où le comportement actif du propriétaire engendre la dégénérescence du signe. La marque devient générique car le titulaire a encouragé cet aspect dans des campagnes de publicité ou des communications vis-à-vis du public. Le caractère générique d'une marque résulte de l'action ou de la carence du titulaire.

Le propriétaire, pour échapper à cette déchéance, doit multiplier les actions pour indiquer au public, aux concurrents, aux institutions que le signe concerné est approprié à titre de marque. Il peut pour cela faire des campagnes publicitaires montrant que le signe est bien une marque, ou encore rappeler à toute personne utilisant le signe d'indiquer que c'est une marque déposée, de l'utiliser entre guillemets, ou enfin, engager des actions en contrefaçon contre les concurrents qui l'utilisent comme un terme générique[378]. Il pèse sur lui une obligation d'agir dont la preuve sera le seul moyen de défense efficace contre l'action en déchéance pour dégénérescence dans l'hypothèse où la marque est devenue, en pratique, l'appellation de référence.

863. Si les conditions de la dégénérescence sont réunies, le juge doit prononcer la déchéance de la propriété. Cette sanction a notamment des conséquences dans le cadre d'une action en contrefaçon. Dans son arrêt *Levi's* de 2006[379], la CJ retient qu'après le constat de la déchéance, la juridiction compétente ne peut pas ordonner la cessation de l'usage du signe concerné, même s'il existait, au moment où ledit signe a commencé à être utilisé, un risque de confusion entre celui-ci et la marque concernée. C'est une cause exonératoire de contrefaçon, et un moyen de défense dans le cadre d'une action en contrefaçon. Il n'y a pas lieu d'ordonner la cessation de l'usage du signe concerné dès lors qu'il a été constaté que ladite marque a perdu son pouvoir distinctif par le fait de l'activité ou de l'inactivité de son titulaire. Elle est devenue une désignation ordinaire et son titulaire est déchu de son droit de propriété.

376. Cass. com., 17 mars 2009, *Bull. civ.* IV, n° 41 ; *PIBD* 2009, n° 895, III-1008.

377. CA Paris, 19 oct. 2001, *PIBD* 2002, n° 736, III-79 ; *CCE* 2002, comm. 115, note C. Caron.

378. Voir les actions du propriétaire de la marque *Caddie* ou celles du propriétaire de la marque *Pédalo*.

379. CJCE, 27 avr. 2006, *LeviStrauss*, aff. C-145/05, *Rec.* I-3703 ; *PIBD* 2006, n° 835, III-532.

3. Déchéance de la marque devenue déceptive

864. Dernière cause de déchéance, la déceptivité sanctionne la marque qui a perdu, par l'usage, une qualité essentielle[380]. La déchéance pour déceptivité doit être distinguée de la nullité de la marque pour déceptivité[381]. Dans ce dernier cas, la marque est déceptive lors de l'enregistrement et il est possible à tout moment par la suite de soulever cette cause de nullité. À l'inverse, pour la déchéance, la marque est valablement enregistrée, mais l'évolution de l'usage produit cette déceptivité. L'article L. 714-6 C. propr. intell. et l'article 51 RME avancent que la déchéance est encourue lorsque, du fait de son propriétaire ou avec son consentement, la marque est devenue propre à induire en erreur le public, notamment sur la nature, la qualité ou la provenance géographique du produit ou du service. Il en sera ainsi, par exemple, lorsqu'une marque évoquant certaines qualités du produit, celles-ci disparaissent avec le temps, ou encore lorsqu'une marque comporte un élément géographique qui ne correspond plus à l'origine des produits.

865. La CJ, en se prononçant sur l'interprétation des articles 3 § 1 et 12 § 2 de la directive 89/104[382], retient que les conditions de la déchéance prévues à l'article 12 § 2 sont identiques à celles du refus d'enregistrement fondé sur l'article 3 § 1[383]. La Cour ajoute dans cet arrêt que le titulaire d'une marque correspondant au nom du créateur et premier fabricant des produits portant cette marque ne peut, en raison de cette seule particularité, être déchu de ses droits au motif que ladite marque induirait le public en erreur, notamment quand la clientèle attachée à cette marque a été cédée avec l'entreprise fabriquant les produits qui en sont revêtus. Une solution opposée a été retenue par la cour d'appel de Paris dans l'affaire *Inès de la Fressange*, la cour prononçant la déchéance de la marque devenue déceptive en raison de la modification des conditions d'exploitation de celle-ci, la modification étant que la créatrice n'était plus à l'origine des produits commercialisés sous la marque constituée par son patronyme[384].

C Nullités

866. La nullité sanctionne le signe qui, bien qu'enregistré, est porteur d'un vice ne le rendant pas à même de constituer une marque. La nullité vient sanctionner les conditions de validité de la marque, en écho aux conditions d'acquisition du droit de propriété. Comme pour la déchéance, la nullité peut être demandée pour la marque européenne soit au principal devant l'Agence soit de façon reconventionnelle devant une juridiction saisie d'une action en contrefaçon[385], alors que la nullité de la marque française est de la seule compétence du tribunal de grande instance. L'annulation de la marque a un effet absolu, elle

380. N. Bouche, « La déchéance de la marque devenue déceptive », *RJDA* 2002/3, p. 183.
381. Voir *supra* n° 717, 777, et *infra* n° 867 et s.
382. CJCE, 30 mars 2006, *Elizabeth Florence Emanuel*, aff. C-259-04, préc.
383. Sur les refus d'enregistrement, *supra* n° 738, 769, 773 et s.
384. Cet arrêt fut cassé sur un autre fondement, voir *supra* n° 717.
385. Cass. com., 7 juill. 2009, *JCP* G 2010, chron. 135, n° 14, obs. P.-Y. Ardoy.

est réputée ne jamais avoir existé. Pour autant, dans les mêmes conditions que pour la déchéance, le RME limite les effets de la nullité à l'égard des contrats et des décisions passées force de chose jugée (art. 55 RME).

Reprenant le schéma élaboré pour présenter ces conditions, le RME distingue (art. 52 et 53 RME) les causes de nullité absolue et les causes de nullité relative. Sans être aussi structurée, on retrouve cette approche pour la marque française (art. L. 714-3 et L. 714-4 C. propr. intell.), notamment par l'affirmation que le ministère public peut agir d'office en nullité en vertu des articles L. 711-1, L. 711-2 et L. 711-3 C. propr. intell. alors que l'action fondée sur un droit antérieur est réservée au titulaire de ce droit. Enfin, la prescription de l'action impose une certaine vigilance.

1. Les causes de nullité absolue

867. Il y a nullité absolue de la marque si elle a été enregistrée malgré un motif absolu de refus, tels qu'ils sont énoncés à l'article 7 RME ou aux articles L. 711-1 à L. 711-3 C. propr. intell. ou lorsque le demandeur était de mauvaise foi lors du dépôt de la marque. La nullité peut être partielle ou totale, elle doit être appréciée au regard des produits et services visés dans le libellé[386]. La violation de certaines conditions de fond au moment de l'enregistrement du signe peut être compensée par l'acquisition des qualités nécessaires à la validité du signe lors de son exploitation. Il en va ainsi du caractère distinctif de la marque qui peut être acquis par l'usage ce qui écartera la possibilité d'obtenir une annulation du signe[387].

868. La CJ[388] s'est prononcée sur les conditions d'appréciation de la mauvaise foi d'un déposant. En Allemagne, plusieurs entreprises concurrentes commercialisaient des produits ayant des formes et des présentations similaires. L'une d'elles a, par la suite, fait enregistrer sa propre forme et présentation en tant que marque européenne tridimensionnelle. La Cour retient que le moment pertinent pour apprécier l'existence de la mauvaise foi est celui du dépôt de la marque par l'intéressé. La mauvaise foi du demandeur doit être appréciée globalement, en tenant compte de tous les facteurs pertinents de l'espèce. Dans l'affaire qui a conduit à sa saisine, on relève en particulier le fait que plusieurs producteurs utilisaient sur le marché des signes identiques ou similaires pour des produits identiques ou similaires, ce qui prête à confusion avec le signe pour lequel l'enregistrement d'une marque était sollicité. Parmi ces facteurs, la Cour ajoute que le demandeur savait ou aurait dû savoir qu'un tiers, dans au moins un autre État membre, utilisait un signe identique ou similaire pour des produits identiques ou similaires. La Cour avance une présomption de connaissance par le demandeur de l'utilisation d'un tel signe par un tiers fondée notamment sur la connaissance générale du secteur économique concerné, la connaissance pouvant être déduite de la durée d'une telle utilisation. Il faut prendre en

386. Sur le contrôle des conditions de validité du signe, *supra* n° 791.

387. Voir *supra* n° 771.

388. CJCE, 11 juin 2009, *Chocoladefabriken Lindt & Sprüngli c. Franz Hauswirth*, aff. C-529/07, *PIBD* 2009, n° 900, III-1225 ; dans le même sens, T. UE, 17 déc. 2010, aff. T-336/08, *Chocoladefabriken Lindt & Sprüngli*, *Gaz Pal.* n° 54, 23 févr. 2011, p. 18, obs. L. Marino.

considération l'intention du demandeur d'empêcher ce tiers de continuer à utiliser le signe, et le degré de protection juridique dont jouissent le signe du tiers et le signe dont l'enregistrement est demandé. Pour ce qui est de l'intention du demandeur au moment du dépôt, c'est un élément subjectif qui doit être déterminé au regard des circonstances objectives de l'espèce, la volonté d'empêcher les tiers de commercialiser un produit dans une présentation particulière peut être caractéristique d'une mauvaise foi. Il en irait ainsi si, après l'enregistrement, le demandeur n'exploitait pas le signe ; l'idée d'une marque de barrage serait sanctionnée. La Cour ajoute que même dans de telles circonstances, notamment lorsque plusieurs producteurs utilisent des signes identiques ou similaires pour des produits et services identiques ou similaires, il n'est pas possible d'écarter automatiquement un objectif légitime, notamment lorsque le tiers qui exploite sur le marché tente de profiter de la présentation antérieure du demandeur, constituant un acte de concurrence déloyale. Pour établir la mauvaise foi, la Cour invite à prendre en considération la nature de la marque demandée. Lorsque le signe concerné est une forme ou la présentation d'un ensemble, l'existence de la mauvaise foi du demandeur pourrait être établie plus facilement en raison des restrictions qu'un tel signe impose aux concurrents. Il serait possible d'inclure dans cette appréciation le degré de notoriété dont jouit le signe au moment du dépôt, notoriété qui pourrait justifier l'intérêt du demandeur à assurer une protection accrue de son signe.

2. Les causes de nullité relative

869. Les nullités relatives sont celles ouvertes au seul titulaire des droits antérieurs opposables, sur le fondement de l'article L. 711-4 C. propr. intell. ou dans les conditions de l'article 53 RME, c'est-à-dire pour les marques délivrées en violation de l'article 8 RME[389]. On ajoute à cette première source de nullité, une autre fondée sur des droits antérieurs autres que des droits de marque mais pouvant être opposés à l'usage d'une marque, en particulier le droit au nom, le droit à l'image, le droit d'auteur ou tout autre droit de propriété intellectuelle. Le règlement ne fait pas de cette énonciation une liste limitative, on en déduit qu'un nom de domaine pourrait être invoqué comme antériorité fondant une action en nullité d'une marque européenne, comme d'une marque française.

De façon très pertinente, le RME anticipe l'effet du cumul de propriétés sur un même signe. En effet, il est parfaitement possible d'invoquer pour un même signe un droit d'auteur, un droit de dessin et modèle et un droit de marque. Se focalisant sur le bien intellectuel et non sur le droit de propriété, le règlement retient que le titulaire d'un droit antérieur qui a demandé la nullité d'une marque européenne, ne peut pas présenter une nouvelle demande en nullité fondée sur un autre droit. Si l'action en nullité est engagée sur le fondement du droit des marques, il ne sera pas possible ensuite de l'engager sur le fondement du droit

389. Si le droit antérieur opposé dans l'action en nullité est soumis à un droit national de propriété, l'Agence ou le juge de l'UE doit vérifier que la loi nationale est appliquée en effectuant un contrôle de conformité et non une simple validation du droit national, CJUE, 27 mars 2014, aff. C-530/12, *OHMI vs. National Lotery Commission ; Prop. indust.* 2014, comm. 40, obs. A. Folliard-Monguiral.

d'auteur ou du droit des dessins et modèles. Si on interprète strictement cette restriction, rien n'écarte la possibilité d'invoquer l'ensemble de ces titres de propriété sur le bien intellectuel lors d'une seule et unique action en nullité.

3. La prescription et la forclusion

870. L'application dans le temps de l'action en nullité génère plusieurs difficultés. En premier lieu, l'exception de nullité, naturellement, ne connaît pas de prescription, il est toujours possible d'engager une action reconventionnelle en nullité comme moyen de défense d'une action en contrefaçon. Hors de cette solution simple, il faut distinguer le délai de droit commun, le délai de la CUP et la forclusion par tolérance.

Le délai de prescription de droit commun s'applique à l'action en nullité, il est de cinq ans suivant les dispositions de l'article 2224 du Code civil. L'action en nullité est une action réelle, la contestation d'un droit de propriété, et non une action personnelle visant l'acte d'enregistrement de la marque. L'acte d'enregistrement de la marque est un acte administratif ne répondant pas à ce régime et il s'agit bien de contester l'appropriation du bien intellectuel, peu importent les conditions de la procédure de délivrance[390]. Au-delà de ce délai de cinq ans, il n'est plus possible d'agir en nullité, mais la détermination du point de départ de cette prescription n'est pas sans difficulté. Il faut déterminer la date à partir de laquelle on a connu ou aurait dû connaître les faits qui permettent d'exercer l'action en nullité.

L'article L. 714-4 intègre un délai de prescription spécifique pour les marques notoirement connues au sens de l'article 6 *bis* CUP. L'action en nullité ouverte au propriétaire d'une telle marque se prescrit par cinq ans à compter de la date d'enregistrement, à moins que ce dernier n'ait été demandé de mauvaise foi. Le point de départ de ce délai de prescription est différent de celui de droit commun, il correspond au minimum imposé par l'article 6 CUP. La mauvaise foi du déposant écarte ce délai, elle sera constatée lorsque ce dernier avait connaissance de l'existence de la marque antérieure non enregistrée[391].

871. Enfin, l'article L. 714-3 alinéa 3 C. propr. intell. et l'article 54 RME établissent une forclusion par tolérance à l'encontre du propriétaire d'une marque antérieure opposable qui vient limiter la possibilité d'engager une action en nullité. L'action de ce dernier n'est pas recevable si la marque a été déposée de bonne foi et s'il en a toléré l'usage pendant cinq ans. Dans cette hypothèse, le titre postérieur n'est pas remis en cause alors qu'il est potentiellement nul grâce à une sanction procédurale. Il n'y a pas validation au fond de la marque, il y a uniquement impossibilité pour le titulaire du droit antérieur d'engager une action, une sanction strictement procédurale, mais très efficace[392]. C'est une sanction de la passivité du propriétaire de la marque antérieure. Les signes devront cohabiter, ce que confirme le RME aux § 2 et § 3 de l'article 54. Dans un énième arrêt

390. *Contra*, J. Passa, *Traité*, *op. cit.*, n° 197 ; J. Azéma, *RLDA*, déc. 2008, p. 17.

391. Cass. com., 19 oct. 1999, *PIBD* 2000, n° 689, III-12.

392. Par exemple, sur le fondement d'un droit d'auteur, CA Paris, 23 mai 2008, *PIBD* 2008, n° 878, III-434.

Budweiser[393], la Cour retient que la tolérance est une notion du droit de l'UE. La CJ affirme que « *le titulaire d'une marque antérieure ne peut être réputé avoir toléré l'usage honnête bien établi et de longue durée, dont il a connaissance depuis longtemps, par un tiers d'une marque postérieure identique à celle de ce titulaire si ce dernier était privé de toute possibilité de s'opposer à cet usage* ». L'enregistrement de la marque antérieure dans l'État membre concerné ne constitue pas une condition nécessaire pour faire courir le délai de forclusion par tolérance prévu à l'article 9 § 1 de la directive 89/104. « *Les conditions nécessaires pour faire courir ce délai de forclusion, qu'il incombe au juge national de vérifier, sont, premièrement, l'enregistrement de la marque postérieure dans l'État membre concerné, deuxièmement, le fait que le dépôt de cette marque a été effectué de bonne foi, troisièmement, l'usage de la marque postérieure par le titulaire de celle-ci dans l'État membre où elle a été enregistrée et, quatrièmement, la connaissance par le titulaire de la marque antérieure de l'enregistrement de la marque postérieure et de l'usage de celle-ci après son enregistrement* ». Pour limiter les risques de la cohabitation et maintenir une cohérence dans le droit des marques fondé sur la fonction de garantie du signe, la Cour précise que le propriétaire d'une marque antérieure ne peut obtenir l'annulation d'une marque postérieure identique désignant des produits identiques dans le cas d'un usage simultané honnête et de longue durée de ces deux marques lorsque cet usage ne porte pas atteinte ou n'est pas susceptible de porter atteinte à la fonction essentielle de la marque qui est de garantir aux consommateurs la provenance des produits ou des services. Depuis leur entrée sur le marché du Royaume-Uni – respectivement au cours des années 1973 et 1974 – la brasserie tchèque et la brasserie américaine commercialisent chacune leurs bières sous le signe *Budweiser* ou sous des termes incluant ce signe. La CJ relève qu'une marque postérieure enregistrée peut être déclarée nulle uniquement lorsqu'elle porte atteinte ou est susceptible de porter atteinte à la fonction essentielle de la marque antérieure qui est de garantir aux consommateurs la provenance des produits désignés par celle-ci. L'usage simultané honnête et de longue durée des deux marques identiques concernées ne porte pas atteinte ou n'est pas susceptible de porter atteinte à la fonction essentielle de la marque antérieure. En conséquence, il n'y a pas lieu de déclarer nulle la marque postérieure « Budweiser » enregistrée en faveur du brasseur tchèque au Royaume-Uni.

Toutefois, pour que la forclusion soit invoquée, il faut que la marque ait été déposée de bonne foi, dans l'ignorance de l'atteinte portée au droit antérieur[394]. La preuve de la mauvaise foi pèse sur le demandeur à l'action qui supporte les risques de la preuve. Il faut reprendre les développements de la CJ au sujet de la mauvaise foi lors du dépôt d'une marque pour déterminer l'objet de la preuve[395]. Le signe contesté doit faire l'objet d'un usage et que cet usage soit, en tant que tel, toléré durant cette période de cinq ans. Toute manifestation claire du titulaire du droit antérieur de faire cesser cet usage interrompt le délai de prescription, suivant les dispositions des articles 2240 et suivants du Code civil.

393. CJUE, 22 sept 2011, aff. C-482/09, *Prop. Indust.* 2011, comm. 79, obs. A. Folliard-Monguiral ; *Prop. Indust.* 2012, chron. 7, n° 30 et s., obs. J. Cayron.
394. Cf. Cass. com., 15 juin 2010, n° 08-18279.
395. Voir CJCE, 11 juin 2009, *Chocoladefabriken Lindt*, aff. C-529/07, préc.

4. Les effets de la nullité

872. La nullité définitivement prononcée emporte la disparition du droit de marque, le titre de propriété étant considéré comme n'ayant jamais existé. La portée de la nullité varie selon que le titre est annulé en totalité ou partiellement. Dans ce dernier cas, le titre de marque reste en vigueur pour la partie du libellé non sanctionnée.

À l'inverse du droit interne, silencieux sur cette question, le droit de l'Union met en place un cadre juridique pour amortir les effets de cette annulation du titre de propriété. Suivant les dispositions de l'article 55 RME, la marque de l'Union est réputée n'avoir pas eu, dès l'origine, les effets attachés au droit de propriété, selon que la marque a été déclarée nulle en tout ou en partie. Le Règlement précise que, sous réserve des dispositions nationales relatives soit aux recours en réparation du préjudice causé par la faute ou la mauvaise foi du titulaire de la marque, soit à l'enrichissement sans cause, l'effet rétroactif de la déchéance ou de la nullité de la marque n'affecte pas les décisions en contrefaçon ayant acquis l'autorité de la chose jugée et exécutées antérieurement à la décision de déchéance ou de nullité. La décision de nullité n'affecte pas plus, sous les mêmes réserves, les contrats conclus antérieurement à la décision de déchéance ou de nullité, dans la mesure où ils ont été exécutés antérieurement à cette décision. Toutefois, dans ce dernier cas, la restitution de sommes versées en vertu du contrat, dans la mesure où les circonstances le justifient, peut être réclamée pour des raisons d'équité.

Deuxième partie
Les éléments communs de la propriété intellectuelle

873. Le droit de la propriété intellectuelle est marqué par des conditions non réductibles les unes aux autres pour l'appropriation des biens, même si l'analyse de ces conditions laisse transparaître une certaine gémellité, en particulier la nécessaire activité créative. La définition du bien intellectuel traduit pleinement ce lien fort entre les différents régimes de propriété intellectuelle.

Outre les conditions d'acquisition, le contenu de la propriété est partiellement spécifique. Là encore, des convergences indéniables apparaissent, mais les spécificités interdisent ou limitent la possibilité d'une présentation commune de ces éléments. Outre une vision juridique des éléments communs des régimes de propriété intellectuelle, il est naturellement possible d'avancer ces éléments économiques communs. Le développement de l'économie du savoir lève les frontières anciennes et expose les complémentarités des régimes de propriété intellectuelle pour un seul bien intellectuel ou un domaine donnée. L'innovation prend le dessus, recherchant des appropriations par l'ensemble des régimes de propriété.

Cette seconde partie du manuel renverse l'approche de la matière, au lieu d'aborder la propriété intellectuelle régime par régime comme ce fut le cas dans la première partie, elle présente la matière thème par thème, mettant en exergue les éléments communs de la propriété intellectuelle. Les convergences sont anciennes, elles sont croissantes. Elles portent sur des points de définition du domaine d'appropriation, l'intégration de la propriété dans son environnement économique et surtout la défense de la propriété. Ce dernier point est majeur, la propriété ne se caractérise pas uniquement à l'aune de ses moyens de défense, toutefois ceux-ci constituent un facteur clé de l'effectivité du droit de propriété.

Chapitre 1
Les solutions communes de la propriété intellectuelle

874. Outre la nature commune des biens intellectuels, quel que soit le régime d'appropriation, il y a entre les régimes de propriété intellectuelle des éléments communs dès lors que l'on dépasse les conditions d'appropriation et le périmètre du droit de propriété arrêtés par chacun des régimes. On constate que l'émergence de la technologie d'impression 3D sollicite l'ensemble des régimes de propriété intellectuelle et cherche à trouver son chemin parmi ceux-ci. L'évolution technologique est accompagnée par chacun des régimes de propriété dans leur champ d'intervention respectif. La réponse apportée pourra être parfois commune, parfois spécifique[1].

875. Le premier élément commun est l'analyse de la propriété intellectuelle faite sous l'angle des droits fondamentaux[2]. La jurisprudence de la CEDH a par plusieurs décisions retenu que la propriété intellectuelle est un droit de propriété[3] au sens du 1er protocole additionnel à la Convention européenne de sauvegarde des droits de l'Homme[4]. Elle considère que la mise en œuvre des dispositions, notamment pénales, destinées à permettre le respect du droit de propriété ne constitue pas nécessairement une atteinte à la liberté d'expression[5]. Depuis l'entrée en vigueur du Traité de Lisbonne, il est acquis, par application de l'article 6-1 de ce dernier, que la Charte des droits fondamentaux de l'UE a la même valeur juridique que les autres traités de l'UE[6]. La CJ a ainsi pu articuler le respect de la propriété, dont la propriété intellectuelle, avec d'autres

---

1. C. Le Stanc, « Impression en 3 D et propriété intellectuelle » ; *JCP* E 2013, 1466 ; C. Le Stanc, *Prop. Indust.* 2013, Alerte 70 ; *Prop. Indust.* 2014, chron. 2, n° 42, obs. L. Marino.
2. Sur ce thème, A. Latil, *Créations et Droits fondamentaux*, LGDJ, coll. Bibl. dr. privé, t. 554, 2014, qui distingue à l'aune des droits fondamentaux la liberté de créer, d'une part, et la propriété sur les créations, d'autre part ; N. Bronzo, *Propriété intellectuelle et droits fondamentaux*, L'Harmattan, 2007 ; C. Geiger, « Propriété intellectuelle et droits fondamentaux : une saine complémentarité », *Droits de propriété intellectuelle – Liber amicorum G. Bonet*, Litec, 2010, coll. IRPI, t. 36, p. 249.
3. R. Libchaber, « La propriété, droit fondamental », *Libertés et droits fondamentaux*, Dalloz, 16e éd., 2010, p. 689 ; Ph. Rémy, « La propriété privée considérée comme un droit de l'homme », *La protection des droits fondamentaux*, Actes du colloque organisé à Varsovie des 9 au 15 mai 1992, PUF, 1993, p. 123 ; A.-F. Zattara, *La dimension constitutionnelle et européenne du droit de propriété*, LGDJ, 2001.
4. CEDH, 11 janv. 2007, *Anheuser-Busch Inc. c. Portugal*, Req. n° 73049/01, § 72 ; cf. A. Latil, *op. cit.*, n° 437 et s.
5. CEDH, 10 janv. 2013, n° 36769/08 ; *D.* 2013, p. 172 ; *CCE* 2013, comm. 39, note C. Caron. Dans le même sens, CEDH, 19 févr. 2013, n° 40397/12, *CCE* 2013, comm. 63, note C. Caron.
6. Voir E. Treppoz, « Les apports institutionnels : la propriété intellectuelle après le Traité de Lisbonne », *RTD eur.* 2010.939.

droits fondamentaux, en particulier la liberté de communication[7]. L'article 17 alinéa 2 de la Charte dispose que « *la propriété intellectuelle est protégée* », là encore dans une approche parfaitement unitaire, mettant l'ensemble des régimes de propriété intellectuelle au même rang et l'intégrant dans la propriété en général.

En droit interne, le Conseil constitutionnel propose une analyse rigoureusement similaire, intégrant la propriété intellectuelle au domaine de la propriété en la rattachant à l'article 17 de la Déclaration des droits de l'homme de 1789[8]. En opérant ainsi, le Conseil constitutionnel confirme que la propriété intellectuelle, comme la propriété en général, concerne un droit réel, et qu'il est nécessaire de confronter celle-ci aux dispositions législatives concernant ces droits. Le lien entre le droit des biens et le droit de la propriété intellectuelle bénéficie de la sorte d'une confirmation de premier ordre, sur la base des droits fondamentaux. La propriété intellectuelle doit être défendue et protégée comme tout droit de propriété, ce que rappelle le Conseil lorsqu'il condamne un système consistant à sanctionner par des peines de contravention la contrefaçon en ligne en visant le principe d'égalité[9]. Toutes les propriétés méritent la même défense[10]. S'appliquent alors à la propriété intellectuelle les jurisprudences visant l'expropriation, la vente forcée ou le bail imposé au propriétaire inapte à exploiter son bien. Autant de questions qui peuvent engendrer une relecture de différentes dispositions du Code de la propriété intellectuelle tant sur les licences obligatoires[11] que sur les conditions d'exercice des prérogatives du ministère de la défense[12].

Les régimes de propriété intellectuelle sont abordés par l'angle de l'appropriation d'un bien intellectuel, leurs éléments spécifiques, mais ils sont aussi marqués par des éléments communs, notamment le domaine public et l'acceptation des cumuls de titres de propriété.

Section 1
Le domaine public

876. Tous les régimes de propriété intellectuelle sont marqués par une durée limitée de la propriété, cette durée variant d'un régime à l'autre. Le terme de l'appropriation emporte un effet identique pour chacun des régimes, le bien

7. CJUE, 27 mars 2014, aff. C-314/12, *UPC Telekabel Wien* ; *CCE* 2014, comm. 43, note C. Caron : l'interdiction faite à un fournisseur d'accès à Internet de permettre à ses clients d'accéder à un site diffusant des films sans le consentement de leur auteur ne constitue pas une atteinte aux droits fondamentaux.

8. Notamment, Cons. const., déc. n° 90-283, 8 janv. 19991, *JORF* 10 janv. 1991, p. 524 ; Cons. const., 10 juin 2009, déc. n° 2009-580 DC, cons. 13. ; voir l'étude synthétique de J.-M. Bruguière et F. Dumont, « La question prioritaire de constitutionnalité dans le droit de la propriété intellectuelle », *CCE* 2010, Étude 10 ; B. Mallet-Bricout, « Questions prioritaires de constitutionnalité : un nouveau rapport de force en droit des biens ? », *D.* 2011, p. 2298.

9. Cons. const., déc. 2006-540 DC, 27 juill. 2006, *JORF* 3 août 2006, p. 11541.

10. En ce sens, T. Revet, *RTD civ.* 2006.791.

11. *Infra*, n° 1049 et s.

12. *Supra*, n° 526 et s. et 669.

intellectuel intègre le domaine public, ce qui a des effets sur leur condition d'utilisation et d'appropriation. Avant d'envisager les effets du domaine public sur la propriété intellectuelle, il faut tenter d'en présenter la notion.

§ 1. La notion de domaine public

877. Alors que le domaine public est un élément commun à l'ensemble des régimes de propriété du Code de la propriété intellectuelle, la loi n'emploie qu'une seule fois l'expression à l'article L. 123-8 C. propr. intell. à propos du rappel à protection instauré à la suite de l'extension de la durée de la propriété. À cette occasion, le législateur parle des œuvres « *tombées dans le domaine public* » ; l'expression usuelle se trouve consacrée. Les biens intellectuels tombent dans le domaine public au terme de leur appropriation. Ce silence du législateur engendre une appréhension difficile de cette notion.

A Le domaine public : élément de la propriété intellectuelle

878. Le domaine public est défini comme le « *régime de libre et gratuite exploitation qui devient applicable aux œuvres littéraires et artistiques, inventions brevetées, dessins et modèles, et marques, à l'expiration du délai pendant lequel leur auteur jouissait du droit exclusif de les exploiter* ». Cette définition met en évidence le champ d'application du domaine public et l'effet de cette qualification sur la jouissance des biens intellectuels, dans une approche descriptive du domaine public. Renouard, suivant une approche certainement plus politique et philosophique, définit le domaine public comme « *le communisme intellectuel, loi de l'humanité* »[13]. L'auteur avance l'idée que le domaine public constitue un élément essentiel de la diffusion des connaissances, des techniques, des créations, complément nécessaire de l'appropriation, analyse qui souffre d'une erreur de fond dans l'étude de la portée des droits de propriété intellectuelle qui n'entravent aucun de ces objectifs[14]. La justification du domaine public par l'analyse d'une récompense suffisante accordée au créateur du bien intellectuel ne convainc pas[15]. L'appropriation du bien intellectuel par le créateur ou son ayant droit n'est pas une récompense accordée par la société, c'est l'exercice d'une prérogative essentielle, le droit de propriété sur les meubles. Que les régimes spéciaux de propriété proposés par la propriété intellectuelle instaurent une durée limitée ne doit pas transformer la propriété prérogative fondamentale de notre modèle juridique et social en une propriété récompense, au risque de dénaturer celle-ci et de la fragiliser. Que chaque régime de propriété intellectuelle tente d'établir un équilibre entre l'intérêt particulier du propriétaire et l'intérêt général n'est pas le propre de la propriété

13. Renouard, *Du droit industriel dans ses rapports avec les principes du droit civil sur les personnes et sur les choses*, Guillaumin, Paris, 1860, p. 212, et p. 408 pour une illustration.
14. En particulier, l'obligation de description en droit des brevets assure que 70 % des connaissances scientifiques mondiales sont librement accessibles pour l'étude et l'expérimentation.
15. Voir *supra* n° 2.

intellectuelle[16], il suffit de considérer l'exercice de la propriété immobilière au regard des contraintes de l'urbanisme ou de la copropriété immobilière pour s'en rendre compte. Il est de la nature même du droit de propriété d'être construit au regard des contraintes sociales, l'idée d'un absolutisme de la propriété ayant fait long feu.

879. On s'interroge sur l'inclusion ou l'exclusion du domaine public de la propriété intellectuelle. En est-ce un élément ? Une réponse négative rend le domaine public autonome de la propriété intellectuelle, or, ce n'est juridiquement pas le cas. Le domaine public est non pas le terme de la propriété intellectuelle mais uniquement le terme de l'appropriation exclusive des biens intellectuels. Le sort de ces biens, une fois inclus dans le domaine public, relève encore de la propriété intellectuelle, il en fait pleinement partie. La possibilité pour le législateur de faire entrer ou sortir des biens intellectuels du domaine public en est une preuve. Le bien du domaine public connaît des contraintes spécifiques. Le droit moral du créateur, en particulier le droit au nom que l'on retrouve en droit des dessins et modèles, en droit d'auteur et en droit des brevets, est maintenu. La possibilité d'un rappel à appropriation, en cas de modification de la durée du droit de propriété[17], traduit ce lien maintenu entre le dernier propriétaire et le bien du domaine public.

Il faut déterminer si un bien intellectuel change de régime lorsqu'il intègre le domaine public ou si son régime initial inclut le régime du domaine public. La seconde hypothèse doit être retenue, le domaine public n'est pas un autre régime, mais un élément de chacun des régimes de propriété intellectuelle. En revanche, c'est un élément commun à tous ces régimes, il n'y a qu'un seul domaine public en propriété intellectuelle. S. Choisy, pour sa part, ne relève que des similitudes entre les différents biens intellectuels à ce stade, sans retenir une identité parfaite[18]. Elle met en avant la spécificité du droit des marques dont le domaine public serait « *facultatif et susceptible d'appropriation par un droit de même nature* », spécificité qui engendrerait une différence totale avec les autres régimes de propriété intellectuelle. Pourtant, le domaine public est un élément commun à l'ensemble des régimes de propriété intellectuelle, même si l'admission de ces biens dans le domaine public se réalise pour des causes différentes[19]. La spécificité du droit des marques, que l'on pourrait aussi étendre au droit des producteurs de bases de données, vient non pas de la nature du domaine public mais des conditions d'appropriation spécifiques à ces régimes de propriété. Et la réappropriation n'est pas absolue, on note que le régime de la marque collective l'encadre strictement.

Le domaine public, élément de la propriété intellectuelle, se distingue d'autres notions et engendre la qualification des biens intellectuels y étant intégrés. L'existence physique du bien intellectuel est indépendante et antérieure à leur

---

16. T. Dreier, « Balancing Proprietary and Public Domain Interests : Inside or Outside of Proprietary Rights ? », *Expanding the Boundaries of Intellectual Property*, Oxford University Press, 2001, p. 295, spec. p. 298 et s.

17. Cf. *supra* art. 16 de la loi n° 97-283 du mars 1997 en droit d'auteur, et la prorogation des droits voisins par la directive de 2011.

18. S. Choisy, *Le domaine public en droit d'auteur*, thèse, Litec, 2002, IRPI, t. 22, n° 340 et s.

19. Savatier, *Les muses*, *op. cit.*, n° 30, évoque l'idée de « cycle ».

appropriation par l'un de ces régimes, ils ne disparaissent pas au terme de ceux-ci, terme que l'on peut qualifier, suivant la proposition de Mme Choisy[20], de « *terme légal extinctif* ».

1. Fonds commun et domaine public

880. M. Vivant et J.-M. Bruguière avancent une distinction essentielle : le domaine public n'est pas le fonds commun. Pour ces auteurs, le fonds commun est plus large que le domaine public, il intègre ce dernier mais, avec plus, les idées, les créations qui n'ont pas pu accéder à un régime de propriété, et généralement « *tous matériaux ayant vocation à être utilisés dans le cadre d'un processus créatif* »[21]. On partage cette analyse. Le domaine public est constitué des biens intellectuels ayant fait l'objet d'une appropriation ; l'inappropriable ne peut pas en être un élément. Il n'inclut pas les idées, les théories scientifiques, les méthodes mathématiques, les découvertes pas plus que l'ensemble des éléments de culture, de civilisation qui nous entourent.

La notion de domaine public impose de distinguer très nettement cette expression au sens de la propriété intellectuelle de celle employée par le droit public. Il n'y a pas de rapport entre les deux, si ce n'est qu'il s'agit, dans les deux cas, de droit des biens. Le domaine public administratif définit un régime de propriété – la propriété publique – appliqué à une catégorie de biens appartenant aux collectivités publiques, il y a un plein exercice d'un droit de propriété. Le propre du domaine public de la propriété intellectuelle est d'écarter tout titulaire, tout sujet de droit pouvant revendiquer le bien au-delà du respect des prérogatives morales[22]. Si le domaine public administratif ne recoupe pas le domaine public de la propriété intellectuelle, il est possible que des biens inclus dans le domaine public administratif intègrent, au terme de leur appropriation, le domaine public de la propriété intellectuelle.

2. Domaine public et droit des biens

881. Les biens intellectuels existent sans les propriétés intellectuelles, ils en sont indépendants, autonomes : la propriété intellectuelle ne crée pas les choses, les biens intellectuels, elle n'en propose qu'une voie d'appropriation. Les choses demeurent même si le régime d'appropriation initial parvient à son terme[23]. C'est un corollaire de la distinction entre un bien et son régime juridique d'appropriation. La musique de *Mozart*, le théâtre de *Molière*, les inventions de la révolution industrielle n'ont pas disparu du seul fait du terme d'une appropriation.

20. S. Choisy, thèse, *op. cit.*, n° 19.
21. M. Vivant et J.-M. Bruguière, *op. cit.*, note 5, p. 143.
22. S. Choisy, thèse, *op. cit.*, n° 85 et s.
23. Catala, « La transformation du patrimoine dans le droit civil moderne », *RTD civ.* 1966.185, n° 26 : « *La durée des propriétés incorporelles n'est pas liée à la perpétuité d'un* corpus. *Sa détermination est livrée au libre arbitre du législateur (droit d'auteur) qui parfois l'abandonne au choix du titulaire (brevets)* » ; M. Cornu, « L'espérance d'intangibilité dans la vie des œuvres – Réflexions sur la longévité de certains biens », *RTD civ.* 2000.697.

Au terme de l'appropriation le bien ne redevient pas chose ; le terme a pour unique effet de supprimer l'appropriation exclusive. Le bien intellectuel reste soumis aux suites de son régime juridique et intègre le domaine public. Au regard des classifications du droit des biens, le bien intellectuel du domaine public devient une sorte de *res communes*[24] au sens de l'article 714[25] du Code civil et non un bien en déshérence[26]. Le bien intellectuel soumis au régime du domaine public n'est pas une chose inappropriable mais un bien à la disposition de tous, pour lequel la jouissance est encadrée par la loi. L'ubiquité des biens intellectuels leur confère une posture spécifique car la jouissance du bien ne se fera pas en concurrence les uns contre les autres, mais concomitamment et pour la même quotité. À l'inverse du bien en déshérence, il ne pourra pas être approprié à nouveau par le biais du même régime de propriété, sous réserve du droit des marques.

Le Code de la propriété intellectuelle fait peu de cas du domaine public au regard de l'importance[27] de celui-ci ; il mentionne simplement que le droit moral du créateur est perpétuel[28]. Les biens intellectuels du domaine public font l'objet d'un commerce important. Pour l'industrie pharmaceutique par le commerce des médicaments génériques ou l'édition littéraire, musicale par l'exploitation des « classiques », le domaine public permet d'augmenter les marges d'exploitation n'ayant plus à supporter le coût de la propriété intellectuelle.

882. Le principe d'indépendance du bien intellectuel par rapport à son support reste entier. Le domaine public ne vise que les biens intellectuels et non leurs supports qui peuvent être des meubles ou des immeubles et pour lesquels cette évolution du régime de propriété n'a pas d'effet direct. Il n'y a pas de domaine public au sens de la propriété intellectuelle pour les supports. La question s'est posée indirectement à propos du contentieux portant sur l'appropriation de l'image des biens. L'assemblée plénière de la Cour de cassation, dans un arrêt du 7 mai 2004, a retenu à ce propos que « *le propriétaire d'une chose ne dispose pas d'un droit exclusif sur l'image de celle-ci, il peut toutefois s'opposer à l'utilisation de cette image lorsqu'elle lui cause un trouble anormal* »[29]. Cette maîtrise du propriétaire sur l'image de son immeuble ne peut se faire qu'en respect du droit d'auteur sur ce dernier tant que celui-ci n'est pas dans le domaine public.

---

24. En ce sens, C. Caron, *Droit d'auteur*, *op. cit.*, n° 345 ; P.-Y. Gautier, *op. cit.*, n° 390 ; Vivant et Bruguière, *op. cit.*, n° 436 ; M.-A. Chardeaux, *Les choses communes*, LGDJ, 2006 ; J.-M. Bruguière, « Propriété intellectuelle et choses communes », *Propriété intellectuelle et droit commun*, ERCIM-PUAM, 2007, p. 39.

25. Rapp. Baudry-Lacantinerie, *Précis de droit civil*, 9ᵉ éd., Lib. de la Société du Recueil Gal des Lois et des Arrêts, 1905, n° 1303, p. 720 « Les *res communes* : On désigne sous ce nom des choses qui, par leur fécondité inépuisable, peuvent se prêter à un usage constamment renouvelé, et dont la jouissance est commune à tous » ; voir CA Paris, 21 mai 2002, *CCE* 2002, comm. 124, note C. Caron.

26. Renouard, *Traité des droits d'auteur dans la littérature, les sciences et les beaux-arts*, J. Renouard Libraires, 1838, t. 1, p. 447.

27. Voir, G. Bonet, « Avant-propos », *Parasitisme et concurrence déloyale*, Litec, 1997, coll. IRPI, n° 15, p. IX.

28. Art. L. 121-1 et L. 611-9 C. Prop. Intell.

29. Ass. plén., 7 mai 2004, *Bull. civ.*, n° 10 ; *JCP* G 2004, II, 10085, note C. Caron ; *D.* 2004, j. 1545 notes J.-M. Bruguière et E. Dreyer ; *RTD civ* 2004.528, obs. T. Revet.

B Le périmètre du domaine public

883. La définition du périmètre du domaine public, ce qui y est inclus et ce qui en est exclu, est soumise à plusieurs facteurs, dont la durée des propriétés et la volonté des propriétaires. À ces deux premiers éléments, des facteurs complémentaires engendrent une fluctuation de ce périmètre, en raison soit d'un rappel à protection, soit d'appropriations nouvelles.

L'identification du périmètre du domaine public détermine ce qui est approprié et ce qui ne l'est pas. Pour ce qui n'est pas approprié, une alternative s'impose : ce n'est plus appropriable ou cela n'a pas été encore approprié et peut l'être par l'un des régimes de propriété intellectuelle[30]. L'identification passe par une définition précise du contenu approprié. Le droit des brevets met en avant le caractère fondamental de la description, il en est de même en droit des marques ou en droit des dessins et modèles. Suivant l'expression de M. Galloux, « *la chose commune cesse de l'être à partir du moment où elle est bornée* »[31]. La singularisation du bien intellectuel approprié permet d'appréhender le domaine public.

884. Le périmètre du domaine public est en premier lieu défini par la loi. Le terme de chaque titre de propriété emporte une augmentation des biens inclus dans le domaine public. La loi restreint le domaine public, en général de façon temporaire, en augmentant la durée des titres de propriété[32] (mouvement constant depuis l'émergence de la propriété intellectuelle, à l'exception notable du droit des dessins et modèles), et éventuellement en instaurant un mécanisme de rappel à protection[33].

L'appréciation du terme de la propriété est une opération délicate si la validité du titre de propriété sur un territoire est dépendante du maintien du titre sur un autre territoire. La Convention de Berne retient que la durée d'appropriation est déterminée selon le régime du pays dans lequel le titre de propriété est invoqué sans que cette durée ne puisse excéder la durée fixée dans le pays d'origine de l'œuvre (cf. art. L. 123-12 C. propr. intell.). La Convention de Rome donne compétence à chaque État sans créer de lien entre ces durées, il en va de même en droit des marques. À l'inverse, en droit des brevets, la durée d'appropriation est calculée en fonction de la date de dépôt dans le système initial, les États peuvent avoir des durées différentes, mais, par le jeu de l'article 33 ADPIC et de la CUP, le point de départ sera le même.

Outre la question du terme, des interventions augmentent ponctuellement la durée d'un titre de propriété, en droit des brevets, avec le certificat complémentaire de protection ou en application des règlements 1901/2006 pour les médicaments infantiles et 1394/2007 pour les médicaments de thérapie innovante.

30. Voir Prop. de Loi AN, n° 1573, visant à consacrer le domaine public, à élargir son périmètre et à garantir son intégrité, enregistrée le 21 nov. 2013 ; *CCE* 2013, Focus 77, Fl. Meuris.

31. J.-C. Galloux, J. Azéma, *op. cit.,* n° 207.

32. Notamment la directive modifiant la directive 2006/116 relative à la durée de protection du droit d'auteur et de certains droits voisins, préc.

33. CJCE, 20 janv. 2009, aff. C-240/07, *Sony Music Entertainment*, *Prop. Intell.*, avr. 2009, p. 181, note V.-L. Benabou, *RTD com.* 2009.719, obs. F. Pollaud-Dulian.

En droit d'auteur, le mécanisme de rappel à protection[34] a permis, en 1993, par une restauration du droit de propriété au bénéfice des anciens titulaires à l'occasion de l'augmentation de la durée du droit de propriété[35], de faire bénéficier de cet allongement les œuvres récemment tombées dans le domaine public.

Enfin, le législateur intervient pour écarter l'appropriation ou certaines conséquences de l'appropriation afin de maintenir un quasi-domaine public universel. La Convention de Rio sur la diversité biologique[36], la protection de la faune et de la flore, les conventions sur le folklore et les connaissances indigènes limitent un peu le domaine de l'appropriable et assurent au domaine public un périmètre renforcé[37].

885. Le périmètre du domaine public est influencé par la volonté individuelle[38]. Le titulaire d'un titre de propriété intellectuelle peut opter pour l'abandon de sa propriété[39]. Cette démarche, exercice du droit d'*abusus*, engendre l'intégration du bien intellectuel dans le domaine public, sans attendre le terme de la propriété. En droit des brevets, la statistique démontre que le maintien d'un titre de propriété est en moyenne de dix ans, soit la moitié de la durée légale du droit de propriété.

Si le domaine public est inhérent à la propriété intellectuelle, en constitue un élément essentiel, certains régimes permettent de repousser quasi éternellement l'intégration d'un bien intellectuel dans ce régime : le droit des marques et le droit des producteurs de bases de données. Dans les deux cas, tant que l'on maintient en vigueur le titre de propriété (par renouvellement décennal en droit des marques, ou par investissement constant dans la base de données), l'inéluctable domaine public peut être repoussé sans limite.

§ 2. Les effets du domaine public sur la propriété intellectuelle

886. Le régime du domaine public est identique pour l'ensemble des biens intellectuels. Ils lui sont soumis par défaut[40] : le domaine public régit les biens intellectuels dont l'appropriation personnelle exclusive est arrivée à terme. À

34. Directive 93/98 du 29 oct. 1993 relative à l'harmonisation de la durée de protection du droit d'auteur et de certains droits voisins.

35. S. Choisy, thèse, *op. cit.*, n° 216 et s.

36. Convention de Rio sur la diversité biologique, 29 déc. 1993, J.-M. Bruguière, « Appropriation du vivant. Vrai procès (fondamental) sur le corps, le corporel ou l'incorporel. Toujours une question d'équilibre et encore les Eginètes... », *Prop. Intell.* 2004, n° 12, p. 838.

37. M. Vivant et J.-M. Bruguière, *op. cit.*, n° 139 et s. ; S. Von Lewinski, « Le Folklore, les savoirs traditionnels et les ressources génétiques : sujet débattu dans le contexte de la propriété intellectuelle », *Prop. Intell.* 2005, n° 14, p. 22 ; C. Coste, *Propriété intellectuelle et peuple autochtone, La question de la protection juridique des peuples autochtone*, thèse, Aix en Provence, 2000 ; S. Choisy, thèse, *op. cit.*, n° 335 et s. ; C. Antons, « Traditional Knowledge and Intellectual Property Rights in Australia and Southeast Asia », *IIC Sutides vol. 25*, Hart Publishing, 2005, p. 37 ; E. Gray, « Maori Culture and Trade Mark Law in New Zeland », *IIC Sutides vol. 25*, Hart Publishing, 2005, p. 71.

38. S. Choisy, thèse, *op. cit.*, n° 351 et s.

39. Pour le droit d'auteur, voir notamment la « licence BSD ».

40. Voir S. Choisy, « La réappropriation du domaine public par le droit de la propriété intellectuelle », *CCE* 2002, Étude 11.

compter de cet instant, il est accordé à tout bien intellectuel une même place et une même fonction sociale d'où découle nécessairement un régime juridique identique. Est mise en évidence la distinction entre la durée d'appropriation et la durée du bien. Le domaine public est un élément de la propriété intellectuelle pour lequel quelques difficultés de régime subsistent, le bien libéré de la propriété aiguise les convoitises ! Le principe est naturellement celui d'une libre réutilisation des biens du domaine public[41] pour la création de nouveaux biens intellectuels, aussi bien en droit des brevets, en droit des dessins et modèles[42] ou en droit d'auteur[43].

A Les contraintes du régime

887. Le Code de la propriété intellectuelle compte très peu de dispositions contraignantes pour le domaine public, elles sont essentiellement attachées au droit d'auteur, en raison du caractère perpétuel du droit moral. Quel que soit le régime, le droit au nom du créateur du bien intellectuel est maintenu.

Le Code de la propriété intellectuelle met en avant deux éléments spécifiques : le régime du titre[44] et celui du droit moral[45]. La pratique dégage quelques applications originales, notamment dans le cadre de la gestion collective. Certaines sociétés de perception et de répartition des droits[46] (SPRD) proposent des contrats généraux de représentation incluant les œuvres du domaine public alors qu'elles ne peuvent plus les compter dans leur catalogue et que les droits patrimoniaux sont éteints. Cette pratique tend à alléger le coût d'exploitation des œuvres appropriées et répartir l'assiette de redevances sur l'ensemble des recettes d'une salle de spectacles, une maison d'opéras par exemple. Les fonds seraient collectés sur l'ensemble des recettes, qu'il s'agisse de *Mozart* ou de *Messiaen*, mais répartis uniquement entre les titulaires de droits patrimoniaux, ce dernier point ne ressort malheureusement pas clairement des comptes des SPRD.

888. La perpétuité du droit moral laisse planer le risque de son instrumentalisation pour imposer un régime d'autorisation préalable pour l'exploitation des œuvres du domaine public, sous la forme d'une dérive du droit au respect[47]. L'affaire Hugo a permis à la Cour de cassation de tempérer ce risque. Sous le visa des articles L. 121-1, L. 123-1 C. propr. intell. et de l'article 10 CEDH, elle

41. Sur l'idée d'un domaine public payant, la thèse en forme de synthèse de Vilbois, *Du domaine public payant en matière de droit d'auteur*, Sirey, 1929 ; J. Crayon et A. Albarian, « Financer la création culturelle par l'instauration d'un domaine public payant : le renouveau d'une notion ancienne », *Legicom* n° 36 2006/2, p. 117.

42. Cf. J.-C. Galloux et J. Azéma, *op. cit.*, n° 1218.

43. Cass. civ. 1re, 30 janv. 2007, arrêt *Hugo*, notamment, *LPA*, 19 juill. 2007, n° 144, p. 8, note N. Binctin.

44. Voir *supra* n° 48.

45. Voir *supra* n° 139 ; sur le délicat exercice de ce droit, Françon, « La protection du droit moral de l'auteur relatif à une œuvre tombée dans le domaine public », *Mélanges H. Cabrillac*, Litec, 1968, p. 167 ; B. d'Ormesson-Kersaint, « La protection des œuvres du domaine public », *RIDA* avr. 1983, p. 73.

46. Voir *infra* n° 1067 et s.

47. C. Nguyen Duc Long, « Intégrité et numérisation des œuvres de l'esprit », *RIDA* janv. 2000, p. 3.

casse l'arrêt d'appel et affirme que « *la suite d'une œuvre littéraire se rattache au droit d'adaptation ; que sous réserve du respect du droit au nom et à l'intégrité de l'œuvre adaptée, la liberté de création s'oppose à ce que l'auteur de l'œuvre ou ses héritiers interdisent qu'une suite lui soit donnée à l'expiration du monopole d'exploitation dont ils ont bénéficié* ». La dichotomie entre le droit moral et le droit patrimonial est un fondement du droit de propriété de l'auteur. L'application stricte du domaine de chacune de ces composantes est une excellente initiative de la Cour. La notion d'adaptation relève du droit patrimonial de l'auteur[48]. Une fois l'œuvre dans le domaine public, le droit moral ne peut plus être invoqué pour contrôler l'adaptation d'une œuvre. Le droit moral ne doit pas être un moyen de réduire la liberté d'exploitation des œuvres du domaine public. Le double visa des articles L. 121-1 et L. 123-1 C. propr. intell. assoit la distinction du droit moral et du droit patrimonial. Le droit moral, perpétuel, inaliénable et imprescriptible, transmissible à cause de mort aux héritiers, était l'unique fondement permettant à l'héritier de Hugo d'agir. Encore faut-il que l'adaptation porte atteinte au droit moral de l'auteur. Le seul usage, l'inspiration ou la référence à une œuvre du domaine public ne saurait constituer une atteinte au droit moral. Il n'y a pas une atteinte dans l'absolu au droit moral, mais des conditions strictes d'application suivant quatre éléments que sont le droit au nom, le droit de divulgation, le droit de retrait et de repentir et le droit au respect[49]. Retenant une rigueur dans l'exercice du droit moral, la Cour de cassation offre à celui-ci sa véritable ampleur et permet de lui conserver crédit et intérêt. La Cour reproche à l'arrêt d'appel d'avoir adopté « *des motifs inopérants tirés du genre et du mérite de l'œuvre ou de son caractère achevé, sans avoir examiné les œuvres litigieuses ni constaté que celles-ci auraient altéré l'œuvre de Victor Hugo ou qu'une confusion serait née sur leur paternité* ». La Cour n'a pas caractérisé l'atteinte au droit moral.

Pour le droit au nom, la Cour relève qu'il n'y a pas la démonstration d'un risque de confusion sur la paternité de l'œuvre, notion de risque de confusion attaché au régime du titre principalement. Si l'auteur de l'adaptation n'avait pas mentionné que ses personnages étaient tirés de l'œuvre de Hugo, un tel emprunt sans indication de la paternité aurait pu constituer une violation du droit moral. Non seulement, on ne peut pas reprocher de mentionner l'auteur de l'œuvre originale, mais le droit au nom impose cette référence, même pour des œuvres du domaine public. L'utilisation du nom de Hugo est à ce stade non pas une faute mais une obligation.

889. Pour ce qui est du risque de confusion, il est essentiel de différencier l'auteur de l'œuvre adaptée et celui de l'adaptation. Ce critère du risque de confusion trouve une application naturelle dérivée de la garantie d'origine du produit en cause, rappelant le droit des marques[50]. À l'heure où l'on retrouve ponctuellement des manuscrits non publiés, par exemple pour Jules Verne ou Albert Camus[51], cette distinction est primordiale. Autant il n'est pas possible

48. Voir *supra* n° 155.
49. Voir *supra* n° 127 et s.
50. Voir *supra* n° 747.
51. A. Camus, *Le premier homme*, Gallimard, 1994 ; Jules Verne, *Paris au XXe siècle*, Hachette Littérature, 1995.

d'interdire *a priori* l'utilisation d'une œuvre du domaine public pour créer une nouvelle œuvre, autant il est exclu de laisser croire que l'œuvre seconde est du même auteur. Si le droit moral n'assurait pas une protection des auteurs, la responsabilité civile leur fournirait un fondement, sur le terrain du parasitisme. La fonction du droit à la paternité est pleinement remplie, dans ces deux composantes : indication des sources d'inspiration et distinction des auteurs. La référence au risque de confusion renvoie à un article non visé par l'arrêt, l'article L. 112-4 C. propr. intell. Les titres des deux romans sont « *Cosette ou le temps des illusions* » et « *Marius ou le fugitif* ». Si ces titres sont évocateurs, ils ne reproduisent pas le titre de l'œuvre originale, ce qui écarte l'application de l'article L. 112-4 C. propr. intell. *Marius* et *Cosette* sont des personnages de Hugo, tout usage de ces prénoms par un autre créateur ne porte pas atteinte au droit moral de ce dernier, mais implique une filiation de pensée. Ces prénoms ont une portée mythique non appropriable par le droit d'auteur. Le caractère évocateur des prénoms impose une référence à l'œuvre de Hugo, mais écarte toute confusion, chacun connaissant l'histoire et son déroulement.

890. Quant au droit au respect[52], l'adaptation d'une œuvre du domaine public écarte les contraintes d'un contrat d'adaptation. Les deux romans ne portent pas atteinte à l'intégrité des *Misérables*. Il s'agit d'œuvres nouvelles, aucune modification n'est apportée à l'œuvre de Hugo. Les deux romans en cause font référence à certains personnages de Hugo et leur inventent une nouvelle vie ; cela procède de la liberté créative de l'auteur, peu importe, dit la Cour de cassation, écartant l'analyse de la cour d'appel, que « *l'œuvre de Hugo, véritable monument de la littérature mondiale, d'une part, n'était pas un simple roman en ce qu'elle procédait d'une démarche philosophique et politique, ainsi que l'avait explicité Victor Hugo et, d'autre part, était achevée, qu'il s'ensuivait qu'aucune suite ne pouvait être donnée à une œuvre telle que les Misérables* ».

Aucune œuvre du domaine public ne bénéficie d'un régime particulier en raison de sa popularité ou des déclarations de son auteur ; l'unité de l'art est aussi à ce prix. Le seul emploi de la légende de deux personnages pour créer une nouvelle œuvre n'est pas une atteinte au respect de l'œuvre tombée dans le domaine public, ni de son auteur. Lorsque l'œuvre est dans le domaine public, l'emploi tel quel comme l'adaptation sont libres, sauf atteinte à l'honneur et à la réputation de l'artiste ou risque de confusion entre les œuvres. Prime alors la liberté de création dans l'esprit même du droit d'auteur.

On peut percevoir un glissement du droit moral, de la protection de l'œuvre vers la protection de la personne de l'auteur, une dénaturation du droit moral. Le seul fait d'écrire la suite d'une œuvre du domaine public n'est pas constitutif d'une atteinte au droit moral de l'auteur de l'œuvre première, quelles que soient les qualités, la portée historique, philosophique ou politique de cette œuvre. Le domaine public, protégé tant par le droit d'auteur que par le principe de la liberté d'expression, permet de s'inspirer d'œuvres antérieures pour réaliser des œuvres nouvelles s'il n'existe pas un risque de confusion entre l'origine respective de ces biens intellectuels.

---

52. Cf. *supra* n° 135, 148.

891. L'application du régime du domaine public dans le cadre des mécanismes de la convention de Berne n'est pas sans difficulté. La Cour de cassation retient dans ce cas que « *les conditions d'application de la Convention de Berne, prévues à l'article 18.1 de cette Convention, qui stipule que "la présente convention s'applique à toutes les œuvres qui, au moment de son entrée en vigueur, ne sont pas encore tombées dans le domaine public dans le pays d'origine par l'expiration de la durée de protection", devaient s'apprécier au regard des dispositions de l'article 5.2 de cette même Convention en vertu desquelles la jouissance et l'exercice des droits de propriété littéraire et artistique ne sont subordonnés à aucune formalité* ». Dès lors, elle en déduit que la Convention a « *vocation à s'appliquer aux œuvres tombées dans le domaine public pour toute autre cause que l'expiration de la durée de protection* ». Pour l'affaire qui lui était soumise, elle met en œuvre ces solutions de la façon suivante : « *l'œuvre "His girl friday" d'Howard Hawks, qui, enregistrée en 1939, n'était pas tombée dans le domaine public lors de l'entrée en vigueur de la Convention aux USA, en 1989, "par l'expiration de la durée de protection", laquelle, à cette époque et abstraction faite de toute formalité, était de 56 ans* »[53].

B La reconstitution d'une appropriation

892. Au-delà de l'instrumentalisation du droit moral, d'autres biais permettent la reconstitution d'un semblant d'exclusivité sur les biens intellectuels du domaine public, ce que M. Caron désigne comme « *l'irrésistible décadence du domaine public en droit de la propriété intellectuelle* »[54]. On relève trois voies principales.

1. Le recours à d'autres régimes d'appropriation ou des réappropriations[55]

893. Le bien intellectuel du domaine public ne peut plus, sous réserve du droit des marques et du droit des bases de données, être approprié par son régime de propriété antérieur. Dès lors, l'une des solutions pour retrouver une emprise sur le bien intellectuel est de chercher une appropriation par le biais d'un autre régime de propriété[56]. Aucun obstacle à déposer à titre de marque tel ou tel élément symbolique d'une œuvre à condition de pouvoir ensuite conserver le titre en exploitant le signe à titre de marque[57]. La nature

53. Cass. civ. 1re, 17 déc. 2009, *Bull. civ.* I, n° 253.

54. C. Caron, « L'irrésistible décadence du domaine public en droit de la propriété intellectuelle », *Mélanges Dupichot*, Bruylant, 2004, p. 61 ; S. Choisy, « La réappropriation du domaine public par le droit de la propriété intellectuelle », *CCE* 2002, Étude 11.

55. Cf. S. Choisy, thèse, *op. cit.*, n° 437 et s.

56. Sur l'effet de l'appropriation du support par une personne publique, CE, 29 oct. 2012, n° 341173, *Tours (Cne)*, *AJDA* 2013. 111, note N. Foulquier ; *AJCT* 2013. 153, obs. F. Blanc ; *Prop. Intell.* janv. 2013, p. 69, obs. A. Lucas ; *RTD com.* 2013. 271, obs. F. Pollaud-Dulian ; J.-M. Bruguière, « Au secours, l'image des biens revient ! », *CCE* 2013, Étude 2.

57. L'appropriation est alors limitée au seul usage à titre de marque, en ce sens, CA Paris, 1er févr. 2012, *Prop. Indust.* 2012, comm. 31, obs. P. Tréfigny-Goy, à propos du personnage du « petit poucet ».

de la propriété n'est plus la même, mais le droit de marque confère une emprise efficace sur le bien intellectuel, toujours plus efficace que le domaine public, d'autant plus qu'elle est porteuse d'une certaine notoriété. Ainsi, les principaux personnages de Disney ont fait l'objet d'une appropriation au titre du droit des marques[58]. Le recours à d'autres régimes d'appropriation se retrouve pour les biens relevant du droit des brevets. À nouveau, il s'agit d'une propriété différente, mais qui permet de conserver une clientèle, ce sera le cas, par exemple, avec la mise en avant d'une marque lorsqu'un principe actif est dans le domaine public. Le génériqueur ne pourra pas utiliser cette marque pour identifier le produit, ce qui offre un avantage compétitif évident au titulaire de la marque notoire désignant dans le langage courant le principe actif, même si de façon laxiste la Cour de cassation a retenu qu'il est possible d'utiliser la marque du princeps dans le cadre d'une publicité comparative[59]. La même stratégie porte sur la forme du médicament[60].

Le droit des bases de données appelle aussi une telle stratégie, en assurant l'identification et l'accès aux biens intellectuels, le producteur de la base de données bénéfice d'une quasi-appropriation, bien que non exclusive.

Le droit des dessins et modèles semble plus limité dans ses facultés de fournir une appropriation alternative au terme d'une autre propriété, en raison du critère de nouveauté. Ce n'est toutefois pas exclu, il faudra être à même de rapporter la preuve qu'il n'y a pas eu une divulgation de nature à détruire la nouveauté, ce sera le cas d'œuvres inconnues des professionnels agissant dans l'UE.

Les droits voisins offrent une solution efficace, on produit un nouvel enregistrement d'une œuvre du domaine public, l'œuvre n'est pas appropriée, mais son exploitation sera tout de même encadrée par un droit de propriété. Toutefois, une *remasterisation* ou la restauration d'enregistrement antérieur ne donne pas naissance à un nouveau droit voisin, faute de nouvelle fixation de l'œuvre.

Les réappropriations sont envisageables par le rétablissement d'un droit de nature identique au droit antérieur. Le droit des marques ne contient aucune limite à cette solution, la marque antérieure abandonnée peut être à nouveau appropriée, sous réserve de fraudes et du régime des marques collectives. Le droit d'auteur est aussi ouvert à de telles pratiques au travers de l'œuvre composite, telle la réédition d'une œuvre du domaine public, avec une nouvelle

58. Par exemple, *Mickey Mousse*, CTM n° 002827426, déposée le 26 août 2002 et enregistrée le 24 février 2004, pour les classes 9, 16, 25, 28 et 41, au bénéfice de *Disney Enterprises Inc*.

59. Cass. com., 26 mars 2008, *Bull. civ.* IV n° 71 ; *CCE* 2008, comm. 132, note C. Caron ; voir *supra* n° 827.

60. La Cour de cassation (Cass. com., 21 janv. 2004, *Bull. civ.* IV, n° 14) a rendu un arrêt défavorable à l'enregistrement de la forme du comprimé de *Lexomil*, au motif que son caractère sécable pouvait être obtenu avec d'autres formes. Cette position a cependant été infirmée le 27 sept. 2005 par la cour d'appel de Versailles, laquelle a statué que la fonction sécable et la forme globale du comprimé *Lexomil* ne remplissaient pas une fonction technique, permettant ainsi à d'autres formes de comprimés d'être déposées comme marques françaises. L'OHMI, au contraire, a statué à plusieurs reprises (notamment OHMI, 4e ch. de recours, 19 nov. 2008, aff. R. 804/2008-4) que les entailles permettant de sectionner un comprimé sont simplement utiles pour l'ingestion et ne confèrent pas à celui-ci une identité commerciale particulière, de sorte qu'elles ne sont pas susceptibles d'enregistrement. L'OHMI a cependant enregistré à titre de marque européenne la forme du *Viagra*.

iconographie ou un appareil critique. Solutions largement pratiquées, le droit d'auteur provient de l'originalité des éléments annexes intégrés pour la nouvelle exploitation. Pour l'exploitant, ces solutions sont attractives en raison des faibles coûts de la propriété intellectuelle et de l'existence de marchés stables pour les œuvres du répertoire, les classiques. Ce fut largement pratiqué pour l'édition de partitions. Cette appropriation est opportune, et l'apparente gratuité du domaine public s'évapore.

2. Les mesures techniques

894. Dans le cadre de la lutte contre les atteintes à la propriété intellectuelle, le législateur développe un arsenal de moyens techniques[61] permettant de maîtriser l'accès au contenu incorporé dans un support matériel ou immatériel. Sans revenir sur la nature et le régime de ces mesures, il a été avancé l'idée de les instrumentaliser pour faire renaître une maîtrise de l'exploitation d'un bien du domaine public. L'hypothèse est celle d'un producteur soustrayant un bien de la libre circulation liée au domaine public en recourant à des mesures techniques. Le Sénat avait envisagé d'introduire une disposition légale permettant aux utilisateurs de lever l'obstacle de la mesure technique lorsque l'œuvre n'est plus appropriée, mais cette disposition ne fut pas conservée[62]. La CJUE[63] a affirmé que, pour revendiquer le bénéfice de mesures techniques de protection, il est nécessaire que celles-ci soient utilisées pour protéger un droit de propriété intellectuelle, ce qui écarte l'instrumentalisation de ces mesures. Le domaine public en tant que tel ne peut être approprié par la seule apposition de mesures techniques.

3. La responsabilité civile

895. Le droit de la responsabilité civile, au travers de la concurrence déloyale et du parasitisme, constitue un moyen de préservation de la jouissance monopolistique du bien après son intégration dans le domaine public[64]. La CJ a pu affirmer que ces actions pouvaient être qualifiées *de « propriété intellectuelle »*[65]. Le recours à la responsabilité de droit commun est à la source d'une divergence doctrinale, une partie de la doctrine contestant le recours à la responsabilité civile[66], retenant que le propre du domaine public est que chaque opérateur est libre de copier les biens non appropriés, l'économie d'investissement qui en résulte ne pouvant être fautive. Ce serait instituer par le droit commun un monopole d'exploitation que le droit spécial de la propriété intellectuelle ne prévoit pas. Une autre partie de la doctrine soutient qu'il n'y a pas contradiction

61. Voir *infra* n° 1403 et s.
62. *JO Sénat CR*, 9 mai 2006, p. 3678.
63. CJUE, 23 janv. 2014, aff. C-355/12, *Nintendo* ; *CCE* 2014, comm. 26, note C. Caron.
64. M. Chagny, *Droit de la concurrence et droit commun des obligations*, Dalloz, 2004, Nouvelle Bibl. de thèses, n° 658 et s. ; X. Daverat, « Droit d'auteur et "protections périphériques" », *Mélanges P. Le Cannu*, Lextenso, 2014, p. 513.
65. CJCE, 14 déc. 2000, aff. jtes C-300/98 et C-392/98, *Dior*, *Rec.* I-11307 ; *CCE* 2001, comm. 96, note C. Caron.
66. H.-J. et A. Lucas et A. Lucas-Schloetter, *Traité*, *op. cit*, n° 569 ; J. Passa, *Contrefaçon et concurrence déloyale*, thèse, Litec, 1997, coll. IRPI, t. 15 ; même auteur, *Traité*, *op. cit.*, tome 1, n° 773.

entre le droit commun de la responsabilité et le droit spécial de la propriété, la victime de la copie devant rapporter la preuve de la faute, du préjudice et du lien de causalité pour obtenir réparation, cela dans un cadre juridique différent de celui prévu pour les atteintes à la propriété intellectuelle[67]. Roubier avait en son temps déjà mis en évidence les risques d'un tel raisonnement[68].

Pour ce qui est du parasitisme, c'est-à-dire profiter de façon indue des investissements d'autrui, il semble nécessaire d'écarter cette solution pour les biens du domaine public car l'investissement est par nature amorti[69].

896. Pour ce qui est de la concurrence déloyale, il est nécessaire d'aborder cette question non plus au regard des articles 1382 et 1383 du Code civil, mais au regard de l'article L. 120-1 du Code de la consommation qui dispose qu'« *une pratique commerciale est déloyale lorsqu'elle est contraire aux exigences de la diligence professionnelle et qu'elle altère, ou est susceptible d'altérer de manière substantielle, le comportement économique du consommateur normalement informé et raisonnablement attentif et avisé, à l'égard d'un bien ou d'un service* », et des articles L. 121-1 à L. 121-7 du même code sanctionnant les pratiques commerciales trompeuses, dispositions applicables aussi bien dans les rapports entre professionnels qu'avec les consommateurs. L'article 10 *bis* CUP dispose que les pays membres de l'Union sont tenus d'assurer aux ressortissants de l'Union une protection effective contre la concurrence déloyale, précisant que constitue un acte de concurrence déloyale tout acte de concurrence contraire aux usages honnêtes en matière industrielle et commerciale. Le lien entre propriété intellectuelle et concurrence déloyale est profond. À la lumière de ces dispositions, ce n'est pas la copie du bien dans le domaine public qui peut être la cause d'une éventuelle sanction mais les comportements de l'agent économique commercialisant ce bien du domaine public en créant un risque de confusion. L'article L. 121-1-1 13° du Code de la consommation incrimine explicitement comme une pratique commerciale trompeuse le fait « *de promouvoir un produit ou un service similaire à celui d'un autre fournisseur clairement identifié, de manière à inciter délibérément le consommateur à penser que le produit ou le service provient de ce fournisseur alors que tel n'est pas le cas* », ce qui se retrouvait dans la commercialisation de copies de biens du domaine public, lorsque ces biens sont toujours commercialisés par l'exploitant historique. Il sera nécessaire pour l'exploitant de la copie d'adopter une démarche commerciale le mettant à l'abri de tels reproches[70].

La jurisprudence semble encore incertaine. En droit d'auteur, la Cour a affirmé l'impossibilité d'une action en concurrence déloyale contre un éditeur ayant publié une œuvre tombée dans le domaine public[71], la même chambre a sanctionné la copie d'une montre dont les formes étaient tombées dans le

67. P. Le Tourneau, « Retour sur le parasitisme », *D. Cah Aff.* 2000, p. 403 ; Y. Auguet, *Concurrence et clientèle*, LGDJ, 2000, n° 59.
68. Roubier, *op. cit*, t. 1, n° 70 et s.
69. Cf. A. Bonnefont, « Parasitisme et concurrence déloyale : il faut garder le cap », *CCC* 2001, Étude 4 ; M. Chagny, thèse, *op. cit.*, n° 670.
70. Dans le même sens, Roubier, *op. cit.*, t. 1, n° 70.
71. Notamment, Cass. com., 24 janv. 1972, *Bull. civ.* IV, n° 27.

domaine public[72]. En droit des brevets, le contentieux tourne principalement autour des médicaments génériques et la jurisprudence est plutôt favorable aux copies des biens du domaine public.

Section 2
Le cumul d'appropriations

897. La nature des biens intellectuels et les spécificités des régimes de propriété intellectuelle engendrent un effet original, unique en droit des biens : la possibilité de cumuler des titres de propriétés, simultanément sur un même bien[73]. Cette particularité illustre l'indépendance du bien intellectuel face au régime d'appropriation, tout en constatant une unité nette des biens intellectuels face à l'hétérogénéité des propriétés. Après avoir envisagé les conditions du cumul de propriétés, il faudra envisager les conflits entre propriétés ou entre propriétaires.

§ 1. Unité des biens et pluralité des régimes

898. Le cumul d'appropriations est un phénomène unique en droit des biens. Il faut présenter ce phénomène et identifier son intégration dans les régimes de propriété.

A Le principe du cumul

899. Les biens intellectuels répondent à une définition unique, mais leurs régimes d'appropriation ne sont pas pour autant unifiés[74]. Droit d'auteur, droit des marques, droit des brevets, le Code de la propriété intellectuelle propose une série de régimes de propriété susceptibles de s'appliquer à ces biens de même nature. La multiplicité des régimes n'est pas un argument s'opposant à l'unité des biens intellectuels ; la diversité des propriétés intellectuelles n'interdit pas l'unité des biens intellectuels.

Les biens intellectuels présentent une originalité de fond qui ne se retrouve pas chez les biens corporels et qui contribue à les distinguer. Des biens

---

72. Cass. com., 22 oct. 2002, *JCP* G 2003, II 10 038, Mainguy ; *Prop. Intell.* 2003, n° 6 p. 85, obs. J. Passa ; *PIBD* 2003, n° 759, III-140.

73. G. Le Labourier-Fleury Legros, *Le cumul de droits de propriété intellectuelle*, thèse Caen, 2007 ; A. Cruquenaire et S. Dussollier, *Le cumul des droits intellectuels*, Larcier, 2009 ; J.-M. Bruguière (ss dir.), *L'articulation des droits de propriété intellectuelle*, Dalloz, 2011, coll. Thèmes et commentaires ; S. Chatry, *Le concours de droits de propriété intellectuelle – Essai d'une théorie générale*, Fondation Varenne 2012, coll. des thèses, t. 69.

74. Cf. la première partie, voir « Propriétés intellectuelles : unité ou diversité. À la recherche d'un droit commun des propriétés intellectuelles », Grenoble, nov. 2003, *JCP* E 2004, Cahier de droit de l'entreprise, suppl. n° 4, 14 oct. 2004.

corporels de même nature peuvent connaître des régimes de propriété différents[75] ; il en va de même des biens intellectuels. Un seul et unique bien intellectuel peut être approprié par le droit d'auteur, ou le droit des marques, ou le droit des dessins et modèles par exemple. Le propre des biens intellectuels et des propriétés intellectuelles réside dans la possibilité de cumuler simultanément des titres de propriété sur un même bien. Un immeuble peut être soumis au régime de propriété du droit public ou du droit privé, mais il n'y a qu'un propriétaire légitime sur cet immeuble, un seul titre de propriété et un seul régime de droit à un moment donné. Il en va de même pour tous les biens corporels, et les meubles incorporels par détermination de la loi, tels les créances, les fonds de commerce, ou les valeurs mobilières[76]. À l'inverse, un bien intellectuel peut être soumis à plusieurs régimes d'appropriation concomitamment et connaître plusieurs propriétaires légitimes. Il n'y aura pourtant qu'un seul bien intellectuel.

900. Cette situation, unique en droit des biens, engendre des casuistiques complexes. Une création graphique, à la manière de Takashi Murakami par exemple, peut être appropriée, cumulativement ou non[77], au titre du droit d'auteur, du droit des dessins et modèles[78] et du droit des marques[79]. On peut penser à un son pour lequel on cumule le droit d'auteur et un droit de marque sur un signe sonore. Il en va de même pour les formes, ou emballages pouvant être, sous réserve de répondre aux spécificités de chacun des régimes, appropriés par le droit d'auteur, le droit de marque, le droit des brevets, et le droit des dessins et modèles[80]. Un logiciel est approprié par le droit d'auteur et, intégré à la machine pour laquelle il a été développé et à laquelle il donne l'ensemble de ses fonctionnalités, peut être approprié par brevet. S'il n'y avait pas d'exclusion de la brevetabilité des logiciels en tant que tels, un cumul droit d'auteur et brevet serait envisageable[81].

901. Dans toutes ces hypothèses, il y a une seule création – un seul bien intellectuel – faisant l'objet d'une appropriation multiple. En aucun cas le cumul emporte la confusion des régimes de propriété. Chaque régime de propriété adopte un angle d'appropriation différent, si le bien peut répondre à plusieurs points de vue, il peut être multi-approprié. La création n'est pas

75. Voir *supra* n° 19 ; par exemple, propriété publique et propriété privée.

76. Art. 529 C. civ.

77. Pour des exemples de cumul, cf. P.-Y. Gautier, *op. cit.*, n° 100 ; J. de Werra, « L'art et la propriété intellectuelle », *Les Cahiers de la Prop. Intell.*, éd. Y. Blais, 2011, vol. 23, n° 3, p. 1311.

78. Sur l'articulation entre droit d'auteur et droit des dessins et modèles, E. Garnier, « La protection juridique des créations du "design" », *RIDA* n° 200, avr. 2004, p. 3 ; F. Pollaud-Dulian, *Le droit d'auteur*, *op. cit.*, n° 43 ; et Cass. com., 17 mars 2004, n° 03-18067, inédit.

79. Cf. S. Choisy, thèse, *op. cit.*, n° 581 et s. ; P.-Y. Gautier, *op. cit.*, n° 226 ; F. Pollaud-Dulian, *Le droit d'auteur*, *op. cit.*, n° 210 ; J. Passa, « Titres et slogans : entre marque et droit d'auteur », *Prop. Intell.* n° 14, janv. 2005, p. 31 ; Cass. com., 21 sept. 2004, *RIDA* n° 203, janv. 2005, p. 253 ; CA Paris, 27 mai 2004, *RIDA* n° 203, janv. 2005, p. 278.

80. C. Heath, « The Protection of Aesthetic Creations as Three-Dimensional Marks, Designs, Copyright or Under Unfair Competition », *IIC Sutides vol. 25*, Hart Publishing 2005, p. 181.

81. G. F. Casucci, « Software and Computer-Related Inventions : Protection by Patent and Copyright », *IIC Sutides vol. 25*, Hart Publishing 2005, p. 161 ; N. Binctin, « Le cumul d'appropriation : du parfum au logiciel », *CCE* 2006, Étude 36 ; voir *supra* n° 444 et s.

dépendante de la propriété ou en contemplation de cette dernière, elle se réalise librement, la question de l'appropriation intervenant *a posteriori*. Le créateur choisit dans l'offre de propriétés celle ou celles qui répondent à ses attentes ; il peut ne rien retenir, il peut en retenir un maximum. La liberté de cumul est rappelée tant dans la directive 98/71 sur les dessins ou modèles, en son point 8, que dans le règlement 6/2002 aux considérants 31 et 32 : le droit de l'UE consacre la possibilité d'un cumul du droit des dessins et modèles et du droit d'auteur, il en va de même du droit des marques au regard du régime des antériorités et de la revendication. Cette autonomie des régimes de propriété se retrouve au stade procédural, une action en contrefaçon engagée sur le fondement d'un titre de propriété ne peut pas être étendue à un autre titre de propriété en appel par exemple[82].

902. La CJ va d'ailleurs au-delà de la simple possibilité d'un cumul lors de la transposition de la directive[83], en imposant une obligation de cumul de la protection des dessins ou modèles avec celle du droit d'auteur aux États membres. Elle affirme que l'article 17 de la directive 98/711 s'oppose à la législation d'un État membre qui exclut de la protection par le droit d'auteur les dessins ou modèles qui ont fait l'objet d'un enregistrement dans ou pour un État membre et qui sont tombés dans le domaine public avant la date de l'entrée en vigueur de cette législation, bien qu'ils satisfassent à toutes les conditions requises pour bénéficier d'une telle protection. La législation d'un État membre qui exclut, soit pour une période substantielle de dix ans, soit totalement, de la protection par le droit d'auteur les dessins ou modèles qui, bien qu'ils satisfassent à toutes les conditions requises pour bénéficier de cette protection, sont tombés dans le domaine public avant la date de l'entrée en vigueur de cette législation, à l'égard de tout tiers qui a fabriqué ou commercialisé sur le territoire national des produits réalisés selon lesdits dessins et modèles, et ce quelle que soit la date à laquelle ces actes ont été accomplis, n'est pas conforme.

Le cumul est une chance pour le propriétaire du bien intellectuel, il peut exploiter au mieux sa création, établir une stratégie territoriale optimisée, en particulier au regard des coûts de celle-ci. L'effet mondial du droit d'auteur, la date certaine du modèle, la quasi-perpétuité de la marque sont autant d'effets que l'on peut articuler. Au plan territorial, il sera possible, selon les États dans lesquels l'appropriation est souhaitée, d'utiliser une ou plusieurs extensions. Pour certains marchés, le cumul sera autant que possible reproduit et pour d'autres, un titre de propriété suffira.

Un lien entre le cumul de titres et la théorie de l'unité de l'art est souvent établi[84], cette dernière n'est pourtant pas concernée. La théorie de l'unité de l'art n'a d'impact qu'en droit d'auteur[85], elle assure l'absence de discrimination

82. Voir CA Paris, 24 juin 2011, *PIBD* 2011, n° 947, III-589 ; *Prop. Indust.* 2011, comm. 92 P. Greffe ; *Prop. Indust.* 2012, comm. 17, J.-P. Gasnier.

83. CJUE, 17 janv. 2011, aff. C-168/09, *Flos* ; C. Caron, « À propos du cumul en droit communautaire du droit d'auteur et du droit des dessins et modèles », *CCE* 2011, comm. 33 ; L. Idot, « Dessins et modèles et renaissance de la protection », *Europe* 2011, comm. 109 ; N. Binctin, *JCP* E 2012, n° 7, p. 40 ; *D.* 2011, p. 440 ; *L'Essentiel Droit de la propriété intellectuelle*, déc. 2010, p. 4, C. Bernault.

84. J. Passa, *Traité*, *op. cit.*, n° 672 et s. ; J. Azéma et J.-C. Galloux, *op. cit.*, n° 1198 et s.

85. Voir *supra* n° 39 et s.

entre les biens pouvant être appropriés par le droit d'auteur. En aucune façon, la théorie de l'unité de l'art n'encourage ou n'autorise le cumul, elle le facilite, mais elle n'en est pas la cause ou même le moyen. Il y a cumul de titres possible, d'une part, parce que le bien intellectuel répond aux conditions d'appropriation de plusieurs régimes de propriété et, d'autre part, parce que les régimes n'imposent pas un choix ou n'excluent pas le cumul, ce qui n'est pas toujours le cas comme cela fut envisagé tant pour les logiciels que pour les variétés végétales.

B Les cumuls exclus

903. Plusieurs exclusions sont arrêtées, en droit interne et en droit comparé, principalement dans les pays européens.

1. Les exclusions du droit interne

904. Les deux exclusions de cumul du droit interne sont révélatrices du caractère arbitraire et vain de cette position, il s'agit de l'articulation brevet et COV[86] et de celle droit d'auteur et brevet pour le logiciel[87]. Les deux cas ont été largement exposés précédemment, et montrent combien il est difficile de maintenir efficiente cette exclusion.

La matière végétale ne peut pas être appropriée par un COV, le choix ne s'effectue qu'au sujet de la plante, du taxon végétal. Il est probable que l'on puisse prouver la nouveauté et l'activité inventive dans la mise au point d'un taxon végétal. Il est possible de démontrer une application industrielle pour ce dernier, l'article L. 611-15 C. propr. intell. comme l'article 57 CBE incluant les usages agricoles. Le taxon pourrait être approprié par un brevet[88], concomitamment à son appropriation par un COV. La double interdiction des articles L. 623-2 et L. 611-19 2° C. propr. intell. se fait écho et assure une stricte limite, il n'est pas possible de cumuler. Le créateur doit choisir l'un de ces deux régimes. Soit l'un s'impose, par exemple la plante créée est stérile, elle n'est pas à même de créer une lignée, le COV écarté, elle sera soumise au brevet. Soit l'opportunité guide le choix, selon notamment le critère de la durée et les contraintes de l'extension territoriale.

Le cas du logiciel est similaire, il peut remplir les critères d'appropriation du droit d'auteur comme du droit des brevets, mais l'article L. 611-10 C. propr. intell. écarte le brevet sur un logiciel en tant que tel et l'article L. 112-2 13° C. propr. intell. l'inclut parmi les biens appropriables par le droit d'auteur. À la différence des plantes, il n'y a pas une double exclusion, seul le droit des brevets exclut, tout comme le droit des dessins et modèles. Le droit d'auteur n'écarte pas ses effets sur le bien éventuellement approprié par brevet. L'étanchéité est moins forte que dans le cas précédent.

86. *Supra*, n° 682.
87. *Supra*, n° 444 et s.
88. Roberts, « Patentability of Plants », *EIPR*, vol. 22, mars 2000, p. 49, Patent World, n° 113, juin-juill. 1999, p. 14.

2. En droit comparé

905. Plusieurs États écartent le cumul de propriétés, notamment pour l'art appliqué, en raison des conditions restrictives de leur régime de droit d'auteur. L'Australie et le Japon retiennent de façon plus ou moins similaire que le droit d'auteur ne peut être appliqué aux biens faisant l'objet d'une production en série, une production de masse[89]. L'Allemagne écartait le droit d'auteur pour les biens intellectuels faisant l'objet d'une production en série, une production de masse. L'Italie retenait une solution similaire, toutefois, l'article 22 de la loi 95/2001 a modifié l'article 2 de la loi italienne sur le droit d'auteur. Il est depuis lors possible pour un bien intellectuel pouvant être approprié par le droit des dessins et modèles italien d'être simultanément approprié par le droit d'auteur, sans qu'il soit nécessaire de rechercher si la valeur artistique de la création est séparable du caractère industriel comme cela était imposé sous le régime antérieur. Le législateur a ajouté une présomption à l'alinéa 10 de l'article 2 : les créations relevant du design industriel portent *per se* un caractère créatif et une valeur artistique[90]. La loi italienne de 2001 instaure une période transitoire de dix ans pour l'application de ce cumul, période qui s'est achevée en avril 2011, durant laquelle le cumul ne peut être appliqué pour les biens produits ou mis sur le marché à la suite d'un enregistrement et intégrant ensuite le domaine public. Ces solutions italiennes et allemandes ont fait long feu en application de la décision de la CJ du 27 janvier 2011[91]. L'harmonisation du droit au sein de l'UE engendre une profonde modification des traditions juridiques italiennes et allemandes, non seulement le cumul s'impose suivant l'analyse de la CJ (ce qui ne semblait pas être si évident à la lecture de l'article 17, l'option du cumul semblait être laissée au choix des États), mais cette dernière condamne partiellement la transposition italienne et impose un rappel à protection par le droit d'auteur sur les créations antérieurement appropriées par un dessin et modèle dans le domaine public et pouvant être soumis à un droit d'auteur. Si le droit national doit prévoir une période transitoire afin de respecter les principes fondamentaux de protection des droits acquis et de la confiance légitime, cette période ne peut être que celle nécessaire à la cessation de l'activité devenue illégale du fait de l'évolution de la norme, tel l'écoulement des stocks. Le moratoire italien instituant une inopposabilité illimitée du droit d'auteur pour des biens intellectuels ayant été appropriés aussi par un droit de dessin et modèle tombé dans le domaine public vide l'article 17 de la directive 98/71 de son contenu, et n'est dès lors pas conforme au droit de l'UE. Ce dernier, si souvent présenté caricaturalement comme le fossoyeur du droit d'auteur, montre ici qu'il renforce pleinement la matière. La Cour met aussi en avant, dans cette décision, les bribes d'un droit d'auteur de l'UE, en articulant les directives 93/98 et 2001/29.

Sur le territoire de l'UE, en raison d'une absence d'harmonisation totale du droit d'auteur entre les différents États, ce décalage est à l'origine de difficultés

89. C. Heath, « The Protection of Aesthetic Creations », *op. cit.*

90. *Industrial Designs and Models*, Kluwer Law International BV, January 2009, Supp. n° 121, p. 71 ; *Copyright Protection*, R. 15 March 2005, Italy/5, B3.

91. CJUE, 17 janv. 2011, aff. C-168/09, *Flos*, préc.

de mise en application de l'article 2.7 de la Convention de Berne[92]. L'arrêt de janvier 2011 confirme la mise à l'écart partielle de la Convention de Berne dans les mécanismes de propriété intellectuelle intra-européenne.

§ 2. Conflits de cumul

906. Le cumul de titres de propriété sur un même bien n'est pas nécessairement source de conflits, mais il peut en être parfois l'occasion. Le contrat sera, dans bien des cas, la solution la plus efficace pour y mettre fin[93].

907. Le premier exemple de conflit est celui anticipé par le législateur de 1985 lors de la création des droits voisins[94]. L'article L. 211-1 C. propr. intell. expose une règle de conflit précisant qu'aucune disposition relevant des droits voisins ne doit être interprétée de manière à limiter l'exercice du droit d'auteur[95]. M. Gautier attache cette solution au principe de droit privé de l'accessoire[96], M. Pollaud-Dulian parle de hiérarchie entre l'œuvre et l'interprétation[97], MM. Lucas y voient une directive discrète d'interprétation pour les juges du fond[98].

L'articulation des régimes s'analyse davantage en une solution de conflit entre deux droits de propriété, le droit d'auteur et le droit voisin sont indépendants. Un conflit entre un auteur et un interprète au sujet d'une représentation doit être tranché en faveur de l'auteur[99], un conflit entre un auteur et un producteur pour l'exploitation de l'œuvre devrait être liquidé de la même façon. Rien n'est si évident en pratique, le report de l'exercice du droit moral des auteurs dans le cadre des productions cinématographiques a pour effet de renverser cette règle de conflit[100].

À côté de ce cumul légalement organisé, les hypothèses de cumuls de propriété sur un même bien intellectuel sont sans limites. Prenons l'exemple classique du *Petit Prince* de Saint-Exupéry : le personnage dessiné par l'auteur pour illustrer son conte est original, approprié par le droit d'auteur, tout comme le titre. Les ayants droit de l'auteur les ont par la suite déposés à titre de marque pour différents biens et services[101]. Les droits d'auteur et le droit de marque sont entre les mêmes mains pour le moment, et les risques de conflits limités. La

92. CJCE, 30 juin 2005, aff. C-28/04, *Todd's*, *RTD com.* 2005.735, n° 8 obs. F. Pollaud-Dulian.

93. P. Tréfigny, « Les situations entre deux, la maîtrise nécessaire par le contrat », *Les contrats de la propriété intellectuelle*, Dalloz, 2013, coll. Thèmes et commentaires/Cuerpi, p. 39.

94. Cf. H. Cohen Jehoram, « Rapports entre le droit d'auteur et les droits voisins », *RIDA* n° 144, avr. 1990, p. 80.

95. Voir *supra* n° 227 et s.

96. P.-Y. Gautier, *op. cit.*, n° 143.

97. F. Pollaud-Dulian, *Le droit d'auteur*, *op. cit.*, n° 1615.

98. A. et H.-J. Lucas et A. Lucas-Schloetter, *Traité*, *op. cit.*, n° 1129.

99. Par exemple, CA Paris, 21 sept. 1999, *JCP* E 2000, p. 1093, note F. Pollaud-Dulian, *RIDA* n° 183, janv. 2000, p. 329 ; *Légipresse* 1999, III-154.

100. Par exemple, la mise en œuvre du régime du *final cut*, *supra* n° 109.

101. Notamment la CTM n° 002618338, déposée le 14 mars 2002 en classe 18, 20, 25 et 27, et la CTM n° 002868784, déposée le 26 sept. 2002, en classe 3, 25 et 28.

situation pourrait changer à l'occasion d'une succession. L'enjeu de l'appropriation des éléments différenciant un produit est au cœur de cette démarche[102].

Les créations végétales connaissent des cumuls de propriétés conjuguant un brevet et un certificat d'obtention végétale. La loi du 8 décembre 2004[103] met en avant ces pratiques d'appropriation, face aux choix dont dispose un créateur entre brevet et certificat d'obtention végétale pour l'appropriation des créations biotechnologiques, la loi encadre les dépendances existant entre les biens intellectuels, quel que soit leur régime d'appropriation, et propose de nouvelles concessions judiciaires[104].

Des conflits entre les droits de propriété intellectuelle se font jour dans deux situations principalement : les conflits de régimes et les conflits de titulaires.

A Les conflits de régimes

908. Le cumul impose une articulation rationnelle des régimes de propriété afin de permettre l'utilisation du bien intellectuel tout en respectant les droits de propriété exercés sur lui. Le risque réside dans l'acte légalement effectué au regard de l'un des régimes et non au regard d'un autre alors que, dans les deux cas, il s'agit d'utiliser le même bien intellectuel, dans les mêmes conditions. L'article L. 513-6 C. propr. intell. dispose que, par exception au droit de propriété accordé au titulaire d'un dessin ou modèle, il n'est pas possible pour ce dernier de s'opposer à des actes accomplis à titre privé et à des fins non commerciales. Cette exception fait directement écho à l'exception de copie privée de l'article L. 122-5 C. propr. intell.[105]. Les actes visés à l'article L. 513-6 sont nécessairement les actes de copies ou de reproductions, seuls envisageables pour un bien approprié par un dessin ou un modèle. Une personne peut reproduire pour son usage personnel un bien intellectuel couvert à la fois par un droit d'auteur et un dessin ou un modèle sans porter atteinte aux droits du titulaire. La loi propose une parfaite harmonisation de ces deux régimes assurant un rayonnant réel à ces exceptions. L'article L. 513-6 organise un système similaire à celui de la courte citation permettant des reproductions à des fins d'illustration ou d'enseignement – alors que le droit d'auteur hésite sur l'application de l'exception de courte citation aux œuvres graphiques[106] –, sous réserve de la mention de la source et du nom du titulaire, dans la mesure où ces actes sont conformes à des pratiques commerciales loyales et ne portent pas préjudice à l'exploitation normale du dessin ou modèle. Le droit des marques connaît une application similaire avec la prise en considération de l'exploitation du signe dans la vie des affaires[107].

102. C. Bernault, « La protection des formes fonctionnelles par le droit de la propriété intellectuelle : le critère de la forme séparable de la fonction », *D.* 2003, chron. p. 957.

103. Loi nº 2004-1338, 8 déc. 2004, relative à la protection des inventions biotechnologiques, *JORF* nº 286, 9 déc. 2004, p. 20801, voir *infra* nº 1051 et s.

104. X. Buffet Delmas d'Autane et A. Doat, « La protection des plantes : entre brevet et certificat d'obtention végétale », *Prop. Indust.* 2004, Étude 8 ; M. Boizard, « Licence de dépendance entre brevet et certificat d'obtention végétale : le point d'équilibre ? », *Prop. Indust.* nov. 2005, Étude 24.

105. Voir *supra* nº 157, 159.

106. Voir art. L. 122-5 d C. Prop. Intell.

107. Voir *supra* nº 752 et s.

909. Une seule exception de l'article L. 122-5 n'est pas reprise par l'article L. 513-6 : l'exception de parodie. Cette dernière connaît une adaptation en droit des marques[108], il est à souhaiter que les magistrats poursuivent leur œuvre créatrice et étendent l'exception de parodie, en application du principe à valeur constitutionnelle de liberté d'expression, au droit des dessins et modèles[109]. Il serait étrange de permettre une résistance à la liberté d'expression par l'un des régimes de la propriété intellectuelle ; il serait tout aussi étrange d'exclure l'exercice d'une exception au droit des marques et au droit d'auteur en raison de l'absence de cette dernière en droit des dessins et modèles. L'auteur de la parodie n'aborde pas son acte à la lumière des régimes d'appropriation mais uniquement en fonction de l'objet parodié. Interdire cette démarche intellectuelle en raison de l'un des multiples régimes d'appropriation s'exerçant sur ce bien nuit au bon fonctionnement des propriétés intellectuelles.

Dans le cadre de l'harmonisation des régimes – source du maintien de leur pluralité –, les ADPIC, aux articles 13, 17 et 26.2, avancent une même méthode d'appréciation des atteintes au droit de propriété, suivant la technique du *triple test*. Ce dernier se retrouve sous le même aspect dans la Convention de Berne (art. 9-2) et le Traité de l'OMPI (art. 10-2°). Il faut, suivant cette technique, accepter des exceptions à condition qu'elles ne portent pas atteinte de manière injustifiée à l'exploitation normale du bien, ni ne causent un préjudice injustifié aux intérêts légitimes du titulaire, compte tenu de l'intérêt légitime des tiers, quel que soit le régime de propriété en cause.

B Les conflits de titulaires

910. La seconde hypothèse de conflit se situe dans des oppositions de titulaires. Une première ébauche de cette situation a été relevée à propos de l'article L. 211-1 C. propr. intell., avec une solution légale de conflit. On peut dépasser cette hypothèse, par exemple, une personne exécutant un contrat de commande, réalise une charte graphique et le logo d'une société. Le contrat prévoit explicitement que la société peut déposer ces éléments à titre de marque ; aucune autre convention portant sur le droit d'auteur n'est organisée. Le droit d'auteur ne constitue probablement pas une antériorité au sens de l'article L. 711-4 C. propr. intell., le dépôt se faisant avec l'autorisation expresse de l'auteur. Cependant, deux personnes sont titulaires de droits autonomes sur un même bien intellectuel : le droit d'auteur pour le dessinateur et le droit de marque pour la société. La charte graphique peut être appropriée cumulativement par un modèle. Chaque titulaire est légitime, il n'y a pas d'indivision entre le créateur et la société, l'indivision étant l'exercice commun d'un seul droit de propriété et non l'exercice autonome de plusieurs droits de propriété sur un même bien. L'auteur du logo pourra contester les conditions d'utilisation

108. Voir *supra* n° 822.

109. Ce pas a été franchi par la cour d'appel de Paris considérant que la parodie d'un dessin et modèle ne reproduit pas les caractéristiques essentielles du modèle déposé au point d'engendrer la même impression d'ensemble pour l'observateur averti : CA Paris, pôle 5, 2e ch., 21 sept. 2012, *PIBD* 2012, III, p. 804.

de son bien, le seul garde-fou étant l'abus de droit[110]. La pratique tend à pallier ce risque en organisant le transfert des droits d'auteur, mais chacun sait qu'il est des situations où cette précaution n'est pas prise. La relation employeur-salarié est porteuse de ces risques, l'employeur déposant légitimement le modèle créé par son salarié mais, s'il ne s'approprie pas les droits d'auteur sur la création, le salarié en restera titulaire. La solution serait la même si l'employeur s'approprie la création à titre de marque. Il est possible d'établir des parentés avec le droit international privé, non pas sur le fond, mais quant à la technique de résolution des conflits. La recherche de la loi applicable à une situation juridique, lorsque plusieurs régimes revendiquent leur application – en présence d'un rattachement diversifié des droits réels –, est similaire à la présente hypothèse. On peut appliquer le droit des marques lorsque le bien multi-approprié est utilisé à titre de marque dans la vie des affaires, et le droit d'auteur dans d'autres circonstances. Reste que l'application correctrice des règles impératives de conciliation[111], guidant le conflit de lois, ne trouve pas de place en propriété intellectuelle.

911. Le conflit de titulaire peut trouver son origine dans la stratégie d'appropriation du bien intellectuel, en particulier en présence d'une création collective. Dans une affaire opposant deux personnes qui avaient créé ensemble un objet, et dont l'une d'elles dépose en son seul nom une demande de modèle auprès de l'INPI, la cour d'appel de Versailles puis la Cour de cassation[112] ont conclu à la nullité du modèle délivré sur le fondement de l'article 512-4 d) C. propr. intell. Ce dernier dispose que « *l'enregistrement du modèle est déclaré nul par décision de justice s'il porte atteinte au droit d'auteur d'un tiers* »[113]. L'arrêt rappelle la difficulté à articuler les régimes de propriété mais aussi la cohérence de ceux-ci. Le modèle pouvait être contesté sur le terrain du dépôt frauduleux (en application de l'article L. 511-10 C. propr. intell.) avec l'intérêt pour le co-créateur de voir sa part de propriété reconnue sans perdre le titre de propriété. L'article L. 511-9 C. propr. intell. accorde le bénéfice du titre de propriété au créateur, d'où l'on peut déduire qu'il l'accorde de la même façon aux co-créateurs. L'action retenue en l'espèce est plus radicale car, en faisant reconnaître ses droits, le co-créateur provoque la nullité du titre de propriété. Le droit des dessins et modèles est autonome par rapport au droit d'auteur, toutefois, chronologiquement, en raison des conditions de délivrance des titres de propriété, le droit d'auteur née antérieurement au droit de modèle. Il est alors nécessaire que le modèle soit obtenu en respect du droit d'auteur pour éviter les conflits de propriété. À défaut, le titulaire légitime d'un droit d'auteur et le titulaire légitime d'un droit de dessin ou modèle se trouveraient en conflit pour l'utilisation d'un même bien intellectuel. Le législateur tente de limiter les sources de conflit entre les propriétaires. La règle de conflit appliquée en l'espèce est une règle chronologique, les

110. C. Caron, *Abus de droit et droit d'auteur*, Litec, 1998, coll. IRPI, n° 25.

111. Cf. L. d'Avout, *Sur les solutions du conflit de lois en droit des biens*, Economica, 2006, n° 62 et s.

112. Cass. com., 28 sept. 2010, *Bull. civ.* IV, n° 143 ; *L'Essentiel – Droit de la propriété intellectuelle*, 1er déc. 2010, n° 7 p. 4, obs. C. Bernault ; N. Binctin, *JCP* E 2011, n° 34, p. 41.

113. Voir *supra* n° 374.

premiers propriétaires doivent donner leur accord pour la délivrance d'un titre de propriété d'une autre nature sur le bien intellectuel créé. Dans cette affaire, le bien intellectuel est soumis à une indivision en droit d'auteur, il faut donc l'accord des indivisaires pour le dépôt d'une demande de modèle. À défaut d'un tel accord, l'un des indivisaires peut agir en nullité du modèle sur le fondement de son droit indivis. Le modèle ne pouvait être obtenu que dans le cadre d'une indivision entre les co-créateurs et avec l'accord préalable de ces derniers. Le dépôt par un co-créateur d'une demande de modèle, en désignant tous les co-créateurs comme indivisaires du modèle, mais sans leur accord express préalable pour cet acte, devrait connaître la même sanction.

Section 3
L'application territoriale de la propriété intellectuelle

912. Les dispositions du Code de la propriété intellectuelle s'appliquent en France – avec quelques adaptations pour les territoires d'outre-mer exposées au Livre VIII du Code de la propriété intellectuelle – mais les biens intellectuels ne sont pas physiquement marqués par un ancrage territorial[114]. La dimension internationale de la propriété intellectuelle est une question majeure[115], Roubier relevait dans son Traité que « *la protection industrielle tend à prendre de plus en plus un caractère international* »[116]. L'immatérialité des biens intellectuels rend difficile la solution de conflit usuelle en droit international des biens, la *lex rei sitae*. Sans revenir sur l'harmonisation des titres de propriété et l'émergence de titres de propriété de l'UE, il est nécessaire d'envisager les conditions du traitement de la propriété intellectuelle en droit international privé. Trois approches peuvent être envisagées : les solutions du droit conventionnel, le droit du commerce international et les règles de conflit de l'UE.

§ 1. Les solutions du droit conventionnel

913. La multiplicité des conventions internationales et leur couverture de l'ensemble de la propriété intellectuelle font que les règles de droit commun du droit international privé trouvent peu de place[117]. On reprend la distinction

114. Voir E. Treppoz, « Territorialité et propriété intellectuelle », *RTD eur.* 2011.847 ; L. d'Avout, *Rép. Internat. Dalloz*, V° « Biens » sur la localisation des biens incorporels, n° 74 et s.

115. V. B. Audit et L. d'Avout, *Droit international privé*, 7e éd., Economica, 2013, n° 853 et s.

116. Roubier, *op. cit.*, t. 1, p. 207 ; Foyer, « L'internationalisation du droit de la propriété intellectuelle – brevets, marques et droits d'auteur », *Études offertes à A. Plantey*, Pedone, 1995, p. 261 ; J. Basedow, T. Kono et A. Metzger, *Intellectual Property in the Global Arena*, Mohr Siebeck, 2010.

117. Par exemple, E. Treppoz, « Les litiges internationaux de propriété intellectuelle et le droit international privé », *La résolution des litiges de propriété intellectuelle*, Schulthess Médias Juridiques 2010, p. 75 ; T. Kono, *Intellectual Property and Private International Law: Comparative Perspectives*, Hart publishers, 2012.

classique entre conflit de lois et conflit de juridictions[118], hors des dispositions spécifiques du droit de l'UE[119].

A Conflits de lois

914. Les conventions de Berne et de Rome désignent, respectivement pour les droits d'auteur et les droits voisins, l'application de la loi où la protection – c'est-à-dire le respect de la propriété – est demandée. La CUP, pour le droit des brevets, le droit des marques et le droit des dessins et modèles, retient le même principe de rattachement à la loi du pays où la protection est demandée.

Les conventions internationales sont multiples mais elles portent une solution unifiée pour la propriété intellectuelle, essayant de concilier la compétence de la loi d'origine et celle de la loi locale[120], celle du pays sur le territoire duquel l'effet de la propriété est réclamé. Dans ce schéma, le droit de propriété intellectuelle naît toujours dans un État d'origine, soit par l'effet d'une création (de la publication pour que ce soit opposable aux tiers) soit à la suite d'une formalité auprès d'un office. Cette propriété est ensuite revendiquée dans d'autres États sans jamais qu'elle puisse avoir un périmètre plus étendu que dans l'État d'origine, revendication qui s'effectue de façon différente selon les régimes de propriété.

915. La condition des étrangers est principalement soumise à une règle de réciprocité. L'article L. 111-4 C. propr. intell. avance, pour le droit d'auteur, une règle de conflit de lois qui précise la condition des étrangers, sans qu'il n'y ait de distinction faite selon la nationalité de l'auteur[121] ou du propriétaire : l'effet du droit d'auteur en France ne peut être revendiqué que si l'œuvre divulguée pour la première fois en France bénéficie dans l'État d'origine d'une protection suffisante et efficace[122]. Le cas du logiciel est traité de façon autonome (art. L. 111-5 C. propr. intell.), le législateur maintient le principe de réciprocité de l'article L. 111-4 C. propr. intell. mais précise que le logiciel étranger est traité comme le logiciel français et non pas comme les autres biens intellectuels appropriés par le droit d'auteur. On lui applique les restrictions du régime de propriété, tant pour le droit moral que pour le droit patrimonial. Une solution similaire est avancée par l'article L. 712-12 C. propr. intell. pour le droit de marque, l'article L. 511-11 C. propr. intell. pour les dessins et modèles, et à

118. Sur ces deux points, voir E. Treppoz, *Rép. Internat. Dalloz*, V° « Contrefaçon ».

119. Voir en particulier le brevet européen à effet unitaire, *supra* n° 554 et s. Voir J.-S. Bergé, "Protection internationale et européenne de la propriété intellectuelle. – Sources. – Principes. – Contextes de mise en œuvre", *Juris-Classeur Droit international*, Fasc. 572-115, févr. 2014.

120. Sur la remise en cause de cette approche pour la propriété intellectuelle, voir M. Vivant, « Propriété intellectuelle, *lex protectionis* et loi réelle », *D.* 2011 p. 2351.

121. V.-L. Benabou, « De Phil Collins à Bob Dylan, le principe de non-discrimination à raison de la nationalité en propriété intellectuelle », *Droits de propriété intellectuelle – Liber amicorum G. Bonet*, Litec, 2010, coll. IRPI, t. 36, p. 29.

122. J.-S. Bergé, *La protection internationale et communautaire du droit d'auteur*, LGDJ, 1996, coll. Bibl. de droit privé, t. 266 ; J. Raynard, *Droit d'auteur et conflit de lois*, Litec, 1990 ; H.-J. et A. Lucas et A. Lucas-Schloetter, *Traité*, *op. cit.*, n° 1289 et s. ; T. Azzi, « Réciprocité et protection internationale du droit d'auteur : plaidoyer pour l'abrogation de l'article L. 111-4 CPI », *Droits de propriété intellectuelle – Liber amicorum G. Bonet*, Litec, 2010, coll. IRPI, t. 36, p. 9.

l'article L. 611-1 C. propr. intell. pour les brevets, établissant un principe de réciprocité, sous réserve de l'application de la CUP.

916. Toutefois, hors de l'application des solutions conventionnelles, la jurisprudence désigne pour le droit d'auteur l'État de la première divulgation de l'œuvre comme celui dirigeant l'existence du droit de propriété. En revanche, la question de la mise en œuvre de la propriété reste toujours soumise à la loi de l'État dans lequel elle est demandée[123]. Cette solution semble remise en cause par trois arrêts de la Cour de cassation[124] consacrant une vision radicale de la territorialité à propos de la question de la titularité du droit d'auteur question soumise par la Cour à la *lex protectionis*, en l'occurrence la loi française, au visa de l'article 5.2 de la Convention de Berne. Dans trois affaires parallèles, la loi américaine est écartée au profit de la loi française. À propos des droits voisins, la Cour a retenu quelques semaines plus tard une solution similaire[125] en affirmant que la règle de conflit de lois applicable à la détermination du titulaire initial des droits d'artiste-interprète désigne la loi du pays où la protection est réclamée. Ces revirements de jurisprudence pourraient avoir une portée large et soumettre à l'approche unitaire de la *lex loci protectionis* tant la question de l'existence du droit d'auteur ou du droit voisin que celle de sa titularité et de son exercice. La doctrine est partagée face à cette solution hégémonique. Elle est porteuse d'une insécurité juridique importante pour les opérateurs étrangers, ce que nous regrettons. Une opération, faite conformément à une loi locale étrangère pourrait être remise en cause par l'application de la *lex loci protectionis*. La sécurité contractuelle, la prévisibilité du droit, s'en trouvent réduites. Cette tendance peut nourrir une vision caricaturale, à l'étranger, du droit d'auteur en France, isolant un peu plus notre droit d'auteur dans un monde en mouvement[126]. L'affaire *Huston*[127] limitait cela au mécanisme exceptionnel des lois de police, celui-ci est maintenant largement dépassé. Ce « *repli territorialiste* »[128] regrettable conduit à exclure toute règle de conflit de source nationale favorable à la loi d'origine.

Pour la contrefaçon, qui peut faire l'objet d'une action civile ou pénale, l'atteinte à un droit de propriété intellectuelle relève du statut des délits. Il n'y a pas un rattachement unitaire mais une application distributive des normes, celle du pays d'origine ou du pays de délivrance du titre de propriété pour apprécier la validité du titre de propriété et celle du lieu du délit pour sanctionner et réparer

123. En ce sens, L. d'Avout, *Sur les solutions du conflit de lois en droit des biens*, Economica, 2006, n° 66 et s.

124. Cass. civ. 1re, 10 avr. 2013, n° 11-12508, n° 12-12886, n° 12-14525, aff. *ABC News*, *Bull. civ.* I, n° 72, *D.* 2013, p. 1973, note M. Vivant ; *D.* 2013. 2004, note T. Azzi ; *RTD com.* 2013. 285, obs. F. Pollaud-Dulian ; *D.* 2013. 1392, note S. Chatry ; *JCP* G 2013. 493, obs. A. Lucas-Schloetter ; *JCP* E 2013. 701, note E. Treppoz ; *RLDI* juin 2013, n° 94, note P.-D. Cervetti ; *JAC* 3, p. 10, obs. J. Brunet ; M.-E. Ancel, « Reportages en quête d'auteur : de la loi applicable à la titularité initiales des droits sur une œuvre de l'esprit », *CCE* 2013, Étude 10.

125. Cass. civ. 1re, 19 juin 2013, n° 12-18032, aff. *Culture Press*, *Bull. civ.* I, à paraître, *D.* 2013, 2004, note T. Azzi.

126. V. D. Moura Vicente, *La propriété intellectuelle en droit international privé*, *op. cit.*, p. 212.

127. Voir *infra*, même n°, en note.

128. E. Treppoz, « Le repli territorialiste de la Cour de cassation en droit d'auteur », *JCP* E 2013, 701.

la contrefaçon[129]. Ainsi, la Cour de cassation a retenu pour un contentieux de contrefaçon que même si aucune des parties ne contestait que c'était le droit français qui devait s'appliquer pour déterminer qui était le créateur du modèle de jouet litigieux, le juge devait relever que le demandeur faisait valoir que la loi belge était applicable pour déterminer si celui dont il les avait acquis était titulaire des droits d'auteur sur ledit jouet, et mettre en œuvre la règle de conflit en application de l'article 4 du Code de procédure civile, et de l'article 3 du Code civil[130]. L'appropriation doit être possible dans l'État d'origine pour qu'elle puisse être revendiquée dans un État tiers[131]. Une seule réserve existe, pour le droit moral, qui relève des lois de police au sens du droit international privé, d'application d'office et immédiate[132].

La détermination de la loi applicable connaît une difficulté supplémentaire lorsque la contrefaçon est commise à distance. Dans l'arrêt *Waterworld* du 30 janvier 2007[133], la Cour de cassation retient qu'au sens de l'article 5.2 de la Convention de Berne, la loi applicable « *n'est pas celle du pays où le dommage est subi mais celle de l'État sur le territoire duquel se sont produits les agissements délictueux* ». Par application de cette disposition, la Cour de cassation a reconnu l'application de la loi française dans l'affaire *Google Image*[134].

B Conflits de juridictions

917. La définition de la juridiction compétente pour entendre un conflit international de propriété intellectuelle est complexe, notamment en raison de l'ubiquité des biens intellectuels[135]. Outre l'identification du droit applicable, il est nécessaire de déterminer le juge compétent pour introduire une requête. On distingue la détermination du juge selon que les parties sont liées ou non par contrat[136].

S'il y a un lien contractuel entre les parties, à défaut de définition d'un juge compétent par la convention, le juge du lieu d'exécution de la prestation est compétent[137].

129. Cass. civ. 1re, 15 déc. 1975, *Bull. civ.* I, n° 368 ; *JCP* G 1976, II 18394, note Françon ; *RCDIP* 1976.515, note G. Bonet.

130. Cass. civ. 1re, 22 mars 2012, n° 09-68067, *Bull. civ.* I, n° 61 ; *D.* 2012, p. 873 ; *D.* 2013, p. 1504, obs. F. Jault-seseke; *Rev. crit. DIP* 2012. 894, obs. S. Bollée ; *RTD com.* 2012. 779, obs. F. Pollaud-Dulian ; *D.* 2013, p. 1924, obs. J.-C. Galloux.

131. Cf. M.-L. Niboyet et G. de Geouffre de La Pradelle, *Droit international privé*, 2e éd., LGDJ, 2009, n° 44.

132. Cass. civ. 1re, 23 mai 1991, *Houston*, *Bull. civ.* I, n° 172, p. 113 ; *JCP* G 1991, II 21731, note Françon ; *D.* 1993, j. 197, note J. Raynard ; P.-Y. Gautier, *RCDIP* 1991.752.

133. Cass. civ. 1re, 30 janv. 2007, *Bull. civ.* I, n° 44, *CCE* 2008, chron. 1 n° 4 et Étude 8, obs. M.-E. Ancel ; même auteur, *JDI* 2008, p. 163 ; E. Treppoz, « Loi applicable et contrefaçons internationales en matière de cinéma », *Gaz Pal.* 2008, doct. p. 1291.

134. Cass. civ. 1re, 12 juill. 2012, *Bull. civ.* I, n° 162 ; *D.* 2012, p. 1879, obs. C. Manara ; *D.* 2012, p. 2071, concl. C. Petit ; *D.* 2012, p. 2075, note C. Castets-Renard ; *D.* 2012, p. 2331, spéc. 2339, obs. L. d'Avout ; *D.* 2012, p. 2343, spéc. 2348, obs. P. Tréfigny.

135. Voir B. Ubertazzi, *Exclusive Jurisdiction in Intellectual Property*, Mohr Siebeck 2012.

136. F. Pollaud-Dulian, « À propos des conflits de juridictions en matière de contrefaçon par Internet », *Gaz. Pal.* 5/6 nov. 2008, n° 311, doct. p. 5.

137. Cf. B. Audit et L. d'Avout, *op. cit.*, n° 404.

Pour les délits, dont la contrefaçon, le tribunal compétent est celui du lieu du délit[138]. Cette définition engendre une alternative entre le lieu du fait dommageable et le lieu où le dommage est subi. Le défendeur peut être appelé, au choix du demandeur, devant le tribunal du lieu où le dommage est survenu, soit devant le tribunal du lieu de l'événement causal à l'origine du dommage.

L'application de cette règle de compétence à la contrefaçon par Internet lui a donné une application extensive. Il a, dans un premier temps, été retenu que lorsqu'une infraction à un droit de propriété intellectuelle est commise par diffusion en ligne, le fait dommageable se produit au lieu où il est possible d'y accéder, techniquement en tout lieu. Le juge du ressort dans lequel un constat établissant les faits est alors compétent. Une telle solution confère une compétence universelle au juge, ce qui a conduit à une analyse plus précise de la règle de compétence en prenant en considération le public visé[139]. Ce public sera apprécié, suivant la théorie de la focalisation, au regard des services proposés par le site[140], au regard de la langue de ce dernier[141], des devises proposées pour les transactions, etc.[142]. Il faut aussi prendre en considération la qualité du requérant, notamment si ce dernier est un consommateur[143]. Ainsi, pour la compétence juridictionnelle, les juges ne se contentent plus du critère dit de « l'accessibilité » pour fonder leur propre compétence[144] même lorsque l'affaire est présentée devant une juridiction répressive[145].

§ 2. Le droit commercial international

918. La place de la propriété intellectuelle dans le commerce international fut vite appréhendée, les conventions internationales de la fin du XIXe siècle en sont la preuve. Le tournant en la matière se situe indéniablement en 1994, lors de la conclusion des accords ADPIC, consacrant la propriété intellectuelle

138. Cf. B. Audit et L. d'Avout, *op. cit.*, n° 404. Pour déterminer la juridiction compétence pour une contrefaçon de marque européenne en présence d'une participation transfrontalière de plusieurs personnes à un même acte illicite, CJUE, 5 juin 2014, aff. C-360/12, *Coty Germany GmbH*.

139. Cass. com., 11 janv. 2005, aff. *Boss*, *JCP* G 2006, I 103, note C. Caron ; même auteur *CCE* 2005, comm. 35 ; *Légipresse* 2005, n° 221, III-77, note J. Passa.

140. Cass. com., 9 mars 2010, *Bull. civ.* IV, n° 46 ; *D.* 2010. 1183, note G. Lardeux, 2323, obs. L. d'Avout et S. Bollée, et 2540, obs. Centre de droit de la concurrence Yves Serra ; *CCE* 2010, comm. 47, obs. C. Caron.

141. En ce sens, Cass. com., 7 déc. 2010, *Bull. civ.* IV, n° 189 ; *D.* 2011, p. 6 ; *Gaz. Pal.* n° 53, 23 févr. 2011, p. 21, obs. L. Marino ; dans le même sens, Cass. civ. 1re, 7 mai 2010, *Bull. civ.* I, n° 106 ; Cass. civ. 1re, 7 mai 2010, *Bull. civ.* I, n° 107.

142. Voir pour les marques, S. Durrande, « Droit des marques », *D.* 2011, p. 908 et s.

143. CJUE, 7 déc. 2010, aff. C-585/08, *Pammer*, *D.* 2011, p. 5, obs. C. Manara, p. 990, note M.-E. Pancrazi, p. 908, obs. S. Durrande, p. 974, obs. E. Poillot, et p. 1374, obs. F. Jault-Seseke ; *Rev. crit. DIP* 2011. 414, note O. Cachard ; *RTD eur.* 2011.475, obs. E. Guinchard.

144. En droit des marques, Cass. com., 20 sept. 2011, n° 10-16569, *D.* 2012. 2331, spéc. 2339, obs. L. d'Avout ; CJUE, 12 juill. 2011, aff. C-324/09, *L'Oréal SA c/eBay International AG*, *D.* 2011. 1965, obs. C. Manara ; *D.* 2011, p. 2054, point de vue P.-Y. Gautier, *D.* 2012, p. 1228, obs. H. Gaudemet-Tallon ; *RTD eur.* 2011. 847, obs. E. Treppoz.

145. Cass. crim. 29 nov. 2011, *Bull. crim* 240 ; *D.* 2012, p. 2339, obs. L. d'Avout ; *RTD com.* 2012. 207, obs. B. Bouloc.

comme un enjeu du commerce international. En parallèle de cette construction universelle, des accords régionaux, hors de la construction de l'Union européenne, se déploient pour faciliter la circulation des biens intellectuels.

A L'OMC

919. L'accord ADPIC fait partie des Accords de Marrakech signés le 15 avril 1994 et instaurant l'Organisation mondiale du commerce[146]. L'accord adopte des standards minimums obligatoires pour tous les pays membres, et forme la consécration la plus achevée de la nouvelle organisation du commerce mondial et sa relation avec l'appropriation et l'exploitation des technologies. Les pays membres sont tenus, tout en conservant un système national de propriété, d'avoir des régimes de propriété intellectuelle harmonisés avec les dispositions de l'accord ADPIC, ce qui constitue un renforcement généralisé de la propriété intellectuelle[147]. L'accord ADPIC, multilatéral, est entré en vigueur le 1er janvier 1996 pour les pays industrialisés et prévoyait une période de transition pouvant durer dix ans pour les pays en développement. L'accord permet la conclusion de conventions bilatérales, dites ADPIC-plus, qui peuvent accroître le degré d'harmonisation des droits de propriété intellectuelle entre les États membres, au-delà des standards de l'accord ADPIC.

1. L'accord ADPIC

920. L'accord ADPIC intègre de façon unitaire la propriété intellectuelle dans le concert du commerce international[148]. Aucun régime n'est délaissé, tant il est évident que le commerce international porte autant sur les produits marqués que sur des œuvres audiovisuelles ou des solutions techniques brevetées. L'article 7 de l'accord affirme que ses objectifs sont la protection et le respect des droits de propriété intellectuelle pour contribuer à la promotion de l'innovation technologique et au transfert et à la diffusion de la technologie, à l'avantage mutuel de ceux qui génèrent et de ceux qui utilisent des connaissances techniques et d'une manière propice au bien-être social et économique, et assurer un équilibre de droits et d'obligations.

Pour assurer cette intégration, l'accord procède par une incorporation dans son champ d'application des principales conventions internationales de la propriété intellectuelle (art. 2) : l'UPOV, la CUP, la Convention de Berne et la Convention de Rome notamment. Il n'y a donc pas de rejet ou de concurrence, mais la consécration de ces conventions comme arrêtant les standards de référence pour les matières en cause. Il en va notamment ainsi du principe de l'assimilation de l'étranger au national (art. 3). Le renvoi à la Convention de Berne marque une nette convergence entre les pays de droit d'auteur et les pays de *copyright* dès lors qu'ils sont membres de l'OMC, ils ont un même standard

146. D. Gervais, *L'accord sur les ADPIC*, Larcier, 2010.

147. Voir P. Arhel, « Dix ans d'activité normative de l'OMC en matière de propriété intellectuelle », *Prop. Indust.* 2012, Étude 10.

148. Voir J.-M. Jacquet, P. Delbecque, S. Corneloup, *Droit du commerce international*, Dalloz, 2007, nº 206.

de propriété, le référent étant indéniablement d'inspiration continentale, quand bien même l'article 9 de l'accord prévoit une réserve pour l'application de l'article 6 *bis* de la Convention de Berne relatif au droit moral. L'accord ADPIC accorde autant d'attention au droit substantiel qu'au droit processuel, l'effectivité de la propriété étant tout aussi essentielle de l'affirmation de la propriété (voir art. 41 et s.).

Cette première étape de l'accord ADPIC est enrichie par l'adoption d'un *corpus* de règles substantielles venant compléter les traités intégrés afin de renforcer l'harmonisation des dispositions nationales. Les dispositions les plus marquantes portent sur l'accès aux médicaments qui ont fait l'objet d'un accord spécifique à Doha en 2003[149].

Enfin, dernier élément de l'efficacité de l'accord, les États membres doivent assurer le respect effectif de la propriété intellectuelle, et notamment mettre leur législation en cohérence avec les dispositions de l'accord (art. 8) et respecter un principe de transparence (art. 63) qui se traduit par l'obligation de publier les normes applicables, de les notifier au Conseil des ADPIC (art. 68) et de répondre à l'ensemble des demandes émanant d'un autre État membre.

921. Les dispositions de l'accord créent des obligations pour les États membres mais ne sont pas directement applicables aux ressortissants. La CJ a retenu que pour les dispositions de l'accord sur lesquelles l'Union n'a pas spécialement légiféré, le droit de l'UE ne s'oppose pas à ce qu'un État membre reconnaisse un effet direct à l'accord[150]. Pour assurer une force accrue à l'accord, il est donné une compétence à l'Organe de règlement des différends (ORD) pour trancher les questions opposant les États sur leurs normes de propriété intellectuelle respectives[151]. Par exemple, une plainte américaine contre la législation chinoise – d'une part, interdisant la protection des œuvres d'auteur créatives dont la publication et la diffusion en Chine n'ont pas été préalablement autorisées ou sont interdites et, d'autre part, ne prévoyant pas de protection pénale contre la contrefaçon de droit d'auteur, commise à une échelle commerciale et n'atteignant pas certains seuils d'importance – a été portée devant l'ORD. La Chine tentait de protéger sa loi en disant que le refus de protection du droit d'auteur est distinct de la reconnaissance du droit d'auteur en tant que tel. Le panel dit (§ 7.63) que « *c'est la protection de la loi qui constitue le droit d'auteur* ». Sans protection, le droit d'auteur « *semblerait n'être qu'un fantôme de droit, dont l'existence ne pourrait pas être démontrée* » (§ 7.67) et écarte la

149. Voir art. 31 *bis* accord ADPIC ; D. Vaver et S. Basheer, « Orverdose de médicaments brevetés : l'Europe dans un "TRIPs" depuis dix ans », *L'Accord ADPIC : dix ans après*, Larcier, 2007, p. 129.
150. CJCE, 11 sept. 2007, aff. C-431/05, *Merck Genericos*, *Rec.* I-7001 ; *PIBD* 2007, n° 863, III-687.
151. Art. 64, Accord ADPIC ; sur l'intervention de l'organe de règlement des différends, par exemple, aff. WT/DS160, *Boston University Law Review*, vol. 80, févr. 2001, p. 93 et s. ; J. Ginsburg, « Toward Supranational Copyright Law ? The WTO Panel Decision and the "Three-Steps Test" for Copyright Exceptions », *RIDA* n° 187, janv. 2001, p. 3 ; M. Ficsor, "How Much for What ? The "Three-Steps Test" and its Application in Two Recent WTO Dispute Settlement Cases", *RIDA* n° 192, avr. 2002, p. 111 ; Françon, *RTD com* 2001.440 ; *Les Grands arrêts de la propriété intellectuelle*, Dalloz, 2003, n° 13, comm. Clément-Fontaine ; J. Pauwelyn, « The Dog That Braked But Didn't Bite : 15 Years of Intellectual Property Disputes at the WTO », *La résolution des litiges de propriété intellectuelle*, Schulthess Médias Juridiques, 2010, p. 1.

question de la protection pénale, celle-ci relevant de la marge de manœuvre des États dans la mise en œuvre de l'accord ADPIC[152].

La ratification de l'accord n'a pas entraîné pour la France de bouleversements importants en droit interne, sous réserve, notamment, de l'intégration du triple test (art. 13). Ce fut en revanche la cause d'une refonte du système local de propriété intellectuelle dans de nombreux pays, notamment en Chine et en Inde.

Toutefois, la CJ tire des conséquences de cette convention. Elle affirme que les dispositions de l'ADPIC, tout comme le Traité de l'OMPI sur les interprétations et exécutions et les phonogrammes, du 20 décembre 1996, sont applicables dans l'ordre juridique de l'Union. Elle précise que la convention internationale sur la protection des artistes interprètes ou exécutants, des producteurs de phonogrammes et des organismes de radiodiffusion, faite à Rome le 26 octobre 1961, ne faisant pas partie de l'ordre juridique de l'Union, elle n'est pas applicable dans celle-ci, mais, toutefois, elle y produit des effets indirects. On doit ajouter que dans la mesure où l'ADPIC impose l'application de cette convention, la réserve de la CJ n'est pas des plus pertinentes à ce stade. Dès lors, les particuliers ne peuvent se prévaloir directement ni de ladite convention, ni dudit accord non plus que du traité susmentionné. Cependant, la notion de « communication au public »[153], qui figure dans les directives 92/100 relatives au droit de location et de prêt et à certains droits voisins du droit d'auteur dans le domaine de la propriété intellectuelle, et 2001/29 sur l'harmonisation de certains aspects du droit d'auteur et des droits voisins dans la société de l'information, doit être interprétée à la lumière des notions équivalentes contenues dans la même convention, ledit accord ainsi que le traité susmentionné et de telle manière qu'elle demeure compatible avec ces derniers, en tenant compte également du contexte dans lequel de telles notions s'inscrivent et de la finalité poursuivie par les dispositions conventionnelles pertinentes en matière de propriété intellectuelle[154].

2. ADPIC-plus

922. Les ADPIC Plus sont des instruments du droit international fondé sur une relation bilatérale entre États. Il s'agit d'un accord de libre-échange souscrit dans la période post-ADPIC dans lequel les dispositions relatives à la propriété intellectuelle, allant au-delà des standards de l'accord ADPIC, sont incluses en échange de l'ouverture des marchés entre les parties. Ces accords sont conclus dans le cadre des libertés accordées par l'article 1 de l'accord ADPIC, ces accords bilatéraux ne devant pas aller à l'encontre des dispositions de l'accord ADPIC. Si l'un des États est bénéficiaire de la clause de l'État le plus avantagé, les dispositions spécifiques de l'ADPIC Plus peuvent avoir une portée étendue

152. Groupe spécial ORD 26 janv. 1999, Chine-droit d'auteur, DS 362, Clunet 2009.977.

153. Voir *supra* n° 153. Voir en droit des brevets, CJUE, 18 juill. 2013, aff. C-414/11, *DEMO*.

154. Sur la réception dans l'ordre juridique de l'Union des conventions internationales, voir K. Ben Dahmen, *Interactions du droit international et du droit de l'Union européenne : expression d'un pluralisme juridique rénové en matière de protection de la propriété industrielle*, L'Harmattan, 2012, et la préface à cet ouvrage de J.-S. Bergé.

aux États membres de l'OMC[155] suivant les dispositions de l'article 4 de l'accord.

Usuellement, on retrouve dans les ADPIC-plus l'intégration d'un *corpus* juridique plus large, notamment les traités adoptés dans le cadre de l'OMPI, le Protocole de Madrid, le PCT, et l'UPOV, ou encore le renforcement des dispositions déjà abordées par l'accord multilatéral. L'accord d'association conclu entre l'UE et la Turquie[156] prévoit que cet État doit non seulement respecter l'accord ADPIC mais aussi appliquer le droit dérivé de l'Union relatif à la propriété intellectuelle et mette en œuvre un niveau de protection équivalent à celui de l'Union. La Turquie doit adhérer à certains accords multilatéraux, appliquer des directives européennes. On retrouve des dispositions similaires pour l'accord de partenariat et de coopération conclu entre l'Union et l'Ukraine en 1998. Suivant le même schéma, l'UE négocie avec, d'une part, l'Inde et, d'autre part, la Corée du Sud, un accord de libre-échange incluant un chapitre consacré à la propriété intellectuelle stipulant des clauses relevant du mouvement ADPIC-plus[157].

3. L'ACTA/ACAC

923. L'ACTA (*Anti-Counterfeiting Trade Agreement*) est une convention internationale négociée entre une quarantaine de pays et signée en janvier 2012 au Japon par vingt-huit États, dont vingt-deux de l'Union européenne[158]. Au cœur de nombreuses polémiques[159], cette convention souffre d'une erreur politique majeure : des négociations secrètes. Cette erreur a nourri la rumeur et les plus étranges analyses circulent. Cette convention devient le fer de lance des contestataires de la propriété intellectuelle, la présentant comme liberticide, alors qu'elle ne fait que confirmer les dispositions de l'ADPIC et rendre obligatoire quelques dispositions de ce dernier qui étaient encore optionnelles. Loin d'être une révolution, l'ACTA semblait plutôt bien faible au regard des défis qui lui sont proposés. Pourtant, la ratification de cette convention a été rejetée par le Parlement européen le 4 juillet 2012, par 478 voix pour son rejet, 39 voix contre et 165 abstentions. La convention demeure en vigueur pour les autres signataires et l'UE n'aura pas d'autre alternative que de reprendre le chemin des négociations internationales.

155. J. Drexl, « L'évolution des ADPIC : vers un système multilatéral flexible », *L'Accord ADPIC : dix ans après*, Larcier, 2007, p. 13.

156. Décision n° 1/1995 du Conseil d'association sur la mise en œuvre d'une union douanière, 22 déc. 1995, *JOCE* 1996, n° L 35, p. 1.

157. P. Arhel, « Le projet d'accord de libre-échange entre l'Union européenne et l'Inde : une nouvelle illustration de l'approche ADPIC-Plus », *Prop. Indust.* 2010, Étude 4 ; même auteur, « L'accord de libre-échange entre l'Union européenne et la Corée », *Prop. Indust.* 2010, Étude 10.

158. Notamment, P. Arhel, « L'accord commercial anticontrefaçon : version finale », *Prop. Indust.* 2011, Étude 8 ; F. Chrétien, « Les derniers développements du traité ACTA », *Prop. Indust.* 2012, Focus 17.

159. Voir les discussions autour de l'ACTA, C. Le Salver, « ACTA : à suivre... », *Prop. Indust.* 2009, Alertes 140 ; Fl. Latrive, « Traité secret sur l'immatériel », *Le monde diplomatique*, n° 672, mars 2010, p. 1 et 6 ; *PIBD* 2010, n° 921, I-81et I-84. Voir *supra* n° 923 et s.

4. La protection des investisseurs étrangers

924. Le contentieux international de la propriété intellectuelle connaît une nouvelle évolution, fondée sur une approche purement économique de la matière. En rompant avec un contentieux directement tourné vers le respect des titres de propriété intellectuelle et la revendication de l'application des conventions internationales assurant un respect spécifique de ces propriétés, des plaideurs cherchent à obtenir une protection institutionnelle de leurs droits de propriété intellectuelle au travers de la protection internationale des investissements[160]. La multiplication des traités bilatéraux d'investissement ou des traités de promotion et protection des investissements (TPPI) depuis la fin des années 1980 offre, aujourd'hui, le fondement juridique d'un nouveau contentieux international de la propriété intellectuelle. Les modalités de défense des investissements étrangers introduites dans ces traités servent de fondement à ces procédures On compte aujourd'hui plus de 3 400 traités de cette nature. Les TPPI concèdent à l'investisseur étranger le privilège d'éviter la juridiction nationale du lieu d'investissement et de choisir un tribunal international directement, sans être toujours tenus d'épuiser la voie juridictionnelle nationale. La notion d'investissement, retenue en général par les TPPI, inclut toute propriété mobilière et immobilière, tout mode de participation financière à une entreprise, action ou autre titre, et, surtout, tout droit de propriété intellectuelle, notamment brevet, procédé technique, savoir-faire, marque, nom commercial, prestige, clientèle. La qualité de l'investisseur est reconnue à celui qui, étranger, dispose de droits vis-à-vis de l'État. L'investisseur doit pouvoir jouir de ses profits, *royalties*, dividendes, notamment en les transférant à l'étranger. L'investisseur bénéficie, pour la protection de ses intérêts, de la clause du traitement national et de la clause de la nation la plus favorisée. L'État d'accueil doit lui garantir la sécurité totale de l'investissement et s'interdit toute expropriation ou « *toute autre mesure équivalente* ». En se fondant sur l'application des TPPI, des procédures sont recevables par le Centre international pour la résolution des différends relatifs aux investissements (CIRDI) dès lors que les États qui ont signé un TPPI et ont adhéré au CIRDI, ou d'autres institutions internationales, telle la CNUDCI.

La Banque Mondiale a créé le CIRDI en 1965 au travers d'une convention dite Convention de Washington (appelée la Convention du CIRDI), entrée en vigueur le 14 octobre 1966. La Convention est conçue pour faciliter les investissements privés internationaux grâce à la création d'un climat d'investissement favorable[161]. L'arbitrage par le CIRDI comporte des avantages pour l'investisseur tout comme pour l'État hôte. L'investisseur bénéficie d'un accès direct à un forum international efficace en cas de différend. Quant à l'État hôte, il améliore son climat d'investissement et a plus de chances d'attirer plus d'investissements internationaux, il se protège des autres formes de litiges étrangers ou internationaux, tout comme il écarte la protection diplomatique de l'État de la nationalité de l'investisseur. Le CIRDI fournit un soutien

160. Cf. J. Lambert, « Bilateral Investment treaties : a remedy for Sme ? », *EIPR* (35), 12, déc. 2013 p. 759.
161. J.-M. Jacquet, Ph. Delebecque et S. Corneloup, *op. cit.*, n° 781 et s.

institutionnel aux procédures d'arbitrage[162]. Ces procédures, conformément à la Convention, sont autonomes et indépendantes de toute ingérence externe. La non-coopération d'une partie ne rendra pas la procédure inexécutable. Les sentences du CIRDI sont reconnues comme définitives dans tous les États contractants de la convention. Les obligations financières découlant des sentences doivent être exécutées comme des jugements définitifs des tribunaux locaux dans tous les États contractants de la Convention. Cependant, dans le cas d'une sentence contre un État, les règles normales d'immunité contre l'exécution seront applicables.

925. Par ce mécanisme, émerge un contentieux de la propriété intellectuelle appréhendée comme un investissement étranger sur le territoire d'un État hôte. Les titres de propriété nationaux, détenus par des opérateurs étrangers, sont requalifiés d'investissements étrangers dans le prisme des TPPI et doivent bénéficier de la protection offerte par ces traités. Le premier opérateur à avoir utilisé cette technique est *Philip Morris* qui fait une demande d'arbitrage relatif à la propriété intellectuelle contre l'Australie[163]. Cette entreprise a introduit une requête d'arbitrage en novembre 2011, prétendant que la législation australienne sur les marques de cigarettes viole le TPPI Hong-Kong-Australie. L'annonce de l'action est arrivée le jour même où le parlement australien adoptait une loi interdisant la plupart des signes distinctifs sur les produits du tabac. Au titre de cette nouvelle loi, les emballages sont dépouillés de logos et d'éléments de marque, même si le nom du manufacturier de tabac peut demeurer sur le produit. La loi devait entrer en vigueur en décembre 2012. Dans sa notice d'arbitrage, rendue public, *Philip Morris* prétend que la législation australienne sur l'emballage simple équivaut à une expropriation de son investissement en Australie. « *La propriété intellectuelle joue un rôle essentiel car elle permet de distinguer les produits de Philip Morris des produits de ses concurrents... Sans la marque, les produits de PML ne sont pas facilement différenciables des produits des concurrents par le consommateur ; aussi, la concurrence se basera principalement sur le prix* », affirme l'entreprise. Elle précise que le TPPI Hong-Kong-Australie « *couvre un large éventail d'investissements* », notamment « *les droits d'auteurs, de brevets, les marques commerciales, les noms de marque, les dessins industriels, les secrets commerciaux, le savoir-faire et le fonds de commerce...* ». *Philip Morris* prétend également que les restrictions sur l'emballage du tabac vont à l'encontre des principes de l'accord ADPIC. L'entreprise ne peut pas poursuivre directement le gouvernement australien, le droit commercial international n'autorisant que le règlement des différends entre gouvernements[164]. Par sa réclamation, *Philip Morris* cherche à obtenir l'abrogation de la législation, et affirme que les dommages monétaires pourraient représenter des milliards de dollars. La sentence ne devrait pas être rendue avant 2015, le tribunal siège à Singapour.

162. Voir D. Bentolila, « Quelques réflexions sur le statut des tribunaux arbitraux fondés sur des traits en matière d'investissement », *Mélanges Jacquet*, LexisNexis, 2013, p. 3.

163. *Philip Morris Asia Limited v. The Commonwealth of Australia*, UNCITRAL, PCA Case No. 2012-12 ; Voir *Investment treaty news*, n° 2, vol. 2, déc. 2011-janv. 2012.

164. Voir *supra* n° 920.

Philip Morris a également initié une demande d'arbitrage contre l'Uruguay au sujet de sa réglementation sur l'emballage des produits de tabac. Dans cette affaire, *Philip Morris* fonde son action sur une prétendue violation du TPPI Suisse-Uruguay (Philip Morris Brands Sàrl, Philip Morris Products S.A. and Abal Hermanos S.A. v. Oriental Republic of Uruguay, ICSID Case No. ARB/10/7).

926. Un autre contentieux, symbolique, a été engagé dans le cadre d'une procédure CIRDI sur le fondement de droits de propriété intellectuelle, le premier contentieux CIRDI impliquant la France. Elle aurait porté atteinte aux droits de propriété intellectuelle d'un ressortissant turc, M. Serter. Les données publiques permettent de savoir que M. Serter est architecte naval et a développé une solution technique spécifique pour établir la forme des coques de bateaux de servitude. Ce dernier a engagé une première action au fond en France, devant le tribunal de commerce de Paris, sur le fondement d'une contrefaçon de droit d'auteur et de la concurrence déloyale. Le tribunal le déboute de l'ensemble de ses prétentions par un jugement de novembre 1996. Un appel est interjeté. La cour d'appel de Paris, dans un arrêt d'octobre 2000[165], confirme le jugement et écarte l'existence d'un droit d'auteur sur les formes de coque au bénéfice de M. Serter. Le pourvoi en cassation formé est rejeté. Une deuxième procédure, probatoire, est engagée en parallèle dans le cadre d'une saisie-contrefaçon. Un arrêt de la cour d'appel de Paris du 2 juin 1995 écarte la recevabilité d'une saisie-contrefaçon demandée par M. Serter. Cet arrêt fut cassé par la Cour de cassation en juin 1997. La cour d'appel de Douai, désignée cour de renvoi, retient, dans un arrêt de juin 2000 que, du point de vue de l'apparence, M. Serter a créé des formes de coques originales ne relevant pas de la seule fonctionnalité et justifie la saisie-contrefaçon ordonnée en novembre 1994. Une troisième procédure est initiée au printemps 1998, à nouveau pour contrefaçon et concurrence déloyale. Un jugement est rendu, en janvier 2002, par le tribunal de commerce de Paris[166]. Il avance que l'action engagée par M. Serter est identique à celle soumise à la cour d'appel de Paris et définitivement tranchée par l'arrêt d'octobre 2000, et condamne M. Serter pour procédure abusive. Ce dernier interjette appel. La cour d'appel de Paris[167] infirme le jugement mais uniquement sur la qualification de procédure abusive. C'est dans ce cadre que M. Serter a initié, en juillet 2013[168], une procédure arbitrale dans le cadre de la Convention CIRDI. Il retient comme fondement le TPPI France-Turquie signée le 15 juin 2006 et entré en vigueur le 26 août 2009. Le 10 septembre 2013, le secrétariat général du CIRDI a engagé la procédure, le 3 février 2014, M. Serter a désigné son arbitre, M. Hamid G. Gharavi. La France a désigné le sien, M. Thomas Clay, ainsi qu'un cabinet d'avocats pour l'accompagner dans cette procédure. Les éléments publics que la procédure n'ont pas évolué depuis.

En droit des brevets, une action a été initiée par le laboratoire pharmaceutique *Eli Lilly* à l'encontre du Canada, à la suite de l'annulation dans ce pays de deux brevets sur des médicaments. La société conteste le fondement de ces

165. CA Paris, 4e ch, sect. A, 11 oct. 2000, RG 1997/05699.
166. T. com. Paris, 7e ch., 15 janv. 2002, RG 1998/32922.
167. CA Paris, 4e ch. Sect. A, 8 oct. 2003, RG 2002/04851.
168. *Erbil Serter v. French Republic*, ICSID Case No. ARB/13/22.

décisions sur la base des articles 1709 (1) et 1110 de l'accord ALENA, en avançant que l'annulation constitue une forme d'expropriation.

Ces procédures proposent une nouvelle analyse contentieuse de la propriété intellectuelle. On pense que d'autres pourraient suivre, par exemple en cas d'évolution de la législation en Europe sur les paquets de tabac (notamment en Grande-Bretagne, en France et en Irlande) ou encore au Canada dont la nouvelle loi sur le droit d'auteur réduit fortement l'opposabilité de la propriété pour les exploitations en ligne.

B Les accords régionaux

927. Sans établir une liste exhaustive et hors du cadre de l'UE, on relève quatre initiatives régionales où plusieurs États se sont réunis pour unifier ou coordonner leurs droits de propriété intellectuelle[169]. D'autres accords de libre-échange intègrent des dispositions relatives à la propriété intellectuelle, tel l'Accord de Libre-Échange Nord-Américain (ALENA), mais sans créer une procédure ou une instance spécifique pour la matière.

1. L'Organisation Africaine de la Propriété Intellectuelle (OAPI)

928. L'OAPI a été créée par les accords de Bangui en 1977[170] et révisée en 1999, l'organisation siège à Yaoundé, et régit principalement les relations entre États francophones de l'Afrique de l'Ouest. Elle compte seize États membres qui ont adopté un système uniforme de propriété intellectuelle[171] où un seul office de propriété industrielle intervient. Il n'y a pas de procédure de dépôt uniquement national et seul le titre régional existe. L'organisation agit au nom et pour le compte des États membres, chacun des États membres ayant une structure nationale de liaison.

2. African Regional Industrial Property Organization (ARIPO)

929. Dans un esprit similaire à celui de l'OAPI, l'ARIPO réunit les États anglophones de l'Afrique de l'Est et a été créée en 1976 à l'occasion des accords de Lusaka. L'organisation siège à Harare et compte seize membres. L'ARIPO est compétente pour recevoir, délivrer et administrer les brevets, les dessins et modèles et les marques pour le compte des États membres. À la différence de l'OAPI, le titre de propriété n'est pas régional mais vise spécifiquement les États dans lesquels la propriété est revendiquée.

3. La Communauté andine

930. Réunissant la Colombie, l'Équateur, le Pérou et la Bolivie, cet accord scellé en 1993 établit des dispositions communes sur la propriété industrielle

169. Voir aussi J. Schmidt-Szalewski et J.-L. Pierre, *op. cit.*, n° 1142 et s.

170. Cf. L. Y. Ngombé, « Une discrète quinquagénaire : l'OAPI », *CCE* 2012, Focus 11.

171. Voir, F. Siirianen, « L'harmonisation du droit de la propriété littéraire et artistique au sein de l'OAPI : Regard extérieur d'un juriste français », *Revue de l'ERSUMA : Droit des affaires – Pratique Professionnelle*, n° 1 – juin 2012, Études.

qui sont devenues depuis septembre 2000 un régime commun de droit de la propriété intellectuelle[172].

4. Office eurasien des brevets

931. Créé à Moscou en 1994, l'Office eurasien des brevets propose depuis 1996 la délivrance d'un titre de propriété unique supranational couvrant le territoire de l'ensemble des États membres. Cette convention s'inscrit dans l'espace proposé par l'article 19 de la CUP et l'article 45.1) du Traité PCT de 1970. Cette organisation est chargée des tâches administratives liées au fonctionnement du système eurasien des brevets et à la délivrance des brevets eurasiens. Tous les États contractants sont membres de l'organisation, elle prend la forme d'une organisation intergouvernementale dotée de la personnalité juridique. Dans chacun des États contractants, elle jouit de la capacité juridique reconnue aux personnes morales conformément à la législation nationale et a son siège à Moscou, dans la Fédération de Russie. La langue officielle de l'organisation est le russe.

Le système instauré permet aux États contractants, tout en préservant entièrement leur souveraineté au regard du développement de leurs systèmes nationaux de protection des inventions, d'intégrer le système eurasien des brevets.

§ 3. Les règles de conflit de l'Union européenne

932. Le droit de l'UE propose une harmonisation de la propriété intellectuelle par le biais du droit matériel, les directives d'harmonisation et les règlements créant les titres unionistes de propriété intellectuelle. L'harmonisation de l'UE porte aussi sur l'identification de la loi applicable à un conflit et le juge compétent[173]. Trois sources essentielles encadrent ces points : le règlement Bruxelles I, et les règlements Rome I et Rome II, le premier détermine les règles de compétence judiciaire, le deuxième la loi applicable aux obligations contractuelles et le dernier la loi applicable aux obligations non contractuelles. Concernant la litispendance, la CJ renforce l'efficacité de l'application des décisions de justice pour les biens intellectuels au-delà des titres de propriété de l'Union. À propos d'un droit d'auteur, régime de propriété que très partiellement communautarisé, mais reconnu par l'ensemble des pays membres, elle affirme que le seul fait que des demandes introduites à l'encontre de plusieurs défendeurs, en raison d'atteintes au droit d'auteur matériellement identiques, reposent sur des bases juridiques nationales qui diffèrent selon les États membres ne s'oppose pas à l'application du règlement n° 44/2001 concernant la compétence judiciaire, la reconnaissance et l'exécution des décisions en matière civile et

172. Décision n° 486 du 14 septembre 2000 de la Commission de l'Accord de Carthagène sur le régime commun concernant la propriété industrielle.

173. Voir P. Véron, « Le contentieux de la propriété industrielle en Europe : état des lieux, stratégies et perspectives », *La résolution des litiges de propriété intellectuelle*, Schulthess Médias Juridiques, 2010, p. 53.

commerciale[174]. Naturellement, il incombe à la juridiction nationale, au regard de tous les éléments du dossier, d'apprécier l'existence d'un risque de décisions inconciliables si les demandes étaient jugées séparément[175].

A Le règlement Bruxelles I

933. Le règlement Bruxelles I[176] est issu de la convention de Bruxelles du 27 septembre 1969 et concourt à l'organisation judiciaire de l'UE. Il couvre la matière civile et commerciale dont le régime de la marque européenne, à l'exclusion du droit fiscal et du droit douanier. Il s'applique à tout litige se rattachant à l'UE soit en raison du domicile du défendeur sur le territoire d'un État membre (art. 2), soit en raison de la réalisation sur le territoire de l'Union d'un chef objectif de compétence exclusive (art. 22), soit en raison d'une désignation conventionnelle des tribunaux d'un État membre, à condition que l'une des parties à l'accord soit domiciliée dans un État de l'Union. À défaut de ces éléments, la compétence des juridictions nationales des États membres est définie par leurs dispositions nationales. La CJ retient une application extensive du règlement et ne le limite pas aux seules hypothèses où plusieurs États membres seraient en cause[177], il s'applique aussi dans les relations avec un État tiers.

934. Le règlement instaure des règles de compétences : le domicile du défendeur est utilisé comme le critère de compétence générale désignant l'ensemble des juridictions de l'État où est situé ledit domicile[178]. L'identification ensuite de la juridiction compétence au sein de cet État relève de l'application du droit interne. En France, le tribunal de grande instance sera le plus souvent compétent[179]. À cette compétente de principe du for du défendeur, s'ajoutent des règles spéciales qui complètent ou dérogent à la solution de droit commun. L'article 5 du règlement propose des options de compétence en raison de la matière litigieuse, tel le for du contrat. La mise en œuvre de cette dérogation se révèle délicate, la définition de la matière contractuelle soulève des débats. Le règlement donne compétence au « *tribunal du lieu où l'obligation qui sert de base à la demande a été ou doit être exécutée* » (art. 5-1). L'identification de l'obligation qui sert de base à la demande se distingue de l'obligation du contrat et emporte un morcellement du contentieux si un contrat inclut des obligations s'exécutant dans plusieurs États. Autant de difficultés apparaissent pour l'identification du lieu d'exécution, la CJ prescrit de faire application des critères de la loi applicable aux obligations litigieuses. Afin de préciser le régime applicable aux deux principales formes contractuelles, le règlement ajoute (art. 5-1 b)) que

174. CJUE, 27 févr. 2014, aff. C-1/13, *Cartier parfums-lunettes SAS*.

175. CJUE, 1er déc. 2011, aff. C-145/10, *Panier/Axel Springer*, préc.

176. Règlement n° 44/2001 du 22 déc. 2000. Le règlement a été refondu par le règlement 1215/2012 qui entrera en vigueur en janvier 2015, L. d'Avout, « La refonte du règlement Bruxelles I », *D.* 2013, p. 1014.

177. CJCE, 1er mars 2005, *Owusu*, aff. C-281/02, *Rec.* I-1383 ; *Gaz. Pal.* 2005, n° 148, p. 31, note M.-L. Niboyet.

178. M.-L. Niboyet et G. de Geouffre de La Pradelle, *op. cit.*, n° 420 et s. ; P. Mayer et V. Heuzé, *Droit international privé*, 9e éd., Montchrestien, 2007, n° 332 et s.

179. Voir *infra* n° 1302, 1320 et s.

sauf convention contraire, le lieu d'exécution de l'obligation qui sert de base à la demande est, d'une part, pour la vente de marchandises, le lieu d'un État membre où, en vertu du contrat, les marchandises ont été ou auraient dû être livrées, et, d'autre part, pour la fourniture de services, le lieu d'un État membre où, en vertu du contrat, les services ont été ou auraient dû être fournis. Il conclut que la règle principale s'applique lorsque le régime spécial de la vente de marchandise ou de la fourniture de service ne peut trouver application (art. 5-1 c)). Ces dispositions semblent cependant difficiles à mettre en œuvre en présence de contrefaçon en ligne. Il serait nécessaire pour l'application de ces solutions de reprendre le critère de l'accessibilité et de l'appliquer de façon distributive. Soit l'accessibilité suffit à établir l'élément de concrétisation du dommage (lors d'une vision en streaming via un site Internet par exemple) et le juge du territoire sur lequel le site est accessible est compétent pour entendre le litige relatif à la contrefaçon. Soit l'accessibilité ne suffit pas à constater la concrétisation du dommage (vente en ligne de produits contrefaisant des marques, des brevets ou des dessins et modèles notamment, alors la compétence sera établi par le constat la diffusion des produits sur le territoire, suivant les critères identifiées en pratique par la théorie de la focalisation[180].

935. La question est de savoir si les contrats de propriété intellectuelle peuvent intégrer l'une ou l'autre de ces règles spéciales. La CJ[181] retient que l'article 5, point 1, sous b), relatif à la juridiction compétente pour les contrats de fourniture de service, doit être interprété en ce sens « *qu'un contrat, par lequel le titulaire d'un droit de propriété intellectuelle concède à son cocontractant le droit de l'exploiter en contrepartie du versement d'une rémunération, n'est pas un contrat de fourniture de services au sens de cette disposition* ». La Cour ajoute que pour déterminer, en application de l'article 5, point 1, « *la juridiction compétente pour connaître d'une demande de paiement de la rémunération due en vertu d'un contrat par lequel le titulaire d'un droit de propriété intellectuelle concède à son cocontractant le droit de l'exploiter, il convient de se référer aux principes issus de la jurisprudence de la Cour portant sur l'article 5, point 1, de la convention du 27 septembre 1968 concernant la compétence judiciaire et l'exécution des décisions en matière civile et commerciale, telle que modifiée par la convention du 26 mai 1989 relative à l'adhésion du Royaume d'Espagne et de la République portugaise* ». Si cette solution permet une application raisonnable du règlement pour les contrats de concession de biens intellectuels, il faut retenir une portée limitée de la qualification de la Cour à la seule question de la détermination de la juridiction applicable[182]. En dehors de cette question, il semble nécessaire de qualifier le contrat de concession de bien intellectuel comme contrat de fourniture de service et on ne peut pas suivre l'avocat général Trstenjak[183] qui déclare que

180. Voir, CJUE, 21 juin 2012, aff. C-5/11, *Donner*, *Europe,* août 2012, comm. n° 8-9 p. 26, obs. D. Simon ; *RTD com.* 2012. 540, obs. F. Pollaud-Dulian ; *RTD eur.* 2012. 947, obs. E. Treppoz ; *D.* 2013, p. 1924, obs. J.-C. Galloux.

181. CJCE, 23 avr. 2009, aff. C-533/07, *Falco Privatstiftung* ; *RDC* 2009/4, note E. Treppoz.

182. Voir P. Berlioz, « La notion de fourniture de services au sens de l'article 5-1 b) du règlement Bruxelles I », *JDI* 2008.675.

183. Conclusions de l'Avocat général, Mme Verica Trstenjak, présentées le 27 janv. 2009, aff. C-533/07 *Falco Privatstiftung*.

« sous l'angle du droit civil, le contrat de licence est un contrat autonome et pas uniquement une sous-catégorie du contrat de bail ou de fermage. Les deux types de contrats indiqués se distinguent ne serait-ce que par leur objet. Tandis que le contrat de bail ou de fermage de biens meubles a pour objet un bien meuble, un contrat de licence a pour objet un droit de propriété intellectuelle. En conséquence, le contrat de licence se distingue du contrat de bail ou de fermage surtout par le fait que la licence peut être concédée en même temps à plusieurs personnes indépendantes les unes des autres qui peuvent géographiquement se trouver en des lieux différents et qui peuvent aussi exploiter, de façon concomitante, l'objet de la licence. Or, en cas de bail ou de fermage d'une chose, ce n'est pas possible. La licence exclusive est une catégorie de licence qui, sous l'angle des effets juridiques, pourrait être comparée à un bail ou à un fermage. En vertu d'une licence exclusive, le donneur de licence accorde au preneur de licence le droit d'exploiter un droit déterminé de propriété intellectuelle, sachant qu'il s'engage à ne concéder la licence à personne d'autre et à ne pas exploiter lui-même le droit de propriété intellectuelle. Mais nous ne pouvons pas encore généraliser cette comparaison à tous les contrats de licence. L'impossibilité de procéder à une analogie directe entre contrat de licence et contrat de bail ou de fermage constitue donc encore un argument supplémentaire en faveur de l'opinion selon laquelle il n'est pas possible de qualifier un contrat de licence de contrat ayant pour objet la fourniture de "services" au sens de l'article 5, point 1, sous b), deuxième tiret, du règlement n° 44/2001. » Cette analyse du contrat oublie la nécessité d'une délivrance dans l'essentiel des contrats ayant pour objet la jouissance d'un bien intellectuel. En l'espèce, l'exécution du contrat n'était pas possible sans soit la remise d'un *Master* permettant la duplication, soit la remise de CD audio et DVD devant être distribués. S'il s'agit d'une licence de marque, la communication de la charte graphique est nécessaire pour la délivrance, il en irait de même pour un modèle, etc. Le contrat de licence de bien intellectuel accorde une place importante à la délivrance, ses conditions et ses effets sur la validité du contrat.

936. En matière délictuelle, l'article 5-3 désigne le tribunal du lieu où le fait dommageable s'est produit ou risque de se produire, cela intègre toute action en responsabilité engagée entre deux parties non directement liées par un contrat, mais participant à un ensemble contractuel. Le lieu du dommage vise, au choix du demandeur, le lieu de production de l'événement causal ou le lieu de survenance du dommage. Cette disposition est interprétée par la CJ en cas de litige lié à Internet de la façon suivante en maintenant le principe du choix. En présence d'un litige relatif à l'atteinte à une marque enregistrée dans un État membre du fait de l'utilisation, par un annonceur, d'un mot-clé identique à ladite marque sur le site Internet d'un moteur de recherche opérant sous un domaine national de premier niveau d'un autre État membre peut être porté soit devant les juridictions de l'État membre dans lequel la marque est enregistrée, soit devant celles de l'État membre du lieu d'établissement de l'annonceur[184]. La

184. CJUE, 19 avr. 2012, aff. C-523/10, *Wintersteiger AG*n *Europe* juin 2012, comm. n° 6 p. 263, obs. L. Idot ; L. d'Avout, « Droit du commerce international. Contentieux judiciaire lié à internet », *D.* 2012 p. 2338 ; T. Azzi, « Contrefaçon de marque sur internet : interprétation de l'article 5, § 3, du règlement Bruxelles I », *D.* 2012 p. 1926 ; *CCE* 2013, chron. 1, obs. M.-E. Ancel.

CUE[185] précise que l'article 5-3 impose que, en cas d'atteinte alléguée aux droits patrimoniaux d'auteur garantis par l'État membre de la juridiction saisie, celle-ci est compétente pour connaître d'une action en responsabilité introduite par l'auteur d'une œuvre à l'encontre d'une société établie dans un autre État membre et ayant, dans celui-ci, reproduit ladite œuvre sur un support matériel qui est ensuite vendu par des sociétés établies dans un troisième État membre, par l'intermédiaire d'un site internet accessible également dans le ressort de la juridiction saisie. Cette juridiction saisie n'est compétente que pour connaître du seul dommage causé sur le territoire de l'État membre dont elle relève[186].

937. Enfin, le règlement avance une règle de compétence exclusive de toute considération de domicile (art. 22) pour désigner, au sujet de l'inscription ou de la validité des brevets, des marques, des dessins et modèles et de tout autre titre de propriété intellectuelle soumis à enregistrement, les juridictions de l'État contractant où l'enregistrement a été demandé, a été effectué ou est réputé avoir été effectué. Cette disposition s'applique au contentieux de la déchéance du titre[187], et elle peut être invoquée par voie d'action ou d'exception[188]. Ne sont soumis à cette attribution exclusive que les litiges relatifs, à titre principal, à ces questions d'enregistrement et de validité, ce qui exclut notamment les contentieux relatifs aux contrats d'exploitation des biens intellectuels ou ceux de la contrefaçon, sous réserve des actions reconventionnelles[189].

B Rome I

938. Le règlement 593/2008 relatif à la loi applicable aux obligations contractuelles[190], dit Rome I, s'applique, dans des situations comportant un conflit de lois, aux obligations contractuelles relevant de la matière civile et commerciale, à l'exclusion des questions fiscales, douanières et administratives, pour des contrats conclus après le 17 décembre 2009. Le principe avancé par l'article 3 du règlement est que les parties au contrat choisissent la loi qui le régira en totalité ou partie. Le changement de loi applicable peut survenir à tout moment, avec l'accord de toutes les parties. Si la loi choisie est celle d'un pays autre que celui avec lequel le contrat présente les liens les plus étroits, les dispositions de cette loi doivent être respectées. Si le contrat se rapporte à un ou

185. CJUE, 3 oct. 2013, aff. C-170/12, *Pinckney*, *CCE* 2013, chron. 1, n° 7, obs. A.-E. Ancel ; *CCE* 2014, chron. 1, n° 3, obs. M.-E. Ancel ; *JCP* G 2014, chron. 364, p. 560, obs. C. Caron. Pour l'application de la décision, Cass. civ. 1re, 22 janv. 2014, n° 10-15890, *CCE* 2014, comm. 33, note C. Caron.

186. La Cour de cassation a fait application de cette solution par un arrêt en retenant que *« l'accessibilité, dans le ressort de la juridiction saisie, par voie hertzienne ou par le réseau internet, de tout ou partie du documentaire incriminé, est de nature à justifier la compétence de cette juridiction, prise comme celle du lieu de la matérialisation du dommage allégué »*, Cass. civ. 1re, 22 janv. 2014, n° 11-24019, *JCP* G 2014, act. 123, M.-E. Ancel ; *JCP* G 2014, chron. 364, p. 560, obs. C. Caron.

187. CA Paris, 15 avr. 1992, *JDI* 1993.153, obs. J. Huet ; *D.* 1993, somm. 349, obs. B. Audit ; *JDI* 1993.989, note F. Pollaud-Dulian.

188. CJCE, 13 juill. 2006, *Gatt*, aff. C-4/03, *RCDIP* 2006.904 et chron. Wilderspin p. 777.

189. CJCE, 15 nov. 1983, aff. 288/82, *Duinjstee c. Goderbauer*, *RCDIP* 1984.361, note G. Bonet.

190. Règl. 593/2008, 17 juin 2008, *JOUE* n° L177, 4 juill. 2008 p. 6 ; M.-E. Ancel, « Le règlement Rome I, nouvelle pièce du système communautaire de DIP », *RLDC*, oct. 2008, n° 3133.

plusieurs États membres, la loi applicable choisie, autre que celle d'un État membre, ne doit pas contredire les dispositions du droit de l'UE.

Lorsque les parties n'ont pas précisé la loi applicable aux contrats de vente de biens, de prestation de services, de franchise ou de distribution, elle sera déterminée sur la base du pays de résidence du principal exécutant du contrat (sur cette notion, voir art. 19 du règlement). Si le contrat ne répond pas à ces catégories, la loi applicable est déterminée sur la base du pays de résidence du principal exécutant du contrat (art. 4). Toutefois, dans l'hypothèse où le contrat présente des liens plus étroits avec un autre pays que celui visé par ces règles, il est régi par la loi de ce pays. Il en va de même lorsqu'aucune loi applicable ne peut être déterminée. La loi ainsi définie régira l'interprétation du contrat, l'exécution des obligations qu'il engendre, les sanctions en cas de non-respect des obligations, l'évaluation des dommages, l'extinction des obligations, les mesures d'exécution et les sanctions en cas d'invalidité du contrat (art. 12). Reste que le règlement ne porte pas atteinte aux lois de police locale suivant son article 9.

C Rome II

939. En cas de conflit de lois, le règlement de juillet 2007[191] détermine la loi applicable aux obligations non contractuelles en matière civile et commerciale[192]. Ces dernières englobent, entre autres, la responsabilité du fait des produits, la gestion d'affaires ou les obligations non contractuelles découlant de tractations menées avant la conclusion d'un contrat. Applicable depuis le 11 janvier 2009 dans tous les États membres, sauf le Danemark, le règlement ne vise non pas à harmoniser le droit matériel des États en droit des obligations non contractuelles, mais à harmoniser leurs règles de conflit de lois. Elles doivent désigner la même loi nationale applicable à une obligation non contractuelle, quel que soit l'État membre dans lequel l'action est introduite.

Par principe, on applique la loi du pays où le dommage survient, à défaut la loi du pays où la personne responsable et la personne lésée ont toutes les deux leur résidence habituelle au moment de la survenance du dommage, et à défaut la loi du pays avec lequel la situation présente des liens manifestement plus étroits que les pays précités. Le règlement autorise les parties à choisir d'un commun accord la loi applicable à leur obligation. Le règlement prévoit des règles spécifiques pour certains domaines tels que la responsabilité des produits défectueux ou la propriété intellectuelle. Le règlement s'applique à tous les faits générateurs survenus après le 20 août 2007 (date d'entrée en vigueur).

940. La loi applicable à une obligation non contractuelle déterminée selon les dispositions du règlement régit notamment les conditions et l'étendue de la responsabilité, y compris les personnes qui peuvent être tenues pour responsables, les causes d'exonération, de limitation et de partage de responsabilité, l'existence, la nature et l'évaluation des dommages ou la réparation demandée. La loi désignée règle les mesures que le tribunal saisi peut prendre afin

191. Règlement n° 864/2007 du 11 juill. 2007 sur la loi applicable aux obligations non contractuelles, dit Rome II, *JOUE* 31 juill. 2007, n° L 199/40.
192. M.-L. Niboyet et G. de Geouffre de La Pradelle, *op. cit.*, n° 49 et s.

d'assurer la prévention et la cessation du dommage ou sa réparation (selon son droit procédural national), les personnes ayant droit à réparation du dommage qu'elles ont personnellement subi, le régime de la responsabilité du fait d'autrui, et enfin, le mode d'extinction des obligations ainsi que les règles de prescription et de déchéance fondées sur l'expiration d'un délai.

En règle générale (art. 4), la loi applicable à une obligation non contractuelle résultant d'un fait dommageable est celle du pays où le dommage survient, indépendamment du ou des pays où pourraient survenir des conséquences indirectes. Lorsque la personne dont la responsabilité est invoquée et la personne lésée ont leur résidence habituelle dans le même pays au moment de la survenance du dommage, c'est la loi de ce pays qui s'applique. Si un lien manifestement plus étroit avec un autre pays existe, la loi de ce dernier s'applique. À titre d'exemple, un tel lien peut se traduire par des relations préexistantes entre les parties comme un contrat. Le règlement intègre une liberté de choix des parties de déterminer la loi applicable à une obligation non contractuelle : soit par un accord postérieur à la survenance du fait générateur du dommage, soit – entre commerçants – par un accord librement négocié avant la survenance du fait générateur. Sans porter préjudice aux droits des tiers, le choix doit être exprès ou résulter de manière claire de la situation. Cette liberté de choix est exclue pour les atteintes à la propriété intellectuelle. Pour les obligations non contractuelles découlant de tractations menées avant la conclusion d'un contrat, c'est la loi régissant le contrat, que le contrat soit effectivement conclu ou non, qui s'applique.

Pour les atteintes aux droits de propriété intellectuelle[193] (art. 8), en pratique les actes de contrefaçon, la loi applicable, dans un cadre d'une action civile, est celle du pays pour lequel la protection a été demandée. On ne peut pas déroger à cette disposition par un accord entre les parties. Lorsque le bien intellectuel contrefait est approprié par un titre unioniste de propriété, l'article 8-2 dispose que la loi applicable à toute question qui n'est pas régie par l'instrument de l'UE pertinent (les règlements de l'UE instituant les titres unionistes de propriété) est la loi du pays dans lequel il a été porté atteinte au droit unioniste de propriété.

Le règlement n'affecte pas l'application des conventions internationales régissant les obligations non contractuelles auxquelles un ou plusieurs États membres sont parties[194]. On constate que Rome II ne mentionne pas la loi d'origine contrairement à la Convention de Berne en particulier[195].

941. Pour les actes de concurrence déloyale et les actes restreignant la libre concurrence (art. 6), c'est la loi du pays sur le territoire duquel les relations de concurrence ou les intérêts collectifs des consommateurs sont affectés ou susceptibles de l'être qui s'applique. Lorsqu'un tel acte affecte les intérêts d'un concurrent déterminé, la règle générale de l'article 4 du règlement s'applique. Pour les obligations non contractuelles résultant d'acte restreignant la concurrence, c'est la loi du pays dans lequel le marché est affecté ou susceptible de

193. E. Treppoz, « La *lex loci protectionis* et l'article 8 du règlement Rome II », *D.* 2009, p. 1643.

194. T. Azzi et E. Treppoz, « Contrefaçon et conflits de lois : quelques remarques sur la liste des conventions internationales censées primer le règlement Rome II », *D.* 2011 p. 1293.

195. Voir CJCE, 30 juin 2005, aff. C-28/04, *Todd's*, *RTD com.* 2005.735, n° 8 obs. F. Pollaud-Dulian.

l'être qui s'applique. Quand le marché est affecté ou susceptible de l'être dans plus d'un pays, le requérant qui introduit l'action devant la juridiction du domicile du défendeur peut choisir la loi de ce pays, à condition que le marché y soit affecté. Lorsque le demandeur cite plusieurs défendeurs devant cette juridiction, il peut uniquement choisir de fonder sa demande sur la loi de cette juridiction si l'acte restreignant la concurrence affecte le marché de cet État membre. Il ne peut être dérogé à la loi applicable concernant les obligations non contractuelles résultant de la concurrence déloyale ou d'un acte restreignant la libre concurrence par un accord entre les parties.

Chapitre 2
Les contrats de la propriété intellectuelle

942. La propriété intellectuelle est un terreau fertile pour le droit des contrats. La spécificité physique des biens intellectuels, l'indépendance à tout support, donne sa pleine mesure dans ce domaine. Là où la création contractuelle trouve une limite habituelle dans l'accès au bien, sa disponibilité, les biens intellectuels écartent cette limite physique ; les modèles d'exploitation des biens intellectuels, que traduisent les contrats, n'ont pour frontière que des dispositions impératives limitées et le droit de la concurrence[1]. Ce dernier encadre la liberté contractuelle afin de protéger le marché contre une utilisation abusive de celle-ci combinée à la propriété.

943. L'unité de la propriété intellectuelle se manifeste fortement au stade des actes d'exploitation des biens intellectuels[2]. Si le droit d'auteur propose quelques régimes de contrats spéciaux, ceux-ci ne s'appliquent qu'en présence de l'auteur[3]. Lorsque ce dernier n'est pas partie au contrat, le droit commun s'impose. Dès lors, le droit commun des contrats s'applique à la majorité des contrats ayant pour objet un droit d'auteur, et comme les autres régimes de propriété intellectuelle ne font que renvoyer au droit commun des contrats, intégrant simplement quelques contraintes de forme et de publicité, le cadre contractuel de référence en propriété intellectuelle est le droit commun des contrats. La cession et la concession de biens intellectuels s'inscrivent dans ce cadre ouvert[4]. Cette liberté contractuelle fut notamment rappelée par le Conseil d'État[5] à propos du droit voisin d'entreprise de communication audiovisuelle.

944. La qualification de la convention laisse elle-même des espaces d'incertitude, le droit de l'UE ou le droit fiscal ont tendance à analyser les contrats de concession de biens intellectuels non pas comme un bail mais comme un contrat

---

1. Cf. *infra* n° 1143 et s.
2. J. Raynard, « Aspects civilistes des contrats de transfert de techniques », *Les contrats de la propriété intellectuelle*, Dalloz, 2013, coll. Thèmes et commentaires CUERPI, p. 9.
3. Cass. civ. 1re, 13 oct. 1993, aff. *Perrier*, *D.* 1994, J.166, note P.-Y. Gautier ; *RTD com.* 1994.272, obs. Françon ; confirmé notamment par Cass. com., 5 nov. 2002, *CCE* 2003, comm. 1, note C. Caron, *Prop. Indust.* 2003, comm. 5, note P. Kamina ; voir *infra* n° 968 et s., 1030 et s.
4. Sur la liberté contractuelle et la qualification fiscale des conventions, Cass. com., 23 oct. 2007, *Bull. civ.* IV, n° 222. Sur les vastes ressources de la pratique dans la construction des conventions, voir notamment W. Dross, *Clausier – Dictionnaire des clauses ordinaires et extraordinaires des contrats de droit privé interne*, 2e éd., Litec, 2011 ; G. Helleringer, *Les clauses du contrat – Essai de typologie*, LGDJ, 2012, coll. Bibl. de droit privé, t. 536.
5. CE, 7 déc. 2011, aff. 321349, publié au *Rec. Lebon*.

d'entreprise ou de prestation de service[6]. Pour l'exploitation de contenus intellectuels, l'abonnement qui permet l'accès aux contenus est un contrat portant sur des choses et non sur des services. Le contrat d'abonnement à un site de musique en ligne ou à un site de vidéos à la demande est un contrat de jouissance qui permet à l'abonné d'accéder à l'usage de biens intellectuels mis à sa disposition par son cocontractant. Ce contrat n'est pas un contrat d'entreprise mais un contrat louage qui ne peut exister qu'en présence d'un droit de propriété sur les choses suivant la distinction établie par l'article 1708 du Code civil. Le louage de choses est un contrat par lequel l'une des parties s'oblige à faire jouir l'autre d'une chose pendant un certain temps, et moyennant un certain prix que celle-ci s'oblige de lui payer. Il s'agit d'un bail à loyer au sens de l'article 1711 du Code civil, le loyer payé par le preneur à bail prenant la forme de l'abonnement récurant. Il pèse sur ce contrat de bail mobilier sur des choses incorporelles, des biens intellectuels, les mêmes règles générales applicables aux biens immeubles, autant qu'elles sont compatibles avec la nature des choses. Le contrat d'abonnement est une modalité simplificatrice et régulatrice de la relation contractuelle pour la fourniture répétée de biens et sans lequel il serait nécessaire de conclure un contrat pour chaque utilisation des biens en cause. Ce modèle économique, très largement répandu pour les biens intellectuels, à commencer par le contrat général de représentation conclu entre les sociétés de gestion collective et les exploitants, ou les contrats de *patents pool*, suppose un droit de propriété comme sous-jacent[7]. La prestation caractéristique du contrat permet sa qualification ; ce qu'attend le consommateur ou un exploitant qui conclut un tel contrat, c'est la jouissance du catalogue de films ou de musiques, jouissance de biens caractéristiques du contrat de louage de choses. Il s'agit, suivant une autre qualification possible, de contrats permettant des extractions de bases de données, les biens intellectuels composent la base offerte.

Les qualifications constatées convergent toutes dans le sens d'un contrat de prestation de services. Nous avons relevé trois approches : la directive Services audiovisuels de 2007[8], le régime de la TVA pour la VOD[9] ou encore la qualification en droit international[10]. Toutefois, cette qualification harmonisée n'est pas irrémédiable car le service est toujours celui d'accéder à un bien intellectuel, ce qui impose une responsabilité au propriétaire de ce dernier, retrouvant ainsi les effets de la qualification défendue. Au-delà de la distinction entre cession et concession, la qualification de contrat de prestation de service est retenue en raison de la nature immatérielle du bien intellectuel objet du contrat. Cette démarche ne doit pas prospérer, pour autant elle impose une analyse rigoureuse de l'environnement contractuel dans lequel la convention ayant pour objet un bien

6. Sur la qualification, A. Boisson, *La licence de droit d'auteur*, *op. cit.*, S. Raimond, *La qualification du contrat d'auteur*, LexisNexis, 2009, coll. IRPI, t. 34.

7. Voir les lignes directrices du Règlement 316/2014 relatif aux accords de transfert de technologie.

8. Directive 2007/65/CE, art. 1 g), retient que ces accès à la demande doivent être définis comme « *"service de médias audiovisuels à la demande" (c'est-à-dire un service de médias audiovisuels non linéaire) : un service de médias audiovisuels fourni par un fournisseur de services de médias pour le visionnage de programmes au moment choisi par l'utilisateur et sur demande individuelle sur la base d'un catalogue de programmes sélectionnés par le fournisseur de services de médias* ».

9. Voir Instruction fiscale 3 C-2-11 du 28 mars 2011 portant sur la TVA applicable à la VOD.

10. CJUE, 23 avr. 2009, aff. C-533/07, *Falco Privatstiftung* ; préc.

intellectuel est conclue. En effet, en présence d'un consommateur, au regard des dispositions de la directive 2011 relative aux droits des consommateurs[11], tout contrat ayant pour objet un bien intellectuel doit être qualifié de contrat de prestation de service. De plus, cette directive ne retient pas le contrat en fonction de son objet mais de la matérialité du support. Elle fait émerger une nouvelle catégorie d'objet contractuel, le « contenu numérique », pour laquelle les professionnels supportent des obligations particulières, principalement d'information. Au regard du considérant 19 de la directive, il faut comprendre par contenu numérique, les données qui sont produites et fournies sous une forme numérique, comme les programmes informatiques, les applications, les jeux, la musique, les vidéos ou les textes. Cette notion s'applique, que l'accès à ces données ait lieu au moyen du téléchargement ou du streaming, depuis un support matériel ou par tout autre moyen. Les contrats de fourniture de contenu numérique relèvent du champ d'application de la directive. Toutefois, si le contenu numérique est fourni sur un support matériel, tel qu'un CD ou un DVD, il doit être considéré comme un bien corporel. En application de ces dispositions, un livre ou un album de musique ne connaîtra plus le même régime contractuel pour sa vente selon qu'il est vendu sur support ou par téléchargement. Dans les deux cas, le cadre de la propriété intellectuelle demeure pour autant similaire et l'enjeu demeure toujours le même, accéder à un bien intellectuel pour pouvoir en jouir. L'indépendance entre le bien intellectuel et son support doit rester en vigueur dans le cadre du droit des contrats, que le support soit matériel ou immatériel.

945. L'unité s'affirme aussi dans les restrictions à la liberté contractuelle. Le législateur, en droit des brevets, en droit des topographies de semi-conducteurs, en droit des obtentions végétales, en droits voisins et en droit d'auteur, impose des actes d'exploitation et limite la libre disposition du bien intellectuel. Ces restrictions sont l'une des traductions juridiques de l'équilibre des régimes de propriété avec l'environnement économique et social dans lequel ils s'insèrent. Les besoins de santé publique, la limitation des effets de la dépendance, l'utilisation facilitée par des personnes isolées, autant de situations où la loi restreint la libre jouissance par le propriétaire de son bien en permettant l'accès à des tiers dans des conditions contractuelles légalement encadrées.

La liberté contractuelle et la forte adaptabilité des contrats ayant pour objet des biens intellectuels aux besoins de la pratique permettent de dégager des tendances contractuelles. Celles-ci sont marquées, d'une part, par la collectivisation de l'exploitation et, d'autre part, par la prise en compte de la valeur des biens intellectuels pour en faire des moyens directs ou indirects de financement.

On envisagera successivement la cession, la concession, les tendances contractuelles et, enfin, la publicité des actes.

11. Directive 2011/83/UE, 25 oct. 2011 relative aux droits des consommateurs, *JOUE*, 22 nov. 2011, L. 304/64 ; A. Debet, « La directive 2011/83/UE du 25 octobre 2011 : de nouvelles règles européennes encadrant le contrat à distance », *CCE* 2012, Étude 8 ; *CCC* 2012, Focus 1, N. Raud et G. Notté ; G. Raymond, « Directive consommateurs n° 2011/83/UE du 25 oct. 2011 », *CCC* 2012, Étude 3.

Section 1
La cession

946. La cession, dont la vente, est le contrat par lequel la propriété d'une chose est transférée à un acquéreur, en contrepartie d'une somme d'argent dans le cas de la vente (art. 1582 C. civ.)[12]. Tout ce qui est dans le commerce peut être vendu lorsque des lois particulières n'en ont pas prohibé l'aliénation (art. 1598 C. civ.) Les biens intellectuels ne font l'objet d'aucune prohibition particulière, ils sont dans le commerce au sens de l'article 1128 du Code civil, sauf produits contrefaisants[13].

Les biens intellectuels, en particulier les marques (art. L. 714-1 C. propr. intell. ; art. 17 RME), peuvent être cédés indépendamment de l'entreprise qui les exploite, le transfert d'un bien intellectuel, comme la constitution d'une garantie, se faisant indépendamment du fonds de commerce.

L'essentiel des cessions de biens intellectuels s'effectue suivant le droit commun des contrats (art L. 131-2, al. 2, L. 513-2, L. 613-8, L. 714-1 C. propr. intell., étant constaté qu'aucune disposition du Code de la propriété intellectuelle ne visant le régime des cessions de biens intellectuels appropriés par le droit d'auteur ou les droits voisins dès lors que le créateur n'est pas partie à la convention), le législateur complétant ce régime à la marge, principalement pour des éléments de forme de la cession (écrit et publicité pour opposabilité). Pour le droit d'auteur, lorsque l'auteur est partie au contrat, un régime spécial contractuel s'applique à la cession. Ces développements consacrés à la vente, *mutatis mutandis*, s'appliquent à l'échange ou au don.

§ 1. Le droit commun de la cession en propriété intellectuelle

947. La vente est parfaite et la propriété acquise de plein droit dès lors que l'on a convenu de la chose et du prix, quoique la chose n'ait pas encore été livrée, ni le prix payé (art. 1583 C. civ.). Le prix du bien vendu doit être déterminé ou déterminable, le prix doit être réel et sérieux. Ces éléments de base du contrat de vente, qu'il n'y a pas lieu de détailler, s'appliquent au brevet, à la marque, aux bases de données, au modèle, à la topographie de semi-conducteur, au savoir-faire, à l'obtention végétale, au droit voisin (sous réserve du contrat de production de l'artiste-interprète), et au droit d'auteur (sous réserve de la présence de l'auteur au contrat). La cession d'un bien intellectuel est une cession de meuble et s'inscrit en tant que telle dans le droit commun de la vente. Il est nécessaire de préciser les éléments principaux du contrat de vente au regard des spécificités des biens intellectuels.

12. Pour la cession avec un élément d'extranéité, voir A. Marie, « La loi du contrat et les contrats internationaux de cession de marques », *CCE* 2011, prat. 7.

13. Cass. com., 23 oct. 2003, *Bull. civ.* IV, nº 147 ; *D.* 2003, somm. 2762, obs. P. Sirinelli ; *D.* 2003, J. 2863, note C. Caron.

A La chose

948. L'objet de la cession est un bien intellectuel approprié. Un bien du domaine public ne peut pas être l'objet d'un contrat.

La cession emporte transfert des prérogatives juridiques réelles sur le bien d'une personne à une autre. Si la voie d'appropriation retenue est le secret, la cession peut s'opérer à condition de maintenir ce secret. Elle peut porter sur un bien dont le titre de propriété n'est pas encore délivré, l'acquéreur se substituant au cédant dans la procédure, supportant alors l'aléa de la délivrance du titre de propriété. La cession peut avoir pour objet un bien futur ; suivant le droit commun, il est nécessaire que l'objet soit identifiable. La cession de la chose impose de distinguer nettement le bien intellectuel de son support, la cession de l'un n'emportant pas la cession de l'autre suivant un mécanisme général d'indépendance. Toutefois, il est possible d'unir les deux dans un même contrat de vente, dont une vente aux enchères[14].

949. L'objet de la cession est varié en propriété intellectuelle, en raison des démembrements possibles des droits réels sur les biens intellectuels. Naturellement, la cession peut avoir pour objet le bien intellectuel avec l'ensemble des prérogatives attachées à son titre de propriété. Cession de brevet, de la marque, ou de droit d'auteur, schéma classique que l'on retrouve par exemple dans le cadre d'un transfert de propriété.

La cession peut porter sur un sous-élément du droit de propriété, ce qui est plus original. Elle a pour objet un territoire d'exploitation ou une application donnée. L'identification de l'objet de la cession devient primordiale : une personne morale cède le droit de reproduction de tel film cinématographique ou catalogue de films pour tel territoire. Il n'y a pas d'indivision, mais un partage des prérogatives réelles sur le bien entre le cédant et le cessionnaire. Le territoire sera toujours au moins celui d'un État.

950. Le droit des marques propose une solution originale : il est possible de diviser le titre de propriété en plusieurs titres nouveaux et indépendants, en fonction du libellé[15]. La cession impose une division du bien et l'émission d'un nouveau titre de propriété, qui sera ensuite transmis à l'acquéreur. Il n'y a pas d'indivision au terme de l'opération mais l'apparition de deux titres de propriété indépendants. Le droit des brevets, pas plus que le droit des dessins et modèles, ne connaissent cette faculté de division.

L'objet de la cession peut être, non pas le bien ou un démembrement réel, mais une quote-part de propriété du bien, engendrant la création d'une indivision entre le cédant et le cessionnaire. Il faut adjoindre à la convention de cession une convention d'indivision définissant les conditions d'utilisation du bien par les copropriétaires. Quant aux fruits du bien intellectuel cédé, ils appartiennent au cédant, sauf clause contraire, au jour de la vente[16].

---

14. Voir la cession du fonds photographique de Milton Greene le 27 juill. 2013.
15. Art. 44 RME pour la division de la demande de titre de propriété ; art. 49 RME pour la division du titre de propriété.
16. Cass. civ. 3e, 26 mars 2014, *Bull. civ.* III, à paraître, *CCC* 2014, comm. 124, note L. Leveneur.

951. Le périmètre de la cession est défini au regard des accessoires du bien intellectuel cédé, deux points sont marquants en la matière : le droit de priorité et les perfectionnements. Pour le premier, il est acquis qu'il ne constitue pas un accessoire du bien cédé mais un droit indépendant de celui conféré par le titre de propriété de base. Il doit explicitement être inclus dans le périmètre de cession pour être cédé avec le bien intellectuel, sinon, il reste dans le patrimoine du cédant[17].

Le sort des perfectionnements a suscité des débats aussi bien au regard de la définition de l'objet de la cession qu'à propos de la délivrance et de la garantie. La cession d'un bien intellectuel n'emporte pas cession des perfectionnements réalisés postérieurement au contrat de cession. Pour ceux réalisés avant la cession, le débat reste ouvert. Surtout, les contrats de cession doivent prendre soin de définir les éventuelles prérogatives du cessionnaire sur ces perfectionnements, les suites, les évolutions du bien intellectuel.

Pour ce qui est du droit moral, indisponible, il n'est jamais l'objet d'une cession autonome du vivant de l'auteur, l'interprète ou l'inventeur. Au décès[18], le droit moral est transféré, par exemple à une personne morale ayant la charge de l'exercer de façon pérenne[19].

952. L'objet du contrat peut aussi prendre la forme d'un droit réel conventionnel, temporaire voire perpétuel. La Cour de cassation a, en 2012, par deux arrêts[20], pris le parti d'écarter la théorie du *numerus clausus* des droits réels et ouvert le champ à la créativité juridique. Il est évident que cela peut présenter des intérêts pour la propriété intellectuelle. On pense à l'affectation réelle de certaines utilités de biens intellectuels pour améliorer tant une image comptable que fiscale d'un opérateur. On peut accroître l'exclusivité d'une licence en créant un droit réel de jouissance sur le bien en cause. Dans le cadre de sûreté, il est certainement utile de rechercher des applications de cette solution. La propriété démembrée risque, s'il n'est pas possible de la reconstruire à terme, de perdre une certaine attractivité et de ne plus pouvoir circuler. Il est aussi nécessaire de rechercher si la création de droits réels temporaires impliquant des éléments du droit moral constituent des actes portant atteinte à l'inaliénabilité de ces derniers.

B Le prix

953. Contrepartie du bien cédé, le prix est fixé librement par les parties. La question de la valeur d'un bien intellectuel, de son évaluation est très débattue ; le cédant ayant en général une idée du prix qu'il souhaite vendre et le

17. Cass. com., 18 juin 1996, *RJDA* 1996.1087 ; CA Paris, 11 mai 1987, *JCP* E 1988, 15160, n° 69, obs. Burst et Mousseron.
18. Voir *supra* n° 144 et s.
19. N. Binctin, *Le capital intellectuel*, *op. cit.*, n° 351.
20. Cass. civ. 3e, 23 mai 2012, *Bull. civ.* III, n° 84 ; *D.* 2012. 1934, note L. d'Avout ; *ibid.* 2128, obs. B. Mallet-Bricout et N. Reboul-Maupin ; *RTD. civ.* 2012.553, obs. Th. Revet ; *JCP* G 2012. 930, note W. Dross ; *LPA* 2012, n° 213, p. 12, note J.-J. Barbièri ; *Defr.* 2012. 1057, obs. F. Danos. Cass. civ. 3e, 31 oct. 2012, *Bull. civ.* III, n° 159, *D.* 2013, p. 53, note L. d'Avout et B. Mallet-Bricout. Pour une approche historique de ces questions, L. Pfister, « Les particuliers peuvent-ils au gré de leur volonté créer des droits réels ? », *RDC* 2013/4, p. 1261.

cessionnaire une idée précise du prix qu'il est disposé à payer[21], le jeu naturel du marché suffit à déterminer le prix du bien intellectuel dans la majorité des cas. L'article L. 122-7 C. propr. intell. laisse le propriétaire libre d'arrêter les conditions économiques de la cession d'un bien intellectuel approprié par un droit d'auteur, il peut le transférer à titre gratuit ou onéreux, il est libre de le mettre gratuitement à la disposition du public selon la redondance polluante de l'article L. 122-7-1 C. propr. intell. Les autres régimes de propriété intellectuelle sont silencieux sur ce point, le droit commun s'applique.

Le prix peut être fixe et forfaitaire, payé en une ou plusieurs échéances. Il peut aussi être en tout ou partie proportionnel à l'exploitation du bien par l'acquéreur. Dans ces conditions, le cédant participe aux risques d'exploitation ce qui justifie un prix plus élevé. Dans ce dernier cas, il est nécessaire de distinguer ce prix d'une redevance (notamment pour le traitement fiscal et comptable de cet élément) et de fixer, à l'image des redevances, le taux, l'assiette et les conditions de liquidation et de contrôle. Le droit de la concurrence retient qu'en présence d'un prix proportionnel, il faut appliquer le régime du contrôle de transfert de technologies développé pour les contrats de concession[22].

C Les garanties

954. L'appréhension des garanties des biens intellectuels suppose d'écarter avant tout autre développement une idée : le contrat d'exploitation d'un bien intellectuel serait un contrat aléatoire. Soutenue par Pouillet[23], cette théorie n'a jamais trouvé écho auprès de la jurisprudence[24] et ne semble plus être retenue par la doctrine depuis les écrits de Roubier[25]. La convention ayant pour objet l'exploitation d'un bien intellectuel est commutative, sauf à établir volontairement un contrat aléatoire.

Le droit de la vente contient une théorie d'ensemble de la garantie : à défaut d'indication légale contraire, les solutions de la vente s'appliquent à tous les contrats où il existe une obligation de garantie, soit l'essentiel des contrats à titre onéreux[26].

Les garanties sont celles du droit commun, le cédant garantit l'existence du bien intellectuel et celle des éventuels titres d'appropriation dont il dispose[27], sauf clause particulière. Il garantit contre les risques d'éviction et les vices cachés de la chose. Les garanties d'éviction et des vices cachés sont des obligations économiquement identiques : leur activation se réalise dans le cadre d'un contrat assimilé à une vente ou à un bail lors d'une perturbation de la jouissance

21. Voir N. Binctin, *Le capital intellectuel*, *op. cit*, n° 231 et s. ; G. Henry, *L'évaluation en droit d'auteur*, Litec, 2007, coll. IRPI, t. 30 ; G. Decocq, *Essai sur l'évaluation*, thèse dactyl., Paris II, 1996.
22. Voir *infra* n° 1190 et s.
23. Pouillet, Brevet, *op. cit.*, n° 246 et s.
24. Notamment, Cass. com., 3 mai 1978, *D.* 1979, j. 247, note Burst.
25. Roubier, Traité, *op. cit.*, t. 2, n° 181, p. 255 et s. ; F. Pollaud-Dulian, *Propriété industrielle*, *op. cit.*, n° 686 et 689 ; J. Schmidt-Szalewski et J.-L. Pierre, *op. cit.*, n° 259 ; solution applicable à tout contrat ayant pour objet un bien intellectuel.
26. Cf. Mousseron, « L'obligation de garantie dans les contrats d'exploitation de brevet d'invention », *Dossiers Brevets* 1978.I, p. 2, spéc. p. 4.
27. Pour une approche globale de cette garantie, Burst, thèse, *op. cit.*, n° 173 et s. ; H.-J. et A. Lucas, et A. Lucas-Schloetter, *op. cit.*, n° 728 ; P.-Y. Gautier, *op. cit.*, n° 567.

d'un bien. On retient une analyse unitaire de ces garanties, non seulement en transcendant la dichotomie entre vente et bail, mais aussi en unissant les garanties d'éviction et de vices cachés[28] mettant en exergue l'identité des solutions pour ces deux types de conventions[29]. Les obligations de garantie de la cession relèvent du droit commun, tout en pondérant celles-ci par les spécificités engendrées par les biens intellectuels[30]. Une approche unitaire ne distingue que la garantie de vices cachés et la garantie d'éviction est retenue. Une place prépondérante est accordée à la liberté contractuelle lors de l'établissement d'une convention de cession, notamment pour les aménagements des garanties[31]. L'objet n'est pas de présenter un panégyrique de ces modelages ; seuls les principes seront exposés avec, ponctuellement, l'indication de quelques aménagements possibles.

955. La garantie des vices trouve son siège aux articles 1641 et 1721 du Code civil. Le cédant doit répondre des vices et défauts de la chose qui la rendent impropre à l'usage auquel elle est destinée.

1. Les vices de la chose

956. Le vice d'une chose consiste dans le fait qu'elle n'est pas à même de rendre le service que l'on en attend. La source du vice est généralement interne à la chose, mais il peut aussi se révéler dans des conditions extérieures d'utilisation, d'où il résulte l'impossibilité de s'en servir de manière satisfaisante. Les vices techniques d'un bien intellectuel sont entendus de façon restrictive afin de leur donner une place réelle dans les propriétés intellectuelles. Il est nécessaire d'exclure de la notion de vice technique les imperfections d'un bien intellectuel lui interdisant de bénéficier d'un régime d'appropriation du Code de la propriété intellectuelle. On distingue le vice du bien de la nullité de l'appropriation : un bien approprié par brevet mais insusceptible d'exploitation industrielle n'est pas l'objet d'un vice mais d'une nullité du titre. En effet, l'article L. 611-10 C. propr. intell. impose qu'une invention soit susceptible d'une application pour pouvoir bénéficier de ce régime de propriété. La nullité du titre permettra éventuellement de constater ensuite la fictivité de l'objet du contrat. L'incertitude principale pesant sur un bien intellectuel est sa réussite commerciale. On peut regrouper les vices en deux catégories ayant chacune un sort juridique différent, d'une part, les vices intrinsèques à la création et, d'autre part, les vices d'exploitation de la création.

28. B. Gross, *La notion d'obligation de garantie dans le droit des contrats*, LGDJ, 1963, n° 17, n° 21 et n° 32 et s. ; F. Pollaud-Dulian, *Le droit d'auteur*, *op. cit.*, n° 1049.

29. En ce sens, pour le brevet, J. Schmidt-Szalewski et J.-L. Pierre, *op. cit.*, n° 279 et 271 ; Mousseron, « L'obligation de garantie dans les contrats d'exploitation de brevets d'invention », *Mélanges Desbois*, Dalloz, 1974, p. 157.

30. Sur l'application à tout bien intellectuelle, A. Vida, « Garantie du vendeur et propriété industrielle : "les vices juridiques" dans la vente internationale de marchandises (convention de Vienne) », *RTD com.* 1994.21.

31. Voir P. Mousseron, J. Raynard, et J.-B. Seube, *Technique contractuelle*, 3e éd., F. Lefebvre, 2005, n° 989 et s. ; Mousseron, Dossiers Brevets, *op. cit.*, p. 16 et s. ; même auteur, « La portée de la clause de non-garantie dans les contrats de cession de brevet d'invention en cas d'annulation du brevet », *D.* 1976, chron. 20, p. 115.

957. Le vice intrinsèque d'un bien intellectuel interdit toute utilisation du bien suivant les attentes de l'acquéreur. Le cédant est tenu de garantir le cessionnaire pour les vices intrinsèques portant sur sa création, tels que les risques d'explosion d'une création technique[32], ou l'impossibilité d'obtenir le résultat annoncé lors d'un transfert de savoir-faire. Le cédant garantit « *la possibilité de réalisation industrielle et technique du brevet qu'il vend, quand bien même seraient nécessaires ultérieurement des modifications et des mises au point importantes de l'appareil qu'il a conçu* »[33]. Le vice doit engendrer une défectuosité d'une certaine gravité rendant la création impropre à usage. Il ne doit pas être apparent lors d'un examen superficiel tel que celui réalisable par chaque acquéreur lors de la conclusion de la cession. Le défaut ne pouvant être surmonté par un simple travail de mise au point qui incombe à l'acquéreur[34], la garantie des vices cachés peut être mise en œuvre[35]. La présence de « bug » dans un logiciel en développement n'est pas un vice caché ; en revanche, l'utilisation, pour créer un logiciel, de développements diffusés sous licence *GPL*[36] peut constituer un tel vice.

Le champ d'application habituel de la garantie des vices cachés est celui des créations techniques, mais il ne se limite pas à celles-ci : on imagine la cession d'une base de données, ou d'un autre bien intellectuel, dont l'exploitation souhaitée est impossible pour des raisons techniques ou réglementaires. Tout bien intellectuel peut être entaché d'un vice si un défaut le rend impropre à l'usage auquel l'acquéreur le destine, ou qu'il en diminue tellement cet usage qu'il ne l'aurait pas acquis ou du moins pas dans les mêmes conditions[37].

958. Des aménagements contractuels peuvent définir l'amplitude de cette obligation, notamment par une procédure de réception du bien intellectuel, une recette. Les parties déterminent par avance les événements constituant de tels vices. Si l'acquéreur, préalablement à la cession, procède à des études et essais au terme duquel il approuve le bien intellectuel sans réserve, toute revendication ultérieure est écartée[38]. En approuvant les tests, l'acquéreur assume le risque[39]. Toutes remarques et commentaires contenus dans les rapports des offices lors du dépôt d'un bien intellectuel pour son appropriation – en particulier les rapports de recherche des brevets et des signes distinctifs – s'assimilent à d'éventuels vices apparents, dont le cédant n'a plus à se porter garant. La délivrance joue un rôle central dans l'appréciation de ces vices[40].

---

32. Par exemple : Cass. com., 11 juill. 1988, *Ann.* 1989.55. B. Humblot, « Vices de l'invention : les recours du cessionnaire contre le cédant », *RLDA* 2004, chron. 4810 p. 15, n° 15 et s.

33. CA Aix-en-Provence, 10 mars 1981, *PIBD* 1982, n° 296, III-34 ; dans le même sens, CA Lyon, 29 oct. 1986, *PIBD* 1987, n° 405, III-46.

34. En ce sens, O. Lestrade, *L'obligation de garantie dans les contrats d'exploitation de brevets*, thèse dactyl. Montpellier, 1974, n° 48 p. 40 et s. ; Burst, thèse, *op. cit.*, n° 197. CA Paris, 24 juin 1975, *Ann.* 1976.127.

35. Responsabilité du breveté lors de la mise sur le marché d'un procédé : Cass. civ. 3e, 24 juin 1975, *D.* 1976, j. 193 ; CA Riom, 2 avr. 1979, *Gaz. Pal.* 1979, j. 683.

36. Sur cette notion, voir *infra* n° 1027.

37. À propos d'une marque, Cass. com., 3 juin 2003, n° 01-13467.

38. *Contra*, CA Toulouse, 17 juin 1976, *Ann.* 1976.219, note Burst ; *Gaz. Pal.* 1976, II 651, note Clavo ; *RTD com.* 1978.371, obs. Chavanne et Azema.

39. En ce sens, art. 1629 C. civ., Burst, thèse, *op. cit.*, n° 196.

40. Cass. com., 26 nov. 2013, n° 12-25191, *CCC* 2014, comm. 35, obs. L. Leveneur, à propos de la délivrance d'un site web.

Les vices d'exploitation des biens intellectuels trouvent leur origine dans l'accueil des biens par les tiers. Deux catégories de tiers se distinguent auxquelles s'attachent deux catégories de vices respectivement appréhendés par un régime de garantie. La première catégorie de tiers réunit les clients.

959. La désaffection de ceux-ci pour un bien intellectuel peut engendrer l'exercice d'une garantie de l'aléa commercial rarement supportée par le cédant. Le vice commercial désigne l'insuccès économique de l'exploitation d'un bien intellectuel. Il résulte de l'inadéquation entre l'exploitation ou le bien intellectuel et le marché. Le cédant d'un bien intellectuel n'en garantit pas la valeur commerciale[41]. L'exclusion de la garantie du vice commercial est largement approuvée par la jurisprudence[42]. Si le bien intellectuel est exploitable, aucun reproche ne peut être adressé au cédant. Au contraire, l'échec commercial, au lieu d'ouvrir droit à garantie, peut éventuellement engager la responsabilité de l'acquéreur, celle-ci n'assumant pas son obligation d'exploitation[43]. L'aléa commercial n'est que la suite normale de tout contrat. Ce risque commercial est au cœur de l'activité de l'entrepreneur.

960. La seconde catégorie de tiers est constituée par les concurrents qui cherchent à porter atteinte au bien cédé. Parfois analysée comme une garantie d'éviction du fait des tiers, cette garantie juridique se situe en équilibre entre la garantie des vices et celle de l'éviction. Outre les actions en contrefaçon, l'exploitation du bien intellectuel peut être troublée par la possession personnelle antérieure d'un tiers, légitime concurrent du cessionnaire. La possession personnelle antérieure est secrète, il est impossible pour le cédant d'en avoir connaissance ; il serait particulièrement sévère de lui imposer de la garantir. Pour les créations artistiques, un risque similaire est constitué par les réminiscences fortuites[44]. Une incertitude pèse sur la qualification de ces atteintes à l'exploitation du bien : relèvent-elles de la garantie des vices ou de la garantie d'éviction ? Compte tenu de l'intervention d'un tiers perturbant l'exploitation, la notion de garantie d'éviction s'impose suivant la proposition de Burst[45]. À l'inverse, des

---

41. Cf. Pouillet, *Brevet*, *op. cit.*, n° 258 ; Casalonga, *Traité*, *op. cit.*, t. 1 n° 779 ; Mathély, *Brevet*, *op. cit.*, p. 329 ; Roubier, *op. cit.*, t. 2, n° 188 p. 276 ; P.-Y. Gautier, *op. cit.*, n° 567.

42. Cass. civ., 12 avr. 1956, *Ann.* 1957.79 ; CA Paris, 16 mars 1963, *Ann.* 1963.385 ; Cass. com., 19 juin 1963, *Ann.* 1964.126 ; CA Paris, 26 mai 1975, *Ann.* 1975.232 ; CA Lyon, 22 oct. 1981, *Ann.* 1982.237 ; CA Douai, 27 mai 1993, *PIBD* 1993, n° 552, III-580 ; Cass. com., 18 mars 2014, n° 12-29453, *CCC* 2014, comm. 123, note L. Leveneur.

43. Voir *infra* n° 1015 et s.

44. Sur cette notion, Desbois, *op. cit.*, n° 117 ; Françon, *Cours*, *op. cit.*, p. 278 ; P.-Y. Gautier, *op. cit.*, n° 81. Sur son application, Cass. civ. 1re, 2 oct. 2013, n° 12-25941, *Bull. civ.* I, à paraître ; *D.* 2013, p. 2499, note A. Latil ; *JCP* G 2014, chron. 364, p. 560, obs. C. Caron ; *CCE* 2013, comm. 111, note C. Caron : il résulte des articles L. 111-1, L. 111-2 et L. 122-4 du Code de la propriété intellectuelle, ensemble l'article 1315 du Code civil, que l'auteur d'une œuvre de l'esprit jouit sur celle-ci, du seul fait de sa création et indépendamment de toute divulgation publique, d'un droit de propriété incorporelle exclusif et opposable à tous. La contrefaçon de cette œuvre résulte de sa seule reproduction et ne peut être écartée que lorsque celui qui la conteste démontre que les similitudes existant entre les deux œuvres procèdent d'une rencontre fortuite ou de réminiscences issues d'une source d'inspiration commune. C'est au contrefacteur prétendu qu'il incombe de prouver qu'il n'a pu accéder à l'œuvre.

45. Burst, « La portée de la clause de non-garantie dans les contrats de cession de brevets d'intention en cas d'annulation du brevet », *D.* 1976, chron. p. 116.

auteurs y voit une garantie des vices cachés[46]. On retient la proposition de Burst ; le vice caché est un vice supporté directement par le bien et qui le rend impropre à l'usage auquel on le destine. Une possession personnelle antérieure ou une réminiscence fortuite ne constituent pas des vices rendant la chose impropre à l'usage, elles modifient l'environnement d'exploitation du bien en raison des biens existant dans le patrimoine des tiers. Seule la garantie d'éviction du fait des tiers est à même de prendre en compte cette situation et les parties peuvent s'en exonérer.

Les incertitudes liées à l'existence ou à la liberté d'exploitation de l'apport peuvent se résoudre par un aménagement contractuel. Le cédant peut bénéficier d'une stipulation de non-contestation. Une telle clause prive l'acquéreur du droit de demander la nullité du titre d'appropriation du bien intellectuel. La validité d'une telle clause, courante dans les contrats de cession de brevet, est admise par la jurisprudence[47] comme par la doctrine[48], mais pas par le droit de la concurrence[49]. Elle écarte toute action en nullité de l'appropriation du bien. Le cédant doit la garantie du *nomen verum* mais non du *nomen bonum* : il est garant de l'existence, de la validité et de ses pouvoirs sur le bien. Garantir le *nomen bonum*, ce serait garantir l'exploitation lucrative.

2. La garantie d'éviction

961. Le cédant est tenu d'assurer au cessionnaire une utilisation paisible du bien intellectuel acquis. L'obligation pour le cédant de garantir les troubles extérieurs au bien intellectuel pouvant affecter sa jouissance prend un contour particulier : l'indépendance par rapport à tout support la sollicite car le cédant, comme un tiers, peut essayer d'exploiter indûment le bien. La distinction classique entre l'éviction et la garantie de la jouissance paisible n'est plus d'une grande pertinence ; le cédant doit s'engager à ce que le cessionnaire dispose du bien intellectuel, à ne pas perturber lui-même l'exploitation et éventuellement à s'assurer que les tiers ne la perturberont pas non plus. Les troubles à cette garantie d'utilisation paisible par l'acquéreur peuvent avoir deux origines : l'éviction du fait du cédant et l'éviction du fait des tiers.

962. La garantie d'éviction du fait personnel due par le cédant est d'ordre public et ne peut être affectée d'une quelconque clause de non-garantie. Fondée sur une exigence de bonne foi dans l'exécution des obligations contractuelles, cette disposition s'applique à toute forme de contrat. Deux types de troubles peuvent être provoqués par le cédant, des troubles de fait et des troubles de droit. La garantie du fait personnel du cédant couvre les troubles de fait, il s'interdit d'accomplir tout acte matériel de nature à compromettre la possession paisible de l'acquéreur. Cette obligation de garantie est perpétuelle et

46. J. Foyer et M. Vivant, *op. cit.*, p. 442.

47. Cass. com., 7 déc. 1964, *D.* 1966, j. 182, note Plaisant ; Cass. com., 23 avr. 1974, *D.* 1975, j. 537, note J.-P. Sortais.

48. Roubier, *Traité*, *op. cit.*, t. 2, n° 188, p. 281 ; J. Schmidt-Szalewski et J.-L. Pierre, *op. cit.*, n° 278 ; F. Pollaud-Dulian, *Propriété industrielle*, *op. cit.*, 544 et s. *Contra*, Casalonga, *Traité technique et pratique des brevets d'invention*, LGDJ, 1949, t. 1, n° 785.

49. Voir régl. 316/2014.

transmissible ; elle est impérative suivant les dispositions de l'article 1628 C. civ. Le principal trouble de fait envisageable est le développement d'une activité concurrente[50], notamment si le cédant d'un bien intellectuel entreprend une exploitation concurrente à celle du cessionnaire par l'exploitation de perfectionnements du bien cédé. On peut y voir une violation de l'obligation de garantie d'éviction personnelle[51]. Une jurisprudence et une doctrine plus libérale accordent au cédant la liberté d'exploiter les biens créés postérieurement à la cession, sans obligation de transfert des perfectionnements[52]. Lorsque le bien cédé est un savoir-faire, la cession impose au cédant de conserver le secret et met à sa charge une obligation permanente, seul l'acquéreur peut décider de rompre le secret, sous réserve que le maintien du secret ne crée pas aussi un avantage pour le cédant. Le maintien de la cause doit perdurer tout au long de l'exécution de l'obligation contractuelle[53].

963. La garantie du fait des tiers trouve sa source aux articles 582 et 1625 C. civ., elle engage le cédant à maintenir une jouissance paisible du bien cédé. Il est tenu de répondre des troubles, émanant des tiers, de nature à remettre en cause la maîtrise par l'acquéreur. À la différence de la garantie du fait personnel, la garantie du fait des tiers est d'application étroite : elle ne porte que sur les troubles de droit dont la cause est antérieure à la cession et laisse une large place à l'aménagement contractuel[54]. L'action d'un tiers pouvant perturber l'exploitation paisible du bien intellectuel résulte, d'une part, d'une action en contrefaçon engagée par un tiers ou contre un tiers, et d'autre part, d'une contestation du bien par une éviction juridique.

Le cédant, en l'absence de stipulations spécifiques dans la convention de cession dont une clause exclusive de garantie, peut voir sa garantie invoquée dans le cadre d'une action en contrefaçon. Deux situations doivent être distinguées, l'action engagée contre un tiers contrefacteur et l'action en contrefaçon dirigée contre le cessionnaire. L'action contre un tiers contrefacteur suppose essentiellement que la cession soit opposable aux tiers, ce qui est obtenu par l'inscription de l'acte aux registres des offices, après quoi, l'acquéreur peut librement agir contre le contrefacteur. Lorsque l'action en contrefaçon est engagée par un tiers, deux points sont à prévoir dans la convention de cession : la défense en justice et la prise en charge d'une éventuelle condamnation. Le cédant ne peut se dégager de son obligation de garantie pour des faits antérieurs à la cession, et concourt à la défense en justice. Les clauses restrictives de garantie d'éviction du fait des tiers sont fréquentes et licites (art. 1627 C. civ.), elles doivent être expresses et non équivoques. Il est possible d'établir une non-garantie générale.

---

50. En ce sens, Burst, thèse, *op. cit.*, n° 209 et s.

51. Pour le fonds de commerce : Cass. com., 14 avr. 1992, *Bull. civ.* IV, n° 160, p. 112, *RTD civ.* 1993.150, n° 1, obs. P.-Y. Gautier, *RTD com.* 1992.786, n° 2, obs. Derruppé.

52. Cf. O. Lestrade, thèse, *op. cit.*, n° 261 ; *contra*, Verley, *De la protection des perfectionnements et additions en matière de brevet d'invention*, Lib. du Rec. Gal des Lois et Arrêts, 1902, n° 329, p. 295 ; Plaisant, note, sous CA Paris, 2 juill. 1952, *Ann.* 1955.65.

53. *Contra*, Mousseron, « Secret et contrat – De la fin de l'un à la fin de l'autre », *Mélanges Foyer*, PUF, 1997, p. 257.

54. Voir TGI Paris, 14 déc. 1994, *JCP* G 1997, II 22892, p. 367, obs. Burst.

964. Le cédant ne doit garantir l'acquéreur contre les tiers qu'en présence d'un trouble de droit antérieur à la cession. L'éviction juridique du fait des tiers recouvre deux sens, d'une part, la dépossession totale ou partielle de l'acquéreur du fait d'une action en revendication exercée par un tiers et, d'autre part, le droit accordé à un tiers sur le bien intellectuel ignoré lors de la cession.

La première hypothèse, marginale, est constituée par l'action en revendication exercée par un tiers victime d'une dépossession[55] à la suite d'une fraude : le cédant ne dispose pas légitimement du bien cédé. Le succès de l'action en revendication du créateur légitime engage la garantie d'éviction due par le cédant mais surtout sa responsabilité pour fraude.

La seconde hypothèse recouvre deux cas de mise en œuvre de la garantie du cédant : la révélation d'une possession antérieure et la situation de dépendance. La révélation d'une possession personnelle antérieure[56] permet à un tiers d'exploiter un bien concurrent (art. L. 613-7 C. propr. intell.). L'acquéreur se retrouve dans une situation de concurrence licite imprévue, le bien transféré est exploitable, seule la situation d'exclusivité est atteinte. La possession antérieure influence la valeur du bien intellectuel, mais n'engage pas les garanties du cédant pour une éviction juridique[57]. La garantie d'éviction de droit se manifeste aussi dans les situations de dépendance. L'acquéreur bénéficie de cette garantie s'il est dans l'ignorance de cette dépendance au jour de l'acquisition du bien[58]. Soumis à une menace actuelle d'éviction, il peut solliciter la garantie, bien que l'action du tiers s'apparente à une cause étrangère exonératoire pour le cédant. L'existence du lien de dépendance ne peut être ignorée par le cédant dont le bien intellectuel est issu de biens antérieurs, il ne peut s'exonérer. Le cédant doit s'efforcer de repousser la demande du tiers par la conclusion d'un accord transactionnel, telle une déclaration de non-contrefaçon pour les créations techniques (art. L. 615-9 C. propr. intell.), ou un accord de coexistence. L'aménagement contractuel sera le meilleur moyen de lever ces incertitudes.

D Le droit commun européen de la vente

965. La Commission a divulgué une proposition de règlement qui prévoit l'instauration d'un droit commun européen de la vente qui harmonise les droits nationaux des contrats des États membres, non pas en leur imposant de modifier la législation nationale en vigueur en la matière mais en créant au sein de cette dernière un second régime de droit contractuel pour les contrats relevant de son champ d'application, qui sera identique sur tout le territoire de l'Union européenne et coexistera avec l'actuel droit national des contrats. Le droit commun européen de la vente s'appliquera aux contrats transfrontières sur une base volontaire, par convention expresse des parties[59]. Elle instaure un corps

55. En ce sens, O. Lestrade, thèse, *op. cit.*, n° 332, p. 274.

56. On peut rapprocher la possession personnelle antérieure de la notion de réminiscence fortuite dans le cas de créations artistiques : Desbois, *op. cit.*, n° 117 et s. ; P.-Y. Gautier, *op. cit.*, n° 81.

57. Voir *supra* n° 960.

58. O. Lestrade, thèse, *op. cit.*, n° 400.

59. Proposition de Règlement relatif à un droit commun européen de la vente, 11 oct. 2011, COM (2011) 635 final 2011/0284 (COD), C. de Vincelles, « Premier regard sur la proposition d'un droit

uniforme et unique de règles contractuelles totalement harmonisées, comprenant des dispositions protégeant les consommateurs, sous la forme d'un droit commun européen de la vente qu'il convient de considérer comme un second régime de droit contractuel au sein du droit national de chaque État membre, qui peut être utilisé dans les transactions transfrontières en vertu d'une convention valable des parties. Cette convention ne constitue pas un choix du droit applicable au sens des règles de droit international privé et ne doit pas être confondue avec cette formalité. Il s'agit en réalité d'un choix opéré au sein d'un droit national qui est applicable en vertu des règles de droit international privé.

Suivant l'article 1er de la proposition de règlement, ce régime de la vente pourra s'appliquer aux professionnels afin de s'appuyer sur un corps commun de règles et de faire usage des mêmes clauses contractuelles pour toutes leurs transactions transfrontières. Il pourra aussi viser les contrats entre professionnels et consommateurs, le règlement comportant un ensemble de règles détaillées de protection des consommateurs. L'objet du contrat de vente soumis à ce régime ne peut être qu'un « bien », soit, au sens du règlement, tout objet mobilier corporel, à l'exclusion de l'électricité, du gaz naturel, de l'eau, et d'autres types de gaz à moins d'être conditionnés dans un volume délimité ou en quantité déterminée. Toutefois, le règlement s'applique aussi au « contenu numérique », à savoir, suivant la définition retenue par le projet de règlement des données produites et fournies sous forme numérique, que ce soit ou non d'après les spécifications de l'acheteur, notamment les vidéos, enregistrements audio, images ou contenus numériques écrits, les jeux numériques, les logiciels, et les contenus numériques qui permettent de personnaliser des équipements informatiques ou des logiciels existants. Dès lors, les contrats ayant pour objet des biens intellectuels sont directement affectés par ce nouveau régime contractuel, l'option pourra être exercée pour toutes ces conventions. L'auteur, partie au contrat mais professionnel, pourrait éventuellement avoir à articuler ces dispositions avec celles du droit spécial de la propriété intellectuelle. Seules restent exclues de cette nouvelle convention la création de nouveaux contenus numériques et la modification de contenus numériques existants par des consommateurs, ou toute autre interaction avec les créations d'autres utilisateurs.

966. Le règlement vise la vente, contrat qui est un modèle marginal pour l'exploitation de contenu numérique visé. Il intègre aussi la notion de contrat de fourniture de contenu numérique qui sera soit qualifié de contrat de licence soit qualifié de contrat de prestation de service[60]. En ce sens, le règlement utilise la notion de « prestataire de services » qui vise un vendeur de biens ou un fournisseur de contenus numériques qui s'engage à fournir au client un service connexe à ces biens ou à ces contenus numériques. L'article 5 de la proposition de règlement avance que le droit commun européen de la vente peut être appliqué aux contrats de vente, aux contrats de fourniture d'un contenu numérique que l'utilisateur peut stocker, traiter et réutiliser, ou auquel il peut avoir accès, que ce contenu soit fourni ou non sur un support matériel, et

commun de la vente », *JCP* G 2011.1376 ; B. Fauvarque-Cosson, « Vers un droit commun européen de la vente », *D.* 2012.34 ; A.-S. Choné-Grimaldi, « La proposition de règlement relatif à un droit commun européen de la vente », *CCC* 2012, Étude 6.

60. Cette qualification est notamment retenue par le droit européen pour les systèmes de VOD.

indépendamment du fait qu'il soit fourni en contrepartie du paiement d'un prix, et enfin aux contrats de fourniture d'un service connexe, qu'un prix distinct ait été convenu pour ce dernier ou non. Cette application est possible à condition que le vendeur du bien ou le fournisseur du contenu numérique soit un professionnel. Suivant l'article 11 de la proposition de règlement, lorsque les parties sont valablement convenues d'appliquer le droit commun européen de la vente à un contrat, seul ce droit régit les matières relevant de ses dispositions. À condition que le contrat soit effectivement conclu, le droit commun européen de la vente régit également le respect des obligations d'information précontractuelle et les moyens d'action ouverts en cas de manquement à celles-ci.

967. L'annexe 1 du règlement expose dans le détail le régime de ce nouveau contrat. L'article 1 consacre le principe de la liberté contractuelle des parties sous réserve des règles impératives applicables. Aucune forme particulière n'est requise pour conclure un contrat, effectuer une déclaration ou dresser tout autre acte régi par ce droit ou pour en apporter la preuve. Sans qu'il soit le lieu ici de procéder à une étude exhaustive de ce régime contractuelle, on relève l'organisation générale de ce droit commun européen de la vente. Dans une première partie sont exposées les dispositions introductives, à savoir, les principes généraux et applications. Une deuxième partie expose les conditions de la formation du contrat. Le premier chapitre détaille les informations précontractuelles et les sanctions de celles-ci en cas de manquement. Le deuxième chapitre précise le régime de la conclusion du contrat, le troisième intègre un droit de rétractation dans les contrats à distance et les contrats hors établissement conclus entre professionnels et consommateurs, et enfin, le dernier chapitre de cette partie vise les vices du consentement. La troisième partie du régime de ce nouveau régime de la vente aborde l'appréciation du contenu du contrat. Le premier chapitre de cette partie détaille les conditions d'interprétation du contrat, le deuxième l'identification du contenu et des effets du contrat. Un troisième chapitre encadre les clauses contractuelles abusives. La quatrième partie du régime présenté dans l'Annexe 1 précise les obligations et moyens d'action des parties à un contrat de vente ou à un contrat de fourniture de contenu numérique. Cette partie s'organise autour d'un premier chapitre exposant des dispositions générales, puis un chapitre précisant les obligations du vendeur. Cette partie expose les moyens d'actions à la disposition du vendeur, les obligations et les moyens d'actions à la disposition de l'acheteur. Enfin, il détaille les conditions de transfert des risques entre les parties. La Partie V aborde les obligations et moyens d'action des parties à un contrat de services connexes en précisant les obligations et moyens d'action des parties. La Partie VI encadre les sanctions contractuelles au travers des dommages et intérêts ; intérêts de retard. La Partie VII détaille le régime de la restitution, et la VIII, dernière partie de ce régime du contrat de vente européen, les conditions de prescription.

§ 2. Le droit spécial de la cession en propriété intellectuelle

968. Le droit spécial de la cession vise le droit d'auteur et le droit voisin, lorsque le créateur est partie au contrat[61]. Hors de cette hypothèse, toute cession ayant pour objet un droit d'auteur ou un droit voisin est soumise au droit commun. Ce droit spécial compte, d'une part, des dispositions applicables aux contrats de cession innommés et, d'autre part, des contrats spéciaux de cession, nommés. Dans les deux cas, le législateur souhaite protéger l'auteur – tenu pour être la partie faible au contrat, éventuellement en limitant sa liberté contractuelle pour le protéger si nécessaire contre lui-même. Le point le plus marquant de ce mouvement réside à l'article L. 131-1 C. propr. intell. qui déclare nulle la cession globale des œuvres futures. L'auteur ne peut se défaire de l'ensemble de ses créations à venir. À la suite du législateur, la jurisprudence renforce le mouvement de protection de l'auteur, suivant un principe d'interprétation *in favorem auctoris* : dans le doute, le contrat doit être interprété en faveur de l'auteur, ce qui n'est pas expressément cédé est conservé par l'auteur suivant la théorie des droits retenus[62], et toute cession expresse s'interprète restrictivement[63]. Pour autant, ce droit spécial des contrats s'articule aussi avec le droit commun des obligations, ainsi, la Cour de cassation applique les délais de prescription des actions en nullité relative du contrat de droit commun[64].

Après avoir présenté les éléments communs du droit spécial des contrats de la propriété intellectuelle, on exposera les contrats nommés du Code de la propriété intellectuelle.

A Le droit spécial commun de la cession

969. Ces dispositions spéciales, dérogeant au droit commun de la cession, constituent le socle du droit spécial des contrats en droit d'auteur et les contrats ayant pour objet le droit voisin des artistes-interprètes. Les contrats nommés présenteront essentiellement des adaptations particulières de ces dispositions générales. Les principaux éléments de protection encadrent la portée de la cession et à la détermination de la contrepartie due.

1. La liberté contractuelle

970. La première caractéristique des dispositions générales des contrats du droit d'auteur est une limitation de la liberté contractuelle accordée à l'auteur[65]. La limitation de la liberté contractuelle a pour objectif de le protéger. S'il consent une cession globale de ses œuvres futures, cette cession est nulle suivant l'article L. 131-1 C. propr. intell. Cette nullité de protection, nullité

61. Sur l'analyse du contrat d'auteur, S. Raimond, *La qualification du contrat d'auteur*, Litec, 2009, coll. IRPI, t. 34.
62. Cf. P.-Y. Gautier, *op. cit.*, n° 247.
63. Par exemple, Cass. civ. 1re, 3 avr. 2007, *CCE* 2007, comm. 80, note C. Caron ; *RIDA*, juill. 2007, p. 351, note P. Sirinelli.
64. Cass. civ. 1re, 4 nov. 2011, *Bull. civ.* I, n° 195. Voir *CCE* 2012, chron. 6, n° 9, obs. B. Montels.
65. Voir Françon, « La liberté contractuelle en droit d'auteur », *D.* 1976, chron. 55.

relative, est interprétée restrictivement. Sont visées non seulement les cessions de tous les biens intellectuels à venir, mais aussi les cessions portant simplement sur quelques biens intellectuels à venir[66]. L'auteur ne peut pas céder ses droits de propriété sur les trois prochaines créations à venir. Cette prohibition soulève des difficultés en présence d'un auteur salarié[67]. La seule cession future envisageable est celle d'un seul bien intellectuel à venir, solution nécessaire au regard de l'emploi du pluriel par le législateur. Cette prohibition ne vise que les biens intellectuels, elle ne doit donc pas jouer pour les supports de ces derniers, notamment les œuvres d'art. La vente des futurs tableaux ou sculptures n'est pas la cession des droits d'auteur sur ces meubles[68]. Cette prohibition ne semble pas exister pour le droit voisin des artistes-interprètes.

La liberté contractuelle est encadrée pour le formalisme probatoire de l'acte de cession. L'article L. 131-2 C. propr. intell. impose que les contrats de représentation, d'édition et de production audiovisuelle – contrats nommés du droit d'auteur[69] – soient constatés par écrit, il en va de même à l'article L. 131-3, alinéa 3 pour le contrat d'adaptation audiovisuelle, précisant qu'il est nécessaire que cet acte écrit soit distinct du contrat d'édition du bien intellectuel en cause. Le Code de la propriété intellectuelle soumet à cette obligation formelle les autorisations gratuites d'exécution. En dehors de ces conventions, l'article L. 131-2 C. propr. intell. soumet le régime probatoire du contrat aux dispositions de droit commun des articles 1341 à 1348 C. civ. Toutefois, les exigences formelles de l'article L. 131-3 C. propr. intell. rendent peu probable la conclusion d'une convention en droit d'auteur sans recours à un écrit (voir dans le même sens, l'art. L. 212-3 C. propr. intell. pour les artistes-interprètes)[70].

2. L'objet de la cession

971. L'auteur peut céder, suivant l'article L. 131-4 C. propr. intell., partiellement ou totalement les droits sur son bien intellectuel, il en va de même pour la reproduction et la diffusion d'une interprétation. Naturellement, l'acquéreur est tenu du respect du droit moral de l'auteur, charge pesant sur la propriété au bénéfice de ce dernier[71]. L'objet de la cession peut très largement varier, selon les besoins des parties, et hors du domaine des contrats nommés : elle peut être pour toute la durée du droit d'auteur ou temporaire, pour l'ensemble des prérogatives patrimoniales ou une partie d'entre elles. La possibilité de réaliser une multitude de cessions est une opportunité pour l'auteur d'optimiser l'exploitation de son bien intellectuel. Chaque mode d'exploitation existant ou à venir peut faire l'objet d'un contrat spécifique, tout comme il est possible de tous les inclure dans un seul et même accord. L'article L. 131-7 C. propr. intell. rappelle qu'en cas de cession partielle, l'ayant cause est substitué à l'auteur dans

66. Cf. Desbois, *op. cit.*, n° 537.
67. Voir *supra* n° 73 et s.
68. Cass. civ. 1re, 19 janv. 1970, *D.* 1970, j. 483 ; *RTD com.* 1972.103, obs. Desbois.
69. Voir *infra* n° 979 et s.
70. J.-M. Bruguière, « L'infléchissement du formalisme des mentions dans les contrats d'auteur », *Les contrats de la propriété intellectuelle*, Dalloz, 2013, coll. Thèmes et commentaires CUERPI, p. 27.
71. Voir *supra* n° 126.

l'exercice des droits cédés, dans les conditions, les limites et pour la durée prévues au contrat, et à charge de rendre compte. La propriété n'est acquise que dans les limites du contrat. Il s'agit là d'une disposition redondante avec celles de l'article L. 131-3 C. propr. intell., elle confirme l'interprétation stricte de la cession et la théorie des droits retenus[72].

Enfin, lorsque les modes d'exploitation permettent, en raison de leur nature, la mise en place de mesures techniques limitant l'accès ou la copie du bien intellectuel, l'article L. 131-9 C. propr. intell. impose que le contrat mentionne la faculté pour le producteur cessionnaire de recourir aux mesures techniques de l'article L. 331-5 C. propr. intell. ainsi qu'aux informations sous forme électronique dans le cadre des dispositions de l'article L. 331-11 C. propr. intell., en précisant les objectifs poursuivis pour chaque mode d'exploitation, et les conditions dans lesquelles l'auteur peut avoir accès aux caractéristiques essentielles de ces mesures techniques ou informations sous forme électronique auxquelles le producteur a effectivement recours pour assurer l'exploitation du bien intellectuel. C'est une définition des modes d'exploitation par leurs limites, et les contraintes imposées à l'utilisateur. La disposition laisse libre le producteur de fixer ces moyens techniques, mais l'auteur en est pleinement informé par le biais du contrat. Il pourra en faire un élément de négociation, voire refuser le contrat s'il considère que les moyens retenus vont au-delà de l'objectif légitime défendu par le producteur. Afin d'assurer une cohérence à l'ensemble, l'article L. 212-11 C. propr. intell. applique les mêmes dispositions pour les contrats entre un artiste-interprète et un producteur.

972. La cession doit identifier chacune des composantes du droit d'auteur transférées à l'acquéreur, traduction sur le terrain contractuel des dispositions de l'article L. 122-7 C. propr. intell. qui indique « *la cession du droit de représentation n'emporte pas celle du droit de reproduction. La cession du droit de reproduction n'emporte pas celle du droit de représentation* ». Sans rapport de principal à accessoire entre ces deux principaux éléments des droits patrimoniaux de l'auteur, une énumération nécessairement précise définit le champ de la cession. L'article L. 131-3 C. propr. intell. subordonne le transfert des droits de propriété à la condition que chacun des droits cédés fasse l'objet d'une mention distincte dans l'acte de cession et que le domaine d'exploitation des droits cédés soit délimité quant à son étendue et à sa destination, quant au lieu et quant à la durée[73]. On retrouve traduit dans cette disposition l'alinéa 4 de l'article L. 122-7 C. propr. intell. qui impose que « *lorsqu'un contrat comporte cession totale de l'un des deux droits* [reproduction ou représentation], *la portée en est limitée aux modes d'exploitation prévus par le contrat* ». La mise en œuvre de cette contrainte contractuelle impose la présence de mentions obligatoires dans le contrat de cession de droit d'auteur, parfois devenues des clauses de style. Le législateur impose aux parties d'identifier les différentes composantes patrimoniales du droit d'auteur que l'auteur transfère. La clause générale visant

72. Jurisprudence constante : Cass. civ. 1re, 30 sept. 2010, *Bull. civ.* I n° 179 ; *CCE* 2010, comm. 119, obs. C. Caron ; *Gaz. Pal.* 2011, n° 54, 23 févr. 2011, p. 16, obs. L. Marino. Dans le même sens, Cass. com., 16 févr. 2010, *Gaz Pal.* 30 juin 2010, n° 181, p. 17, note L. Marino ; Cass. civ. 1re, 16 mai 2012, n° 11-11810.

73. Cass. civ. 1re, 12 juin 2012, n° 11-10923, *Bull. civ.* I, n° 131.

simplement la cession du droit d'auteur serait réputée sans effet. La définition de la cession s'effectue selon cinq paramètres cumulatifs : les droits cédés, leur étendue, leur destination, le lieu et la durée. Suivant l'expression de MM. Vivant et Bruguière, c'est « *un texte qui exprime une philosophie* »[74].

973. L'identification des droits cédés impose de préciser si le contrat emporte cession du droit de reproduction, du droit de représentation, du droit d'adaptation, du droit de traduction, et toutes les variantes de ces prérogatives. Pour chacune d'elles, il faut ensuite préciser les quatre autres éléments. L'étendue du droit cédé conduit à préciser quel type de support de reproduction, par exemple, est admis (support papier, support numérique, etc.). La destination identifie les modes d'exploitation admis pour les droits cédés, telle leur utilisation pour une publicité. L'article L. 131-6 C. propr. intell. ajoute une certaine souplesse en permettant d'intégrer au contrat de cession des modes d'exploitation du bien intellectuel non prévisibles ou non prévues à la date du contrat. Cette ouverture doit être expresse et stipuler une participation corrélative aux profits d'exploitation. La Cour de cassation adopte une interprétation constructive du contrat en recherchant l'intention commune des parties. Elle retient, à propos de photographies, qu'en l'absence de clauses contraires dans un contrat, les numérisations et mises en ligne – ces dernières seulement en basse définition et avec la protection d'un système antipiratage interdisant leur appréhension par des tiers – peuvent être nécessaires pour le bon accomplissement du mandat reçu de commercialiser les images et le besoin d'en permettre la visualisation par des acheteurs potentiels[75]. La définition du lieu emporte l'obligation de préciser géographiquement la portée de la cession : un lieu unique tel un théâtre, et plus probablement, un pays ou plusieurs pays. Une difficulté formelle existe lorsque la cession a pour limite géographique la Terre : il est délicat de proposer une clause recopiant le nom de l'ensemble des États ! Il faut retenir une formule écartant tout doute et toute difficulté d'interprétation, par exemple « l'ensemble des États des cinq continents »[76].

974. La définition de la durée de la cession est spécifique, la cession du droit d'auteur peut être une cession temporaire, au terme de laquelle le cessionnaire perd son droit de propriété et le cédant en recouvre la plénitude, variante de la vente à réméré. Les rédacteurs du contrat veilleront à définir la durée de la cession en fonction de leur besoin, celle-ci étant au plus pour toute la durée du droit d'auteur, incluant éventuellement les prorogations de cette durée.

Après avoir défini strictement le contenu du contrat, la loi intervient dans les conditions d'échange du consentement entre les parties. On retrouve l'objectif de protection de l'auteur qui ne peut donner son consentement que dans des formes limitées. À défaut de pouvoir être physiquement présent pour conclure la convention de cession, l'auteur peut exprimer son consentement, lorsque des circonstances spéciales l'exigent, par échange de télégrammes, à condition que le domaine d'exploitation des droits cédés soit délimité dans ledit télégramme.

---

74. M. Vivant et J.-M. Bruguière, *op. cit.*, n° 694.

75. Cass. civ. 1re, 30 mai 2012, n° 10-17780, *Bull. civ.* I ; n° 116 ; *CCE* 2012, comm. 89, obs. C. Caron.

76. Cf. M. Vivant et J.-M. Bruguière, *op. cit.*, n° 697.

Ce mode de communication est aujourd'hui désuet, il serait intéressant, à défaut de trouver dans ce régime du télégramme des analogies, que le législateur intervienne pour encadrer la conclusion de contrat par voie électronique.

3. La contrepartie

975. Bien que le Code de la propriété intellectuelle rappelle avec ardeur la possibilité de la gratuité, l'exploitation des biens intellectuels appropriés par le droit d'auteur ou les droits voisins des artistes-interprètes est essentiellement une exploitation onéreuse. Les dispositions générales relatives aux contrats d'auteur accordent une place importante à la contrepartie due à l'auteur. L'économie du contrat est fixée par l'article L. 131-3 al. 4 C. propr. intell. à partir du cas particulier du contrat d'adaptation : « *le bénéficiaire de la cession s'engage par ce contrat à rechercher une exploitation du droit cédé conformément aux usages de la profession et à verser à l'auteur* [...] *une rémunération proportionnelle aux recettes perçues* ». Dans le même sens, l'article L. 212-4 C. propr. intell. dispose que « *ce contrat* [entre l'artiste et le producteur] *fixe une rémunération distincte pour chaque mode d'exploitation de l'œuvre* ». Le cédant doit exploiter et payer ; le prix étant en principe proportionnel aux recettes perçues. Ce principe de proportionnalité fut arrêté par le législateur en 1957 pour les auteurs. On regrette que le terme « *rémunération* » soit employé par la loi, le terme légal étant celui de « prix » pour la contrepartie versée lors d'une cession (et « redevance » ou « loyer » en cas de concession), cette expression est d'autant plus regrettable qu'elle a conduit, pour le droit voisin de l'artiste-interprète à une confusion profonde entre la rémunération de la prestation, le cachet, et le prix des droits voisins, notamment dans la mise en œuvre des prélèvements des cotisations sociales. L'acquéreur doit exploiter le bien intellectuel acquis, conformément aux usages ; l'exploitation doit être réelle et continue, ces exigences s'appréciant au regard des pratiques de chaque secteur.

976. Le principe d'un prix proportionnel à l'exploitation est repris par l'article L. 131-4 C. propr. intell. Après avoir rappelé que la cession peut avoir pour objet tout le bien ou une partie de celui-ci, l'article précise que la convention de cession doit comporter au profit de l'auteur la participation proportionnelle aux recettes provenant de la vente ou de l'exploitation. Le principe d'un prix proportionnel fait que l'auteur participe aux aléas de l'exploitation. Cette solution peut être favorable pour lui si l'exploitation est particulièrement fructueuse, elle le sera nettement moins en cas d'échec. Cette formule engendre des dispositions contractuelles complexes précisant l'assiette et le taux pour pouvoir calculer le prix dû. Ces éléments ne sont pas automatiquement protecteurs de l'auteur[77]. Pour l'acquéreur, la solution de principe lui évite d'avancer des fonds avant d'avoir perçu les recettes d'exploitation, ce qui est financièrement très favorable. Elle limite le coût de l'acquisition, celui-ci étant directement lié aux résultats d'exploitation. Cela lui impose de tenir une comptabilité précise de l'exploitation afin de pouvoir payer le prix arrêté à l'auteur.

77. Cf. P.-Y. Gautier, *op. cit.*, n° 484 ; C. Caron, *op. cit.*, n° 419.

Un débat existe sur la définition de l'assiette[78] : est-ce la recette (nette ou brute) du cessionnaire ou est-ce la recette (nette ou brute) générée par l'exploitation finale du bien intellectuel ? La pratique du commerce fait que les intermédiaires de distribution rémunèrent leur service par la différence entre le prix d'acquisition et le prix de revente du bien en cause. Plus on descend dans la chaîne de distribution, plus la recette à l'unité augmente, mais elle n'est pas directement encaissée par le cessionnaire initial du bien intellectuel sur lequel pèse l'obligation de payer le prix à l'auteur. La jurisprudence privilégie le prix public hors taxes pour les contrats nommés du droit d'auteur, on peut étendre cette solution aux dispositions de l'article L. 131-4 C. propr. intell. La pratique a recours à des solutions alternatives, notamment la recette du cessionnaire. Le choix de l'assiette peut se révéler secondaire, si varie en même temps le taux : une assiette large avec un faible taux engendre une somme équivalente à celle obtenue en recourant à une assiette restreinte avec un taux élevé. Il semble que la solution de principe de l'article L. 131-4 C. propr. intell. omette de prendre en compte cette variable. Le taux est soumis à la liberté contractuelle et sera éventuellement contrôlé par le juge au regard des usages du secteur en cause.

977. Face aux intérêts et aux limites du prix proportionnel, l'article L. 131-4 C. propr. intell. propose que le prix, par exception, soit fixé sous la forme d'un forfait[79], mais uniquement pour les sept cas limitativement énumérés. En premier lieu, le forfait est possible si la base de calcul de la participation proportionnelle ne peut être pratiquement déterminée. Il en va ainsi notamment lorsque l'exploitation ne génère pas directement de recettes, telle une œuvre publicitaire. Le forfait est possible si les moyens de contrôler l'application de la participation font défaut ou si les frais des opérations de calcul et de contrôle sont hors de proportion avec les résultats à atteindre. Le prix proportionnel doit être techniquement et économiquement raisonnable pour être mis en œuvre. Ensuite, le recours au forfait est admis si la nature ou les conditions de l'exploitation rendent impossible l'application de la règle de la rémunération proportionnelle, soit que la contribution de l'auteur ne constitue pas l'un des éléments essentiels du bien intellectuel, soit que l'utilisation du bien ne présente qu'un caractère accessoire par rapport à l'objet exploité. Cette exception a été reconnue applicable pour déterminer le prix des droits d'auteur d'une mise en scène et d'un décor en raison de l'ignorance du nombre de représentations, et parce que cette solution pouvait être plus favorable aux auteurs[80]. L'exception du forfait est ouverte pour une catégorie de biens intellectuels, les logiciels. Enfin, l'article L. 131-4 C. propr. intell. ajoute que l'exception s'applique si elle est prévue par le Code de la propriété intellectuelle, formule évitant d'éventuels conflits de norme, malgré l'adage *specialia generalibus derogant*. Le souhait de protéger les intérêts de l'auteur se retrouve dans la dernière exception de l'article L. 131-4 : il est possible de convertir un prix proportionnel en forfait, à la demande de l'auteur, pour des contrats en vigueur. Le forfait sera alors

78. Cf. Y. Gaubiac, « L'assiette de rémunération proportionnelle selon les lois françaises sur le droit d'auteur », *Mélanges Françon*, Dalloz, 1995, p. 153.
79. P. Allayes, « Hypothèses de forfait en droit d'auteur », *Prop. Intell.* 2007, n° 24, p. 269.
80. T. civ. Seine, 2 nov. 1965, *RTD com.* 1966.599, obs. Desbois.

annuel et non pas un forfait unique et la durée de la conversion doit être déterminée par les parties.

La méfiance du législateur à l'égard du prix forfaitaire est concrétisée par l'article L. 131-5 C. propr. intell. qui constitue l'unique forme de contrôle de la lésion pour des opérations mobilières en droit français. Si l'auteur subit un préjudice de plus de sept douzièmes dû à une lésion ou à une prévision insuffisante des produits d'exploitation du bien intellectuel lors de la définition du forfait, il peut provoquer la révision du prix du contrat. La lésion sera appréciée en considération de l'ensemble de l'exploitation. À la différence de la lésion immobilière, il n'y a pas de rescision du contrat mais uniquement une révision du prix. À la différence du droit commun, l'article L. 131-5 C. propr. intell. intègre en droit privé une cause de révision du contrat pour imprévision. Le rapprochement dans le même article de l'imprévision et de la lésion pourrait conduire à confondre les deux mécanismes qui pourtant ne se recoupent pas[81].

978. Enfin, l'auteur jouit d'un privilège garantissant le paiement du prix dû en raison de l'exploitation de ses biens intellectuels. L'article L. 131-8 C. propr. intell. prévoit qu'en vue du paiement des « *redevances et rémunérations* » (le vocabulaire n'est pas meilleur en 2006 qu'en 1957...) dues au titre des trois dernières années d'exploitation du bien intellectuel à la suite d'une cession (ou de toute exploitation ou utilisation), l'auteur bénéficie du privilège prévu au 4° de l'article 2331 et à l'article 2375 C. civ. pour les rémunérations et salaires.

B Le contrat d'édition

979. Le contrat d'édition[82] est le contrat de référence en droit d'auteur ; il présente une application complète des dispositions du droit des contrats du droit d'auteur. L'article L. 132-1 définit le contrat d'édition comme « *le contrat par lequel l'auteur d'une œuvre de l'esprit ou ses ayants droit cèdent à des conditions déterminées à une personne appelée éditeur le droit de fabriquer ou de faire fabriquer en nombre des exemplaires de l'œuvre, à charge pour elle d'en assurer la publication et la diffusion* ». Ce contrat de cession impose à l'acquéreur, l'éditeur, une charge lourde, la publication et la diffusion du bien intellectuel, il s'agit d'une cession sous condition. Ce contrat connaît un domaine d'application étendu, au-delà de la présence du seul créateur du bien intellectuel au contrat, il s'applique aux ayants droit de ce dernier. Il s'agit d'une exception au principe selon lequel les dispositions relatives aux contrats spéciaux du Code de la propriété intellectuelle ne trouvent application qu'en présence de l'auteur. L'édition vise les œuvres littéraires, mais aussi l'édition musicale, l'édition de meubles, de montres, etc.

980. À la suite de cette définition positive du contrat d'édition, le législateur prend soin de le distinguer explicitement d'autres conventions, en particulier le contrat à compte d'auteur et le contrat à compte à demi.

81. Voir F. Pollaud-Dulian, *Le droit d'auteur*, *op. cit.*, n° 992 et s.

82. P.-Y. Gautier, *op. cit.*, n° 561 et s., M. Vivant et J.-M. Bruguière, *op. cit.*, n° 716 et s. ; C. Caron, *op. cit.*, n° 429 et s. ; A. et H.-J. Lucas et A. Lucas-Schloetter, *op. cit.*, n° 705 et s.

Le contrat de compte à demi est, suivant l'article L. 132-3 C. propr. intell., un contrat de société emportant la création d'une société en participation entre l'auteur et l'éditeur[83]. Dans le cadre de cette convention, l'auteur ou ses ayants droit chargent un éditeur de fabriquer, à ses frais et en nombre, des exemplaires de l'œuvre, dans la forme et suivant les modes d'expression déterminés au contrat, et d'en assurer la publication et la diffusion, moyennant l'engagement réciproquement contracté de partager les bénéfices et les pertes d'exploitation, dans la proportion prévue[84]. Ce contrat est régi par les articles 1871 et suivants du Code civil et les usages.

981. Le contrat d'édition impose obligations respectives des parties. L'auteur doit permettre à l'éditeur de fabriquer et diffuser des exemplaires de l'œuvre suivant l'article L. 132-9 C. propr. intell. Pour cela, il doit lui remettre, suivant conditions convenues, le bien intellectuel édité dans une forme qui permette sa fabrication normale. Ce sera un fichier informatique pour un roman ou une partition, ce sera les plans d'une chaise ou d'une table, etc. Sauf convention contraire ou impossibilités d'ordre technique, l'exemplaire du bien intellectuel fourni reste la propriété de l'auteur. L'éditeur en sera responsable pendant le délai d'un an après l'achèvement de la fabrication. En pratique, il est régulièrement stipulé un transfert de propriété du corpus remis au bénéfice de l'éditeur.

982. L'éditeur doit au regard des dispositions de l'article L. 132-11 C. propr. intell., effectuer ou faire effectuer la fabrication des exemplaires du bien intellectuel édité selon les conditions, dans la forme et suivant les modes d'expression prévus au contrat. Par exemple, si le contrat prévoit une édition de prestige et une édition ordinaire, l'éditeur prend les mesures nécessaires pour la fabrication de ces deux catégories d'exemplaires, dans les volumes convenus. Naturellement, l'éditeur n'a pas le droit de modifier le bien intellectuel édité, sauf autorisation de l'auteur. Il mentionne sur chaque exemplaire le nom ou pseudonyme de l'auteur. Il exécute ces obligations dans les délais fixés par contrat ou suivant les usages de la profession[85]. Le contrat d'édition peut être une cession à durée déterminée, dans ce cas, au terme du contrat, les droits d'exploitation de l'éditeur reviennent dans le patrimoine du cédant sans aucune procédure. L'éditeur, sauf reconduction du contrat, ne pourra, après ce terme, que procéder à l'écoulement de ses stocks durant trois ans, sauf si l'auteur souhaite acheter les exemplaires restants. L'option est à la discrétion de l'auteur. Au terme du contrat, l'auteur ne pourra faire rééditer son œuvre par un tiers que dans un délai de trente mois.

L'éditeur est tenu d'assurer une exploitation permanente et suivie et une diffusion commerciale, conformément aux usages de la profession[86]. Il est tenu de rendre compte à l'auteur de l'exploitation. Ce dernier peut, à défaut de

83. Cf. N. Binctin, *Le capital intellectuel*, *op. cit.*, n° 114 et 165.
84. Cass. civ. 1re, 5 avr. 2012, n° 11-14788.
85. Notamment le Code des usages en matière d'illustration par dessin du 20 juin 1978, le Code des usages en matière de littérature générale, issu d'un protocole d'accord du 15 déc. 1980.
86. Voir B. Kerjean, « L'obligation d'exploitation dans les contrats d'édition littéraire à l'épreuve du numérique », *CCE* 2012, prat. 15.

modalités spéciales prévues au contrat, exiger au moins une fois l'an la production par l'éditeur d'un état mentionnant le nombre et l'importance des tirages et le nombre des exemplaires en stock. Le rapport d'exploitation du bien intellectuel pourra aussi mentionner, sauf usage ou conventions contraires, le nombre d'exemplaires vendus par l'éditeur, celui des exemplaires inutilisables ou détruits par cas fortuit ou force majeure, ainsi que le montant des redevances dues ou versées à l'auteur. L'éditeur est ainsi tenu de fournir à l'auteur toutes justifications propres à établir l'exactitude de ses comptes d'exploitation du bien intellectuel. À défaut d'une information suffisante, l'auteur peut saisir le juge afin que la communication se fasse par contrainte.

983. La cession est nécessairement onéreuse, à la différence du droit commun des contrats, le Code de la propriété intellectuelle ne prévoit pas, à l'article L. 132-5, la possibilité d'une cession gratuite. Le prix est par principe proportionnel aux produits d'exploitation du bien intellectuel[87], et, dans les cas prévus aux articles L. 131-4 et L. 132-6 C. propr. intell., il peut être forfaitaire. Lorsque le prix est proportionnel, le contrat d'édition indique le nombre minimum d'exemplaires constituant le premier tirage ; il en va de l'appréciation par l'auteur de l'investissement de l'éditeur et d'une anticipation du prix. Cette mention du nombre minimum ne s'impose pas au contrat prévoyant un prix minimum garanti par l'éditeur, minimum garanti complétant le prix proportionnel, puisque le risque financier de l'éditeur est suffisamment identifié par ce biais[88]. Le paiement d'un prix proportionnel impose une reddition des comptes, l'usage la veut annuelle[89].

Le prix forfaitaire peut être retenu soit suivant les conditions de l'article L. 131-4 C. propr. intell.[90], soit selon les cas spécifiques du contrat d'édition. Ce prix forfaitaire est applicable pour la première édition pour certaines catégories d'ouvrages ou de contributions : des ouvrages scientifiques ou techniques, des anthologies et encyclopédies, des préfaces, annotations, introductions, présentations, des illustrations d'un ouvrage, des éditions de luxe à tirage limité, des livres de prières, les éditions populaires à bon marché et les albums bon marché pour enfants. Le prix forfaitaire peut aussi s'appliquer à la demande du traducteur pour les traductions. Enfin, le prix forfaitaire peut être retenu pour les cessions de droits à ou par une personne ou une entreprise établie à l'étranger.

984. La loi relative au prix du livre numérique[91] a modifié substantiellement l'article L. 132-5 C. propr. intell. en introduisant une rupture avec le principe de prix proportionnel aux ventes d'exemplaires. La version antérieure de cet article était adaptée à une exploitation physique des biens intellectuels édités, dans les cas où le modèle économique d'exploitation passe par la vente d'exemplaires

87. Voir *supra* n° 976.
88. Cf. A. Lucas, « L'assiette de la rémunération proportionnelle due par l'éditeur », *D.* 1992, chron. 103, p. 269.
89. Cf. B. Kerjean, « Liberté contractuelle et clause de reddition de comptes dans le contrat d'édition », *CCE* 2010, prat. 8.
90. Voir *supra* n° 975.
91. Loi n° 2011-590 du 26 mai 2011 relative au prix du livre numérique, *JORF*, 28 mai 2011, p. 9234 ; B. Kerjean, « La loi sur le prix du livre numérique. Vers une nouvelle exception culturelle française », *CCE* 2011, Étude 15.

contre un prix payer directement pour chacun. Or, l'exploitation en ligne des biens intellectuels fait émerger des modèles économiques très variés, pour lesquels il est parfois impossible de mettre en application la solution traditionnelle attachée à la commercialisation de reproduction du bien intellectuel. Face à ce constat, et pour permettre l'émergence d'offres légales en ligne d'accès aux biens intellectuels, le législateur prévoit une méthode spécifique de détermination du prix en présence d'une édition numérique du bien intellectuel. Le nouvel alinéa 2 de l'article L. 132-5 C. propr. intell. dispose que « *le contrat d'édition garantit aux auteurs, lors de la commercialisation ou de la diffusion d'un livre numérique, que la rémunération résultant de l'exploitation de ce livre est juste et équitable. L'éditeur rend compte à l'auteur du calcul de cette rémunération de façon explicite et transparente* ». On passe d'un prix payé à l'auteur en fonction du nombre de reproductions vendues à un prix qui sera juste et équitable. L'évolution est quasi-copernicienne. La protection de l'auteur dans ce type de contrat semble peu développée. L'éditeur doit naturellement informer l'auteur, mais cela n'est pas spécifique à ce type d'exploitation. Le législateur n'impose pas que le contrat d'édition contienne une identification de la méthode de calcul, il n'exclut pas plus que ce prix soit forfaitaire. Aujourd'hui, entre 10 et 25 % des recettes de l'éditeur d'un livre servent à payer le prix dû à l'auteur. Peut-on penser que dans le cadre d'une exploitation numérique, un prix juste et équitable sera constaté si l'éditeur reverse à l'ensemble des auteurs de son catalogue entre 10 et 25 % de ses recettes ? On peut penser que d'un prix très individualisé d'un auteur à l'autre, ce nouveau type d'approche du prix dans le contrat d'édition emporte une certaine mutualisation des recettes entre les auteurs, créant une nouvelle forme, involontaire, d'exploitation collective des biens intellectuels.

985. Le contrat d'édition est un contrat formel. Le consentement personnel de l'auteur, donné par écrit, est obligatoire. Le consentement personnel de l'auteur est même exigé lorsque ce dernier est légalement incapable, sauf si celui-ci est dans l'impossibilité physique de donner son consentement. On retrouve une disposition strictement tournée vers la protection de l'auteur car ces dispositions un peu fantasques ne sont pas applicables lorsque le contrat d'édition est souscrit par les ayants droit de l'auteur.

986. Les garanties dues par l'auteur, précisées à l'article L. 132-8 C. propr. intell., sont celles déjà évoquées pour les contrats de droit commun : garantie de l'exercice paisible et, sauf convention contraire, exclusif du droit cédé[92].

987. L'auteur est tenu de faire respecter les effets de la cession et de le défendre contre toutes atteintes qui lui seraient portées. Afin de renforcer la jouissance paisible du bien acquis par l'éditeur, celui-ci peut obtenir de l'auteur la conclusion d'un pacte de préférence. Suivant les dispositions de l'article L. 132-4 C. propr. intell., par cette convention, l'auteur s'engage à accorder un droit de préférence à un éditeur pour l'édition de ses œuvres futures de « *genres nettement déterminés* ». La jurisprudence retient une analyse stricte de la notion de genre. Ce droit de préférence est limité pour chaque genre à cinq ouvrages nouveaux à compter du jour de la signature du contrat d'édition conclu pour la première œuvre, ce qui revient à

92. Voir *supra* n° 954 et s.

inclure la première œuvre éditée dans le calcul des cinq œuvres (soit 1+ 4) ou à la production de l'auteur réalisée dans un délai de cinq années à compter du même jour. Ce pacte de préférence n'est pas une cession de chose future, ce n'est qu'une restriction du choix du cocontractant futur de l'auteur. À la suite de la présentation d'une œuvre entrant dans le champ d'application du pacte de préférence, l'éditeur peut exercer le droit qui lui est reconnu en faisant connaître, par écrit, sa décision à l'auteur, dans le délai de trois mois à dater du jour de la remise par celui-ci du bien intellectuel à publier. Si l'éditeur n'exerce pas son droit de préférence pour deux biens nouveaux présentés par l'auteur dans le genre déterminé au contrat, l'auteur pourra reprendre immédiatement et de plein droit sa liberté quant aux œuvres futures qu'il produira dans ce genre. Il faut toutefois que l'auteur présente des œuvres abouties et de bonne qualité. De plus, l'auteur devra, s'il avait reçu des avances, effectuer préalablement le remboursement de celles-ci à l'éditeur.

988. Le contrat d'édition est conclu *intuitu personae*. L'article L. 132-16 interdit à l'éditeur de transmettre, à titre gratuit ou onéreux, ou par voie d'apport en société, le bénéfice du contrat d'édition à des tiers, indépendamment de son fonds de commerce, sans avoir préalablement obtenu l'autorisation de l'auteur[93]. Le contrat d'édition peut cependant parfaitement intégrer une clause autorisant le transfert à un tiers de tout ou partie des éléments[94].

En revanche, le transfert du fonds de commerce avec les contrats d'édition qui lui sont attachés s'effectue librement. Toutefois, en cas d'aliénation du fonds de commerce, si celle-ci est de nature à compromettre gravement les intérêts matériels ou moraux de l'auteur, ce dernier peut obtenir réparation de ces dommages, notamment par voie de résiliation du contrat. Le législateur limite la notion de cession en l'espèce en retenant que lorsque le fonds de commerce était exploité en société ou dépendait d'une indivision, l'attribution du fonds à l'un des ex-associés ou à l'un des co-indivisaires en conséquence de la liquidation ou du partage ne sera, en aucun cas, considérée comme une cession.

989. Le contrat d'édition prend fin soit en raison du terme de celui-ci, soit dans les cas prévus par le droit commun. Il s'achève aussi, suivant l'article L. 132-17 C. propr. intell., lorsque l'éditeur procède à la destruction totale des exemplaires. La résiliation a lieu de plein droit lorsque, sur mise en demeure de l'auteur lui impartissant un délai convenable, l'éditeur ne procède pas à la publication de l'œuvre ou, en cas d'épuisement, à sa réédition. Il s'agit d'une sanction de l'obligation d'exploitation pesant sur l'éditeur. L'édition est considérée comme épuisée si deux demandes de livraisons d'exemplaires adressées à l'éditeur ne sont pas satisfaites dans les trois mois. Enfin, en cas de mort de l'auteur, si l'œuvre est inachevée, le contrat est résolu en ce qui concerne la partie de l'œuvre non terminée, sauf accord entre l'éditeur et les ayants droit de l'auteur.

990. Cas rare en droit des biens, le législateur accorde un régime spécifique à cette catégorie d'actifs en cas de procédure collective ouverte à l'encontre de

93. Cass. civ. 1re, 30 janv. 2007, *Bull. civ.* I, n° 46 : « *Vu les articles L. 132-7 et L. 132-16 C. Prop. Intell., ensemble l'article 1304 C. civ. ; ces dispositions impératives ayant été prises dans le seul intérêt patrimonial des auteurs, leur violation ne donne lieu qu'à une nullité relative dont l'action se prescrit par cinq ans à compter de la découverte du vice* ».
94. Cass. civ. 1re, 19 déc. 2013, n° 12-28912.

l'éditeur. L'article L. 132-15 C. propr. intell. rappelle que l'ouverture d'une procédure de sauvegarde ou de redressement judiciaire de l'éditeur n'entraîne pas la résiliation du contrat d'édition. Lorsque l'activité est poursuivie, en application des articles L. 621-22 et suivants C. com., toutes les obligations de l'éditeur à l'égard de l'auteur doivent être respectées. En cas de cession de l'entreprise d'édition au regard des articles L. 621-83 et suivants C. com., l'acquéreur est tenu des obligations du cédant. Toutefois, lorsque l'activité de l'entreprise a cessé depuis plus de trois mois ou lorsque la liquidation judiciaire est prononcée, l'auteur peut demander la résiliation du contrat.

À cette procédure réglant le sort du bien intellectuel, le législateur ajoute une procédure spécifique pour définir le sort des exemplaires produits. Le liquidateur ne peut procéder à la vente en solde des exemplaires fabriqués ni à leur réalisation que quinze jours après avoir averti l'auteur de son intention, par lettre recommandée avec demande d'accusé de réception. À compter de cette information, l'auteur possède, sur tout ou partie des exemplaires, un droit de préemption, dont l'exercice se réalisera à un prix convenu entre l'auteur et le liquidateur, et à défaut d'accord, le prix de rachat sera fixé à dire d'expert.

Le législateur vise parfois l'auteur et ses ayants droit et parfois l'auteur seul, on retient une lecture stricte de ces dispositions et leur réserver ce champ d'application limité. Si les ayants droit ne sont pas visés, ils ne peuvent pas bénéficier du régime spécial du contrat d'édition, les contrats spéciaux du droit d'auteur ne visant, par principe, que l'auteur[95].

C Le contrat de production audiovisuelle

991. Le contrat de production audiovisuelle est le contrat permettant au producteur de réunir entre ses mains les droits de propriété intellectuelle des différents intervenants dans la création, auteurs et interprètes notamment, afin d'assurer une bonne exploitation de l'œuvre audiovisuelle. Cette dernière est, par qualification de la loi, une œuvre de collaboration, et se distingue par le nombre important de personnes revendiquant un droit de propriété (droit d'auteur ou droit voisin) sur elle.

Le producteur, défini comme la personne physique ou morale qui prend l'initiative et la responsabilité de la réalisation de l'œuvre audiovisuelle (art. L. 132-23 C. propr. intell.), assure l'exploitation du bien intellectuel. Sans ce contrat de production, cette dernière supposerait l'obtention d'une autorisation préalable auprès de chacun des intervenants, ce qui serait matériellement et économiquement inenvisageable.

1. Les auteurs

992. Deuxième contrat spécial du droit d'auteur présenté par le Code de la propriété intellectuelle, le contrat de production audiovisuelle[96], suivant l'article L. 132-24 C. propr. intell., lie le producteur aux auteurs d'une œuvre

95. Voir *infra*, n° 1437 sur le droit des entreprises en difficulté.

96. P.-Y. Gautier, *op. cit.*, n° 599 et s., M. Vivant et J.-M. Bruguière, *op. cit.*, n° 780 et s. ; C. Caron, *op. cit.*, n° 459 et s. ; A. et H.-J. Lucas et A. Lucas-Schloetter, *op. cit.*, n° 780 et s.

audiovisuelle[97], autres que l'auteur de la composition musicale avec ou sans paroles. Ce contrat emporte, sauf clause contraire et sous réserve de l'achèvement de l'œuvre au sens de l'article L. 121-5, la cession au profit du producteur des droits d'exploitation de l'œuvre audiovisuelle. Il s'agit d'une variété spécifique de cession, dont le périmètre est strictement limité à une forme particulière d'exploitation du bien intellectuel, ce contrat n'emportant pas cession au producteur des droits graphiques et théâtraux sur l'œuvre. L'article L. 132-29 C. propr. intell. prévoit que, sauf convention contraire, les auteurs de l'œuvre audiovisuelle peuvent disposer librement de la partie de l'œuvre qui constitue leur contribution personnelle en vue de son exploitation dans un genre différent et dans les limites du régime de l'œuvre de collaboration. Cette exploitation ne doit, en particulier, pas perturber l'exploitation normale de l'œuvre audiovisuelle. Suivant le droit commun, les auteurs garantissent au producteur l'exercice paisible des droits cédés (art. L. 132-26 C. propr. intell.). Toutefois, un espace de liberté contractuelle est maintenu.

993. À la différence du contrat d'édition, le législateur ne définit pas les obligations des auteurs (on applique donc les dispositions générales des contrats de droit d'auteur arrêtées par le C. propr. intell.[98]) et mentionne brièvement celles du producteur. Ce dernier assure à l'œuvre audiovisuelle une exploitation conforme aux usages de la profession (art. L. 132-27 C. propr. intell.), obligation d'exploitation élémentaire dans les contrats ayant pour objet un bien intellectuel. La loi encourage les organisations représentatives des producteurs, les organisations professionnelles d'auteurs et les sociétés de gestion collective à établir conjointement un recueil des usages de la profession.

Le producteur doit conserver les éléments ayant servi à la réalisation de l'œuvre, le contrat de production établissant la liste de ces éléments et les modalités de cette conservation.

Sans plus de précision quant à l'objet du contrat, le législateur s'attarde sur la contrepartie due par le producteur. Le prix de la cession doit être défini pour chaque mode d'exploitation de l'œuvre audiovisuelle, le principe étant celui d'un prix proportionnel aux recettes d'exploitation. Toutefois, il est possible de recourir aux forfaits dans les cas d'ouverture de l'article L. 131-4 C. propr. intell. Le prix proportionnel s'impose notamment lorsque le public paie un prix pour recevoir communication d'une œuvre audiovisuelle déterminée et individualisable, ce prix public étant alors l'assiette de calcul du prix dû aux auteurs, compte tenu des tarifs dégressifs éventuels accordés par le distributeur à l'exploitant.

En pratique, un usage tend à écarter cette obligation et définir l'assiette de calcul du prix sur la recette nette du producteur[99]. Le prix est versé aux auteurs par le producteur sous réserve des effets de la gestion collective. Suivant les formalités déjà observées pour le contrat d'édition, l'article 132-28 C. propr. intell. impose au producteur de fournir aux auteurs, au moins une fois par an, un état des recettes d'exploitation du bien intellectuel selon chaque mode

97. Sur cette notion, *supra* n° 108.
98. Voir *supra* n° 969 et s.
99. Voir notamment P.-Y. Gautier, *op. cit.*, n° 488 et s.

d'exploitation, et toute justification propre à établir l'exactitude des comptes, notamment la copie des contrats par lesquels il cède à des tiers tout ou partie des droits dont il dispose.

994. Toujours sur le modèle du contrat d'édition, l'article L. 132-30 C. propr. intell. arrête le sort du bien intellectuel dans le cadre d'une procédure collective. Si le principe de continuation de l'exploitation est le même que pour l'édition, un régime spécial est arrêté pour la cession totale ou partielle de l'entreprise. Dans cette hypothèse, ou en cas de liquidation, l'administrateur, le débiteur, ou le liquidateur, selon le cas, est tenu d'établir un lot distinct pour chaque œuvre audiovisuelle pouvant faire l'objet d'une cession ou d'une vente aux enchères[100]. Le recours au verbe « pouvoir » laisse entendre que des œuvres ne pourraient pas faire l'objet d'une telle vente, auquel cas la constitution de lots ne serait pas nécessaire. Aucune indication quant aux conditions d'appréciation de ce critère n'est fournie par le législateur. Le producteur a l'obligation d'aviser, à peine de nullité, chacun des auteurs et des coproducteurs de l'œuvre par lettre recommandée, un mois avant toute décision sur la cession ou toute procédure de licitation. L'acquéreur, un tiers, un auteur ou un coproducteur, est tenu aux obligations du cédant. Les auteurs possèdent un droit de préemption sur le bien intellectuel ainsi cédé, sauf si l'un des coproducteurs se déclare acquéreur. À défaut d'accord, le prix d'achat est fixé à dire d'expert.

2. Les artistes-interprètes

995. Pour les artistes-interprètes participant à l'œuvre audiovisuelle, la signature d'un contrat avec le producteur emporte, suivant l'article L. 212-4 C. propr. intell., autorisation de fixer, reproduire et communiquer au public la prestation de l'artiste-interprète. Comme pour les auteurs, le contrat doit fixer un prix distinct pour chaque mode d'exploitation[101]. Si ni le contrat ni une convention collective ne détermine le prix dû pour un ou plusieurs modes d'exploitation, le niveau de celui-ci est arrêté par référence à des barèmes établis par voie d'accords spécifiques conclus, dans chaque secteur d'activité, entre les organisations de salariés et d'employeurs représentatives de la profession. Le prix versé n'a pas un caractère de salaire, il est dû par le producteur, sous réserve des effets de la gestion collective.

D Le contrat de commande pour la publicité

996. Dernier contrat de cession spécifiquement envisagé par le Code de la propriété intellectuelle, le contrat de commande[102] de publicité a été intégré dans le droit de la propriété intellectuelle en 1985 avec pour objectif d'encadrer les relations entre les agences de publicité et les créateurs par un système d'accords collectifs. La mise en œuvre effective de ce régime est délicate, en raison, d'une

100. Cass. civ. I, 30 mai 2012, n° 10-24524.
101. Cf. T. Klotz, « La rémunération de l'artiste-interprète de cinéma », *CCE* 2010, prat. 9.
102. P.-Y. Gautier, *op. cit.*, n° 133 et s., M. Vivant et J.-M. Bruguière, *op. cit.*, n° 802 et s. ; C. Caron, *op. cit.*, n° 468 ; A. et H.-J. Lucas et A. Lucas-Schloetter, *op. cit.*, n° 815 et s.

part, de la présence de nombreux créateurs salariés et, d'autre part, en raison de l'incertitude quant à la qualité de producteur au sens de l'article L. 132-31 C. propr. intell. Ce dernier dispose que dans le cas d'une œuvre, créée sur commande, et utilisée pour la publicité, le contrat entre le producteur et l'auteur entraîne, sauf clause contraire, cession au producteur des droits d'exploitation de l'œuvre, dès lors que ce contrat précise un prix distinct dû pour chaque mode d'exploitation en fonction notamment de la zone géographique, de la durée de l'exploitation, de l'importance du tirage et de la nature du support.

Ces dispositions sont similaires à celles de l'article L. 131-3 C. propr. intell., toutefois, le législateur cherche à encourager un accord collectif pour la mise en œuvre de ce contrat. Les organisations représentatives d'auteurs et les organisations représentatives des producteurs en publicité devaient s'accorder, avant avril 1986 pour les éléments de base entrant dans la composition des prix correspondant aux différentes utilisations des œuvres. Cet accord devait avoir une durée d'un à cinq ans, ses stipulations pouvant être rendues obligatoires pour l'ensemble des intéressés par décret. Il n'y a pas eu d'accord, et donc, le mécanisme de l'article L. 132-32 fut appliqué. Ce dernier prévoit qu'à défaut d'accord en vigueur, les bases des prix visées à l'article L. 132-31 sont déterminées par une commission présidée par un magistrat de l'ordre judiciaire désigné par le premier président de la Cour de cassation et composée, en outre, d'un membre du Conseil d'État désigné par le vice-président du Conseil d'État, d'une personnalité qualifiée désignée par le ministre chargé de la culture et, en nombre égal, d'une part, de membres désignés par les organisations représentatives des auteurs et, d'autre part, de membres désignés par les organisations représentatives des producteurs en publicité. La commission se détermine à la majorité de ses membres présents. En cas de partage des voix, le président a voix prépondérante. Ses délibérations sont exécutoires si, dans un délai d'un mois, son président n'a pas demandé une seconde délibération. Cette commission a rendu une décision le 23 février 1987.

997. La Cour de cassation confirme avec raison son application stricte des dispositions du Code de la propriété intellectuelle relatives aux contrats d'auteur dans le cadre de la publicité, applicables uniquement en présence de l'auteur. Hors de ce cas particulier, qui en pratique concerne une minorité des contrats ayant pour objet un droit d'auteur, le droit commun des contrats s'applique, de façon d'ailleurs plus libérale que pour les autres régimes de propriété intellectuelle pour lesquels le législateur n'élabore pas un régime contractuel protecteur du créateur mais impose la présence d'un écrit *ad validitem* pour l'ensemble des contrats. La Cour de cassation[103] propose une ferme application du droit commun des contrats, recherchant la volonté commune des parties pour définir les effets de la convention. Dans une formule tranchée, elle retient que la cour d'appel « *ayant, par une appréciation souveraine de la volonté des parties, estimé que les droits d'exploitation, au profit de l'annonceur, sur les œuvres réalisées*

103. Cass. civ. 1re, 8 déc. 2009, *Bull. civ.* I, n° 239 ; *Prop. Intell.* n° 34, janv. 2010, p. 625, obs. A. Lucas ; *CCE* 2010, comm. 12, note C. Caron ; *RLDI* 2010 actu. 58, obs. T. Hassler ; *RTD com.* 2010. 118, obs. F. Pollaud-Dulian ; *D.* 2011, p. 2170, obs. P. Sirinelli ; *CCE* 2011, chron. 7, obs. L. Boulet. Voir aussi, CA Versailles, 27 mai 2010, n° 09/05041 et CA Paris, 27 mai 2011, n° 10/00460, *CCE* 2012, chron. 7, n° 19, obs. L. Boulet et L. Frossard.

pour son compte, avaient été cédés par l'agence de publicité, a, au regard du droit commun régissant les relations contractuelles en cause, légalement justifié sa décision ». Et partant, est écartée l'action en paiement – et non une action en contrefaçon alors que celle-ci aurait été ouverte si les droits d'auteur étaient bien restés dans le patrimoine de l'agence de publicité – engagée par l'agence de publicité qui contestait la poursuite de l'utilisation des œuvres réalisées par ses soins pour les campagnes de communication de l'annonceur après la rupture de leur relation contractuelle. L'interprétation de la volonté des parties laisse possible le constat que le contrat passé entre l'annonceur et l'agence de publicité emporte le transfert, au bénéfice de l'annonceur, des droits de propriété intellectuelle permettant l'exploitation des outils publicitaires, l'annonceur doit pouvoir exploiter autant qu'il le souhaite, autant que ses besoins commerciaux le réclament, la campagne publicitaire créée, et cela aussi longtemps que nécessaire pour rentabiliser son investissement. Peu importe le maintien du contrat avec le prestataire de service créateur de la campagne. Son objet est la création de l'œuvre et l'exploitation de celle-ci par l'annonceur, ce qui suppose nécessairement le transfert des droits afférents. Ces deux prestations réalisées, et une fois le prix convenu payé, le maintien du contrat est sans influence.

Ce régime contractuel spécial ne prive pas l'auteur de ses droits sur le bien intellectuel créé, il ne fait qu'aménager les conditions de circulation du bien intellectuel. La Cour de cassation affirme notamment que l'article L. 132-31 ne remet pas en question l'indisponibilité du droit moral de l'auteur[104].

Section 2
La concession

998. Le contrat de concession[105], ou contrat de licence, constitue la convention phare de la propriété intellectuelle[106]. Ce contrat essentiel représente la masse la plus importante de conventions, il focalise l'attention du droit de la concurrence au travers du règlement 316/2014[107] lorsqu'elle est qualifiée d'accord de transfert de technologie, elle exploite les spécificités corporelles des biens intellectuels grâce auxquelles il est possible d'accorder une jouissance concomitante d'un même bien à une infinité de personnes sans que la jouissance du bien par chacune d'elles perturbe la jouissance d'une autre.

104. Cass. civ. 1re, 4 mai 2012, n° 11-11786.

105. L'ouvrage de référence de Burst, *Breveté et Licencié, Leurs rapports juridiques dans le contrat de licence*, Litec, 1970, dont les solutions sont largement applicables à l'ensemble des concessions de biens intellectuels. Voir aussi, P. Le Tourneau, *Les contrats de concession*, 2e éd., Litec Professionnels, 2010 ; même auteur, *Contrats informatiques et électroniques*, 6e éd., Dalloz, 2010, coll. Référence ; A. Boisson, *La licence en droit d'auteur*, LexisNexis, 2013, coll. Bibl. de droit de l'entreprise, t. 86.

106. Selon le rapport 2011 de l'OMPI, pour les seuls brevets, les recettes mondiales provenant des redevances sont passées, de 2,8 milliards US $ en 1970 à 27 milliards US $ en 1990 et atteignaient environ 180 milliards US $ en 2009 – dépassant ainsi la croissance du PNB mondial.

107. Règl. 316/2014, relatif à des catégories d'accord de transfert de technologie, *op. cit.* ; voir *infra* n° 1190 et s.

Le contrat de licence conduit à la satisfaction simultanée d'intérêts complémentaires[108].

La licence, ou concession, prend la forme juridique d'un contrat de louage, un bail, dont l'objet est un bien intellectuel[109]. Sans transfert de propriété, il a pour effet d'accorder la jouissance du bien au licencié – concessionnaire –, dans les conditions du contrat. À l'image de la cession, la liberté contractuelle prédomine et elle est largement sollicitée par les praticiens, offrant un vaste domaine de créativité juridique[110]. Dans le silence du Code de la propriété intellectuelle, et à défaut de dispositions spécifiques, le droit commun des baux, exposé aux articles 1708 et suivant du Code civil, s'applique, ce qui constitue le droit commun de la concession en propriété intellectuelle. Utilisée comme un instrument de régulation de la propriété intellectuelle, la licence connaît quelques régimes spéciaux, soit pour protéger une partie, soit pour limiter les effets d'un éventuel abus de propriété.

§ 1. Le droit commun de la concession de biens intellectuels

999. Le droit commun de la concession a un champ d'application similaire au droit commun de la cession de biens intellectuels. On en exclut les contrats où l'auteur est partie. La licence suit, sous réserve de la fondamentale absence de transfert de propriété, *mutatis mutandis*, le régime de la cession. Il est nécessaire d'identifier l'objet de la licence, la contrepartie de celle-ci – la redevance, l'exclusivité et les garanties. Il s'agit principalement de préciser les éléments spécifiques à cette catégorie de contrats, les points identiques à la cession ne feront que l'objet d'un renvoi.

A L'objet

1000. Tous les biens intellectuels, sans exception, quel que soit leur régime d'appropriation, peuvent faire l'objet d'une concession. À l'image de la cession, la concession peut avoir pour objet le bien intellectuel dans son entier ou simplement une ou plusieurs utilités du bien. La jouissance est alors accordée pour une application déterminée, pour une durée déterminée[111], un territoire déterminé. On peut de la sorte décliner toutes les variables applicables aux biens intellectuels. Cette faculté permet de ciseler le contrat de licence selon les besoins précis des utilisateurs et la stratégie des donneurs de licence[112]. Elle

108. En ce sens, A. Abello, *La licence, instrument de régulation des droits de propriété intellectuelle*, LGDJ, 2008, nº 295 et s.

109. J. Raynard, « De l'originalité de la licence de brevet en tant que louage de chose », *Mélanges J. Schmidt-Szalewski*, LexisNexis, 2014, coll. CEIPI, t. 61, p. 267.

110. Par exemple, sur les modalités d'échange de consentement et de conclusion du contrat de licence, Ch. Noiville et F. Girard, "Du logiciel aux semence : la *shrink warp license*", *RDC* 2014/1, p. 116.

111. Voir A. Marie, « La clause de durée dans les contrats de licence de marque », *CCE* 2012, prat. 9.

112. Le seul fait d'autoriser une personne à effectuer un acte en utilisant un bien intellectuel ne constitue pas nécessaire un contrat de licence : CJUE, 19 juill. 2012, aff. C-376/11, *Pie Optiek SPRL*

permet aussi de limiter le coût de la licence, la redevance étant en lien avec les utilités mises à disposition du licencié.

Le donneur de licence peut être le propriétaire du bien intellectuel concédé, il peut aussi être lui-même un concessionnaire ayant reçu par contrat le droit d'accorder une sous-licence. Il ne pourra alors pas concéder plus par ce contrat secondaire qu'il n'a reçu d'utilités du bien dans le contrat initial.

Cette approche globale de la propriété intellectuelle est reprise par le règlement 316/2014 qui s'applique aux accords de transfert de technologie[113] entre deux entreprises pour la production de produits contractuels, le transfert de technologie étant défini comme une licence de brevet, une licence de savoir-faire, une licence de droit d'auteur sur logiciels et tout accord de ce type contenant des dispositions relatives à la concession d'une licence pour d'autres droits de propriété intellectuelle, pour ces derniers contrats, à condition que ces dispositions ne constituent pas l'objet principal de l'accord et qu'elles soient directement liées à la production des produits contractuels, on pourrait notamment inclure dans cette dernière catégorie les contrats de franchise[114].

1001. Une difficulté majeure attachée à l'objet de la licence est le risque de perte du bien intellectuel concédé. Il faut envisager le sort du contrat en cas d'annulation du bien intellectuel. Très logiquement, Burst retient qu'un brevet nul ne peut donner lieu à un contrat valable faute d'objet et de cause[115]. Il en va de même pour les autres régimes d'appropriation d'un bien intellectuel. La distinction entre nullité du titre et nullité de la convention doit être appréciée : la convention viciée peut être régularisée – en application du droit commun des contrats –, pas le titre annulé. La mise en œuvre des garanties contractuelles est possible[116].

B L'exclusivité

1002. Le premier enjeu de la concession est de déterminer son caractère exclusif[117]. La licence exclusive est opposée à la licence simple. La licence simple permet au propriétaire du bien d'exploiter lui-même le bien tout en permettant à un tiers de jouir pour partie ou pour la totalité du bien. La licence simple permet d'accorder sur le bien autant de jouissances qu'il y a de personnes souhaitant l'utiliser. L'ubiquité du bien intellectuel donne à cette convention une

c/Bureau Gevers SA : une personne autorisée uniquement à enregistrer un nom de domaine. eu pour le titulaire d'une marque n'est pas un licencié de droits antérieurs.

113. Par exemple, A. Robin, « Transfert de technologie et accès aux médicaments contre le sida par les PVD – Quelques éléments de réflexion sur les ressources du contrat », *RDC* janv. 2009, n° 1, p. 239.

114. Voir le règlement 330/2010 qui aborde le sort de la franchise ; D. Ferrier, « La franchise : un contrat d'exploitation de droits intellectuels », *Droits de propriété intellectuelle – Liber amicorum G. Bonet*, Litec, 2010, coll. IRPI, t. 36, p. 187. En présence d'un contrat de franchise, l'article 330-1 C. com. limite à 10 ans la durée de la clause d'exclusivité.

115. Burst, thèse, *op. cit.*, n° 430 et s. ; *idem*, TGI Paris, 20 janv. 1986, *PIBD* 1986, n° 394, III-242 ; *JCP* E 1987, I 16055, n° 67, obs. Burst et Mousseron ; TGI Paris, 11 mars 1986, *Dossier Brevets* 1986, V, 2 ; *PIBD* 1986, n° 394, III-245.

116. Voir *infra* n° 1006.

117. Cf. Burst, *op. cit.*, n° 209, 248, 477 ; A. Abello, *op. cit.*, n° 34 et s. et 56 et s. ; P. Gourdon, *L'exclusivité*, LGDJ, 2006, coll. Bibl. de droit privé, t. 455.

fonction économique majeure, la limite aux licences n'étant pas fixée selon une contrainte physique imposée par la nature du bien. Une telle licence est impossible pour tout autre bien, corporel comme incorporel. Ce contrat est à l'origine de la diffusion et de l'exploitation massive des biens intellectuels dans notre société contemporaine.

L'exclusivité a pour effet de limiter l'ubiquité du bien intellectuel. Au lieu d'en accorder la jouissance à un nombre infini de personnes, le propriétaire du bien choisit une personne unique. L'exclusivité contractuelle fait que seul le cocontractant a accès au bien intellectuel en cause. L'exclusivité prend alors deux aspects : d'une part, elle interdit au concédant de contracter avec d'autres personnes et, d'autre part, elle peut aussi interdire au concédant d'utiliser pour lui-même son bien intellectuel.

Le contrôle de l'exclusivité s'effectue essentiellement sur le terrain du droit de la concurrence, une telle clause ne devant pas avoir pour objet ou pour effet de réduire au-delà du nécessaire la concurrence entre les opérateurs sur le marché et la circulation des biens au sein de l'UE. Ainsi, la CJ[118] a sanctionné une clause d'exclusivité sur le terrain de l'article 101 TFUE car elle imposait l'obligation au distributeur exclusif de ne pas fournir de dispositifs de décodage permettant l'accès aux objets protégés par des droits de propriété intellectuelle en vue de leur utilisation à l'extérieur du territoire couvert par ce contrat de licence. Le règlement 316/2014 vise, dans les restrictions caractérisées qui engendrent l'annulation du contrat ou les restrictions exclues qui imposent l'annulation de la clause en cause, principalement des effets directs ou indirects d'une clause d'exclusivité. L'article 5 du règlement écarte le bénéfice d'une exemption pour l'accord incluant l'obligation pour le preneur de licence d'accorder au donneur une licence exclusive sur des améliorations dissociables que le preneur aurait lui-même apportées au bien ou sur de nouvelles applications du bien intellectuel licencié qu'il aurait lui-même mis en œuvre.

C La redevance

1003. À l'image du prix de la cession, la mise à disposition du bien intellectuel suppose l'exécution d'une contrepartie par le licencié[119], sous réserve d'une licence gracieuse. Cette contrepartie, appelée redevance, *royalty* ou encore royauté, est librement fixée par les parties au contrat. Elle peut être fixe, forfaitaire, unique, multiple, variable, indexée sur le chiffre d'affaires du licencié ou tout autre agrégat arrêté par les parties au contrat (les sommes encaissées, celles facturées, le volume produit, le volume livré, etc.). Le taux peut lui-même évoluer, on peut inclure une redevance minimum garantie... Il appartient de préciser les conditions de paiement, de reddition des comptes[120] et éventuellement de contrôle des documents comptables du licencié.

118. CJUE, 4 oct. 2011, aff. jtes C-403/08 et C-429/08, *Football Association Premier League Ltd*, préc.

119. Burst, *op. cit.*, n° 403 et s. ; A. Abello, *op. cit.*, n° 577 et s.

120. Sur cette obligation, Cass. civ. 1re, 4 nov. 2011, n° 10-13410, *Bull. civ.* I, n° 195 ; *D.* 2011, p. 2791.

Les taux sont extrêmement variables d'un secteur à l'autre, de 0,5 % à 25 % du chiffre d'affaires ! Elle peut aussi être de 0,01 centime d'euro l'unité à plusieurs euros par unité. Naturellement, il faut comparer les taux avec les assiettes retenues dans chaque hypothèse, sinon il n'y a aucune cohérence. Du point de vue du producteur d'un bien intégrant une multitude de biens intellectuels pour lesquels il a souscrit des licences, le coût de la technologie doit être maîtrisé au regard du coût global de production et du prix de vente de son produit fini. En décomposant les postes de coûts fixes et les marges habituelles dans différents secteurs, il est possible d'identifier le coût de la propriété intellectuelle incluse dans un produit.

1004. L'assiette de la redevance doit être en lien avec le bien intellectuel concédé. La CJUE a condamné la licence incluant une redevance dont l'assiette était sans lien avec l'exploitation du bien concédé[121]. Le paiement est causé par la jouissance du bien, une fois ce dernier dans le domaine public, il n'y a plus lieu à redevances. Toutefois, il est possible, d'un commun accord des parties, de mettre en place une durée de paiement supérieure à la durée du titre de propriété afin de limiter le poids de la redevance dans l'exploitation du licencié. Les paiements s'effectuant après le terme du titre de propriété sont causés par la jouissance antérieure et non par l'utilisation d'un bien du domaine public.

1005. La licence *FRAND*[122] (*fair, reasonable, and non-discriminatory*) est sans aucun doute l'un des éléments les plus caractéristiques de l'évolution contemporaine des pratiques contractuelles de la propriété intellectuelle. La licence *FRAND* est une concession non exclusive de biens intellectuels, essentiellement appropriés par brevet, mais aussi par le droit d'auteur voire le droit des marques lorsqu'un signe distinctif est utilisé pour indiquer la présence dans un produit d'une technologie standardisée[123] (par exemple la marque *DVD*). Elle tente de concilier l'intégration d'une solution technique dans un standard, le respect de la propriété pouvant exister sur cette solution technique et l'absence d'abus à l'égard des concurrents[124]. En effet, le risque est que le propriétaire, une fois son bien intellectuel inclus dans un standard, impose des conditions d'utilisation de celui-ci déraisonnables, abusives, et exploite indûment une rente de situation. Ainsi, pour accepter qu'un bien intellectuel approprié puisse être intégré dans un standard technique, le propriétaire doit s'engager à concéder un droit d'utilisation sur ce bien à tout opérateur intéressé, dans des conditions *FRAND*. Le contrat n'est pas original en tant que tel, il se caractérise

121. CJCE, 25 févr. 1986, aff. 183/83, *Windsurfing International*, *Rec.* 611 ; *RTD eur.* 1987.313 obs. G. Bonet.

122. Voir C. Caron, « L'efficacité des licences dites FRAND (ou l'indispensable conciliation entre la normalisation et le droit des brevets d'invention grâce à la stipulation pour autrui) », *CCE*, 2013, Études 12 ; T. de Haan, « Un an de jurisprudence en propriété industrielle au Benelux », *Prop. Indust.* 2012, chon. 1, spéc. nº 11 ; S. Leblond, *Pratiques anticoncurrentielles et brevets*, Bruylant, 2014.

123. Sur la standardisation, voir *La standardisation internationale privée*, Bruylant, 2014, ss. la direction de R. Bismuth.

124. B. Galopin, « Comment concilier propriété intellectuelle et normalisation ? », *Prop. Indust.* 2012, alerte 47.

cependant par l'absence de discrimination entre les co-contractants et une redevance raisonnable.

L'absence de discrimination suppose d'appliquer les mêmes conditions à tous les co-contractants ou, à tout le moins, appliquer les mêmes conditions à des opérateurs de même catégorie. L'absence de discrimination conduit *de facto* à écarter le refus de contracter, sauf à apporter une justification objective à celle-ci. Cela limite aussi les conditions de rupture du contrat à l'initiative du donneur de licence. Ce n'est pas pour autant une licence légale ou judiciaire. Le droit de la concurrence propose des outils d'analyse des discriminations dans le cadre de la recherche d'un abus de position dominante qui trouveraient à s'appliquer en l'espèce pour identifier, dans le cadre particulier du standard technique en cause, les pratiques discriminatoires[125]. L'engagement à délivrer des licences *FRAND* se fait en amont de la participation à un comité de standardisation technique, c'est devenu une condition de la participation, tout comme l'obligation de présenter l'ensemble des intérêts technologiques et les droits de propriété. Il serait possible que l'engagement soit accompagné de l'obligation d'utiliser une licence type, ce qui permettrait une harmonisation des pratiques contractuelles pour l'ensemble des opérateurs ayant des technologies impliquées dans un standard et renforcerait la lutte contre les discriminations. Il est possible de proposer une analyse de l'obligation de délivrer une licence *FRAND* pour les participants sous l'angle de la stipulation pour autrui[126]. Cette analyse séduisante apparaît comme très localisée dans ses mécanismes pour correspondre à un schéma relevant d'un contexte purement international. Le droit du marché pourrait davantage guider le fonctionnement de cette institution contractuelle. Un comité d'organisation d'un standard technique imposera un règlement de participation intégrant des obligations pour les membres, au nombre desquelles on compte la licence *FRAND*. L'obligation de délivrer une telle licence est une obligation souscrite lors de l'intégration dans le comité, une obligation de faire, sans que ce comité entre dans les détails de la licence. C'est un engagement unilatéral. En ne délivrant pas une telle licence, l'opérateur viole son engagement et exploite abusivement sa position dans le standard technique.

Le second élément sensible des licences *FRAND* réside dans les redevances. Si le contenu « juridique » du contrat doit être *FRAND*, il en va de même pour son contenu économique. Comment alors apprécier le caractère raisonnable d'une redevance ? Est-ce au regard des investissements en R&D supportés, du coût du produit fini, de son prix de commercialisation, du coût de la technologie sur le coût total de production du produit en cause... ? De nombreuses approches sont envisageables, elles n'offrent pas le même résultat. L'engagement à délivrer une licence *FRAND* laisse libre l'opérateur de déterminer le montant des redevances, dans la limite des redevances raisonnables. Le contentieux actuel connu autour des licences *FRAND* est d'ailleurs principalement un

125. Cf. J. Schmidt-Szalewski, « Exercice des droits de propriété intellectuelle en tant qu'abus de position dominante » *in Droits de propriété intellectuelle – Liber amicorum Georges Bonet*, Paris, LexisNexis, 2010, p. 510.

126. C. Caron, « L'efficacité des licences dites *FRAND* (ou l'indispensable conciliation entre la normalisation et le droit des brevets d'invention grâce à la stipulation pour autrui) », *op. cit.*

contentieux sur le montant des redevances demandées. Il n'y a donc pas de refus ou de discrimination quant à la conclusion de la convention mais un débat sur le caractère raisonnable de la redevance. Ainsi, la Commission européenne a rendu un avis sur ce point dans l'affaire *Rambus*[127], et dans le cadre du contentieux opposant *Apple* à *Motorola*[128].

D Les garanties

1006. Les garanties attachées au contrat de licence reprennent les garanties identifiées dans les contrats de cession, aussi bien quant à l'existence du titre, qu'à la qualité de ce dernier[129], l'absence de contrefaçon ou le succès économique de l'exploitation[130]. Certaines garanties complémentaires sont à prendre en compte spécifiquement pour les concessions. En raison de l'absence de transfert de propriété, le concédant supporte une garantie contre les troubles de jouissance, en particulier le trouble engendré par l'absence d'entretien du bien donné en jouissance, et le trouble né d'une concession concurrente.

1007. Le trouble né du défaut d'entretien du bien intellectuel concédé est lié aux biens intellectuels dont le régime d'appropriation impose un entretien régulier pour conserver les droits de propriété. Cet entretien se résume essentiellement au paiement de taxes auprès des offices de dépôt, charges qui pèsent, à défaut d'accord, sur le propriétaire de ce bien[131]. Le propriétaire du bien intellectuel est garant de sa bonne conservation et se doit d'assumer les paiements nécessaires. À défaut, le licencié subit un préjudice certain, la perte du titre de propriété dont il a la jouissance, préjudice couvert par le jeu de la garantie[132]. Cette garantie peut se révéler contraignante pour le titulaire du bien intellectuel, les charges financières afférentes sont loin d'être négligeables, tel l'entretien d'un bien intellectuel approprié dans de nombreux pays, ou le coût des procédures d'extension et de mise en œuvre d'une procédure PCT. Si les redevances versées sont faibles, le propriétaire peut avoir des difficultés à respecter son obligation de garantie d'éviction au regard des coûts d'entretien. Un aménagement contractuel répartissant ces charges est possible ; suivant une logique de territorialité active[133], on peut transférer le coût d'entretien du bien intellectuel à chaque licencié pour le territoire de l'exclusivité dont il bénéficie.

127. Commission européenne, 9 déc. 2009, COMP/C-3/38636, *JOUE* n° C 30, 6 févr. 2010, p. 17 ; F. Violet, « Retour sur les embuscades tendues par les patent trolls – Commentaire de la décision *Rambus* de la Commission européenne du 9 décembre 2009 », *Prop. Indust.* 2010, Étude 11.

128. Communication des griefs par la Commission européenne à *Motorola Mobility* pour utilisation abusive possible de brevets essentiels liés à une norme de téléphonie mobile, IP/13/406, 6 mai 2013.

129. Dont les clauses de non-garantie. Voir, Y. Basire, « Les clauses de non-garantie dans les contrats de licence de brevet », *Prop. Indust.* 2012, formule 1.

130. Voir *supra* n° 959.

131. En ce sens, dès 1882 : T. com. Toulon, 27 févr. 1882, *Ann.* 1882.248 ; *idem*, Cass. com., 22 févr. 1960, *Bull. civ.* III, n° 73 p. 65. Voir Burst, thèse, *op. cit.*, n° 206 ; O. Lestrade, thèse, *op. cit.*, n° 281 et s.

132. Voir Mousseron, *Dossiers Brevets, op. cit.*, p. 25, pour qui cette garantie est celle d'une éviction juridique.

133. Cf. N. Binctin, *Le capital intellectuel*, *op. cit.*, n° 105 et s.

Seconde hypothèse envisagée, le trouble de droit indirect, soit le cas où le concédant accorde à un tiers une prérogative de nature à réduire ou ruiner la licence[134]. Par exemple, le titulaire des droits d'auteur d'une pièce de théâtre concède les droits d'adaptation cinématographique de l'œuvre à un premier producteur, tout en se réservant le droit dérivé de création d'une comédie musicale à partir de la pièce. Le créateur enfreint la garantie d'éviction dont il est débiteur vis-à-vis de ce producteur, lorsqu'il autorise un second producteur de films à tirer de la comédie musicale un film concurrent[135]. La réalisation de ce film concurrent, sur le même thème, avec les mêmes personnages, est nécessairement un trouble à l'exploitation.

Reste la question de la cession à un tiers du bien objet d'une licence. Cet acte peut-il constituer un trouble de droit engageant la garantie d'éviction du fait personnel du concédant ? Burst retient l'incessibilité du contrat de licence par l'application de l'article 1237 du Code civil et en raison de son caractère synallagmatique[136]. Cette position est très restrictive. Dès lors que la concession est parfaitement délivrée, l'obligation du concédant de maintenir la jouissance du bien est une charge passive : laisser le concessionnaire exploiter le bien. L'acquéreur du bien est tenu de respecter les conventions grevant celui-ci, il ne peut remettre la licence en cause. En revanche, si le contrat de licence peut prévoir des engagements de développement ou de recherche à la charge du concédant, des synergies d'exploitation, l'acquéreur devra poursuivre ceux-ci. Surtout, dans ce dernier cas, le contrat de licence comporte à la charge du concédant plus d'obligations que la seule jouissance et le caractère *intuitu personae* de la convention impose, pour l'opposabilité voire la validité de la cession, que le concessionnaire délivre son consentement préalable. On peut aussi tenter de rechercher des moyens d'opposer aux tiers le contrat en raison de la publicité légale de celui-ci aux différents registres.

E La responsabilité du fait des produits défectueux

1008. La responsabilité du fait des produits défectueux impose d'envisager l'application de ces dispositions lors de la concession d'un bien intellectuel. Par exemple, un industriel développe une nouvelle molécule chimique, ou des nano-objets, appropriés par brevet. Plusieurs applications sont définies, il en concède une application donnée. Quelques années plus tard, on constate des dommages causés par un défaut de ladite molécule ou du nano-objet. La société exploitante est responsable, mais on peut aussi envisager une action contre le concédant. Le régime de responsabilité issu de la loi de mai 1998[137] transposant la directive communautaire[138] de 1985 relative à la responsabilité du fait des produits défectueux, s'applique en cas d'exploitation de biens intellectuels,

134. En ce sens, O. Lestrade, thèse, *op. cit.*, n° 272 et s., p. 226 et s.

135. Cf. Cass. civ. 1re, 27 mai 1986, *Bull. civ.* I, n° 144 ; *D.* 1987, j. 209, note P.-Y. Gautier, et somm. 368, obs. T. Hassler. Cf. F. Pollaud-Dulian, *Le droit d'auteur*, *op. cit.*, n° 399 et 415.

136. Burst, thèse, *op. cit.*, n° 219 et 220.

137. Loi n° 98-389 du 19 mai 1998, *JORF* 21 mai 1998, p. 7744, créant un Titre IV *bis* nouveau au sein du Code civil incluant les art. 1386-1 à 1386-18.

138. Directive 85/374 du 25 juill. 1985, *JOCE* 7 août 1985, p. 29.

des produits au sens de la loi. La concession, acte d'exploitation, emporte application de ce régime de responsabilité qui transcende la distinction traditionnelle entre responsabilités délictuelle et contractuelle pour s'appliquer, que le producteur « *soit lié ou non par un contrat avec la victime* »[139]. La loi ne distingue pas selon que le préjudice est subi par un professionnel ou non[140], que la victime soit une personne morale ou une personne physique. Le concédant peut être responsable du préjudice causé au concessionnaire par son bien. Il peut éventuellement aussi être appelé en garantie par le concessionnaire si l'exploitation du bien cause un dommage à autrui. Il est nécessaire d'envisager l'application de cette garantie aux biens intellectuels en cas de concession d'un bien intellectuel et de préciser les conditions d'application d'une cause particulière d'exonération : « le risque de développement ».

1. La responsabilité du fait des produits défectueux à la charge du concessionnaire

1009. L'article 1386-3 C. civ., définissant la notion de produit[141], ne retient aucune distinction entre les choses corporelles et incorporelles, indiquant seulement qu'« *est un produit tout bien meuble* ». L'objectif d'unification et de simplification du législateur a imposé une définition de cette notion aussi large que possible afin d'écarter toute incertitude quant au domaine d'application de la loi[142]. Les biens intellectuels sont des meubles incorporels, ce régime de responsabilité s'applique à eux[143]. Une réponse ministérielle, retenant que seules les atteintes physiques aux personnes et les dommages matériels causés aux biens sont susceptibles de réparation, affirme que « *l'application de ce texte aux logiciels ne vise donc que les situations où ceux-ci seraient à l'origine directe d'une atteinte à la sécurité des personnes ou des biens, hypothèse pour le moins résiduelle* »[144]. L'application de ces dispositions aux biens intellectuels n'est pas sans conséquences et certainement pas marginale. La défaillance d'un logiciel peut entraîner la perte des biens stockés grâce à ce logiciel, détruire une base de données. Sans établir une liste exhaustive, on pense à un logiciel défaillant dans une automobile, un avion ou encore un appareil médical. Il n'est pas utile d'établir une litanie des dégâts pouvant être créés, mais il est certain que l'application de ce texte à l'ensemble des biens intellectuels est bien plus que résiduelle.

1010. Pour supporter ce régime de quasi-garantie, le concédant du bien intellectuel doit agir en qualité de producteur. L'article 1386-6 C. civ. définit cette notion de façon extensive, le concédant pouvant avoir directement ou par

139. Art. 1386-1 C. civ.
140. D. Mazeaud, « Les victimes et les dommages réparables », *LPA*, n° 155, 28 déc. 1998, p. 14, n° 9.
141. D. Mainguy, « Réflexions sur la notion de produit en droit des affaires », *RTD com.* 1999.47, spéc. n° 17 ; F. Terré, Ph. Simler et Y. Lequette, Obligations, *op. cit.*, n° 988.
142. Cf., N. Molfessis, « Les produits en cause », *LPA* déc. 1998, n° 155, p. 20 et s., n° 5.
143. Cf., N. Molfessis, *passim*, n° 8 ; F. Terré, Ph. Simler et Y. Lequette, *Les obligations*, 10e éd., Dalloz, 2009, n° 988 ; F.-X. Testu et J.-H. Moitry, « La responsabilité du fait des produits défectueux. Commentaire de la loi n° 98-389 du 19 mai 1998 », *D. aff.* 1998, suppl. n° 125, n° 12 p. 5 qui envisagent notamment l'application de ce texte aux logiciels. Dans le même sens, Rép. min. n° 15677, *JOAN* Q., 24 août 1998, p. 4728 et *D. aff.* 1998, n° 142, p. 1999.
144. Rép. min. n° 15677, *JOAN* Q., 24 août 1998, p. 4728 et *D. aff.* 1998, n° 142, p. 1999.

assimilation la qualité de producteur. Est producteur le fabricant d'un produit fini, le producteur d'une matière première, le fabricant d'une partie composante. Le concédant peut être l'un de ceux-là. À l'image de la définition des produits concernés, le législateur retient une approche extensive de la notion de producteur[145]. Le concédant, créateur d'un bien intellectuel, est le producteur de ce bien en ce sens qu'il en est la source, l'origine ; il met en premier ce produit en circulation. Il n'est pas nécessaire de rechercher si le créateur est un producteur de matière première ou un fabricant de produits finis. La description de l'article 1386-6 a une fonction notionnelle : est producteur celui qui a la capacité de mettre sur le marché un produit. Les biens intellectuels sont des produits et les créateurs en sont les producteurs. De plus, l'article 1386-6 assimile au producteur la personne qui appose sur le produit un signe distinctif. Par application de ces dispositions, la victime peut agir « *contre toute personne apparaissant sur l'étiquetage d'un produit, fabricant, vendeur, distributeur, titulaire d'un brevet ou d'une marque, titulaire d'une AMM, exploitant* »[146]. Ainsi, au-delà des signes distinctifs apposés sur les produits qui engagent la responsabilité de leur titulaire, la victime identifiant un professionnel à l'origine du produit, peut engager la responsabilité de ce dernier.

1011. Le Code civil impose un deuxième critère pour que le producteur engage sa responsabilité : il doit agir à titre professionnel. On distingue deux situations : si le concédant du bien intellectuel est une personne morale, celle-ci agit toujours en professionnel. S'il s'agit d'une personne physique, sa qualité de professionnel est plus qu'incertaine. Le professionnel est celui « *qui produit ou qui fournit un bien dans l'exercice de sa profession* »[147]. La profession est l'occupation déterminée dont on tire ses moyens d'existence. Il est possible, en respectant l'esprit de la loi[148], de tenir pour professionnel le créateur qui tire l'essentiel de ses moyens de subsistance de l'exploitation de ses biens intellectuels.

Ce régime de responsabilité est appliqué à compter de la mise en circulation du produit. L'article 1386-5 C. civ. ne définit pas les actes pouvant constituer celle-ci, il s'agit de proposer le produit à un tiers. Le producteur se dessaisit volontairement du produit par une cession, une concession ou un prêt, à titre gratuit ou onéreux. Pour un bien intellectuel, la notion de dessaisissement, en raison de son indépendance par rapport à tout support, s'assimile à la possibilité pour un tiers de produire ou reproduire ce bien sans constituer un acte de contrefaçon. Une concession constitue un acte de mise en circulation.

145. Voir, A. Outin-Adam, « Les responsables », *LPA* 1998, n° 115, p. 8 et s. ; F.-X. Testu et J.-H. Moitry, *op. cit.*, n° 22 ; G. Viney, « L'introduction en droit français de la directive européenne du 25 juillet 1985 relative à la responsabilité du fait des produits défectueux », *D.* 1998, chron. p. 291, n° 7 et 8.

146. A. Laude, « La responsabilité des produits de santé », *D.* 1999, chron. p. 189, spéc. p. 191.

147. Ch. Larroumet, « La responsabilité du fait des produits défectueux après la loi du 19 mai 1998 », *D.* 1998, chron. p. 311, n° 11 ; J. Ghestin, « Le nouveau tire IV *bis* du Livre III du Code civil "De la responsabilité du fait des produits défectueux". L'application en France de la directive sur la responsabilité du fait des produits défectueux après l'adoption de la loi n° 98-389 du 19 mai 1998 », *JCP* G 1998, I 148.

148. Le législateur a voulu écarter « l'amateur ou le profane qui "bricole" un produit et le rend dangereux pour autrui » suivant l'expression de F.-X. Testu et J.-H. Moitry, *op. cit.*, les conséquences relèvent alors de l'art. 1382 ou 1384 C. civ.

Ces dispositions ont un caractère d'ordre public sensiblement atténué par les dispositions de l'article 1386-15 alinéa 2 permettant un aménagement contractuel entre professionnels par des clauses élusives ou limitatives. Ces dernières ne sont admises que pour les dommages causés aux biens. La concession peut inclure de telles clauses, le propriétaire du bien ne garantissant pas les éventuelles atteintes aux biens dont l'origine serait le bien intellectuel défectueux.

1012. Dernier élément nécessaire à une éventuelle recherche de responsabilité du concédant, la défectuosité du produit. Il l'est lorsqu'il risque de porter atteinte à la santé, à l'intégrité physique ou psychique des individus, ou de provoquer la destruction ou la dégradation des biens. Ce défaut[149] s'apprécie au regard de la sécurité légitime, appréciée objectivement, que le produit en cause doit procurer. Les biens intellectuels sont susceptibles d'être à l'origine de telles atteintes. Pourquoi une création artistique ne porterait-elle pas atteinte à l'intégrité psychique d'un individu, notamment d'enfants ? Un logiciel ou toute invention technique peut causer des dommages tant aux personnes qu'aux biens. Dès lors que le produit se présente sous ce jour, la responsabilité du producteur peut être engagée et il doit réparer l'intégralité des dommages subis[150].

2. Le risque de développement

1013. Le risque de développement caractérise « *le défaut d'un produit que le producteur, ou bien celui qui lui est assimilé, n'a pu découvrir, ni éviter, pour la raison que l'état des connaissances scientifiques et techniques, objectivement accessibles à sa connaissance lors de la mise en circulation du produit, ne le lui permettait pas* »[151]. Il est défini comme « *un défaut que le producteur ignorait, parce que l'état de la science et de la technique ne lui permettait pas de le découvrir* »[152]. L'article 1386-11 4° C. civ. propose une condition d'exonération de responsabilité du producteur « *lorsque l'état des connaissances scientifiques et techniques, au moment où le produit a été mis en circulation, ne permettait pas au producteur de déceler l'existence de ce défaut* ». La notion d'état des connaissances scientifiques et techniques est une notion usuelle du régime du droit des brevets[153]. Cette analogie est renforcée par la définition stricte retenue par la CJ à la suite d'un conflit relatif à la loi anglaise de transposition[154]. À l'image de la nouveauté dans le régime des brevets, l'arrêt indique que le niveau auquel doit s'apprécier « *l'état des connaissances scientifiques et techniques* » n'est pas seulement « *celui du secteur industriel dans lequel opère le*

149. Cf. L. Leveneur, « Le défaut », *LPA*, n° 155, 28 déc. 1998, p. 28 et s. ; A. Laude, *op. cit.*, p. 190.
150. Cf. CJCE, 25 avr. 2002, aff. C-52/00, *Rec.* 2002, I-3827 ; *D.* 2002, Act. jur. 1670 obs. Rondey ; *CCC* 2002, comm. 117, obs. G. Raymond.
151. O. Berg, « La notion de risque de développement en matière de responsabilité du fait des produits défectueux », *JCP* G 1996, I 3945 ; Ch. Larroumet, chron., *op. cit.*, n° 23 ; J. Ghestin, art., *op. cit.*, n° 44 ; G. Viney, *op. cit.*, n° 18 ; L. Leveneur, *op. cit.*, n° 13 et s.
152. En ce sens, F.-X. Testu et J.-H. Moitry, *op. cit.*, n° 35 ; Ch. Larroumet, « La notion de risque de développement, risque du XXIe siècle », *Clés pour le siècle*, Dalloz, 2000, n° 1610 et s., p. 1589.
153. Art. L. 611-14 C. Prop. Intell. ; G. Jeannot-Pagès, « Le risque de développement est-il bénéfique pour l'inventeur-producteur ? », *Dr. et patr.* n° 86, oct. 2000, p. 82.
154. CJCE, 29 mai 1997, aff. C-300-95 ; *Rec.* I-2649 ; *D.* 1998, j. 488, note A. Penneau ; *JCP* G 1997, I 4070, n° 31, obs. G. Viney ; *LPA*, 17 déc. 1997, n° 151, p. 31 et s., note J. Ricatte.

producteur». La Cour ajoute que les connaissances techniques et scientifiques auxquelles se réfère l'article 7 e) de la directive excluent les références aux seules normes de sécurité et à l'état de l'art. Le concept de connaissance induit la somme de tous les savoirs à l'échelle mondiale, y compris les doctrines et opinions minoritaires ou isolées, à condition qu'elles soient fondées. Cette appréhension des connaissances est fidèle à celle retenue pour apprécier la nouveauté et l'activité inventive. La Cour tempère seulement ce caractère absolu en indiquant qu'il est nécessaire que le producteur ait la capacité concrète d'accès à ces données. Le risque de développement n'est pas une traduction juridique du « bénéfice du doute »[155], en cas d'incertitude, le producteur doit privilégier la sécurité des utilisateurs, à défaut de quoi il ne peut prétendre bénéficier de cette exonération.

1014. Le producteur d'un bien intellectuel bénéficie de ce régime d'exonération : « *lorsqu'il est producteur, l'inventeur est nécessairement exonéré* »[156], mais sans automatisme : une création peut être appropriée par la propriété intellectuelle alors qu'elle fait courir un danger certain à tout utilisateur. Cet élément n'est pas une cause d'exclusion de l'appropriation.

Le producteur doit assurer une veille scientifique permanente pour disposer des informations objectives sur l'état de la technologie durant les dix années suivant la mise en circulation[157]. Cette exonération traduit « *la prise de conscience de la vulnérabilité d'une société dont le savoir est fondamentalement relatif ; il fixe un équilibre entre le dynamisme d'une science inventive, productive, consciente de sa relativité et le conservatisme d'une consommation axée sur la sécurité légitime* »[158]. Les biens intellectuels, indépendants de toute contrainte scientifique et technique, ne souffrent d'aucune dérogation dans l'application du régime de responsabilité du fait des produits défectueux.

F L'obligation d'exploitation

1015. L'obligation d'exploiter est l'une des originalités majeures de la propriété intellectuelle[159]. Le propriétaire d'un meuble en a l'usage qu'il souhaite, notamment ne pas l'utiliser ; le locataire n'a qu'une obligation, payer un loyer et respecter la destination du bien, il est libre de ne pas utiliser le bien loué tant qu'il ne le détériore pas. La propriété intellectuelle consacre une obligation d'exploitation en lui attachant des fonctions et des sanctions différentes selon les régimes. Son origine est toujours située entre l'intérêt public et l'intérêt du créateur[160], elle crée une charge pour le concessionnaire, voire le propriétaire ; celui-ci doit l'assumer sous peine éventuellement de perdre le bénéfice du bien. À la différence des garanties déjà étudiées, l'obligation

155. Cf. J. Calais-Auloy, « Le risque de développement : une exonération contestable », *Mélanges Cabrillac*, Dalloz-Litec, 1999, p. 81.
156. L'auteur propose une « égalité juridique » : invention = exonération.
157. Voir art. 1386-12, al. 2 C. civ. ; Y. Brissy, « La problématique du risque de développement », *D. aff.* n° 142, 17 déc. 1998, p. 2004.
158. G. Jeannot-Pagès, *op. cit.*, *in fine*.
159. Burst, thèse, *op. cit.*, n° 318 ; A. Abello, *op. cit.*, n° 597 et s.
160. Burst, thèse, *op. cit.*, n° 326 et s. ; voir aussi, art. L. 131-3, al. 4 C. Prop. Intell.

d'exploitation ne peut faire l'objet que de très rares aménagements contractuels. Impérative et légale, elle écarte toute exclusion conventionnelle, limitant l'autonomie de la volonté[161]. Elle impose au concessionnaire un comportement déterminé, elle est justifiée par deux éléments majeurs, la sauvegarde des droits de propriété et la rémunération du concédant, qui définissent sa fonction.

1016. « *Toute invention nouvelle, de quelque nature qu'elle puisse être, crée un antagonisme en deux intérêts : l'intérêt de l'inventeur et l'intérêt public* »[162]. L'obligation d'exploitation a pour fonction d'harmoniser cet antagonisme en proposant une contrepartie à l'appropriation des biens intellectuels. Pour lutter contre des stratégies industrielles contraires à l'intérêt général, où le propriétaire n'exploite pas un bien après son appropriation, par exemple un signe distinctif[163], le législateur impose une exploitation des biens intellectuels appropriés. On peut rencontrer un preneur de licence exclusive motivé par la seule ambition de paralyser un bien intellectuel, sans intention de l'exploiter[164]. Par respect du droit moral, l'auteur décide seul de l'opportunité de la communication au public de sa création, mais dès qu'il cède ou concède des droits sur celle-ci, le bénéficiaire s'engage par convention à rechercher une exploitation continue de ce qu'il reçoit, conformément aux usages de sa profession[165]. L'obligation d'exploitation répond alors autant à l'intérêt des créateurs, pour lesquels il est essentiel que leurs œuvres soient diffusées, qu'à celui du public.

1017. La propriété intellectuelle est parfois perçue comme une entrave au progrès et à la diffusion des connaissances et des richesses[166], alors qu'il ressort des régimes d'appropriation des biens intellectuels que le législateur a institué des procédures combattant les propriétés stériles. Licence obligatoire, déchéance ou résiliation du contrat pour défaut d'exploitation sont autant de sanctions devant assurer à la collectivité l'entier bénéfice des biens intellectuels. Le législateur dépose ces outils de pression entre les mains de ceux qui sont les plus directement intéressés par l'exploitation : un concurrent bloqué par une marque de défense ou un brevet inexploité, un créateur faiblement rémunéré à cause de la mauvaise exploitation de

161. Cf. Y. Reinhard, « Les limites de l'autonomie de la volonté dans les contrats relatifs aux brevets d'invention », *Mélanges Burst*, Litec, 1997, p. 561. Son caractère d'ordre public est discuté, comp. Cass. com., 17 nov. 1965, *Ann.* 1966.287 ; Mathély, *Brevet*, *op. cit.*, p. 332.

162. Chenu, *L'obligation d'exploiter les brevets d'invention*, thèse, Sirey, 1910 ; Pouillet, *Brevets*, *op. cit.*, n° 506 ; J. Azéma et J.-C. Galloux, *op. cit.*, n° 591 et s.

163. Voir D. Baumann, *L'obligation d'exploiter les marques en droit français et allemand – Étude comparative*, Economica, 1978, p. 14.

164. Burst, thèse, *op. cit.*, n° 325 ; dans le même sens, J. Schmidt-Szalewski et J.-L. Pierre, *op. cit.*, n° 298.

165. Cf. art. L. 131-3, al. 4 C. *Prop. Intell.* ; C. Bernault, *La propriété littéraire et artistique appliquée à l'audiovisuel*, thèse, LGDJ, 2003, coll. Bibl. de droit privé, t. 396, n° 770 ; C. Caron, « Les usages et la pratique professionnels en droit d'auteur », *Prop. Intell.*, n° 7, 04/2003, p. 127.

166. Sur ce thème, Modeste, Passy et Paillottet, *Études sur la propriété intellectuelle*, Guillaumin et Dentu, 1859 ; Renouard, *Du droit industriel*, *op. cit.*, spéc. p. 13 et s. ; D. Cohen, « La propriété intellectuelle, c'est le vol », *Le Monde*, 7 avr. 2001 ; P.-Y. Gautier, « Qu'est-ce que la propriété intellectuelle ? », *Le Monde*, 10 avr. 2001 ; F. Leveque et Y. Menière, « La propriété intellectuelle, frein ou moteur du développement économique ? », *RIPIA* 2004, n° 216, p. 47 et s. ; L. Pfister, « La propriété littéraire est-elle une propriété ? Controverses sur la nature du droit d'auteur au XIXe siècle », *Rev. d'histoire du droit*, t. 122, 2004, p. 103 ; C. Caron, « Et si le droit d'auteur n'existait pas sur Internet et ailleurs ? à propos de TGI Pontoise 2 février 2005 », *D.* 2005, tribune p. 513.

son bien. Huard retenait qu'« *il n'y a pas lieu de craindre que le breveté néglige volontairement d'exploiter. Tant qu'il paie la taxe, comment se refuserait-il à tirer profit d'une invention dont la jouissance exclusive l'oblige à débourser une somme d'argent ? S'il n'exploite pas, c'est que l'objet de son brevet est sans valeur* »[167]. Cette obligation d'exploitation peut être qualifiée d'obligation d'ordre public[168].

1018. « *Le licencié ne doit pas être considéré seulement comme un ayant droit, mais encore comme ayant l'obligation d'exploiter* »[169]. La jurisprudence va dans ce sens[170]. L'obligation d'exploiter est une obligation de faire au sens de l'article 1142 du Code civil. L'exécution de l'obligation s'apprécie suivant les moyens mis en œuvre pour exploiter, selon la différence entre l'exploitation et la réussite commerciale. L'exploitation d'un bien intellectuel peut être définie comme l'activité consistant à faire valoir un bien, à accomplir les actes nécessaires, selon sa nature et sa destination, à sa mise en valeur. La réussite commerciale, c'est le chiffre d'affaires réalisé grâce à ces actes. L'exploitation doit être réalisée, on ne peut faillir. Le concessionnaire supporte une charge d'exploitation et non une obligation de réussite commerciale[171]. On avance parfois que l'obligation d'exploitation cède devant la preuve d'une impossibilité d'exploiter[172], en raison d'une impossibilité technique. L'existence d'une impossibilité technique d'exploiter ne doit pas renvoyer à l'analyse de l'exécution des obligations du preneur mais à celle des obligations du donneur. Le concédant doit fournir un bien intellectuel susceptible d'être exploité, éventuellement après une mise au point à la charge du preneur. Si aucune exploitation n'est possible, il n'y a pas eu une délivrance correcte ou la convention n'a pas d'objet, faute de bien intellectuel. L'obligation d'exploitation ne peut alors être invoquée, elle est caduque.

1019. L'obligation d'exploitation est une obligation maîtresse de la convention, matérialisée par une charge formant un élément du contrat. L'intention des parties est d'exploiter le bien, cela concourt à la cause objective de la convention pour le concédant. Pour les obligations portant sur un corps certain – dont les biens intellectuels – le principe est que le débiteur supporte une obligation de résultat. Le débiteur, pour s'exonérer de la non-exécution de ses obligations, doit prouver la force majeure. L'obligation d'exploiter est constitutive d'une obligation de résultat ayant la nature d'une garantie, elle est l'affirmation que le

167. Huard, rapport du Congrès de l'Assoc. Internationale pour la protection de la propriété industrielle, Paris 1900.

168. C. Guthmann, *J.-Cl. Brevets*, V° Contrats d'exploitation, fasc. 4723, n° 75. *Contra*, Cass. com., 17 nov. 1965, *Ann.* 1966.287 ; J. Schmidt-Szalewski et J.-L. Pierre, *op. cit.*, n° 677 ; Mathély, Brevet, *op. cit.*, p. 332.

169. Pouillet, *Brevets*, *op. cit.*, n° 280-5, p. 347 ; Roubier, *op. cit.*, t. 2, n° 189, p. 281 ; Moureaux et Weismann, *op. cit.*, n° 207 ; C. Caron, *Droit d'auteur*, *op. cit.*, n° 416 ; F. Pollaud-Dulian, *Le droit d'auteur*, *op. cit.*, n° 975.

170. Cf. Cass. civ., 7 mars 1934, *Ann.* 1935.53 ; Cass. com., 2 déc. 1963, *Ann.* 1964.128 ; CA Lyon, 22 oct. 1981, *Ann.* 1982.237 ; CA Paris, 12 nov. 1986, *Ann.* 1987.181 ; CA Paris, 4 mai 2001, *CCE* 2001, comm. 115.

171. Cf. Moureaux et Weismann, *op. cit.*, n° 153.

172. Cf. TGI Lyon, 17 nov. 1983, *PIBD* 1984, n° 341, III-48 ; TGI Paris, 1er mars 1989, *PIBD* 1989, n° 459, III-375.

cocontractant est apte à remplir ses engagements, et à assumer le risque lié à cette affirmation.

En l'absence d'exploitation du bien intellectuel, les conséquences pour le propriétaire sont importantes, il perd le contrôle voire l'intégralité de la propriété. Des aménagements contractuels sont possibles, mais ils ne doivent pas porter atteinte à l'obligation essentielle du contrat.

L'application de cette garantie nécessite une appréciation de l'exécution des obligations suivant les principes de bonne foi et les usages professionnels[173]. L'exploitation doit être loyale ; il a été retenu que, même si l'éventualité de non-réalisation d'un film est expressément prévue dans un contrat de production, le producteur qui s'est fait céder les droits doit effectuer des diligences conformes aux usages pour parvenir à la réalisation dudit film[174]. La garantie ne porte pas sur la réalisation du film mais sur l'obligation de rechercher une exploitation des démembrements du bien cédé au sens de l'article L. 131-3 C. propr. intell. La Cour relève et sanctionne l'absence de démarches sérieuses de la part du producteur pour le sanctionner.

1020. L'obligation d'exploitation pèse sur toute personne qui n'est pas un utilisateur final d'un bien intellectuel. Pour le concédant, cette garantie constitue l'une des causes essentielles de la convention où elle remplit deux fonctions : la sauvegarde des droits sur le bien concédé[175] et la définition d'une redevance proportionnelle. La garantie d'exploitation est le corollaire de cette redevance proportionnelle du concédant, méthode de calcul soit imposée par le législateur, soit usuelle[176]. Ce principe est constamment rappelé par la jurisprudence[177] et la doctrine[178]. Dès lors que la redevance accordée au concédant est proportionnelle au chiffre d'affaires généré par l'exploitation du bien intellectuel, l'exploitant a l'obligation d'assurer une exploitation suivie du bien intellectuel.

1021. La responsabilité contractuelle suit essentiellement le régime de droit commun, elle se pose de façon spécifique dans le cadre des concessions car une violation d'une obligation contractuelle par le licencié peut engendrer une contrefaçon. Le donneur de licence peut-il agir en contrefaçon ou doit-il agir uniquement sur le terrain de la responsabilité contractuelle ? Peut-il éventuellement cumuler ces actions contrairement à l'exclusion de droit commun ? Les réponses doctrinales à cette question variaient jusqu'à une période assez récente. Avant 2001, l'article L. 714-1 alinéa 3 C. propr. intell. prévoyait, d'une façon générale, que toute violation par le licencié de l'une de ses obligations contractuelles permettait au titulaire d'agir en contrefaçon. Aucune

173. Notamment art. 1134 et 1135 C. civ., et art. L. 132-27 C. *Prop. Intell.* ; X. Pères, *Les sources complémentaires du droit d'auteur français*, thèse, PUAM, 2004, n° 222 et s. et 273 et s.

174. CA Paris, 4 mai 2001, *CCE* 2001, comm. 115. Dans le même sens, sur le fondement de l'art. L. 132-12 C. *Prop. Intell.*, CA Paris, 13 mars 2002, *D.* 2002, j. 2054.

175. Voir *supra* n° 525, 854.

176. J. Schmidt-Szalewski et J.-L. Pierre, *op. cit.*, n° 292 et s. ; Mathély, Brevet, *op. cit.*, p. 334 et 335. Cette fonction est écartée par C. Bernault, thèse, *op. cit.*, n° 771 et note 18, p. 291 ; S. Denoix de Saint Marc, thèse, *op. cit.*, n° 773 et s., *p.* 522.

177. Par exemple, CA Paris, 10 mai 2002, *PIBD* 2002, 748, III-361 ; TGI Paris, 22 mars 2002, *Prop. Indust.* 2003, comm. 1, note J. Raynard.

178. Notamment, J. Schmidt-Szalewski et J.-L. Pierre, *op. cit.*, n° 293 ; F. Pollaud-Dulian, Le droit d'auteur, *op. cit.*, n° 976.

distinction n'était opérée selon les obligations contractuelles en cause. Le droit des brevets retient une solution similaire à l'article L. 613-8 alinéa 3, et la mise en œuvre du droit d'auteur par la jurisprudence engendre cette conclusion. La violation du contrat de licence serait constitutive d'une contrefaçon.

Toutefois, la Commission européenne a contesté la formule française issue de la transposition de la directive de 1988 et l'article L. 714-1 alinéa 3 fut modifié pour reprendre mot pour mot la formule de l'article 8 § 2 de la directive de 1988. À l'occasion d'un contentieux entre la société *Dior* et l'un de ses licenciés, la Cour de cassation a demandé à la CJ si l'article 8 § 2 de la directive de 1988 devait être interprété en ce sens que le titulaire d'une marque peut invoquer son droit de propriété à l'encontre du licencié qui enfreint une clause du contrat de licence interdisant, pour des raisons de prestige de la marque, la vente à des soldeurs. La CJ[179] répond que l'article 8 § 2 doit être interprété en ce sens que le titulaire de la marque peut invoquer les droits conférés par cette dernière à l'encontre d'un licencié qui enfreint une clause du contrat de licence interdisant, pour des raisons de prestige de la marque, la vente à des soldeurs de produits tels que ceux en cause au principal. Elle ajoute que cette action en contrefaçon est justifiée pour autant qu'il soit établi que la violation contractuelle, en raison des circonstances propres à l'affaire, porte atteinte à l'allure et à l'image de prestige qui confèrent auxdits produits une sensation de luxe. Il n'y a donc pas une automaticité mais une appréciation casuistique imposée par la CJ, elle propose dans cette affaire une articulation entre l'épuisement du droit et le droit de l'action en contrefaçon.

1022. L'article 7 § 2 RME propose une définition puis une liste illustrative d'actes, à l'inverse, l'article 8 § 2 RME (art. L. 714-1 C. propr. intell.) propose une définition avec une construction similaire, à l'exception notable que la liste incluse est une liste limitative. Selon le sens accordé aux listes d'actes visées par les articles 7 § 2 et 8 § 2, la solution retenue n'est pas la même. La liste de l'article 7 § 2 est uniquement illustrative, il est possible d'intégrer d'autres actes que ceux énoncés pour justifier d'une limitation à l'effet de l'épuisement des droits. À l'inverse, l'article 8 § 2 expose une liste limitative : seuls les actes visés dans cette liste peuvent permettre d'agir en contrefaçon contre le licencié ; toute autre violation contractuelle permet uniquement d'agir sur le terrain de la responsabilité contractuelle. On fait la part entre les violations contractuelles ouvrant la possibilité d'engager une action en responsabilité contractuelle et celles permettant une action en contrefaçon. L'article 8 § 2 établit la liste limitative des cas d'ouverture à contrefaçon, le reste relevant donc nécessairement de la responsabilité contractuelle. En droit des marques, on peut agir en contrefaçon contre son licencié uniquement dans les cas suivants : violation de la durée du contrat, utilisation de la marque sous une autre forme que celle issue de l'enregistrement, exploitation de la marque pour des produits ou services hors du domaine du contrat, exploitation de la marque sur un territoire différent de celui de la concession, et enfin, non-respect de la qualité des produits ou services fournis par le licencié.

179. CJCE, 1re ch., 23 avr. 2009, aff. C-59/08, *Copad SA c. Christian Dior couture SA* ; *CCE* 2009, comm. 62, note C. Caron ; *Prop. Indust.* 2009, comm. 38, note. A. Folliard-Monguiral ; *D.* 2009.2611. Dans le même sens, Cass. com., 9 oct. 2012, n° 11-16137, *Prop. Indust.* 2013, comm. 42, obs. P. Tréfigny.

1023. La solution ainsi dégagée par la CJ peut servir de grille d'analyse au-delà du droit des marques, en prenant en considération la généralisation du principe de l'épuisement des droits en propriété intellectuelle. L'action en contrefaçon serait ouverte contre un licencié si ce dernier ne respecte pas les conditions temporelles du contrat. La solution est des plus classiques, au-delà du terme du contrat, le licencié qui poursuit l'exploitation est contrefacteur. Le contrat peut éventuellement aménager une période de liquidation des stocks du concessionnaire. L'exploitation d'un bien différent de celui couvert par le titre de propriété est un risque dès lors qu'il y a une sanction du défaut d'exploitation du bien. Ce peut aussi être une source de contentieux avec les tiers. L'exploitation du bien intellectuel hors du domaine du contrat est aussi une solution applicable à l'ensemble des biens intellectuels, au-delà du droit des marques. Toute utilisation non autorisée d'un bien intellectuel constitue une contrefaçon, même si l'utilisateur est licencié pour d'autres usages. Enfin, l'exploitation d'un bien intellectuel sur un territoire différent de celui de la concession ouvre aussi la possibilité d'agir en contrefaçon contre le licencié. Il faut ajouter, dans le cas particulier du droit d'auteur et du droit voisin, l'atteinte au droit moral qui ouvre aussi la possibilité d'agir en contrefaçon contre le cocontractant.

Hors de ces éléments pour lesquels le licencié est traité comme un tiers et sujet à une action en contrefaçon, la violation d'une obligation incluse dans un contrat de licence peut faire uniquement l'objet d'une action en responsabilité contractuelle[180]. Il en va ainsi du défaut de paiement des redevances ou de l'absence d'exploitation totale ou partielle du bien intellectuel concédé. Le non-respect d'un réseau de distribution ne serait pas en soi une cause d'action en contrefaçon, sauf à démontrer que le réseau de distribution concourt à la qualité du produit, ce qui a déjà été reconnu par la jurisprudence de l'UE.

§ 2. Le droit spécial de la concession en propriété intellectuelle

1024. Outil de régulation de la propriété intellectuelle, la concession est utilisée par le législateur comme outil limitant les prérogatives du propriétaire. Cette solution apparaît plus efficace, elle maintient le droit de propriété tout en assurant un large accès au bien pour les tiers. C'est sans aucun doute une limite forte de la propriété, une perte légale de jouissance exclusive du bien. Le Code de la propriété intellectuelle propose, outre quelques dispositions définissant des concessions nommées en droit d'auteur[181], des concessions imposées.

1025. Le droit d'auteur compte deux catégories de concessions spéciales : celle innommée relevant du droit spécial des contrats du droit d'auteur si l'auteur est partie au contrat, et celle nommée, le contrat de représentation.

180. Par exemple, Cass. com., 9 juin 2009, n° 08-13916.

181. Pour une étude générale de ce mécanisme, A. Boisson, *La licence de droit d'auteur*, LexisNexis, 2013, coll. Bibl. de droit de l'entreprise, t. 86.

A La concession innommée

1026. L'auteur peut autoriser tous les usages qu'il souhaite de son bien intellectuel au travers de contrats de concession. La liberté contractuelle s'exprime dans le cadre des dispositions des articles L. 131-1 et suivants C. propr. intell., à la différence qu'au lieu de prévoir un transfert de propriété, le contrat prévoit une mise à disposition d'autrui de la jouissance du bien. Le contrat doit comporter l'ensemble des éléments évoqués pour la cession, seul l'effet juridique du contrat varie.

1027. L'exemple le plus notable de cette liberté contractuelle se situe dans l'émergence des licences dites « libres »[182]. Développées à l'origine pour la création et l'exploitation de logiciels[183], ce mouvement se retrouve aujourd'hui dans des domaines très variés, les encyclopédies (le modèle *Wikipedia*) en ligne, la diffusion de musique[184], de photographies, de films, etc., avec les licences dites *Creative Commons*[185]. Ces modèles contractuels marquent la vitalité de la créativité contractuelle en propriété intellectuelle, la possibilité de modeler la convention en fonction d'un but recherché. Loin d'être un aveu de faiblesse de la propriété intellectuelle, ces licences sont la marque d'un droit de propriété fort soutenant parfaitement la liberté contractuelle. Sans une propriété puissante, ces contrats libres ne seraient pas respectés, les concédants ne se soumettent pas au régime du domaine public mais, au contraire, imposent par la force contractuelle des comportements très contraignants aux utilisateurs des biens intellectuels diffusés par ces voies[186]. L'utilisation du bien intellectuel contraire au

---

182. Voir M. Clément Fontaine, *Les œuvres libres*, thèse Montpellier, 2006, Larcier, 2013 ; même auteur, « L'œuvre libre », *Juris Cl. Propriété littéraire et artistique*, fasc. 1975 ; même auteur, *La licence publique générale GNU*, Éditions universitaires européennes, 2012 ; N. Binctin, « Les contrats de licence, les logiciels libres et les *Creative Commons* », *RIDC* 2014/2, p. 469.

183. Sur la notion d'« *open source* », Th. Keelaghan, « LINUX, logiciels libres et licences », *CCE*, févr. 2002, chron. p. 18 ; C. Caron, « Les licences de logiciels dits « libres » à l'épreuve du droit d'auteur français », *D.* 2003, chron. p. 1556 ; C. Rojinsky, « Logiciels : "copyleft" et brevetabilité », *Légicom*, n° 25, 2001/2, p. 105 ; C. Rojinsky et V. Grynbaum, « Les licences libres et le droit français », *Prop. Intell.* n° 4, juill. 2002, Doct. p. 28 ; S. Dussollier, « Open Source and Copyleft : Authorship Reconsidered », *The Columbia Journal of Law & the Arts*, vol. 26, n° 3/4, Summer 2003, p. 281 ; J. Guérin, *Le logiciel libre*, O'Reilly, 2001, p. 6 et s. ; I. Renard, « Licences « Open source » : la fin de redevances ? », *LPA* n° 205 du 13 oct. 2000, p. 17 ; J. Zittrain, « Normative Principles for Evaluating Free and Proprietary Software », *The University of Chicago Law Review*, vol. 71, winter 2004, n° 1, p. 265 ; M. Xifaras, "Le copyleft et la théorie de la propriété", *Eurozine* 2010 (www.eurozine.com). On distingue les hypothèses de licences libres strictes dont la plus courante est la « General Public License » (GPL) développée par R. Stallmam dans le cadre de la Free Software Fondation à partir de 1984 et dont la troisième version est proposée depuis 2008, des actes de renonciation aux droits patrimoniaux d'auteur notamment la licence développée par l'université de Berkeley (Californie) sous le nom de « Berkeley Software Distribution » (BSD), et enfin les licences semi-libres pouvant être illustrées par la « Netscape Public License » ou la « Mozilla Public License ».

184. Cf. M. Clément-Fontaine, « Les licences Creative Commons chez les Gaulois », *RLDI* 2005, n° 1, actu. 20, p. 33.

185. J.-M. Bruguière et M. Vivant, *op. cit.*, n° 827 et s. ; P.-Y. Gautier, *op. cit.*, n° 198, 532 et 586 ; C. Caron, *op. cit.*, n° 241 et 470.

186. La réception de ces principes contractuels opère tant devant les juridictions civiles (CA Paris, 18 oct. 2008 ; TGI Paris, 3e chambre, 28 mars 2007, *Educaffix c/CNRS, Université Joseph Fourier et autres*), que devant les juridictions administratives (TA Lille, 29 déc. 2010, n° 1007450, *Société Nexedi* ; CE, 7e et 2e s-sect., 30 sept. 2011, n° 350431).

contrat de licence ouvre la possibilité d'agir en contrefaçon, la gratuité ne modifiant pas cette possibilité[187].

B La concession nommée : le contrat de représentation

1028. L'article L. 132-18 C. propr. intell. définit le contrat de représentation[188] comme le contrat « *par lequel l'auteur d'une œuvre de l'esprit et ses ayants droit autorisent une personne physique ou morale à représenter ladite œuvre à des conditions qu'ils déterminent* ». Comme pour le contrat d'édition, ce contrat spécial du droit d'auteur s'impose à l'auteur mais aussi aux ayants droit de ce dernier, le législateur étendant le domaine d'application de ces dispositions protectrices. Une fois encore, une interprétation stricte s'impose, seuls les ayants droit de l'auteur peuvent bénéficier de ces dispositions, à l'exclusion des ayants cause en général et des ayants droit des successeurs de l'auteur. Le contrat est une concession par laquelle une personne pourra représenter l'œuvre, quel que soit le mode de représentation de celle-ci, dans des conditions arrêtées par la convention.

1029. Cette concession est conclue pour une durée limitée, ce qui écarte de ce régime les contrats à durée indéterminée, à la différence du droit commun des concessions. Le contrat fixe un nombre déterminé de représentation[189], et sauf stipulation expresse, la concession est une concession simple. Le concessionnaire, entrepreneur de spectacles, doit veiller à aménager le contrat pour s'assurer une concession exclusive. Toutefois, même sans exclusivité, le concédant supporte une garantie de jouissance paisible qui impose une limitation des concessions concurrentes. Si la concession est stipulée avec une clause d'exclusivité, celle-ci ne peut excéder cinq ans lorsqu'il s'agit d'une œuvre d'un auteur dramatique. Les auteurs d'autres catégories d'œuvres sont libres d'accorder des concessions exclusives d'une durée supérieure. Pour la concession exclusive de l'auteur dramatique, l'article L. 132-19 C. propr. intell. ajoute qu'une interruption des représentations au cours de deux années consécutives met fin au contrat de plein droit. Le contrat est *intuitu personae*, le concessionnaire ne peut céder la concession sans l'accord écrit de l'auteur.

C Le contrat général de représentation

1030. Prenant en considération la massification de la représentation audiovisuelle, et alors que celle-ci s'exerce essentiellement par le biais de contrats généraux de représentation, le législateur encadre spécifiquement ce contrat. Il s'agit du seul contrat spécial régi par le Code de la propriété intellectuelle où l'auteur n'est pas partie.

---

187. Cf. CA Paris, 16 sept. 2009, RG n° 04/24298 ; *Expertise* 2009, p. 390 ; S. Rambaud, « Le juge français et le logiciel libre », *RLDI* 2009/545, art. 1781. Les juges allemands, à Munich, par deux décisions dans une affaire SCOB/IBM du 2 avr. et du 19 mai 2004 ont reçu les contraintes de ces licences et retenu la contrefaçon en cas de violation des conditions contractuelles.

188. P-Y. Gautier, *op. cit.*, n° 616 et s.

189. TGI Paris, 20 juin 2007, *Légipresse* 2007, III-217 note N. Binctin.

Le contrat général de représentation est défini à l'article L. 132-18 C. propr. intell. comme étant le contrat par lequel un organisme professionnel d'auteurs confère à un entrepreneur de spectacles la faculté de représenter, pendant la durée du contrat, les œuvres actuelles ou futures, constituant le répertoire dudit organisme aux conditions déterminées par l'auteur ou ses ayants droit. C'est un contrat de jouissance précaire, la SPRD agit pour le compte des auteurs qu'elle représente. Les conditions de la concession sont « *déterminées par l'auteur* ». Ces contrats conclus avec les utilisateurs de tout ou partie de leur répertoire sont, suivant l'article L. 321-2 C. propr. intell., des actes civils. Ce contrat n'est pas limité au droit d'auteur, l'article L. 321-10 C. propr. intell. avance qu'il est possible pour les SPRD des producteurs de phonogrammes et de vidéogrammes et des artistes-interprètes d'exercer collectivement leurs droits de propriété respectifs en concluant des contrats généraux d'intérêt commun avec les utilisateurs de phonogrammes ou de vidéogrammes dans le but d'améliorer la diffusion de ceux-ci ou de promouvoir le progrès technique ou économique[190].

Le contrat général de représentation est l'outil nécessaire de la gestion collective, il assure un accès global au répertoire des SPRD pour les utilisateurs par un seul acte, suivant la théorie du *one stop shopping*. Ce contrat offre la faculté de puiser sans limite dans le répertoire de la SPRD cocontractante, il inclut tant les œuvres présentes au moment de la conclusion du contrat que les œuvres à venir mises en gestion par leur propriétaire mais aussi les répertoires exploités par le truchement des accords de représentation réciproque[191], tel un droit de tirage. On passe d'un modèle contractuel où il faut une autorisation par œuvre et par exploitation à un modèle où l'auteur autorise, par la mise en gestion, toute exploitation, les usages étant ensuite contrôlés par la SPRD. Ce contrat général de représentation vise l'exécution publique de l'œuvre par le cocontractant. Ce sera une discothèque, une radio, une chaîne de télévision, un magasin, un site Internet ou un hôtel. Le contrat ne vise aucune œuvre en particulier, le cocontractant n'a pas l'obligation d'utiliser le répertoire, il en a la faculté. Suivant l'article L. 321-7, les SPRD tiennent à la disposition des utilisateurs éventuels leur répertoire complet des auteurs et compositeurs français et étrangers qu'elles représentent[192]. Les utilisations du répertoire doivent être respectueuses du droit moral des auteurs ou interprètes, la gestion collective n'ayant aucune influence sur l'exercice de ces prérogatives.

1031. Ces contrats sont usuellement des contrats à durée déterminée, conclus pour une durée assez brève, assurant une renégociation régulière de la convention. Le contrat lie deux personnes qui n'ont pas la qualité d'auteur, la SPRD agissant en son nom. Il relève du droit commun des contrats, dans sa forme et dans son interprétation. Il s'agit d'un contrat onéreux, l'exploitant devant payer une redevance pour l'exploitation du répertoire. Celle-ci varie selon le profil de l'utilisateur, suivant que l'exploitation du répertoire en cause

190. A. Kéréver, « Les contrats généraux d'intérêt commun et qualification juridique des vidéomusiques », *RIDA* avr. 1999, p. 407.

191. Voir *infra* n° 1096.

192. Voir Cass. civ. 1re, 8 juin 2004, *RIDA* oct. 2005, p. 251, note A. Kéréver.

est plus ou moins centrale pour son activité commerciale[193]. La redevance n'est pas fixée au regard du nombre d'œuvres exploitées, mais, soit proportionnellement au chiffre d'affaires (ou un agrégat comptable net qui en est dérivé), soit éventuellement forfaitairement[194]. Les utilisateurs adressent un relevé d'utilisation qui sert non pas à calculer la redevance mais à organiser la répartition des sommes collectées entre les membres des SPRD pour mesurer l'intensité d'utilisation d'un bien intellectuel. Les tarifs des SPRD furent à l'origine d'un long conflit en France avec les discothèques[195]. L'exploitant doit acquitter aux échéances prévues les redevances convenues. Soutenant les fêtes populaires, le législateur impose une réduction des redevances, sans en préciser l'ampleur, pour les communes qui organisent une fête locale et publique. Une exception similaire est arrêtée pour les sociétés d'éducation populaire, agréées par une autorité administrative, pour les séances organisées par elles dans le cadre de leurs activités. Enfin, et cela relève de la redondance, l'article L. 132-22 impose au concessionnaire d'exploiter l'œuvre dans des conditions techniques propres à garantir le respect des droits intellectuels et moraux de l'auteur.

1032. L'article L. 132-20 C. propr. intell., tout en laissant les parties libres de convenir de dispositions contractuelles contraires, avance que l'autorisation de télédiffuser une œuvre par voie hertzienne ne comprend pas la distribution par câble de cette télédiffusion, à moins qu'elle ne soit faite en simultané et intégralement par l'organisme bénéficiaire de cette autorisation et sans extension de la zone géographique contractuellement prévue. Le mode de communication de la diffusion télévisuelle est indifférent dès lors qu'il n'y a pas d'écarts temporel ou territorial entre les différentes télédiffusions. La solution s'explique par l'absence d'un nouveau public visé par la retransmission par câble. Cette transparence technique est une solution rationnelle, elle a toutefois une limite puisque le même article précise que l'autorisation de télédiffuser l'œuvre par voie hertzienne ne comprend pas son émission vers un satellite permettant la réception de cette œuvre par l'intermédiaire d'organismes tiers, à moins que les auteurs ou leurs ayants droit aient contractuellement autorisé ces organismes tiers à communiquer l'œuvre au public. Dans ce cas, l'organisme d'émission est exonéré du paiement de toute rémunération. L'enjeu est double, éviter un double paiement pour une télédiffusion et contrôler la territorialité de l'exploitation. Pour la diffusion par satellite faisant appel à un tiers, il faut que ce tiers ait lui-même conclu un contrat de représentation avec les auteurs[196]. Le Code de la propriété intellectuelle ajoute que l'autorisation de télédiffuser l'œuvre ne vaut pas autorisation de communiquer la télédiffusion de cette œuvre dans un lieu accessible au public. Cette limite est à l'origine d'une jurisprudence

193. Cf. CJCE, 11 déc. 2008, aff. C-52/07, *Kanal 5 & TV 4*, *Concurrences* 2009/1, obs. C. Prieto ; *CCE* 2010, Étude 5, M. Chagny et S. Choisy ; *CCE* 2010, Étude 10, F. Dumont et J. Marthan.

194. V. F. Siiriainen, « Le prix de l'accès au droit d'auteur et aux droits voisins dans les relations entre sociétés de gestion collective et utilisateurs », *Mélanges J. Schmidt-Szalewski*, LexisNexis, 2014, coll. CEIPI, t. 61, p. 307.

195. CJCE, 13 juill. 1989, préc. ; Cass. civ. 1re, 29 janv. 1991, *La Brocherie*, 2 arrêts, *Bull. civ.* I, n° 37 et 38 ; Cass. civ. 1re, 3 mars 2004, *Bull. civ.* I, n° 105 ; Cass. civ. 1re, 8 juin 2004, *RIDA* oct. 2004, p. 283.

196. CJUE, 13 oct. 2011, aff. C-431/09, *Airf ; RTD com.* 2011. 750, obs. F. Pollaud-Dulian ; *D.* 2012, p. 2836, obs. P. Sirinelli.

importante sur la télédiffusion dans les chambres d'hôtel. Il s'agit d'une télédiffusion secondaire qui suppose que l'hôtelier ait obtenu une autorisation préalable[197]. Sur cette même base, la Cour de cassation avait sanctionné le recours à des systèmes de diffusion collectifs dans les immeubles[198]. La loi DADVSI a cassé quelques mois après son adoption cette jurisprudence en incluant une interprétation légale du domaine contractuel de la télédiffusion d'une œuvre par voie hertzienne. Elle impose que cette concession inclue la distribution à des fins non commerciales sur les réseaux internes aux immeubles ou ensembles d'immeubles collectifs à usage d'habitation installés par leurs propriétaires ou copropriétaires, ou par les mandataires de ces derniers, à seule fin de permettre le raccordement de chaque logement à des dispositifs collectifs de réception des télédiffusions par voie hertzienne normalement reçues dans la zone. Cette solution s'applique de la même façon pour les droits voisins suivant les dispositions de l'article L. 216-2 C. propr. intell.

D Licence multiterritoriale de droit en ligne sur des œuvres musicales

1033. L'un des apports majeurs de la directive 2014/26 est l'intégration annoncée d'un nouveau contrat nommé en droit d'auteur, la licence multiterritoriale de droit en ligne sur des œuvres musicales. Il s'agit d'encourager le développement de nouveaux modèles d'exploitation des biens intellectuels au travers de solutions dématérialisées et de faire naître un contrat devant assurer une concurrence entre SPRD afin de permettre enfin l'émergence d'un marché unifié de l'EU des œuvres musicales et des droits d'auteur. Ainsi, la directive impose aux États de veiller à ce que les SPRD établies sur leur territoire respectent les exigences de l'octroi de licences multiterritoriales de droits en ligne sur des œuvres musicales. Les apports de la directive ne portent pas tant sur la notion de licence que sur l'ensemble des conditions techniques et économiques dans lesquelles les licences devront être conclues. Ce nouveau contrat nommé laissera un espace de négociation limité pour notamment les conditions et délais de paiement, les échanges d'information entre les parties, ou encore les modalités de conclusion des contrats.

1034. Les États devront prévoir dans leur droit interne des dispositions assurant qu'une SPRD qui octroie des licences multiterritoriales de droits en ligne sur des œuvres musicales soit dotée d'une capacité suffisante pour traiter par voie électronique, de manière transparente et efficace, les données requises pour la gestion desdites licences, y compris aux fins de l'identification du répertoire et du contrôle de l'utilisation de ce dernier, pour la facturation aux utilisateurs, pour la perception des revenus provenant des droits et pour la distribution des sommes dues aux titulaires de droits. Les SPRD vont devoir passer à l'heure du répertoire géré électroniquement, certainement avec des mécanismes de marquage des œuvres. Les outils qui seront développés à cette occasion permettront

197. Cass. civ. 1re, 6 avr. 1994, *Bull. civ.* I, n° 144 ; Cass. civ. 1re, 14 janv. 2010, *D.* 2010. 265, obs. J. Daleau ; *RTD com.* 2010. 305, obs. F. Pollaud-Dulian ; *D.* 2011, p. 2167, obs. P. Sirinelli ; CJCE, 7 déc. 2006, *SGAE c. Rafael Hoteles SA*, aff. C-306/05, *Rec.* I-11519.
198. Cass. civ. 1re, 1er mars 2005, *Bull. civ.* I, n° 105 et 106, *JCP* G 2005, II-10053, note C. Caron.

une meilleure gestion des droits des auteurs, plus fine, plus précise, plus rapide, passant d'une approche approximative par sondage à un relevé à l'exploitation près. Les revenus devraient être plus rigoureusement distribués en fonction des exploitations réelles des biens intellectuels.

Pour atteindre ces exigences, une SPRD devra, au moins, avoir la capacité d'identifier avec précision les œuvres musicales, en tout ou en partie, qu'elle est autorisée à représenter. Elle devra savoir identifier avec précision, en tout ou en partie, sur chaque territoire concerné, les droits et les titulaires de droits correspondants pour chaque œuvre musicale ou partie d'œuvre musicale qu'elle est autorisée à représenter. Pour remplir ces obligations, elle devra faire usage d'identifiants uniques pour identifier les titulaires de droits et les œuvres musicales, en tenant compte, dans la mesure du possible, des normes et pratiques sectorielles volontaires élaborées à l'échelle internationale ou au niveau de l'UE. Elle devra, enfin, veiller à la cohérence de l'ensemble des données gérées et recourir à des moyens adéquats pour déceler et lever, avec rapidité et efficacité, celles-ci dans les données détenues par d'autres SPRD qui octroient des licences multiterritoriales de droits en ligne sur des œuvres musicales.

1035. L'*instrumentum* de cette nouvelle licence devra lui-même être adapté au commerce en ligne. Les États membres devront prévoir lors de la transposition que les SPRD, qui octroient des licences multiterritoriales de droits en ligne sur des œuvres musicales, fournissent par voie électronique, en réponse à une demande dûment justifiée, aux prestataires de services en ligne, aux titulaires de droits dont ils représentent les droits et aux autres SPRD, des informations actualisées permettant l'identification du répertoire de musique en ligne qu'elles représentent. Ces informations comprennent les œuvres représentées, les droits représentés en tout ou partie, et les territoires couverts. La loi de transposition devra aussi instaurer une obligation de sécurisation de ces données. Les SPRD devront prendre des mesures raisonnables pour préserver l'exactitude et l'intégrité des données, pour contrôler leur réutilisation et pour protéger les informations sensibles d'un point de vue commercial. Outre cette protection, analogue à ce qui existe pour les données à caractère personnel, les différents intervenants sur le marché devront bénéficier d'un droit à l'exactitude de l'information sur les répertoires multiterritoriaux. Les SPRD qui octroient des licences multiterritoriales de droits en ligne sur des œuvres musicales devront mettre en place un dispositif permettant aux titulaires de droits, aux autres SPRD et aux prestataires de services en ligne, de demander la rectification des données, lorsque ces titulaires de droits, SPRD et prestataires de services en ligne estiment, sur la base d'éléments probants suffisants, que ces données ou ces informations sont inexactes en ce qui concerne leurs droits en ligne sur des œuvres musicales. Lorsque les demandes sont suffisamment étayées, la SPRD veille à ce que ces données ou informations soient corrigées sans retard indu. C'est indéniablement un mouvement de grande transparence de la gestion collective qui est recherché pour permettre l'octroi d'une licence multiterritoriale.

Chaque SPRD devra fournir aux titulaires de droits dont les œuvres musicales font partie de son propre répertoire et aux titulaires de droits qui lui ont confié la gestion de leurs droits en ligne sur des œuvres musicales, le moyen de lui soumettre, par voie électronique, des informations sur leurs œuvres musicales, leurs droits sur ces œuvres et les territoires sur lesquels porte l'autorisation des titulaires de droits. Ce faisant, les SPRD et les titulaires de droits prennent en compte, dans la mesure du possible, les normes et pratiques sectorielles volontaires élaborées à l'échelle internationale ou au niveau de l'UE pour les échanges de données, pour permettre aux titulaires de droits de préciser l'œuvre musicale, en tout ou en partie, les droits en ligne, en tout ou en partie, et les territoires sur lesquels porte leur autorisation. Dans le cadre d'un accord de représentation réciproque, la SPRD mandatée devra appliquer également ces dispositions à l'égard des titulaires de droits dont les œuvres musicales font partie du répertoire de la SPRD mandant, à moins que les deux organismes n'en conviennent autrement.

1036. La directive vient encadrer les conditions économiques de cette future licence, en particulier l'exactitude et la rapidité des rapports et de la facturation. Ainsi, les États devront assurer que la SPRD contrôle l'utilisation des droits en ligne sur des œuvres musicales qu'elle représente, en tout ou en partie, par les prestataires de services en ligne auxquels elle a octroyé une licence multiterritoriale pour ces droits. Une SPRD pourra accorder aux prestataires de services en ligne la possibilité de déclarer, par voie électronique, l'utilisation effective des droits en ligne sur des œuvres musicales, et les prestataires de services en ligne rendent compte avec exactitude de l'utilisation effective de ces œuvres. Les SPRD devront proposer l'utilisation d'au moins une méthode applicable aux rapports qui tient compte des normes ou des pratiques sectorielles volontaires élaborées à l'échelle internationale ou de l'UE pour l'échange par voie électronique de ce type de données. Une SPRD pourra refuser d'accepter les rapports du prestataire de services en ligne dans un format propriétaire si elle permet de soumettre un rapport en suivant une norme sectorielle pour l'échange électronique de données.

Les SPRD devront adresser leur facture au prestataire de services en ligne par voie électronique. Elles devront proposer l'utilisation d'au moins un format qui tient compte des normes ou des pratiques sectorielles volontaires élaborées à l'échelle internationale ou au niveau de l'UE. La facture devra indiquer les œuvres et les droits pour lesquels une licence a été octroyée, en tout ou en partie, sur la base des données d'identification du répertoire géré, l'utilisation effective qui en a été faite, sur la base des informations fournies par le prestataire de services en ligne, ainsi que le format utilisé pour fournir ces informations. Le prestataire de services en ligne ne peut refuser d'accepter la facture en raison de son format si l'organisme de gestion collective a suivi une norme sectorielle.

Les SPRD devront établir leur facture avec exactitude et sans retard après que l'utilisation effective des droits en ligne sur l'œuvre musicale concernée a été déclarée, sauf lorsque cela s'avère impossible pour des motifs imputables au prestataire de services en ligne. Elles devront organiser un dispositif adéquat permettant au prestataire de services en ligne de contester la facture, notamment lorsqu'il reçoit des factures de la part d'une ou de plusieurs SPRD pour les mêmes droits en ligne sur une même œuvre musicale.

1037. En écho aux obligations de célérité des SPRD dans leurs relations avec les exploitants, la directive impose des obligations similaires pour la relation avec les titulaires de droits. Ainsi, le régime du contrat une fois transposé en droit interne imposera exactitude et rapidité pour les versements aux titulaires de droits. Il serait possible dans ce cadre de voir un double régime de gestion collective émerger, l'un pour l'exploitation en général et l'autre pour cette nouvelle licence nommée. En présence d'une licence multiterritoriale, les SPRD devront distribuer avec exactitude et sans retard les sommes dues aux titulaires de droits au titre de ces licences, après que l'utilisation effective de l'œuvre a été déclarée, sauf lorsque cela s'avère impossible pour des motifs imputables au prestataire de services en ligne. Les délais de redistribution connus actuellement, qui peuvent emporter un décalage de douze mois entre l'utilisation par l'exploitant et le versement à l'auteur, devaient être sérieusement modifiés.

Pour assurer une parfaite information des auteurs, et de l'ensemble des titulaires de droits, les SPRD devront leur fournir, à l'appui de chaque versement, une série d'informations précises arrêtées par la directive. Il faudra indiquer la période au cours de laquelle ont eu lieu les utilisations pour lesquelles des sommes sont dues ainsi que les territoires dans lesquels ces utilisations ont eu lieu. Il faudra présenter une ventilation des recettes et des coûts. Ainsi, les SPRD devront mentionner les sommes perçues, les déductions effectuées et les sommes distribuées par la SPRD pour chaque droit en ligne sur toute œuvre musicale que les titulaires de droits ont autorisé la SPRD à représenter en tout ou en partie. Il sera aussi obligatoire de mentionner les sommes perçues pour le compte des titulaires de droits, les déductions effectuées, et les sommes distribuées par la SPRD en ce qui concerne chaque prestataire de services en ligne. Un tel niveau de reddition des comptes est à ce jour parfaitement inconnu en France et il est certain qu'il va engendrer une nouvelle appréhension des coûts par les titulaires des droits d'auteur et une nouvelle gestion des SPRD.

En présence d'un accord de représentation réciproque, la SPRD mandatée distribuera avec exactitude et sans retard les sommes et fournira les informations obligatoires à la SPRD mandante. Cette dernière sera responsable, ensuite, de la distribution de ces sommes aux titulaires de droits et de la communication de ces informations à ces derniers, à moins que les SPRD n'en conviennent autrement.

§ 3. Les restrictions à la liberté contractuelle : les licences imposées

1038. L'utilisation des biens intellectuels, hors de tout contrat, est largement envisagée par chacun des régimes de propriété intellectuelle, sous l'angle des exceptions[199]. Le législateur ajoute pour certains régimes des autorisations légales d'exploitation des concessions pour lesquelles les conditions contractuelles sont imposées, éventuellement en confiant le soin

199. Voir *supra* n° 158 et s., 165, 170, 201, 208 et s., 241 et s., 396 et s., 588, 642, 689, 826 et s.

au juge d'en arrêter les modalités. La liberté contractuelle s'amenuise, le propriétaire doit accorder à un tiers l'accès à son bien ou doit se soumettre à un mode spécifique de gestion ou d'exploitation de celui-ci. Le droit d'auteur, les droits voisins, le droit des brevets, le droit de topographie de semi-conducteur, et le droit des obtentions végétales connaissent de telles contraintes. Seul le droit des marques et le droit des dessins et modèles échappent à cette intervention légale restreignant la liberté d'exploitation d'un bien intellectuel. Il n'y a pas de rationalité évidente dans le choix des régimes, notamment aucune opposition entre propriété littéraire et artistique et propriété industrielle. Les conditions d'utilisation et l'ordre public guident ces solutions. L'articulation entre le droit de propriété et la liberté du commerce et de l'industrie trouve une illustration. La propriété doit ménager les intérêts des tiers et l'intérêt général : le brevet ou l'obtention végétale non exploitée empêche l'initiative économique de prendre son essor et serait contraire à l'ordre public économique. La gestion collective obligatoire du droit d'auteur ou des droits voisins permet un guichet unique facilitant l'accès des exploitants. Le législateur retient des mécanismes légaux qui écartent les risques d'une sclérose de l'activité.

À la différence du droit des marques, et après une certaine hésitation, la déchéance des droits de propriété de la personne qui n'exploite pas son brevet, son obtention, son droit d'auteur, est écartée. Cette sanction est trop sévère et antiéconomique. La déchéance est supplantée par un mécanisme de licence légale. Le titulaire peut exploiter autant qu'il le souhaite son bien, choisir ses cocontractants, mais il devra aussi accorder aux tiers le droit d'exploiter ledit bien, sans que son consentement soit nécessaire. Il est privé de la gestion de son bien mais pas des bénéfices de la propriété. Deux justifications fondent ces licences, la fluidité du marché, d'une part, l'ordre public, d'autre part.

A Les licences de marché

1039. Les licences de marché concourent à fluidifier l'utilisation des biens intellectuels, et sont motivées par des impératifs économiques. Certaines font l'objet d'un contrôle par le juge, d'autres sont simplement automatiquement imposées par la loi, le contrat de licence se transformant en un simple acte d'exploitation légale supprimant toute liberté contractuelle au propriétaire. Le contrat n'est pas formellement écarté, il se traduira parfois dans une relation avec une société de gestion collective, ou un accord sur la contrepartie attachée à l'utilisation du bien.

1. Les licences automatiques

1040. Les licences automatiques se retrouvent en droit d'auteur et en droits voisins, elles facilitent l'accès aux biens intellectuels pour les exploitants. On distingue quatre cas de licences : la licence pour la retransmission par câble, la redevance de la copie privée, la rémunération au titre du prêt en bibliothèque, et la licence pour la radiodiffusion des phonogrammes du commerce.

1041. Suivant l'article L. 132-20-1 C. propr. intell., l'autorisation de retransmission par câble, simultanée, intégrale et sans changement, sur le territoire national, d'une œuvre télédiffusée à partir d'un État membre de l'UE ne peut être exercée que par une SPRD. Le titulaire du droit d'auteur, personne physique comme personne morale, ne peut gérer seul ce droit – sous-élément de sa propriété –, et doit obligatoirement adhérer à une société de gestion collective au moins pour cette prérogative. Si le titulaire du droit n'a pas déjà confié la gestion de son bien intellectuel à l'une de ces sociétés, il désigne celle qu'il charge de l'exercer. Il notifie par écrit cette désignation à la société, qui ne peut refuser, et le contrat conclu par le titulaire pour la télédiffusion de son œuvre doit mentionner la société chargée d'exercer ce droit d'exploitation. La relation entre le propriétaire et la SPRD n'est plus le fruit du consensualisme dans ce cadre. Toutefois, les entreprises de communication audiovisuelle, et uniquement celles-ci, sont émancipées de ce carcan contractuel et jouissent pour ce droit d'exploitation d'une entière liberté contractuelle.

Surtout, si le juge n'exerce pas un pouvoir de contrôle pour cette exploitation obligatoire, la loi investit un tiers d'un tel pouvoir. L'article L. 132-20-2 C. propr. intell. institue des médiateurs pour favoriser, sans préjudice du droit des parties de saisir le juge, la résolution des litiges relatifs à l'octroi de l'autorisation de retransmission, simultanée, intégrale et sans changement, d'une œuvre par câble. À défaut d'accord amiable, le médiateur peut proposer aux parties la solution qui lui paraît appropriée. Celles-ci sont réputées l'avoir acceptée sauf si elles manifestent leur opposition par écrit dans un délai de trois mois.

1042. La rémunération pour copie privée[200] est le pendant de l'exception de copie privée[201], cette exception au droit de propriété prend la forme d'une licence légale, dont la contrepartie est arrêtée par un organe collectif. L'article L. 311-1 C. propr. intell. dispose que « *les auteurs et les artistes-interprètes des œuvres fixées sur phonogrammes ou vidéogrammes, ainsi que les producteurs de ces phonogrammes ou vidéogrammes, ont droit à une rémunération au titre de la reproduction desdites œuvres, réalisées à partir d'une source licite dans les conditions mentionnées au 2° de l'article L. 122-5 et au 2° de l'article L. 211-3* ». Ce mécanisme s'applique au bénéfice des auteurs et des éditeurs des œuvres fixées sur tout autre support, au titre de leur reproduction réalisée[202] à partir de sources licites[203] dans le cadre de la copie privée, sur un support d'enregistrement numérique. Cette redevance, sous réserve des conventions

200. N. Binctin, « La rémunération pour copie privée », *Juris-Cl. Propriété littéraire et artistique*, Fasc. 1510.
201. Voir *supra* n° 157, 159.
202. CJUE, 27 juin 2013, aff. C-457/11, *Verwertungsgesellschaft Wort*, *D.* 2013, p. 1680 ; *JCP* G 2014, chron. 364, p. 560, obs. C. Caron : La notion de « *reproduction effectuée au moyen de toute technique photographique ou de tout autre procédé ayant des effets similaires* », au sens de l'art. 5, § 2, sous *a)*, de la directive n° 2001/29, englobe des reproductions effectuées à l'aide d'une imprimante et d'un ordinateur personnel, dans le cas où ces appareils sont reliés entre eux.
203. CJUE, 10 avr. 2014, aff. C 435/12, *ACI Adam BV e. a.* : « *une législation nationale qui n'établit aucune différence entre les copies privées réalisées à partir de sources licites et celles réalisées à partir de sources contrefaites ou piratées ne saurait être tolérée* » ; *CCE* 2014, comm. 51, note C. Caron.

internationales, bénéficie aux artistes-interprètes, aux producteurs de phonogrammes ou de vidéogrammes pour les phonogrammes et vidéogrammes fixés pour la première fois dans un État membre de l'UE. Une redevance forfaitaire est versée aux ayants droit, titulaires de droits d'auteur ou de droits voisins, en contrepartie de l'utilisation de leurs biens intellectuels.

Toutefois, la redevance pour copie privée est discriminatoire[204], certains titulaires de droits de propriété intellectuelle en sont exclus. Tous les supports d'enregistrement n'y sont pas soumis bien que l'on constate un mouvement expansionniste en la matière depuis la première décision de la Commission prévue à l'article L. 311-5 C. propr. intell. relative à la rémunération pour copie privée – dite Commission *Brun-Buisson* à cette époque – du 4 janvier 2001[205].

Les logiciels sont écartés du mécanisme de la copie privée, le législateur n'ayant retenu qu'une copie de sauvegarde[206]. La conséquence en est que les auteurs de logiciel ne bénéficient pas d'une part des sommes perçues au titre de la rémunération pour copie privée.

Les producteurs de bases de données uniquement, soumises au régime des articles L. 341-1 et suivants C. propr. intell., pour lesquelles le législateur, sous la contrainte du droit de l'UE, n'a pas retenu le concept de reproduction mais d'extraction, ne bénéficient pas plus de ce système, alors que les auteurs, pour le même type de biens intellectuels pourraient éventuellement revendiquer une telle gratification.

1043. La redevance est versée par le fabricant, l'importateur ou la personne qui réalise des acquisitions intraeuropéennes, de supports d'enregistrement utilisables pour la reproduction à usage privé d'œuvres, lors de la mise en circulation en France de ces supports[207]. La CJ[208] a validé cette double approche du débiteur de cette redevance en affirmant que l'utilisateur final qui effectue, à titre privé, la reproduction d'une œuvre protégée doit, en principe, être considéré comme le débiteur de la compensation équitable. Toutefois, il est loisible aux États membres d'instaurer une redevance pour copie privée à la charge des personnes qui mettent à la disposition de cet utilisateur final des équipements, des appareils ou des supports de reproduction, dès lors que ces personnes ont la possibilité de répercuter le montant de cette redevance dans le prix de ladite mise à disposition acquitté par l'utilisateur final. On distingue ainsi un débiteur de premier rang et un débiteur de second rang pour des facilités de gestion. En

204. Cf. C. Caron, « Les clairs-obscurs de la rémunération pour copie privée », *D.* 2001, chron. p. 3421.

205. Déc. 4 janv. 2001, n° 1, de la commission prévue à C. Prop. Intell., art. L. 311-5, relative à la rémunération pour copie privée, *JORF* 7 janv. 2001, n° 6, p. 336.

206. Voir *supra* n° 172.

207. CJUE, 11 juill. 2013, aff. C-521/11, *Amazon. com International Sales Inc* ; *D.* 2013, p. 2209 : est conforme la réglementation d'un État membre qui applique sans distinction une redevance pour copie privée à la première mise en circulation sur son territoire, à des fins commerciales et à titre onéreux, de supports d'enregistrement susceptibles de servir à la reproduction, tout en prévoyant, en même temps, un droit au remboursement des redevances payées dans l'hypothèse où l'utilisation finale de ces supports n'entre pas dans le cas de figure visé.

208. CJUE, 16 juin 2011, aff. C-462/09, *Stichting de Thuiskopie*, *D.* 2011 p. 1816 ; *Prop. Intell.* 2011, p. 316, obs. V.-L. Benabou ; *RTD com.* 2011.551, obs. F. Pollaud-Dulian ; *CCE* 2012, « Un an de droit de la musique », chron. 4, obs. X. Daverat, spéc. n° 4.

revanche, il incombe à l'État membre qui a institué un système de redevance pour copie privée à la charge du fabricant ou de l'importateur de supports de reproduction d'œuvres protégées, et sur le territoire duquel se produit le préjudice causé aux auteurs par l'utilisation à des fins privées de leurs œuvres par des acheteurs qui y résident, de garantir que ces auteurs reçoivent effectivement la compensation équitable destinée à les indemniser de ce préjudice. À cet égard, la seule circonstance que le vendeur professionnel d'équipements, d'appareils ou de supports de reproduction soit établi dans un État membre autre que celui dans lequel résident les acheteurs demeure sans incidence sur cette obligation de résultat. Cette affirmation de la CJ est de bon aloi mais en présence d'une gestion collective non communautarisée et un régime de redevance pour copie privée faiblement harmonisé, la mise en pratique de cette analyse est peu probable et la vente en ligne de supports vierges pour lesquels la concurrence par les prix s'explique principalement par la différence de redevance d'un État à l'autre renforce ces difficultés. La Cour avance une solution pour régler ces difficultés en enjoignant aux juridictions nationales, en cas d'impossibilité d'assurer la perception de la compensation équitable auprès des acheteurs, d'interpréter le droit national afin de permettre la perception de cette compensation auprès d'un débiteur agissant en qualité de commerçant.

Le forfait est défini en fonction du type de support et de la durée ou de la capacité d'enregistrement qu'il permet[209]. Le montant est aussi fixé au regard de l'usage de chaque type de support. Cet usage est apprécié sur le fondement d'enquêtes. Il tient compte du degré d'utilisation des mesures techniques de protection, de leur incidence sur les usages relevant de l'exception pour copie privée. L'œuvre diffusée avec un support incluant une maîtrise de la reproduction sera moins bénéficiaire de cette redevance, le législateur cherchant à écarter le paiement d'une redevance pour des actes de copie privée ayant déjà donné lieu à compensation financière. Les types de support, les taux de redevance et les modalités de versement de celle-ci sont déterminés par une commission présidée par un représentant de l'État et composée, en outre, pour moitié, de personnes désignées par les organisations représentant les bénéficiaires du droit à rémunération, pour un quart, de personnes désignées par les organisations représentant les fabricants ou importateurs des supports et, pour un quart, de personnes désignées par les organisations représentant les consommateurs.

La loi du 20 décembre 2011[210] ajoute que le montant de la rémunération propre à chaque support est porté à la connaissance de l'acquéreur lors de la mise en vente des supports d'enregistrement. Une notice explicative relative à cette rémunération et à ses finalités, qui peut être intégrée au support de façon dématérialisée, doit être également portée à sa connaissance, il s'agit d'une

209. Décision n° 15, 14 déc. 2012, de la commission prévue à l'art. L. 311-5 C. Prop. Intell., *JORF*, 26 déc. 2012, Texte n° 68, avance une formule mathématique systématisant l'évaluation de la redevance pour copie privée.

210. Loi n° 2011-1898 du 20 déc. 2011 relative à la rémunération pour copie privée. *JORF* n° 0295 du 21 déc. 2011, Texte n° 1 ; *CCE* 2012, comm. 13, obs. C. Caron ; C. Alleaume, « Loi n° 2011-1898 du 20 déc. 2011 relative à la rémunération pour copie privée – Des réponses qu'elle apporte et des questions qu'elle pose », *Légipresse* n° 291, févr. 2012, p. 120. Les dispositions de cette loi ont été jugées conformes à la Constitution dans le cadre d'une QPC : Cons. const., déc. 20 juill. 2012, QPC n° 2012-263 ; *RTD com.* 2013.278, obs. F. Pollaud-Dulian.

mesure pédagogique pour faire cesser l'idée que cette redevance est une taxe. Cette notice mentionne la possibilité de conclure des conventions d'exonération ou d'obtenir le remboursement de la rémunération pour copie privée dans les conditions prévues à l'article L. 311-8. Cette nouvelle obligation d'information des utilisateurs est appuyée par une action relevant des procédures du droit commercial. Les manquements pourront être recherchés et constatés par les agents de la répression des fraudes[211], dans les conditions fixées à l'article L. 141-1 du Code de la consommation. Ces manquements sont sanctionnés par une amende administrative d'un montant maximal de 3 000 euros.

1044. Un mécanisme de gestion collective (art. L. 311-6 C. propr. intell.) est adjoint à la collecte pour percevoir pour le compte des ayants droit. Une société de sociétés répartit les sommes collectées entre les ayants droit à raison des reproductions privées dont chaque œuvre fait l'objet. La loi fixe des clés de répartition de ces redevances. La redevance pour copie privée des phonogrammes bénéficie, pour moitié, aux auteurs, pour un quart, aux artistes-interprètes et, pour un quart, aux producteurs. La redevance pour copie privée des vidéogrammes bénéficie à parts égales, aux auteurs, aux éditeurs, aux artistes-interprètes et aux producteurs[212].

Afin de mettre le droit interne en conformité avec la jurisprudence de la CJ[213], et de tirer les conséquences de la jurisprudence du Conseil d'État[214], la loi de décembre 2011 modifie substantiellement les conditions de remboursement de cette redevance. Dans le régime antérieur, un remboursement était possible pour des éditeurs d'œuvres publiées sur des supports numériques, et les organismes qui utilisent les supports d'enregistrement à des fins d'aide aux handicapés visuels ou auditifs. Dorénavant, la rémunération pour copie privée n'est pas due lorsque le support d'enregistrement est acquis pour leur propre usage ou production par les entreprises de communication audiovisuelle, les producteurs de phonogrammes ou de vidéogrammes et les personnes qui assurent, pour le compte des producteurs de phonogrammes ou de vidéogrammes, la reproduction de ceux-ci, et les éditeurs d'œuvres publiées sur des supports numériques. À cette première liste, le législateur délègue au ministre chargé de la culture le soin d'établir une liste des personnes morales ou organismes qui utilisent les supports d'enregistrement à des fins d'aide aux handicapés visuels ou auditifs.

211. Art. L. 450-1 II C. com.

212. CJUE, 11 juill. 2013, aff. C-521/11, *Amazon. com International Sales Inc*, préc. : la redevance pour copie privée ne peut pas être exclue du seul fait que la moitié des recettes perçues est versée non pas directement aux ayants droit mais à des établissements sociaux et culturels institués au bénéfice de ces ayants droit, pour autant que ces établissements sociaux et culturels bénéficient effectivement auxdits ayants droit et que les modalités de fonctionnement desdits établissements ne sont pas discriminatoires.

213. CJUE, 21 oct. 2010, aff. C-467/08, *Padawan, CCE* 2011, Étude 1, N. Binctin ; *JCP* G 2010, note 1256 L. Marino ; *RTD com.* 2010. 710, obs. F. Pollaud-Dulian ; *D.* 2011, p. 2168, obs. P. Sirinelli ; *CCE* 2011, comm. 2, obs. C. Caron ; *Gaz. Pal.* 2011, n° 54, 23 févr. 2011, p. 13, obs. L. Marino ; *RLDI* 2010/66, n° 2158, note E. Bouchet-Le Mappian.

214. CE, 10e et 9e ss-sect. réun., 17 juin 2011, n° 324816, *D.* 2011, p. 1678 ; *Prop. Intell.* n° 41, oct. 2011, p. 401, obs. A. Lucas ; *D.* 2012, p 2836, chron. PLA P. Sirinelli ; *RTDE* 2011, p. 888 obs. D. Ritleng ; *LPA* 16 nov. 2011, n° 228, p. 5, note A. Troianiello ; *Gaz. Pal.* 27 oct. 2011, jurispr. p. 3072, note L. Marino ; *CCE.* 2012, chron. 9, n° 20, obs. P. Tafforeau ; *CCE.* 2012, chron. 4, n° 5, obs. X. Daverat.

Enfin, la rémunération pour copie privée n'est pas due non plus pour les supports d'enregistrement acquis notamment à des fins professionnelles dont les conditions d'utilisation ne permettent pas de présumer un usage à des fins de copie privée, il pourrait s'agir notamment de copies pour l'imagerie médicale, pour les données bancaires et financières[215].

Pour sécuriser la mise en œuvre de ce nouveau régime et permettre une prévisibilité du bénéfice de cette exonération étendue de l'obligation de rémunération pour copie privée, est envisagée la conclusion d'une convention constatant l'exonération et en fixant les modalités entre les personnes bénéficiaires de l'exonération et les sociétés de gestion collective de l'article L. 311-6 C. propr. intell. En cas de refus de l'un des organismes de conclure une convention, ce dernier doit préciser les motifs de ce refus. Et à défaut de conclusion d'une convention, ces personnes ont droit au remboursement de la rémunération sur production de justificatifs.

1045. Enfin, la loi du 20 décembre 2011 met en place un double dispositif transitoire. D'une part, elle retient que jusqu'à l'entrée en vigueur de la plus proche décision de la commission et au plus tard jusqu'au 31 décembre 2012, sont applicables à la rémunération pour copie privée les règles, telles que modifiées par les dispositions de l'article L. 311-8 dans sa rédaction issue de la loi de décembre 2011, qui sont prévues par la décision nº 11 du 17 décembre 2008 de la commission, publiée au Journal officiel du 21 décembre 2008, et dans sa rédaction issue des décisions nº 12 du 20 septembre 2010, publiée au Journal officiel du 26 octobre 2010, et nº 13 du 12 janvier 2011, publiée au Journal officiel du 28 janvier 2011[216]. Ainsi, la loi procède à une validation de ces décisions de la commission, coupant une part importante du contentieux pouvant naître de ce chef devant le Conseil d'État. Une QPC pourrait éventuellement être soulevée sur ce point. D'autre part, les rémunérations perçues ou réclamées en application de la décision nº 11 au titre des supports autres que ceux acquis notamment à des fins professionnelles dont les conditions d'utilisation ne permettent pas de présumer un usage à des fins de copie privée, qui ont fait l'objet d'une action contentieuse introduite avant le 18 juin 2011 et n'ont pas donné lieu, au 21 décembre 2011, à une décision de justice passée en force de chose jugée, sont validées en tant qu'elles seraient contestées par les moyens par lesquels le Conseil d'État a, par sa décision du 17 juin 2011, annulé cette décision de la commission ou par des moyens tirés de ce que ces rémunérations seraient privées de base légale par suite de cette annulation[217]. Enfin, les demandes de

215. CJUE, 11 juill. 2013, aff. C-521/11, *Amazon. com International Sales Inc*, préc. : la CJ valide l'établissement par un État membre d'une présomption réfragable d'usage privé pour certains supports en cas de mise en circulation de ceux-ci auprès de personnes physiques, lorsque des difficultés pratiques liées à la détermination de la finalité privée de l'usage des supports en cause justifient l'établissement d'une telle présomption et si la présomption prévue n'aboutit pas à imposer la redevance pour copie privée dans des hypothèses où l'utilisation finale desdits supports reste manifestement en dehors du cas de figure.

216. Sur cette disposition, Cons. const., déc. 20 juill. 2012, nº 2012-263 QPC ; *CCE*. 2012, chron. 9, nº 22, obs. P. Tafforeau ; *RLDI* oct. 2012, p. 11, J.-M. Leger ; *RTD com*. 2012, p. 548, F. Pollaud-Dulian.

217. Le Conseil constitutionnel, dans sa décision 2012-287 QPC du 15 janvier 2013, a retenu que l'art. 6, paragraphe II, de la loi 2011-1898 est contraire à la Constitution, retenant que « *les motifs*

remboursement formées par les personnes ayant acquis des supports d'enregistrement à des fins professionnelles dont les conditions d'utilisation ne permettent pas de présumer un usage à des fins de copie privée, s'appliquent aux supports d'enregistrement acquis postérieurement au 21 décembre 2011[218]. Les supports acquis avant ne pourront pas donner lieu à remboursement, ce qui permet de sécuriser les distributions antérieures. Il est évident que le mécanisme ainsi modifié change profondément le modèle économique de la rémunération pour copie privée qui retenait une assiette large et un taux limité. La Commission, pour maintenir un niveau de prélèvement similaire, va devoir augmenter le taux pour les différents supports, sinon, les sommes distribuées à l'ensemble des ayants droit au titre de cette exception seront fortement diminuées. Il serait nécessaire dans ce cas de vérifier que cette rémunération pour copie privée nouvelle formule est conforme au triple test. Les dispositions transitoires instaurées disparaissent et les actions engagées vont pouvoir se poursuivre. La loi de validation souhaitait préserver les situations financières acquises sans fondement juridique, le Conseil constitutionnel écarte cette solution de facilité, mais n'indique pas comment les éventuels remboursements pourront être financés. Cette solution a naturellement un impact sur le devenir économique du mécanisme mis en place depuis 1985.

1046. La redevance attachée au prêt en bibliothèque fut encadrée à l'occasion de la transposition en 2003[219] d'une directive communautaire[220]. Sur le modèle d'une exploitation obligatoire du fait de la diffusion d'une œuvre, le législateur retient, à l'article L 133-1 C. propr. intell. que lorsqu'une œuvre a fait l'objet d'un contrat d'édition en vue de sa publication et de sa diffusion sous forme de livre, l'auteur ne peut s'opposer au prêt d'exemplaires de cette édition par une bibliothèque accueillant du public. Ainsi, cet acte d'exploitation n'est pas du ressort de la volonté des parties dès lors que les parties ont choisi d'opter pour un contrat d'édition. On peut se demander si les œuvres éditées par le biais de contrats qui ne sont pas des contrats d'édition au sens du C. propr. intell. sont aussi soumises à cet acte d'exploitation obligatoire. Pour compenser cette réduction de liberté des propriétaires, la loi accorde, de façon classique, un droit à rémunération. La collecte et la distribution de cette rémunération est assurée par un mécanisme de gestion collective. La redevance obligatoire comprend deux parts. Une première, à la charge de l'État, est assise sur une contribution forfaitaire par usager inscrit dans les bibliothèques accueillant du public pour le prêt, à l'exception des bibliothèques scolaires. Le montant de cette

---

financiers invoqués à l'appui de la validation des rémunérations faisant l'objet d'une instance en cours le 18 juin 2011, qui portent sur des sommes dont l'importance du montant n'est pas établie, ne peuvent être regardés comme suffisants pour justifier une telle atteinte aux droits des personnes qui avaient engagé une procédure contentieuse avant cette date ».

218. Arrêté, 20 déc. 2011, relatif au remboursement de la rémunération pour copie privée, *JORF* 23 déc. 2011, p. 22035.

219. Loi n° 2003-517, 18 juin 2003, *JORF* 19 juin 2003 ; C. Alleaume, « Le droit de prêt public », *Prop. Intell.* 2004, n° 12, p. 718 ; C. Caron, « Le nouveau prêt public des œuvres en droit d'auteur », *CCE* 2003, comm. 23 ; P.-Y. Gautier, « le prêt public de nos livres », *D.* 2003, p. 1747 ; Fl.-M. Piriou, « La réalité du droit de prêt du livre dans le monde », *CCE* 2008, Étude 1.

220. Directive 92/100/CEE du Conseil, du 19 nov. 1992, relative au droit de location et de prêt et à certains droits voisins du droit d'auteur dans le domaine de la propriété intellectuelle.

contribution est fixé par décret et peut être différent pour les bibliothèques des établissements d'enseignement supérieur, ainsi que les modalités de détermination du nombre d'usagers inscrits à prendre en compte pour le calcul de cette part. La seconde part est assise sur le prix public de vente hors taxes des livres, et son taux est de 6 % du prix public de vente. Cette double approche du calcul de la redevance est soutenue par la CJ[221] qui affirme que la directive de 1992 relative au droit de location et de prêt s'oppose à une législation qui instituerait un système selon lequel la rémunération due aux auteurs en cas de prêt public serait calculée exclusivement en fonction du nombre d'emprunteurs inscrits dans les établissements publics, sur la base d'une somme forfaitaire fixée par emprunteur et par an.

Les sommes collectées à partir de cette double perception sont réparties dans des conditions fixées par la loi. L'article L. 133-4 C. propr. intell. ventile la somme en deux parts. Une première fraction est répartie à parts égales entre les auteurs et leurs éditeurs à raison du nombre d'exemplaires des livres achetés chaque année, pour leurs bibliothèques accueillant du public pour le prêt. Une seconde fraction, qui ne peut excéder la moitié du total, est affectée à la prise en charge d'une fraction des cotisations dues au titre de la retraite complémentaire par les personnes qui tirent plus de la moitié de leurs revenus de l'exploitation de ces œuvres[222].

1047. Dernier modèle de licence automatique, le mécanisme de l'article L. 214-1 C. propr. intell.[223] : lorsqu'un phonogramme est publié à des fins de commerce, d'une part, la communication directe dans un lieu public, dès lors qu'il n'est pas utilisé dans un spectacle et, d'autre part, la radiodiffusion et sa câblodistribution simultanée et intégrale, ainsi que sa reproduction strictement réservée à ces fins, effectuée par ou pour le compte d'entreprises de communication audiovisuelle en vue de sonoriser leurs programmes propres diffusés sur leur antenne ainsi que sur celles des entreprises de communication audiovisuelle, ne sont pas soumises à l'obtention d'une autorisation préalable des titulaires de droits voisins. Cette licence automatique impose que les utilisateurs acquittent une redevance équitable[224]. La redevance profite aux artistes-interprètes et aux producteurs entre lesquels elle est répartie par moitié. Elle est versée par les personnes qui utilisent les phonogrammes et est assise sur les recettes de l'exploitation ou, à défaut, évaluée forfaitairement.

Le barème de rémunération et les modalités de versement de la redevance auraient pu être établis par des accords spécifiques à chaque branche d'activité entre les organisations représentatives des artistes-interprètes, des producteurs de phonogrammes et des personnes utilisant ces phonogrammes. Ceux-ci

221. CJUE, 30 juin 2011, aff. C-271/10, *Rec.* I-05815, *Vereniging van Educatieve en Wetenschappelijke Auteurs* (VEWA).

222. Voir art. L. 382-12 C. séc. Soc. ; voir N. Binctin, « Le statut social de l'auteur en France », *RIDA* avr. 2011, n° 228, p. 5 ; N. Binctin, « Aménagement de l'assurance vieillesse des auteurs », *CCE* 2014, Étude 9.

223. Voir *supra* n° 212 et s.

224. N. Binctin et D. Bismuth, « L'application de l'article L. 214-1 du Code de la propriété intellectuelle aux diffusions télévisuelles », *Légipresse* 2004, II-23 ; I. Wekstein, « Droits voisins, licence légale et loi du 1er août 2006 », *D.* 2006, Dossier 2189.

n'étant pas intervenus, une commission présidée par un représentant de l'État et composée, en nombre égal, d'une part, de membres désignés par les organisations représentant les bénéficiaires du droit à rémunération, d'autre part, de membres désignés par les organisations représentant les personnes qui, dans la branche d'activité concernée, utilisent les phonogrammes, a été installée pour définir les conditions de ces redevances[225].

1048. Le droit de topographie de semi-conducteur utilise une solution similaire. L'article L. 622-5 C. propr. intell. ne permet pas au propriétaire d'un tel bien d'interdire la création de topographies améliorées, adaptées. Toutefois, l'exploitation d'une telle topographie se fait dans un cadre original. Ce n'est pas le créateur de la topographie mais son utilisateur qui est visé. L'acquéreur de bonne foi d'un produit semi-conducteur dérivé ne commet pas une contrefaçon du bien initial, il sera redevable d'une juste indemnité au titulaire de la topographie initiale s'il entend poursuivre l'exploitation commerciale du produit ainsi acquis.

Il s'agit d'une forme de licence légale. Le législateur ne précise pas les conditions de ce régime. L'acquéreur de la puce perfectionnée devrait prendre lien avec le titulaire de la topographie originaire et, à défaut d'accord, le juge devrait être saisi. L'accord n'a pas pour objet une autorisation d'exploitation mais uniquement la détermination de la juste contrepartie de celle-ci.

2. Les licences imposées

1049. Les licences imposées sont présentes en droit des brevets, en droit des obtentions végétales et désormais en droit d'auteur[226]. Elles assurent que le propriétaire du bien n'empêche pas l'exploitation de son bien s'il ne l'assure pas lui-même, et mettent en place un régime de licence de dépendance pour ne pas empêcher l'exploitation de perfectionnements de biens intellectuels. À la différence des mécanismes automatiques, ces licences imposées forment un outil de persuasion contractuelle, un argument éludant le refus de contracter. En pratique, elles ne sont jamais appliquées, les parties préférant toujours parvenir à un accord plutôt que de s'en remettre au juge pour définir les conditions du contrat de licence. Il faut distinguer le cadre général de la licence imposée et le régime spécifique de la licence de dépendance.

a) Le cadre général de la licence imposée

1050. La licence imposée est organisée aux articles L. 613-11 et suivants C. propr. intell. Afin de ne pas bloquer l'exploitation de biens intellectuels,

225. Voir Arr. 2 mars 2006, *JORF* 21 mars 2006 sur la composition.
226. Voir Proposition de loi de Ph. Marini instaurant la gestion collective des droits de reproduction et de représentation d'une œuvre d'art graphique, plastique ou photographique par un service de moteur de recherche et de référencement, n° 428 déposée le 8 avr. 2014 : elle crée un mécanisme de cession obligatoire au profit de sociétés agréées, lesquelles seraient chargées de conclure des conventions avec les éditeurs des services de moteur de recherche et de référencement. Celles-ci auraient pour objet d'autoriser la reproduction et la représentation par ces services des œuvres d'art plastiques, graphiques et photographiques et la perception des rémunérations correspondantes. Le barème et les modalités de versement de la rémunération sont fixés conventionnellement entre les sociétés agréées et les organisations représentant les éditeurs de services de moteur de recherche et de référencement, ou à défaut, par une commission paritaire.

toute personne peut, à l'expiration d'un délai de trois ans après la délivrance d'un brevet, ou de quatre ans à compter de la date du dépôt de la demande, obtenir une licence obligatoire de ce brevet si, sauf excuses légitimes, le propriétaire du brevet ou son ayant cause n'a pas commencé à exploiter ou fait des préparatifs effectifs et sérieux pour exploiter l'invention objet du brevet sur le territoire d'un État membre de l'UE ou d'un autre État partie à l'accord sur l'EEE. Il en va de même s'il n'a pas commercialisé le produit objet du brevet en quantité suffisante pour satisfaire aux besoins du marché français, ou si l'exploitation ou la commercialisation a été abandonnée depuis plus de trois ans.

La notion d'exploitation est entendue largement pour la mise en œuvre de cette disposition, l'importation de produits objets de brevets fabriqués dans un État membre de l'OMC est considérée comme une exploitation du bien intellectuel. Soit l'exploitation est inexistante, soit elle est insuffisante pour le marché français, dans ces deux cas, il est possible d'obtenir une licence d'exploitation du bien contre la volonté de son propriétaire.

Afin de préserver le droit de propriété, une procédure spécifique est instaurée. La demande de licence doit être formée auprès du tribunal de grande instance de Paris, être accompagnée de la justification que le demandeur n'a pu obtenir du propriétaire du brevet une licence d'exploitation et qu'il est en état d'exploiter l'invention de manière sérieuse et effective. Ce n'est que le refus d'une licence qui peut engendrer la mise en œuvre de cette concession forcée. Le juge, à la lumière des éléments de preuve qui lui sont rapportés, accorde une concession simple à des conditions déterminées, notamment quant à sa durée, son champ d'application et le montant des redevances auxquelles elle donne lieu. Seul le tribunal peut modifier ces conditions, à la requête du propriétaire ou du licencié. La défense du propriétaire du bien ne peut se fonder que sur la preuve d'une exploitation effective[227] et suffisante ou des excuses légitimes, notamment l'attente d'une autorisation administrative pour exploiter son bien. L'existence d'un contrat de licence permet de faire échec à une telle demande[228] sous réserve que le licencié exploite suffisamment le bien.

La licence ne peut être transmise qu'avec le fonds de commerce, l'entreprise ou la partie de l'entreprise auquel elle est attachée. Enfin, le licencié doit se conformer au contenu de la licence, à défaut, le propriétaire du bien intellectuel ou un autre licencié peuvent demander au tribunal le retrait de la concession.

b) La licence de dépendance

1051. La licence obligatoire type est la licence de dépendance dont le régime s'articule entre les dispositions des articles L. 613-11, L. 613-15 et L. 613-15-1, L. 623-21 et L. 623-22 C. propr. intell. La dépendance se constate soit entre deux brevets, soit entre un brevet et une obtention végétale. Elle suppose qu'une personne réalise une invention dont l'exploitation n'est possible qu'avec l'utilisation d'un bien intellectuel détenu par un tiers, dans un rapport de dépendance entre les deux biens. Le propriétaire du brevet portant atteinte à un brevet antérieur ne peut exploiter son bien sans l'autorisation du propriétaire

227. Cass. com., 11 janv. 2000, *Ann. Prop. Indust.* 2000, p. 149.
228. TGI Lyon, 29 mai 1998, *PIBD* 1999, III-1.

du brevet antérieur, et ledit propriétaire ne peut exploiter le brevet postérieur sans l'autorisation du propriétaire du brevet postérieur. Le système est à double sens, le propriétaire du bien nouveau doit être à même d'exploiter celui-ci mais le propriétaire du bien ancien doit aussi pouvoir exploiter le bien nouveau prenant la forme d'un perfectionnement. À défaut d'accord entre les propriétaires des biens intellectuels en cause sur les termes d'une licence[229], le propriétaire du bien en dépendance peut obtenir du tribunal de grande instance une licence obligatoire. La licence ne porte que sur les éléments du bien intellectuel du tiers nécessaires à l'exploitation du bien dépendant. Surtout, la licence ne peut être obtenue que si l'invention constitue à l'égard du brevet antérieur un progrès technique important et présente un intérêt économique considérable. La preuve de ces éléments pèse sur le demandeur, la notion de progrès technique important et d'intérêt économique considérable laisse une large place à l'interprétation des magistrats. Doit-on distinguer important et considérable ?

Si la licence est accordée, elle suit le régime des articles L. 613-12 à L. 613-14 C. propr. intell. mais la licence de dépendance n'est pas attachée au fonds de commerce, elle est attachée au brevet qu'elle complète et ne peut être transmise qu'avec ce dernier.

1052. En appliquant le même régime, le législateur a étendu ce mécanisme de licence de dépendance aux obtentions végétales entre elles ou en rapport avec les brevets. L'article L. 613-15-1 dispose que lorsqu'un obtenteur ne peut obtenir ou exploiter un droit d'obtention végétale sans porter atteinte à un brevet antérieur, il peut demander la concession d'une licence de ce brevet dans la mesure où elle est nécessaire pour l'exploitation de la variété végétale appropriée et pour autant que la variété constitue à l'égard de l'invention revendiquée dans ce brevet un progrès technique important et présente un intérêt économique considérable. L'article L. 623-22-1 complète le dispositif arrêtant que lorsque le titulaire d'un brevet portant sur une invention biotechnologique ne peut exploiter celle-ci sans porter atteinte à un droit d'obtention végétale antérieur, il peut demander la concession d'une licence pour l'exploitation de la variété protégée par le droit d'obtention, pour autant que cette invention constitue à l'égard de la variété végétale un progrès technique important et présente un intérêt économique considérable. Incohérence législative, la licence de dépendance entre un brevet et une obtention végétale n'est pas attachée au bien intellectuel mais au fonds de commerce, suivant le régime de l'article L. 613-13 C. propr. intell.

1053. La loi de décembre 2011[230] modifiant le régime des obtentions végétales a renforcé les mécanismes de licences de dépendance en en créant une nouvelle pour l'exploitation des obtentions entre elles dépendantes, elle complète ainsi le dispositif antérieur. Le nouvel article L. 623-22-3 dispose que toute personne de droit public ou de droit privé peut obtenir une licence obligatoire si elle a formé une demande de licence auprès d'un propriétaire d'une obtention végétale antérieure et que le demandeur de licence n'a pu obtenir

229. Le défaut d'accord ne peut constituer un fait justificatif à une contrefaçon : Cass. com., 16 janv. 1996, *PIBD* 1996, III-175.
230. Loi n° 2011-1843 du 8 déc. 2011, art. 12, voir *supra* n° 641 et s.

une concession dans un délai d'un an à dater de sa demande auprès du titulaire du certificat. On note que le législateur fixe un délai express ce qui n'est pas le cas en droit des brevets. Il eut été bon d'harmoniser ce point-là à l'occasion de la réforme... La demande de licence peut être présentée par le propriétaire du certificat délivré pour une variété essentiellement dérivée d'une variété protégée qui n'a pas pu obtenir du propriétaire du certificat de la variété initiale les autorisations nécessaires à l'exploitation de sa propre variété. La demande de licence de dépendance doit être formée auprès du tribunal de grande instance du lieu de situation du propriétaire qui refuse la licence. Le demandeur doit justifier qu'il est en état d'exploiter la variété de manière sérieuse et effective, et que la licence est d'intérêt public eu égard, notamment, à l'insuffisance notoire d'approvisionnement du marché agricole concerné par cette variété. Les critères sont, là aussi, un peu différents de ceux utilisés pour la licence de dépendance en droit des brevets (*i.e.* un progrès technique important et un intérêt économique considérable). En revanche, à l'image de la solution du droit des brevets, le propriétaire du certificat protégeant la variété initiale peut obtenir, dans les mêmes conditions, une licence du certificat protégeant la variété essentiellement dérivée. La licence obligatoire est non exclusive. Le tribunal détermine notamment sa durée, son champ d'application et le montant des redevances auxquelles elle donne lieu. Ces conditions peuvent être modifiées par le tribunal à la requête du propriétaire ou du licencié. Et si le titulaire d'une licence obligatoire ne satisfait pas aux conditions auxquelles cette licence a été accordée, le propriétaire du certificat d'obtention et, le cas échéant, les autres licenciés peuvent obtenir du tribunal le retrait de cette licence. Suivant le modèle retenu pour le brevet, les droits attachés à une licence obligatoire ne peuvent être ni cédés, ni transmis, si ce n'est avec l'entreprise ou la partie de l'entreprise à laquelle ils sont rattachés, la licence est donc attachée au fonds de commerce et non au bien intellectuel. La cession ou transmission du fonds est, à peine de nullité, soumise à l'autorisation du tribunal. Cette autorisation préalable alourdit le mécanisme, permettra certainement de lutter contre le démembrement frauduleux d'un fonds de commerce dans l'unique objectif de transférer le bien intellectuel et la licence de dépendance. Cette évolution du rapport entre les obtentions végétales est importante, toutefois, elle est applicable aux certificats d'obtention délivrés avant le 11 décembre 2011. Elle s'applique également aux certificats d'obtention délivrés pour les demandes de certificat enregistrées avant cette date.

B La licence d'ouvrage indisponible

1054. Face à un sentiment de sclérose de certains biens intellectuels appropriés par le droit d'auteur, sous la pression notamment de *Google*, la France a adopté de façon isolée une licence imposée pour les droits d'auteur. Ainsi, non seulement en cas d'impossibilité d'identifier le propriétaire du bien intellectuel mais aussi en cas d'inaction, de passivité de ce dernier[231], il sera possible

231. Loi nº 2012-287, 1er mars 2012, relative à l'exploitation numérique des livres indisponibles du XXe siècle, *JORF*, 2 mars 2012, p. 3986 . Une « doctrine de combat » s'est attaquée à cette loi : F. Macrez, « L'exploitation numérique des livres indisponibles : que reste-t-il du droit d'auteur ? »,

d'obtenir une autorisation d'exploitation de biens intellectuels. Cette solution va au-delà de ce que préconisaient les différents travaux conduits sous l'impulsion de la Commission européenne, et modifie substantiellement la philosophie antérieure du droit d'auteur. L'intégration d'une obligation d'exploitation, au-delà de la seule obligation contractuelle de l'éditeur, est une réelle évolution de la matière[232].

1055. Pour mettre en œuvre ce régime, dans un premier temps, le législateur propose une double définition de l'œuvre orpheline. Une première est avancée par un nouveau article L. 113-10 C. propr. intell. qui dispose que « *l'œuvre orpheline est une œuvre protégée et divulguée, dont le titulaire des droits ne peut pas être identifié ou retrouvé, malgré des recherches diligentes, avérées et sérieuses* ». À cette première approche, l'article L. 134-1 C. propr. intell. ajoute une définition de l'œuvre orpheline à partir d'une définition du support. Il dispose que « *l'on entend par livre indisponible un livre publié en France avant le 1er janvier 2001 qui ne fait plus l'objet d'une diffusion commerciale par un éditeur et qui ne fait pas actuellement l'objet d'une publication sous une forme imprimée ou numérique* ».

1056. Afin de permettre une circulation des livres indisponibles, spécialement une numérisation et une exploitation en ligne de leur version numérisée, le législateur est créé une base de données publique, mise à disposition en accès libre et gratuit par un service de communication au public en ligne, qui répertorie les livres indisponibles. La Bibliothèque nationale de France veille à sa mise en œuvre, à son actualisation et à l'inscription des mentions prévues aux articles L. 134-4, L. 134-5 et L. 134-6. Toute personne peut demander à la Bibliothèque nationale de France l'inscription d'un livre indisponible dans la base de données. L'inscription d'un livre dans la base de données ne préjuge pas de l'application des articles L. 132-12 et L. 132-17 relatif au contrat d'édition. Le décret d'application fut adopté en janvier 2013[233].

1057. Suivant les dispositions de l'article L. 134-3 C. propr. intell., lorsqu'un livre est inscrit dans cette base de données depuis plus de six mois, le droit d'autoriser sa reproduction et sa représentation sous une forme numérique est exercé par une société de perception et de répartition des droits. Outre les conditions habituelles exigées par le législateur pour l'agrément de ces sociétés, la loi précise, pour l'activité spécifique d'exploitation des œuvres orphelines, que ces SPRD doivent certifier de moyens probants qu'elles proposent de mettre en œuvre afin d'identifier et de retrouver les titulaires de droits aux fins de répartir les sommes perçues, de moyens de développer des relations contractuelles permettant d'assurer la plus grande disponibilité possible des œuvres, et de

D. 2012, p. 749 ; Ph. Gaudrat, « Édition numérique : une actualité législative édifiante », *RTD com.* 2012.557.

232. Solution conforme à la Constitution comme répondant à un motif d'intérêt général et ne portant pas d'atteinte disproportionnée au droit de propriété : Cons. const., déc. 28 févr. 2014, n° 2013-370 QPC, *CCE* 2014, Étude 6, note J.-M. Bruguière.

233. Décret n° 2013-182, 27 févr. 2013, portant application des art. L. 134-1 à L. 134-9 du Code de la propriété intellectuelle et relatif à l'exploitation numérique des livres indisponibles du XXe siècle, *JORF* n° 0051, 1er mars 2013, p. 3835.

moyens de veiller à la défense des intérêts légitimes des ayants droit non parties au contrat d'édition. Dès lors, pour les livres inscrits, la reproduction et la représentation du livre sous une forme numérique sont autorisées, moyennant une rémunération, à titre non exclusif et pour une durée limitée à cinq ans, renouvelable. Sauf refus motivé, les SPRD doivent autoriser gratuitement les bibliothèques accessibles au public à reproduire et à diffuser sous forme numérique à leurs abonnés les livres indisponibles conservés dans leurs fonds dont aucun titulaire du droit de reproduction sous une forme imprimée n'a pu être trouvé dans un délai de dix ans à compter de la première autorisation d'exploitation. Cette gratuité ne peut intervenir que si l'institution bénéficiaire ne recherche aucun avantage économique ou commercial. De plus, les SPRD doivent utiliser une partie des fonds ainsi collectés pour des actions sociales. L'article L. 134-9 C. propr. intell. impose que les SPRD utilisent à des actions d'aide à la création, à des actions de formation des auteurs de l'écrit et à des actions de promotion de la lecture publique mises en œuvre par les bibliothèques les sommes perçues au titre de l'exploitation des livres indisponibles et qui n'ont pu être réparties parce que leurs destinataires n'ont pu être identifiés ou retrouvés avant l'expiration du délai prévu au dernier alinéa de l'article L. 321-1. Le montant et l'utilisation de ces sommes devront faire l'objet, chaque année, d'un rapport des sociétés de perception et de répartition des droits au ministre chargé de la culture. Pour ce qui est distribuable, et on perçoit ici le paradoxe de la loi, la répartition doit se faire suivant un caractère équitable entre les ayants droit, qu'ils soient ou non parties au contrat d'édition. Il est précisé que le montant des sommes perçues par le ou les auteurs du livre ne peut être inférieur au montant des sommes perçues par l'éditeur. Ces dispositions laissent perplexe car si l'œuvre est indisponible et certainement orpheline, on ne comprend pas comment les SPRD pourront identifier des ayants droit qui ne l'auraient pas été par l'exploitant. Il ne faudrait pas que ce régime soit détourné de sa finalité, et qu'il devienne l'aune d'un mécanisme de licence globale ou automatique ; l'auteur identifié mais silencieux pourrait laisser l'inscription au registre s'effectuer puis collecter auprès de la SPRD les sommes qui lui sont dues.

1058. Pour l'exercice de ce droit de reproduction appliqué aux ouvrages indisponibles, à défaut d'opposition notifiée par l'auteur ou l'éditeur, la SPRD propose une autorisation de reproduction et de représentation sous une forme numérique d'un livre indisponible à l'éditeur disposant du droit de reproduction de ce livre sous une forme imprimée. Cette proposition est formulée par écrit. Elle est réputée avoir été refusée si l'éditeur n'a pas notifié sa décision par écrit dans un délai de deux mois à la SPRD. L'autorisation d'exploitation est délivrée par la SPRD à titre exclusif pour une durée de dix ans tacitement renouvelable. L'exercice exclusif d'un droit dont la société n'est pas titulaire mais simplement dépositaire semble disproportionné avec les objectifs de la loi. Une autorisation non exclusive suffit à permettre la diffusion légale du bien intellectuel. L'exclusivité répond à une logique de droits voisins en l'espèce et non de droit d'auteur. L'éditeur prenant l'initiative d'exploiter l'œuvre orpheline bénéficiant d'un avantage attaché à son investissement secondaire. Cette assimilation est d'ailleurs confirmée par le législateur qui indique explicitement que l'utilisateur auquel une SPRD a accordé une autorisation d'exploitation exclusive est considéré comme l'éditeur de livre numérique au sens de l'article 2 de la loi relative au prix du livre numérique[234].

Sous réserve d'une opposition de l'auteur de l'œuvre en cause apportant par tout moyen la preuve que cet éditeur ne dispose pas du droit de reproduction d'un livre sous une forme imprimée, l'éditeur ayant notifié sa décision d'acceptation est tenu d'exploiter, dans les trois ans suivant cette notification, le livre indisponible concerné. Il doit apporter à cette SPRD, par tout moyen, la preuve de l'exploitation effective du livre. À défaut d'acceptation de la proposition d'autorisation ou d'exploitation de l'œuvre dans le délai, la reproduction et la représentation du livre sous une forme numérique sont autorisées par la SPRD sans bénéfice d'une exclusivité.

1059. L'exploitation d'une œuvre sous le régime des livres indisponibles n'est pas irrémédiable, l'article L. 134-8 C. propr. intell. retient que le propriétaire du droit de reproduction du livre sous une forme imprimée peut obtenir à tout moment de la SPRD le retrait immédiat de l'autorisation gratuite. Surtout, l'article L. 134-4 C. propr. intell. dispose que l'auteur d'un livre indisponible ou l'éditeur disposant du droit de reproduction sous une forme imprimée de ce livre peut s'opposer à l'exercice du droit d'autorisation par une SPRD. Cette opposition doit être notifiée par écrit à l'organisme qui tient le registre au plus tard six mois après l'inscription du livre concerné dans la base de données. La mention de cette opposition doit être faite dans la base de données. Après expiration de ce délai de six mois, l'auteur d'un livre indisponible peut s'opposer à l'exercice du droit de reproduction ou de représentation de ce livre s'il juge que la reproduction ou la représentation de ce livre est susceptible de nuire à son honneur ou à sa réputation, ce qui ne peut être assimilé à une atteinte au droit moral. Ce droit est exercé sans indemnisation. Cela emporte donc une réduction du droit de propriété, et rapproche nettement le droit d'auteur des autres mécanismes de la propriété intellectuelle en faisant peser sur l'auteur une obligation d'exploitation ou du moins une obligation de contrôle de ses biens. De plus, l'auteur d'un livre indisponible peut décider à tout moment de retirer à la SPRD le droit d'autoriser la reproduction et la représentation du livre sous une forme numérique s'il apporte la preuve qu'il est le seul titulaire des droits. Il lui notifie cette décision.

Si l'opposition à l'intégration dans ce régime des ouvrages indisponibles émane de l'éditeur et non de l'auteur, l'éditeur est tenu d'exploiter dans les deux ans suivant cette notification le livre indisponible concerné. Il doit apporter par tout moyen la preuve de l'exploitation effective du livre à la SPRD. À défaut d'exploitation du livre dans le délai imparti, la mention de l'opposition est supprimée dans la base de données et le droit d'autoriser sa reproduction et sa représentation sous une forme numérique est exercé par la société de gestion collective. La preuve de l'exploitation effective du livre, apportée par l'éditeur, ne préjuge pas de l'application des articles L. 132-12 et L. 132-17 du C. propr. intell. relatif à l'exécution des obligations de l'éditeur[235].

234. Voir *supra* n° 984.
235. Voir *supra* n° 984 et 989.

1060. Enfin, suivant l'article L. 134-6 C. propr. intell., l'auteur et l'éditeur disposant du droit de reproduction sous une forme imprimée d'un livre indisponible peuvent notifier conjointement, à tout moment, à la SPRD leur décision de lui retirer le droit d'autoriser la reproduction et la représentation du livre sous forme numérique.

Dans chacun de ces cas, il est fait mention des notifications dans la base de données. La SPRD informe tous les utilisateurs auxquels elle a accordé une autorisation d'exploitation du livre. Les ayants droit ne peuvent s'opposer à la poursuite de l'exploitation dudit livre engagée avant la notification pendant la durée restant à courir, à concurrence de cinq ans maximum et à titre non exclusif.

1061. Ces licences imposées visent à limiter les effets d'un abus de propriété, le propriétaire du bien intellectuel ne pouvant rationner l'utilisation de son bien en cas de besoins essentiels. Ces dispositions ont une fonction principalement dissuasive, la perte de la liberté contractuelle étant redoutée. Les parties, sous cette menace discrète, parviennent toujours à un accord et aucune application de cet arsenal n'est à dénoter.

Le droit d'auteur et les droits voisins ne connaissent pas directement ces dispositifs de dépendance, toutefois, l'évolution de la jurisprudence en droit de la concurrence soumettant les biens intellectuels au régime des infrastructures essentielles[236] emporte des effets similaires, dès lors que l'on rapportera la preuve de cette qualité. Si le bien intellectuel est qualifié d'infrastructure essentielle, son propriétaire doit accorder aux tiers un accès à ce bien dans les conditions raisonnables pour que ces derniers puissent développer des offres nouvelles sur le marché.

C Les licences d'ordre public

1062. Ces licences d'ordre public visent la santé publique, les besoins industriels essentiels de la nation et la défense nationale. Ces licences ont un caractère administratif, même si un recours à l'autorité judiciaire est possible.

1. La santé publique

1063. L'article L. 613-16 C. propr. intell. expose les conditions dans lesquelles il est possible de recourir à une licence d'ordre public pour des raisons de santé publique. Si l'intérêt de la santé publique l'exige et à défaut d'accord amiable avec le propriétaire du brevet – la licence imposée n'est qu'une solution de dernier recours –, le ministre chargé de la propriété industrielle peut, sur la demande du ministre chargé de la santé publique, soumettre par arrêté au régime de la licence d'office tout brevet délivré pour un médicament, un dispositif médical, un dispositif médical de diagnostic *in vitro*, un produit thérapeutique annexe. Cette décision peut aussi viser le procédé d'obtention, un produit nécessaire à leur obtention ou un procédé de fabrication d'un tel produit et enfin, une méthode de diagnostic *ex vivo*. Au-delà des brevets, une licence

236. Voir *infra* n° 1210 et s.

similaire peut être prononcée, suivant l'article L. 623-17 C. propr. intell., en présence d'une variété indispensable à la vie humaine ou animale.

1064. Pour qu'une telle licence soit mise en œuvre, ces produits, ou des produits issus de ces procédés, ou ces méthodes doivent être mis à la disposition du public en quantité ou qualité insuffisantes ou à des prix anormalement élevés. Il est possible de recourir à cette quasi-expropriation lorsque le bien intellectuel est exploité dans des conditions contraires à l'intérêt de la santé publique ou constitutives de pratiques déclarées anticoncurrentielles à la suite d'une décision administrative ou juridictionnelle devenue définitive. Dans ce dernier cas, la licence est une sanction contre le propriétaire du bien intellectuel auteur d'une pratique anticoncurrentielle, le ministre chargé de la propriété industrielle n'est alors pas tenu de rechercher un accord amiable. Il est possible de se passer d'un tel accord en présence d'un cas d'urgence.

Une fois les conditions requises constatées, l'autorité administrative publie un arrêté qui soumet le brevet au régime de la licence d'office. À compter de cette date, toute personne qualifiée peut demander au ministre chargé de la propriété industrielle l'octroi d'une licence d'exploitation. Cette dernière est accordée par un arrêté dudit ministre qui en fixe les conditions, notamment sa durée et son champ d'application. La redevance n'est pas tranchée par cet arrêté, mais fixée par un accord amiable approuvé par le ministre, et à défaut par le tribunal de grande instance. La licence prend effet à compter de la date de la notification de l'arrêté aux parties.

Ce régime, à l'origine appliqué uniquement pour les besoins nationaux, connaît depuis les accords réformant les accords ADPIC conclus à Doha et complétés à Genève[237], une application étendue. Suivant le règlement communautaire 816/2006[238], une demande de licence obligatoire peut avoir pour objet la fabrication de produits pharmaceutiques destinés à l'exportation vers des pays connaissant des problèmes de santé publique. Cette demande est adressée à l'autorité administrative qui en détermine les conditions conformément à l'article 10 du règlement. L'arrêté d'octroi de la licence fixe le montant des redevances dues. Les médicaments produits dans ce cadre ne doivent pas intégrer le marché de l'UE, une telle commercialisation constituerait une contrefaçon[239].

2. L'économie et la défense nationale

1065. L'article L. 613-18 C. propr. intell. prévoit que le ministre chargé de la propriété industrielle peut mettre en demeure les propriétaires d'une invention d'engager son exploitation de manière à satisfaire les besoins de l'économie nationale. Si la mise en demeure n'est pas suivie d'effet dans un délai d'un an, et si l'absence ou l'insuffisance d'exploitation porte gravement atteinte au développement de l'économie et à l'intérêt public, le brevet peut être mis en

237. D. Gervais, *L'accord sur les ADPIC*, Larcier, 2010, p. 64 à 91.

238. Règlement (CE) nº 816/2006 du 17 mai 2006 concernant l'octroi de licences obligatoires pour des brevets visant la fabrication de produits pharmaceutiques destinés à l'exportation vers des pays connaissant des problèmes de santé publique. Voir N. Binctin, « Propriété intellectuelle et santé », *LPA* 2012, nº 133, 4 juill., p. 6.

239. E. Sergheraert, « Lutte contre la contrefaçon de médicament », *D.* 2009, chron. 515.

licence d'office par décret en Conseil d'État. L'appréciation de ces critères laisse une place importante à l'interprétation. À compter de la publication de celui-ci, toute personne qualifiée peut demander l'octroi d'une licence d'exploitation. Les conditions sont alors arrêtées par arrêté quant à son champ d'application. Les redevances sont fixées à l'amiable, à défaut d'accord, elles sont déterminées par le tribunal de grande instance.

La loi du 8 décembre 2011 intègre pour cette licence une sanction à l'encontre du licencié. Si ce dernier ne satisfait pas aux conditions requises, le ministre de l'agriculture peut, après avis, en prononcer la déchéance.

L'article L. 613-19 pour les brevets, l'article L. 622-7 pour la topographie de semi-conducteur et l'article L. 623-20 pour les obtentions végétales, organisent une licence d'office pour les besoins de la défense nationale[240]. Le régime est similaire à la licence d'office pour besoins économiques.

L'article L. 613-19-1 C. propr. intell., suivant l'article 40 des accords ADPIC, ajoute une licence d'office sur les semi-conducteurs pour des utilisations publiques à des fins non commerciales ou pour remédier à une pratique déclarée anticoncurrentielle.

Section 3
Les tendances contractuelles de la propriété intellectuelle

1066. Les tendances contractuelles s'inscrivent comme des variantes sophistiquées de la cession ou de la concession, soit comme des contrats originaux dans leur contenu, telle la syndication[241]. Les biens intellectuels bénéficient d'une créativité contractuelle importante, les modèles étant essentiellement développés en Amérique du Nord puis acclimatés en Europe, sous réserve de la gestion collective, modèle phare des tendances contractuelles.

Sans qu'il soit possible de passer en revue chaque type de contrat impliquant des biens intellectuels, il s'agit de revenir sur l'exploitation collective des biens intellectuels qui est l'élément le plus marquant de ces tendances contractuelles, avant d'envisager les contrats de garanties, le contrat de société, et la coopération pour le développement de biens intellectuels.

§ 1. L'exploitation collective

1067. La recherche d'une collectivisation de l'exploitation des biens intellectuels se justifie par au moins deux points. En premier lieu, elle seule offre un coût d'exploitation marginal qui assure une rentabilité à la plupart des

240. Cf. N. Wuylens, *Défense nationale et brevet d'invention*, éd. Cedat, 1999.
241. G. de Martino et M. Chablaoui, « Contrats du web 2.0 : exemple du contrat de syndication de lecteur vidéo », *CCE* 2012, prat. 11.

utilisations. En partageant l'ensemble des coûts contractuels d'exploitation, les propriétaires de biens intellectuels ont plus de chances de pouvoir dégager un bénéfice net de l'exploitation de leurs actifs. À défaut, les coûts de gestion seraient pour la grande majorité d'entre eux supérieurs aux produits de l'exploitation. Leur activité serait déficitaire et ils devraient y mettre un terme. La gestion collective écarte ce schéma financier d'une exploitation structurellement déficitaire qui sonnerait le glas de la création[242]. Deuxième argument, l'exploitation collective assure un accès simplifié au marché pour l'ensemble des intervenants. L'accès individuel aux marchés consommant des biens intellectuels est difficile pour la plupart des propriétaires de biens intellectuels. Naturellement, le compositeur ou le chanteur ne peuvent pas démarcher toutes les sociétés et promouvoir leurs créations en sollicitant une diffusion. Le problème est pratiquement le même pour une multinationale dont la technologie s'insère dans un vaste ensemble multidépendant : identifier tous les titulaires et tous les biens intellectuels en cause est une opération périlleuse.

La gestion collective est un gage de simplification d'accès aux biens intellectuels pour les exploitants[243], suivant la théorie du guichet unique, le « *one stop shopping* ». Elle permet d'identifier l'interlocuteur compétent et de conclure rapidement un contrat dont les conditions seront similaires à celles accordées aux autres exploitants. La présence des sociétés de gestion collective permet aux exploitants de scruter leurs catalogues pour connaître les biens intellectuels à leur disposition.

Enfin, le recours à la gestion collective procure aux propriétaires de biens intellectuels une puissance de négociation accrue face aux exploitants. La concentration des acteurs économiques impose un tel rapprochement pour négocier dans un rapport équilibré, cela impose aussi un contrôle des autorités de la concurrence pour s'assurer que cette concentration de l'exploitation n'engendre pas des ententes ou des abus de position dominante.

1068. Cette tendance à la collectivisation de l'exploitation des biens intellectuels se vérifie tant dans le domaine de la musique que dans celui des nouvelles technologies. L'éparpillement des biens intellectuels nécessaires pour mettre sur le marché une offre commercialisable suppose pour un exploitant de contracter une infinité de concessions. Il faut mettre en œuvre quelques centaines de brevets pour un téléphone portable, un test génétique ou un lecteur de DVD[244]. Il faut quelques milliers de chansons, de vidéos, ou de livres pour proposer une plateforme de téléchargement attractive. Pour compenser ces difficultés pratiques, les titulaires de biens intellectuels se sont regroupés dans ce qui est usuellement désigné sous le nom de *Patent Pool*[245] pour les brevets et

242. Voir l'analyse économique de la gestion collective proposée par X. Greffe, *op. cit.*, p. 130 et s. ; C. Caron, « Droit d'auteur », *op. cit.*, n° 473 et s. ; F. Pollaud-Dulian, *Le droit d'auteur*, *op. cit.*, n° 1143 et 1146. Commission Permanente de contrôle des SPRD, 3e rapport, mars 2006, p. 174.

243. Par exemple, le *Medecines Patent Pool*, fondation de droit Suisse créée en juillet 2010 pour faciliter la production et la diffusion de medicament permettant de traiter le SIDA.

244. Par exemple, DRM Pool, the RFID Consortium, 3C Patent Group, DVD6C Licensing Group, MPEGLA, Amersham Biosciences.

245. Ces organismes sont aussi désignés par le sigle SSOs : *Standard-Setting Organizations.* Voir C. Kertesz, « Élaborer une stratégie conciliant propriété intellectuelle et normalisation », *Approches stratégiques de la propriété industrielle*, LexisNexis, 2011, coll. IRPI, t. 38, p. 9 ; F. Dumont, « La

dans des sociétés de perception et de répartition pour les droits d'auteur et les droits des artistes-interprètes et des producteurs de phonogrammes et de vidéogrammes (ci-après SPRD), conjointement désignées ci-après sociétés de gestion collective (SGC). Elles sont dédiées à un territoire, un type d'exploitation ou une technologie définie. Les modes d'adhésion, de gestion et de financement de ces sociétés sont très similaires. Par exemple, la société MPEGLA[246], fondée pour générer les créations relatives aux techniques de compression des sons et images, sélectionne ses membres en fonction de la nature de leurs créations, leur verse le produit de l'exploitation de celles-ci et prélève une quote-part des sommes perçues pour se financer, schéma similaire à celui des SPRD françaises. Plus récentes dans leur organisation que les sociétés gérant des droits d'auteur, ces sociétés offrent une représentation mondiale pour les technologies qu'elles gèrent et non simplement nationale. L'exploitant dispose d'une facilité d'accès aux biens intellectuels visés par la présence d'un guichet unique auprès duquel il peut souscrire une concession d'exploitation pour un portefeuille de biens intellectuels.

Ce modèle d'exploitation soulève de riches questions en droit de la concurrence : l'accès facilité aux biens intellectuels est bon pour le marché et les consommateurs[247], mais il s'effectue par une entente entre des producteurs et la perte de concurrence entre eux dans le domaine de la recherche et du développement[248]. Les SPRD sont parfois soupçonnées d'entraver la libre concurrence et la libre circulation des biens par leurs accords[249].

1069. L'UE a fait un pas important dans l'organisation du marché de l'UE de la propriété intellectuelle en parvenant, après une dizaine d'années de débats, à adopter une directive[250] encadrant le fonctionnement des SPRD. Cette directive doit aussi permettre l'émergence d'une offre contractuelle renouvelée pour l'exploitation des biens intellectuels couverts par des droits d'auteur ou des droits voisins en ligne[251]. Les États membres devront transposer la directive au plus tard pour le 10 avril 2016. Ces deux années à disposition pour transposer ne seront certainement pas de trop. La directive affirme que les SPRD ne sont pas nécessairement titulaires des droits de propriété intellectuelle et représentent les

---

pratique des "patent pools" (ou accords de regroupements de brevets) », *Les contrats de la propriété intellectuelle*, Dalloz, 2013, coll. Thèmes et commentaires/Cuerpi, p. 63.

246. http://www.mpegla.com/main/default.aspx.

247. G. Henry et C. Quatravaux, *Technologies vertes et propriété intellectuelle*, LexisNexis, 2013, coll. IRPI, t. 42, n° 63 et s.

248. Sur ce thème, Commission européenne, *Lignes directrices relatives à l'application de l'article 81 du traité CE aux accords de transfert de technologie*, *JOCE*, 27 avr. 2004, C 101/2, spéc. n° 210 et s., p. 37 ; P. D. Curran, « Standard-Setting Organizations : Patents, Price Fixing and Per Se Legality », *The University of Chicago Law Review*, vol. 70, Summer 2003, n° 3, p. 983 ; R. J. Gilbert, *Antitrust for Patent Pools : A Century of Policy Évolution*, University of California, Berkeley, 2002 ; J. Lerner et J. Tirole, *Efficient Patent Pools*, Harvard University et CNRS 2002 ; J. Tirole, *Pools, Standards and Access to Intellectual Property*, conférence « *Guidelines for Merger Remedies – Prospects and Principles* », École des mines, janv. 2002.

249. Cf. X. Greffe, *Économie de la propriété artistique*, Economica, 2005, p. 107 et s.

250. Directive 2014/26, 26 févr. 2014 concernant la gestion collective du droit d'auteur et des droits voisins et l'octroi de licences multiterritoriales de droits sur des œuvres musicales en vue de leur utilisation en ligne dans le marché intérieur, *JOUE* 20 mars 2014, L. 84/72.

251. Voir *supra* n° 1033.

titulaires pour les actes d'exploitation. Elle souhaite renforcer la liberté de choix des titulaires pour les prestations de service de gestion collective, dont la possibilité de résilier l'accord passé avec une SPRD. Il est avancé que lorsqu'un titulaire de droits autorise une SPRD à gérer ses droits, il donne son consentement spécifiquement pour chaque droit ou catégorie de droits ou type d'œuvres et autres objets qu'il autorise la SPRD à gérer. Ce consentement est constaté par écrit. Le droit d'information est renforcé, les conditions de participation à la gestion de la SPRD encadrées. S'il est probable que l'essentiel des pratiques de la gestion collective, dont le cadre juridique et comptable, a nettement évolué depuis une dizaine d'années, et demeura identique après la transposition, il sera nécessaire pour la petite trentaine de SPRD françaises de s'adapter à ce nouveau cadre légal.

La gestion collective est dans l'essentiel des cas un mode d'exploitation de biens intellectuels volontairement choisi par le propriétaire, il est quelques hypothèses de gestion collective obligatoire, en présence de licences automatiques, en droit d'auteur et en droit voisin[252]. La gestion collective se caractérise par deux contrats complémentaires, l'un liant le propriétaire du bien intellectuel à l'organe de gestion et l'autre liant ce dernier à l'exploitant.

A Le contrat propriétaire

1070. Le contrat liant le propriétaire du bien intellectuel à une SGC peut prendre des formes très variables : contrat de mandat, contrat de licence, convention d'apport en société, fiducie... Le régime d'appropriation du bien intellectuel n'a aucun impact en la matière, il est nécessaire que la société dispose des prérogatives suffisantes pour autoriser des tiers à exploiter le bien intellectuel, ce qui ne suppose en aucun cas la nécessité d'un transfert de propriété. Il faut envisager l'origine et la forme de ces sociétés, avant de préciser les relations établies avec les propriétaires de biens intellectuels. Ces analyses aborderont principalement les SPRD, à titre d'illustration.

1. Origine et forme sociale des SGC

1071. Une SGC peut être le fruit d'une initiative des propriétaires de biens intellectuels ou des autorités publiques. Le premier cas est le plus courant, quel que soit le régime d'appropriation du bien intellectuel. Les *patent pools* comme les SPRD sont le fruit d'une initiative des propriétaires de biens intellectuels. Le législateur laisse totalement libre la création de SGC gérant tous les biens intellectuels, sauf ceux appropriés par droit d'auteur ou droits voisins pour lesquels la création de la société est contrôlée.

L'existence d'une personnalité morale n'est pas nécessaire, une société en participation pouvant constituer un cadre juridique *ad hoc* pour une SGC. Les sociétés de portefeuille sont cependant le plus souvent dotées de cet attribut. La forme peut être aussi bien civile que commerciale, l'objet étant de délivrer des autorisations d'exploitation, des licences, des biens donnés en gestion. L'exclusivité de la mise en gestion n'est pas plus un impératif pour le fonctionnement

252. Voir *supra* n° 1040 et s.

du système. Les autorités de la concurrence l'écartent même explicitement pour les *Patent Pool*, le propriétaire du bien devant garder la possibilité d'accorder lui-même une concession sur un bien donné en gestion à un tiers[253].

1072. Le législateur intervient pour une catégorie particulière de SGC, celles en charge des droits d'auteur ou des droits voisins. L'article L. 321-1 C. propr. intell. dispose que ces SPRD sont constituées sous forme de sociétés civiles[254], régies par les dispositions du Code civil (articles 1832 et suivants, articles 1845 et suivants), et les dispositions spécifiques du Code de la propriété intellectuelle et leurs statuts. Ces derniers doivent nécessairement être conformes à ce *corpus* réglementaire. Ce choix de forme sociale n'est qu'arbitraire et emporte assez peu de conséquences pratiques, il pourrait devoir évoluer pour être en conformité avec la directive. Les associés des SPRD doivent être des auteurs, des artistes-interprètes, des producteurs de phonogrammes ou de vidéogrammes, des éditeurs, ou leurs ayants droit. Par cette énonciation, la loi ouvre le capital de ces sociétés tant à des personnes physiques que des personnes morales et pour une large catégorie de contributeurs à la création. Elle est porteuse de restrictions, notamment les sociétés de portefeuille ayant acquis des droits d'auteur ou des droits voisins ne sont pas visées dans cette énumération alors qu'elles peuvent avoir besoin de recourir à la gestion collective pour l'exercice de leur activité. Cette énonciation permet d'écarter les associés qui seraient uniquement des spéculateurs. Dotées d'une personnalité morale, les SPRD régulièrement constituées ont qualité pour ester en justice pour la défense des droits dont elles ont statutairement la charge[255]. Acteur de la vie économique, elles sont soumises au régime des procédures collectives si elles venaient à connaître une défaillance économique. Sans préjudice des dispositions générales applicables aux sociétés civiles, la demande de dissolution d'une SPRD peut être présentée au tribunal par le ministre chargé de la culture, ce qui vient conclure l'exercice d'un pouvoir de contrôle par les autorités publiques. En cas de violation de la loi qui lui est applicable, le tribunal peut interdire à une SPRD d'exercer ses activités de recouvrement dans un secteur d'activité ou pour un mode d'exploitation. Interdite d'opérer, celle-ci est pratiquement acculée à la dissolution.

1073. Les pouvoirs publics exercent un contrôle renforcé sur ces sociétés dès leur constitution et durant leur existence. La création d'une SPRD impose au préalable une communication des projets de statuts et de règlement général au ministre chargé de la culture. Celui-ci dispose d'un délai de deux mois à compter de leur réception pour saisir le tribunal de grande instance au cas où ces documents communiqués font apparaître des motifs réels et sérieux s'opposant à la constitution de la société. Si une telle saisine est pratiquée, le tribunal

---

253. Cf. Lignes directrices relatives à l'application de l'article 101 du traité aux accords de transfert de technologie, *JOUE* 24 avr. 2004, C 101/2, n° 191 et n° 210 et s.

254. Voir CE, 31 mars 2003, n° 238871, « Association de protection des ayants droit » ; *Lamy – Droit des médias et de la communication, Actualités* n° 36, mai 2003, p. 1 ; F. Pollaud-Dulian, *Le droit d'auteur, op. cit.*, n° 1162 et s.

255. N. Binctin, « La qualité à agir des SPRD pour les non-membres – Errements de la jurisprudence », *Légipresse* 2009, n° 261, II-52 ; Cass. civ. 1re, 19 févr. 2013, n° 11-21310, *Bull. civ.* I, à paraître, *D.* 2013, p. 567, note Ph. Allaeys ; *Légipresse* 2013, n° 305, p. 294, note N. Binctin, solution confirmée par plusieurs arrêts la même année.

doit apprécier la qualification professionnelle des fondateurs de ces sociétés, les moyens humains et matériels qu'ils proposent de mettre en œuvre pour assurer le recouvrement des droits et l'exploitation de leur répertoire ainsi que la conformité de leurs statuts et de leur règlement général à la réglementation en vigueur. Si ces éléments sont conformes, il autorise la constitution de la société.

Ce pouvoir de contrôle ne s'exerce pas qu'au moment de la création de la société, il reste entre les mains du ministre chargé de la culture pour toute la durée de la société. Ce dernier peut, à tout moment, saisir le tribunal de grande instance pour demander l'annulation des dispositions des statuts, du règlement général ou d'une décision des organes sociaux non conformes à la réglementation en vigueur dès lors que ses observations tendant à la mise en conformité de ces dispositions ou cette décision n'ont pas été suivies d'effet dans un délai de deux mois à compter de leur transmission, ou de six mois si une décision de l'assemblée des associés est nécessaire.

Un pouvoir de surveillance est aussi établi. L'article L. 321-12, modifié en 2009, exige que les SPRD communiquent leurs comptes annuels au ministre chargé de la culture et portent à sa connaissance, deux mois au moins avant son examen par l'assemblée générale, tout projet de modification de ses statuts ou des règles de perception et de répartition des droits. Cette communication obligatoire annonce un suivi fort par les pouvoirs publics de l'activité de ces sociétés. Il traduit l'enjeu majeur de leur activité pour l'économie et la nécessité pour l'État d'intervenir pour protéger les associés. Outre ces éléments, le ministre peut demander que lui soit adressé tout document relatif à la perception et à la répartition des droits et la copie des conventions passées avec les tiers. Le ministre est potentiellement mieux informé que chaque associé de la société pris individuellement. Ce pouvoir d'information est complété par un pouvoir d'enquête. Le ministre peut recueillir, sur pièces et sur place, les renseignements auxquels l'accès lui est garanti par la loi.

1074. Outre ce contrôle ministériel, le Code de la propriété intellectuelle organise un contrôle des comptes par un tiers. L'article L. 321-4 impose aux SPRD de nommer au moins un commissaire aux comptes et un suppléant, choisis sur la liste mentionnée à l'article L. 225-219 C. com. et qui exercent leurs fonctions dans les mêmes conditions que celles appliquées aux sociétés commerciales. La présence d'un commissaire aux comptes doit accroître la protection des membres de SPRD en leur assurant une meilleure information sur l'état financier de la société. Le commissaire aux comptes jouit de larges prérogatives pour effectuer sa mission.

Ces mesures de contrôle viennent s'ajouter à celles du droit commun des sociétés civiles avancées à l'article 1855 C. civ. Toutefois, l'exercice de ce droit annuel à l'information permettant d'obtenir la communication des livres et des documents sociaux et de poser des questions écrites au sujet de la gestion de la société, ne doit pas permettre à un associé d'obtenir communication du montant des droits répartis individuellement à tout autre ayant droit que lui-même. Toujours pour renforcer les prérogatives des associés et ne pas s'en remettre uniquement au droit commun des sociétés civiles et aux dispositions statutaires, la loi ajoute que tout groupement d'associés représentant au moins un dixième du nombre de ceux-ci peut demander en justice la désignation d'un ou plusieurs experts chargés de présenter un rapport sur une ou plusieurs opérations de gestion. On retrouve un outil classique du droit des sociétés commerciales avec, en plus, une extension de l'intérêt à agir pour les mêmes fins reconnue au ministère public et le comité d'entreprise. Le rapport établi dans le cadre de cette procédure est adressé au demandeur, au ministère public, au comité d'entreprise, aux commissaires aux comptes et au conseil d'administration. Il est annexé à celui établi par les commissaires aux comptes en vue de la première assemblée générale et reçoit la même publicité.

Le souhait légitime du législateur de protéger les associés, parties faibles, des SPRD impose de recourir à des mécanismes du droit des sociétés commerciales. On se demande s'il n'aurait pas été plus protecteur de retenir non pas une forme civile, mais une forme commerciale pour ces SPRD, et leur appliquer l'ensemble des dispositifs d'information à la disposition des associés des sociétés commerciales.

1075. Enfin, pour parfaire un contrôle de ces sociétés, le législateur leur impose des règles comptables communes établies dans les conditions fixées par l'Autorité des normes comptables. Une transparence accrue de la gestion est attendue de cette mesure. Il a été installé (art. L. 321-13 C. propr. intell.) une commission permanente de contrôle des SPRD composée de cinq membres nommés (un conseiller maître à la Cour des comptes, un conseiller d'État, un conseiller à la Cour de cassation, un membre de l'inspection générale des finances et un membre de l'Inspection générale de l'administration des affaires culturelles) pour une durée de cinq ans. La qualité de ses membres assure à cette commission une parfaite indépendance et une compétence technique majeure. Elle peut se faire assister de rapporteurs et peut, en outre, bénéficier de la mise à disposition de fonctionnaires et faire appel au concours d'experts désignés par son président. La commission a pour mission de contrôler les comptes et la gestion des SPRD ainsi que ceux de leurs filiales et des organismes qu'elles contrôlent. L'harmonisation de la présentation comptable est un facteur déterminant de l'action de la commission. Elle peut effectuer sur pièces et sur place le contrôle des SPRD. Dans le cadre de cette mission, les dirigeants des SPRD, de leurs filiales et organismes sont tenus de lui prêter leur concours, de lui communiquer tous documents et de répondre à toute demande d'information nécessaire à l'exercice de sa mission. La commission peut demander aux commissaires aux comptes des SPRD tous renseignements sur les sociétés qu'ils contrôlent. Les commissaires aux comptes sont alors déliés du secret professionnel à l'égard des membres de la commission.

La volonté publique d'obtenir une gestion transparente de ces sociétés est clairement affirmée par ces mécanismes et dérogations au droit commun. Opérateurs en situation de monopole de fait, comptant des milliers d'associés pour certaines sans que les pouvoirs collectifs soient pleinement efficients, les SPRD sont devenus des sociétés sous contrôle permanent. Une collaboration active de l'ensemble des acteurs de la gestion collective est impérative et sanctionnée. Ainsi, le fait, pour tout dirigeant d'une société ou d'un organisme soumis au contrôle de la commission de contrôle des SPRD, de ne pas répondre aux demandes d'information de la commission, de faire obstacle de quelque manière que ce soit à l'exercice de sa mission ou de lui communiquer sciemment des renseignements inexacts est puni d'un an d'emprisonnement et de 15 000 euros d'amende. La commission de contrôle présente un rapport annuel au Parlement, au Gouvernement et aux assemblées générales des SPRD. Ces rapports, d'une très grande qualité, offrent une analyse objective et précise des sociétés et ont déjà permis de mettre en place une gestion améliorée de celles-ci, suivant les recommandations de la commission de contrôle.

Dans ce cadre légal spécifique, la SPRD doit, d'une part, accueillir des propriétaires de biens intellectuels pour enrichir son catalogue et, d'autre part, conclure des contrats de représentation avec les exploitants, utilisateurs de leurs répertoires.

2. La relation entre le propriétaire du bien intellectuel et la SGC

1076. La relation entre le propriétaire du bien intellectuel et la SGC est un élément clé de cette organisation et traduit la fonction précise de la gestion collective. Le propriétaire cherche à améliorer la gestion et le rendement de ses biens intellectuels, pas à s'en défaire ou à s'en désintéresser. Dans les organisations les plus contemporaines, essentiellement les *patent pools*, le lien est assez clairement qualifié : la SGC est soit concessionnaire simple, soit mandataire, du propriétaire du bien intellectuel avec pour unique pouvoir de conclure des licences globales simples avec des tiers. Le contrat définit précisément le type d'exploitation possible pour la SGC, toutes les autres utilités du bien restent entre les mains du propriétaire. Ce contrat permet de remplir l'ensemble des objectifs de la gestion collective. La qualification de ce contrat pour les SPRD nourrit en revanche un débat doctrinal important.

1077. Mandat[256], apport en nature[257], apport en jouissance[258], quasi-apport[259] ou fiducie[260], ou tout simplement déclaration suivant l'expression retenue par la Commission permanente de contrôle des SPRD[261], autant de qualifications ont été avancées pour analyser la nature juridique de la relation existant entre le propriétaire du bien intellectuel et la SPRD. La multiplication des SPRD rend la quête d'une qualification d'autant plus complexe que chacune dispose de statuts propres et d'un domaine d'intervention spécifique. Il n'en demeure pas moins que les SPRD présentent des « *règles d'organisation et de fonctionnement remarquablement homogènes qui constituent en quelque sorte un statut* sui generis »[262]. Les traits saillants de cette organisation sont la présence d'un

256. Voir Cass. com., 5 nov. 1985, *Bull. civ.* IV, n° 263, p. 221, qui écarte explicitement cette hypothèse, cf. toutefois C. Caron, « Droit d'auteur », *op. cit.*, n° 484.

257. A. Schmidt, thèse, *op. cit.*, n° 14 pour la SACD et n° 152 pour la SACEM ; P.-Y. Gautier, « Le mandat en droit d'auteur », *Mélanges Françon*, Dalloz, 1995, p. 223, spéc. n° 10, p. 230.

258. C. Regnaut-Moutier, thèse, *op. cit.*, n° 243 et s.

259. M. Geninet, « Les quasi-apports en société », *Rev. soc.* 1987.25.

260. P.-Y. Gautier, *op. cit.*, n° 404 et 405. Voir Ch. Hugon, *Le régime juridique de l'œuvre audiovisuelle*, thèse, Litec, 1993, coll. Bibl. de droit privé, t. 31, n° 613 et s. où l'auteur distingue deux types de rapport : un apport en gérance ou un contrat de fiducie ; E.-P. Liaskos, *La gestion collective des droits d'auteur dans la perspective du droit communautaire*, thèse dactyl. Paris II, 2003, n° 269 et s., p. 152.

261. Commission permanente de contrôle des SPRD, 3ᵉ *Rapport annuel*, mars 2006, p. 181.

262. Commission permanente de contrôle des SPRD, 2ᵉ *Rapport annuel*, juin 2004, p. 76.

conseil d'administration ou d'un organe comparable, des pouvoirs larges pour ce dernier, et une hiérarchisation des associés.

La jurisprudence s'est prononcée à plusieurs reprises sur la nature des relations juridiques établies entre les créateurs et les SPRD. La Cour de cassation[263] écarte explicitement la qualification de mandat qui avait été retenue en 1933[264], indiquant cependant que la société agit en lieu et place de ses adhérents. Le contrat liant l'auteur à une SPRD n'est pas non plus un acte de disposition. Après avoir affirmé qu'un apport de droits d'auteur doit être analysé, non comme un apport en société, mais comme une cession à titre onéreux de nature particulière[265], la Cour de cassation a retenu, par un revirement de jurisprudence, que « *l'apport* [à une société de gestion collective], *n'emportant pas aliénation du capital et ne modifiant pas de façon permanente et irrévocable les droits indivisaires, n'est pas un acte de disposition* »[266]. La jurisprudence définit essentiellement la relation entre l'auteur et la société de gestion collective par ce qu'elle n'est pas : ce n'est pas uniquement un mandat, ce n'est pas une cession. Il est nécessaire de proposer une définition positive de cette relation, ne serait-ce que pour préciser sa nature et son régime juridique. Toute démarche exhaustive est exclue pour l'analyse des statuts des différentes sociétés et leur éparpillement impose de limiter ces investigations à deux d'entre elles : la SACEM et la SACD. Elles sont les principales intervenantes dans ce secteur et présentent les traits caractéristiques des SPRD.

a) Les SPRD : des sociétés coopératives

1078. Les sociétés coopératives[267] occupent une place importante dans l'économie et constituent une forme particulière d'organisation sociale, dotée d'une personnalité morale, d'un capital et d'associés. Une société coopérative présente, suivant la proposition de Saint-Alary[268], un ensemble de caractères la distinguant des autres sociétés. Ces critères sont : le principe de double qualité, le principe de démocratie exprimé sous la forme « un homme, une voix », le principe de « porte ouverte », celui des réserves indisponibles et celui de l'altruisme[269].

1079. Le principe de double qualité[270] exprime l'idée selon laquelle une société coopérative se distingue d'une société capitaliste par l'existence d'une relation contractuelle qui complète le rapport social commun à toutes les

263. Cass. com., 5 nov. 1985, *Bull. civ.* IV, n° 263, p. 221.
264. CA Paris, 6 mars 1933 ; *Gaz. Pal.* 1933 I 958 ; *S.* 1935, 1 116, note Gény.
265. Cass. civ. 1re, 7 févr. 1989, n° 87-12293 (*SACEM/La Brocherie*), inédit titré ; Cass. crim., 18 nov. 1986, *RIDA* n° 140, avr. 1989, p. 186 ; Cass. civ. 1re, 6 déc. 1988, *RIDA* n° 140, avr. 1989, p. 228 ; Cass. civ. 1re, 18 oct. 1989, *D.* 1990, j. 505, note P.-Y. Gautier, *RIDA* n° 145, juill. 1990, p. 327.
266. Cass. civ. 1re, 4 avr. 1991, *Bull. civ.* I, n° 115, p. 77, *D.* 1992, j. 261, note P.-Y. Gautier, spéc. n° 4 et 5, *RIDA* n° 150, oct. 1991, p. 127, *RTD civ.* 1992.160, n° 2, obs. Patarin.
267. Y. Guyon, *Traité des contrats – Les sociétés*, 5e éd., LGDJ, 2002, n° 130 ; M. Hérail, « Coopérative », *Rép. sociétés Dalloz* ; M. Michalauskas, « La société coopérative d'intérêt collectif, un groupement en quête d'identité », *Rev. soc.* 2002.247.
268. Saint-Alary, *op. cit.* Sur une certaine universalité de ces critères, G. Parleani, « Le règlement relatif à la société coopérative européenne, et la subtile articulation du droit communautaire et des droits nationaux », *Rev. soc.* 2004, n° 1, p. 74, spéc. n° 2, p. 76.
269. Voir *infra* n° 1095.
270. Cf. P. et Ph. Didier, *Droit commercial*, t. 1, Economica, n° 270.

sociétés. C'est un élément fondamental de la société coopérative qui justifie notamment la suppression des intermédiaires et du profit capitalistique[271].

Ce principe est transposable dans les statuts de sociétés autres que coopératives, mais il est toujours présent pour ces dernières. En pratique, cela impose que l'associé fournisse à la société les éléments dont elle a besoin pour son activité. Plus la société dispose des matières premières nécessaires à son activité, plus elle a une activité intense et accroît sa position économique[272]. Ce principe est même l'essence des SPRD. L'article premier des statuts de la SACD comme l'article premier des statuts de la SACEM imposent à tout associé de transmettre à la société ses productions pour leur gestion. La cause de l'admission au sein de ces sociétés est l'engagement de leur remettre des biens intellectuels. Un associé non coopérateur ne présente aucun intérêt pour une SPRD. Elle exerce de manière satisfaisante son action sociale en exploitant un catalogue d'œuvres de plus en plus riche qui l'impose comme un interlocuteur incontournable pour les exploitants.

Les SPRD présentent des statuts dans lesquels la place laissée aux mesures discrétionnaires est des plus réduites. Toute personne répondant à des critères objectifs déterminés obtient la qualité d'associé, qualité qui lui fournira un pouvoir identique à celui de toute personne dans la société disposant de la même situation[273]. Les principes de démocratie et de « porte ouverte » sont satisfaits.

1080. Le principe de démocratie concorde avec la volonté de valoriser l'égalité des associés au sein de ces structures. La gestion démocratique de la société découle de la communauté d'intérêts existant entre les coopérateurs[274]. Le principe selon lequel chaque associé ne reçoit qu'une seule part sociale ne lui accordant qu'une seule voix intègre explicitement les statuts analysés[275]. Néanmoins, ceux-ci organisent un mécanisme de vote plural au bénéfice de certains associés en fonction d'une série de critères objectifs[276]. La SACEM distingue parmi ses associés les « *sociétaires professionnels* » et les « *sociétaires définitifs* », lesquels disposent de quinze voix de plus que les autres associés. Les conditions d'accès à ces grades avaient pour effet, en 2003, de limiter à 2,8 % des associés le nombre de personnes pouvant y prétendre[277]. Afin d'accroître cette base, son conseil d'administration a décidé de réduire de moitié les conditions d'accès[278]. Les statuts de la SACD opèrent aussi des partitions entre les associés, les voix attribuées à chacun d'eux pouvant être décuplées. Ces

271. En ce sens, M. Hérail, Encycl., *op. cit.*, n° 121 et s. ; Saint-Alary, *op. cit.*, n° 8 et s.

272. Sur le double engagement et l'importance de la remise en gestion, F. Pollaud-Dulian, Le droit d'auteur, *op. cit.*, n° 1169, p. 694.

273. Cf. R. Grompone, « Fonctionnement et contrôle des sociétés d'auteur », *RIDA* n° 107, janv. 1981, p. 22 et s.

274. Voir : M. Hérail, Encycl., *op. cit.*, n° 129 et s. ; Saint-Alary, *op. cit.*, n° 24 et s.

275. Art. 7, al. 1 des statuts de la SACEM et art. 4 al. 2 des statuts de la SACD. Il en fut autrement – voir Trib. civ. Seine, 18 avr. 1905, *supra* – et cela ne contredit pas le rattachement à la société coopérative. En ce sens, P. et Ph. Didier, *op. cit.*, n° 273.

276. Voir SACEM, statuts, art. 25 *bis* ; SACD, statut, art. 36.

277. Voir Commission de contrôle des SPRD, 2e Rapport, *op. cit.*, p. 71.

278. On remarque avec étonnement qu'un organe social puisse modifier aussi profondément des statuts, seule une assemblée générale devrait pouvoir agir de la sorte.

distinctions entre associés, dans la mesure où elles ne procèdent d'aucun arbitraire, ne remettent pas en cause le principe de démocratie entre les membres d'une coopérative, elles n'en forment qu'une modalité d'application. Il faut veiller à ce que les écarts n'aboutissent pas à créer une profonde inégalité entre eux, le principe serait alors remis en cause. Par exemple, la SACEM limitait l'accès au conseil d'administration aux seuls associés nommés sociétaires définitifs depuis au moins un an. En 2003, seul 1,47 % des associés répondait à ces critères. Cette discrimination trop forte s'opposait au respect du principe de démocratie, et le conseil d'administration de cette société a cherché à élargir le cercle des personnes éligibles à ces fonctions, confirmant ainsi son attachement à ce principe[279]. La directive de 2014 impose des mesures importantes pour renforcer la démocratie et la transparence des SPRD.

Le principe de porte ouverte est, lui, assuré par l'absence d'arbitraire, rappelé par la directive de 2014 au titre du droit du marché. Le bon fonctionnement de la coopérative impose de fixer des critères d'adhésion[280], mais dès lors que ces conditions sont remplies, aucune barrière d'entrée n'existe. Le principe de porte ouverte est consolidé par l'absence de prime d'émission à payer pour un nouvel arrivant, ce qui distingue très nettement la société coopérative de la société classique. Les qualités particulières socioprofessionnelles exigées des candidats associés, variant d'une société à l'autre et délimitant le champ d'intervention de chacune, ne constituent pas un élément de la notion d'associé et ne représentent, au plus, qu'un préalable à l'apport et au droit d'intervention[281]. Les rares décisions de rejet d'une demande d'association se fondent sur le critère de l'objet social, le demandeur ne sollicitant simplement pas la société de gestion collective *ad hoc*.

1081. L'égalité patrimoniale et financière des membres de ces sociétés renvoie à un autre principe des sociétés coopératives, l'indisponibilité des réserves[282], et plus globalement à l'élimination du profit capitalistique. La société coopérative ne rémunère pas le capital mais uniquement le travail. L'absence de redistribution d'un dividende traduit cet objectif. Les associés ne reçoivent que le fruit de l'exploitation de leurs biens intellectuels et aucun autre revenu[283]. Ils participent par la mutualisation des coûts au fonctionnement de la société. Si un exercice est excédentaire, cette marge financière est affectée à l'exercice suivant, sans alternative[284]. L'exclusion du profit capitaliste et l'égalité patrimoniale des associés se manifestent aussi en cas de liquidation de la société. En présence d'un boni de liquidation, celui-ci est employé pour rembourser à chacun la valeur nominale de sa part sociale ; si un excédent demeure, il est partagé à parts égales entre chaque associé[285].

279. Cf. Commission de contrôle des SPRD, 2e Rapport, *op. cit.*, p. 78.
280. Saint-Alary, *op. cit.*, n° 32.
281. À rapprocher des conditions statutaires d'adhésion : pour la SACEM, art. 5 des statuts et le chapitre II du Règlement général, pour la SACD, art. 7 des statuts et art. 1 à 44 du Règlement général.
282. M. Hérail, Encycl., *op. cit.*, n° 148 et s.
283. Voir Commission permanente de contrôle des SPRD, 3e rapport, mars 2006 sur les flux financiers de ces sociétés.
284. Voir notamment art. 8, 8° des statuts de la SACEM.
285. Voir art. 45 des statuts de la SACD.

Les principes financiers spécifiques aux sociétés coopératives sont corrélés par un dernier élément les distinguant des sociétés ordinaires : le principe d'altruisme[286]. Celui-ci exprime l'idée selon laquelle les sociétés coopératives ne peuvent s'en tenir à la poursuite de fins purement économiques ; elles véhiculent en outre des objectifs sociaux et moraux. Ce principe trouve une double consécration, légale et statutaire, auprès des SPRD. Le Code de la propriété intellectuelle, à l'article L. 321-9, leur impose d'utiliser pour des actions d'aide à la création une part de leurs revenus[287]. Dans le même sens, l'article L. 321-8 C. propr. intell. enjoint la mise en place de conditions préférentielles pour l'utilisation de leurs répertoires au bénéfice des associations ayant un but d'intérêt général. La vocation sociale des SPRD est donc affirmée par le législateur[288].

1082. L'obligation pour les SPRD d'être des sociétés civiles n'est guère un obstacle. Une société coopérative peut prendre toute forme sociale[289]. Un critère est parfois ajouté pour constater l'existence d'une société coopérative : la variabilité du capital social[290]. Les sociétés de gestion collective, la SACD comme la SACEM, ont un capital variable[291]. On en conclut nécessairement que les SPRD répondent à chacun des critères caractéristiques d'une société coopérative ; elles sont elles-mêmes des sociétés coopératives dont les auteurs sont des associés-coopérateurs. Cette qualification s'intègre dans l'analyse de la relation société-auteurs établie par Plaisant[292]. Ce dernier ne doute pas de l'existence d'un apport, mais le limite justement à l'acquisition d'une part sociale, et affirme avec vigueur l'existence d'un *affectio societatis.*

b) La nature dualiste de l'engagement coopératif

1083. Une coopérative se caractérise par la superposition de deux relations juridiques, l'une issue de l'adhésion à une société et de l'acquisition de la qualité d'associé ; l'autre prenant source dans l'engagement coopératif. Cette double qualité d'associé et de fournisseur des ressources d'exploitation est esquissée par un arrêt de la cour d'appel de Paris qui retient que « *la référence à un apport de la gérance des droits patrimoniaux s'interprète comme un mandat dont la spécificité tient au fait que le mandant est en outre associé de la société mandataire* »[293]. La cour ajoute dans cette même décision que « *le mandat ne peut ainsi prendre fin que par le retrait de l'auteur de la société ou par la dissolution de celle-ci* ». La question soulevée à juste titre

286. En ce sens, M. Hérail, Encycl., *op. cit.*, n° 64 et s. ; Saint-Alary, *op. cit.*, n° 30 et s., E. Alfandari, « L'entreprise non capitaliste », *Mélanges Jeantin*, Dalloz, 1999, p. 17.

287. C. Caron, « Droit d'auteur », *op. cit.*, n° 486. Cf. Commission permanente de contrôle des SPRD, 3e rapport, mars 2006, p. 30, p. 46, p. 48.

288. Voir *infra* n° 1095.

289. Cf. M. Hérail, Encycl., *op. cit.*, n° 109 ; A. Viandier, *La notion d'associé*, LGDJ, 1978, coll. Bibl. de droit privé, t. 156, n° 208.

290. P. et Ph. Dider, *op. cit.*, t. 1, n° 271.

291. Statuts SACEM, art. 6 ; statuts SACD, art. 4.

292. Plaisant, *Propriété littéraire et artistique – Droit interne et conventions internationales*, Extrait du Juris-Classeur civil, annexes, Litec, 1954, fasc. XII, n° 17 et s.

293. CA Paris, 11 juin 1997, *Légipresse* n° 145, 1997, I-116.

par la plupart des auteurs est celle du sens qu'il convient de donner au terme « apport » inscrit dans les statuts des SPRD[294]. Un rapprochement de ce terme tel qu'employé dans les statuts avec celui du droit des sociétés est vain. L'associé réalise un seul apport au sens du droit des sociétés, en numéraire, lorsqu'il acquiert une part sociale à l'occasion de son adhésion à une SPRD[295]. Ce seul acte relève purement du droit des sociétés et reçoit la qualification d'apport en société. Il traduit, en plus de l'acquisition de la qualité d'associé, un engagement original propre aux sociétés coopératives qui impose des obligations supplémentaires à la charge de l'associé. La mise en gestion de biens intellectuels est l'exécution du contrat de coopérative qui crée à la charge de l'adhérent une obligation de faire – la mise en gestion – et ne constitue pas un apport en société, qualification malencontreuse suivant les propos de M. Pollaud-Dulian[296].

On écarte la qualification d'apport en industrie par un associé au bénéfice d'une SPRD. L'acte de création n'est pas effectué au bénéfice de la SPRD, le créateur travaille pour lui-même, il ne recourt à cette dernière que pour la gestion de ses biens intellectuels. L'article 2 *ter* des statuts de la SACEM pourrait prêter à confusion en indiquant que les apports ne concourent pas à la formation du capital social mais sont constitutifs d'un droit de vote aux assemblées générales. Cette disposition influence le principe de démocratie interne de la société coopérative, en le modérant suivant la contribution respective de chacun des coopérateurs. Cette stipulation est un effet de l'imbrication du contrat de société avec le contrat de coopération et non l'identification d'un apport en industrie de la force de travail du créateur. Si un adhérent ne crée plus, il ne commet pas de faute statutaire, alors qu'un apporteur en industrie doit produire pour le bénéfice de la société pendant toute la durée de son engagement.

1084. Un point délicat demeure dans l'analyse de la relation entre le propriétaire de biens intellectuels et la SPRD : la qualification juridique de l'engagement : « la mise en gestion ». Cette qualification varie en fonction des sociétés, il est indépendant du droit des sociétés et adopte des formes d'engagements contractuels des plus diverses. Les obligations des sociétaires sont usuellement précisées dans les statuts de la société, mais aucun obstacle n'existe à ce que ceux-ci trouvent siège dans un contrat autonome. La diversité des obligations contractuelles attachées à la qualité d'associé est illustrée par les statuts de la SACD. Ceux-ci imposent des obligations de deux natures : d'une part, la mise en gérance du droit d'adaptation et de représentation dramatique et, d'autre part, le transfert du droit d'autoriser et d'interdire la communication au public, ainsi que la reproduction par tous procédés, l'utilisation à des fins publicitaires ou commerciales des œuvres[297]. M. Gautier avance que certaines SPRD ne

294. Voir notamment art. 1 et 34 des statuts de la SACEM et art. 1 et 9 des statuts de la SACD.

295. Art. 7 des statuts de la SACEM et art. 4 des statuts de la SACD. En ce sens, notamment, Cass. civ. 1re, 6 déc. 1988, *RIDA* n° 140, avr. 1989, p. 228. Voir F. Pollaud-Dulian, *Le droit d'auteur*, *op. cit.*, n° 1169 et s.

296. F. Pollaud-Dulian, *Le droit d'auteur*, *op. cit.*, n° 1169, p. 694.

297. Statuts SACD, art. 2. Sur la réception de ces dispositions par le droit de la concurrence et les propositions d'adaptation des « apports » par la SACD, voir communiqué du Conseil de la concurrence, 11 févr. 2005, relatif à l'ouverture d'une procédure d'engagement en application du I de l'art.

disposent que d'un simple mandat de gestion délivré par ses adhérents, ou, suivant la stipulation des statuts de la SACD, d'un pouvoir de « gérance », forme particulière de procuration délivrée par l'adhérent à la société[298]. La seconde obligation du sociétaire de la SACD s'apparente à une cession[299].

L'article L. 122-10 C. propr. intell., imposant une gestion collective pour le droit de reproduction par reprographie, prévoit explicitement un démembrement de la propriété et une cession dudit droit à une société *ad hoc*. Aucun mandat ou transfert fiduciaire n'est à rechercher ici ; le transfert sans limitation constituant un aménagement légal du droit de propriété devant protéger l'intérêt des créateurs et contribuer à l'intérêt général[300]. De la même façon, l'article 321-10 C. propr. intell. indique que le contrat liant les sociétés de gestion et les producteurs de phonogrammes ou de vidéogrammes ou encore les artistes-interprètes est un mandat.

Cette diversité illustre les besoins économiques de chaque secteur de la gestion collective. L'exécution des obligations de coopérative oblige de façon permanente la société à assurer une exploitation des œuvres dans l'intérêt de ses adhérents. La recherche d'une qualification du lien contractuel du sociétaire contribue à déterminer l'emprise exacte de la société coopérative sur les biens intellectuels gérés. La diversité des situations des sociétés de gestion collective commande de ne retenir que l'exemple de la SACEM et de la SACD prévoyant un « *apport* » des droits patrimoniaux de l'auteur, sachant que le terme employé est impropre à décrire juridiquement le lien établi[301].

1085. L'activité des SPRD est celle d'un intermédiaire, qui assure des prestations de service soumises aux dispositions des articles 56 TFUE et suivants[302], entre les créateurs et les exploitants, postulat qui conduit habituellement à qualifier le lien de contrat de mandat, ce que fait aussi le législateur à l'article L. 321-10 C. propr. intell. La jurisprudence a hésité sur cette qualification dans le cas particulier des SPRD. La nature des biens remis en gestion peut guider la recherche d'une qualification. Les biens intellectuels sont des corps certains non consomptibles. Leur exploitation s'étale dans le temps et ne se réduit pas à un seul acte. Une reprise en nature de ces biens peut s'effectuer au terme de la gestion, et celle-ci peut être accomplie sans disposer des prérogatives de propriétaire. Dans ces conditions, la qualification de mandat serait adaptée pour définir la nature du contrat de coopération. Suivant les dispositions de l'article 1988 du Code civil, un mandat accordé en terme général à une SPRD ne permettrait à cette dernière que la réalisation d'actes d'administration. C'est bien la nature de l'intervention attendue par les créateurs, le recours à la

L. 464-2 du Code de commerce et la lettre d'engagement de la SACD au Conseil de la concurrence, réf. Aff. n° 04/0005F et 04/0085 F, du 8 févr. 2005, *CCE* 2005, comm. 107, G. Decocq.

298. P.-Y. Gautier, *op. cit.*, n° 405.

299. Cf. M. Hérail, *op. cit.*, n° 228 et s.

300. Cette opération est d'interprétation stricte et exclut du périmètre de la cession légale toute utilisation à des fins commerciales desdites copies, Cass. civ. 1re, 11 déc. 2013, n° 11-22031, *Bull. civ.* I, à paraître, *JCP* G 2014, chron. 364, p. 560, obs. C. Caron ; *CCE* 2014, comm. 15, note C. Caron.

301. En ce sens, *supra* n° 1083.

302. En ce sens, CJCE, 25 oct. 1979, aff. 22/79, *Greenwich Film Production*, *Rec.* p. 3275 ; CJCE, 2 mars 1983, aff. 7/82, *GVL/Commission*, *Rec.* p. 483 ; CJCE, 20 oct. 1993, aff. C-92/92 et C-326/92, *Phil Collins*, *Rec.* p. I-5145.

coopérative compense l'impossibilité d'une gestion individuelle et non un renoncement à la libre disposition à titre personnel des créations. Une SPRD n'opère aucun acte de disposition sur le bien, elle délivre des autorisations d'exploitation, actes d'administration selon la jurisprudence[303].

Le contrat général de représentation liant les SPRD aux exploitants des biens intellectuels gérés ne contredit pas la thèse d'un mandat[304]. De même, en cas de succession, la propriété des biens intellectuels passe directement du patrimoine du défunt à celui de ses héritiers, sans la médiation d'une SPRD. Les héritiers, ayants droit, sont par ailleurs tenus de respecter les engagements contractuels de leur auteur, et ainsi doivent laisser les œuvres en gestion au moins jusqu'au terme de la SPRD dont ils deviennent membres. On ne peut pas suivre l'analyse de M. Gautier suivant laquelle, au décès d'un auteur, les œuvres restent « *la propriété de la société, à charge de poursuivre le versement des redevances aux héritiers* »[305]. Les héritiers deviennent propriétaires, les biens intellectuels intègrent leur patrimoine, le droit fiscal ne laisse planer aucun doute sur ce point.

1086. La doctrine se prononce majoritairement pour reconnaître dans le rapport coopératif un contrat de fiducie[306], en particulier la fiducie-gestion exercée au profit du fiduciant. La constitution d'une fiducie-gestion est parfaitement envisageable pour la gestion de biens intellectuels, mais elle ne correspond pas à la situation des SPRD. Suivant le mécanisme de la fiducie, le fiduciaire est titulaire des droits transmis et sa gestion est délimitée par les obligations nées du contrat de fiducie. Le contrat opère un transfert de propriété au bénéfice du fiduciaire. Le transfert fiduciaire n'attribuerait à la SPRD que les démembrements réels nécessaires à l'exercice de ses obligations. Grâce à cette proposition, M. Pollaud-Dulian explique l'arrêt de la Cour de cassation du 24 février 1998[307] énonçant que les sociétaires de la SACEM, malgré leur adhésion, conservent l'exercice de leurs droits sur leurs œuvres, dont ils peuvent demander la protection, notamment pour une action en contrefaçon. La gestion devant être conduite dans l'intérêt des auteurs, ceux-ci conserveraient toujours la faculté de défendre leurs droits en justice, au moins en cas de passivité de la société de gestion collective. Cette présentation de la fiducie met en avant une opération de transfert des droits réels sur un bien.

L'intégration de la fiducie dans le droit positif aux articles 2011 et suivants du Code civil ne permet pas de constater l'existence d'une fiducie-gestion, notamment parce que les SPRD ne répondent pas aux critères permettant d'avoir la qualité de fiduciaire. Par exemple, l'article 2029 C. civ. prévoit que la fiducie prend fin au décès du constituant, alors que la gestion collective se

303. Cass. civ. 1re, 4 avr. 1991, *Bull. civ.* I, n° 115 ; *RIDA oct.* 1991, p. 127 ; *D.* 1992, j. 261, note P.-Y. Gautier ; *RTD civ.* 1992.160, obs. J. Patarin. En ce sens, F. Pollaud-Dulian, *Le droit d'auteur, op. cit.*, n° 1169, p. 694.

304. Voir *infra* n° 1088.

305. P.-Y. Gautier, *op. cit.*, n° 719, *in fine*.

306. P.-Y. Gautier, *op. cit.*, n° 719 ; A. et H.-J. Lucas et A. Lucas-Schloetter, *Traité*, *op. cit.*, n° 902 ; F. Pollaud-Dulian, *Le droit d'auteur*, *op. cit.*, n° 1170.

307. Cass. civ. 1re, 24 févr. 1998 ; *Bull. civ.* I, n° 75, p. 50 ; *RIDA* juill. 1998, p. 213, obs. A. Kerever ; *RTD com.* 1998.592, obs. Françon.

poursuit au décès du propriétaire avec ses ayants droit qui prennent sa place dans la société. Surtout, le transfert fiduciaire n'est pas utile à la gestion collective[308].

1087. Suivant l'économie générale de la relation établie entre une société de gestion collective et un créateur, ce dernier recourt à ce mode d'exploitation en vue d'une meilleure négociation de ses droits et d'une exploitation optimisée de ses biens intellectuels. La SPRD autorise l'exploitation de biens intellectuels et n'a pas à être instituée détenteur ou propriétaire de ces derniers, le diffuseur se les procurant directement par des voies propres. La SPRD ne fournit pas de biens intellectuels, elle délivre des autorisations d'exploitation desdits biens et garantit une jouissance paisible aux exploitants. Elle accorde des autorisations pour le compte des créateurs et perçoit leurs rémunérations, d'une part, et facilite l'accès des diffuseurs aux œuvres en entretenant un répertoire, d'autre part. Elle remplit une fonction d'intermédiaire assurant une prestation de service en concluant en son nom propre des contrats généraux de représentation avec les diffuseurs et en percevant et redistribuant aux créateurs les fruits de l'exploitation de leurs biens intellectuels. La loi évoque toujours le répertoire des sociétés de gestion collective et non leur patrimoine ; l'article L. 321-7 C. propr. intell. dispose explicitement que les sociétés « *représentent* » les auteurs et compositeurs, figure traditionnelle du mandat.

1088. Ces missions présentent des analogies nombreuses avec le contrat de commission ou, pour les SPRD dont les activités sont civiles par détermination de la loi[309], le mandat sans représentation[310] ou la représentation imparfaite. Pour les tiers, le mandataire sans représentation offre un accès simplifié aux biens des créateurs, suivant le modèle du guichet unique – ou *one stop shopping*[311]. Il convient d'ajouter que les tiers sont indifférents à l'engagement direct ou non du commettant, mais intéressés par un interlocuteur facile d'accès et par la garantie attachée à l'engagement personnel du commissionaire-mandataire sans représentation. On peut lire dans un contrat passé entre un exploitant et des sociétés de gestion collective la clause de garantie suivante : « *les gestionnaires des droits dégagent l'exploitant de toute responsabilité pécuniaire et le garantissent contre toutes revendications liées aux droits dont ils assurent la gestion...* ». Cette clause est soutenue, dans le même contrat, par un mécanisme de clause pénale s'appliquant lorsque les gestionnaires perturbent plus de trois fois par année civile l'activité de l'exploitant. En ce sens, le CSPLA relève dans son avis relatif à la propriété littéraire et artistique et au droit de la concurrence que « *la gestion*

308. Ce terme est retenu par le CSPLA pour qualifier les activités des sociétés de gestion collective « *exercice d'une activité d'intermédiaire entre les auteurs ou autres titulaires de droit et les utilisateurs* », avis n° 2004-2 du 2 mars 2004, § 2, n° 7.

309. Art. L. 321-2 C. Prop. Intell.

310. Sur cette assimilation : Ph. Didier, *De la représentation en droit privé*, LGDJ, 2000, coll. Bibl. de droit privé, t. 339, n° 110 ; M.-P. Dumont, *L'opération de commission*, thèse, Economica, 2000, n° 17 et s. et 261 et s.

311. Sur ce modèle, Commission européenne, décision *Simulcasting*, 8 oct. 2002, *JOCE* L. 107/58 du 30 avr. 2003 ; E. J. Mestmäcker, *RIDA* n° 203, janv. 2005, p. 63 ; L. Guibault, « À quand l'octroi de licences transfrontalières pour l'utilisation de droits d'auteur et de droits voisins en Europe ? », *Mélanges Nabhan*, Yvon Blais, Québec, 2004, p. 189.

individuelle de certains droits, lorsque ceux-ci sont habituellement exercés collectivement par des associés des sociétés de gestion collective, est de nature à affaiblir la protection générale des ayants droit et à rendre difficiles les négociations avec les exploitants auxquels seraient proposés des répertoires incomplets ou incertains »[312]. La commission ou le mandat sans représentation n'est pas, par nature, un contrat philanthropique, mais il n'interdit pas aux parties de stipuler ainsi. Étant un engagement lié à l'acquisition de la qualité d'associé coopérateur et la cause de constitution de la coopérative, la commission ou le mandat sans représentation est, par nature, gratuit pour les SPRD. Il appartient aux associés de financer les frais supportés par le commissionaire-mandataire sans représentation – créé pour diffuser leurs biens. La commission écarte aussi tout transfert de propriété entre le mandant et le mandataire sans représentation, la gestion collective n'est alors plus en opposition avec les dispositions de l'article L. 131-1 C. propr. intell., pas plus qu'avec le contenu réel des successions des créateurs. En cas de procédure collective à l'encontre du mandataire sans représentation, les biens intellectuels restent la propriété des créateurs, ils devront déclarer leurs créances et assumer les obligations attachées à leur qualité d'associé d'une société civile. De plus, on accorde aux sociétaires une action directe en paiement contre l'exploitant lorsque ce dernier n'a pas versé les fonds correspondant aux utilisations visées avant l'ouverture de la procédure collective, échappant ainsi au concours avec les autres créanciers de la société. Enfin, l'article L. 321-1 C. propr. intell. accorde aux propriétaires des biens intellectuels la possibilité d'engager des actions en paiement des droits perçus par ces SPRD, actions qui se prescrivent par dix ans à compter de la date de leur perception, ce délai étant suspendu jusqu'à la date de leur mise en répartition.

1089. L'intervention du commissionnaire forme une garantie pour les tiers, elle ne rompt pas le lien entre le commettant et le tiers exploitant mais s'y ajoute. La qualité de commettant et d'associé soumet le créateur à une double obligation de non-concurrence et justifie les sanctions strictes de la jurisprudence. La cour d'appel de Paris a ainsi retenu que l'auteur adhérent de la SACD, qui a cru pouvoir négocier directement avec un organisateur de spectacles la représentation d'une de ses pièces qu'il avait omis de déclarer, a dénoncé unilatéralement le contrat qui le liait à la société dont il avait violé les statuts[313]. Ces solutions pourraient évoluer avec la transposition de la directive. L'obligation à la charge de l'associé est fermement interprétée : sa qualité d'associé intègre celle de commettant[314] – mandant – et lui impose de remettre l'intégralité de sa production à la société et lui interdit de négocier directement un contrat d'exploitation. Cette analyse est confirmée par les statuts et le règlement général de ces sociétés qui accordent des grades aux associés en fonction de leur contribution au développement du répertoire de la société. Une fois encore le vocabulaire employé pour déterminer les seuils entre chaque grade est peu heureux, les textes mentionnant des « parts », terme qui n'est pas neutre pour une société

312. CSPLA, avis n° 2004-2 relatif à la propriété littéraire et au droit de la concurrence, adopté le 2 mars 2004, § 4.2, n° 22.

313. CA Paris, 11 févr. 1998, préc.

314. Cf. B. Saintourens, « Nature, preuve et rupture du lien coopératif : positions récentes de la Cour de cassation », *Rev. soc.* 2002.308.

civile dont le capital est divisé lui-même en parts sociales. On retrouve une logique de volumes, essentielle pour ces sociétés qui ne se développent que grâce à la matière fournie par leurs adhérents. La violation de cette double obligation constitue la cause principale d'exclusion des associés des sociétés de gestion collective, les statuts de celles-ci voyant dans un tel agissement un manquement grave aux obligations sociales rendant impossible la réalisation de l'objet social et donc la gestion des droits. Les statuts ne peuvent imposer plus que ce qui est nécessaire pour la réalisation de l'objet social[315]. Le mandat sans représentation n'interdit pas plus à une SPRD d'ester en justice pour la défense des droits dont elle a statutairement la charge. Elle devra simplement justifier de ses missions statutaires et rapporter la preuve qu'elle dispose bien d'un mandat pour le bien intellectuel en cause, suivant les dispositions de l'article L. 321-7 C. propr. intell.[316].

Les sociétés de gestion collective sont des sociétés civiles dans lesquelles les sociétaires en acquérant la qualité d'associé s'engagent statutairement dans un mandat sans représentation au bénéfice de la société pour permettre à celle-ci d'autoriser des tiers à utiliser leurs biens intellectuels.

c) La pérennité des obligations du créateur

1090. L'adhésion à une SPRD impose à l'associé de remettre en gestion ses productions. Cette obligation a une double portée : d'une part, il s'engage à remplir cette obligation pour une période déterminée, et, d'autre part, il laisse en gestion l'ensemble de ses créations durant cette période. L'économie de la convention conclue entre les parties repose en grande partie sur cette durée. Les SPRD souhaitent détenir des catalogues vastes et stables afin de garantir une jouissance paisible aux exploitants. Les créateurs perdent une part de liberté en raison de cette durée. Il faut que la définition de la durée de leur engagement prenne en compte cet antagonisme. La directive de 2014 cherche à renforcer les possibilités pour les propriétaires de biens intellectuels de changer de prestataire de services.

1091. Pendant longtemps, la durée de l'engagement imposée aux sociétaires des SPRD lors de leur adhésion était particulièrement longue[317] ; une sortie anticipée était difficile voire impossible. Les statuts de la SACEM disposaient que l'adhésion engage « *pour toute la période sociale en cours et la démission donnée* [...] *n'aura d'effet qu'à l'expiration de ladite période* », la période sociale étant de cinquante ans. L'adhérent à cette société de gestion collective s'engageait alors au plus pour une durée de 50 ans, durée longue au regard des contrats les plus usuels et notamment le mandat. Une analyse identique pouvait être adoptée pour la SACD. Le créateur souscrivant aux statuts de l'une de ces sociétés s'engageait à remettre en gestion toutes ses créations produites au cours de la durée de la société et les laisser en gestion à la société pour cette même période. La société disposait d'un double monopole de réception des créations et de gestion de celles-

315. CJCE, 27 mars 1974, aff. 127/73, *BRT vs. SABAM*, *Rec.* p. 313, concl. Mayras, V.-L. Benabou, *Droit d'auteur, droits voisins et droit communautaire*, Bruylant, Bruxelles, 1997, nº 297 et s. ; et P.-Y. Gautier, *op. cit.*, nº 720.

316. Cf. F. Pollaud-Dulian, *Le droit d'auteur, op. cit.*, nº 1200 et s.

317. P. et Ph. Didier, *op. cit.*, t. 1, nº 271.

ci pendant la durée de ses statuts. Le créateur devait disposer d'une voie de sortie de ce lien contractuel lui permettant de rompre au moins l'une de ces deux obligations, si ce n'est les deux, se retirer et retrouver la jouissance de ses biens[318]. En ce sens, les autorités de l'UE luttent activement contre les clauses statutaires des SPRD imposant à leurs membres des engagements non indispensables à la réalisation des missions de celles-ci[319]. L'article 34-2 des statuts de la SACEM tel que modifié à la suite des décisions *GEMA I* et *II*[320] dispose que les œuvres gérées peuvent « *sous réserve d'un préavis de trois mois avant l'expiration de chaque période annuelle en cours, être soit retiré*[es] *en totalité par démission d'un membre, soit retiré*[es] *partiellement, que le retrait partiel concerne l'une ou plusieurs des catégories de droits apportées ou qu'il concerne des territoires dans lesquels l'une ou plusieurs des catégories de droits avaient été apportées, lorsque la gestion du ou des droits qui font l'objet du retrait* [...] *est confiée pour tous pays à une ou plusieurs autres sociétés d'auteurs* »[321]. Il n'est pas possible pour l'ayant droit de se défaire de la gestion collective, mais il peut changer de prestataire de services. La modification des statuts de la SACEM est réalisée *a minima* et répond à la volonté d'encourager la gestion collective. Cette solution est reprise en cas d'exclusion d'un associé : la SACEM propose qu'un « *ayant droit qui viendrait à être exclu de la SACEM conserverait la possibilité de solliciter son admission à une société d'auteurs étrangère, à laquelle la SACEM verserait bien évidemment les sommes perçues par elle pour l'exploitation des œuvres de l'ayant droit concerné* »[322]. Cela impose à l'ayant droit de supporter plus de charges de gestion qu'il ne doit. Toutefois, dans la dernière version des statuts de la SACEM[323], il est maintenant prévu à l'article 34 2° des conditions de retrait plus conformes à la nature de la prestation de service que rend cette société. La mise en gestion, toujours désignée sous le vocable « apport » par les statuts, peut, sous réserve d'un préavis de trois mois avant l'expiration de chaque période annuelle en cours, être soit retiré en totalité par la démission d'un membre, soit retiré partiellement, que le retrait partiel concerne l'une ou plusieurs des catégories de droits apportées ou qu'il concerne des territoires dans lesquels l'une ou plusieurs des catégories de droits avaient été apportées.

1092. Pour la SACD, l'article 40 de ses statuts dispose que « *tout membre de la Société est libre d'en démissionner à l'expiration de chaque période de*

318. Cf. J.-P. Bertel, « À propos du droit de retrait dans les sociétés à capital variable », *Mélanges Jeantin*, Dalloz, 1999, p. 127.

319. Notamment, CJCE, 21 mars 1974, aff. 127/73, *BRT II/SABAM*, *Rec.* 1974, p. 317 ; CJCE, 25 oct. 1979, aff. 22/79, *Grennwich/SACEM*, *Rec.* 1979, p. 3288.

320. Commission européenne, décision *GEMA I*, 2 juin 1971, aff. IV/26760, *JOCE* n. L. 134 du 20 juin 1971, p. 15 ; Commission européenne, décision *GEMA II*, 6 juill. 1972, aff. IV/26760, *JOCE* n. L. 166 du 24 juill. 1972, p. 22. Voir aussi pour cette SPRD allemande : CJCE, 18 oct. 1979, aff. 125/78 *GEMA*, *Rec.* 3173 ; et décision *GEMA*, déc. 1981, aff. IV/29971, *JOCE* L. 94 du 8 avr. 1982, p. 12 ; C. Doutrelepont, « Une attestation négative délivrée par la Commission de la CEE en faveur de la société d'auteurs *GEMA* », *RIDA* n° 124, avr. 1985, p. 3 ; W. Nordemann, « Les problèmes actuels des sociétés d'exploitation des droits d'auteur au sein de la Communauté Européenne », *RIDA* n° 135, janv. 1988, p. 31.

321. Art. 34 des statuts de la SACEM.

322. Commission permanente de contrôle des SPRD, rapport 2004, *op. cit.*, réponse de la SACEM, p. 138.

323. Statuts version 2011.

deux ans, calculée à compter de son adhésion ». Il est précisé que la démission ne fait pas obstacle à l'exécution des contrats en cours. Le démissionnaire se voit rembourser sa part sociale à sa valeur nominale. La SACD n'impose pas au créateur d'être membre d'une autre société de gestion collective pour démissionner. Les périodes de gestion collective ne peuvent pas être inférieures à une durée de deux ans, suivant des impératifs de gestion de la société et les délais moyens entre la demande d'une autorisation d'exploitation et la réalisation de celle-ci[324]. La durée longue de l'engagement est tempérée par l'aménagement d'une procédure de sortie de la société des coopérateurs. Cette sortie est conditionnée à l'appartenance à une autre société de gestion collective. Le créateur n'a pas la possibilité d'organiser seul la gestion de ses œuvres. Il ne peut certainement pas décider de son propre chef de les intégrer dans le domaine public une fois qu'il les a remises à une société de gestion collective. L'adhésion à une telle organisation est lourde de conséquences, il conviendrait d'informer précisément les créateurs de la portée réelle de leurs obligations.

1093. La loi renforçant la lutte contre la contrefaçon a modifié le délai de prescription de l'action en paiement du membre d'une SPRD contre cette dernière. L'article 16 réduit de moitié ce délai, le passant à cinq ans. Une telle mesure est de nature à fragiliser les auteurs et renforce le sort des prestataires de services. Cette prescription accélérée aura un impact sur le traitement des irrépartissables qui pourraient devenir plus rapidement des fonds propres. Cette mesure va à l'encontre d'un droit protecteur des auteurs.

B Le contrat d'exploitation

1094. On distingue deux catégories d'actions des SPRD. La principale est la conclusion de contrats généraux de représentation avec les exploitants de biens intellectuels déjà abordés[325]. Les SPRD doivent aussi assumer des fonctions de bienfaisance et renforcer leur répertoire par la conclusion de contrats de représentation réciproque.

1. L'action de bienfaisance

1095. L'article L. 321-8 impose aux SPRD de prévoir dans leurs statuts les conditions dans lesquelles les associations ayant un but d'intérêt général bénéficieront, pour leurs manifestations ne donnant pas lieu à entrée payante, d'une réduction sur le montant des droits d'auteur et des droits des artistes-interprètes et des producteurs de phonogrammes qu'elles auraient à verser. Le coût des biens intellectuels, le coût de l'accès au répertoire sera diminué pour les utilisateurs, au détriment des auteurs et autres propriétaires de biens intellectuels. Il s'agit d'une nouvelle illustration des limites sociales apportées à l'efficience du droit de propriété intellectuelle.

324. Voir les aménagements de ces dispositions envisagés par la SACD, lettre d'engagement du 8 févr. 2005, *op. cit.*, point 2.2 p. 4 et s.
325. Voir *supra* n° 1030 et s.

Outre cette modération de leur tarif pour l'exploitation de leur répertoire, les statuts des SPRD doivent instaurer un ou plusieurs fonds d'aide à la création, fonds abondés par les sommes collectées dans le cadre de l'exploitation du répertoire[326]. Les statuts et le règlement général de ces sociétés reprennent ces obligations et les précisent[327]. L'article 33 des statuts de la SACEM prévoit trois catégories de prélèvements au titre de l'action culturelle et sociale. Il est incontestable que ces sociétés répondent aussi à ce critère distinctif des sociétés coopératives[328]. L'article L. 321-9 dispose que les SPRD doivent utiliser pour des actions d'aide à la création, à la diffusion du spectacle vivant et à des actions de formation des artistes 25 % des sommes provenant de la rémunération pour copie privée, et la totalité des sommes perçues au titre du droit de reprographie de l'article L. 122-10 C. propr. intell., du droit d'autoriser la retransmission par câble, simultanée, intégrale et sans changement des articles L. 132-20-1 et L. 217-2 C. propr. intell., de la redevance versée au titre de la licence légale des phonogrammes du commerce de l'article L. 214-1 C. propr. intell., et du droit à rémunération pour copie privée de l'article L. 311-1 qui n'ont pu être réparties soit en application des conventions internationales auxquelles la France est partie, soit parce que leurs destinataires n'ont pas pu être identifiés ou retrouvés avant l'expiration du délai de dix ans prévu à l'article L. 321-1[329]. Pour accélérer la distribution de ces fonds, il est possible pour les SPRD d'utiliser pour ces actions tout ou partie de ces sommes à compter de la fin de la cinquième année suivant la date de leur mise en répartition, sans préjudice des demandes de paiement des droits non prescrits. La répartition des sommes correspondantes, qui ne peuvent bénéficier à un organisme unique, est soumise à un vote de l'assemblée générale de la société, qui se prononce à la majorité des deux tiers. Le montant et l'utilisation de ces sommes font l'objet, chaque année, d'un rapport des SPRD au ministre chargé de la culture. Le commissaire aux comptes vérifie la sincérité et la concordance avec les documents comptables de la société des informations contenues dans ce rapport, et il établit à cet effet un rapport spécial.

2. Le contrat de représentation réciproque

1096. Le contrat de représentation réciproque est un contrat par lequel des SPRD, situées sur des territoires différents, s'accordent réciproquement un mandat de représentation pour l'exploitation de leur répertoire sur le territoire du mandataire. Ce contrat permet d'accroître l'effet du *one-stop shopping* de la gestion collective, assurant par le contrat général de représentation[330] un accès à un répertoire quasi universel. Par le jeu d'un tel contrat, si un opérateur en France souhaite utiliser l'œuvre d'un auteur membre d'une SPRD étrangère qui a conclu un accord de représentation réciproque, au lieu de s'adresser à la société étrangère, il s'adresse au cocontractant sur le marché français. Dans les

326. Sur ce mécanisme, voir le Rapport annuel 2010 de la Commission permanente de surveillance, p. 265 et s.

327. Voir P. Florenson, *op. cit.*, n° 2.5.2. et 2.5.3. p. 77.

328. E.-P. Liaskos, *La gestion collective des droits d'auteur dans la perspective du droit communautaire*, thèse dactyl. Paris II, 2003, n° 234 et s., p. 134.

329. A. Latreille, « La notion de sommes "non répartissables" », *Légipresse* 1999, III-97.

330. Sur ce contrat, *supra* n° 1030.

faits, cela confère à une SPRD, pour son territoire, monopole pour l'exploitation des répertoires gérés dans le monde par des SPRD.

Ces contrats relèvent de la liberté contractuelle des SPRD, elles l'organisent selon leur souhait, leur nécessité. Ils forment un maillage dense de conventions à travers le monde. Le contrat de représentation réciproque est l'outil d'internationalisation d'un phénomène de standardisation. La gestion collective est au centre des standards du droit de la propriété intellectuelle, elle s'accompagne d'un outil contractuel complémentaire, le contrat de représentation réciproque. L'objectif de ces conventions est d'assurer une représentation efficace des intérêts des membres de chaque SPRD à l'étranger. Toutes les SPRD concluent ce type de contrat avec leurs homologues, formant un réseau plus ou moins dense selon les cas pour leurs associés. Par exemple, une convention de cette nature fut conclue en 2007 entre la société japonaise et la société coréenne[331]. La société russe des auteurs affirme avoir conclu 182 contrats de représentation réciproque, avec 117 SPRD, situées dans 68 pays différents[332]. En France, pour les droits voisins par exemple, la pratique suit ce mouvement. L'ADAMI annonce avoir conclu des accords de représentation réciproque avec 23 SPRD situées dans 18 États différents[333].

1097. Cette pratique accroît l'effet de territorialité du droit de propriété, chaque SPRD s'assure, par de tels contrats, que ses homologues étrangers ne chercheront pas à intervenir sur leur marché domestique en tant que prestataire de services de gestion des droits d'auteur ou droits voisins. Ce modèle d'organisation a des effets qui pourraient être assimilés à une entente, les SPRD, prestataires de services, s'engageant par ce biais à ne pas se faire concurrence. Ce comportement est vivement contesté par les autorités de la concurrence de l'UE[334]. L'effet guichet unique est très marqué et peut être perçu comme pro-concurrentiel, en faisant diminuer les coûts de transaction. La CJ retient pour le moment que ces contrats visent, notamment, à permettre à celles-ci de s'appuyer, pour la protection de leur répertoire dans un autre État, sur l'organisation mise en place par la SPRD qui y exerce ses activités, sans être contraintes d'ajouter à cette organisation leurs propres réseaux de contrats avec les utilisateurs et leurs propres contrôles sur place[335]. Dans l'état actuel du droit de l'UE, aucune autre méthode permet d'atteindre le même niveau de protection des droits d'auteur. Le fait de permettre à un utilisateur d'œuvres protégées de choisir librement n'importe quelle SPRD établie sur le territoire de l'UE pour obtenir l'autorisation pour l'utilisation des œuvres protégées et acquitter les redevances dues par lui donnerait lieu, au stade actuel du droit de l'UE, à d'importants problèmes de contrôle relatifs à l'utilisation de ces œuvres et au

331. Voir www.jasrac.or.jp/ejhp/release/2007/1210.html.

332. Voir www.rao.ru/index.php/en.

333. Voir www.adami.fr/en/management-of-performers-rights/reciprocal-agreements-with-performers-organisations-abroad.html.

334. Voir les vingt-deux arrêts du 12 avr. 2013 du Tribunal de l'Union sur une éventuelle action concertée des sociétés de gestion collective membres du CISAC, notamment T-442/08, T-422/08, T-410/08 ; *CCC*, 2013, com. 165, note G. Decocq ; *RTD com.* 2013. 296, obs. F. Pollaud-Dulian ; *RTD eur.* 2009. 473, obs. L. Idot ; F. Dumont et P. Bonnet, « Concurrence et gestion collective de droits musicaux sur Internet : le délicat équilibre », *JCP* E 2013, 1618.

335. En ce sens, notamment, CJCE, 13 juill. 1989, aff. 395/87, *Tournier*, *Rec.* 2521.

paiement des redevances dues[336]. On peut penser que la directive 2014/26 pourrait faire évoluer cette analyse de la CJ, au moins pour l'exploitation de la musique en ligne. En effet, afin d'apporter une meilleure articulation entre le principe de libre circulation des prestations de service sur le territoire de l'UE et les contraintes spécifiques de la gestion collective, la directive 2014/26[337] apporte quelques éléments encadrant le régime de l'accord de représentation réciproque. La directive définit ces contrats comme « *tout accord entre des organismes de gestion collective dans le cadre duquel un organisme de gestion collective en mandate un autre pour gérer les droits qu'il représente* ». Un nouveau contrat nommé avec un régime propre émerge par ce biais en droit de la propriété intellectuelle.

1098. L'article 29 de la directive propose d'encadrer les accords entre SPRD pour l'octroi de licences multiterritoriales. Dans le cadre de la transposition, les États membres devront veiller à ce que tout accord de représentation entre SPRD par lequel une SPRD en mandate une autre pour octroyer des licences multiterritoriales de droits en ligne sur des œuvres musicales appartenant à son propre répertoire musical soit de nature non exclusive. Ainsi, au lieu de n'avoir qu'un seul contrat par territoire avec un représentant unique local, il sera possible d'accorder à plusieurs SPRD le pouvoir de délivrer une licence sur une pluralité de territoires. C'est l'émergence d'une concurrence nécessaire entre ces opérateurs de services. Il sera impératif qu'une SPRD gère ces droits en ligne de manière non discriminatoire. L'accord de représentation réciproque devra aussi être inclus dans les communications faites aux membres des SPRD. Constituant un outil central de la gestion collective, il sera nécessaire que les SPRD mandantes informent leurs membres des principaux termes de l'accord, dont la durée et le coût des services fournis par la SPRD mandatée.

L'exécution du contrat sera aussi encadrée par la transposition de la directive. Il sera nécessaire que le contrat intègre une obligation d'information à la charge de la SPRD mandatée. Elle devra notamment informer la mandante des principales conditions auxquelles les licences des droits en ligne de cette dernière sont octroyées, notamment de la nature de l'exploitation, de toutes les dispositions relatives à la redevance de licence ou ayant une incidence sur cette dernière, de la durée de validité de la licence, des exercices comptables et des territoires couverts.

1099. La directive fait obligation aux États d'intégrer dans le régime de l'accord de représentation une obligation de représenter un autre organisme de gestion collective pour l'octroi de licences multiterritoriales. Les États devront veiller, lors de la transposition, à ce que, lorsqu'une SPRD qui n'octroie pas ou ne propose pas d'octroyer des licences multiterritoriales de droits en ligne sur des œuvres musicales de son propre répertoire demande à une SPRD de conclure avec elle un accord de représentation pour représenter ces droits, qu'elle soit

336. CJUE, 27 févr. 2014, aff. C-351/12, *OSA* ; *CCE* 2014, comm. 52, note C. Caron.

337. Directive 2014/26/UE du 26 févr. 2014 concernant la gestion collective du droit d'auteur et des droits voisins et l'octroi de licences multiterritoriales de droits sur des œuvres musicales en vue de leur utilisation en ligne dans le marché intérieur, *JOUE* 20 mars 2014, L84/72.

tenue d'accepter une telle demande. Cette obligation s'appliquera si elle octroie déjà ou propose déjà d'octroyer des licences multiterritoriales pour la même catégorie de droits en ligne sur des œuvres musicales figurant dans le répertoire d'une ou de plusieurs SPRD. La liberté contractuelle est réduite, permettant d'accroître la concurrence et limiter les effets des monopoles de fait qu'avaient été instaurés par les SPRD. Dans le cadre de cette procédure, la SPRD sollicitée devra répondre à la SPRD demanderesse par écrit et sans retard indu.

La SPRD sollicitée devra gérer le répertoire représenté de la SPRD demanderesse dans les mêmes conditions que celles qu'elle applique à la gestion de son propre répertoire. Elle devra inclure le répertoire représenté dans toutes les offres qu'elle soumet aux prestataires de services en ligne. Il ne peut pas y avoir de discrimination entre répertoires ou entre répertoires représentés. Ce dispositif renforce le mécanisme du *one-stop shopping*. Les frais de gestion pour le service fourni à la SPRD demanderesse ne devront pas dépasser les coûts raisonnables supportés par la SPRD sollicitée. Cette question sera certainement très sensible dans la mise en œuvre de ces accords, notamment parce qu'il y a des écarts importants de coûts de prestation entre les SPRD européennes. On peut espérer que ce point constitue un outil de la concurrence entre les SPRD et que les opérateurs de musique en ligne parviendront à conclure avec celles qui gèrent leur activité avec le moins de frais. Les gains de productivité espérés seront aussi des ressources complémentaires pour les auteurs.

La SPRD demanderesse devra mettre à la disposition de la SPRD sollicitée pour la représenter les informations concernant son propre répertoire musical qui sont requises pour l'octroi de licences multiterritoriales pour des droits en ligne sur des œuvres musicales. Lorsque ces informations sont insuffisantes ou fournies sous une forme qui ne permet pas à la SPRD sollicitée de satisfaire aux exigences de la directive, il sera possible pour cette dernière de facturer les coûts qu'elle encourt, dans les limites du raisonnable, pour se conformer à ces exigences, ou d'exclure les œuvres pour lesquelles les informations sont insuffisantes ou inutilisables.

Dans ce cadre, les États doivent garantir un accès à l'octroi de licences multiterritoriales. Ils doivent veiller à ce que, dans les cas où, au plus tard le 10 avril 2017, une SPRD n'octroie pas ou ne propose pas d'octroyer des licences multiterritoriales de droits en ligne sur des œuvres musicales, ou ne permet pas à une autre SPRD de représenter ces droits à cette fin, les titulaires de droits, qui ont autorisé cette SPRD à représenter leurs droits en ligne sur des œuvres musicales, puissent retirer à cet organisme les droits en ligne sur des œuvres musicales aux fins de l'octroi de licences multiterritoriales pour tous les territoires sans devoir retirer ces droits aux fins de l'octroi de licences monoterritoriales. Ainsi, les titulaires pourront octroyer eux-mêmes des licences multiterritoriales pour leurs droits en ligne sur des œuvres musicales ou à le faire par l'intermédiaire d'une autre partie à laquelle ils accordent l'autorisation ou de toute autre SPRD.

L'ensemble du mécanisme ainsi établi par la directive connaît une dérogation pour les droits en ligne sur des œuvres musicales demandés pour des programmes de radio et de télévision. Le mécanisme imposé par la directive ne s'applique pas aux SPRD lorsqu'elles octroient, sur la base de l'agrégation volontaire des droits demandés, une licence multiterritoriale de droits en ligne sur des œuvres musicales demandés par un radiodiffuseur afin de communiquer au public ou de mettre à la disposition du public ses programmes de radio ou de télévision au moment même de leur première diffusion ou ultérieurement, de même que tout contenu en ligne, y compris les prévisualisations, produit par ou pour le radiodiffuseur qui présente un caractère accessoire par rapport à la première diffusion de son programme de radio ou de télévision.

§ 2. Les contrats de garanties

1100. Les biens intellectuels peuvent avoir une valeur importante devant être mobilisée par leur propriétaire pour assurer leur développement. Dans le cadre de son financement, une personne physique ou morale peut rechercher des garanties pour des tiers ; les biens intellectuels présentent une attractivité particulière. Meubles incorporels, ils peuvent faire l'objet, suivant le droit commun du nantissement, d'une mise en garantie, le Code de la propriété intellectuelle s'attardant principalement sur les mesures de publicité attachées à ces sûretés, on peut ajouter la constitution d'une fiducie-sûreté fondée sur des biens intellectuels. Les biens intellectuels constituent aussi un élément du patrimoine qu'il peut être utile et efficace pour les créanciers d'appréhender pour couvrir leurs risques[338].

1101. Suivant les articles 2284 et 2285 C. civ., les biens intellectuels[339] inclus dans le patrimoine d'une personne concourent au gage général offert aux créanciers. Le droit de rétention peut être exercé par un tiers sur un bien intellectuel, ou plus probablement sur le support incorporant ce bien, si le propriétaire n'accomplit pas ses obligations suivant les conditions de l'article 2286 C. civ. L'auteur retiendra l'œuvre commandée jusqu'au paiement total de ce qui lui est dû, ou le tiers retiendra l'œuvre jusqu'à ce que l'auteur ait rempli ses obligations financières à son égard. Le droit moral ne constitue pas un obstacle à l'exercice de cette garantie, il appartiendrait à l'auteur de rapporter la preuve d'une atteinte à son œuvre, ce qui sera quasiment impossible, le rétenteur ne modifiant ni n'utilisant le bien retenu. Seule l'œuvre non divulguée pourrait connaître un régime particulier grâce au droit de divulgation. Toutefois, si le tiers est soumis à une obligation de confidentialité, la rétention ne contrevient pas au droit de divulgation de l'auteur.

1102. Les biens intellectuels peuvent être utilisés pour des sûretés personnelles, tel un cautionnement réel[340], mais leurs attraits se manifestent particulièrement dans le cadre des sûretés réelles[341]. Meuble incorporel, le nantissement de meubles incorporels, annoncé à l'article 2329 C. civ., s'impose pour les

338. Par exemple, A. Le Corroncq et P. Cadio, « La saisie conservatoire de marque : pourquoi et comment ? », *JCP* E 2013, 1073.

339. Voir N. Martial-Braz, *Droit des sûretés réelles sur propriétés intellectuelles*, PUAM, 2007.

340. J.-J. Ansault, *Le cautionnement réel*, Defrénois, 2009, coll. Doctorat & Notariat, t. 40.

341. V ; N. Borga, « Pour un renouveau des garanties conventionnelles sur droits de propriété intellectuelle », *Les contrats de la propriété intellectuelle*, Dalloz, 2013, coll. Thèmes et commentaires/-Cuerpi, p. 117.

biens intellectuels. Il faut distinguer le nantissement du bien intellectuel et le nantissement des créances d'exploitation du bien intellectuel. L'exercice d'une sûreté sur le support physique du bien intellectuel est une opération courante, en particulier pour l'industrie cinématographique.

Suivant une approche classique de la matière, après avoir abordé le droit commun des sûretés appliqué à la propriété intellectuelle, sera exposé le droit spécial des sûretés de la propriété intellectuelle.

A Le droit commun des sûretés

1103. Le droit commun du nantissement s'applique à l'ensemble des biens intellectuels et à leurs supports.

1. Le nantissement du bien intellectuel

1104. Le nantissement de meubles incorporels est défini par l'article 2355 C. civ. comme l'affectation, en garantie d'une obligation, d'un bien meuble incorporel ou d'un ensemble de biens meubles incorporels, présents ou futurs. Le nantissement de meubles incorporels peut être constitué volontairement dans le cadre d'une convention, ou être d'origine judiciaire. Il assure au créancier, bénéficiaire de la sûreté, le droit de se faire payer par préférence aux autres créanciers sur le bien ou l'ensemble de biens nantis. Le Code civil ne développe pas davantage le régime du nantissement d'un meuble incorporel, les autres dispositions ne visant que les créances. Simplement, il organise un renvoi au régime du gage de meubles corporels, le législateur appréhendant de façon unitaire les biens corporels et incorporels autres que les créances.

1105. Ce droit commun s'applique au droit d'auteur, même en présence de l'auteur personne physique au contrat suivant l'article L. 131-2 C. propr. intell., aux droits voisins, au droit de dessin et modèle (articulation des articles L. 513-2 et L. 513-3 C. propr. intell.), au droit des brevets (articulation des articles L. 613-8 et L. 613-21 C. propr. intell.), au droit des obtentions végétales (par renvoi de l'article L. 623-14 C. propr. intell.) et au droit des marques (article L. 714-1 C. propr. intell., à l'exclusion des marques collectives suivant les dispositions de l'article L. 715-2 4° C. propr. intell.). Se pose la question de la constitution d'une sûreté réelle sur les titres unionistes de propriété, il s'agit essentiellement de savoir si un tel droit réel peut être constitué et dans quel cadre juridique. Pour la première interrogation, la constitution d'une garantie réelle sur les titres de propriété de l'Union est possible. L'article 19 RME retient que la marque européenne peut être donnée en gage ou faire l'objet d'un autre droit réel, et la Règle 33 du règlement d'exécution de la marque de l'Union organise son enregistrement. L'article 29 RDME applique une solution similaire pour le dessin ou modèle enregistré. Quant à l'obtention végétale de l'Union, le règlement est silencieux sur cette question mais affirme en son article 22 une assimilation au droit national, on peut donc penser qu'il sera possible de constituer une sûreté, le régime de publicité devant être celui de l'Agence. Reste ensuite à connaître le droit applicable à la sûreté en cause. Dans la mesure où il s'agit toujours d'une sûreté de droit national, aucun régime de sûreté de l'Union n'étant créé pour les titres de propriété de l'Union, il faut définir lors de la constitution de la garantie son régime de rattachement. Le titre de propriété de l'UE peut être affecté par des sûretés relevant de 28 régimes distincts, la règle du rang d'inscription du créancier gagiste est alors fondamentale pour départir cet ensemble.

Le Code de la propriété intellectuelle, peu expansif sur le sujet, s'attache principalement à la forme du nantissement et aux conditions de publicité de ce dernier pour rendre la sûreté opposable aux tiers, étant essentiellement redondant avec les dispositions du droit commun. Ainsi, le droit commun impose pour la perfection de l'acte l'établissement d'un écrit contenant la désignation de la dette garantie, la quantité de biens donnés en gage ainsi que leur espèce et leur nature. Appliquées aux biens intellectuels, ces dispositions emportent que la convention de nantissement détaille le bien intellectuel ou le démembrement du bien intellectuel donné en garantie. Quant à la publicité, le Code civil retient que le gage est opposable aux tiers par la publicité qui en est faite. En organisant des mesures de publicité par inscription du nantissement aux registres des offices, le Code de la propriété intellectuelle répond à cette contrainte. Une difficulté émerge pour les titres de propriété non liés à un registre. Il est nécessaire d'organiser une mesure équivalente de publicité pour rendre le gage opposable ; il est possible de notifier le nantissement aux principaux créanciers du constituant afin de le leur rendre opposable. L'inscription ou la date de la publicité permet de définir le rang des créanciers lorsqu'un bien intellectuel fait l'objet de plusieurs gages successifs sans dépossession. Une dernière difficulté peut exister si le nantissement porte sur des biens futurs comme l'autorise le Code civil. Il est risqué d'envisager un tel acte si l'auteur est le constituant, un tel acte, porteur d'une éventuelle cession, serait sanctionné par l'article L. 131-1 C. propr. intell. prohibant la cession globale des œuvres futures, le nantissement pouvant avoir un tel effet à terme.

1106. Le nantissement demeure jusqu'au paiement total de la créance garantie. Le débiteur, propriétaire du bien intellectuel nanti, doit conserver le bien (art. 2344 C. civ.), à défaut de quoi le créancier peut se prévaloir de la déchéance du terme de la dette garantie ou solliciter un complément de gage. Pour les biens intellectuels, cette obligation de conservation impose un comportement actif du propriétaire, d'une part, pour le renouvellement de son titre de propriété lorsque cela est nécessaire[342] et, d'autre part, pour l'exploitation de son bien intellectuel lorsque le défaut d'exploitation engendre une perte de propriété[343].

1107. Si le débiteur n'honore pas la dette garantie, le créancier nanti peut faire ordonner, en justice, la vente du bien gagé. Cette vente s'effectue suivant les modalités prévues par la procédure civile d'exécution[344]. Le créancier gagiste peut aussi faire ordonner en justice que le bien lui demeure en paiement, une telle solution pouvant être *ab initio* retenue par le contrat de nantissement, le créancier devient propriétaire du bien intellectuel. Se pose en application de cette option une difficulté liée à la valeur du bien intellectuel. L'article 2346 C. civ. dispose que lorsque la valeur du bien excède le montant de la dette garantie, la

342. Voir le régime des garanties dans le contrat de licence, *supra* n° 1006 et s.
343. À propos de cette obligation, *supra* n° 1015 et s.
344. Pour les brevets, voir art. L. 613-21 C. Prop. Intell. sur la procédure de saisie.

somme égale à la différence est versée au débiteur ou, s'il existe d'autres créanciers gagistes, est consignée. Il sera nécessaire de procéder à une délicate évaluation du bien intellectuel, l'article 2348 prévoyant lorsque le contrat de nantissement retient la solution du transfert de propriété que l'évaluation s'effectue au jour du transfert par un expert désigné à l'amiable ou judiciairement, le recours à l'expert s'imposant faute d'une cotation officielle sur un marché organisé pour les biens intellectuels. La lésion prévue à l'article L. 131-5 C. propr. intell. est probablement applicable lorsque l'auteur personne physique est le débiteur défaillant. Il sera nécessaire d'établir un contrat de nantissement qui anticipe les contraintes légales de la cession des biens intellectuels, en particulier en présence d'un auteur.

2. La mobilisation des créances d'exploitation du bien intellectuel

1108. Économiquement plus attractive et juridiquement plus commune, au lieu de constituer une sûreté sur le bien intellectuel, il est possible de constituer une garantie sur les revenus générés par l'exploitation de ce dernier. Deux approches de cette garantie peuvent être envisagées : le nantissement de créances et la cession de créances. Il serait possible de recourir à d'autres véhicules juridiques pour la mobilisation de ces créances, notamment la fiducie-sûreté et la titrisation[345].

a) Le nantissement de créances

1109. Le nantissement des créances attachées à l'exploitation de biens intellectuels s'effectue suivant le droit commun du nantissement de meubles incorporels, en application des articles 2355 et suivants C. civ.

1110. Toutefois, les créances de droit d'auteur appartenant à l'auteur sont des créances pouvant avoir un caractère alimentaire[346], ce qui limite l'exercice d'une saisie sur ces dernières. Les créances des auteurs contre les SPRD sont aussi qualifiées de créances alimentaires. L'article L. 333-1 C. propr. intell. retient que lorsque les produits d'exploitation revenant à l'auteur d'une œuvre de l'esprit ont fait l'objet d'une saisie-arrêt, le président du TGI peut ordonner le versement à l'auteur, à titre alimentaire, d'une certaine somme ou d'une quotité déterminée des sommes saisies. Surtout, l'article L. 333-2 C. propr. intell. ajoute que sont insaisissables, dans la mesure où elles ont un caractère alimentaire, les sommes dues, en raison de l'exploitation pécuniaire ou de la cession des droits de propriété littéraire ou artistique, à tous auteurs, compositeurs ou artistes ainsi qu'à leur conjoint survivant, ou à leurs enfants mineurs pris en leur qualité d'ayants cause. La proportion insaisissable de ces sommes ne pourra, en aucun cas, être inférieure aux quatre cinquièmes, lorsqu'elles sont au plus égales annuellement au palier de ressources le plus élevé prévu en application du chapitre V du titre IV du Livre Ier du Code du travail. Ces dispositions spécifiques ne font pas obstacle aux saisies-arrêts pratiquées en vertu des dispositions du Code civil relatives aux créances d'aliments.

345. Cf. A. Quiquerez, *La titrisation des actifs intellectuels*, Larcier, 2013.
346. Cf. P.-Y. Gautier, *op. cit.*, n° 482.

b) La cession de créances

1111. Au lieu de constituer une garantie sur ses créances, le propriétaire d'un bien intellectuel peut choisir de transférer la propriété de ces créances à titre de garantie. La cession de créances se fait selon le droit commun ; le cédant devra signifier la cession au débiteur suivant la procédure de l'article 1690 C. civ. La cession de créances peut s'opérer suivant les outils du droit commercial, grâce aux instruments cambiaires si le propriétaire du bien intellectuel est un commerçant, soit au travers du bordereau Dailly si le propriétaire du bien intellectuel est dans l'exercice de son activité professionnelle, ce qui permet à un créateur, personne physique non commerçant, de recourir à un tel mécanisme.

Il est aussi possible d'utiliser les mécanismes de droit commun du régime général de l'obligation, on peut proposer une délégation de recettes appliquée aux fruits de l'exploitation de biens intellectuels[347].

B Les sûretés spéciales

1112. Le droit de la propriété intellectuelle, bien que s'en remettant largement au droit commun des sûretés pour le régime des garanties, prévoit deux cas particuliers : les logiciels et les œuvres cinématographiques et audiovisuelles. Il s'agit de biens intellectuels appropriés par le droit d'auteur pour lesquels des moyens de publicité spéciaux sont organisés. Dans l'esprit du législateur, ces biens emportent des enjeux économiques substantiels nécessitant de lever quelques incertitudes pour ce régime de garantie[348].

1. Le nantissement de logiciel

1113. L'article L. 132-34 C. propr. intell. dispose que sans préjudice des dispositions relatives à la vente et au nantissement des fonds de commerce, le droit d'exploitation de l'auteur d'un logiciel peut faire l'objet d'un nantissement dans des conditions particulières. Suivant le droit commun, le contrat doit être, à peine de nullité, constaté par un écrit, et une mesure de publicité *ad hoc* est à prévoir. Le nantissement est inscrit, à peine d'inopposabilité, sur un registre spécial tenu par l'INPI, l'inscription indique précisément l'assiette de la sûreté et notamment les codes sources et les documents de fonctionnement. L'inscription mentionne l'identité du titulaire du droit d'auteur et du créancier gagiste, ainsi que toutes modifications relatives à leurs nom, prénoms, dénomination sociale, forme juridique, domicile ou siège social. Elle recense les éléments de nature à permettre l'identification du logiciel, tels que le nom, la marque, la désignation du code source, des documents de fonctionnement et des mises à jour, ainsi que toute autre caractéristique du logiciel et, le cas échéant, les références d'un dépôt. L'inscription inclut l'acte constitutif du nantissement sur tout ou partie du droit

347. Pour l'application de cette technique par l'industrie cinématographique, P. Kamina, *Droit du cinéma*, LexisNexis, 2011, n° 165 ; A. Quiquerez, « Acte de délégation de recettes ou de cession de créances : clauses contraires », note sous Cass. com., 23 oct. 2012, *JCP* E., 29 août 2013, p. 39.
348. Voir *supra* n° 1105.

d'exploitation du logiciel (la communication d'un original de l'acte est nécessaire à l'inscription) et, ensuite, les actes modifiant la propriété ou la jouissance du droit d'exploitation et ceux modifiant les droits du créancier nanti. Enfin, le registre mentionne les demandes en justice et les décisions judiciaires définitives lorsqu'elles portent sur les droits, objet du contrat de nantissement.

En application des solutions de droit commun, le rang des inscriptions est déterminé par l'ordre dans lequel elles sont requises. Les inscriptions de nantissement sont, sauf renouvellement préalable, périmées à l'expiration d'une durée de cinq ans. L'inscription cesse de produire effet si elle n'a pas été renouvelée avant l'expiration du délai de cinq ans, couru à compter de la date de l'inscription du nantissement.

2. Le nantissement cinématographique

1114. Le nantissement cinématographique[349] est dérogatoire par plusieurs aspects au droit commun. Première originalité, le régime en est arrêté non pas par le Code de la propriété intellectuelle mais par le Code du cinéma et de l'image animée[350] (CCIA). Constitué sur le modèle d'un gage sans dépossession, le législateur organise dans un premier temps les conditions de l'opposabilité du gage avant d'en préciser le régime.

1115. L'article L. 123-1 CCIA retient que les œuvres cinématographiques ou audiovisuelles doivent être inscrites au registre public du cinéma et de l'audiovisuel (RPCA), à la requête de la partie la plus diligente. L'inscription, purement formelle, ne peut avoir pour effet de conférer aucun privilège nouveau au profit de son bénéficiaire, les constitutions de nantissement sur tout ou partie des droits et les délégations et cessions, en pleine propriété ou à titre de garantie, de tout ou partie des produits présents ou à venir d'une œuvre cinématographique ou audiovisuelle. Ce n'est pas l'inscription qui assure l'efficacité de l'acte entre les parties, elle n'a d'effet qu'à l'égard des tiers. À défaut d'inscription au RPCA des actes, les droits en résultant sont inopposables.

Une fois la fonction de l'inscription arrêtée, le CCIA précise le régime du nantissement et sa réalisation. L'article L. 124-1 CCIA inscrit le nantissement dans la catégorie des gages sans dépossession, le privilège s'établit par le seul fait de son inscription. Suivant la formule retenue pour le logiciel, ces inscriptions de nantissement sont, sauf renouvellement préalable, périmées à l'expiration d'un délai de cinq ans.

1116. Le nantissement peut avoir plusieurs objets : soit les droits d'auteurs et les droits voisins attachés à l'œuvre (droit d'exploitation au sens du CCIA), soit le droit de propriété du support, soit enfin, les délégations et cessions, en pleine propriété ou à titre de garantie, tout ou partie des recettes présentes ou à venir attachées à l'œuvre cinématographique ou audiovisuelle. Dans le fond, ces différentes garanties s'établissent selon le droit commun, soit du nantissement

349. Cf. P. Kamina, *op. cit.*, n° 153 et s.
350. Ordonnance n° 2009-901 du 24 juill. 2009 relative à la partie législative du Code du cinéma et de l'image animée, *JORF* n° 0170, 25 juill. 2009, Texte n° 39.

de meubles corporels pour le support de l'œuvre, soit du nantissement des meubles incorporels pour les propriétés intellectuelles.

1117. Le mécanisme original du CCIA relève de l'article L. 124-2 qui prévoit, sauf dispositions contraires du contrat inscrites au registre public, que le bénéficiaire d'une sûreté sur les droits de propriété intellectuelle, le support, ou les recettes d'exploitation encaisse seul et directement nonobstant toute opposition autre que celle fondée sur un privilège légal, à concurrence de ses droits et suivant l'ordre de son inscription, le montant des produits de l'œuvre cinématographique ou audiovisuelle, de quelque nature qu'ils soient, et ce, sans qu'il soit besoin de signification aux débiteurs cédés qui seront valablement libérés entre ses mains. L'effet de la sûreté est majeur, elle prend la forme d'un paiement direct au bénéfice du créancier nanti. Cet avantage s'ajoute au droit acquis du fait du nantissement et donne à cette sûreté une teinte très particulière. Il est possible aux parties de convenir d'autres effets que cette solution radicale particulièrement protectrice du créancier.

1118. Le régime spécial arrêté par le CCIA vise ensuite les conditions de réalisation de la sûreté. L'article L. 124-3 CCIA retient qu'à peine de nullité, il ne peut être procédé à la vente aux enchères publiques, volontaire ou forcée, d'une œuvre cinématographique ou audiovisuelle ou de l'un quelconque de ses éléments, que quinze jours après une sommation d'assister à la vente que le poursuivant doit faire signifier à chacun des créanciers inscrits au registre public du cinéma et de l'audiovisuel ou au registre des options, au domicile élu dans l'inscription. Et lorsque la vente n'a pas eu lieu aux enchères publiques, l'acquéreur qui veut se garantir des poursuites des créanciers inscrits est tenu, à peine de déchéance et au plus tard dans la quinzaine de la sommation de payer à lui faite, de notifier à tous ces créanciers inscrits ses nom, prénoms et domicile, le prix d'achat, l'énumération et le montant des créances privilégiées avec déclaration qu'il est prêt à les acquitter sur-le-champ jusqu'à concurrence de son prix. Une fois informé, tout créancier inscrit peut décider de requérir la vente aux enchères publiques des biens cédés de gré à gré, en offrant de porter le prix à un dixième en sus et de donner caution pour le paiement des prix et charges ou de justifier la solvabilité suffisante. Il s'agit d'une procédure similaire à celle organisée pour la cession de fonds de commerce, afin de protéger les créanciers contre une cession à un prix dérisoire pour purger frauduleusement les sûretés[351]. Cette réquisition doit être signifiée à l'acquéreur et au débiteur précédent propriétaire dans la quinzaine de la notification et contenir assignation devant le tribunal de commerce de Paris pour voir statuer qu'il sera procédé à la mise aux enchères publiques.

§ 3. Le contrat de société

1119. Outre les cessions et concessions, une troisième voie peut être envisagée pour exploiter des biens intellectuels : la conclusion d'un contrat de société et

351. Cf. D. Legeais, *Droit commercial et des affaires*, 18e éd., Sirey, 2009, n° 276.

l'apport en nature[352]. Le contrat de société permet de poursuivre le développement de biens intellectuels[353], de bénéficier au mieux des produits futurs d'exploitation en s'associant à des compétences ou des ressources extérieures. Une cession ou une concession consomme les ressources financières d'une entreprise, écarte le créateur de l'exploitation du bien intellectuel. L'apport place les actifs intellectuels au cœur d'un projet économique et industriel, focalise l'attention des associés et porte l'image de la société. Cela est aussi au centre des mécanismes de *crowdfunding*, ou financement participatif, qui cherche a établir des solutions de financement innovantes pour récolter des fonds auprès de particuliers en vue de financer un projet créatif ou entrepreneurial qui fonctionne, le plus souvent, *via* Internet[354]. Les parties engagent une coopération liée par l'*affectio societatis*, et partagent les risques sociaux, se rémunérant par des valeurs mobilières[355].

Le recours au contrat de société se développe pour l'exploitation de biens intellectuels comme pour l'organisation de leur création. On constate l'émergence notamment de sociétés de portefeuille[356], principalement pour le cinéma, l'audiovisuel et les brevets. Dans ce dernier cas, ces sociétés sont désignées, à tort de façon dénigrante, sous le vocable de « *Patents Troll* » ou « *Non Practicing Entity/NPE* ». On leur reproche d'avoir acquis un portefeuille de brevets et ensuite d'imposer aux exploitants de ces technologies, soit de conclure un contrat de licence soit de cesser l'exploitation de ces biens[357]. On voit dans les *Patents Troll* une maturité des biens intellectuels, l'ouverture d'un marché pour ces biens. Sauf à démontrer un abus du droit de propriété qui ne saurait être constitué par le simple fait de demander le respect de la propriété légalement acquise, l'action de ces sociétés de portefeuille est parfaitement légitime. On regrette une profonde désinformation en la matière, principalement organisée par des sociétés majeures... prises la main dans le sac de la contrefaçon, notamment *RIM* et *eBay*. Si les brevets acquis ne sont pas sérieux, il est toujours possible d'en contester la validité. Pour l'anecdote, on constate que les opposants d'un temps sont aujourd'hui à la tête d'une société de portefeuille particulièrement active dans le domaine des TIC[358].

352. N. Binctin, *Le capital intellectuel*, Litec, 2007.

353. A. Quiquerez, « L'intégration juridique des brevets dans les montages de *joint ventures* », *Nouveaux usages des brevets d'invention*, PUAM, 2014, à paraître.

354. Voir loi n° 2014-1, 2 janv. 2014, habilitant le gouvernement à simplifier et sécuriser la vie des entreprises doit en effet permettre de faciliter le financement participatif, *JCP* E 2014, act. 76. Voir aussi, *JCP* E 2013, 1709 ; *JCP* G 2013, 1261.

355. Pour l'évaluation des parts sociales après apports de droits d'auteur et de droits voisins, Cass. com., 15 mai 2007, n° 06-11701.

356. Sur l'enjeu que représente la qualité de ces portefeuilles dans les opérations sur capital, J. de Werra, « Les pièges de la *due diligence* en matière de propriété intellectuelle et de technologie », *Entreprise et propriété intellectuelle*, éd. Centre du droit de l'entreprise de l'Université de Lausanne 2010, p. 15.

357. D. Forest, « Faut-il craindre les chasseurs de brevets en Europe ? », *D.* 2006 p. 2473 ; C. Geci, « Les trolls hantent-ils le domaine des brevets ? », *Cahiers de la propriété intellectuelle* 2007, vol. 19, n° 3, p. 925 ; Ch. Le Stanc, « Les malfaisants lutins de la forêt des brevets : à propos des patent trolls », *Prop. Indust.* 2008, Étude 3 ; M.-G. Plasseraud, « Les Patent Trolls, maux génie du monde des brevets », *IRPI* avr. 2008 ; J. Thomas Rosch, *Patent Trolls : Broad Brush Definitions ans Law Enforcement Ideas, Federal Trade commissioun*, May 2008 ; N. Bronzo, « France Brevets, ou le fonds d'investissement qui ne voulait pas être un patent troll », *RLDI* 2012, Étude 83.

358. Cf. www.alliedsecuritytrust.com

A Les conditions du contrat de société

1120. Le bien intellectuel apporté nécessite une double délimitation quant à sa nature et sa quotité. L'apport en nature peut être cantonné à un démembrement du bien, démembrement organique offrant à la société la possibilité d'exploiter une application particulière du bien, ou démembrement spatio-temporel accordant à la société une faculté d'exploitation pour un territoire donné ou une durée limitée. Ces démembrements se combinent entre eux. Une double contrainte encadre la créativité juridique : l'obligation de remettre à la société un bien, d'une part, ayant une utilité, une valeur pécuniaire et, d'autre part, respectant les dispositions du droit de la concurrence, un apport en nature pouvant être analysé comme une entente ou une opération de concentration.

Le droit des sociétés est réceptif à ces variantes d'apport, mais le diptyque propriété/jouissance est insuffisant pour traduire la nature des relations juridiques établies entre la société. Il faut distinguer les apports constitutifs et les apports translatifs[359].

Le choix d'une forme sociale s'effectue suivant les objectifs et les attentes des parties. Le droit des sociétés permet un façonnement précis du contrat. Les souhaits du créateur varieront selon son désir de s'impliquer plus ou moins dans le projet social. Les parties sont interdépendantes et la notion traditionnelle de contrôle perd de son sens. Le créateur a besoin des fonds de l'investisseur pour mener à bien son projet, mais l'investisseur est dépendant du créateur pour obtenir un retour sur investissement. Plus le projet est innovant et ambitieux, plus les parties sont liées, une substitution des acteurs devenant difficile. Le rapport *intuitu personae* est à son paroxysme.

1121. La contrepartie de l'apport prend la forme de parts sociales[360]. On retient deux types de contrepartie : les contreparties immédiates et intégrales et celles différées ou conditionnées. La première catégorie regroupe les hypothèses où l'on remet aux associés des valeurs mobilières identiques ou des titres différents mais dont l'intégralité de la jouissance est immédiatement acquise. Le second ensemble utilise plus largement les opportunités du droit des sociétés. Une contrepartie différée peut être échafaudée, tout comme une contrepartie optionnelle qui permet aux parties, en présence d'un fort aléa, de procéder à un apport pour une courte période, sur laquelle une évaluation est possible, et d'y adjoindre un droit d'option au bénéfice de la société. Les parts remises répondent à la valeur de la jouissance temporaire et de l'option. Si la société exerce l'option, un nouvel apport sera réalisé, éventuellement sous la même forme. Les parties maîtrisent les inconnues liées au développement du bien apporté ; la société conserve l'opportunité de retirer tous les bénéfices de ses investissements et l'apporteur ne s'engage pas pour une durée trop longue dans un rapport de dépendance. Les parts sociales attribuent à l'apporteur des droits politiques, financiers et patrimoniaux lui conférant une position contractuelle et une rémunération supérieures à celles d'un simple cédant ou concédant.

---

359. Sur la classification des apports en nature, N. Binctin, « La classification juridique des apports en nature », *Rev. soc.* 2009, p. 517.

360. Sur l'évaluation frauduleuse d'un apport de brevet, Cass. crim., 5 nov. 2008, n° 08-80587.

B Les effets du contrat de société

1122. Les biens intellectuels apportés ou leurs démembrements constituent des actifs sociaux, ils sont enregistrés au bilan de la société pour la valeur arrêtée dans la convention d'apport[361].

Hors des nullités propres au droit des sociétés, la réception par la société des nullités des propriétés intellectuelles s'impose. La disparition du titre de propriété interdit-elle à la société de poursuivre son activité et de maintenir son existence ? On distingue selon l'objet social : si celui-ci a pour objet l'exploitation d'une marque ou d'un brevet, leur perte emporte disparition de l'objet social. Si l'objet ne prévoit que l'exploitation d'un bien intellectuel, la perte du titre ne l'éteint pas. Une société peut avoir pour objet social d'exploiter des biens du domaine public.

L'action en nullité des titres de propriété intellectuelle est largement ouverte ; les tiers, les associés, l'apporteur et même la société peuvent l'engager. Si l'action aboutit, le titre est considéré comme n'ayant jamais existé, la convention d'apport non plus par conséquent. L'apporteur risque dès lors de perdre sa qualité d'associé et de voir sa responsabilité engagée tant à l'égard de ses associés que des tiers, suivant l'article L. 225-249 du Code de commerce.

1123. Une approche similaire s'impose pour la déchéance. Elle sanctionne la mauvaise exécution du contrat d'apport par l'une des parties et constitue une cause de dissolution du capital intellectuel dont l'effet est différemment subi par la société et l'apporteur selon que l'apport est translatif ou constitutif. Dans le premier cas, elle est indolore pour la société et traduit l'inutilité du bien. L'associé conserve cette qualité, mais perd la possibilité d'une reprise en nature au terme ; ce pourrait être une cause de dédommagement. En cas d'apport constitutif, la déchéance peut être du fait de l'apporteur, celui-ci n'ayant pas payé les annuités à sa charge par exemple. Il engage sa responsabilité contractuelle à l'égard de la société. Cette déchéance peut être fatale à la société, la perte du titre d'appropriation ne détruit pas le bien mais rend son exploitation plus aléatoire. La déchéance peut être la sanction du comportement de la société : défaut d'usage sérieux, dégénérescence d'une marque, ou encore utilisation d'un signe trompeur, à l'image de la solution retenue par l'arrêt de la cour d'appel de Paris du 15 décembre 2004 dans l'affaire *Inès de la Fressange*[362]. L'apporteur perd son titre de propriété et la société doit l'indemniser pour ce préjudice.

1124. Enfin, l'écoulement du temps influence le sort du contrat de société. Trois catégories de termes sont à prendre en cause pour la dissolution du capital intellectuel : le terme de la société, le terme de l'appropriation et le terme stipulé dans la convention d'apport. Le terme statutaire est une sanction radicale pour la personne morale, la Cour de cassation l'a clairement affirmé dans l'affaire *Dormeuil*[363]. La société est dissoute. Toutefois, ce terme n'est pas une fatalité, l'exploitation du capital intellectuel peut se poursuivre grâce à une prorogation

361. Cf. N. Binctin, « Droit comptable de la propriété intellectuelle », *Rev. soc.* 2011, p. 599.
362. CA Paris, 15 déc. 2004, *D.* 2005, AJ. 772, obs. Alleays, J. 1102, note A. Mendoza-Caminade ; *CCE* 2005, comm. 29 p. 46, note C. Caron ; *Légipresse* n° 221, mai 2005, III-92, note P. Tafforeau.
363. Cass. com., 12 nov. 1992, *Dormeuil*, *JCP* G 1993, II 22 039, note Guyon.

décidée par les associés. Le terme de l'appropriation a un effet tout aussi inexorable, le titre de propriété disparaît, la société peut toujours exploiter un bien du domaine public. L'arrivée du terme stipulé dans la convention d'apport rend la société contrefactrice à défaut d'obtenir un nouvel accord avec l'apporteur alors que ce dernier demeure associé de la société. Cette situation offre à l'associé une position de force qu'il ne doit pas utiliser déloyalement ; une perte de l'*affectio societatis* est possible.

La dissolution constatée, l'apporteur peut reprendre son bien intellectuel suivant la procédure de liquidation de droit commun, si celui-ci se retrouve en nature dans l'actif à partager entre les associés, en application de l'article 1844-9 du Code civil.

§ 4. La coopération

1125. Colin et Capitant affirment que « *l'homme est obligé d'unir ses efforts à ceux de ses semblables, pour assurer sa propre vie et créer des œuvres durables. Le droit ne peut ignorer ces intérêts et ces efforts collectifs ; il doit au contraire s'efforcer de leur donner satisfaction* »[364]. Le développement d'un bien intellectuel et la commercialisation de produits finis requièrent de plus en plus de compétences, de moyens et la nécessité d'agglomérer des connaissances multiples. Le coût de développement d'un bien intellectuel s'accroît au point que les porteurs du projet doivent le partager avec des tiers pour permettre la création du bien. Cela impose une adaptation des régimes de copropriété, et un encadrement contractuel performant de la création commune. Le droit fiscal intègre ce besoin de partage des coûts et des risques du développement des biens intellectuels dans ses différentes mesures destinées à soutenir l'innovation. Le droit des contrats est un instrument clé de cette évolution de la création. Il faut des partenaires et organiser la relation entre les parties. De nouveaux modèles contractuels émergent, au fil des besoins, les praticiens se montrant d'une constante créativité. Après avoir exposé quelques variétés de contrats, on évoquera les principaux risques contractuels de ces coopérations[365].

A La variété des coopérations

1126. Les coopérations sont une nouvelle marque de l'unité des biens intellectuels. Il n'est pas un secteur où ces accords de co-développement ou de co-exploitation n'existent[366]. On peut citer, sans que ce soit exhaustif, le contrat de collaboration de recherche, le contrat de coproduction, le contrat de *cobranding*, le contrat de consortium, les *Joint-Ventures*[367]. Ces

364. Colin et Capitant, *Cours élémentaire de droit civil français*, t. 1, 11ᵉ éd., Dalloz, 1947 par Julliot de La Morandière, n° 1382.

365. Voir aussi les risques liés au fonctionnement du marché, *infra* n° 1174 et s., 1185 et s.

366. P. Breesé, « Réussir une innovation collaborative », *Approches stratégiques de la propriété industrielle*, LexisNexis, 2011, coll. IRPI, t. 38, p. 31.

367. Voir notamment, A. Quiquerez, « L'intégration juridique des brevets dans les montages de *joint ventures* », *Nouveaux usages des brevets d'invention*, PUAM, 2014, à paraître.

conventions sont le fruit de la pratique, et recèlent quelques éléments communs. Elles peuvent réunir un nombre important de parties, que l'on pense à une coproduction internationale intégrant quatre ou cinq nationalités, ou à un contrat de consortium conclu dans le cadre d'un programme européen de recherche réunissant des institutions de nombreux pays de l'UE. Il y a une hétérogénéité des statuts juridiques, du droit applicable aux parties, et le premier enjeu du contrat est de lever ces difficultés.

1127. Les partenaires peuvent soit participer au financement du projet (dans le cas d'une coproduction par exemple ou d'un contrat de commande de recherche), soit contribuer directement au développement du bien intellectuel, c'est principalement cette seconde hypothèse qui est à présent envisagée. Les parties arrêtent les conditions de leur collaboration pour la création d'un bien intellectuel, l'organisation de ce travail, le partage des tâches et le suivi de la réalisation. Émergent les questions liées à la propriété intellectuelle : qui a des droits sur les créations, de quelle nature, quelle quotité ? Comment est arrêtée la stratégie d'appropriation ? Qui conduit les procédures d'appropriation ou de publicité, qui assure la gestion des titres de propriété, qui aura la possibilité d'exploiter les biens créés ? Le recours à des contrats types et aux usages aide à la mise en place de ces réponses, mais il est nécessaire d'adapter l'outil contractuel au cas par cas.

1128. La rédaction de ces contrats de coopération est un exercice complexe. L'UE propose des outils méthodologiques pour élaborer un accord de consortium, notamment un tableau des apports et objectifs de chacune des parties au contrat, un questionnaire technique et un questionnaire de gouvernance. Ces outils d'aide à la réflexion facilitent la négociation et la rédaction ultérieure des contrats de consortium et permettent aux partenaires de clarifier leurs propres objectifs et attentes, et d'instaurer le débat sur les points clés du contrat. Sont détectés, en amont de la négociation, les difficultés et antagonismes éventuels. Méthodologiquement, le contrat de consortium présente un grand intérêt et peut éclairer l'ensemble des autres contrats de coopération. Il s'agit de conduire des personnes de cultures différentes et ayant des objectifs différents à conclure un seul et même contrat pour participer à un programme européen de recherche pour le développement de connaissances, de biens intellectuels. Les parties ont la plupart du temps des statuts juridiques totalement hétérogènes, notamment pour leur capacité à conclure, et à supporter un risque. Quel rapport entre un laboratoire finnois, une PME espagnole, une université italienne, un établissement de recherche français, et un industriel allemand tourné vers l'exportation ?

L'une des solutions efficaces pour mettre en place des groupements pour une création en coopération eût été de créer une personne morale *ad hoc*, pour chaque projet, les parties lui déléguant la responsabilité du projet, et la centralisation des échanges. Cette interposition d'une personne morale est écartée pour le moment pour le consortium, notamment afin de ne pas localiser dans un État de l'Union... Reste que l'organisation du contrat se fait en pratique de façon similaire à la création d'une société. Il en est de même pour le contrat de coproduction audiovisuelle ou cinématographique, à tel point que les parties intègrent une clause de style indiquant qu'il n'est pas possible de qualifier le contrat de contrat de société.

1129. L'approche méthodologique permet à chaque partenaire d'analyser les implications du projet et d'établir une première opinion sur des points essentiels de l'accord, et peut être reprise d'une façon générale pour l'ensemble des contrats de coopération, quel que soit le statut juridique de la création, ou son régime d'appropriation. Elle s'effectue de façon rationnelle en cinq temps : les connaissances et les biens intellectuels antérieurs, les connaissances et les biens intellectuels nouveaux indépendants, les connaissances et les biens intellectuels nouveaux communs et l'exploitation des biens intellectuels, les droits des sortants et, enfin, les droits des entrants dans le projet. On identifie les droits de propriété intellectuelle qui existent ou existeront et détermine, par avance, les règles de propriété, d'exploitation et de traçabilité de ces biens. Pour la gouvernance de la coopération, les solutions peuvent être variées, même si un *leader* doit toujours être désigné. En l'absence d'une structure juridique autonome, une personne morale principalement, la gouvernance sera très peu institutionnelle et strictement focalisée sur la gestion du projet. Elle doit compenser l'absence d'identification structurelle forte du projet en apportant une dynamique à celui-ci, ce sera par exemple le rôle du producteur délégué pour la production audiovisuelle. Quatre séries de questions sont à aborder pour organiser dans le contrat ce point : la forme de la gouvernance, les conditions de décision, le sort des entrants, et celui des sortants dans le projet commun.

B Les risques contractuels de la coopération

1130. Les risques contractuels de la coopération découlent de la nature même du contrat : il s'agit, en amont, de prévoir l'utilisation de biens n'existant pas encore et dont on ignore la réception par le marché[368]. Soit le contrat est complexe et les parties s'opposent sur sa mise en œuvre, soit le contrat est lacunaire et les parties s'opposent sur les solutions pour le compléter.

En pratique, ces conventions ont une durée d'utilisation relativement brève, sont éventuellement remplacées par une nouvelle convention, une fois le bien intellectuel obtenu, qui organise de façon éclairée l'utilisation de ce dernier[369]. Levant l'ignorance de la première convention, la seconde s'apparente à une convention de copropriété de biens intellectuels.

368. Voir, *Innovation collaborative et propriété intellectuelle – Quelques bonnes pratiques*, INPI, 2012.

369. Voir P. Vigand, « Contrat de collaboration et cession à un tiers des droits antérieurs utilisés dans l'exploitation des résultats de la collaboration », *Prop. Indust.* 2011, comm. 21 ; N. Bronzo, *Propriété intellectuelle et valorisation des résultats de la recherche publique*, thèse Aix-en-Provence, 2011, n° 507 et s.

Section 4
Le formalisme et la publicité des actes

1131. Les conventions portant sur des biens intellectuels sont soumises à des règles strictes de formalisme[370], dont la fonction est d'assurer la publicité et l'opposabilité[371] de l'acte, voire conditionner la validité de la convention.

Le Code de la propriété intellectuelle impose, pour les conventions portant sur des créations soumises au régime des brevets, au droit des dessins et modèles ou au droit des obtentions végétales, l'établissement d'un écrit sous peine de nullité de la convention[372]. Pour les créations soumises au régime du droit des marques, l'article L. 714-1 alinéa 4 C. propr. intell. distingue selon l'objet de la convention : si elle emporte transfert de propriété ou mise en gage, un écrit est obligatoire sous peine de nullité. Le silence du Code de la propriété intellectuelle laisse penser que la concession d'un tel bien intellectuel n'est pas soumise à une solennité à titre de validité. Le Code de la propriété intellectuelle n'impose pas une inscription au registre des marques[373], mais en pratique cette disposition ne connaît pas d'application et la sagesse conduit toujours à établir un écrit.

1132. La publicité, et l'opposabilité qui l'accompagne, constituent des outils clés des propriétés intellectuelles. La preuve de la première possession, et donc de la création d'un bien intellectuel, passe par la fixation ou la formalisation de la création sur un support et sa datation. Les régimes du Code de la propriété intellectuelle, exigeant pour l'acquisition d'un titre de propriété intellectuelle une inscription sur un registre, mettent en œuvre ce principe d'opposabilité par la publicité, sans méconnaître les possibilités de possessions personnelles antérieures concurrentes. Le mécanisme est, *de facto*, utilisé pour les créations de la propriété littéraire et artistique. La multiplication des offres d'enregistrement ou de dépôt à vocation uniquement probatoire des créations – dépôt d'enveloppes cachetées auprès de la SACD, enveloppe Soleau, « dépôt » de logiciel auprès d'officines spécialisées... – traduit la quête d'un processus d'opposabilité de la convention voire de la création aux tiers. Le créateur d'un bien intellectuel doit imposer et opposer aux tiers son bien et la date d'acquisition de son droit de propriété. Surtout, l'exception constituée par l'inscription au RPCA[374] tempère fortement le principe d'absence de formalité de publicité des actes portant sur des droits de propriété littéraire et artistique[375].

---

370. L'obligation d'établir un écrit : art. L. 131-2, L. 131-3, L. 212-3, L. 613-18 et L. 714-1 C. Prop. Intell., le droit commun, utilisé par le droit d'auteur, ne requiert l'écrit qu'à titre probatoire, art. 1341 et s. C. civ.

371. Cf. L. 513-3, L. 613-9 et 714-7 C. Prop. Intell. et art. L. 123-1 CCIA.

372. Art. L. 613-18, al. 5 C. Prop. Intell. C.-Th. Barreau-Saliou, *Les publicités légales – Information du public et preuve des actes*, LGDJ, 1990, n° 98 et 211 ; F. Pollaud-Dulian, *Propriété industrielle*, *op. cit.*, n° 702.

373. En ce sens, F. Pollaud-Dulian, *Propriété industrielle, op. cit.*, n° 1611 ; J. Schmidt-Szalewski et J.-L. Pierre, *op. cit.*, n° 666.

374. Art. L. 121-1 et s. CCIA.

375. G. Lyon-Caen et P. Lavigne, *Traité théorique et pratique de droit du cinéma français et comparé*, LGDJ, 1957, n° 552 ; A. et H.-J. Lucas et A. Lucas-Schloetter, Traité, *op. cit.*, n° 638. Sur l'interprétation prétorienne de cette formalité, C.-Th. Barreau-Saliou, *op. cit.*, n° 220.

§ 1. Le domaine de l'obligation

1133. À la différence des formes solennelles qui ont pour objet l'extériorisation du consentement et dont la méconnaissance est sanctionnée par la nullité, suivant le régime de l'écrit pour la plupart des contrats de la propriété intellectuelle, la publicité du contrat vise à en rendre les effets opposables aux tiers. L'acte publié est présumé connu de tous, l'acte non publié est présumé ignoré de tous. En droit de la propriété intellectuelle, dès lors qu'une inscription est imposée par un régime de propriété, elle s'impose pour tous les actes visant le bien intellectuel, quelle que soit la portée de celui-ci, qu'il s'agisse d'un acte constitutif ou translatif. On inscrit les cessions, mais aussi les concessions, simples ou exclusives, et les nantissements. L'inscription ne se limite pas à la situation du bien intellectuel, elle vise aussi la situation du propriétaire du bien intellectuel : il faut pour ce dernier être à jour du nom, de la forme sociale, de l'adresse ou encore de son statut matrimonial.

1134. La présence de procédures complexes influence ces inscriptions. Par exemple, pour le brevet, l'article L. 614-11 C. propr. intell. organise le régime des inscriptions en fonction de la procédure de délivrance du titre de propriété : l'inscription s'effectue auprès du registre européen des brevets des actes transmettant ou modifiant les droits attachés à une demande de brevet européen ou à un brevet européen. Cette inscription rend ces actes opposables aux tiers. Cependant, dès lors que le brevet est entré dans une phase nationale et que le délai d'opposition est fermé, l'inscription ne peut plus s'effectuer auprès du registre européen ; elle doit être effectuée auprès du registre national pour que l'acte soit opposable. La Cour de cassation a ainsi retenu que « *la cession étant intervenue après délivrance du brevet européen et expiration du délai d'opposition, c'est à bon droit que la cour d'appel a retenu que l'inscription au registre national des brevets, seule possible, rendait cette cession opposable aux tiers* »[376].

Dans le même esprit, l'article L. 614-14 C. propr. intell. articule les inscriptions dès lors qu'une demande de brevet français ou un brevet français et une demande de brevet européen ou un brevet européen ont la même date de dépôt ou la même date de priorité, couvrent la même invention et appartiennent au même inventeur ou à son ayant cause. Dans ce cas, ces deux titres ne peuvent, pour les parties communes, faire l'objet indépendamment l'une de l'autre d'un transfert, gage, nantissement ou d'une concession de droits d'exploitation, à peine de nullité. Il s'ensuit que, par dérogation à l'article L. 613-9, le transfert ou la modification des droits attachés à la demande de brevet français ou au brevet français ne sont rendus opposables aux tiers par leur inscription au registre national des brevets que dans la mesure où le même transfert ou la même modification des droits attachés à la demande de brevet européen ou au brevet européen a été inscrit au registre européen des brevets. La demande de brevet français ou le brevet français et le droit de priorité pour le dépôt d'une demande de brevet européen ne peuvent être transférés indépendamment l'un de l'autre.

376. Cass. com., 15 sept. 2009, *Bull. civ.* IV, n° 109.

1135. L'inscription peut intervenir à tout moment à compter de la conclusion de l'acte. Elle se fait à la demande de la partie la plus diligente, mais il est nécessaire de pouvoir établir sa qualité à inscrire. L'article R. 512-15 C. propr. intell., pour les dessins et modèles, retient qu'un acte ne peut être inscrit que si la personne indiquée dans l'acte comme le titulaire du dépôt de dessin et modèle avant la modification résultant de l'acte est inscrite comme tel au registre. Si des ruptures d'inscriptions existent dans le registre, il sera nécessaire de les combler avant de procéder à la dernière inscription, ce qui retarde d'autant la possibilité d'opposer aux tiers sa propriété. Cette obligation d'établir une chaîne d'inscriptions ininterrompue se retrouve pour chacun des registres. Il est parfois difficile de répondre à cette exigence, si des propriétaires antérieurs ont définitivement disparu, en général, en raison de fusion, absorption, dissolution, etc.[377] Dans ce cas, il sera nécessaire de former auprès de l'office une demande pour déroger à cette obligation. Il y a, en la matière, une situation qui semble contraire à la fonction de l'inscription dans l'obligation d'avoir une chaîne ininterrompue de propriétaires. Le registre remplit une fonction de publicité, il n'établit pas la validité du titre, pas plus qu'il ne contrôle la substance du contrat. Le transfert de propriété ou l'attribution d'une jouissance est valable en dehors de la publicité. Ce qui compte pour les tiers comme pour le propriétaire, c'est de pouvoir inscrire l'état actuel du bien intellectuel et non les circulations antérieures. On peut d'ailleurs penser que la possession et l'apparence doivent jouer pleinement leur rôle[378]. Il devrait être possible d'effectuer plus librement les inscriptions quelles que soient les défaillances en la matière des propriétaires antérieurs.

À défaut d'inscription, il est possible d'opposer les droits nés d'un acte à un tiers afin de pouvoir rapporter la connaissance par ce dernier de la situation créée par le contrat. L'opposabilité n'est plus *erga omnes* mais simplement efficace à l'égard de la personne informée. Cette procédure existe de la même façon pour les brevets (art. L. 613-8 C. propr. intell.), les dessins et modèles (art. L. 513-3 C. propr. intell.), et les marques (art. L. 714-7 C. propr. intell.).

§ 2. Les sanctions de l'absence de publicité

1136. L'inscription au registre des actes portant sur les biens intellectuels est facultative, la validité de l'acte n'est pas entachée par le défaut de cette procédure[379]. Toutefois, pour les œuvres audiovisuelles, les articles L. 122-1 et L. 123-1 CCIA retiennent que le dépôt au registre public du cinéma et de l'audiovisuel d'une œuvre cinématographique destinée à la représentation publique en

377. J. de Werra, « La loi sur la fusion et la propriété intellectuelle », *Wirtschaft-recht in Theorie and Praxis – Festschrift fur R. von Büren,* Hebirg Lichtenhabon Verloy, p. 294.

378. Pour une application en droit des valeurs mobilières, Com., 5 mai 2009, *Bull. civ.* IV, nº 66 ; *D.* 2010. 123, note L. d'Avout, 2009. 2444, chron. D.R. Martin, et 2714, obs. P. Delebecque, J.-D. Bretzner et T. Vasseur ; *Rev. soc.* 2009. 580, note M. Dubertret ; *RTD civ.* 2010. 136, obs. T. Revet ; *RTD com.* 2009. 770, obs. P. Le Cannu et B. Dondero ; P. Delebecque, *D.* 2010 p. 2671 chron. Droit de la preuve.

379. Par exemple, pour un brevet, Cass. com., 18 déc. 2001, *PIBD* 2002, III-99.

France et de son titre sont obligatoires. Si le producteur d'une œuvre cinématographique s'abstient d'effectuer ce dépôt, il peut être mis en demeure d'avoir à le faire par les personnes ayant qualité pour demander l'inscription d'un acte, par lettre recommandée. Lorsque le producteur n'a pas effectué le dépôt dans le délai d'un mois suivant la réception de la mise en demeure, il peut en être requis le cas échéant sous astreinte[380]. Une telle obligation n'est que facultative pour les œuvres audiovisuelles, suivant le droit commun de la propriété intellectuelle.

1137. Face à une procédure essentiellement facultative, la sanction n'est que limitée, elle ne peut porter sur la validité de l'acte. La sanction de l'absence de publicité est simple et radicale : l'inopposabilité. La publicité n'influence pas la validité de l'acte ou ses effets juridiques entre les parties, elle concentre ses effets sur la relation entre le titulaire et les tiers. Cette sanction s'applique pour toutes les inscriptions, dont celles au RPCA. L'inopposabilité sanctionne une règle qui a pour seul objet la protection des tiers, il s'ensuit qu'il n'est pas possible de reprocher à un tiers des actes, notamment de contrefaçon[381], antérieurs à la date d'inscription de l'acte[382], l'action étant jugée irrecevable.

La loi nº 2008-776 est venue tempérer cette condition majeure de l'opposabilité pour les licences portant sur des brevets, des marques, des dessins et modèles, ou encore des certificats d'obtention végétale. Le licencié simple ou exclusif – la loi ne distinguant pas entre les deux –, partie à un contrat non inscrit sur le registre national *ad hoc*, peut intervenir dans l'instance en contrefaçon engagée par le propriétaire du bien intellectuel afin d'obtenir réparation de son propre préjudice. Le défaut de publicité n'est donc plus une cause d'exclusion de l'instance.

§ 3. La mise en œuvre des mesures de publicité

1138. La mise en œuvre des mesures de publicité est d'autant plus complexe que les biens intellectuels objets des actes sont appropriés dans différents États. Chaque loi nationale de la propriété intellectuelle, de façon quasi universelle, impose, pour rendre les actes portant sur des biens intellectuels opposables aux tiers, des mesures de publicité plus ou moins complexes. Quel que soit le régime du contrat de cession ou de concession. On vend en France, dans une convention soumise au droit français, un portefeuille de biens intellectuels soumis à des appropriations multiples, il est nécessaire de s'assurer de l'opposabilité de la cession dans l'ensemble des territoires d'appropriation. Une méthodologie rigoureuse, parfois laborieuse, s'impose pour rendre l'opération efficiente. Il convient de vérifier que tous les propriétaires du bien intellectuel sont identifiés lors du dépôt, ce qui peut parfois être complexe lors d'indivisions multiples liant de nombreuses personnes publiques. Le propriétaire inscrit sur les registres des offices doit être le propriétaire actuel du titre au moment de l'acte. Cette

---

380. Cf. P. Kamina, *Droit du cinéma*, *op. cit.*, p. 131 et s.

381. H. Deliquiet, « L'incidence de la publicité des contrats sur l'action en contrefaçon », *Les contrats de la propriété intellectuelle*, Dalloz, 2013, coll. Thèmes et commentaires/CUERPI, p. 19.

382. Cass. com., 10 juill. 2007, *Bull. civ.* IV, nº 185 ; Cass. com., 19 juill. 1982, *Bull. civ.* IV, nº 228.

apparente évidence est, il faut bien le reconnaître, régulièrement tenue en échec tant au moment du dépôt que dans la vie du titre de propriété intellectuelle. Quelques difficultés catégorielles peuvent se glisser dans ces inscriptions.

1139. Si le propriétaire est une personne morale, il faut inscrire uniquement la dénomination sociale, mais ne pas y inclure la nature juridique (SA, SARL, etc.) sauf si elle fait partie de la dénomination sociale. Un extrait KBIS permet de contrôler la dénomination telle qu'enregistrée. Si la personne morale partie à l'acte est une société en formation, faute de personnalité morale, celle-ci ne peut accueillir le bien dans son patrimoine. Elle ne peut donc pas acquérir en son nom. L'inscription doit se faire au nom d'une personne physique qui agit au nom et pour le compte de la société en cours de formation. La société devra reprendre à son compte dans ses statuts les actes faits en son nom et pour son compte avant son immatriculation, puis régulariser l'inscription.

Si l'acte à inscrire vise une personne physique, l'inscription doit utiliser le nom patronymique de la personne. Ce qui signifie, pour les femmes mariées, que l'enregistrement de l'acte ne doit pas être effectué en utilisant le nom marital mais en utilisant le nom de jeune fille suivi éventuellement de la mention « épouse X ». Une règle similaire s'impose pour les biens intellectuels créés par un couple : les inscriptions ne doivent pas viser Monsieur et Madame X, l'office pourrait comprendre cela comme étant le signe d'un rapport de fratrie. Il faut utiliser la formule Monsieur X et Madame Y, avec éventuellement la mention « épouse X ».

1140. Si les personnes inscrites ne changent pas (propriétaire, licencié, etc.), mais que des éléments les identifiant évoluent, il faut encore envisager les procédures d'inscription. Si les coordonnées changent, certains offices imposent l'inscription d'un tel changement. Pour ces modifications tenant aux personnes inscrites et non aux actes, en premier lieu on vérifie si le changement emporte un changement de personne (physique ou morale). Il y a modification de la personne à la suite d'une cession, d'une fusion, éventuellement à la suite d'une scission d'une personne morale. En revanche, le changement d'actionnaire n'emporte pas de changement de propriétaire, il en va de même pour un changement de dénomination ou de nom commercial ou un simple changement d'adresse. Le changement de nature juridique du propriétaire – changement de la forme sociale d'une société – est sans incidence, mais le changement de nationalité du titulaire a un impact si le titulaire est une personne morale. Si le titulaire est une société américaine, le changement d'État de rattachement de la personne morale peut emporter une modification devant être inscrite.

1141. Pour maintenir l'opposabilité des éléments inscrits sur un registre de propriété intellectuelle, l'inscription est impérative pour toute transmission ou modification des droits attachés au titre de propriété, soit les transferts de propriété, les concessions, les sûretés et éventuellement les revendications de propriété. Si ces inscriptions ne sont pas réalisées, non seulement la situation juridique nouvelle est inopposable aux tiers, ce qui écarte la possibilité d'agir en justice pour défendre sa propriété, mais en plus, il y a une fragilisation du titre au moment du renouvellement. Sont, en revanche, facultatives pour maintenir la pleine opposabilité des actes portant sur un bien intellectuel les inscriptions des changements de dénomination sociale, de nature juridique du propriétaire ou du licencié, d'adresse. Cette liberté existe devant l'INPI, l'OEB, l'Agence et l'OMPI. Dans certains pays, elles sont obligatoires et peuvent remettre en cause la validité du titre. Surtout, même lorsqu'elles ne sont pas obligatoires, les informations nouvelles non inscrites ne sont pas opposables aux tiers, ce qui peut être un problème, pour un changement d'adresse par exemple.

1142. Reste enfin à déterminer les documents requis pour procéder à une inscription. En principe, pour inscrire la transmission d'un titre de propriété, il est nécessaire de communiquer à l'office une copie de la convention, ou un extrait du document, justifiant de la cession ou de la fusion. Pour les changements de nom, d'adresse, de nature juridique : certains offices (INPI, l'Agence, OMPI, OEB) ne demandent plus de justificatif. Ces formalités engendrent le paiement de taxes aux offices, elles durent entre six et huit mois en France mais il est possible de demander un traitement accéléré... à condition de payer une taxe supplémentaire par titre et par inscription.

Lorsqu'il s'agit d'inscrire à l'étranger des actes portant sur des biens intellectuels, il faut se conformer aux contraintes de chaque office national. Aucune harmonisation totalement aboutie n'existe en la matière, malgré les efforts d'harmonisation tel le Traité de Singapour[383]. Dans certains pays, les documents justificatifs en plus d'être originaux (signés par les parties, certifiés conformes...) doivent être légalisés. La légalisation est la procédure par laquelle l'État d'origine de l'acte certifie que l'acte est conforme à sa législation. La procédure de légalisation est compliquée et longue, et peut être coûteuse. En pratique, pour parvenir à la légalisation, il faut dans un premier temps procéder à la notarisation de l'acte ou le faire viser par une chambre de commerce internationale. Il faut noter que si un acte est notarié, la CCI ne pourra pas le viser, or certains consulats n'acceptent pas les documents notariés mais uniquement ceux visés par la CCI. L'acte notarié étant en français, il faut faire réaliser une traduction assermentée de l'acte notarié dans la langue du pays d'inscription. Une fois ces étapes accomplies, la légalisation en tant que telle devient possible. Elle se fait soit par apostille soit par l'intervention d'un consulat. L'apostille est une formule prévue par la Convention de La Haye du 5 octobre 1961 pour tenir lieu de légalisation d'un acte public, elle facilite les démarches de légalisation. On peut recourir à cette formule lorsque l'État d'établissement de l'acte et l'État d'exécution de l'acte sont tous les deux membres de la convention. Dans ce cas, après la notarisation, il faut simplement que l'apostille soit délivrée par la cour d'appel du siège social ou du domicile du nouveau propriétaire du bien intellectuel. Si le recours à l'apostille n'est pas possible, après la notarisation, l'acte est transmis au ministère des Affaires étrangères qui l'adresse au consulat du pays dans lequel l'inscription doit avoir lieu. Dans les pays anglo-saxons, il est possible de faire appel à un « *Public Notary* ». Cette personne a la faculté de notarier les documents, après quoi la légalisation se fait devant le consulat du pays dans lequel l'inscription doit avoir lieu. Quand l'acte à inscrire est conclu entre deux sociétés de nationalité différente, il peut arriver que les formalités de

383. Traité de Singapour en droit des marques, 27 mars 2006, négocié sous l'égide de l'OMPI, entré en vigueur le 28 nov. 2009, publié en France par le décret n° 2013-845 du 23 sept. 2013.

notarisation et de légalisation doivent être effectuées dans les deux pays, en général, ces formalités doivent être effectuées uniquement dans le pays du nouveau titulaire.

Ces procédures longues et onéreuses ont un impact important sur l'environnement contractuel des biens intellectuels et peuvent décourager la mobilisation de ces actifs par son propriétaire. Par exemple, la mise en place d'une sûreté, pour un temps limité, sur un portefeuille de biens intellectuels ayant des validations dans de très nombreux pays sera peu attractive car le coût et le temps d'enregistrement de la sûreté seront trop importants.

Chapitre 3
Le droit de la concurrence de la propriété intellectuelle

1143. Le droit de la concurrence, par le truchement de la construction de l'UE, est le principal aiguillon, avec les révolutions technologiques, de l'évolution de la propriété intellectuelle depuis cinquante ans, apportant à la matière une dynamique complémentaire à celle liée à l'évolution des biens intellectuels créés. La prise en considération de la propriété intellectuelle par le droit de la concurrence et de la concurrence par le droit de la propriété intellectuelle suit la construction de l'UE. Articuler la propriété, territorialité, et la libre circulation des biens sur une multitude de territoires, maintenir des règles de fonctionnement du marché satisfaisantes, unifier l'offre sur le territoire de l'UE afin que l'intégration européenne ne soit pas un vœu pieux, furent les défis de la matière[1]. Elle est porteuse de paradoxes. Par exemple, les autorités de la concurrence veillent au maintien de la liberté d'innovation quels que soient les engagements contractuels, mais militent pour une interopérabilité effective qui sclérose l'accès au marché et l'émergence de solutions techniques nouvelles ou tout simplement le maintien d'une offre technique alternative. La concurrence se réduit à, d'une part, une concurrence par les prix et, d'autre part, une concurrence par des éléments secondaires du produit. L'émergence de titres de propriété unioniste a limité l'impact de la territorialité de la propriété, le cloisonnement des marchés ne pouvant plus s'organiser par l'existence d'une multitude de propriétaires, elle réduit les zones de non-appropriation préjudiciables au fonctionnement du marché. Toutefois, ni le droit d'auteur ni le droit des brevets ne disposent d'un titre de propriété unioniste. Le droit d'auteur semble compenser cette carence par le jeu de la Convention de Berne, mais une convention internationale ne permet pas une intégration aussi accomplie qu'en présence d'un titre de propriété unioniste. Pour le brevet, la territorialité est prégnante, et l'attente d'un titre européen est dépassée.

1144. La fonction concurrentielle du droit de la propriété intellectuelle fut mise très fortement en avant par Roubier dès 1935 faisant de ces droits de propriété des moyens d'acquérir ou de fidéliser une clientèle[2]. Desbois proposa une première étude de l'impact du droit de la concurrence sur le droit de la propriété intellectuelle dès 1961[3]. L'étude systématique de la matière

---

1. J.-B. Blaise, « Propriété industrielle et droit communautaire de la concurrence : une réconciliation ? », *Droits de propriété intellectuelle – Liber amicorum G. Bonet*, Litec, 2010, coll. IRPI, t. 36, p. 65.

2. Roubier, « Droits intellectuels ou Droits de clientèles », *RTD civ.* 1935.251.

3. Desbois, « Les rapports entre la propriété industrielle et le régime de concurrence dans le Traité du Marché Commun », *Mélanges Roubier*, Dalloz, 1961, t. 2, p. 425 ; W. Alexander : *CDE* 1967-

fut ensuite entreprise par M. Bonet[4]. Au cœur de la propriété intellectuelle contemporaine, le droit de la concurrence se manifeste par l'intégration par le droit de la propriété des objectifs de fonctionnement du marché de l'UE. La propriété intellectuelle doit évoluer. Le droit de la concurrence, sans modifier les dispositions du droit de la propriété intellectuelle, s'impose pour contrôler l'exercice de la propriété, au-delà du régime de propriété. Émerge un contentieux attaché aux ententes, aux concentrations, aux abus de position dominante et à l'application de la théorie des infrastructures essentielles. Les opérateurs ont besoin de distinguer leurs produits de ceux des concurrents, cherchent à maîtriser la circulation et la distribution de ces derniers et tendent à imposer leur solution créative le plus largement possible. Ces tropismes sont naturels mais ne peuvent pas rester sans contrôle.

Section 1
Appréhension par le droit de la propriété intellectuelle des mécanismes de concurrence

1145. L'intégration par le droit de la propriété intellectuelle des contraintes du marché se fait sous la contrainte de la construction du marché de l'UE, pour répondre aux objectifs de libre circulation des biens et des marchandises et de libre prestation de service, et prend deux formes : d'une part, la définition d'un objet spécifique pour chacun des titres de propriété intellectuelle et, d'autre part, la consécration d'un principe d'épuisement du droit de propriété.

§ 1. L'objet spécifique et la fonction essentielle

1146. Chaque droit de propriété intellectuelle a, suivant la construction de la jurisprudence de la CJ, un objet spécifique constitué de prérogatives particulières reconnues propriétaire d'un bien intellectuel par la législation nationale, prérogatives qui tendent à la réalisation de la fonction essentielle du droit de propriété. Le développement de l'objet spécifique et de la fonction essentielle est un facteur profond d'unité de la propriété intellectuelle. C'est le produit de la construction de la CJ pour parvenir à un compromis entre les titres de propriété accordés par les États membres et les principes de l'UE de libre circulation des marchandises et de libre concurrence. Sans remettre en cause la territorialité de la propriété, elle assure la réalisation des objectifs de l'UE. Cette construction prétorienne s'est faite sur le fondement des articles 35 et 36 du TFUE, le TFUE modérant le principe des articles 34 et 35 par l'article 36 qui propose une série

1976 ; M. Rotondi, « Droit de marque, de brevet, et droit d'auteur dans le droit de la concurrence de la CEE », *Mélanges Bastian*, Litec, 1974, t. 2, p. 239 ; H. Johannes, « La propriété industrielle et le droit d'auteur dans le droit des CE », *RTD eur.* 1977, 369 et 557.

4. G. Bonet, « Propriétés intellectuelles », *RTD eur.* 1981.97, puis une chronique annuelle dans cette revue.

d'exceptions incluant notamment les droits de propriété intellectuelle. Cet article est marqué par une accumulation d'interprétation, fruit de la jurisprudence de la CJ. L'article 36 dispose que l'interdiction des restrictions quantitatives à l'importation comme à l'exportation, ainsi que les mesures d'effet équivalent ne fait pas obstacle « *aux interdictions ou restrictions d'importation, d'exportation ou de transit justifiées par des raisons de moralité publique, d'ordre public, de sécurité publique, de protection de la santé et de la vie des personnes et des animaux ou de préservation des végétaux, de protection des trésors nationaux ayant une valeur artistique, historique ou archéologique ou de protection de la propriété industrielle et commerciale* ». Les derniers termes « *propriété industrielle et commerciale* » pourraient avoir pour effet d'exclure une partie de la propriété intellectuelle du champ d'application de ce texte. La CJ, à plusieurs reprises[5], a retenu que ces dispositions s'appliquent au droit d'auteur et remplace l'expression du Traité par les mots « propriété intellectuelle ». La conséquence de cette disposition est que, hors harmonisation, les statuts nationaux de propriété intellectuelle échappent à l'application du droit de l'UE, affirmant ainsi la primauté du droit national. L'article est complété par une seconde phrase intégrant une nuance dans ces exceptions : « *toutefois, ces interdictions ou restrictions ne doivent pas constituer ni un moyen de discrimination arbitraire ni une restriction déguisée dans le commerce entre États membres* ». Elle est l'outil essentiel à la construction d'un droit de la concurrence de l'UE appliqué à la propriété intellectuelle, en appelant un contrôle par les autorités de l'UE des exceptions revendiquées à l'application du droit de l'UE.

1147. Par touches successives, la CJ a élaboré sa doctrine. Dans un premier temps, la Cour[6] affirma que l'article 36, limitant la portée des normes sur la libération des échanges contenues dans le Traité, ne saurait limiter le champ d'application de dispositions relatives aux ententes et à l'abus de position dominante. Dès l'arrêt suivant[7], elle admet une influence des dispositions de l'article 36 sur les règles de libre concurrence pour en atténuer les effets à l'égard des droits nationaux de propriété intellectuelle. Son évolution s'achève par l'arrêt *Sirena* où elle adopte une position opposée à celle de sa première décision. Elle retient que l'article 36 ne constitue qu'une application particulière, dans le domaine de la libre circulation, d'un principe général du droit de l'UE. Selon ce principe, l'existence des droits nationaux de propriété intellectuelle échappe au droit unioniste, en revanche, l'exercice de ces droits de propriété est soumis au Traité, conformément à la seconde phrase de l'article 36[8]. La CJ arrête une solution de compromis, partiellement influencée par la jurisprudence des États-Unis et la loi allemande contre les restrictions de la concurrence sous l'appellation de la théorie des « *droits inhérents* », ou des

5. CJCE, 20 janv. 1981, aff. 55/80 et 57/80, *Gema*, *Rec.* 147 : « *l'expression "protection de la propriété industrielle et commerciale" figurant à l'article 36 du Traité CEE inclut la protection que confère le droit d'auteur, notamment pour autant que celui-ci est exploité commercialement sous la forme de licence susceptibles d'affecter la distribution, dans les différents États membres, de marchandises qui incorporent l'œuvre littéraire ou artistique protégée* ».
6. CJCE, 13 juill. 1966, aff. jtes 56 et 58/64, *Grundig*, *Rec.* 430.
7. CJCE, 29 févr. 1968, aff. 24/67, *Park Davis*, *Rec.* 82.
8. Cf. G. Bonet, *RTD eur.* 1981, p. 105 et s.

« *restrictions inhérentes* » tout en se démarquant des contraintes d'application de ces approches. C'est l'origine de la distinction essentielle entre l'existence du droit de propriété intellectuelle et l'exercice du droit de propriété intellectuelle. Sur ces fondements, la jurisprudence dégagera pour chaque titre de propriété un objet spécifique qui permet de réaliser les fonctions du titre de propriété, domaine où l'équilibre entre le droit de propriété et le principe de libre circulation doit être recherché. L'application de la seconde phrase de l'article 36 impose que la primauté accordée au droit de propriété se limite aux règles de droit national nécessaires à la sauvegarde de l'objet spécifique de ces droits définis à partir de la fonction essentielle, condition élémentaire impérative pour l'existence d'un marché commun. L'exercice de toutes prérogatives fondées sur le droit national de propriété qui dépasse les limites de la fonction essentielle de l'objet spécifique serait disproportionné, sauf but légitime à atteindre et conforme à l'article 36, et constituerait une restriction déguisée prohibée par le Traité[9].

1148. L'objet spécifique du brevet, arrêté notamment par les arrêts *Centrafram* et *Merk I* de 1981[10], est d'assurer au propriétaire le droit d'utiliser ou d'autoriser l'utilisation de son bien intellectuel en vue de la fabrication et de la première mise en circulation soit directement soit par un tiers autorisé, ainsi que le droit de s'opposer à toute contrefaçon. La CJ retient une définition similaire pour l'objet spécifique du droit d'auteur y ajoutant seulement la protection du droit moral du créateur[11]. L'approche pour le droit des dessins et modèle suit la même logique.

1149. Pour le droit de marque, la définition de l'objet spécifique s'est faite par ajouts successifs[12]. Dans les arrêts *Centrafram*[13] ou *HAG I*[14], l'objet spécifique de la marque est « *notamment* » d'assurer au propriétaire le droit exclusif d'utiliser la marque pour la première mise en circulation d'un produit et de se protéger contre les concurrents qui voudraient abuser de la position et de la réputation de la marque en vendant des produits indûment pourvus de celle-ci. Elle n'aborde pas dans cette première étape la fonction de garantie que peut remplir la marque. Ce n'est qu'à l'occasion de l'arrêt *Terrapin/Terranova*[15] que la CJ intègre à l'objet spécifique de la marque une fonction de garantie de provenance et l'origine d'un produit à l'égard des consommateurs devant écarter tout risque de confusion pour ces derniers, solution confirmée par la décision *Sabel/Puma* de 1997[16] puis dans l'affaire *Intel*[17]. Cette deuxième fonction est au cœur du droit des marques, elle a pour corollaire la responsabilité du producteur

9. CJCE, 8 juin 1971, aff. 78/70, *Deutsche Grammophon*, *Rec.* p. 487.
10. CJCE, 31 oct. 1974, aff. 15/74, *Centrafram*, *RTD eur.* 1981.132, obs. G. Bonet.
11. Notamment, CJCE, 20 oct. 1993, aff. jtes, C-92/92 et C-326/92, *Phil Colins*, *Rec.* I-5145 ; *RTD eur.* 1993.845, obs. G. Bonet.
12. Cf. J. Passa, *Traité*, *op. cit.*, n° 45 et s.
13. CJCE, 31 oct. 1974, aff. C-16/74, *Centrafram*, *Rec.* 1147.
14. CJCE, 3 juill. 1974, aff. 192/73, *HAG I*, *Rec.* 731.
15. CJCE, 22 juin 1976, aff. 119/75, *Terrapin Terranova*, *Rec.* 1823.
16. CJCE, 11 nov. 1997, aff. C-251/95, *Sabel BV/Puma*, *JCP* G 1999, II-10017, note S. Naumann.
17. CJCE, 27 nov. 2008, aff. C-252/07, *Intel*, *Rec.* I-8823 ; *CCE* 2009, comm. 14, note C. Caron ; *RTD com.* 2009.117, obs. J. Azéma ; *Prop. Indust.* 2009, comm. 3, A. Folliard-Monguiral.

sur la qualité des produits supportant sa marque[18], même s'il s'agit de produits sous licence[19].

Les arrêts *Dior*[20] et *Ballantine*[21] amorcent ce qui semblait être le dernier mouvement de définition de l'objet spécifique de la marque en lui accordant une fonction de protection contre les atteintes à la renommée de la marque, fonction spécifiée pour les produits de luxe dans l'arrêt *Copad*[22].

1150. Toutefois, un nouveau mouvement se dessine à la suite de l'arrêt *L'Oréal/Bellure*[23] à l'occasion duquel la CJ a reconnu à la marque trois fonctions essentielles complémentaires d'investissement, de publicité et de communication[24]. Dans cet arrêt, la CJ confirme le régime de la publicité comparative en rappelant que le titulaire d'une marque enregistrée est habilité à faire interdire l'usage par un tiers, dans une publicité comparative qui ne satisfait pas à toutes les conditions de licéité, d'un signe identique à sa marque pour des produits ou des services identiques à ceux pour lesquels ladite marque a été enregistrée, et précise que cette interdiction peut être exercée même lorsque cet usage n'est pas susceptible de porter atteinte à la fonction essentielle de la marque, qui est d'indiquer la provenance des produits ou services, à condition que ledit usage porte atteinte ou soit susceptible de porter atteinte à l'une des autres fonctions de la marque. L'exercice même du droit de propriété permet cette action dès lors que la publicité comparative se réalise hors de conditions légales ; cette propriété habilite le titulaire à interdire à tout tiers, en l'absence de son consentement, de faire usage, dans la vie des affaires, d'un signe identique à la marque pour des produits ou des services identiques à ceux pour lesquels celle-ci est appropriée. La CJ ajoute que le droit de propriété est octroyé afin de permettre au titulaire de la marque de protéger ses intérêts spécifiques en tant que titulaire de cette marque, c'est-à-dire assurer que cette dernière puisse remplir ses fonctions propres. L'exercice de ce droit est réservé aux cas dans lesquels l'usage du signe par un tiers porte atteinte, ou est susceptible de porter atteinte, aux fonctions de la marque. La CJ considère que parmi ces fonctions figurent non seulement la fonction essentielle de la marque qui est de garantir aux consommateurs la provenance du produit ou du service, mais également les autres fonctions de celle-ci, notamment garantir la qualité de ce produit ou de ce

18. CJCE, 18 juin 2009, aff. C-487/07, *L'Oréal/Bellure*, *Prop. Indust.* 2009, comm. 51, note A. Folliard-Monguiral ; *JCP* G 2009, « L'affaire l'Oréal : le droit des marques et la publicité comparative sous le sceau du parasitisme », note L. Marino ; J. Canlorbe, « Les tables de concordance, la publicité comparative et le droit des marques après l'arrêt *L'Oréal c. Bellure* de la Cour de justice », *Mélanges G. Bonet*, Litec, 2010, coll. IRPI, t. 36, p. 117 ; TPICE, 27 févr. 2002, *Eurocool*, *PIBD* 2002, n° 747, III-348.

19. Solution posée par les arrêts HAG II et CJCE, 22 juin 1994, aff. C-9/93, *Ideal Standard*, *Rec.* I-2789.

20. CJCE, 4 nov. 1997, aff. C-337/95, *Rec.* I-6013 ; *RTD civ.* 1998.302.

21. CJCE, 11 nov. 1997, *Frits Loendorsloot c. George Ballantine*, aff. C-349/95, *Rec.* 1-6227.

22. CJCE, 23 avr. 2009, aff. C-59/08, préc. ; dans le même sens, Cass. com., 23 mars 2010, n° 09-65839.

23. CJCE, 18 juin 2009, aff. C-487/07, *L'Oréal/Bellure.* Voir J. Passa, « Les nouvelles fonctions de la marque dans la jurisprudence de la Cour de Justice : portée ? Utilité ? », *Cahiers de droit de l'entreprise* 2012, n° 1, p. 47 ; même auteur, même article, *Prop. Indust.* 2012, Études 11.

24. J. Passa, « Les nouvelles fonctions de la marque dans la jurisprudence de la Cour de justice : portée ? Utilité ? », *Prop. Indust.* 2012, Étude 11.

service, ou protéger la communication, l'investissement ou la publicité. Elle précise que l'objet spécifique de la marque permet d'interdire à un annonceur de faire apparaître, dans une publicité comparative, le fait que le produit ou le service qu'il commercialise constitue une imitation ou une reproduction du produit ou du service de marque. À cet égard, ne sont pas seulement interdits les messages publicitaires renvoyant explicitement à l'idée d'imitation ou de reproduction, mais également ceux qui, compte tenu de la présentation globale et du contexte économique de l'espèce, sont aptes à transmettre implicitement cette idée au public destinataire. La CJ considère comme un fait sans importance la présence dans le message publicitaire d'une mention indiquant qu'il s'agit d'une imitation du produit portant une marque protégée dans son ensemble ou seulement de l'imitation d'une caractéristique essentielle de celui-ci.

1151. Ces nouvelles fonctions de la marque ont été interprétées par la CJ dans ses décisions postérieures, notamment les arrêts *Google*[25] et l'arrêt *Interflora*[26]. Suivant cette dernière décision, une marque est toujours censée remplir sa fonction d'indication d'origine, qualifiée de fonction essentielle de la marque par la Cour, tandis qu'elle n'assure ses autres fonctions que dans la mesure où son titulaire l'exploite en ce sens, notamment à des fins de publicité ou d'investissement. Il est explicitement indiqué par la CJ qu'il ne peut être considéré que seules des marques renommées peuvent avoir des fonctions autres que celle d'indication d'origine, tout propriétaire de marque pouvant rechercher grâce à ce bien à développer un instrument de stratégie commerciale employé, en particulier, à des fins publicitaires ou pour acquérir une réputation afin de fidéliser le consommateur.

1152. La Cour affirme qu'il n'y a pas atteinte à la fonction de publicité lors de l'usage d'un signe identique à une marque d'autrui dans le cadre d'un service de référencement tel qu'« AdWords ». Toutefois, elle relève qu'un tel usage peut avoir des répercussions sur l'emploi publicitaire d'une marque verbale par son propriétaire, notamment, lorsque ce dernier inscrit sa propre marque en tant que mot-clé auprès du fournisseur du service de référencement afin de faire apparaître une annonce dans la rubrique « liens commerciaux ». Un problème similaire émerge lorsque le propriétaire de la marque doit parfois, si sa marque a également été sélectionnée en tant que mot-clé par un concurrent, payer un prix par clic plus élevé que ce dernier s'il veut obtenir que son annonce apparaisse devant celle dudit concurrent. Pour autant, la CJ retient que le seul fait que l'usage, par un tiers, d'un signe identique à une marque pour des produits ou des services identiques à ceux pour lesquelles cette marque est enregistrée contraigne le propriétaire de cette marque à intensifier ses efforts publicitaires pour maintenir ou augmenter sa visibilité auprès des consommateurs, ne suffit pas, dans tous les cas, pour conclure qu'il y a atteinte à la fonction de publicité de ladite marque. Pour la Cour, si la marque constitue un élément essentiel du système de concurrence non faussé que le droit de l'Union

25. CJUE, 23 mars 2010, C-236/08 à C-238/08, préc. Voir aussi, CJUE 25 mars 2010, C-278/08, préc.
26. CJUE, 22 sept. 2011, aff. C-323/09, préc.

entend établir[27], elle n'a cependant pas pour objet de protéger son propriétaire contre des pratiques inhérentes au jeu de la concurrence. Or, selon la CJ la publicité sur Internet à partir de mots-clés correspondant à des marques constitue une telle pratique, en ce qu'elle a, en règle générale, pour simple but de proposer aux internautes des alternatives par rapport aux produits ou aux services des titulaires desdites marques. Il n'y aurait donc dans ce cas aucune atteinte à la fonction de publicité de la marque.

1153. Quant à la fonction d'investissement, qui ne semble pas nécessairement étrangère à la fonction de publicité, elle semble se caractériser par l'usage de la marque par son propriétaire pour acquérir ou conserver une réputation susceptible d'attirer et de fidéliser des consommateurs. La CJ[28] admet d'ailleurs que cette fonction peut présenter un chevauchement avec la fonction de publicité, tout en confirmant distinguer les deux car l'emploi de la marque pour acquérir ou conserver une réputation s'effectue non seulement au moyen de la publicité, mais également au moyen de diverses techniques commerciales. Dès lors, lorsque l'usage par un tiers, tel qu'un concurrent du propriétaire de la marque, d'un signe identique à cette marque pour des produits ou des services identiques à ceux pour lesquels celle-ci est enregistrée gêne de manière substantielle l'emploi par le propriétaire de sa marque pour acquérir ou conserver une réputation susceptible d'attirer et de fidéliser des consommateurs, il convient de considérer que cet usage porte atteinte à la fonction d'investissement de la marque. Le propriétaire est, par conséquent, habilité à interdire un tel usage aussi bien en vertu de l'article 5 § 1, sous a), de la directive 89/104 ou, en cas de marque de l'Union, de l'article 9 § 1, sous a), du règlement n° 40/94. Dans le cas particulier où la marque bénéficie déjà d'une telle réputation, on porte atteinte à la fonction d'investissement lorsque l'usage par le tiers d'un signe identique à cette marque pour des produits ou des services identiques affecte cette réputation et met ainsi en péril le maintien de celle-ci. Ainsi, la Cour a déjà jugé que le titulaire d'une marque peut s'opposer en vertu de son droit de marque à un tel usage[29]. En revanche, la CJ écarte la possibilité pour le propriétaire d'une marque de s'opposer à ce qu'un concurrent fasse, dans des conditions de concurrence loyale et respectueuse de la fonction d'indication d'origine de la marque, usage d'un signe identique à cette marque pour des produits ou des services identiques à ceux pour lesquels celle-ci est enregistrée, si cet usage a pour seule conséquence d'obliger le propriétaire de cette marque à adapter ses efforts pour acquérir ou conserver une réputation susceptible d'attirer et de fidéliser les consommateurs. De la même manière, la circonstance que ledit usage conduise certains consommateurs à se détourner des produits ou des services revêtus de ladite marque ne saurait être utilement invoquée par le propriétaire de cette dernière.

L'objet spécifique ne peut en principe produire d'effet au-delà de ce qu'autorise la règle d'épuisement des droits.

27. Voir, notamment, CJUE, 23 avr. 2009, C-59/08, *Copad*, préc.
28. Arrêt *Interflora*, pt 61.
29. Voir CJUE, 12 juill. 2011, aff. C-324/09, *L'Oréal e. a.*, préc., point 83.

§ 2. L'épuisement des droits

1154. L'épuisement des droits est un outil clé de la construction de l'UE qui assure l'efficience de la libre circulation des marchandises intégrant des biens intellectuels sur le territoire de l'UE[30]. Prétorienne à l'origine, cette règle est intégrée dans le régime de chacun des titres de propriété intellectuelle, nationaux ou unionistes. Par des formules similaires le législateur impose cette règle assurant la fluidité du marché intérieur de l'UE. L'épuisement des droits retient une vision très matérialiste de la circulation des biens intellectuels, et ne s'applique qu'à la distribution d'exemplaires matériels. Dès lors, l'épuisement du droit de propriété n'est en rien une extinction du droit de propriété intellectuelle, mais uniquement un mode d'exercice adapté. Il ne constitue pas, notamment, une cause d'exonération de responsabilité pour le propriétaire du bien intellectuel à l'égard des exemplaires en circulation. Toutes les causes de responsabilité, dès lors que la cause peut être attachée à la propriété intellectuelle, s'appliquent après la mise en œuvre de l'épuisement du droit, ce qui justifie un contrôle à tout le moins passif de l'état du bien intellectuel lors de la circulation.

La jurisprudence analyse d'ailleurs les éléments en ce sens. On peut notamment le soutenir à la lumière des décisions de la Cour de Justice relatives au reconditionnement.

A Affirmation légale de l'épuisement du droit

1155. En reprenant l'ordre du Code de la propriété intellectuelle, on relève que L. 122-6 et L. 122-3-1 intègrent le système en droit d'auteur. Comme pour tout autre support incorporant un bien intellectuel, la première mise en vente d'un exemplaire d'un logiciel dans le territoire de l'EEE[31] épuise le droit de mise sur le marché de cet exemplaire, à l'exception du droit d'autoriser la location ultérieure d'un exemplaire. Il s'agit là de la distinction entre le droit de distribution et le droit de destination[32], seul le premier est épuisé par la mise en circulation, l'exemplaire ne pouvant ensuite être commercialisé que conformément à ce qu'a autorisé la première mise dans le commerce.

La CJ[33] a retenu une interprétation extensive de l'épuisement du droit pour les logiciels. Elle affirme que le droit de distribution de la copie d'un programme d'ordinateur est épuisé si le titulaire du droit d'auteur, qui a autorisé, fût-il à titre gratuit, le téléchargement de cette copie sur un support informatique au moyen d'Internet, a également conféré, moyennant le paiement d'un prix

30. G. Bonet, « Propriété industrielle et libre circulation des produits dans la communauté économique européenne : la règle d'épuisement des droits de propriété industrielle », *Gaz. Pal.*, 25/26 mars 1994, p. 5.

31. Sur l'application territoriale de l'épuisement du droit en droit d'auteur, et l'ouverture de la jurisprudence de la Cour suprême à un épuisement international, P. Kamina, « L'épuisement international du copyright aux États-Unis. Comprendre *Kirtsaeng v. Wiley* », *CCE* 2013, Étude 13 ; *CCE* 2014, chron. 2, obs. P. Kamina.

32. Voir F. Pollaud-Dulian, *Le droit de destination. Le sort des exemplaires en droit d'auteur*, LGDJ, 1989, coll. Bibl. de droit privé, t. 205.

33. CJUE, 3 juill. 2012, aff. C-128/11, *UsedSoft Vs. Oracle*, préc.

destiné à lui permettre d'obtenir une rémunération correspondant à la valeur économique de la copie de l'œuvre dont il est propriétaire, un droit d'usage de ladite copie, sans limitation de durée. Cette référence à la valeur économique du bien constitue un élément de l'appréciation de l'épuisement du droit étrange, il est évident que le prix ou la redevance s'apprécie à l'aune d'une exploitation globale d'un bien intellectuel, dans la logique d'un modèle économique arrêté par l'exploitant, et non un seul acte. La CJ avait déjà utilisé, à tort, cette notion pour l'épuisement du droit de marque[34]. La CJ ajoute qu'en cas de revente d'une licence d'utilisation emportant la revente d'une copie d'un programme d'ordinateur téléchargée à partir du site Internet du titulaire du droit d'auteur, licence qui avait été initialement octroyée au premier acquéreur sans limitation de durée et moyennant le paiement d'un prix destiné à permettre à ce dernier d'obtenir une rémunération correspondant à la valeur économique de la copie de son œuvre, le second acquéreur de la licence ainsi que tout acquéreur ultérieur de cette dernière pourront se prévaloir de l'épuisement du droit de distribution et pourront être considérés comme des acquéreurs légitimes d'une copie d'un programme d'ordinateur et bénéficier du droit de reproduction pour une copie de sauvegarde notamment. Ces mécanismes de l'épuisement du droit sont des outils qui peuvent être sollicités pour permettre l'émergence d'un marché de l'occasion de biens intellectuels ou, plus précisément, de supports incorporels de biens intellectuels[35].

L'épuisement étant attaché à la mise en circulation de support, il ne s'applique pas au droit de représentation[36].

1156. De plus, l'épuisement du droit d'auteur suppose que ce dernier ait pu être exercé. La CJ[37] admet que la libre circulation des marchandises peut être restreinte pour des raisons de protection du droit d'auteur et qu'une sanction pénale pour atteinte à la « distribution au public » d'une œuvre appropriée par le droit d'auteur peut être justifiée. Si une œuvre appropriée par un droit d'auteur est mise sur le marché d'un État membre par le propriétaire du bien intellectuel ou avec son consentement, une telle circonstance empêche ce dernier de s'opposer à la libre circulation de cette œuvre au sein l'UE. Cependant, l'épuisement est écarté lorsque la mise sur le marché résulte non pas du consentement du titulaire du droit d'auteur, mais de l'expiration de son droit d'auteur dans un État membre particulier. Dans ce cas, dans la mesure où la disparité des législations nationales en matière de durée de protection est susceptible de créer des restrictions au commerce à l'intérieur de l'UE, ces restrictions sont justifiées au titre de l'article 36 TFUE dès lors qu'elles résultent de la différence des régimes et que celle-ci est indissociablement liée à l'existence même du droit de

34. CJUE, 14 juill. 2011, aff. C-46/10, *Viking Gas A/S, Rec.* I-06161 ; L. Idot, « Marque et épuisement du droit », *Europe*, oct. 2011, n° 10 p. 42, voir supra n° 724.

35. V.-L. Benabou, « Marchés de l'occasion, propriété intellectuelle et innovation technologique », *Mélanges J. Schmidt-Szalewski*, LexisNexis, 2014, coll. CEIPI, t. 61, p. 27 ; S. Cherqui et E. Emile-Zola-Place, « Retour sur la licéité du marché secondaire de biens culturels numériques », *Légipresse* n° 306, juin 2013, p. 343 ; L. Marino, « Les défis de la revente des biens culturels numériques d'occasion », *JCP* G 2013, 903.

36. CJCE, 18 mars 1980, aff. 62/79, Coditel I, *RTD com.* 1980.339, obs. Françon ; *D.* 1980, j. 597, note Plaisant.

37. CJUE, 21 juin 2012, aff. C-5/11, *Donner*, préc.

propriété[38]. Ces mêmes considérations s'appliquent lorsque la disparité donnant lieu à des restrictions de la libre circulation des marchandises résulte, non pas de divergences entre les normes juridiques en vigueur dans différents États membres, mais du fait que ces normes ne sont, en pratique, pas utilement opposables à des tiers dans l'un des États membres. La restriction qui frappe un commerçant établi dans un État membre du fait d'une interdiction, pénalement sanctionnée, de distribution dans un autre État membre repose également, dans ce type de situation, non pas sur un acte ou sur le consentement du propriétaire du bien intellectuel, mais sur la disparité, dans les différents États membres, des conditions de protection des droits d'auteur. La protection du droit de distribution ne saurait, dans de telles circonstances, être considérée comme donnant lieu à un cloisonnement disproportionné ou artificiel des marchés contraire à la jurisprudence de la Cour[39]. Ainsi, les articles 34 TFUE et 36 TFUE ne s'opposent pas à ce qu'un État membre exerce des poursuites du chef de complicité de distribution sans autorisation de copies d'œuvres appropriées par un droit d'auteur en application du droit pénal national dans le cas où des copies de telles œuvres sont distribuées au public sur le territoire de cet état membre dans le cadre d'une vente, visant spécifiquement ce public, conclue depuis un autre état membre où ces œuvres ne sont pas appropriées par un droit d'auteur ou dont la protection dont elles bénéficient ne peut être opposée utilement aux tiers.

L'article L. 211-6 C. propr. intell. impose le principe de l'épuisement des droits pour les droits voisins. La première vente d'un ou des exemplaires matériels d'une fixation appropriée par un droit voisin autorisée par le titulaire du droit ou ses ayants droit sur le territoire d'un État membre de l'UE, la commercialisation de ces exemplaires ne peut plus être contrôlée ou interdite par le titulaire du droit voisin sur l'ensemble du territoire de l'UE. L'album de tel ou tel artiste de variété, le DVD de tel ou tel film à succès, mis pour la première fois en vente dans l'un quelconque des pays de l'UE, ensuite circule, notamment par des achats-ventes successifs, sur le territoire de l'UE, sans que le titulaire de droits voisins puisse exercer un contrôle sur cette circulation ou les conditions de commercialisation.

1157. L. 342-4 C. propr. intell. retient un dispositif semblable à celui existant pour les droits voisins pour le droit de producteur de base de données. La première vente d'une copie matérielle d'une base de données dans le territoire d'un État membre de l'UE par le titulaire du droit épuise le droit de contrôler la revente de cette copie matérielle dans tous les États membres. Cette règle de l'épuisement des droits, qui vise l'exercice du droit de distribution, ne s'applique qu'à la circulation des supports matériels incluant des bases de données. La transmission en ligne d'une base de données n'épuise pas le droit du producteur de contrôler la revente dans tous les États membres d'une copie matérielle de cette base ou d'une partie de celle-ci. Ces dispositions ne sont pas reprises directement de la directive qui est assez silencieuse sur cette question. Elle ne fait que rappeler, aux considérants 31 à 33, que la protection des bases

38. CJCE, 24 janv. 1989, aff. 341/87, *EMI Electrola, Rec.* p. 79, pt 12.

39. En ce sens, CJCE, 8 juin 1971, aff. 78/70, *Deutsche Grammophon Gesellschaft, Rec.* p. 487, pt 12 ; CJCE, 20 janv. 1981, aff. jtes 55/80 et 57/80, *Musik-Vertrieb membran et K-tel International, Rec.* p. 147.

de données par le droit d'auteur comprend également la mise à disposition de bases de données sous une autre forme que par la distribution de copies ; et que la question de l'épuisement du droit de distribution ne se pose pas dans le cas de bases de données en ligne, qui relèvent du domaine des prestations de services. L'épuisement s'applique à l'égard d'une copie matérielle d'une telle base faite par l'utilisateur de ce service avec le consentement du titulaire du droit. Contrairement au cas des CD ou DVD ou autres supports, où la propriété intellectuelle est incorporée dans un support matériel, à savoir dans une marchandise, chaque prestation en ligne est un acte qui devra être soumis à une autorisation. Pour ce qui est spécifiquement du régime du producteur de bases de données, seul le 43e considérant revient sur la question de l'épuisement des droits en indiquant qu'en cas de transmission en ligne, le droit d'interdire la réutilisation n'est épuisé ni en ce qui concerne la base de données, ni en ce qui concerne une copie matérielle de cette même base ou d'une partie de celle-ci effectuée avec le consentement du titulaire du droit par le destinataire de la transmission.

1158. Le droit des dessins et modèles (art. 21 RDME et L. 513-8 C. propr. intell.) intègre le principe de l'épuisement du droit de propriété après la première mise en circulation du bien intégrant le modèle. Les droits conférés par l'enregistrement d'un dessin ou modèle ne s'étendent pas aux actes portant sur un produit incorporant ce dessin ou modèle, lorsque ce produit a été commercialisé dans l'UE ou dans l'EEE par le propriétaire du bien intellectuel ou avec son consentement.

La formule est la même en droit des brevets suivant l'article L. 613-6 C. propr. intell., les droits conférés par le brevet ne s'étendent pas aux actes concernant le produit couvert par ce brevet, accomplis sur le territoire français, après que ce produit a été mis dans le commerce en France ou sur le territoire d'un État partie à l'accord sur l'EEE par le propriétaire du brevet ou avec son consentement exprès. Il s'ensuit que le propriétaire ne peut pas invoquer son droit de propriété pour contrôler la circulation et l'exploitation de produits intégrant son brevet sur le territoire de l'UE à partir du moment où il a volontairement, directement ou par l'intermédiaire d'un représentant, mis dans le commerce les produits.

1159. L'épuisement du droit de marque suit le modèle adopté pour les autres régimes de propriété intellectuelle. Le droit de marque fut le premier visé par la jurisprudence européenne à l'occasion de l'affaire *Grundig*[40] qui mettait en jeu un double accord de concession exclusive de vente et d'appropriation de marque. La firme allemande Grundig avait établi un réseau de distribution exclusive, chaque membre du réseau s'engageant à ne pas réexporter. L'exclusivité de la distribution était renforcée par la mise en place d'une marque, « Gint », déposée en Allemagne par Grundig et dans les autres pays par chaque membre du réseau, avec obligation de radier la marque des registres à la fin du contrat de distribution. Chaque concessionnaire protégeait son territoire en invoquant la convention de concession exclusive et le droit de marque en raison

40. CJCE, 13 juill. 1966, aff. jtes 56 et 58/64, *Rec.* 1966.430 ; *RTD eur.* 1966.559 ; *Clunet* 1966.914 ; J. Boulouis et R.-M. Chevalier ; G. Bonet, *RTD eur.* 1981.123.

du principe de territorialité. Le caractère national du droit de marque cloisonnait les différents marchés plus efficacement que toute autre convention. La Commission comme la CJ ont considéré qu'un tel montage tombait sous le coup de l'article 81 § 1 (anciennement article 85 § 1) et ne pouvait être exempté en vertu des dispositions de l'alinéa 3 du même article[41]. Cet arrêt fut la base du développement de la théorie de l'épuisement du droit[42]. L'article L. 713-4 C. propr. intell. et l'article 13 RME retiennent que le droit conféré par la marque ne permet pas à son titulaire d'interdire l'usage de celle-ci pour des produits qui ont été mis dans le commerce dans l'UE ou dans l'EEE sous cette marque par le titulaire ou avec son consentement.

B Mise en œuvre de la règle de l'épuisement du droit de propriété

1160. La règle de l'épuisement des droits assure un compromis entre droit de propriété et libre circulation des marchandises sur le territoire européen. La radicalité de sa formule est tempérée par des conditions de mise en œuvre cumulatives, appliquées sous l'égide de la fonction spécifique de chaque titre de propriété[43]. Une fois l'exemplaire incorporant le bien intellectuel volontairement commercialisé, le titulaire des droits de propriété sur le bien intellectuel ne peut plus invoquer son droit de propriété pour limiter la circulation de l'exemplaire en cause. Toutefois, il est impératif que la mise en circulation du produit se fasse selon les conditions cumulatives énoncées, à défaut de quoi il n'est pas possible d'opposer l'épuisement du droit. De plus, la faculté reste ouverte au propriétaire de s'opposer à tout nouvel acte de commercialisation s'il justifie de motifs légitimes, tenant notamment à la modification ou à l'altération, ultérieurement intervenue, de l'état des produits.

Quatre questions sont tranchées : la notion de mise en circulation, la qualité du consentement, le territoire de commercialisation et les modifications de la marchandise ou de ses conditions de commercialisation.

1. La mise en circulation

1161. Il y a mise en circulation des produits, mise dans le commerce, engendrant l'épuisement du droit de propriété (et non l'extinction du droit de propriété), lorsqu'a été réalisée la valeur économique de la marchandise incorporant le bien intellectuel. Le premier transfert à un tiers de la marchandise, celui-ci ayant le droit d'en disposer, réalise l'épuisement. Dans l'arrêt *Peak Holding*[44], la CJ considère que les produits sont mis dans le commerce même s'ils ne sont pas à disposition d'une clientèle finale mais simplement de grossistes. Elle écarte l'épuisement du droit lorsque le propriétaire a simplement importé

41. La CJ retient que le réseau d'accord est de nature à « *[...] mettre en cause, soit de manière directe ou indirecte, soit actuellement soit potentiellement, la liberté de commerce entre les États membres dans un sens qui pourrait nuire à la réalisation des objectifs d'un marché unique entre États* ».

42. G. Bonet, « L'épuisement des droits de propriété intellectuelle », *L'avenir de la propriété intellectuelle*, Litec, 1993, coll. IRPI, n° 11, p. 89.

43. Cf. J. Passa, *Traité, op. cit.*, n° 341 et s.

44. CJCE, 30 nov. 2004, aff. C-16/03, *Peak Holding, Rec.* I-11313 ; *Prop. Intell.* 2005, n° 15, p. 185, obs. G. Bonet.

sur le territoire de l'UE les produits en vue de les commercialiser, sans y être parvenu. La présence d'une clause contractuelle interdisant la revente des produits n'exclut pas la possibilité d'un épuisement du droit de propriété.

Dans l'arrêt *Phyteron*[45], la CJ retient que la première mise en circulation peut résulter de l'importation dans un État membre par le titulaire ou avec son consentement du produit incorporant le bien intellectuel fabriqué ou mis dans le commerce pour la première fois dans un État tiers. La présence dans l'État d'importation d'un droit de propriété intellectuelle sur la marchandise est indifférente, l'épuisement se réalise dès la mise dans le commerce de l'UE consentie. La mise dans le commerce est appréciée pour chaque exemplaire de la marchandise intégrant un bien intellectuel[46]. Seuls les exemplaires en cause subissent cette contrainte. En particulier, la fourniture par le propriétaire d'une marque, à ses distributeurs agréés, d'objets revêtus de celle-ci, destinés à la démonstration aux consommateurs dans les points de vente agréés, ainsi que de flacons revêtus de cette marque, dont de petites quantités peuvent être prélevées pour être données aux consommateurs en tant qu'échantillons gratuits, ne constitue pas, en l'absence d'éléments probants contraires, une mise dans le commerce[47].

2. Le consentement

1162. Pour qu'il y ait épuisement du droit, il est nécessaire que le propriétaire du bien intellectuel ait donné son consentement pour la première mise sur le marché du produit. Il peut donner son consentement directement, en mettant lui-même le produit sur le marché, ou indirectement, en accordant ce pouvoir à un licencié. Elle ne peut être que volontaire, dans tous les autres cas, il n'y a pas épuisement. Il n'y a aucune obligation de mise en circulation, le consentement doit être libre comme le rappelle la Cour[48] : « *le titulaire d'une marque peut s'opposer à la première mise dans le commerce dans l'Espace économique européen, sans son consentement, de produits d'origine portant cette marque* ».

Le consentement peut être exprès ou tacite[49], dans ce dernier cas, il doit être accompagné de circonstances qui ne laissent aucun doute sur la volonté du propriétaire du bien intellectuel. Dans le cas d'un consentement implicite, si la commercialisation de produits revêtus de d'une marque effectuée directement dans l'Espace économique européen par un tiers n'ayant aucun lien économique avec propriétaire de celle-ci, il faut que le consentement résulte d'éléments et de circonstances antérieurs, concomitants ou postérieurs à la mise dans le commerce dans cette zone qui, appréciés par le juge national, traduisent de façon certaine une renonciation dudit titulaire à son droit exclusif[50]. Le consentement

45. CJCE, 20 mars 1997, aff. 352/95, *Phyteron*, *Rec.* I-1729 ; *RTD eur.* 1998.128, obs. G. Bonet.

46. CJCE, 1er juill. 1999, aff. C-173/98, *Sebago*, R. I 4103 ; *RTD eur.* 2000.117, obs. G. Bonet. Dans le même sens, Cass. com., 25 avr. 2006, *PIBD* 2006, n° 883, III-460.

47. CJUE, 12 juill. 2011, aff. C-324/09, *L'Oréal contre eBay International AG,* préc.

48. CJUE, 28 oct. 2010, aff. C-449/09, *Canon Kabushiki Kaisha*, *Rec.* I-10835.

49. CJCE, 20 nov. 2001, aff. C-414/99 à C-416/99, *Zino Davidoff et Levis Strauss*, *Rec.* I-8691 ; Cass. com., 9 avr. 2002 ; *PIBD* 2002, III-36.

50. CJUE, 15 oct. 2009, aff. C-324/08, *Makro Zelfbedieningsgroothandel e. a.*, *Rec.* I-10019.

n'est pas donné lorsque des produits sont mis en circulation sous couvert d'une licence obligatoire[51]. « *La Cour pose le principe selon lequel la condition déterminante de l'épuisement des droits de propriété intellectuelle est la mise en circulation du produit sur le territoire communautaire avec le parfait consentement du titulaire, quelles que soient les modalités choisies* »[52].

1163. Sur le terrain probatoire[53], si la charge de la preuve de l'épuisement du droit de propriété intellectuelle revient à celui qui l'invoque[54], l'arrêt *Van Doren*[55] précise une règle de preuve en vertu de laquelle l'épuisement du droit de propriété intellectuelle constitue un moyen de défense pour le tiers poursuivi par le propriétaire du bien intellectuel. Les conditions de cet épuisement doivent, en principe, être prouvées par le tiers qui l'invoque. Cependant, les exigences découlant de la protection de la libre circulation des marchandises peuvent nécessiter que cette règle de preuve subisse des aménagements, notamment dans l'hypothèse où le tiers parvient à démontrer qu'il existe un risque réel de cloisonnement des marchés nationaux si lui-même supporte la charge de cette preuve, en particulier lorsque le propriétaire du bien intellectuel commercialise ses produits dans l'EEE au moyen d'un système de distribution exclusive. Il appartient alors au propriétaire du bien intellectuel d'établir que les produits ont été initialement mis dans le commerce par lui-même ou avec son consentement en dehors de l'EEE. Si cette preuve est apportée, il incombe alors au tiers d'établir l'existence d'un consentement du titulaire à la commercialisation ultérieure des produits dans l'EEE. Venant préciser l'appréciation du consentement, la CJ[56] indique que « *l'épuisement des droits conférés par la marque n'a lieu que s'il peut être conclu au consentement exprès ou implicite du titulaire de celle-ci à une mise dans le commerce, respectivement dans la Communauté européenne ou dans l'Espace économique européen, des produits pour lesquels cet épuisement est invoqué* ». Pour l'affaire qui lui était soumise, elle expose que « *la remise de « testeurs à parfum » aux intermédiaires liés par contrat au titulaire de la marque afin que leurs clients puissent en essayer le contenu a lieu sans transfert de propriété et avec interdiction de vente, où le titulaire de la marque peut à tout moment rappeler cette marchandise et où la présentation de celle-ci se distingue clairement de celle des flacons de parfum habituellement mis à la disposition desdits intermédiaires par le titulaire de la marque, le fait que ces testeurs soient des flacons de parfum qui comportent les mentions « démonstration » et « vente interdite » s'oppose à ce que le consentement du titulaire de la marque à leur mise dans le commerce soit implicitement reconnu, en l'absence de tout élément probant en sens contraire* ».

---

51. CJCE, 9 juill. 1985, aff. 19/84, *Pharmon*, *Rec.* 2281, *RTD eur.* 1988.647, obs. G. Bonet ; *RTD com.* 1989.73, obs. Françon.
52. G. Bonet, *RTD eur.* 1998. 136.
53. Voir T. Lancrenon, « La preuve de l'épuisement du droit de marque », *Prop. Indust.* 2012, Étude 7.
54. Cass. com., 26 févr. 2008 ; *PIBD* 2008, III-280.
55. CJCE, 8 avr. 2003, aff. C-244/00, *Van Doren*, *Rec.* I-305 ; *D.* 2003, J. 2358, note E. Arnaud.
56. CJUE, 2 juin 2010, aff. C-127/09, *Coty Prestige Lancaster Group*, *Rec.* I-04965.

3. Le territoire

1164. Le territoire de la mise en circulation est celui de l'UE ou celui de l'EEE. En dehors de cela, aucun épuisement n'opère. L'arrêt *Silhouette*[57], confirmé par la suite, fixe rigoureusement cette solution, écartant l'idée d'un épuisement international du droit de propriété intellectuelle. L'exclusion d'un épuisement international trouve aussi un fondement à l'article 6 des accords ADPIC.

La CJ utilise une formule quasi sacramentelle pour confirmer cette solution, par exemple dans l'arrêt *Class International*[58] qui retient que l'épuisement du droit est limité aux seuls cas « *où les produits sont mis dans le commerce dans la Communauté. Ils permettent au titulaire de commercialiser ses produits en dehors de la Communauté sans que cette commercialisation épuise ses droits à l'intérieur de celle-ci. En précisant que la mise sur le marché en dehors de la Communauté n'épuise pas le droit du titulaire de s'opposer à l'importation de ces produits effectuée sans son consentement, le législateur communautaire a ainsi permis au titulaire de la marque de contrôler la première mise dans le commerce dans la Communauté des produits* ».

La consécration du commerce en ligne impose de vérifier avec une acuité particulière la question du territoire. En effet, l'Internaute peut accéder à des offres provenant d'un autre territoire que celui sur lequel il réside. L'accès à l'offre peut-il être assimilé à un épuisement du droit de propriété intellectuelle ? La CJ cherche à maintenir l'effet de territorialité de la propriété intellectuelle et retient dans un des arrêts *L'Oréal*[59] que lorsque des produits situés dans un État tiers, revêtus d'une marque enregistrée dans un État membre de l'Union ou d'une marque européenne et non auparavant commercialisés dans l'Espace économique européen ou, en cas de marque européenne, non auparavant commercialisés dans l'Union, sont vendus par un opérateur économique au moyen d'une place de marché en ligne et sans le consentement du propriétaire de cette marque à un consommateur situé sur le territoire couvert par ladite marque ou font l'objet d'une offre à la vente ou d'une publicité sur une telle place destinée à des consommateurs situés sur ce territoire, le propriétaire peut s'opposer à cette vente, à cette offre à la vente ou à cette publicité. Il incombe aux juridictions nationales d'apprécier au cas par cas s'il existe des indices pertinents pour conclure qu'une offre à la vente ou une publicité affichée sur une place de marché en ligne accessible sur ledit territoire est destinée à des consommateurs situés sur celui-ci.

4. L'atteinte aux produits et les conditions de commercialisation

1165. L'épuisement du droit de propriété intellectuelle connaît une limite prétorienne dans les conditions de commercialisation des marchandises par l'importateur parallèle. Deux approches ont été retenues par la CJ en écartant

57. CJCE, 16 juill. 1998, aff. C-355/96, *Silhouette*, *Rec.* I-4799 ; *RTD eur.* 2000.112, obs. G. Bonet. Voir l'évolution de la jurisprudence de la Cour suprême des États-Unis, *supra* n° 1155.

58. CJCE, 18 oct. 2005, aff. C-405/03, *Class International*, *Rec.* I-8735 ; *Prop. Intell.* 2006, n° 18, p. 75, note G. Bonet.

59. CJUE, 12 juill. 2011, aff. C-324/09, *L'Oréal contre eBay International AG*, préc.

l'épuisement du droit, d'une part, en cas d'atteinte au produit avec une jurisprudence construite autour du reconditionnement et, d'autre part, si la commercialisation opérée porte atteinte à l'image de marque des marchandises en cause.

a) Le reconditionnement

1166. L'épuisement du droit ne peut être invoqué que si la marchandise couverte par des droits de propriété intellectuelle, mise dans le marché européen, demeure intacte. Une atteinte au produit, une dénaturation de ses caractéristiques essentielles permettent au propriétaire du bien intellectuel d'exercer un nouveau contrôle sur la circulation du produit. La CJ a développé une jurisprudence riche sur l'appréciation de l'atteinte aux produits et les limites qui en découlent pour la mise en œuvre de l'épuisement du droit. La construction prétorienne s'est dans un premier temps établie directement sur les dispositions du traité (art. 36 à l'époque), puis s'est échafaudée en considération de la directive marques de 1988 dont l'article 7 établissait la règle de l'épuisement.

Deux arrêts majeurs de 1978 et 1981 sont venus affirmer les limites à l'épuisement du droit en présence d'actes de reconditionnement de médicaments[60]. La CJ retient que le titulaire ne peut empêcher le reconditionnement par un tiers que si cette opération se révèle de nature à affecter l'état originaire du produit au détriment du consommateur. En dehors de ce cas, l'invocation de la propriété intellectuelle constituerait une restriction déguisée cloisonnant le marché. Toutefois, la CJ impose aux tiers réalisant le reconditionnement d'avertir le propriétaire du bien intellectuel et informer les consommateurs par une mention sur l'emballage. L'identité du responsable du reconditionnement ne doit pas être celui qui effectue matériellement l'opération mais celui qui la diligente. La CJ avance en ce sens que le propriétaire d'un bien intellectuel dont les produits qui l'incorporent font l'objet d'importations parallèles ne peut pas « *s'opposer à la commercialisation ultérieure de ce produit reconditionné en raison du seul fait que le nouvel emballage indique, en tant que reconditionneur, non pas l'entreprise ayant, sur commande, effectivement reconditionné ledit produit et qui dispose d'une autorisation pour ce faire, mais l'entreprise qui est titulaire de l'autorisation de mise sur le marché dudit produit, sous les instructions de laquelle le reconditionnement a été effectué et qui en assume la responsabilité* »[61].

1167. Sur le fondement de l'article 7 de la directive, la CJ a repris les conditions élémentaires dégagées par sa jurisprudence puis a précisé les conditions de recevabilité du reconditionnement[62]. Les arrêts *BMS* du 3 juillet 1996[63] reprennent cette construction. La CJ affirme que « *le pouvoir du titulaire d'un droit de marque protégé dans un État membre de s'opposer à la commercialisation sous la marque des produits reconditionnés ne doit être limité que dans la mesure où*

60. CJCE, 23 mai 1978, aff. 102/77, *Hoffman Laroche*, *Rec.* 1139, *RTD eur.* 1981.139, obs. G. Bonet ; CJCE, 3 déc. 1981, aff. 1/81, *Pfizer*, *Rec.* 2913 ; *RTD eur.* 1982.166, obs. G. Bonet.

61. CJUE, 28 juill. 2011, aff. jtes C-207/10 et C-400/09 – *Orifarm e. a.* ; *Rec.* I-07063 ; *JCP* G 2011, p. 1556, note F. Picod ; *Europe* oct. 2011, comm. n° 10 p. 42, obs. L. Idot.

62. G. Bonet, « Épuisement du droit de marque, reconditionnement du produit marqué : confirmations et extrapolations », *Mélanges Burst*, Litec, 1997, p. 61 ; J. Passa, Traité, *op. cit.*, n° 354 et s.

63. CJCE, 11 juill. 1996, aff. jtes C-427/93, C-429/93, C-436/93 ; *Bristol Meyers Squibb*, *Rec.* I-3457, 3603 et 3671 ; *RTD com.* 1997.251, obs. J. Azéma, *RTD eur.* 1998.111, obs. G. Bonet.

le reconditionnement auquel a procédé l'importateur est nécessaire pour commercialiser le produit dans l'État membre d'importation ». Elle précise que le reconditionnement en tant que tel doit affecter l'objet spécifique de la marque ou de tout autre droit de propriété intellectuelle, sans avoir à apprécier les effets concrets du reconditionnement opéré par l'importateur parallèle. Une évolution profonde est opérée par la Cour : le reconditionnement est par principe interdit par le droit de marque, mais il est possible d'y apporter des exceptions si certaines conditions sont remplies, à savoir la nécessité du reconditionnement et le respect des intérêts du propriétaire de la marque[64].

La notion de nécessité fut précisée dans l'arrêt *Upjohn*[65]. Cette notion est complétée par deux arrêts d'avril 2002[66], en retenant que le reconditionnement est objectivement nécessaire si l'accès au marché ou à une partie significative du marché est considéré comme entravé à cause d'une forte résistance des consommateurs à l'égard de médicaments réétiquetés. Cette solution s'applique à tous les produits, au-delà du médicament. Il n'est pas nécessaire qu'il y ait une impossibilité d'accès au marché pour justifier de la nécessité de reconditionner, un accès difficile suffit. Le propriétaire du bien intellectuel peut s'opposer au reconditionnement si cette démarche est exclusivement motivée par la recherche d'un avantage commercial pour l'importateur parallèle. La démonstration d'un obstacle réglementaire ou factuel est nécessaire à la justification du reconditionnement et il ne doit exister aucune alternative moins attentatoire aux droits du propriétaire du bien intellectuel[67]. L'arrêt *Boehringer* de 2007 étend la jurisprudence relative au reconditionnement aux pratiques de nouvel étiquetage, élargissant la notion de reconditionnement.

1168. Les décisions de 1996 confirment la position adoptée antérieurement d'une obligation lors du reconditionnement de ne pas altérer l'état du produit. En cas contraire, le propriétaire du bien intellectuel peut s'opposer à la commercialisation du produit reconditionné, notamment s'il y a un risque d'exposer le produit contenu dans l'emballage à des manipulations ou à des influences affectant son état. Non seulement la CJ vise l'état direct du produit, mais vise aussi l'état indirect du produit au travers du maintien de l'ensemble des informations nécessaires à la bonne consommation ou utilisation du produit.

Outre ces conditions relatives à la nécessité et à l'intégrité du produit, la jurisprudence confirme la nécessité de préserver les intérêts du propriétaire du bien intellectuel : il faut clairement distinguer ce dernier de la personne responsable du reconditionnement pour préserver la garantie de provenance et maintenir par exemple le régime de la responsabilité du fait des produits défectueux[68]. Le propriétaire doit être averti à l'avance afin de pouvoir s'assurer du respect de l'ensemble des conditions, le défaut d'information justifiant à lui seul une

64. En ce sens, CJCE, 26 avr. 2007, aff. C-348/04, *Boehringer*, *Rec.* I-3391 ; *PIBD* 2007, n° 855, III-429 ; *Prop. Intell.* 2008, n° 26, p. 138, obs. G. Bonet.

65. CJCE, 12 oct. 1999, aff. C-379/97, *Upjohn*, *Rec.* I-6927 ; *RTD eur.* 2000.120, obs. G. Bonet.

66. CJCE, 23 avr. 2002, aff. jtes C-143/00 et C-443/99, *Boehringer* et *Merck/Paranova*, *Rec.* I 3759 et 3703 ; *PIBD* 2002, n° 749, III-404 ; *Prop. Intell.* 2002, n° 5, p. 91, obs. G. Bonet.

67. Cf. J. Passa, *Distribution et usage de marque*, Litec, 2002.

68. Voir *supra* n° 1008 et s.

opposition du propriétaire du bien intellectuel à la commercialisation du produit reconditionné[69].

b) L'atteinte à l'image de marque

1169. La mise à l'écart du principe de l'épuisement du droit pour protéger l'image de marque semble plus éloignée des objectifs initiaux de ces exceptions à une règle essentielle au bon fonctionnement du marché intérieur et apparaît comme un mécanisme plus catégoriel pour la propriété intellectuelle. Cette limite à l'épuisement du droit fut établie à partir d'un réétiquetage, dans une affaire *Ballantine* de 1997[70], la CJ retenant que l'objet spécifique du droit de marque permet à son propriétaire d'interdire la commercialisation de son produit marqué si, compte tenu de la nature de ce dernier et du marché de commercialisation, la présentation modifiée nuit à la réputation de la marque ou à celle de son propriétaire. Il n'est pas nécessaire qu'il y ait une atteinte à la qualité intrinsèque du produit, pas même que le nouveau conditionnement soit défectueux ou de mauvaise qualité. Il faut que la nouvelle présentation de la marchandise puisse nuire à la réputation de la marque. Cette solution fut confirmée par l'arrêt *Boehringer* 2007 comme par l'arrêt *The Wellcome Foundation*.

1170. La prise en compte de l'image de marque fut définitivement consacrée par des décisions visant des produits prétendument de luxe. Deux arrêts *Dior*, l'un de 1997[71] et l'autre de 2009[72], ont fini d'intégrer le respect de l'image de marque dans le mécanisme de l'épuisement du droit de propriété[73]. La CJ retient que l'épuisement du droit de propriété permet d'utiliser la marque d'autrui dans une publicité annonçant la commercialisation des produits pouvant librement être revendus. Toutefois, cette publicité ne doit pas engendrer une atteinte sérieuse à la réputation de la marque, cette dernière constituant un juste motif d'exclusion des effets de l'épuisement, même en l'absence de reconditionnement ou de modification de l'état du produit. La CJ intègre dans son analyse les conditions de commercialisation des produits et l'effet d'une atteinte à l'image de marque lors de la violation d'une obligation contractuelle. Dans cette hypothèse, l'arrêt *Copad/Dior* retient une solution en deux temps : la violation du contrat ne remet pas en cause l'épuisement du droit du titulaire de la marque, sauf si cette violation correspond à l'un des cas limitativement énumérés à l'article 8 § 2 de la directive de 1988.

Cette solution découle du constat suivant lequel le propriétaire d'un bien intellectuel ne peut pas invoquer la mauvaise exécution du contrat afin de se prévaloir, à l'égard du licencié, de son droit de propriété. Il n'en demeure pas moins que le contrat de licence n'équivaut pas à un consentement absolu et

69. En ce sens, notamment l'arrêt *Boehringer* 2007, préc. Sur les conditions de communication des informations et le comportement des opérateurs : CJCE, 28 déc. 2008, aff. C-276/05, *The Wellcome Foundation*, *PIBD* 2009, n° 895, III-1005.

70. CJCE, 11 nov. 1997, aff. C-349/95, *Ballentine*, *Rec.* I-6227 ; *PIBD* 1998, n° 654, III-266 ; *RTD eur.* 1998.600, obs. G. Bonet.

71. CJCE, 4 nov. 1997, aff. C-337/95, *Dior/Evora*, *Rec.* I-6013, préc.

72. CJCE, 23 avr. 2009, aff. C-59/08, *Copad/Dior*, *PIDB* n° 897, III-1086.

73. Solution confirmée pour le cas particulier du retrait des emballages : CJUE, 12 juill. 2011, aff. C-324/09, *L'Oréal contre eBay International AG*, préc.

inconditionné du propriétaire de la marque pour la mise dans le commerce des produits revêtus du signe distinctif. Un espace de contrôle est préservé pour le propriétaire de la marque, espace défini par les dispositions limitatives de l'article 8 § 2.

Dior, en concluant le contrat de licence, a donné pleinement son consentement pour la mise en circulation des produits manufacturés intégrant son bien intellectuel, mais cet accord n'est pris en considération que dans le cadre du respect du contrat de licence. La CJ retient une analyse restrictive du consentement, seule une partie des violations des obligations contractuelles écarteront l'effet de l'épuisement du droit. Pour les autres atteintes au contrat, la libre circulation prime sur le respect des obligations et éventuellement sur le respect de la propriété. Dans l'affaire envisagée, le contrat exclut explicitement la vente aux soldeurs n'appartenant pas aux réseaux de distribution sélective. Cette vente se fait sans le consentement du propriétaire du bien intellectuel, en violation de son droit de propriété et contre l'opposition signifiée par écrit. Le droit de propriété intellectuelle ne serait pas épuisé.

L'originalité de la situation relève de l'analyse des chaînes de contrats. Dans des affaires antérieures, notamment l'arrêt *Peak Holding*[74], les accords concernaient uniquement le rapport entre les parties contractantes et ne pouvaient pas faire obstacle à l'épuisement du droit de propriété, l'épuisement devenant de ce fait opposable *erga omnes*. Dans l'affaire *Copad/Dior*, la question porte non pas sur la conclusion accessoire d'un contrat de vente avec participation du propriétaire du bien intellectuel, mais sur l'effet qu'un contrat de licence peut avoir sur les opérations que le licencié effectue avec des tiers.

Le risque est que les obstacles que le droit de la propriété intellectuelle dresse face à l'utilisation de la marque aient à l'égard des tiers une portée plus étendue que celle qu'ils ont à l'égard du licencié tenu par les limites contractuelles. Il serait difficile de justifier que le droit de propriété n'a qu'une portée limitée à l'égard du licencié alors qu'il serait entièrement opposable à tout tiers étranger au contrat. Les droits conférés au propriétaire de la marque n'empêcheraient pas le licencié d'utiliser celle-ci dans le trafic commercial. Les clients du distributeur, non tenus par le contrat de licence, seraient exposés au risque que le propriétaire de la marque leur impose les droits conférés par celle-ci en leur interdisant de revendre les produits marqués.

1171. Seule une harmonisation permet de s'assurer que l'interprétation du contrat pour la mise en œuvre de l'épuisement du droit sera similaire vis-à-vis du licencié et vis-à-vis du tiers. L'exploitation de la propriété d'autrui, par un contrat de licence, permet au propriétaire de contrôler la qualité des produits, notamment en intégrant dans le contrat des dispositions spécifiques à cette question. Mais dès que le contrôle de la qualité du produit sort du domaine de l'article 8 § 2, ce contrôle ne relève plus du droit de propriété mais du droit des contrats.

Pour l'avocat général, cette analyse doit s'appliquer dans tous les domaines de mise en application du contrat de licence, notamment pour les modes de distribution. Lorsque le propriétaire du bien intellectuel renonce à

74. CJCE, 30 nov. 2004, *Peak Holing*, préc.

contrôler la distribution des produits ou n'utilise pas les possibilités de contrôle que lui offre le contrat, il n'y a aucune raison de lui reconnaître des effets de sa propriété à l'égard des tiers. L'enjeu de la qualité des produits ressort. Il faut conserver à l'esprit non seulement le sort du consommateur et l'impression de luxe avancée par la CJ, mais aussi le principe de la responsabilité pesant sur le propriétaire de la marque. L'apposition d'une marque sur un produit engendre une responsabilité pour le propriétaire de la marque qui justifie son pouvoir de contrôle. Il en irait de même pour tous les droits de propriété intellectuelle. S'il délaisse ce contrôle au premier stade de la production-distribution, il ne peut pas le faire renaître par la suite. La formule est dure, mais reste rationnelle.

Si, par la suite, dans la chaîne de distribution, le produit est altéré, alors, suivant la réponse à la troisième question, il sera possible pour le titulaire de la marque d'invoquer sa propriété pour limiter l'effet d'une mise en œuvre de sa responsabilité et écarter la règle de l'épuisement des droits[75].

1172. L'éviction de l'épuisement du droit est soumise à plusieurs conditions cumulatives. Le propriétaire du bien intellectuel ne doit pas utiliser son droit de propriété pour cloisonner les marchés, les modifications du produit doivent affecter l'état d'origine du produit directement ou indirectement, l'importateur responsable néglige d'informer le propriétaire du bien intellectuel avant de procéder à l'opération, le nouveau conditionnement mentionne insuffisamment que le produit a été reconditionné en respectant l'identité d'origine du produit et l'identité de celui qui a procédé à cette opération, enfin, la commercialisation ne respecte pas l'image de marque. Si l'une de ces atteintes est constatée, l'épuisement est écarté. La charge de la preuve est précisée par l'arrêt *Boehringer* 2007 qui retient que dès lors que les produits en cause ont bien fait l'objet d'une importation parallèle, il appartient à l'importateur d'établir l'existence de ces conditions, l'objet de la preuve se limitant à des éléments faisant raisonnablement présumer que les conditions sont remplies.

Section 2
Appréhension par le droit de la concurrence de la propriété intellectuelle

1173. Si l'articulation créée par la CJ pour permettre le fonctionnement du marché intérieur tout en respectant le droit de propriété, notamment grâce au mécanisme de l'épuisement du droit de propriété, a permis d'assurer un fonctionnement harmonieux du marché pour la circulation des biens intellectuels et maintenir une concurrence entre les opérateurs, cette construction n'est pas à même d'éluder tous les risques de dysfonctionnement des marchés. Les biens intellectuels constituent des actifs clés des entreprises, mais la

75. Cf. pour une application en droit interne, Cass. com., 23 mars 2010, aff. *Chanel*, *Prop. Indust.* 2010, comm. 40, obs. P. Tréfigny.

commercialisation de produits appelle dans la plupart des cas l'intégration de biens appartenant à des concurrents. Le coût de la R&D conduit des concurrents à s'allier pour développer de nouveaux biens intellectuels, à établir des standards, à se partager la distribution d'une solution technique. Les contrats sont au cœur de ces pratiques qui, du point de vue de la concurrence, peuvent engendrer des dysfonctionnements profonds du marché. Si la CJ a rapidement affirmé, pour ne plus s'en départir, que l'appropriation d'un bien intellectuel, en tant que telle, prise indépendamment de toute convention dont le bien peut faire l'objet, ne s'apparente à aucune des catégories visées à l'article 101 TFUE, mais résulte d'un statut légal accordé par un État sur des biens répondant à certains critères, et échappe ainsi aux éléments de concertation exigés par cet article[76], elle a rapidement constaté qu'il fallait, au cas par cas, s'assurer que l'exercice de ce droit de propriété n'avait pas pour objet ou pour effet de fausser le jeu de la concurrence.

La soumission au droit des ententes fut rapidement acquise, l'articulation de l'exclusivité contractuelle étant au fondement de cette question, une série de règlements d'exemption par catégorie est venue alléger le contentieux en la matière. L'appréhension par le régime des abus de position dominante n'intervint qu'en 1988 lors d'un contentieux ayant pour objet des dessins et modèles (arrêts *Renault* et *Volvo* du 5 oct. 1988). Le contrôle sur le terrain de l'article 102 TFUE est depuis resté vif, le succès d'un bien intellectuel emportant assez naturellement une position dominante pour le propriétaire de ce bien. Dépassant le contrôle de l'abus, les autorités de la concurrence comme les juges ont envisagé l'application de la théorie des infrastructures essentielles aux biens intellectuels à partir du milieu des années 1990. La concentration de biens intellectuels en une seule main peut constituer une source de perturbation du marché, le contrôle des concentrations se penche tout autant sur le sort des biens intellectuels. Enfin, s'est posée aux autorités de la concurrence la question des aides d'État destinées à soutenir la création et l'exploitation de biens intellectuels.

§ 1. Les ententes

1174. Le droit des ententes connaît un double mouvement : une lutte systématique des autorités de la concurrence, en particulier à l'égard des cartels, et une exemption par catégorie pour de très nombreux accords, *a priori* anticoncurrentiels, qui ont un effet globalement positif pour le fonctionnement du marché.

A La soumission des propriétés intellectuelles au contrôle des ententes

1175. Les ententes sont sanctionnées sur des bases similaires en droit européen (art. 101 TFUE) et en droit interne (art. 420-1 et s. C. Com.). L'article 101 § 1

76. En ce sens, CJCE, *Park Davis*, préc.

TFUE dispose que « *sont incompatibles avec le marché commun et interdits tous accords entre entreprises, toutes décisions d'associations d'entreprises, et toutes pratiques concertées, qui sont susceptibles d'affecter le commerce entre États membres et qui ont pour objet ou pour effet d'empêcher, de fausser ou de restreindre le jeu de la concurrence à l'intérieur du marché commun* ». Il s'agit de comportements occultes, des actions concertées[77], des coalitions et des ententes sanctionnés en ce qu'ils perturbent le fonctionnement harmonieux du marché. Ces pratiques conduisent à la rareté des entreprises dans la mesure où si aucune des entreprises impliquées ne disparaît, en se concertant, elles suppriment le choix offert aux clients. Ce comportement peut être dirigé contre une autre entreprise pour la faire disparaître. Sur le terrain des ententes, sont prohibées, même par l'intermédiaire direct ou indirect d'une société du groupe implantée hors de France, les actions concertées qui ont pour objet ou peuvent avoir pour effet d'empêcher, de restreindre ou de fausser le jeu de la concurrence, notamment lorsqu'elles tendent à limiter l'accès au marché ou le libre exercice de la concurrence pour d'autres entreprises, à faire obstacle à la fixation des prix par le libre jeu du marché en favorisant artificiellement leur hausse ou leur baisse, à limiter ou contrôler la production, les débouchés, les investissements ou le progrès technique, ou à répartir les marchés ou les sources d'approvisionnement[78]. Ainsi, la CJ a pu retenir que les clauses d'un contrat de licence exclusive conclu entre un titulaire de droits de propriété intellectuelle et un organisme de radiodiffusion constituent une restriction à la concurrence interdite par l'article 101 TFUE dès lors qu'elles imposent l'obligation à l'organisme de radiodiffusion de ne pas fournir de dispositifs de décodage permettant l'accès aux objets protégés de ce titulaire en vue de leur utilisation à l'extérieur du territoire couvert par ce contrat de licence[79]. Ce n'est pas l'exclusivité en tant que telle qui se retrouve mise en cause, mais sa portée territoriale. La Cour rejette un découpage contractuel du territoire de l'Union pour favoriser un marché commun numérique.

1176. Ces interdictions de principe doivent être modulées avec les réserves de l'article L. 420-4 (ou le § 3 de l'art. 101 TFUE) qui admet exceptionnellement certaines justifications à ces comportements collusifs. Cela est envisageable si une entente contribue au progrès économique, et profite à l'intérêt général. Il n'y a pas d'interdiction absolue, elle peut être vue comme un impératif pour atteindre un objectif supérieur dans l'intérêt du marché. Il est nécessaire de procéder à un bilan économique pour déterminer si les avantages de l'accord engendrant une entente sont supérieurs ou non à ses inconvénients, et

77. Sur cette catégorie de pratique, à propos des accords de représentation réciproques voir les vingt-deux arrêts du 12 avr. 2013 du Tribunal de l'Union sur une éventuelle action concertée des sociétés de gestion collective membres du CISAC, notamment T-442/08, T-422/08, T-410/08 ; *CCC*, 2013, com. 165, note G. Decocq.

78. Voir, dans le secteur pharmaceutique, la pratique du « pay-for-delay » ; P.-D. Cervetti, « Les accords de report d'entrée : une stratégie méconnue du secteur pharmaceutique », *Prop. Indust.* 2013, Étude 9 ; USSC, 19 juin 2013, *FTC vs Actavis*, nº 12-416 ; *Concurrence* 2013, p. 180, note C. Roda ; E. Dieny, « Avis de grand frais sur les accords enre laboratoire princeps et génériques », *CCC* 2013, alerte 48 ; Comm. EU, déc. 10 déc. 2013, aff. COMP/AT.39685, *Fentanyl*, *CCC* 2014, comm. 73, note D. Bosco.

79. CJUE, 4 oct. 2011, aff. jtes C-403/08 et C-429/08, *Football Association Premier League Ltd*, préc.

l'interdiction est tempérée par des exceptions. Il s'agit d'une règle de raison, que l'on retrouve dès le *Sherman Act.* Il faut reprendre les fondements du droit de la concurrence, ce n'est pas une fin en soi mais un moyen de parvenir à l'épanouissement du marché. On peut en écarter le jeu pour préserver d'autres valeurs, qu'il s'agisse d'objectifs économiques ou non économiques. Le Code de commerce admet deux causes de justification aux ententes qui sont traditionnellement en droit français la loi et le progrès économique. L'article 101 § 3 TFUE ne prévoit qu'une justification par le progrès économique. La justification par la loi ou un texte réglementaire est conçue strictement par l'article L. 420-4. La loi gouverne la liberté d'entreprendre, elle peut l'encadrer ou la limiter. Pour être sauvée, l'entente doit être la conséquence d'une obligation légale et non le fruit d'une simple tolérance ou d'une invitation. En pratique cette condition est rarement remplie, mais elle est souvent invoquée par les parties. L'Autorité de la concurrence ne l'a jamais constatée.

1177. La justification par le progrès économique est admise en droit interne dès 1953, elle était conçue de manière très large, à l'inverse de son appréhension par le droit de l'UE. Un alignement a eu lieu avec l'Ordonnance de 1986. Quatre conditions doivent être remplies pour que joue l'exemption par le progrès économique :

— l'assurance du progrès économique, soit un effet positif et non la simple contribution à une stabilité. Il peut s'agir d'une meilleure information ou un meilleur service de garantie ou de SAV, d'une structure commune de R&D pour des technologies nouvelles. Sur ce fondement, la CJ a retenu la validité d'une clause d'exclusivité dans l'arrêt *Semences de maïs*, car il y avait des restrictions indispensables au regard des frais considérables engagés tant pour développer la nouvelle variété de semence que pour la commercialiser[80].

— une partie équitable du profit doit être réservée aux utilisateurs, le progrès ne doit pas profiter qu'aux membres de l'entente, et le profit doit se répercuter en aval. Si le progrès se traduit par une hausse des prix, l'exemption sera refusée.

— l'entente ne doit pas donner aux entreprises impliquées la possibilité d'éliminer la concurrence. Le progrès économique peut justifier une certaine restriction de concurrence mais jamais son élimination complète.

— le respect des principes de nécessité et de proportionnalité. La restriction de concurrence ne doit pas aller au-delà de ce qui est nécessaire pour atteindre l'objectif de progrès.

L'entente, qui ne peut bénéficier de ces causes d'exemption et qui a un effet de marché, sera sanctionnée par le droit de la concurrence. Afin de faciliter l'utilisation de ces outils, le droit de l'UE de la concurrence identifie le cadre contractuel acceptable au regard de ces contraintes de marché, dans différents règlements visant soit des accords ayant des effets verticaux, soit des effets horizontaux.

80. CJCE, 8 juin 1982, aff. 258/78, *Semences de maïs – Nungesser, Rec.* 2853 ; *RTD eur.* 1983.286, obs. G. Bonet et R. Goyer ; *D.* 1984, J 129, note Plaisant.

B Les règlements d'exemption par catégorie

1178. Le droit de la concurrence distingue deux catégories de relation entre opérateurs sur le marché. D'une part, l'accord horizontal lie des entreprises concurrentes, se situant au même stade du processus production-distribution. D'autre part, l'accord vertical unit des entreprises qui n'opèrent pas au même stade du processus économique, tels un fabricant et un distributeur. Dès 1966, la CJ, notamment dans l'arrêt *Grundig*[81], s'est formellement prononcée dans le sens de l'application de l'article 101 TFUE aux accords verticaux, la soumission des accords horizontaux au droit de la concurrence apparaissant plus naturelle. Constituent des ententes interdites, non seulement les accords spécifiques, destinés à limiter la concurrence, accords que l'on désigne parfois sous le nom de cartel, mais aussi les accords non spécifiques, des accords commerciaux ordinaires, tel un contrat-cadre, lorsque ces contrats exercent un effet restrictif sur la concurrence.

1. Accords verticaux

1179. La mise en place d'une réglementation des accords verticaux fut dans un premier temps limitée à certaines activités sectorielles. Dès 1967, est adopté un règlement consacré à la distribution exclusive, il faut attendre 1984 pour qu'un règlement vise directement les biens intellectuels. Le règlement 23/49 du 25 juillet 1984 traite des accords de licence de brevets, le règlement 556/89 du 30 novembre 1988 aborde le transfert de savoir-faire, en particulier dans le cadre des contrats de franchise, remplacé par le règlement 2790/199 du 22 décembre 1999. Ce dernier est lui-même remplacé par le règlement 330/2010 du 20 avril 2010[82], entré en vigueur au 1er juin 2010, visant les accords verticaux d'achat ou de vente de biens ou de services lorsqu'ils sont conclus entre entreprises non concurrentes, entre certaines entreprises concurrentes ou par certaines associations de détaillants. Cette catégorie inclut les accords verticaux contenant des dispositions accessoires concernant la cession ou l'utilisation de biens appropriés par des droits de propriété intellectuelle, à savoir au sens de l'article 1 les droits de propriété industrielle, les savoir-faire, les droits d'auteur et les droits voisins. Pour le législateur européen, ces accords peuvent améliorer l'efficience économique à l'intérieur d'une chaîne de production ou de distribution grâce à une meilleure coordination des entreprises participantes.

L'exemption s'applique si la part de marché du fournisseur ne dépasse pas 30 % du marché sur lequel il vend les biens ou services en cause et que la part de marché de l'acheteur ne dépasse pas 30 % du marché sur lequel il achète les biens ou services en cause. Dans ces parts de marché, les parties sont libres d'organiser leur partenariat, sous réserve de deux séries de clauses, l'une emportant annulation de l'accord, l'autre éliminant l'effet contraignant d'une obligation.

81. CJCE, 13 juill. 1966, préc.
82. Règl. 330/2010, 20 avr. 2010, concernant l'application de l'article 101 § 3 TFUE à des catégories d'accords verticaux et de pratiques concertées, *JOUE* 23 avr. 2010, L. 102/1.

1180. Dans la première catégorie, fixée à l'article 4 du règlement, le bénéfice de l'exemption est exclu si l'accord a pour objet de restreindre, directement ou indirectement, la capacité de l'acheteur à déterminer son prix de vente, sous réserve de la possibilité d'imposer un prix de vente maximal ou recommandé. La sanction est similaire si l'accord a pour objet de restreindre le territoire ou la clientèle pouvant être démarchés par l'acheteur partie à l'accord, sauf s'il s'agit de restreindre la vente active ou la vente à l'utilisateur final pour les grossistes. La restriction n'est pas sanctionnée si elle vise à restreindre les ventes par les membres d'un système de distribution sélective à des distributeurs non agrégés, ou si elle tend à restreindre la capacité de l'acheteur à vendre des composants destinés à l'incorporation à des clients qui pourraient les utiliser pour la fabrication de produits concurrents à ceux du fournisseur. On ne bénéficie pas de l'exemption si l'accord restreint les ventes actives ou passives aux utilisateurs finals d'un système de distribution sélective qui agissent en tant que détaillants sur le marché, s'il restreint la fourniture croisée entre membres d'un même réseau de distribution sélective, ou s'il restreint, en présence d'un commerce de composants, la capacité du fournisseur à vendre ces composants en tant que pièces détachées à des utilisateurs finals. Cette disposition est particulièrement importante pour des secteurs industriels faisant intensément appel à la sous-traitance, telle l'industrie automobile.

1181. La seconde catégorie de dispositions n'écarte pas la validité de l'accord, seule la clause visée est inopposable. Il s'agit des obligations directes ou indirectes de non-concurrence à durée indéterminée ou d'une durée supérieure à cinq ans. Il est possible d'imposer dans le contrat, pour une durée indéterminée, une restriction à l'utilisation et à la divulgation du savoir-faire qui n'est pas tombé dans le domaine public. Est aussi visée toute obligation directe ou indirecte interdisant à l'acheteur, à l'expiration de l'accord, de fabriquer, acheter, vendre ou revendre des biens et des services en cause. Dans ce dernier cas, une telle obligation peut être admise si elle est indispensable à la protection du savoir-faire transféré par le fournisseur à l'acheteur, ou si elle est limitée à une période d'un an. Enfin, sont exclues les obligations directes ou indirectes imposées aux membres d'un réseau de distribution sélective de ne pas vendre les marques de fournisseurs concurrents déterminés.

2. Accords horizontaux

1182. Les accords horizontaux intéressent des opérateurs situés au même stade du processus économique, des opérateurs concurrents, la CJ[83] impose une autonomie des entreprises et constate « *qu'elle s'oppose rigoureusement à toute prise de contact directe ou indirecte ayant pour objet ou pour effet de dévoiler à tel concurrent le comportement que l'on a décidé ou que l'on envisage de tenir soi-même* ». Chaque opérateur doit rester dans l'incertitude de l'attitude et des décisions susceptibles d'être prises par les concurrents. Les autorités de la concurrence ont fixé les limites de la transparence horizontale sur les marchés intermédiaires. Elle ne doit pas permettre aux concurrents de faire

83. CJCE, 16 déc. 1975, *Suiker Unie*, aff. 40/73, *Rec.* 1663.

disparaître l'incertitude concurrentielle consubstantielle au fonctionnement correct du marché. Cela contraint les entreprises, soucieuses de maximiser leurs profits, à adopter une stratégie conforme à l'intérêt général et à employer de la façon la plus efficace possible leurs ressources pour satisfaire la demande à un moindre coût. Toutefois, ont été adoptés des règlements d'exemption par catégorie, en particulier, le règlement 1218/2010[84] pour des catégories d'accords de spécialisation et le règlement 1217/2010[85] pour des catégories d'accords de recherche et développement[86].

a) Accord de spécialisation de production

1183. Le règlement visant les accords de spécialisation dans le domaine de production contribue à améliorer la production et la distribution de produits, ce qui justifie le bénéfice de l'exemption de l'article 101 § 3 TFUE. Les entreprises se concertent pour concentrer leurs activités sur la fabrication de certains produits et maximiser leur efficacité. Les accords de spécialisation peuvent prendre plusieurs formes. Il peut s'agir d'accord de spécialisation unilatérale, conclu entre deux parties présentes sur le même marché de produits, en vertu duquel l'une des parties accepte de cesser complètement ou partiellement la production de certains produits ou de s'abstenir de produire ces produits et s'engage à les acheter à l'autre partie, qui accepte de les produire et de les lui fournir. L'accord peut aussi être un accord de spécialisation réciproque entre deux ou plusieurs parties présentes sur le même marché de produits, en vertu duquel deux ou plusieurs parties acceptent, sur une base réciproque, de cesser complètement ou partiellement ou de s'abstenir de produire certains produits, qui ne sont pas les mêmes, et s'engagent à les acheter aux autres parties, qui acceptent de les produire et de les leur fournir. Enfin, cet accord peut être un accord de production conjointe : accord en vertu duquel deux ou plusieurs parties acceptent de produire certains produits conjointement.

L'article 101, § 1, TFUE ne s'applique pas à ces accords de spécialisation, y compris les accords de production conjointe, pour autant que ces accords ne contiennent pas de restrictions caractérisées de la concurrence et où la part cumulée des parties n'excède pas 20 %. L'exemption prévue dans le règlement n° 2821/71 s'applique également aux accords de spécialisation qui contiennent des dispositions relatives à la cession ou à la concession de biens intellectuels pour autant qu'elles n'en constituent pas l'objectif, mais soient directement liées à leur mise en œuvre et nécessaires à celle-ci. Ce règlement, suivant une pratique maintenant établie, prévoit une exemption en vertu de laquelle les parties acceptent une obligation d'achat exclusif ou de fourniture exclusive ou distribuent les produits qu'elles fabriquent dans le cadre d'un accord de spécialisation ou de production conjointe. Pour bénéficier d'une telle exemption, les parties doivent avoir un pouvoir de marché limité. Leur part de marché est calculée

84. Règlement n° 1218/2010, 14 déc. 2010, relatif à l'application de l'art. 101 § 3 TFUE à certaines catégories d'accords de spécialisation, *JOUE*, 18 déc. 2010, n° L 335 p. 0043.

85. Règlement n ° 1217/2010, 14 déc. 2010, relatif à l'application de l'art. 101, § 3 TFUE à certaines catégories d'accords de recherche et de développement.

86. Cf. E. Dieny, « Règlements communautaires d'exemptions après les accords de distribution, la révision des accords de coopération », *CCE* 2010, Focus 55.

sur la base de la valeur des ventes réalisées sur le marché ou, en l'absence de données disponibles, des estimations fondées sur d'autres informations fiables relatives au marché permettent de déterminer la part de marché des parties. Si, après un certain temps, la part de marché dépasse le seuil de 20 % mais reste inférieure à 25 %, l'exemption continue de s'appliquer pendant deux ans. Cependant, si la part de marché dépasse les 25 %, l'exemption s'applique uniquement à l'année suivante. L'exemption sera exclue si l'accord de spécialisation contient des restrictions caractérisées, directement ou indirectement, qui imposeraient une fixation des prix, une limitation de la production ou de la vente, ou enfin, une répartition des marchés ou de la clientèle.

b) Accord de recherche et développement

1184. Le règlement relatif aux accords de recherche et développement (R&D) vise à encourager les entreprises dans leurs efforts de R&D et soutenir leur effort de coopération, autant dans le domaine des produits que des services[87]. Il s'inscrit dans l'action de l'UE en faveur du développement des savoirs et des biens intellectuels, en particulier par le biais des programmes-cadres de l'UE pour la R&D. Le règlement fonde l'exemption sur l'idée que la coopération pour la R&D et l'exploitation des résultats est la plus susceptible de favoriser le progrès technique et économique quand les parties apportent, à titre de contribution à la coopération, des compétences, des actifs ou des activités complémentaires. Ce constat doit aussi inclure les scénarii dans lesquels une partie se borne à financer les activités de recherche et de développement d'une autre partie. L'exploitation en commun des résultats est l'aboutissement naturel d'activités conjointes de R&D, et peut prendre différentes formes, telle la fabrication de produits, ou l'exploitation de droits de propriété intellectuelle. Les consommateurs profitent généralement de l'accroissement des activités de R&D et du renforcement de l'efficacité de celles-ci grâce à l'introduction de produits ou de services nouveaux ou améliorés, au lancement plus rapide de tels produits ou services ou à une réduction des prix résultant de technologies ou de procédés nouveaux ou améliorés.

Le règlement relève que les accords passés en vue d'entreprendre un programme commun de R&D jusqu'au stade de l'application industrielle, cette dernière étape n'étant pas incluse dans l'accord, ne relèvent généralement pas des prohibitions de l'article 101 § 1 TFUE. Au sens du règlement, la R&D se définit comme « *l'acquisition d'un savoir-faire relatif à des produits, des technologies ou des procédés, ainsi que la réalisation d'analyses théoriques, d'études ou d'expérimentations systématiques, y compris la production expérimentale, les tests techniques de produits ou de procédés, la réalisation des installations nécessaires et l'obtention de droits de propriété intellectuelle pour les résultats obtenus* ». Le règlement propose une définition classique et large de la propriété intellectuelle : les droits de propriété industrielle, le droit d'auteur et les droits voisins. Il reprend la définition européenne classique du savoir-faire. La R&D n'est pas cantonnée au seul domaine des brevets, mais vise, à juste titre,

87. C. Maréchal, thèse, *op. cit.*, n° 433 et s.

l'ensemble de l'activité innovante[88]. Le règlement encourage l'innovation en laissant libre les parties d'arrêter leur stratégie d'appropriation, le règlement intègre pour cela le savoir-faire et n'impose pas le dépôt de brevets.

La coopération portant sur la R&D et l'exploitation des résultats contribue en général à promouvoir le progrès technique et économique, en diffusant les savoirs, en évitant les doubles emplois dans les travaux de R&D et en encourageant les échanges de connaissances. Dans le cadre d'application du règlement, il s'agit d'un accord entre deux entreprises comme d'un accord entre une multitude de partenaires. Le programme de R&D est « commun » au sens du règlement si les tâches y afférentes sont exécutées par une équipe, une organisation ou une entreprise commune, confiées en commun à un tiers, ou réparties entre les parties en fonction d'une spécialisation dans la recherche, le développement, la production ou la distribution. Le règlement n'exempte pas seulement les accords ayant comme objectif premier la R&D mais aussi tout accord directement lié et nécessaire à la mise en œuvre d'une coopération de R&D.

1185. L'exemption prévue par le règlement s'applique aux accords de R&D contenant des dispositions relatives à la cession ou à la concession de droits de propriété intellectuelle à une ou plusieurs des parties ou à une entité établie par les parties pour effectuer les activités conjointes de recherche et de développement. De plus, si les activités rémunérées de recherche et de développement, ou l'exploitation en commun des résultats, pour autant que ces dispositions ne constituent pas l'objectif premier de ces accords, mais soient directement liées à leur mise en œuvre et nécessaires à celle-ci, elles pourront aussi bénéficier du mécanisme.

Pour pouvoir revendiquer l'application de l'exemption, il est nécessaire que l'accord de R&D réponde à des conditions cumulatives. En premier lieu, le règlement encadre la liberté contractuelle des parties quant à l'accès aux biens intellectuels et le partage des fruits de la R&D. L'accord de R&D doit stipuler que toutes les parties ont un accès illimité aux résultats finaux des travaux conjoints ou rémunérés de R&D, y compris aux droits de propriété intellectuelle et au savoir-faire qui en découlent, à des fins d'activités de R&D ou d'exploitation complémentaires, dès qu'ils sont disponibles. Lorsque les parties limitent leurs droits d'exploitation des résultats, en particulier lorsqu'elles se spécialisent dans l'exploitation, l'accès aux résultats dans un but d'exploitation peut être limité en conséquence, mais pas celui pour la recherche. De plus, les instituts de recherche, les centres universitaires ou les entreprises qui exécutent des travaux de R&D sur une base commerciale sans normalement participer à l'exploitation des résultats, peuvent convenir de limiter leur utilisation des résultats à des fins de recherches complémentaires. L'accord de R&D peut prévoir que les parties s'indemnisent pour l'accès consenti aux résultats dans un but de travaux de recherche complémentaires ou d'exploitation, mais le montant de l'indemnisation ne doit pas être tel qu'il empêche en réalité l'accès à ces résultats. L'idée d'une licence FRAND[89] est proche de cette disposition. Cette solution

88. Cf. *Pour une nouvelle vision de l'innovation,* rapport remis au ministre de l'Économie et des Finances en avril, La Documentation française, 2009.
89. *Fair Reasonable And Non-Discriminatory*, voir *supra* n° 1005.

est reprise à l'identique pour le savoir-faire antérieur au programme de R&D, si l'accord de R&D ne concerne que des activités conjointes ou rémunérées de R&D. Dans ce cas, l'accord doit stipuler que chacune des parties doit avoir accès au savoir-faire préexistant des autres parties si ce savoir-faire lui est indispensable aux fins de l'exploitation des résultats. L'accord de R&D peut aussi prévoir que les parties s'indemnisent pour l'accès consenti à leur savoir-faire préexistant, mais le montant de l'indemnisation ne doit pas être tel qu'il empêche en réalité l'accès à ce savoir-faire. Il en ressort un traitement parfaitement identique de tous les biens intellectuels, peu importe la voie d'appropriation.

1186. Pour bénéficier de l'exemption, l'exploitation en commun ne peut concerner que des résultats protégés par des droits de propriété intellectuelle ou constituant un savoir-faire, qui sont déterminants pour la production des produits contractuels ou l'utilisation des technologies contractuelles. Les parties qui seraient chargées de la production des produits contractuels à la suite d'une spécialisation dans l'exploitation doivent être tenues de satisfaire aux demandes de livraison des produits contractuels émanant des autres parties, sauf lorsque l'accord de R&D prévoit également la distribution conjointe ou lorsque les parties ont convenu que seule la partie qui fabrique les produits contractuels peut les distribuer.

1187. En deuxième lieu, suivant une technique maintenant toujours adoptée par la Commission, le bénéfice de l'exemption est soumis à un seuil de part de marché. Elle est aussi contrainte par durée de l'exemption. Ce qui est du seuil de part de marché, il faut distinguer deux situations. Si, les parties à l'accord de R&D ne sont pas des entreprises concurrentes, l'exemption s'applique pendant toute la durée de la R&D. En cas d'exploitation en commun des résultats, l'exemption continue de s'appliquer pendant une période de sept ans à compter de la date de la première mise sur le marché des produits ou des technologies contractuels au sein du marché intérieur. En revanche, si deux ou plusieurs parties sont des entreprises concurrentes, l'exemption s'applique dans les mêmes conditions, mais sous réserve qu'à la date de conclusion de l'accord de R&D la part de marché cumulée des parties ne dépasse pas 25 % du marché du produit ou de la technologie en cause, lorsqu'il s'agit des accords de recherche et de développement qui ont pour objet des activités conjointes de recherche et de développement de produits ou de technologies contractuels ainsi que l'exploitation en commun de leurs résultats, ou l'exploitation en commun des résultats issus de la R&D de produits ou de technologies contractuels effectués conjointement en vertu d'un accord conclu antérieurement par les mêmes parties, ou enfin, des activités conjointes de R&D de produits ou de technologies contractuels, à l'exclusion de l'exploitation en commun de leurs résultats. En revanche, la part de marché cumulée de la partie qui finance et de l'ensemble des parties avec lesquelles la partie qui finance a conclu des accords de recherche et de développement concernant les mêmes produits ou technologies contractuels ne doit pas dépasser 25 % du marché du produit ou de la technologie en cause, lorsqu'il s'agit des accords de R&D qui ont pour objet des activités rémunérées de R&D de produits ou de technologies contractuels ainsi que l'exploitation en commun de leurs résultats, l'exploitation en commun des résultats issus de la R&D rémunérés de produits ou de technologies contractuels en vertu d'un accord conclu antérieurement par les mêmes parties ; ou enfin, des activités rémunérées de R&D de produits ou de technologies contractuels, à l'exclusion de l'exploitation en commun de leurs résultats. À l'issue de la période de 7 ans, l'exemption continue de s'appliquer tant que la part de marché cumulée des parties n'est pas supérieure à 25 % du marché du produit ou de la technologie en cause.

Pour mettre en œuvre ce dispositif, le règlement précise que la part de marché est calculée sur la base de la valeur des ventes réalisées sur le marché ; en l'absence de données relatives à la valeur des ventes sur le marché, la détermination de la part de marché des parties peut s'effectuer sur la base d'estimations fondées sur d'autres informations fiables concernant le marché, notamment le volume des ventes sur celui-ci. Il ajoute que la part de marché est calculée sur la base de données relative à l'année civile précédente. Si la part de marché est initialement inférieure ou égale à 25 % mais franchit ensuite ce seuil sans dépasser 30 %, l'exemption continue de s'appliquer pendant deux années civiles consécutives suivant l'année au cours de laquelle le seuil de 25 % a été dépassé pour la première fois. Si la part de marché est initialement inférieure ou égale à 25 % mais dépasse ensuite 30 %, l'exemption continue à s'appliquer pendant une année civile suivant l'année au cours de laquelle le niveau de 30 % a été dépassé pour la première fois. En revanche, ces deux mesures transitoires liées à l'évolution des parts de marché ne peuvent être cumulées de manière à dépasser une durée de deux années civiles.

1188. En troisième lieu, l'exemption ne pourra être accordée que si le contrat ne contient pas de restrictions caractérisées. La présence d'une telle restriction emporte la nullité de l'accord. Seront exclus de ce mécanisme les accords de R&D qui, directement ou indirectement, isolément ou cumulés avec d'autres facteurs sous le contrôle des parties, ont pour objet la restriction de la liberté des parties de poursuivre, indépendamment ou en coopération avec des tiers, des activités de R&D soit dans un domaine sans rapport avec le domaine visé par l'accord de R&D, soit, à l'issue des travaux conjoints ou rémunérés de R&D, dans le domaine visé par cet accord ou dans un domaine qui lui est lié. Il en va de même pour les accords qui imposeraient une limitation de la production ou de la vente, à l'exception, ou une fixation d'objectifs de production lorsque l'exploitation en commun des résultats s'étend à la production conjointe des produits contractuels. Est aussi tenue pour constituer une restriction caractérisée la fixation d'objectifs de vente sauf lorsque l'exploitation en commun des résultats s'étend à la distribution conjointe des produits contractuels ou à la concession conjointe de licences relatives aux technologies contractuelles à savoir, dans le contexte d'activités dans le cadre d'un accord de R&D des activités où les tâches y afférentes sont exécutées par une équipe, une organisation ou une entreprise commune ou confiées en commun à un tiers. La restriction de vente peut aussi être admise en présence de pratiques constituant une spécialisation dans le cadre de l'exploitation, et d'une restriction de la liberté des parties en ce qui concerne la fabrication, la vente, la mise à disposition de produits, de technologies ou de procédés ou la cession de licences sur des produits, technologies ou procédés qui concurrencent les produits ou les technologies contractuels pendant la période pendant laquelle les parties ont convenu d'exploiter en commun les résultats.

Le règlement tient aussi pour une restriction caractérisée la fixation des prix pour la vente du produit contractuel à des tiers ou du montant de la licence sur les technologies contractuelles octroyée à des tiers, à l'exception de la fixation des prix appliqués aux clients directs ou de la fixation du montant de la licence appliqué aux preneurs directs de licences lorsque l'exploitation en commun des résultats s'étend à la distribution conjointe des produits contractuels ou à la concession conjointe de licences relatives aux technologies contractuelles dans le cas où les tâches y afférentes sont exécutées par une équipe, une organisation ou une entreprise commune ou confiées en commun à un tiers. Sont aussi exclues la restriction du territoire sur lequel, ou de la clientèle à laquelle, les parties peuvent passivement vendre les produits contractuels ou octroyer la licence sur les technologies contractuelles, à l'exception de l'obligation d'accorder à une autre partie une licence exclusive sur les résultats, l'obligation de ne pas réaliser de ventes actives des produits ou des technologies contractuels, ou de les limiter, sur les territoires ou à la clientèle qui n'ont pas été attribués exclusivement à l'une des parties par voie de spécialisation dans l'exploitation, l'obligation de refuser de satisfaire les demandes de clients établis sur le territoire respectif des parties, ou de clients répartis autrement entre les parties par voie de spécialisation dans l'exploitation, qui écouleraient les produits contractuels dans d'autres territoires au sein du marché intérieur, et enfin l'obligation de restreindre la possibilité pour les utilisateurs ou les revendeurs d'obtenir les produits contractuels auprès d'autres revendeurs au sein du marché intérieur.

1189. En dernier lieu, le règlement prévoit des dispositions contractuelles qui sont qualifiées de restrictions exclues. Cette qualification permet de maintenir le contrat bien que l'exemption ne s'applique à aucune de ces obligations contenues dans des accords de recherche et de développement. En pratique, il est nécessaire de tenir ces dispositions pour non écrites afin de maintenir en œuvre le reste de l'accord de R&D. Il s'agit, d'une part, de l'obligation de ne pas contester, après la réalisation des travaux de recherche et de développement, la validité des droits de propriété intellectuelle qui sont détenus par les parties dans le marché intérieur et qui sont utiles à la recherche et au développement, ou, au terme de l'accord de recherche et de développement, la validité des droits de propriété intellectuelle qui sont détenus par les parties dans le marché intérieur et qui protègent les résultats de la recherche et du développement, sans préjudice de la possibilité de mettre fin à l'accord de recherche et de développement au cas où l'une des parties contesterait la validité de pareils droits de propriété intellectuelle. Il s'agit, d'autre part, de l'obligation de ne pas octroyer de licences de production des produits contractuels ou d'utilisation des technologies contractuelles à des tiers à moins que l'accord ne prévoie l'exploitation par au moins une des parties des résultats des activités conjointes ou rémunérées de recherche et de développement et que cette exploitation s'effectue au sein du marché intérieur vis-à-vis de tiers.

Ce nouveau règlement d'exemption pour les accords de R&D ne s'applique pas, pendant la période allant du 1er janvier 2011 au 31 décembre 2012, aux accords déjà en vigueur au 31 décembre 2010 qui ne remplissent pas les conditions d'exemption prévues par le présent règlement, mais satisfont à celles prévues par le règlement 2659/2000, règlement d'exemption antérieur. Le nouveau règlement est entré en vigueur le 1er janvier 2011 et expire le 31 décembre 2022.

c) Accord de transfert de technologies

1190. Dernier règlement d'exemption par catégorie ayant une influence importante sur l'exploitation des biens intellectuels, le règlement 316/2014[90], remplaçant le règlement 772/2004 encadre les accords de transfert de technologies[91]. Entré en vigueur au 1er mai 2014, le nouveau règlement apporte des adaptations mineures au regard du texte antérieur, c'est une réelle continuation qui est assurée. Il s'applique, avec des seuils de parts de marché différents, tant aux entreprises concurrentes qu'aux entreprises non concurrentes. Les accords de transfert de technologie prennent la forme de concessions de biens intellectuels, ils améliorent généralement l'efficience économique, favorisent la concurrence dans la mesure où ils peuvent réduire la duplication des actions de R&D, incitent les entreprises à lancer de nouvelles actions de R&D, encouragent l'innovation incrémentale, facilitent la diffusion des technologies et suscitent la concurrence sur les marchés de produits[92]. Ce mécanisme s'ajoute à celui de l'accord de R&D. Le règlement concerne uniquement les accords dans lesquels le donneur de licence autorise le preneur à exploiter la technologie concédée, éventuellement après avoir poursuivi des activités de R&D, pour la production de biens ou de services. Il n'englobe pas les accords de licence relatifs à la sous-traitance d'activités de R&D, pas plus que les accords de licence visant le regroupement de technologies, à l'image des *patent pools*[93].

Le règlement n'exempte pas les accords de transfert de technologie contenant des restrictions qui ne sont pas indispensables à l'amélioration de la production ou de la distribution. En particulier, les accords de transfert de technologie contenant certains types de restrictions ayant des effets anticoncurrentiels graves, comme la fixation des prix facturés aux tiers, sont exclus du bénéfice de l'exemption, quelle que soit la part de marché des entreprises concernées.

1191. Au sens du règlement, un « *accord de transfert de technologie* » est un accord de licence de droits sur une technologie conclu entre deux entreprises aux fins de la production de produits. L'accord de transfert de technologie peut aussi être une cession de droits sur une technologie si le cédant supporte une partie du risque lié à l'exploitation de celle-ci. Il en va ainsi lorsque le montant dû au titre de la cession dépend du chiffre d'affaires réalisé par le cessionnaire

90. Règlement n° 316/2014 relatif à l'application de l'art. 101, § 3, TFUE à des catégories d'accords de transfert de technologie, *JOUE* 28 mars 2014, L. 93/17.

91. Règlement n° 772/2004 concernant l'application de l'art. 101 § 3 du TFUE à des catégories d'accord de transfert de technologie, *JOUE*, 27 avr. 2004, L. 123/11. Voir C. Maréchal, thèse, *op. cit.*, 427 et s., n° 442 et s.

92. Voir P. Regibeau et K. Rockett, « Assessment of potential anticompetitive conduct in the field of intellectual property rights and assessment of the interplay between competition policy and IPR protection » dont les auteurs sont : http://ec.europa.eu/competition/consultations/2012_technology_transfer/study_ipr_en.pdf

93. Voir les lignes directrices du règlement, préc.

avec les produits qui sont fabriqués à l'aide de la technologie cédée, de la quantité de produits fabriquée ou du nombre d'opérations réalisées à l'aide de la technologie concernée. Ces accords de transfert de technologie peuvent être réciproques ou non réciproques.

L'ensemble des droits de propriété intellectuelle est inclus dans le domaine du règlement, les droits de propriété industrielle, le savoir-faire, le droit d'auteur et les droits voisins, ce dernier apportant une définition étendue de la notion de brevet : « *les brevets, demandes de brevets, modèles d'utilité, demandes d'enregistrement de modèles d'utilité, dessins, topographies de produits semi-conducteurs, certificats de protection supplémentaire pour produits pharmaceutiques ou autres produits susceptibles d'en bénéficier et certificats d'obtention végétale* ».

1192. Les entreprises sont concurrentes si elles sont en concurrence sur le marché de technologies en cause et/ou sur le marché de produits en cause. Pour apprécier cette situation, il faut rechercher si les entreprises concurrentes sur le marché de technologies sont des entreprises qui concèdent sous licence des technologies concurrentes sans enfreindre leurs droits de propriété intellectuelle mutuels (concurrents réels sur le marché de technologies). La définition du marché de technologies en cause englobe l'ensemble des technologies considérées par les preneurs de licence comme interchangeables avec la technologie concédée ou substituables à cette technologie en raison de leurs caractéristiques, des redevances dont elles font l'objet et de l'usage auquel elles sont destinées. Cette définition peut être complexe à mettre en œuvre face à des technologies de pointe, sans réel équivalent sur le marché. Le caractère substituable connaît une limite importante face aux biens intellectuels et donc à la définition du marché en cause par le biais de la notion de technologie.

La définition des entreprises concurrentes par le biais du marché des produits en cause semble plus opérante. Le règlement définit comme des entreprises concurrentes sur le marché de produits en cause des entreprises qui, en l'absence de l'accord de transfert de technologie, opèrent toutes deux sur les marchés de produits et les marchés géographiques sur lesquels les produits contractuels sont vendus sans empiéter sur leurs droits de propriété intellectuelle mutuels (concurrents réels sur le marché de produits), ou qui, pour des motifs réalistes, seraient prêtes à consentir les investissements supplémentaires nécessaires ou à supporter les coûts de transformation nécessaires pour pénétrer en temps voulu, sans empiéter sur leurs droits de propriété intellectuelle mutuels, sur les marchés de produits et les marchés géographiques en cause à la suite d'une augmentation légère, mais permanente, des prix relatifs (concurrents potentiels sur le marché de produits). Dans ce cadre, le marché de produits en cause englobe des produits considérés par les acheteurs comme interchangeables avec les produits contractuels ou substituables à ces produits en raison de leurs caractéristiques, de leur prix et de l'usage auquel ils sont destinés.

1193. Si les conditions du règlement sont remplies, l'accord échappe à l'application de l'article 101 § 1 TFUE. Prenant pleinement en compte l'effet de la propriété intellectuelle, le règlement précise que l'exemption est applicable tant que le droit de propriété intellectuelle sur la technologie concédée n'a pas expiré, n'est pas devenu caduc ou n'a pas été invalidé. Dans le cas du savoir-faire, tant que celui-ci demeure secret, sauf s'il est rendu public du fait du preneur de licence, auquel cas l'exemption s'applique pendant toute la durée de l'accord.

1194. Le bénéfice de l'exemption est octroyé de façon différente selon que les parties sont dans une relation de concurrence ou non. Dans le premier cas, l'exemption s'applique à condition que la part de marché cumulée détenue par les parties sur les marchés de technologies et les marchés de produits en cause affectés ne soit pas supérieure à 20 %. Dans le second cas, la limite est fixée à 30 %.

Dans les deux situations, la part de marché d'une partie sur les marchés de technologies en cause est définie au regard de la présence de la technologie concédée sur les marchés de produits en cause. La part de marché détenue par un donneur de licence sur le marché de technologies en cause est égale à la part de marché cumulée, sur le marché de produits en cause, des produits contractuels produits par le donneur de la licence et les preneurs de celle-ci.

1195. La mise en œuvre du règlement 772/2004 marquait une rupture avec le règlement 240/96, car il abandonne la pratique du clausier. Le règlement 316/2014 confirme cette solution. Il écarte quelques stipulations soit en annulant l'accord soit en réputant non écrite la clause en question. Pour cette double approche, le règlement ajoute un critère complémentaire établi sur le rapport de concurrence entre les parties au contrat.

1196. Lorsque le preneur et le donneur de licence sont dans un rapport de concurrence, le règlement identifie comme des restrictions caractérisées emportant une exclusion de l'exemption des stipulations qui, directement ou indirectement, individuellement ou combinés à d'autres facteurs contrôlés par les parties, ont pour objet la restriction de la capacité d'une partie à l'accord de déterminer ses prix de vente à des tiers, ou la limitation de la production, exception faite de la limitation de la production des produits contractuels imposée au preneur dans un accord non réciproque ou imposée à l'un des preneurs seulement dans un accord réciproque. L'accord ne peut pas non plus bénéficier de l'exemption s'il prévoit la répartition des marchés ou des clients, exception faite de l'obligation imposée aux preneurs de la licence de ne produire à partir de la technologie concédée que dans un ou plusieurs domaines techniques d'utilisation ou sur un ou plusieurs marchés de produits. Le règlement ajoute d'autres exceptions à l'exclusion de la répartition des marchés ou des clients : n'est pas sanctionnée l'obligation imposée au donneur et/ou au preneur de la licence dans un accord non réciproque de ne pas produire à partir de la technologie concédée dans un ou plusieurs domaines techniques d'utilisation ou sur un ou plusieurs marchés de produits ou sur un ou plusieurs territoires exclusifs réservés à l'autre partie. Il va de même pour l'obligation imposée au donneur de ne pas concéder la technologie sous licence à un autre preneur sur un territoire déterminé. Les restrictions, dans un accord non réciproque, des ventes actives et/ou passives effectuées par le preneur et/ou par le donneur de la licence sur le territoire exclusif ou au groupe d'acheteurs exclusif réservés à l'autre partie, ou des ventes actives par le preneur de la licence sur le territoire exclusif ou au groupe d'acheteurs exclusif attribués par le donneur de la licence à un autre preneur, à condition que ce dernier n'ait pas été une entreprise concurrente du donneur au moment de la conclusion de son propre accord de licence, sont admises tout comme l'obligation imposée au preneur de la licence de ne produire les produits contractuels que pour son propre usage, à condition qu'il puisse vendre librement, activement et passivement, les produits contractuels en tant que pièces de rechange pour ses propres produits, et l'obligation imposée au preneur de la licence dans un accord non réciproque de ne produire les produits contractuels que pour un acheteur déterminé, lorsque la licence a été concédée en vue de créer une source d'approvisionnement de substitution pour cet acheteur. L'exemption ne s'applique pas si le contrat intègre une restriction de la capacité du preneur d'exploiter sa propre technologie ou la restriction de la capacité de l'une des parties à l'accord d'effectuer de la R&D, sauf si cette restriction est indispensable pour empêcher la divulgation du savoir-faire concédé à des tiers.

1197. Lorsque les entreprises parties à l'accord ne sont pas concurrentes, l'exemption n'est pas applicable aux accords qui, directement ou indirectement, individuellement ou combinés à d'autres facteurs contrôlés par les parties, ont pour objet la restriction de la capacité d'une partie de déterminer ses prix de vente à des tiers, sans préjudice de la possibilité d'imposer un prix de vente maximal ou de recommander un prix de vente, à condition que ces derniers n'équivaillent pas à un prix de vente fixe ou minimal imposé à la suite d'une pression exercée par l'une des parties ou de mesures d'incitation prises par elle. L'exemption n'opère pas plus en présence de restrictions concernant le territoire sur lequel, ou la clientèle à laquelle, le preneur peut vendre passivement les produits contractuels, exception faite de la restriction des ventes passives sur un territoire exclusif ou à un groupe d'acheteurs exclusif qui est réservé au donneur. Le règlement intègre au titre des exceptions à cette restriction exclue, la restriction des ventes passives sur un territoire exclusif ou à un groupe d'acheteurs exclusif que le donneur a réservé à un autre preneur pendant les deux premières années au cours desquelles cet autre preneur vend les produits contractuels sur ce territoire ou à ce groupe d'acheteurs, l'obligation de ne produire les produits contractuels que pour son propre usage, à condition que le preneur puisse vendre librement, activement et passivement, les produits contractuels en tant que pièces de rechange pour ses propres produits, et, enfin, l'obligation de ne produire les produits contractuels que pour un acheteur déterminé, lorsque la licence a été concédée en vue de créer une source d'approvisionnement de substitution pour cet acheteur. Lorsque les parties ne sont pas en concurrence, le bénéfice de l'exemption est exclu si l'accord envisage une restriction des ventes actives ou des ventes passives aux utilisateurs finals par les preneurs membres d'un système de distribution sélective qui opèrent en tant que détaillants sur le marché, sans préjudice de la possibilité d'interdire à un membre du système d'exercer ses activités à partir d'un lieu d'établissement non autorisé.

1198. À côté de ces restrictions qui emportent l'exclusion de l'accord du bénéfice de l'exemption, le règlement vise une série de clauses constituant des restrictions exclues.

Face à de telles restrictions, l'accord conclu entre deux entreprises concurrentes peut bénéficier de l'exemption mais la clause sera réputée non écrite. Est visée toute obligation directe ou indirecte imposée au preneur d'accorder au donneur ou à un tiers désigné par celui-ci une licence exclusive sur les améliorations dissociables que le preneur aura lui-même apportées ou sur les nouvelles applications de la technologie concédée qu'il aura lui-même mises en œuvre. Suit le même sort toute obligation directe ou indirecte imposée au preneur de céder au donneur ou à un tiers désigné par celui-ci l'intégralité ou une partie des droits sur les améliorations dissociables que le preneur aura lui-même apportées ou sur les nouvelles applications de la technologie concédée qu'il aura lui-même mises en œuvre. Cette sanction s'applique, enfin, à toute obligation directe ou indirecte imposée au preneur de ne pas mettre en cause la validité des droits de propriété intellectuelle que le preneur détient dans le marché commun, sans préjudice de la possibilité de résilier l'accord de transfert de technologie si le preneur met en cause la validité de l'un des droits de propriété intellectuelle concédé ou de plusieurs d'entre eux.

Lorsque les entreprises parties à l'accord ne sont pas concurrentes, l'exemption ne s'applique pas aux obligations directes ou indirectes limitant la capacité du preneur d'exploiter sa propre technologie ou la capacité de l'une des parties à l'accord d'effectuer de la recherche-développement, sauf si cette dernière restriction est indispensable pour empêcher la divulgation du savoir-faire concédé à des tiers.

§ 2. L'abus de position dominante

1199. L'article L. 420-2 C. Com. comme l'article 102 TFUE, sanctionnent, dans la mesure où le commerce peut être affecté, le fait pour une ou plusieurs entreprises d'exploiter de façon abusive une position dominante sur le marché de l'UE ou une part substantielle de celui-ci. Le texte vise le comportement d'un ou de plusieurs opérateurs économiques exploitant de façon abusive une situation de puissance économique qui leur permet de faire obstacle au maintien d'une concurrence effective sur le marché en cause en se donnant la possibilité de comportements indépendants dans une mesure appréciable vis-à-vis de leurs concurrents, de leurs clients et, finalement, des consommateurs. La constatation de l'existence d'une position dominante n'implique, en soi, aucun reproche à l'égard de l'entreprise concernée ; il incombe à celle-ci, indépendamment des causes d'une telle position, une responsabilité particulière de ne pas porter atteinte, par son comportement, à une concurrence effective et non faussée.

1200. La mise en œuvre des sanctions de l'abus de position dominante suppose la réunion de trois conditions : l'entreprise ou le groupe d'entreprises doit être en position dominante sur le marché, la domination est exploitée d'une manière abusive, et il en découle des effets négatifs pour la concurrence. La domination s'apprécie au regard des parts de marché sur un marché pertinent, et les actes caractérisant une exploitation abusive sont identifiés par illustration. L'article 102 TFUE évoque notamment le fait d'imposer de façon directe ou indirecte des prix d'achat ou de vente ou d'autres conditions de transaction non équitables. Il stigmatise le fait de limiter la production, les débouchés ou le développement de technique au préjudice des consommateurs, ou d'appliquer à l'égard des partenaires commerciaux des conditions inégales à des prestations équivalentes, en leur infligeant de ce fait un désavantage dans la concurrence. Un comportement dicté par une position dominante tombera sous le coup de la loi tandis que le même comportement adopté par une entreprise qui n'est pas en position de domination apparaîtra normal. Ainsi, une action en contrefaçon pourrait être l'indice d'un abus de position dominante si les conditions de mise en œuvre répondent aux conditions présentées ci-dessus. La part entre la défense légitime de la propriété et l'abus de celle-ci peut être délicate à établir[94].

1201. Dès l'arrêt *Park Davis* de 1968, la CJ affirme que le titre de propriété intellectuelle ne réunit pas, en soi, les conditions d'application de l'article 102 TFUE, dès lors qu'il ne fait pas l'objet d'une exploitation abusive, ajoutant que la supériorité du prix du produit couvert par un droit de propriété intellectuelle n'est pas nécessairement constitutive d'abus, et le seul fait d'exercer son droit de propriété, notamment pour empêcher les tiers d'utiliser illégitimement un bien intellectuel, n'est pas regardé comme une méthode abusive d'élimination de la concurrence. La propriété intellectuelle, notamment, laisse totalement libre les concurrents d'étudier les solutions techniques de tous les opérateurs sur le marché afin de réaliser des innovations et proposer de nouvelles solutions. La propriété intellectuelle ne freine aucunement l'innovation, elle contribue à la circulation des connaissances ce qui concourent à rendre plus concurrentiel le marché.

Il fallut attendre la fin des années 1980 pour que la CJ se prononce directement sur l'application des sanctions de l'abus de position dominante à la propriété intellectuelle[95]. La CJ dut mettre en œuvre la matière, en premier lieu, pour des dessins et modèles[96], puis au sujet des droits d'auteurs[97] et, enfin, des brevets[98].

Dans tous les cas, la CJ recherche si l'usage du bien intellectuel est fait conformément à sa fonction essentielle, ou si le propriétaire impose des obligations non objectivement justifiées[99]. Dans le cadre du contentieux *Renault*, la CJ identifie, par exemple, trois comportements abusifs : le refus de livrer des

94. J.-M. Bruguière, « Action en contrefaçon et abus de position dominante », *Mélanges J. Schmidt-Szalewski*, LexisNexis, 2014, coll. CEIPI, t. 61, p. 73.

95. J. Schmidt-Szalewski, « Exercice des droits de propriété intellectuelle en tant qu'abus de position dominante », *Droits de propriété intellectuelle – Liber amicorum G. Bonet*, Litec, 2010, coll. IRPI, t. 36, p. 501.

96. CJCE, 5 oct. 1988, aff. 53/87, *Renault*, *Rec.* 6039 ; *RTD eur.* 1990.720, obs. G. Bonet ; CJCE, 5 oct. 1988, aff. 238/87, *Volvo*, *Rec.* 6211, *JCP* G 1989, II-21247.

97. CJCE, 13 juill. 1989, aff. 395/87, *Tournier,* et aff. jtes 110/88, 241/88 et 242/88, *Lucazeau*, *RIDA* oct. 1989, p. 289 ; Françon, « Le conflit entre la SACEM et les discothèques devant la CJCE », *RIDA* n° 144, avr. 1990, p. 51 ; P.-Y. Gautier, *op. cit.*, n° 631 et s. ; C. Caron, *op. cit.*, n° 486 ; M. Vivant et J.-M. Bruguière, *op. cit.*, n° 891 s

98. CJCE, 2 mars 1994, aff. C-53/92, *Hilti*, *Rec.* I-667 *; RTD eur.* 1995.856, obs. G. Bonet.

99. Par exemple, Aut. conc., 14 mai 2013, déc. n° 13-D-11, à propos de la diffusion d'information négative par le titulaire d'un brevet sur un médicament à l'égard d'un génériqueur, *CCC* 2013, comm. 157, note M. Malaurie-Vignal et comm. 161, obs. D. Bosco.

éléments de rechange à des réparateurs indépendants, la fixation des prix des éléments de rechange à un niveau inéquitable en tenant compte du coût de la recherche, la décision du constructeur de ne plus produire de pièces de rechange pour ces modèles encore en circulation (car trop coûteux pour constructeur). L'arrêt *Volvo* ajoute une précision à cette analyse : le refus de délivrer une licence n'est pas en soi constitutif d'un abus de position dominante. Dans cette affaire, le tiers prétendait être un concurrent direct de *Volvo*, la CJ retient que « *même en contrepartie de redevances raisonnables, une licence pour la fourniture de produits incorporant le modèle aboutirait à priver le titulaire de la substance de son droit de PI* ». Cette solution de raison pourrait être remise en cause dans le cadre de la jurisprudence portant sur les infrastructures essentielles.

1202. Le contentieux de la gestion collective des droits d'auteur et droits voisins est le plus riche et offre un flot régulier de décisions, d'enquêtes et de recommandations des autorités de l'UE. Dès 1989, la CJ constate que « *la comparaison avec la situation dans les autres États membres peut fournir des indications valables en ce qui concerne l'abus éventuel de position dominante d'une société nationale de gestion de droits d'auteur* », établissant une méthode d'analyse des pratiques des acteurs économiques par comparaison. L'absence de justification objective à des taux de redevances plusieurs fois plus élevés que ceux appliqués dans les autres États, et le caractère disproportionné de ces redevances au regard de la valeur économique de la prestation fournie tant aux auteurs qu'aux exploitants, peuvent constituer un faisceau d'indices concordants d'une pratique abusive[100]. Dans un arrêt s'inscrivant dans la suite naturelle de sa jurisprudence, la CJ a affirmé, en 2008[101], qu'une SPRD détenant une position dominante sur une partie substantielle du marché commun n'exploite pas de façon abusive cette position lorsque, au titre de la rémunération due pour la télédiffusion d'œuvres musicales protégées par le droit d'auteur, le régime applique à des chaînes de télévision privées un barème de redevances suivant lequel les montants de ces redevances correspondent à une part des recettes de ces chaînes (en cela la Cour confirme sa jurisprudence), à condition que cette part soit globalement proportionnelle à la quantité d'œuvres musicales protégées par le droit d'auteur réellement télédiffusée ou susceptible de l'être. Elle propose une alternative à cette méthode maintenant classique de calcul de la redevance, en réservant la possibilité qu'une autre méthode permette d'identifier et de quantifier de manière plus précise l'utilisation de ces œuvres ainsi que l'audience, sans pour autant entraîner une augmentation disproportionnée des frais encourus en vue de la gestion des contrats et de la surveillance de l'utilisation desdites œuvres. On peut envisager un paiement de la redevance au regard des œuvres effectivement diffusées, grâce à un suivi de la diffusion avec des DRM. La CJ ajoute, toujours au regard de l'article 102 TFUE, qu'en

100. À propos du contrôle de l'abus de position dominante collective, TPICE, 13 juill. 2006, aff. T-464/04, *Impala*, *Concurrences* 1/2007, p. 26 note D. Spector ; *Europe* 2006, comm. 287 note L. Idot ; *CCC* 2006, comm. 190, note G. Decocq.

101. CJCE, 11 déc. 2008, aff. C-52/07, *Kanal 5 Ltd, TV 4 AB vs STIM*, *RTD com.* 2009.309, obs. F. Pollaud-Dulian ; *Prop. Intell.* 2009, n° 32, p. 285, note. V.-L. Bénabou ; *CCE* 2009, Étude 5, M. Chagny et S. Choisy, Étude 7, F. Dumont et J. Marthan.

calculant des redevances perçues au titre de la rémunération due pour la télédiffusion d'œuvres musicales protégées par le droit d'auteur de manière différente selon qu'il s'agisse de sociétés de télédiffusion privées ou de sociétés de service public, une SPRD est susceptible d'exploiter de façon abusive sa position dominante lorsqu'il applique à l'égard de ces sociétés des conditions inégales à des prestations équivalentes et qu'il leur inflige de ce fait un désavantage dans la concurrence, à moins qu'une telle pratique puisse être objectivement justifiée. Si la pratique de tarifs différenciés n'est pas en tant que telle sanctionnable, il faut apporter la preuve d'une justification objective à cette pratique, sinon, elle peut constituer l'indice d'un abus de position dominante. Il ne fait pas de doute que ces décisions visant les pratiques des SPRD pourraient s'appliquer à toute organisation exploitant des biens intellectuels de façon similaire[102].

1203. L'arrêt *Microsoft*[103] est emblématique de la relation complexe entre la propriété intellectuelle et la sanction de l'abus de position dominante. Si dans cette affaire le TPI rappelle que la seule appropriation n'est pas constitutive d'un abus, il sonde ensuite les pratiques de l'éditeur de logiciel pour qualifier ses comportements au regard du droit de la concurrence. Trois difficultés cristallisaient le contentieux : l'interopérabilité, la vente liée et le mandataire indépendant, nous aborderons simplement les deux premières en lien direct avec la propriété intellectuelle.

Sur le premier point, sur le fondement de l'article 102 TFUE, la Commission avait défini la notion d'« interopérabilité » comme la capacité, pour deux logiciels, d'échanger des informations et d'utiliser mutuellement ces informations, afin de permettre à chacun de ces logiciels de fonctionner de toutes les manières prévues. Dans ce cadre, elle a déterminé le « degré d'interopérabilité » de logiciels en fonction de ce qui, selon elle, est nécessaire au regard de l'article 102 TFUE pour permettre la conception de systèmes d'exploitation pour serveurs de groupe de travail concurrents de celui en position dominante de rester de manière viable sur le marché. Il en est ressorti que le degré d'interopérabilité existant ne permettait pas à ces concepteurs de rester présents de manière viable sur le marché, qu'il était porté atteinte au maintien d'une concurrence effective. En imposant, à titre de mesure corrective, à une entreprise en position dominante de divulguer « les informations relatives à l'interopérabilité », la TPI considère que la Commission vise une description technique détaillée de certaines règles d'interconnexion et d'interaction applicables au sein des réseaux de l'entreprise pour la fourniture de services de groupe de travail. Cette description ne s'étend pas à la manière dont l'entreprise met en œuvre lesdites règles et ne vise pas, notamment, la structure interne ou le code source de ses produits. Le degré d'interopérabilité retenu par la Commission permet aux systèmes d'exploitation concurrents d'interopérer avec l'architecture de l'entreprise en position dominante sur un pied d'égalité afin de pouvoir concurrencer de manière viable les systèmes d'exploitation de cette dernière. Il

102. Voir la collectivisation de l'exploitation des biens intellectuels, *supra* n° 1067 et s.

103. TPICE, 17 sept. 2007, aff. T-201/04, *Microsoft*, *Europe* 2007, Étude 22, note L. Idot ; *JCP* E 2007, note M. Debroux ; *CCE* 2008, Étude 6, M. Behar-Touchais ; *Prop. Intell.* 2008, n° 26, p. 122, obs. V-L. Benabou ; M. Vivant et J.-M. Bruguière, *op. cit.*, n° 1023. Sur les suites, *CCC* 2013, comm. 122, obs. D. Bosco, à propos du non-respect des engagements.

n'implique pas de faire fonctionner les produits des concurrents exactement de la même manière que les siens et ne permet pas à ses concurrents de cloner ou de reproduire ses produits ou certaines caractéristiques de ceux-ci.

1204. Le Tribunal a admis que la Commission peut partir de la prémisse selon laquelle il est possible que le refus de fournir les informations sur l'interopérabilité ne soit pas un simple refus de fournir un produit ou un service indispensable à l'exercice d'une activité déterminée, mais soit un refus de consentir à un tiers une licence portant sur des droits de propriété intellectuelle. Dans une telle situation, il faut vérifier si les conditions permettant de contraindre une entreprise en position dominante à accorder une licence portant sur des droits de propriété intellectuelle sont réunies. Bien que les entreprises soient, en principe, libres de choisir leurs partenaires commerciaux, un refus de livrer émanant d'une entreprise en position dominante peut, dans certaines circonstances et pour autant qu'il ne soit pas objectivement justifié, constituer un abus de position dominante au sens de l'article 102 TFUE. Le fait, pour une entreprise détenant une position dominante, de refuser d'octroyer à un tiers une licence pour l'utilisation d'un produit couvert par un droit de propriété intellectuelle ne saurait constituer en lui-même un abus de position dominante au sens de l'article 102 TFUE. Ce n'est que dans des circonstances exceptionnelles que l'exercice du droit de propriété donne lieu à un tel abus et qu'il est permis, dans l'intérêt public du maintien d'une concurrence effective sur le marché, d'empiéter sur le droit de propriété en l'obligeant à octroyer des licences aux tiers qui cherchent à entrer sur ce marché ou à s'y maintenir.

Sont considérés comme exceptionnels le refus visant un produit ou un service indispensable pour l'exercice d'une activité donnée sur un marché voisin, celui de nature à exclure toute concurrence effective sur ce marché voisin, et celui faisant obstacle à l'apparition d'un produit nouveau pour lequel il existe une demande potentielle des consommateurs. Dès qu'il est établi de telles circonstances, le refus de la part du propriétaire en position dominante d'octroyer une licence est susceptible de violer l'article 102 TFUE à moins qu'il ne soit objectivement justifié. Pour qu'un refus de donner accès à un produit ou à un service indispensable pour l'exercice d'une activité donnée puisse être considéré comme abusif, il faut distinguer deux marchés : d'une part, un marché constitué par ledit produit ou ledit service et sur lequel l'entreprise qui oppose le refus détient une position dominante et, d'autre part, un marché voisin sur lequel le produit ou le service en cause est utilisé pour la production d'un autre produit ou la fourniture d'un autre service. Le fait que le produit ou le service indispensable ne soit pas commercialisé de manière séparée n'exclut pas d'emblée la possibilité d'identifier un marché distinct. Il suffit qu'un marché potentiel, voire hypothétique, puisse être identifié. Tel est le cas dès lors que des produits ou des services sont indispensables pour exercer une activité donnée et qu'il existe, pour ceux-ci, une demande effective de la part d'entreprises qui entendent exercer cette activité. Il est déterminant que puissent être identifiés deux stades de production différents, liés en ce que le produit en amont est un élément indispensable pour la fourniture du produit en aval.

1205. Le Tribunal en conclut qu'aux fins de l'application de l'article 102 TFUE[104] au refus d'une entreprise en position dominante d'octroyer une licence sur le marché des systèmes d'exploitation pour serveurs de groupe de travail, les « informations relatives à l'interopérabilité » doivent être considérées comme « indispensables », notamment en raison du fait que l'interopérabilité revêt une importance concurrentielle significative sur ce marché, et ce même si leur indisponibilité n'a pour conséquence qu'une élimination progressive et non pas immédiate de la concurrence. Il ajoute que s'agissant d'un refus de la part d'une entreprise en position dominante d'octroyer une licence sur le marché des systèmes d'exploitation pour serveurs de groupe de travail, la Commission est d'autant plus fondée à faire application de l'article 102 TFUE avant que l'élimination de la concurrence se soit pleinement matérialisée que ce marché se caractérise par d'importants effets de réseau et qu'une telle élimination serait difficilement réversible. Il n'est pas nécessaire de démontrer l'élimination de toute présence concurrentielle sur le marché. Ce qui importe aux fins de l'établissement d'une violation de l'article 102 TFUE, c'est que le refus en cause risque de, ou soit de nature à, éliminer toute concurrence effective sur le marché, peu importe que les concurrents de l'entreprise en position dominante restent présents de manière marginale dans certaines « niches » du marché.

Le seul fait qu'un produit soit couvert par des droits de propriété intellectuelle ne saurait constituer une justification objective du refus d'octroyer une licence ; si la simple détention de droits de propriété intellectuelle pouvait constituer en elle-même une justification objective d'un tel refus, l'exception établie par la jurisprudence ne pourrait jamais trouver à s'appliquer. Il incombe alors à l'entreprise en position dominante qui soutient que le fait de donner accès aux tiers à une technologie couverte par des droits de propriété intellectuelle a une incidence négative importante sur ses incitations à innover, de le démontrer. Ce mécanisme provoque un renversement de la charge de la preuve, il appartient à celui qui refuse de justifier son refus et non à celui qui demande de justifier cette dernière. La propriété cède devant la difficulté à pénétrer le marché avec une solution alternative.

1206. À propos des ventes liées[105], il s'agissait de savoir si la qualification de produits distincts aux fins de l'article 102 TFUE est appréciée en tenant compte de la demande des consommateurs. En l'absence de demande indépendante pour le produit prétendument lié, il ne saurait être question de produits distincts ni, partant, d'une vente liée abusive. Le Tribunal rappelle que des produits complémentaires peuvent constituer des produits distincts aux fins de l'application de l'article 102 TFUE et ajoute que le fait qu'il y ait, sur le marché, des sociétés indépendantes spécialisées dans la fabrication et la vente du produit

104. Par décision du 27 févr. 2008 (Comm. UE, déc. C (2008) 764 final : *JOUE* n° C 166/20, 18 juill. 2008), une nouvelle astreinte, d'un montant de 899 millions d'euros, a été imposée à Microsoft (pour la période allant du 21 juin 2006 au 21 octobre 2007), au motif que les taux de rémunération proposés par Microsoft pour accorder l'accès aux informations relatives à l'interopérabilité n'étaient pas raisonnables. Par un arrêt du 27 juin 2012, T. UE, aff. T-167/08, *Microsoft Corp. c/Commission UE*, le T. UE maintient l'essentiel de l'analyse de la Commission sur les conditions de licence pour l'interopérabilité, simplement le Trib. réduit le montant de l'astreinte prononcée contre Microsoft.
105. C. Maréchal, thèse, *op. cit.*, n° 494 et s.

lié constitue un indice sérieux de l'existence d'un marché distinct pour ce produit. Le fait qu'une vente liée intervienne sous la forme d'une intégration technique d'un produit dans un autre n'a pas pour conséquence, du point de vue de l'appréciation de son impact sur le marché, que cette intégration ne puisse être qualifiée de vente liée de deux produits distincts. Même lorsque la vente liée de deux produits est conforme aux usages commerciaux ou lorsqu'il existe un lien naturel entre les deux produits en question, elle peut néanmoins constituer un abus, à moins qu'elle ne soit objectivement justifiée.

En l'espèce, la vente liée se réalisait entre des systèmes d'exploitation pour ordinateurs personnels clients, d'une part, et des lecteurs multimédias permettant une réception en continu, d'autre part. Le tribunal voit là deux produits distincts au vu de leur nature et leurs caractéristiques techniques, des faits observés sur le marché, de l'historique du développement desdits produits ainsi que de la pratique commerciale de l'entreprise en position dominante sur le marché des systèmes d'exploitation pour ordinateurs personnels. Il constate une vente liée sans même que le consommateur paie un certain prix pour le produit lié pour qu'il puisse être considéré que des prestations supplémentaires sont imposées à ceux-ci. Il n'est pas exigé en présence d'une vente liée que les consommateurs soient contraints d'utiliser le produit lié ou empêchés d'utiliser le même produit fourni par un concurrent de l'entreprise dominante pour que la condition tenant au fait de subordonner la conclusion de contrats à l'acceptation de prestations supplémentaires puisse être considérée comme étant remplie. Pour l'application de l'article 102 TFUE aux pratiques de ventes liées, l'autorité de la concurrence peut examiner les effets concrets d'une vente liée sur le marché ainsi que la manière dont celui-ci est appelé à évoluer, plutôt que de se contenter de considérer – comme elle le fait normalement dans les affaires en matière de ventes liées abusives – que la vente liée a un effet d'exclusion sur le marché *per se*. Le fait, pour une entreprise en position dominante sur le marché des systèmes d'exploitation pour ordinateurs personnels, de coupler un lecteur multimédia permettant une réception en continu au système d'exploitation pour ordinateurs personnels – lequel système d'exploitation est préinstallé sur la grande majorité des ordinateurs personnels vendus dans le monde – sans qu'il soit possible de retirer le premier du second, permet au lecteur multimédia de bénéficier de l'omniprésence du système d'exploitation sur les ordinateurs personnels, omniprésence que les autres modes de distribution des lecteurs multimédias ne peuvent contrebalancer. La vente liée confère ainsi au lecteur multimédia une présence sans équivalent sur les ordinateurs personnels dans le monde en ce qu'elle permet à ce lecteur multimédia d'obtenir automatiquement un niveau de pénétration sur le marché correspondant à celui du système d'exploitation pour ordinateurs personnels de l'entreprise en position dominante, et ce sans devoir concurrencer par les mérites les produits concurrents. Une telle vente liée est susceptible d'avoir une influence non négligeable sur les fournisseurs de contenu et les concepteurs de logiciels, le marché des lecteurs multimédias permettant une réception en continu se caractérisant par d'importants effets de réseau indirects.

1207. À la frontière entre la vente liée et l'abus de position dominante, une situation a occupé les prétoires ces dernières années : l'offre conjointe portant sur un ordinateur portable équipé de logiciels préinstallés[106]. Si pour la très grande majorité des acquéreurs cela ne soulève aucune question, l'objectif étant d'acquérir un ordinateur intégré en état de fonctionner, il est apparu, à certains utilisateurs et associations de consommateurs que cette seule forme de commercialisation des ordinateurs pouvait masquer une atteinte au droit du marché. La Cour de cassation répondit en deux temps à ce contentieux. L'acquéreur d'un ordinateur portable équipé de logiciels préinstallés pour un prix de 597 euros, faisant valoir que le contrat de licence d'utilisateur final ne permettait que le remboursement intégral de l'ordinateur équipé des logiciels qu'il ne souhaitait pas conserver, a fait assigner son vendeur en paiement de la somme de 404,81 euros au titre du remboursement du prix des logiciels, assignation portée devant le juge de proximité. Ce dernier l'a débouté en retenant que l'accord des parties s'est fait sur un type d'ordinateur complet et prêt à l'emploi et que le consommateur avait, l'acquisition effectuée, la possibilité de se faire rembourser les marchandises dans leur globalité. L'acquéreur forme alors un pourvoi en cassation, au regard de l'enjeu du litige le juge de proximité statuant en premier et dernier ressort. La Cour retient qu'en application des dispositions de l'article L. 122-1 C. consom. interprétées dans le respect des critères énoncés par la Directive 2005/29 du 11 mai 2005, relative aux pratiques commerciales déloyales des entreprises vis-à-vis des consommateurs dans le marché intérieur, il appartient aux juges du fond de rechercher si la pratique de la vente d'ordinateurs équipés de logiciels préinstallés est ou non contraire aux exigences de la diligence professionnelle et altère ou est susceptible d'altérer de manière substantielle le comportement économique, par rapport au produit, du consommateur moyen qu'elle touche ou auquel elle s'adresse[107].

La Cour laisse donc un large champ d'interprétation aux juges. Cette décision fut rendue alors que la CJ avançait que la Directive 2005/29 s'oppose à une réglementation nationale qui, sauf certaines exceptions et sans tenir compte des circonstances spécifiques du cas d'espèce, interdit toute offre conjointe faite par un vendeur à un consommateur[108].

1208. Laissant ouvert son œuvre interprétative et voyant essentiellement dans la question qui lui était posée une question de fait, la Cour dut se prononcer une seconde fois sur cette question, au travers de l'obligation d'information du vendeur professionnel d'un ordinateur prééquipé de logiciels d'exploitation et

106. P. Stoffel-Munck, « La vente d'un ordinateur pré-équipé de logiciels caractérise une pratique déloyale », *CCE* 2011, Étude 21.

107. Cass. 1re civ., 15 nov. 2010, *X. c/Sté Lenovo France, Bull. civ.* I, n° 232 ; *D.* 2010. 2765, obs. X. Delpech ; *D.* 2011. 622, chron. N. Auroy et C. Creton, et 974, obs. N. Sauphanor-Brouillaud ; *CCE* 2011. comm. 5, obs. P. Stoffel-Munck ; *D.* 2011, chron. Droit du numérique, C. Le Stanc ; *BICC* 737, 1er mars 2011, n° 297 ; *JCP* G 2010, p. 2172 ; *JCP* E 2010, j. 2135, note N. Dupont ; *Légipresse* n° 278, déc. 2010, p. 414 note E. Andrieu et N. Sauphanor ; *CCC* 2011, comm. 9, note M. Malaurie-Vignal ; *Gaz. Pal.*, 21-22 janv. 2011, p. 30, note L. Schurr. Dans la même affaire, pourvoi sur la décision de la juridiction de renvoi, Cass. civ. 1re, 22 janv. 2014, n° 12-20982, *CCE* 2014, comm. 37, note G. Loiseau.

108. CJUE, 23 avr. 2009, aff. jtes C-261/07 et C-299/07, *VTB-VAB NV contre Total Belgium NV*, *Rec.* I-02949 ; *JCP* E 2009, act. 222 ; *CCC*. 2009, comm. 183 ; P. Wilhelm et L. Ferchiche, « Le sort des ventes subordonnées et des ventes avec primes en droit français de la consommation, après l'arrêt de la CJCE du 23 avril 2009 », *CCC* 2009, Étude 8 ; *CCE* 2010, comm. 63, obs. M. Chagny.

d'application. Constatant qu'une société propose à la vente des ordinateurs équipés d'un logiciel d'exploitation et de différents logiciels d'utilisation, une association de consommateurs, soutenant que cette pratique est contraire à l'article L. 122-1 C. consom., assigne le vendeur aux fins de le voir condamné, d'une part, à cesser cette offre sans proposer à l'acquéreur la possibilité de renoncer à ces logiciels moyennant déduction du prix correspondant à leur licence d'utilisation, et, d'autre part, à indiquer le prix des logiciels pré-installés. Par un arrêt de cassation[109], la Cour retient, au visa de l'article L. 121-1 C. consom., dans sa rédaction antérieure à celle issue de la loi du 3 janvier 2008, tel qu'interprété à la lumière de la directive 2005/29 que les informations, relatives aux caractéristiques principales d'un ordinateur équipé de logiciels d'exploitation et d'application, sont de celles que le vendeur professionnel doit au consommateur moyen pour lui permettre de prendre une décision en connaissance de cause, et qu'il n'était pas possible de retenir que le vendeur n'avait pas à fournir au consommateur les informations relatives aux conditions d'utilisation des logiciels et pouvait se borner à identifier ceux équipant les ordinateurs qu'elle distribue. La cour d'appel ne pouvait s'appuyer sur le fait qu'en raison de leur aspect technique de telles informations ne se prêtent pas à la communication, nécessairement limitée, que peut effectuer un magasin non spécialisé et qu'il importe essentiellement que le consommateur moyen soit avisé que les ordinateurs proposés à la vente sont équipés de certains logiciels, précisément identifiés, ce qui lui permet, le cas échéant, de recueillir par lui-même des renseignements plus approfondis. La vente liée reste ouverte mais sous réserve de fournir les informations nécessaires détaillant les biens intellectuels pré-installés dans l'ordinateur et leur prix[110]. Sous un visa construit dans le même esprit, l'article L. 122-1 C. consom. dans sa rédaction antérieure à celle issue de la loi n° 2011-525, interprété à la lumière de la Directive 2005/29, la Cour de cassation a précisé le sens de cet arrêt dans une décision de juillet 2012. Elle casse l'arrêt de la cour d'appel de Versailles de mai 2011 qui avait reconnu une pratique litigieuse et indique que « *tout en constatant que la société soulignait, sans être démentie, que le consommateur pouvait en s'orientant sur le site dédié aux professionnels trouver des ordinateurs "nus", mais que l'installation d'un système d'exploitation libre restait une démarche délicate dont elle ne pourrait pas garantir la réussite, la cour d'appel qui s'est fondée sur des motifs desquels il ne résulte pas que la vente litigieuse présentait le caractère d'une pratique commerciale déloyale* »[111]. Cette décision semble encadrer l'arrêt de 2011 et écarte en pratique l'hypothèse d'une pratique commerciale déloyale. Il semble raisonnable de ne pas assimiler le consommateur moyen à un informaticien chevronné. L'offre déloyale serait certainement celle créant une confusion entre des ordinateurs pré-équipé et des ordinateurs nus, le consommateur ayant la plus grande difficulté à s'orienter et choisir de façon éclairée.

109. Cass. civ. 1re, 6 oct. 2011, n° 10-10800, *Ass. UFC Que Choisir c/Sté Darty et fils*, *CCC* 2011, comm. 31, obs. G. Raymond ; *JCP* E 2011, 1787, note É. Bazin ; voir aussi CA Versailles, 3e ch., 5 mai 2011 : *JCP* E 2011, 1686, note Ph. Stoffel-Munck.

110. Voir P. Wilhelm et D. Prioux, « Retour sur le contentieux de la vente d'ordinateurs avec logiciels préinstallés », *CCC* 2012, Étude 4.

111. Cass. civ. 1re, 12 juill. 2012, *Bull. civ.* I, n° 170 ; *JCP* G 2012, 897 ; *CCE* 2012, comm. 111, note G. Loiseau. Solution confirmée par Cass. civ. 1re, 5 févr. 2014, n° 12-25748, *CCE* 2014, comm. 27, note G. Loiseau ; *CCC* 2014, comm. 145, note G. Raymond.

1209. Outre les titres de propriété, l'abus peut être constaté au regard des comportements des propriétaires lors de la procédure de délivrance d'un droit de propriété intellectuelle. Le rapport de la Commission sur les pratiques des laboratoires pharmaceutiques le suggère à propos des demandes divisionnaires et des grappes de brevets, mettant en avant une stratégie de dépôt de brevet tout au long de la vie du médicament[112].

Plus nettement encore, dans une affaire *Astra/Zeneca*[113], la Commission a infligé une forte amende à un laboratoire pharmaceutique pour des infractions à l'article 102 TFUE après avoir constaté qu'à partir de 1993, le laboratoire a systématiquement fait des déclarations sciemment inexactes aux conseils en propriété industrielle, aux juridictions nationales et aux offices des brevets afin d'obtenir des certificats complémentaires de protection auxquels il savait ne pas avoir droit pour un produit breveté « *oméprazole* », le principe actif contenu dans le *Losec*. La Commission a conclu qu'en 1998-1999, le laboratoire a pratiqué une stratégie de retrait sélectif de leurs gélules de *Losec*, les remplaçant par des comprimés de *Losec* et demandant le retrait des AMM des gélules au Danemark, en Norvège et en Suède. Ces deux infractions ont été commises avec l'intention de restreindre abusivement la concurrence provenant des médicaments génériques et des importations parallèles. Le TPI[114] a confirmé pour l'essentiel cette décision de la Commission sanctionnant un abus de position dominante sur un marché pharmaceutique, notamment la sanction d'un usage abusif des procédures réglementaires, en l'occurrence celle de l'enregistrement des brevets, par la prolongation indue de la protection par brevet du *Losec*. Il confirme que le laboratoire a effectué des déclarations délibérément trompeuses devant les offices des brevets en Allemagne, en Belgique, au Danemark, en Norvège, aux Pays-Bas et au Royaume-Uni afin d'obtenir pour le *Losec* un CCP. Le tribunal admet que le fait pour des entreprises pharmaceutiques de demander le retrait des AMM de leurs produits constitue un abus de position dominante, mais il reproche à la Commission d'avoir retenu que les retraits des autorisations de mise sur le marché des gélules de *Losec* au Danemark et en Norvège étaient de nature à restreindre les importations parallèles, sans démontrer que ces retraits étaient de nature à empêcher les importations parallèles de *Losec* dans ces pays. En conséquence, il réduit l'amende.

§ 3. L'infrastructure essentielle

1210. De nombreux biens ou services sont caractérisés par leur rareté. Lorsque cette rareté tient à des raisons conjoncturelles, on compte sur le temps

112. Voir rapport de la Commission sur les pratiques des laboratoires pharmaceutique, préc., n° 418. J. Azéma, « L'abus dans l'obtention du brevet, l'exemple des médicaments génériques », *Prop. Indust.* 2010, doct. 7.
113. Commission aff. COMP/A.37.507/F3, T. UE, 1er juill. 2010, aff. T-321/05, *Astra Zeneca*, *Rec.* II-2805, *CCC* 2010, comm. 220, note G. Decocq ; CJUE, 6 déc. 2012, aff. C-457/10 P, *Astra Zeneca*, *CCC* 2013, comm. 37, note G. Decocq. Voir R. Kovar, « Respecter les règles de la concurrence : les déviances en matières de brevets à la croisée des droits de la propriété intellectuelle et de la concurrence », *Approches stratégiques de la propriété industrielle*, LexisNexis, 2011, coll. IRPI, t. 38, p. 99.
114. T. UE, 1er juill. 2010, aff. T-321/05, *Rec.* II-02805.

et les mécanismes du marché pour la faire disparaître, mais lorsqu'elle tient à la nature du bien ou aux choix politiques, le marché ne peut pas créer de ressources manquantes : fréquences hertziennes, créneaux d'atterrissage sur les aéroports, réseaux de transport d'électricité, de gaz, réseau ferroviaire... Le droit du marché a vu naître une théorie dite des facilités essentielles (*essential facilities*). Il s'agit d'éléments indispensables à l'exercice d'une activité, des installations ou des équipements indispensables pour assurer la liaison avec les clients et/ou permettre à des concurrents d'exercer leurs activités et qu'il serait impossible de reproduire par des moyens raisonnables. Cette infrastructure pourrait aussi être les rayonnages des commerçants afin de permettre d'accéder aux consommateurs[115].

Le traitement des problèmes posés par les infrastructures essentielles passe par une distinction entre l'attribution initiale du moyen et l'obligation éventuelle de le mettre sur le marché. Les « *structures essentielles* » doivent permettre à des opérateurs concurrents de développer leurs offres sans frein à l'accès aux marchés grâce à la mise à disposition des installations structurantes d'une économie moderne, notamment celles pour les transports, l'énergie et les communications. La disposition d'une ressource rare donne à l'opérateur une situation favorisée sur le marché et éventuellement sur des marchés adjacents, elle constitue corrélativement une barrière à l'accès d'autres opérateurs sur le marché. Lorsqu'une entreprise dominante détient une ressource de cette nature, elle ne peut, sans justification objective, en refuser l'accès pour exclure un concurrent. Deux éléments vont caractériser l'abus de son comportement : d'une part, le défaut de justification objective du comportement de l'entreprise démontre sa volonté d'élimination, d'autre part, le caractère essentiel de la ressource atteste des effets potentiels ou avérés de cette stratégie. Le caractère essentiel de la ressource s'apprécie restrictivement, il ne doit pas y avoir d'alternative pour le concurrent, en raison d'obstacles « techniques, réglementaires ou même économiques » de nature à rendre « impossible » ou « déraisonnablement difficile » l'accès à cette ressource. Il faut tenir compte de l'absence de solutions alternatives, fussent-elles moins avantageuses, indique la Cour de cassation dans l'affaire *NMPP* du 12 juillet 2005[116] : elle casse un arrêt qui avait appliqué la théorie des infrastructures essentielles à un logiciel de gestion de la presse alors que le plaignant disposait lui-même d'un logiciel similaire, bien que moins performant. Cette théorie fut appréhendée par le droit de la concurrence par le biais de l'abus de position dominante, mais s'en distingue notamment par les sanctions.

1211. Les ressources ou infrastructures essentielles proviennent principalement des monopoles d'État (cette situation est essentiellement traitée par une séparation entre l'exploitant de l'infrastructure et les opérateurs y ayant recours)

115. P. Reis, « L'accès au marché des fournisseurs face au développement des marques de distributeur », *CCC* 2014, Étude 6.

116. Cass. com., 12 juill. 2005, *CCE* 2005, comm. 149, note C. Caron et comm. 160 note G. Decocq ; *JCP* E 2006, 2178, note F. Chérigny ; faisant suite à Cons. conc., déc. n° 04-D-34, 22 juill. 2004, *CCE* 2004, comm. 129, obs. G. Decocq ; *JCP* E 2004, chron. 1739, spéc. n° 13, p. 1880, obs. C. Caron ; S. Lemarchand, « L'affaire NMPP : s'oriente-t-on vers une nouvelle limite au droit d'auteur du logiciel au nom de la libre concurrence ? », *Prop. Intell.* 2004, n° 11, p. 626.

ou d'un droit de propriété intellectuelle[117]. Ce dernier est à la fois la traduction d'une évolution importante de l'immatériel dans notre société et une difficile articulation des standards et de la concurrence.

Une différence essentielle existe entre les deux situations. Dans la première, l'infrastructure s'est construite à partir d'un effort collectif, souvent financée en partie par l'impôt. Dans la seconde, il n'y a qu'un opérateur privé qui a développé le bien, non sans rappeler l'affaire *Microsoft*. Par l'exercice de son droit de propriété, le propriétaire d'un bien intellectuel dispose du droit d'en refuser l'accès, sous réserve des aménagements légaux de la propriété, telles les licences imposées. Il s'agit simplement de l'exercice de la liberté du propriétaire de jouir de son bien. Le juge de l'Union est allé au-delà de ces dispositions légales pour appliquer aux biens intellectuels la théorie des infrastructures essentielles[118]. Il fut ensuite suivi par le juge national[119].

1212. Cette application aux biens intellectuels s'effectue pour les biens appropriés par des régimes ne contenant pas un mécanisme de licence de dépendance, soit principalement le droit d'auteur et les droits voisins, dont le droit de producteur de bases de données.

Une fois le caractère essentiel de la ressource établi, suivant les critères définis pour les biens corporels, le juge peut contraindre le propriétaire à en autoriser l'accès à ses concurrents pour que ces derniers développent leur propre offre. Pour les biens intellectuels, les juges ont avancé les trois conditions cumulatives, notamment dans l'arrêt *IMS Health*[120], conditions reprises en filigrane dans l'arrêt *Microsoft*. En premier, est visé le refus doit faire obstacle à l'apparition d'un nouveau produit sur le marché pour lequel il existe une demande potentielle des consommateurs. Ensuite, le refus est dépourvu de justification objective. Enfin, le refus est de nature à exclure toute concurrence sur un marché dérivé.

Si ces conditions sont réunies, alors, il sera possible de contraindre le propriétaire de l'infrastructure essentielle à l'ouvrir aux concurrents. On peut douter de l'effectivité de ces conditions.

117. Cf. J.-C. Galloux et J. Azéma, *op. cit.*, n° 648 ; C. Maréchal, thèse, *op. cit.*, n° 468 et s. ; S. Carre, « La « théorie des facilités essentielles » – « Much abo about nothing ? » », *Mélanges J. Schmidt-Szalewski*, LexisNexis, 2014, coll. CEIPI, t. 61, p. 87.

118. CJCE, 6 avr. 1995, aff. jtes C-241 et 242, *Magill*, *Rec.* I-743 ; *D. aff* 1996.859 chron. J.-B. Blaise ; G. Bonet *RTD eur.* 1995.834 ; *RTD eur.* 1996.747 obs. J.-B. Blaise et L. Idot ; *RTD com.* 1995.606 obs. Françon ; CJCE, 26 nov. 1998, aff. C-7/97, *Oscar Bronner*, *Rec.* I-7791 ; TPICE, 12 juin 1997, aff. T-504/93, *Tiercé Ladbroke*, *Rec.* II-93, *RTD eur.* 1998.609, obs. G. Bonet ; J.-B. Blaise *D. aff* 1996.85 ; *D.* 1999, j. 303 note G. Bonet ; *RTD com.* 1999.81, obs. Françon. Notamment, J. Azéma et J.-C. Galloux, *op. cit.*, n° 648 ; J.-B. Blaise, *D. aff* 1996.85 ; D. Mainguy et F. Berthault, « Concurrence et télécommunication », *JCP* E 2001, chron. Concurrence, n° 30 p. 9 ; M. Thill-Tayara et C. Couadou, « Le droit d'accès à l'épreuve de la théorie des installations essentielles », *CCC* 1999, chron. 6 ; L. Richer, « Le droit à la paresse ? *Essential facilities* version française », *D.* 1999, chron. p. 523 ; C. Shapiro, « Setting compatility standards : cooperation or collusion ? », *Expanding the Boundaries of Intellectual Property*, Oxford University Press, 2001, p. 81.

119. Cass. com., 4 déc. 2001, *France Telecom* ; *CCC* 2002, comm. 46, note M. Malaurie-Vignal, ; C. Caron, « Le droit du producteur de bases de données tyrannisé par le droit de la concurrence », *CCE* 2002, comm. 38 ; *Prop. Intell.* n° 3, avr. 2002, comm. n° 7 p. 62, obs. A. Lucas.

120. CJCE, 29 avr. 2004, C-418/01, *Rec.* I-5039 ; *Prop. Intell.* n° 12, juill. 2004, chron. p. 821, note V.-L. Benabou ; *Prop. Indust.* 2004, comm. 56, note P. Kamina.

§ 4. Le contrôle des concentrations

1213. La mise sur le marché d'un produit suppose la réunion de nombreux biens intellectuels, quel que soit le régime de propriété, les acteurs économiques, face à cette contrainte, font évoluer leur comportement, leurs stratégies et préfèrent abandonner l'exploitation directe de leur technologie et la transférer à un tiers à l'occasion d'une opération capitalistique. Il semblerait qu'il soit préférable d'être associé minoritaire d'un opérateur *leader* sur un marché donné plutôt qu'opérateur modeste sur le même marché. Tous les domaines de la propriété intellectuelle sont impliqués dans ce mouvement. Par exemple, des portefeuilles de droits musicaux ont circulé[121], des portefeuilles de droits audiovisuels, des portefeuilles de marques, des portefeuilles de brevets[122], et même des portefeuilles d'édition[123]. Ce fut le choix de l'alliance *Sony-Ericsson* dans le secteur de la téléphonie mobile ou entre *Pixar* et *Disney* pour celui des films d'animation, les entreprises cherchant à concentrer leur compétence technologique, innovante, créative. L'Autorité de la concurrence s'est prononcée sur un projet de concentrations relatif à la création de deux entreprises communes par *UGC Images* et *TFI International*, les sociétés *JV1* et *JV2*[124], respectivement pour les activités de distribution de films de cinéma en salle en France et la commercialisation de droits audiovisuels à l'étranger. L'acquisition de portefeuilles de brevets durant l'été 2011 par différents opérateurs télécom aux États-Unis s'inscrit dans cette même approche. D'une façon plus générale, la concentration de biens intellectuels est une réalité industrielle, les *leaders* doivent, pour maintenir leur position, conserver une avance technologique qui leur impose, s'ils ne parviennent pas à être innovants eux-mêmes, d'accéder aux innovations réalisées par des tiers. *Oracle* – pour l'industrie du logiciel – ou *Pfizer* – pour l'industrie pharmaceutique – ont, ces dernières années, conduit une stratégie d'acquisition de technologies suivant ce modèle[125]. Le ministre de l'Économie a considéré que l'acquisition d'une marque peut entraîner, en tant que telle, une opération de concentration[126].

1214. Le contrôle des concentrations s'effectue à l'initiative des parties impliquées dans l'opération, soit devant l'autorité européenne de la concurrence, soit devant une autorité nationale, selon l'impact économique de celle-ci sur le fonctionnement du marché. Les règles sur le contrôle des

121. CJCE, 10 juill. 2008, aff. C-413/06, *Bertelsmann AG et Sony Corporation of America*, *Rec.* I-4951.

122. Sur les effets de gamme, voir Comm. Europ., Décis., 22 juill. 1992 aff. M-190 *Nestlé-Perrier* (point 83) ; Comm. Europ., Décis. 16 mai 2006, *Axalto et Gemplus*, aff. n° IV/M (point 60) ; T. UE. 11 déc. 2013, aff. T-79/12, *Cisco Systems*, *CCC* 2014, comm. 70, note G. Decocq. En droit interne, Lettre. Min. Éco. 17 févr. 2009, *BOCCRF* n° 6 *bis* 2 avr. 2009 (p. 41).

123. Voir l'affaire *Odile Jacob*, T. UE, ord. 24 nov. 2011, aff. T-471/11 R, *CCC* 2011, comm. 21 obs. G. Decocq ; CJUE, 6 nov. 2012, aff. C-551/10 P, *Éditions Odiles Jacob* ; *CCC* 2013, comm. 11, note G. Decocq.

124. Autorité de la concurrence, Décision n° 09-DCC-41 du 9 sept. 2009 relative à la création de deux entreprises communes de plein exercice par *UGC Images* et *TFI International*.

125. Cf. C. Maréchal, thèse, *op. cit.*, n° 203 et s.

126. À propos d'une concentration sur le marché du change pour nourrisson, *BOCCRF*, 27 déc. 1996, p. 627 ; à propos du marché des médicaments, *BOCCRF*, 7 oct. 1998, p. 578.

concentrations permettent d'organiser une méthode d'appréciation des effets à venir sur la concurrence du rapprochement envisagé. L'article L. 430-1 C. Com, comme en droit de l'UE, définit la concentration à travers des notions opérationnelles : une opération de fusion ou de cession de contrôle, au sens large, c'est-à-dire comme une prise de participation en capital, quelle qu'en soit la forme, acquisition de droits sociaux par contrat unique, par OPA ou OPE, augmentation de capital, mais aussi de façon indirecte par l'acquisition d'éléments d'actifs, cette acquisition pouvant prendre la forme d'une jouissance exclusive des biens en cause[127]. Il vise la constitution d'une filiale commune, comprise comme la création d'une entreprise commune accomplissant de manière durable toutes les fonctions d'une entité économique autonome[128]. L'influence primordiale de la société *Gillette* sur la stratégie de la marque *Eemland* a constitué un indice d'une opération de concentration[129]. À la différence de l'entente, ces agissements sont ostensibles, ils peuvent faire naître ou renforcer une position dominante sur un marché dommageable pour la concurrence.

1215. La présence de biens intellectuels dans l'opération de concentration joue un rôle déterminant pour apprécier l'éventuelle atteinte au marché, notamment la création ou le renforcement d'une position dominante. La maîtrise des technologies clé d'un marché par une seule entité emportant élimination de la concurrence et rendant difficile l'entrée d'un nouveau concurrent sera une cause de refus de la concentration ou à tout le moins la cause d'une nécessaire procédure d'engagements[130], par laquelle l'opération sera validée sous conditions. L'autorité française de la concurrence a développé, à l'occasion du contrôle de la concentration envisagée entre *Coca-Cola* et *Orangina*, la notion de marque incontournable, « *celle pour laquelle un nombre suffisant de consommateurs serait prêt à changer de magasin s'ils ne la trouvaient pas dans leur magasin habituel, au risque d'entraîner une baisse de la part de marché du distributeur concerné* »[131]. La concentration de marques incontournables peut offrir à l'opérateur un pouvoir de marché l'émancipant du jeu de la concurrence, cela peut aussi lui procurer un effet de levier pour la commercialisation d'autres produits, et l'un des engagements exigés pour autoriser la concentration peut être celui d'accorder une licence de marque à un tiers[132]

Ces concentrations sont appréciées par les autorités de la concurrence sous l'angle de l'effet de portefeuille[133]. Le pouvoir de marché découlant d'un

127. Commission, Décision 88/501/CEE, 26 juill. 1988, *Tetra Pack* I, *JOUE* 4 oct. 1988, L 272 p. 27 ; puis TPICE, 10 juill. 1990, aff. T-51/89, *Rec.* II-309, retenant qu'un groupe abuse de sa position dominante par le biais du rachat d'une société qui lui permet de faire l'acquisition d'une licence exclusive d'un brevet constituant l'une des rares alternatives à son activité. Cette opération renforce la position dominante et retarde l'entrée sur le marché d'un concurrent.

128. Notamment, Décision *Nestlé/Statoil*, 17 févr. 1994, cas IV/M.361, *JOUE,* 8 avr. 1994, C699, p. 13 ; Décision *Ducros/Heros France*, 13 déc. 1999, cas IV/M.1675, *JOUE,* 25 févr. 2000, C-53, p. 15.

129. Cons. conc., avis 91-A-09, 15 oct. 1991, *BOCCRF*, 14 mars 1992, p. 84.

130. Pour des opérations mettant en jeu des biens intellectuels, C. Maréchal, thèse, *op. cit.*, n° 215 et s.

131. Cons. conc., avis 04-A-16, 28 juill. 2004, *BOCCRF,* 21 janv. 2005, p. 27.

132. Aut. conc., 9 juill. 2012, déc. 12-D-15, *Socopa Viandes Groupe Bigard*, *CCC* 2013, chron. 1, n° 4, obs. D. Bosco.

133. Cf. C. Maréchal, thèse, *op. cit.*, n° 212.

portefeuille de biens intellectuels est supérieur à la somme des éléments du portefeuille. Un effet de gamme s'organise. À propos d'un portefeuille de marques, le TPI a affirmé que « *la notion d'effet de portefeuille vise à apprécier la position concurrentielle réelle d'une entité résultant de la concentration et, le cas échéant, à conclure qu'elle détient une position dominante en dépit d'une part de marché ne donnant pas lieu en soi à une position dominante, en prenant en considération non seulement l'addition des parts de marché respectives des parties, mais également la puissance supplémentaire résultant de ce que la nouvelle entité dispose d'un nombre de marques important et est présente sur de nombreux marchés* »[134].

§ 5. Les aides d'État

1216. Dernier facteur de contrôle du bon fonctionnement des marchés, l'encadrement des aides d'État[135] est une opération délicate pour les autorités européennes, comme pour l'OMC. Le risque de l'investissement dans le développement de biens intellectuels est tel que les opérateurs économiques recherchent des solutions ou partager ce risque. Cette assistance est assurée par la collectivité, grâce aux États qui apportent leur soutien sous différentes formes de subventions ou de crédits d'impôt[136], afin d'encourager l'innovation et la création de biens intellectuels. Cette intervention étatique peut perturber le fonctionnement normal du marché.

1217. Depuis l'avènement du Traité, la Commission vérifie la compatibilité des aides en faveur de la recherche, du développement et de l'innovation. Les règlements 68/2001, 70/2001, 2204/2002 et 1628/2006 ont été remplacés par un seul règlement d'application générale, le règlement 800/2008[137] qui exempte toute aide ou tout régime d'aide qui remplit toutes les conditions qu'il prévoit. Afin de garantir que l'aide est nécessaire et constitue une incitation à développer d'autres activités ou projets, sont exclues du règlement les aides en faveur d'activités que le bénéficiaire entreprendrait déjà aux conditions normales du marché.

Les aides à la recherche, au développement et à l'innovation contribuent à la croissance économique, au renforcement de la compétitivité et à l'augmentation de l'emploi. Au vu de l'expérience acquise pour l'encadrement européen des aides d'État à la R&D et de l'encadrement européen des aides d'État à la recherche, au développement et à l'innovation, il apparaît, compte tenu des capacités de recherche et de développement dont disposent à la fois les PME et les grandes entreprises, que les défaillances du marché pourraient empêcher celles-ci d'atteindre le volume optimal et aboutir à un fonctionnement inefficient. De

134. TPICE, 3 avr. 2003, aff. T-114/02, *Babyliss*, *Rec.* II-1279 ; *RTD eur.* 2004.409, D. Berlin.
135. Ch. Gavalda et G. Parleani, *Droit des affaires de l'Union européenne*, 6e éd., Litec, 2010, n° 882 et s.
136. En France, il y a au moins huit crédits d'impôts spécifiques en faveur de la création dont le crédit d'impôt recherche.
137. Règlement (CE) n° 800/2008, 6 août 2008, déclarant certaines catégories d'aide compatibles avec le marché commun en application des art. 87 et 88 du traité, *JOUE*, 9 août 2008, n° L 214, p. 3.

tels fonctionnements inefficients sont généralement liés aux défaillances, à l'insuffisance et à l'asymétrie de l'information et aux problèmes de coordination et de réseau. Les aides à la recherche, au développement et à l'innovation revêtent une importance particulière, pour les PME en particulier, du fait que l'un des handicaps structurels dont souffrent celles-ci réside dans les difficultés qu'elles peuvent éprouver quand il s'agit d'accéder aux nouvelles technologies, aux transferts de technologie ou à du personnel hautement qualifié. Par conséquent, les aides en faveur de projets de R&D, les aides aux études de faisabilité technique et les aides visant à couvrir les coûts liés aux droits de propriété industrielle pour les PME, ainsi que les aides aux petites entreprises jeunes et innovantes, les aides pour le recours à des services de conseil en innovation et de soutien à l'innovation et les aides pour l'engagement temporaire de personnel hautement qualifié sont, sous certaines conditions, exemptées de l'obligation de notification préalable.

Pour les aides aux projets dans le domaine de la R&D, le volet subventionné du projet de recherche doit relever intégralement des catégories suivantes : recherche fondamentale, recherche industrielle ou développement expérimental ; et lorsqu'un projet se compose de plusieurs tâches, il convient de préciser, pour chacune d'elles, si elle relève d'une des trois catégories ci-dessus ou d'aucune d'entre elles. L'affectation auxdites catégories ne doit pas nécessairement suivre un ordre chronologique, qui démarrerait par la recherche fondamentale et se déplacerait vers des activités plus proches du marché. Par conséquent, une tâche exécutée à un stade ultérieur d'un projet peut relever de la recherche industrielle. De même, il n'est pas exclu qu'une activité effectuée à un stade antérieur puisse constituer du développement expérimental.

§ 6. Propriété intellectuelle et action de groupe

1218. La loi relative à la consommation de mars 2014[138] intègre en droit interne un mécanisme d'action de groupe dans le Code de la consommation, aux articles L. 423-1 et suivants. Parmi les fondements possibles pour engager une telle action, la loi retient les préjudices résultant de pratiques anticoncurrentielles au sens des articles L. 420-1 et suivants du Code de commerce ou des articles 101 et 102 TFUE. Les droits de propriété intellectuelle, dans leur utilisation, peuvent conduire à organiser des pratiques contraires à ces dispositions, engendrant des ententes ou concourant à un abus de position dominante. Il semble évident qu'à l'avenir, une telle pratique porterait atteinte aux intérêts des consommateurs et pourrait, outre l'action des autorités de la concurrence, emporter l'action des consommateurs. Dans de très nombreux cas, les biens intellectuels en cause pour les ententes ou les abus de position dominante sont des biens liés à une consommation de masse. Ces pratiques ont des conséquences patrimoniales pour les consommateurs qui pourront engager une action pour obtenir réparation de celles-ci.

138. Loi n° 2014-344, 17 mars 2014, relative à la consommation, *JORF*, 18 mars 2014 ; *CCC* 2014 ; Dossiers 1 à 9.

L'action ne peut être engagée qu'après celle conduite devant une autorité de la concurrence et ayant reconnu les faits en cause. Elle sera conduite par une association de défense des consommateurs. Le juge devra déterminer le préjudice susceptible d'être réparé et la forme de la réparation, en nature ou en numéraire. Ainsi, on peut imaginer qu'une association de consommateurs, ces derniers ayant supporté une redevance élevée pour accéder à un bien intellectuel, obtienne, après condamnation du propriétaire du bien intellectuel pour abus de position dominante, une indemnisation sous la forme d'un remboursement partiel. Il pourrait en être de même en présence d'une entente entre des opérateurs pour, par exemple, le prix des livres numériques ou de la musique en ligne. Il ne semble pas que les transactions pouvant intervenir entre les autorités de la concurrence et les opérateurs poursuivis aient un effet sur la possibilité d'engager cette action.

Chapitre 4
Le droit douanier de la propriété intellectuelle

1219. L'idée d'un droit douanier de la propriété intellectuelle peut sembler, d'un premier abord, paradoxale. Immatériel, le bien intellectuel ne ressent pas l'effet des frontières et circule parfaitement librement, insensible à la territorialité de la propriété. Si le bien intellectuel n'est pas territorialement contraint ; les biens corporels qui l'intègrent sont eux sujets au droit douanier comme tout meuble corporel. Dans ce cadre particulier éclôt le droit douanier de la propriété intellectuelle, droit puissant et efficace pour lutter contre la contrefaçon[1].

Le droit douanier présente la particularité d'être au cœur de la construction européenne et bénéficie d'une codification nationale et européenne. L'avènement du libre-échange intra-européen a conduit à limiter les contrôles douaniers pour la circulation des biens incorporant des biens intellectuels au profit du principe de l'épuisement des droits[2]. Toutefois, même dans le cadre du droit de l'UE, la circulation de marchandises contrefaisantes entre États membres est une source de contentieux autour de la notion de transit[3]. La frontière avec les tiers est désormais la frontière européenne, celle où les produits des États tiers pénètrent dans le marché de l'Union. Le droit européen des douanes a vocation à s'appliquer à ces situations, le droit national venant compléter, si nécessaire, le droit européen[4]. L'action européenne pour renforcer l'action des douanes dans la lutte contre la contrefaçon est intense. En 2008, le Conseil adopte une résolution en faveur d'un plan anti-contrefaçon[5], en 2009, une résolution avançant un plan d'action pour combattre les atteintes à la propriété intellectuelle durant la période 2009-2012[6]. Enfin, en 2010, après la communication de l'Union consacrée à l'évolution de l'Union, appelée Europe 2020[7], la Commission a lancé une consultation publique pour réforme du règlement 1383/2003[8]. Enfin, en 2011, le Commissaire au Marché intérieur a poursuivi un programme intense pour la lutte contre la contrefaçon. Pour sa part, la CJ a affirmé que certaines dispositions sur la propriété intellectuelle touchant aux échanges transfrontaliers constituent un élément

---

1. C. de Guardia, « L'administration des douanes et les contrefaçons », *Gaz Pal.* 1992, 1, p. 50 ; J. Azéma, « L'influence du droit douanier sur la propriété intellectuelle », *Mélanges J. Schmidt-Szalewski*, LexisNexis, 2014, coll. CEIPI, t. 61, p. 17
2. Voir *supra* n° 1154 et s.
3. Voir *infra* n° 1254 et s.
4. Voir art. L. 716-8 et s. C. Prop. Intell.
5. Résolution 2008/C253/01 du 23 sept. 2008, pour un plan explicite européen anti-contrefaçon.
6. Résolution 2009/C71/01 du 16 mars 2009, pour un plan d'action des douanes communautaires pour combattre les atteintes à la propriété intellectuelle pour les années 2009 à 2012.
7. Commission, *Europe 2020, A strategy for smart, substantial and inclusive growth*, COM (2010) 2020.
8. Consultation paper – *Review of EU legislation of customs enforcement of intellectual property rights.*

essentiel de la réglementation commerciale internationale[9]. Appelée à se prononcer sur le caractère exclusif ou non de la compétence de la Communauté pour conclure l'accord ADPIC, elle a jugé[10] que les mesures à la frontière visant à faire respecter les droits de propriété intellectuelle pouvaient être adoptées de façon autonome par les institutions européennes.

1220. Au-delà de la construction européenne, le droit douanier de la propriété intellectuelle est fortement harmonisé par le biais des articles 51 et suivants des accords ADPIC. L'essentiel des mesures détaillées ci-après est dans le principe arrêté par l'OMC. Suspension de la mise en circulation par les autorités douanières, échange entre les autorités douanières et le propriétaire du bien intellectuel, garanties et indemnisations réservant les intérêts de l'importateur bloqué, droit d'inspection et d'information et, surtout, possibilité d'intégrer des actions menées d'office et des mesures correctives habilitant les autorités compétentes à ordonner la destruction ou la mise hors circuit des marchandises portant atteinte à un droit de propriété intellectuelle sont retenus. Les accords ADPIC ne visent, par ces dispositions, que les atteintes portées au droit de marque et au droit d'auteur, ignorant les autres titres de propriété.

Le droit douanier de la propriété intellectuelle est original en ce qu'il est largement teinté de procédures administratives, intégrant de très rigoureuses sanctions avant dire droit, pouvant aller jusqu'à la destruction de marchandises sans engager une action judiciaire au fond. Le droit douanier de la propriété intellectuelle se distingue par la très forte unité qu'il confère à la matière. De façon parfaitement rationnelle, il n'est pas fait distinction selon les titres de propriété pour lutter contre les importations illicites, constatant une fois encore l'unité de la propriété intellectuelle. Le droit douanier connaît aussi un volet pénal très important[11], par exemple, la loi dite LOPSI II intègre un renforcement du dispositif pénal du Code des douanes au bénéfice de la propriété intellectuelle. En cas d'infraction douanière, l'article 108 de cette loi précise que lorsque les investigations le justifient et afin de constater les infractions d'importation, d'exportation, d'identifier les auteurs et complices de ces infractions et d'effectuer les saisies, le procureur de la République peut autoriser qu'il soit procédé, sous son contrôle, à une opération d'infiltration dans les conditions prévues à l'article 67 *bis* du Code des douanes. Cette procédure s'applique lorsque les infractions portent sur des marchandises présentées sous une marque contrefaisante ou incorporant un dessin ou modèle tel que mentionné à l'article L. 513-4 C. propr. intell. ou à un titre de propriété de l'UE, pour des marchandises contrefaisant un droit d'auteur, des droits voisins ou un brevet ainsi que des infractions prévues aux articles L. 716-9 à L. 716-11 C. propr. intell.

Le droit douanier de la propriété intellectuelle peut être abordé sous deux aspects, d'une part, le contrôle de la pénétration des produits venant des États tiers à l'UE au travers de la saisie et de la retenue douanière et, d'autre part, le contrôle des produits circulant au sein de l'UE dans le cadre du régime du transit douanier.

9. CJCE, 6 avr. 2000, aff. C-383/98, *Ralph Lauren*, *Rec.* I-2519, pt 32.
10. CJCE, 15 nov. 1994, avis 1/94, *Rec.* I-5267, pt 55.
11. Par exemple, Cass. crim., 14 mai 2014, n° 12-88061.

Section 1
La saisie et la retenue douanière

1221. Un contrôle des marchandises intégrant des biens intellectuels peut être effectué lorsque ceux-ci pénètrent le territoire de l'UE[12]. Le droit européen s'est emparé spécifiquement du contrôle des biens intellectuels dans le cadre du règlement 1383/2003[13], remplacé par le règlement 608/2013 concernant le contrôle, par les autorités douanières, du respect des droits de propriété intellectuelle[14] dont le règlement d'application, le règlement 1352/2013, a été publié en décembre 2013[15]. La refonte du règlement s'est réalisée dans un environnement tendu sous l'influence de deux facteurs majeurs : d'une part, l'échec de la ratification de l'Accord ACTA[16] qui soutenait des pistes intéressantes pour renforcer, au travers de l'intervention des douanes, la lutte contre la contrefaçon et, d'autre part, l'intégration des interprétations retenues par la CJ des dispositions du règlement en vigueur. Le règlement n° 608/2013 est construit au regard de l'application du règlement n° 1383/2003 dont la mise en œuvre a engendré, d'une part, un conflit international[17] et, d'autre part, une interprétation jurisprudentielle restrictive. L'objectif demeure d'améliorer le fonctionnement du système visant à interdire l'entrée dans l'Union et l'exportation, la réexportation de l'Union des marchandises soupçonnées de porter atteinte à certains droits de propriété intellectuelle. Ce système fut institué par le règlement n° 3295/94 fixant des mesures en vue d'interdire la mise en libre pratique, l'exportation, la réexportation et le placement sous un régime suspensif des marchandises de contrefaçon et des marchandises pirates[18]. Le règlement n° 608/2013 tente de trouver une voie dans ce carcan avec une contrainte supplémentaire : il mentionne explicitement les ressources humaines et financières limitées des douanes pour agir, en indiquant qu'il est nécessaire de développer des solutions technologiques pour pallier le manque de ressources (*consid. 9*). Ce manque de capacité d'action ne peut que nuire à la saisie des contrefaçons lors des contrôles

12. Pour le droit interne, voir notamment art. L. 335-10 C. Prop. Intell.

13. *JOUE,* n° L 196 du 2 août 2003 p. 0007 – 0014 ; *RTD com.* 2004. 289, obs. J.-C. Galloux ; Règlement d'application n° 1891/2004, *PIBD* 2005, n° 799, I-1 ; *RTD com.* 2005.292, obs. J.-C. Galloux.

14. Règl. n° 608/2013, 12 juin 2013, concernant le contrôle, par les autorités douanières, du respect des droits de propriété intellectuelle et abrogeant le règlement (CE) n° 1383/2003 du Conseil, *JOUE* n° L 181, 29 juin 2013 ; N. Binctin, « Le règlement 608/2013 concernant le contrôle, par les autorités douanières, du respect des droits de propriété intellectuelle », *Prop. Indust.* 2014, Étude 2 ; L. Corvisier et A. Vichnievsky, « Action des douanes dans la lutte contre la contrefaçon, l'impact du nouveau règlement européen », *JCP* E 2013, p. 1596.

15. Règlement d'exécution n° 1352/2013, 4 déc. 2013, établissant les formulaires prévus par le règlement (UE) n° 608/2013 du Parlement européen et du Conseil concernant le contrôle, par les autorités douanières, du respect des droits de propriété intellectuelle, *JOUE* 18 déc. 2013, L 341/10, présentant en annexe les différents formulaires destinés aux procédures.

16. Voir *supra* n° 923.

17. Voir OMC, demande WT/DS408/1, 19 mai 2010 et OMC, demande WT/DS409/1, 19 mai 2010 ayant engendré Comm. UE, 1er févr. 2012, Les lignes directrices de la Commission européenne concernant le contrôle, par les autorités douanières de l'UE, du respect des droits de propriété intellectuelle sur les marchandises, notamment les médicaments, transitant par l'UE.

18. *JOUE,* L 341 du 30.12.1994, p. 8.

douaniers. Dans cette situation de crise, le règlement maintient les principales solutions établies en 2003 tout en modernisant le cadre d'action. Il est en vigueur depuis le 1er janvier 2014.

Le règlement tend, d'une part, à faciliter la lutte contre l'introduction de produits contrefaisants dans le territoire douanier européen et permettre aux autorités douanières de faire respecter cette interdiction le plus rigoureusement possible, et, d'autre part, autoriser les douanes à intervenir pour lutter contre les marchandises de contrefaçon en voie d'exportation, de réexportation ou en train de quitter le territoire douanier de la Communauté. La lutte doit être à double sens pour être réellement efficace.

1222. La recherche d'une harmonisation européenne porte à la fois sur la nature des interventions des autorités douanières, et sur les éléments que doit contenir la demande d'intervention, tels que sa durée de validité, sa forme, et les conditions de l'acceptation des demandes par les autorités douanières et le service désigné pour les recevoir, les traiter et les enregistrer. Ne voulant pas s'en remettre uniquement au propriétaire du bien, l'harmonisation autorise les États membres à retenir les biens pour une période déterminée avant même qu'une demande d'intervention du propriétaire du bien intellectuel ait été déposée. Elle arrête les mesures auxquelles doivent être soumises les marchandises en question lorsqu'il est établi qu'elles sont des marchandises de contrefaçon, les mesures devant non seulement priver les responsables du commerce de ces marchandises du profit économique de l'opération et les sanctionner mais également constituer une mesure dissuasive efficace contre d'autres opérations de même nature. Le renforcement des dispositions du droit de l'UE est accompagné par une dynamique de droit interne, notamment au travers de la loi renforçant la lutte contre la contrefaçon[19].

§ 1. Les conditions de mise en œuvre

1223. Les conditions de mise en œuvre du contrôle douanier visent deux questions : la qualification douanière des marchandises et les titres de propriété intellectuelle visés.

A La qualification douanière des marchandises

1224. Le règlement recherche une application large des prérogatives des autorités douanières, non seulement le pouvoir de contrôle et de saisie qu'il instaure s'applique lors de la déclaration de mise en libre pratique, d'exportation ou de réexportation suivant le Code européen des douanes (CDC), il s'applique aussi lorsqu'une contrefaçon est découverte à l'occasion d'un contrôle de marchandises introduites sur le territoire douanier de l'Union ou en

19. Loi n° 2014-315 du 11 mars 2014 renforçant la lutte contre la contrefaçon, *JORF*, 12 mars 2014, p. 5112 ; N. Binctin, « La loi renforçant la lutte contre la contrefaçon », *JCP* G 2014, 416 ; *JCP* E 2014, 270.

sortant[20]. Ces dispositions visent de la même façon les marchandises placées sous un régime suspensif, c'est-à-dire des marchandises non européennes qui relèvent du régime du transit externe[21], de l'entrepôt douanier[22], de la transformation sous douane ou de l'admission temporaire[23]. Enfin, sont visées les marchandises placées en zone franche ou en entrepôt franc[24].

1225. La notion de marchandise connaît une application spécifique pour les petits colis. Il s'agit d'un apport important du nouveau règlement afin de pouvoir lutter par l'action des douanes contre les contrefaçons attachées au commerce en ligne. Il s'agit d'une forme importante de circulation des contrefaçons, en intense augmentation. Au sens du règlement, les petits envois sont des envois postaux qui contiennent trois unités ou moins ou qui ont un poids brut inférieur à 2 kg (art. 2 § 19). Pour permettre l'action des douanes, les petits envois doivent être soupçonnés de contenir de la marchandise de contrefaçon ou de la marchandise pirate, ce qui, dans la nomenclature du règlement, a pour effet d'écarter les atteintes aux brevets (art. 2 § 6 et § 7). Cela limite l'action pour lutter contre le trafic de médicaments. L'action de la douane ne peut être engagée que si une demande de surveillance a été acceptée et que le titulaire de la décision a explicitement sollicité le recours à la procédure de contrôle et destruction des petits envois (art. 26).

En cas d'identification de tels petits envois, les autorités douanières notifient la suspension de la mainlevée en indiquant leur intention de détruire la marchandise et les éventuels recours à disposition du déclarant ou détenteur des marchandises. Ce dernier dispose de dix jours ouvrables pour prendre position. Si, au terme de ce délai, le déclarant a accepté la destruction ou a gardé le silence, l'administration douanière peut procéder à la destruction. Si ce consentement ou cette présomption de consentement n'est pas recueilli par les autorités douanières, ces dernières informent le propriétaire des biens intellectuels en lui précisant la nature et la quantité de marchandises. Sur requête, elles peuvent communiquer les informations permettant d'identifier le destinataire, l'expéditeur et le détenteur ou déclarant, l'origine, la provenance et la destination des marchandises. Le propriétaire des biens intellectuels dispose alors d'un délai de dix jours ouvrables pour engager une procédure, à défaut de quoi les autorités douanières octroient la mainlevée.

Cette procédure en deux temps permet une destruction rapide des marchandises soupçonnées de contrefaçon dès lors que le destinataire, en pratique, ne s'oppose pas à cette destruction. Il est cependant nécessaire que les douanes développent des solutions d'analyse pour pouvoir cibler dans l'immense masse des petits envois circulant sur le territoire de l'UE ceux qui sont susceptibles de porter atteinte à un droit de propriété intellectuelle.

Toutefois, les marchandises sans caractère commercial contenues dans les bagages personnels des voyageurs n'ont pas été intégrées dans le champ

20. En ce sens, CJUE, 6 févr. 2014, aff. C-98/13, *Martin Blomqvist*, *CCE* 2014, comm. 35, note C. Caron ; *Prop. Indust.* 2014, comm. 18, note A. Folliard-Monguiral.
21. Voir art. 91 et s. CDC.
22. Voir art. 98 et s. CDC.
23. Voir art. 137 et s. CDC.
24. Voir art. 166 et s. CDC.

d'application du règlement. Seules des dispositions douanières nationales des États membres peuvent alors inclure une saisie et une amende douanière pour cette catégorie de contrefaçon.

B Les titres de propriété intellectuelle

1226. Le règlement instaure un régime répressif pour les marchandises portant atteinte à un droit de propriété intellectuelle. Ces marchandises de contrefaçon sont à entendre au sens large, incluant les conditionnements et emballages. Sont des marchandises de contrefaçon (ou marchandises pirates, le règlement opérant une distinction peu heureuse) celles qui portent atteinte à un droit de marque, apposition sans autorisation d'une marque valablement enregistrée pour le même type de marchandises ou utilisation d'un signe ne pouvant être distingué dans ses aspects essentiels suivant le critère du risque de confusion. La marque nationale est visée comme la marque européenne. Pour permettre de lutter efficacement, le règlement intègre, dans la notion de marque, les signes reproduisant des marques mais non apposés sur des produits (un logo, une étiquette, un autocollant, un prospectus, une notice d'utilisation, un document de garantie portant le signe en question).

Le règlement vise les marchandises qui sont ou contiennent une copie illicite d'un bien intellectuel approprié par un droit d'auteur, d'un droit voisin, d'un droit de dessin ou modèle national ou européen, en vertu du droit interne de l'État membre dans lequel la demande d'intervention des autorités douanières est introduite.

Sont aussi des marchandises de contrefaçon au sens du règlement, celles qui portent atteinte à un brevet, à un certificat complémentaire de protection, à une certification d'obtention végétale nationale ou européenne, ou à une appellation d'origine ou une indication géographique. Sont aussi intégrés au champ d'application les noms commerciaux lorsqu'ils jouissent d'une protection nationale, les topographies de produits semi-conducteurs et les modèles d'utilité et les dispositifs qui sont principalement conçus, produits ou adaptés dans le but de permettre ou de faciliter le contournement de mesures techniques.

Enfin, sont assimilés à des marchandises contrefaisantes tout moule et toute matrice spécifiquement conçus ou adaptés à la fabrication de telles marchandises, à condition que l'utilisation de ces moules ou matrices porte atteinte aux droits du titulaire du droit en vertu du droit de l'UE ou du droit interne de l'État membre dans lequel la demande d'intervention des autorités douanières est introduite. Ce dernier point est essentiel, il permet d'exercer les prérogatives douanières sur les objets servant à produire les marchandises de contrefaçon et donc de lutter à la source contre la contrefaçon. Le renforcement de la lutte contre la contrefaçon par le règlement de 2013, visant des outils qui ne sont pas nécessairement couverts par un droit de propriété intellectuelle mais qui permettent la contrefaçon, offre une possibilité d'action plus efficace des douanes pour tarir en amont les contrefaçons.

1227. Cette litanie connaît quelques limites. D'une part, il n'est pas possible de recourir à ce dispositif de saisie si les marchandises, quel que soit le titre de propriété intellectuelle en cause, ont été fabriquées avec le consentement du titulaire du droit, mais qui se trouvent, sans le consentement de ce dernier, dans l'une des situations de mise en libre pratique, d'exportation ou de réexportation. Le règlement ne vise que les « vraies contrefaçons » et ne constitue pas un moyen de trancher un conflit entre cocontractants. La saisie douanière ne permet pas de lutter contre toutes les formes de contrefaçon, telles les violations des obligations contractuelles. D'autre part, le dispositif instauré par le règlement ne s'applique pas aux marchandises qui ont été fabriquées ou sont appropriées par un droit de propriété intellectuelle, dans des conditions autres que celles convenues avec le titulaire des droits en question. Enfin, les dispositions du règlement n'intègrent pas les cas où des marchandises sans caractère commercial et entrant dans les limites de franchise douanière sont contenues dans les bagages personnels des voyageurs et où aucun élément matériel ne donne à penser que ces marchandises font partie d'un trafic commercial. La Commission renforce les dispositifs douaniers pour contrôler les petits colis, vecteurs d'une contrefaçon massive.

C Le titulaire de l'action

1228. L'action de saisie en douane est très largement ouverte. D'une part, et c'est certainement l'un des points essentiels du mécanisme, les autorités douanières peuvent agir et saisir de leur propre chef, sans même avoir reçu instruction d'un propriétaire de bien intellectuel[25]. Suivant l'article 4 du règlement, lorsque, au cours d'une intervention des autorités douanières, et avant qu'une demande du titulaire du droit ait été déposée ou acceptée, s'il existe des motifs suffisants de soupçonner la présence de marchandises portant atteinte à un droit de propriété intellectuelle, les autorités douanières peuvent suspendre la mainlevée ou procéder à la retenue de la marchandise. Pour décider d'une telle mesure, les autorités douanières peuvent, sans divulguer d'informations autres que celles portant sur le nombre d'objets réels ou supposés et sur leur nature et avant d'informer le titulaire du droit de l'existence éventuelle d'une infraction, demander au propriétaire du bien intellectuel de leur fournir les informations dont elles pourraient avoir besoin pour confirmer leurs soupçons. Si elles décident, à la lumière de ces informations, de retenir la marchandise, s'ouvre alors un délai de trois jours ouvrables à compter de la réception de la notification par le titulaire du droit ainsi que par le déclarant ou le détenteur, pour autant que ces derniers soient connus, pour permettre au propriétaire du bien intellectuel d'introduire une demande d'intervention douanière[26].

D'autre part, tout propriétaire d'un bien intellectuel, ou des autres titres juridiques protégés par le dispositif, peut saisir les autorités douanières pour mettre en œuvre le dispositif de saisie.

Allant au-delà de ce qui est autorisé dans le cadre de l'action en contrefaçon[27], le règlement accorde la possibilité d'agir à toute autre personne autorisée

25. CJUE, 9 avr. 2014, aff. C-583/12, *Sintax Trading OÜ* : la procédure visant à déterminer s'il y a eu violation d'un droit de propriété intellectuelle peut être engagée à la seule initiative de l'administration qui peut même la mener en interne, à la condition que les décisions prises par les autorités administratives puissent faire l'objet de recours assurant la sauvegarde des droits que les justiciables tirent du droit de l'Union.

26. Voir Cass. com., 7 juill. 2009, n° 08-17142.

27. Voir *infra* n° 1296 le cas du licencié exclusif.

à utiliser un des droits de propriété intellectuelle visés ou un représentant du titulaire du droit ou d'un utilisateur autorisé, dont les SGC et les groupements de producteurs ayant la gestion ou l'exploitation d'appellations d'origine protégée (AOP) et d'indications géographiques protégées (IGP). Dès lors, le licencié simple peut mettre en œuvre l'action douanière.

Pour les demandes de surveillance uniquement nationales, la demande peut aussi être déposée par les personnes qui ont été officiellement autorisées par le propriétaire du bien intellectuel en cause à engager une procédure. On y voit la compétence d'un mandataire ; mandat qui pourrait être intégré dans un contrat de licence simple ou exclusif. Les groupements professionnels ayant la gestion d'indications de provenances nationales sont aussi admis.

Quant aux demandes à l'échelle de l'UE, elles peuvent être engagées par les titulaires de licences exclusives couvrant l'intégralité du territoire de deux États ou plus, lorsque le contrat accorde explicitement ce pouvoir d'action en contrefaçon au licencié. Cette formule est déroutante dans la mesure où, dans de nombreux États de l'UE, il est prévu que le licencié exclusif peut agir seul en contrefaçon en présence d'une négligence du donneur de licence. Il y aurait ainsi une liberté d'action du licencié exclusif réduite pour les procédures douanières par rapport à ce qu'il peut effectuer pour une action en contrefaçon.

§ 2. La demande d'intervention des autorités douanières

1229. La demande d'intervention des autorités douanières s'organise en deux temps : le dépôt de la demande puis son acceptation.

A Le dépôt et le traitement de la demande d'intervention

1230. Dans chaque État membre est désigné un service douanier compétent pour recevoir et traiter la demande écrite du titulaire du droit visant à obtenir l'intervention des autorités douanières. Si le demandeur est titulaire d'un titre de propriété unioniste, la demande d'intervention peut viser à obtenir, outre l'intervention des autorités douanières de l'État dans lequel elle est introduite, l'intervention des autorités douanières d'un ou de plusieurs autres États membres.

La demande d'intervention doit contenir toutes les informations nécessaires pour que les autorités douanières puissent reconnaître facilement les marchandises, en particulier, une description technique précise et détaillée des marchandises, et les informations spécifiques dont le propriétaire du bien pourrait disposer concernant la nature ou le type de fraude[28]. La déclaration peut être enrichie de toute information rendant plus efficace l'intervention des douanes, en particulier la valeur hors taxe de la marchandise originale sur le marché légal de l'État dans lequel la demande d'intervention a été introduite, l'endroit où se trouvent les marchandises ou le lieu de destination prévu, des précisions

28. Voir le règlement d'application.

permettant d'identifier l'envoi ou les colis, la date d'arrivée ou de départ prévue des marchandises, le moyen de transport utilisé, l'identité de l'importateur, de l'exportateur ou du détenteur des marchandises, le ou les pays de production et les itinéraires utilisés par les trafiquants, ou encore, si elles sont connues, les différences techniques entre les marchandises authentiques et les marchandises suspectes. Le règlement de 2013 instaure une normalisation de l'information afin de permettre une parfaite compréhension entre l'ensemble des acteurs de la chaîne de surveillance douanière et une meilleure circulation de celle-ci. L'article 17 prévoit la possibilité d'un échange d'informations entre le demandeur de la surveillance et les autorités douanières pour parvenir à parfaitement identifier les contrefaçons. Le § 4 de cet article permet, sur requête, d'obtenir de la part des autorités douanières communication des noms, adresses du destinataire des marchandises, de l'expéditeur, des intermédiaires. L'article 22 § 2 instaure une liste d'informations techniques, précises, devant circuler aisément dans le cadre de la lutte contre la contrefaçon. Elles portent sur la nature des marchandises, leur quantité et les droits de propriété intellectuelle en cause, mais aussi sur l'origine, la provenance et la destination des marchandises. Il est aussi intégré dans le champ des informations pouvant circuler les informations visant les moyens de transport (le nom du bateau, les références de la lettre de voiture ou des documents de transport, les lieux de transbordement, etc.) et les informations relatives aux mouvements des conteneurs (numéro, date du mouvement, type de mouvement, numéro du voyage, etc.).

1231. La demande d'intervention est assortie d'une déclaration par laquelle le propriétaire du bien intellectuel engage sa responsabilité envers les personnes concernées par une retenue douanière, dans le cas où la procédure ouverte ne serait pas poursuivie à cause d'un acte ou d'une omission du propriétaire du bien intellectuel ou dans le cas où il serait établi par la suite que les marchandises en question ne portent pas atteinte à un droit de propriété intellectuelle. Par cette déclaration, le propriétaire du bien accepte de supporter tous les frais exposés pour avoir maintenu les marchandises sous contrôle douanier. Il doit accepter dans, la déclaration, de fournir, à ses frais, toute traduction requise.

La déclaration est valable dans chacun des États membres dans lesquels la décision faisant droit à la demande est d'application. Ces dispositions s'appliquent par analogie à toute demande de prorogation. Point clé en pratique, la demande doit contenir les coordonnées d'une personne de contact qui sera le relais des autorités douanières. C'est un élément essentiel à la réussite de l'action, notamment au regard des délais brefs de la procédure.

B L'acceptation de la demande d'intervention

1232. Lorsqu'il reçoit une demande d'intervention, le service douanier traite cette demande et informe par écrit le demandeur de sa décision dans un délai de trente jours ouvrables à compter de la réception de la demande. Aucune redevance n'est exigée pour couvrir les frais administratifs occasionnés par le traitement de la demande, c'est une procédure gratuite au moment de son initiation.

Lorsque la demande d'intervention ne contient pas au moins les informations obligatoires, le service douanier peut décider de ne pas la traiter, mais ce n'est pas une cause d'exclusion automatique. Si le service douanier écarte la demande, il doit motiver sa décision et y joindre des informations concernant la procédure de recours. Une demande ne peut être réintroduite que si elle comporte tous les éléments d'information requis.

1233. Lorsqu'il fait droit à la demande d'intervention, le service douanier fixe la période, au maximum un an, pendant laquelle les autorités douanières doivent intervenir. À l'expiration de cette période, et moyennant l'apurement préalable de toute dette dont le titulaire serait redevable dans le cadre de la procédure douanière, le service, qui a pris la décision initiale, peut, sur demande du titulaire du droit, proroger ladite période. La prorogation n'est pas automatique, à la suite de la demande du titulaire, et le service douanier dispose du même pouvoir d'appréciation que lors de la demande initiale. La prorogation sera décidée au regard du maintien des titres de propriété intellectuelle soutenant l'action. Le propriétaire des biens intellectuels doit informer le service douanier dans le cas où son bien ne serait plus valablement approprié. La décision faisant droit à la demande d'intervention est communiquée immédiatement aux bureaux de douane du ou des États membres susceptibles d'être concernés par des marchandises dont il est présumé dans la demande qu'elles portent atteinte à un droit de propriété intellectuelle. À la demande des autorités douanières des États membres concernés, le demandeur fournit les informations supplémentaires nécessaires à l'exécution de la décision.

§ 3. L'intervention des autorités douanières

1234. L'intervention des autorités douanières s'effectue dans le cadre du règlement et selon les procédures de droit commun du Code européen des douanes. L'action des douanes, en pratique encore aléatoire, bénéficie d'un régime d'exonération de responsabilité, tant à l'égard de la personne qui sollicite la surveillance qu'à l'égard de la personne supportant le contrôle douanier.

A Le cadre de l'intervention

1235. Si un service des douanes valablement saisi constate, au besoin après consultation du demandeur, que des marchandises sont soupçonnées de porter atteinte à un droit de propriété intellectuelle couvert par la décision d'intervention, il suspend alors la mainlevée douanière ou procède à la retenue desdites marchandises.

Le CDC accorde aux autorités douanières des pouvoirs étendus pour vérifier les déclarations d'importation. Elles peuvent, article 68 CDC, procéder à un contrôle documentaire portant sur la déclaration et les documents qui y sont joints, et exiger du déclarant de leur présenter d'autres documents en vue de la vérification de l'exactitude des énonciations de la déclaration. À cela s'ajoute la possibilité d'un examen des marchandises accompagné d'un éventuel prélèvement d'échantillons pour analyse ou contrôle approfondi. Le transport des marchandises sur les lieux où l'on doit procéder à leur examen ainsi que, le cas échéant, au prélèvement d'échantillons, et toutes les manipulations liées à l'examen ou au prélèvement sont effectués par le déclarant ou sous sa responsabilité. Les frais qui en résultent sont à la charge de ce dernier. Il a le droit d'assister à l'examen des marchandises et au prélèvement d'échantillons. Son absence ne rend pas l'opération nulle. En revanche, lorsqu'elles le jugent utile, les autorités douanières exigent du déclarant qu'il assiste à cet examen ou à ce prélèvement ou qu'il s'y fasse représenter afin de leur fournir l'assistance nécessaire pour faciliter l'opération. Le prélèvement d'échantillons par les autorités douanières ne donne lieu à aucune indemnisation de la part de l'administration mais les frais d'analyse ou de contrôle sont à la charge de cette dernière.

1236. Sur le terrain probatoire, lorsque l'examen ne porte que sur une partie des marchandises faisant l'objet d'une même déclaration, les résultats de l'examen sont valables pour l'ensemble des marchandises de cette déclaration. Le déclarant peut demander un examen supplémentaire des marchandises lorsqu'il estime que les résultats de l'examen partiel ne sont pas valables pour le reste des marchandises déclarées.

1237. Le bureau de douane informe immédiatement le service douanier compétent qui a traité la demande d'intervention. Concomitamment, sont informés le propriétaire du bien intellectuel et le déclarant ou le détenteur des marchandises[29]. Le service douanier est habilité à leur communiquer la quantité réelle ou estimée, ainsi que la nature réelle ou supposée des marchandises pour lesquelles la mainlevée a été suspendue ou qui ont été retenues, sans pour autant que la communication de cette information ne les oblige à procéder à la saisine de l'autorité compétente pour statuer au fond. La Cour de cassation retient que ce contrôle approfondi autorise les services douaniers à soumettre des échantillons prélevés au propriétaire des biens intellectuels et à recueillir son avis sur l'éventuel caractère contrefaisant des marchandises contrôlées, sans qu'une telle communication déclenche le délai de l'article 13 du règlement[30].

Pour déterminer s'il y a eu violation d'un droit de propriété intellectuelle et, conformément aux dispositions nationales relatives à la protection des données à caractère personnel, du secret commercial et industriel, le bureau de douane communique au propriétaire du bien intellectuel, à sa demande, si elles sont connues, les coordonnées du destinataire, de l'expéditeur, du déclarant ou du détenteur des marchandises, l'origine et la provenance des marchandises soupçonnées de porter atteinte à un droit de propriété intellectuelle. Le titulaire du droit qui reçoit les coordonnées ne les utilise qu'aux seules fins de l'application du règlement. Toute autre utilisation, non permise par la législation nationale de l'État où s'est créée la situation, est susceptible d'engager la responsabilité civile du propriétaire du bien et d'entraîner la suspension de la demande d'intervention pour la période de validité restant à courir avant son renouvellement. En cas de nouvelle violation de cette règle, le service douanier compétent peut refuser de renouveler la demande.

29. Cass. com., 7 juill. 2009, n° 08-17142.
30. Cass. com., 7 juill. 2009, préc.

1238. Le bureau de douane peut prélever des échantillons et, sur demande expresse du titulaire du droit, les remettre ou transmettre à celui-ci aux seules fins d'analyse et pour faciliter la suite de la procédure. Lorsque les circonstances le permettent, les échantillons devront être restitués dès la fin de l'analyse technique et, s'il y a lieu, avant la mainlevée des marchandises ou la fin de leur retenue. Un décret du 28 avril 2010[31] dispose que les agents des douanes peuvent, en présence du déclarant, et sous réserve de la réglementation de l'UE prescrivant des modalités particulières de prélèvement, prélever, chaque fois que cela est possible, quatre échantillons de la marchandise. Lorsqu'une marchandise de même espèce déclarée comporte des différences de qualité, il peut être prélevé autant de séries de quatre échantillons qu'il y a de qualités différentes. Lorsque le déclarant refuse d'assister à l'examen des marchandises ou de désigner une personne apte à prêter l'assistance jugée nécessaire par les autorités douanières, le délai fixé est de vingt-quatre heures au plus à compter du moment où l'information a été communiquée au déclarant qu'un prélèvement devait être réalisé.

Toute analyse d'échantillon est effectuée sous l'unique responsabilité du propriétaire du bien intellectuel. Le bureau de douane donne au demandeur de la procédure, et propriétaire du bien intellectuel s'il n'est pas le demandeur, la possibilité d'inspecter les marchandises en cause. L'appréciation de la contrefaçon s'effectue selon les dispositions en vigueur dans l'État sur le territoire duquel les marchandises ont été appréhendées. Les conditions de stockage des marchandises pendant la suspension de la mainlevée ou la retenue sont déterminées par chaque État membre, elles ne doivent pas générer de frais pour les administrations douanières, ceux-ci seront donc à la charge des parties.

À compter de la notification de la suspension de la mainlevée, le propriétaire du bien intellectuel dispose d'un délai de dix jours pour informer le bureau des douanes qu'il a engagé une procédure visant à déterminer s'il y a eu violation d'un droit de propriété intellectuelle au regard du droit national[32]. À défaut, la mainlevée est octroyée, ou, selon le cas, la mesure de retenue est levée, sous réserve que toutes les formalités douanières aient été accomplies. Ce délai peut être prorogé de dix jours ouvrables au maximum. Si les marchandises soupçonnées sont périssables, le délai est de trois jours ouvrables et ne peut pas être prorogé.

1239. Enfin, une procédure spécifique de mainlevée est instaurée pour certains titres de propriété intellectuelle : les dessins ou modèles, les brevets, les certificats complémentaires de protection et les droits relatifs aux obtentions végétales. En présence de marchandises soupçonnées de constituer des contrefaçons de ces biens intellectuels, le déclarant, le propriétaire, l'importateur, le détenteur ou le destinataire des marchandises a la faculté d'obtenir la mainlevée ou la levée de la retenue des marchandises en question moyennant le dépôt d'une garantie, à condition, d'une part, que le service de douane ait été informé de ce qu'une procédure visant à déterminer s'il y a eu violation d'un droit de

31. Le décret n° 2010-428 du 28 avril 2010 est relatif aux modalités de prélèvement des échantillons et aux conditions de fonctionnement de la commission de conciliation et d'expertise douanière dans les cas de contestation sur l'espèce, l'origine et la valeur des marchandises, *JORF* 30 avr. 2010, p. 7883.
32. Cass. com., 11 mars 2014, n° 12-22241 et n° 12-22454, *Bull. civ.* IV, à paraître.

propriété intellectuelle au regard du droit national a été engagée dans le délai de dix jours, d'autre part, qu'avant l'expiration du délai de dix jours l'autorité habilitée à cet effet n'ait pas ordonné de mesures conservatoires, et, enfin, que toutes les formalités douanières aient été accomplies. La garantie doit être suffisante pour protéger les intérêts du titulaire du droit et ne pas affecter les autres possibilités de recours du propriétaire du bien intellectuel.

Dans le cas où la procédure visant à déterminer s'il y a contrefaçon a été engagée autrement qu'à l'initiative du titulaire du dessin ou modèle, du brevet, du certificat complémentaire de protection ou du droit d'obtention végétale – notamment soit pour un autre titre de propriété intellectuelle, soit par le biais d'une action publique – la garantie est libérée si la personne engageant la procédure ne fait pas valoir son droit d'ester en justice dans un délai de vingt jours ouvrables à compter du jour où elle reçoit notification de la suspension de la mainlevée ou de la retenue. La mesure de retenue est levée de plein droit à défaut pour le demandeur, dans le délai de dix jours ouvrables à compter de la notification de la retenue des marchandises, de justifier auprès des services douaniers, soit des mesures conservatoires, soit de s'être pourvu par la voie civile ou la voie correctionnelle et d'avoir constitué les garanties requises pour couvrir sa responsabilité éventuelle au cas où la contrefaçon ne serait pas ultérieurement reconnue.

B L'exonération de responsabilité

1240. Conscient de la massification de la contrefaçon et de la difficulté pratique à identifier ces marchandises en circulation, le règlement intègre une clause exonératoire de responsabilité pour l'administration douanière des États membres. L'acceptation d'une demande ne confère pas au propriétaire d'un bien intellectuel ou au concessionnaire un droit à indemnisation si les marchandises ne sont pas repérées par un bureau de douane et font l'objet d'une mainlevée ou si aucune mesure n'est prise pour les retenir. Il pèse sur les douanes une obligation de moyen et en aucun cas une obligation de résultat.

L'exonération de l'administration est renforcée à l'égard du saisi. Sauf, disposition nationale contraire, l'exercice, par un bureau de douane, des compétences qui lui sont dévolues pour la lutte contre les marchandises contrefaisantes n'engage pas sa responsabilité envers les personnes affectées par les mesures adoptées et pour les dommages subis du fait de l'intervention de l'autorité.

La responsabilité de ces saisies, dès lors qu'elles sont effectuées à l'initiative d'une personne titulaire d'un droit de propriété intellectuelle, repose sur la responsabilité civile de celle-ci. Les éventuelles réparations sont régies par le droit interne de l'État membre dans lequel les marchandises en question se trouvent.

C Coopération douanière et échange d'information

1241. Dans la logique de l'article 69 de l'accord ADPIC, et dépassant le rejet de l'ACTA, l'article 22 du règlement dispose qu'afin de contribuer à éliminer du commerce international des marchandises portant atteinte à des droits de propriété intellectuelle, la Commission et les autorités douanières des États membres peuvent échanger avec les autorités douanières des États tiers des données et informations devant permettre une meilleure action de ces derniers. Il est notamment possible de transmettre des informations devant permettre une appréhension effective et rapide des cargaisons en cause. Ces données doivent faciliter la saisie. Cette communication d'informations vise explicitement les marchandises en transit externe sur le territoire de l'UE. Le transfert d'informations à un État tiers inclut, notamment, la provenance ou/et la destination, la nature et la quantité des marchandises en cause, l'identification des droits de propriété intellectuelle contrefaits, le parcours des marchandises (origine, provenance, destination), les moyens de transports utilisés, ou encore les mouvements des conteneurs. Reste à espérer que l'État destinataire puisse saisir les marchandises.

1242. Le chapitre V du règlement instaure un mécanisme d'échange d'informations entre les États membres et la Commission prenant la forme d'une base de données centrale créée sous l'égide de la Commission et devant être opérationnelle au plus tard au 1er janvier 2015. Cette base de données devrait permettre une meilleure exploitation des informations par l'ensemble des autorités douanières des États membres et rendre plus efficace la lutte contre la contrefaçon. Le règlement apporte un grand soin au respect de la protection des données et insère un article 33 devant apporter les assurances nécessaires en cas de traitement de données à caractère personnel par la base de données centrale. Les données personnelles seront conservées pour une durée limitée (le temps de la demande de contrôle plus six mois) et seront accessibles pour les personnes visées. Une telle centralisation des informations sur la circulation des marchandises devrait concourir à améliorer la lutte douanière contre la contrefaçon, éventuellement en facilitant l'établissement de la preuve demandée par la CJ pour permettre la saisie des produits en transit externe. La base de données sera accessible aux autorités douanières et à la Commission, elles ont seules le pouvoir d'enrichir celle-ci.

§ 4. Le sort des marchandises contrefaisantes

1243. Le pouvoir des autorités douanières est particulièrement fort, notamment marqué par un pouvoir de destruction des marchandises. Deux procédures sont avancées par le règlement européen, une procédure de commun accord, à tout le moins supposé, et une procédure ordinaire.

Pour ce qui est du droit interne, le Conseil constitutionnel a été saisi par la Cour de cassation d'une question prioritaire de constitutionnalité relative à l'article 389 du Code des douanes[33] fixant la procédure d'aliénation, avant jugement, des moyens de transport et objets périssables saisis par l'administration des douanes dans le cadre d'infraction aux lois douanières. Cette procédure d'aliénation est marquée par une double spécificité juridictionnelle, d'une part, la demande d'aliénation formée par l'Administration est examinée par le juge

33. Cons. const., déc. nº 2011-203 QPC, 2 déc. 2011, Wathik M., *JORF*, 3 déc. 2011, p. 20015.

sans que le propriétaire intéressé n'ait été entendu ou appelé et, d'autre part, l'appel de cette décision n'est pas suspensif et l'exécution de la mesure d'aliénation revêt, en fait, un caractère définitif, le bien aliéné sortant définitivement du patrimoine de la personne en cause. Au regard des conséquences qui résultent de la mesure d'aliénation, le Conseil constitutionnel a jugé que la combinaison de l'absence de caractère contradictoire de la procédure et du caractère non suspensif du recours contre la décision du juge conduit à ce que la procédure applicable méconnaisse les exigences de l'article 16 de la Déclaration de 1789 et a déclaré cette disposition contrainte à la Constitution. La décision du Conseil a reporté au 1er janvier 2013 la date de cette abrogation.

A Le commun accord supposé

1244. Le règlement octroie aux États membres la possibilité de mettre en place des procédures de destruction avant dire droit des marchandises, procédure simplifiée. Lorsque des autorités douanières ont retenu des marchandises soupçonnées de porter atteinte à un droit de propriété intellectuelle, ou en ont suspendu la mainlevée, les États membres peuvent prévoir une procédure simplifiée, à utiliser avec l'accord du propriétaire du bien intellectuel, car ce dernier en supporte les conséquences en tant que garant, cela permet aux autorités douanières de faire en sorte que ces marchandises soient abandonnées pour être détruites sous contrôle des douanes, sans qu'il soit nécessaire de déterminer s'il y a eu violation d'un droit de propriété intellectuelle au regard de la législation nationale. Il est ainsi possible, sans décision au fond, de détruire des marchandises sur décision douanière avec simplement la garantie du propriétaire du bien intellectuel.

1245. Pour mettre en œuvre cette procédure simplifiée, certaines conditions doivent être remplies. En premier lieu, le propriétaire des biens intellectuels ayant demandé la surveillance doit, dans un délai de dix jours, indiquer aux autorités douanières qu'il est « *convaincu* » de l'atteinte à ses droits par les marchandises en cause (art. 23, a). C'est une appréciation unilatérale et discrétionnaire. En deuxième lieu, cette même personne doit indiquer aux autorités douanières qu'il consent à la destruction des marchandises (art. 23, b). Ce consentement est important car il permet de faire peser sur la personne ayant sollicité la surveillance douanière l'ensemble des conséquences et responsabilités qui pourraient découler de la destruction. En troisième lieu, le déclarant en douane peut lui-même consentir dans un délai de dix jours à la destruction. À défaut de réaction de ce dernier, les autorités douanières peuvent considérer qu'il a consenti. Le silence vaut accord (art. 23, c). Une fois ces conditions réunies, la destruction est opérée avec le contrôle des douanes et sous la responsabilité du propriétaire des biens intellectuels en cause. Cette destruction s'effectue dans les conditions de l'article 25.

La destruction se fait aux frais du titulaire du droit et sous sa responsabilité et elle est systématiquement précédée d'un prélèvement d'échantillons qui sont conservés par les autorités douanières de telle manière qu'ils puissent servir, si nécessaire, d'éléments de preuve recevables lors de procédures judiciaires dans l'État membre qui les exigerait.

Ce n'est que lorsque le déclarant, le détenteur ou le propriétaire s'oppose à la destruction des marchandises ou la remet en question, que la procédure ordinaire de l'article 13 du règlement s'applique.

B La procédure ordinaire

1246. Les marchandises reconnues contrefaisantes ne peuvent pas être introduites sur le territoire douanier de l'UE, mises en libre pratique. Elles ne peuvent pas plus être retirées du territoire douanier de l'UE, exportées, réexportées, placées sous un régime suspensif, ou placées en zone franche ou en entrepôt franc. Figées, elles ne peuvent plus faire l'objet de commerce. Selon le droit national applicable, elles pourront être détruites. Il est possible de les épuiser hors des circuits commerciaux de manière à éviter de causer un préjudice au titulaire du droit, sans indemnisation d'aucune sorte et sans frais aucun pour le Trésor public. On prend à l'égard de ces marchandises toute mesure ayant pour effet de priver effectivement les personnes concernées du profit économique de l'opération. On retrouve à ce stade les sanctions de droit commun de la contrefaçon[34], avec une disposition originale : les marchandises contrefaisantes peuvent être cédées gratuitement au Trésor public.

§ 5. Les dispositions de droit interne

1247. Hors de l'application du règlement européen, le droit interne compte des dispositions moins unitaires pour agir par le truchement des douanes contre la contrefaçon. Les dispositions nationales visent le droit d'auteur, les droits voisins (art. L. 335-10 C. propr. intell.), le droit de dessin et modèle (art. L. 521-7 C. propr. intell.) et le droit de marque (art. L. 716-8 C. propr. intell.). Le droit interne a été modifié par la loi renforçant la lutte contre la contrefaçon. Elle insère en droit interne un mécanisme de retenue douanière qui ne s'appliquera qu'en dehors des cas soumis au régime de la retenue douanière du règlement 608/2013. Cette procédure ne pourra jamais porter sur des marchandises de statut communautaire, légalement fabriquées ou mises en libre pratique dans un État membre de l'UE et destinées, après avoir emprunté le territoire douanier, à être mises sur le marché d'un autre État membre de l'UE pour y être légalement commercialisées. Elle ne pourra pas plus s'appliquer pour des marchandises de statut communautaire, légalement fabriquées ou mises en libre pratique dans un autre État membre de l'UE, dans lequel elles ont été placées sous le régime du transit, et qui sont destinées, après avoir transité sur le territoire douanier, à être exportées vers un État non membre de l'UE.

1248. Les personnes habilitées à solliciter cette procédure interne ne sont pas les mêmes pour tous les titres de propriété. Pour le droit d'auteur, les droits voisins et les COV, l'action est ouverte au seul titulaire du droit. Il doit fournir des justifications de son droit, ce qui n'est pas nécessairement une opération

34. Cf. Y. Bizollon, « Contrefaçon : délit pénal et délit douanier », *RLDA* 2005, suppl. mai p. 17.

aisée en l'absence de procédures d'enregistrement. Les SPRD ne sont pas visées, pas plus que les licenciés exclusifs ; ils ne sont pas titulaires des droits et ne devraient donc pas être admis à agir. Pour les brevets, les CCP et les marques, l'action peut être engagée par le propriétaire ou une personne habilitée à exploiter l'invention. Il n'est nullement demandé que cette dernière ait un droit exclusif d'exploitation. Il est là aussi nécessaire de présenter des justifications de son droit. Enfin, pour les indications géographiques, la procédure est ouverte à toute personne autorisée à l'utiliser ou tout organisme de défense des indications géographiques. Ces variantes ne présentent aucune cohérence entre elles, pas plus qu'elles n'en ont avec l'identification des personnes pouvant agir en contrefaçon. Un paradoxe émerge, il est possible d'engager une procédure douanière mais pas possible d'en tirer les bénéfices en engageant une action au fond sur laquelle elle devrait aboutir.

1249. Pour l'essentiel, le mécanisme est identique pour l'ensemble des titres de propriété intellectuelle, sous quelques variantes. Tous les titres de propriété intellectuelle permettent de recourir à cette retenue douanière nationale. Ces solutions de droit interne sont jumelles de celles proposées par le droit de l'UE et tentent parfois d'aller un peu plus loin. Il est possible de solliciter l'administration des douanes pour retenir, dans le cadre de ses contrôles, des marchandises pouvant constituer une contrefaçon. Cette retenue est immédiatement notifiée au demandeur, au détenteur et au procureur de la République, avec mention de la nature et la quantité réelle ou estimée ainsi que des images des marchandises. Ces informations peuvent également être communiquées avant la mise en œuvre de ces mesures. Sauf pour les denrées périssables, l'initiative de la saisie n'est pas réservée aux personnes titulaires de droits de propriété intellectuelle, l'administration peut, de son propre chef, dans le cadre de ses contrôles, retenir des marchandises susceptibles de porter atteinte à un bien intellectuel. Cette retenue est immédiatement notifiée au propriétaire du bien intellectuel ou à la personne habilitée à l'exploiter. Le procureur de la République sera également informé. Pour cette procédure à l'initiative de l'administration, la retenue est levée de plein droit si les douanes n'ont pas reçu du propriétaire du bien intellectuel ou de la personne habilitée à l'exploiter une demande de saisie douanière déposée dans un délai de quatre jours ouvrables à compter de la notification de la retenue. Si la demande est effectuée, le délai de dix jours ouvrables commence à courir à compter de l'acceptation de cette demande par l'administration.

1250. La retenue est levée de plein droit à défaut pour le demandeur, dans le délai de dix jours ouvrables, ou de trois jours ouvrables pour les denrées périssables, à compter de la notification de la retenue des marchandises, de justifier auprès des douanes, soit de mesures conservatoires décidées par la juridiction civile compétente, soit de s'être pourvu par la voie civile ou la voie correctionnelle, et d'avoir constitué les garanties destinées à l'indemnisation éventuelle du détenteur des marchandises au cas où la contrefaçon ne serait pas ultérieurement reconnue, soit d'avoir déposé une plainte auprès du procureur de la République. Les douanes peuvent proroger le délai de dix jours ouvrables maximum complémentaires sur requête motivée. Pour engager son action au fond, le demandeur peut obtenir, de l'administration, la communication des noms et adresses de l'expéditeur, de l'importateur, du destinataire et du déclarant des marchandises retenues ou de leur détenteur, ainsi que des images de ces marchandises et des informations sur leur quantité, leur origine, leur provenance et leur destination. Pendant la retenue, le propriétaire du bien intellectuel ou la personne habilitée à l'exploiter peut, à sa demande ou à la demande des douanes, inspecter les marchandises retenues. Lors du contrôle des marchandises, l'administration peut prélever des échantillons. Les frais liés à la mesure de retenue ou aux mesures conservatoires prononcées par les juges sont à la charge du demandeur. Lorsque le demandeur utilise les informations recueillies par ce biais à d'autres fins que celles prévues par la procédure de retenue douanière, l'administration abroge, suspend ou refuse de renouveler la demande.

1251. La loi tente d'ajouter aux solutions du règlement 608/2013. Ainsi, lorsque la retenue, prévue par la réglementation de l'UE, est mise en œuvre avant qu'une demande de surveillance ait été déposée ou acceptée, les agents des douanes peuvent informer le propriétaire ou le bénéficiaire du droit exclusif d'exploitation de la mise en œuvre de cette mesure. Ils peuvent également lui communiquer des informations portant sur la quantité des marchandises et leur nature. Lorsque la retenue, prévue par la réglementation de l'UE et portant sur des marchandises soupçonnées de constituer une contrefaçon, est mise en œuvre après l'acceptation d'une demande de surveillance, les agents des douanes peuvent également communiquer à ce propriétaire ou à cette personne habilitée les informations prévues par cette réglementation, et les éléments nécessaires pour déterminer s'il y a eu violation de son droit. La conformité de ces dispositions au droit de l'Union reste à confirmer.

1252. Suivant l'approche de l'UE, la loi intègre une procédure de destruction des marchandises saisies. Les marchandises peuvent être détruites sous le contrôle des agents des douanes dès lors que trois conditions sont remplies : le demandeur doit confirmer, par écrit et par une expertise détaillée, aux autorités douanières[35], dans un délai de dix jours ouvrables, ou de trois jours ouvrables pour les denrées périssables, à partir de la notification de la retenue, le caractère contrefaisant des marchandises. Il doit dans les mêmes délais confirmer qu'il consent à la destruction, sous sa responsabilité, des marchandises. Enfin, le détenteur des marchandises doit confirmer par écrit aux autorités douanières, dans un délai de dix jours ouvrables, ou de trois jours ouvrables pour les denrées périssables, à partir de la notification de la retenue, qu'il consent à la destruction des marchandises. Pour ce dernier, le silence vaut consentement. S'il s'oppose à la destruction, l'administration en informe immédiatement le demandeur qui, dans un délai de dix jours ouvrables, ou de trois jours ouvrables pour les denrées périssables, à partir de la notification de la retenue, doit engager une procédure au fond. Le délai de dix jours peut être prorogé de dix jours ouvrables maximum sur requête dûment motivée du demandeur. Dans tous les cas, si le demandeur n'a pas justifié auprès des douanes qu'il a pris les mesures processuelles nécessaires, la mesure de retenue est levée de plein droit.

35. Sur ce point, Cass. crim., 27 mars 2013, n° 12-83922 ; Cass. crim., 23 mai 2013, n° 12-82823 ; *RTD com.* 2013. 605, obs. B. Bouloc.

Un décret en Conseil d'État devrait être adopté pour fixer les conditions d'application de ces mesures dont les conditions dans lesquelles a lieu la destruction et les conditions du prélèvement d'échantillons préalables à ladite destruction.

1253. L'exportation de produits marqués fit l'objet d'une décision ayant particulièrement attiré l'attention des commentateurs. La question était de déterminer si l'apposition d'une marque sur un produit destiné à l'exportation pouvait constituer une contrefaçon du bien intellectuel en cause. La Cour de cassation affirme que le producteur qui détient des produits revêtus d'une marque en vue de leur exportation vers des pays tiers dans lesquels il n'est pas contesté qu'ils sont licitement commercialisés, n'effectue aucune mise sur le marché en France. S'il n'existe pas de risques que les marchandises détenues puissent être initialement commercialisées en France, le producteur n'a pas usage du signe litigieux. La Cour a fait ressortir qu'en l'occurrence la détention des produits revêtus de ce signe procédait d'un motif légitime[36]. Cette solution semble ne pas suivre la remarque de la CJ dans l'affaire *Rioglass*. Celle-ci rappelle, par *obliter dictum*, « *à titre liminaire, que la circonstance que les marchandises en cause au principal étaient destinées à être exportées vers un État tiers ne saurait nécessairement aboutir à la conclusion que, dans un contexte tel que celui de l'espèce, lesdites marchandises ne relèvent pas du champ d'application des dispositions du traité CE relatives à la libre circulation des marchandises entre États membres* »[37].

Section 2
Le transit douanier

1254. Le transit douanier est le passage à travers le territoire d'un État d'une marchandise dont la destination finale est un autre État. Cette situation engendre un statut douanier particulier pour ces marchandises, un régime de transport sous douane qui se caractérise principalement par le bénéfice de la suspension des droits, taxes et prohibitions[38]. Par ce dernier point, le transit intéresse le droit de la propriété intellectuelle. La question est de savoir si les marchandises contrefaisantes en transit peuvent faire l'objet de mesures coercitives sur le territoire de l'État de transit ou si de telles mesures sont exclues. Les marchandises en transit relèvent, même si elles sont destinées à un État tiers, du champ d'application du droit de l'UE, affirme la CJ[39]. Il est nécessaire de distinguer le transit intra-européen et le transit extra-européen.

36. Cass. com., 10 juill. 2007, M. Schaffner et S. Georges, « Bas les masques », *Prop. Indust.* 2007, Étude 24 ; J. Passa, « La contrefaçon de marque et l'exigence d'une mise dans le commerce », *Prop. Indust.* 2008, Étude 10.
37. CJCE, 23 oct. 2003, aff. C-115/02, *Rioglass*, préc, pt 17.
38. CJCE, 6 avr. 2000, aff. C-383/98, *Ralph Lauren*, préc.
39. CJCE, 23 oct. 2003, *Rioglass*, préc., pt 20.

§ 1. Le transit intra-européen

1255. Le transit intra-européen[40] suppose que les marchandises partent d'un État de l'UE à destination d'un autre État, qui peut être un État de l'UE ou un État tiers, et que dans leur parcours, ces marchandises traversent un ou plusieurs États de l'Union, sans qu'elles soient destinées à être commercialisées sur le territoire de ces derniers.

1256. Si les marchandises proviennent d'un État membre et sont à destination d'un autre État membre, il n'est pas possible, en application du principe de libre circulation des marchandises, de les retenir sur le territoire d'un État membre par des mesures douanières[41]. La France fut condamnée pour manquement[42], parce que les juges avaient admis des retenues douanières en présence de tels actes. L'article L. 335-10 *in fine* dispose que les retenues en douane ne peuvent pas porter sur les marchandises de statut européen[43], légalement fabriquées ou mises en libre pratique dans un État membre de l'UE et destinées à être commercialisées légalement sur le marché d'un autre État membre. Le transit doit se faire librement sur le territoire national, même si les biens constituent des contrefaçons au regard du droit national. L'article L. 716-8 C. propr. intell. retient la même solution pour le droit des marques. Une telle solution s'applique, *mutatis mutandis*, à l'ensemble des titres de propriété intellectuelle[44].

Toutefois, pour que le transit ne puisse pas être contrôlé, il est nécessaire que les marchandises répondent cumulativement aux contraintes de la propriété intellectuelle, dans l'État d'origine et dans l'État de destination. Si elles sont des contrefaçons dans l'un des deux, il est possible de les saisir par le biais des procédures douanières. Si l'on invoque plusieurs titres de propriété, on vérifie la légalité de la production et de la commercialisation à l'égard de chacun de ces titres de propriété. L'absence de titre de propriété sur le territoire rend libre l'exploitation du bien intellectuel sur celui-ci. Ces vérifications s'effectuent, d'une part, au regard des titres de propriété intellectuelle avancés et, d'autre part, au regard des documents de transport des marchandises.

1257. Si la marchandise en transit sur le territoire de l'UE est destinée, non pas à un État membre, mais à un État tiers à l'Union, la solution semble être la même. L'article L. 716-8 C. propr. intell. distingue explicitement ce cas. Si les marchandises ont été légalement fabriquées ou mises en libre pratique dans un État membre dans lequel elles ont ensuite été placées sous le régime du transit pour être expédiées, après avoir transité sur le territoire d'autres États membres, vers un État non membre de l'Union, il n'est pas possible d'exercer de retenue douanière sur ces dernières. La solution est plus libérale que pour le transit à destination d'un autre État membre, car il n'est pas nécessaire de vérifier les conditions de commercialisation dans l'État de destination.

40. Voir art. 163 et s. CDC ; J. Passa, *Traité*, *op. cit.*, n° 267.
41. Voir CJUE, 6 mars 2014, aff. jtes C-606/12 et C-607/12, *Dresser-Rand SA*.
42. CJCE, 26 sept. 2000, *Rec.* I-7653, *Prop. Intell.* 2002, n° 3, obs. G. Bonet.
43. Voir art. 4, 7) CDC.
44. À propos d'un droit de dessin ou modèle, CJCE, 23 oct. 2003, aff. C-115/02, *Rioglass*, préc.

Toutefois, s'il est possible de démontrer qu'il y a un risque de commercialisation sur le territoire traversé, ou si le régime de transit est revendiqué frauduleusement, il sera possible d'invoquer ses droits de propriété intellectuelle pour sanctionner la contrefaçon[45].

§ 2. Le transit extra-européen

1258. Le transit extra-européen[46], ou transit externe, vise la situation où les marchandises proviennent de pays tiers, traversent le territoire douanier de l'UE pour être acheminées et commercialisées dans un État tiers[47].

La CJ a retenu pour cette hypothèse que le propriétaire d'un bien intellectuel, en l'occurrence une marque, peut invoquer son droit de propriété en présence d'un transit externe. Dès l'affaire *Ralph Lauren*[48], elle affirme que « *le transit externe de marchandises non communautaires n'est pas une activité étrangère au marché intérieur. Il repose, en effet, sur une fiction juridique. Les marchandises placées sous ce régime ne sont soumises ni aux droits à l'importation correspondants ni aux autres mesures de politique commerciale, comme si elles n'avaient pas accédé au territoire communautaire. En réalité, elles sont importées d'un pays tiers et parcourent un ou plusieurs États membres avant d'être exportées vers un autre pays tiers. Cette opération est d'autant plus susceptible d'avoir une incidence directe sur le marché intérieur que des marchandises de contrefaçon placées sous le régime du transit externe risquent d'être frauduleusement introduites sur le marché communautaire* ». Elle en conclut que l'article premier du règlement 3295/94 s'applique lorsque des marchandises importées d'un pays tiers sont, au cours de leur transit vers un autre pays tiers, provisoirement immobilisées dans un État membre par les autorités douanières de cet État en vertu dudit règlement et à la demande de la société titulaire des droits qui invoque la violation de ses droits et dont le siège se situe dans un pays tiers[49].

1259. L'affaire *Rioglass* a permis à la Cour de préciser les conditions d'exercice des droits de propriété intellectuelle sur les marchandises en transit, lorsqu'elles sont légalement produites dans un État membre et destinées à un État tiers. La CJ retient que le droit de l'UE s'oppose à la mise en œuvre, en application d'une législation d'un État membre en matière de propriété intellectuelle, des procédures de retenue par les autorités douanières dirigées contre des marchandises légalement fabriquées dans un autre État membre et destinées,

45. CJCE, 18 oct. 2005, C-405/03, *Class International*, préc. ; CJCE, 9 nov. 2006, aff. C-281/05, *Montex Holdings*, *PIBD* 2007, n° 843, p. 45.

46. J. Passa, *Traité*, *op. cit.*, tome 1, n° 268 et s. ; N. Binctin, « Regard sur l'actualité du droit du transit appliqué à la propriété intellectuelle », *CCE* 2012, Étude 15.

47. Voir P. Arhel, « Rétention de générique en transit dans l'Union européenne et ADPIC », *Prop. Indust.* 2010, Étude 7.

48. CJCE, 6 avr. 2000, préc., pt 34.

49. Solution confirmée par CJCE, 7 janv. 2004, aff. C-60/02, *Rolex*, *RSC* 2004.712, obs. L. Idot, *RTD com.* 2004.715 obs. J. Azéma.

après avoir transité par le territoire du premier État membre, à être mises sur le marché d'un pays tiers[50].

1260. Dans l'affaire *Class International*[51], la CJ complète son analyse du statut des biens en transit externe, l'articulant en particulier avec la question de l'épuisement des droits. En trois temps, elle opère une analyse complète. En premier lieu, elle affirme que le titulaire d'un bien intellectuel, en l'espèce une marque européenne, ne peut s'opposer à la seule introduction dans l'UE, sous le régime douanier du transit externe ou celui de l'entrepôt douanier, de produits d'origine revêtus de cette marque et qui, auparavant, n'ont pas déjà été mis dans le commerce dans l'Union par ledit titulaire ou avec son consentement. Elle ajoute que le propriétaire du bien intellectuel ne peut pas subordonner le placement des marchandises en cause sous le régime du transit externe ou celui de l'entrepôt douanier à l'existence, au moment de l'introduction de ces marchandises dans l'UE, d'une destination finale déjà fixée dans un pays tiers, le cas échéant en vertu d'un contrat de vente. Les marchandises peuvent être stockées sous ce statut jusqu'à ce qu'elles soient cédées à un tiers, les marchandises non européennes placées sous le régime du transit externe ou celui de l'entrepôt douanier pouvant, à tout moment, recevoir une autre destination douanière. Elles peuvent, notamment, être placées sous un autre régime douanier, le cas échéant celui de la mise en libre pratique, ou bien être réexportées hors du territoire de l'Union. Ainsi, elle précise que les notions d'« offre » et de « mise dans le commerce » des produits peuvent comprendre, respectivement, l'offre et la vente de produits d'origine revêtus d'une marque et ayant le statut douanier de marchandises non européennes, lorsque l'offre est faite et/ou la vente réalisée pendant que les marchandises sont placées sous le régime du transit externe ou celui de l'entrepôt douanier. Le titulaire de la marque peut s'opposer à l'offre ou à la vente de telles marchandises lorsqu'elle implique nécessairement la mise dans le commerce de celles-ci dans l'Union. Si elle n'implique pas nécessairement cette mise dans le commerce européen, alors, le propriétaire du bien intellectuel ne peut agir. Elle soulève enfin la cruciale question de la preuve de cette mise dans le commerce européen, en indiquant qu'il incombe au propriétaire du bien intellectuel de rapporter la preuve de circonstances lui permettant d'exercer son droit de propriété contre les marchandises en cause. Il devra, pour cela, établir soit une mise en libre pratique des marchandises, soit une offre ou une vente de celles-ci qui implique nécessairement leur mise dans le commerce dans l'UE. Le propriétaire d'un bien intellectuel peut s'opposer à l'offre ou à la vente de produits d'origine revêtus d'une marque et ayant le statut douanier de marchandises non européennes, lorsque l'offre est faite et/ou la vente réalisée pendant que les marchandises sont placées sous le régime du transit externe ou celui de l'entrepôt douanier et qu'elle implique nécessairement la mise dans le commerce de celles-ci dans l'UE.

La Cour de cassation a suivi ce raisonnement en 2006 en retenant que le transit de marchandises placées sous le régime du transit externe, de par sa nature, ne constitue pas une mise sur le marché et ne peut, par conséquent,

50. CJCE, *Rioglass*, préc.
51. CJCE, 18 oct. 2005, C-405/03, *Class International*, préc.

porter atteinte au droit de marque en vigueur dans l'État de transit[52]. Cette solution emporte qu'il n'est pas possible pour le propriétaire du bien intellectuel d'intervenir même si l'utilisation de son bien est illégale tant dans le pays d'origine que dans le pays de destination. Le sauf-conduit douanier marque l'incapacité des dispositions européennes à remplir l'un des objectifs du règlement exprimés dans le considérant 3.

1261. Une faille a été ouverte par les juges du fond. Un jugement du TGI de Paris[53], sur le fondement de l'article L. 716-9 C. propr. intell. qui incrimine explicitement le transbordement, en le distinguant de l'importation, l'exportation et la réexportation, a reconnu au titulaire d'une marque la possibilité d'effectuer une rétention douanière puis d'assigner en contrefaçon l'importateur. En l'espèce, il s'agissait de cachets de Viagra, produits en Inde et destinés au Chili, retenus en douane à Roissy par la cellule de ciblage du fret. Cette lecture de l'article L. 716-9 C. propr. intell. par le tribunal laisse songeur, le transbordement ne constituant pas une mise en libre pratique au sens du droit douanier. La cour d'appel de Paris, dans un arrêt de janvier 2009[54] pour des faits similaires, retient que « *les marchandises litigieuses en provenance d'Inde et à destination de la République dominicaine relèvent du régime de transit externe lequel couvre le transit par un ou plusieurs États membres avant d'atteindre les pays tiers de destination* ». Elle ajoute que « *le transbordement de marchandises d'un pays tiers à destination d'un autre pays tiers à l'Union européenne n'est pas sanctionnable au titre de l'article L. 716-9 C. propr. intell. en l'absence de mise dans le commerce sur le territoire français* ».

L'article L. 716- 9 C. propr. intell. suppose, pour son application, un rattachement à la France. Pour que le rattachement territorial du droit de propriété opère, il est nécessaire que la marchandise soit mise en circulation sur le territoire de l'Union. La seule introduction des marchandises dans le territoire douanier de l'Union à l'occasion d'un transbordement et la soumission de ces marchandises à la surveillance douanière n'entraîne pas une mise en circulation sur le territoire de l'Union. Il est nécessaire d'interpréter l'article L. 716-9 a) à la lumière de l'article 9.1 du Règlement, et d'écarter une distinction qui pourrait être avancée entre le transit externe et le transbordement dès lors que les produits transbordés sont en provenance et à destination de territoires extra-européens. Dans ces différentes affaires, l'action en contrefaçon est fondée sur l'incrimination pénale de la contrefaçon de marque. L'article L. 716-9 du C. propr. intell. punit de quatre ans d'emprisonnement et de 400 000 euros d'amende le fait de vendre, fournir, offrir à la vente ou louer des marchandises présentées sous une marque contrefaite, d'importer, d'exporter, de réexporter ou de transborder des marchandises présentées sous une marque contrefaisante. L'interprétation pénale stricte, par nature, ne peut que conduire à l'exclusion de ces dispositions pour les produits non entrés dans le commerce juridique de l'Union.

52. Cass. com., 7 juin 2006, *Bull. civ.* IV, n° 139, *PIBD* 2006, n° 837, III-611.

53. TGI Paris, 12 nov. 2008, *PIBD* 2009, n° 888, III-772 ; *D.* 2010, S. Durrande, Panorama Droit des marques, p. 851 et s.

54. CA Paris, 30 janv. 2009, *PIBD* 2009, n° 993, III-926 ; S. Durrande, *op. cit.*

Cette lecture de l'article L. 716-9 C. propr. intell. par le tribunal laisse songeur, le transbordement ne constituant pas une mise en libre pratique au sens du droit douanier. Le transbordement est un élément factuel du transit[55]. Le TGI de Paris[56] est depuis revenu à une position plus orthodoxe et suit l'interprétation nécessaire de la cour d'appel. Cette solution semble avoir fait long feu, et plus aucune action ne devrait pouvoir sérieusement prospérer sur la base de cette distinction. L'article 6 de la loi sur le renforcement de la lutte contre la contrefaçon a inséré dans l'ensemble du C. propr. intell. le cas spécifique du transbordement afin d'étendre les possibilités de saisie. Cette démarche ne devrait avoir aucune conséquence, les juges ne pourront que maintenir leur jurisprudence en la matière.

1262. Reste à recourir à l'interprétation retenue par la CJ dans l'arrêt *Class International* qui admet la recevabilité d'une action du propriétaire du bien intellectuel s'il existe un risque de commercialisation des marchandises sur le territoire européen, précisant que le risque d'une mise dans le commerce de l'UE ne peut être présumé sur le seul fondement de la circonstance que le propriétaire des marchandises, le destinataire de l'offre ou l'acquéreur se livre à des activités de commerce parallèle. La charge de la preuve, complexe, repose sur le propriétaire du bien intellectuel. On se demande si la possibilité d'une commercialisation en ligne des produits serait un moyen de démontrer le risque permettant d'effectuer légitimement la retenue douanière. L'arrêt *Montex*[57] précise ce cadre du risque de commercialisation. La Cour confirme que le propriétaire d'un bien intellectuel ne peut interdire le transit dans un État membre dans lequel ce bien est approprié, en l'espèce une marque, de marchandises incorporant ce bien intellectuel et placées sous le régime du transit externe à destination d'un autre État membre dans lequel une telle protection n'existe pas que lorsque ces produits font l'objet d'un acte d'un tiers effectué pendant qu'ils sont placés sous le régime du transit externe et qui implique nécessairement leur mise dans le commerce dans ledit État membre de transit. Le risque est que les marchandises, mises dans le commerce légalement dans un État membre, pourront ensuite circuler librement et qu'il sera nécessaire de contrôler l'éventuel épuisement du droit de propriété. Dans l'affaire *Montex*, la Cour ajoute qu'il est indifférent que les marchandises aient été fabriquées dans le pays d'origine légalement ou en violation des droits de propriété intellectuelle en vigueur dans ledit pays.

La CJ, dans une décision rendue pour deux affaires similaires faisant l'objet de questions préjudicielles soulevées par les autorités britanniques et belge, réaffirme que les marchandises en transit ne sont pas des contrefaçons[58]. Dans l'affaire *Philips*, les douaniers du port d'Anvers avaient retenu un chargement de rasoirs en provenance de Hong Kong, en transit à Anvers, et dont la destination finale était inconnue, rasoirs contrefaisant des modèles déposés par *Philips*.

55. Dans le même sens, J. Azéma et J.-C. Galloux, *op. cit.*, n° 1742.

56. TGI Paris, 4 juin 2010, *PIBD* 2010, n° 927, III-712.

57. CJCE, 9 nov. 2006, aff. C-281/05, *Montex Holdings*, préc.

58. CJUE, 1er déc. 2011, aff. jtes C-446/09 et C-495/09, *Philips et Nokia*, *Prop. Indust.* 2012, comm. 13, A. Folliard-Monguiral ; *Gaz. Pal.* 2012, juris. p. 770, note J. Fournel ; *CCE* 2012, Fiches Prat. 14, obs. Ch. de Haas ; X. Buffet Delmas d'Autane et C. Pecnard, « L'épineuse question du transit de marchandises prétendument contrefaisantes en Europe : Philips et Nokia, et après ? », *CCE* 2013, Étude 16.

Dans l'affaire *Nokia*, les douanes de l'aéroport de Heathrow avaient refusé de saisir un lot de téléphones contrefaisant la marque *Nokia*, en provenance également de Hong Kong et à destination de la Colombie. La CJ retient que les marchandises provenant d'un État tiers et constituant une imitation d'un produit protégé dans l'Union européenne par un droit de marque ou une copie d'un produit protégé dans l'Union par un droit d'auteur, un droit voisin, un modèle ou un dessin ne sauraient être qualifiées de « marchandises de contrefaçon » ou de « marchandises pirates » au sens desdits règlements douaniers de 1994 et 2003 en raison du seul fait qu'elles sont introduites sur le territoire douanier de l'Union sous un régime suspensif. Elle ajoute que « *ces marchandises peuvent, en revanche, porter atteinte audit droit et donc être qualifiées de "marchandises de contrefaçon" ou de "marchandises pirates" lorsqu'il est prouvé qu'elles sont destinées à une mise en vente dans l'Union européenne* ». Cependant, la Cour précise qu'une « *telle preuve étant fournie, notamment, lorsqu'il s'avère que lesdites marchandises ont fait l'objet d'une vente à un client dans l'Union ou d'une offre à la vente ou d'une publicité adressée à des consommateurs dans l'Union, ou lorsqu'il ressort de documents ou d'une correspondance concernant ces marchandises qu'un détournement de celles-ci vers les consommateurs dans l'Union est envisagé. Dès lors, pour que l'autorité compétente pour statuer sur le fond puisse utilement examiner l'existence d'une telle preuve et des autres éléments constitutifs d'une atteinte au droit de propriété intellectuelle invoqué, l'autorité douanière saisie d'une demande d'intervention doit, dès qu'elle dispose d'indices permettant de soupçonner l'existence de ladite atteinte, suspendre la mainlevée ou procéder à la retenue desdites marchandises* ». La Cour ajoute que « *parmi ces indices peuvent figurer, notamment, le fait que la destination des marchandises n'est pas déclarée alors que le régime suspensif sollicité exige une telle déclaration, l'absence d'informations précises ou fiables sur l'identité ou l'adresse du fabricant ou de l'expéditeur des marchandises, un manque de coopération avec les autorités douanières ou encore la découverte de documents ou d'une correspondance concernant les marchandises en cause de nature à laisser supposer qu'un détournement de celles-ci vers les consommateurs dans l'Union européenne est susceptible de se produire* ». La CJ confirme ainsi sa jurisprudence antérieure et ne retient pas la théorie de la "fiction de fabrication", selon laquelle une marchandise en transit dans un État de l'UE pourrait être considérée comme ayant été fabriquée dans cet État, théorie récemment appliquée par des juges belges et néerlandais.

L'un des enjeux majeurs du règlement n° 608/2013 était d'apporter une réponse efficace et claire à la saisie de marchandises en transit externe sur le territoire de l'UE. Sur ce point, le règlement s'en tient à un *statu quo* et la Commission semble démembrer le droit douanier de la propriété intellectuelle en renvoyant cette question à d'autres normes, notamment le statut spécifique du médicament et le nouveau droit des marques de l'UE.

Chapitre 5
La contrefaçon

1263. La contrefaçon constitue la qualification spécifique en propriété intellectuelle pour toute atteinte ou tout usage non autorisé d'un bien intellectuel. Dans son sens général, la contrefaçon est une imitation frauduleuse ou fabrication d'une chose au préjudice de celui qui avait seul le droit de la fabriquer ou de la reproduire. On parle de contrefaçon de monnaie, de contrefaçon des sceaux de l'État, de contrefaçon de billets de banque. Pour la propriété intellectuelle, la contrefaçon vise toute utilisation non autorisée d'un bien intellectuel approprié. Cette qualification spécifique est requise notamment en raison de la conservation de la jouissance du bien par son propriétaire lors de l'utilisation frauduleuse.

1264. Longtemps vue comme un épiphénomène touchant les marques de luxe et quelques chansons ou films, la contrefaçon constitue aujourd'hui une quasi-pandémie contre laquelle se mobilisent les autorités publiques de la plupart des États et les organisations internationales. Elle porte sur des médicaments, des logiciels, des pièces détachées d'avions ou d'automobiles. Les risques sanitaires attachés à ces produits motivent cette mobilisation. Le faux parfum peut brûler la peau ou emporter des réactions allergiques graves, les fausses lunettes de soleil avoir un effet loupe dévastateur pour les yeux, les fausses plaquettes de frein défaillir au moment d'un freinage d'urgence, ou encore les faux logiciels peuvent porter des virus, *malwares*, *spywares*, etc. Selon les estimations, la contrefaçon représente entre 6 et 10 % du marché mondial des médicaments, les principales contrefaçons étant les antibiotiques, les hormones et stéroïdes, les antiallergiques et les antipaludéens. Les jouets pour enfants contrefaits représenteraient 12 % du marché mondial du jouet. Il ne s'agit plus de défendre l'image de marque d'un marchand de foulards (bien que cette défense soit parfaitement légitime), mais de prendre en considération la santé publique. Il est regrettable en France que le débat mal conduit sur la contrefaçon en ligne d'œuvres audiovisuelles et musicales ait pu donner encore un caractère sympathique à ces atteintes à la propriété[1]. La riposte graduée instaurée par les lois HADOPI traduit la difficulté à faire entendre les risques de la contrefaçon auprès du grand public, comme du personnel politique.

L'évolution de la contrefaçon est marquée par une montée en force de la grande criminalité. Du petit imprimeur de T-shirts, on passe à une organisation

1. *Contrefaçon sur Internet – Les enjeux du droit d'auteur sur le web 2.0*, Litec, 2009, coll. IRPI, t. 33.

quasi mafieuse pour la production et la distribution des produits contrefaits[2]. L'arsenal législatif essaie de s'adapter à ces évolutions[3].

1265. Le droit de la contrefaçon est un droit encore essentiellement national. Le droit de l'UE a engagé un travail d'harmonisation des procédures et des sanctions civiles[4]. Un projet de directive ouvrant vers une harmonisation pénale fut aussi en discussion[5].

Le régime de la contrefaçon a cela d'original qu'il permet au propriétaire du bien intellectuel illégalement utilisé de choisir soit la voie civile soit la voie pénale pour faire cesser l'usage et obtenir réparation de son préjudice. Ce choix concourt à définir la procédure, les sanctions, et les actes qui peuvent être réprimés. Sur ce dernier point, il y a une forte similarité entre le droit civil et le droit pénal, sans pour autant parvenir à une parfaite identité.

Section 1
Le droit civil de la contrefaçon

1266. Le droit civil de la contrefaçon sera abordé en présentant, dans un premier temps, les éléments constitutifs de la contrefaçon puis la procédure civile tendant à faire condamner la contrefaçon constatée.

Sous-section 1
Les actes constitutifs de contrefaçon

1267. La contrefaçon est une atteinte aux biens intellectuels. Par de nombreux aspects, les actes de contrefaçon sont appréciés de façon similaire : il s'agit en pratique d'une copie, d'une utilisation non autorisée, d'un bien approprié, le contenu de la copie pris en compte variant selon l'objet approprié par tel ou tel régime de propriété.

2. Par exemple Rand Corporation, Rapport de 2009, *Film Piracy, Organized Crime and Terrorism) Rand Corporation ;* www.rand.org/pubs/monographs/MG742.html

3. Notamment, J. Barker : « Fighting the fakes : criminal penalties for Ipr infringement », *Ipm* févr. 2011, p. 30.

4. Directive 2004/48, 29 avr. 2004, relative aux mesures et procédures visant à assurer le respect des droits de propriété intellectuelle. B. Warusfel, « La juridictionnalisation du droit européen de la propriété industrielle », *Droits de propriété intellectuelle – Liber amicorum G. Bonet*, Litec, 2010, coll. IRPI, t. 36, p. 533.

5. Résolution législative du Parlement européen du 25 avril 2007 sur la proposition modifiée de directive du Parlement européen et du Conseil relative aux mesures pénales visant à assurer le respect des droits de propriété intellectuelle (COM (2006) 0168 – C6-0233/2005 – 2005/0127 (COD)).

§ 1. Les éléments communs

1268. Les éléments communs sont largement majoritaires, on regrette que le législateur n'ait pas saisi l'opportunité de la réforme du droit de la contrefaçon en 2007 pour parfaire cette unification. Il eût alors été possible de créer un livre nouveau dans le Code de la propriété intellectuelle consacré à cette question.

A Définition de l'acte de contrefaçon

1269. La contrefaçon est constituée par toute atteinte à un droit de propriété intellectuelle. Cette définition large recouvre précisément l'objectif du législateur. La définition de l'atteinte à la propriété se fait par le biais de renvois ou par une formule synthétique. Tenant de la seconde approche, le droit d'auteur, à l'article L. 122-4 C. propr. intell.[6], dispose que la contrefaçon est constituée par toute représentation ou reproduction intégrale ou partielle faite sans le consentement du propriétaire du bien[7]. Il inclut dans ces usages illicites des variantes comme la traduction, la transformation, ou l'arrangement. Enfin, l'atteinte au droit moral est aussi constitutive d'une contrefaçon[8]. Le droit des brevets ou le droit des marques, pour parvenir à une définition aussi large, adoptent la solution du renvoi. L'article L. 716-1 retient que constitue une atteinte aux droits de la marque la violation des interdictions prévues aux articles L. 713-2, L. 713-3 et L. 713-4[9], c'est-à-dire les dispositions définissant le contenu du droit de propriété[10]. En droit des marques, le dépôt est constitutif en lui-même d'une contrefaçon. La même formule est adoptée pour le droit des brevets, par l'article L. 615-1 C. propr. intell. qui effectue un renvoi aux articles L. 613-3 à L. 613-6[11] et pour le droit des certificats d'obtention végétales dont l'article L. 623-25 renvoie à l'article L. 632-4 C. propr. intell. Pour ces derniers, la contrefaçon est constituée non seulement en cas d'utilisation non autorisée du bien intellectuel mais aussi en cas d'utilisation incorrecte ou abusive de la dénomination de la variété. Le droit des dessins et modèles adopte ce même schéma par un renvoi, à l'article L. 512-1 C. propr. intell., aux articles L. 513-4 à L. 513-8 C. propr. intell.[12].

Si la méthode législative adoptée pour définir les actes de contrefaçon diffère un peu, la solution est la même pour l'ensemble des régimes de propriété intellectuelle. La contrefaçon est établie dès lors qu'il y a atteinte aux

6. Sur le contenu de la propriété en droit d'auteur, cf. D. Lefranc, « La contrefaçon en droit d'auteur, Naissance – extension – scission », *Prop. Intell.* 2009, n° 30, p. 19 ; voir *supra* n° 126 et s.

7. Par exemple, Fl.-Marie Piriou, « La numérisation des livres sans autorisation constitue un délit de contrefaçon », *CCE* 2010, Étude 11.

8. En présence d'une chaîne de contrat, l'action en contrefaçon fondée sur une atteinte au droit moral doit être conduit contre l'utilisateur fautif et non le premier cessionnaire : Cass. com., 4 nov. 2011, n° 10-13410, *Bull. civ.* I, n° 195. L'atteinte au droit moral justifie de la destruction des exemplaires : CA Paris, 16 nov. 2012, n° 11/23303, *CCE* 2013, comm. 50, note C. Caron.

9. Voir *supra* n° 809 et s.

10. Pour la marque européenne, l'art. L. 717-1 C. Prop. Intell. retient que constitue une contrefaçon la violation des interdictions des art. 9, 10, 11 et 13 du RME.

11. Voir *supra* n° 578 et s.

12. Voir *supra* n° 391 et s.

prérogatives attachées au droit de propriété. Toutes les exceptions, toutes les limites à la propriété, sont hors du droit de la contrefaçon.

B Appréciation de la contrefaçon

1270. La contrefaçon peut prendre des aspects différents. Si elle est matérialisée par une reproduction à l'identique du bien intellectuel, l'appréciation de l'atteinte à la propriété est assez aisée, quel que soit le régime d'appropriation. L'atteinte à la propriété doit être appréciée au regard du périmètre d'appropriation. Par exemple, en droit des marques ce dernier est défini par l'articulation du signe distinctif et du libellé, en droit des brevets par l'articulation de la description et des revendications, en droit d'auteur par la forme extériorisée. Pour cette dernière matière, la contrefaçon est établie si le tiers utilise une partie du bien intellectuel sans l'utiliser intégralement, utilisation qui dépasse ce qui est autorisé dans le cadre de l'exception de courte citation.

La contrefaçon est constituée par l'usage du bien, la reproduction du bien, son importation, sa détention en vue de son utilisation ou de la mise dans le commerce. Une limite importante est constituée par la règle de l'épuisement des droits assurant une libre circulation des biens intellectuels sur le territoire de l'UE[13]. La contrefaçon ne se limite pas à cette seule hypothèse. Sans qu'il y ait une reproduction à l'identique, il est possible que la reproduction reprenne les caractéristiques principales du bien approprié. La question est alors de déterminer si cela constitue ou non une contrefaçon. Quel que soit le régime de propriété intellectuelle, la contrefaçon s'apprécie par la reprise des caractéristiques essentielles du bien approprié. L'appréciation de la contrefaçon s'effectue au regard des ressemblances, non des différences[14]. L'imitation est donc une contrefaçon comme la copie servile, ce qui étend le domaine de la propriété. Cette méthode d'analyse s'applique régime par régime au regard de l'objet d'appropriation spécifique à chacun des régimes. L'imitation du signe distinctif aura pour objectif de créer un risque de confusion dans l'esprit de l'utilisateur, on transpose à la contrefaçon les moyens retenus dans le cadre de la procédure d'opposition[15]. En droit des brevets, il s'agit de l'utilisation de moyens équivalents[16], on peut aussi intégrer dans ce cas la livraison ou l'offre de livraison des moyens en vue de la mise en œuvre du bien intellectuel. En droit d'auteur, il s'agira de la création reprenant les éléments caractéristiques du travail d'un auteur pour les insérer indûment dans un autre travail. Il appartient au juge d'établir une comparaison entre le bien intellectuel approprié et le bien contrefaisant. Il dégagera dans cette opération des similitudes allant au-delà du hasard ou de la nécessité technique pour en déduire la présence d'une contrefaçon. Ce sera alors éventuellement l'impression d'ensemble qui permettra de constater la présence d'une contrefaçon.

13. Voir *supra* n° 1154 et s.

14. En ce sens, et pour une portée générale de cette méthode, P.-Y. Gautier, *op. cit.*, n° 750 qui parle de standard.

15. Voir *supra* n° 796 et s.

16. Voir Cass. com., 2 nov. 2011, *Prop. Indust.* 2012, comm. 30, obs. P. Vigand ; voir *supra* n° 581.

C Le rôle de la bonne foi

1271. À l'inverse de la procédure pénale, la bonne foi du contrefacteur est indifférente en droit civil, sous réserve de quelques exceptions.

1272. En droit d'auteur, certains auteurs considèrent qu'il faut démontrer l'élément intentionnel de la contrefaçon, fondant cette analyse sur une analogie avec la solution de droit pénal[17]. La jurisprudence, en revanche, a développé une présomption de mauvaise foi à l'égard du contrefacteur, ce qui revient à rendre la question de la bonne foi indifférente. Cette présomption du fait de l'homme est réfragable, mais dans des conditions particulièrement restrictives, uniquement en cas de preuve d'une réminiscence fortuite[18]. Dans ces conditions, le créateur pourrait invoquer l'argument de la bonne foi, mais tout autre utilisateur du bien intellectuel ne pourra pas l'invoquer efficacement.

1273. En droit des brevets, la bonne foi est prise en considération pour une partie des actes de contrefaçon, dans une approche opposée à celle du droit d'auteur. L'article L. 615-1 al. 3 C. propr. intell. expose une liste limitative d'actes constituant des contrefaçons uniquement si l'auteur des actes a été mis en connaissance de cause. La bonne foi peut être invoquée en cas d'offre, de mise dans le commerce, d'utilisation, de détention en vue de l'utilisation ou de mise dans le commerce d'un produit contrefaisant[19]. Dans tous les autres cas, elle est indifférente.

La réforme du droit des obtentions végétales semble étendre le recours à la bonne foi dans le droit civil de la contrefaçon. L'article L. 623-25 C. propr. intell., dans sa nouvelle rédaction retient qu'il y a contrefaçon en cas d'atteinte volontaire au bien intellectuel.

D Opposabilité et action en contrefaçon

1274. Pour que l'action en contrefaçon soit recevable, il est nécessaire que le titre de propriété soit opposable aux tiers. En droit d'auteur, le titre naît à compter de la date de création, mais il est nécessaire de détenir une date certaine de cette création pour agir efficacement contre un contrefacteur. À défaut d'une date certaine de création, on utilise une date certaine de divulgation de l'œuvre, la divulgation étant par nature postérieure à la création. Dans les deux cas, la date doit être antérieure aux faits de contrefaçon reprochés. Si le fait reproché intervient avant la divulgation, le créateur peut invoquer la réminiscence fortuite, la loi du genre ou la tendance du moment pour échapper à la contrefaçon. La bonne foi joue pleinement car il n'a pu copier une œuvre non divulguée, non accessible au public.

Pour les biens intellectuels dont le dépôt est constitutif de droit, le Code de la propriété intellectuelle prend en considération la date à laquelle la demande de titre de propriété a été rendue publique. L'article L. 615-4 pour les brevets,

17. P.-Y. Gautier, *op. cit.*, n° 745.
18. Voir *supra* n° 342, 960.
19. Cass. com., 6 nov. 2012, *PIBD* 2013, n° 976, III-893 ; *Prop. Indust.* 2014, comm. 1, note P. Vigand.

l'article L. 623-26 C. propr. intell. pour les obtentions végétales, l'article L. 716-6 pour les marques et l'article L. 512-1 pour les modèles retiennent cette solution. Les faits antérieurs à la publication de la demande d'un titre de propriété ne peuvent être considérés comme ayant porté atteinte aux droits qui y sont attachés. L'article L. 615-4 ajoute deux cas particuliers à cette règle. D'une part, entre la date de publication de la demande et celle de publication de la délivrance du titre, ce dernier n'est opposable que dans la mesure où les revendications n'ont pas été étendues après la première de ces dates. D'autre part, lorsque le brevet concerne l'utilisation d'un micro-organisme, il n'est opposable qu'à compter du jour où le micro-organisme est mis à la disposition du public.

Un décalage, pouvant atteindre dix-huit mois en droit des brevets, entre le moment où naît la propriété et le moment où la propriété est opposable, peut exister. Cette période grise est comblée par le propriétaire du bien intellectuel par une notification. Les faits postérieurs à la notification faite au présumé contrefacteur d'une copie de la demande de titre de propriété peuvent être poursuivis en contrefaçon. Dans tous les cas, le tribunal saisi sursoit à statuer jusqu'à la délivrance du titre de propriété.

L'opposabilité soulève une difficulté pour l'articulation entre un droit de propriété délivré et l'opposabilité d'un droit antérieur. La détention d'un droit de propriété intellectuelle n'écarte pas le risque d'une action en contrefaçon. La CJ a retenu, tant pour le droit des marques que pour le droit des dessins et modèles, que le propriétaire d'un bien intellectuel peut agir en contrefaçon contre un tiers, même si ce dernier est propriétaire d'un modèle postérieur enregistré. Le fait qu'un bien intellectuel soit enregistré postérieurement ne fait pas obstacle à l'action en contrefaçon, même si une action en nullité du titre est parallèlement engagée[20]. La nullité du titre de propriété n'a pas à être déclarée au préalable.

E Le délai de prescription

1275. La loi renforçant la lutte contre la contrefaçon a modifié le délai de prescription en l'harmonisant pour l'ensemble de la propriété intellectuelle. Les actions en contrefaçon sont prescrites maintenant par cinq ans au lieu de trois ans à compter des faits qui en sont la cause. Cette harmonisation est une bonne démarche, l'allongement renforce la position des propriétaires de biens intellectuels. En revanche, émerge une difficulté d'application dans le temps de la loi, certaines dispositions allégeant la sanction possible et d'autres l'alourdissant, le délai de prescription s'applique tant à la sanction civile que pénale de la contrefaçon. Il faudra veiller à retenir la sanction la plus légère pour les contrefaçons accomplies avant la loi et sanctionnées après[21].

L'article 72 de l'Accord JUB retient, en articulation avec la prescription de droit national, que les actions relatives à toutes les formes d'indemnisations financières se prescrivent par cinq ans à compter de la date à laquelle le requérant a eu

20. CJUE, 16 févr. 2012, C-488/10, *Celaya Emparanza y Galdos Internacional*, et CJUE, 21 févr. 2013, C-561/11, *Fédération cynologique internationale*, *Europe* avr. 2013, comm. n° 4 p. 33, obs. L. Idot.

21. Voir Cass. civ. 1re, 20 mars 2013, n° 11-23474, *CCE* 2013, comm. 65, note C. Caron, sur les conflits de lois dans le temps et l'action en contrefaçon.

connaissance ou avait raisonnablement lieu d'avoir connaissance du dernier fait justifiant l'action. On bénéficie donc d'une harmonisation totale des délais.

1276. Le délai de prescription impose de répondre à une seconde question : le point de départ de ce délai et la nature de l'infraction : instantanée ou continue. La réponse dépend en premier lieu des faits et de la nature attribuée à la contrefaçon[22]. L'infraction présente un caractère continu : tant que l'on jouit du bien intellectuel sans autorisation la contrefaçon perdure[23]. Dès lors, le point de départ du délai de prescription devrait courir à compter du jour où cesse l'usage indu du bien intellectuel. Cependant, les juges n'adoptent pas systématiquement cette approche, retenant la date du premier acte de contrefaçon pour faire courir le délai de prescription. La loi aussi retient parfois cette solution, par exemple pour l'action en contrefaçon attachée à l'enregistrement frauduleux à titre de marque du bien intellectuel d'un tiers, le point de départ est alors la date de publication[24]. On regrette que le législateur, en 2014, n'ait pas profité de la réforme du délai de prescription pour définir clairement le caractère instantané ou continu de l'infraction.

F Traitement commun des titres nationaux et européens

1277. En présence d'un titre européen, les dispositions du droit national sont applicables pour la défense de ce droit de propriété (articles L. 522-1, L. 717-2 C. propr. intell.). On relève que le Code de la propriété intellectuelle est malheureusement silencieux pour le cas de la variété végétale de l'UE. En revanche, pour le BU, il sera nécessaire de se reporter, d'une part, à la loi du pays de rattachement du brevet et, d'autre part, aux spécificités processuelles de ce dernier devant la JUB.

§ 2. Les éléments spécifiques

1278. L'essentiel des mécanismes de la contrefaçon est largement partagé par tous les titres de propriété. Reste que quelques éléments sont spécifiques.

A L'action déclaratoire

1279. L'action déclaratoire de non-contrefaçon est une institution spécifique du droit des brevets, établie par l'article L. 615-9 C. propr. intell., qui a pour

22. Il serait toutefois possible de fixer plus fermement un délai de prescription, ainsi, la loi belge des brevets retient que l'action en contrefaçon se prescrit par cinq ans à compter du jour où les actes de contrefaçon ont été commis ; la loi luxembourgeoise des brevets retient un délai de trois ans à compter du dernier des actes de contrefaçon. Ces deux États n'ont pas d'harmonisation du délai de prescription entre les différentes branches de la propriété intellectuelle. La loi anglaise dispose que l'action en contrefaçon se prescrit par six ans pour l'ensemble des droits de propriété industrielle, le délai court à compter de l'acte contrefaisant.
23. Cf. P.-Y. Gautier, « De la prescription des infractions commises sur Internet et dans le monde physique », *D.* 2002, chron. 1852 ; dans le même sens J.-M. Bruguière et M. Vivant, *op. cit.*, n° 1101.
24. Cass. com., 16 févr. 2010, *Bull. civ.* IV, n° 40.

objectif de prévenir un éventuel contentieux. Cette procédure permet, hors d'un cadre judiciaire, d'exprimer une opinion sur l'existence d'une dépendance ou d'une contrefaçon[25]. Elle pourra aussi être conduite pour un BU.

Toute personne qui justifie d'une exploitation industrielle sur le territoire d'un État membre de l'UE ou de préparatifs effectifs et sérieux à cet effet peut inviter le titulaire d'un brevet à prendre parti sur l'opposabilité de son titre à l'égard de cette exploitation dont la description lui est communiquée. Avant de mettre sur le marché un produit ou d'utiliser une méthode de production qui pourrait constituer une contrefaçon des biens intellectuels d'un tiers, on interpelle le titulaire afin qu'il prenne position. Il convient d'adresser à la personne interpellée une description détaillée de l'élément en cause afin de lui permettre de juger de son autonomie par rapport à ses propres biens intellectuels.

Le titulaire des biens intellectuels interpellé dispose d'un délai de trois mois pour prendre position et indiquer, selon lui, si le projet présenté constitue une contrefaçon de ses biens intellectuels.

Si le titulaire du brevet n'a pas pris parti dans un délai de trois mois ou si la réponse apportée appelle des contestations, il faut assigner le propriétaire des biens intellectuels antérieur devant le TGI de Paris ou la JUB pour faire juger que le brevet ne fait pas obstacle à l'exploitation en cause. Cette action est menée sans préjudice de l'action en nullité du brevet et d'une action ultérieure en contrefaçon dans le cas où l'exploitation n'est pas réalisée dans les conditions spécifiées dans la description communiquée initialement.

B La Défense nationale

1280. Le cadre militaire emporte quelques dérogations au régime de la propriété intellectuelle. L'article L. 615-10 avance une procédure dérogatoire pour les contentieux de contrefaçon portant sur des biens intellectuels, appropriés par brevet, exploités pour les besoins de la défense nationale par l'État ou ses fournisseurs, sous-traitants et titulaires de sous-commandes, sans qu'une licence d'exploitation leur ait été octroyée. Dans ce cadre, l'action civile en contrefaçon est portée devant la chambre du conseil du tribunal de grande instance dont les pouvoirs sont limités. Celui-ci ne peut ordonner ni la cessation ou l'interruption de l'exploitation ni la confiscation prévue aux articles L. 615-3 et L. 615-7-1. Seule une indemnité peut être prononcée, suivant un cadre peu protecteur d'une expropriation mobilière pour utilité publique[26].

Les pouvoirs d'investigation pour rapporter les preuves de la contrefaçon sont eux aussi limités. Si une expertise ou une description, avec ou sans saisie réelle, est ordonnée par le président du tribunal, l'officier public commis doit surseoir à la saisie, à la description et à toute recherche dans les archives et documents de l'entreprise, si le contrat d'études ou de fabrication comporte une classification de sécurité de défense. Cette obligation s'applique si les études ou fabrications sont exécutées dans un établissement des armées. L'expert

25. V. Larère, « Deux ou trois choses que l'on sait de l'action déclaratoire en non-contrefaçon », *RDPI* avr. 2001, nº 122, p. 6.

26. Cf. *supra* nº 527, 689.

commis ne peut être choisi que parmi les personnes agréées par le ministre chargé de la défense et devant ses représentants.

Une procédure similaire, dérogatoire, est instituée toujours pour le bénéfice du ministère de la défense par l'article L. 623-30 C. propr. intell. Ainsi, lorsqu'une variété objet d'une demande de certificat ou d'un certificat d'obtention est exploitée pour les besoins de la défense nationale par l'État ou ses fournisseurs, sous-traitants et titulaires de sous-commandes, sans qu'une licence d'exploitation leur ait été octroyée, la juridiction saisie ne peut ordonner ni la cessation ou l'interruption de l'exploitation, ni la confiscation. Si une expertise ou une description, avec ou sans saisie réelle, est ordonnée par le président de la juridiction saisie, l'officier public commis doit surseoir à la saisie, à la description et à toute recherche dans l'entreprise si le contrat d'études ou de reproduction ou de multiplication comporte une classification de sécurité de défense. Il en est de même si les études, la reproduction, la multiplication sont effectuées dans un établissement des armées.

C La contrefaçon de procédé d'obtention d'un produit

1281. En présence d'un brevet de procédé d'obtention d'un produit, l'article L. 615-5-1 C. propr. intell. apporte un régime probatoire dérogatoire. Dans ce cas spécifique, le juge peut ordonner au défendeur de prouver que le procédé utilisé pour obtenir un produit identique est différent du procédé breveté. Il s'agit d'un renversement de la charge de la preuve qui a pour effet de faire peser sur le défendeur le risque de la preuve. Faute pour ce dernier d'apporter cette preuve, tout produit identique fabriqué sans le consentement du titulaire du brevet est présumé avoir été obtenu par le procédé breveté lorsque le produit obtenu par le procédé breveté est nouveau, et lorsque la probabilité est grande que le produit identique a été obtenu par le procédé breveté, alors que le titulaire du brevet n'a pas pu, en dépit d'efforts raisonnables, déterminer quel procédé a été en fait utilisé[27]. Pour limiter les effets de ce renversement de la charge de la preuve et que cela ne soit pas instrumentalisé en outil d'espionnage industriel, la production de la preuve contraire à la charge du défendeur se fait en considération de ses intérêts légitimes pour la protection de ses secrets de fabrication et de commerce.

D La forclusion par tolérance

1282. L'article L. 716-5 C. propr. intell. prévoit une sanction procédurale spécifique en cas d'inaction du titulaire d'une marque. Toute action en contrefaçon d'une marque postérieure enregistrée dont l'usage a été toléré pendant cinq ans, à moins que son dépôt n'ait été effectué de mauvaise foi, est irrecevable. Celui qui tolère l'enregistrement d'une marque constituant une contrefaçon de son bien intellectuel, qui ne saisit par l'opportunité éventuelle d'une opposition et qui ensuite tolère l'usage du bien durant cinq ans n'est plus recevable à agir en contrefaçon. Cette sanction laisse cohabiter les deux signes

27. Cass. com., 3 avr. 2012, n° 10-21084.

distinctifs en cause, seule l'action en justice ne peut être engagée, ce qui écarte la possibilité d'en demander l'annulation, sous réserve du risque de confusion pour le consommateur[28].

Toutefois, l'irrecevabilité est limitée aux seuls produits et services pour lesquels l'usage a été toléré.

La Cour de cassation[29] précise, au visa de l'article L. 714-3 C. propr. intell., que, selon l'article 9 § 2 de la directive CE n° 89/104 de 1988, lorsqu'il exerce l'option ouverte par ce texte, un État membre peut prévoir que le § 1 de ce texte s'appliquera, non seulement au titulaire d'une marque antérieure visée à l'article 4, § 4, point a), mais aussi au titulaire d'un des autres droits antérieurs visés à l'article 4, § 4, point b) ou c) de cette directive. En exerçant cette option, la loi française accorde une protection identique au propriétaire d'une marque, quelle que soit la nature du droit fondant la demande dirigée à son encontre. Elle en conclut que l'article L. 714-3 C. propr. intell. impose, à la lumière de la directive de 1988, que le titulaire d'un droit d'auteur qui a toléré en France l'usage d'une marque postérieure enregistrée en France pendant une période de cinq années consécutives, en connaissance de cet usage, ne peut plus demander la nullité, ni s'opposer à l'usage de la marque postérieure pour les produits ou les services pour lesquels la marque a été utilisée, à moins que son dépôt n'ait été effectué de mauvaise foi.

E Les intermédiaires du Net

1283. Le développement de la diffusion mais aussi de la contrefaçon de biens intellectuels en ligne a imposé l'émergence d'un régime de responsabilité pour les acteurs du Net[30]. L'essentiel de ce régime ne trouve pas siège dans le Code de la propriété intellectuelle mais dans le Code des postes et des communications électroniques (ci-après CPCE) et l'article 6 de la loi pour la confiance dans l'économie numérique (LCEN)[31], maintes fois modifiées depuis son adoption en 2004, mais non codifiée.

L'article 6 dégage une distinction fondamentale pour dégager le régime de responsabilité entre les prestataires techniques neutres et les prestataires actifs. Cette distinction est le résultat de combinaison de plusieurs dispositions, et elle se résume en pratique entre la qualification fournisseur d'accès à Internet (FAI), d'hébergeur et d'éditeur de contenu. Les deux premiers opérateurs, le FAI et l'hébergeur, bénéficient d'un régime de responsabilité aménagé, alors que l'éditeur supporte une responsabilité ordinaire. Ainsi, en présence d'une contrefaçon, l'intermédiaire technique ou l'hébergeur pourra voir sa responsabilité

28. Voir *supra* n° 871.

29. Cass. com., 16 févr. 2010, préc.

30. Voir aussi, V. Fauchoux, P. Deprez et J.-M. Bruguière, *Le droit de l'Internet*, 2e éd., LexisNexis, 2013, n° 505 et s.

31. Loi n° 2004-575 du 21 juin 2004 pour la confiance dans l'économie numérique transposant notamment la Directive n° 2000/31/CE du 8 juin 2000 relative à certains aspects juridiques des services de la société de l'information et notamment du commerce électronique, dans le marché intérieur. Voir C. Castets-Renard, « Le renouveau de la responsabilité des intermédiaires de l'Internet », *D.* 2012, p. 827.

écartée là où l'éditeur sera tenu responsable. L'enjeu actuel porte sur l'identification des éléments permettant de marquer la frontière entre hébergeur et éditeur, entre intervention passive et intervention active en ligne. La jurisprudence avance, le contentieux semblant prendre position par type d'activité : plate-forme vidéo, plate-forme de marché, etc.

1. Le fournisseur d'accès Internet

1284. Les FAI sont les opérateurs dont l'activité est d'offrir un accès à des services de communication au public en ligne, en pratique une connexion à Internet, que cette connexion soit avec ou sans fil, ou, plus généralement, à tout réseau de communication.

Suivant les dispositions de l'article 6 I.-1 de la LCEN les FAI supportent une obligation d'information. Ils doivent informer leurs abonnés de l'existence de moyens techniques permettant de restreindre l'accès à certains services ou de les sélectionner et leur proposent au moins un de ces moyens. Ils doivent aussi les informer de l'existence de moyens de sécurisation permettant de prévenir les manquements à l'obligation de veiller à ce que l'accès Internet de l'abonné ne fasse pas l'objet d'une utilisation à des fins de reproduction, de représentation, de mise à disposition ou de communication au public d'œuvres ou d'objets protégés par un droit d'auteur ou par un droit voisin sans l'autorisation des titulaires des droits lorsqu'elle est requise et leur proposent au moins un moyen de sécurisation destiné à prévenir l'utilisation illicite de l'accès à un service de communication au public en ligne.

L'article L. 34-1 CPCE instaure pour le FAI un cadre particulier encadrant le traitement des données à caractère personnel lors de la fourniture au public de services de communications électroniques. Ce régime s'applique notamment aux réseaux qui prennent en charge les dispositifs de collecte de données et d'identification.

Ils doivent effacer ou rendre anonyme toute donnée relative au trafic, sous réserve de pouvoir fournir certaines informations aux autorités publiques. Ces obligations s'appliquent que l'opérateur propose un accès payant ou gratuit. En particulier, pour les besoins de la recherche, de la constatation et de la poursuite des infractions pénales ou d'un manquement à l'obligation imposée à une personne titulaire de l'accès à des services de communication au public en ligne de veiller à ce que cet accès ne fasse pas l'objet d'une utilisation à des fins de reproduction, de représentation, de mise à disposition ou de communication au public d'œuvres ou d'objets protégés par un droit d'auteur ou par un droit voisin sans l'autorisation des titulaires des droits lorsqu'elle est requise, et dans le seul but de permettre, en tant que de besoin, la mise à disposition de l'autorité judiciaire, ou de l'HADOPI, d'informations, il peut être différé pour une durée maximale d'un an aux opérations tendant à effacer ou à rendre anonymes certaines catégories de données techniques. Toutefois, la CJ[32], à l'occasion d'un

32. CJUE, 24 nov. 2011, aff. C-70/10, *Scarlet Extended SA c/SABAM*, *Rec.* I-11959 ; *Europe* 2012, comm. 44, obs. L. Idot ; *RTD eur.* 2012. 957, obs. E. Treppoz ; O. Bustin, « Les injonctions préventives de surveillance et de blocage sur internet des contenus musicaux et audiovisuels à l'épreuve du droit de l'UE, commentaire des arrêts Tiscali et Netlog c/SABAM, CJUE, 24 novembre 2011 et

litige opposant un FAI à la société de gestion belge chargée d'autoriser l'utilisation, par des tiers, des œuvres musicales des auteurs, des compositeurs et des éditeurs a retenu que les directives 2000/31 sur le commerce électronique, 2001/29 sur l'harmonisation de certains aspects du droit d'auteur et des droits voisins dans la société de l'information, 2004/48 relative au respect des droits de propriété intellectuelle, 95/46 relative à la protection des personnes physiques à l'égard du traitement des données à caractère personnel et à la libre circulation de ces données, et 2002/58 relative à la vie privée et aux communications électroniques, lues ensemble et interprétées au regard des exigences résultant de la protection des droits fondamentaux applicables, s'opposent à une injonction faite à un FAI de mettre en place un système de filtrage de toutes les communications électroniques transitant par ses services, notamment par l'emploi de logiciels « peer-to-peer », qui s'applique indistinctement à l'égard de toute sa clientèle, à titre préventif, à ses frais exclusifs, et sans limitation dans le temps, afin d'identifier sur le réseau de ce fournisseur la circulation de fichiers électroniques contenant une œuvre musicale, cinématographique ou audiovisuelle sur laquelle la SPRD prétend détenir des droits de propriété intellectuelle, en vue de bloquer le transfert de fichiers dont l'échange porte atteinte au droit d'auteur. L'arrêt de la CJ n'écarte pas totalement cette possibilité, il semble que ce soit les conditions cumulatives de la demande qui la rendent inacceptable.

2. Les hébergeurs

1285. Les hébergeurs sont les personnes physiques ou morales qui assurent, même à titre gratuit, pour mise à disposition du public par des services de communication au public en ligne, le stockage de signaux, d'écrits[33], d'images, de sons ou de messages de toute nature fournis par des destinataires de ces services[34]. Au regard du contenu parfois sensible qu'ils accueillent, ils sont assujettis au secret professionnel dans les conditions prévues aux articles 226-13 et 226-14 du Code pénal, pour tout ce qui concerne la divulgation des éléments d'identification personnelle ou de toute information permettant d'identifier une personne. Ce secret professionnel n'est pas opposable à l'autorité judiciaire.

La Cour de cassation a considéré qu'une société, créatrice d'un site Internet, dont l'activité se bornait à structurer et classifier les informations mises à la disposition du public pour faciliter l'usage de son service mais que cette société n'était pas l'auteur des titres et des liens hypertextes, ne déterminait ni ne vérifiait les contenus du site, relevait du seul régime applicable aux hébergeurs. Dès lors, la responsabilité de ce prestataire, fût-il créateur de son site Internet, qui ne joue

16 février 2012 », *Légipresse* 2012 ; *Prop. Intell.* 2012, n° 1, p. 47, obs. V.-L. Benabou ; *CCE* 2012, comm. 63, obs. A. Debet. Voir A. Néri, « L'injonction de filtrage rendue à l'égard d'un intermédiaire : une mesure controversée aux conséquences redoutables », *CCE* 2012, Étude 3. Voir aussi, CJUE, 16 févr. 2012, aff. C-360/10, *SABAM Vs Netlog*, *CCE* 2012, comm. 63 obs. A. Debet ; *D.* 2012, p. 549, obs. C. Manara ; *D.* 2012, p. 2343, obs. P. Tréfigny ; *RSC* 2012. 163, obs. J. Francillon ; *Europe* 2012, comm. 159, obs. M. Meister ; *RTD eur.* 2012. 957, obs. E. Treppoz.

33. Par exemple, un blog : CA Paris, Pôle 5, ch. 2, 8 nov. 2013, *Overblog c/Paperblog*.

34. Sur le pouvoir d'appréciation de l'hébergeur à l'égard du contenu ou de personnes responsable du contenu hébergé, Cass. com., 5 mai 2009, n° 08-11672.

pas un rôle actif de connaissance ou de contrôle des données stockées, est limitée suivant les conditions de la LCEN[35]. La Cour de cassation admet que le prestataire bénéficie de cette qualité d'hébergeur même s'il accomplit des actes techniques sur le contenu hébergé. Elle affirme[36] que « *le réencodage de nature à assurer la compatibilité de la vidéo à l'interface de visualisation, de même que le formatage destiné à optimiser la capacité d'intégration du serveur en imposant une limite à la taille des fichiers postés, sont des opérations techniques qui participent de l'essence du prestataire d'hébergement et qui n'induisent en rien une sélection par ce dernier des contenus mis en ligne* ». Au-delà des actes techniques, elle intègre aussi dans les prestations d'hébergeur « *la mise en place de cadres de présentation et la mise à disposition d'outils de classification des contenus* [qui] *sont justifiés par la seule nécessité, encore en cohérence avec la fonction de prestataire technique, de rationaliser l'organisation du service et d'en faciliter l'accès à l'utilisateur sans pour autant lui commander un quelconque choix quant au contenu qu'il entend mettre en ligne* ». Enfin, la Cour précise que « *l'exploitation du site par la commercialisation d'espaces publicitaires n'induit pas une capacité d'action du service sur les contenus mis en ligne* ». Cette question a été très controversée et ces arrêts de la Cour de cassation semblent proposer des éléments de réponse susceptibles de mettre un terme aux divergences de vues, à tout le moins de pouvoir mieux anticiper les qualifications[37]. Ressort de la grille de lecture proposée par la Cour de cassation que doit pouvoir bénéficier de la qualité d'hébergeur l'opérateur qui offre simplement une capacité de stockage tout en restant neutre et transparent. Il s'agit de la situation la plus proche de celle à l'esprit de législateur en 2004 (et à l'esprit de lobbyistes à cette époque). La Cour étend le bénéfice de cette qualification à des opérateurs un peu moins neutre. Ainsi, est aussi hébergeur, l'opérateur qui ne décide pas du contenu mis en ligne quand bien même cela se ferait par l'intermédiaire des outils qu'il met à la disposition. Cette extension pourrait relever d'une interprétation permissive, les outils pouvaient être essentiel dans une contrefaçon, on doit avoir à l'esprit l'idée de contrefaçon par fourniture de moyen[38]. On peut voir dans certains outils une incitation à la contrefaçon, une pédagogie de la contrefaçon. Pour autant la Cour de cassation retient qu'est sans effet sur la qualification d'hébergeur le fait pour le prestataire de procéder à certaines modifications techniques du contenu, le fait de réaliser l'indexation du contenu posté par un internaute afin d'en faciliter la consultation ou d'opérer une structuration. Ces décisions de la Cour de cassation détermine par la négative ce qui ne relève pas de l'activité d'éditeur et donc peut être celle de l'hébergeur, mais cela doit aussi être lu à la

35. Cass. civ. 1re, 17 févr. 2011, *Bull. civ.* I, n° 31 ; *D.* 2011. 669 ; sur le bénéfice de non-responsabilité applicable à la personne stockant des données, voir aussi, Cass. civ. 1re, 14 janv., 2010, *Bull. civ, I*, n° 8 ; *D.* 2010. 260, obs. C. Manara ; *D.* 2010, 837, point de vue L. Thoumyre ; *D.* 2010, 1966, obs. J. Larrieu ; *RTD com.* 2010. 307, obs. F. Pollaud-Dulian.

36. Cass. civ. 1re, 17 févr. 2011, *Dailymotion, Bull. civ.* I, n° 30, *D.* 2011. 668, obs. C. Manara, et 1113, note L. Grynbaum ; *D.* 2011, p. 2164, obs. P. Sirinelli. Voir aussi à propos de l'arrêt de la cour d'appel, A. Debet, « Dailymotion : toujours un hébergeur pour la cour d'appel de Paris », *CCE* 2010, comm. 74 et comm. 124.

37. Voir pour une étude d'ensemble, P. Sirinelli, *D.* 2011, p. 217.

38. Voir Cass. civ. 1re, 12 juill. 2012, *SNEP vs. Google,* n° 11-20358, *Bull. civ.* I, n° 168 ; *D.* 2012, p. 1880, obs. C. Manara, *D.* 2012, p. 2343, obs. P. Tréfigny.

lumière de la jurisprudence *eBay*[39] qui propose une définition de ce qui n'est pas du domaine d'activité de l'hébergeur. Le croisement de ces analyses appelle encore des éclaircissements. Une des difficultés des actions engagées contre les opérateurs du Net est d'identifier la personne juridiquement responsable, souvent située sur un territoire étranger. Semblant remettre au goût du jour la jurisprudence des gares principales, la Cour de cassation retient que la société *Google France* était présentée comme le bureau français de la société *Google Inc.* à contacter et qu'elle exerçait une activité de fournitures de services, en des textes rédigés en français et destinés au public français. De l'appréciation souveraine de l'ensemble de ces éléments, une cour d'appel a pu déduire la participation directe et effective au fonctionnement du service gratuit d'indexation mis en œuvre par la société *Google Inc.* de la société *Google France* dont la responsabilité peut être recherchée[40].

1286. Ils ne peuvent pas voir leur responsabilité civile engagée du fait des activités ou des informations stockées à la demande d'un destinataire de ces services[41] si elles n'avaient pas effectivement connaissance de leur caractère illicite ou de faits et circonstances faisant apparaître ce caractère ou si, dès le moment où elles en ont eu cette connaissance, elles ont agi promptement[42] pour retirer ces données ou en rendre l'accès impossible. Ces dispositions ne s'appliquent pas lorsque le destinataire du service agit sous l'autorité ou le contrôle de l'hébergeur.

La connaissance des faits litigieux est présumée acquise par les hébergeurs lorsqu'il leur est notifié les éléments suivants[43] :

— la date de la notification ;

— si le notifiant est une personne physique : ses nom, prénoms, profession, domicile, nationalité, date et lieu de naissance ; si le requérant est une personne morale : sa forme, sa dénomination, son siège social et l'organe qui la représente légalement ;

— les nom et domicile du destinataire ou, s'il s'agit d'une personne morale, sa dénomination et son siège social ;

— la description des faits litigieux et leur localisation précise ;

— les motifs pour lesquels le contenu doit être retiré, comprenant la mention des dispositions légales et des justifications de faits ;

— la copie de la correspondance adressée à l'auteur ou à l'éditeur des informations ou activités litigieuses demandant leur interruption, leur retrait ou leur modification, ou la justification de ce que l'auteur ou l'éditeur n'a pu être contacté.

39. Voir *infra* n° 1291.

40. Cass. civ. 1re, 12 juill. 2012, n° 11-15165, n° 11-15188, *Bull. civ.* I, n° 162, et n° 11-13666, *Bull. civ.* I, n° 166 ; C. Petit, « Google, une obligation de surveillance proportionnée ? », *D.* 2012, p. 2071 ; *CCE* 2012, comm. 91, obs. C. Caron.

41. Voir toutefois, CA Montpellier, 15 déc. 2011, *CCE* 2012, comm. 41, obs. Anne Debet, qui admet la responsabilité sur le fondement de la loi Informatique et Libertés.

42. Sur l'appréciation de la promptitude, Cass. civ. 1re, 17 févr. 2011, *Bull. civ.* I, n° 32.

43. Cf. A. Néri, « La procédure de notification aux hébergeurs des contenus illicites présents sur Internet », *CCE* 2011, prat. 5. Voir Cass. civ. 1re, 12 juill. 2012, n° 11-15165 et n° 11-15188, préc.

Ces conditions sont cumulatives, la prise en compte ne pourra avoir lieu que si la déclaration contient précisément l'ensemble de ces éléments. La Cour de cassation affirme que cette notification doit comporter l'ensemble des mentions prescrites par ce texte. Elle soutient la cour d'appel, qui a constaté que les informations énoncées à la mise en demeure étaient insuffisantes au sens de la LCEN à satisfaire à l'obligation de décrire et de localiser les faits litigieux mise à la charge du notifiant et que celui-ci n'avait pas joint à son envoi recommandé les constats d'huissier qu'il avait fait établir et qui auraient permis à l'opérateur de disposer de tous les éléments nécessaires à l'identification du contenu incriminé, a pu en déduire qu'aucun manquement à l'obligation de promptitude à retirer le contenu illicite ou à en interdire l'accès ne pouvait être reproché à l'hébergeur qui n'avait eu connaissance effective du contenu litigieux qu'avec l'assignation à jour fixe. De plus, le fait de présenter à un hébergeur un contenu ou une activité comme étant illicite dans le but d'en obtenir le retrait ou d'en faire cesser la diffusion, alors que cette information inexacte, est puni d'une peine d'un an d'emprisonnement et de 15 000 euros d'amende. Cette disposition vise à lutter contre l'instrumentalisation de l'obligation de retrait.

1287. Les hébergeurs ne peuvent voir leur responsabilité pénale engagée à raison des informations stockées à la demande d'un destinataire de ces services si elles n'avaient pas effectivement connaissance de l'activité ou de l'information illicites ou si, dès le moment où elles en ont eu connaissance, elles ont agi promptement pour retirer ces informations ou en rendre l'accès impossible. Là encore, cette exonération ne s'applique pas lorsque le destinataire du service agit sous l'autorité ou le contrôle de la personne visée audit alinéa.

3. Dispositions communes aux FAI et aux hébergeurs

1288. Le législateur prend soit de distinguer les FAI et les hébergeurs des producteurs au sens de l'article 93-3 de la loi n° 82-652 du 29 juillet 1982 sur la communication audiovisuelle. C'est un premier élément de définition en commun de la situation de ces deux intermédiaires du Net.

Les FAI comme les hébergeurs ne sont pas soumis à une obligation générale de surveiller les informations qu'ils transmettent ou stockent, ni à une obligation générale de rechercher des faits ou des circonstances révélant des activités illicites. Cet allégement de l'obligation générale de surveillance qui incombe aux professionnels est un élément important pour la gestion des risques attachés à ces activités. Il n'en demeure pas moins que ces opérateurs peuvent être tenus d'assumer une activité de surveillance ciblée et temporaire à la demande d'une autorité judiciaire. De plus, au regard de l'intérêt général attaché à la répression de l'apologie des crimes contre l'humanité, de l'incitation à la haine raciale ainsi que de la pornographie enfantine, de l'incitation à la violence, notamment l'incitation aux violences faites aux femmes, ainsi que des atteintes à la dignité humaine, ils doivent aussi concourir à la lutte contre la diffusion de données pouvant porter atteintes à ces intérêts[44]. Afin de répondre à ces obligations

44. Il s'agit précisément des infractions visées aux cinquième et huitième alinéas de l'art. 24 de la loi du 29 juillet 1881 sur la liberté de la presse et aux art. 227-23 et 227-24 du Code pénal.

d'intérêt général, ils doivent mettre en place un dispositif facilement accessible et visible permettant à toute personne de porter à leur connaissance ce type de données. Ils ont également l'obligation, d'une part, d'informer promptement les autorités publiques compétentes en cas d'identification de telles activités illicites et qu'exerceraient les destinataires de leurs services, et, d'autre part, de rendre publics les moyens qu'elles consacrent à la lutte contre ces activités illicites. Ainsi, lorsque les nécessités de la lutte contre la diffusion des images ou des représentations pornographiques de mineurs le justifient, l'autorité administrative notifie aux FAI les adresses électroniques des services de communication au public en ligne contrevenant auxquelles les FAI doivent empêcher l'accès sans délai. Suivant le même esprit, et compte tenu de l'intérêt général attaché à la répression des activités illégales de jeux d'argent, les FAI et les hébergeurs doivent mettre en place un dispositif facilement accessible et visible permettant de signaler à leurs abonnés les services de communication au public en ligne tenus pour répréhensibles. Ils doivent également informer leurs abonnés des risques encourus par eux du fait d'actes de jeux réalisés en violation de la loi. Toutes ces obligations sont pénalement sanctionnées.

En raison du rôle central des FAI et de l'hébergeur dans le fonctionnement de la communication en ligne, la loi leur impose une collaboration active pour préserver l'ordre public. Outre, ce que l'on vient de mentionner, l'autorité judiciaire peut prescrire en référé ou sur requête, à un hébergeur ou, à défaut, à un FAI, toutes mesures propres à prévenir un dommage ou à faire cesser un dommage occasionné par le contenu d'un service de communication au public en ligne. Il est probable qu'il faille interpréter cette formule générale de la loi comme intégrant les atteintes aux droits de propriété intellectuelle.

1289. Enfin, les FAI et les hébergeurs connaissent un régime commun quant à la gestion des données qu'ils collectent à l'occasion de leur activité. La loi encadre les conditions dans lesquelles ils doivent conserver des données à caractère personnel de leurs clients ou utilisateurs. Les FAI et les hébergeurs doivent détenir et conserver les données de nature à permettre l'identification de quiconque a contribué à la création du contenu ou de l'un des contenus des services dont elles sont prestataires[45]. Ils doivent fournir aux éditeurs de service de communication au public en ligne des moyens techniques permettant à celles-ci de satisfaire aux conditions d'identification que la loi leur impose. L'autorité judiciaire peut requérir communication auprès des FAI comme des hébergeurs de ces données, et les dispositions des articles 226-17, 226-21 et 226-22 du Code pénal sont applicables à leur traitement. Plus encore, afin de prévenir les actes de terrorisme, les agents individuellement désignés et dûment habilités des services de police et de gendarmerie nationales spécialement chargés de ces missions peuvent exiger des FAI comme des hébergeurs la communication des données conservées, la communication se faisant dans le cadre institué par l'article L. 34-1-1 CPCE.

1290. Dernier élément commun du régime juridique des FAI et des hébergeurs, la responsabilité pénale est adaptée. L'article 6 de la LCEN prévoit une peine d'un an d'emprisonnement et de 75 000 euros d'amende pour une

45. Voir I. Cantero et P. Agosti, « Une Arlésienne enfin visible – décret n° 2011-219 du 25 févr. 2011 relatif à la conservation et à la communication des données », *CCE* 2012, Étude 2.

personne physique ou le dirigeant de droit ou de fait d'une personne morale exerçant l'une des activités de FAI ou d'hébergeur qui ne satisfait pas aux obligations attachées à cette activité. Les personnes morales peuvent être déclarées pénalement responsables de ces infractions dans les conditions prévues à l'article 121-2 du Code pénal. Elles encourent une peine d'amende augmentée, ainsi que des peines complémentaires limitant leur activité et pouvant aller jusqu'à la dissolution de la personne morale. Une interdiction d'exercice de l'activité de FAI ou d'hébergeur peut être prononcée pour une durée de cinq ans au plus.

4. Les éditeurs de service de communication au public

1291. La notion d'éditeur est ici à entendre plus largement que celle exposée à l'article L. 132-1 C. propr. intell. L'éditeur est celui qui propose un service en ligne, que ce service relève de la propriété intellectuelle ou non. Cette qualification d'éditeur constitue probablement une qualification par défaut pour les acteurs du Net. Soit ils peuvent répondre aux conditions fixées par la loi pour être qualités de FAI ou d'hébergeur, soit ils sont éditeurs de service de communication en ligne. À la différence des deux autres régimes, l'éditeur ne bénéficie pas d'un régime de responsabilité allégé. Une personne, physique ou morale, est éditeur de service de communication au public en ligne dès qu'elle met à disposition du public, dans un cadre ouvert, une offre en ligne. Par exemple, est un éditeur et non un hébergeur la société qui édite un site internet consacré aux noms de domaine qu'elle propose à la vente, qui offre une expertise destinée à aider à la fixation de la valeur, à charge de commission en cas de vente, et qui l'exploite commercialement[46].

Le cas de la société *eBay* fut particulièrement examiné par la Cour de cassation, la prestation de courtier en ligne semblant être à la frontière entre l'activité d'hébergeur et l'activité d'éditeur de service de communication en ligne. La Cour, à la lumière des éléments arrêtés par les juges du fond, constate que les sociétés *eBay* fournissent à l'ensemble des vendeurs des informations pour leur permettre d'optimiser leurs ventes et les assistent dans la définition et la description des objets mis en vente en leur proposant notamment de créer un espace personnalisé de mise en vente ou de bénéficier « d'assistants vendeurs », que ces sociétés envoient des messages spontanés à l'attention des acheteurs pour les inciter à acquérir et invitent l'enchérisseur qui n'a pu remporter une enchère à se reporter sur d'autres objets similaires sélectionnés par elles. Elle en déduit que les sociétés *eBay* n'exercent pas une simple activité d'hébergement mais qu'elles jouent, indépendamment de toute option choisie par les vendeurs, un rôle actif de nature à leur conférer la connaissance ou le contrôle des données qu'elles stockaient et à les priver du régime exonératoire de responsabilité[47]. La Cour de cassation ajoute, dans deux autres arrêts rendus le même jour à propos de *eBay* que « *la responsabilité de l'exploitant de la place de marché en ligne [est] engagée du seul fait qu'il joue un rôle actif de nature à lui conférer la connaissance ou le contrôle des offres de vente illicites qu'il stocke* »[48]. Le mouvement de responsabilisation

46. Cass. com., 21 oct. 2008, n° 07-14979.
47. Cass. com., 3 mai 2012, n° 11-10508, *Bull. civ.* IV, n° 89 ; *D.* 2012, p. 1261, obs. C. Manara ; *D.* 2012, p. 2331, obs. L. d'Avout ; *D.* 2012, p. 2343, obs. P. Tréfigny.
48. Cass. com., 3 mai 2012, n° 11-10505 et n° 11-10507 ; *CCE* 2012, comm. 74, note C. Caron.

des éditeurs d'un service de communication au public en ligne est renforcé par un arrêt *SNEP V. Google* de la Cour de cassation du 12 juillet 2012. Sous le visa des articles L. 335-4 et L. 336-2 C. prop. intell., la Cour casse un arrêt de la cour d'appel de Paris qui avait débouté le SNEP d'une demande de suppression de certains liens attachés à la fonctionnalité *Google Suggestions* du moteur de recherche *Google*, dont le principe est de proposer aux internautes des termes de recherche supplémentaires associés automatiquement à ceux de la requête initiale en fonction du nombre de saisies, suggérait systématiquement d'associer à la saisie de requêtes portant sur des noms d'artistes ou sur des titres de chansons ou d'albums les mots-clés « Torrent », « Megaupload » ou « Rapidshare », qui sont, respectivement, le premier, un système d'échange de fichiers et, les deux autres, des sites d'hébergement de fichiers, offrant la mise à disposition au public et permettant le téléchargement des enregistrements de certains artistes-interprètes sans autorisation préalable, et donc en contrefaçon. La cour d'appel considérait que cette fonction ne constituait pas en elle-même une contrefaçon. Ouvrant la porte à une contrefaçon par fourniture de moyen, la Cour de cassation écarte cette analyse et prend en considération pour casser cet arrêt que « *d'une part, le service de communication au public en ligne des sociétés* Google *orientait systématiquement les internautes, par l'apparition des mots-clés suggérés en fonction du nombre de requêtes, vers des sites comportant des enregistrements mis à la disposition du public sans l'autorisation des artistes-interprètes ou des producteurs de phonogrammes, de sorte que ce service offrait les moyens de porter atteinte aux droits des auteurs ou aux droits voisins, et, d'autre part, les mesures sollicitées tendaient à prévenir ou à faire cesser cette atteinte par la suppression de l'association automatique des mots-clés avec les termes des requêtes, de la part des sociétés* Google *qui pouvaient ainsi contribuer à y remédier en rendant plus difficile la recherche des sites litigieux, sans, pour autant, qu'il y ait lieu d'en attendre une efficacité totale* »[49].

1292. Cette démarche de la Cour de cassation est confirmée par un autre arrêt rendu le même jour à propos d'un autre service de la société *Google*, envisageant cette fois-ci la responsabilité attachée à la mise à disposition d'hyperliens. La Cour suit l'analyse d'une cour d'appel qui a retenu la responsabilité de la société *Google* qui offre aux internautes la possibilité, à partir des liens vers les autres sites, de visionner le film sur leur propre site *Google Vidéo France*. On peut déduire de ces éléments que *Google* met en œuvre une fonction active qui leur permet de s'accaparer le contenu stocké sur des sites tiers afin d'en effectuer la représentation directe sur leurs pages à l'intention de leurs propres clients. Dès lors, la cour d'appel, qui a constaté que ladite société reproduisait le film en cause sur le site *Google Vidéo France*, sans autorisation des titulaires des droits sur ce film, a caractérisé la contrefaçon. Surtout, dans le départage entre les fonctions neutres exonératrices et les fonctions actives, la cour précise que *Google* allait ainsi au-delà de la mise en œuvre d'une simple fonctionnalité

49. Cass. civ. 1er, 12 juill. 2012, n° 11-20358, *Bull. civ.* I, n° 168 ; *Légipresse* 2012, n° 298, p. 560, note C. Alleaume ; *LPA* 2013, n° 21, p. 17, obs. X. Daverat ; *JCP* G 2012, act. 888 ; *D.* 2012, act. 1880, obs. C. Manara. Voir aussi TGI Paris, r 1880, 28 nov. 2013, n° 11/60 013, *Lexbase La lettre juridique* n°553, 9 janv. 2014, note C. Bernault.

technique, sans avoir à rechercher l'existence de faits insusceptible d'exclure l'imputation à *Google* des actes de représentation illicite[50].

1293. Cette activité est libre, et la LCEN impose uniquement des obligations d'identification de ces personnes. Si l'éditeur est une personne physique, il doit mentionner ses nom, prénoms, domicile et numéro de téléphone. Si cette personne physique est assujettie aux formalités d'inscription au registre du commerce et des sociétés ou au répertoire des métiers, elle doit mentionner son numéro d'inscription. La loi aménage cette obligation de transparence pour les personnes éditant à titre non professionnel afin de préserver leur anonymat[51]. Elles peuvent ne tenir à disposition du public que le nom de leur hébergeur à condition d'avoir communiqué à ce dernier tous les éléments nécessaires à son identification en tant qu'éditeur.

Si l'éditeur de service de communication en ligne est une personne morale, l'obligation d'identification lui impose de communiquer sa dénomination ou sa raison sociale et son siège social, son numéro de téléphone, son numéro d'inscription au registre du commerce et des sociétés, son capital social, l'adresse de son siège social. Outre l'identification de la personne responsable de l'édition, la loi impose aussi à l'éditeur d'identifier, dans l'esprit de ce qui se fait pour la presse, un directeur ou un codirecteur de la publication et, le cas échéant, celui du responsable de la rédaction.

Enfin, dans la mesure où l'éditeur ne peut accéder au réseau et aux internautes que par leur truchement, il doit mentionner les coordonnées du FAI et de l'hébergeur qu'il utilise pour diffuser son contenu.

La loi attache à ces obligations d'identification une sanction pénale, est puni d'un an d'emprisonnement et de 75 000 euros d'amende le fait, pour une personne physique ou le dirigeant de droit ou de fait d'une personne morale exerçant l'activité d'éditeur de service de communication au public en ligne, de ne pas avoir respecté les obligations d'identification. Quant aux personnes morales, elles peuvent être déclarées pénalement responsables dans le cadre habituel.

§ 3. Les titulaires de l'action en contrefaçon

1294. L'identification de la personne pouvant engager une action en contrefaçon est un élément primordial de la procédure. Nombre d'utilisateurs des biens intellectuels ont un accès légal à un bien intellectuel, par le biais d'un contrat de licence, ils ne sont pas tous, pour autant, admis à agir en contrefaçon. Les réponses apportées sont très similaires pour l'ensemble des régimes de propriété, avec quelques particularités.

50. Cass. civ. 1re, 12 juill. 2012, *Bull. civ.* I, n° 166 ; *D.* 2012, p. 2071, concl. C. Petit ; *D.* 2012, p. 2075, note C. Castets-Renard ; *D.* 2012, p. 2343, spéc. 2348, obs. P. Tréfigny ; *D.* 2012, p. 2836, obs. P. Sirinelli.

51. Par exemple, pour la responsabilité pénale de l'éditeur de contenu : Cass. crim., 22 juin 2010, *Bull. crim.* n° 114, à propos d'un blog, l'arrêt proposant une articulation entre la LCEN et loi sur la presse de 1881.

A Les éléments communs

1295. Le propriétaire du bien intellectuel est le titulaire naturel de l'action en contrefaçon, quel que soit le régime d'appropriation du bien intellectuel (art. L. 331-1, L. 716-5, L. 615-2, L. 521-2 C. propr. intell.). Les évolutions récentes du droit de la propriété intellectuelle étendent la catégorie des personnes recevables à l'action en contrefaçon.

1296. En premier lieu, à l'exception du droit d'auteur, le titulaire d'un droit exclusif d'exploitation est recevable à agir en contrefaçon sous certaines conditions. Depuis 2007, l'article L. 331-1 C. propr. intell. dispose que le bénéficiaire d'un droit exclusif d'exploitation appartenant à un producteur de phonogrammes ou de vidéogrammes peut, sauf stipulation contraire du contrat de licence, exercer l'action en justice au titre de ce droit. L'exercice de l'action est notifié au producteur. Dans le même sens, les articles L. 615-2, L. 623-25, L. 716-5 et L. 521-2 retiennent que le bénéficiaire d'un droit exclusif d'exploitation peut, sauf stipulation contraire du contrat de licence, exercer l'action en contrefaçon[52]. À la différence du régime des droits voisins, il est nécessaire que le licencié exclusif ait mis préalablement et vainement en demeure le propriétaire du bien intellectuel dont il a la jouissance avant d'exercer cette action. Dans ce cas, le propriétaire du bien intellectuel peut intervenir à l'instance engagée par le licencié pour obtenir réparation de son préjudice propre. Il est regrettable que cette précaution préalable n'ait pas été reprise pour les droits voisins.

Si le licencié n'est pas lié par un contrat d'exclusivité, il ne peut pas engager seul l'instance, mais intervenir à celle-ci afin d'obtenir la réparation du préjudice qui lui est propre.

B Les éléments spécifiques

1297. Deux procédures spécifiques sont dénotées pour identifier le titulaire de la procédure en contrefaçon : une pour le droit d'auteur et les droits voisins et l'autre en droit des brevets.

1. Droit d'auteur et droits voisins

1298. L'article L. 331-1 C. propr. intell. accorde aux SPRD et aux organismes de défense professionnelle régulièrement constitués la qualité pour ester en justice pour la défense des intérêts dont ils ont statutairement la charge.

Cette prérogative reconnue à ces organismes ne leur donne pas pour autant la capacité d'agir pour l'intérêt particulier de personnes qui n'en seraient pas les membres[53].

52. Le droit anglais des brevets dispose que seul le licencié exclusif peut agir en contrefaçon à compter de la publication du contrat (*Patent Act* 1977, c. 37, et s. 67 (1)).

53. Cass. civ. 1re, 19 févr. 2013, *D.* 2013, p. 567, note Ph. Allaeys ; *Légipresse* 2013, n° 305, p. 294, note N. Binctin ; Cass. civ. 1re, 11 sept. 2013, *JCP* G 2013, n° 1071 p. 1894, note N. Binctin ; *CCE* 2013, comm. 100, note C. Caron ; voir aussi J.-M. Bruguière, « La recevabilité de l'action des SPRD à agir en contrefaçon pour des créateurs non membres », *JCP* E 2009, 1471.

2. La licence obligatoire ou d'office

1299. En présence d'une telle licence sur un bien intellectuel approprié par brevet ou par certificat d'obtention végétale, l'action en contrefaçon peut être exercée, après mise en demeure du propriétaire du bien intellectuel, par le titulaire de la licence alors que ce dernier ne bénéficie pas d'une exclusivité.

Sous-section 2
La procédure de l'action en contrefaçon

1300. La procédure attachée à l'action en contrefaçon est dérogatoire à la procédure de droit commun, marquée par une offre de moyens permettant à la victime de la contrefaçon de faire cesser celle-ci et d'obtenir des informations précises pour déterminer la réparation à demander. Dans le cadre de la JUB, des procédures similaires à celles présentées ci-dessous seront instituées, aussi bien pour la saisie-contrefaçon que la communication d'informations ou les autres mesures avant dire droit. Les règles de compétence devront être adaptées à cette nouvelle juridiction.

§ 1. La saisie-contrefaçon

1301. La saisie-contrefaçon est un instrument essentiel du droit de la propriété intellectuelle, assurant son efficience. Les origines de cette procédure appartiennent au droit d'auteur, elle fut ensuite adoptée par l'ensemble des titres de propriété puis a fait l'objet d'une harmonisation européenne heureuse. La loi renforçant la lutte contre la contrefaçon de mars 2014 a poursuivi un mouvement d'harmonisation de cette procédure pour l'ensemble de la propriété intellectuelle. L'efficacité de la procédure passe par une bonne maîtrise de celle-ci par les praticiens et les juges, les chausse-trapes ne sont pas gages de sécurité juridique. La saisie-contrefaçon est une mesure exorbitante, hors débat contradictoire, qui permet de recueillir les preuves de la contrefaçon. Elle doit être utilisée avec rigueur pour ne pas se transformer en outil d'inquisition[54] ou d'espionnage industriel. On doute de sa parfaite transposition en droit interne[55].

La contrefaçon est un fait, elle peut être prouvée par tous moyens. Le titulaire de l'action en contrefaçon[56] peut directement saisir le juge du fond pour engager une action en raison de l'atteinte à ses biens, il peut faire établir un constat d'huissier, un constat d'achat par exemple, l'huissier ne pouvant alors

54. J. Azéma, « La protection du contrefacteur », *Droits de propriété intellectuelle – Liber amicorum G. Bonet*, Litec, 2010, coll. IRPI, t. 36, p. 1.

55. N. Binctin et Fl. Lucas, « La saisie contrefaçon, étude comparée franco-canadienne », *RIDA* janv. 2014, n° 239, p. 3.

56. Cass. com., 14 déc. 2010, *Bull. civ.* IV, n° 196 ; *D.* 2011, p. 72 ; voir aussi, Cass. com., 29 janv. 2008, *Bull. civ.* IV, n° 18.

pénétrer dans les lieux. Il peut aussi utiliser les solutions processuelles de droit commun, dont l'expertise *in futurum* de l'article 145 CPC. Pour chacun des titres de propriété intellectuelle, les juridictions peuvent ordonner d'office, ou à la demande des personnes ayant qualité à agir en contrefaçon, toutes les mesures d'instruction légalement admissibles, peu importe qu'une saisie-contrefaçon ait été préalablement ordonnée. Toutefois, la preuve de la contrefaçon peut être difficile à rapporter et, surtout, la preuve de l'ampleur des actes accomplis est impossible à établir sans avoir accès aux documents du contrefacteur. La saisie-contrefaçon met à disposition du propriétaire de biens intellectuels une voie de droit lui permettant de recueillir, avant l'action au fond, les éléments de preuves nécessaires au succès de son action. C'est une option pour le propriétaire, libre à lui de l'utiliser, qui ne préjuge en rien de l'action au fond.

1302. Les articles L. 332-1, L. 343-1, L. 521-4, L. 615-5, L. 623-27-1 et L. 716-7 C. propr. intell. retiennent des dispositions identiques ; l'article L. 332-4 C. propr. intell. impose une procédure similaire sans pour autant reprendre les termes adoptés en droit des brevets ou droit des marques. Affirmant que la contrefaçon se prouve par tous moyens, ils mettent à la disposition de toute personne ayant qualité pour agir en contrefaçon la possibilité de faire procéder en tout lieu, en vertu d'une ordonnance rendue sur requête par la juridiction civile compétente, soit à la description détaillée, avec ou sans prélèvement d'échantillons, soit à la saisie réelle des produits ou procédés prétendus contrefaisants ainsi que de tout document s'y rapportant. L'ordonnance sur requête est délivrée sans débat contradictoire, ce qui confère à cette procédure un effet de surprise[57].

La saisie-contrefaçon prend plusieurs formes. D'une part, elle peut être limitée à une description détaillée des éléments incorporant le bien intellectuel contrefait, par exemple un procédé de fabrication. Cette saisie *a minima* peut être enrichie par des prélèvements d'échantillons permettant d'effectuer des tests et de renforcer la matérialité de la preuve de la contrefaçon. D'autre part, la saisie-contrefaçon peut être une saisie réelle de l'ensemble des produits ou du procédé de fabrication utilisé par le prétendu contrefacteur. Dans le cadre de cette saisie, il est possible de procéder à une description des conditions de production pour pouvoir renforcer l'appareil probatoire.

Dans les deux cas, il est possible de procéder, durant la saisie des biens intellectuels, à la saisie des documents (des copies) comptables[58], financiers, techniques ou commerciaux ayant un lien avec la contrefaçon pour enrichir les éléments de preuve, et en particulier établir la masse contrefaisante et calculer les dommages et intérêts dus. La juridiction peut ordonner, aux mêmes fins probatoires, la saisie réelle des matériels et instruments utilisés pour fabriquer ou distribuer les produits ou pour mettre en œuvre les procédés prétendus contrefaisants. Cette dernière est particulièrement efficace pour mettre fin à la contrefaçon, elle prive l'entreprise visée de son outil de production. Cet effet va

57. Cf. P. de Candé et J. Blanchard, « De la saisie-contrefaçon et des requêtes », *CCE* 2010, prat. 5 ; J. Blanchard, « De la saisie contrefaçon et des requêtes », *CCE* 2011, prat. 10 ; P. de Candé et J. Blanchard, « De la saisie-contrefaçon et des requêtes », *CCE* 2012, prat. 12.

58. À propos de la saisie de pièces comptables, Cass. civ. 1re, 11 déc. 2013, n° 12-14030, *Prop. Indust.* 2014, comm. 35, obs. P. Greffe.

au-delà de ce qu'autorise le texte puisque la saisie ne peut être justifiée qu'à des fins probatoires. Il est nécessaire de rapporter la preuve de l'intérêt probatoire d'une telle mesure pour que le juge en accepte le principe dans son ordonnance.

1303. Pour le droit d'auteur et les droits voisins, la procédure de l'ordonnance sur requête est la même ; toutefois, le législateur vise plus précisément les actes pouvant être ordonnés par ce biais. L'ordonnance peut imposer la suspension de toute fabrication en cours tendant à la reproduction illicite d'un bien intellectuel ou à la réalisation d'une atteinte aux mesures techniques de protection. Elle peut prévoir la saisie, quels que soient le jour et l'heure, des exemplaires constituant une reproduction illicite du bien intellectuel, déjà fabriqués ou en cours de fabrication, ou des exemplaires, produits, appareils, dispositifs, composants ou moyens, fabriqués ou en cours de fabrication, portant atteinte aux mesures techniques de protection, et des exemplaires illicitement utilisés. Point précieux et original, malheureusement limité au droit d'auteur et aux droits voisins, l'ordonnance de saisie-contrefaçon peut ordonner la saisie des recettes réalisées par toute exploitation illicite. Comme pour les autres régimes de propriété intellectuelle, elle peut prévoir la saisie réelle des matériels et instruments utilisés pour produire ou distribuer illicitement les biens intellectuels, ainsi que de tout document s'y rapportant. Le droit d'auteur et les droits voisins apparaissent plus ouverts à la saisie réelle.

1304. Saisie des stocks, des pièces comptables et commerciales, de l'outil de production, ces actes sont d'autant plus forts qu'ils interviennent sans débat contradictoire préalable. Sur la base des éléments de preuve présentés dans la requête, le juge délivre une ordonnance portant indéniablement atteinte à la propriété de la personne visée. Face aux risques attachés à la procédure, il peut subordonner l'exécution des mesures arrêtées par l'ordonnance à la constitution par le demandeur de garanties destinées à assurer l'indemnisation éventuelle du défendeur si l'action en contrefaçon est ultérieurement jugée non fondée ou la saisie annulée. Ces garanties assurent un équilibre entre les parties, elles imposent au demandeur de mesurer ses demandes au regard de ses risques. Le président du tribunal peut, dans le même esprit, à la demande de la partie saisie agissant sans délai et justifiant d'un intérêt légitime, prendre des mesures pour préserver la confidentialité de certains éléments saisis.

1305. La saisie est opérée par un huissier[59], assisté d'experts désignés par le demandeur dans sa requête. Les experts apportent à l'huissier les éclairages nécessaires pour qu'il puisse mener à bien sa mission. Il s'agit de spécialistes des objets saisis, un conseil en propriété industrielle[60] notamment, qui assistent l'huissier dans l'instrumentalisation de l'ordonnance. Ce peut être aussi un comptable, un informaticien, un serrurier, et, si nécessaire, des forces de l'ordre.

59. Ce dernier doit être identifié dans le PV de saisie : Cass. civ. 1re, 31 oct. 2012, *Prop. Intell.* 2013, n° 46, p. 78, obs. A. Lucas ; *CCE* 2013, chron. 8, n° 11, obs. A.-E. Kahn.

60. Sur l'indépendance du Conseil en propriété industrielle conseillé habituel du saisissant, Cass. com., 8 mars 2005, *Bull. civ.* IV, n° 53 ; *PIBD* 2005, n° 809, III-340.

L'huissier procède à toute constatation utile en vue d'établir l'origine, la consistance et l'étendue de la contrefaçon[61]. Il n'effectue la saisie que dans les lieux et aux moments visés par l'ordonnance, et doit, à peine de nullité, remettre à la personne saisie une copie de l'ordonnance et, le cas échéant, de l'acte constatant la constitution d'une garantie par le saisissant. Il doit laisser une copie de procès-verbal de saisie (art. R. 716-3 C. propr. intell.).

1306. L'ordonnance est délivrée par le président du TGI dans le ressort duquel la saisie doit être diligentée pour les brevets et certificats d'obtention végétale (art. R. 615-2 et R. 623-51 C. propr. intell.), et pour les marques et les modèles, par le président du tribunal compétent pour connaître du fond (art. R 521-4 art. R. 716-2 C. propr. intell.)[62]. Cette divergence de solution est une imperfection de la transposition de la directive unifiant la procédure[63]. En droit d'auteur, l'ordonnance est délivrée par le président du TGI dans le ressort duquel doit être réalisée la mesure sollicitée[64].

1307. Une fois la saisie réalisée, le saisissant dispose d'un délai de vingt jours ouvrables ou trente et un jours civils pour agir au fond. À défaut pour le demandeur de s'être pourvu au fond, par une voie civile ou pénale, l'intégralité de la saisie, y compris la description, est annulée à la demande du saisi, sans que celui-ci ait à motiver sa demande et sans préjudice des dommages et intérêts qui peuvent être réclamés. L'annulation n'est pas automatique, il appartient au saisi de la demander, sans pour autant avoir à motiver sa demande[65]. Le juge ne peut donc pas relever d'office ce moyen, mais doit lui faire droit dès lors que les conditions objectives sont réunies. La Cour de cassation retient en ce sens que « *aux termes de l'article L. 716-7, alinéa 3, du Code de la propriété intellectuelle, dans sa rédaction applicable en l'espèce, antérieure à la loi n° 2007-1544 du 29 octobre 2007, à défaut pour le requérant de s'être pourvu soit par la voie civile, soit par la voie correctionnelle dans le délai de quinzaine, la saisie est nulle de plein droit, sans préjudice des dommages-intérêts qui peuvent être réclamés* ». Bien que ce texte réserve la nullité à la seule saisie et non pas à la description des produits en cause, la cour d'appel a, au contraire, cru pouvoir retenir que l'annulation prononcée pour défaut d'assignation dans le délai de quinzaine s'étendait également à la description des objets saisis. En statuant ainsi, sans réserver le sort des constatations descriptives de l'huissier, qui n'étaient pas affectées par l'annulation

---

61. Sur les limites du pouvoir d'enquête de l'huissier : Cass. com., 7 juill. 2009, *Bull. civ.* IV, n° 103 « *en l'absence de découverte préalable sur les lieux de la saisie d'objets argués de contrefaçon, l'huissier instrumentaire ne pouvait, sans y avoir été expressément et précisément autorisé, produire aux personnes présentes ceux des objets visés par l'ordonnance afin de recueillir leurs déclarations spontanées quant aux actes argués de contrefaçon, de sorte qu'en procédant comme il a fait, l'huissier instrumentaire a excédé les limites de sa mission* » ; dans le même sens, Cass. civ. 1re, 2 avr. 2009, *Bull. civ.* I, n° 73.

62. Voir Cass. com., 14 sept. 2010, *Bull. civ.* IV, n° 137 ; *D.* 2010, p. 2152 ; *D.* 2011, p. 915, obs. S. Durrande : « *Les dispositions de l'article 812, alinéa 3, du code de procédure civile ne s'appliquent qu'aux requêtes déposées au cours de la procédure de première instance. Par application de l'article 958 du même code, le premier président de la cour d'appel est, au cours de l'instance d'appel, seul compétent pour ordonner sur requête une mesure de saisie-contrefaçon* ».

63. Cf. J. Passa, *Traité*, *op. cit.*, n° 448.

64. CA Paris, 28 nov. 2012, n° 2011/09734, *PIBD* 2013, n° 977, III-970.

65. Cass. civ. 1re, 26 mai 2011, *Bull. civ.* I, n° 97 ; *D.* 2011, p. 1554 et p. 1680 sur la caducité d'une assignation.

prononcée en application de l'article L. 716-7 C. propr. intell., elle a violé ces dispositions du C. propr. intell.[66]. La saisie peut aussi être annulée pour violation des conditions de fond de celle-ci[67].

1308. Avant la réforme de 2014, l'article L. 332-2 C. propr. intell. prévoyait qu'à défaut d'action au fond du saisissant, le saisi pouvait demander au président du TGI de prononcer la mainlevée de la saisie ou d'en cantonner les effets[68].

Pour le droit de producteur de base de données, la loi de mars 2014 intègre un délai pour engager une action au fond après des mesures adoptées pour faire cesser une atteinte aux droits d'un producteur de base de données, mais renvoie au pouvoir réglementaire le soin fixer ce délai.

1309. Si l'annulation est prononcée, il n'est plus possible d'invoquer les informations obtenues par le biais de la saisie-contrefaçon lors d'une action au fond, l'ensemble est écarté des débats. Le demandeur peut néanmoins poursuivre son action au fond, la contrefaçon se prouvant par tous moyens. Surtout, l'annulation d'une saisie n'implique par l'interdiction d'en faire pratiquer une nouvelle, légalement admissible, et ainsi réitérer la saisie, sous réserve d'abus, afin de répondre aux canons procéduraux de la matière[69].

§ 2. La demande d'information

1310. Alors que la saisie-contrefaçon fut peu modifiée dans son esprit par la réforme de 2007, le droit d'information est une réelle innovation de cette dernière[70]. Cette procédure nouvelle, autonome de la saisie-contrefaçon, peut être invoquée en complément de cette dernière ou indépendamment de celle-ci. Le régime en est identique pour l'ensemble des titres de propriété intellectuelle (art. L. 331-1-2, L. 343-2, L. 521-5, L. 615-5-2 et L. 716-7-1 C. propr. intell., art. 59 et 67 Accord JUB). Il s'agit de la transposition dans le droit interne de dispositions de la directive de 2004/48 inspirées des articles 43, 44 et 47 des accords ADPIC.

1311. Si la demande lui est faite, la juridiction saisie d'une action civile en contrefaçon « *peut ordonner, au besoin sous astreinte, afin de déterminer l'origine et les réseaux de distribution des marchandises et services qui portent atteinte aux droits du demandeur, la production de tous documents ou informations détenus par le défendeur ou par toute personne qui a été trouvée en possession de telles marchandises ou fournissant de tels services ou a été signalée comme intervenant dans la production, la fabrication ou la distribution de ces marchandises ou la*

66. Cass. com., 7 juin 2011, *Bull. civ.* IV, n° 93 ; *D.* 2011, p. 1679.

67. Sur la nullité d'un acte de saisie, Cass. civ. 2e, 6 déc. 2007, n° 06-15178 et 07-13964, *Bull. civ.* II, n° 263.

68. Cass. civ. 1re, 6 mai 2010, *Bull. civ.* I, n° 104 ; *JCP* G 2010, note 814, p. 1506, Ch. Hugon ; Cass. civ. 1re, 26 mai 2011, n° 10-14495 sur le délai de saisine au fond.

69. Cass. com., 8 avr. 2008, *PIBD* 2008, n° 882, III-559.

70. Y. Bizollon, « Exploiter les avancées de la loi sur la lutte contre la contrefaçon », *Approches stratégiques de la propriété industrielle*, LexisNexis, 2011, coll. IRPI, t. 38, p. 45.

fourniture de ces services ». Ce droit d'information permet au titulaire du bien intellectuel contrefait d'obtenir des informations sur les conditions de distribution par le contrefacteur de son bien, de connaître la consistance et l'étendue de la contrefaçon pour mieux évaluer la masse contrefaisante et lutter contre les canaux de diffusion. Perçue parfois comme l'obligation de prouver contre soi-même, cette mesure permet de compléter les informations obtenues dans le cadre de la saisie-contrefaçon, voire de s'en passer. Cette transparence, non sans évoquer par certains aspects la procédure de *Discovery* retenue aux États-Unis, est lourde de conséquences, le risque de la preuve reposant sur celui qui doit collaborer.

1312. Afin de préserver le secret des affaires, il est retenu que la production de documents ou d'informations ne peut être ordonnée que s'il n'existe pas d'empêchement légitime. Il appartiendra au juge d'apprécier ces empêchements. Les documents ou informations communicables sont limitativement cités par le législateur. Il s'agit, d'une part, des nom et adresse des producteurs, fabricants, distributeurs, fournisseurs et autres détenteurs antérieurs des marchandises ou services, ainsi que des grossistes destinataires et des détaillants. Il ajoute, d'autre part, les quantités produites, commercialisées, livrées, reçues ou commandées, ainsi que le prix obtenu pour les marchandises ou services en cause. La première série d'informations porte sur le réseau de production-distribution de la contrefaçon, elle est un outil qui permettra d'étendre l'action en contrefaçon. La seconde série vise la détermination de la masse contrefaisante, afin de permettre à la victime de déterminer sa demande en réparation.

La CJ[71] a retenu que les directives 2000/31, relative à certains aspects juridiques des services de la société de l'information, et notamment du commerce électronique, dans le marché intérieur, 2001/29 sur l'harmonisation de certains aspects du droit d'auteur et des droits voisins dans la société de l'information, 2004/48 relative au respect des droits de propriété intellectuelle, et 2002/58 concernant le traitement des données à caractère personnel et la protection de la vie privée dans le secteur des communications électroniques, n'imposent pas aux États membres de prévoir l'obligation de communiquer des données à caractère personnel en vue d'assurer la protection effective du droit d'auteur dans le cadre d'une procédure civile. Cette solution peut sans aucun doute être étendue à l'ensemble de la propriété intellectuelle. Toutefois, le droit européen exige des États membres, lors de la transposition de ces directives, qu'ils veillent à se fonder sur une interprétation de celles-ci permettant d'assurer un juste équilibre entre les différents droits fondamentaux protégés par l'ordre juridique de l'UE. Le respect de la vie privée fut abordé de façon similaire par le Conseil constitutionnel à l'occasion de la décision *HADOPI 1*[72], la définition du point d'équilibre étant une opération délicate. Lors de la mise en œuvre des mesures de transposition des directives, il incombe aux autorités et aux juridictions des États membres non seulement d'interpréter leur droit national d'une manière conforme à ces mêmes directives, mais également de ne pas se fonder sur une interprétation de celles-ci qui entrerait en conflit avec les droits fondamentaux ou avec les autres principes généraux du droit de l'UE, tels que le principe de proportionnalité.

71. CJCE, 29 janv. 2008, aff. C-275/06, *Promusicae*, *Rec.* I-271.
72. Conseil. const., Décision 2009-580 DC du 10 juin 2009, *JORF* 13 juin 2009, p. 9675.

1313. La procédure attachée à la demande d'information soulève quelques difficultés de compétence. À quel stade de la procédure peut-on l'utiliser ? Le débat porte principalement sur le point de savoir si le juge de la mise en état peut prononcer ces mesures. La jurisprudence et la doctrine hésitent, il semble toutefois que rien ne puisse conduire à écarter la compétence de ce dernier. Il est rationnel que ces informations soient obtenues avant la fixation de la demande en réparation, le juge de la mise en état étant un organe de la juridiction civile saisie. La Cour de cassation[73] soutient cette interprétation et déclare que « *les dispositions de l'article L. 716-7-1 du Code de la propriété intellectuelle permettent au juge de la mise en état d'ordonner les mesures qu'il prévoit, avant toute décision sur la matérialité de la contrefaçon* ». La juridiction saisie au fond d'une action en contrefaçon peut, au terme d'une procédure contradictoire, ordonner au défendeur de produire des informations et éléments, de nature commerciale ou comptable, susceptibles de permettre au propriétaire du bien intellectuel, qui a rapporté par ailleurs la preuve de la contrefaçon alléguée, de déterminer l'origine et l'étendue de la contrefaçon et de parfaire ses demandes[74]. Cette interprétation s'applique naturellement à l'ensemble du contentieux de la contrefaçon, le texte étant le même pour chaque titre de propriété intellectuelle. La question se pose aussi pour la compétence du juge des référés. Là encore, il faut retenir la compétence de ce dernier, sans que cette procédure écarte la procédure de l'article 145 CPC. Cette solution a été confirmée par le législateur à l'occasion de la loi du 14 mars 2014.

§ 3. L'interdiction d'exploitation

1314. Transposant les dispositions de l'article 9 de la directive 2004/48, adoptées en raison des dispositions de l'article 50 des accords ADPIC, le Code de la propriété intellectuelle propose pour la plupart des régimes de propriété intellectuelle (art. L. 521-6, L. 615-3, L. 622-7, L. 623-27, L. 716-6[75] et L. 722-3 C. propr. intell., Accord JUB, art. 62) une procédure permettant d'obtenir du juge, saisi en référé ou sur requête, des mesures provisoires pour l'interdiction d'actes de contrefaçon[76]. En droit d'auteur et en droits voisins, cette interdiction provisoire est attachée à la procédure de saisie-contrefaçon, article L. 332-1 C. propr. intell., on ne revient pas sur celle-ci[77].

L'interdiction d'exploitation répond à une procédure *ad hoc*, elle existait de façon similaire avant la réforme de 2007, mais sa mise en œuvre était aléatoire. Il faut revenir sur les pouvoirs accordés au juge pour prévenir la contrefaçon, avant de s'arrêter sur les obligations pesant sur le propriétaire qui engage une telle action.

73. Cass. com., 13 déc. 2011, nº 10-28088, *D.* 2012, 90 ; *CCE* 2012, comm. 14, obs. C. Caron.
74. Cass. com., 8 oct. 2013, nº 12-23349, *Bull. civ.* I, à paraître ; *JCP* E 2013, act. 782.
75. Cass. com., 18 mai 2010, *Bull. civ.* IV, nº 91 ; *D.* 2010, p. 1415.
76. Voir J.-C. Guerrini, « Les mesures d'interdiction provisoires en droit de la propriété industrielle », *CCE* 2011, prat. 4 ; J.-C. Galloux, « Quelques précisions relatives aux mesures provisoires en matière de contrefaçon », *Prop. Indust.* 2013, Étude 3 ; B. May et M. Liens, « Brevets pharmaceutiques : approche pratique du contentieux des mesures d'interdiction provisoire », *Prop. indust.* 2014, Étude 16.
77. Voir *supra* nº 1313.

A Le pouvoir du juge

1315. L'interdiction provisoire est une procédure avant dire droit qui n'emporte pas de débat au fond sur la validité du titre de propriété intellectuelle. Elle se fonde sur des évidences tant pour la qualité du bien intellectuel que pour les actes de contrefaçon visés. Il est nécessaire de retenir sur le terrain probatoire le caractère central de cette notion, à défaut d'évidence, il n'est pas possible de prononcer de telles mesures, même si grâce au mécanisme de garanties, le domaine de l'évidence peut être étendu[78]. La demande doit notamment être écartée lorsque la validité du titre est douteuse, ce qu'a retenu la Cour de cassation pour une marque dont le caractère distinctif était fortement discutable, et le risque de confusion hypothétique[79].

Toute personne ayant qualité pour agir en contrefaçon[80], ce qui est une première condition à vérifier pour le juge, peut saisir en référé la juridiction civile compétente. Il faut la déterminer en fonction du titre de propriété, afin de voir ordonner, au besoin sous astreinte, à l'encontre du prétendu contrefacteur, ou des intermédiaires dont il utilise les services, toute mesure destinée à prévenir une atteinte imminente aux droits de propriété ou à empêcher la poursuite d'actes de contrefaçon.

La portée de ces mesures provisoires d'interdiction est double, non seulement il est possible de faire cesser un dommage en cours mais il est aussi possible de recourir à cette procédure pour anticiper une atteinte à un bien intellectuel. Pour fonder sa demande, le requérant doit, à partir d'éléments raisonnablement accessibles, démontrer que l'atteinte à son bien intellectuel est vraisemblable ou imminente. Une atteinte future mais dont il ne fait aucun doute qu'elle surviendra suffit pour obtenir la mise en œuvre de ces mesures provisoires. Le juge ne contrôle pas, à ce stade, la validité du titre de propriété qui fonde l'action.

1316. Deux voies procédurales sont ouvertes à la personne ayant qualité à agir en contrefaçon pour obtenir de telles mesures. Soit, elle agit suivant une procédure contradictoire de référé, procédure de droit commun suivant les articles 484 à 492 CPC. Soit, elle opte pour une procédure d'ordonnance sur requête sans présence d'un contradicteur suivant la procédure de l'article 812 CPC. Cette dernière procédure, strictement exceptionnelle, n'est ouverte qu'en présence d'un préjudice qui serait, à défaut, irréparable, notamment lorsque tout retard serait de nature à causer un préjudice irréparable au demandeur[81]. Il en va de même lorsque le contradicteur serait à même de permettre au contrefacteur de faire disparaître tout ou partie des outils de contrefaçon[82].

1317. Dans le cadre de cette procédure, le juge peut interdire la poursuivre des actes dénoncés. De façon plus mesurée, il peut subordonner la poursuite de

78. Il ne faut toutefois pas compenser l'incertitude du titre de propriété par la constitution d'une garantie, en ce sens, J. Passa, Traité, *op. cit.*, n° 458.

79. Cass. com., 26 févr. 2008, n° 06-13330.

80. Voir *supra* n° 1294.

81. Sur ces conditions, Cass. com., 6 mai 2014, n° 13-11976, *Bull. civ.* IV, à paraître: la juridiction civile peut ordonner toutes mesures urgentes sur requête lorsque les circonstances exigent que ces mesures ne soient pas prises contradictoirement et qu'il en est ainsi, notamment, lorsque tout retard serait de nature à causer un préjudice irréparable au demandeur ; les conditions posées par ce texte se distinguent de celles de la procédure sur requête du droit commun en ce que l'urgence peut à elle seule justifier l'absence de contradiction.

82. CA Paris, 22 oct. 2008, RG n° 08/09002.

l'activité en cause à la constitution de garanties destinées à assurer l'indemnisation éventuelle du demandeur. Les intérêts des parties sont préservés, sans anticiper la solution au fond. Il peut ordonner la saisie ou la remise entre les mains d'un tiers des produits soupçonnés de porter atteinte aux droits de propriété, pour empêcher leur introduction ou leur circulation dans les circuits commerciaux. Si le demandeur rapporte la preuve de circonstances de nature à compromettre le recouvrement des dommages et intérêts, le juge peut ordonner la saisie conservatoire des biens mobiliers et immobiliers du contrefacteur, y compris le blocage de ses comptes bancaires et autres avoirs. Cette procédure de saisie s'effectue conformément au droit commun, le juge détermine les biens susceptibles de faire l'objet de la saisie, en ordonnant la communication des documents bancaires, financiers, comptables ou commerciaux ou tout document lui donnant accès aux informations pertinentes. Enfin, le juge peut dès cette étape de la procédure, avant de trancher au fond le conflit, accorder au demandeur une provision lorsque l'existence de son préjudice n'est pas sérieusement contestable. Le caractère sérieusement contestable ou non de la contrefaçon – l'évidence – sera à déterminer cette fois au regard du caractère contestable ou non du titre de propriété qui justifie l'action[83].

B Les contraintes de l'action

1318. Le législateur met en place un double garde-fou à cette procédure d'urgence, pesant sur le titulaire de l'action, afin de préserver les intérêts du saisi. Il peut avoir à constituer une garantie et doit agir au fond dans un délai limité.

Pour ce qui est de la garantie, que la procédure retenue soit celle de la saisie en référé ou de la requête, le juge peut subordonner l'exécution des mesures qu'il ordonne à la constitution par le demandeur de garanties destinées à assurer l'indemnisation éventuelle du défendeur si l'action en contrefaçon est ultérieurement jugée non fondée ou les mesures annulées.

Pour ce qui est des garanties procédurales, lorsque les mesures prises pour faire cesser une atteinte aux droits de propriété sont ordonnées avant l'engagement d'une action au fond, le demandeur doit se pourvoir au fond, par la voie civile ou pénale, dans un délai de vingt jours ouvrables ou de trente et un jours civils si ce délai est plus long, à compter de la date de l'ordonnance. À défaut, sur demande du saisi et sans que celui-ci ait à motiver sa demande, les mesures ordonnées sont annulées, sans préjudice des dommages et intérêts qui peuvent être réclamés. Le juge ne peut relever d'office ce moyen mais ne peut pas non plus exercer un contrôle d'opportunité.

§ 4. La procédure au fond

1319. Les règles de procédures applicables au contentieux de la contrefaçon sont celles du droit commun du contentieux civil, sous réserve des questions de compétence. La tendance législative est à concentrer le contentieux de la

83. CA Paris, 16 janv. 2009, RG n° 08/12281.

propriété intellectuelle vers des juridictions spécialisées. Il faut distinguer le cas des titres nationaux et celui des titres unionistes. L'un des points clés de cette procédure, souvent négligé par les parties, et qui a conduit à de cuisantes mais justifiées désillusions dans le cadre de procédures pénales est qu'il faut que le bien intellectuel auquel une atteinte serait portée soit parfaitement identifié. La Cour de cassation[84] a d'ailleurs rappelé cet impératif. Une société, invoquant un droit de propriété sur vingt modèles de bijoux et soutenant que les produits commercialisés par une société tiers reproduisaient servilement les caractéristiques de ses propres modèles a, après l'établissement de divers procès-verbaux de saisie-contrefaçon et de constat, fait assigner le tiers contrefacteur et un magasin proposant les bijoux à la vente en contrefaçon et en concurrence déloyale. La procédure engagée, certainement sur de bon fondements fut cependant un échec, l'assignation fut annulée. La Cour de cassation relève que l'assignation renvoyait simplement aux photographies annexées des modèles opposés et que les juges du fond ont souverainement estimé que la seule lecture de la liste des pièces jointes ne permettait pas de déterminer la nature et le nombre des articles incriminés. Ces constats établis, la cour d'appel a pu justement retenir, d'une part, que les caractéristiques de chacun des modèles revendiqués au titre du droit d'auteur n'étaient pas définies et, d'autre part, que les modèles argués de contrefaçon n'étaient ni décrits ni même identifiés. Dès lors, le propriétaire des biens intellectuels a failli dans l'exposé des moyens relatifs à la propriétaire dont il sollicitait le bénéfice et aux agissements qu'il incriminait pour rechercher la responsabilité des sociétés défenderesses au titre d'actes de contrefaçon.

A La compétence pour le contentieux national

1320. L'action en contrefaçon est portée devant un TGI, pour tous les titres de propriété intellectuelle. Cette compétence d'attribution intègre les questions connexes de concurrence déloyale attachées à la cause[85]. La compétence matérielle est définie par l'article L. 211-10 du Code de l'organisation judiciaire. Cette compétence d'attribution s'applique dans le cas des conflits entre employeur et salarié, contrairement à la jurisprudence antérieure[86], et même lors d'une action engagée contre une personne publique[87], la juridiction administrative conserverait, en revanche une compétence dans le cadre du contentieux des agents publics[88]. On peut ajouter, en droit d'auteur, que le Conseil d'État[89] a retenu que le Conseil supérieur de l'audiovisuel est compétent pour sanctionner une atteinte au droit d'auteur perpétrée par une chaîne de télévision,

84. Cass. civ. 1re, 5 avr. 2012, *Bull. civ.* I, n° 83.
85. Art. L. 331-1 ; art. L 521-3-1 ; art. L. 615-17 ; art. L. 623-31 ; art. L. 716-3 C. Prop. Intell.
86. Cass. soc., 21 mai 2008, *CCE* 2008, comm. 86, note C. Caron.
87. Trib. conflits, 2 mai 2011, N° C3770 : « *le législateur a entendu, par dérogation aux principes gouvernant la responsabilité des personnes publiques, faire relever de la compétence des tribunaux de l'ordre judiciaire la recherche de la responsabilité des personnes morales de droit public en raison d'une contrefaçon* ». Dans le même sens, Trib. conflits, 7 juill. 2014, n° 3954 et 3955, pour apprécier une contrefaçon commise par un établissement public.
88. Voir *supra* n° 95 et s., 493 et s.
89. CE, 4e et 5e ss-sect. réunies, 2 déc. 2009, n° 302020, publié au *Lebon* ; *CCE* 2010, comm. 23, note C. Caron.

sur le fondement de ses missions statutaires et des conventions passées avec les opérateurs audiovisuels. Il s'agit d'une compétence concurrente à celle du TGI et soumise à une procédure spécifique de saisie et de sanctions, teintée de droit administratif[90]. Le Conseil d'État qui retient que « *si les articles L. 332-1 à L. 332-4 du Code de la propriété intellectuelle (C. propr. intell.) donnent compétence exclusive au président du tribunal de grande instance pour statuer sur les saisies et autres mesures conservatoires prévues à l'article L. 332-1 de ce code, lorsque l'action au fond ressortit à la compétence de la juridiction administrative, il n'appartient qu'à celle-ci, après qu'elle a statué au fond, de statuer également sur les conclusions à fin d'injonction tendant à ce que l'administration ne réitère pas ou ne prolonge pas le préjudice dont elle est à l'origine* »[91].

1321. Le tribunal territorialement compétent, en revanche, varie selon les titres en cause, une harmonisation aurait pu être la bienvenue à ce stade, le contentieux n'étant pas plus ou moins complexe selon les titres de propriété.

Pour le droit d'auteur, les droits voisins, le droit de producteur de base de données (art. D. 331-1-1 C. propr. intell.), les modèles, les indications géographiques et les marques, les juridictions compétentes sont désignées par l'article D. 211-6-1 COJ[92]. Neuf tribunaux sont compétents (Bordeaux, Lille, Lyon, Marseille, Nanterre, Nancy, Paris, Rennes et Fort-de-France), chacun ayant un ressort particulier.

1322. Pour le droit des brevets, en présence d'un brevet strictement national, issu d'une procédure INPI, les certificats d'utilité, les certificats complémentaires de protection et les topographies de semi-conducteurs (art. D. 631-2 C. propr. intell.), l'article D. 211-6 COJ désigne exclusivement le TGI de Paris. Il en va de même, suivant l'article L. 615-18, pour les actions en fixation d'indemnités intentées en application des articles L. 612-10, L. 613-17, L. 613-19 et L. 613-20, soit les utilisations militaires et les licences administratives. En revanche, la Cour de cassation retient que « *le tribunal de commerce est compétent pour connaître d'une action indemnitaire fondée sur la violation d'une clause de non-divulgation d'un savoir-faire, alors même que ce savoir-faire permettrait la mise en œuvre d'un procédé breveté, dès lors qu'aucune contrefaçon du brevet n'est incriminée* »[93].

Pour les obtentions végétales (art. D. 631-1 C. propr. intell.), les règles de compétence sont arrêtées par l'article D. 211-5 COJ, modifié en 2013 par décret[94]

90. Cette compétence était déjà avancée par le Tribunal des conflits, arrêt du 15 oct. 1973, *JCP* 1974, II-17663, concl. Braibant et note Françon ; dans le même sens, T. confl., 6 janv. 1975, *RTD com.* 1975.846, obs. Desbois ; T. confl., 1er mars 1993, *RIDA* juill. 93 p. 308. Cass. civ. 1re, 19 févr. 1975, *D.* 1975, J. 534 note Françon ; Cass. civ. 1re, 18 nov. 1997, *D. Aff.* 1998, p. 117.

91. CE, 10e et 9e ss-sect. réunies, 27 avr. 2011, *D.* 2011, p. 1945. Voir aussi, aux marges du droit d'auteur, à propos d'un contentieux de diffamation autour d'une publication d'un enseignant-chercheur, Cass. civ. 1re, 23 févr. 2011, *D.* 2011, p. 1386.

92. Voir la modification apportée par loi n° 2011-1862, 13 déc. 2011 relative à la répartition des contentieux et à l'allègement de certaines procédures juridictionnelles, Chapitre V : Spécialisation des tribunaux de grande instance en matière de propriété intellectuelle, *JORF* n° 0289, 14 déc. 2011, p. 21105.

93. Cass. com., 7 juin 2011, *Bull. civ.* IV, n° 95.

94. Décret n° 2013-1, 2 janv. 2013, relatif aux tribunaux de grande instance spécialisés dans les actions relatives aux obtentions végétales, *JORF* n° 0002, 3 janv. 2013, p. 315.

qui désigne sept tribunaux : Marseille, Bordeaux, Strasbourg, Lille, Limoge, Lyon, Nancy, Paris, Rennes, et Toulouse. La désignation d'un seul tribunal eût été une bonne solution, au regard de la spécificité et de la rareté du contentieux. La différence de traitement avec les brevets est irrationnelle.

L'appel est interjeté devant la cour d'appel à laquelle ces tribunaux sont rattachés.

B La compétence pour le contentieux des titres de propriété de l'Union européenne

1323. Les titres européens imposent que chaque État membre désigne une juridiction nationale ayant qualité pour trancher les litiges portant sur les titres européens de propriété intellectuelle. Le juge tranche sur la base du droit européen applicable en tant que juge de l'UE. Pour la marque européenne (art. L. 717-4 et R. 717-11 C. propr. intell.), comme pour le modèle européen (art. L. 522-2 et R. 522-1 C. propr. intell.), le TGI de Paris est le seul compétent[95]. Pour les obtentions végétales européennes, l'article 101 du règlement 2100/94 renvoie aux dispositions du droit national applicables pour la procédure et les juridictions compétentes, on applique les dispositions de l'article D. 211-5 COJ, comme pour le titre national.

C Compétence pour le brevet national issu de l'OEB et le BU

1324. Les mécanismes de compétence sont sensiblement modifiés par les effets de l'Accord JUB, dès lors que ce dernier entrera en vigueur, et sous réserve des éventuelles mesures transitoires retenues par les États. L'Accord JUB institue une nouvelle juridiction, et donc une nouvelle procédure. Il crée la juridiction unifiée du brevet en charge du règlement des litiges liés aux brevets nationaux issus d'une procédure de délivrance OEB, aux BU, et aux CCP visant un produit protégé par ces brevets. Cette juridiction est commune aux États contractants, elle doit trouver sa place entre les dispositions de droit local, les règles du droit international et les obligations du droit de l'UE qui incombent à toute juridiction nationale. La JUB devra appliquer le droit de l'UE et respecter sa primauté. En tant que juridiction commune aux États membres contractants et dans la mesure où elle fait partie de leur système judiciaire, la JUB coopérera avec la CJ pour garantir la bonne application et l'interprétation uniforme du droit de l'UE. Les décisions de la CJ seront contraignantes pour la JUB.

La compétence internationale de la JUB devra être établie suivant le règlement 1215/2012 ou, le cas échéant, au regard de la Convention de Lugano concernant la compétence judiciaire, la reconnaissance et l'exécution des décisions en matière civile et commerciale.

95. Voir A. Marcadé, « La marque communautaire devant le juge français », *Prop. Indust.* 2010, Étude 12.

1. Organisation de la juridiction

1325. La JUB s'organise autour d'un tribunal de première instance, une cour d'appel, située au Luxembourg, et un greffe.

Le tribunal de première instance comprend une division centrale et des divisions locales et régionales. La division centrale a son siège à Paris, ainsi que des sections à Londres et à Munich, chacune ayant une compétence technique déterminée. En parallèle, chaque État membre peut demander l'installation sur son territoire d'une division locale.

Le tribunal est organisé en chambres. Elles ont une composition multinationale, et siègent en formation de trois juges (deux juges juristes et un juge technique). Cette collégialité peut être aménagée devant les divisions locales pour un fonctionnement à deux juges. La cour d'appel est aussi organisée en chambres siégeant en formation multinationale de cinq juges. Elles comprennent trois juges qualifiés sur le plan juridique, ressortissants de différents États membres, et deux juges qualifiés sur le plan technique ayant des qualifications ainsi qu'une expérience dans le domaine technique concerné. Les règles de nationalité ne sont pas identiques pour les juges juridiques et les juges techniques. La différence de qualification initiale des juges est sans influence sur la nature de la décision rendue et la collégialité de celle-ci. Tous disposent des mêmes prérogatives et des mêmes pouvoirs.

1326. La langue de procédure devant les divisions locales est une langue officielle de l'UE, soit une langue officielle ou l'une des langues officielles de l'État sur le territoire duquel est située la division concernée. Si la division est régionale, la langue de la procédure est la ou les langues officielles désignées par les États membres contractants qui partagent une division régionale.

Toutefois, les États peuvent désigner une ou plusieurs langue(s) officielle(s) de l'OEB comme langue de procédure de leur division locale ou régionale. Ainsi, la division locale polonaise pourrait retenir le polonais et l'anglais ou l'allemand. Il est évident que le plurilinguisme reste fort dans ces hypothèses. De plus, les parties peuvent convenir d'utiliser comme langue de procédure la langue dans laquelle le brevet a été délivré. Ce choix appelle cependant l'approbation de la chambre compétente. Si cette dernière ne l'approuve pas, les parties peuvent demander le renvoi de l'affaire devant la division centrale. L'initiative linguistique peut aussi provenir de la chambre qui, avec l'accord des parties, peut, pour des raisons de commodité et d'équité, décider d'utiliser comme langue de procédure la langue dans laquelle le brevet a été délivré. À défaut d'accord entre les parties, la question de la langue du contentieux pourrait aussi être le premier objet de ce dernier ! En effet, à la demande d'une des parties, et après avoir entendu les autres parties et la chambre compétente, le président du tribunal de première instance peut, pour des raisons d'équité et compte tenu de toutes les circonstances pertinentes, y compris la position des parties, en particulier la position du défendeur, décider d'utiliser comme langue de procédure la langue dans laquelle le brevet a été délivré. Dans ce cas, le président du tribunal de première instance détermine s'il est nécessaire de prendre des dispositions particulières pour la traduction et l'interprétation.

1327. La division centrale connaît un régime linguistique différent. Devant elle, la langue de procédure est la langue dans laquelle le brevet en cause a été délivré. Quant à la cour d'appel, la langue de procédure est celle qui a été utilisée devant le tribunal de première instance. Toutefois, les parties pourront convenir d'utiliser comme langue de procédure la langue dans laquelle le brevet a été délivré. Enfin, dans des cas exceptionnels et dans la mesure où cela est approprié, la cour d'appel pourra décider d'utiliser, pour tout ou partie de la procédure, une autre langue officielle d'un État membre contractant comme langue de procédure, sous réserve de l'accord des parties.

2. Droit applicable et compétences

1328. Pour trancher les affaires dont elle sera saisie, la JUB devra se fonder sur le droit de l'UE, l'accord l'instituant, la CBE, les accords internationaux applicables aux brevets et contraignants à l'égard de tous les États membres contractants ; et les droits nationaux. L'influence de ces derniers ne portera pas sur les conditions de validité du brevet, relevant de la CBE, mais pour les contrats, ou encore le statut des inventeurs salariés.

Dans les cas où la JUB fondera ses décisions sur le droit national, elle devra déterminer le droit applicable de la façon suivante :

— par les dispositions directement applicables du droit de l'UE qui contiennent des règles de droit international privé ; ou

— en l'absence de dispositions directement applicables du droit de l'UE ou si celles-ci ne s'appliquent pas, par les instruments internationaux contenant des règles de droit international privé ; ou

— en l'absence de dispositions visées aux deux points précédents, par les dispositions nationales de droit international privé déterminées par la JUB.

— Il sera donc nécessaire de passer par un mécanisme de droit international privé pour établir la norme applicable au contentieux. La première étape des futurs contentieux devant la JUB sera une étape de conflit de loi, ce qui pourrait allonger le contentieux et augmenter ses coûts. Ces solutions devront aussi être appliquées, le cas échéant, pour déterminer le droit d'États non contractants.

1329. La JUB aura une compétence exclusive large qui, en pratique, exclura pour l'essentiel la compétence des juridictions nationales. La JUB a une compétence d'attribution, ce qui signifie que tout ce qui ne lui est pas explicitement accordé relève des juridictions nationales.

L'accord lui attribue, tant pour le brevet national issu de la procédure OEB que pour le BU, les compétences exclusives suivantes :

— les actions en contrefaçon ou en menace de contrefaçon de brevets et de CCP et les défenses y afférentes, y compris les demandes reconventionnelles concernant les licences ;

— les actions en constatation de non-contrefaçon de brevets et de CCP[96] ;

— les actions visant à obtenir des mesures provisoires et conservatoires et des injonctions[97] ;

96. Sur les actions en non-contestation, voir, n° 1222 et s.
97. Sur ces mesures, voir n° 1245 et s.

— les actions en nullité de brevets et de CCP, les demandes reconventionnelles en nullité de brevets et de CCP[98] ;

— les actions en dommages-intérêts ou en réparation découlant de la protection provisoire conférée par une demande de brevet européen publiée[99] ;

— les actions relatives à l'utilisation de l'invention avant la délivrance du brevet ou au droit fondé sur une utilisation antérieure de l'invention[100] ;

— les actions en réparation concernant les licences accordées sur la base d'une déclaration devant l'OEB[101] (art. 8 règl. 1257/2012) et ;

— les actions concernant les décisions prises par l'OEB dans l'exercice des tâches administratives qui lui sont confiées par l'article 9 du règlement nº 1257/2012.

1330. L'accord organise l'attribution de ces compétences entre les différences composantes de la JUB. Ainsi, en fonction de la nature de l'action engagée, il sera nécessaire de déterminer la division compétente. En cas de contrefaçon ou de menace de contrefaçon, d'action visant à obtenir des mesures provisoires conversatoire ou des injonctions, d'action en réparation d'une atteinte à un brevet ou, enfin, une action tendant à faire respecter un droit de possession personnelle antérieure, l'action devra être portée devant la division locale située sur le territoire de l'État membre contractant où les actes se sont produits ou sont susceptibles de se produire, ou devant la division régionale à laquelle ledit État membre contractant participe. Il sera aussi possible de porter cette action devant la division locale située sur le territoire de l'État membre contractant dans lequel le défendeur ou, s'il y a plusieurs défendeurs, l'un des défendeurs a son domicile ou son principal établissement. Une action ne peut être exercée contre plusieurs défendeurs que si ceux-ci ont un lien commercial et si l'action porte sur la même contrefaçon alléguée.

Les actions contre des défendeurs ayant leur domicile ou leur principal établissement ou, en l'absence de domicile ou de principal établissement, leur établissement en dehors du territoire des États membres contractants seront portées devant la division locale ou régionale du lieu de la contrefaçon ou devant la division centrale. Si aucune division locale ne se trouve sur le territoire de l'État membre contractant concerné et que celui-ci ne participe pas à une division régionale, les actions sont portées devant la division centrale. Les actions en réparation concernant les licences formées sur la base de l'article 8 du règlement nº 1257/2012, les licences délivrées au travers du guichet de l'OEB, sont portées devant la division locale ou régionale située sur le territoire de l'État membre dans lequel le défendeur a son établissement principal ou son domicile.

1331. Si une action en contrefaçon, ou visant à obtenir des mesures provisoires ou conversatoires, des dommages et intérêts, le respect d'une possession personnelle ou une réparation concernant les licences formées sur la base de l'article 8 du règlement nº 1257/2012, est pendante devant une division du tribunal de première instance, aucune action de même nature ne peut être engagée entre les mêmes

98. Voir *supra* nº 604 et s.
99. Voir *infra* nº 1344 et s.
100. Voir *supra* nº 587 et s.
101. Voir *supra* nº 563.

parties au sujet du même brevet devant aucune autre division. Si une action en contrefaçon est pendante devant une division régionale et que la contrefaçon s'est produite sur le territoire d'au moins trois divisions régionales, à la demande du défendeur, la division régionale concernée devra renvoyer l'affaire devant la division centrale. Si une action est engagée entre les mêmes parties au sujet du même brevet devant plusieurs divisions différentes, la division première saisie est compétente pour l'intégralité de l'affaire et toute division saisie ultérieurement déclare l'action irrecevable conformément au règlement de procédure.

Une demande reconventionnelle en nullité peut être introduite dans le cadre d'une action en contrefaçon. Après avoir entendu les parties, la division locale ou régionale concernée a la faculté soit de statuer tant sur l'action en contrefaçon que sur la demande reconventionnelle en nullité et de demander au président du tribunal de première instance l'affectation d'un juge qualifié sur le plan technique issu du *pool* de juges et ayant des qualifications et une expérience dans le domaine technique concerné. La division peut aussi renvoyer la demande reconventionnelle en nullité devant la division centrale pour décision et suspendre l'action en contrefaçon ou statuer sur celle-ci. Enfin, elle peut, avec l'accord des parties, renvoyer l'affaire dans son ensemble devant la division centrale pour décision. Ainsi, la procédure retient toutes les solutions procédurales connues dans les États membres, sans privilégier un modèle, notamment sans imposer la solution allemande de la bifurcation.

Les actions en non-contestation et celles en nullité doivent être portées devant la division centrale. Toutefois, si une action en contrefaçon est engagée entre les mêmes parties au sujet du même brevet devant une division locale ou régionale, les actions en non-contestation comme celles en nullité ne peuvent être portées que devant la même division locale ou régionale. Si une action en nullité est pendante devant la division centrale, une action en contrefaçon peut être engagée entre les mêmes parties au sujet du même brevet devant n'importe quelle division.

Si une action en constatation de non-contrefaçon est pendante devant la division centrale, elle doit être suspendue dès qu'une action en contrefaçon est engagée entre les mêmes parties ou entre le titulaire d'une licence exclusive et la partie demandant la constatation de non-contrefaçon au sujet du même brevet devant une division locale ou régionale dans un délai de trois mois à compter de la date à laquelle l'action a été engagée devant la division centrale.

1332. Les actions en nullité de brevets ou les demandes reconventionnelles en nullité peuvent être engagées sans que le requérant ait à former opposition devant l'OEB. Les actions concernant les décisions prises par l'OEB, dans le cadre des fonctions qui lui sont conférées par l'article 9 du règlement 1257/2012, sont portées devant la division centrale. Les parties informent la JUB de toute procédure de nullité, de limitation ou d'opposition pendante devant l'OEB, ainsi que de toute demande de procédure accélérée présentée auprès de l'OEB. La JUB peut suspendre la procédure lorsqu'une décision rapide peut être attendue de l'OEB.

Les parties peuvent convenir de porter les actions relevant de la compétence de la JUB, à l'exclusion de l'action concernant les décisions de l'OEB, devant la division de leur choix, y compris la division centrale.

Le règlement de procédure fixe les modalités de la procédure devant la JUB.

3. Les personnes ayant qualité et intérêt à agir

1333. Toute personne physique ou morale, ou tout organisme équivalent à une personne morale habilité à engager une procédure conformément à son droit national, a la capacité d'ester devant la JUB. Ainsi, la capacité à ester en justice est arrêtée non pas par les règles de procédures propres à la JUB, mais par le droit national applicable à la personne qui engage l'action. Il sera nécessaire, dans le cadre de ces procédures, de contrôler au préalable cette question de capacité qui marque une certaine extranéité. Il est explicitement précisé, si nécessaire, que le propriétaire d'un brevet est habilité à former une action devant la JUB. Il est aussi indiqué dans l'accord que, sauf si l'accord de licence en dispose autrement, le titulaire d'une licence exclusive sur un brevet est habilité à former une action devant la JUB, dans les mêmes conditions que le propriétaire du brevet, à condition que le titulaire du brevet soit informé au préalable. Cette solution diffère de celle retenue en droit interne qui demande une vaine et préalable mise en demeure du propriétaire du brevet[102].

Le titulaire d'une licence non exclusive peut également former une action devant la JUB, à condition que le propriétaire du brevet soit informé au préalable et que cette capacité soit expressément prévue par l'accord de licence. Le droit interne connaît le mandat pour ce type de situation, l'Accord JUB ne reprend pas cette formule trop marquée au sceau du droit local mais instaure une solution similaire.

Dans le cadre des actions formées par le titulaire d'une licence, le propriétaire du brevet a le droit de se joindre à l'action engagée devant la JUB. De plus, l'action en contrefaçon introduite par le seul licencié, exclusif ou non, ne permettra une contestation de la validité du brevet que si le propriétaire du brevet participe à la procédure. Dès lors, la partie à l'action en contrefaçon qui souhaite contester la validité d'un brevet devra engager une action contre le propriétaire du brevet. Il sera nécessaire de savoir si cela peut se faire en joignant les deux actions.

L'intérêt à agir est reconnu à toute personne, ou tout organisme habilité à engager une action conformément à son droit national, qui est concerné par un brevet. Cette solution très large se rapproche de la solution retenue par l'OEB pour l'action en opposition[103].

4. La conduite de la procédure

1334. La procédure devant la JUB est une procédure accusatoire. C'est l'affaire des parties. Elles peuvent à tout moment, pendant le déroulement de l'instance, mettre fin au litige par la conclusion d'une transaction confirmée par une décision de la JUB. La seule limite à ce pouvoir de transiger est qu'un brevet ne peut être annulé ou limité par voie de transaction.

1335. La procédure devant la JUB comprend une procédure écrite, une procédure de mise en état et une procédure orale. Elle sera établie par le règlement de procédure adopté par la JUB. L'accord ne fixe que des principes généraux de procédure. Ainsi, il est arrêté une règle générale suivant laquelle « *toutes les procédures sont organisées de manière souple et équilibrée* ».

102. Voir *supra* n° 1295.
103. Voir *supra* n° 539 et s.

Dans le cadre de la procédure de mise en état, une fois la procédure écrite terminée et si nécessaire, le juge agissant en tant que rapporteur, dans le cadre d'un mandat reçu du collège plénier, sera chargé de convoquer une audience de mise en état. Ce juge étudiera avec les parties les possibilités de parvenir à un règlement, y compris par la voie de la médiation et/ou de l'arbitrage. Si une procédure orale s'organise, elle doit offrir aux parties l'occasion d'exposer dûment leurs arguments. La juridiction peut, avec l'accord des parties, renoncer à l'audience.

1336. Les décisions sont rendues collégialement, toutefois, dans des circonstances exceptionnelles, tout juge de la chambre peut exprimer un avis dissident séparément de la décision de la juridiction. Il sera nécessaire de connaître ces circonstances. Cette présentation des opinions dissidentes sera une grande innovation pour la culture juridique française.

1337. Toutes les décisions de première instance sont susceptibles d'appel. L'appel n'a pas d'effet suspensif sauf décision contraire de la cour d'appel statuant sur demande motivée de l'une des parties. Toutefois, un appel contre une décision rendue sur des actions en nullité ou des demandes reconventionnelles en nullité a toujours un effet suspensif. Le règlement de procédure garantit qu'une telle décision est rendue sans délai.

Un appel contre une ordonnance rendue par une division n'empêche pas la poursuite de la procédure au principal. Cependant, le tribunal de première instance ne rend pas de décision dans la procédure au principal avant qu'ait été rendue la décision de la cour d'appel concernant l'ordonnance frappée d'appel.

1338. Les décisions de la JUB couvrent, dans le cas d'un brevet européen, le territoire de l'ensemble des États membres contractants pour lesquels le brevet produit ses effets, c'est-à-dire sur le territoire desquels il a fait l'objet d'une validation. L'effet de la division en un faisceau national de titres de propriété est largement éludé. Pour un BU, la décision porte effet sur tout le territoire d'opposabilité du brevet.

Les décisions et ordonnances de la JUB sont exécutoires dans tout État membre contractant. Une formule exécutoire sera apposée à la décision. Au besoin, l'exécution d'une décision peut être subordonnée au dépôt d'une caution ou à la constitution d'une garantie équivalente afin d'assurer l'indemnisation de tout dommage subi, en particulier dans le cas d'injonctions. Enfin, suivant la solution consacrée par la CJUE[104], les procédures d'exécution sont régies par le droit de l'État membre contractant dans lequel l'exécution a lieu. Toute décision de la JUB est exécutée dans les mêmes conditions qu'une décision rendue dans l'État membre contractant dans lequel l'exécution a lieu.

D Compétence internationale[105]

1339. Le principe de territorialité guide la compétence juridictionnelle en droit de la propriété intellectuelle, le tribunal territorialement compétent étant celui du lieu de la contrefaçon ou celui du lieu du domicile du défendeur, suivant le droit

104. Voir *infra* n° 1343.
105. Voir aussi *supra* n° 917 et s.

commun. Toutefois, l'immatérialité des biens intellectuels engendre des situations complexes, l'émergence d'Internet[106] nourrissant la question de la compétence *rationae loci*[107]. La question de la compétence du juge français en cas de contrefaçon sur un site web n'est pas encore pleinement tranchée, la Cour de cassation hésite sur le nécessaire comportement actif ou passif du site Internet à l'égard des internautes français[108], le fait qu'il soit rédigé en français ou non, qu'il propose ou non une livraison en France. La cour d'appel de Paris semble pour sa part refuser la compétence du juge français fondée sur la seule accessibilité au site, elle exige un « lien suffisant, substantiel ou significatif »[109] entre les atteintes perpétrées par le site Internet situé à l'étranger et le dommage allégué en France. La chambre criminelle de la Cour de cassation semble retenir la même exigence[110].

En droit de l'UE, lorsque les parties à un contentieux portant sur un bien intellectuel n'ont pas toutes leur domicile dans le même État membre ou dans l'État membre où les faits délictueux ont été commis, la désignation du juge compétent est assurée par le règlement 44/2001 dit règlement Bruxelles I sur la compétence en matière civile et commerciale[111].

§ 5. Les sanctions civiles

1340. Les sanctions de la contrefaçon ont deux objectifs : faire cesser le trouble (voir Accord JUB, art. 63) et réparer le dommage subi[112]. Le premier objectif est principalement rempli par des mesures d'interdiction et de destruction, le second passe par l'allocation de dommages et intérêts dont l'évaluation prête à difficulté. La mise en œuvre de cette phase de la procédure peut conduire à solliciter le mécanisme du droit d'information[113].

A Les réparations en nature

1341. Une réelle unité règne en la matière en propriété intellectuelle. En cas d'atteinte à un bien intellectuel constatée dans le cadre d'une action en contrefaçon, le juge peut ordonner, à la demande de la partie lésée, que les objets réalisés ou fabriqués portant atteinte aux biens intellectuels soient rappelés des

106. Voir notamment, *Contrefaçon sur Internet – Les enjeux du droit d'auteur sur le web 2.0*, Litec, 2009, coll. IRPI, n° 33.

107. M.-E. Ancel, « Contrefaçon de marque sur un site web : quelle compétence intracommunautaire pour les tribunaux français ? », *Mélanges X. Linant de Bellefonds*, Litec, 2007, p. 1 : J. C. Ginsburg et P. Sirinelli, « Google Book Search – Les enjeux internationaux pour le droit d'auteur », *JPC* G 2010, doct. 486 p. 894 et s.

108. Cass. com., 10 juill. 2007, *JCP* E 2007, 2269, note J. Passa.

109. Notamment, CA Paris, 6 juin 2007, *CCE* 2007, comm. 119, note C. Caron ; M.-E. Ancel, « Liens sponsorisés : pour une compétence raisonnée des tribunaux français », *CCE* 2007, Étude 23.

110. Cass. crim., 9 sept. 2008, *CCE* 2008, comm. 126, note C. Caron, *Prop. Intell.* n° 30, janv. 2009, p. 67 obs. A. Lucas.

111. Sauf disposition spéciale dérogatoire, notamment les art. 97 et 98 RMC, voir *supra* n° 933 et s.

112. C. Roda, *Les conséquences civiles de la contrefaçon des droits de propriété industrielle – Droits français, belge, luxembourgeois, allemand, anglais*, Litec, 2011, coll. CEIPI, t. 50.

113. Voir *supra* n° 1310 et s.

circuits commerciaux, écartés définitivement de ceux-ci, détruits ou confisqués au profit de la partie lésée. Cette action est la plus efficace pour mettre fin à la contrefaçon, elle tente d'en tarir le marché. En pratique, elle est assez vaine tant il est difficile de récupérer les objets mis en circulation. Il appartient au titulaire de l'action en contrefaçon de demander au juge la forme de réparation en nature qu'il souhaite, le juge déterminant ensuite la solution la plus opportune.

1342. Outre la destruction des supports matériels de la contrefaçon, la réparation en nature passe par une information des tiers. Le juge peut ordonner toute mesure appropriée de publicité du jugement, notamment son affichage ou sa publication intégrale ou par extraits dans les journaux ou sur les services de communication au public en ligne. Le jugement doit désigner ces supports de communication et définir les modalités de cette publicité. Cette réparation, si elle ne permet pas de retirer de la circulation des produits contrefaisants, est attractive car elle remplit plusieurs fonctions : elle signale le comportement illicite d'un acteur économique, indique la mobilisation du propriétaire du bien intellectuel à défendre ses biens, et rappelle aux réseaux de distribution que ce dernier agit pour préserver ses membres, enfin sensibilise le grand public. Alors que le rappel des produits est très aléatoire dans sa mise en œuvre, cette publicité ne souffre pas de cette incertitude.

Dans tous les cas, l'ensemble des mesures de réparation prononcées par le juge l'est aux frais de l'auteur de l'atteinte aux droits de propriété intellectuelle.

Le Livre III du Code de la propriété intellectuelle contient une disposition spécifique complémentaire qu'il serait intéressant d'étendre à l'ensemble de la propriété intellectuelle. L'article L. 311-1-4 C. propr. intell. retient que le juge peut ordonner la confiscation de tout ou partie des recettes procurées par la contrefaçon. Les sommes confisquées sont remises à la partie lésée ou à ses ayants droit ; cette sanction pécuniaire déconnectée de l'évaluation du dommage condamne l'intérêt économique de la contrefaçon.

1343. Pour la mise en œuvre des mesures tendant à faire cesser une atteinte à un droit de propriété de l'Union, la CJ, dans un arrêt majeur[114], a retenu une approche courageuse. Elle retient qu'un titre de propriété de l'UE (marque, dessin et modèle ou COV à ce jour) impose qu'en présence d'une contrefaçon, la portée de l'interdiction de poursuivre des actes de contrefaçon ou de menace de contrefaçon, prononcée par un tribunal européen compétent, s'étend, en principe, à l'ensemble du territoire de l'Union européenne. Elle ajoute qu'une « *mesure coercitive, telle une astreinte, ordonnée par un tribunal communautaire en application de son droit national en vue de garantir le respect d'une interdiction de poursuivre des actes de contrefaçon ou de menace de contrefaçon qu'il a prononcée, produit effet dans les États membres autres que celui dont relève ce tribunal, auxquels s'étend la portée territoriale d'une telle interdiction, dans les conditions prévues au chapitre III du règlement (CE)*

114. CJUE, 12 avr. 2011, aff. C-235/09, *DHL Express France*, *Prop. Indust.* 2011, comm. 47 note A. Folliard-Monguiral ; *Europe* 2011, comm. 228, obs. L. Idot ; *Procédures* 2011, comm. 227, obs. C. Nourissat ; *Gaz Pal.* 2011, n° 174 p. 13, note L. Marino ; *Gaz Pal.* 2011, n° 162, p. 39 note C. Smits et J. Ligot ; *D.* 2011, p. 1135 ; *RTD eur.* 2011.847, obs. E. Treppoz. Pour une mise en application, Cass. com., 29 nov. 2011, *Bull. civ.* IV, n° 197 ; *RTD com.* 2012. 106, obs. J. Azéma.

n° 44/2001 du Conseil, du 22 décembre 2000, concernant la compétence judiciaire, la reconnaissance et l'exécution des décisions en matière civile et commerciale, en ce qui concerne la reconnaissance et l'exécution des décisions de justice. Lorsque le droit national de l'un de ces autres États membres ne contient aucune mesure coercitive analogue à celle prononcée par ledit tribunal, l'objectif auquel tend cette dernière devra être poursuivi par le tribunal compétent de cet État membre en recourant aux dispositions pertinentes du droit interne de ce dernier de nature à garantir de manière équivalente le respect de ladite interdiction ». Cette décision rend le titre de propriété de l'UE particulièrement efficace et déduit toutes les conséquences d'un droit de propriété supranational sur le terrain de la protection de la propriété, de la sanction des atteintes qui lui sont portées et de l'application des mesures de justice tendant à protéger cette propriété. On relève qu'une telle solution connaissait une antériorité non européenne pour le titre de propriété du Benelux[115]. La Cour de cassation[116], après l'arrêt de la CJ portant sur sa question préjudicielle, a rendu son arrêt dans l'affaire *DHL* en novembre 2011, un arrêt de cassation dans les termes suivants : « *pour limiter la demande d'interdiction d'usage, sous astreinte, de la marque communautaire Webshipping au seul territoire français, la cour d'appel retient que le prononcé d'une mesure d'interdiction sous astreinte, à l'échelle communautaire, suppose que le tribunal des marques communautaires ait communication des lois nationales prévoyant une mesure comparable et que l'existence d'un risque de confusion entre les signes en présence n'a été appréciée qu'au regard de la perception que pouvaient en avoir les consommateurs français ou parlant français* ». « *En se déterminant ainsi, par des motifs desquels il ne résulte pas que l'existence d'un risque de confusion était limitée au seul territoire français, la cour d'appel a privé sa décision de base légale* ».

B La réparation pécuniaire

1344. L'unité dans l'évaluation des dommages et intérêts est acquise depuis la réforme de 2007[117]. Le législateur propose deux approches pour déterminer la réparation pécuniaire due par le contrefacteur, la transposition en droit interne ne semble toutefois pas conforme à la directive de 2004 qui soumet, article 13 § 1, la réparation pécuniaire au caractère intentionnel de la contrefaçon (voir, art. 64 et 67 Accord JUB). La requête d'une conformité du droit interne au droit de l'UE transposé[118] pourrait contraindre le juge à moduler les conditions d'attribution de réparation pécuniaire[119].

---

115. Cf. C. Roda, thèse, *op. cit.*, n° 131.
116. Cass. com., 29 nov. 2011, *Bull. civ.* IV, n° 197 ; *D.* 2011, 2995.
117. Sur les premières applications de la loi, C. Maréchal, « L'évaluation des dommages-intérêts en matière de contrefaçon », *RTD com.* 2012.245.
118. Cf. C. Zolynski, *Méthode de transposition des directives communautaires – Études à partir de l'exemple du droit d'auteur et des droits voisins*, Dalloz, 2007.
119. Cf. C. Roda, Thèse, *op. cit.*, n° 187 et s. ; Y. Benhamou, *Dommages-intérêts suite à la violation de droits de propriété intellectuelle*, Schulthess/Université de Genève 2013, coll. IP, vol. 5.

Soit la fixation des dommages et intérêts s'effectue en considération des conséquences économiques négatives, dont le manque à gagner, subies par la partie lésée, et des bénéfices réalisés par l'auteur de l'atteinte aux droits de propriété intellectuelle. Cette approche est notamment applicable pour la réparation du préjudice lié à l'atteinte au droit moral du créateur du bien intellectuel. Soit, et là se situe l'innovation majeure de la loi de 2007 en la matière, le juge, à la demande de la partie lésée, peut allouer à titre de dommages et intérêts une somme forfaitaire qui ne peut être inférieure au montant des redevances qui auraient été dues si l'auteur de l'atteinte avait demandé l'autorisation d'utiliser le bien intellectuel auquel il a porté atteinte. Avant l'instauration de cette alternative, il fallait rapporter nécessairement la preuve du préjudice subi pour pouvoir obtenir une réparation en cas de contrefaçon. Si le préjudice n'était pas prouvé, la contrefaçon se limitait au constat d'une atteinte à un bien ; selon les régimes de propriété, les marchés, et les formes de contrefaçon, la preuve du gain manqué ou de la perte subie était ardue, surtout si la partie lésée ne souhaitait pas s'étendre sur le contenu exact de son préjudice afin de conserver aussi secrètes que possible les marges générées par son activité commerciale. La victime de la contrefaçon se trouvait alors confrontée au rapport fondamental du droit entre preuve et existence : *idem est non esse aut non probari*. Pour fixer les dommages et intérêts, la juridiction doit prendre en considération distinctement les conséquences économiques négatives de l'atteinte aux droits, dont le manque à gagner et la perte subis par la partie lésée, le préjudice moral causé à cette dernière et les bénéfices réalisés par l'auteur de l'atteinte aux droits, y compris les économies d'investissements intellectuels, matériels et promotionnels que celui-ci a retirées de l'atteinte aux droits.

Le recours à la seconde branche de l'alternative est une possibilité pour le juge et non une obligation, ce dernier n'est pas tenu de répondre positivement à la demande d'une partie souhaitant l'application de la seconde branche de l'alternative. La définition par le juge de la réparation pécuniaire passe par la capacité de la partie lésée à rapporter la preuve de son préjudice, suivant le cadre commun du droit de la preuve. Même dans ce cadre, la loi propose de prendre en compte les bénéfices du contrefacteur, ce qui ouvre la possibilité d'une évaluation potentiellement déconnectée du préjudice pour se tourner vers une sanction économique. La réforme de 2014 n'apporte guère de modification importante sur ce terrain[120]. L'appréciation du juge est maintenue, simplement, il est maintenant explicitement prévu que la somme forfaitaire est nécessairement supérieure au montant des redevances qui auraient pu être versées en présence d'une concession. Il est enfin précisé que cette option d'indemnisation n'est pas exclusive d'une réparation complémentaire au titre du préjudice moral.

1345. L'objet de la preuve, traditionnellement commandé par la distinction entre le fait et le droit, est purement factuel : la preuve du préjudice à traduire en valeur monétaire. On rapporte la preuve des faits nécessaires au succès de la prétention de la victime de la contrefaçon, non pas la preuve des actes de contrefaçon, mais celle du préjudice résultant de ces actes de contrefaçon. L'objet de la

120. Voir M. Ouaniche, « Renforcement du dispositif législatif dans l'évaluation du préjudice en cas de contrefaçon », *JCP* E 2014, Étude 1194.

preuve est spécifique à la question de l'évaluation, il vise des faits pertinents et concluants ; le juge du fond restant souverain pour apprécier la pertinence de l'offre de preuves concernant un fait particulier[121]. Lorsque la preuve est à rapporter pour une évaluation suivant la première branche de l'alternative légale, il faut distinguer les conséquences économiques négatives et le préjudice moral.

1346. Pour prouver les conséquences économiques négatives de la contrefaçon, le législateur propose une liste non limitative d'éléments pris en considération pour fixer les dommages et intérêts. Cette approche s'assimile aux solutions antérieures, fondées sur le droit commun de la réparation du préjudice, suivant le diptyque probatoire du gain manqué et de la perte subie. Toutefois, à défaut de preuve du gain manqué, il est possible de fonder la preuve des conséquences économiques négatives sur la preuve des bénéfices réalisés par le contrefacteur. Cette solution ne signifie pas que les conséquences économiques négatives sont égales aux bénéfices réalisés par le contrefacteur, mais elle ouvre la voie à l'intégration dans le régime de l'objet de la preuve d'un système de présomption légale. Cette solution conduit le juge à considérer que si le contrefacteur réalise des bénéfices, alors la victime a subi, en raison de la contrefaçon, des conséquences économiques négatives qui ouvrent droit à réparation. L'intégration d'une telle présomption facilite l'administration de la preuve grâce à l'acceptation de la preuve d'un objet indirect du préjudice. Un mécanisme d'induction-déduction est ensuite appliqué pour considérer que l'objet du préjudice est établi. À défaut de rapporter la preuve objective des conséquences économiques négatives, on présume celles-ci en apportant la preuve des bénéfices réalisés par le contrefacteur. Le recours à cette présomption s'inscrit dans le régime du droit commun de la preuve ; la preuve des conséquences économiques négatives n'est pas sans évoquer la question de la preuve d'un fait négatif, preuve diabolique ou impossible. Comment prouver que l'on aurait pu accroître son chiffre d'affaires ou sa marge s'il n'y avait pas eu de contrefaçon ? Pratiquement impossible ; en se référant aux circonstances positives qui entourent le fait négatif, on parvient à prouver le fait négatif qui en serait la cause ou la conséquence.

1347. Pour le préjudice moral, le rôle du juge est essentiel. L'objet de la preuve est spécifique à ce préjudice et ne se déduit pas de la seule preuve de la contrefaçon ou de la preuve du préjudice matériel. Il est nécessaire de rapporter la preuve de l'atteinte à la renommée, au nom, au droit de divulgation, au respect, etc. La liberté laissée au magistrat lui permet de prononcer des sanctions complémentaires, voire arbitraires.

1348. Si l'évaluation se fait suivant la méthode forfaitaire, l'objet de la preuve est différent : ce n'est plus le préjudice subi mais simplement la preuve des redevances qui auraient été dues si le contrefacteur avait demandé une autorisation pour utiliser le bien intellectuel contrefait. L'objet de la preuve n'est plus nécessairement en lien avec la situation des parties, la recherche d'une redevance

121. Pour l'évaluation du préjudice né d'une diffusion contrefaisante d'un film en ligne, Cass. civ. 1re, 12 juill. 2012, n° 11-13666, *Bull. civ.* I, n° 166 et n° 167 ; *D.* 2012, p. 2075, note C. Castets-Renard ; *D.* 2012, p. 2343, spéc. 2348, obs. P. Tréfigny.

moyenne pour un secteur donné est une approche classique des usages, de chaque domaine d'activité. Il est nécessaire de prouver ces usages afin d'établir une redevance minimale, libre ensuite au juge de fixer une somme supérieure, en la multipliant par exemple. L'objet de la preuve est l'usage d'un milieu d'affaires et non plus le préjudice subi par la victime, elle est rapportée sans difficulté, ne serait-ce que grâce aux recueils de pratiques publiés[122]. La partie lésée, en raison de l'objet de la preuve et de la règle d'évaluation avancée par la loi, peut fixer le montant minimal des dommages et intérêts devant lui être versés, le juge ne pouvant retenir une somme inférieure à cette redevance usuelle. Du point de vue de la méthode d'évaluation, le lien entre le préjudice et la réparation n'est pas direct, mais la situation de la victime est améliorée. Il n'est plus nécessaire d'ouvrir les livres de comptes pour déterminer le préjudice, il suffit de rapporter la preuve d'un usage servant de base pour l'évaluation d'une réparation forfaitaire par le juge. Des dommages et intérêts punitifs émergent indéniablement. Le contrefacteur peut toujours contester l'usage, il lui appartient de rapporter la preuve de son dire et d'établir le contenu de l'usage qu'il invoque, suivant le mécanisme ordinaire de l'alternance probatoire.

1349. Une fois l'objet de la preuve défini, reste à préciser la charge de la preuve : qui doit rapporter la preuve du préjudice ou, du moins, la preuve des éléments qui permettront par la suite l'évaluation des dommages et intérêts. À la charge de la preuve, on adjoint un élément complémentaire, le risque de la preuve. Suivant le droit commun de la preuve, celui qui émet une prétention doit en rapporter la preuve. Le droit de la contrefaçon ne fait pas exception à ce principe, pas plus que le régime spécial d'évaluation des dommages et intérêts. D'un premier abord, le fardeau de la preuve pèse, avant comme après la réforme de 2007, sur le demandeur. Pour l'évaluation des conséquences économiques négatives, le fardeau de la preuve n'est en apparence pas renversé : aucune spécificité pour le préjudice moral n'est à relever, et pour le préjudice patrimonial, le gain manqué et la perte subie doivent être prouvés par celui qui revendique une réparation. En revanche, une évolution majeure peut être décelée dans le cas de la prise en compte des bénéfices réalisés par le contrefacteur. La preuve du bénéfice ou des économies du contrefacteur pèse partiellement sur le demandeur, elle se concrétise dans l'obligation de collaboration des parties à l'instance pour l'établissement de la preuve. Se traduisent ici l'importance de la saisie-contrefaçon[123] pour recueillir des informations comptables et financières et le rôle du droit d'information[124]. On identifie un renversement du fardeau de la preuve lors de la mise en œuvre de cette voie pour évaluer le préjudice subi.

1350. Si l'évaluation se fait par forfait, le fardeau de la preuve pèse, sans réserve, sur le demandeur. Il lui appartient de rapporter la preuve des usages applicables à la cause. Aucun renversement de charge de la preuve, simplement la preuve est facilitée par le déplacement de l'objet de la preuve. La détermination du forfait relève du pouvoir d'appréciation du juge du fond, la question du fardeau de la preuve est écartée.

122. Voir G. Henri, *L'évaluation en droit d'auteur*, Litec, 2007, coll. IRPI, n° 30, n° 276.
123. Voir *supra* n° 1301 et s.
124. Voir *supra* n° 1310 et s.

1351. Pour ce qui est des risques de la preuve, une évolution est nette. Si l'administration de la preuve relève d'une action commune des pratiques, le risque de la preuve pèse toujours sur l'une d'elles : collectif dans la recherche mais solitaire en cas d'échec. Lorsque la preuve nécessaire n'est pas obtenue, malgré la collaboration de l'autre partie et l'intervention du juge, seul le demandeur à l'allégation en supporte les conséquences. Dans le cadre de l'évaluation des conséquences économiques négatives, si le demandeur ne rapporte pas la preuve de son préjudice moral, il échoue dans sa demande. De même, s'il ne rapporte pas la preuve du gain manqué et de la perte subie, sa prétention est sans lendemain. Il faut prendre en considération le recours à la présomption fondée sur les bénéfices du contrefacteur, l'utilisation des informations financières de la partie adverse facilite la preuve du préjudice. Qui supporte le risque d'une non-communication de ces informations, voire de l'absence d'informations ? Si le juge peut tirer des conséquences de l'absence de communication des documents demandés dans le cadre de la procédure mettant en œuvre le droit de communication, il ne peut pas, pour autant, déduire l'existence du préjudice, pas plus que son évaluation, du silence du contrefacteur ou de l'absence de documents comptables. On constate une limite importante au mécanisme instauré, la présomption n'a pas pour effet d'évincer totalement le risque de la preuve. Si malgré les demandes il n'y a aucune communication pertinente, l'allégation ne peut aboutir. Le risque de la preuve reste sur les épaules du demandeur, malgré l'adaptation de l'objet de la preuve et l'éventuel partage du fardeau de la preuve.

1352. Dans le cadre de l'évaluation par forfait, le risque de la preuve pèse sur le demandeur, mais le risque de ne pas pouvoir rapporter la preuve de la prétention est quasi nul dans la mesure où cette preuve ne dépend pas des parties. On prouve le contenu d'un contrat de licence fictif, le risque disparaît en raison du caractère autonome de l'objet de la preuve. Un autre risque de la preuve demeure : le juge décide, à la demande de la partie lésée, soit d'appliquer le régime des conséquences économiques négatives, soit celui du forfait. Il appartient à la partie lésée d'argumenter sa demande et de fournir au juge les éléments nécessaires pour que ce dernier reçoive favorablement sa demande. La loi est silencieuse à ce sujet. Soit le choix est au bénéfice de la victime et le juge devrait être tenu d'appliquer le régime d'évaluation que celle-ci demande, soit le choix relève du pouvoir du juge et il faut justifier la demande auprès de celui-ci pour emporter sa conviction. Il y a un risque résiduel pour le demandeur, celui de se voir refuser le bénéfice de cette procédure dérogatoire d'évaluation forfaitaire du préjudice.

1353. Enfin, les moyens de preuve admis pour la preuve de la valeur du préjudice, s'agissant de la preuve d'un fait, sont libres. Pour les deux modes d'évaluation, la comptabilité est au centre du système, aussi bien celle de la victime que celle du contrefacteur. Pour la victime, il est essentiel de retenir que le droit commercial accorde une force probante dans le contentieux à la comptabilité régulièrement tenue[125]. Il est possible, exception notable du droit de la preuve, d'utiliser ses propres documents pour soutenir sa revendication.

125. Art. L. 123-23 C. com.

Ensuite, naturellement, la comptabilité du contrefacteur peut être utilisée pour évaluer le bénéfice de ce dernier. Reste à espérer qu'il en tienne une...

De façon tout à fait protectrice de la partie lésée, l'article L. 331-1-1 C. propr. intell. permet au juge d'ordonner, si le demandeur justifie de circonstances de nature à compromettre le recouvrement des dommages et intérêts, la saisie conservatoire des biens mobiliers et immobiliers du prétendu auteur de l'atteinte aux droits, le blocage de ses comptes bancaires et autres avoirs, conformément au droit commun. Pour déterminer les biens susceptibles de faire l'objet de la saisie, il peut ordonner la communication des documents bancaires, financiers, comptables ou commerciaux ou l'accès aux informations pertinentes. Une telle solution pourrait être adoptée pour les autres titres de propriété intellectuelle, même si le droit commun permet d'obtenir des solutions équivalentes.

§ 6. Les modes alternatifs de règlement des conflits

1354. Le droit de la propriété intellectuelle laisse une place croissante aux modes alternatifs de règlement des conflits[126]. Trois principales approches peuvent être évoquées : la transaction, l'arbitrage, et la médiation.

A La transaction

1355. La transaction est un accord conclu entre des parties pour mettre fin à un conflit existant ou pouvant exister entre elles. Elle est régie par les articles 2044 et suivants du Code civil. Elle peut avoir pour objet la fin d'un contrat, ou être utilisée pour mettre fin à une action en contrefaçon. Par exemple, les parties transigent, l'une met fin à son action en contrefaçon[127], l'autre retire son action récursoire en nullité et éventuellement elles s'accordent une licence croisée sur certains biens intellectuels.

1356. Le domaine où la transaction est la plus fréquente est celui des oppositions à l'enregistrement d'une marque[128]. La période de *cooling off* est proposée

126. D. Ménard, « Recourir aux modes alternatifs de règlement des conflits : quand et pourquoi ? », *Approches stratégiques de la propriété industrielle*, LexisNexis, 2011, coll. IRPI, t. 38, p. 57 ; B. Montels, « La clause de médiation et d'arbitrage dans les contrats de l'audiovisuel », *CCE* 2011, prat. 1. Sur l'opportunité de recourir aux modes alternatifs de règlement des conflits, O. Bustin, *Le juge en droit de la propriété intellectuelle – Étude sur l'influence de la prévisibilité des décisions de justice dans l'évitement du procès*, thèse Paris II dactyl., 29 nov. 2010 ; J.-M. Bruguière (ss dir.), *Les modes alternatifs de règlement des litiges de propriété intellectuelle*, Dalloz, 2012.

127. Voir à propos de l'arrêt *Google Books* rendu par la Cour de New York, P.-Y. Gautier, « L'inopposabilité aux auteurs français d'une transaction collective américaine », *D.* 2011, p. 1272 ; J. Plotkin, « Analyse du règlement Google Books et son rejet par un tribunal de New York », *Les cahiers de la Prop. Intell.*, éd. Y. Blais 211, vol. 23, n° 3, p. 1427.

128. Voir *supra* n° 797, 964. P.-Y. Gautier, « Des transactions en propriété intellectuelle (accords de coexistence de marques) », *Droits de propriété intellectuelle – Liber amicorum G. Bonet*, Litec, 2010, coll. IRPI, t. 36, p. 239 ; M. Vivant, « Réflexion sur les accords de coexistence en matière de marques à l'heure de la globalisation », *Mélanges J. Schmidt-Szalewski*, LexisNexis, 2014, coll. CEIPI, t. 61,

aux parties pour qu'elles transigent dans le cadre de ce qui est habituellement appelé un accord de coexistence. Au-delà du droit des marques, ce type d'accord existe aussi en droit des brevets ou encore pour les noms de domaine[129]. En droit des marques, cette transaction permet la cohabitation de deux signes distinctifs, les parties s'accordant sur la représentation du signe qu'elles peuvent chacune utiliser et sur les libellés respectifs[130]. L'accord contient des renonciations réciproques quant au domaine d'appropriation et aux utilisations du signe distinctif. L'accord doit être interprété strictement et n'empêchera pas l'utilisation d'autres signes distinctifs non couverts expressément, notamment l'enregistrement de noms de domaine[131]. La validité d'un tel accord, malgré les risques pesant sur le fonctionnement du marché, a été reconnue par la CJ[132]. La transaction ayant autorité de la chose jugée, l'une des parties à l'accord ne devrait pas pouvoir engager une action en déchéance pour défaut d'exploitation à l'encontre de la marque objet de la convention, propriété de son cocontractant. Cependant, la CJ[133] a retenu qu'un titulaire de marques qui, dans le cadre d'une exploitation partagée avec un tiers, avait consenti à l'usage par ce tiers de signes identiques à ses marques pour certains des produits relevant des classes pour lesquelles ces marques sont enregistrées, et qui n'y consent plus, ne doit être privé de toute possibilité d'opposer le droit de propriété qui lui est conféré audit tiers et d'exercer lui-même ce droit de propriété pour des produits identiques à ceux du même tiers. Ainsi, le propriétaire d'une marque, engagé par un accord d'exploitation partagée, peut revenir sur son engagement et mettre fin à l'accord de coexistence, en opposant son droit de propriété sur ses marques au tiers afin d'exercer lui-même ce droit de propriété pour des produits identiques à ceux du tiers. Cette analyse est déroutante au regard du droit des transactions. Elle laisse penser que, dans le prisme de la CJ, un accord de coexistence prend la forme d'une licence et non d'une transaction.

La JUB propose aussi un centre de médiation et d'arbitrage, pour le seul brevet, dont le siège est situé à Lisbonne. Le Centre dispose d'une compétence large suivant les dispositions du Traité, toutefois, un brevet soumis à cette procédure ne peut pas être annulé ou limité dans le cadre d'une procédure de médiation ou d'arbitrage.

B L'arbitrage et la médiation

1357. La possibilité de recours à l'arbitrage est abordée de façon différente par le législateur pour les différents droits de propriété intellectuelle[134]. Il est

p. 381 ; C. Caron, « La discrète omniprésence des accords de coexistence en droit des marques », *CCE* 2013, Étude 1.

129. Voir N. Dreyfus, « Accord de coexistence relatif au nom de domaine », *CCE* 2013, fiche pratique 6.

130. Par exemple, TGI Paris, 3e ch., 3e sect., 16 déc. 2011, nº 11/10887, *JCP* G 2013, obs. C. Caron.

131. La question semble incertaine en jurisprudence, voir CA Paris, 4 juill. 2008, *D.* 2009, p. 1185, note J. Huet et TGI Paris, 16 déc. 2011, préc.

132. CJCE, 30 janv. 1995, *BAT*, *Rec.* I-363.

133. CJUE, 19 sept. 2013, aff. C-661/11, *Martin Y Paz Diffusion SA*, *Prop. Indust.* 2013, comm. 86, obs. A. Folliard-Monguiral ; *JCP* G 2014, chron. 364, obs. C. Caron.

134. Voir notamment, B. Hanotiau, « L'arbitrabilité des litiges de propriété intellectuelle », *La résolution des litiges de propriété intellectuelle*, Schulthess Médias Juridiques 2010, p. 155 ; M. Friocourt, « L'arbitrage et la propriété intellectuelle », *L'arbitrage*, Dalloz, 2009, p. 223 ; M. Josselin-Gall, « Arbitrage et propriété intellectuelle », *Dr. et patr.* 2002, nº 105, p. 63.

explicitement prévu aux articles L. 331-1, L. 521-3-1, L. 615-17, L. 623-31 et L. 716-4, L. 722-8 C. propr. intell.[135]. Il est largement admis, au regard du droit commun de l'arbitrage, la possibilité de soumettre un litige de droit d'auteur, par exemple, à l'arbitrage. Dans tous les cas, il s'effectue suivant les conditions de droit commun, en application des articles 2059 et 2060 C. civ.[136]. On distingue deux domaines de l'arbitrage : le domaine contractuel et celui de la validité du titre de propriété.

Pour le premier domaine, il n'y a aucune réserve, les contrats ayant pour objet un bien intellectuel peuvent intégrer une clause compromissoire ou les parties peuvent conclure un compromis d'arbitrage en cas de litige. De tels litiges n'intéressent que les relations entre les parties et l'ordre public n'est pas remis en cause. Il sera nécessaire de s'assurer que la présence d'une personne physique, tel un auteur ou un inventeur, ne constitue pas un obstacle à la procédure. À l'inverse, l'arbitrabilité du contentieux portant sur le titre de propriété est discutée[137]. Le titre de propriété doit son existence à l'autorité publique qui en fixe les conditions, qu'il y ait ou non une procédure devant un office. La discussion de la validité d'un titre de propriété intellectuelle pourrait relever de discussions touchant à l'ordre public et de ce fait s'écarter du domaine de l'arbitrage. La validité du titre n'est pas une question *inter partes*, mais une question dont l'impact est *erga omnes*. Le litige portant uniquement sur la validité d'un titre de propriété intellectuelle ne pourrait pas être, dans ces conditions, porté devant un tribunal arbitral. Toutefois, il est des hypothèses où la question de la validité du titre naît à l'occasion d'un contentieux contractuel. Dans un arrêt du 28 février 2008, la cour d'appel de Paris a retenu que « *la question de la validité d'un brevet débattue de manière incidente à l'occasion d'un litige de nature contractuelle peut, ainsi que le relève l'arbitre, lui être soumise, l'invalidité éventuellement constatée n'ayant pas d'autorité de la chose jugée car elle ne figure notamment pas au dispositif, qu'elle n'a d'effet qu'à l'égard des parties* »[138]. Cette solution peut être étendue par analogie à l'ensemble des titres de propriété intellectuelle. En droit d'auteur, on peut se demander si la solution est la même pour le droit de communication au public et le droit moral. Le critère de l'indisponibilité du droit pourrait conduire à écarter de l'arbitrage les contentieux de propriété intellectuelle nés à l'occasion d'un contrat de travail. Quant à l'ordre public, il conduit à écarter, selon l'article 2060 C. civ., les arbitrages mettant en cause l'État[139].

135. Voir T. Azzi, « Les obstacles à l'arbitrage en droit de la propriété industrielle au lendemain de la loi du 17 mai 2011 », *CCE* 2012, Étude 4 ; J.-M. Bruguière et E. Gillet, « Les litiges de propriété intellectuelles, l'apport de la loi de simplification et d'amélioration de la qualité du droit », *JCP* E 2011, 1663.

136. Notamment, G. Bonet et Ch. Jarosson, « L'arbitrabilité des litiges de propriété industrielle en droit français », *Arbitrage et propriété intellectuelle*, Litec, 1994, coll. IRPI, n° 12, p. 61.

137. F. Perret, « L'arbitrabilité des contentieux en matière de brevets d'invention », *Mélanges Reymond*, Litec, 2004, p. 229 ; A.-C. Chiariny-Daudet, *Le règlement judiciaire et arbitrale des contentieux internationaux de brevets d'invention*, Litec, 2006, n° 581 et s.

138. CA Paris, 28 févr. 2008, *Prop. Intell.* n° 29, oct. 2008, p. 476, note J.-C. Galloux ; *Rev. arb.* 2008.712, note T. Azzi ; *RTD com.* 2008.518, obs. E. Loquin ; *Prop. Indust.* 2009, comm. 2, note J. Raynard.

139. Sous réserve du contentieux attaché à la protection des investisseurs étrangers, voir *supra* n° 924.

1358. L'OMPI, notamment, propose une série d'outils pour accompagner les modes alternatifs de règlements des conflits en propriété intellectuelle. L'organisation dispose d'un Centre d'arbitrage et de médiation.

Les médiations administrées par l'OMPI concernent des litiges impliquant les brevets, le droit d'auteur dont les contentieux sur la propriété des logiciels, le droit des marques, notamment la coexistence des marques, et les contrats de travail dans un contexte de propriété intellectuelle.

1359. L'OMPI a adopté un règlement de médiation et d'arbitrage accéléré pour le secteur du film et des médias, en vigueur depuis novembre 2009[140]. Le règlement a pour objectif de répondre à l'accroissement des transactions dans le secteur du film et des médias qui donne lieu à une diversité de litiges au niveau international ou national. Les litiges peuvent concerner des sujets divers ayant un lien avec la propriété intellectuelle[141]. Ce règlement s'adresse à tous les opérateurs économiques de la propriété intellectuelle[142]. Le recours au règlement pour le secteur du film et des médias suppose l'intégration dans les contrats d'une clause compromissoire spécifique et des conventions *ad hoc*.

Le Centre publie une liste de médiateurs, arbitres (et des experts si besoin), qui ont des connaissances dans le domaine de la résolution des litiges dans le secteur du film et des médias. Sauf si les parties se sont entendues sur la nomination du médiateur ou arbitre ou sur une procédure de nomination, le Centre fournit aux parties une liste proposant des noms de médiateurs et d'arbitres spécialisés dans le secteur du film et des médias qui ont une expertise spécifiquement requise pour le litige en question. Le Centre procède à la nomination du médiateur ou arbitre en tenant compte des préférences exprimées par les parties. Les délais applicables aux différents stades de la procédure sont raccourcis pour accélérer le processus de règlement des litiges choisi par les parties. Les frais d'administration et les honoraires des médiateurs et des arbitres sont réduits afin d'adapter le barème des taxes et honoraires applicable aux caractéristiques spécifiques des litiges dans le secteur du film et des médias. Les parties dans un litige soumis au Règlement de médiation et d'arbitrage accéléré de l'OMPI pour le secteur du film et des médias peuvent choisir d'utiliser le système ECAF de l'OMPI (WIPO Electronic Case Facility). ECAF permet aux parties et à tous les autres acteurs impliqués au litige de soumettre leurs documents par voie électronique afin de faciliter la communication.

---

140. S. Theurich, « Designing Tailored Alternative Dispute Resolution in Intellectual Property : the Experience of WIPO », *La résolution des litiges de propriété intellectuelle*, Schulthess Médias Juridiques 2010, p. 175.

141. Notamment le droit d'auteur, les questions de titularité, la distribution, le financement, les accords de coproduction, les joint-ventures, les accords de développement, les contrats de licences, les accords de synchronisation musicale, les accords de garantie de bonne fin, les accords de radiodiffusion, les conflits entre artiste et employeur, les droits de la personnalité, la répartition de royalties, les accords de merchandising, les accords des nouveaux médias, les contrats d'artiste-interprètes, les conventions d'assurance, les accords d'accès aux laboratoires, les accords de parrainage, les accords de confidentialité et de non-divulgation.

142. Notamment aux producteurs, investisseurs, financiers, réalisateurs, acteurs, artistes, auteurs, interprètes, associations de professionnels ou de l'industrie, scénaristes, créateurs, fonds de financement, sociétés de spectacles, assureurs, agents commerciaux, ainsi que des avocats, consultants, experts-comptables du droit du divertissement, des médias et de la propriété intellectuelle, des distributeurs, diffuseurs, exploitants, sociétés d'édition, organisations commerciales et des sociétés de gestion collective.

Toutefois, l'existence de ce règlement spécial n'interdit pas de recourir pour certains litiges complexes concernant les films et les médias, au règlement d'arbitrage standard de l'OMPI. Le Règlement d'arbitrage standard de l'OMPI prévoit des délais plus longs et la possibilité de nommer un tribunal arbitral composé de trois membres.

Principales étapes des procédures d'arbitrage et d'arbitrage accéléré de l'OMPI

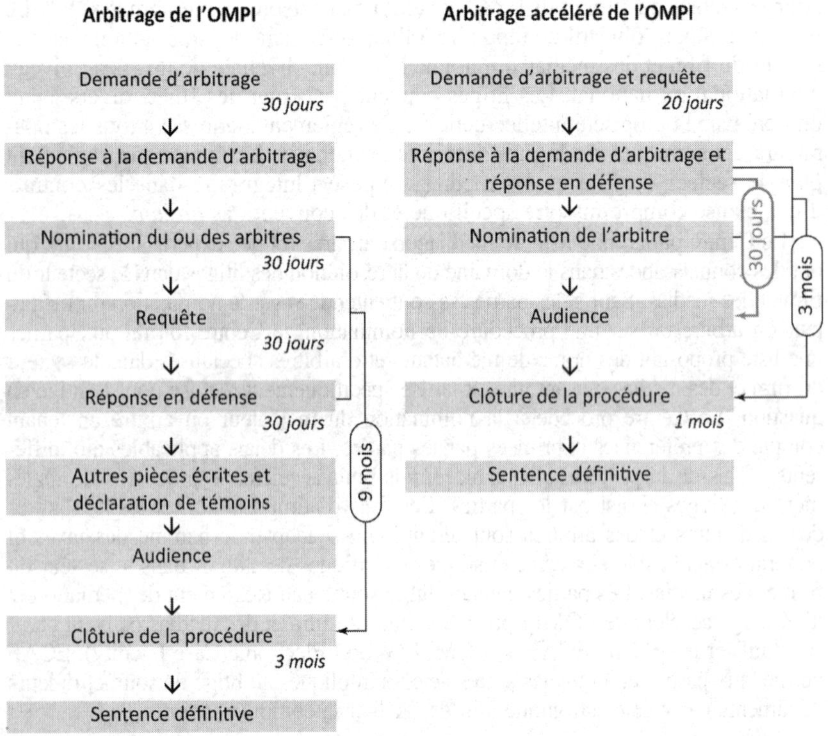

1360. L'OMPI a aussi développé, à la demande de l'AGICOA (l'Association de gestion internationale collective des œuvres audiovisuelles est une organisation internationale à but non lucratif créée pour percevoir et redistribuer aux producteurs indépendants les royalties issues de la retransmission de leurs œuvres), un règlement d'arbitrage accéléré conçu spécialement pour les besoins spécifiques des ayants droit de l'AGICOA. La procédure se déroule en deux phases. La première phase obligatoire est une procédure de résolution des litiges pour les conflits entre plusieurs ayants droit de l'AGICOA qui ont déclaré les mêmes droits sur la même œuvre, à savoir des droits concernant le même territoire, la même période, la même langue, les mêmes chaînes de télévision et lorsque le pourcentage des droits déclarés se recoupe, conformément à l'article 2 des AGICOA Conflict Rules. Il s'agit d'une phase de résolution à l'amiable du litige et une phase de recommandation conduite par l'AGICOA[143]. La seconde phase optionnelle, en cas d'échec de la première est constituée par le recours à l'arbitrage accéléré de l'OMPI pour l'AGICOA. Si la recommandation finale de l'AGICOA est rejetée par une des parties, ces dernières peuvent soit initier une procédure judiciaire, soit une procédure d'arbitrage en conformité avec le règlement d'arbitrage accéléré, ou une procédure d'arbitrage devant une autre institution d'arbitrage, en application de l'article 46 des AGICOA Conflict Rules. Le Règlement d'arbitrage accéléré s'applique donc uniquement lorsqu'une convention d'arbitrage, conclue entre des ayants droit de l'AGICOA, prévoit explicitement un arbitrage conformément à ce Règlement.

Le Règlement d'arbitrage accéléré de l'OMPI pour l'AGICOA, prend en considération les besoins spécifiques des litiges de l'AGICOA. À moins que les parties aient déjà déposé une convention d'arbitrage avec l'AGICOA et le Centre de l'OMPI, le requérant est tenu de notifier par écrit à l'AGICOA et au Centre de l'OMPI de son intention de déposer une demande d'arbitrage à l'encontre du défendeur, suite à quoi le Centre de l'OMPI demandera aux parties de signer une convention d'arbitrage. Une partie peut déposer ses communications en anglais ou en français, sous réserve du pouvoir de l'arbitre unique d'en décider autrement, en conformité avec l'article 35 du Règlement d'arbitrage accéléré. À moins que les parties n'en décident autrement, les honoraires de l'arbitre ne doivent pas dépasser 300 USD de l'heure et sont limités à un maximum de 20000 USD. Enfin, le Centre d'arbitrage et de médiation de l'OMPI notifie la sentence arbitrale à chaque partie et au département juridique et commercial de l'AGICOA, après quoi l'AGICOA met à jour les droits et libère les royalties bloquées pendant le litige.

Section 2
Le droit pénal de la contrefaçon

1361. L'atteinte à la propriété et aux biens est du domaine naturel du droit pénal ; le vol, la dégradation, la destruction des biens d'autrui sont l'objet de sanctions pénales. Les biens intellectuels connaissent, comme tout autre bien, une protection pénale de la propriété. Toutefois, en raison notamment de l'absence de soustraction du bien du fait de son immatérialité, les incriminations appliquées aux atteintes portées aux biens corporels ne peuvent s'appliquer aux biens intellectuels, sous réserve de l'abus de confiance[144]. Un droit pénal spécial de la propriété intellectuelle s'est développé, le législateur édictant des incriminations, des procédures et des sanctions adaptées aux spécificités des biens intellectuels.

De façon assez curieuse, alors que la contrefaçon est une atteinte à un bien, les victimes de la contrefaçon recourent marginalement aux sanctions pénales.

143. www.agicoa.org/english/rightsholder/settle.html
144. Voir *supra* n° 623.

Là où le réflexe pour les biens corporels est d'engager une action pénale, ce réflexe est inverse pour les biens intellectuels. De nombreuses explications sont avancées, culturelles, sociologiques, pratiques, juridiques ou judiciaires. Une nonchalance bien-pensante tient pour moins grave l'atteinte aux biens intellectuels que l'atteinte à tout autre bien, idée qui n'est acceptable ni juridiquement, ni économiquement, ni socialement. L'atteinte à un bien intellectuel est une atteinte à une propriété qui doit faire l'objet d'une sanction pénale, autant que les vols de scooters, les délits routiers ou le travail au noir. Dans tous les cas, la pratique massive du délit ne peut en aucun cas conduire à y voir un comportement normal devant être dépénalisé. Il est nécessaire que la pratique de la propriété intellectuelle donne toute sa place au droit pénal, moyen le plus efficace pour lutter contre la contrefaçon. Est-il logique tout à la fois de stigmatiser des pratiques nocives pour l'industrie, l'emploi, l'économie et refuser de recourir aux moyens les plus à même de les enrayer ?

1362. Le législateur fait preuve d'une réelle constance en la matière, amplifiant depuis dix ans l'arsenal pénal de la propriété intellectuelle. Le dernier mouvement en date, de 2009, a intégré des sanctions spécifiques pour la lutte contre la contrefaçon en bande organisée. Le droit de l'UE prend aussi en compte la nécessité d'une répression pénale harmonisée. Avançant que celle-ci est nécessaire au bon fonctionnement du marché intérieur européen, le Parlement européen a adopté une Résolution le 25 avril 2007 sur la proposition de directive relative aux mesures pénales visant à assurer le respect des droits de propriété intellectuelle. Cette résolution fait suite à une autre du 7 septembre 2006 sur la contrefaçon de médicaments, dans laquelle il est affirmé que l'UE doit de toute urgence se donner les moyens pour mener à bien son combat contre les pratiques illicites dans le domaine de la piraterie et de la contrefaçon des médicaments. Ce projet de directive établit les mesures pénales nécessaires pour assurer le respect des droits de propriété intellectuelle dans le cadre de la contrefaçon et du piratage, à l'exclusion des brevets. Cette exclusion, particulièrement regrettable et en contradiction avec la résolution de 2006, marque la réticence de la Grande-Bretagne à se doter d'un outil pénal pour la sanction des atteintes aux biens intellectuels. Le projet prévoit, en son article 2, que les États membres veillent à qualifier d'infraction pénale toute atteinte intentionnelle à un droit de propriété intellectuelle commise à une échelle commerciale, la complicité d'une telle atteinte et l'incitation à la commettre. Elle retient que la « *violation commise à l'échelle commerciale* » est caractérisée par toute violation d'un droit de propriété intellectuelle commise dans le but d'obtenir un avantage commercial. Elle définit la « *violation intentionnelle d'un droit de propriété intellectuelle* » comme toute violation délibérée, en toute connaissance de cause, de ce droit, commise dans le but d'en tirer un profit économique à l'échelle commerciale. La directive vise les personnes physiques comme les personnes morales et propose des sanctions en nature et des sanctions pécuniaires pénales dont elle fixe des seuils maximums. Elle propose la création d'équipes communes d'enquête auxquelles les titulaires de droits pourraient apporter leur concours.

Pour l'heure, la sanction pénale de la contrefaçon n'est pas harmonisée, et seul le droit national trouve à s'appliquer.

§ 1. Les actes de contrefaçon pénalement sanctionnés

1363. Avant d'envisager les délits incriminés par le législateur pour les différents droits de propriété intellectuelle, une question commune à tous les titres se pose : l'infraction est-elle intentionnelle ?

Le Code pénal prévoit, à l'article 121-3, que tous les délits sont intentionnels dès lors qu'il n'en est pas disposé autrement, solution qui s'impose à chacune des qualifications visant ou non l'intention. En 2004, une réforme des sanctions pénales de la propriété intellectuelle a supprimé le mot « *sciemment* » pour plusieurs incriminations. Une interprétation *a contrario* s'est alors développée, proposant de ne retenir l'élément intentionnel qu'en présence de l'adverbe « *sciemment* ». Une telle proposition n'est pas conforme au principe de la légalité criminelle[145]. Le droit pénal de la contrefaçon se démarque du droit civil de la contrefaçon par la nécessité générale, pour l'ensemble des infractions pénales de la contrefaçon, d'un élément intentionnel en plus de l'élément matériel caractérisant l'infraction.

L'interprétation stricte des incriminations en droit pénal impose de distinguer celles-ci pour chaque titre de propriété intellectuelle. Dans tous les cas, la tentative n'est jamais visée par la loi.

A Les incriminations du Livre III C. propr. intell.

1364. Le Livre III du Code de la propriété intellectuelle propose un traitement unifié des atteintes aux biens intellectuels appropriés par l'un des régimes de propriété des trois premiers livres du Code de la propriété intellectuelle, le droit d'auteur, les droits voisins et le droit de producteur de base de données. La matière, victime de la nonchalance évoquée précédemment, connaît deux catégories d'incriminations, l'une pour des sanctions immédiates, l'autre pour des sanctions graduées[146]. La CEDH a heureusement précisé que l'application d'une peine proportionnée à l'atteinte d'un droit d'auteur ne constitue pas une ingérence dans le droit de la liberté d'expression[147].

1365. L'article L. 335-2 qualifie de contrefaçon délictuelle toute édition d'écrit, de composition musicale, de dessin, de peinture ou de toute autre production, imprimée ou gravée en entier ou en partie, au mépris des lois et règlements relatifs à la propriété des auteurs. L'édition est un acte de reproduction spécifique[148], l'infraction est matérialisée dès que la reproduction porte sur l'intégralité du bien intellectuel ou sur une partie de ce dernier. L'article inclut, parmi les actes délictueux, visés l'exportation et l'importation des ouvrages contrefaisants. Les conditions d'application territoriale de la loi pénale ont été

145. Cf. J. Passa, *Traité*, *op. cit.*, n° 413 ; H. Bonnard, *La contrefaçon de marque*, LexisNexis, 2008, n° 13 ; F. Desportes et F. Le Gunehec, *Droit pénal général*, 16e éd., Economica, 2009, n° 467.

146. Voir *infra* n° 1396 et s.

147. CEDH, 10 janv. 2013, n° 36769/08, *D.* 2013, p. 172 ; *RTD com.* 2013. 274, obs. F. Pollaud-Dulian ; *Prop. Intell.* avr. 2013, p. 216, obs. J.-M. Bruguière ; *CCE* 2013, comm. 39, note C. Caron.

148. Voir *supra* n° 979 et s.

précisées par la Cour de cassation[149], en articulant l'article L. 335-2 C. propr. intell. avec l'article 5§ 2 de la Convention de Berne. Il résulte de la combinaison de ces deux textes que, d'une part, la protection due à tout auteur d'un pays unioniste est exclusivement dévolue à la législation du pays où elle est réclamée, cette dernière désignant la loi de l'État sur le territoire duquel se sont produits les agissements délictueux et non celle du pays où le dommage a été subi. D'autre part, la perpétration de la contrefaçon sur le territoire de la République est un élément constitutif de l'infraction. En l'espèce, un prévenu, de nationalité italienne, avait été renvoyé devant le tribunal correctionnel pour avoir, sur le territoire italien et sur le territoire français, sans l'accord d'un auteur, de même nationalité, et sans l'accord du journal *Le Monde*, éditeur exclusif, reproduit, dans la parution des éditions papier et électronique du quotidien italien *Il Foglio*, un texte destiné à l'exclusivité du journal *Le Monde* intitulé « Fatwa à l'italienne », et diffusé cet article en tous points de distribution des éditions papier et électronique du même quotidien. Le tribunal avait rejeté l'exception d'incompétence des juridictions françaises opposée par le prévenu, et déclaré celui-ci coupable des faits reprochés. Le prévenu interjeta appel, et la cour confirma ce jugement. Un pourvoi fut formé et cet arrêt cassé. La Cour de cassation, dans un arrêt rendu le 9 septembre 2008, reproche à la cour d'appel de ne pas avoir vérifié si les faits avaient été commis en France. Pour autant, la cour de renvoi, par arrêt du 5 novembre 2009, a confirmé le jugement entrepris. Pour maintenir l'application du droit français, cette dernière retient que l'une des victimes, le journal *Le Monde*, est de nationalité française et qu'en conséquence, les juridictions françaises sont compétentes en application de l'article 113-7 du Code pénal. Elle ajoute que l'article est une œuvre de l'esprit pour laquelle son auteur bénéficie d'une protection juridique en vertu des dispositions du Code de la propriété intellectuelle et qu'ainsi, en reproduisant et diffusant cet article dans le quotidien qu'il dirige, sans solliciter l'autorisation de son auteur et du journal auquel il était destiné, le prévenu, avait sciemment violé le droit moral de l'auteur et commis le délit de contrefaçon. La Cour de cassation écarte une telle analyse, l'atteinte portée aux droits d'auteur ayant eu lieu hors du territoire national.

L'article L. 335-3, allant au-delà de la seule édition, retient la même qualification délictuelle pour toute reproduction, représentation ou diffusion, par quelque moyen que ce soit, d'une œuvre de l'esprit en violation des droits de l'auteur[150]. L'atteinte à un droit de l'auteur d'un logiciel constitue de la même façon une contrefaçon délictuelle. Enfin, est incluse dans cette catégorie large, toute captation totale ou partielle d'une œuvre cinématographique ou audiovisuelle en salle de spectacle cinématographique.

L'article L. 335-2-1 C. propr. intell., instrument concourant à la lutte contre la contrefaçon en ligne, sanctionne le fait d'éditer, de mettre à la disposition du public ou de communiquer au public, sous quelque forme que ce soit, un logiciel manifestement destiné à la mise à disposition du public non autorisée

149. Cass. crim., 29 nov. 2011, n° 09-88250, *Bull. crim.* n° 240 ; *Prop. Intell.* 2012, n° 1, p. 41, obs. A. Lucas ; *CCE* 2013, chron. 1, obs. M.-E. Ancel.

150. Cass. crim., 2 mai 2012, n° 11-85574, qui retient une sanction pénale en cas d'exploitation d'un bien intellectuel au-delà de la limite temporelle de la cession ; Cass. crim. 13 mai 2014, n° 13-84088.

d'œuvres ou d'objets protégés, c'est-à-dire un logiciel permettant la contrefaçon en ligne des œuvres. Est sanctionné de la même façon le fait d'inciter, y compris à travers une annonce publicitaire, à l'usage d'un tel logiciel.

1366. L'article L. 335-4 C. propr. intell. reprend la logique des textes précédents et l'adapte pour les atteintes aux droits voisins. Constitue un délit de contrefaçon toute fixation, reproduction, communication ou mise à disposition du public, à titre onéreux ou gratuit, ou toute télédiffusion d'une prestation, d'un phonogramme, d'un vidéogramme ou d'un programme, réalisée sans l'autorisation, lorsqu'elle est exigée, de l'artiste-interprète, du producteur de phonogrammes ou de vidéogrammes ou de l'entreprise de communication audiovisuelle. La réserve de l'autorisation exigée renvoie au régime de la licence légale pour les phonogrammes du commerce par exemple. Le Code de la propriété intellectuelle inclut dans cette incrimination toute importation ou exportation de phonogrammes ou de vidéogrammes réalisée sans l'autorisation du producteur ou de l'artiste-interprète, lorsqu'une telle autorisation est exigée.

Enfin, pour le droit de producteur de base de données, l'article L. 343-4 sanctionne dans le même esprit le fait de porter atteinte aux droits du producteur d'une base de données.

L'ensemble de ces actes est puni de trois ans d'emprisonnement et de 300 000 euros d'amende et lorsqu'ils sont commis en bande organisée, les peines sont portées à cinq ans d'emprisonnement et à 500 000 euros d'amende.

1367. Le Code de la propriété intellectuelle ajoute, à l'article L. 335-4, deux infractions qui visent non plus l'atteinte aux biens intellectuels mais l'atteinte aux intérêts pécuniaires des titulaires pour les redevances attachées à des exploitations ne nécessitant pas une autorisation préalable. Les peines dans ces hypothèses sont plus légères, le législateur devant considérer que l'atteinte au bien est de moindre importance. Constituent un délit de contrefaçon, d'une part, le défaut de versement de la rémunération due à l'auteur, à l'artiste-interprète ou au producteur de phonogrammes ou de vidéogrammes au titre de la copie privée ou de la communication publique ainsi que de la télédiffusion des phonogrammes, et, d'autre part, le défaut de versement du prélèvement sur le prix public de vente hors taxes des livres achetés par les bibliothèques accueillant du public pour le prêt. Seule l'amende de 300 000 euros est encourue dans ces deux cas.

En l'absence d'incrimination spécifique, les atteintes au droit moral des auteurs ou artistes-interprètes ne semblent pas pouvoir faire l'objet d'une sanction pénale.

1368. En marge du droit pénal de la contrefaçon du droit d'auteur et des droits voisins, mais en lien direct car l'auteur comme l'éditeur peuvent voir leur responsabilité pénale engagée, se pose la question de la responsabilité pénale des éditeurs de services de communication au public en ligne. Leur responsabilité civile suit un régime ordinaire et il est possible sans réserve d'agir contre eux s'ils commettent des contrefaçons dans le cadre de leur activité[151]. Les conditions de leur responsabilité pénale a fait l'objet d'une QPC. Le Conseil constitutionnel a été saisi le 27 juin 2011 par la Cour de cassation

151. Voir *supra* n° 1291 et s.

pour préciser les conditions de leur soumission à l'article 93-3 de la loi du 29 juillet 1982[152]. Cet article instaure un mécanisme de responsabilité en cascade en reprenant les infractions prévues par le chapitre IV de la loi du 29 juillet 1881 sur la liberté de la presse. Ainsi, le directeur de la publication, ou dans certains cas le codirecteur de la publication, est poursuivi comme auteur principal de l'infraction, lorsque le message incriminé a fait l'objet d'une fixation préalable à sa communication au public. À défaut de pouvoir agir contre ces derniers, l'auteur du contenu, et à défaut de l'auteur, le producteur sera poursuivi comme auteur principal de l'infraction. Enfin, lorsque le directeur ou le codirecteur de la publication est mis en cause, l'auteur du contenu est poursuivi comme complice. Cet article renouvelle la distinction entre hébergeur et éditeur de services de communication en précisant, certainement de façon redondante, que lorsque l'infraction résulte du contenu d'un message adressé par un internaute à un service de communication au public en ligne et mis par ce service à la disposition du public dans un espace de contributions personnelles identifié comme tel, le directeur ou le codirecteur de publication ne peut pas voir sa responsabilité pénale engagée comme auteur principal s'il est établi qu'il n'avait pas effectivement connaissance du message avant sa mise en ligne ou si, dès le moment où il en a eu connaissance, il a agi promptement pour retirer ce message.

Le Conseil constitutionnel[153] relève, d'une part, le directeur de la publication bénéficie d'un régime de responsabilité spécifique, et, d'autre part, en l'état des règles et des techniques, les caractéristiques d'Internet permettent à l'auteur d'un message diffusé sur Internet de préserver son anonymat. Compte tenu de ces deux éléments, il juge que l'article 93-3 ne saurait, sans instaurer une présomption irréfragable de responsabilité pénale qui serait inconstitutionnelle, être interprété comme permettant que le créateur ou l'animateur d'un site de communication au public en ligne mettant à la disposition du public des messages adressés par des internautes (par exemple, sur un forum de discussion), voie sa responsabilité pénale engagée en qualité de producteur à raison du seul contenu d'un message dont il n'avait pas connaissance avant la mise en ligne. Sous cette réserve, le Conseil constitutionnel retient que l'article 93-3 de la loi de 1982 est conforme à la Constitution.

B Le droit des dessins et modèles

1369. Le droit des dessins et modèles aborde l'incrimination du délit de contrefaçon avec une économie de moyens. L'article L. 521-10 dispose simplement que toute atteinte du droit de propriété constitue un délit pénal et est punie de trois ans d'emprisonnement et de 300 000 euros d'amende. Il y a en la matière un parallélisme parfait entre le domaine d'appropriation et les atteintes à la propriété sanctionnées par le droit pénal.

152. Pour une application à un blog, voir Cass. crim., 31 janv. 2012, *CCE* 2012, comm. 43, obs. A. Lepage.

153. Cons. const., déc. 16 sept. 2011, nº 2011-164 QPC, *JORF* 17 sept. 2011, p. 15601 *D.* 2011 p. 2444.

La peine est aggravée si le délit a été commis en bande organisée. L'aggravation de la peine est retenue lorsque les faits portent sur des marchandises dangereuses pour la santé, la sécurité de l'homme ou de l'animal. Cette solution est opportune tant les risques attachés aux produits de contrefaçon sont grands. Malheureusement, le législateur n'a pas étendu cette solution à l'ensemble des sanctions pénales de la contrefaçon.

C Le droit des brevets

1370. Bien que traditionnellement, les contrefaçons de brevets constituent en droit français des infractions pénales, l'action pénale n'est que très rarement intentée, alors que le législateur accroît l'arsenal pénal à la disposition des propriétaires et des plaideurs pour sanctionner ces atteintes à la propriété. De nombreuses raisons peuvent concourir à expliquer ce paradoxe entre l'action législative et la réception pratique de la norme. La répression pénale des contrefaçons de brevets ne semble pas appropriée, l'idée est qu'il n'y a pas lieu d'avoir un contentieux pénal avec un concurrent. Pourtant, on connaît aussi une recrudescence d'une contrefaçon « mafieuse » qui devrait permettre d'écarter cet argument. La réforme du droit des brevets issue de la loi nº 68-1 du 2 janvier 1968 a intégré une condition de fond supplémentaire pour la validité du brevet, ce qui rendait la propriété plus complexe et l'incrimination pénale instaurée par la loi de 1968 intégrait de nouvelles exigences pour permettre une sanction pénale, notamment la preuve de l'élément moral[154]. Le législateur, finalement, supprima la sanction pénale des contrefaçons de brevets par la loi nº 78-742 du 13 juillet 1978. Ces faits ne se trouveraient plus sanctionnés que par l'action civile en contrefaçon. L'atteinte à un bien ne relevait plus du droit pénal, ce qui singularisait fortement le droit des brevets[155]. Finalement, face à un doute très présent sur l'opportunité d'une sanction pénale, la loi nº 90-1052 du 26 novembre 1990 a rétabli la sanction pénale des contrefaçons de brevets.

Cette infraction est tenue pour être une infraction instantanée. Toutefois, pour la contrefaçon d'un brevet de procédé, les effets de l'utilisation sont continus dans le temps, il serait possible d'y voir une infraction continue, dont la prescription ne pourrait courir qu'à compter du jour où l'utilisation a cessé[156]. Pour que les actes portent atteinte aux droits du breveté, il est nécessaire que l'acte de contrefaçon ait été commis en France[157]. L'article L. 615-14-3 du Code de la propriété intellectuelle étend la responsabilité pénale de la contrefaçon aux personnes morales.

1371. Le droit des brevets est marqué par de fortes contraintes processuelles pour obtenir la délivrance du titre de propriété. Ces contraintes sont liées au contrôle des conditions de fond de validité, mais elles sont aussi dictées par

154. V. Ch. Le Stanc, *L'acte de contrefaçon de brevet d'invention*, Litec, 1977, nº 173 et s.
155. J. Azéma, « Quelques particularités de procédure dans le droit des brevets d'invention », *Mélanges J. Vincent*, Dalloz, 1981.
156. En ce sens, TGI Paris, 7 juill. 1971, *PIBD* 1972, III, p. 30. F. Pollaud-Dulian, *Propriété industrielle*, *op. cit.*, nº 792.
157. Cass. crim., 19 juin 2007, nº 06-88165 ; *JCP* E 2007, 2504, obs. J. Passa.

des contraintes de souveraineté. Ces dernières constituent la source de ces infractions processuelles : l'État veut pouvoir condamner un inventeur qui aurait tenté d'échapper à l'emprise de la procédure française de dépôt d'une demande de brevet lui permettant d'exercer des procédures exorbitantes. Deux infractions sont intégrées dans cet esprit au Code de la propriété intellectuelle, d'une part, la violation des règles de compétence des offices pour le dépôt initial de la demande de brevet (art. L. 615-15 et L. 615-16 C. propr. intell.) et, d'autre part, la violation de la confidentialité du dépôt avant la publication de la demande de brevet (art. L. 615-13 et L. 615-15 C. propr. intell. qui sanctionnent d'une amende de 4 500 euros la violation des obligations des articles L. 612-9 et L. 612-10 C. propr. intell.).

Une autre incrimination arrêtée par le législateur, à l'article L. 615-12 C. propr. intell., aurait trouvé naturellement sa place en droit d'auteur où elle est étrangement absente, et certainement pour l'ensemble des titres de propriété intellectuelle. Il s'agit d'une protection spécifique de la qualité de propriétaire du bien intellectuel, la loi sanctionnant pénalement toute personne qui se prévaut indûment de la qualité de propriétaire d'un brevet ou d'une demande de brevet. Un tel acte est puni d'une amende de 7 500 euros.

1372. L'incrimination de principe des atteintes aux brevets est prévue par l'article L. 615-14 C. propr. intell. Reprenant la peine principale du Livre III du Code de la propriété intellectuelle (trois ans d'emprisonnement et 300 000 euros d'amende et alourdissement en cas de délit commis en bande organisée), le législateur qualifie de délit de contrefaçon toute atteinte portée aux droits du propriétaire d'un brevet, les droits visés étant ceux des articles L. 613-3 à L. 613-6 C. propr. intell.[158]. L'élément matériel et l'élément légal des contrefaçons civiles et pénales sont identiques, seuls, l'élément moral, les principes d'interprétation et la sanction permettent de distinguer ces deux approches. pouvoir sanctionner pénalement une contrefaçon, Pour que la procédure pénale prospère, il est nécessaire que le titre de propriété soit valable, en vigueur, et opposable, et que l'usage du bien intellectuel soit illégitime.

Dans ce mouvement paradoxal qui marque le droit pénal des brevets, le législateur a adjoint à ces éléments matériels de la contrefaçon, des faits aggravants qui doivent être articulés avec chacun des éléments matériels décrits. Ainsi, suivant les dispositions de l'article L. 615-14 C. propr. intell., il sera possible d'accroître les sanctions pénales de la contrefaçon à cinq ans d'emprisonnement et à 500 000 euros d'amende. Le Code de la propriété intellectuelle intègre des circonstances aggravantes réelles, c'est-à-dire objectives, relatives à l'infraction. Elles donnent lieu à une preuve distincte. Les circonstances aggravantes sont soumises au principe de spécialité et ne s'appliquent qu'à partir du moment où une incrimination spéciale explicite le prévoit. La première cause d'aggravation des faits de contrefaçon relève des conditions d'organisation de la contrefaçon, il s'agit de la bande organisée. La deuxième cause d'aggravation est plus spécifique à l'univers dématérialisé du droit des brevets, il s'agit des réseaux de communication en ligne, en pratique Internet. La contrefaçon réalisée par le truchement d'un tel réseau est tenue pour être réalisée avec une

158. Voir *supra* n° 578 et s.

circonstance aggravante. La contrefaçon de brevet par Internet n'est pas la plus naturelle, elle peut toutefois prendre la forme de contrefaçon portant sur des technologies de l'information et de la communication, ou encore des moyens de cryptage. Elle peut plus facilement prendre la forme d'une contrefaçon par fourniture de moyens ou une contrefaçon par offre de produits brevetés, contrefaçons attachées assez directement aux réseaux de distribution des produits couverts par brevet. Il est nécessaire, en cas d'utilisation des réseaux de communication en ligne constitutive d'une circonstance aggravante d'une contrefaçon de brevet, de distinguer ces faits des sanctions pénales spécifiques à la violation des réseaux. Troisième terrain d'aggravation des peines en cas de contrefaçon de brevet, il s'agit des risques attachés aux produits contrefaits, les marchandises dangereuses pour la santé, la sécurité de l'homme ou de l'animal. Il s'agit d'une vision de la contrefaçon en parfaite adéquation avec le droit pénal puisque le risque pour la société de l'atteinte à la propriété privée connaît une sanction spécifique. Dernière cause d'aggravation en droit pénal des brevets, prévue par l'article L. 615-14-1 C. propr. intell., elle vise les relations contractuelles. En effet, la loi aggrave la sanction si la contrefaçon est le fait d'un cocontractant du propriétaire du brevet. Ces contrefaçons sont possibles si le cocontractant d'un breveté dépasse les termes du contrat. L'article L. 615-14-1 C. propr. intell. prévoit un doublement des sanctions. Cette aggravation est certainement une traduction caricaturale du décalage entre la norme et la pratique. Il est usuel d'écarter l'action pénale en contrefaçon en propriété intellectuelle, notamment en droit des brevets, en expliquant ce comportement par la relation d'affaires qui existe entre les parties. Malgré cet usage, la loi prend le contrepied de cette solution et accroît la sanction pénale, il est évident que le recours à cette sanction accrue sera plus qu'exceptionnel. Il sera nécessaire, en cas d'action pénale en contrefaçon contre un cocontractant, de faire la part entre la faute contractuelle exclue du droit de la contrefaçon et la faute portant atteinte au bien intellectuel ouvrant la possibilité d'une action en contrefaçon.

Dernière incrimination spéciale du droit des brevets incluse dans le Code de la propriété intellectuelle, la contrefaçon de médicaments essentiels vise à préserver les intérêts de la santé publique. En ce sens, elle se rapproche d'une des causes d'aggravation de la contrefaçon générale. Elle présente l'intérêt de constituer une incrimination spéciale, autonome, imposant des conditions d'application différentes. L'article L. 613-17-2 C. propr. intell. établit l'incrimination de contrefaçon de médicament essentiel et renvoie à deux règlements de l'UE, le règlement n° 953/2003 du 26 mai 2003 et le règlement n° 816/2006 du 17 mai 2006, visant à éviter le détournement vers des pays de l'UE de certains médicaments essentiels. L'incrimination réside non plus dans une disposition de droit interne, mais dans une disposition de droit de l'UE à effet direct en France. Sont visés les médicaments essentiels pour améliorer la situation sanitaire de pays en voie de développement. Ces médicaments ne sont pas nécessairement appropriés par brevet, ils peuvent aussi être des médicaments génériques. Dans ce contexte, le législateur utilise une extension du droit pénal des brevets pour assurer l'étanchéité des réseaux de commercialisation.

1373. Pour qu'un contrefacteur soit reconnu pénalement responsable, il doit agir « sciemment », ce qui suppose un élément moral. La seule connaissance de l'existence du brevet ne semble pas suffir à cela, l'exigence de la connaissance de cause suppose la connaissance effective du caractère contrefaisant de l'objet litigieux, la simple connaissance de l'existence du brevet ne permet pas de caractériser la connaissance de cause. Il faut que le contrefacteur ait connaissance de la matérialité même de la contrefaçon. Cette connaissance de cause peut être présumée en fonction des circonstances, quand il existe des indices visibles permettant de suspecter une contrefaçon, le professionnel est présumé connaître le caractère contrefaisant du produit.

1374. Les sanctions pénales de la contrefaçon, si l'auteur de la contrefaçon est une personne physique, sont régulièrement renforcées par le législateur depuis une quinzaine d'années[159]. La sanction de droit commun pour le délit de contrefaçon est trois ans d'emprisonnement et 300 000 euros d'amende. En présence d'une contrefaçon de brevet commise en bande organisée, la peine pour le délit de contrefaçon est portée à cinq ans d'emprisonnement et à 500 000 euros d'amende. En cas de récidive ou si le délinquant est ou a été lié par convention avec la partie lésée, les peines encourues sont portées au double. Elles sont alors de six ans d'emprisonnement et de 600 000 euros d'amende. Les peines complémentaires ont été renforcées et systématisées pour la propriété intellectuelle dans le cadre du mouvement d'aggravation des sanctions pénales de la contrefaçon. Elles permettent une meilleure efficience de la sanction en libérant le marché des produits de contrefaçon et elles informent les tiers du comportement de l'auteur de la contrefaçon. Une peine complémentaire ne peut être prononcée que si le texte d'incrimination envisage cette éventualité. Elles s'ajoutent aux peines principales et elles sont spécifiques à la contrefaçon de brevet, le Code de la propriété intellectuelle ne se contentant pas de renvoyer pour ces peines complémentaires à l'article 131-10 du Code pénal. Il s'agit du retrait des produits, de leur destruction, de la publicité de la décision.

Pour les personnes morales, les sanctions pénales d'une contrefaçon sont définies par renvoi. L'article L. 615-14-3 C. propr. intell. retient que les personnes morales déclarées responsables pénalement, dans les conditions prévues par l'article 121-2 du Code pénal, de l'infraction définie à l'article L. 615-14 C. propr. intell., encourent l'amende suivant les modalités prévues par l'article 131-38 du Code pénal. Aux peines d'amendes, s'ajoutent, pour les personnes morales, une série de peines complémentaires spécifiques. Le législateur les identifie par renvoi tout en aménageant ses effets, et en ajoute certaines particulières pour la contrefaçon de brevet.

D Les obtentions végétales

1375. Le droit des obtentions végétales propose une approche pénale assez simple en cas d'atteinte aux droits de propriété. L'article L. 623-32 C. propr. intell. indique simplement que toute atteinte au droit de propriété telle que défini par l'article L. 623-4 C. propr. intell.[160] constitue un délit puni par une amende de 10 000 euros. Pas de prison, sauf si le délit est commis en bande

159. F. Stasiak, « Les sanctions de la contrefaçon », *CCE* 2009, Étude 1.
160. Voir *supra* nº 685 et s.

organisée (emprisonnement de six mois) ou si le prévenu a connu une condamnation pour un même délit durant les cinq années antérieures. L'amende est particulièrement plus légère que pour les autres titres de propriété intellectuelle. Le régime est le même pour le titre européen en application de l'article 22 du règlement 2100/94.

Reprenant la protection pénale de la procédure de délivrance du titre de propriété prévue par le droit des brevets, l'article L. 623-35 C. propr. intell. sanctionne d'une amende de 4 500 euros la divulgation et l'exploitation de la variété avant d'en avoir obtenu l'autorisation ou lorsque le bien fait l'objet d'une réquisition du ministre chargé de la défense.

E Les marques

1376. Au regard des peines retenues, le droit des marques distingue deux catégories d'atteintes à la propriété sanctionnées par le droit pénal[161].

1377. Une première catégorie de violation du droit de propriété est établie à l'article L. 716-9 C. propr. intell. Est constitutif d'un délit de contrefaçon, puni de quatre ans d'emprisonnement et de 400 000 euros d'amende, le fait, pour une personne qui a l'intention de vendre, d'offrir à la vente, de vendre ou de louer des marchandises (intention qui constitue un dol spécial au sens du droit pénal) incorporant une marque contrefaite[162], d'importer[163], d'exporter, de réexporter ou de transborder des marchandises présentées sous une marque contrefaisante. Dans le même cadre est sanctionné le fait, d'une part, de produire industriellement des marchandises présentées sous une marque contrefaisante et, d'autre part, de donner des instructions ou des ordres pour la commission de ces différents actes. Si ces actes sont commis en bande organisée la peine encourue est portée à cinq ans de prison et 500 000 euros d'amende. L'aggravation de la peine est étrangement moins prononcée que dans tous les autres cas du Code de la propriété intellectuelle Comme en droit des dessins et modèles, l'aggravation de la peine peut être retenue lorsque les faits portent sur des marchandises dangereuses pour la santé, la sécurité de l'homme ou de l'animal.

1378. La seconde catégorie d'atteintes au droit de propriété est regroupée aux articles L. 716-10 et L. 716-11 C. propr. intell. La peine retenue est celle de droit commun pour la propriété intellectuelle, soit trois ans d'emprisonnement et 300 000 euros d'amende, les délits visés à l'article L. 716-10 pouvant avoir une peine aggravée s'ils sont commis en bande organisée.

En application de ces dispositions, constitue un délit de contrefaçon le fait pour toute personne de détenir sans motif légitime, d'importer[164] ou d'exporter

161. Pour une étude générale du droit pénal des marques, H. Bonnard et G. Bloret-Pucci, « Contrefaçon de marques de fabrique, de commerce et de service », *Juris-Cl. Pénal des Affaires*, fasc. 10.

162. Par exemple, Cass. crim., 30 juin 2009, *Bull. crim.* n° 137. Toutefois, voir Cass. crim., 2 mai 2012, n° 11-84162, qui écarte la contrefaçon de marque en raison de l'absence de risque de confusion entre une marque automobile et la reproduction de celle-ci sur des jouets.

163. Par exemple, CA Paris, 30 janv. 2009, *PIBD* 2009, n° 893, III-926.

164. Cf. Cass. crim., 26 janv. 2005, n° 03-86854 ; pour que le délit soit constitué, il faut que la marque soit délivrée sur le territoire français : Cass. crim., 26 mars 2008, n° 05-17035.

des marchandises présentées sous une marque contrefaisante. Cette catégorie se distingue de la précédente par l'absence du dol spécial et la possibilité d'invoquer un motif légitime exonératoire de responsabilité. La même sanction, suivant les mêmes conditions, est retenue pour le fait d'offrir à la vente ou de vendre des marchandises présentées sous une marque contrefaisante. La Cour de cassation retient que ne justifie pas d'un motif légitime la personne qui détient des produits revêtus d'une marque contrefaite, achetés à l'étranger, pour les expédier à des parents ou des amis[165]. En revanche, constitue un motif légitime la détention en France de produits revêtus d'une marque contrefaite en vue de leur exportation vers un pays tiers où il n'est pas contesté qu'ils sont commercialisés licitement[166]. Cette solution n'est guère heureuse et semble en contradiction, d'une part, avec la lettre de l'article L. 716-10 et, d'autre part, avec la politique de lutte contre la contrefaçon en ce qu'elle protège la production sur le territoire français de contrefaçons dès lors que ces dernières sont exportées vers des pays où les titres de propriété intellectuelle en cause ne sont pas existants. Limiter la production sur le territoire national concourt aussi à la lutte contre la contrefaçon.

1379. L'article L. 716-10 vise deux catégories de comportements spécifiques. En premier lieu, le délit de contrefaçon est constitué par le fait de reproduire, d'imiter, d'utiliser, d'apposer, de supprimer, de modifier une marque, une marque collective ou une marque collective de certification en violation des droits du propriétaire du bien. Toute utilisation telle quelle ou dérivée du signe, entrant dans le périmètre de l'appropriation, constitue un délit pénal. Si la notion d'utilisation dans la vie des affaires n'est pas visée par le texte pénal, on peut considérer qu'elle intègre pleinement l'appréciation du domaine de l'appropriation, ce qui permet d'en tenir compte pour apprécier les infractions pénales. Il est impératif de laisser la marque telle qu'apposée par le titulaire sur le produit, la suppression de la marque est aussi une contrefaçon. Les actes de contrefaçon visés ne sont pas constitués lorsqu'un prescripteur de produits médicaux utilise un logiciel d'aide à la prescription utilisant des dénominations communes internationales selon les règles de bonne pratique prévues à l'article L. 161-38 du Code de la sécurité sociale. La marque est utilisée pour identifier un produit dans cette dénomination commune internationale.

Le délit de contrefaçon est constitué par le fait de livrer un produit ou de fournir un service autre que celui qui lui est demandé sous une marque enregistrée. Il s'agit d'actes de contrefaçon par substitution de produits, c'est-à-dire fournir à un client, contrairement à sa demande, un produit qui ne provient pas du titulaire de la marque. Cette incrimination permet de sanctionner notamment les ventes par l'intermédiaire de tableaux de correspondance[167]. Le législateur prévoit une exception à cette infraction dans le cadre de la substitution de médicament, faculté reconnue au pharmacien par l'article L. 5125-23 du Code de la santé publique.

165. Cass. crim., 30 mars 1994, *Bull. crim.*, n° 128.

166. Cass. com., 10 juill. 2007, *Bull. civ.* IV, n° 189, *RTD com.* 2007.714, obs. J. Azéma ; *Prop. Indust.* 2007, Étude 24, note M. Schaffner.

167. Cf. Cass. com., 27 janv. 1981, *Bull. civ.* IV, n° 53.

1380. L'article L. 716-11 ajoute aux délits déjà incriminés, l'usage quelconque d'une marque collective de certification enregistrée dans des conditions autres que celles prescrites au règlement accompagnant le dépôt, et la vente ou la mise en vente d'un produit revêtu d'une marque collective de certification irrégulièrement employée. Il est institué un délai de viduité de dix ans après le terme de l'appropriation de la marque collective de certification durant lequel l'usage d'une marque qui en constitue la reproduction ou l'imitation, pour vendre, mettre en vente, fournir ou offrir de fournir des produits ou des services sous une telle marque constitue aussi l'infraction de contrefaçon de marque. Le droit pénal sanctionne non plus l'atteinte à la propriété mais la probable tromperie, escroquerie, mise en œuvre par l'utilisation d'un tel signe distinctif. Cette solution s'applique aux marques syndicales.

§ 2. Les spécificités procédurales de la sanction pénale de la contrefaçon

1381. Comme l'action civile, l'action pénale en contrefaçon s'inscrit dans le droit commun de la procédure pénale qu'il n'y a pas lieu de développer. À l'image de l'action civile, quelques spécificités sont à relever.

La saisie-contrefaçon pratiquée par le titulaire de l'action en contrefaçon lui ouvre une option d'action au fond ; elle peut être utilisée pour organiser une action pénale et rapporter les preuves nécessaires au succès de celle-ci. Les spécificités tiennent principalement dans les pouvoirs de constatation, de saisie et de saisine.

1382. Pour les pouvoirs de constatation de la matérialité des actes délictueux, outre les procès-verbaux des officiers et agents de police judiciaire, l'article L. 331-2 C. propr. intell. donne une valeur aux constatations d'agents assermentés désignés selon les cas par le Centre national du cinéma et de l'image animée, par les organismes de défense professionnelle visés à l'article L. 331-1 C. propr. intell. et par les SPRD[168]. L'article L. 343-3 avalise les constatations d'agents assermentés désignés par les organismes professionnels de producteurs. Ces agents doivent être agréés par le ministre chargé de la culture.

1383. Un pouvoir spécifique de saisine est accordé au Centre national du cinéma et de l'image animée pour exercer les droits reconnus à la partie civile en ce qui concerne le délit de contrefaçon d'une œuvre audiovisuelle lorsque l'action publique a été mise en mouvement par le ministère public ou la partie lésée (art. L. 331-3 C. propr. intell.).

1384. Quant aux pouvoirs de saisie, le Code de la propriété intellectuelle accorde un pouvoir étendu de saisie aux officiers de police judiciaire. Les articles L. 335-1, L. 521-9 et L. 716-8-6 C. propr. intell. les autorisent à procéder, dès la constatation des infractions, à la saisie, respectivement, des

168. Sur la constitutionnalité de cette procédure, Cass. com., 12 juill. 2011, n° 11-40033.

phonogrammes et vidéogrammes reproduits illicitement, des exemplaires et objets fabriqués ou importés illicitement, de tout exemplaire, produit, appareil, dispositif, composant ou moyen portant atteinte aux mesures techniques de protection, ainsi qu'à la saisie des matériels spécialement installés en vue de tels agissements, des produits fabriqués, importés, détenus, mis en vente, livrés ou fournis illicitement et des matériels ou instruments spécialement installés en vue de tels agissements.

1385. Durant l'instruction, il est possible de prononcer des mesures avant dire droit engendrant la destruction des contrefaçons. La chambre criminelle a retenu que, « *pour confirmer l'ordonnance du juge d'instruction prescrivant la destruction des vêtements, présentés sous la marque contrefaite, saisis au cours de l'enquête et de l'information, à l'exception d'échantillons représentatifs des lots saisis, l'arrêt retient, notamment, que la détention de marchandises dont la commercialisation a été interdite par une décision judiciaire irrévocable est nécessairement illicite ; que les juges relèvent que la destruction ordonnée n'est de nature ni à empêcher la manifestation de la vérité ni à faire obstacle aux droits des parties lors de l'audience de jugement, des descriptions très précises des marchandises figurant au dossier et des échantillons de chaque lot d'articles contrefaits étant conservés sous scellés ; qu'ils ajoutent que le juge d'instruction a retenu, à juste titre, que cette destruction était de nature à limiter le coût des frais de justice lié à la conservation des vêtements* ». Elle ajoute qu'en « *l'état de ces énonciations, qui établissent, sans insuffisance ni contradiction, que la détention des biens meubles placés sous main de justice était illicite et que leur conservation n'était plus nécessaire à la manifestation de la vérité, la chambre de l'instruction, qui a répondu aux articulations essentielles du mémoire des demandeurs, a fait l'exacte application de l'article 99-2, alinéa 3, du Code de procédure pénale* »[169].

1386. Enfin, en droit des obtentions végétales, l'article L. 623-33 C. propr. intell. prévoit une limitation des conditions dans lesquelles l'action publique peut être engagée. Elle ne peut être exercée par le ministère public que sur plainte de la partie lésée. Toujours pour les COV, le tribunal correctionnel saisi ne peut statuer qu'après que la juridiction civile a constaté la réalité du délit par une décision passée en force de chose jugée. Les exceptions tirées par le défenseur de nullité du certificat d'obtention ou des questions relatives à la propriété dudit certificat ne peuvent être soulevées que devant la juridiction civile. L'action pénale est particulièrement réduite.

1387. Suivant le cadre processuel commun, l'opportunité de l'action appartient au ministère public qui peut agir sur la base de la seule constatation des faits sans constitution de partie civile[170]. Toutefois, il faut constater, en droit de la propriété intellectuelle, que le ministère public n'engage pas d'action à sa propre initiative, *de facto*, les poursuites pénales pour contrefaçon n'étant diligentées que sur plainte avec constitution de partie civile. Cette tiédeur du ministère public peut s'expliquer par plusieurs facteurs, notamment les risques

169. Cass. crim., 11 févr. 2009, *Bull. crim.* n° 35.
170. B. Bouloc, *Procédure pénale*, 23e éd., Dalloz, 2012, n° 534 et s.

attachés à l'action en justice fondée sur un titre de propriété intellectuelle pouvant emporter, à terme, l'annulation du titre de propriété. Dès lors que l'instruction n'est pas obligatoire, ce qui est le cas pour le délit de contrefaçon, la victime de la contrefaçon peut employer la procédure de la citation directe pour saisir le tribunal correctionnel, déclenchant ainsi le procès à son initiative dans les conditions des articles 389 à 392-1 et 550 à 566 du Code de procédure pénale. La citation directe doit comporter dans ses motifs un exposé détaillé des faits reprochés et viser le texte de loi qui les réprime. Cette description des faits peut en particulier avoir été facilitée grâce aux mesures avant dire droit qui peuvent avoir été diligentées. Ainsi, sur la base des informations recueillies par le biais d'une saisie-contrefaçon, le propriétaire d'un bien intellectuel peut engager une action pénale dans le cadre d'une procédure de citation directe.

Le législateur a depuis plusieurs années développé pour la propriété intellectuelle des juridictions spécialisées. La doctrine a soutenu que compte tenu de la généralité des termes de la loi, la compétence d'attribution devait être appliquée aussi au contentieux pénal[171]. La jurisprudence dominante[172], suivie par la circulaire de la Chancellerie (Circulaire du 11 avril 2008 relative aux aspects pénaux de la loi n° 2007-1544), considérait que le contentieux pénal de la propriété intellectuelle devait être attribué aux juridictions pénales sans égard à la spécialisation des tribunaux dans leur formation civile. L'article 196 de la loi n° 2011-525 sur la simplification et l'amélioration de la qualité du droit du 17 mai 2011 a validé cette interprétation[173]. Cette solution ne semble guère cohérente, il n'y a aucune justification permettant de penser que le juge doit être plus spécialisé pour le contentieux civil que pour le contentieux pénal. Ainsi lorsque la procédure repose sur le fondement pénal du délit de contrefaçon, les règles de compétence de droit commun en matière de procédure pénale s'appliquent. Sous réserve des dispositions de l'article 704 du Code de procédure pénale, le tribunal compétent en matière pénale est déterminé suivant les dispositions de l'article 382 du Code de procédure pénale, à savoir le tribunal du domicile ou du lieu de résidence du prévenu ou le tribunal du lieu de commission du délit[174].

§ 3. La répression pénale de la contrefaçon

1388. La sanction de droit commun pour le délit de contrefaçon est trois ans d'emprisonnement et 300 000 euros d'amende avec alourdissement de la peine, portée à cinq ans d'emprisonnement et à 500 000 euros d'amende, en cas de délit commis en bande organisée comme nous l'avons envisagé. Le législateur prévoit quelques peines complémentaires et renvoie aux méthodes du droit civil

171. J.-C. Galloux et J. Azéma, *Propriété industrielle*, *op. cit.*, n° 1768.
172. Cass. crim., 19 juin 2013 ; *PIBD* 2013, n° 992, III-1473 ; *Prop. Indust.* 2013, comm. 87, note P. Tréfigny.
173. J.-C. Galloux, « Compétence d'attribution du contentieux de la propriété intellectuelle », *RTD com.* 2011. 531 ; C. Le Stanc, « Spécialisation des juridictions de propriété intellectuelle : le juge pénal n'en a cure », *Prop. Indust.* 2013, repère 10.
174. B. Bouloc, *Procédure pénale*, 23e éd., Dalloz, 2012, n° 542.

pour l'évaluation des dommages et intérêts. Il faut distinguer la répression de la contrefaçon avec ou sans recours aux réseaux de télécommunication (pour ce dernier cas, voir *infra*, la HADOPI).

1389. En premier lieu, si le contrefacteur est une personne physique, il peut être condamné, à ses frais, à retirer des circuits commerciaux les objets contrefaisants et toute chose qui a servi ou était destinée à commettre l'infraction. Il supporte les frais de la destruction ou de la remise à la partie lésée des objets et choses retirés des circuits commerciaux ou confisqués, sans préjudice de tous dommages et intérêts, et les frais de l'affichage ou la diffusion du jugement prononçant la condamnation (art. L. 343-5, L. 521-11, L. 615-14-2, L. 623-32-1 et L. 716-13 C. propr. intell.). Le Code de la propriété intellectuelle ajoute pour les infractions visées au Livre III du Code de la propriété intellectuelle la possibilité pour le juge de prononcer la confiscation de tout ou partie des recettes procurées par l'infraction ainsi que celle de tous les phonogrammes, vidéogrammes, objets et exemplaires contrefaisants ou reproduits illicitement ainsi que du matériel spécialement installé en vue de la réalisation du délit.

En cas de récidive ou si le délinquant est lié par convention avec la partie lésée, les peines encourues sont portées au double. En plus, le coupable peut être privé pendant un temps qui n'excédera pas cinq ans du droit d'élection et d'éligibilité pour les tribunaux de commerce, les chambres de commerce et d'industrie et les chambres de métiers, ainsi que pour les conseils de prud'hommes (art. L. 343-7, L. 521-13, L. 615-14-1, et L. 716-12 C. propr. intell.).

1390. En deuxième lieu, si le contrefacteur est une personne morale, celle-ci est pénalement responsable dans les conditions de l'article 121-2 CP, outre les sanctions spécifiques de la propriété intellectuelle, elle encourt l'amende prévue par l'article 131-38 CP, et les peines prévues par l'article 131-39 du même code. Dans ce cas, l'interdiction, à titre définitif ou pour une durée de cinq ans au plus, d'exercer directement ou indirectement une ou plusieurs activités, mentionnée au 2° de l'article 131-39 CP, ne porte que sur l'activité dans l'exercice ou à l'occasion de l'exercice de laquelle l'infraction a été commise. La personne morale peut être condamnée, à ses frais, à retirer des circuits commerciaux les objets jugés contrefaisants et toute chose qui a servi ou était destinée à commettre l'infraction. Enfin, le juge peut lui imposer de supporter les frais de destruction ou la remise à la partie lésée des objets et choses retirés des circuits commerciaux ou confisqués, sans préjudice de tous dommages et intérêts (art. L. 335-8, L. 343-6, L. 521-12, L. 615-14-3, L. 623-32-2 et L. 716-11-2 C. propr. intell.).

1391. À l'exclusion (surprenante) de la contrefaçon de brevets, le juge peut ordonner la fermeture totale ou partielle, définitive ou temporaire, pour une durée au plus de cinq ans, de l'établissement ayant servi à commettre l'infraction. La fermeture temporaire n'entraîne ni rupture, ni suspension du contrat de travail, ni aucun préjudice pécuniaire à l'encontre des salariés concernés. Lorsque la fermeture définitive impose le licenciement du personnel, elle donne lieu, en dehors de l'indemnité de préavis et de l'indemnité de licenciement, aux dommages et intérêts prévus par le Code du travail en cas de rupture de contrat de travail. Le non-paiement de ces indemnités est puni de six mois d'emprisonnement et de 3 750 euros d'amende (art. L. 335-5, L. 521-10 et L. 716-11-1 C. propr. intell.).

Section 3
La quasi-contrefaçon

1392. Outre l'action en contrefaçon, le contentieux attaché aux biens intellectuels est marqué par des liens avec des questions connexes, en particulier la concurrence déloyale et le parasitisme. La part du domaine de chaque action est parfois délicate à déterminer, des signes d'une contestation du domaine public pouvant parfois être perçus dans ces voies de droit. En marge aussi, *stricto sensu*, du droit de la contrefaçon, on trouve le régime des indications et appellations d'origine. S'il ne s'agit pas de biens intellectuels, le respect de ces éléments distinctifs reprend largement les mécanismes du droit de la contrefaçon. Surtout, ces dernières années, la quasi-contrefaçon a pris une tournure particulière pour le droit d'auteur et les droits voisins. L'avènement des mesures techniques de protection et d'information, puis la création de la HADOPI[175] et l'intégration d'un mécanisme de sanctions graduées pour lutter contre la contrefaçon en ligne ont modifié sensiblement le paysage de la quasi-contrefaçon.

§ 1. La Haute Autorité pour la diffusion des œuvres et la protection des droits sur Internet

1393. Afin d'organiser une lutte contre la contrefaçon massive des œuvres audiovisuelles et musicales par Internet, le législateur a préféré écarter l'application du droit commun de la contrefaçon, droit civil ou droit pénal, pour mettre en place une procédure de sanction *ad hoc* pour certaines pratiques. Ce choix légal, peu opportun en ce qu'il discrédite la propriété et qu'il laisse entendre que certaines contrefaçons seraient moins graves que d'autres, notamment du fait de leur caractère massif (!), s'est accompagné de la création d'une nouvelle autorité administrative indépendante, la Haute Autorité pour la diffusion des œuvres et la protection des droits sur internet (HADOPI), chargée de mettre en œuvre cette action à la fois préventive et répressive[176].

La légalité de la HADOPI ayant été confirmée par le Conseil constitutionnel, ses opposants ont poursuivi leur travail de contestation en formant des requêtes contre les décrets d'application[177] adoptés pour mettre en œuvre le dispositif

175. Sur la construction chaotique de la HADOPI, cf. V. Bernard et L. Gay, *D.* 2010, p. 1509 et s., Panorama Droit constitutionnel.

176. C. Geiger, « "HADOPI", ou quand la répression devient pédagogique – Une analyse critique du dispositif juridique de lutte contre le téléchargement sur les réseaux "de pair à pair" », *D.* 2011, p. 773 ; P. Sirinelli, *RIDA* n° 231, janv. 2012, chron. de jurisp. p. 185.

177. Le décret n° 2009-1773, 29 déc. 2009, relatif à l'organisation de la Haute Autorité pour la diffusion des œuvres et la protection des droits sur Internet ; le décret n° 2010-236, 5 mars 2010, relatif au traitement automatisé des données à caractère personnel autorisé par l'art. L. 331-29 du Code de la propriété intellectuelle dénommé « Système de gestion des mesures pour la protection des œuvres sur Internet », et le décret n° 2010-872, 26 juill. 2010, relatif à la procédure devant la commission de protection des droits de la HADOPI.

légal. Ces requêtes furent toutes rejetées par le Conseil d'État[178]. Saisi de trois recours introduits par les sociétés *Apple Inc*, *I Tunes* et *French Data Network*, le Conseil d'État valide la procédure au regard de la Convention EDH. Il rappelle que les recommandations qu'adresse la commission de protection des droits de la HADOPI n'ont aucun caractère de sanction ni d'accusation. Il confirme que le juge judiciaire est le garant du système, c'est-à-dire qu'il n'y aura, en cas de récidive de téléchargement illégal, qu'un procès devant ce juge, et non un contentieux au fur et à mesure des lettres d'avertissement. En effet, les recommandations adressées par la commission de protection des droits n'étant pas des sanctions, elles ne pourront pas faire l'objet d'un contentieux devant le juge administratif. Si les pratiques de téléchargement illégal se renouvellent et que la HADOPI en saisit le juge pénal, la personne concernée pourra, devant ce juge, contester les faits relevés dans les lettres d'avertissement.

A Mission et organisation

1394. Les missions confiées à la HADOPI sont variées et s'accroissent. Il eût été opportun de réunir dans les compétences de cette autorité celles de l'article L. 311-5 C. propr. intell. afin de simplifier l'organisation de l'administration de la propriété littéraire et artistique. La HADOPI a une mission d'encouragement au développement de l'offre légale, ce qui reste très passif, les opérateurs économiques étant les seuls à même de faire évoluer cette question. Elle a une mission d'observation de l'utilisation licite et illicite des œuvres et des objets auxquels est attaché un droit d'auteur ou un droit voisin sur les réseaux de communications électroniques utilisés pour la fourniture de services de communication au public en ligne. Ce travail de veille devrait permettre de suivre l'évolution des pratiques de contrefaçon, mais ne permettra pas de lutter efficacement contre ces pratiques. Ces missions sont la traduction du volet préventif de la loi. Au titre de cette mission la HADOPI publie chaque année des indicateurs et rend compte du développement de l'offre légale dans son rapport annuel. Elle attribue aux offres proposées un label permettant aux usagers de ce service d'identifier clairement le caractère légal de ces offres, et veille à la mise en place, à la mise en valeur et à l'actualisation d'un portail de référencement de ces mêmes offres. Elle doit apprécier les expérimentations conduites dans le domaine des technologies de reconnaissance des contenus et de filtrage par les concepteurs de ces technologies, les titulaires de droits sur les œuvres et objets protégés et les fournisseurs d'accès Internet. Cette mission conduit à suivre l'évolution des moyens techniques employés pour réaliser les contrefaçons en ligne.

Cette mission préventive impose que les contrats conclus entre les fournisseurs d'accès Internet et leurs abonnés mentionnent, de façon claire et lisible, les dispositions de l'article L. 336-3 sanctionnant la contrefaçon et les mesures prises par la commission de protection. Ces contrats doivent indiquer les sanctions pénales et civiles encourues en cas de violation des droits d'auteur et des droits voisins. Enfin, les fournisseurs d'accès doivent informer leurs abonnés de

178. CE, 19 oct. 2011, 10e et 9e et s.-sect., *Sté Apple Inc et Société I-Tunes Sarl*, n° 339154 ; CE, 19 oct. 2011, 10e et 9e et s.-sect., n° 339279 ; CE, 19 oct. 2011, 10e et 9e et s.-sect., n° 342405, *French Data Network* ; *CCE* 2012, comm. 3, obs. C. Caron.

l'existence de moyens de sécurisation permettant de prévenir la contrefaçon et des dangers de celle-ci pour le renouvellement de la création artistique et pour l'économie du secteur culturel.

Ensuite, la HADOPI a une mission de protection des œuvres et objets à l'égard des contrefaçons commises sur Internet. Cette mission constitue le nœud de cette innovation législative et elle doit permettre d'engager une action efficace contre la contrefaçon.

Enfin, elle assure la régulation et la veille dans le domaine des mesures techniques de protection et d'identification des œuvres et des objets protégés par un droit d'auteur ou par un droit voisin.

1395. Pour remplir ces missions, la HADOPI est composée d'un collège et d'une commission de protection des droits, le président du collège étant le président de l'autorité. Les décisions des deux organes de la HADOPI sont prises à la majorité des voix. Au sein du collège, la voix du président est prépondérante en cas de partage égal des voix. Les fonctions de membre du collège et de membre de la commission de protection des droits sont incompatibles. Les missions de la HADOPI, sauf disposition législative contraire, sont exercées par le collège, composé de neuf membres, dont le président, nommés pour une durée de six ans par décret, indépendants. Leur mandat n'est ni révocable, ni renouvelable.

La commission de protection des droits, instaurée pour répondre à la censure du Conseil constitutionnel dans sa décision 2009-580 du 10 juin 2009, est chargée de prononcer les sanctions contre les contrefacteurs. Elle est composée de trois membres : un membre en activité du Conseil d'État, un membre en activité de la Cour de cassation et un membre en activité de la Cour des comptes, trois magistrats en activité nommés par décret pour une durée de six ans. Leur mandat de membre n'est ni révocable, ni renouvelable. Pour l'exercice de ses attributions, la commission dispose d'agents publics assermentés habilités par le président de la Haute Autorité. Les membres de la commission de protection des droits et ces agents reçoivent les saisines, procèdent à l'examen des faits et peuvent, pour les nécessités de la procédure, obtenir tous documents, quel qu'en soit le support, y compris les données conservées et traitées par les opérateurs de communications électroniques. Ils peuvent obtenir des opérateurs de communications électroniques l'identité, l'adresse postale, l'adresse électronique et les coordonnées téléphoniques de l'abonné dont l'accès à des services de communication au public en ligne a été utilisé pour réaliser la contrefaçon. Enfin, les membres de la commission comme les agents habilités et assermentés devant l'autorité judiciaire, peuvent constater les contrefaçons lorsqu'elles sont punies de la peine complémentaire de suspension de l'accès à un service de communication au public en ligne[179].

B Procédure de sanction des contrefaçons en ligne

1396. Alors que la mise en ligne ou le téléchargement de biens intellectuels sans l'autorisation préalable du titulaire des droits est une contrefaçon, le

179. Voir *infra* n° 1402.

législateur en fait une quasi-contrefaçon dont la sanction est principalement orchestrée par la HADOPI.

1. La prévention et l'encadrement de la contrefaçon

1397. Créant un nouveau chapitre dans le Livre III du Code de la propriété intellectuelle, le législateur tente d'imposer la prévention du téléchargement et de la mise à disposition illicites de biens intellectuels aux articles L. 336-1 et suivants.

1398. La première mesure préventive vise les outils de la contrefaçon : les logiciels et les accès Internet. Lorsqu'un logiciel est principalement utilisé pour la mise à disposition illicite de biens intellectuels, le président du TGI, statuant en référé, peut ordonner sous astreinte toutes mesures nécessaires à la protection de ce droit et conformes à l'état de l'art. Les mesures ordonnées ne peuvent avoir pour effet de dénaturer les caractéristiques essentielles ou la destination initiale du logiciel. Les dispositions relatives à la saisie-contrefaçon de logiciel son applicables dans cette hypothèse.

Pour l'accès Internet, l'abonné a l'obligation de veiller à ce que son accès ne fasse pas l'objet d'une utilisation à des fins de reproduction, de représentation, de mise à disposition ou de communication au public d'œuvres ou d'objets protégés par un droit d'auteur ou par un droit voisin sans l'autorisation des titulaires des droits, c'est-à-dire ne soit pas utilisé pour diffuser des contrefaçons. Ce manquement, qui pourrait être analysé comme la fourniture des moyens de l'infraction constituant une complicité de contrefaçon au sens pénal du terme, est sanctionné de façon limitée. La loi indique qu'il n'a pas pour effet d'engager la responsabilité pénale de l'intéressé, hors la sanction de suspension de l'accès à Internet.

1399. Dans un deuxième temps, on passe des outils aux biens contrefaits. En présence d'une contrefaçon de biens intellectuels occasionnée par le contenu d'un service de communication au public en ligne, le TGI, statuant le cas échéant en la forme des référés, peut ordonner à la demande des propriétaires des biens, de leurs ayants droit, des SPRD ou des organismes de défense professionnelle, toutes mesures propres à prévenir ou à faire cesser une telle contrefaçon, à l'encontre de toute personne susceptible de contribuer à y remédier. Enfin, toujours pour prévenir la contrefaçon, une nouvelle obligation d'information est instituée. En contradiction flagrante avec l'adage essentiel à l'efficience de la norme « *nul n'est censé ignorer la loi* », l'article L. 336-4 C. propr. intell. prévoit que les caractéristiques essentielles de l'utilisation légale d'un bien intellectuel mis à disposition par un service de communication au public en ligne, doivent être portées à la connaissance de l'utilisateur d'une manière facilement accessible. Cette information est communiquée dans les mêmes conditions que celles relatives aux mesures techniques de protection et conformément à l'article L. 111-1 du Code de la consommation. Le consumérisme s'invite de plain-pied dans le droit de propriété.

2. L'action de la HADOPI

1400. Dans le cadre de sa mission de protection des œuvres, la commission de protection des droits agit sur saisine d'agents assermentés et agréés par les organismes de défense professionnelle régulièrement constitués, les SPRD, ou le Centre national de la cinématographie. Elle peut également agir sur la base d'informations qui lui sont transmises par le procureur de la République. Un délai de forclusion stricte est attaché à la saisine de la commission, puisqu'elle ne peut être saisie de faits remontant à plus de six mois. Ce délai de forclusion joue en pratique comme un délai de prescription, en l'espèce particulièrement bref.

Une fois saisie de faits susceptibles de constituer une contrefaçon, la commission de protection des droits peut envoyer à l'abonné[180] par la voie électronique et par l'intermédiaire du fournisseur d'accès Internet du contrefacteur, une recommandation lui rappelant les dispositions de l'article L. 336-3, lui enjoignant de respecter l'obligation qu'elles définissent et l'avertissant des sanctions encourues en application des articles L. 335-7 et L. 335-7-1. La commission jouit d'un pouvoir d'opportunité, elle décide au cas par cas d'adresser cette recommandation, sans aucun caractère automatique dans sa mise en œuvre. Il y a une première étape d'appréciation de l'opportunité de lutter contre telle ou telle atteinte à la propriété d'autrui. En conformité avec le volet préventif de la mission de la HADOPI, la recommandation contient une information sur l'offre légale de contenus culturels en ligne, sur l'existence de moyens de sécurisation permettant de prévenir les contrefaçons ainsi que sur les dangers qu'elles représentent pour le renouvellement de la création artistique et pour l'économie du secteur culturel. La répression peut en rester là si le contrefacteur obtempère et ne renouvelle pas les actes dénoncés.

1401. Dans un deuxième temps, en cas de renouvellement, dans un délai de six mois à compter de l'envoi de la recommandation, de faits de contrefaçon, la commission peut adresser une nouvelle recommandation comportant les mêmes informations que dans la première. Elle doit assortir cette recommandation d'une lettre remise contre signature ou de tout autre moyen propre à établir la preuve de la date de présentation de cette recommandation. La mise en œuvre de cette deuxième étape est, d'une part, soumise au même pouvoir d'appréciation de la commission que la première et, d'autre part, est encadrée dans un délai bref de six mois. Passé ce délai, le nouvel acte ne peut permettre que d'engager une procédure nouvelle, en la reprenant *ab initio*.

Dans les deux cas, afin de permettre d'exercer les droits de la défense, les recommandations mentionnent la date et l'heure auxquelles les faits susceptibles de constituer une contrefaçon ont été constatés. Elles n'ont pas à divulguer le contenu des biens intellectuels concernés, elles indiquent les coordonnées téléphoniques, postales et électroniques où leur destinataire peut adresser des

180. Pour la gestion de cette procédure, voir décret n° 2011-264, 11 mars 2011, modifiant le décret n° 2010-236, 5 mars 2010, relatif au traitement automatisé de données à caractère personnel autorisé par l'art. L. 331-29 du Code de la propriété intellectuelle dénommé « Système de gestion des mesures pour la protection des œuvres sur internet », *JORF*, 13 mars 2011, p. 4561. Cf. C. Geiger, « HADOPI, ou quand la répression devient pédagogique », *D.* 2011, p. 773.

observations à la commission de protection des droits et obtenir, s'il en formule la demande expresse, des précisions sur la contrefaçon qui lui est reprochée.

1402. Si au plus tard un an après avoir reçu la seconde recommandation, l'abonné n'a pas sécurisé son accès Internet et que ce dernier est toujours utilisé pour réaliser des contrefaçons en ligne, il sera possible de constater une négligence caractérisée. Dans ce cas, suivant les dispositions de l'article L. 335-7 C. propr. intell., les personnes coupables des infractions peuvent être condamnées à une amende de cinquième catégorie et à la peine complémentaire de suspension de l'accès à un service de communication au public en ligne pour une durée maximale d'un an, assortie de l'interdiction de souscrire pendant la même période un autre contrat portant sur un service de même nature auprès de tout opérateur. Lorsque ce service est acheté selon des offres commerciales composites incluant d'autres types de services, tels que services de téléphonie ou de télévision, les décisions de suspension ne s'appliquent pas à ces services. La sanction est renforcée par le fait que la suspension de l'accès à Internet n'affecte pas, par elle-même, le versement du prix de l'abonnement au fournisseur du service. Les frais d'une éventuelle résiliation de l'abonnement au cours de la période de suspension doivent être supportés par l'abonné. La mise en œuvre de cette peine complémentaire se fait par le biais de la HADOPI qui adopte pour ce faire une ordonnance pénale. Une fois la décision sanctionnant la contrefaçon exécutoire, la peine complémentaire est portée à la connaissance de l'autorité qui la notifie au fournisseur d'accès Internet afin qu'il la mette en œuvre, dans un délai de quinze jours au plus à compter de la notification. Si ce dernier ne s'exécute pas, il encourt une amende maximale de 5 000 euros. Cette sanction complémentaire peut être prononcée, suivant l'article L. 335-7-1 C. propr. intell., en cas de négligence caractérisée de la part d'un titulaire d'un accès Internet. Un décret du 26 juin 2010 précise la notion de négligence caractérisée en insérant dans le Code de la propriété intellectuelle un nouvel article R. 335-5[181]. Au sens de ce texte, constitue une négligence caractérisée, punie de l'amende prévue pour les contraventions de la cinquième classe, le fait, sans motif légitime, pour la personne titulaire d'un accès à des services de communication au public en ligne, soit de ne pas avoir mis en place un moyen de sécurisation de cet accès, soit d'avoir manqué de diligence dans la mise en œuvre de ce moyen. Toutefois, pour que cette négligence puisse être sanctionnée, il faut que deux conditions cumulatives soient réunies. D'une part, en application de l'article L. 331-25 et dans les formes prévues par cet article, le titulaire de l'accès s'est vu recommander par la commission de protection des droits de mettre en œuvre un moyen de sécurisation de son accès pour éviter les contrefaçons. D'autre part, dans l'année suivant la présentation de cette recommandation, cet accès est à nouveau utilisé aux fins de contrefaçons en ligne.

Le Code de la propriété intellectuelle ajoute que le fait pour la personne condamnée à cette peine complémentaire de ne pas respecter l'interdiction de souscrire un autre contrat d'abonnement à un accès Internet pendant la durée de la suspension est puni d'une amende d'un montant maximal de

181. Décret n° 2010-695, 25 juin 2010, instituant une contravention de négligence caractérisée protégeant la propriété littéraire et artistique sur internet, *JORF* 26 juin 2010, p. 11536.

3 750 euros, cette sanction s'applique aussi en peine complémentaire de l'article R. 335-3 C. propr. intell. Pour prononcer cette peine complémentaire, le juge prend en considération les circonstances et la gravité de l'infraction ainsi que la personnalité de son auteur, et notamment l'activité professionnelle ou sociale de celui-ci, ainsi que sa situation socio-économique. La durée de la peine prononcée doit concilier la protection des droits de la propriété intellectuelle et le respect du droit de s'exprimer et de communiquer librement, notamment depuis son domicile. Ces précisions du Code de la propriété intellectuelle sont superflues, voire polluantes, tant le principe de la personnalisation des peines est fondamental en droit pénal[182].

§ 2. Les mesures techniques de protection et d'information

1403. Mesures phares de la loi DADVSI pour lutter contre la contrefaçon, les mesures techniques, dans leur principe issu de la directive 2001/29, doivent permettre aux exploitants des biens intellectuels d'intégrer dans les supports des solutions techniques limitant ou supprimant les possibilités de copier le bien intellectuel incorporé. Le régime s'applique de la même façon pour les droits de producteur de bases de données (art. L. 342-3-1 C. propr. intell.). La mesure ne modifie pas l'œuvre mais la liberté d'usage du support. Il faut procéder en trois temps pour aborder ces mesures : leur nature, leur encadrement et les sanctions en cas de violation.

A La nature des mesures techniques

1404. Les mesures techniques doivent empêcher la copie d'un bien intellectuel à partir de son support de diffusion.

1. La notion

1405. L'article L. 331-5 C. propr. intell. retient qu'il est possible de recourir à toute mesure technique efficace destinée à empêcher ou à limiter les utilisations non autorisées par les propriétaires d'un droit d'auteur ou d'un droit voisin d'un bien intellectuel, autre qu'un logiciel, d'une interprétation, d'un phonogramme, d'un vidéogramme ou d'un programme. Ces mesures techniques sont protégées en tant que telles, un arsenal répressif étant instauré en cas de contournement ou de violation.

1406. Une mesure technique est toute technologie, dispositif, composant qui, dans le cadre normal de son fonctionnement, accomplit une fonction de protection du bien intellectuel contre les utilisations non autorisées. Elles sont réputées efficaces lorsqu'une utilisation est contrôlée par les titulaires de droits grâce à l'application d'un code d'accès, d'un procédé de protection tel que le cryptage, le brouillage ou toute autre transformation de l'objet de la protection

182. F. Desportes et F. Le Gunehec, *op. cit.*, n° 933 et s.

ou d'un mécanisme de contrôle de la copie qui atteint cet objectif de protection. L'efficacité est appréhendée par le législateur essentiellement comme une fiction, conscient qu'il n'y a pas de moyen parfait ; il en fournit des illustrations pour permettre une interprétation téléologique de cette notion. Il est ajouté, pour préciser la notion de mesures techniques, qu'un protocole, un format, une méthode de cryptage, de brouillage ou de transformation n'en constitue pas une. Seule une mise en œuvre effective dans un support engendre une mesure technique.

L'utilisation d'une mesure technique est décidée par le titulaire des droits d'exploitation. Ce dernier peut assigner à ces mesures des objectifs variables, dont simplement l'effet de limiter le nombre de copies pouvant être effectué. Cette possibilité fut analysée comme liberticide, et le législateur l'a entourée d'une série de réserves.

1407. Une seconde catégorie de mesures techniques est proposée, il s'agit de mesures d'information, éventuellement de tatouage des biens intellectuels. Il est possible, suivant l'article L. 331-11 C. propr. intell., d'inclure des informations sous forme électronique concernant le régime des droits afférents à un bien intellectuel, autre qu'un logiciel. Ces informations sous forme électronique sont toute information fournie par un titulaire de droits qui permet d'identifier le bien et son propriétaire, toute information sur les conditions et modalités d'utilisation du bien, ainsi que tout numéro ou code représentant tout ou partie de ces informations. Elles permettent d'identifier une œuvre, elles devraient, à l'avenir, être le socle d'une gestion collective automatisée.

Ces informations sont protégées dans les mêmes conditions que les mesures techniques anti-copie, lorsque l'un des éléments d'information, numéros ou codes est joint à la reproduction ou apparaît en relation avec la communication au public du bien intellectuel qu'il concerne.

2. Les restrictions à l'usage des mesures techniques

1408. Les restrictions avancées par le législateur doivent prévenir un abus de propriété de la part du propriétaire des biens intellectuels et préserver les intérêts de l'éventuel copiste. Elles visent à encadrer le recours par l'exploitant à celles-ci. Les exploitants doivent prendre les dispositions utiles pour que leur mise en œuvre des mesures techniques ne prive pas les utilisateurs de quelques exceptions visées au 2° de l'article L. 331-31 de leur exercice effectif (les exceptions 7° et 8° de l'article L. 122-5 C. propr. intell. principalement). Cela engendre une nouvelle intrusion du droit de la consommation dans le droit de la propriété puisque les exploitants doivent, de façon paradoxale, s'efforcer de définir ces mesures en concertation avec les associations de consommateurs. L'exercice de la propriété ne relève plus du choix du propriétaire ! Le législateur admet heureusement que, dans la mesure où la technique le permet, il est possible de subordonner le bénéfice effectif de ces exceptions à un accès licite au bien intellectuel ou son support et de veiller à ce qu'elles n'aient pas pour effet de porter atteinte à son exploitation normale ni de causer un préjudice injustifié aux intérêts légitimes du titulaire de droits sur le bien intellectuel, reprenant les critères du triple test[183]. Les éditeurs et les distributeurs de services de télévision ne peuvent recourir à des mesures techniques qui auraient pour effet de priver le public du bénéfice de l'exception pour copie privée, y compris sur un support et dans un format numérique. Cette limite est d'autant plus intéressante qu'elle est doublement contrôlée : par la HADOPI et par le Conseil supérieur de l'audiovisuel auquel l'article L. 331-9 donne mission de veiller au respect de ces obligations.

1409. Les restrictions au recours aux mesures techniques de protection sont encore de bien d'autres natures. L'interopérabilité interdit les mesures techniques qui empêcheraient la mise en œuvre effective de celle-ci, les fournisseurs de mesures techniques devant donner accès aux informations essentielles à l'interopérabilité. Les mesures techniques ne peuvent pas plus s'opposer au libre usage des biens intellectuels dans les limites des droits prévus par le Code de la propriété intellectuelle, et ceux accordés par les détenteurs de droits, cela sans préjudice des dispositions de l'article L. 122-6-1 C. propr. intell. relatives aux conditions d'utilisation d'un logiciel. Les mesures techniques ne doivent pas contrecarrer (art. L. 331-6 C. propr. intell.) le bénéfice de l'exception pour copie privée ; cette limite pourrait être le cheval de Troie qui priverait les exploitants du recours à des mesures techniques interdisant toutes copies. Il y a une dénaturation de l'article L. 122-5 C. propr. intell. transformant insidieusement une exception à l'autorisation préalable d'utilisation en droit de l'utilisateur du bien intellectuel.

L'intégration des mesures techniques fut l'objet d'un contentieux notoire à propos de la distribution en DVD du film *Mulholland Drive*. Afin de garantir une bonne information des acquéreurs ou utilisateurs de support, l'article L. 331-10 impose que les conditions d'accès à la lecture d'une œuvre, et les limitations susceptibles d'être apportées au bénéfice de l'exception pour copie privée face à la mise en œuvre d'une mesure technique de protection soient portées à la connaissance de l'utilisateur.

B L'encadrement par la HADOPI

1410. La troisième mission de la HADOPI est une mission de régulation et de veille des mesures techniques de protection et d'identification des biens intellectuels appropriés par droit d'auteur ou droits voisins. Cette mission est exposée aux articles L. 331-31 et suivants C. propr. intell. L'autorité veille à ce que les mesures techniques n'aient pas pour conséquence, du fait de leur incompatibilité mutuelle ou de leur incapacité à interopérer, d'entraîner dans l'utilisation d'une œuvre des limitations supplémentaires et indépendantes de celles expressément décidées par le propriétaire d'un bien intellectuel autre qu'un logiciel ou par le titulaire d'un droit voisin. Elle assure le contrôle du respect de l'interopérabilité, facteur essentiel pour l'admission par le grand public de ces mesures. En pratique, cela engendre une perte de concurrence entre les opérateurs puisque celle-ci ne peut se faire au travers de choix techniques. L'interopérabilité devient un mirage de la consommation de masse

183. Voir *supra* n° 178 et s.

entretenant une rente de situation pour les opérateurs et limitant leur intérêt à investir pour développer de nouvelles solutions techniques. La veille permet à l'autorité de s'assurer que les mesures techniques n'ont pas pour effet de priver les bénéficiaires des exceptions des articles L. 122-5, L. 211-3, L. 342-3 et L. 331-4 C. propr. intell. Elle s'assure que ces mesures ne privent pas les personnes bénéficiaires de l'exception de reproduction à des fins de collecte, de conservation et de consultation sur place. Toute personne bénéficiaire de ces exceptions peut saisir la HADOPI de tout différend portant sur les restrictions que les mesures techniques de protection apportent au bénéfice des exceptions.

Sous réserve des libertés laissées aux exploitants par le Code de la propriété intellectuelle, la HADOPI détermine les modalités d'exercice de ces exceptions et fixe le nombre minimal de copies autorisées dans le cadre de l'exception pour copie privée, en fonction du type d'œuvre ou d'objet protégé, des divers modes de communication au public et des possibilités offertes par les techniques de protection disponibles. La liberté des exploitants, à la lumière de ces prérogatives, semble grandement réduite, instaurant un exercice éventuellement concerté et certainement encadré du droit de propriété ! Le consumérisme l'emporte sur la propriété.

1411. La deuxième mission de la HADOPI dans le cadre de cette régulation des mesures techniques porte sur l'interopérabilité (art. L. 331-32 C. propr. intell.). Tout éditeur de logiciel, tout fabricant de système technique et tout exploitant de service peut, en cas de refus d'accès aux informations essentielles à l'interopérabilité, demander à la HADOPI de garantir l'interopérabilité des systèmes et des services existants, dans le respect des droits des parties, et d'obtenir du titulaire des droits sur la mesure technique les informations essentielles à cette interopérabilité. Les informations essentielles à l'interopérabilité sont constituées par la documentation technique et les interfaces de programmation nécessaires pour permettre à un dispositif technique d'accéder, y compris dans un standard ouvert, à un bien intellectuel protégé par une mesure technique et aux informations sous forme électronique jointes, dans le respect des conditions d'utilisation de l'œuvre qui ont été définies à l'origine. Cette contrainte produit des effets sur la situation du propriétaire des biens intellectuels formant ces mesures techniques de protection, en général appropriées par brevet. Ce dernier ne peut imposer par contrat au bénéficiaire des mesures de renoncer à la publication du code source et de la documentation technique de son logiciel indépendant et interopérant que s'il apporte la preuve que celle-ci aurait pour effet de porter gravement atteinte à la sécurité et à l'efficacité de ladite mesure technique. Supportant le risque de la preuve, à défaut de rapporter la preuve du risque, il ne pourra pas empêcher cette communication.

1412. À compter de sa saisine, la HADOPI dispose d'un délai de deux mois pour rendre sa décision. Elle peut accepter les engagements proposés par les parties et de nature à mettre un terme aux pratiques contraires à l'interopérabilité. Dans le cadre de cette mission, le législateur encourage la HADOPI à favoriser ou susciter une solution de conciliation. Le procès-verbal de conciliation qu'elle dresse à force exécutoire est déposé au greffe du tribunal d'instance.

Faute d'accord entre les parties et après avoir mis les intéressés à même de présenter leurs observations, elle rend une décision motivée de rejet de la demande ou elle émet une injonction prescrivant, au besoin sous astreinte, les conditions dans lesquelles le demandeur peut obtenir l'accès aux informations essentielles à l'interopérabilité et les engagements qu'il doit respecter pour garantir l'efficacité et l'intégrité de la mesure technique, ainsi que les conditions d'accès et d'usage du contenu protégé. Elle peut infliger une sanction pécuniaire applicable soit en cas d'inexécution de ses injonctions, soit en cas de non-respect des engagements qu'elle a acceptés. Chaque sanction pécuniaire doit être proportionnée à l'importance du dommage causé aux intéressés, à la situation de l'organisme ou de l'entreprise sanctionné et à l'éventuelle réitération des pratiques contraires à l'interopérabilité. Elle est déterminée individuellement et de façon motivée, son montant maximum s'élève à 5 % du montant du chiffre d'affaires mondial hors taxes le plus élevé réalisé au cours d'un des exercices clos depuis l'exercice précédant celui au cours duquel les pratiques contraires à l'interopérabilité ont été mises en œuvre dans le cas d'une entreprise et à 1,5 million d'euros dans les autres cas.

Les décisions sont rendues publiques, dans le respect des secrets protégés par la loi, et sont notifiées aux parties qui peuvent introduire un recours devant la cour d'appel de Paris. Le recours a un effet suspensif. Le président de la HADOPI peut saisir l'Autorité de la concurrence des abus de position dominante et des pratiques entravant le libre exercice de la concurrence dont il pourrait avoir connaissance dans le secteur des mesures techniques.

C Les sanctions

1413. Pour parfaire cette protection très encadrée par la HADOPI des mesures techniques, le législateur a établi une série d'incriminations spécifiques, des délits intentionnels que l'on ne peut réduire à une contrefaçon en ce qu'il n'y a pas, en tant que telle, sanction d'une atteinte à un bien intellectuel, mais sanctions de l'atteinte aux mesures techniques de protection. Les incriminations visent le contournement de mesures protégeant un droit d'auteur (art. L. 335-3-1 et L. 335-3-2) ou un droit voisin (art. L. 335-4-1[184] et L. 335-4-2).

1414. Deux types de comportement sont sanctionnés : le contournement et la fourniture de moyens de contournement. Le premier n'est sanctionné que d'une amende de 3 750 euros dès que l'on porte atteinte, pour un but autre que la recherche, à une mesure technique efficace afin d'altérer la protection d'une œuvre par un décodage, un décryptage ou toute autre intervention personnelle destinée à contourner, neutraliser ou supprimer un mécanisme de protection ou de contrôle. Cette sanction s'applique lorsque les moyens du méfait sont différents de ceux proposés par les tiers. Le second comportement, sanctionné par six mois de prison et 30 000 euros d'amende, est le fait de procurer

184. Voir, TGI, ch. corr., 28 juin 2013, n° 13/11617, condamnation notamment pour les faits de proposition ou fourniture de moyens conçus ou adaptés pour supprimer ou modifier un élément d'information sur le régime des droits d'une œuvre pour porter, dissimuler ou faciliter une atteinte au droit d'auteur.

ou proposer à autrui, directement ou indirectement, des moyens conçus ou spécialement adaptés pour porter atteinte à une mesure technique efficace, en fabriquant ou en important une application technologique, un dispositif ou un composant, à des fins autres que la recherche, en détenant en vue de la vente, du prêt ou de la location, en offrant à ces mêmes fins ou en mettant à disposition du public sous quelque forme que ce soit une application technologique, un dispositif ou un composant. La sanction s'applique à celui qui fournit un service à cette fin, ou à celui qui incite à l'usage en commandant, concevant, organisant, reproduisant, distribuant ou diffusant une publicité en faveur de l'un de ces procédés.

Ce schéma et ces sanctions sont repris pour le fait de supprimer ou de modifier tout élément d'information visé à l'article L. 331-11, par une intervention personnelle ne nécessitant pas l'usage d'une application technologique, d'un dispositif ou d'un composant existant, conçus ou spécialement adaptés à cette fin, dans le but de porter atteinte à un droit d'auteur, de dissimuler ou de faciliter une telle atteinte. Pour renforcer la protection des dispositifs d'information, il est ajouté une peine de six mois d'emprisonnement et de 30 000 euros d'amende pour le fait, sciemment, d'importer, de distribuer, de mettre à disposition du public sous quelque forme que ce soit ou de communiquer au public, directement ou indirectement, un bien intellectuel dont un élément d'information a été supprimé ou modifié dans le but de porter atteinte à un droit d'auteur, de dissimuler ou de faciliter une telle atteinte.

§ 3. Les atteintes au savoir-faire

1415. Le savoir-faire est un bien intellectuel non approprié par un régime de propriété intellectuelle[185], la sanction des atteintes à ce bien relève du droit commun : dans le cadre de l'action civile, le régime de responsabilité civile de droit commun, et dans le cadre de l'action pénale, le régime de l'abus de confiance[186]. Mais quelques dispositions spécifiques existent pour conforter une emprise sur ce bien spécifique.

A Le droit commun

1416. En droit commun, deux voies de droit permettent de sanctionner la personne qui porte atteinte au savoir-faire. Matériellement, cette atteinte prend la forme d'une rupture du secret, en l'utilisant sans autorisation, en faisant une communication d'un savoir-faire ou d'un secret d'affaires[187] à un tiers, ou en le communiquant publiquement.

185. Cf. *supra* n° 613 et s.

186. M. Malaurie-Vignal, « La protection des informations privilégiées et du savoir-faire », *D.* 1997, p. 207.

187. Sur cette notion, *La protection des secrets d'affaires*, Schulthess/Université de Genève 2013, coll. IP, vol. 6, ss la dir. de J. de Werra.

1. L'action civile

1417. L'action civile se fonde sur la responsabilité contractuelle ou délictuelle selon la relation existant entre le propriétaire et le divulguant. Il est nécessaire de rapporter la preuve de la faute, du dommage et du lien de causalité, ce qui suppose en pratique de rapporter la preuve du contenu du savoir-faire. L'article 39 ADPIC impose aux membres de l'OMC de protéger « les renseignements non divulgués » par l'action en concurrence déloyale[188].

2. L'action pénale

1418. L'action pénale de droit commun à disposition du propriétaire d'un savoir-faire est l'action en abus de confiance, incrimination visant les atteintes aux biens. Suivant l'article 314-1 CP, l'abus de confiance est « *le fait par une personne de détourner, au préjudice d'autrui, des fonds, des valeurs ou un bien quelconque qui lui ont été remis et qu'elle a acceptés à charge de les rendre, de les représenter ou d'en faire un usage déterminé* ». En application de cette disposition, la chambre criminelle a retenu que constitue un abus de confiance le fait pour un salarié en charge de mettre au point un projet de borne informatique, d'en disposer comme d'un bien propre au profit d'un tiers, alors que dès sa réalisation, le projet était la propriété de son employeur, et qu'il n'en était que le détenteur[189].

L'abus de confiance est sanctionné par une peine de trois ans d'emprisonnement et une amende de 375 000 euros.

B L'incrimination spéciale

1419. L'article L. 621-1 C. propr. intell. renvoie aux sanctions de l'article L. 1227-1 du Code du travail en présence d'une violation des secrets de fabrique. Cet article dispose que « *le fait pour un directeur ou un salarié de révéler ou de tenter de révéler un secret de fabrication est puni d'un emprisonnement de deux ans et d'une amende de 30 000 euros* ». Il faut réunir un élément matériel et moral pour mettre en œuvre cette sanction. L'élément intentionnel n'est pas écarté par le législateur[190], et l'élément matériel est constitué par la révélation ou la tentative de révélation du secret de fabrique. Il est possible de mettre en œuvre cette sanction même si le secret n'a pas finalement été détruit et qu'un effet d'appropriation demeure. Il est possible d'appliquer cette sanction même si plusieurs industriels détiennent un secret similaire[191].

Les personnes visées par cette incrimination sont uniquement des personnes ayant un rapport contractuel relevant du droit du travail avec le propriétaire du bien intellectuel (le directeur ou le salarié), le terme de directeur n'étant pas le

188. Voir *infra* n° 1422.
189. Cass. crim., 22 sept. 2004, *Bull. crim.* n° 218, *Dr. pénal* 2004, comm. 179, obs. M. Véron ; *D.* 2005, j. 411, note B. de Lamy ; *Rev. sc. crim.* 2005.852, obs. R. Ottenhof, v. *supra* n° 623.
190. Cass. crim., 12 juin 1974, *Bull. crim.*, p. 561.
191. Cass. crim., 19 sept. 2006, n° 05-85360.

plus explicite (il est soit salarié soit mandataire social, mais alors ne porte pas précisément le titre de directeur). L'article L. 811-3 C. propr. intell. qui organise l'application de l'article L. 621-1 C. propr. intell. dispose d'une rédaction plus nette : « *le fait, pour tout directeur ou salarié d'une entreprise où il est employé, de révéler...* ». La différence entre le texte applicable en métropole et le texte applicable dans les collectivités d'outre-mer est que, pour la métropole, il est possible d'agir sur le fondement de l'article L. 621-1 contre un ancien salarié[192]. . Toute autre personne révélant de tels secrets ne peut être poursuivie et sanctionnée sur le fondement de ce texte.

Le législateur ajoute des peines complémentaires possibles pour cette atteinte au bien : pour une durée de cinq ans au plus, la privation des droits civiques, civils et de famille, dans les conditions de l'article 131-26 CP.

§ 4. La concurrence déloyale, le parasitisme

1420. Concurrence déloyale et parasitisme sont habituellement présentés de concert car le fondement juridique de l'action fut longtemps le même, les articles 1382 et 1383 C. civ. et les faits attachés à l'une ou l'autre des actions parfois confondus, conduisant à penser que le parasitisme est une variante de la concurrence déloyale. Les évolutions contemporaines du droit de la concurrence déloyale permettent de mieux cerner ces deux régimes de responsabilité. Ce contentieux peut être porté tant devant les juridictions commerciales que civiles, toutefois, lorsque la mesure de constat sollicitée, notamment sur le fondement de l'article 145 CPC[193], ou la sanction au fond du comportement déloyale, est liée de façon indissociable à des actes de contrefaçon, le juge compétent pour connaître de l'affaire au fond est le juge du tribunal compétent pour le contentieux de la propriété intellectuelle[194].

A La concurrence déloyale

1421. Le principe de liberté du commerce et de l'industrie a pour corollaire la liberté d'attirer la clientèle vers son fonds de commerce, à condition d'employer des moyens loyaux. Dans cet esprit, la Cour de cassation a écarté une action en concurrence déloyale en présence de commerçants qui proposaient à la vente des produits dont les similitudes de présentation s'inscrivaient « *dans des courants de mode le plus souvent éphémères dont chaque commerçant essaie de bénéficier* ». En constatant cette offre similaire dans l'air du temps, aucun élément n'établit la matérialité de pratiques déloyales destinées à fausser le jeu de la libre concurrence[195]. L'action en concurrence déloyale est

192. Cass. crim., 7 nov. 1974, *Bull. crim.*, p. 825.
193. Voir Cass. com., 20 nov. 2012, *CCE* 2013, comm. 24, note C. Caron.
194. Cass. com., 20 nov. 2012, *Bull. civ.* IV, n° 208.
195. Cass. com., 7 juin 2011, *CCC* 2011, comm. 189, obs. M. Malaurie-Vignal ; n'est pas un acte de concurrence déloyale le seul dépôt d'une marque similaire, Cass. com., 13 nov. 2013, n° 12-26439, *CCC* 2014, comm. 11, obs. M. Malaurie-Vignal.

couramment exercée conjointement avec l'action en contrefaçon, dans le cadre d'une action subsidiaire, soit en tant qu'action principale, dans le cadre d'atteintes à des biens intellectuels[196]. Engagée conjointement, elle ne peut être accueillie qu'en présence de fautes distinctes de la contrefaçon, engagée subsidiairement, elle pourrait être accueillie si les faits établis ne constituent pas une contrefaçon mais engagent tout de même la responsabilité civile de leur auteur[197]. Le recours à la concurrence déloyale fait l'objet d'un débat doctrinal riche en présence de l'exploitation de biens qui ne sont pas appropriés ou plus appropriés par un droit de propriété intellectuelle, certains auteurs voyant dans la réception d'une telle action la reconstitution d'un quasi-droit de propriété[198].

1. L'approche traditionnelle

1422. L'article 10 *bis* CPU dispose que les pays membres sont tenus d'assurer aux ressortissants de l'Union une protection effective contre la concurrence déloyale. La convention ajoute que constitue un acte de concurrence déloyale tout acte de concurrence contraire aux usages honnêtes en matière industrielle et commerciale. Quelques actes non limitatifs sont mentionnés : entretenir la confusion entre ses produits, ses services et ceux du concurrent, discréditer l'entreprise concurrente, induire le public en erreur sur des allégations fausses.

La concurrence déloyale se distingue de la concurrence illégale comme de la concurrence anticontractuelle et de la contrefaçon. La Cour de cassation rappelle régulièrement, sous le visa de l'article 1382, que les actions en contrefaçon et en concurrence déloyale ont des fondements distincts. Elle affirme que l'action en concurrence déloyale trouve son fondement dans les articles 1382 et 1393 C. civ. qui impliquent non seulement l'existence d'une faute, mais aussi celle d'un préjudice souffert par le demandeur. L'action en concurrence déloyale se fond dans le moule de la responsabilité civile délictuelle pour faute. La Cour de cassation a retenu que « *l'action en concurrence déloyale peut être intentée par celui qui ne peut se prévaloir d'un droit privatif, qu'il n'importe pas que les faits incriminés soient matériellement les mêmes que ceux allégués au soutien d'une action en contrefaçon rejetée pour défaut de constitution de droits privatifs, et que l'originalité d'un produit n'est pas une condition de l'action en concurrence déloyale à raison de sa copie, cette circonstance n'étant que l'un des facteurs possibles d'appréciation de l'existence d'une faute par création d'un risque de confusion* »[199]. Cet arrêt, dispensant pour condamner le défendeur de relever l'existence de faits distincts de ceux reprochés au titre de la contrefaçon, suggère une distinction : en présence d'un droit de propriété allégué la Cour exigerait que le succès de l'action en concurrence déloyale repose sur des faits distincts de ceux qui autorisent le succès de

196. Cf. J. Passa, *Contrefaçon et concurrence déloyale*, Litec, 1997, coll. IRPI, t. 15.

197. Par exemple, Cass. com., 4 oct. 2011, *CCC* 2012, comm. 2, obs. M. Malaurie-Vignal.

198. Burst, « La reconstitution des "monopoles" de propriété industrielle par l'action en concurrence déloyale ou en responsabilité civile : mythe ou réalité », *Mélanges Mathély*, Litec, 1990, p. 93 ; J. Passa, thèse, *op. cit.* ; P. Letourneau, *Droit de la responsabilité et des contrats,* 8e éd., Dalloz, 2010, coll. Dalloz Action.

199. Cass. com., 12 juin 2007, *PIBD* 2007, 858, III-554.

l'action en contrefaçon. En revanche, en l'absence de droits de propriété, le succès de la procédure en concurrence déloyale peut se fonder sur des faits qui auraient pu être justiciables d'une action en contrefaçon si celle-ci avait été possible[200]. Toutefois, la Cour semble encore exiger avec rigueur des faits distincts pour ces deux actions[201].

2. L'évolution contemporaine

1423. La Loi nº 2008-3 du 3 janvier 2008 pour le développement de la concurrence au service des consommateurs précise les comportements déloyaux en intégrant, avant le chapitre Ier du titre II du Livre Ier du Code de la consommation, un chapitre préliminaire intitulé « *Pratiques commerciales déloyales* », transposant la directive du 11 mai 2005 relative aux pratiques commerciales déloyales, pratiques constitutives d'actes de concurrence déloyale. Le législateur définit ces pratiques dans un nouvel article. L. 120-1 : « *une pratique commerciale est déloyale lorsqu'elle est contraire aux exigences de la diligence professionnelle et qu'elle altère, ou est susceptible d'altérer de manière substantielle, le comportement économique du consommateur normalement informé et raisonnablement attentif et avisé, à l'égard d'un bien ou d'un service* ». Une telle pratique est interdite. Le nouvel article L. 121-1 C. consom. établit une série d'incriminations visant les pratiques commerciales trompeuses au paragraphe 1 et précise en son paragraphe 3 que les dispositions du premier paragraphe sont applicables « *aux pratiques qui visent les professionnels* ». Allant au-delà du consommateur, ces dispositions forment le volet pénal de la lutte contre la concurrence déloyale[202].

1424. Les pratiques sont sanctionnées lorsqu'elles créent une confusion avec un autre bien ou service, une marque, un nom commercial, ou un autre signe distinctif d'un concurrent. Les biens intellectuels sont très largement visés. Si le risque de confusion est connu en droit des marques, il ne l'est pas dans les autres domaines du droit de la propriété intellectuelle. Si la pratique commerciale crée un risque de confusion entre deux biens intellectuels, sans qu'il y ait contrefaçon, il est possible d'engager une action sur ce fondement. Une sanction est attachée à la pratique commerciale déloyale qui repose sur des allégations, indications ou présentations fausses ou de nature à induire en erreur et portant sur l'un ou plusieurs des éléments visés par la loi. En particulier, en lien avec les biens intellectuels, on relève que la pratique est déloyale si les allégations fausses portent sur les caractéristiques essentielles du bien ou du service : ses qualités substantielles, sa composition, ses accessoires, son origine, sa quantité, son mode et sa date de fabrication, les conditions de son utilisation et son aptitude à l'usage, ses propriétés et les résultats attendus de son utilisation, ainsi que les résultats et les principales caractéristiques des tests et contrôles effectués sur le bien ou le service. De tels comportements peuvent être constitués en présence de biens intellectuels, indépendamment de la contrefaçon de ces derniers.

200. Y. Picod *et alli*, « Concurrence déloyale 2006 2007 », *D.* 2008, panorama 247.
201. Cass. com., 6 nov. 2007, *PIBD* 2008, 866, III-42.
202. Voir Cass. com., 4 déc. 2012, nº 11-27729, *CCE* 2013, comm. 14, note G. Loiseau.

La LME a complété le dispositif en insérant un nouvel article L. 121-1-1 C. consom., article présumant trompeuse une série de vingt-deux pratiques listées par le législateur. Sans revenir sur l'ensemble des actes évoqués, on note le 9° qui condamne le fait de déclarer ou de donner l'impression que la vente d'un produit ou la fourniture d'un service est licite alors qu'elle ne l'est pas. Il en va ainsi de la commercialisation de produit de contrefaçon. Le 13° sanctionne le fait de promouvoir un produit ou un service similaire à celui d'un autre fournisseur clairement identifié, de manière à inciter délibérément le consommateur à penser que le produit ou le service provient de ce fournisseur alors que tel n'est pas le cas. Là encore, il s'agit d'un acte classique accompagnant la mise en place d'une commercialisation frauduleuse de contrefaçons.

Suivant les dispositions de l'article L. 121-5 C. consom., le délit est constitué dès lors que la pratique commerciale est mise en œuvre ou qu'elle produit ses effets en France. Les pratiques commerciales trompeuses sont punies des peines prévues au premier alinéa de l'article L. 213-1 C. consom., soit d'un emprisonnement de deux ans et d'une amende de 37 500 euros. L'amende peut être portée à 50 % des dépenses de la publicité ou de la pratique constituant le délit. La responsabilité pénale des personnes morales est applicable à ces infractions dans les conditions de droit commun du Code pénal.

Ces incriminations pénales sanctionnent spécifiquement des pratiques relevant de la concurrence déloyale et, à l'image de la contrefaçon, il est probable qu'elles vont constituer le socle des actes de concurrence déloyale sanctionnés en droit civil, recréant une option de procédure.

B Le parasitisme

1425. Le parasitisme consiste pour une entreprise à profiter des réalisations, de la notoriété, et d'une façon générale, des investissements réalisés par une autre entreprise sans bourse délier. C'est le fait de tirer profit de façon injuste de la réussite d'une autre entreprise. La Cour de cassation définit le parasitisme comme « *un ensemble de comportements par lesquels un agent économique s'immisce dans le sillage d'un autre afin de tirer profit, sans rien dépenser, de ses efforts et de son savoir-faire* »[203]. La difficulté consiste à distinguer cette action de l'action en concurrence déloyale, notamment celle fondée sur la confusion. L'un des critères avancé est l'existence d'un rapport de concurrence entre les parties qui s'opposent : si l'auteur et la victime sont dans un rapport de concurrence, l'action à mettre en œuvre serait une action en concurrence déloyale. En revanche, lorsque les colitigants ne se trouvent pas dans un rapport de concurrence, l'action qui les lie serait une action en agissement parasitaire. Cette analyse conduit à distinguer la concurrence parasitaire, qui serait une forme particulière de la concurrence déloyale proche de la confusion, des agissements parasitaires qui se détacheraient nettement de la concurrence déloyale. Ces agissements parasitaires existeraient lorsqu'une entreprise non concurrente profite indûment de la notoriété d'une autre, dans le cas particulier de la reproduction ou de l'imitation d'une marque notoire, d'une appellation

203. Cass. com., 26 janv. 1999, n° 96-22457.

célèbre ou d'un nom commercial, dans la reprise de solutions techniques non brevetées. Cette opposition entre la présence ou non d'un rapport de concurrence est fondée sur un arrêt de la Cour de cassation qui affirme que « *les agissements parasitaires d'une société peuvent être constitutifs d'une faute au sens de l'article 1382 du C. civ., même en l'absence de toute situation de concurrence* »[204]. Un fabricant de réfrigérateurs avait utilisé pour désigner ses produits la marque *Pontiac*, notoirement connue comme une marque automobile de luxe américaine ; exploitant le signe hors du libellé de la marque, l'action en contrefaçon échoue, mais l'action en parasitisme réussit. Il s'agirait d'une action en justice pour la protection de la notoriété suivant les dispositions de l'article L. 713-5 C. propr. intell. Une différence résiderait aussi sur le terrain probatoire, la concurrence déloyale ne peut se prouver par un faisceau d'indices alors que le parasitisme résulte d'un ensemble d'éléments appréhendés dans sa globalité[205].

1426. La jurisprudence s'est prononcée à plusieurs reprises sur le sujet. L'une des décisions les plus emblématiques fut rendue par la cour d'appel de Paris, le 15 décembre 1993, à propos de la commercialisation par la société *Yves Saint Laurent* d'un parfum dénommé Champagne dont le flacon reprenait la forme bien connue d'un bouchon de ce vin. Les producteurs de champagne ont refusé un tel usage de leurs signes distinctifs. Ce qui est en cause, ce n'est pas le détournement de clientèle mais le fait qu'un tiers profite librement de la notoriété durement acquise des vins de champagne. La cour fit droit à cette demande et affirma qu'« *en adoptant le nom "champagne", vin protégé par une AOC qui bénéficie d'une exceptionnelle notoriété tant en France qu'à l'étranger, pour le lancement d'un nouveau parfum de luxe, en choisissant une présentation rappelant le bouchon caractéristique des bouteilles de ce vin et en utilisant dans les arguments promotionnels l'image et les sensations gustatives de joie, de fête qu'il évoque, le fabricant de ce parfum a voulu créer un effet attractif emprunté au prestige de l'appellation litigieuse et a, par un procédé constitutif d'agissements parasitaires, détourné la notoriété dont seuls les producteurs et négociants en champagne peuvent se prévaloir pour commercialiser le vin ayant droit à cette appellation* ». Toutefois, la même cour, dans un arrêt du 18 octobre 2000, ajoute que « *le simple fait de copier la prestation d'autrui ne constitue pas comme tel un acte de concurrence fautif, le principe étant qu'une prestation qui ne fait pas ou ne fait plus l'objet d'un droit de propriété intellectuelle peut être librement reproduite ; qu'une telle reprise procure nécessairement à celui qui la pratique des économies qui ne sauraient, à elles seules, être tenues pour fautives, sauf à vider de toute substance le principe rappelé, lui-même lié à la règle fondamentale de la liberté de la concurrence* ».

La Cour de cassation retient que le simple fait de reprendre les éléments d'une brique de jeu qui n'est plus protégée par un droit exclusif afin de permettre la construction de meubles modulaires visuellement comparables à ceux pouvant être réalisés en miniature par l'imbrication de briques de la société *Lego* et d'opérer ainsi, sans impératif technique ou fonctionnel, la transposition

204. Cass. com., 30 janv. 1996, n° 94-15725.
205. Cass. com., 4 févr. 2014, n° 13-11044, *CCC* 2014, comm. 90, note M. Malaurie-Vignal.

de l'univers du jouet à celui du meuble ne saurait suffire à caractériser des agissements parasitaires de nature à engager la responsabilité de l'auteur de ces faits[206]. Si ce dernier s'est incontestablement inspiré des briques commercialisées par la société *Lego*, c'est pour créer un produit qui lui est propre. La transposition de l'univers du jouet à celui du meuble ne relève pas du savoir-faire de la fabrication de jouets adaptés aux enfants mais d'efforts et d'investissements particuliers compte tenu des contraintes spécifiques en matière d'ameublement. Ainsi, ont été mis en œuvre des moyens importants pour développer ce produit, notamment en créant un système d'attache propre capable de supporter le poids de ces briques, et qu'il n'y a pas lieu de retenir une éventuelle responsabilité pour parasitisme.

1427. Le critère de l'absence d'un rapport de concurrence est contesté par une partie de la doctrine, notamment parce que la Cour de cassation ne ferait plus de l'existence d'un rapport de concurrence un caractère exigé pour la concurrence déloyale. Dans cet esprit, l'agissement parasitaire ne représente qu'une illustration particulière de l'acte de concurrence déloyale, une forme aggravée. Le tout serait réuni sous un vocable unique de parasitisme économique, l'action en concurrence déloyale sanctionne alors en cas de parasitisme l'usurpation de la valeur économique[207].

L'action en agissement parasitaire est fondée, elle aussi, sur l'article 1382 C. civ., et suppose un dommage provoqué par une faute. La particularité du régime tient pour l'essentiel au dommage. Le préjudice qui peut découler de tels agissements pour l'entreprise parasitée ne peut être, par hypothèse, le détournement de clientèle, notion centrale du rapport de concurrence. Il y a faute à profiter de la notoriété d'un tiers sans son accord et sans effort. Quel est le dommage ? Les débats doctrinaux sont assez vifs ici. L'action sanctionnerait un trouble général du marché, les agissements parasitaires seraient constitués, suivant l'analyse de M. Le Tourneau, « *lorsqu'une personne copie ou s'inspire sensiblement d'une valeur économique d'autrui, fruit d'un savoir-faire, d'un travail intellectuel ou d'un investissement* ». Cet acte est contraire aux usages du commerce, au jeu normal du marché et provoque un trouble commercial certain qui en soi, ouvre droit à réparation.

§ 5. Les indications de provenance

1428. Les indications de provenance[208] sont des signes distinctifs spécifiques qui orientent le consommateur. Elles se distinguent des marques tant par leurs caractéristiques que par leur régime et trouvent siège dans le Code de la

206. Cass. com., 4 mai 2012, n° 11-18077.

207. V. P. Tréfigny, « Action en contrefaçon et action en concurrence déloyale – l'évolution de la jurisprudence la plus récente face au parasitisme », *Mélanges J. Schmidt-Szalewski*, LexisNexis, 2014, coll. CEIPI, t. 61, p. 434.

208. Voir C. Le Goffic, thèse, *op. cit.* pour une étude systématique et en droit comparé du régime des indications de provenance ; Cour des comptes européenne, *La conception et la gestion du système des indications géographiques garantissent-elles son efficacité ?*, rapport spécial n° 11/2011, présenté en vertu de l'art. 287, paragraphe 4, deuxième alinéa, du TFUE.

consommation. L'article L. 115-1 C. consom. définit une appellation d'origine comme « *la dénomination d'un pays, d'une région ou d'une localité servant à désigner un produit qui en est originaire et dont la qualité ou les caractères sont dus au milieu géographique, comprenant des facteurs naturels et des facteurs humains* ». La délimitation d'une telle aire géographique se fait par décret pris après une enquête publique incluant notamment la consultation des groupements professionnels intéressés. Ce dernier précise les qualités et caractères des produits pouvant bénéficier de l'indication de provenance.

Le Code de la propriété intellectuelle s'empare de la question des indications d'origine à plusieurs reprises : en droit des marques, pour établir d'éventuelles antériorités interdisant l'appropriation d'un signe à titre de marque, et aux articles L. 722-1 et suivant organisant un régime de responsabilité civile en cas d'atteinte portée à une indication d'origine[209]. Ce régime de responsabilité civile est d'application large, il vise toute atteinte portée à une indication géographique, retenant une définition extensive de la notion. Outre les appellations de l'article L. 115-1 C. consom., sont visées les appellations d'origine protégées et les indications géographiques protégées prévues par la réglementation européenne relative à la protection des indications géographiques et des appellations d'origine des produits agricoles et des denrées alimentaires[210]. Ce régime de responsabilité s'applique pour les noms des vins de qualité produits dans une région déterminée et les indications géographiques prévues par la réglementation européenne portant organisation commune du marché vitivinicole. Enfin, sont incluses dans ce régime les dénominations géographiques prévues par la réglementation européenne établissant les règles générales relatives à la définition, à la désignation et à la présentation des boissons spiritueuses.

S'il n'y a pas lieu de confondre l'action en responsabilité civile pour usurpation d'appellation et l'action en contrefaçon de marque, le législateur adopte des solutions procédurales similaires dans les deux cas. La Cour de cassation[211] a eu à préciser l'articulation entre le régime établit par le règlement 110/2008 du 15 janvier 2008 et le droit des marques à propos du mot « scotch ». Elle retient que la protection accordée aux indications géographiques des boissons spiritueuses reconnues par la liste au caractère limitatif de l'annexe III du règlement ne peut s'appliquer au mot isolé « scotch » qui n'est pas prévu dans la nomenclature dès lors que ce terme adjoint à « whisky » est seulement pris en tant que dérivé du mot écossais représentant le pays d'origine expressément mentionné comme étant le Royaume-Uni (Écosse). Elle ajoute, procédant à une analyse classique du signe en cause, que même si le terme « scotch », utilisé isolément et non appropriable en tant que dénomination d'un spiritueux du fait d'un risque de confusion avec le scotch whisky, dans l'indication géographique « Scotch Whisky », le terme prépondérant est whisky. Ainsi, pour la marque en cause « Wel Scotch », déposée en 1958, soit trente ans avant la grande vogue et l'essor de consommation qu'a connu le whisky en France, les deux mots Wel et Scotch accolés ne peuvent constituer même une simple allusion à l'indication géographique protégée.

209. Cf. J. Cayron, « Un an de propriété intellectuelle dans le secteur vitivinicole », *Prop. Indust.* 2010, chron. 6.

210. M.-C. Piatti, « L'appellation d'origine, Essai de qualification », *RTD com.* 1999.557.

211. Cass. com., 29 nov. 2011, nº 10-25703, *Bull. civ.* IV, nº 196, *D.* 2011, 2995.

A L'ouverture de l'action

1429. On distingue, d'une part, le titulaire de l'action et, d'autre part, la juridiction compétente pour entendre l'affaire.

1. Le titulaire de l'action

1430. L'article L. 722-2 C. propr. intell. donne compétence pour engager une telle action en responsabilité civile à toute personne autorisée à utiliser cette indication géographique ou tout organisme auquel la législation donne pour mission la défense des indications géographiques. Sans licence particulière, sans mesure de publicité spécifique, chaque personne qui utilise légalement l'appellation peut la défendre. L'action est plus ouverte que la contrefaçon. Comme l'action au principal, l'intervention à l'instance est largement ouverte, toute personne pouvant agir au principal peut intervenir dans l'instance engagée par une autre partie pour l'atteinte à l'indication géographique.

2. La juridiction compétente

1431. Comme pour la contrefaçon, le TGI est le seul compétent pour entendre de ce contentieux suivant l'article L. 722-8 C. propr. intell. Cette compétence s'étend aux questions connexes de concurrence déloyale. Une liste limitative de juridiction est désignée par voie réglementaire.

B Les mesures avant dire droit

1432. Le législateur tente de prévenir les dégâts engendrés par un usage frauduleux, reprenant l'arsenal envisagé pour la contrefaçon.

1. L'interdiction d'exploitation

1433. L'article L. 722-3 C. propr. intell. propose une série de mesures avant dire droit qui se calquent parfaitement sur les solutions retenues pour la contrefaçon[212].

2. La saisie

1434. La procédure de saisie de l'article L. 722-4 C. propr. intell. est une copie de la procédure de saisie-contrefaçon. L'atteinte à une indication géographique peut, comme les atteintes aux biens intellectuels, être prouvée par tous moyens.

3. Le droit d'information

1435. L'article L. 722-5 C. propr. intell. intègre un système de communication d'information, obligeant une partie à produire des documents à

212. Voir *supra* n° 1421, 1310.

l'instance[213]. Comme dans le cadre de la procédure de contrefaçon, les documents ou informations recherchés portent sur les nom et adresse des producteurs, fabricants, distributeurs, fournisseurs et autres détenteurs antérieurs des produits ou services, ainsi que des grossistes destinataires et des détaillants. Ces informations peuvent viser les quantités produites, commercialisées, livrées, reçues ou commandées, ainsi que le prix obtenu pour les produits ou services en cause.

C La réparation du préjudice

1436. Pour la réparation du préjudice, l'article L. 722-6 C. propr. intell. propose une alternative incluant explicitement la possibilité d'une réparation forfaitaire. Si le premier alinéa de cet article est identique à la solution de droit commun pour la réparation des dommages nés du fait d'une contrefaçon, le second alinéa de l'article, qui intègre la deuxième branche de l'alternative, dispose que le juge « *peut, à titre d'alternative et sur demande de la partie lésée, allouer à titre de dommages et intérêts une somme forfaitaire* ». Le recours au forfait s'explique en raison de l'absence de redevance à payer pour avoir le droit d'apposer sur ses produits une indication de provenance. L'article L. 722-7 prévoit des sanctions complémentaires de même nature que celles retenues dans le cadre de la sanction de la contrefaçon.

213. Voir *supra* n° 1310 et s.

Chapitre 6
La propriété intellectuelle et le droit des entreprises en difficulté

1437. Le droit des entreprises en difficulté est une matière *a priori* exogène de la propriété intellectuelle. Tournée vers la protection des salariés et le maintien d'un tissu économique, la matière, en constante évolution, n'est pas usuellement traitée au prisme du droit de la propriété intellectuelle. Pour autant, en plaçant les actifs intellectuels au cœur de la croissance des entreprises, la nouvelle économie impose que l'on envisage le devenir des biens intellectuels à l'aune des procédures spécifiques établies par le droit des entreprises en difficulté. Cette matière est marquée par un ordre public de direction qui va se trouver confronté à des logiques différentes attachées à la propriété intellectuelle, telle la protection des intérêts du créateur.

1438. Le sort des biens intellectuels lors de la procédure collective occupe un peu les prétoires et parfois les médias : la liquidation de la société *Nortel* au Canada et l'adjudication pour plus de quatre milliards de dollars de son portefeuille de brevets[1], le transfert de la marque *Alain Weiz* lors d'une procédure de liquidation en 2013, la cession d'une partie du portefeuille de brevets de la société *Kodak* dans le cadre d'un plan de redressement[2], le transfert de la marque *Moulinex* lors du plan de liquidation de cette société[3], ou les multiples décisions de la Cour de cassation lors de la liquidation du stock de la société *Galeries Rémoises* ... distributeur agréé de la société *Chanel*[4]. Ces décisions ne sont que l'écume d'un mouvement de fond marquant l'augmentation de la part des actifs intellectuels dans les actifs des opérateurs soumis au régime des entreprises en difficulté. Ainsi, on a pu voir une collectivité locale s'engager auprès d'un opérateur en liquidation judiciaire pour permettre le maintien de l'emploi grâce à la conservation des droits de propriété intellectuelle. Lors de la liquidation judiciaire du constructeur de wagons de fret *Arbel Fauvet Rail* en mai 2010, pour éviter que les brevets et le savoir-faire de cette société ne quittent le bassin économique, la communauté d'agglomérations du Douaisis, propriétaire des locaux qui abritaient l'usine, a cherché à en obtenir l'attribution pour négocier ensuite avec un repreneur. Les instruments du droit des entreprises en difficulté vont permettre de déjouer les aménagements envisagés au travers du

---

1. Voir *infra* n° 1518.
2. Voir *infra* n° 1498.
3. Voir une présentation de cette opération, Avis n° 02-A-07 du 15 mai 2002 relatif à l'acquisition d'une partie des actifs du groupe *Moulinex* par le groupe *SEB*, puis Avis n° 04-A-16 du Conseil de la concurrence en date du 28 juillet 2004 relatif à l'acquisition d'une partie des actifs du groupe *Moulinex* par le groupe *SEB*.
4. Voir *infra* n° 1523.

droit de la propriété intellectuelle. Par exemple, il est possible par une extension de procédure collective d'atteindre la propriété des actifs intellectuels clés qui ne sont qu'exploités par l'entreprise en difficulté, extension qui peut être demandée par le débiteur lui-même depuis 2014. Une telle extension pourra ainsi interdire aux propriétaires ou copropriétaires des actifs intellectuels en cause d'en disposer contre les intérêts des créanciers.

1439. L'État cherche à se doter d'outils pour accompagner les opérateurs développant des biens intellectuels en difficulté. *France Brevets* peut conduire des actions auprès des sociétés en difficulté et permettre un refinancement à partir de leur portefeuille de brevets. Dans le même esprit, la loi fiscale propose le remboursement anticipé de la créance du crédit d'impôt recherche, sans le délai de carence de trois ans, pour les entreprises soumises à une procédure de conciliation, sauvegarde, redressement ou liquidation judiciaire[5]. Le CSPLA a constitué une commission spécialisée relative au sort des droits d'auteur et des œuvres lors de la défaillance d'une entreprise de production audiovisuelle[6].

1440. Si l'utilisateur, principalement une personne morale, de biens intellectuels, cessionnaire ou concessionnaire, peut être soumis au régime des entreprises en difficulté, le champ d'application de cette matière, à la lumière de la propriété intellectuelle est plus vaste. Le droit des entreprises en difficulté s'applique, bien au-delà du cas des commerçants et des sociétés commerciales par la forme, à l'essentiel des personnes morales et des personnes physiques exerçant une activité professionnelle indépendante, y compris une profession libérale. Dans ce cadre, l'inventeur, l'auteur, l'artiste-interprète (il sera alors nécessaire de faire la part entre l'artiste-interprète bénéficiaire du mécanisme de l'intermittence et d'une protection des salariés et les travailleurs indépendants), le *designer* peuvent être bénéficiaires de l'une de ces procédures spécifiques si leur activité professionnelle connaît des difficultés économiques. Le droit des entreprises en difficulté ne doit pas être envisagé uniquement pour analyser la défaillance de l'opérateur exploitant des biens intellectuels ; il doit aussi être appréhendé comme un outil de gestion de la situation du travailleur indépendant créateur, quel(s) que soi(en)t le ou les régimes d'appropriation de ses biens intellectuels.

Les développements à suivre embrassent un champ d'application particulièrement large, marquant, une fois encore, l'unité de la propriété intellectuelle. Le droit des entreprises en difficulté, à quelques exceptions près[7], n'appelle pas de distinction entre les régimes de propriété intellectuelle et propose une application unitaire de ses dispositions. Il en va ainsi autant pour la situation des personnes qui créent les biens intellectuels que pour les biens eux-mêmes une fois exploités. Même pour le droit d'auteur, mis à part le contrat d'édition et de production cinématographique, l'ensemble des mécanismes de cette matière se trouve confronté au droit commun des entreprises en difficulté.

5. Voir *BOI*-BIC-RICI-10-10-50-2013030, BIC – Réductions et crédits d'impôt – Crédits d'impôt – Crédit d'impôt recherche – Utilisation du crédit d'impôt.

6. CSPLA, Commission spécialisée relative au sort des droits d'auteur et des œuvres lors de la défaillance d'une entreprise de production audiovisuelle, rapport 8 mars 2012.

7. Voir *infra* n° 1492, 1497, 1499, 1506 les effets des art. L. 132-15 et L. 132-30 C. Prop. Intell.

1441. Matière complexe et transversale, le droit des entreprises en difficulté doit être articulé avec le droit de la propriété intellectuelle sous une multitude d'aspects. Il faut ainsi prendre en considération le cas de la créance de salaire de l'article L. 611-7 C. propr. intell., de la créance de redevances ou de prix en présence d'une cession ou d'une concession de biens intellectuels, la poursuite des contrats de licences, la réserve de propriété sur un bien intellectuel, la réception des plans de cession d'actifs intellectuels (sous forme de cession isolée ou au sein d'une universalité), les déclarations des créances... La liste est longue, on ne pense pas la clore à ce stade.

À la lumière des développements antérieurs consacrés au droit des contrats ou au droit de la concurrence, l'enjeu est d'exposer les conditions dans lesquelles il faut mettre en œuvre les solutions de droit commun des entreprises en difficulté au cas particulier de la propriété intellectuelle et non d'effectuer une étude générale du droit des procédures collectives. Pour autant, il s'agit aussi d'envisager l'application de quelques dispositions spéciales, propres à la propriété intellectuelle, notamment pour le droit d'auteur.

Suivant les procédures du droit des entreprises en difficulté, on reviendra successivement sur la propriété intellectuelle dans le cadre des procédures de prévention et traitement amiable des difficultés, puis seront envisagés la sauvegarde et le redressement du débiteur et, enfin, la liquidation judiciaire.

Section 1
Propriété intellectuelle, prévention et traitement amiable des difficultés

1442. Les procédures de prévention et traitement amiable des difficultés sont destinées à permettre à l'entreprise de réagir afin d'anticiper sa défaillance, en sollicitant l'appui de ses créanciers. Plusieurs procédures sont proposées par le Code de commerce à cette fin, dont la procédure de mandat *ad hoc* et la procédure de conciliation. Ces procédures peuvent mettre en jeu des droits de propriété intellectuelle, notamment à la lumière d'un rapport créancier/débiteur dans le cadre d'un contrat de licence ou d'un contrat général de représentation. En effet, des échéances de redevances, fixes ou proportionnelles, peuvent avoir un effet important sur la trésorerie d'un opérateur (à l'image d'échéances de TVA) et lui imposer d'anticiper quelques difficultés financières. L'ordonnance du 12 mars 2014[8], applicable au 1er juillet, accroît considérablement l'efficacité des procédures qui rencontrent un réel succès pratique.

1443. Une première procédure se présente sous la forme d'un mandat *ad hoc*[9]. Elle est déclenchée à la demande du chef d'entreprise débiteur, et si le président du tribunal de commerce l'estime nécessaire. Ce dernier nomme un

8. Ordonnance n° 2014-326, 12 mars 2014, portant réforme de la prévention des difficultés des entreprises et des procédures collectives, *JORF* n° 0062, 14 mars 2014, p. 5249.
9. A. Jacquemont, *Droit des entreprises en difficulté*, 8e éd., LexisNexis, 2013, n° 81 et s.

mandataire dont il précisera la mission. Afin de bénéficier de cette procédure, et aux termes de l'article L. 611-3 C. com., le chef d'entreprise doit prouver « *une difficulté juridique, économique ou financière* ». L'objectif de cette procédure est d'aboutir à un accord entre l'entreprise et ses créanciers qui porte sur des délais de paiements accordés et éventuellement des remises. Cette procédure est confidentielle. Il serait possible d'envisager l'application d'une telle approche dans le rapport entre un diffuseur (radio, site internet, boîte de nuit) et une SPRD ou un manufacturier et un *Patent Pool* afin d'étaler dans le temps le paiement des redevances dues pour l'utilisation de biens intellectuels.

1444. Le Code de commerce propose, pour ce traitement anticipé des difficultés de l'entreprise, une procédure de conciliation[10] et une procédure de mandat *ad hoc*. Ces procédures doivent permettre de conclure une convention, mais les effets des deux varient, notamment parce que la procédure de conciliation peut aboutir à une procédure de sauvegarde accélérée ou à une procédure de sauvegarde financière accélérée.

La procédure de conciliation est ouverte à la demande du débiteur par le président du tribunal de commerce, ou le président du TGI pour les professions libérales dont les créateurs ou inventeurs indépendants. En présence d'une difficulté juridique, économique ou financière, avérée ou prévisible, et sans être en état de cessation de paiement depuis plus de 45 jours, la procédure permet de demander à bénéficier d'une conciliation. Les conditions sont alternatives, la procédure est ouverte dans chacune des hypothèses, notamment dès que le chef d'entreprise identifie un risque d'impayé. Un conciliateur est désigné par le président du tribunal pour une période n'excédant pas quatre mois. Il a pour mission de favoriser le fonctionnement de l'entreprise et de rechercher la conclusion d'un accord entre les créanciers et le débiteur afin de mettre fin aux difficultés de l'entreprise. Les administrations financières, les organismes de sécurité sociale, les institutions gérant le régime d'assurance-chômage peuvent consentir des remises de dettes. On pense l'éventuelle sollicitation de créanciers de droits de propriété intellectuelle, dont des sociétés de gestion collective. On peut aussi envisager un créateur indépendant qui invoquerait une telle procédure pour faire face à des échéances financières complexes à gérer pour lui, telles ses charges sociales. Dans le cadre de cette procédure, il est exclu de pouvoir invoquer une stipulation permettant de mettre fin à un contrat en raison de l'ouverture de la procédure ou faisant peser sur le débiteur les frais de conseil du créancier (art. L. 611-16 C. com.).

Dès l'ouverture de la procédure de conciliation, si le débiteur est poursuivi par un créancier, le juge peut, à la demande du débiteur, après avis du conciliateur, et dans la limite de deux années, reporter ou échelonner le paiement des sommes dues.

1445. Une fois un accord passé avec les créanciers, ces derniers ne pourront plus poursuivre le débiteur, sous réserve du respect des termes de l'accord. En revanche, ils bénéficient d'un super privilège si le débiteur est placé en redressement judiciaire. Cependant, le bénéfice d'un tel effet suppose que l'accord

10. A. Jacquemont n° 88 et s. ; F. Pérochon, *Entreprises en difficulté*, 9ᵉ éd., LGDJ, 2012, n° 90 et s.

soit homologué par le tribunal, ce qui ôtera à la procédure son caractère confidentiel.

C'est dans l'esprit de ces procédures que la société *Disneyland Paris* est parvenue à un accord avec l'un de ses créanciers importants. Le montant des redevances dues par cette société au titulaire des droits de propriété intellectuelle exploités par le parc de loisir oscille selon les années entre 4,6 et 4,8 % du chiffre d'affaires. Le créancier de cette redevance, la *Walt Disney Cie*, a renoncé entre 1994 et 1998 au paiement des redevances afin de permettre la survie du concessionnaire. Le créancier n'en a perçu que 50 % des redevances dues jusqu'en 2004, avant qu'une partie de leur paiement – 25 millions d'euros par an – ne soit différée et convertie en dette à long terme entre 2005 et 2009. Dans tous les cas, ces réaménagements de la dette de propriété intellectuelle de la société *Disneyland Paris* avaient pour objectif de donner à la société française suffisamment de liquidités pour rassurer les autres créanciers et maintenir sous contrôle la dette de cette dernière[11].

1446. La bonne efficacité de ces procédures appelle une réelle maîtrise par l'entrepreneur de l'évolution de sa trésorerie et de ses prévisions d'exploitation. La conclusion d'un accord avec ses créanciers nécessite une connaissance de l'actif, et des revenus qui lui sont attachés. Or, les entreprises dont l'actif est principalement constitué de biens intellectuels ont une réelle difficulté pratique à identifier l'ensemble de ces éléments. Si la présence de procédures administratives pour certains régimes de propriété facilite l'identification (brevet, œuvres cinématographiques, etc.), il n'en va pas de même pour de nombreux actifs intellectuels. Les bases de données, les droits voisins, les droits d'auteur, sont mal identifiés, ce qui affaiblit la capacité à négocier avec les créanciers sur la base de la valeur de l'actif intellectuel et de leurs revenus futurs. La comptabilité est d'un faible soutien car le droit comptable ne sait pas traduire fidèlement la teneur de l'actif intellectuel d'un opérateur, en particulier pour les actifs développés en interne.

Section 2
Propriété intellectuelle, sauvegarde et redressement du débiteur

1447. La réforme du droit des entreprises en difficulté en 2005 a rompu avec le schéma antérieur qui faisait de la cessation de paiement la frontière unique entre les procédures amiables et les procédures judiciaires. Non seulement le traitement amiable par la conciliation peut être sollicité en présence d'une cessation de paiement ayant moins de quarante-cinq jours[12], mais le domaine judiciaire est lui-même élargi. Une procédure judiciaire peut être engagée avant

11. Voir sur ce cas, http://www.lenouveleconomiste.fr/disneyland-paris-16157, C. Castets, 27 sept. 2012.
12. Voir *supra* n° 1444.

même le constat de la cessation des paiements si le débiteur justifie de difficultés qu'il n'est pas en mesure de surmonter. Ce traitement judiciaire se fait au travers de la procédure de sauvegarde. La procédure de redressement conserve son domaine d'application en présence d'une cessation des paiements.

1448. La procédure de sauvegarde permet d'ouvrir une procédure avant la cessation de paiement. Suivant l'article L. 620-1 C. com., une procédure de sauvegarde est ouverte au débiteur, qui « *sans être en cessation des paiements, justifie de difficultés qu'il n'est pas en mesure de surmonter* ». Le chef d'entreprise, qui justifie de difficultés qu'il n'est pas en mesure de surmonter, peut solliciter l'ouverture de cette procédure judiciaire. Le débiteur continue à diriger son entreprise, l'activité est poursuivie, les contrats en cours continuent, le sort des salariés n'est pas modifié. La période d'observation ouverte par le tribunal est d'une durée maximale de six mois et peut être renouvelée deux fois. À la vue du bilan économique, social et patrimonial établi durant la période d'observation, un plan de sauvegarde est élaboré. Il précise le niveau et les perspectives d'emploi ainsi que les conditions sociales pour la poursuite de l'activité, les perspectives de redressement en fonction de l'activité, de l'état du marché et des moyens de financement disponibles, et les remises de dettes. La procédure de sauvegarde se termine, au regard de la situation constatée durant la période d'observation, par un plan de sauvegarde, par une cession partielle de l'activité, par une conversion en redressement judiciaire, ou par une conversion en liquidation judiciaire. L'ordonnance de mars 2014 a inséré aux articles L. 628-1 et suivants du Code de commerce une nouvelle procédure de sauvegarde accélérée, ouverte à la demande d'un débiteur engagé dans une procédure de conciliation qui justifie avoir élaboré un projet de plan tendant à assurer la pérennité de l'entreprise. L'ouverture de cette procédure ne produit d'effet qu'à l'égard de certains créanciers.

1449. Lorsqu'une entreprise est en état de cessation de paiement, son dirigeant doit faire une déclaration de cessation de paiement auprès du tribunal de commerce dans les quarante-cinq jours de la constatation de l'état de cessation des paiements, à défaut d'avoir demandé une procédure de conciliation. Cette déclaration ouvre la procédure collective de redressement judiciaire. La procédure de redressement judiciaire est destinée à permettre la poursuite de l'activité de l'entreprise, le maintien de l'emploi et l'apurement du passif par un plan arrêté à l'issue d'une période d'observation. Ce plan organisera la continuation de l'entreprise assortie de l'apurement de son passif. La cession totale ou partielle peut également être ordonnée, dans ce cas les dispositions prévues dans le cadre de la liquidation s'appliquent.

1450. « *Comme à la procédure judiciaire à laquelle elle a tout emprunté techniquement, hormis sa philosophie et ses conditions d'ouverture, la procédure de sauvegarde commence par une période d'observation* »[13]. Ainsi, si ces deux procédures sont distinctes par quelques points, il est possible, pour étudier l'intégration du paramètre de la propriété intellectuelle dans le cadre de

13. F. Pérochon, *op. cit.*, n° 248.

l'élaboration du plan, de les traiter de façon conjointe[14]. Il s'agit dans les deux cas de rechercher les solutions permettant la réorganisation de l'opérateur en préservant l'emploi et l'activité. Dans les deux cas, le jugement d'ouverture désigne les organes de la procédure : le juge-commissaire, les contrôleurs, les mandataires de justice (le mandataire judiciaire, l'administrateur et le commissaire à l'exécution du plan). Il n'y a pas lieu de revenir sur la procédure de sauvegarde financière accélérée qui ne vise pas les créances de propriété intellectuelle, sous réserve éventuellement d'un mécanisme de titrisation des actifs intellectuels débouchant sur la nécessité d'une sauvegarde financière accélérée.

Dans toutes ces opérations, les actifs intellectuels peuvent être sollicités pour réorganiser l'activité, restructurer l'opérateur, aménager la dette, refinancer l'ensemble. On reviendra sur l'analyse de la situation financière de l'entreprise sous l'influence de la propriété intellectuelle, puis les effets de la période d'observation sur les actifs intellectuels et, enfin, l'intégration de la propriété intellectuelle dans le plan de sauvegarde ou de redressement.

§ 1. Propriété intellectuelle et situation financière de l'entreprise

1451. L'ouverture d'une procédure de sauvegarde ou de redressement emporte de nombreuses conséquences pour l'entreprise. Parmi elles, certaines ont un effet direct pour la propriété intellectuelle ou les conventions ayant pour objet des biens intellectuels. Il faut envisager, dans le cadre du gel du passif de l'opérateur, d'une part, l'interdiction des paiements et, d'autre part, l'interdiction des poursuites. Il faut ensuite esquisser la situation patrimoniale du débiteur en établissant son actif et son passif.

A L'interdiction des paiements

1452. L'interdiction des paiements vise les créances nées antérieurement au jugement d'ouverture suivant les dispositions de l'article L. 622-7 C. com. Toutefois, depuis 2005, cette interdiction des paiements couvre aussi les créances nées postérieurement au jugement d'ouverture si ces dernières ne peuvent pas bénéficier du statut de créances privilégiées de l'article L. 622-17 I C. com.

1. Les créances nées antérieurement

1453. Les créances nées antérieurement au jugement d'ouverture d'une procédure collective ne peuvent pas être payées. Une créance est née antérieurement si son fait générateur, le fait ou l'acte qui en constitue la source, se situe antérieurement à la date du jugement. Ce n'est pas la date d'exigibilité qui guide ce classement chronologique : si le fait générateur est antérieur, la créance l'est aussi, quelle que soit la date d'exigibilité de celle-ci. Sans revenir sur ce

14. Une approche commune de ces deux procédures est retenue par plusieurs ouvrages spécialisés en raison de la grande proximité des deux procédures.

régime[15], la seule question spécifique à la propriété intellectuelle est la détermination du fait générateur de la créance afin de qualifier les créances. Le cessionnaire ou concessionnaire de biens intellectuels subit la suspension des paiements des sommes qui leur sont dues en fonction de cette qualification.

1454. La première catégorie de créances sensible en propriété intellectuelle regroupe les créances contractuelles. La richesse de la pratique contractuelle, dont l'utilisation des prix et redevances proportionnelles, fait qu'il est commun qu'un contrat ayant pour objet un droit de propriété intellectuelle emporte un paiement étalé dans le temps. Dans ce cadre, il faut établir la nature du fait générateur dans ces différents cas. Deux éléments interviennent pour classer les créances contractuelles : suivant une doctrine civiliste, le fait générateur de la créance contractuelle est la date de conclusion du contrat. Cette date permet ainsi de classer les créances contractuelles. Toutefois, à cette règle de principe s'ajoute un aménagement pour les contrats à exécution successive pour lesquels le fait générateur de la créance est, non pas la date de conclusion du contrat, mais, la date d'exécution de la prestation. « *La créance ne naît vraiment que lorsque le créancier a lui-même exécuté* »[16]. Il faut reprendre ce schéma d'analyse des créances pour les contrats de la propriété intellectuelle, en fonction de la nature de contrat et de la nature de la créance. La classification des contrats de la propriété intellectuelle n'appelle pas de traitement spécifique, l'objet n'est pas une justification. On a déjà observé l'existence des différentes catégories de contrats[17] et l'impact de la qualification des créances, notamment pour la mise en œuvre des régimes matrimoniaux[18]. Il faut reprendre ces outils dans le cadre du régime établi pour l'interdiction des paiements des créances antérieures. Quatre hypothèses recouvrent l'essentiel des pratiques appliquées à la propriété intellectuelle, à quoi il faut ajouter la catégorie des créances délictuelles et les éventuels aménagements de l'interdiction.

a) Cession à prix forfaitaire

1455. Dans le cadre d'une cession à prix forfaitaire, la créance naît au jour de la conclusion du contrat, quel que soit le régime du ou des biens intellectuels objets du contrat. Les modalités de paiement de ce prix forfaitaire n'influencent pas la qualification. Que le prix soit payé en intégralité en une fois ou que le paiement soit étalé dans le temps, la créance de prix est définitivement née et acquise à la date du contrat. Le paiement étalé dans le temps est une mesure d'exécution de l'obligation de paiement mais ne modifie en rien la prestation du contrat[19]. Dès lors, les portions de prix pouvant être dues après l'ouverture de la procédure sont marquées par la règle de l'interdiction des paiements et par la nécessité de déclarer à la procédure.

---

15. F. Pérochon, *op. cit.*, n° 554 et s.
16. F. Pérochon, *op. cit.*, n° 577.
17. Voir *supra* n° 942 et s.
18. Voir *supra* n° 65 et s.
19. Il serait éventuellement possible d'envisager une analogie avec la solution jurisprudentielle appliquée pour les rentes viagères.

b) Cession à prix proportionnel

1456. La cession à prix proportionnel est la situation la plus délicate à qualifier. Le transfert de propriété est acquis à la date de la cession, et la créance de prix naît à la date de la vente. Seuls les éléments permettant de liquider la créance sont soumis à l'écoulement du temps. C'est le modèle du contrat d'édition ; on retrouve ce schéma contractuel dans l'ensemble des domaines de la propriété intellectuelle[20]. Est-ce un contrat à exécution successive ? La prestation caractéristique est le transfert de propriété, elle a lieu dès la conclusion du contrat. Ce type de contrat est marqué par une obligation d'exploitation à la charge de l'acquéreur[21], ce qui ne constitue pas une prestation, une obligation, du cédant. Le rapport du CSPLA retient que « *le fait générateur de la créance ne réside pas dans la conclusion du contrat mais, soit dans l'acte d'exploitation, soit dans la date de l'échéance à laquelle la créance doit être versée* »[22] et affirme qu'il s'agit d'un contrat à exécution successive. Le second argument avancé, la date d'échéance, n'est pas satisfaisant au regard du droit des procédures collectives. Quant à l'acte d'exploitation, il ne relève pas d'une action ou d'une obligation du cédant, mais uniquement du comportement du cessionnaire, ce qui distingue la cession de la concession. Dans ce cadre, il semble que la rigueur juridique impose de retenir qu'en présence d'une cession à prix proportionnel, la créance de prix trouve son origine dans le contrat de vente, quelle que soit la date à laquelle la fraction de prix doit être versée par le cessionnaire au cédant.

1457. Si le contrat de cession de bien intellectuel intègre une clause de réserve de propriété, l'article L. 624-16 al. 4 C. com. permet, sous certaines conditions, le paiement du solde de prix sur décision du juge-commissaire afin de ne pas avoir à restituer le bien[23]. Pour le paiement du prix à tempérament, cela s'applique sans difficulté ; pour le prix proportionnel, seul l'arrêt du paiement du prix pourrait justifier l'application de cette solution, avec une transformation du prix de proportionnel à forfaitaire[24].

c) Concession avec redevance unique et forfaitaire

1458. En présence d'une telle concession, les obligations économiques du débiteur sont exécutées à la conclusion du contrat, quand il paie. Les conditions d'exécution du contrat n'ont pas d'influence sur la nature de la créance liquidée. On pourrait toutefois avoir à envisager un paiement à tempérament de cette redevance forfaitaire. Le contrat de concession étant un acte à exécution successive, il serait possible de voir dans les fractions restant dues des éléments d'un contrat à exécution successive. Toutefois, il s'agit de l'étalement du paiement d'une créance et non la naissance d'une créance attachée à une exploitation

20. Voir le règlement 316/2014 qui aborde ce modèle contractuel dans la définition de son champ d'application.
21. Voir *supra* nº 953 et 1015.
22. Rapport CSPLA, *op. cit.*, p. 10.
23. Voir sur l'efficacité de ces clauses pour les biens intellectuels, S. Roose Grenier, *La réserve de propriété : un mécanisme pour l'immatériel*, thèse dact., 2008, Univ. de Montpellier.
24. Voir, pour le droit d'auteur, l'art. L. 131-4 C. Prop. Intell.

renouvelée. Cela ne devrait donc pas modifier la nature de la créance, les modalités de paiement n'influençant pas le fait générateur de la créance. La qualification de créance antérieure au sens du droit des entreprises en difficulté s'impose à nouveau.

d) Concession avec redevance périodique, proportionnelle ou fixe

1459. Ce modèle entre aussi dans les schémas du droit des procédures collectives. Il s'agit d'un contrat à exécution successive, à l'image des baux[25]. On soumet aussi à cette solution le contrat de crédit-bail ayant pour objet un bien intellectuel. Dans ce modèle contractuel, le contrat va constituer une convention dont la poursuite pourra être décidée après l'ouverture de la procédure et dont la créance pourra être soumise à un régime spécifique[26]. Les redevances nées antérieurement à l'ouverture de la procédure sont soumises au régime ordinaire de la procédure collective.

e) Les créances délictuelles

1460. La suspension des paiements vise aussi le paiement des créances délictuelles, notamment le paiement des créances de dommages et intérêts attachées à la sanction d'une contrefaçon. La créance du propriétaire de bien intellectuel victime d'une contrefaçon a pour fait générateur la date de réalisation du dommage. Seule cette date permet de qualifier la créance au regard du droit des entreprises en difficulté. Pour que la créance soit opposable à la procédure, elle devra être déclarée[27].

f) Les aménagements de l'interdiction des paiements

1461. Dans toutes ces hypothèses, si les contrats intègrent un terme pour le paiement, l'ouverture de la procédure est sans effet sur ce dernier (art. L. 622-29 C. com.). Le créancier ne bénéficie d'aucune déchéance de celui-ci. Les sommes dues cessent de produire des intérêts (art. L. 622-28 C. com.). Le créancier ne peut procéder à aucune inscription nouvelle pour obtenir une garantie de paiement de sa créance (art. L. 622-30 C. com.)[28].

1462. La qualification de la créance influence son paiement. Il en va ainsi des créances alimentaires (qualification fondée sur l'état de besoin du créancier). Depuis 2008, l'article L. 622-7, I, alinéa 1, C. com. écarte de l'interdiction de payer les créances antérieures les créances alimentaires à la charge du débiteur ; que celles-ci soient antérieures ou postérieures au jugement d'ouverture. Cette solution est fondée sur la solidarité familiale. Au sens de la loi, il s'agit uniquement des créances exclusivement issues des obligations alimentaires entre personnes physiques[29]. Cette solution ne s'étend pas aux créances présentant un caractère alimentaire. Des créances nées d'un contrat ayant pour objet un bien

25. En ce sens, A. Jacquemont, *op. cit.*, n° 433 ; F. Pérochon, *op. cit.*, n° 578.
26. Voir *infra* n° 1464.
27. Cass. com., 22 nov. 2005, n° 04-13425, à propos de créances de dommages et intérêts pour une contrefaçon de droit d'auteur et de dessins et modèles.
28. À propos de la déclaration de créances d'une SPRD, Cass. civ. 1re, 19 oct. 2004, n° 01-14693.
29. F. Pérochon, *op. cit.*, n° 593 ; A. Jacquemont, *op. cit.*, n° 521.

intellectuel peuvent-elles répondre à la qualification de créance alimentaire ? La Cour de cassation a retenu le caractère alimentaire de la créance d'un auteur envers une SPRD[30]. Est-ce pour autant une créance alimentaire au sens du droit des procédures collectives ? Devrait-on étendre la solution du droit d'auteur à tout créancier personne physique tirant ses revenus de l'exploitation des biens intellectuels ? En toute rigueur, l'analogie s'impose ; il n'y a pas de spécificité du droit d'auteur en ce point. Cependant, le fait que ce soit la source de rémunération du créateur semble avoir un effet limité, la qualification étant notamment exclue pour les salaires. La définition stricte avancée par Mme Pérochon pour identifier les créances alimentaires bénéficiant de ce régime dérogatoire ne trouve pas d'application pour les créances attachées à l'exploitation des biens intellectuels ; il ne s'agit pas d'une créance fondée sur la solidarité familiale. Le bénéfice de ce régime apparaît exclu pour les créances de la propriété intellectuelle.

1463. L'interdiction des paiements pour les créances nées antérieurement connaît des exceptions qui peuvent impliquer des biens intellectuels. Notamment, l'interdiction des paiements est levée pour le paiement par compensation des créances connexes[31] (art. L. 622-7, I C. com.). Cette faculté présente un intérêt particulier en présence de licences croisées si des redevances sont dues en plus de l'accès aux biens intellectuels. Cela peut aussi s'appliquer pour des relations entre copropriétaires entre les indemnités d'exploitation dues et le partage des coûts de gestion des biens intellectuels.

2. Les créances postérieures privilégiées

1464. Depuis la réforme de 2005, l'interdiction des paiements vise aussi les créances postérieures à la date du jugement d'ouverture de la procédure, sauf si ces créances sont privilégiées. Il faut ainsi classer les créances postérieures selon un critère d'utilité. Peuvent être payées après l'ouverture de la procédure, suivant l'article L. 622-17 C. com., les créances nées régulièrement après le jugement d'ouverture pour les besoins du déroulement de la procédure ou de la période d'observation, ou en contrepartie d'une prestation fournie au débiteur pendant cette période. Pour satisfaire à cette faveur, la créance doit avoir son fait générateur postérieur au jugement d'ouverture de la procédure. Elle doit être régulière, utile à la procédure et ne pas être admise au passif. L'enjeu pour la propriété intellectuelle réside principalement dans la question de l'utilité de la créance. Les créances attachées à la jouissance effective d'un bien intellectuel durant la période d'observation devraient répondre à cette notion d'utilité. Cette jouissance concourt directement aux besoins de la poursuite de l'activité. Il ne suffit pas qu'elle soit née durant cette période pour répondre à cette condition. Le bien intellectuel doit être nécessaire à la poursuite de l'activité. Suivant Mme Pérochon, le privilège devrait bénéficier à « *toutes les créances issues de contrats synallagmatiques conclus ou continués régulièrement, le critère de la prestation fournie évitera de s'interroger sur les besoins de la procédure* »[32].

30. Voir *supra* n° 1110.
31. F. Pérochon, *op. cit.*, n° 587 et s.
32. F. Pérochon, *op. cit.*, n° 774.

1465. La nature ou l'objet du contrat n'a pas d'effet sur une qualification de la créance postérieure privilégiée *a priori*, une analyse au cas par cas s'impose. Il est probable que des contrats ayant pour objet des biens intellectuels puissent être nécessaires à l'exploitation d'une entreprise. La dépendance de l'entreprise à l'égard de biens intellectuels de tiers permet de définir une règle de sélection. Ainsi, la créance liée à une redevance attachée à une licence de marque sous laquelle le débiteur commercialise l'ensemble de ses produits, ou une redevance pour une technologie ayant un rapport de dépendance avec les produits du débiteur serait éligible. Le seraient aussi les créances détenues par une SPRD pour l'exploitation de son répertoire durant la période d'observation. Dans ces hypothèses, les créances sont engendrées par l'exécution d'un contrat en cours auquel l'administrateur n'a pas renoncé[33].

B Suspension des poursuites individuelles

1466. La procédure collective impose aux créanciers de faire uniquement valoir leurs droits dans le cadre organisé de la procédure. Elle fait obstacle à toute action des créanciers antérieurs et des créanciers postérieurs non privilégiés. Au-delà des actions en paiement des créances, l'ouverture de la procédure interrompt ou interdit les actions contre le débiteur tendant au paiement de sommes d'argent, à la résolution d'un contrat pour défaut de paiement, ou à l'exécution d'une obligation de faire dès lors que la demande se résout par le paiement de dommages et intérêts.

1467. Du point de vue de la propriété intellectuelle, une telle suspension des poursuites individuelles a une conséquence importante : elle limite la portée des actions civiles en contrefaçon. En effet, ces actions emportent nécessairement une réparation par des dommages et intérêts[34]. Si la demande de cessation des actes illicites ne devrait pas tomber sous le coup de cette règle d'ordre public, en revanche, l'ensemble des autres effets de l'action est touché.

1468. Il est nécessaire de distinguer les mesures d'interdiction et les mesures de réparation. Les premières doivent pouvoir prospérer même après l'ouverture d'une procédure. En particulier, les mesures d'interdiction avant dire droit[35] ne tendent pas, en tant que telles, à obtenir directement ou indirectement un engagement financier de l'opérateur soumis à une procédure collective. Il s'agit d'une obligation de faire qui ne se dénoue que par un acte non financier. En revanche, si une astreinte est attachée à l'exécution de cette obligation de faire, elle pourrait se trouver soumise à la règle de la suspension des poursuites individuelles.

Pour les mesures de réparation, il n'est pas d'autre voie que la déclaration des créances de réparation dans le cadre de la procédure[36].

Si l'ouverture de la procédure collective a un effet sur les actions civiles tendant à obtenir une réparation par équivalent, elle ne doit pas avoir d'effet sur

33. Sur la poursuite des contrats, voir *infra* n° 1491.
34. Voir *supra* n° 1344.
35. Voir *supra* n° 1314.
36. Voir *infra* n° 1475.

les procédures pénales engagées. L'option de procédure existant pour l'action en contrefaçon[37] présente un nouvel intérêt dans ce cadre.

C Établissement de l'actif

1469. L'actif du débiteur est constitué par l'ensemble des biens et droits dont il est propriétaire ou titulaire au jour du jugement d'ouverture. On établit cet ensemble par un inventaire réalisé dès l'ouverture de la procédure[38].

Il faut notamment identifier les biens pouvant faire l'objet d'une revendication en raison d'une clause de réserve de propriété[39], la procédure n'ayant pas d'effet sur le respect des droits de propriété (art. L. 624-16 al. 2 Code de commerce). Le régime de la revendication mobilière s'applique en présence d'un bien intellectuel, sans spécificité attachée à l'immatérialité du bien[40]. La reprise d'un bien intellectuel impliqué dans une procédure collective peut être obtenue par l'effet d'une clause de réserve de propriété stipulée dans le contrat de vente. La revendication se fait dans les trois mois de la publication du jugement d'ouverture, sans relevé de forclusion. En revanche, si le contrat est publié, ce qui est une situation courante en propriété intellectuelle, la procédure engagée est une procédure non pas en revendication mais en restitution, qui n'est pas soumise au délai de trois mois.

1470. L'enjeu spécifique de l'établissement de l'actif réside dans la capacité des parties prenantes à identifier l'ensemble des actifs intellectuels de l'entreprise. Cet enjeu est au cœur de la propriété intellectuelle dans le cadre d'une telle procédure car ce n'est qu'en établissant rigoureusement cet actif qu'il sera ensuite possible d'envisager les différents usages de celui-ci pour le plan de sauvegarde ou le plan de redressement. On constate, en pratique, une très mauvaise identification des actifs intellectuels par les entreprises qui se répercute lors de l'établissement de l'actif[41].

Toute opération impliquant des actifs intellectuels suppose que ceux-ci soient identifiés pour être pris en considération, non pas uniquement par le département en charge de la gestion des titres de propriété intellectuelle, mais par celui qui assure une gestion générale de l'opérateur, *i. e.* la direction administrative et financière, ou la direction générale. L'identification des actifs impose une réflexion de l'opérateur sur ses actifs immatériels et sur la méthode pour traduire l'existence de ceux-ci. Les documents comptables proposent une approche très insuffisante pour l'identification de ces éléments. Il n'est donc

37. Voir *supra* n° 1265.

38. M. Malaurie-Vignal, « Les valeurs immatérielles et virtuelles de l'entreprise, entre protection et liberté », *D.* 2013, p. 1919.

39. Voir Cass. com., 8 oct. 2003, n° 00-21540 à propos d'une action en revendication de modèle échouant en raison du non-respect des délais imposés pour revendiquer dans la procédure, voir aussi Cass. com., 10 déc. 2002, n° 99-17757.

40. Voir M. Laroche, *Revendication et propriété – Du droit des procédures collectives au droit des biens*, Defrénois 2007, coll. Doctorat et Notariat, t. 24.

41. Par exemple, Cass. com., 29 janv. 2008, n° 07-11356 à propos de droits d'auteur et de droits de dessins et modèles. Voir notamment I. Renard et E. Laverrière, « Où vont les actifs incorporels quand les entreprises sont en difficulté ? », *Expertises* août-sept. 2013, p. 297.

pas satisfaisant de s'en remettre aux seuls éléments identifiés dans les comptes pour établir l'actif. En raison de cette défaillance du droit comptable à traduire l'actif intellectuel d'une entité[42], aucun constat simple de l'actif intellectuel n'est permis par la seule étude directe des documents comptables d'un opérateur, dont l'inventaire légal. Le dirigeant d'entreprise risque d'ignorer l'importance de son portefeuille d'actifs intellectuels, son évolution, sa valeur, sa composition. Il en ira de même du tiers à l'entreprise, non expert, qui établit l'inventaire.

1471. Pour les biens intellectuels dont le titre de propriété ou les actes d'exploitation imposent une publicité légale[43], l'identification est assez simple. Soit l'entreprise dispose directement d'un registre pour ces titres de propriété, soit l'interrogation des bases de données des offices permet d'approcher la réalité de cette partie de l'actif intellectuel. Faut-il encore que le responsable de l'inventaire conduise ces démarches alors qu'il dispose d'un temps limité pour établir l'actif. De plus, un tel inventaire ne permet pas de connaître, par exemple, les accords de coexistence limitant l'usage des marques[44].

Pour les biens intellectuels dont la propriété est acquise sans ce type de formalité, l'identification est plus difficile. Celle des droits d'auteur, des droits voisins, des droits de producteurs de bases de données, des DMENE, suppose d'individualiser les éléments et de les qualifier juridiquement. L'expertise du spécialiste des procédures collectives ne peut suffire à réaliser une telle opération, pas plus que celle d'un commissaire-priseur judiciaire. La connaissance par dirigeant social de l'ensemble des actifs intellectuels est nécessaire pour assurer leur bonne intégration dans la procédure, et éclairer les organes de la procédure pour qu'ils établissent un inventaire le plus complet et fidèle possible.

1472. L'identification de l'actif de l'entreprise impose d'appliquer la théorie de l'universalité : on appréhende tous les biens du débiteur, peu importe leur localisation. Pour la propriété intellectuelle, cela emporte un effet important ; la localisation des titres de propriété est sans conséquence sur leur intégration dans la procédure collective. Ce n'est pas le régime de propriété qui définit l'intégration mais l'identité du propriétaire dont on cherche à établir l'intégralité du patrimoine, quel que soit le lieu de situation de ses biens. Une société qui dispose d'un portefeuille de titres de propriété intellectuelle délivrés sur le territoire de plusieurs États ne voit pas inclus dans la procédure uniquement les titres de propriété du territoire de la procédure, mais tous les titres de l'inventaire.

1473. Au-delà de l'identification des biens intellectuels, il est nécessaire d'établir l'état des droits sur ces biens. L'entreprise a-t-elle simplement un droit de jouissance sur un bien, en est-elle propriétaire ? A-t-elle accordé à des tiers des droits de jouissance sur ces biens ? Sont-ils en copropriété ? Ces questions

42. Voir, N. Binctin, « Le traitement comptable des biens intellectuels », *Revue des Sociétés* 2011, p. 599.

43. Voir *supra* n° 1131 et s.

44. Voir A. Marie, « La clause de transmission des obligations dans les contrats de coexistence ou de cession de marques », *CCE* 2013, fiche pratique 8.

influencent l'analyse de l'actif dans le cadre de la préparation du plan[45]. La valeur d'un actif intellectuel peut fortement varier en fonction de l'environnement dans lequel il s'inscrit, spécifiquement la jouissance des éventuels autres biens intellectuels nécessaires à son exploitation. Par exemple, une licence simple permettant d'exploiter le bien intellectuel dont l'entreprise est propriétaire présente une grande importance dans les actifs de l'entreprise car elle conditionne la capacité à poursuivre légalement l'activité. Il en va de même du contrat avec une SPRD pour un lieu de divertissement. Les accords de coexistence[46] qui ont pu être conclus pour des marques ou des brevets limitent la jouissance de ceux-ci, et éventuellement leur circulation. L'éparpillement des biens intellectuels, les difficultés d'identification et la multitude d'actes les impliquant emportent une fragilisation de l'inventaire et desserrent les biens intellectuels dans la procédure collective. La simple tolérance accordée par un dirigeant social pour permettre à une société de bénéficier de la jouissance d'un bien intellectuel ne constitue pas une prérogative juridique pouvant être incluse dans le périmètre de l'actif[47].

1474. Enfin, les actions en revendication de biens, intellectuels[48] ou corporels, peuvent faire émerger des conflits d'intérêts, notamment entre les droits du propriétaire de biens corporels et ceux du propriétaire de biens intellectuels incorporés dans ces derniers. Par exemple, lors de la faillite d'un éditeur, un imprimeur souhaitait exercer une clause de réserve de propriété sur des ouvrages qui avaient été imprimés par lui mais non intégralement payés par l'éditeur. La Cour de cassation[49] a retenu qu'une telle action était recevable en application d'une clause contractuelle, quelle que soit la nature juridique du contrat dans lequel elle figure. Au visa de l'article L. 111-3 du Code de la propriété intellectuelle, elle a affirmé, avec raison, que « *l'existence de droits incorporels sur les ouvrages n'exclut pas l'existence d'un droit de propriété sur les objets matériels* », et ainsi cassé l'arrêt de la cour d'appel qui avait rejeté la demande en revendication car « *le contrat portant sur des ouvrages littéraires dont l'auteur est le propriétaire exclusif des droits de propriété incorporels et des attributs d'ordre patrimonial s'y rattachant, en application de l'article L. 111-1 du Code de la propriété intellectuelle, les travaux exécutés par la société n'ont pu lui transférer la titularité des droits découlant de cette propriété qui sont indissociables du support matériel résultant des ouvrages* ». La cour d'appel avait ajouté que « *les travaux ont donc été effectués dans le cadre d'un contrat de louage d'ouvrage qui n'emporte pas dérogation à la jouissance de droit reconnu à l'auteur* ». L'efficacité de cette action en revendication pourrait cependant se trouver confrontée aux actions spécifiques de l'auteur dans le cadre des procédures collectives arrêtées par l'article L. 132-15 C. propr. intell.[50].

---

45. Voir Cass. com., 15 mars 2011, n° 09-71934 sur la délivrance d'une licence de brevet pas un copropriétaire alors qu'un autre est soumis à une procédure collective ; Cass. com., 8 oct. 2003, n° 00-21540 pour une copropriété de modèle.
46. Voir *supra* n° 1356.
47. à propos d'un brevet, Cass. com., 7 févr. 2006, n° 04-15846, *Prop. indust.* 2006, comm. 41.
48. Voir *supra* n° 330, 334, 374, 471, 591, 633, 663, 674, 783.
49. Cass. com., 19 nov. 2003, *Bull. civ.* IV, n° 174 p. 191. Voir aussi, Cass. com., 15 oct. 1991, *Bull. civ.* IV, n°s 291, p. 202 ; Cass. com., 17 mars 1998, *Bull. civ.* IV, n° 108, p. 87.
50. Voir *infra*, n° 1492, 1497.

D Établissement du passif

1475. À l'image de l'établissement de l'actif, il ne s'agit que de prendre en considération la situation de la propriété intellectuelle. L'établissement du passif doit permettre de recenser les créances existant contre le débiteur et de les classer selon leur nature, leur rang. Cet état des créances est établi au travers d'une procédure de déclaration, vérification, et d'admission des créances[51]. Toutes les créances nées antérieurement à l'ouverture de la procédure doivent être déclarées, quelle que soit leur nature (contractuelle ou délictuelle, voire éventuelle, privilégiée ou non). La déclaration de créance interrompt la prescription jusqu'à la clôture de la procédure ; elle dispense de toute mise en demeure et vaut acte de poursuites. Les créances de la propriété intellectuelle sont variées, éventuellement nombreuses. L'établissement du passif présente un enjeu spécifique pour la propriété intellectuelle car, par ce biais, on peut envisager le sort des personnes physiques ayant concouru à la création des biens intellectuels exploités. Les créances qui leur sont dues vont connaître un traitement rigoureux dans ce cadre et un manquement pourrait les évincer durablement de leurs intérêts économiques sur les biens intellectuels qu'elles ont créés. Ces créanciers ne sont pas, en général, des créanciers institutionnels, sous réserve des SPRD, rompus à ces procédures mais des personnes ignorant jusqu'à l'existence de la matière. La protection des créateurs passent naturellement par une analyse de leur sort dans le cadre d'une telle procédure.

1476. Tous les créanciers doivent déclarer leurs créances, qu'il s'agisse de créances de redevances ou de créances de prix de biens intellectuels, dès lors que celles-ci sont nées avant l'ouverture de la procédure. Aucun régime de propriété intellectuelle ne connaît un traitement particulier. Les SPRD (pour la gestion collective volontaire comme la gestion collective obligatoire) doivent intervenir, tout comme les *patent-pools*, l'auteur personne physique, ou les copropriétaires qui doivent obtenir une indemnité d'utilisation[52]. La déclaration vise aussi les créances de dommages et intérêts si une contrefaçon est identifiée (le débiteur, partie à l'instance, doit informer le créancier poursuivant de l'ouverture de la procédure dans les dix jours de celle-ci), les frais d'une procédure de saisie-douanière, les créances du franchiseur de marque, etc.

Les offices de propriété intellectuelle n'ont aucune déclaration à effectuer car ils ne perçoivent pas de créances mais une taxe payée volontairement par les propriétaires des biens intellectuels. Le non-paiement emporte simplement l'arrêt des procédures ou l'extinction du droit de propriété. En revanche, les conseils de la procédure (C. propr. intell. ou avocats) doivent, eux, déclarer leurs créances à la procédure pour les frais et honoraires qui leur resteraient dus.

1477. La procédure de déclaration est une source de précarisation des créanciers. S'ils ne surveillent pas la publication de l'ouverture de la procédure, il est probable qu'ils perdent leurs droits. Ce risque est particulièrement fort en présence de personnes physiques, tels les auteurs, les interprètes, ou les inventeurs,

51. Sur cette procédure, F. Pérochon, *op. cit.*, n° 1326 et s.
52. Voir *supra* n° 589 et s.

dont les salariés auteurs d'inventions hors missions attribuables[53]. Il est peu probable que ces personnes auscultent les publications légales à la recherche d'une éventuelle défaillance. Le rapport du CSPLA voit dans cette procédure un élément de fragilité pour les auteurs des œuvres audiovisuelles[54]. Ce problème dépasse le sort de cette catégorie d'auteurs. Afin d'améliorer le sort des créanciers, l'ordonnance de mars 2014 donne maintenant un effet juridique à la liste des créanciers communiquée par le débiteur. À compter du 1er juillet 2014, lorsque le débiteur porte une créance à la connaissance du mandataire judiciaire, il est présumé avoir agi pour le compte du créancier tant que celui-ci n'a pas adressé la déclaration de créance. Ainsi, si le débiteur mentionne dans sa déclaration l'ensemble de ses contrats de propriété intellectuelle, les créanciers seront couverts. Ils pourront toujours agir de leur propre chef pour compléter la déclaration du débiteur.

1478. Afin de préserver les droits des créanciers, et sans revenir sur les aménagements très favorables apportés par l'ordonnance de 2014, les créanciers connus bénéficient d'une information individuelle. Le mandataire judiciaire doit dans les quinze jours suivant le jugement d'ouverture de la procédure les avertir. L'information doit indiquer les délais et procédures à suivre, mais la déclaration pèse toujours sur les créanciers. Il n'y a pas de déclaration automatique pour les créanciers connus. Sont tenus pour être des créanciers connus, tous ceux indiqués dans la liste remise par le débiteur suivant les dispositions de l'article L. 622-6 C. com. Il est possible d'adjoindre à cette liste tous les créanciers que l'administrateur ou le mandataire ont pu identifier au travers des documents de l'entreprise, dont la comptabilité. La défaillance du traitement comptable des droits de propriété intellectuelle engendre à ce stade une nouvelle faiblesse. Ce traitement n'intègre pas les créanciers de droits de propriété intellectuelle dans le compte « fournisseurs » du débiteur, et augmente la difficulté à les identifier par les organes de la procédure collective. Cette difficulté à les identifier, à connaître leur adresse, limite encore les chances pour les personnes physiques d'être informées. Le rapport du CSPLA envisage l'utilisation éventuelle du statut de l'œuvre orpheline pour permettre une circulation de l'œuvre après ces difficultés d'identification[55].

1479. La situation des créanciers, personnes physiques ou morales, est améliorée par plusieurs mécanismes. Dans le prisme de la propriété intellectuelle, le premier élément important est le régime des contrats publiés[56]. L'article L. 622-24 C. com. prévoit que les créanciers titulaires de contrats publiés sont avertis personnellement. Dans ce cas, le délai de déclaration court à compter de la notification de cet avertissement. Les contrats publiés sont très nombreux en propriété intellectuelle[57]. La publicité assure un traitement plus efficace des créanciers de la propriété intellectuelle, personne physique comme personne morale. Seuls le droit d'auteur et les droits voisins se trouvent en marge de ce système,

53. Voir *supra* n° 483.
54. Rapport CSPLA, *op. cit.*, p. 17.
55. Rapport CSPLA, *op. cit.*, p. 13.
56. *Cf.* F. Pérochon, *op. cit.*, n° 1362.
57. Voir *supra* n° 1131 et s.

hors des œuvres cinématographiques pour lesquelles la publication au RPCA est obligatoire. Pour les autres œuvres audiovisuelles, il est possible d'utiliser le dépôt optionnel pour bénéficier d'un tel mécanisme d'avertissement. Pour les logiciels, il serait possible d'utiliser le registre de l'INPI, à ce jour marqué par une certaine désuétude, mais que le droit des procédures collectives aurait dû redynamiser. Dans toutes ces hypothèses, l'efficacité du système suppose que les organes de la procédure consultent ces registres nationaux ou communautaires, en maîtrisent l'exploitation, et disposent du temps nécessaire pour faire ces investigations.

Le deuxième élément d'amélioration vise les créanciers situés à l'étranger. Pour ces derniers, le délai de déclaration augmente de deux mois, tout en bénéficiant de ce mécanisme d'avertissement si le contrat est publié. Ainsi, le donneur de licence situé à l'étranger bénéficiera de cette période supplémentaire pour pouvoir faire valoir ses droits dans la procédure. À défaut d'une information individuelle, cette augmentation du délai demeure souvent insuffisante en propriété intellectuelle, les donneurs de licence n'ayant pas de lien avec le territoire d'exploitation en dehors du lien établi avec le débiteur dans la procédure. Il ignorera durablement la procédure.

Un troisième aménagement de ce délai préfix est organisé pour les infractions pénales. La victime d'une infraction pénale qui se constitue partie civile peut déclarer sa créance civile de dommages et intérêts à compter de la date de la décision définitive qui en fixe le montant lorsque celle-ci intervient après la publication du jugement d'ouverture. Ainsi, la sanction pénale de la contrefaçon connaît un traitement différent que la sanction civile pour laquelle la créance doit être déclarée dans le délai commun, sans report possible.

Enfin, pour les créances postérieures non privilégiées, le délai de déclaration court à compter de sa date d'exigibilité. Toutefois, en présence d'un contrat à exécutions successives, notamment un contrat de licence, l'article R. 622-22 C. com. impose de distinguer les contrats selon leur date de conclusion. Si le contrat a été conclu avant le jugement d'ouverture, la créance doit être déclarée globalement, pour la totalité des sommes échues ou à échoir, dans le délai ordinaire de deux mois. La qualification de créance postérieure est englobée dans l'obligation de déclaration. Les créances nées des contrats de propriété intellectuelle semblent peu visées par une telle qualification.

1480. Outre ces aménagements, l'obligation de déclaration connaît quelques exceptions. La première, d'importance pour la propriété intellectuelle, est l'exception attachée aux créances salariales. Le régime des créances de salaire est autonome, régi par les articles L. 625-1 et suivants du Code de commerce[58]. Il concerne la rémunération supplémentaire pour les inventions de mission[59] (quelle que soit la forme de celle-ci, forfaitaire ou proportionnelle), mais aussi des créances attachées à l'application de l'article L. 113-9 C. propr. intell. si les parties en ont convenu ainsi. Sans relever directement de la propriété intellectuelle, ce régime spécial des salaires couvre l'ensemble des sommes dues aux salariés au titre de leur contrat de travail, dont les créateurs (auteurs, inventeurs)

58. Voir F. Pérochon, *op. cit.*, n° 1407 et s.
59. Voir *supra* n° 479.

et interprètes salariés[60]. Il faut établir une distinction entre les sommes dues au titre d'un contrat de travail et qui jouissent de ce traitement spécifique, et les autres sommes dues sur le fondement de la propriété intellectuelle qui ne sont pas du ressort du droit du travail. L'hétérogénéité des statuts des créateurs salariés impose une grande précision. Il est nécessaire de vérifier les conditions dans lesquelles l'AGS couvre ces éléments du salaire et de prévoir une articulation entre la procédure collective et la CNIS en cas de différends entre les parties sur le montant de la rémunération supplémentaire pour les inventions de mission. L'auteur salarié dont le travail ne relève pas d'une œuvre collective ni d'un régime spécial des salariés du C. propr. intell.[61] ne dispose pas de créances de salaire pour les exploitations de ses biens par son employeur. Ces créances de droit d'auteur suivent le cadre ordinaire des créances dans la procédure et ne connaissent pas le traitement privilégié des créances de salaire. Créer en qualité de salarié sans que le régime de la création intègre ce cadre n'apporte pas une protection spécifique dans le cadre de la procédure collective.

La seconde exception à l'obligation de déclaration qui présente un intérêt pour la propriété intellectuelle est le cas des créances alimentaires[62]. Si cette qualification s'applique aux créances liées à l'exploitation de biens intellectuels[63], le législateur dispense le créancier d'en faire la déclaration.

1481. L'unique difficulté ne réside pas dans le fait de savoir qu'il faut déclarer une créance. Faut-il ensuite être à même d'évaluer la créance à déclarer ! Suivant l'article L. 622-25 C. com., la déclaration mentionne le montant des créances dues au jour du jugement d'ouverture, ainsi que les privilèges ou sûretés qui peuvent leur être attachés, notamment les réserves de propriété. La déclaration inclut les sommes à échoir et les dates des échéances. Si un contrat prévoit une redevance libellée en monnaie étrangère, il faut déclarer la créance en euros.

Lorsque la créance est une somme fixe, prédéterminée, son évaluation est simple, sous réserve de la détermination des éventuels intérêts dus au jour de l'ouverture de la procédure. En revanche, dès lors que la créance est proportionnelle, situation courante en propriété intellectuelle, son évaluation est difficile. Les éléments permettant de la déterminer sont entre les mains du débiteur[64]. Les déclarations prévisionnelles ou à parfaire ne sont pas acceptées. Il faut alors déterminer une créance réelle et sérieuse pour la déclaration. Il est possible de prendre comme base d'évaluation les exercices antérieurs. On peut solliciter des informations sur l'état de l'exploitation au jour de l'ouverture de la procédure auprès des organes de celle-ci. Cette difficulté est similaire pour la déclaration d'une créance de dommages et intérêts pour réparer une contrefaçon. La difficulté est d'autant plus grande qu'en présence d'un contrat à exécution successive, la déclaration doit inclure les créances à échoir attachées à la poursuite du contrat. L'ignorance de l'exploitation passée ne peut que fragiliser la projection de l'exploitation à venir pour anticiper les créances qui seront dues.

60. Voir *supra* n° 88, 89, 195 et 479.
61. Voir *supra* n° 72 et s., 87 et s., 111 et s.
62. Voir *supra* n° 1462.
63. Voir *supra* n° 1110.
64. Voir en ce sens, le rapport du CSPLA, *op. cit.*, p. 12 et s.

1482. Une reddition des comptes devrait être établie au jour de l'ouverture de la procédure collective afin d'établir la créance antérieure et permettre de fournir un guide d'évaluation des créances futures. Une reddition des comptes, solution ordinaire de la propriété intellectuelle[65], n'est qu'un acte d'administration qui n'emporte pas de conséquence pour l'entreprise soumise à une procédure. Elle n'offre pas un avantage aux créances liées à l'exploitation de biens intellectuels par rapport aux autres créances. Elle permet de préciser les montants pouvant être déclarés. Il serait de bonne politique qu'à l'occasion d'une réforme du droit des entreprises en difficulté, une règle générale de reddition des comptes au jour du jugement soit établie. On pourrait sinon envisager une extension du droit d'information[66] à cette procédure pour obtenir les éléments nécessaires de définition de la créance à déclarer.

1483. La déclaration des créances peut être faite par le créancier lui-même, ou par tout préposé ou mandataire de son choix, tels certains *patent pools*. Le créancier peut ratifier la déclaration faite en son nom jusqu'à ce que le juge statue sur l'admission de la créance. Les SPRD sont recevables à agir dans la mesure où elles interviennent pour leur compte. Agissant sur le fondement d'un mandat sans représentation[67], elles sont les seules créancières des contrats de représentation générale conclus avec le défaillant, ou des contrats de représentation réciproque. Ainsi, dans le cadre d'une production cinématographique, lors d'une faillite du producteur, si le compositeur a opté pour une gestion collective de ses droits, il appartient à la SPRD dont il est membre de déclarer les créances.

Si les biens intellectuels sont appropriés par une copropriété[68], le statut de la copropriété peut influencer les conditions de déclaration. La doctrine admet que la déclaration de créances est un acte conservatoire, ce qui permet qu'elle soit réalisée par tout copropriétaire. Cependant, la Cour de cassation semble requérir une déclaration mettant en cause l'ensemble des copropriétaires[69].

1484. Le délai de déclaration est préfix : à défaut de le respecter, la créance est inopposable à la procédure. La sanction est sévère, spécifiquement pour les personnes physiques qui peuvent vivre de l'exploitation de leurs créations par des tiers.

Si le créancier omet ce délai, il peut solliciter un relevé de forclusion suivant les dispositions de l'article L. 622-26 C. com. Le juge est exigeant pour accorder ce relevé et reconnaître que le retard n'est pas dû au comportement du créancier[70]. Pour les contrats intégrant des redevances proportionnelles avec date de reddition des comptes, le créancier peut légitimement ne prendre conscience de la défaillance de son cocontractant qu'en présence du défaut de respect de la date de reddition[71]. Le modèle contractuel par lui-même crée une

65. Voir *supra* n° 983, 1003, 1037.
66. Voir *supra* n° 1310 et s..
67. Voir *supra* n° 1088.
68. Voir *supra* n° 104 et s., 589 et s., le régime spécial des brevets, des œuvres de collaboration.
69. Cf., F. Pérochon, *op. cit.*, n° 1352.
70. Cf., F. Pérochon, *op. cit.*, n° 1367 et s.
71. Voir en ce sens, le rapport du CSPLA, *op. cit.*, p. 39.

relation très ponctuelle entre les parties, ce qui le distingue de contrats à exécution successive où les parties sont très fréquemment en contact. Cette spécificité de la pratique contractuelle de la propriété intellectuelle devrait être prise en considération par le juge pour apprécier la légitimité de la demande de relevé de forclusion. Outre la prise en compte légale de l'effet d'une date contractuelle de reddition des comptes, il serait éventuellement nécessaire de prévoir une reddition bisannuelle afin d'être plus rapidement alerté d'une défaillance. À tout le moins, il serait de bonne politique contractuelle d'intégrer une telle obligation dans les contrats de licences ou de cession lorsque le créancier doute de la solidité financière du débiteur. Enfin, l'ordonnance du mars 2014 a inséré une nouvelle disposition pouvant nourrir cette analyse. Par exception, si le créancier justifie avoir été placé dans l'impossibilité de connaître l'obligation du débiteur avant l'expiration du délai de six mois, le délai court, désormais, à compter de la date à laquelle il est établi qu'il ne pouvait ignorer l'existence de sa créance. Cette disposition pourrait justifier de faire courir le délai à compter de la date à laquelle la reddition des comptes doit contractuellement intervenir. Enfin, la réforme facilite les conditions dans lesquelles il est possible d'obtenir un relevé de forclusion, lorsque le débiteur omet de mentionner un créancier dans la liste qu'il communique au mandataire, même non volontairement, le relevé de forclusion devient automatique.

1485. La reconstitution de l'actif et du passif du débiteur est affinée grâce au régime spécial des nullités de la période suspecte en cas de cessation de paiement[72]. Si l'opérateur est engagé dans une procédure de sauvegarde, ce contrôle n'est pas opéré. Cette période est arrêtée par le tribunal, et peut être au plus de dix-huit mois. Le cadre légal de ces nullités est fixé par l'article L. 623-1 C. com. qui distingue de nombreux cas de nullité de droit. Il s'agit, en particulier, des actes translatifs à titre gratuit de propriété mobilière, ce qui intègre la propriété intellectuelle. Sont aussi visés les actes commutatifs dans lesquels les obligations du débiteur excèdent notablement celle de l'autre partie. Cette cause de nullité est plus étendue que la seule lésion du contrat, tels des contrats de licence conclus dans un rapport déséquilibré, spécifiquement quand le propriétaire du bien est aussi le dirigeant ou l'associé du concessionnaire exploitant, dans un modèle de licence « avec soi-même ». Un tel contrat mettrait à la charge du débiteur tous les coûts attachés à un bien intellectuel sans les partager entre les deux parties, tout en garantissant une redevance minimum élevée. Ce régime de nullité inclut le paiement de dettes non échues ou le paiement de dettes échues avec des moyens non ordinaires telle la compensation ou la délégation de créances, solutions assez courantes en propriété intellectuelle. La constitution de sûretés sur les biens intellectuels durant cette période peut être sanctionnée, dont le nantissement cinématographique ou la délégation de recettes[73]. La nullité de la période suspecte permet de contester tout transfert de biens ou droits dans un patrimoine fiduciaire pour une fiducie gestion, opération qui peut être faite pour tous les biens intellectuels. L'exclusion d'une qualification de fiducie gestion de la gestion collective trouve un intérêt supplémentaire pour éviter sa

72. Cf., F. Pérochon, *op. cit.*, n° 1283 et s.
73. Voir *supra* n° 1111 et 1114.

remise en cause[74]. Il s'agit pour la procédure collective de contrer une éventuelle évasion patrimoniale.

La sanction des actes frauduleux est une nullité, l'acte est anéanti et les parties doivent être remises dans l'état dans lequel elles étaient avant la conclusion de l'acte. Si par l'effet de l'annulation, le débiteur soumis à la procédure doit restituer une somme d'argent, il faut déclarer cette créance dans la procédure et le créancier sera en concurrence avec les autres créanciers chirographaires. La chance d'obtenir la restitution est alors bien faible et constitue une sanction complémentaire à la nullité de l'acte.

1486. Le droit de la propriété intellectuelle apporte des outils pour contrer les actions frauduleuses[75] qui pourraient être conduites durant la période suspecte[76]. Ainsi, une société qui commercialisait depuis plus de quarante années des produits sous un nom fait l'objet d'une liquidation judiciaire. Une cession judiciaire totale de l'entreprise est prononcée au bénéfice de deux sociétés avec faculté de substitution au profit d'une société à constituer. La cession porte notamment sur les éléments incorporels, dont les signes distinctifs. Les repreneurs constatent qu'une société de droit belge a déposé quelques jours avant le transfert effectif du fonds de commerce une marque française et une marque Benelux reprenant le nom sous lequel les produits étaient commercialisés. La Cour a prononcé l'annulation de la marque française. Elle a considéré que la dénomination bénéficiait d'une renommée dans la région d'exploitation et que la zone de commercialisation des produits était identique, puisque le déposant de la marque vendait ses produits dans la même région. Elle dénonce la mauvaise foi de la déposante, celle-ci étant en étroite collaboration avec le dernier dirigeant de l'entreprise liquidée. Ce dernier avait écrit à sa clientèle pour désigner la société déposante comme le successeur de l'activité, alors que seuls les repreneurs dans la procédure sont propriétaires du fonds de commerce. La Cour considère que le dirigeant a, dès lors, « *disposé de droits dont il n'est pas titulaire, appartenant à la société dont il est dirigeant en cours de liquidation, comportant au surplus le nom patronymique d'un tiers, en l'espèce son oncle, sans justifier de l'accord de ce dernier et de ce qu'il a renoncé à ses droits patrimoniaux sur l'utilisation de son nom* ». La fraude commise est d'autant plus caractérisée, que la déposante savait que la dénomination n'avait jamais été déposée à titre de marque. Outre l'annulation de la marque, la Cour prononce une condamnation au titre de la concurrence déloyale.

§ 2. La période d'observation

1487. À la suite du jugement d'ouverture, dans le cadre d'une procédure de sauvegarde ou de redressement judiciaire, une période d'observation s'ouvre. Elle dure six mois, renouvelable une fois. Au cours de cette période, l'activité

74. Voir *supra* nº 1086 et s.

75. Sur la sanction des dépôts frauduleux en propriété intellectuelle, voir *supra* nº 372, 471, 663 et 911.

76. Voir Cass. com., 30 mai 2007, *Bull. civ.* IV, nº 149.

de l'entreprise est maintenue. Quant au sort des actifs intellectuels durant cette période, deux aspects appellent une approche spécifique : les actes de gestion courante et la poursuite des contrats en cours.

A Les actes de gestion courante

1488. Durant la période d'observation, la gestion de l'entreprise se poursuit, mais dans un cadre contrôlé. Seuls les actes de gestion courante (art. L. 622-3 C. com.), conclus avec des tiers de bonne foi, peuvent être effectués. L'acte de gestion courante est une opération banale, de portée limitée, n'intéressant que le court terme ; une opération qui se rattache à l'exploitation et qui est conforme aux usages de la profession[77]. Plusieurs actes impliquant la propriété intellectuelle doivent être analysés sous l'angle de cette qualification. S'il semble acquis que les actes de dispositions sont exclus, sauf si l'activité ordinaire est l'achat/vente de biens intellectuels, il faut analyser les actes qui portent sur la constitution des droits, d'une part, et sur l'exploitation des droits, d'autre part.

1489. Pour la constitution de droit, ou leur maintien, il faut déterminer si les actes accomplis auprès des offices de propriété intellectuelle sont des actes de gestion courante. Dans un domaine où l'analyse *a concreto* s'impose, il n'est pas possible d'apporter une réponse unique et générale. La réponse peut être guidée notamment par le coût financier. Le paiement d'une taxe pour le maintien d'un titre peut être analysé comme un acte de gestion courante. En revanche, il est peu probable qu'une procédure de dépôt pour obtenir un titre de propriété intellectuelle puisse relever de cette catégorie et supposera une autorisation préalable du juge-commissaire (aussi bien pour un brevet qu'une marque, un modèle, ou une obtention végétale, spécialement si une procédure avec extensions internationales veut être engagée). Il n'en irait peut-être pas de même pour le paiement d'un grand nombre de taxes, par exemple à l'entrée d'une période de validation nationale. De la même façon, il faut s'interroger sur la nature d'un acte emportant la perte d'un droit de propriété[78]. Une approche au cas par cas, à la lumière des procédures spécifiques de la propriété intellectuelle, détermine ce que peut être un acte de gestion courante. La poursuite d'une procédure de dépôt peut être d'une telle nature, mais pas son initiation ou son extension. On prend en considération l'importance du portefeuille de droits de propriété intellectuelle pour apprécier la qualité de l'acte. En présence d'un portefeuille très limité, peu d'actes auront un caractère de gestion courant. À l'inverse, si le portefeuille est important, quelques dizaines de familles de droits par exemple, on pense que la gestion de ce portefeuille (maintien, validation, extension) est un acte de gestion courante pour l'entreprise. Une approche économique, en fonction de la charge financière de la procédure par rapport à l'ensemble des charges de l'opérateur, aide à établir cette qualification.

---

77. Cf., F. Pérochon, *op. cit.*, n° 648.

78. Vor Cass. com., 9 mars 2010, n° 09-10571 sur l'abandon partiel d'un portefeuille de brevets et la continuation d'un contrat de licence.

Le paiement des redevances ne s'analyse pas sous l'angle de la qualification d'acte de gestion courante mais selon les règles de paiement des créances[79].

1490. La conclusion de contrats doit aussi être envisagée à l'aune des actes de gestion courante, en particulier les licences. Une licence exclusive ne peut pas être qualifiée d'acte de gestion courante car elle emporte la disposition économique d'un actif[80] de l'entreprise. Pour les licences simples, la réponse appelle, à nouveau, une analyse au cas par cas. Si l'opérateur conclut ordinairement ce type d'acte et que les conditions de l'acte conclu sont conformes aux usages de la profession, on y voit un acte ordinaire de gestion. C'est la situation de l'opérateur qui commercialise des logiciels, des œuvres musicales ou cinématographiques, ou des jeux vidéo. Il exploite principalement ses actifs intellectuels sous la forme de contrats de licence simple. Il doit pouvoir poursuivre ces actes pour maintenir son activité. À l'inverse, un changement de modèle économique emportant l'exploitation indirecte de l'actif intellectuel par la conclusion de licences simples d'exploitation avec des tiers pourrait ne pas relever de la qualification, ces contrats n'étant pas habituels pour l'entreprise. Il faut préserver la valeur et l'attractivité de l'actif et maintenir la clientèle. Les actes doivent permettre cela, et ne peuvent pas aller au-delà.

Quant à l'action en contrefaçon, elle ne peut pas relever d'un acte de gestion ordinaire et ne peut donc être engagée qu'après avoir obtenu une autorisation du juge-commissaire. Il est probable qu'il en va de même pour une saisie-contrefaçon, celle-ci pouvant avoir des conséquences économiques pour l'initiateur[81].

B La poursuite des contrats en cours

1491. Afin de maintenir l'activité durant la période d'observation, l'article L. 622-13 C. com. arrête le principe de la poursuite des contrats en cours, écartant toute clause qui aurait pour effet de mettre fin au contrat en cas d'ouverture d'une procédure collective. Il s'agit d'une nullité relative d'ordre public. Dès lors, le cocontractant doit poursuivre l'exécution du contrat et remplir ses obligations malgré la défaillance du débiteur soumis à la procédure. Cette poursuite vise autant les contrats en amont avec les fournisseurs (donneurs de licences pour tout type de bien intellectuel, cédants de biens intellectuels)[82] que les contrats en aval avec des concessionnaires simples comme exclusifs (dont une SPRD[83]). Ces derniers ne peuvent pas mettre fin à la licence, craignant une défaillance de leur fournisseur, par exemple, pour maintenir un niveau de garantie de qualité ou de mise à jour. Dans tous les cas, les contrats en cause doivent être en cours d'exécution. Il ne peut pas s'agir de nouvelles conventions, le contrat doit avoir été conclu avant l'ouverture de la procédure et être en cours d'exécution. La poursuite des contrats relève de la seule stratégie de l'administrateur qui dispose d'une option. Il

79. Voir *supra* n° 1453 et s., 1464 et s.
80. Voir *supra* n° 1002.
81. Voir *supra* n° 1307.
82. Cf., F. Pérochon, *op. cit.*, n° 672.
83. Voir Cass. com., 19 févr. 2013, n° 12-23146, à propos d'une coopérative.

peut faire la part entre les contrats de licence qu'il souhaite maintenir et ceux auxquels il met fin pour limiter les charges financières de l'entreprise. À défaut d'une prise de position spécifique par ce dernier, le contrat est maintenu. L'administrateur peut aussi prendre explicitement position sur la poursuite de la convention à la demande du cocontractant.

La continuation des contrats n'est pas irrémédiable pour les créanciers, qui peuvent solliciter la résiliation. Un créancier, le donneur de licence notamment, peut mettre en demeure l'administrateur de prendre position sur la poursuite du contrat. Si ce dernier laisse cette mise en demeure sans réponse pendant un mois, le créancier peut invoquer la résiliation du contrat. Il dispose ainsi d'une faculté de sortie de la procédure, sans pour autant s'assurer du paiement des créances antérieures. L'intérêt de cette procédure est qu'elle permet, en présence d'une concession exclusive, de sortir du lien contractuel pour trouver un nouveau partenaire. En présence d'une licence simple, une telle démarche est moins utile, d'autant que la poursuite ne peut être faite qu'à la lumière de la capacité à honorer les créances nées durant la poursuite de l'activité.

Le principe général de poursuite des contrats en cours écarte toute restriction systématique fondée sur une typologie de contrat[84]. Spécialement, la règle s'applique avec vigueur même en présence de contrats conclus *intuitu personae*[85]. Les contrats de la propriété intellectuelle sont souvent qualifiés de contrats *intuitu personae*[86], il sera inefficace d'invoquer cette qualité pour remettre en cause le principe de continuation. Cette solution s'applique à tous les domaines de la propriété intellectuelle[87].

1492. Parmi les rares dispositions du droit de la propriété intellectuelle relatives au droit des entreprises en difficulté, deux dispositions visent spécifiquement le principe de poursuite des contrats en cours, renforçant la solution générale. Le législateur procède en deux temps pour appliquer ce principe clé du droit des procédures collectives. Dans le cadre du contrat d'édition, l'article L. 132-15 C. propr. intell. dispose que « *la procédure de sauvegarde ou de redressement judiciaire de l'éditeur n'entraîne pas la résiliation du contrat* ». Pour le contrat de production audiovisuelle, on trouve à l'article L. 132-30 une disposition identique : « *la procédure de sauvegarde ou de redressement judiciaire du producteur n'entraîne pas la résiliation du contrat de production audiovisuelle* ». À cela, il est précisé ensuite, que lorsque l'activité est poursuivie en application des articles L. 621-22 et suivants du Code de commerce, « *toutes les obligations de l'éditeur à l'égard de l'auteur doivent être respectées* », ou dans le cadre du contrat de production audiovisuelle, que « *l'administrateur est tenu au respect de toutes les obligations du producteur, notamment à l'égard des coauteurs* ». Il ne fait pas de doute que ces contrats spéciaux de la propriété intellectuelle suivent, sans exception, le régime de droit commun des entreprises en difficulté. Cette solution est heureuse, les auteurs ont intérêt à ce que l'éditeur ou le

84. Voir pour une licence de brevet, Cass. com., 9 mars 2010, n° 09-10571.
85. Cf., F. Pérochon, *op. cit.*, n° 674 ; A. Jacquemont, *op. cit.*, n° 392.
86. Voir *supra* n° 988, 1007, 1029.
87. Voir. F. Pollaud-Dulian, « Les droits intellectuels dans la tourmente des procédures collectives », *Mélanges Françon*, Dalloz, 1995, p. 374 et s.

producteur puisse poursuivre le projet engagé afin de le mener à bien au terme d'une procédure d'observation.

Ces dispositions spéciales pourraient soulever un problème d'application de la loi dans le temps. Intégrées au Code de la propriété intellectuelle en 2005, et en vigueur depuis le 1er janvier 2006, elles s'appliquent à l'ensemble des contrats encore en vigueur sur le terrain de l'ordre public économique.

§3. La propriété intellectuelle dans le plan de sauvegarde ou de redressement

1493. Le plan doit permettre à l'entreprise de maintenir son activité dans des conditions viables économiquement et éteindre des dettes.

A Le plan

1494. Le plan de sauvegarde ou de redressement doit permettre d'organiser soit une continuation de l'entreprise, soit une cession, soit une continuation assortie d'une cession partielle. La liquidation peut toutefois être prononcée à tout moment si aucun redressement n'est envisageable.

Le plan conduit à réorganiser l'entreprise afin de permettre la poursuite de l'activité économique, le maintien de l'emploi et l'apurement du passif. Il s'agit de conserver l'entité et de la remettre en ordre de marche. Elle est *a priori* maintenue dans son périmètre initial d'activité, mais il est possible d'envisager, dans ce plan, la cession d'une ou plusieurs branches d'activité. Dans le cadre de la sauvegarde, cette réorganisation se fait en accord avec le débiteur.

Le plan est préparé durant la période d'observation, une fois dressé le bilan économique et social qui présente une analyse globale de l'activité de l'entreprise. Il expose un avenir possible pour l'entreprise. Plusieurs projets peuvent être envisagés afin de faire émerger des perspectives de redressement au regard des perspectives d'activité, de l'évolution du marché et des moyens de financement disponibles. Le plan arrête les conditions de règlement du passif et les garanties pouvant être données aux créanciers lors de l'exécution.

1495. Dans le cadre du plan de sauvegarde, une consultation des créanciers est prévue, notamment pour l'établissement d'un échéancier de paiement ou de remise de dettes. La consultation se fait individuellement. Pour les grandes entreprises, la consultation des créanciers s'organise au travers de comités de créanciers[88]. Dans l'un comme dans l'autre cas, les créanciers, cédants ou concédants de biens intellectuels dont les SPRD ou les *patent pools*, doivent être consultés avec les autres créanciers. Il s'agit d'accompagner le redressement de l'opérateur pour permettre la poursuite de l'activité et, si possible, le paiement intégral des créances à terme. Les créances de propriété intellectuelle sont rarement les créances les plus importantes, mais elles peuvent avoir une influence sur l'équilibre économique, sur les marges d'exploitation, de

88. F. Pérochon, *op. cit.*, n° 860 et s.

l'opérateur. En faisant de la propriété intellectuelle un actif central, on fait aussi des créances de la propriété intellectuelle un enjeu sensible. On pense aux créances de redevances de droit d'auteur pour un site Internet proposant une offre légale en ligne, aux créances de redevance de brevets pour des licences assurant une liberté d'exploitation, à des créances de redevances de marque pour un fabricant de produits dérivés ou un distributeur exclusif. Le traitement des créanciers peut être différencié dans le plan, pour les délais de paiement par exemple, si les différences de situation le justifient. Outre la mise en place d'un échéancier, peut être envisagée aussi la conversion de créances en titre donnant accès au capital social du débiteur. C'est, en pratique, une négociation qui s'organise entre l'ensemble des parties prenantes. La solution finale est adoptée par le tribunal mais dans un mouvement de contractualisation du plan.

Ne sont consultés et impliqués dans la procédure que les créanciers dont la créance sera affectée par le plan, les autres ne sont pas consultés, ne prennent pas non plus part à la décision.

1496. Une fois le plan adopté, l'entreprise poursuit son activité en respectant l'échéancier de paiement défini par le plan, éventuellement sur plusieurs années, et tous les autres éléments de la réorganisation. La durée du plan ne peut pas excéder dix ans. Si l'une des clauses du plan n'est pas respectée, il peut être résolu et la liquidation judiciaire éventuellement prononcée. Le suivi de l'exécution est assuré par un commissaire à l'exécution. Dans cette période d'exécution, le tribunal peut rendre inaliénables certains biens indispensables à la continuation de l'entreprise (art. L. 626-14 C. com.). Cette décision s'applique particulièrement aux biens intellectuels qui conditionnent l'activité de l'entreprise, mais ne vise que les biens compris dans l'actif de la procédure dont le débiteur est propriétaire, tels les droits d'édition, ou les droits d'un producteur dont ceux qu'il a acquis auprès des auteurs. Cette mesure doit faire l'objet d'une publicité.

B L'adaptation de l'activité

1497. Suivant les dispositions de l'article L. 626-1 alinéa 2 C. com., le plan comporte, si nécessaire, l'arrêt, l'adjonction ou la cession, d'une ou plusieurs activités. Sont visés des branches d'activité ou des éléments d'exploitation qui forment une ou plusieurs branches complètes et autonomes d'activités. L'entreprise peut établir un véritable tri parmi ses actifs intellectuels pour renforcer ceux qui présentent un intérêt économique évident, arrêter l'exploitation de certains, ou encore céder ces actifs s'ils constituent une branche d'activité autonome.

L'adjonction est exceptionnelle, mais elle pourrait trouver des applications dans le cadre des actifs intellectuels, par la constitution d'un ensemble cohérent améliorant l'exploitation. On pense à une licence permettant d'accroître le champ d'exploitation, l'intégration de fonctions nouvelles permettant une offre plus attractive, offrir ou accroître une compatibilité, ou encore ajouter à la création de biens intellectuels une activité de distribution directe dans le cadre d'un changement de modèle économique d'exploitation de l'entreprise. La commercialisation dématérialisée des biens intellectuels conduit à envisager de nombreuses solutions.

L'arrêt d'une branche d'activité entraînera éventuellement la résiliation de concessions conclues pour cette exploitation voire de cessions si le prix est proportionnel à l'exploitation et impose une obligation d'exploitation.

Dans cette hypothèse, l'article L. 132-15 C. propr. intell. permet à l'auteur de demander la résiliation de son contrat d'édition. Pour le contrat de production cinématographique, il est offert la même prérogative, de sorte que si l'entreprise a cessé son activité depuis plus de trois mois, l'auteur et les coauteurs peuvent demander la résiliation du contrat de production (art. L. 132-30 C. propr. intell.). Ce pouvoir de résiliation devrait être nuancé selon l'état d'avancement du projet. En présence d'un livre édité, il ne devrait jouer que pour les rééditions et ne pas troubler la circulation des stocks. Pour une œuvre cinématographique, il faudrait l'adapter en fonction de l'évolution du projet de production, à l'image du gel du droit moral. Avant le tournage du premier plan, la résiliation devrait être possible, mais ne devrait plus pouvoir intervenir ensuite afin de permettre soit la réalisation du projet, soit le maintien de l'unité des droits pour l'exploitation du film produit.

1498. Enfin, la cession d'une branche d'activité autonome propose de recentrer l'entreprise sur un domaine d'activité sans perdre totalement la valeur des développements qu'elle a réalisés pour créer d'autres biens intellectuels. L'identification d'une branche autonome d'activité autour d'actifs intellectuels peut être délicate. Ce peut être une activité précise exercée sur ces biens, telle la distribution de films pour une société de production. Ce peut aussi être un ensemble de biens intellectuels, en tant que tel, qui présente une unité technique[89], un portefeuille de brevets.

Le cas de la société *Kodak* illustre cette hypothèse (dans une procédure soumise au droit nord-américain). Cette société, un acteur majeur de l'image argentique, fut frappée directement par l'évolution de la technologie numérique. Elle a su développer des techniques pour l'image numérique mais s'est retrouvée face à une concurrence nouvelle, dynamique, organisée selon d'autres logiques. Son activité historique périclitait et ses innovations ne compensaient pas ce mouvement. Soumise à une procédure collective au début de l'année 2012, *Kodak* tente à plusieurs reprises de mobiliser ses actifs intellectuels pour se refinancer et parvenir à trouver une issue autre que la liquidation. Finalement, à la mi-décembre 2012, la société cède 1 100 brevets liés à la photographie numérique (captation, stockage, traitement et analyse des images), une branche autonome d'activité représentée par un portefeuille de brevets, sous-ensemble de son portefeuille global, pour 525 millions de dollars. Cette cession, inscrite dans la procédure collective, a été approuvée par le juge supervisant la procédure. La société a pu assurer, grâce à cette ressource, une restructuration de son activité en se recentrant sur le service aux professionnels, sortir de la procédure collective, et retrouver le chemin de la cotation.

1499. En droit d'auteur, la cession d'une branche d'activité est possible, le cédant est tenu des obligations du cessionnaire, notamment pour le contrat d'édition, comme le rappelle l'article L. 132-15 C. propr. intell. Dans ce cas, à

89. Par exemple, des plans et une marque, Cass. com., 10 déc. 2002, n° 99-17757.

l'inverse de la cession du fonds de commerce *in bonis* (art. L. 132-16 C. propr. intell.[90]), l'auteur ne jouit pas d'une clause de conscience.

En revanche, le législateur encadre une telle cession pour les contrats de production cinématographique. L'article L. 132-30 C. propr. intell. retient qu'en cas de cession de tout ou partie de l'entreprise, le responsable de la procédure est tenu d'établir un lot distinct pour chaque œuvre audiovisuelle pouvant faire l'objet d'une cession. Chaque lot doit comporter l'ensemble des droits nécessaires à l'exploitation de l'œuvre. Le responsable de la procédure doit aviser, à peine de nullité, chacun des auteurs et des coproducteurs de l'œuvre par lettre recommandée, un mois avant toute décision de cession. Si un tiers se porte acquéreur, il est tenu aux obligations du cédant. Cependant, l'auteur ou les coauteurs possèdent un droit de préemption sur l'œuvre, sauf si l'un des coproducteurs se déclare acquéreur. En cas de préemption, de façon étrange, le prix peut être discuté entre les parties et non être directement et uniquement celui retenu pour la cession au tiers. À défaut d'accord, le prix est fixé à dire d'expert. Il est étrange que l'on puisse retenir un prix inférieur à celui offert par un tiers dans le cadre d'une procédure collective. L'ordre public économique doit prévaloir sur la volonté individuelle de l'auteur, d'autant plus que le tiers doit garantir à l'auteur un cadre d'exploitation identique à celui qu'il connaissait dans le cadre de la production liquidée. Ce principe de vente œuvre par œuvre n'est pas adapté à la cession d'une branche d'activité. Il interdit la cession d'un portefeuille de films dont l'exploitation sous forme d'une universalité peut être attractive là où l'exploitation isolée de chaque élément serait déficitaire. Si une telle cession est réalisée, elle est sanctionnée par la nullité[91]. Le législateur devrait limiter cette obligation de cession par lot à la liquidation des actifs par adjudication afin d'offrir de meilleures opportunités de poursuite de l'exploitation dans le cadre d'une reprise d'actifs conventionnelle. La protection des auteurs suppose une exploitation de leurs œuvres qui ne peut être assurée que par un repreneur.

Section 3
Propriété intellectuelle et liquidation judiciaire

1500. La procédure de liquidation judiciaire s'ouvre lorsque le redressement du débiteur est manifestement impossible. La finalité de la procédure de liquidation est de mettre fin à l'activité de l'entreprise et de réaliser le patrimoine du débiteur par une cession globale ou séparée de ses droits et biens en vue de désintéresser les créanciers. La liquidation judiciaire peut prendre trois formes : une réalisation des actifs (vente par adjudication ou de gré à gré), une liquidation judiciaire simplifiée, ou une cession globale.

La liquidation judiciaire simplifiée est applicable à tout débiteur dont l'actif ne comprend pas de bien immobilier, dont le nombre de salariés au cours des

90. Voir *supra* n° 988.
91. Cass. civ. 1re, 16 juill. 1997, *Bull. civ.* I, n° 248 ; *D. aff.* 1997. 1192.

six derniers mois est égal ou inférieur à cinq, et dont le chiffre d'affaires, hors taxes, est inférieur à 750 000 euros. Ce profil de société sera courant pour les sociétés qui développent ou exploitent des biens intellectuels dans différents secteurs dont l'édition, la production audiovisuelle, le jeu vidéo, les nouvelles technologies de l'information et de la communication, etc. Si ces conditions sont remplies, le tribunal peut décider d'appliquer la forme simplifiée de liquidation des actifs. Il détermine alors les biens du débiteur pouvant faire l'objet d'une vente de gré à gré, et le liquidateur procède à celle-ci dans les trois mois suivant la publication du jugement. À l'issue de cette période, les biens subsistants sont vendus aux enchères publiques. Seules les créances susceptibles de venir en rang utile dans les répartitions de créances et les créances résultant d'un contrat de travail sont vérifiées. Cette règle écarte du partage bon nombre de créances attachées à des contrats ayant pour objet la propriété intellectuelle. Enfin, l'ordonnance de mars 2014 intègre, aux articles L. 645-1 et suivants du Code de commerce, une nouvelle procédure de rétablissement professionnel destinée aux petits entrepreneurs individuels et permettant d'éviter la liquidation judiciaire pour aboutir rapidement à l'effacement de certaines dettes mentionnées, qui pourrait aussi s'appliquer aux créateurs exerçant individuellement à titre professionnel.

Dans le cadre de la liquidation, trois opérations intéressent plus particulièrement les actifs intellectuels ou leurs propriétaires : l'ouverture de la liquidation, la réalisation de l'actif et l'apurement du passif.

§ 1. L'ouverture de la liquidation

1501. L'ouverture de la procédure de liquidation emporte plusieurs effets qu'il faut conforter à la propriété intellectuelle.

A La gestion des biens intellectuels

1502. Le premier effet de l'ouverture de la procédure est le dessaisissement du débiteur[92] (art. L. 641-9 C. com.). S'il s'agit d'une personne morale, elle est dissoute par l'effet du jugement de liquidation judiciaire.

La procédure de liquidation s'applique aussi à une personne physique, notamment dans le cadre de la propriété intellectuelle. Par exemple, un auteur ou un inventeur professionnel en situation de cessation de paiement pour lequel le tribunal ordonne une liquidation de son actif professionnel[93]. L'auteur perd alors la maîtrise de ses créations au regard du droit des entreprises en difficulté, mais conserve ses prérogatives morales en raison de leur inaliénabilité[94]. Il en serait de même pour l'inventeur indépendant pour son droit au nom et son droit

92. Par exemple, pour une marque, Cass. com., 11 mars 2008, n° 06-19506 ; Cass. com., 1er oct. 2013, n° 12-20567.

93. Il faut aussi prendre en compte l'effet des mécanismes d'aménagement du patrimoine, telle l'EIRL, sur les droits de propriété intellectuelle dans le patrimoine du créateur.

94. Voir *supra* n° 140.

aux récompenses. L'invocation des prérogatives morales ne gèle pas l'effet de la procédure, l'auteur ne peut faire qu'un usage maîtrisé et raisonnable de celle-ci, sous peine d'une sanction pour abus. Le dessaisissement du débiteur ne peut-il pas être qualifié d'acte de gestion et non pas de saisie ou d'acte de disposition ? Une telle analyse n'est pas à exclure, il s'agit d'une mesure de protection du débiteur insolvable, défait temporairement de prérogatives[95]. Auquel cas, le tribunal pourrait aussi être investi d'un mandat de gestion[96] de l'actif à réaliser dans le cadre de la procédure de liquidation qui inclurait le droit moral.

1503. Le second effet du jugement de liquidation sur le régime des biens intellectuels porte sur les indivisions. Le dessaisissement est cantonné au patrimoine du débiteur (personne physique comme personne morale) et ne s'étend pas aux biens indivis qui n'en font pas partie. En revanche, le liquidateur dispose du pouvoir de provoquer le partage des indivisions impliquant la liquidation dans le cadre d'une action en licitation partage des parts indivises du débiteur dans ces indivisions. Il peut provoquer cette licitation sur le fondement de l'article 817-17 alinéa 3 du Code civil, comme sur celui de l'article 815. La liquidation des indivisions est très peu adaptée à la propriété intellectuelle, le droit des brevets l'aménage[97], le droit d'auteur aussi[98].

Le droit des marques et le droit des dessins et modèles n'envisagent aucune disposition spécifique pour ce point et permettent une application directe des solutions du Code de commerce.

En droit d'auteur, l'exercice de ce pouvoir est incertain. Il n'est pas possible de vendre une quote-part d'œuvre de collaboration, à tout le moins sans l'accord des autres indivisaires[99]. Un obstacle réside dans le droit moral attaché à l'œuvre, inaliénable. Ce point n'est pas un réel obstacle, l'acquéreur doit respecter le droit moral.

En droit des brevets et en droit des obtentions végétales, l'article L. 613-30 accorde la possibilité, pour une convention de copropriété, d'écarter la licitation à un tiers[100]. Quant à l'article L. 613-31 C. propr. intell., il n'envisage la sortie de la copropriété que par l'abandon de la quote-part de l'indivisaire, dont l'indivisaire en liquidation. Le régime supplétif n'est pas plus en harmonie avec le droit des procédures collectives, il est avancé une procédure de cession que la Cour de cassation interprète strictement[101].

1504. Reste, enfin, à appréhender, une fois la liquidation ouverte, le sort des créations futures ou en voie d'achèvement. Si la procédure vise une personne morale, cela ne soulève guère de problème, celle-ci n'ayant plus d'activité, le projet ne pourra pas se poursuivre. Seule la question de sa liquidation sous forme de projet peut soulever des difficultés[102]. En revanche, si la procédure

95. Voir., F. Pérochon, *op. cit.*, n° 1092.
96. Sur la gestion par mandat du droit moral, voir *supra* n° 138.
97. Voir *supra* n° 589 et s.
98. Voir *supra* n° 105.
99. Voir *supra* n° 106.
100. Voir *supra* n° 590.
101. Cass. com., 18 nov. 2008, *Bull. civ.* IV, n° 193 ; *BICC*, 1er avr. 2009, n° 445.
102. Voir le rapport du CSPLA, *op. cit.*, p. 31.

vise une personne physique qui exerce une profession libérale, tels les créateurs et inventeurs indépendants, l'effet de la liquidation est porteur de craintes. L'article L. 641-9 III retient que « *lorsque le débiteur est une personne physique, il ne peut exercer, au cours de la liquidation judiciaire aucune des activités mentionnées au premier aliéna de l'article L. 640-2* », notamment les activités professionnelles indépendantes, dont les professions libérales. Cela signifie que le créateur ne pourrait plus créer à compter de l'ouverture de la procédure, à tout le moins à titre professionnel. Il pourrait, en revanche, être créateur salarié si ce régime emporte un effet sur la dévolution des droits de propriété intellectuelle. Cette interdiction semble exclure qu'il exerce son activité professionnelle en la logeant dans une EIRL, en créant un patrimoine professionnel d'affectation séparé du patrimoine en liquidation. L'autre risque durant cette phase de liquidation est que l'ensemble des créations réalisées durant cette période vienne contribuer au patrimoine en liquidation jusqu'à apurement total du passif, sans aucun effet de cantonnement au patrimoine présent au jour de l'ouverture de la procédure. Il est impossible d'interdire à une personne de créer, il est impératif alors d'instaurer un cantonnement de la procédure aux biens intellectuels existant au jour de l'ouverture et d'écarter l'application de l'article L. 641-9 III aux créateurs et inventeurs professionnels.

Pour tous les biens intellectuels à l'actif du liquidé, il sera nécessaire d'assurer une gestion dynamique de l'actif durant la période de liquidation afin de maintenir les droits de propriété intellectuelle en vigueur. Il s'agit notamment de payer les taxes auprès des offices ou les redevances permettant de conserver la jouissance de biens intellectuels utiles à la mise en valeur de l'action. Durant cette période, sont payées à leur échéance les créances nées régulièrement si elles sont nées pour les besoins du déroulement de la procédure ou du maintien provisoire de l'activité, ou si elles sont nées en contrepartie d'une prestation fournie au débiteur pendant le maintien de l'activité ou en exécution d'un contrat en cours décidée par le liquidateur. Enfin, pour les personnes physiques, sont payées aussi les créances nées des besoins de la vie courante du débiteur.

B Les contrats

1505. La première catégorie de contrat à envisager est celle des contrats de travail. Une procédure de licenciement est engagée avec la liquidation, sauf cession de l'entreprise. Les créances de salaire bénéficient d'une garantie spécifique dans cette procédure fournie par l'AGS. Elle intègre les créances de salaire attachées à la propriété intellectuelle. L'inventeur réalisant des inventions de mission bénéficie pour la rémunération supplémentaire, sous toutes ses formes, des protections spécifiques des salariés dans le cadre d'une liquidation. Les créances, dues à un salarié au titre des aménagements contractuels autorisés par l'article L. 113-9 C. propr. intell., devraient aussi être soumises à ce cadre préférentiel. En revanche, les garanties de salaire ne s'appliquent pas à toutes les situations où le salarié créateur ne connaît pas un statut légal de salarié prenant en compte cette particularité. Suivant le droit commun, l'auteur salarié ne pourra que faire valoir ses droits avec l'ensemble des autres créanciers, sans traitement spécifique. C'est, une fois encore, le signe de la faiblesse de l'absence d'un statut d'auteur salarié[103].

L'ouverture de la procédure n'a pas d'effet immédiat sur les contrats en cours. À ce stade de la procédure, la règle générale du maintien des contrats en cours[104] est appliquée. La motivation de ce maintien est, cette fois-ci, la sauvegarde de la valeur de l'actif. L'interruption de l'exploitation pourrait porter atteinte à l'intérêt de l'entreprise et à la possibilité de retrouver un repreneur. La préservation de l'appareil productif accroît les chances d'éveiller un intérêt pour l'ensemble. Dans ce cadre, la propriété intellectuelle occupe un rôle central.

1506. Toutefois, suivant l'article L. 132-15 C. propr. intell., l'ouverture de la procédure de liquidation permet à l'auteur de demander la résiliation de son contrat d'édition. Pour le contrat de production cinématographique, il est prévu, de la même façon, que, si l'entreprise est liquidée, l'auteur ou les coauteurs peuvent demander la résiliation du contrat de production (art. L. 132-30 C. propr. intell.). Ce pouvoir unilatéral leur offre de reprendre en main l'exploitation de leur création. Cette prérogative risque de mettre à mal l'objectif d'une cession de tout ou partie de l'actif ou de l'entreprise en vue de la reprise de son exploitation par un tiers. Si une part importante des auteurs ayant un contrat avec l'entreprise liquidée invoque cette résiliation, il n'y a plus guère d'actifs à réaliser. Dans l'équilibre des intérêts en présence, le législateur privilégie l'auteur sur les autres parties prenantes. Cependant, ce pouvoir de l'auteur est écarté en présence d'une offre de reprise par un coproducteur de l'œuvre en cause[105]. Ce choix, en faveur des auteurs comme des producteurs, n'est pas constant dans le droit des procédures collectives appliqué à la propriété intellectuelle ; il est en décalage avec la logique générale du droit des entreprises en difficulté privilégiant l'intérêt général et l'ordre économique et social. De plus, si l'œuvre objet du contrat est exploitée par des tiers, par le biais de contrats, la Cour de cassation retient, sous le visa des articles 1184 C. civ. et L. 131-3 et L. 132-24 C. propr. intell., que « *la résiliation des contrats de cession de droit d'auteur conclus entre un auteur et une société de production n'anéantit pas les contrats d'exploitation antérieurs* »[106]. L'auteur dispose alors d'une action directe en paiement à l'encontre de l'exploitant tant que l'action du producteur contre ce dernier n'est pas éteinte. La neutralité de la résiliation engendre un conflit de droits entre l'auteur et le sous-cessionnaire résolu au profit de ce dernier.

1507. La continuation des contrats n'est pas irrémédiable pour les créanciers liés à l'entreprise en liquidation. En premier lieu, l'administrateur peut décider de leur résiliation s'il anticipe une inexécution des obligations du débiteur, en particulier une incapacité à assumer les paiements dus pour la poursuite de l'activité. L'incapacité à honorer les redevances de licences doit conduire à leur résiliation. En deuxième lieu, la résiliation peut être obtenue à l'initiative du créancier. Ce dernier, le donneur de licence notamment, peut mettre en demeure l'administrateur de prendre position sur la poursuite du contrat. Si ce dernier

103. Sur ce point, voir *supra* n° 72 et s.
104. Voir *supra* n° 1491.
105. Voir *supra* n° 1505.
106. Cass. civ. 1re, 29 mai 2013, n° 12-14041, *D.* 2013, p. 1818, note A. Etienney de Sainte Marie.

laisse cette mise en demeure sans réponse pendant un mois, le créancier peut invoquer la résiliation du contrat. Il dispose ainsi d'une faculté de sortie de la procédure, sans pour autant s'assurer du paiement des créances antérieures. L'intérêt de cette procédure est qu'elle permet, en présence d'une concession exclusive, de sortir du lien contractuel pour trouver un nouveau partenaire. En présence d'une licence simple, une telle démarche est moins utile, d'autant que la poursuite ne peut être faite qu'à la lumière de la capacité à honorer les créances nées durant la poursuite de l'activité. Enfin, le liquidateur peut demander au juge-commissaire de prononcer la résiliation si elle est nécessaire à la liquidation et ne porte pas une atteinte excessive aux intérêts du cocontractant.

C Les procédures judiciaires

1508. L'ouverture de la liquidation emporte la dissolution de la personne morale ou le dessaisissement de la personne physique. Les procédures judiciaires sont alors intégrées dans le mécanisme de la procédure collective tel que cela a déjà été envisagé[107].

La Cour de cassation[108] a notamment rappelé que l'ouverture d'une procédure de liquidation n'interrompt l'instance qu'au profit de la personne qui est soumise, suivant un mécanisme d'interprétation stricte. En l'espèce, deux personnes avaient concédé à une société une licence d'exploitation d'un brevet. Elles font procéder, avec leur licencié, à une saisie-contrefaçon, puis assignent ensemble le contrefacteur. Le licencié est mis en liquidation judiciaire. Le contrefacteur reproche à la cour d'appel d'avoir rejeté la fin de non-recevoir tirée du défaut de qualité et d'intérêt à agir de la société en liquidation et forme un pourvoi. La Cour de cassation rejette ce moyen retenant que la société en liquidation est régulièrement représentée à l'instance par son liquidateur. La qualité pour agir est liée à la concession de la licence, et l'intérêt pour agir résulte des agissements contrefaisants. Le jugement prononçant la liquidation judiciaire de la société concessionnaire a provoqué l'interruption de l'instance et celle du délai de péremption, non seulement à l'égard de cette société, mais aussi à l'égard du concédant. Au-delà du cas des brevets, cette solution a vocation à s'appliquer à l'ensemble des biens intellectuels appropriés par l'un des régimes spéciaux du C. propr. intell.

§2. La réalisation de l'actif intellectuel

1509. La réalisation des actifs conduit à céder les biens à des tiers afin de pouvoir, grâce aux fruits collectés par ce biais, désintéresser les créanciers. C'est un acte traumatisant pour le liquidé. Il faut aussi voir dans cette procédure une opportunité pour les tiers. Les biens intellectuels qui n'ont pas pu être correctement exploités dans un environnement peuvent trouver une nouvelle voie dans le transfert à un tiers. Afin de limiter la dureté de cette procédure, il est

107. Voir *supra* n° 1460.
108. Voir Cass. com., 11 mars 2008, n° 06-19616.

retenu que le liquidateur ne peut, sauf accord du débiteur, réaliser les biens ou droits acquis au titre d'une succession ouverte après l'ouverture ou le prononcé de la liquidation judiciaire, ni provoquer le partage de l'indivision pouvant en résulter. Ainsi, une forme de patrimoine d'affectation est créée pour les biens venant d'une succession dont peuvent bénéficier les biens intellectuels.

1510. D'un point de vue de l'analyse économique de la propriété intellectuelle, cette licitation des biens intellectuels dans le cadre de la liquidation présente un enseignement majeur. Une théorie classique écarte l'idée que les biens intellectuels puissent avoir une valeur de liquidation[109]. Cette analyse signifie que la valeur des biens intellectuels n'est constituée que par leur environnement initial de développement et d'exploitation. Cela explique notamment l'exclusion de l'idée d'un marché des biens intellectuels dans l'IAS 38 et le traitement comptable très défavorable qui leur est réservé[110]. L'absence de valeur de liquidation en fait un faible élément de garantie pour les tiers qui ne pourraient rien en faire en cas de réalisation de leur sûreté. Pour cette raison économique, notamment, les biens intellectuels sont peu ou pas mobilisés pour fournir des garanties. S'ils le sont, c'est à une valeur fortement dégradée[111]. Dès lors, constater que la liquidation est possible et qu'elle peut faire émerger une valeur substantielle contribue fortement à renouveler l'analyse théorique et pratique de la valeur des actifs intellectuels et leur insertion dans l'analyse de la valeur des actifs d'une entreprise.

A L'opportunité des tiers

1511. La liquidation est une opportunité pour les tiers qui accèdent à des actifs intellectuels pouvant présenter un fort intérêt économique et stratégique. Les *Non Practincing Entities*, plus connues sous le vocable malheureux de *patent trolls*[112], sont particulièrement dynamiques sur le marché de la licitation de biens intellectuels dans le cadre de procédures collectives. La défaillance d'une entreprise ne doit pas être confondue avec la qualité de ses actifs. Des biens intellectuels de grande qualité peuvent être acquis lors de cette procédure. L'adjudicataire peut opposer sa propriété à tout tiers et en jouir en toute légitimité. Si un contrefacteur émerge, ce dernier ne peut en rien opposer la source de la propriété pour contester la légitimité de l'action. Il en va de la nature même de la propriété. On est partisan de ces mécanismes de marché appliqués aux biens intellectuels qui confirment leur ancrage dans le droit des biens. Si des abus émergent dans l'opposition de la propriété aux tiers, le droit des biens, le droit du marché et le droit processuel disposent de suffisamment d'outils pour les sanctionner. Il n'est en rien nécessaire de modifier ou réduire la liberté

109. Voir N. Binctin, *Le capital intellectuel*, *op. cit.*, n° 231 et s.

110. Voir N. Binctin, *Le traitement comptable des biens intellectuels*, *op. cit.*

111. Voir l'opération organisée par l'équipementier en télécommunications *Alcatel-Lucent* le 14 décembre 2012 afin d'obtenir des prêts bancaires sur plusieurs années à hauteur de 1,615 milliard d'euros, octroyés par le *Crédit suisse* et *Goldman Sachs*. Pour ce faire, la société a gagé son important portefeuille de brevets constitué d'environ 29 000 brevets, et dont la valeur indicative serait de 5 milliards d'euros...

112. Sur ce point, voir *supra* n° 1005, 1119.

d'acheter ou de vendre, par toutes les procédures possibles et envisageables, des biens intellectuels.

1512. Pour la cession isolée ou d'un ensemble de biens intellectuels, de gré à gré ou aux enchères, une publicité légale est organisée. Elle peut être complétée par une publicité volontaire permettant de faire connaître, auprès d'un public cible susceptible d'enchérir, la procédure en cours, comme ce fut le cas pour l'adjudication des marques *Vogica*. La publicité des actifs à céder est notamment faite par les mandataires de justice sur Internet[113].

La loi prescrit que ni le débiteur, ni les dirigeants de droit ou de fait de la personne morale, ni les parents ou alliés jusqu'au 2e degré inclusivement de ces dirigeants ou du débiteur personne physique, ni les personnes ayant ou ayant eu la qualité de contrôleur au cours de la procédure, ne peuvent acquérir directement ou par personne interposée des actifs d'une société faisant l'objet d'une procédure collective. Dès la prise de connaissance de cette vente, les tiers peuvent formuler une proposition (L. 642-3 et L. 642-20 C. com.). Celle-ci peut être formulée à tout moment, elle doit être adressée au liquidateur, être écrite et préciser le périmètre de reprise en ventilant en fonction du prix offert pour les actifs visés. La proposition doit être accompagnée d'un chèque de banque pour le montant total de l'offre et d'une déclaration d'indépendance et de sincérité du prix. En fonction des actifs concernés, la cession est autorisée par ordonnance du juge-commissaire ou jugement du tribunal.

Par exemple, le portefeuille de marques *Vogica* a été vendu aux enchères dans le cadre d'une vente judiciaire liée à une liquidation, à Paris, en septembre 2011. Ce fut une première en France. Les actifs immatériels, notamment les marques et les noms de domaine, de cette société en liquidation furent proposés au plus offrant. L'intérêt pour l'acquéreur de marques vendues aux enchères est de disposer immédiatement de droits de propriété industrielle délivrés, de bénéficier de leur notoriété et de l'antériorité du dépôt. Dans cette affaire, les marques constituaient un actif immatériel significatif dont il aurait été absurde d'en perdre la valeur. La vente s'est faite par lots, avec faculté de réunion ou de regroupement de tous les lots. Le liquidateur a organisé le portefeuille de marques et de noms de domaine en cinq lots. Ces lots ont été présentés sur un site Internet public et ont fait l'objet d'un document de présentation détaillé. Le lot principal (marques et noms de domaine Vogica) fut adjugé pour 550 000 euros. Le lot comportant la marque « les prêts à poser » fut adjugé à 170 000 euros. Les autres lots ont permis à la liquidation de collecter 20 000 euros supplémentaires[114]. Une procédure de liquidation ne peut pas se priver de telles ressources financières. Cela traduit pleinement la valeur de liquidation des biens intellectuels.

B Les effets de la propriété intellectuels sur la réalisation de l'actif

1513. Du point de vue du liquidé, la procédure est délicate à supporter. Il s'agit d'une forme de dépouillement, en particulier lorsqu'il s'agit des biens du

113. www.eas.ajmj.fr

114. Voir P. Breese, « Vente aux enchères : pour redynamiser », *La revue des marques*, n° 78, avr. 2012, p. 68.

créateur entrepreneur qui sont en cause. Le droit des entreprises en difficulté prévoit deux formes de cession des actifs, une cession d'actifs isolés et une cession d'universalité. On va revenir sur ces deux formes pour les confronter à la propriété intellectuelle.

1. Cession de biens intellectuels isolés

1514. La première méthode pour réaliser l'actif est d'opérer une cession, de gré à gré ou par adjudication, des différents biens composant l'actif. La propriété intellectuelle n'est pas, dans sa globalité, en conflit avec une telle méthode de liquidation ; les régimes de propriété intellectuelle ne font pas obstacles à ces deux méthodes de vente. On vend une marque, un droit d'auteur, un droit voisin, une obtention végétale, et ainsi de suite, de façon isolée, de gré à gré ou par adjudication. Il n'est pas certain qu'une telle approche soit la mieux adaptée pour tirer le meilleur parti de ces actifs. La cession isolée ne doit pas être confondue avec une cession par famille où l'on incorpore dans un lot, par exemple, toutes les validations nationales d'un même bien intellectuel. Elle prend la forme d'une cession titre de propriété par titre de propriété.

1515. Toutefois, la cession isolée est obligatoire dans un cas donné : la liquidation des actifs d'une société de production audiovisuelle. En effet, l'article L. 132-30 C. propr. intell. dispose qu'en cas de liquidation, le liquidateur est tenu d'établir un lot distinct pour chaque œuvre audiovisuelle pouvant faire l'objet d'une cession ou d'une vente aux enchères. Il a l'obligation d'aviser, à peine de nullité, chacun des auteurs et des coproducteurs de l'œuvre par lettre recommandée, un mois avant toute décision sur la cession ou toute procédure de licitation. Dans cette procédure, l'auteur et les coauteurs possèdent un droit de préemption sur l'œuvre. L'exercice de ce droit est toutefois écarté si l'un des coproducteurs de l'œuvre se déclare acquéreur. Si le ou les auteurs exercent leur droit de préemption, à défaut d'accord, le prix d'achat est fixé à dire d'expert. Il est surprenant que les auteurs n'aient pas à s'aligner sur le prix proposé par un tiers. Cela dégrade l'intérêt général qui guide la procédure de liquidation et qui devrait primer sur un intérêt particulier. Ce n'est pas un droit de préemption mais plutôt un droit d'option sur le bien intellectuel qu'établit ainsi la loi au bénéfice des auteurs. Si les auteurs n'acquièrent pas l'œuvre, naturellement, le tiers acquéreur est tenu aux obligations du producteur liquidé.

Cette procédure peut faire naître des conflits entre auteurs et producteurs. À l'inverse de la solution générale de conflit de l'article L. 211-1 C. propr. intell., le législateur tranche, dans le cadre de la procédure de liquidation, le conflit en faveur des producteurs des droits voisins. La situation de l'acquéreur tiers, ou des producteurs, pourrait être fragilisée par le droit de résiliation à disposition des auteurs. Il serait nécessaire d'imposer une articulation de ces dispositions pouvant avoir des effets économiques contradictoires. On peut imaginer l'auteur qui ne parvient pas à trouver un accord sur le prix de l'œuvre dans le cadre du droit d'option et exerce finalement son droit de résiliation. Un tel comportement ruinerait toute chance de cession à un tiers de l'œuvre. Ce peut aussi être un moyen de « chantage » dans la négociation du prix[115]. Si la vente à un tiers ou la reprise par un coproducteur se dessine, le liquidateur devrait prendre le soin de s'assurer que les auteurs n'exerceront pas le droit de résiliation afin d'assurer une attractivité à l'œuvre et permettre sa cession dans des conditions satisfaisantes pour envisager son exploitation future.

1516. Dans le cadre d'une procédure de liquidation, il faut revenir sur le sort du droit moral du droit d'auteur. La liquidation est une opération spécifique de dissolution d'un patrimoine qui doit conduire à une circulation du droit moral. En effet, inaliénable, le droit moral ne circule d'un patrimoine à l'autre que dans le cadre d'une liquidation de patrimoine, notamment au décès de l'auteur[116]. La liquidation du patrimoine en droit des entreprises en difficulté pourrait nourrir des analogies avec cette situation.

Pour les personnes physiques, seul le décès emportant le dessaisissement du droit moral, on peut écarter un effet de la procédure sur la conservation des prérogatives morales. On peut toutefois envisager l'efficacité d'une EIRL, comme patrimoine d'affectation, en présence d'un droit moral[117]. L'auteur peut-il isoler son droit moral dans un tel patrimoine et subir, ou provoquer, la circulation de son droit moral, avant sa mort, en cas de liquidation de ce patrimoine d'affectation ? Le cadre spécifique de liquidation d'une EIRL limite l'efficacité d'un tel montage. En présence d'une liquidation appliquée au patrimoine professionnel d'un auteur, le droit moral demeure attaché à sa personne, mais il est possible d'envisager d'autres solutions de façon prospective.

Lorsque des personnes morales sont titulaires du droit moral, le régime du droit moral n'est pas adapté à la nature de son titulaire. Dès lors, la règle de l'inaliénabilité s'applique. La liquidation de la personne morale s'assimile à la liquidation du patrimoine d'une personne physique défunte : le droit moral doit circuler avec les autres éléments du droit de propriété. Le cessionnaire ou l'adjudicataire, successeur aux droits de la liquidée, reçoit par la mutation de propriété, lors de la liquidation, l'ensemble des prérogatives disponibles composant le droit de propriété dont le droit moral. Le droit moral intègre le patrimoine du nouveau propriétaire du bien intellectuel.

1517. Les actifs intellectuels présents dans le patrimoine liquidé ne peuvent pas être réduits aux seuls biens intellectuels en propriété, il faut aussi prendre en considération les droits de jouissance, simples ou exclusifs, qu'il peut compter. La cession isolée de contrats[118] ne semble pas envisagée, en tant que telle, par le Code de commerce ; les articles L. 642-18 et suivants envisagent uniquement la vente de biens. Cette notion connaît des interprétations extensives englobant tout intérêt patrimonial, dont un contrat. Cependant, cette approche n'est pas retenue par la jurisprudence en droit des entreprises en difficulté. Une cession

115. Voir Cass. civ. 1re, 3 avr. 2001, *Bull. civ.* I, n° 94, *CCE* 2001, comm. 58, note C. Caron.
116. Voir *supra* n° 149.
117. Sur l'EIRL et le patrimoine d'affectation, voir notamment, *Volonté et biens – Regards croisés*, ss. la dir. de Y. Strickler, L'Harmattan, 2013, spéc. P.-M. Le Corre, « Volonté individuelle et périmètre des procédures collectives », p. 219 et N. Binctin, « Volonté et universalité de biens », p. 231.
118. Voir *infra* n° 1518 pour le transfert des contrats nécessaires à la poursuite d'une branche autonome.

de contrat, en tant que telle, a été envisagée : la cession du bail commercial. La Cour de cassation admet la cession du bail si elle se fait dans les conditions du contrat et avec l'autorisation préalable du juge-commissaire[119]. On peut poursuivre cette logique et envisager que si ces conditions sont respectées, il est possible, dans le cadre de la réalisation des actifs, de céder des contrats ayant pour objet des biens intellectuels à des tiers[120].

Cette solution doit être envisagée à la lumière de la jurisprudence *Used-Soft*[121]. La CJUE applique le mécanisme de l'épuisement du droit à une licence de logiciel et admet la libre cession de celle-ci à condition que le cédant cesse l'utilisation du bien intellectuel. Dans le cadre d'une liquidation, cette condition ne soulève aucune difficulté. Il est alors possible de liquider en tant que telles, et de façon isolée, tout ou partie des licences incluses dans l'actif de l'opérateur liquidé. Cette solution renforce une fois encore l'idée que les actifs intellectuels s'échangent sur un marché et disposent d'une valeur de liquidation, autant pour une propriété que pour une simple jouissance.

2. Cession d'universalités de biens intellectuels

1518. Le droit des entreprises en difficulté privilégie, avec raison, la cession d'ensembles cohérents devant permettre la reprise par un tiers de l'exploitation de l'opérateur liquidé. La cession peut porter sur tout ou partie des éléments de l'actif. Tous les biens meubles peuvent être visés par ces cessions d'universalités, notamment tous les biens intellectuels, sous quelques réserves.

La liquidation de l'entreprise exploitant la marque *Vogica* est un exemple de cession d'ensembles de biens intellectuels[122]. Il faut que les lots soient organisés de façon cohérente, par famille de marques, de brevets, de dessins et modèles ou de droit d'auteur, des éléments qui se complètent permettant une exploitation autonome du lot. La cession doit limiter les situations de dépendance avec d'autres adjudicataires ou cessionnaires. On peut illustrer ce type de cession avec le cas *Nortel*. La liquidation de cette société, dans le cadre du droit canadien, fut engagée en janvier 2009. En août 2012, les liquidateurs de *Nortel* ont révélé avoir vendu l'intégralité des actifs, dont les brevets et demandes de brevets restants, pour 7,8 milliards de dollars US de bénéfices nets au profit des créanciers. Le portefeuille de brevets a apporté l'essentiel de ces fonds. *Nortel* disposait d'un important portefeuille de brevets, de l'ordre de 8 500 inventions appropriées, touchant divers domaines des communications et des réseaux, notamment la 4G, la transmission des données, la fibre optique, le transport de la voix, Internet, la diffusion des services, ou encore les semi-conducteurs. Les liquidateurs ont organisé une cession aux enchères des brevets qui n'avaient pas été cédés antérieurement avec des branches d'activité. Ainsi, un *consortium* portant le nom de *Rockstar Bidco* et incluant notamment *Apple*, *EMC*, *Ericsson*, *Microsoft*, *RIM* et *Sony* a obtenu l'adjudication de 6 000 brevets pour 4,5 milliards de dollars. Cette

119. Cass. com., 9 mai 2007, *Bull. civ.* IV, n° 122 ; *JCP* E 2007, 2119, n° 5, obs. Pétel.

120. Voir E. Logeais, « Les droits de propriété intellectuelle dans le bain des procédures collectives : relevé au fil de l'eau », *Prop. Intell.* n° 40, juill. 2011.

121. Voir *supra* n° 17.

122. Voir *supra* n° 1512.

adjudication a supposé un contrôle préalable en droit de la concurrence de la part de la *FTC* puis une approbation par les juridictions canadiennes et américaines de la procédure collective, obtenue en novembre 2011. 1/6e des brevets vendus à *Rockstar* a fait ensuite l'objet d'une cession au bénéfice d'*Apple*, ce qui confirme l'intérêt durable des opérateurs pour ces biens intellectuels.

La cession des actifs intellectuels peut être une condition à la reprise de l'entreprise en liquidation par un tiers. Par exemple, dans le cadre de la procédure qui visait la société espagnole *FagorBrandt* qui emploie 1 800 salariés en France, le groupe algérien *Cevital*, qui s'était porté acquéreur des actifs en France, avait conditionné cette reprise à l'acquisition des marques détenues par une entité espagnole. Ce n'est qu'après que le tribunal de commerce espagnol de Saint-Sébastien ait donné en avril 2014 son accord pour le rachat des marques que la poursuite de la reprise fut possible. L'administrateur judiciaire français a indiqué que la cession des marques s'est effectuée pour un montant de 25 millions d'euros.

1519. Seul le droit d'auteur limite un peu la possibilité de constituer des lots pour la liquidation des actifs, uniquement pour une catégorie d'œuvres. L'article L. 132-30 dispose qu'en cas de liquidation, le liquidateur est tenu d'établir un lot distinct pour chaque œuvre audiovisuelle pouvant faire l'objet d'une cession ou d'une vente aux enchères[123]. En dehors de ce cas explicitement prévu par le législateur, il n'y a aucune limite en droit d'auteur pour une telle cession par lot de biens intellectuels dans le cadre de la liquidation, notamment pas à l'article L. 132-15 C. propr. intell. Naturellement, le cessionnaire est tenu des obligations du cédant.

1520. Le sort des contrats en cours doit aussi être envisagé pour la cession de tout ou partie de l'entreprise, ou l'établissement de lots. L'article L. 642-7 C. com. permet au tribunal d'ordonner la cession au repreneur de tout ou partie de l'entreprise des contrats nécessaires au maintien de l'activité. Dans ce contexte, la cession des contrats de licence est à nouveau soulevée[124]. Outre ce que l'on a déjà envisagé pour la possible cession isolée, il est évident que le législateur est favorable au transfert des contrats, dont les contrats ayant pour objet des biens intellectuels. La notion de contrat de fourniture de biens ou de services englobe sans difficulté l'ensemble des contrats ayant pour objet des biens intellectuels, en particulier les concessions. Le juge a admis dans ce cadre le transfert d'une licence de brevet[125], d'un contrat de franchise (intégrant une licence de marque et de savoir-faire)[126]. Ces atteintes à la liberté contractuelle des parties sont justifiées par l'intérêt général qui guide la procédure collective[127].

La cession de contrat est opérée par le jugement, il est nécessaire qu'elle soit explicitement mentionnée par le cessionnaire dans son offre et par le tribunal

123. Voir *supra* n° 1515.
124. Voir *supra* n° 1517.
125. CA Colmar, 13 juin 1990, *D.* 1991, p. 97, note Fabiani.
126. CA Versailles, 23 juin 1988, *Rev. proc. coll.* 1989, p. 190, obs. B. Soinne.
127. Voir notamment E. Jouffin, *Le sort des contrats en cours dans les entreprises soumises à une procédure collective*, LGDJ, 1998, coll. Bibl. de droit privé, t. 307.

dans le jugement arrêtant la cession[128]. On retrouve l'importance de l'identification de l'ensemble des actifs intellectuels pour permettre ces opérations[129]. La cession des contrats prend effet, non pas au jour du jugement, mais à la date de conclusion des actes de cession ou de la prise de possession par le cessionnaire en vertu des dispositions du jugement. À compter de cette date, le cessionnaire est tenu de toutes les obligations du contrat, notamment le paiement des redevances[130]. Pour les biens intellectuels, il sera nécessaire d'effectuer les formalités nécessaires pour l'opposabilité du transfert[131].

Cette cession intégrant des contrats ayant pour objet des biens intellectuels ne connaît pas de limites spécifiques dans le cadre de la procédure collective. Toutefois, la qualification de contrat *intuitu personae* peut avoir une influence[132]. Aucun effet automatique n'est à envisager. Il faut démontrer, de façon stricte et objective, que le contrat contient une obligation de faire dont la qualité d'exécution est en jeu. « *L'intuitus personae interdit la cession du contrat que lorsque celle-ci serait incompatible avec le maintien des éléments essentiels du contrat* »[133]. Ainsi, cette contrainte pourrait limiter le transfert du savoir-faire attaché à un contrat de franchise, pour autant que la cession de la franchise soit admise. La doctrine envisage le transfert d'un contrat de commande d'une œuvre de l'esprit passé avec le débiteur. Un autre créateur ne peut pas reprendre ce contrat ; l'hypothèse est marginale.

3. Cession des produits incorporant des biens intellectuels

1521. Dernier élément de la cession à devoir être envisagé : les stocks du liquidé lorsque ces biens corporels intègrent des biens intellectuels. Le mécanisme de l'épuisement du droit joue pleinement sans qu'il soit possible d'invoquer un droit de propriété intellectuelle pour empêcher une telle cession[134]. Il faut cependant apporter deux nuances à cette règle générale.

1522. La première réside, dans le C. propr. intell., pour le contrat d'édition. L'article L. 132-15 C. propr. intell. retient que le liquidateur ne peut procéder à la vente en solde des exemplaires fabriqués et à leur réalisation que quinze jours après avoir averti l'auteur de son intention, par lettre recommandée avec demande d'accusé de réception. Le liquidateur ne peut pas disposer librement de ces éléments ; il est contraint par cette procédure[135]. La loi aménage au bénéfice de l'auteur un droit d'option, ou de préférence, sur tout ou partie des exemplaires en stock. Le législateur qualifie de façon erronée, une fois encore, ce droit de droit de préemption[136]. Si l'auteur souhaite exercer ce droit, il n'est en concurrence avec aucun tiers et n'est pas soumis aux éventuelles offres de ces

128. Voir Cass. com., 31 janv. 2012, n° 10-24419.
129. Voir *supra* n° 1469.
130. Cass. com., 2 juin 2004, n° 01-11215.
131. Voir *infra* n° 1131 et s.
132. Voir pour le plan de continuation où ce caractère est sans effet, *supra* n° 1491.
133. F. Pérochon, *op. cit.*, n° 1196.
134. Cass. com., 7 avr. 2009, n° 08-13378 à propos de l'épuisement d'un droit de marque, *supra* n° 1154 et s.
135. Voir TGI Paris, 5 janv. 1996, *RIDA* oct. 1996, p. 304.
136. Voir *supra* n° 1515.

derniers. Il doit convenir d'un prix qui, à défaut d'accord, est fixé à dire d'expert. Ce pouvoir de l'auteur peut avoir pour effet de « caviarder » le stock de l'opérateur liquidé et d'en réduire l'intérêt pour un tiers. Il n'y a aucune raison objective à maintenir un tel droit de préférence car aucune nouvelle exploitation n'est en jeu mais uniquement la distribution par un tiers d'ouvrages publiés par l'opérateur liquidé. Cette solution devrait être maintenue uniquement si le liquidateur décide de mettre au pilon les exemplaires.

1523. La seconde limite est jurisprudentielle, en droit des marques. La CJUE[137] et la Cour de cassation[138] ont admis que le propriétaire d'une marque peut s'opposer à la distribution, par un tiers, de produits acquis lors d'une adjudication, dans le cadre d'une liquidation, si cette commercialisation porte atteinte à une fonction de la marque, en l'espèce le respect de l'image de marque[139].

C Mesures de publicité

1524. Toutes les opérations de transfert de biens intellectuels, quelle que soit la procédure retenue, notamment dans le cas de la liquidation, appellent le respect des procédures de publicité propres au droit de la propriété intellectuelle[140]. Cette opération est impérative pour permettre l'opposabilité aux tiers des droits du nouveau propriétaire. Elle a aussi pour effet d'alourdir les charges administratives de transfert et impose de s'assurer que la documentation nécessaire aux inscriptions est bien établie par les organes de la procédure collective.

Par ailleurs, les registres, notamment celui des marques, intègrent des mentions propres à identifier le statut du propriétaire. Il est possible d'y mentionner l'état de liquidation de ce dernier. Si une liquidation judiciaire est inscrite sans transfert de propriété, cela signifie que la marque est tombée dans le domaine public puisqu'il n'y a plus de propriétaire du droit. La marque devient disponible. Toutefois, ces mentions ne sont pas obligatoires, et il y a une volatilité de l'information dans les registres de propriété intellectuelle.

D La déshérence des biens intellectuels

1525. Dans le cadre de la liquidation, il est nécessaire, enfin, d'envisager le sort des biens intellectuels non repris. Il s'en suit une déshérence de ces derniers, des biens sans titulaire. Pour les biens intellectuels dont le maintien du titre de propriété suppose l'accomplissement de formalités administratives, le non-respect de celles-ci emporte une intégration dans le domaine public. La déshérence est donc de courte durée : quelques mois en droit des brevets, au plus cinq ans pour les dessins et modèles, dix ans pour les marques. Pour les autres biens intellectuels, cela soulève des difficultés importantes en droit

137. CJCE, 23 avr. 2009, aff. C-59/08, *Copad/Dior*, *PIDB* n° 897, III-1086.
138. Voir notamment, Cass. com., 23 mars 2010, aff. n° 09-66987 et n° 09-65839 ; *Prop. Indust.* 2010, comm. 40, obs. P. Tréfigny ; Cass. com., 24 mai 2011, aff. n° 10-18474 et n° 10-20620.
139. Sur cette fonction, voir *supra* n° 1170.
140. Voir *supra* n° 1131 et s..

d'auteur ou en droit voisin car le droit de propriété ne s'éteint pas dans une telle situation. Pour le droit de producteur de base de données, le droit s'éteint quinze ans après le dernier investissement, la solution est similaire à celle des marques et brevets, il suffit d'attendre un peu. Pour les autres biens intellectuels, il est proposé d'appliquer à ces hypothèses le régime des œuvres orphelines[141]. Cependant, celui-ci[142] suppose que le propriétaire existe mais que l'on ne parvient pas à l'identifier. Il ne s'applique à ce jour qu'au droit d'auteur et laisse sans réponse le sort des droits voisins, mais la transposition de la directive 2012/28 relative à certaines utilisations autorisées des œuvres orphelines devrait modifier ce point[143].

Toutefois, la déshérence de biens intellectuels à la suite d'une liquidation ne peut être assimilée à la situation d'une œuvre orpheline, les deux sont différents. Pour le bien en déshérence, il n'y a plus de propriétaire et personne ne souhaite devenir propriétaire de ces biens intellectuels. Il n'y a pas de doute sur ce point, et il n'y a aucune difficulté d'identification des propriétaires des biens intellectuels. Deux solutions rationnelles en droit des biens peuvent répondre à cette situation. Soit on s'inspire du droit des successions et les biens peuvent revenir dans le patrimoine de l'État, par exemple au bénéfice de l'agence du patrimoine immatériel de l'État. Soit on retient que la propriété sans titulaire ne peut exister, ce qui emporte une intégration dans le domaine public (de la propriété intellectuelle) des biens intellectuels ainsi abandonnés.

1526. La déshérence des logiciels soulève des difficultés techniques complémentaires. Les utilisateurs recherchent une pérennité de leurs solutions informatiques. Ils désirent une maintenance corrective, évolutive et réglementaire pendant une durée leur permettant un retour sur investissement. Ce désir est menacé par la mise en liquidation du fournisseur de la solution informatique. La survenance d'une procédure collective se traduit souvent par un arrêt de maintenance, puis une éventuelle déshérence des droits d'auteur. Pour résoudre cette insécurité, le licencié cherche à se réserver un accès au code source du logiciel[144]. La loi n'organise pas un tel accès[145], et il n'existe aucune disposition au profit des concessionnaires pour l'accès à ce code. L'exception de décompilation est d'interprétation stricte et n'autorise pas un accès global et durable au code source pour permettre le maintien opérationnel du logiciel après une liquidation[146].

La pratique a développé une solution contractuelle d'entiercement (ou contrat de séquestre ou encore d'*escrow agreement*). Ce contrat détermine les conditions à réunir pour que le tiers de confiance communique à l'utilisateur une copie des sources du programme[147]. En l'absence d'une telle clause, le juge refuse l'accès

141. En ce sens, le rapport du CSPLA, *op. cit.*, p. 34.
142. Voir *supra* n° 121.
143. Voir *supra* n° 123.
144. Voir notamment I. Renard et E. Laverrière, « Où vont les actifs incorporels quand les entreprises sont en difficulté ? », *Expertises* août-sept. 2013, p. 297.
145. Voir *supra* n° 169.
146. N. Binctin, « Migration de données et interopérabilité », *CCE* 2012, Étude 6.
147. Voir Y. Bismuth et M. Martin, « Contrats de l'informatique. La clause d'accès aux codes sources », *CCE* 2013, fiche pratique 4.

au code source[148]. L'intervention de ce tiers permet d'éviter une rétention du code. Cet accès au code source permet l'exercice des droits concédés par la licence et de réaliser les prestations de maintenance attendues du fournisseur défaillant. Ce contrat ne peut pas avoir pour effet de priver l'entreprise engagée dans la procédure collective d'une partie de ses actifs et de ses revenus. Seule une défaillance irrémédiable du concédant conduit à mettre en application un tel accès. Seule l'absence de reprise des actifs, notamment du logiciel en cause, ouvre l'accès aux sources. Le liquidateur doit appliquer cet engagement contractuel[149]. Il est nécessaire de veiller à ce qu'un tel contrat ne soit pas sanctionné par la nullité de la période suspecte (en raison d'un accès aux codes sources anormalement facilité par exemple). Enfin, le licencié peut toujours faire une offre pour obtenir la cession ou l'adjudication des droits d'auteur sur le logiciel, ce qui lui assurera l'accès aux codes.

§ 3. L'apurement du passif lié aux biens intellectuels

1527. Dernière étape de la procédure de liquidation, du point de vue des créanciers, la clôture de la liquidation judiciaire emporte l'apurement du passif et l'extinction des créances à partir de l'actif réalisé. Cette phase est guidée par un principe d'égalité des créanciers chirographaires, et une prise en compte des privilèges.

Les créances liées à la propriété intellectuelle sont, *a priori*, traitées comme l'ensemble des autres créances. Il appartient à cette catégorie de créanciers d'avoir obtenu des sûretés afin de préserver une chance d'obtenir un paiement au moins partiel. Le prix de cession d'un bien grevé d'une sûreté sert en priorité à payer le ou les créanciers titulaires de cette sûreté. La présence de personnes physiques créancières ne modifie pas l'application de ces principes. L'attractivité de telles sûretés devrait influencer la pratique contractuelle de la propriété intellectuelle.

1528. Pour les meubles, dont les biens intellectuels, la répartition du prix prend en considération les privilèges qui peuvent s'exercer sur eux, notamment le privilège mobilier général. Le principe est qu'un privilège spécial prime le privilège général. Cette règle permettra d'établir un classement entre les créanciers. Le droit de la propriété intellectuelle n'établit pas de privilège de cette nature, sauf en droit d'auteur. En effet, l'article L. 131-8 C. propr. intell. prévoit qu'« *en vue du paiement des redevances et rémunérations qui leur sont dues pour les trois dernières années à l'occasion de la cession, de l'exploitation ou de l'utilisation de leurs œuvres [...] les auteurs, compositeurs et artistes bénéficient du privilège prévu au 4° de l'article 2331 et à l'article 2375 du code civil* ». L'article 2331 du Code civil établit un privilège général sur les meubles, l'auteur est alors en concurrence avec les autres, très nombreux et mieux classés que lui, bénéficiaires du même privilège[150]. L'article 2375 du Code civil

148. Cass. com., 10 mai 2000, n° 97-17277.

149. CA Aix-en-Provence, 11 sept. 2009, *Juris-Data* n° 2007-358184.

150. Sur le classement des privilèges et sûretés pour le paiement, voir F. Pérochon, *op. cit.*, n° 1243 et s.

instaure un privilège général sur l'ensemble des immeubles du débiteur. Là encore, l'auteur est alors en concurrence avec les autres bénéficiaires du privilège. Il n'est guère probable que son sort soit substantiellement amélioré par ce double privilège. Par une mesure de faveur, la Cour de cassation a étendu le bénéfice de ce privilège au bénéfice des sociétés de gestion collective[151].

Ce double privilège confère à l'auteur une situation similaire à celle des salariés, sans bénéficier toutefois de l'AGS et du super privilège des salaires. Son application est restreinte, situé dans les dispositions relatives au droit spécial des contrats ayant pour objet un droit d'auteur. Il ne s'applique qu'en présence de l'auteur personne physique au contrat. Dans toutes les autres hypothèses de contrats ayant pour objet un droit d'auteur, il n'y a pas d'application de ce privilège. On regrette que le législateur, même si l'effet est limité, n'ait pas étendu l'application de ce privilège à l'ensemble des personnes physiques titulaires de droit de propriété intellectuelle et créancières dans une procédure collective. Il n'est pas de raison de traiter moins bien l'inventeur ou l'interprète que l'auteur quand tous vivent de leurs créations.

1529. Pour les créances de salaire, notamment celles relevant de l'article L. 611-7 C. propr. intell. et celles des artistes-interprètes, les créateurs bénéficient de l'ensemble du dispositif prévu pour les salariés, le privilège, le super privilège et la garantie de l'AGS. Cette dernière est plafonnée, ce qui limite les sommes qui peuvent être versées[152].

Des artistes-interprètes avaient conclu avec une société de production un contrat d'artiste pour la réalisation d'œuvres musicales, avec une rémunération composée, d'une part, d'un salaire d'enregistrement et, d'autre part, d'une avance à valoir sur toutes les sommes que la société serait amenée à leur devoir. La société de production, placée en liquidation judiciaire, licencie les artistes-interprètes. Ceux-ci n'ayant pas perçu l'intégralité de la rémunération qui leur était due avant l'ouverture de la procédure collective, saisissent la juridiction prud'homale pour obtenir la fixation au passif de la société de salaires, avances et indemnités de rupture et la condamnation de l'AGS[153] à en garantir le paiement. Sous le visa des articles L. 3253-8, alinéa 2-1°, L. 7121-3 et L. 7121-8 du Code du travail, la chambre sociale de la Cour de cassation[154] casse l'arrêt de la cour d'appel. Cette dernière, pour exclure de la garantie de l'AGS les sommes dues aux intéressés au titre des avances sur redevance et ordonner le remboursement par chacun de la somme qui leur avait été versée à ce titre, avait conclu que ces rémunérations ne devaient pas être considérées comme des salaires dès lors qu'elles répondent à la définition de l'ancien article L. 121-3 du Code du travail, alors en vigueur, pour les sommes dues aux artistes, à l'occasion de la vente ou de l'exploitation de l'enregistrement de leur prestation. La Cour de cassation retient que l'article L. 3253-8 du Code du travail garantit le paiement des sommes dues aux salariés en exécution du contrat de travail indépendamment de la qualification de salaire, le critère n'étant pas la nature salariale de la

151. Cass. civ. 1re, 28 mai 1991, *Bull. civ.* I, n° 171, p. 113.
152. Voir F. Pérochon, *op. cit.*, n° 1234 et s.
153. Art. L. 3253-6 et s. du Code du travail, assurance garantissant contre le risque de non-paiement des sommes dues en exécution du contrat de travail en cas de procédure collective.
154. Cass. soc., 3 déc. 2008, n° 07-42469.

créance mais son rattachement au contrat de travail. Il s'ensuit que les avances sur redevance dues en exécution du contrat d'artiste, quel que soit le mode de la rémunération, qui étaient exigibles avant l'ouverture de la procédure collective, bénéficient de la garantie de paiement de l'AGS. La Cour propose une interprétation extensive de la notion de salaire, protectrice des artistes-interprètes. Pour autant, les redevances ne sont pas liées à l'activité salariale mais à l'exploitation de la captation, celle-ci se faisant sans lien de subordination. Cette décision s'inscrit à la suite d'un arrêt de 2005 qui avait retenu que « *d'une part, selon l'article L. 143-11-1 du Code du travail, en cas de procédure de redressement ou de liquidation judiciaires, l'AGS garantit le paiement des sommes dues en exécution du contrat de travail ; que, d'autre part, il résulte de l'article L. 762-1 du même Code que le contrat par lequel un producteur s'assure le concours d'un artiste en vue de sa production est présumé être un contrat de travail quels que soient le mode ou le montant de la rémunération ; d'où il suit que la cour d'appel a pu décider que la rémunération avant amortissement du film qui était due à M. X... entrait dans le champ de la garantie de l'AGS* »[155].

1530. Reste le sort des créances attachées à une sanction pénale, notamment pour une contrefaçon. L'article L. 643-11 C. com. avance qu'en cas de liquidation, les créances ayant leur origine dans une infraction pour laquelle la culpabilité du débiteur est établie, les dommages et intérêts doivent être déclarés. Le créancier se trouve alors en concours avec les autres. Toutefois, la loi offre un traitement favorable pour les créances « pénales ». Le créancier qui a déclaré, s'il n'a pas été totalement désintéressé, peut, après liquidation, poursuivre le débiteur. L'effet d'extinction globale des poursuites par la liquidation ne s'applique pas. Il faut dans ce cadre distinguer le sort des personnes physiques qui demeurent après la procédure et pourront subir la procédure et les personnes morales qui disparaissent par la liquidation.

155. Cass. soc., 17 mai 2005, *Bull. civ.* V, n° 166, p. 143.

Index

Les numéros renvoient aux paragraphes

B

C

D

E

F

G

H

I

J

K

L

M

P

R

Table des matières

DEUXIÈME PARTIE
LES ÉLÉMENTS COMMUNS DE LA PROPRIÉTÉ INTELLECTUELLE

Manuels

Collection dirigée par Bernard Audit et Yves Gaudemet

D. AMSON : *Histoire constitutionnelle française, De la prise de la Bastille à Waterloo*, t. 1, 2010.
D. AMSON : *Histoire constitutionnelle française, De la bataille de Waterloo à la mort de Louis XVIII*, t. 2, 2014.
Ph. ARDANT et B. MATHIEU : *Droit constitutionnel et institutions politiques*, 26e éd., 2014.
B. BASDEVANT-GAUDEMET et J. GAUDEMET : *Introduction historique au droit*, XIIIe-XXe siècle, 3e éd., 2010.
A. BATTEUR : *Droit des personnes, des familles et des majeurs protégés*, 7e éd., 2013.
N. BINCTIN : *Droit de la propriété intellectuelle*, 3e éd., 2014.
J.-B. BLAISE : *Droit des affaires*, 7e éd., 2013.
R. BONHOMME : *Instruments de crédit et de paiement*, 10e éd., 2013.
S. BOUSSARD et C. LE BERRE, *Droit administratif des biens*, 2014.
M. BOUVIER, M.-Ch. ESCLASSAN et J.-P. LASSALE : *Finances publiques*, 13e éd., 2014.
B. BRACHET : *Le système fiscal français*, 7e éd., 1997.
Ph. BRAUD : *Sociologie politique*, 11e éd., 2014.
C. BROYELLE : *Contentieux administratif*, 2e éd., 2013.
O. CACHARD : *Droit du commerce international*, 2e éd., 2011.
D. CARREAU et P. JUILLARD : *Droit international économique*, 4e éd., 1998.
M. CHAGNY et L. PERDRIX : *Droit des assurances*, 2e éd., 2013.
J.-P. CHAUCHARD, J.-Y. KERBOURC'H et C. WILLMANN : *Droit de la sécurité sociale*, 6e éd., 2013.
J.-Ph. COLSON et P. IDOUX : *Droit public économique*, 7e éd., 2014.
G. CUNIBERTI : *Grands systèmes de droit contemporains*, 2e éd., 2011.
I. DAURIAC : *Les régimes matrimoniaux et le PACS*, 3e éd., 2012.
A. DECOCQ et G. DECOCQ : *Droit de la concurrence, Droit interne et droit de l'Union européenne*, 6e éd., 2014.
A. DECOCQ et G. DECOCQ : *Droit européen des affaires*, 2e éd., 2010.
E. DERIEUX : *Droit de la communication*, 4e éd., 2003.
E. DERIEUX et A. GRANCHET : *Droit des médias (Droit français, européen et international)*, 6e éd., 2010.
P. DEUMIER : *Introduction générale au droit*, 2e éd., 2013.
J.-Y. FABERON et J. ZILLER : *Droit des collectivités d'Outre-Mer*, 3e éd., 2007.
B. FAGES : *Droit des obligations*, 4e éd., 2013.
F. FAVENNEC-HÉRY et P.-Y. VERKINDT : *Droit du travail*, 4e éd., 2014.
M. FROMONT et H. MAURER : *Droit administratif allemand*, 1995.
Y. GAUDEMET : *Droit administratif*, 20e éd., 2012.
O. GOHIN et J.-G. SORBARA : *Institutions administratives*, 6e éd., 2012.
G. GOUBEAUX et P. VOIRIN : *Droit civil*, 2 vol., t. 1, 34e éd., 2013, t. 2, 28e éd., 2014.
F. HAMON et M. TROPER : *Droit constitutionnel*, 35e éd., 2014.
J. HUET et E. DREYER : *Droit de la communication numérique*, 2011.
J.-J. ISRAEL : *Droit des libertés fondamentales*, 1998.
J.-C. JAVILLIER, M. MOREAU et J.-M. OLIVIER : *Droit du travail*, 7e éd., 1999.
P. JULIEN et N. FRICERO : *Procédure civile*, 4e éd., 2011.
P. JULIEN et G. TAORMINA : *Voies d'exécution et procédures de distribution*, 2e éd., 2010.
P. KINDER-GEST : *Droit Anglais*, vol. 1 : *Institutions politiques et judiciaires*, 3e éd., 1997.
J. LAROCHE : *Politique internationale*, 2e éd., 2000.
F. LECLERC : *Le droit des contrats spéciaux*, 2e éd., 2012.
D. LEGEAIS : *Sûretés et garanties du crédit*, 9e éd., 2013.
J. LEROY : *Droit pénal général*, 4e éd., 2012.
J. LEROY : *Procédure pénale*, 3e éd., 2013.

G. Lyon-Caen et J. Tillhet-Pretnar : *Droit social,* 5e éd., 1995.

B. Mathieu et M. Verpeaux : *Contentieux constitutionnel des droits fondamentaux,* 2002.

J. Mestre, M.-È. Pancrazi, I. Arnaud-Grossi, L. Merland et N. Tagliarino-Vignal : *Droit commercial,* 29e éd., 2012.

M.-L. Moquet-Anger : *Droit hospitalier*, 3e éd., 2014.

M.-L. Niboyet et G. de Geouffre de la Pradelle : *Droit international privé*, 4e éd., 2013.

H. Oberdorff : *Droits de l'homme et libertés fondamentales*, 4e éd., 2013.

F. Pérochon : *Entreprises en difficulté,* 9e éd., 2012.

D. Poracchia, F. Rizzo, J.-M. Marmayou et F. Buy : *Droit du sport*, 3e éd., 2012.

J.-F. Renucci : *Droit européen des droits de l'homme,* 5e éd., 2013.

L. Richer : *Droit des contrats administratifs,* 9e éd., 2014.

J. Rideau : *Droit institutionnel de l'Union européenne,* 6e éd., 2010.

J.-J. Roche : *Relations internationales*, 7e éd., 2014.

J.-C. Soyer : *Droit pénal et procédure pénale*, 21e éd., 2012.

F. Stasiak : *Droit pénal des affaires,* 2e éd., 2009.

L. Trotabas et P. Isoart : *Droit public (droit constitutionnel, droit administratif, finances publiques, droit administratif spécial)*, 24e éd., 1998.

D. Vidal : *Droit des sociétés*, 7e éd., 2010.

Imprimé en France - JOUVE, 1, rue du Docteur Sauvé, 53100 MAYENNE
N° 2165716B - Dépôt légal : août 2014